Handbuch der Demographie 1

Modelle und Methoden

Springer
*Berlin
Heidelberg
New York
Barcelona
Hongkong
London
Mailand
Paris
Singapur
Tokio*

U. Mueller · B. Nauck · A. Diekmann
Herausgeber

Handbuch der Demographie 1

Modelle und Methoden

Mit 101 Abbildungen
und 39 Tabellen

Prof. Dr. Ulrich Mueller
Universität Marburg
Institut für Methodenwissenschaften
und Gesundheitsforschung,
Fachbereich Humanmedizin
Bunsenstrasse 2
D-35033 Marburg

Prof. Dr. Bernhard Nauck
Technische Universität Chemnitz
Institut für Soziologie
Reichenhainerstrasse 7
D-09126 Chemnitz

Prof. Dr. Andreas Diekmann
Universität Bern
Institut für Soziologie
Unitobler
Lerchenweg 36
CH-3000 Bern 9

Gedruckt mit Unterstützung des Förderungs- und Beihilfefonds Wissenschaft der VG Wort.

ISBN 3-540-66106-9 Springer-Verlag Berlin Heidelberg New York

Die Deutsche Bibliothek - CIP-Einheitsaufnahme
Handbuch der Demographie / Hrsg.: Ulrich Mueller ... - Berlin; Heidelberg; New York; Barcelona; Hongkong; London; Mailand; Paris; Singapur; Tokio: Springer
Bd. 1. - (2000)
ISBN 3-540-66106-9

Dieses Werk ist urheberrechtlich geschützt. Die dadurch begründeten Rechte, insbesondere die der Übersetzung, des Nachdrucks, des Vortrags, der Entnahme von Abbildungen und Tabellen, der Funksendung, der Mikroverfilmung oder der Vervielfältigung auf anderen Wegen und der Speicherung in Datenverarbeitungsanlagen, bleiben, auch bei nur auszugsweiser Verwertung, vorbehalten. Eine Vervielfältigung dieses Werkes oder von Teilen dieses Werkes ist auch im Einzelfall nur in den Grenzen der gesetzlichen Bestimmungen des Urheberrechtsgesetzes der Bundesrepublik Deutschland vom 9. September 1965 in der jeweils geltenden Fassung zulässig. Sie ist grundsätzlich vergütungspflichtig. Zuwiderhandlungen unterliegen den Strafbestimmungen des Urheberrechtsgesetzes.

Springer-Verlag ist ein Unternehmen der Fachverlagsgruppe BertelsmannSpringer.
© Springer-Verlag Berlin Heidelberg 2000
Printed in Germany

Die Wiedergabe von Gebrauchsnamen, Handelsnamen, Warenbezeichnungen usw. in diesem Werk berechtigt auch ohne besondere Kennzeichnung nicht zu der Annahme, daß solche Namen im Sinne der Warenzeichen- und Markenschutz-Gesetzgebung als frei zu betrachten wären und daher von jedermann benutzt werden dürften.

Umschlaggestaltung: Erich Kirchner, Heidelberg

SPIN 10732918   42/2202-5 4 3 2 1 0 - Gedruckt auf säurefreiem Papier

Vorwort

Dieses Handbuch gibt, für den deutschen Sprachraum zum ersten Mal wieder seit langer Zeit, einen breiten Überblick über beschreibende Statistik, formale Modelle, Theorien, Methoden, und Anwendungen moderner demographischer Forschung.

Die Gliederung einer Bevölkerung nach Raum, Geschlecht, Alter, Familienstand, Kinderzahl und Gesundheit ist der Kern aller ihrer Strukturen. Keine verhaltens- und sozialwissenschaftliche Untersuchung menschlicher Bevölkerungen kann von dieser Kernstruktur absehen. Alle Untersuchungen der Gliederung einer Bevölkerung nach weiteren Merkmalen wie religiöser und ethnischer Gruppe, Staatsbürgerschaft, Erziehung, Beruf und Erwerbstätigkeit, Einkommen, nach der Zusammensetzung der Haushalte, in denen die Menschen der betrachteten Gesellschaft wohnen, und was sonst immer interessieren mag, sind relevant nur, wenn die Gliederung nach Raum, Geschlecht, Alter, Familienstand, Kinderzahl und Gesundheit mitbedacht wird. Fragt man weiter, wie die betrachtete Gesellschaft in diesen Dimensionen zu der geworden ist, als die sie sich dem Auge darbietet, so fragt man in erster Linie nach der zeitlichen Verteilung und den Ursachen der Fundamentalprozesse Geburt, Wanderung, Partnerschaft, Fortpflanzung, Krankheit, Tod.

Die Demographie ist folglich ein Grundlagenfach, ihre Methoden, Theorien und wesentlichen Befunde ein unerlässliches Handwerkszeug für alle Wissenschaften vom Zusammenleben der Menschen - nicht nur der Sozial- und Wirtschaftswissenschaften, sondern auch der Geschichte, der Sozialmedizin, der Epidemiologie, der Humanbiologie.

Demographie ist aber nicht nur eine unerlässliche Wissensbasis für alle Sozialforschung. Beschäftigung mit der Demographie schärft auch den Blick für die stillen, aber nachhaltigen Entwicklungen, die Gesellschaften nicht weniger formen als die dramatischen Ereignisse von politischen Revolutionen, technischen Innovationen, Dynamik von Märkten, oder Kriegen. Kaum kann man sich einen größeren historischen Kontrast zwischen der politischen Stabilität etwa Schwedens einerseits, der politischen Instabilität und der zweimaligen materiellen Katastrophe Deutschlands andererseits in diesem Jahrhundert vorstellen. So deutlich man aber die Spuren der unterschiedlichen Geschichte der beiden Länder in ihren Bevölkerungspyramiden nachweisen kann, so verschwimmen diese Unterschiede etwa im Vergleich mit den Bevölkerungspyramiden afrikanischer, asiatischer, lateinamerikanischer Gesellschaften; verantwortlich für den Unterschied zu diesen ist die unterschiedliche Entwicklung der Lebenserwartung und der Familiengrößen

Demographie lehrt einen nüchternen Blick, was den tatsächlich vorhandenen Gestaltungsraum zielgerichteter politischer Macht auf soziale Fundamentalprozesse betrifft. Zu allen Zeiten haben Regierungen versucht, die Verteilung von Geburten,

Heiraten, Familien, Kinderzahl, Wanderungen, und (seltener) Todesfälle im Volk zu steuern. Oft war der Erfolg trotz Anwendung konzentrierter Macht nur gering, oft hielt er nicht lange vor, oft kamen Folgen zu Stande, die nicht erwartet und oft unerwünscht waren.

Bevölkerungsdaten wurden schon früh gesammelt. Für einige Länder liegen seit dem 18. Jahrhundert fortlaufende Volkszählungsdaten vor: Island (1703), Schweden (1749), Dänemark und Norwegen (1769), USA (1790) (Imhoff 1977). Die Daten der Demographie sind "harte" Daten", die sich leichter und eindeutiger erheben und quantitativ weiterverarbeiten lassen als die Daten in vielen anderen Bereichen der Sozialforschung.

Diese Datenlage und der Bedarf der Staaten nach Informationen für Besteuerung, Wehrdienst, Arbeitskräfteversorgung und andere Interventionen haben dazu geführt, dass die Bevölkerungsstatistik sich schon früh auf ein Rüstzeug exakt festgelegter Maße einigte, und dass diese, sobald vorhanden, dann auch international akzeptiert wurden. Unter den Zweigen der empirischen Sozialforschung zeichnet sich die Demographie durch ihre quantitative Ausrichtung und die internationale Verbreitung ihrer grundlegenden Maße und Messmethoden (Kapitel 1.) aus.

Lange vor der Ökonomie begann in der Demographie die Mathematisierung der theoretischen Modelle - man denke an Leonhard Euler's *Recherches générales sur la mortalité et la multiplication du genre humain* von 1760 (Euler 1760 (1970)), in der die mathematischen Grundlagen des formalen Modells stabiler Populationen gelegt wurden. Einen Eindruck vom Entwicklungsstand formaler Modelle in der gegenwärtigen Demographie geben die Kapitel 2 bis 5.

Demographische Forschung nutzt erklärende Theorien nicht nur aus der Ökonomie (Kapitel 6). und Soziologie (Kapitel 7), sondern auch aus der Verhaltens- und Populationsbiologie (Kapitel 8). Ein eigenes Kapitel gibt einen Überblick über erklärende Theorien der Migration (Kapitel 9). Es ist absehbar, dass eines Tages in demographischen Handbüchern auch ein Kapitel über die Populationsgenetik von Vitalprozessen enthalten sein muss, aber gegenwärtig ist der Wissensstand hier noch zu lückenhaft.

Spezielle Methoden der Demographie gibt es sowohl bei der Datenerhebung - Datenquellen (Kapitel 10) und Erhebungsmethoden (Kapitel 11) - wie auch bei der Datenanalyse. Kapitel 12 und 13 beschreiben die Anwendung auch anderswo wichtiger multivariater statistischer Verfahren zur Analyse von Querschnitts- und Längsschnitts daten. Jeweils eigene Kapitels sind der praktisch sehr wichtigen Bevölkerungsvorausberechnung (Kapitel 14), der für die Untersuchung von Familien und Haushalten wichtigen Netzwerkanalyse (Kapitel 15), und den Methoden der historischen Demographie gewidmet (Kapitel 16), aus der sich viele Untersuchungen gegenwärtiger demographischer Phänomene ihre Kontrastbeispiele holen.

Wichtige Anwendungen des in den ersten drei Abteilungen dargestellten mathematischen, theoretischen und methodischen Rüstzeugs innerhalb der Demographie beziehen sich auf die Vitalprozesse Fertilität und Mortalität (Kapitel 17 und 18), die Untersuchung von Morbidität (Kapitel 19), die Untersuchung der Verteilung von Bevölkerungen im Raum (Kapitel 20 und 21), von Partnerschaft und Familie in konventionellen und nicht-konventionellen Formen (Kapitel 22 und 23). Wichtige Anwendungen des genannten Rüstzeugs außerhalb der Demographie - wobei demographische Variablen sowohl abhängige wie unabhängige sein können - beziehen sich auf den Arbeitsmarkt (Kapitel 24); Einkommen, Konsum, Vermögen (Kapitel 25 und 26); soziale Mobilität (Kapitel 27); den Wohnungsmarkt (Kapitel 28) und die Zugehörigkeit zu Religionsgemeinschaften (Kapitel 29). Alle diese Gegenstandsbereiche haben wohl bekannte, vielfältige Beziehungen zu demographischen Prozessen. Den Abschluss des Buchs bildet eine Darstellung von demographischen Prozessen der Gegenwart in historischer Gesamtperspektive (Kapitel 30).

Das Handbuch wendet sich in erster Linie an ausgebildete Sozial- und Wirtschaftswissenschaftler, aber auch Mediziner, Biologen, oder Historiker, die sich durch die Lektüre einführender Texte bereits einer ersten Eindruck von den Begriffen, Methoden und Fragestellungen der demographischen Forschung verschafft haben. Eine Reihe der Kapitel des Handbuchs stellt Anforderungen an die mathematische Vorbildung der Leser - dies entspricht dem Stand der Wissenschaft.

Seit dem zweiten Weltkrieg existierte demographische Forschung im deutschsprachigen Raum in einem ungünstigen Klima. Erst in den letzten Jahren hat sich die Lage spürbar verbessert. In einer wachsenden Zahl von Disziplinen und Arbeitsrichtungen werden wieder vermehrt demographische Fragestellungen bearbeitet. Neue Forschungs- und Lehreinrichtungen wurden gegründet. Die Autoren und Herausgeber dieses Handbuchs möchten zu diesem Aufbruch ihren Beitrag leisten. Sie kommen aus unterschiedlichen Disziplinen: neben Soziologie und Ökonomie sind vertreten die Biologie, die Geographie, die Geschichte, die Medizin, die Physik, die Statistik und auch die Theologie. Die Autoren sind geboren zwischen 1938 und 1971. Die Vielfalt der Disziplinen und Institutionen, ebenso wie die Bandbreite des Lebensalters legt Zeugnis ab von der neuen Vitalität demographischer Forschung in der Schweiz, in Österreich und Deutschland.

Mit Dank erwähnen die Herausgeber die Mitwirkung von Annemarie Harms, Dr. Werner Müller und Dr. Bianca Ralle am Zustandekommen des Handbuchs.

Die Verfasser des Handbuchs

Bähr, Jürgen, Prof. Dr. rer. nat., geboren 1940, Direktor am Geographischen Institut der Christian-Albrechts-Universität zu Kiel.
Walter Bien, Dr.phil., geboren 1950, Leiter der Abteilung Sozialberichterstattung am Deutschen Jugendinstitut in München.
Uwe Blien, Dr. rer. pol., geboren 1954, wissenschaftlicher Mitarbeiter am Institut für Arbeitsmarkt und Berufsforschung der Bundesanstalt für Arbeit (IAB) in Nürnberg.
Dankmar Böhning, PD Dr. rer. nat, geboren 1951, Leiter der Arbeitsgruppe Statistische Methoden der Epidemiologie im Institut für Soziale Medizin und Medizinische Psychologie, Fachbereich Humanmedizin der Freien Universität Berlin.
Norman Braun, Prof. Ph.D., geboren 1959, Lehrstuhlvertretung am Institut für Soziologie der Ludwigs-Maximilian Universität München.
Manfred Bretz, Dipl. Kaufmann, geboren 1938, Leiter der Gruppe "Laufende Bevökerungsstatistiken, Haushalte und Familien, Gebietsgliederungen" des Statistischen Bundesamtes Wiesbaden.
Josef Brüderl, Prof. Dr. rer. pol., geboren 1960, Professor für Statistik und sozialwissenschaftliche Methodenlehre an der Fakultät für Soziologie der Universität Mannheim.
Thomas Buettner, Dr. sc. oec., geboren 1949, Population Affairs Officer, Population Division, United Nations, New York.
Andreas Diekmann, Prof. Dr. rer. pol., geboren 1951, Direktor des Instituts für Soziologie, Rechts- und Wirtschaftswissenschaftliche Fakultät der Universität Bern.
Claudia Engel, Dr. rer. nat, geboren 1959, Leiterin der Arbeitsgruppe "Computerunterstütztes Lernen", Centro de Supercomputacion de Galicia, Santiago de Compostela, Spanien.
Henriette Engelhardt, Dr. rer. soc., geboren 1968, wissenschaftliche Mitarbeiterin am Max-Planck-Institut für Bildungsforschung, Berlin.
Manfred M. Fischer, Prof. Dr.rer.nat., geboren 1947, Vorstand des Institutes für Wirtschafts- und Sozialgeographie der Wirtschaftsuniversität Wien, Direktor des Institutes für Stadt- und Regionalforschung der Österreichischen Akademie der Wissenschaften Wien.
Jürgen Friedrichs, Prof. Dr. phil., geboren 1938, Direktor des Forschungsinstituts für Soziologie, Lehrstuhl für Soziologie an der Wirtschafts- und Sozialwissenschaftlichen Fakultät der Universität zu Köln.
Rolf Gehrmann, Dr. phil., geboren 1953, Studienrat für das Fach Geschichte am Französischen Gymnasium Berlin.

Kathrin Grützmann, Dipl.-Physikerin, geboren 1966, Mitarbeiterin am Steinbeis-Transferzentrum Angewandte Systemanalyse, Stuttgart.

Günter Haag, Prof. Dr. rer nat., geboren 1948, Fachbereich Physik der Universität Stuttgart und Leiter des Steinbeis-Transferzentrums Angewandte Systemanalyse, Stuttgart.

Johann Handl, Prof. Dr.rer.soc.oec., geboren 1947, Institut für Soziologie, Philosophische Fakultät I der Friedrich-Alexander Universität Erlangen-Nürnberg.

Paul Bernhard Hill, Prof. Dr. sc.pol., geboren 1953, Professor für Methoden der empirischen Sozialforschung, Philosophische Fakultät der Rheinisch-Westfälischen Technischen Hochschule (RWTH), Aachen.

Charlotte Höhn, Prof. Dr. phil. habil. geboren 1945, Direktorin des Bundesinstituts für Bevölkerungsforschung, Wiesbaden.

Jürgen H.P. Hoffmeyer-Zlotnik, Dr. phil, geboren 1946, Senior Projektleiter beim Zentrum für Umfragen, Methoden und Analysen (ZUMA), Mannheim.

Johannes Huinink, Prof. Dr. rer. soc., geboren 1952, Professor für Soziologie, Fakultät für Philosophie und Sozialwissenschaften an der Universität Rostock.

Frank Kalter, Dr. phil., geboren 1964, wissenschaftlicher Assistent am Lehrstuhl für Soziologie und Wissenschaftslehre, Fakultät für Sozialwissenschaften der Universität Mannheim.

Robert Kecskes, Dr. rer. pol., geboren 1960, Wissenschaftlicher Assistent und Geschäftsführer am Forschungsinstitut für Soziologie an der Wirtschafts- und Sozialwissenschaftlichen Fakultät der Universität zu Köln.

Johannes Kopp, Dr. phil., geboren 1961, Wissenschaftlicher Assistent an der Fakultät für Sozialwissenschaften der Universität Mannheim.

Gerald Kretschmar, Dr.theol., geboren 1971, Vikar im Dienst der Evangelischen Kirche der Pfalz in Frankenthal.

Ruth Limmer, Dipl. Psychologin, geboren 1964, Staatsinstitut für Familienforschung an der Universität Bamberg.

Wolfgang Meyer, Dr. phil., geboren 1959, wissenschaftlicher Mitarbeiter am Lehrstuhl Allgemeine Soziologie I der Technischen Universität Chemnitz.

Ulrich Mueller, Prof. Dr. phil. Dr. med., geboren 1949, Direktor des Instituts für Medizinische Soziologie und Sozialmedizin, Fachbereich Humanmedizin der Philipps-Universität Marburg.

Bernhad Nauck, Prof. Dr. phil., geboren 1945, Leiter des Lehrstuhls Allgemeine Soziologie I der Technischen Universität Chemnitz.

Georgios Papastefanou, Dr. phil., geboren 1954, Leiter der Abteilung Einkommen und Verbrauch am Zentrum für Umfragen, Methoden und Analysen (ZUMA), Mannheim.

Goetz Rohwer, Prof. Dr. phil., geboren 1947, Lehrstuhl für sozialwissenschaftliche Methodenlehre und Statistik an der Ruhr Universität Bochum.

Doris Rosenkranz, Prof. Dr. rer.pol., geboren 1965, Fachbereich Soziale Arbeit und Pflegemanagement, Fachhochschule Würzburg.

Carola Schmid, Dr.phil, geboren 1965, Human Resources Planner, United Nations Development Program, New York.

Norbert F. Schneider, Prof. Dr.phil., geboren 1955, Professor für Soziologie, Institut für Soziologie, Johannes Gutenberg-Universität Mainz.

Klaus G. Troitzsch, Prof. Dr. phil., geboren 1946, Professor für Sozialwissenschaftliche Informatik, Fachbereich Informatik der Universität Koblenz-Landau.

Eckart Voland, Prof. Dr. rer. nat., geboren 1949, Professor für Philosophie der Biowissenschaften, Zentrum für Philosophie und Grundlagen der Wissenschaft, Universität Gießen.

Inhaltsverzeichnis Band I
Modelle, Theorien und Methoden

Vorwort v
Die Verfasser des Handbuchs viii
Inhaltsverzeichnis xi

I. Maße und formale Modelle

    1 Die Maßzahlen der Bevölkerungsstatistik
       Ulrich Mueller 1

    2 Dynamik einer Population
       Ulrich Mueller 92

    3 Dynamik interagierender Bevölkerungen
       Klaus G. Troitzsch 135

    4 Wanderungsdynamik
       Günter Haag und Kathrin Grützmann 184

    5 Regionaldemographische Ansätze als formales Gerüst für die
       Formulierung von Prognosemodellen
       Manfred Fischer 238

II. Theorien

    6 Ökonomische Theorien in der Bevölkerungswissenschaft
       Norman Braun 298

    7 Soziologische Ansätze zur Bevölkerungsentwicklung
       Johannes Huinick 339

    8 Menschliche Reproduktion aus verhaltensökologischer
       Perspektive
       Eckart Voland und Claudia Engel 387

    9 Theorien der Migration
       Frank Kalter 438

III. Methoden

10 Zugang zu den Daten der Demographie
   Carola Schmid 476

11 Untersuchungsdesigns in der Bevölkerungswissenschaft
   Henriette Engelhardt 524

12 Beschreibung und Modellierung von Verweildauerverteilungen
   Götz Rohwer 562

13 Regressionsverfahren in der Bevölkerungswissenschaft
   Josef Brüderl 589

14 Methoden der Bevölkerungsvorausberechnung
   Manfred Bretz 643

15 Methoden der Netzwerkanalyse
   Walter Bien 682

16 Methoden der historischen Bevölkerungsforschung –
   historische Demographie und Bevölkerungsgeschichte
   Rolf Gehrmann 709

Inhaltsverzeichnis Band II
Anwendungen

Inhaltsverzeichnis v

IV. Anwendungen

17 Fertilitätsentwicklung: Trends, Erklärungen und
   empirische Ergebnisse
   Paul B. Hill und Johannes Kopp 729

18 Mortalität
   Charlotte Höhn 751

19 Allgemeine Epidemiologie
   Dankmar Böhning 782

20 Bevölkerungsgeographie
   Jürgen Bähr 866

21 Wanderungen: Formen und Vorkommen
   Jürgen Hoffmeyer-Zlotnik 916

22 Entwicklungstendenzen, Erklärungsansätze und
   Forschungsbefunde zum Heiratsverhalten
   Paul B. Hill und Johannes Kopp 958

23 Nichtkonventionelle Lebensformen
   Norbert F. Schneider, Doris Rosenkranz und Ruth Limmer 980

24 Bevölkerungsdynamik und Arbeitsmarkt
   Uwe Blien und Wolfgang Meyer 1025

25 Modelle zur Messung und Erklärung personeller
   Einkommensverteilungen
   Henriette Engelhardt 1066

26 Konsum und Vermögen
   Georg Papastefanou 1092

27 Differentielle Fertilität und soziale Mobilität
   Johann Handl 1110

28 Wohnungsmarkt und Bevölkerungsentwicklung
Jürgen Friedrichs und Robert Kecskes 1120

29 Bevölkerungsstruktur und Religionszugehörigkeit
Gerald Kretzschmar 1138

30 Überblick über moderne Bevölkerungsgeschichte
nach Weltregionen
Thomas Büttner 1172

Literaturverzeichnis.. 1250

Stichwortverzeichnis.. 1388

Autorenverzeichnis.. 1406

I. Maße und formelle Modelle

1

Die Maßzahlen der Bevölkerungsstatistik

Ulrich Mueller

Einleitung

In diesem Kapitel wird eine Einführung in die grundlegenden Instrumente der beschreibenden Bevölkerungsstatistik gegeben. Das Augenmerk liegt auf den Vitalprozessen Geburt, Paarbildung, Tod in geschlossenen Bevölkerungen. Die Vitalstatistik stellt die methodische Grundlage für alle anderen Bereiche der Bevölkerungswissenschaft dar, auch dort, wo der Gegenstand die Entwicklung zusätzlicher und auch andersartiger Messinstrumente erfordert – wie etwa in der Bevölkerungsgeographie, der Migrationsforschung, der Epidemiologie, oder der Arbeitsmarktforschung.

Die *Einheiten der Bevölkerungswissenschaft* sind Menschen oder Gruppen von Menschen, die in einer festen Verbindung miteinander stehen: Paare, Familien, Haushalte; aus diesen Einheiten können Aggregate gebildet werden. Populationen umfassen Einheiten, die zu einem Zeitpunkt oder innerhalb eines Zeitraums in irgendeiner Weise einem genau definierten geographischen Raum zugeordnet sind. Bevölkerungen sind Populationen einzelner Menschen.

Ein wichtiger Teil der Varianz dieser Vitalprozesse wird durch *demographische Merkmale* der Einheiten der jeweiligen Bevölkerung selbst bestimmt: durch die Verteilung von Aufenthaltsort, Alter, Geschlecht, Familienstand, bereits geborenen Kindern; ferner auch von Rasse und ethnischer Zugehörigkeit, Gesundheitszustand, Staatsbürgerschaft, Bildungsstand, Beruf, Einkommen und Besitz, Haushalts- und Familienzusammensetzung, und anderen Merkmale.

Die Struktur einer bestimmten Bevölkerung wird beschrieben durch die absolute Zahl der Einheiten sowie die Verteilung der jeweils interessierenden Merkmalsausprägungen bei den Einheiten dieser Bevölkerung zu einem bestimmten Zeitpunkt t.

Die Dynamik einer Bevölkerung wird beschrieben durch die Angabe ihrer jeweils interessierenden Struktur zu verschiedenen Zeitpunkten $t_1, t_2, \ldots, t_n$ in Zukunft oder Vergangenheit; das Gesamtintervall (t_1, t_n) gibt den Zeitraum der Beschreibung an. In üblicher diskret-zeitlicher Betrachtung wird man dann die Länge der Einzelintervalle gleich lang wählen, in stetig-zeitlicher Betrachtung wird man die Länge der Einzelintervalle gegen Null streben lassen. In beiden Fällen wird die Dynamik einer Bevölkerung dadurch beschrieben, dass ihre Struktur als eine Funktion der Zeit modelliert wird.

Die Dynamik einer Bevölkerung drückt sich darin aus, dass zwischen zwei Beobachtungszeitpunkten sich bei manchen Einheiten Merkmalsausprägungen verändert haben (Heirat, Elternschaft, Wohnort); außerdem sind manche Einheiten verschwunden (Tod, Auswanderung), andere sind neu hinzugekommen (Geburt, Einwanderung). *Das Vorhandensein von Einheiten mit bestimmten Merkmalsausprägungen soll Zustand heißen; hingegen sollen die Veränderung einer Merkmalsausprägung, ebenso wie das Auftreten oder Verschwinden von Einheiten Ereignis heißen.* Die Beschreibung von Struktur und Dynamik einer Bevölkerung hat es dementsprechend mit zwei großen Klassen von Maßen zu tun:

1. *Strukturmaße = Zustandsmaße*, die sich auf das Vorhandensein von Zuständen zu einem bestimmten Zeitpunkt beziehen; in der Praxis kann dieser Zeitpunkt durch Mittelwertsbildung über einen geeigneten Zeitraum approximiert werden.
2. *Dynamikmaße = Ereignismaße*, die sich auf das Eintreten von Ereignissen in einem Zeitraum beziehen; in stetig-zeitlicher Betrachtungsweise kann dieser Zeitraum unendlich kurz werden. Auf den Ereignismaßen bauen Reproduktionsmaße auf.

Diesen beiden Klassen von Maßen begegnet man in der gesamten Demographie. Ein Beispiel für die erste Klasse von Maßen ist die Angabe, dass im April 1998 40.262.000 Menschen in der Bundesrepublik Deutschland Erwerbspersonen waren, d. h. Zivilpersonen im erwerbsfähigen Alter, die entweder erwerbstätig waren oder eine Erwerbstätigkeit suchten. Ein Beispiel für die zweite Klasse von Maßen ist die Angabe, dass zwischen dem 1.1. und dem 31.12.1998 in der Bundesrepublik Deutschland 785.034 Kinder geboren wurden.

Bei den Dynamikmaßen lassen sich die Reproduktionsmaße von den einfachen Ereignismaßen abgrenzen. Reproduktionsmaße erfassen die Dynamik von Populationen als integriertes Ergebnis von Geburten und Sterbeereignissen.

Ein Beispiel für ein Reproduktionsmaß ist die Angabe, dass die Wohnbevölkerung der Bundesrepublik Deutschland vom 1.1.1998 bis zum 31.12.1998 einen Gestorbenenüberschuss von 67.348 Fällen aufwies. Reproduktionsmaße werden nach den Struktur- und Ereignismaßen in einem eigenen, dritten Abschnitt dieses Kapitels behandelt. Zweifellos gibt es Fragestellungen, in denen absolute Maßzahlen entscheidend sind. Für alle Arten von Vergleichen sind nicht jedoch absolute Maßzahlen, sondern relative Maßzahlen aussagekräftiger und deshalb auch praktisch wichtiger.

Im Falle von *Zustandsmaßen* drücken relative Maßzahlen einen Quotienten aus zwischen der absoluten Zahl von Einheiten, die das interessierende Merkmal zum Zeitpunkt der Beobachtung tatsächlich aufweisen, und der absoluten Zahl der betrachteten Gesamtbevölkerung oder von Teilen derselben. Relative Zustandsmaße sollen Quoten heißen.

Im Falle von *Ereignismaßen* drücken relative Maßzahlen einen Quotienten aus zwischen der absoluten Zahl tatsächlicher Ereignisse im definierten Zeitintervall der

Beobachtung, und der absoluten Zahl der Einheiten in der betrachteten Gesamtbevölkerung oder von Teilen derselben im Zeitintervall. Die absolute Zahl der Einheiten muss je nach Verweildauer im Intervall gewichtet werden. Relative Ereignismaße sollen Raten heißen.

Unterschiedliche Ereignisse können bestimmte Einheiten höchstens einmal, genau einmal, oder mehrmals betreffen; je nach Fragestellung wird man dann die Ereignisse indizieren, als einfache Zähldaten behandeln, oder mittels kumulativer Maße unter Berücksichtigung der Wartezeiten zwischen den einzelnen Ereignissen zu erfassen suchen. Für beide Klassen relativer Maßzahlen lässt sich nun eine wichtige Unterscheidung treffen, je nachdem ob der Bezug eine Population von Einheiten ist, die ausnahmslos dem Risiko des Habens der betrachteten Merkmale oder des Erfahrens des betrachteten Ereignisses direkt ausgesetzt sind, oder ob der Bezug eine Population von Einheiten ist, die zwar auch in irgendeiner Weise als quantitativer Indikator einer dem betrachteten Risiko ausgesetzten Population aufgefasst werden kann, aber eben nicht aus Einheiten besteht, die ausnahmslos dem Risiko unterworfen sind.

Drückt eine Quote einen Quotienten aus zwischen der absoluten Zahl von Einheiten, die das Merkmal zum Stichtag tatsächlich aufweisen, und der Risikobevölkerung, d. h. der absoluten Zahl aller Einheiten, die das Merkmal haben können (und in einer ganzen Anzahl von Fällen, eben denen, die im Zähler des Quotienten stehen, auch tatsächlich haben), so handelt es sich um eine *Expositions-Quote*.

Drückt eine Rate einen Quotienten aus zwischen der absoluten Zahl der Ereignisse im definierten Zeitintervall der Beobachtung und der Gesamtzahl der Zeitintervalle, die die Risikobevölkerung im Zeitintervall der Beobachtung verlebt, d. h. der absoluten Zahl der Einheiten, denen das Ereignis auch tatsächlich widerfahren kann, so handelt es sich um eine *Expositions-Rate*.

Ein Beispiel für eine Expositions-Quote ist der Anteil Wiederverheirateter an den Personen mit geschiedener erster Ehe an der Gesamtzahl von Personen mit geschiedener erster Ehe: Alle Geschiedenen können wieder heiraten. Ein Beispiel für eine Nicht-Expositions-Quote wäre der Anteil Wiederverheirateter an der Gesamtzahl verheirateter Personen: Verheiratete unterliegen keinem direkten Wiederverheiratungsrisiko.

Ein Beispiel für eine Expositions-Rate ist die Sterberate: Jeder Lebende kann in einem betrachteten Intervall sterben. Aus der Definition ergibt sich ferner für Expositions-Raten als Forderung, dass das mit einem Index versehene Ereignis die Einheit, die es betrifft, damit auch aus der Risikopopulation entfernt. Daraus folgt, dass bei einem strikten Anwenden der Definition Expositions-Raten stets stetig-zeitliche Raten über einem infinitesimal kleinen Zeitraum sein müssen: wer zu Beginn eines Jahres stirbt, gehört für den Rest dieses Jahres nicht mehr zur Risikobevölkerung. Insofern sind die meisten in der Demographie verwendeten Raten, da diskret-zeitlich, keine Expositions-Raten. Im Abschnitt 1.2.1 wird allgemein dargestellt werden, wie in diskret-zeitlicher Betrachtung Expositions-Raten wenigstens annähernd definiert werden können. Ein Beispiel einer Rate, die auch in stetig-zeitlicher Betrachtungsweise keine Expositions-Rate ist, wäre die Zahl der in einem Jahr vollzogenen Wiederverheiratungen bezogen auf die gesamte volljährige Bevölkerung: nur geschiedene oder verwitwete Personen unterliegen einem Wiederverheiratungsrisiko. Die rohe Geburtenrate – Zahl der Geburten auf 1.000 Personen der Gesamtbevölkerung ist auch in stetig-zeitlicher Perspektive keine Expositions-Rate: ein Teil der Gesamtbevölkerung ist zu jung, ein anderer zu alt, ein weiterer zu männlich, um Kinder zu gebären.

Die Vorteile von Expositions-Maßen liegen auf der Hand: es lässt sich die Verwirklichung des Risikos in unterschiedlich großen Risikopopulationen miteinander vergleichen. Dies ist bedeutsam vor allem bei Beschreibung einer Dynamik: veränderten absoluten Zahlen eines Zustands oder eines Ereignisses oder aber veränderten relativen Zahlen bezogen auf die Gesamtbevölkerung lässt sich nicht ansehen, ob sich das Risiko oder aber die Größe der Risikopopulation verändert hat. Kenntnis der relativen Maßzahl bezogen auf die Risikopopulation gibt diesen Einblick. Nicht-Expositions-Maße spielen demgegenüber eine komplementäre Rolle.

Oft lässt sich freilich nicht ohne weiteres festlegen, wer zur Risikopopulation gehört.

Welche Personen einer plausibel gewählten Risikobevölkerung das interessierende Merkmal tatsächlich aufweisen und welche nicht, ist empirisch meist nicht unabhängig von den demographischen Fundamentalmerkmalen wie Alter, Geschlecht, Familienstand, Wohnort, Gesundheitsbiographie, Wanderungsbiographie etc. Das Auffinden der Nichtzufälligkeit dieser Zuordnung ist ja gerade das Feld der demographischen Analyse. Es ist aber unsinnig, bei demographischen Quoten die Risikobevölkerung so zu definieren, dass diese auch schon in diesen Fundamentalmerkmalen sehr heterogen ist in Bezug auf die Wahrscheinlichkeit, das betrachtete Merkmal zu entwickeln oder nicht.

Der praktisch wichtigste Fall hier ist eine Heterogenität in Bezug auf die Altersverteilung. Die meisten der demographisch irgendwie interessanten Risiken sind stark altersabhängig. Zwei Risikopopulationen mit unterschiedlicher Altersstruktur auf Unterschiede in der Risikomanifestation zu untersuchen, wird sehr häufig zu falschen Schlussfolgerungen darüber führen, wie groß tatsächlich das Lebenszeitrisiko der Individuen in den beiden verglichenen Gesellschaften ist.

Durch Altersstandardisierung kann der Einfluss eines unterschiedlichen Altersaufbaus beim Vergleich der Risikomanifestation in zwei verglichenen Bevölkerungen neutralisiert werden – aber natürlich nur, falls die Risikomanifestation in der einen Altersklasse unabhängig ist von der in einer anderen, was bei Heiraten als Annahme hingehen mag, aber bei anderen Risiken nicht. In vielen Ländern sind ältere Arbeitnehmer gegen Arbeitsplatzverlust besser geschützt als jüngere. Entsprechend wird das Risiko des Arbeitsplatzverlustes in den jüngeren Altersklassen durch die zahlenmäßige Besetzung der älteren mitbestimmt, differentielle Alterseffekte dieser Art können durch eine Altersstandardisierung nicht neutralisiert werden. Ein anderes Beispiel wäre das Risiko von Grunderwerb. Die Manifestation dieses Risikos in den jüngeren und mittleren Altersklassen ist nicht unabhängig von der Besetzung der höheren Altersklassen, da ein beträchtlicher Teil des Grundeigentums durch Erbschaft von der einen in die andere Hand über geht. Je stärker die höheren Altersklassen besetzt sind, desto später im Leben des durchschnittlichen Individuums wird sich das Risiko manifestieren. Eine Altersstandardisierung – etwa wenn man die Grundbesitzverteilung in der deutschen Gesellschaft 1880, 1930 und 1980 miteinander vergleichen wollte – könnte diesen Effekt der Altersklassenbesetzung auf das untersuchte Risiko nicht neutralisieren.

Auch gibt es keine eindeutigen Entscheidungsregeln für die Auswahl einer geeigneten Standardbevölkerung (s. Abschn. 1.2.3.1). Bei den Ereignismaßen bieten Tafelmethoden und kumulative Maße (s. Abschn. 1.2.3.2) Auswege aus diesen Problemen der Altersstandardisierung.

Eine praktisch wichtige Variante des Problems der Heterogenität der Risikopopulation liegt vor, wenn die Risikohöhe von der Verweildauer in der Risikobevölkerung abhängig ist: das Scheidungsrisiko schwankt mit der Dauer der Ehe. Gehen nun im Verlauf gesellschaftlicher Krisen die Heiratszahlen herauf oder herunter, entwickeln sich die Scheidungszahlen kurzfristig gegenläufig, da das Scheidungsrisiko nach der Heirat erst allmählich ansteigt. Eine zusätzliche Schwierigkeit tritt auf, wenn die Abhängigkeit des Risikos von der Verweildauer in einzelnen Segmenten der Risikobevölkerung einen unterschiedlichen Verlauf nimmt, also beispielsweise im Segment A konstant bleibt, während es beispielsweise im Segment B kontinuerlich zunimmt. Als Folge ändert sich die Zusammensetzung der Risikopopulation, was einen zeitlichen Wandel des Ereignisrisikos vorspiegeln kann – im Beispiel: einen Anstieg, gefolgt von einem Abfall – der in dieser Form in keinem einzelnen Lebenslauf vorhanden ist – solche Phänomene versucht man mit so genannten Mover-Stayer Modellen (van de Pol, Langeheine 1988) zu beschreiben.

Weitere Probleme ergeben sich, wenn es mehrere miteinander konkurrierende Risiken gibt – beispielsweise Umzüge innerhalb einer Gemeinde oder über die Gemeindegrenzen hinaus. Betrachtet man eine Risikopopulation über eine längere Zeitspanne, so muss das Sterberisiko – im direkten und übertragenen Wortsinn – stets mit berücksichtigt werden. Betrachtet man das Risiko von Geburten in Abhängigkeit von der Ehedauer, muss also das Scheidungsrisiko bei der Definition der Risikopopulation mit berücksichtigt werden.

Bei den Zustandsmaßen wie bei den Ereignismaßen spielen Indizes, Kennzahlen für Ungleichverteilungen von Merkmalen oder Ereignissen über Klassen anderer Merkmale – z. B. Alter, Geschlecht oder Wohnort – eine wichtige Rolle. Eine allgemeine Darstellung der bei der Verwendung von Indices auftretenden theoretischen und methodischen Probleme findet sich in Schnell et al. (1999, Kap. 4.4).

Es lassen sich für den Umgang mit Indizes folgende praktischen Ratschläge geben: Ein guter Index sollte auch noch bei extremen Verteilungen sinnvolle Werte ergeben, insbesondere auch dann, wenn eine an sich mögliche Merkmalsausprägung in einer der beobachteten Bevölkerungen nicht beobachtet wird. Ein Index muss wohldefiniert sein: konvergierende Verteilungen müssen auf gleiche Indexwerte konvergieren. Ein guter Index sollte darüber hinaus robust sein: geringe Veränderungen in der Verteilung sollen auch nur geringe Veränderungen der Indexwerte nach sich ziehen. Dass sich hinter gleichen Indexwerten völlig verschiedene Verteilungen verbergen können, liegt in der Natur des Verfahrens. Als Arbeitsregel ergibt sich hieraus, dass man Bevölkerungen mit sehr unterschiedlichen Verteilungen der interessierenden Merkmale nicht mittels demographischer Indizes vergleichen sollte. Das Hauptanwendungsgebiet solcher Indizes sollte der Vergleich zwischen ähnlichen Bevölkerungen sein. Insbesondere bietet sich die Untersuchung des Wandels einer Bevölkerung durch Vergleich der Merkmalsverteilungen zu verschiedenen Zeiten (also als Zeitreihe) an.

1.1 Zustandsmaße

1.1.1 Umfang einer Bevölkerung

Das erste aller Zustandsmaße ist die Gesamtzahl der Bevölkerung eines bestimmten Gebietes zu einem gewissen Zeitpunkt, üblicherweise einem Tag. Ist Grundlage der Messung eine Volkszählung (Census), so ist der Stichtag oder die Berichtswoche anzugeben. Ist Grundlage der Messung eine fortlaufende Einwohnerregistrierung, so wird üblicherweise die Jahresmitte (30. Juni auf 1. Juli) als Stichtag angegeben; die Messung selbst beruht oft auf gewichteten Jahresdurchschnitten.

Schwierig in Einzelfragen gestaltet sich oft die genaue Festlegung, ob eine Einheit (Individuum, Paar, Haushalt) zur Population gehört, die zu messen ist. Grundsätzlich hat man die Wahl zwischen einer *de facto* Bestimmung einer Population – alle Personen die sich zum Stichtag auf dem betreffenden Gebiet aufhalten – oder einer *de jure* Bestimmung einer Population – alle Personen, die zum Stichtag in irgendeiner durch Rechtsakt definierten Weise zu diesem Gebiet gehören durch Staatsbürgerschaft, Aufenthaltsgenehmigung, Asyl und Ähnliches.

Beim *de facto* Ansatz liegt das Problem in der Schwierigkeit der Abgrenzung von Touristen, Wanderarbeitern, ausländischem Militärpersonal, Personen mit in- und ausländischen Wohnsitzen und anderen, die sich entweder nur kurzfristig auf dem Gebiet aufhalten oder aus anderen Gründen nicht zur Wohnbevölkerung des Gebiets gezählt werden sollen.

Beim *de jure* Ansatz liegen die Schwierigkeiten im Erfassen von zur Population gehörenden Einheiten, die sich zum Stichtag außerhalb des betreffenden Gebiets aufhalten.

Ein offenkundiges Problem für beide Ansätze sind illegal sich im Gebiet aufhaltende Personen. Für beide Ansätze ergibt sich darüber hinaus das Problem, dass gewisse Bevölkerungsgruppen technisch schwer erreichbar sind, andere aus den verschiedenen Gründen für die Datenerhebung nicht zur Verfügung stehen wollen. Für die US-amerikanischen Volkszählungen 1950, 1960, 1970, 1980 und 1990 beispielsweise wird mit einer Nichterfassung von 4%, 3%, 3%, 1,5%, und 1% gerechnet, bei männlichen Schwarzen 1980 allerdings mit 8,8%; im kanadischen Census 1986 bei Männern in der Altersgruppe 20–24 Jahren mit 10,7%; bei der westdeutschen Volkszählung 1970 bei Sozialhilfeempfängern mit 5,1% Nichterfassung (Schnell 1991).

Die von den Vereinten Nationen in unregelmäßigen Abständen veröffentlichten Empfehlungen für Censuserhebungen enthielten für 1980 eine Kombination beider Ansätze, nach der erfasst werden sollen alle auf dem Gebiet zum Stichtag aufgefundenen Personen abzüglich ausländischer Militärpersonen und Diplomaten mit Familien, und zuzüglich einheimischer Militärpersonen und Diplomaten mit Familien, die sich im Ausland befinden, sowie zuzüglich einheimischer Seeleute, die sich gerade auf See befinden. Dieses Verfahren wird als „international conventional population total" oder als „modified *de facto* population" bezeichnet. Auf jeden Fall wird verlangt, dass genau dokumentiert wird, welche der folgenden Gruppen in die zu messende Bevölkerung eingeschlossen sind oder nicht (UN 1980: 67):

a) Ureinwohner und Nomadenstämme;
b) Personen in schwer zugänglichen Gebieten;
c) Einheimisches militärisches und diplomatisches Personal mit Familien, die im Ausland stationiert sind;
d) Seeleute mit Wohnsitz im Gebiet, die zum Stichtag auf Fahrt sind;
e) Staatsbürger, die sich zum Stichtag als Saisonarbeiter im Ausland aufhalten;
f) Staatsbürger, die täglich zur Arbeit ins Ausland wechseln;
g) Staatsbürger, die zum Stichtag im Ausland arbeiten, und nicht in die Gruppen C, E und F gehören;
h) Staatsbürger, die sich zum Stichtag im Ausland aufhalten, und nicht in die Gruppen C–G gehören;
i) Ausländisches militärisches und diplomatisches Personal mit Familien, die im Gebiet stationiert sind;
j) Ausländer, die sich zum Stichtag als Saisonarbeiter im Inland aufhalten;
k) Ausländer, die täglich zur Arbeit ins Inland wechseln;
l) Ausländer, die zum Stichtag im Inland arbeiten, und nicht in die Gruppen I–K gehören;
m) Ausländer, die sich zum Stichtag im Inland aufhalten, und nicht in die Gruppen I–L gehören;
n) Ausländische Besatzungen und Passagiere von Schiffen, die zum Stichtag in inländischen Häfen liegen.

Je nach Fragestellung wird man die zu messende Bevölkerung anders bestimmen, je nachdem, ob man etwa die Belastung der Infrastruktur messen oder Bevölkerungsprojektionen für Städteplanung oder für den Ausbau der einheimischen Hochschulen erstellen will. Wichtig ist nur für die Vergleichbarkeit von Daten in zeitlicher Längsschnittbetrachtung, dass wegen der jahreszeitlichen Schwankungen in Geburten-, Sterbe- und Wanderungsprozessen die jeweilige Bevölkerung jeweils zum selben Tag des Jahres gemessen wird.

Die technischen Messprobleme nehmen um ein weiteres zu, wenn es um die Bestimmung der Bevölkerungszahlen in Untergliederungen eines vorgelegten Staatsgebietes geht, da Binnenwanderungen im Allgemeinen umfangreicher sind als grenzüberschreitende Wanderungen, zusätzliche Wohnsitze im Inland häufiger sind als solche im Ausland, und da das *de jure* Kriterium nicht anwendbar ist mit Ausnahme der jeweiligen Einwohner-, Wähler-, Automobil- oder ähnlichen Registrierungen, die viel leichter geändert werden können als die Staatszugehörigkeit, und bei denen erhebliche Unter- oder Überregistrierungen praktisch nicht unterbunden werden können.

Wer als Kind von Staatsbürgern auf dem Gebiet dieses Staates geboren wurde, ist damit Bürger dieses Staates. In den meisten Staaten haben auch im Ausland geborene Kinder von Inländern ein Recht auf Erwerb der Staatsangehörigkeit.

Viele Staaten räumen im Inland geborenen Kindern von Ausländern eine Option auf die eigene Staatsangehörigkeit ein, andere nicht. Darüber hinaus gibt es in den meisten Staaten die Möglichkeit, dass ein im Ausland geborener Ausländer nach einem längeren Verfahren die einheimische Staatsbürgerschaft erhält. Für die Demographie bedeutsam ist hier, dass ebenso wie die grenzüberschreitende Migration von

Ausländern auch das Einbürgerungsrisiko von Ausländern einen statistischen Zusammenhang mit dem Alter, mit dem sozioökonomischen Status und mit der Familienstruktur aufweist. In vielen Ländern spielt für die Einbürgerung die Dauer des bisherigen Aufenthalts im Land eine zentrale Rolle, wobei oft hierfür gesetzliche festgelegte Mindestzeiten verlangt werden. Die Einbürgerungen werden also in ihrer relativen Altersverteilung der Altersverteilung von Migranten entsprechen, aber in die höheren Jahrgänge verschoben und zugleich etwas gedehnt, da Minimalzeiten oft überzogen werden.

Komplizierend für die Altersverteilung eingebürgerter Personen kommt freilich hinzu, dass bei Einbürgerungen oft auch die im Haushalt lebenden minderjährigen Kinder mit eingebürgert werden. Die Einbürgerungsgesetze können auch einen Einfluss auf die Sexualproportion der Neubürger haben. Die Chancen einer Einbürgerung steigen üblicherweise mit Bildung und Einkommen, entsprechend sind Einbürgerungen nicht bloß Zufallsstichproben der aus dem Ausland Eingewanderten, beziehungsweise der im Land geborenen Ausländer.

Zur Messung der räumlichen Verteilung der Bevölkerung innerhalb eines Gebietes sind eine Reihe von zum Teil recht komplexen Verfahren entwickelt worden, über die das Kapitel 20 dieses Handbuchs, oder die Lehrbücher von Bähr et al. (1992) oder Mueller (1993b) weiter unterrichten.

1.1.2 Gliederung nach Geschlecht

Ein zentrales Zustandsmaß misst die Gliederung einer Bevölkerung nach dem Geschlecht. Drei Maße stehen hierzu in der Literatur zur Verfügung.

a) Der Anteil des männlichen Geschlechts an der Gesamtpopulation,

$$\frac{M}{M+F} \tag{1}$$

Bei Gleichverteilung der Geschlechter (M=F) ergibt sich eine Maßzahl von .50, die Dimension ist Anteil Männer an der Gesamtbevölkerung:

b) Der relative Männerüberschuss,

$$\frac{M-F}{M+F} \cdot 100 \tag{2}$$

Ein positiver Wert drückt einen Männerüberschuss, ein negativer Wert ein Männerdefizit aus; bei Gleichverteilung ergibt sich eine Maßzahl von 0. Die Dimension ist Prozent Männer bezogen auf die Gesamtbevölkerung.

c) *Die Sexualproportion,*

$$\frac{M}{F} \cdot 100 \tag{3}$$

Bei Gleichverteilung ergibt sich eine Maßzahl von 100, die Dimension ist Zahl der Männer auf 100 Frauen. In allen drei Maßen wird das weibliche Geschlecht als Bezugswert der variablen Zahl der Männer genommen; dies ergibt sich aus der zentralen Rolle des weiblichen Geschlechts für die konventionelle Messung der Fruchtbarkeit. Grundsätzlich sind die drei Maße gleich aussagekräftig und können durch einfache Algebra ineinander überführt werden. Es hat sich jedoch die Sexualproportion als Maß im Schrifttum durchgesetzt.

Die Sexualproportion in den Altersklassen der deutschen Bevölkerung in den neuen Bundesländern in 1996 zeigt Abb. 1. Die Veränderungen, die die Sexualproportion sowohl im Verlauf der historischen Zeit wie im Durchlaufen der Lebensalter erfährt, sind die Folgen zweier biologischer Gegebenheiten, die jedoch durch den technischen, ökonomischen und kulturellen Kontext der jeweiligen Gesellschaften modifiziert werden können:

a) die Sexualproportion der Neugeborenen;
b) die unterschiedliche Sterbewahrscheinlichkeit der beiden Geschlechter.

Deutlich geringer fällt für große Populationen ein dritter Faktor ins Gewicht, der jedoch kleinräumig ebenfalls eine große Bedeutung haben kann:

c) unterschiedliche Wanderungsbewegungen für die beiden Geschlechter.

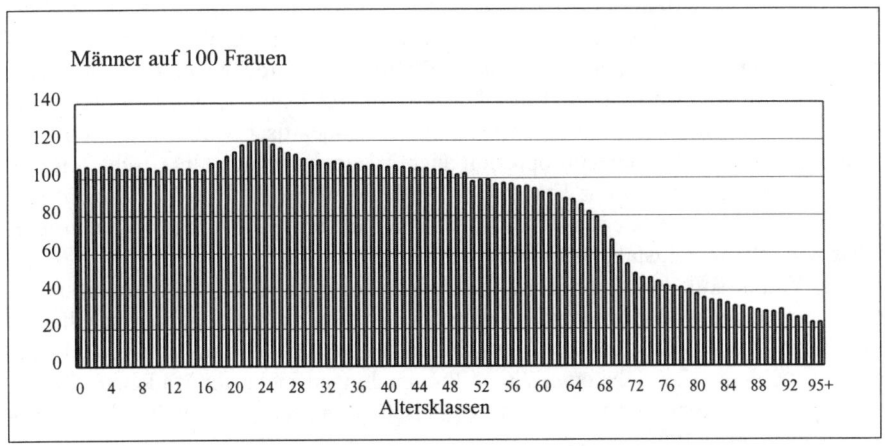

Abb 1: Sexualproportion Deutschland, neue Bundesländer 1996
(Quelle: Statistisches Jahrbuch Bundesrepublik Deutschland 1998)

In allen menschlichen Populationen werden etwas mehr männliche als weibliche Kinder geboren, wobei die Sexualproportion bei Geburt bezogen auf große Fallzahlen zwischen 102 und 108 schwanken kann, mit langfristigen Mittelwerten zwischen 105 und 106. Beobachtungen an einer Reihe von Bevölkerungen weisen darauf hin, dass nach Kriegen und anderen Krisenzeiten sich oft die Sexualproportion kurzfristig leicht zu Gunsten des männlichen Geschlechts verändert. Dies könnte mit der höheren Frequenz des Geschlechtsverkehrs nach längerer Trennung der Ehepartner zu tun haben. Wegen der größeren Wanderungsgeschwindigkeit, aber kürzeren Lebensdauer der ein Y-Chromosom tragenden Spermien erhöht die Frequenz des Geschlechtsverkehrs die Sexualproportion gezeugter Kinder; andere Faktoren spielen sicher auch eine Rolle (Levin 1987). Weiterhin wurden Veränderungen der Sexualproportion bei Geburt berichtet: in Abhängigkeit vom Alter der Mutter oder von der Parität der Mutter (Zahl der vorhergehenden Geburten) – beides soll die Sexualproportion bei der Geburt drücken – in Abhängigkeit vom sozioökonomischen Status – hoher Status soll mit hoher Sexualproportion einhergehen – sowie von anderen Faktoren (Übersichten in Chahnazarian 1988; Sieff 1990; Hiraiwa-Hasegawa 1993; eine evolutionstheoretische Erklärung in Trivers und Willard 1973; Mueller 1993a).

Von vielen menschlichen Kulturen seit Urzeiten praktiziert wurde der Infantizid (Kindestötung) als legitimes Mittel der Familienplanung. Eine Art schleichender Infantizid kann auch nach Geschlechtern unterschiedlicher Aufwand für die Versorgung von kleinen Kindern sein. In vielen Fällen war und ist Infantizid nicht sexualproportionsneutral; dabei werden meist mehr Töchter getötet. In der Überzahl traditioneller Gesellschaften sind Söhne begehrter, weil sie in präagrarischen Gesellschaften einem höheren Sterberisiko unterliegen.

In neuester Zeit hat die Reproduktionsmedizin Möglichkeiten der gezielten vorgeburtlichen Beeinflussung des Geschlechts eines Kindes eröffnet. Zum gegenwärtigen Zeitpunkt dürfte praktische Bedeutung nur die Möglichkeit haben, durch Untersuchung einzelner Zellen im Fruchtwasser früh das Geschlecht eines Kindes festzustellen, und bei unerwünschtem Geschlecht die Schwangerschaft zu unterbrechen. Nach einer UN-Statistik sollen von 8.000 Schwangerschaften, die nach einer solchen Fruchtwasseruntersuchung in Kliniken in Bombay abgebrochen wurden, nur eine einzige männlich gewesen sein (UN 1991: 67). In welchem Umfang heimlicher geschlechtsspezifischer Infantizid oder der geschlechtsspezifische induzierte Abort tatsächlich die allgemeine Sexualproportion auch in gegenwärtigen Gesellschaften verändern können, ist eine offene Frage. Der Verdacht auf verdeckten Mädcheninfantizid oder Mädchenabort liegt jedenfalls nahe in Ländern mit starkem Männerüberschuss wie Indien, Pakistan, Bangladesh (Tab. 1):
Auch in China soll durch die Ein-Kind-Politik der staatlichen Geburten-Kontroll-Politik der verdeckte Mädcheninfantizid in den letzten Jahren zugenommen haben. In China soll gegenwärtig bei den Neugeborenen eine Sexualproportion von 114 beobachtet werden: jedes Jahr etwa 3,6 Millionen Jungen mehr als Mädchen, die Sexualproportion erhöht sich weiter mit der Parität (Zeng Yi et al. 1993; The Economist 19. Dezember 1998).

Das männliche Geschlecht hat in den fast allen Gesellschaften in allen Lebensaltern eine höhere Sterbewahrscheinlichkeit als das weibliche. Nur dort, wo die medizinische Versorgung sehr schlecht und die Zahl der Schwangerschaften sehr hoch ist, kann die weibliche Sterbewahrscheinlichkeit in den reproduktionsintensiven Lebensjahren über der der Männer liegen. An der Übersterblichkeit der Männer sind biologische wie soziokulturelle Faktoren beteiligt. Die größere Häufigkeit vieler schwerer vererbter oder vorgeburtlich verursachter Krankheiten beim männlichen Geschlecht weisen auf eine biologische Komponente hin. Die soziokulturelle Komponente zeigt sich darin, dass besonders gesundheits- oder unfallgefährdete Berufe meist von Männern ausgeübt werden. Männer sind im Krieg wie im Frieden physisch aggressiver als Frauen und sind auch häufiger das Opfer von physischer Aggression oder Risiken in Sport und Verkehr. Durch die Entwicklung der Medizin und der technischen Gestaltung der Arbeitsplätze werden die geschlechtsspezifischen Sterbewahrscheinlichkeiten, und damit auch die altersspezifischen Sexualproportionen beeinflusst. Die Senkung der Säuglings- und Kleinkindersterblichkeit oder die Minderung von Gesundheitsrisiken in Industrie, Landwirtschaft und Verkehr senken überproportional die Sterblichkeit des männlichen, Fortschritte in der Geburtshilfe senken die Sterblichkeit des weiblichen Geschlechts und verändern jeweils ab dem entsprechenden Lebensalter die altersspezifischen und damit in der Bilanz auch die allgemeinen Sexualproportionen der fraglichen Bevölkerungen.

Tab. 1: Sexualproportion der Gesamtbevölkerung ausgewählter Länder

	Sexualproportion	Jahr
Indien	107	1995
Pakistan	113	1995
Bangladesh	106	1995
China	106	1995
Mali	99	1995
Brasilien	99	1995
USA	97	1995
Russland	88	1995
Schweden	98	1996
Deutschland	95	1996

(Quelle: Statistisches Jahrbuch Bundesrepublik Deutschland 1998)

In nationalen wie internationalen Wanderungsströmen findet man häufig Sexualproportionen, die sowohl von den Sexualproportionen des Herkunfts- wie Aufnahmelandes oft erheblich abweichen. In der Alters- und Geschlechtsverteilung wird in Umrissen auch die Einwanderungspolitik der betreffenden Länder sichtbar: etwa wo bevorzugt einzelne Arbeitskräfte oder wo ganze Familien ins Land gelassen werden; ob das Land mehr an wenig oder an hoch qualifizierten Arbeitskräften interessiert ist.

Kleinräumige Veränderungen der Sexualproportion durch Wanderungen ergeben sich vor allem dann, wenn Personen, die entweder noch nicht oder nicht mehr einen Ehepartner haben, einem größeren oder kleineren Wanderungsrisiko als Ehepaare unterliegen. Beispiele sind etwa Gegenden mit militärischen Einrichtungen, Arbeitslager, Arbeitsstätten mit extremen Belastungen, Universitäten (sofern die Sexualproportion der Studenten nicht der der Gesamtbevölkerung entspricht) oder aber die Konzentration von Einpersonenhaushalten sowohl von jüngeren wie älteren Frauen in zentralen Gebieten von Großstädten.

1.1.3 Gliederung nach Alter

Anders als beim Geschlecht wirft die Erhebung des Alters erhebliche definitorische wie technische Probleme auf. Üblicherweise ist das Alter einer Person die Zahl der seit ihrem Geburtstag verstrichenen Jahre, bei kleinen Kindern wird man weiter noch nach Monaten, Wochen und Tagen unterscheiden.

Die Empfehlungen der Vereinten Nationen definieren Alter als „the estimated or calculated intervall of time between the date of birth and the date of the census, expressed in completed solar years" (UN 1980: 74). Im 19. Jahrhundert und in Ostasien bis in die jüngste Vergangenheit waren gelegentlich andere Definitionen üblich (Saw 1967), dies hat jedoch keine praktische Bedeutung mehr.

Man kann eine Bevölkerung in Altersklassen aufteilen, wobei diese Altersklassen je nach Fragestellung als 1-Jahres, 2-Jahres, 5-Jahres, 10-Jahresklassen definiert werden können. Eine Einteilung nach 1-Jahresklassen enthielte etwa für die Klasse der 32-Jährigen alle Individuen der betreffenden Bevölkerung, seit deren Geburt bis zum Stichtag mindestens 32, aber noch nicht 33 Jahre verstrichen sind. Die Altersklasse der 30–34jährigen enthält alle Personen, seit deren Geburt mindestens 30, aber noch nicht 35 Jahre vergangen sind. Der Altersaufbau einer Bevölkerung ist die vollständige Verteilung einer Bevölkerung auf eine gewählte Altersklasseneinteilung.

Für viele Fragestellungen wird man eine Ein-Jahreseinteilung zumindest über einen Teil der Bevölkerung wählen, etwa wenn man gewisse Schwellenalter betrachtet – etwa Beginn der Schulpflicht, der Wehrpflicht, des Mindestheiratsalters, oder der Pensionierung. Oder man fasst große Altersgruppen zusammen: z. B. 6–18 (Schulpflicht), 15–49 (reproduktive Spanne bei Frauen), 15–65 (Alter der Erwerbstätigkeit).

Für bestimmte Fragestellungen kann man dann alle Personen in diesen Altersgruppen auf den Rest oder die gesamte Bevölkerung beziehen. So kann man etwa alle Personen vor ihrem 15ten und nach ihrem 65ten Geburtstag (die noch nicht oder nicht mehr erwerbstätig sind) auf die restliche Bevölkerung im Alter zwischen diesen beiden Geburtstagen beziehen, und diesen Quotienten als Abhängigkeitsquote definieren:

$$\frac{P_{0,14}+P_{65+}}{P_{15,64}} \cdot 100 \qquad (4)$$

wobei $P_{x,x+n}$ die absolute Zahl der Personen bezeichnet, die sich in der Altersklasse zwischen x und x+n Jahren befindet. Diese Quote trägt ihren Namen, weil von häuslicher Versorgung bis hin zur Erwerbstätigkeit die Jungen und die Alten von den Erwachsenen zwischen 15 und 65 abhängig sind. Nach Definition ist die Abhängigkeitsquote eine Nicht-Expositions-Quote.

Man kann diese Abhängigkeitsquote aufspalten in die Jugend-Abhängigkeitsquote und in die Alters-Abhängigkeitsquote. Ein Blick in Abb. 2 zeigt, dass die Jugend-Abhängigkeitsquote auch in entwickelten Industrieländern noch den größeren Anteil an der gesamten Abhängigkeitsquote ausmacht. Häufig verwendete Synonyma sind: Gesamt/Jugend/Altenlastquote.

Für die Zukunft sind für eine Reihe von Industrieländern freilich deutliche Änderungen in Sicht. In allen Industrieländern nehmen die vor Eintritt ins Erwerbsleben im Erziehungswesen verbrachten Lebensjahre zu. Gleichzeitig ist in vielen Industrieländern die Erwerbstätigkeit jenseits des 60. Lebensjahres erheblich zurückgegangen. Es mag daher für solche Gesellschaften realistischer sein, die Erwerbsbevölkerung durch die Altersspanne 20–59 Jahre zu definieren, statt 15–65. Entsprechend ändern sich die Definitionen und Zahlenwerte für die Jugend-, Alters- und Gesamtabhängigkeitsquote. Die mit der Altersspanne 20–59 Jahre definierte Abhängigkeitsquote betrug 1995 in Deutschland 74.7%, die Jugend-Abhängigkeitsquote 37.8% und die Alters-Abhängigkeitsquote 36.9%.

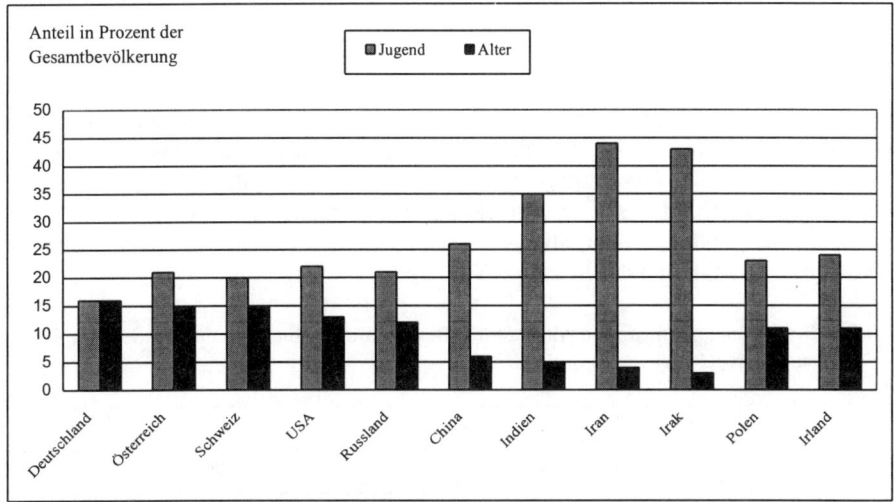

Abb. 2: Anteile von Jugend (0–15) und Alter (65+) an der Gesamtbevölkerung 1995/96

(Quelle: Statistisches Jahrbuch Bundesrepublik Deutschland 1998)

Die Vergleichbarkeit und Aussagekraft solcher Quoten steht und fällt natürlich damit, wieweit in der demographischen Struktur auch eine ökonomische Abhängigkeitsstruktur zum Ausdruck kommt. In Industrieländern etwa ist ein viel größerer Teil junger Menschen auch jenseits des 15. oder 20. Lebensjahres unverändert ökonomisch abhängig, auf der anderen Seite scheidet in diesen Ländern ein größerer Teil der überlebenden Erwerbspersonen bereits vor dem 65. Lebensjahr aus dem Erwerbsleben aus als in unterentwickelten Ländern.

Neben den Abhängigkeitsquoten wurden in der Literatur noch eine Reihe anderer Maße vorgeschlagen, um einen vorgelegten Altersaufbau jeweils in einer Maßzahl beschreiben, und somit vergleichbar machen zu können. Hier bieten sich als Maße der zentralen Tendenz an: arithmetisches Mittel und Median. Der Modalwert des Alters – die am stärksten besetzte Ein-Jahres-Altersklasse einer Gesellschaft – ist offensichtlich ungeeignet. In allen Gesellschaften, in denen die Zahl der Geborenen nicht abnimmt, wäre er stets Null. Gegen das arithmetische Mittel lässt sich vorbringen, dass es die offenkundige Schiefe der Verteilung hin zu den jüngeren Jahrgängen unzureichend widerspiegelt, und dass sich überdies aus Aggregatdaten das arithmetische Mittel schlecht berechnen lässt, wenn der Altersaufbau relativ grob gegliedert ist und mit einer offenen Kategorie (z. B. 65+ oder 75+ Jahre) endet. Diese Verhältnisse liegen bei vielen demographischen Verteilungen vor.

Der Median ist gegenüber Variationen in Extrembereichen robuster, ist aus Aggregatdaten leichter zu berechnen und ist deshalb für den Altersaufbau das bevorzugte Maß der zentralen Tendenz. Berechnet wird der Altersmedian Md aus Aggregatdaten nach der Formel:

$$Md = \min(P_m) + \frac{N - 2\sum P_z}{2} \cdot \frac{V}{P_m} \qquad (5)$$

N ist die Gesamtzahl der Bevölkerung; $\sum P_z$ ist die Zahl der Individuen in den z-ten Altersklassen (z < m); P_m ist die Zahl der Individuen in der Altersklasse, die das mediane Individuum der Gesamtbevölkerung nach dem Alter enthält; V ist das als geschlossen gedachte Intervall der Altersklasse P_m in ganzen Jahren; und $\min(P_m)$ ist die untere Grenze dieses Intervalls. Als Beispiel wählen wir die Altersverteilung der Bevölkerungen Mali und der Schweiz (Tab. 2):

Tab. 2: Berechnung des medianen Alters für die Bevölkerung Mali (1990) und der Schweiz (1987) aus Aggregatdaten

Altersklassen	Bevölkerung in Tausend	
	Mali	Schweiz
0–14	5.120	1.247
15–29	2.832	1.396
30–44	1.590	1.687
45–64	978	1.688
65 und mehr	276	1.044
insgesamt	11.469	7.263

(Quelle: United Nations Demographic Yearbook 1998)

Eingesetzt in Formel (5) ergeben sich folgende Werte:

Mali: $5 + \dfrac{614.5}{2832} \cdot 15 = 18.26$ Jahre

Schweiz: $30 + \dfrac{988.5}{1687} \cdot 15 = 38.79$ Jahre

Der solchermaßen berechnete Altersmedian ermöglicht eine Klassifizierung von Bevölkerungen als „jüngere", „mittlere" (Median zwischen 20 und 30) und „ältere" Bevölkerungen.

Neben der bereits erwähnten Abhängigkeitsquote werden noch der Anteil der Kinder an der Gesamtbevölkerung

$$\dfrac{P_{0,14}}{P} \cdot 100 \tag{6}$$

oder der Anteil der Alten an der Gesamtbevölkerung

$$\dfrac{P_{65+}}{P} \cdot 100 \tag{7}$$

oder aber die Proportion der Alten zu den Jungen

$$\dfrac{P_{65+}}{P_{0,14}} \cdot 100 \tag{8}$$

als Maßzahlen zur Beschreibung des Altersaufbaus einer Bevölkerung herangezogen. Es wurden verschiedene Streuungsmaße von Altersverteilungen ebenso wie Indizes zur Beschreibung unterschiedlicher Altersstrukturen vorgeschlagen, die sich jedoch allesamt nicht als demographische Standardmaße haben durchsetzen können, und die deshalb hier auch nicht beschrieben werden.

Es zeigt sich, dass die Fülle der Informationen, die in dem Altersaufbau einer Bevölkerung steckt und die aus unanschaulichen Zahlenkolonnen schlecht abgelesen werden kann, am besten aus geeigneten graphischen Darstellungen abgeschöpft werden kann. Zwei solche Darstellungsformen sind vor allem zu erwähnen, nämlich das Zeitreihendiagramm und die Alterspyramide.

Das Zeitreihendiagramm stellt die Altersverteilungen einer Bevölkerung (aus graphischen Gründen meist in relativ grober Gliederung) zu mehreren Zeitpunkten dar. Aus Abb. 3 kann man beispielsweise für Deutschland 1870–1990 die Zunahme des Anteils der älteren und die Abnahme der jüngeren Jahrgänge ersehen, eine der großen politischen Herausforderungen aller Industriegesellschaften (Enquetekommission Demographischer Wandel 1994 mit ausführlichem Literaturverzeichnis).

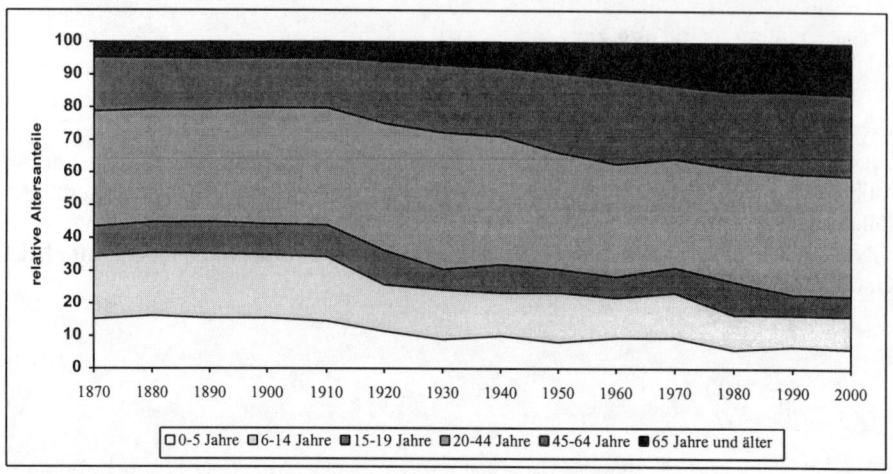

Abb. 3: Altersstruktur Deutschland 1870–2000 (Projektion)

(Quelle: Statistisches Bundesamt 1972; Statistisches Jahrbuch Deutschland 1984, 1992,1998)

Die Alterspyramide, jedem Zeitungsleser vertraut, ist die sicherlich bekannteste graphische Darstellung demographischer Sachverhalte überhaupt. Sie verbindet die Gliederung einer Bevölkerung nach dem Alter mit ihrer Gliederung nach dem Geschlecht. Diese Form graphischer Darstellung trägt ihren Namen, weil unter den Bedingungen einer gleich bleibenden Zahl von Geburten und gleich bleibenden Sterbewahrscheinlichkeiten in den einzelnen Altersklassen sich diese kombinierte Alters- und Geschlechtsgliederung einer Bevölkerung als eine Pyramide darstellt. Aus der allgemeinen Form der Pyramide sowie aus lokalen Abweichungen lassen sich wichtige Informationen über die Struktur und die Dynamik einer Bevölkerung gewinnen (Abb. 4). Die Besetzung der Altersklassen kann entweder in absoluten (als in Tausend Personen) oder relativen (als prozentuale Anteile an der Gesamtbevölkerung) Größen angegeben werden. Die Form der Pyramide ergibt sich durch die relativen Geburten- Sterbe- und Wanderungszahlen in den einzelnen Altersklassen im Verlauf der Jahre. Bei gleich bleibenden Zahl der Geburten muss sich, da die Todesfälle pro Altersklasse jenseits der frühesten Lebensjahre mit zunehmendem Alter relativ zunehmen, eine konvexe Pyramidenform ergeben. Dieser Effekt kann neutralisiert oder in eine konkave Pyramidenform verwandelt werden, wenn über mehrere Jahre hin die relative Zahl der Geburten zunimmt. Nimmt die absolute Zahl der Geburten ab, so kann die Pyramide zur Spindel werden. Die erste Altersklasse ist nicht mehr die am stärksten besetzte.

Aus realen Bevölkerungspyramiden lassen sich geburtenschwache wie geburtenstarke Jahrgänge, vorzeitiger Tod – meist durch Krieg – und auch Migrationsprozesse und damit die gesamte Bevölkerungsgeschichte der letzten Generationen ablesen.

Die Maßzahlen der Bevölkerungsstatistik

In wirtschaftlichen oder politischen Erschütterungen fallen die Geburtenzahlen manchmal rapide ab, um sich wenige Jahre später etwas zögernder zu erholen, was sich in markanten Marken in der Alterspyramide über das ganze folgende Jahrhundert festschreibt. Beispiele hierfür in Deutschland sind der Geburtenrückgang während des ersten Weltkriegs, der Weltwirtschaftskrise, gegen Ende des zweiten Weltkriegs, und – auf dem Boden der ehemaligen DDR – nach der Wiedervereinigung 1990. In den statistischen Jahrbüchern der meisten Staaten finden sich Beispiele für Alterspyramiden in absoluten und relativen Größen.

Abb. 4: Typen von Alterspyramiden

Werden durch medizinischen Fortschritt oder Verbesserung der Ernährung und Hygiene die Sterbefälle vor allem in den jüngeren Jahrgängen gesenkt, so wie dies in den Industrieländern im dritten Drittel des letzten Jahrhunderts der Fall war, so wird die Alterspyramide in den jüngeren Altersgruppen steiler werden, der Anteil alter

Personen wird relativ sinken, auch wenn deren Sterblichkeitswahrscheinlichkeit nicht zunimmt. Bei relativer Ab- oder Zunahme der Zahl der Frauen im gebärfähigen Alter werden auch die Geburtenzahlen und damit die Besetzungen der unteren Altersklassen schwanken, auch wenn die Gesamtzahl der Kinder, die eine Frau in diesen Bevölkerungen im Laufe ihres Lebens gebären wird, unverändert bleibt.

Es wurden Indizes zur Beschreibung und zum Vergleich von Alterspyramiden entwickelt, die aussagekräftiger sein sollen als Maße der zentralen Tendenz. Von Coulson (1968) wurde ein Index vorgeschlagen, dessen Wert einfach die Steigung der Regressionsgeraden des prozentualen Anteils einer Altersklasse von der Gesamtbevölkerung auf das Alter ist (genau: der Absolutbetrag des unstandardisierten beta-Gewichts der Regression). Es wurden in der Literatur noch andere Indizes für den Altersaufbau vorgeschlagen (Birdsall 1980; Forrest, Johnston 1981). Nicht überraschend ist, dass sich bei sehr unterschiedlichen Alterspyramiden gleiche, aber auch bei ähnlichen Alterspyramiden deutlich verschiedene Indexwerte ergeben können. Für Einzelfallstudien mögen solche Indizes nützlich sein. Bezweifelt werden muss, ob für den Vergleich sehr unterschiedlicher Altersstrukturen solche Indizes gegenüber dem medianen Alter einen Vorteil bieten.

Migranten haben nicht nur im Regelfall eine von der Altersstruktur der Herkunfts- wie der Zielländer abweichende Altersgliederung; oft haben sie eine vom Durchschnitt der Herkunfts- wie Zielbevölkerung abweichende – meist: darüberliegende – Fruchtbarkeit. Auch spiegelt die Altersstruktur von Einwanderern viele Jahre lang das zeitliche Muster und damit auch die Ursachen des Einwanderungsprozesses wider. Instruktive Beispiele hierzu finden sich etwa in Bähr et al. (1992: 631).

Für bestimmte Fragestellungen kann noch ein anderer Typ der Alterspyramide zur Anwendung kommen, nämlich eine Geschlechtsexzess-Alterspyramide, wie Abb. 5 für Österreich im Jahresmittel 1995 zeigt.

Im gleich bleibenden Exzess der Männer bis nach dem 45. Lebensjahr oder noch länger wird man die Erfolge der modernen Medizin erblicken, im großen Exzess der Frauen, der bis ins 80. Lebensjahr zunimmt, die eher sozial begründete Übersterblichkeit der Männer im Erwachsenenalter (gesundheitsschädliche Arbeit; gesundheitsschädliche Lebensweise – Alkohol, Nikotin, Krieg) erkennen. Die Abnahme des Frauenexzesses ab dem 80. Lebensjahr ist, da diese Alterspyramide absolute, keine relativen Zahlen enthält, Folge der abnehmenden absoluten Besetzung dieser Altersklassen, nicht einer sich wieder erhöhenden Sexualproportion. Eine Darstellung des altersspezifischen Geschlechtsexzesses in relativen Zahlen unterschlüge andererseits die unterschiedliche Besetzung der Altersklassen: ein über die benachbarten weiter hinausragender Balken könnte in Wahrheit einem geringeren absoluten Exzess gegenüber den benachbarten Altersklassen entsprechen. Offenkundig kann eine Geschlechtsexzess-Alterspyramide nur in Verbindung mit der Standard-Alterspyramide der betreffenden Gesellschaft eindeutig interpretiert werden.

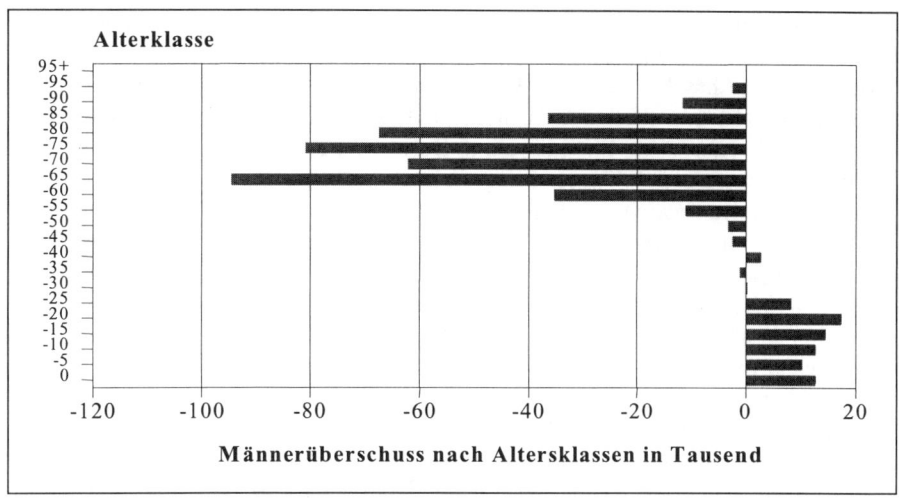

Abb. 5: Geschlechtsexzess Alterspyramide Österreich, Jahresdurchschnitt 1995

(Quelle: Statistisches Jahrbuch Österreich 1996)

1.1.4 Gliederung nach dem Familienstand

In allen Gesellschaften geschieht die Geburt der meisten Kinder in auf Dauer angelegten Partnerschaften. In allen Gesellschaften findet sich deshalb auch die Einrichtung der Ehe als einer institutionalisierten, mit besonderen Rechten ausgestatteten Lebens- und Wirtschaftsgemeinschaft eines heterosexuellen Paares, die in ihrem Kern eine auf Dauer angelegte Fortpflanzungsgemeinschaft ist; die hieraus entspringenden Regelungen treffen deshalb auch auf solche verheirateten Paare zu, die keine Fortpflanzungsgemeinschaft sein wollen oder können.

Auch in solchen Ländern, in denen ein beträchtlicher Teil der Kinder nicht in legalen Ehen zur Welt kommt, kommen viele dieser Kinder in langfristigen Bindungen zur Welt, die sowohl von den Beteiligten wie auch vom Staat teils in bewusster Abgrenzung, teils in bewusster Angleichung an die legale Ehe definiert werden, ebenso wie der Status von nicht in legalen Ehen geborenen Kindern vom Gesetzgeber überall nicht selbstständig, sondern in Angleichung und Abgrenzung gegenüber dem Status ehelicher Kinder definiert wird. Aus dieser zentralen Bedeutung der Ehe für die Fortpflanzung ist es gerechtfertigt, Eheschließung und Ehetrennung als Bestandteil der fundamentalen Bevölkerungsdynamik mit zu erheben. Während Lebensbeginn und Lebensende Ereignisse sind, die jedermann genau einmal betreffen, wird die Messung der Ehedynamik dadurch kompliziert, dass es hier mehrere Zustände gibt, in die man einmal oder mehrmals ein- und austreten kann, aber nicht muss.

In vielen Ländern der Erde (Lateinamerika, Afrika) lebt ein großer Teil der Paare in auf Dauer angelegten informellen Verbindungen; in Nordamerika und Europa hat sich das Zusammenleben unverheirateter Paare als eine Vorform oder Variante einer normalen Ehe ebenfalls sozial etabliert. So wichtig die Erforschung der Unterschiede zwischen Ehen und freien Verbindungen ist, für die demographische Messung stellen sich beide als gleich dar (Beziehen und Verlassen einer gemeinsamen Wohnung als Äquivalente von Eheschließung und Eheauflösung) und werden hier auch gleich behandelt werden. Ebenso spielen die Unterschiede zwischen Scheidung und (rückwirkender) Annullierung einer Ehe hier keine Rolle (in beiden Fällen ist hier das entscheidende Ergebnis gleich: das Recht zur Wiederverheiratung).

Die üblichen Kategorien des Familienstandes sind ledig = noch nie verheiratet, verheiratet, verwitwet, geschieden; gegliedert nach Alter und Geschlecht. Für genauere Untersuchungen wird man nach der Zahl der Ehen, Scheidungen, Verwitwungen unterscheiden. Solche Informationen werden aber meist nur in Befragungen Stichproben an erhoben. Es liegt auf der Hand, welche Bedeutung das Alter und das Geschlecht für die Wahrscheinlichkeit hat, dass eine zufällig herausgegriffene Person einer Bevölkerung sich in einer dieser Kategorien befindet. In jeder bekannten Bevölkerung sind Ehefrauen im Schnitt etwas jünger als ihre Ehemänner; der durchschnittliche Altersabstand unterliegt allerdings von Gesellschaft zu Gesellschaft Schwankungen, wobei als Faustregel gilt: je älter die Partner bei der Heirat, desto größer ist der durchschnittliche Altersabstand – man betrachte etwa die Werte für alle in Westdeutschland 1989 geschlossenen Ehen (Abb. 6):

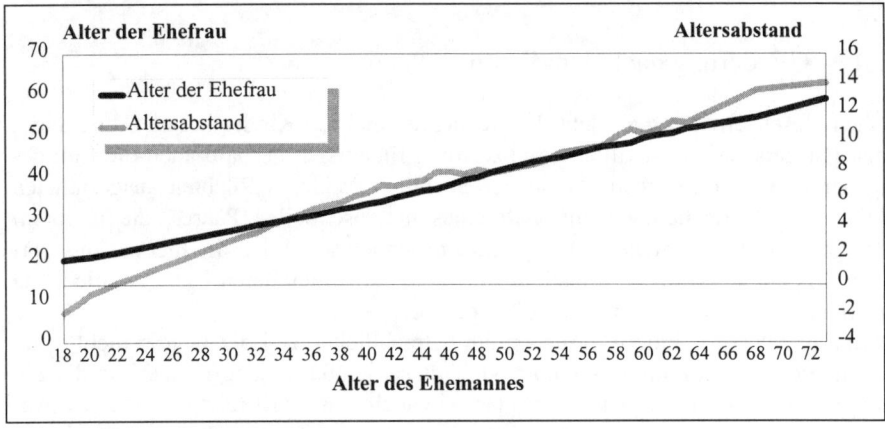

Abb. 6: Altersabstand der Ehepartner bei der Heirat, West-Deutschland 1989

(Quelle: Statistisches Bundesamt 1989, eigene Berechnungen)

Das häufigere Geschlecht wird, unter Berücksichtigung des Altersabstands der Ehepartner, den höheren Anteil nicht-verheirateter Personen aufweisen: der Anteil unverheirateter Männer wird in jüngeren Jahrgängen in den jeweiligen Altersklassen größer, in älteren Jahrgängen (in Deutschland 1992 etwa ab 45 Jahren) niedriger sein als der unverheirateten Frauen. Dies ist eine Folge des Altersabstands von Ehepartnern und der Sexualproportion in diesem Lebensalter.

Aus dem Gesagten folgt, wie wenig sinnvoll es ist, die Familienstandsgliederung einer Bevölkerung ohne Berücksichtigung der Alters- und Geschlechtsstruktur anzugeben. In den meisten Entwicklungsländern ist in allen Altersklassen der Anteil verheirateter Personen mindestens gleich groß wie in Industrieländern; wegen der relativ stärkeren Besetzung der Erwachsenenaltersklassen ist jedoch die globale Verheiratetenquote in Industrieländern in der Regel höher.

Ein indirektes Maß der Gliederung der Bevölkerung im fruchtbaren Alter nach dem Familienstand ist der Anteil der unehelichen Geburten an der Gesamtzahl der Geburten, d. h. der Anteil unverheirateter Mütter an der Gesamtzahl der Mütter. Es ist ein Indiz für den tief greifenden Wandel der Institution der Ehe in Industrieländern, dass von 1960 bis 1990 in den USA der Anteil unehelicher Geburten von 5% auf 27%, in Frankreich von 6% auf 28%, in Großbritannien von 5% auf 27%, in Schweden von 11% auf 52%, in Island von 25% auf 57%, in Westdeutschland von 6% auf 10% gestiegen ist (Pohl 1992; The Economist 30. März 1996: 34).

1.1.5 Gliederung nach Kinderzahl

Der Aussagewert von Verteilungen der Kinderzahl ist begrenzt, wenn nicht zugleich auch die Altersverteilung von Müttern und Vätern ebenso wie die der Kinder in den jeweiligen Merkmalsklassen bekannt ist. Sind diese Verteilungen bekannt, so macht andererseits die Bündelung dieser mehrdimensionalen Verteilungen in einigen wenigen Kennzahlen Schwierigkeiten. Dennoch liefert die Gliederung der erwachsenen Bevölkerung nach der realisierten Kinderzahl = Familiengröße Einsichten in unterschiedliche Fortpflanzungsbiographien und Lebensplanungen in unterschiedlichen Kontexten, wie sie in dieser Durchsichtigkeit von Ereignismaßen der Fruchtbarkeit nicht ersetzt werden können. Dies gilt in verstärktem Maße für entwickelte Industriegesellschaften, in denen ein großer Teil der Frauen ihre Fruchtbarkeit effizient kontrolliert, in denen also etwa ab dem 25. Lebensjahr die Zahl der bereits geborenen Kinder die zukünftige Fruchtbarkeit einer Frau statistisch besser vorhersagt als das Alter dieser Frau. Von besonderem Interesse ist die Verteilung der Kinderzahl in der Altersgruppe der 45–50 jährigen Frauen, deren reproduktive Biographie abgeschlossen ist, in der andererseits aber eine mit der – abgeschlossenen – Fruchtbarkeit korrelierende differentielle Mortalität eine geringe Rolle spielt. Tabelle 3 enthält die Verteilungen der Familiengröße für 45–50 jährige Frauen für verschiedene Länder.
Ein aufschlussreiches Maß zur Beschreibung und zum Vergleich solcher Verteilungen ist die Paritäts-Progressions-Quote (PPQ$_k$), die die Zahl aller Frauen mit mindestens k+1 Kindern auf die Zahl aller Frauen mit mindestens k Kindern bezieht. Diese Quote drückt bei gleich bleibenden Fruchtbarkeitsraten die bedingte Wahrscheinlichkeit aus, dass eine Frau der beobachteten Bevölkerung, die bereits k Kinder geboren hat, mindestens noch ein weiteres Kind zur Welt bringen wird. Berechnet wird die Paritäts-Progressions-Quote nach der Formel:

$$PPQ_k = \frac{p_{k+1} + p_{k+2} + \cdots}{p_k + p_{k+1} + \cdots} = \frac{\sum_{i=0}^{\infty} p_{k+1+i}}{\sum_{i=0}^{\infty} p_{k+i}} \tag{9}$$

Tab. 3:   Verteilungen der Familiengröße für 45–50 jährige Frauen (auf 1.000)

Zahl der geborenen Kinder	0	1	2	3	4	5	6+	mittlere Kinderzahl
Luxembourg	89	240	342	189	77	34	29	2.17
Ungarn	110	270	391	138	48	19	25	1.94
Tschechoslowakei	67	170	426	207	71	28	28	2.24
Ruanda	20	17	21	29	43	66	803	10.03
Singapur	24	57	109	141	152	138	379	5.80
Paraquay	66	71	87	91	89	84	492	6.65

Zahlen aus Censen 1978–82

(Quelle: United Nations Demographic Yearbook 1986; Feeney, Lutz 1991)

wobei p_k der Anteil der Frauen mit genau k Kindern ist. Die Paritäts-Progressions-Quote ist eine echte Expositions-Quote. Ein Verteilung der Kinderzahl kann als Folge von Paritäts-Progressions-Quoten beschrieben werden. Die nach Formel (9) berechneten PPQ_k aus Tab. 3 finden sich in Tab. 4:

Tab. 4:   Paritäts-Progressions-Quoten für 45–50 jährige Frauen (auf 1.000) (Zahlen aus Tab. 3)

Paritäts-Progressions-Quoten	PPQ_0	PPQ_1	PPQ_2	PPQ_3	PPQ_4	PPQ_5	mittlere Kinderzahl
Luxembourg	911	736	490	424	449	461	2.17
Ungarn	890	697	370	399	475	564	1.94
Tschechoslowakei	933	814	439	380	439	499	2.24
Ruanda	982	982	978	969	953	924	10.03
Singapur	976	946	881	826	772	733	5.80
Paraquay	933	923	897	880	867	854	6.65

Zahlen aus Censen 1978–82

(Quelle: United Nations Demographic Yearbook 1986; Feeney, Lutz 1991)

In manchen entwickelten Gesellschaften (hier: Luxembourg, Ungarn, Tschechoslovakei) ist die Paritäts-Progressions-Quote bei Frauen mit abgeschlossener Kinderzahl bimodal verteilt (Abb. 7 und 8) mit einer intermediären Senke bei 3–4 Kindern. In einer solchen bimodalen Verteilung der Paritäts-Progressions-Quote drückt sich oft die Existenz von – mindestens – zwei Typen von Familienplanungen in der betreffenden Bevölkerung aus: die eine strebt nach zwei Kindern, bei guten Rahmenbedingungen eventuell nach dreien; die andere strebt nach deutlich mehr Kindern. Die Länder Ruanda, Paraquay, Singapur zeigen dagegen monoton abfallende PPQ Werte.

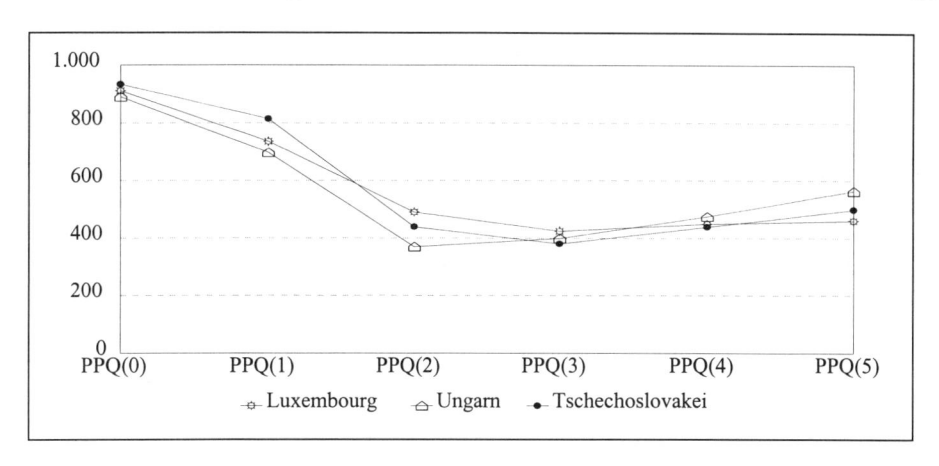

Abb. 7: Paritäts-Progressions-Quoten für 45–50-jährige Frauen (1.000), Länder mit intermediärer Absenkung, Censusdaten 1978–82 (Tab. 4)

(Quelle: United Nations Demographic Yearbook 1986; Feeney, Lutz 1991)

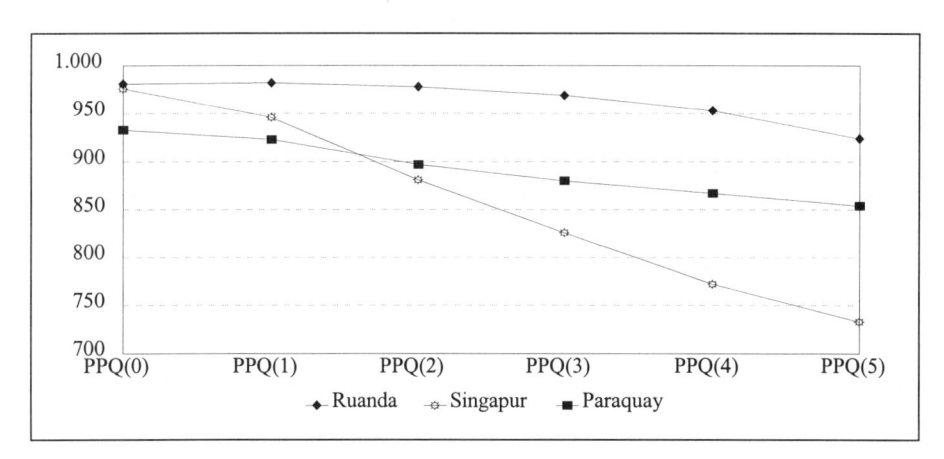

Abb. 8: Paritäts-Progressions-Quoten für 45–50-jährige Frauen (1.000), Länder ohne intermediäre Absenkung, Censusdaten 1978–82 (Tab. 4)

(Quelle: United Nations Demographic Yearbook 1986; Feeney, Lutz 1991)

Zeitreihen von Paritäts-Progressions-Quoten sind wichtige Instrumente zur Messung paritätsspezifischer Effekte von Veränderungen des sozioökonomischen Umfeldes der Fruchtbarkeit. Feeney und Lutz (1991) haben an solchen Zeitreihen für die ehemalige DDR im Zeitraum 1962–1985 den Effekt bestimmter familienpolitischer Maßnahmen auf die Fruchtbarkeitsentscheidungen der Bevölkerungen differenziert herausgearbeitet.

1.2 Ereignismaße

1.2.1 Allgemeines über Ereignismaße

Die Dynamik einer Bevölkerung wird mit Ereignismaßen erfasst; die Ereignisse können als Funktion diskret gemessener Zeit, also zu den Zeitpunkten t, t+1, t+2, t+3 ... oder als Funktion stetig gemessener Zeit beschrieben werden. Absolute Ereignismaße bezeichnen die Zahl einer Klasse von Ereignissen in einem bestimmten Gebiet – etwa die Zahl der Geburten oder der Heiraten als Funktion der Länge des Beobachtungszeitraums. In diskreter Zeitperspektive ist dieses Zeitintervall der Beobachtung begrenzt und festgelegt, in stetiger Zeitperspektive strebt es gegen Null.

Für eine ganze Reihe von Fragestellungen sind absolute Ereignismaße das Maß der Wahl, bei anderen Fragestellungen ist man jedoch mehr an relativen Ereignismaßen interessiert, die die Zahl tatsächlicher Ereignisse direkt oder indirekt auf die Zahl möglicher Ereignisse = Zahl der Risiken beziehen: dieses Maß heißt Rate. Während der Zähler in diesen relativen Ereignismaßen – die tatsächlichen Ereignisse im Verlauf des definierten Zeitraums – in der Theorie stets eindeutig bestimmt ist, so kann die Frage nach dem Nenner – ein direktes oder indirektes Maß möglicher Ereignisse – unterschiedlich beantwortet werden. Wieder bietet sich die Unterscheidung zwischen Expositions- und Nicht-Expositions-Maßen an.

Eine Expositions-Rate ist gegeben, wenn alle Fälle, die in den Nenner einer Rate eingehen, auch direkt dem Risiko des Ereignisses unterliegen, welches die Fälle im Zähler betrifft; und
wenn der Eintritt des Ereignisses den betreffenden Fall entweder auf Dauer oder wenigstens während des Beobachtungszeitraums aus der Risikopopulation (d. h. aus dem Nenner) entfernt.
In allen anderen Fällen relativer Ereignismaße liegt eine Nicht-Expositions-Rate vor.

Betrachten wir zunächst Ereignismaße in diskret-zeitlicher Perspektive; das absolute Ereignismaß hat dann allgemein die Form:

Zahl der Ereignisse E im Beobachtungszeitraum bezogen auf die Länge des Beobachtungszeitraums in Zeiteinheiten oder

$$\frac{E_{t,t+n}}{n} \tag{10}$$

wobei E die Zahl der Ereignisse im Beobachtungszeitraum (t,t+n) mit der Länge von n Zeiteinheiten sein soll. Dabei wird unterstellt, dass die Ereignisse auf den betrachteten Intervallen gleichverteilt sind, sodass die Messwerte mit verschiedener Länge des gewählten Beobachtungszeitraums einander proportional sind.

Um die Ereignishäufigkeit in verschieden großen Bevölkerungen zu vergleichen, wird man dieses absolute Maß jeweils auf die unter dem Risiko dieses Ereignisses Lebenden dieser Gesellschaften beziehen. Bei einer Expositions-Rate wird als das relative Ereignismaß $e_{t,t+1}$ definiert der Quotient aus der Zahl der Ereignisse $E_{t,t+1}$, die im Verlauf des gewählten Intervalls in dieser Population geschehen, und der Population von P_t Personen, die zu Beginn des betrachteten Zeitraums (t,t+1) am Leben sind, bezogen. An dieser Definition freilich ist systemwidrig, dass im Nenner streng genommen nicht die wahre Risikopopulation steht. Einige Personen wird vor Ablauf des Beobachtungszeitraumes das Ereignis betreffen und sind dann nicht mehr Teil der Risikopopulation.

Entfernt der Eintritt des Ereignisses eine Einheit aus der Population, so ist die Zahl der möglichen Ereignisse identisch mit der Risikopopulation. Letztere ist im diskret-zeitlichen Ansatz dann zu messen als die unter dem Risiko des Ereigniseintritts von allen Einheiten der betrachteten Population insgesamt verlebte Zeit im Beobachtungsintervall. Sind dies etwa Jahre, so bemessen sich die verlebten Zeiten für alle bis zum Ende des Intervalls Überlebenden – bei denen das Ereignis nicht eintrat – als volle Jahre, sowie für alle im Verlauf dieses Jahres Ausgeschiedenen – bei denen das Ereignis eintrat – jeweils als Bruchteile des vollen Jahres, entsprechend des genauen Ereignisdatums. Also sollte das relative Ereignismaß besser definiert werden als:

$$e_{t,t+1} = \frac{E_{t,t+1}}{\sum_{i=1}^{P_t} a_i} \qquad (11)$$

wobei $1 \leq i \leq E_{t,t+1} \leq j \leq P_t$, und a_i, a_j der Bruchteil des Jahres t ist, den die i-te Person durchlebt hat: für a_i ist dies $0 \leq a_i \leq 1$, für $a_j = 1$.

Weiß man nichts genaues über die zeitliche Verteilung der Ereignisse im Beobachtungszeitraum, oder ist diese Verteilung, wo bekannt, mathematisch zu unhandlich, so wählt man im konventionellen demographischen Modell einen Beobachtungszeitraum, der kurz genug ist, dass die Annahme einer Gleichverteilung der Ereignisse in diesem Zeitraum plausibel ist. Dann kann man diese Definition erheblich vereinfachen: es gilt $a_i = 1/2$ für alle $i < j$, und die Definition lautet nunmehr:

$$e_{t,t+1} = \frac{E_{t,t+1}}{\left(P_t - \frac{1}{2} E_{t,t+1}\right)} \qquad (12)$$

als relatives Ereignismaß. Betrachten wir nur Personen, die zu Beginn des Beobachtungszeitraums alle dem Risiko des Ereignisses unterlagen, so haben wir in Formel (12) nun eine diskrete Expositions-Rate.

Aus der Exposition-Rate lässt sich die Überlebensfunktion ableiten, d. h.: die absolute oder relative Zahl der Einheiten, bei denen sich das Risiko noch nicht manifestiert hat, in Abhängigkeit von der seit Beobachtungsbeginn verstrichenen Zeit.

Die Verteilungsfunktion F_ω der vom Zeitpunkt t = 0 bis zum Zeitpunkt t = ω eingetretenen Ereignisse und die dazu komplementäre Verteilungsfunktion S_z der bis zum Zeitpunkt t = z Überlebenden ergibt sich als:

$$F_z = \frac{\sum_{t=0}^{z} E_{t,t+1}}{P_o} \qquad (13)$$

$$S_z = 1 - F_z \qquad (14)$$

mit $F_0 = 0$ und $S_0 = 1$.

Der stetig-zeitliche Fall ergibt sich unmittelbar: sei f(t) die überall integrierbare Wahrscheinlichkeitsdichte des Ereignisses, dann ist:

$$\int_0^\infty f(t)\,dt = F(t)$$

die dazugehörige Verteilungsfunktion des Ereignisses. Entfernt der Eintritt des Ereignisses die betreffende Population aus der betrachteten Gruppe, so kann man eine zu F(t) komplementäre Verteilung der bis zum Zeitpunkt t = von den Personen der Gruppe verlebten Zeiteinheiten – ohne dass das Ereignis eintrat – definieren:

$$S(t) = 1 - F(t) \qquad (15)$$

S(t) ist die Überlebens- oder Survivalfunktion; sie gibt die Wahrscheinlichkeit an, mindestens bis zum Zeitpunkt t zu überleben.
Es ergibt sich als absolutes stetig-zeitliches Ereignismaß die 1. Ableitung der Überlebensverteilung:

$$S'(t) = (1 - F(t))' = -F'(t) \qquad (16)$$

und als relatives stetig-zeitliches Ereignismaß der Quotient aus der ersten Ableitung der Überlebensverteilung zur Zeit t und der Überlebensverteilung selbst zur Zeit t:

Die Maßzahlen der Bevölkerungsstatistik

$$u(t) = \frac{S'(t)}{S(t)} = -\frac{-F'(t)}{1-F(t)} \qquad (17)$$

Dieser Quotient u(t) ist die Hazardrate oder Übergangsrate und drückt das Risiko des Ereignisses oder des Übergangs exakt zum Zeitpunkt t aus.

So wie man in diskreter Zeitperspektive bei Unkenntnis der wahren Verteilung gerne die Annahme der Gleichverteilung der Ereignisse im betrachteten Intervall macht, welches man freilich dann besser nicht zu groß wählt, so unterstellt man in stetig-zeitlicher Perspektive in solchen Fällen eine konstante Hazardrate, woraus folgt, dass man als Überlebensverteilung eine Exponentialverteilung unterstellt:

$$u(t) = \frac{S'(t)}{S(t)} = -k \Leftrightarrow S(t) = e^{-kt}$$
$$\text{wegen } \frac{S'(t)}{S(t)} = \frac{-ke^{-kt}}{e^{-kt}} = -k \qquad (18)$$

Nun ist die Annahme einer konstanten Hazardrate bestenfalls über kürzere Intervalle akzeptabel, ebenso wie die Annahme der Gleichverteilung von Ereignissen nur in kurzen Intervallen akzeptabel ist.

Von großer praktischer Bedeutung ist eine Hybridmethode, die innerhalb vorgegebener Intervalle einen stetig-zeitlichen Prozess mit einer zeitabhängigen Überlebensfunktion unterstellt, also nicht versucht, aus Beobachtungsdaten zu bestimmten Zeitpunkten eine Überlebensfunktion über die gesamte Lebensdauer zu entwerfen und deren Parameter zu schätzen, sondern dies jeweils nur intervallweise anstrebt.

Die allgemeine Formel hierfür kann so abgeleitet werden: Das Zeitintervall (x,x+n) werde in k gleich große Sub-Intervalle $\Delta_1, \Delta_2, \ldots, \Delta_k$ unterteilt, innerhalb deren jeweils die Hazardraten $u_1, u_2, \ldots, u_k$ angenommen werden.

Dann gilt:

$$S_{x+\Delta_1} = S_x e^{-u_1 \Delta_1} \qquad (19)$$

oder allgemein

$$S_{x+\Delta_1+\ldots+\Delta_k} = S_x e^{-u_1 \Delta_1} e^{-u_2 \Delta_2} \ldots e^{-u_k \Delta_k} \qquad (20)$$

oder durch einfache Umformung

$$S_{x+\Delta_1+\ldots+\Delta_k} = S_x e^{-(u_1 \Delta_1 + u_2 \Delta_2 + \ldots + u_k \Delta_k)} \qquad (21)$$

Lässt man k, also die Zahl der gleich großen Sub-Intervalle im Intervall (x,x+n) gegen unendlich streben, so gilt:

$$\lim_{k\to\infty}\sum_{i=1}^{k} u_i \Delta_i = \int_x^{x+n} u(t)dt \qquad \text{mit} \sum_{i=1}^{k}\Delta_i = n \qquad (22)$$

und Formel (21) wird:

$$S_{x+n} = S_x e^{-\int_x^{x+n} u(t)dt} \qquad (23)$$

Die einfachste Annahme über u(t) ist natürlich wieder, dass u(t) = γ konstant ist, was zu der einfachsten Variante dieses Hybridansatzes führt:

$$S_{x+n} = S_x e^{-\gamma n} \qquad (24)$$

Bei einer genügend feinen Partitionierung des gesamten Beobachtungsraums – also etwa wenn man die Zahl der Todesfälle für eine große Zahl von Neugeborenen oder jungen Menschen nach einzelnen Jahren aufgeschlüsselt kennt, so ergeben sich aus der Anwendung von Formeln (12) und (23), oder diversen anderen vorgeschlagenen Überlebensfunktionen keine ins Gewicht fallenden Unterschiede, insbesondere wenn die berechneten Raten nicht über ca. 0.1 hinausgehen.

Kennt man aber die Zahl der Überlebenden jedoch nur in einigen wenigen, größeren Abständen, etwa nur im 10-Jahresabstand, so gibt es Unterschiede – hier muss dann eine begründete Auswahl aus den denkbaren Überlebensfunktionen in den Intervallen getroffen werden.

Am Ende des Abschnitts 1.2.3 werden einige der für die Überlebensfunktion im Intervall in der Literatur vorgeschlagenen Schätzmethoden kurz angeführt, die bei der Konstruktion von Sterbetafeln aus entsprechendem knappen Datenmaterial eine Rolle spielen. Ein vertieftes Eingehen auf solche Schätzmethoden liegt außerhalb des Rahmens dieses Kapitels. Alle Ereignisraten, ob nun diskret-zeitlich oder stetig-zeitlich definiert, werfen – manchmal für alle, manchmal für viele Klassen demographisch bedeutsamer Ereignisse – typischerweise folgende Probleme auf:

a) Zensierte Daten
Eine mit der Überlebensfunktion eng verbundene Messgröße ist die durchschnittliche Lebensdauer – oder allgemein: die durchschnittliche Wartezeit bis zum Eintritt des Ereignisses. Diese lässt sich exakt erst dann bestimmen, wenn es keine Überlebenden der Beobachtungsgruppe mehr gibt, oder aus sonstigen Gründen keine weiteren Ereignisse mehr stattfinden können. Häufig ist keiner der beiden Fälle gegeben, es

können also stets noch Ereignisse eintreten, und dennoch möchte man z. B. bereits Aussagen machen können über die Verteilung der gesamten Ereigniswahrscheinlichkeit – etwa in zwei miteinander verglichenen Populationen. Man hat es hier mit zensierten Ereignisdaten zu tun, genau: mit rechtszensierten Daten, da wegen der Rechtshändigkeit auch der meisten Mathematiker die Zeitachse in Koordinatendarstellung von links nach rechts zu verlaufen pflegt. (Kennt man die Ereignisverteilung vor einem bestimmten Zeitpunkt nicht, so spricht man von linkszensierten Daten). Es stellt sich also das Problem, Ereignishäufigkeiten außerhalb des Beobachtungszeitraums schätzen zu müssen. Dieses Problem führt unmittelbar auf das Nächste:

b) Die Gestalt der Überlebensfunktion

Für kein demographisch bedeutsames Ereignis ist die Annahme einer Gleichverteilung der individuellen Ereignisse bzw. einer konstanten Übergangsrate über mehr als 1–2 Jahre auch nur eine plausible Arbeitshypothese. Bei jeder Klasse solcher Ereignisse gibt es Lebensabschnitte, in denen sich das Ereignisrisiko auch in sehr kurzen Intervallen rasch ändert: das Sterberisiko in den ersten Lebensmonaten, das Heiratsrisiko nach Erreichen der Volljährigkeit, das Risiko, einen Arbeitsplatz zu erhalten, nach der Schulentlassung oder nach Erreichen des gesetzlichen Rentenalters. Aus der – diskret-zeitlichen – Annahme der Gleichverteilung der Ereignisse im Beobachtungsintervall folgt überdies – genau betrachtet – ein der Logik der Annahme zuwiderlaufender Anstieg des Ereignisrisikos gegen Ende des Beobachtungsintervalls, da eine gleich bleibende Zahl von Ereignissen in einer immer kleiner werdenden Risikopopulation eintritt.

Grundsätzlich kann mit der Tatsache, dass Überlebensfunktionen nicht von vornherein festgelegt sind, auch von Ereignis zu Ereignis vollkommen verschieden sein können, auf zweierlei Weise umgegangen werden.

Entweder man zerlegt den gesamten interessierenden Beobachtungszeitraum – etwa für die Sterblichkeit: das ganze Leben, für die Fruchtbarkeit der Frau: das Intervall zwischen dem 15. und dem 49. Lebensjahr – in genügend feine Intervalle und gibt für jedes Intervall eine konstante diskrete oder stetige Ereignisrate an. Man hat damit die Überlebensfunktion rein numerisch definiert. Oder aber man gibt eine Überlebensfunktion für den gesamten Beobachtungszeitraum algorithmisch mit bestimmten Koeffizienten an und schätzt diese Koeffizienten aus den Daten. Da die Überlebensfunktion nicht von vornherein gegeben ist, wird man versuchen, bestimmte Funktionen zu finden, die die empirische Überlebensfunktion des betreffenden Ereignisses gut produzieren; im Allgemeinen aber wird man die Wahl zwischen konkurrierenden Funktionen haben. Man braucht folglich nicht nur Verfahren zur Schätzung der Koeffizienten dieser Funktionen aus den Daten, sondern auch Kriterien zur Güte der Anpassung der solchermaßen geschätzten Funktionen an die Daten, um sich dann für eine der betrachteten Funktionen entscheiden zu können.

Hat sich eine solche theoretisch vorgegebene Überlebensfunktion empirisch bewährt, so wird man sie benutzen wollen, um die empirische Überlebensfunktion in einer konkreten Personengruppe vorherzusagen, die das Ende des interessierenden Beobachtungszeitraums noch gar nicht erreicht hat.

c) Konkurrierende Risiken

Alle bisherigen Erörterungen bezogen sich auf den Fall, dass es nur eine Art von Ereignissen gibt, dass ein Ereignis eine Person genau einmal trifft – wenn auch zu variierenden Zeitpunkten (mors certa, hora incerta) und diese Personen damit dauerhaft aus der Risikopopulation entfernt. Das einzige Ereignis, auf das diese Kriterien streng zutreffen, ist der Tod.

Bei allen anderen Ereignisklassen gibt es stets den Tod als konkurrierendes Risiko, bei vielen Ereignisklassen gibt es noch weitere konkurrierende Risiken: mit dem Ereignis Scheidung konkurrieren die Ereignisse Tod und Verwitwung; mit dem Ereignis Einbürgerung konkurrieren die Ereignisse Tod und Re-Emigration. Die Analyse konkurrierender Risiken wirft eine Reihe technischer Probleme auf; glücklicherweise addieren sich spezifische Ereignisrisiken: die Übergangsrate für das Risiko aus der Gruppe der Verheirateten auszuscheiden, ist gleich der Summe aus den Übergangsraten der spezifischen Risiken Scheidung, Tod des Ehepartners, eigener Tod.

d) Mehrfachereignisse

Die eigene Geburt und der eigene Tod treten genau einmal auf, alle anderen demographisch wichtigen Ereignisse können gar nicht, einmal oder mehr als einmal auftreten. Alle diese Ereignisse nehmen die betreffenden Personen meist auch nicht endgültig aus der betreffenden Risikogruppe heraus. Weiterhin gibt es nach den meisten für die Demographie wichtigen Ereignissen Sperrzeiten, die länger (Heirat, Geburt eines Kindes) oder kürzer (Umzug, Arbeitsplatzwechsel) sein können: diese Ereignisse können nicht beliebig oft im Beobachtungszeitraum bei einer Person auftreten.

Das Problem der Messung von Mehrfachereignissen kann man auf mehrfache Weise angehen. Entweder man definiert reihenfolge-spezifische Ereignisraten/Übergangsraten – erste, zweite, dritte ... Geburt, Heirat, Wanderung, Arbeitsstelle. Man hat dann keine Mehrfachereignisse mehr, dafür ein anderes Problem: man hat für jedes, nunmehr mit einem Reihenfolge-Index gekennzeichnetes Ereignis eine andere Risikopopulation mit einer anderen Überlebensfunktion. Ist die Zahl der bei einer Person zu beobachtenden Ereignisse gering und liegen diese auch noch zeitlich weit auseinander (Heiraten, Berufsabschlüsse), so wird man den bei dieser Vorgehensweise sich ergebenden Zwang zu einer getrennten Betrachtung erster, zweiter, dritter ... Ereignisse in Kauf nehmen.

Oder man definiert kumulative Ereignismaße (Gesamtzahl der Geburten, der Ehen, der Ortswechsel). Der Nachteil hier ist der Verlust aller Information über die Zeiten, zu denen diese Ereignisse eingetreten sind; nur bei vorheriger Kenntnis der Reihenfolge spezifischen Ereignisraten/Übergangsraten über den gesamten Beobachtungszeitraum können diese Informationen aus kumulativen Ereignismaßen rekonstruiert werden. Bei Einsatz multivariater Verfahren kommen noch weitere Vorgehensweisen in Betracht.

Ein weiteres Problem liegt darin, dass das Auftreten der einzelnen Ereignisse natürlich in der Realität nicht voneinander unabhängig ist. Zahl und Geburtsjahr bereits geborener Kinder etwa sind in entwickelten Gesellschaften stärkere Prädiktoren der

Wahrscheinlichkeit, dass etwa eine Frau im Intervall zwischen ihrem 35. und 36. Geburtstag ein Kind zur Welt bringen wird, als das Alter dieser Frau.

In den folgenden Abschnitten wird gezeigt werden, wie je nach Ereignisklasse mit den aufgelisteten Problemen umgegangen wird. Grundsätzlich gilt, dass die etablierte Praxis in der Demographie diskret-zeitliche Ereignismaße benutzt, wobei die Ereignisraten wie die Überlebensverteilungen rein numerisch für bestimmte Intervallgliederungen angegeben werden. Diskret-zeitliche Ereignisraten werden entweder unverändert wie in Formel (12) oder aber multipliziert mit 1.000 angegeben – die Dimension ist dann – „Ereignisse pro der von anfangs 1.000 Einheiten im Beobachtungszeitraum verbrachten Zeiteinheiten".

Die Verwendung stetig-zeitlicher Ereignismaße anhand algorithmisch angegebener Überlebensfunktionen mit Parameterschätzung – die entsprechenden statistischen Verfahren werden unter dem Begriff der Ereignisdatenanalyse zusammengefasst – ist ein rasch sich entwickelndes Gebiet, dessen Bedeutung auch für die Demographie nachhaltig zunehmen wird (Cox, Oakes 1984; Lancaster 1990; Courgeau, Lelievre 1992; Bogue et al. 1993, Blossfeld, Rohwer 1995). Obwohl auf stetig-zeitliche Ereignismaße immer wieder eingegangen werden wird, werden im Zentrum der Darstellung in diesem Kapitel jedoch die klassischen diskret-zeitlichen Maße stehen.

Nicht-Expositions-Raten sind, weil die Anwendung der an Expositions-Raten entwickelten Maschinerie auf sie rasch an offensichtliche Grenzen stößt, einfacher abzuhandeln. Teilweise sind Nicht-Expositions-Raten als Approximationen von Expositions-Raten konzipiert. Beispielsweise ist die rohe Sterberate die Gesamtzahl der Todesfälle eines Zeitintervalls, bezogen auf die Gesamtbevölkerung zur Intervallmitte. Da hierzu auch Personen gehören, die zum Intervallbeginn noch gar nicht geboren waren, ebenso wie solche Personen auch während des Intervalls sterben, liegt keine Expositions-Rate vor. Man unterstellt aber, dass sowohl die Hinzufügung von in der ersten Intervallhälfte geborenen Personen ebenso wie die Mitzählung von Todesfällen von während des gesamten Intervalls geborenen Personen keine andere Maßzahl ergebe, als wenn man nur solche Personen betrachtete, die zum Intervallbeginn am Leben waren, und fasst die solchermaßen definierte rohe Sterberate, die eine Nicht-Expositions-Rate ist, als Approximation der entsprechenden diskret-zeitlichen Expositions-Rate auf.

Teilweise sind Nicht-Expositonsraten aber auch schon vom Ansatz her nicht als Expositions-Raten konzipiert. Ein Beispiel ist die rohe Heiratsrate – Zahl aller Eheschließungen bezogen auf die Gesamtbevölkerung zur Jahresmitte, also einschließlich aller bereits Verheirateten.

Nicht-Expositions-Raten aufzustellen kann im Einzelfall durchaus sinnvoll sein. Praktisch immer aber begründet sich ihre Verwendung in einem Mangel an Daten über das wahre Expositionsrisiko und über unzureichende Kenntnisse über Größe und Struktur der Risikopopulation. Entsprechend ist die in ihnen enthaltene Information begrenzt.

Im Folgenden werden Ereignismaße der demographischen Fundamentalprozesse Geburt, Tod, Paarbildung, wobei aus systematischen Gründen Geburt in zwei Aspekte getrennt behandelt wird: als Geborenwerden und als Fruchtbarkeit.

1.2.2 Ereignismaße des Geborenwerdens

Ereignismaße des Geborenwerdens zerfallen in zwei voneinander deutlich verschiedene Untergruppen, die auch gänzlich verschiedenen Erkenntnisinteressen dienen.

Die Maße der ersten Gruppe sind Expositions-Raten, nämlich indem sie Lebendgeborene auf Gezeugte, beziehungsweise Lebendgeburten auf Schwangerschaften (Unterschied durch Mehrlingsgeburten!) beziehen.

Die Maße der zweiten Gruppe beziehen Geborene innerhalb eines bestimmten Zeitraums auf bereits existierende Menschen, sind also Nicht-Expositions-Raten. Die weitestverbreitete dieser Raten ist die rohe (unstandardisierte) Geburtenrate, die die Anzahl der in einem Kalenderjahr Lebendgeborenen auf die Bevölkerung des betrachteten Gebiets bezieht. In konventioneller Betrachtungsweise wird vereinfachend angenommen, dass Geburten über das Beobachtungsjahr hinweg gleichverteilt sind. Dann kann die rohe Geburtenrate ausgedrückt werden als die Zahl der Geburten eines Jahres t geteilt durch den Bevölkerungsstand P zur Jahresmitte

$$b_{t,t+1} = \frac{B_{t,t+1}}{P_{t+\frac{1}{2}}} \cdot 1000 \tag{25}$$

Um rohe Geburtenraten verschiedener Bevölkerungen zu vergleichen, müssen offenkundig Unterschiede in der Sexualproportion, im Familienstand und in der Altersverteilung berücksichtigt werden.

1.2.3 Ereignismaße der Sterblichkeit

Die Messung der Mortalität hat in mehrfacher Hinsicht analytische Instrumente entwickelt, die auch für andere Bereiche der Demographie und darüber hinaus grundlegend geworden sind: in der Standardisierung von Raten zum Zwecke des Vergleichs, in der Entwicklung von Tafelmethoden, in der Berechnung von durchschnittlicher Lebensdauer und Lebenserwartung, in der Messung differentieller Mortalität.

1.2.3.1 Rohe und standardisierte Ereignismaße der Sterblichkeit

Das begrifflich wie messtechnisch einfachste Maß ist die rohe Sterblichkeitsrate, die die absolute Zahl der Todesfälle auf den Bevölkerungsstand zur Jahresmitte bezieht. Abweichend von der durchgängigen Praxis in diesem Kapitel werden absolute Ereignisse – die Zahl der Todesfälle – durch kleine Buchstaben $d_{t,t+1}$ bezeichnet, da dies in der etablierten Notation der Sterbetafeln üblich ist.

Die Maßzahlen der Bevölkerungsstatistik

$$m_{t,t+1} = \frac{d_{t,t+1}}{P_{t+\frac{1}{2}}} \cdot 1000 \tag{26}$$

Wie bereits dargelegt, handelt es sich dabei streng genommen nicht um eine Expositions-Rate, da das erste halbe Jahr über Leute sterben, die nicht der Bezugspopulation im Nenner angehören, und das zweite halbe Jahr über Leute in der Bezugspopulation aufgeführt sind, die bereits gestorben und deshalb keinem Sterblichkeitsrisiko mehr unterworfen sind.

Häufig sind für kleinere räumliche Untergliederungen Bezugspopulationen nicht fortlaufend für alle Jahre verfügbar, oder man wünscht eine mehrere Jahre umfassende Glättung der Durchschnitte; in beiden Fällen geht es um Mittelwertsbildung über n Jahre. Drei Formeln hierzu werden in der Literatur genannt:

$$m_{t,t+1} = \frac{1}{n} \sum_{t=1}^{n} \frac{d_{t,t+1}}{P_{t+\frac{1}{2}}} \cdot 1000 \tag{27}$$

$$m_{t,t+1} = \frac{\sum_{t=1}^{n} d_{t,t+1}}{\sum_{t=1}^{n} P_{t+\frac{1}{2}}} \cdot 1000 \tag{28}$$

$$m_{t,t+1} = \frac{1}{n} \cdot \frac{\sum_{t=1}^{n} d_{t,t+1}}{P_{k+\frac{1}{2}}} \tag{29}$$

wobei n ungerade und $k = \frac{n}{2} + \frac{1}{2}$.

Der laufende Index t bezieht sich in diesem Kapitel immer auf Kalenderjahre. Hat man den Bevölkerungstrend nur für bestimmte Jahre (z. B. ein Census-Jahr), so wird man Formel (28) wählen; alle drei Formeln ergeben bei annähernd linearer Dynamik der Bezugsbevölkerung nur geringfügig abweichende Ergebnisse.

Rohe Sterberaten werden oft sowohl nach Zeitraum wie nach territorial oder sozial weiter untergliederten Teilbevölkerungen weiter differenziert: Man kann vierteljahres- oder monatsweise Sterberaten berechnen, um saisonale Schwankungen oder Epidemienzüge feiner zu bestimmen. Oder aber man berechnet die Mortalitätsraten der Land- und der Stadtbevölkerung, verschiedener ethnischer Gruppen, nach Regionen.

Tabelle 5 gibt eine Auswahl roher Mortalitätsraten für ausgewählte Länder, zusammen mit der durchschnittlichen Lebenserwartung (dieser Begriff wird in Formel (40) erklärt). Es wird an den Zahlen offenkundig, dass ein unterschiedlicher Altersaufbau zweier Bevölkerungen den Vergleich von rohen Todesraten schwierig macht, weil die Sterbewahrscheinlichkeit stark vom Lebensalter abhängt. Die rohen Todesraten in Bevölkerung A können niedriger sein als in Bevölkerung B, sowohl weil in A die Menschen länger leben in B, als auch weil die Bevölkerung in A jünger ist als in B.

Die menschliche Sterblichkeit schwankt stark über die Lebensspanne – so wie dies bei den meisten Organismen, wenn auch in unterschiedlicher Weise, zu beobachten ist. In dem für den Menschen typischen Verteilungsmuster sinkt die Sterblichkeit nach dem ersten Lebensjahr rasch ab, um den größeren Teil der maximal beobachtbaren Lebensspanne sich auf einem niedrigen Niveau zu halten.

Tab. 5: Rohe Sterberaten und durchschnittliche Lebenserwartung ausgewählter Länder 1998–1999

	rohe Sterberate (Gestorbene je 1.000 Einwohner)	durchschnittliche Lebenserwartung (beide Geschlechter)*
Algerien	6	68
USA	9	77
Brasilien	8	67
China	7	71
Japan	7	81
Indien	9	60
Türkei	7	68
Deutschland	10	77
Österreich	10	78
Schweiz	9	79

*Der Begriff der durchschnittlichen Lebenserwartung wird in Formel (40) erklärt.

(Quelle: Population Reference Bureau 1999)

Nicht vergessen werden darf auch der Einfluss des Geschlechts: vom Augenblick der Zeugung an bis ins höchste Lebensalter sind in entwickelten Ländern die altersspezifischen Sterberaten für das männliche Geschlecht höher (Tab. 10); nur in sehr unterentwickelten Ländern können sich diese Verhältnisse für die geburtenintensivsten Lebensalter gelegentlich umkehren. Die Ursachen für diese Übersterblichkeit des männlichen Geschlechts sind noch nicht völlig geklärt; sowohl biologische wie sozioökonomische Faktoren scheinen wirksam zu sein.

Für die beiden Lebensalter mit den höchsten Sterbewahrscheinlichkeiten, das sehr junge und das sehr alte Lebensalter ergeben sich spezielle Probleme des Messens und Vergleichens, für das sehr alte auf Grund der geringen Besetzung der obersten Altersklassen in sehr ungleicher Sexualproportion, für das sehr junge Lebensalter auf Grund der Notwendigkeit einer besonders feinen Unterscheidung von Altersklassen. Die Vereinten Nationen empfehlen eine Aufgliederung der Säuglingssterblichkeit nach Geschlecht, Alter (weniger als 1 Tag, 1,2,3,4,5,6 Tage, 7–13, 14–20, 21–27, 28 Tage bis 2 Monate, 2,3, ... 11 Monate) (s. Tab. 10) und möglichst auch nach Todesursachen.

Während die Sexualproportion zwischen großen Bevölkerungen selten so unterschiedlich ist, dass dies großen Einfluss auf beobachtete Unterschiede in den rohen Mortalitätsraten haben könnte (kleinräumig und bezogen vor allem auf bestimmte Altersgruppen kann die Sexualproportion sehr wohl einen Einfluss auf die rohe Sterberate haben: in der Gruppe junger, noch überwiegend unverheirateter Erwachsener; und in höherem Lebensalter mit einem überall zu beobachtenden, aber in seinem Ausmaß variablen Frauenüberschuss), spielen Unterschiede im Altersaufbau einen so massiven Einfluss, dass diese zum Zwecke des Quer- wie Längsschnittvergleichs aus den verwendeten Maßen durch Standardisierung ausgeschaltet werden müssen.

Hierzu gibt es die direkte wie die indirekte Standardisierungsmethode, zu deren Verständnis man einen Zugang durch folgende Überlegung erhält:

Die rohe Sterberate m einer Bevölkerung kann man darstellen als das arithmetische Mittel der altersspezifischen Mortalitätsraten, gewichtet mit der relativen Besetzung der jeweiligen Altersklassen:

$$m = \sum_{x=0}^{\omega} d_{x,x+1} \cdot \frac{P_x}{P} \cdot 1000 \qquad (30)$$

wobei $d_{x,x+n}$ die Zahl der Todesfälle in der x-ten Altersklasse (mit „ω„ als der Untergrenze der obersten Altersklasse) der Beobachtungspopulation, P die Beobachtungspopulation zur Mitte des Beobachtungsintervalls mit der Länge von n Zeiteinheiten, P_x hingegen die Besetzung der x-ten Altersklasse in der Beobachtungspopulation ist.

Die *direkte Standardisierung* nach Altersaufbau besteht nun darin, für die zu vergleichenden Bevölkerungen j denselben Altersaufbau anzunehmen; hierzu wird man im Regelfall den Altersaufbau einer dieser Bevölkerungen oder aber einen fiktiven Altersaufbau wählen und dann die beobachteten altersspezifischen Mortalitätsraten der verschiedenen Bevölkerungen gleichermaßen mit dem gewählten Standardaltersaufbau gewichten. Die direkt standardisierte Mortalitätsrate m* der betrachteten Bevölkerung ist

$$m*(j) = \sum_{x=0}^{\omega} d(j)_{x,x+1} \cdot \frac{P(st.)_x}{P(st.)} \cdot 1000 \qquad (31)$$

wobei j der Index der Bevölkerungen und x der Index der Altersklasse ist. Für die Standardbevölkerung ist die standardisierte und rohe Mortalitätsrate identisch.

Im Weltvergleich sind oftmals altersspezifische Sterberaten für ein Land nicht verfügbar. Ist wenigstens die relative Altersklassenbesetzung der Bevölkerung dieses Landes bekannt, so lässt sich eine *indirekte Standardisierung* vornehmen, nach der Formel:

$$m^{**}(j) = d(j) \cdot \frac{m(st.)_x}{\sum_{x=0}^{\omega} m(st.)_{x,x+n} \cdot P(j)_x} \qquad (32)$$

mit der indirekt standardisierten Mortalitätsrate m**, wobei d(j) die Gesamtzahl der Todesfälle in der beobachteten Bevölkerung j im Zeitraum, m(st.) die rohe Mortalitätsrate der Standardbevölkerung, m(st)$_x$ die altersspezifische Mortalitätsrate der Standardbevölkerung und P(j)$_x$ die Besetzung der x-ten Altersklasse der beobachteten Bevölkerung j ist. Die indirekte Standardisierung gewichtet die rohe Sterberate der Standardbevölkerung mit den Quotienten aus beobachteter absoluter Zahl der Sterbefälle in der beobachteten Bevölkerung und der erwarteten absoluten Zahl der Sterbefälle in der beobachteten Bevölkerung, gegeben deren Altersaufbau, aber unterstellt, die beobachtete Bevölkerung hätte die altersspezifischen Mortalitätsraten der Standardbevölkerung. Indirekte Standardisierung gewichtet die altersspezifischen Mortalitätsraten der Standardbevölkerung mit der Altersklassenverteilung der beobachteten Bevölkerung.

Anknüpfend an die beschriebenen Standardisierungsgefahren können noch weitere Sterblichkeits-Indizes definiert werden.

Der *Index der relativen Sterblichkeit*:

$$\sum \frac{P(j)_x}{P(j)} \cdot \frac{d(j)_x}{d(st.)_x} \qquad (33)$$

also die Summe der mit der relativen Altersklassenbesetzung der Beobachtungspopulation gewichteten Quotienten aus den Todesfällen in Beobachtungspopulation und Standardpopulation in dieser Altersklasse.

Der *Sterblichkeits-Index* ist demgegenüber die Summe dieser Quotienten, gewichtet mit der Intervallbreite n der Altersklassen in Jahren:

$$\sum \frac{n}{\omega} \cdot \frac{d(j)_x}{d(st.)_x} \qquad (34)$$

wobei ω die Untergrenze der nach oben hin offenen höchsten Altersklasse ist. Grundsätzlich handelt man sich mit allen diesen und noch vielen anderen vorgeschlagenen Indizes dieselben Probleme wie mit der Standardisierung von Sterberaten

Die Maßzahlen der Bevölkerungsstatistik 37

ein, ohne irgendetwas zu gewinnen. Auf die Anwendung dieser Indizes sollte daher verzichtet werden.
Standardbevölkerung mit der Altersklassenverteilung der beobachteten Bevölkerung.

Problematisch ist, dass die beiden Verfahren zu teilweise erheblich unterschiedlichen standardisierten Sterberaten für die Untersuchungsbevölkerung führen, wobei sich leider keine allgemein gültigen Aussagen über das Verhältnis der je nach den beiden Methoden erhaltenen standardisierten Raten machen lassen. Man muss sich auch über die weiteren Begrenztheiten der geschilderten Standardisierungstechniken (zu denen noch weitere erfunden wurden, die sich aber nicht durchsetzen konnten) im Klaren sein:

- Standardisierte Mortalitätsraten sind immer nur in einem konkreten Vergleich sinnvoll, für sich allein sind sie sinnlos, können also nicht aus einem statistischen Kontext in einen anderen exportiert werden.
- Je nach Wahl der Standardbevölkerung ergeben sich für dieselbe Gruppe untereinander zu vergleichender Bevölkerungen jeweils verschiedene standardisierte Mortalitätsraten.
- Je mehr sich verglichene Bevölkerungen in ihren relativen Altersklassenbesetzungen voneinander unterscheiden, desto größer ist der Einfluß der Wahl der Standardbevölkerung auf die Widerspiegelung von Veränderungen in den standardisierten Raten.

Tab. 6: Altersstruktur der Standardbevölkerungen der USA von 1940 und 2000 zur Altersstandardisierung von Morbiditäts- oder Mortalitätsraten

Alter	1940	2000
0–	15.343	13.818
1–4	64.718	55.317
5–14	170.355	145.565
15–24	181.677	138.646
25–34	162.066	135.573
35–44	139.237	162.613
45–54	117.811	134.834
55–64	80.294	87.247
65–74	48.426	66.037
75–84	17.303	44.842
85+	2.770	15.508
Total	1.000.000	1.000.000

(Quelle: US National Vital Statistics Report 1998, 47 (3))

Da es keinerlei allgemeine Regeln für die Auswahl eines Standardaltersaufbaus gibt, bedeutet dies, dass die Methode der Standardisierung allgemein umso unzuverlässiger wird, je mehr der Altersaufbau der zu vergleichenden Bevölkerungen sich voneinander unterscheidet. Yerushalmi (1951) zeigte in einem lehrreichen Beispiel, dass mit der US-Bevölkerung von 1940 als Standard die direkt standardisierte Todesrate desselben Jahres für die US-Bundesstaaten Lousiana 13.06 und New Mexico 13.05 per 1.000 Personen betrug. Legte er jedoch die Bevölkerung von England und Wales von 1901 als Standard zu Grunde, so waren die direkt standardisierten Todesraten von 1940 für Louisiana 10.14 und für New Mexico 11.68. Dennoch werden einmal definierte Standardbevölkerungen oft sehr lange als solche benutzt. Die USA beispielsweise werden die auf dem Bevölkerungsaufbau von 1940 beruhende Standardisierungsgrundlage zum ersten Male durch die auf dem projektierten Bevölkerungsaufbau von 2000 beruhende Standardisierungsgrundlage ersetzen (Tab. 6). Deutlich ist das demographische Altern auch dieser Bevölkerung im Messzeitraum zu beobachten.

Verschiedentlich wurden statt empirischer fiktive Altersstrukturen als Standardisierungsgrundlage vorgeschlagen, um die nachteiligen Effekte zu verringern, die sich aus der Verwendung standardisierter Raten ergeben (Tab. 7).

Tab. 7: Altersstrukturen von fiktiver Standardbevölkerungen zur Altersstandardisierung von Morbiditäts- oder Mortalitätsraten

Alter	„Welt"	„Europa"	„Afrika"
0–	2.400	1.600	2.000
1– 4	9.600	6.400	8.000
5– 9	10.000	7.000	10.000
10–14	9.000	7.000	10.000
15–19	9.000	7.000	10.000
20–24	8.000	7.000	10.000
25–29	8.000	7.000	10.000
30–34	6.000	7.000	10.000
35–39	6.000	7.000	10.000
40–44	6.000	7.000	5.000
45–49	6.000	7.000	5.000
50–54	5.000	7.000	3.000
55–59	4.000	6.000	2.000
60–64	4.000	5.000	2.000
65–69	3.000	4.000	1.000
70–74	2.000	3.000	1.000
75–79	1.000	2.000	500
80–84	500	1.000	300
85+	500	1.000	200
Total	100.000	100.000	100.000

(Quelle: Waterhouse et al. 1982)

Vermeiden lassen sich die nachteiligen Effekte aber auch auf diese Weise nicht. Aus der beschriebenen Problematik gibt es einen Ausweg zu verlässlichen Mortalitätsmaßen unter Berücksichtigung verschiedenen Altersaufbaus nur durch die Anwendung von Tafelmethoden und von aus ihnen abgeleiteten Maßen.

Eine geeignete Überleitung ergibt sich durch die Überlegung, wie man von den bisher dargestellten Sterblichkeitsraten, die streng genommen allesamt Nicht-Expositions-Raten sind, zu Expositions-Raten kommt. Sterblichkeitsraten zielen letztlich auf eine Aussage über das Sterberisiko, welchem eine Person aus der Bezugspopulation im Verlauf des Messzeitraums unterworfen ist.

Bei allen bisher beschriebenen Raten stehen Personen in der Bezugspopulation, die dieser nicht während des gesamten Messzeitraums angehörten. Für alle Altersgruppen gilt dies für die während des Messzeitraums Gestorbenen, für die erste Altersklasse gehören auch diejenigen hinzu, die erst während dessen geboren wurden. Einige der Kleinkinder, die in einem Jahr sterben, sind im Vorjahr geboren. Schwanken die Geburtenzahlen zwischen beiden Jahre, so führt die Beziehung der Sterbefälle des laufenden Jahres auf die Besetzung der ersten Altersklasse desselben Jahres zu einer verzerrten Schätzung des tatsächlichen Sterberisikos. Diese Verzerrung wird korrigiert durch Verfahren, durch die die Zahl der im aktuellen Jahr gestorbenen Kleinkinder nur teilweise auf die in diesem Jahr lebenden Kleinkinder, zum anderen Teil jedoch auf die im vorhergehenden Jahr lebenden Kleinkinder bezogen wird.

Sind die Geburtstage wie Todestage dieser Sterbefälle bekannt, so lässt sich direkt eine angepasste Sterberate von Kleinkindern messen, entweder nach der Formel

$$m(\text{angepaßt})_{t,t+1} = \frac{d_{t,t+1}^{t,t+1} + d_{t+1,t+2}^{t,t+1}}{B_{t,t+1}} \cdot 1000 \qquad (35)$$

oder der Formel

$$m(\text{angepaßt})_{t,t+1} = \frac{d_{t,t+1}^{t,t+1}}{B_{t,t+1}} + \frac{d_{t,t+1}^{t-1,t}}{B_{t-1,t}} \cdot 1000 \qquad (36)$$

wobei $d_{t+1,t+2}^{t,t+1}$ die Zahl der Sterbefälle im Jahr (t+1,t+2) unter den im Verlauf des Jahres (t,t+1) Geborenen ist.

In einem dritten Verfahren werden Sterbefälle unter Kleinkindern im Verlauf des Jahres (t,t+1) durch einen gewichteten Durchschnitt der Geburten der Jahre (t−1,t) und (t,t+1) geteilt. Die Gewichte separieren nach Geburtsjahr der Sterbefälle:

$$f' = \frac{d_{t,t+1}^{t,t+1}}{d_{t,t+1}^{t,t+1} + d_{t,t+1}^{t-1,t}} \qquad \text{und} \qquad f'' = 1 - f'$$

wobei dann:

$$m(\text{angepaßt})_{t,t+1} = \frac{d_{t,t+1}}{f'B_{t,t+1} + f''B_{t-1,t}} \cdot 1000 \tag{37}$$

Sind die exakten Geburtstage der in einem Jahr j als „bis 1 Jahr alt" registrierten Todesfälle von Kleinkindern nicht bekannt, müssen die Separationsfaktoren mittels Modellsterbetafeln geschätzt werden. Je niedriger die Säuglings- und Kleinkindersterblichkeit ist, desto früher ist der Altersgipfel der Säuglings- und Kleinkindersterblichkeit, und entsprechend verschieben sich die Separationsfaktoren. Shryock und Siegel (1976: 237) geben hier als Schätzer der Separationsfaktoren an (Tab. 8).

Tab. 8: Schätzer von Separationsfaktoren in Abhängigkeit von der Säuglings- und Kleinkindersterblichkeit

Säuglings- und Kindersterblichkeit	Separationsfaktoren	
(Todesfälle pro 1.000)	F	f"
200	.60	.40
150	.67	.33
100	.75	.25
50	.80	.20
25	.85	.15
15	.95	.05

(Quelle: Shryock, Siegel 1976: 237)

1.2.3.2 Sterbetafeln

Eine den bisher dargestellten Ansätzen überlegene Technik der Messung von Sterblichkeit, die grundlegend auch für alle anderen Bereiche der Demographie wurde, ist die Methode von Sterbetafeln (Englisch: life tables). Sterbetafeln können stets in einer von zwei Perspektiven konstruiert werden: als Generationen- oder Kohortensterbetafel und als Periodensterbetafel. Kohorte steht hier für die Menge aller während eines Zeitraums – eines Jahres, eines Doppeljahres oder eines Jahrfünfts – Geborener. Die erste verfolgt den Absterbeprozess einer realen Kohorte durch die wechselnden diachronen Sterberisiken ihres Erdenweges, die zweite betrachtet den Absterbeprozess einer imaginären Kohorte unter den simultanen altersspezifischen Sterberisiken eines relativ kurzen Beobachtungszeitraums (1,2,3 Jahre).

Betrachten wir zunächst Generationssterbetafeln, die, sofern Vergleichbarkeit angestrebt wird, stets von einem Anfangsbestand von 100.000 Individuen (Radix) ausgehen. Abgang ist nur durch Tod möglich. Als Illustration diene hier die Generationensterbetafel für die im Jahr 1876 in England und Wales geborenen Frauen (Tab. 9). Die drei fundamentalen Funktionen einer Sterbetafel $q_{x,x+n}$, l_x, $d_{x,x+n}$ lassen sich unmittelbar aus den Spalten 1-3 ablesen.

$d_{0,1}$ ist die Anzahl der im Altersintervall (0,1) Gestorbenen, $d_{x,x+n}$ die Anzahl der im Altersintervall (x,x+n) Gestorbenen. Das Altersintervall bezieht sich hier auf exaktes Lebenszeitintervall.

Sei l_0 der Anfangsbestand der Kohorte, d. h.: die Zahl der im Lauf des betrachteten Kalenderjahres t Geborenen. Von diesen erreichen im Verlauf des Kalenderjahres t+1 $l_1 = l_0 - d_{0,1}$ Überlebende das exakte Alter x = 1.

Tab. 9: Kohortensterbetafel: Frauen der Kohorte 1876, England und Wales

Alter x (Jahre)	qx,x+n	l_x	dx,x+n	Lx,x+n	e_x
0–	0.131964	1.000	131.964	913.486	50.914
*1–	0.114649	868.036	99.519	3.280.990	57.602
5–	0.028040	768.517	21.549	3.792.503	60.792
10–	0.014541	746.968	10.862	3.709.699	57.469
15–	0.019657	736.106	14.470	3.646.673	53.277
20–	0.020492	721.636	14.788	3.573.707	49.292
25–	0.022419	706.848	15.847	3.497.462	45.268
30–	0.025064	691.001	17.319	3.414.629	41.244
35–	0.028634	673.682	19.290	3.323.570	37.236
40–	0.033810	654.392	22.125	3.220.524	33.255
45–	0.036533	632.267	23.099	3.107.628	29.325
50–	0.049037	609.168	29.872	2.976.188	25.335
55–	0.065874	579.296	38.161	2.807.194	21.504
60–	0.098633	541.135	53.374	2.579.950	17.833
65–	0.131855	487.761	64.314	2.286.314	14.495
70–	0.204260	423.447	86.493	1.909.043	11.297
75–	0.315422	336.954	106.283	1.422.455	8.532
80–	0.450449	230.671	103.906	887.744	6.296
85–	0.623438	126.765	79.030	420.093	4.454
90–	0.800049	47.735	38.190	126.301	3.028
95–	0.928917	9.545	8.867	18.245	1.911
100–		0.678			

* Zur Vermeidung ungleich langer Intervalle wird Altersklasse x = 1 im Folgenden nicht berücksichtigt.

(Quelle: Case et al. 1962)

Von diesen l_1 Überlebenden sterben $d_{1,2}$ Angehörige der Kohorte vor exakter Vollendung ihres zweiten Lebensjahres; entsprechend ist die Anzahl der Überlebenden, mindestens 2 Jahre alter Personen:

$$l_2 = l_1 - d_{1,2}$$

oder allgemein ausgedrückt

$$l_{x+n} = l_x - d_{x,x+n}$$ für mindestens x Jahre alte Personen.

Die dritte Elementarfunktion ist die altersspezifische prospektive Sterbewahrscheinlichkeit:

$$q_{x,x+n} = \frac{d_{x,x+n}}{l_x}$$

Es sind $q_{x,x+n}$ und $d_{x,x+n}$ (diskrete) Ereignismaße, l_x hingegen ist ein Zustandsmaß.

Die Leserin beachte sorgfältig, dass die Altersklassen exakte Altersklassen (von Geburtstag zu Geburtstag) und nicht Kalenderjahre darstellen. Die Sterbefälle $d_{x,x+n}$ können sich folglich in n+1 verschiedenen Kalenderjahren ereignen, entsprechend sind auch die Zeitpunkte x nicht jeweils ein Stichtag im Kalender, sondern streuen über ein ganzes Kalenderjahr.

Es sind drei weitere Tafelfunktionen abzuleiten:
$L_{x,x+n}$ ist die Anzahl der Lebensjahre, die die bis zum ihrem x-ten Geburtstag Überlebenden im Intervall (x,x+n) verleben. Hierzu wird wieder angenommen, dass die Todesfälle im Altersintervall (x,x+n) gleichverteilt sind, woraus sich ergibt, dass die im Intervall Gestorbenen im Durchschnitt gerade die Hälfte des Intervalls gelebt haben, während die bis zum Alter x+n Überlebenden das volle Intervall durchlebt haben. Es gilt also:

$$L_{x,x+n} = \left(l_{x+n} + \tfrac{1}{2} d_{x,x+n}\right) \cdot n = \left(l_x - \tfrac{1}{2} d_{x,x+n}\right) \cdot n$$

oder

$$L_{x,x+n} = \left(l_{x+n} + \tfrac{1}{2}(l_x - l_{x+n})\right) \cdot n = \tfrac{n}{2}(l_x + l_{x+n}) \tag{38}$$

T_x soll sein die Gesamtzahl der von den Überlebenden noch zu verlebenden Lebensjahre, also

$$T_x = L_{x,x+n} + T_{x+n}$$

oder

$$T_x = \sum_{y=x}^{\omega} L_{y,y+n} \quad , y = x, x+n, x+2n \ldots \quad (39)$$

wobei ω wieder die Untergrenze der obersten Altersklasse ist.

Die durchschnittliche restliche Lebensdauer e_x zum Zeitpunkt x ist die mittlere Anzahl an Jahren, welche ein überlebendes Individuum im Alter x noch zu durchleben hat. Sie ergibt sich als

$$e_x = \frac{T_x}{l_x} \quad (40)$$

Die durchschnittliche Lebensdauer eines Neugeborenen ist dann

$$e_0 = \frac{T_0}{l_0}$$

Das hauptsächliche Einsatzgebiet von Generationen – oder Kohortensterbetafeln liegt ihrer Natur nach in der historischen Demographie, da für eine Kohorte erst etwa 100 Jahre später eine praktisch abgeschlossene Geschichte ihrer Sterblichkeit vorliegt.

Zur Illustration soll eine der Tafelfunktionen dieser Kohortensterbetafel; (Tab. 9), nämlich die restliche Lebensdauer e_x gegen das Lebensalter aufgetragen dargestellt werden (Abb. 9). In dem initialen Anstieg der restlichen Lebensdauer spiegelt sich der rasche Abfall der Sterblichkeit von einem hohen Niveau innerhalb der ersten Lebensjahre wider.

Für die demographische Praxis wichtiger ist der zweite Typ einer Sterbetafel, die Periodensterbetafel. Hierbei wird die Sterblichkeit eines Jahres (in der Praxis oft gemittelt über die eines Censusjahres zusammen mit dem vorhergehenden und nachfolgenden Jahr) nach Altersklassen aufgeschlüsselt und dann eine fiktive Kohorte, ebenfalls mit einer Radix von 100.000 durch diese altersklassenspezifische Sterbewahrscheinlichkeiten = Überlebensfilter geschickt. Da diese Kohorte fiktiv ist, können für sie individuell exakte Altersklasse und Kalenderjahr in eins zusammenfallen. Wichtig ist, dass dann für die Konstruktion der Tafelfunktion $d_{x,x+n}$ die absolute Zahl der Sterbefälle im Intervall (x,x+n), von der aus bei der Periodensterbetafel alle anderen Funktionen direkt abgeleitet werden (es ist keine Kontrolle über die Zahl der Überlebenden möglich), über die prospektive Sterbewahrscheinlichkeit berechnet wird, d. h. die Zahl der Todesfälle bezogen auf den Bevölkerungsstand in der betreffenden Altersklasse zum Intervallbeginn, und nicht zur Intervallmitte wie bei der Sterberate $m_{x,x+n}$ in (26):

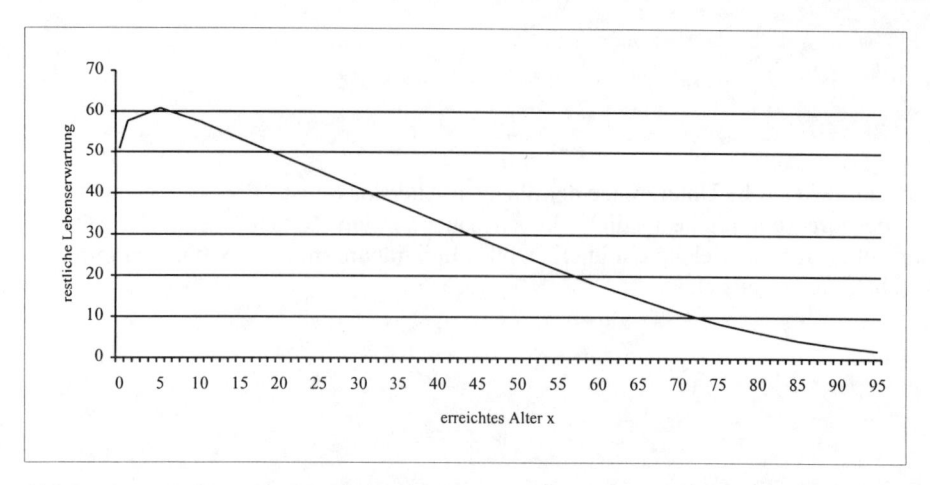

Abb. 9: Frauenkohorte 1876 England und Wales – Sterbetafelfunktion: e_x: restliche Lebensdauer im Alter x

(Quelle: Case et al. 1962)

$$q_{x,x+n} = \frac{m_{x,x+n}}{1 + \frac{1}{2} m_{x,x+n}} \qquad (41)$$

Es sei nochmals betont, dass die auch in dieser Korrektur steckende Annahme der Gleichverteilung der Sterbefälle im Beobachtungsintervall nur eine Approximation ist, die insbesondere im ersten Lebensjahr zu nicht hinnehmbaren Fehlern führen kann. Überdies ergibt sich durch die Approximation einer eigentlich ja kontinuierlichen altersabhängigen Dichtefunktion mittels einer Intervallfunktion ein Fehler, der umso mehr verzerrt, je größer das gewählte Intervall ist.

Als Beispiel einer Periodensterbetafel ist die Periodensterbetafel Österreichs für die Jahre 1990/92 abgedruckt (Tab. 10).

Eine solche Periodensterbetafel wird interpretiert als die Generationensterbetafel einer Population mit stationären altersspezifischen Sterberisiken, also einer in ihrer Sterblichkeit stabilen Bevölkerung. Die wichtigste Sterbetafelfunktion einer Generationensterbetafel, nämlich die *mittlere restliche Lebensdauer* ab dem exakten Alter x wird für die Periodensterbetafel interpretiert als die *mittlere restliche Lebenserwartung* dieser fiktiven Kohorte, beziehungsweise eines jetzt lebenden Individuums im Alter x unter der Annahme stationärer Sterblichkeitsrisiken in den noch verbliebenen Altersklassen.

Die durchschnittliche Lebenserwartung ist eine Maßzahl der zu einem bestimmten – gegebenenfalls in der jüngsten Vergangenheit liegenden – Zeitpunkt herrschenden Mortalitätsverhältnisse, welche die Nachteile standardisierter Sterberaten oder Sterbewahrscheinlichkeiten nicht aufweist: es findet auch bei statistischer Berücksichtigung des Altersaufbaus keine Verzerrung der Sterbeverhältnisse der einen im Vergleich mit den Sterbeverhältnissen anderer Bevölkerungen statt.

Die durchschnittliche Lebenserwartung lässt sich mittels Schätzmethoden auch dann berechnen, wenn man die exakte Altersverteilung von Todesfällen in einer Bevölkerung nicht kennt: aus der Altersverteilung lebender Kinder und den Geburtenzahlen lässt sich die Altersverteilung der Kindersterblichkeit schätzen; aus Sterberaten lassen sich prospektive Sterbewahrscheinlichkeiten schätzen. Sind nur einige altersspezifische Sterberaten bekannt und sind diese nur über größere Intervalle definiert (5 oder 10 Jahre), so können aus den daraus aufgestellten „abgekürzten" Sterbetafeln dann die „vollständigen" Sterbetafeln mit 1-Jahresintervallen berechnet werden.

Damit kann man für alle Länder dieser Erde, oft auch für Teilbevölkerungen, Periodensterbetafeln aufstellen und aus ihnen als zentrale Maßzahl der Sterbeverhältnisse einer Bevölkerung die durchschnittliche Lebenserwartung berechnen, die zugleich einer der zentralen Indikatoren der Lebensverhältnisse in dieser Bevölkerung ist.

Periodensterbetafeln dienen der Prognose: sie sollen die (restliche) Lebenserwartung noch lebender Personen vorhersagen, unter der Voraussetzung gleich bleibender Sterblichkeitsverhältnisse für die nächsten 100 Jahre – solange noch einige der jüngsten jetzt lebenden Individuen überleben werden. Darüber hinaus kann man Veränderungen der durchschnittlichen Lebenserwartung als von der jeweiligen Besetzung der Altersklassen unabhängiger Indikator der Veränderung des allgemeinen Sterberisikos und damit der allgemeinen Lebensverhältnisse einer Gesellschaft auffassen – etwa um die Verbesserung der medizinischen Betreuung zu messen, oder aber auch, um die Verelendung einer Bevölkerung quantitativ zu erfassen.

Die Lebenserwartung wird nicht nur als Entwicklungsindikator per se verwendet – z. B. in den jährlich erscheinenden „Social Indicators of Development" der Weltbank – sondern es sind auch auf diesem zentralen Mortalitätsmaß aufbauende Indikatoren definiert worden, die die Lebenserwartung mit weiteren Entwicklungsindikatoren gewichten. Möglicherweise hat man hier erste Vertreter einer ganzen Klasse neuer Sozialindikatoren vor sich, die deshalb hier mit zwei Beispielen dargestellt werden sollen.

1. Für die Einbeziehung von Maßen der Gesundheit liegen das Maß der durch Krankheit verlorenen Lebensjahre (PYLL = potential years of life lost) und das Maß der Beeinträchtigungsgewichteten Lebensjahre (DALY = disability adjusted life years) vor. Das Maß der verlorenen Lebensjahre (Anwendungen z. B. in Feachem et al. 1992) drückt einfach die Differenz zwischen der tatsächlichen Lebenserwartung und der irgendwie vorgegebenen maximalen Lebensdauer aus. Diese kann entweder eine extern festgelegte Zahl (z. B. 100 Jahre) oder die Lebenserwartung einer tatsächlich beobachteten Population mit besonders niedriger Mortalität sein. Das Maß der verlorenen Lebensjahre wird vor allem benützt, um die Auswirkungen bestimmter Todesursachen quantitativ zu erfassen. Offensichtlich wird bei gleichem Auftretensrisiko etwa zweier neoplastischer Erkrankungen die später im Leben sich manifestierende zu einem geringeren Verlust an Lebensjahren führen. Implizit wird damit die Annahme gemacht, dass alle, die einer bestimmten Krankheit nicht erliegen, das maximale Alter erreichen würden. Problematisch ist daran weniger, dass dies eine offensichtlich unrealistische An-

nahme ist, sondern dass darin auch die Annahme statistischer Unabhängigkeit der einzelnen Todesursachen steckt. Es kann aber – insbesondere bei häufigen Todesursachen keinesfalls angenommen werden, dass nach Elimination der gerade betrachteten Todesursache die Todesfälle in der beobachteten Population proportional auf alle anderen Todesursachen bei unveränderter zeitlicher Verteilung entfallen würden.

Methodisch anspruchsvoller ist das Maß der beeinträchtigungsgewichteten Lebensjahre (disability adjusted life years = DALYs), welches von der Weltgesundheitsorgansation und der Weltbank in einem gemeinsamen internationalen Projekt entwickelt und bereits in einer Reihe von Untersuchungen angewandt wurde (World Development Report 1993; Murray, Lopez 1996). In diesem Konzept stecken neben fallbezogenen Maßen auch Wertentscheidungen, die menschlichem Leben unterschiedlichen Wert nach Lebensalter und, wegen der größeren Sterblichkeit der Männer, damit indirekt auch nach Geschlecht beimessen.

Am Beginn steht eine solche Wertentscheidung für den Wert eines Lebensjahres im aktuellen Lebensalter x, die von dem genannten Projekt durch die Funktion $kx = e^{-Bx}$ definiert wird, wobei x das aktuelle Alter, und B eine Konstante mit dem Wert .04 ist. Diese Wertfunktion hat ein Minimum von Null bei Geburt, das Maximum im Alter von 25 Jahren – hieraufhin wurde der Wert für die Konstante B gewählt – um dann wieder mit steigendem Lebensalter asymptotisch gegen Null abzusinken. Die Konstante k wird so gewählt, dass der kumulierte Wert aller beeinträchtigungsfreien Lebensjahre über die maximale Lebensspanne identisch eins ist. Die hinter dieser Wertentscheidung stehenden Erwägungen, die allerdings in den offiziellen Dokumenten nur angedeutet werden, sind so zu deuten, dass die Fruchtbarkeit wie die wirtschftliche Leistungsfähigkeit bei Geburt gleich Null sind, das jeweilige Maximum ungefähr in der Mitte des dritten Lebensjahrzehnts erreichen, um dann mit steigendem Alter monoton abzusinken.

Die solchermaßen gewichteten Werte eines Lebensjahres in verschiedenen Altersstufen werden dann über die jeweils noch zu erwartende Lebensspanne (die restliche Lebenserwartung) aufsummiert, wobei noch ein Diskontierungsfaktor ins Spiel gebracht wird, da zukünftiger Ertrag oder zukünftige Fruchtbarkeit weniger wiegt als gegenwärtige. Das Projekt einigte sich auf einen niedrigen Diskontierungsfaktor von .3% pro Jahr. Die Summe der über die restliche Lebenserwartung abdiskontierten wertgewichteten Lebensjahre sind ein Maß für den Beitrag zur biologischen und wirtschaftlichen Reproduktion der Gesellschaft, in der das betrachtete Individuum lebt. So bemisst sich nach diesem Verfahren der Wert der noch zu erwarteten Lebensspanne eines neugeborenen Mädchens mit 32 wertgewichteten Jahren, der einer 30-jährigen Frau mit 29 wertgewichteten Jahren, der einer 60-jährigen Frau mit 12 wertgewichteten Jahren. Die Werte für Männer liegen etwas darunter.

Die Maßzahlen der Bevölkerungsstatistik

Tab. 10: Periodensterbetafel Österreichs für die Jahre 1990/92

Genaues Alter (am x-ten Geburtstag) in Jahren	Männliches Geschlecht						Weibliches Geschlecht						Genaues Alter (am x-ten Geburtstag) in Jahren
	Sterbewahrscheinlichkeit im Altersintervall x bis x+1	Überlebende im Alter x	Gestorbene im Altersintervall x bis x+1	Von den Überlebenden im Alter x		Fernere Lebenserwartung im Alter x in Jahren	Sterbewahrscheinlichkeit im Altersintervall x bis x+1	Überlebende im Alter x	Gestorbene im Altersintervall x bis x+1	Von den Überlebenden im Alter x		Fernere Lebenserwartung im Alter x in Jahren	
				bis x+1 noch zu durchlebende Jahre	insgesamt					bis x+1	insgesamt noch zu durchlebende Jahre		
x	q(x)	l(x)	d(x)	L(x)	T(x)	e(x)	q(x)	l(x)	d(x)	L(x)	T(x)	e(x)	x
0	0,0084686	100000	847	99291	7248085	72,48	0,0067104	100000	671	99443	7904389	79,04	0
1	0,0005477	99153	54	99126	7148794	72,10	0,0005155	99329	51	99303	7804946	78,58	1
2	0,0004539	99099	45	99076	7049668	71,14	0,0004117	99278	41	99257	7705642	77,62	2
3	0,0003739	99054	37	99035	6950592	70,17	0,0003175	99237	32	99221	7606385	76,65	3
4	0,0003086	99017	31	99002	6851556	69,20	0,0002377	99205	24	99194	7507164	75,67	4
5	0,0002571	98986	25	98974	6752555	68,22	0,0001803	99182	18	99173	7407970	74,69	5
6	0,0002165	98961	21	98950	6653581	67,23	0,0001413	99164	14	99157	7308798	73,70	6
7	0,0001897	98939	19	98930	6554631	66,25	0,0001183	99150	12	99144	7209641	72,71	7
8	0,0001677	98921	17	98912	6455701	65,26	0,0001066	99138	11	99133	7110497	71,72	8
9	0,0001532	98904	15	98896	6356789	64,27	0,0001012	99128	10	99123	7011364	70,73	9
10	0,0001495	98889	15	98881	6257892	63,28	0,0000992	99118	10	99113	6912241	69,74	10
11	0,0001565	98874	15	98866	6159011	62,29	0,0001005	99108	10	99103	6813129	68,74	11
12	0,0001716	98859	17	98850	6060144	61,30	0,0001070	99098	11	99092	6714026	67,75	12
13	0,0001979	98842	20	98832	5961294	60,31	0,0001205	99087	12	99081	6614933	66,76	13
14	0,0002620	98822	26	98809	5862462	59,32	0,0001495	99075	15	99068	6515852	65,77	14
15	0,0003961	98796	39	98777	5763653	58,34	0,0002070	99060	21	99050	6416784	64,78	15
16	0,0006237	98757	62	98726	5664877	57,36	0,0002816	99040	28	99026	6317734	63,79	16
17	0,0009624	98695	95	98648	5566150	56,40	0,0003294	99012	33	98996	6218708	62,81	17
18	0,0013468	98600	133	98534	5467502	55,45	0,0003751	98979	37	98961	6119712	61,83	18
19	0,0015062	98486	148	98394	5368968	54,53	0,0004028	98942	40	98922	6020752	60,85	19
20	0,0014673	98319	144	98247	5270575	53,61	0,0004047	98902	40	98882	5921829	59,88	20
21	0,0013739	98175	135	98108	5172328	52,68	0,0003893	98862	38	98843	5822947	58,90	21

22	0,0012821	98040	126	97977	5074220	51,76	0,0003696	98824	37	98806	5724104	57,92	22
23	0,0012317	97915	121	97854	4976242	50,82	0,0003553	98787	35	98770	5625289	56,94	23
24	0,0012004	97794	117	97735	4878388	49,88	0,0003446	98752	34	98735	5526528	55,96	24
25	0,0011736	97677	115	97619	4780653	48,94	0,0003383	98718	33	98702	5427793	54,98	25
26	0,0011590	97562	113	97505	4683034	48,00	0,0003501	98685	35	98668	5329091	54,00	26
27	0,0011614	97449	113	97392	4585528	47,06	0,0003747	98650	37	98632	5230242	53,02	27
28	0,0011766	97336	115	97278	4488136	46,11	0,0004077	98613	40	98593	5131792	52,04	28
29	0,0012047	97221	117	97163	4390858	45,16	0,0004413	98573	44	98551	5033199	51,06	29
30	0,0012464	97104	121	97043	4293695	44,22	0,0004719	98530	46	98506	4934647	50,08	30
31	0,0013043	96983	126	96920	4196652	43,27	0,0005098	98483	50	98458	4836141	49,11	31
32	0,0013837	96856	134	96789	4099732	42,33	0,0005565	98433	55	98406	4737683	48,13	32
33	0,0014691	96722	142	96651	4002942	41,39	0,0006056	98378	60	98348	4639277	47,16	33
34	0,0015485	96580	150	96506	3906291	40,45	0,0006550	98319	64	98286	4540929	46,19	34
35	0,0016246	96431	157	96352	3809785	39,51	0,0007172	98254	70	98219	4442642	45,22	35
36	0,0017037	96274	164	96192	3713433	38,57	0,0007879	98184	77	98145	4344423	44,25	36
37	0,0017987	96110	173	96024	3617241	37,64	0,0008716	98107	86	98064	4246278	43,28	37
38	0,0019410	95937	186	95844	3521217	36,70	0,0009748	98021	96	97973	4148214	42,32	38
39	0,0021488	95751	206	95648	3425373	35,77	0,0010854	97925	106	97872	4050241	41,36	39
40	0,0024129	95545	231	95430	3329725	34,85	0,0012084	97819	118	97760	3952369	40,40	40
41	0,0027102	95315	258	95186	3234295	33,93	0,0013513	97701	132	97635	3854609	39,45	41
42	0,0030180	95065	287	94913	3139109	33,02	0,0015136	97569	148	97495	3756974	38,51	42
43	0,0033313	94770	316	94612	3044196	32,12	0,0016826	97421	164	97339	3659479	37,56	43
44	0,0036547	94454	345	94281	2949584	31,23	0,0018489	97257	180	97167	3562140	36,63	44
45	0,0039948	94109	376	93921	2855303	30,34	0,0020112	97077	195	96980	3464973	35,69	45
46	0,0043519	93733	408	93529	2761383	29,46	0,0021721	96882	210	96777	3367993	34,76	46
47	0,0047251	93325	441	93104	2667854	28,59	0,0023381	96672	226	96559	3271216	33,84	47
48	0,0051126	92884	475	92646	2574749	27,72	0,0025167	96446	243	96324	3174657	32,92	48
49	0,0055210	92409	510	92154	2482103	26,86	0,0027108	96203	261	96073	3078333	32,00	49
50	0,0059701	91899	549	91624	2389949	26,01	0,0029238	95942	281	95802	2982260	31,08	50
51	0,0064826	91350	592	91054	2298325	25,16	0,0031576	95662	302	95511	2886458	30,17	51
52	0,0070816	90758	643	90437	2207271	24,32	0,0034169	95360	326	95197	2790948	29,27	52
53	0,0077817	90115	701	89765	2116834	23,49	0,0037033	95034	352	94858	2695751	28,37	53
54	0,0085851	89414	768	89030	2027070	22,67	0,0040175	94682	380	94492	2600893	27,47	54

Die Maßzahlen der Bevölkerungsstatistik 49

55	0,0094913	88646	841	88226	1938040	21,86	0,0043607	94301	411	94096	2506402	26,58	55
56	0,0104969	87805	922	87344	1849814	21,07	0,0047324	93890	444	93668	2412306	25,69	56
57	0,0115953	86883	1007	86380	1762470	20,29	0,0051322	93446	480	93206	2318638	24,81	57
58	0,0127831	85876	1098	85327	1676090	19,52	0,0055619	92966	517	92708	2225432	23,94	58
59	0,0140661	84778	1192	84182	1590763	18,76	0,0060314	92449	558	92170	2132724	23,07	59
60	0,0154529	83586	1292	82940	1506581	18,02	0,0065642	91892	603	91590	2040554	22,21	60
61	0,0169422	82294	1394	81597	1423642	17,30	0,0071846	91288	656	90960	1948964	21,35	61
62	0,0185334	80900	1499	80150	1342045	16,59	0,0079052	90633	716	90274	1855003	20,50	62
63	0,0202352	79400	1607	78597	1261895	15,89	0,0087342	89916	785	89523	1767729	19,66	63
64	0,0220656	77794	1717	76935	1183298	15,21	0,0096810	89131	863	88699	1678206	18,83	64
65	0,0240385	76077	1829	75163	1106362	14,54	0,0107563	88268	949	87793	1589506	18,01	65
66	0,0261662	74248	1943	73277	1031200	13,89	0,0119709	87318	1045	86796	1501713	17,20	66
67	0,0284651	72306	2058	71276	957923	13,25	0,0133398	86273	1151	85698	1414917	16,40	67
68	0,0309598	70247	2175	69160	886646	12,62	0,0148837	85122	1267	84889	1329220	15,62	68
69	0,0336572	68073	2291	66927	817486	12,01	0,0166275	83855	1394	83158	1244731	14,84	69
70	0,0365059	65781	2401	64581	750559	11,41	0,0186010	82461	1534	81694	1161573	14,09	70
71	0,0395594	63380	2507	62126	685979	10,82	0,0208415	80927	1687	80084	1079878	13,34	71
72	0,0429954	60873	2617	59564	623852	10,25	0,0233941	79241	1854	78314	999795	12,62	72
73	0,0470208	58255	2739	56886	564288	9,96	0,0263110	77387	2036	76369	921481	11,91	73
74	0,0517327	55516	2872	54080	507402	9,14	0,0296518	75351	2234	74234	845112	11,22	74
75	0,0571156	52644	3007	51141	453322	8,61	0,0334821	73116	2448	71892	770879	10,54	75
76	0,0631044	49637	3132	48071	402181	8,10	0,0378743	70668	2677	69330	698986	9,89	76
77	0,0697074	46505	3242	44884	354110	7,61	0,0429098	67992	2918	66533	629656	9,26	77
78	0,0769878	43263	3331	41598	309226	7,15	0,0486813	65074	3168	63490	563123	8,65	78
79	0,0850452	39933	3396	38235	267628	6,70	0,0552940	61906	3423	60195	499633	8,07	79
80	0,0939633	36537	3433	34820	229393	6,28	0,0628663	58483	3677	56645	439438	7,51	80
81	0,1038265	33103	3437	31385	194573	5,88	0,0715314	54807	3920	52846	382793	6,98	81
82	0,1147278	29666	3404	27965	163189	5,50	0,0814414	50886	4144	48814	329947	6,48	82
83	0,1267711	26263	3329	24598	135224	5,15	0,0927706	46742	4336	44574	281133	6,01	83
84	0,1393243	22933	3195	21336	110626	4,82	0,1057192	42406	4483	40164	236559	5,58	84
85	0,1515216	19738	2991	18243	89290	4,52	0,1195473	37923	4534	35656	196394	5,18	85
86	0,1638862	16748	2745	15375	71047	4,24	0,1333896	33389	4454	31162	160739	4,81	86
87	0,1767471	14003	2475	12765	55672	3,98	0,1474734	28935	4267	26802	129576	4,48	87

88	0,1903175	11528	2194	10431	42906	3,72	0,1620554	24668	3998	22669	102775	4,17	88
89	0,2050741	9334	1914	8377	32476	3,48	0,1773108	20671	3665	18838	80105	3,88	89
90	0,2213000	7420	1642	6599	24099	3,25	0,1935429	17005	3291	15360	61267	3,60	90
91	0,2390753	5778	1381	5087	17500	3,03	0,2110395	13714	2894	12267	45908	3,35	91
92	0,2583662	4396	1136	3829	12413	2,82	0,2299381	10820	2488	9576	33641	3,11	92
93	0,2788847	3261	909	2806	8584	2,63	0,2501213	8332	2084	7290	24065	2,89	93
94	0,3002757	2351	706	1998	5778	2,46	0,2714322	6248	1696	5400	16775	2,68	94
95	0,3222411	1645	530	1380	3780	2,30	0,2935812	4552	1336	3884	11375	2,50	95
96	0,3444248	1115	384	923	2400	2,15	0,3162299	3216	1017	2707	7491	2,33	96
97	0,3665705	731	268	597	1477	2,02	0,3391737	2199	746	1826	4784	2,18	97
98	0,3886051	463	180	373	880	1,90	0,3623051	1453	526	1190	2958	2,04	98
99	0,4105795	283	116	225	507	1,79	0,3855587	924	357	748	1768	1,91	99
100	1,0000000	167	167	282	282	1,69	1,0000000	569	569	1020	1020	1,79	100

(Quelle: Österreichisches Statistisches Zentralamt)

Der Grad der Beeinträchtigung des Wertes eines Lebensjahres in Abhängigkeit von einer bestimmten körperlichen oder geistigen Beeinträchtigung (Beginn, typische Altersverteilung, Dauer) wurde durch mehrere Runden einer gemeinsamen Schätzprozedur von Gesundheitsexperten aus verschiedenen Ländern, aufgegliedert nach Altersgruppen, Geschlecht, und Weltregionen geschätzt. Sodann wurde für alle auf der Welt beobachteten Gruppen von Krankheiten die damit typischerweise einher gehenden Beeinträchtigungen abgeschätzt. Damit wurden nun die durch bestimmte Krankheiten verursachten Verluste an beeinträchtigungsfreien Lebensjahren und – ausgehend von Erhebungen oder Schätzungen der spezifischen Morbidität – die durch die Gesamtmorbidität verursachten Verluste an beeinträchtigungsfreien Lebensjahren bestimmt (Dokumentation des Verfahrens in World Development Report 1993; ausführlicher in Murray, Lopez 1996).

2. Ein weit verbreiteter allgemeiner Entwicklungsindikator ist der Human Development Index HDI (Anand, Sen 1994; Akder 1994), der im jährlich erscheinenden Human Development Report der UN zur Anwendung kommt, und in den die Lebenserwartung bei Geburt, der Anteil erwachsener Analphabeten, und das Bruttosozialprodukt pro Kopf der betrachteten Gesellschaft eingehen. Lutz (1994) schlug die alphabetisierungs gewichtete Lebenserwartung als allgemeinen Entwicklungsindikator vor: Die Tafelfunktion $L_{x,x+n}$ Formel (38) – Anzahl der Lebensjahre, die die bis zum exakten Alter x Überlebenden im Intervall [x,x+n] erleben werden – wird gewichtet mit der altersspezifischen Alphabetisierungsquote. Aus der solchermaßen gewichteten Tafelfunktion erfolgt nach Standardverfahren die Berechnung der alphabetisierungsgewichteten Lebenserwartung, die die Zahl der Jahre ausdrückt, die ein Individuum des Alters x im Zustand erfolgter Alphabetisierung verleben wird.

Die Verwendung von Zeitreihen der durchschnittlichen Lebenserwartung oder von auf ihr aufbauenden Indikatoren ist freilich nicht unproblematisch: der ganze Ansatz von Periodensterbetafeln geht von der Annahme stabil bleibender Sterblichkeitsverhältnisse aus; nun soll der Begriff der durchschnittlichen Lebenserwartung dazu benutzt werden, um – etwa in Form einer Zeitreihe – die Veränderung der Sterblichkeit empirisch zu messen.

Solche langfristigen Vergleiche zwischen der Entwicklung der durchschnittlichen Lebenserwartung anhand von Periodensterbetafeln und der tatsächlich dann erreichten durchschnittlichen Lebensdauer sind für einige Länder möglich; zur Illustration (nach Dinkel 1984) wird hier ein Vergleich für Schweden von 1780 bis zur Gegenwart wiedergegeben (Abb. 10):

Zwei Unterschiede zwischen Perioden- und Kohortensterbetafeln sind an der Grahik abzulesen:

Bei sinkendem Sterberisiko unterschätzt, bei steigendem Sterberisiko überschätzt die Periodensterbetafel eines Jahres die tatsächliche Lebensdauer der Geburtskohorte dieses Jahres.

Die an der Periodensterbetafel abgelesene durchschnittliche Lebenserwartung schwankt stärker als die tatsächliche durchschnittliche Lebensdauer der entsprechenden Kohorte. Grund ist, dass positive wie negative Einflüsse (gute Ernten, neue Impfungen, neue Medikamente; Kriege, Epidemien), denen reale Kohorten ja eben nur während der wenigen Jahre des realen Geschehens ausgesetzt sind, sich auf die imaginäre Kohorte einer Periodensterbetafel gegebenenfalls simultan in allen Altersklassen niederschlagen.

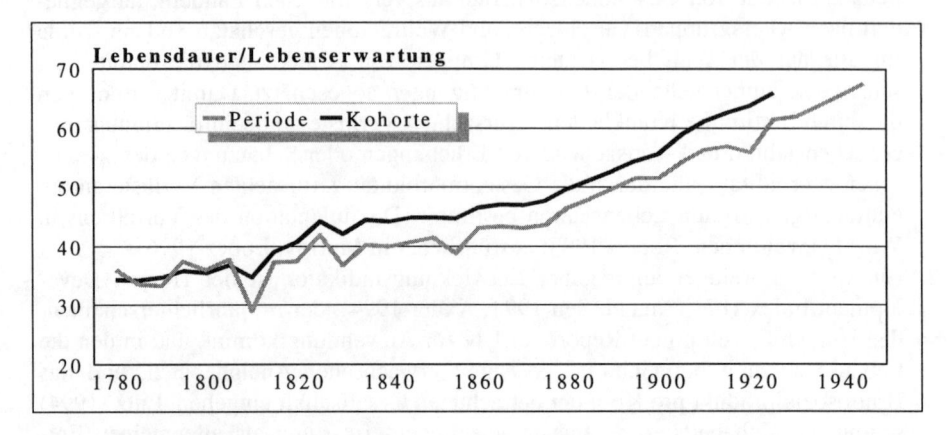

Abb. 10: Lebensdauer/Lebenserwartung in Kohorten- und Periodenperspektive, Schweden 1780-1925, Männer

(Quelle: Keyfitz, Flieger 1968; gezeichnet nach Dinkel 1984)

Hier ist der Ort für eine kurze Gegenüberstellung von Kohorten- Lebenszyklus-, Perioden- und Kohorten-Inversions-Effekten bei der Analyse von Risikounterschieden zwischen Beobachtungsgruppen.

Weisen unterschiedliche Kohorten unterschiedliche Risiken (Gesamtrisiken oder Verteilung der Risiken über das Leben) auf, so handelt es sich um einen Kohorteneffekt. Unterscheiden sich unterschiedliche Lebensalter nach einem typischen, in verschiedenen Kohorten gleichförmig zu beobachtenden Muster, so liegt ein Lebenszykluseffekt vor. Geschichtlich einmalige, zeitlich abgrenzbare Ereignisse, die in gleicher Weise unterschiedliche Kohorten in dann unterschiedlichen Lebensabschnitten betreffen, lösen Periodeneffekte aus (Glenn 1976: 1977). Sehr einprägsame Beispiele für die drei Effekte bringt Diekmann (1995: 281–287): Das Scheidungsrisiko stieg in Westdeutschland seit den 50er Jahren in der Abfolge der Eheschließungskohorten an: *Kohorteneffekt*. Gleichzeitig steigt in allen betrachteten Kohorten das Scheidungsrisiko von der Eheschließung bis zum vierten oder fünften Jahr, um dann monoton wieder abzufallen: *Lebenszykluseffekt*. Im Jahr 1978, vor dem Abschluss der Reform des Ehescheidungsrechts, wurden nur wenige Scheidungsurteile gefällt; weil die Gerichte das neue Recht abwarteten, auch verzögerten viele Betroffene den Vollzug der Scheidung, weil sie für sich günstigere Unterhaltsregelungen erwarteten: *Periodeneffekt*.

Verschiebt sich die Reduzierung einer Kohorte durch ein Ereignis (Tod, Heirat, Elternschaft) in der Verteilung über das Lebensalter, wobei die „Disposition" der Kohortenmitglieder für dieses Ereignis aber unverändert bleibt, so verschieben sich gegensinnig zu den „Hochs" auch die „Tiefs" der Ereignisraten im Lebenslauf der Kohorte: *Kohorten-Inversions-Effekt*: In Periodenbetrachtungsweise schwanken entsprechend die durchschnittlichen Überlebens- = Verweildauern der aus den Daten eines Intervalls synthetisierten fiktiven Kohorte. (zum Kohorten-Inversions-Effekt ausführlich Hobcraft et al. 1982).

In Abschnitt 1.2.1 wurde die Schätzung von Überlebensfunktionen und anderen Tafelfunktionen im Intervall angesprochen und hier die beiden einfachsten Schätzer bereits dargestellt, nämlich der konventionelle lineare Schätzer

$$S_{x+n} = S_x(1 - q_{x,x+n})$$

oder der exponentielle Schätzer

$$S_{x+n} = S_x e^{-\gamma n}$$

mit konstanter stetig-zeitlicher Sterberate γ.

Andere Schätzer, die für Schätzungen für größere Intervalle – etwa 10 Jahre – praktisch wichtig sind, sind etwa die nach Reed-Merrell, nach Chiang, nach Greville, nach Keyfitz-Frauenthal, nach Schoen. Diese und weitere können nachgelesen werden in Namboodiri (1991: 85–96) oder Smith (1992: 186–220).

Die altersspezifischen Sterberaten variieren nicht völlig unabhängig voneinander, ihre Verteilung folgt bei allen Bevölkerungen im groben der Form wie in Tab. 9 oder 10 erschließbar. Zugleich korrelieren Mortalitätsraten in benachbarten Altersgruppen hoch miteinander. Von großer praktischer Bedeutung sind nun Verfahren, für Bevölkerungen mit unvollständigen oder fehlerbehafteten Vitaldaten komplette Sterbetafeln aus Modell-Sterbetafeln mit Hilfe einer Schätzfunktion zu erstellen. Eine ausführliche Darstellung solcher Verfahren findet sich in Dinkel (1989, Kap. VII).

1.2.3.3 Projektions-Matrizen

Von den Kohorten – wie Periodentafeln führt ein einfacher Schritt zu Projektions-Matrizen. Wir betrachten eine Kohorte, wobei wir wiederum die Daten der Frauen des Jahrgangs 1876 von England und Wales und als Radix, d. h. als Besetzung der ersten Altersklasse zum Zeitpunkt t = 0, den Wert 1 wählen. Der Vektor der Altersklassenbesetzung (Vektoren werden im Folgenden stets als Zeilenvektoren geschrieben, obwohl sie – mathematischer Verkehrssitte entsprechend – üblicherweise als Spaltenvektoren behandelt werden. Zeilenvektoren werden entsprechend nur dann als transponiert gekennzeichnet, wenn sie mathematisch als solche behandelt werden) sei definiert als:

$$\mathbf{z}(t) = [z_1(t), z_2(t), z_3(t), \cdots z_\omega(t)] \tag{42}$$

mit $z_1 = l_0$; $z_2 = l_1$ oder $z_2 = l_5$, usw., je nachdem welche Intervallbreite der Altersklassen gewählt wurde.

Nun wissen wir aus

$$q_{x,x+n} = \frac{d_{x,x+n}}{l_x} \tag{43}$$

dass:

$$l_{x+n} = l_x(1 - q_{x,x+n}) \text{ oder } p_x = (1 - q_{x,x+n}) \tag{44}$$

wobei p_x die zu $q_{x,x+n}$ komplementäre Wahrscheinlichkeit sein soll, dass ein Individuum vom exakten Alter x bis zum exakten Alter x+n überlebt. Die Altersklassenbreite in Jahren wird wieder mit n bezeichnet.

Wir können Formel (42) und (43) kompakt in Matrixform schreiben

$$\mathbf{z}(t+n) = \mathbf{P}\,\mathbf{z}(t)$$

oder allgemein:

$$\mathbf{z}(kn) = \mathbf{P}^k\,\mathbf{z}(0) \text{ mit } k = 0,1,2,3\ldots \tag{45}$$

wobei **P** die Matrix in Tab. 11 ist (die Überlebenswahrscheinlichkeiten sind als Beispiel aus Tab. 9 entnommen).

Sobald wir eine Periodensterbetafel vor uns haben und annehmen, dass für einen bestimmten betrachteten Zeitraum von mehreren Intervallen die Sterbewahrscheinlichkeiten gleich bleiben sollen, können wir mit der Formel (45) analog für beliebige initiale Altersklassenbesetzungen berechnen, wie sich die Altersklassenbesetzung dieser zu Beginn vorhandenen Individuen in den folgenden Intervallen entwicken wird.

Mit Projektions-Matrizen hat man ein sehr leistungsfähiges mathematisches Instrument zur Berechnung zukünftiger (wie auch vergangener) Zustände an die Hand bekommen, das in den folgenden Kapiteln dieses Handbuchs noch wesentlich ausführlicher zur Sprache kommen wird. Dort wird gezeigt, wie man ganz analog zu Sterbewahrscheinlichkeiten auch Geburtenwahrscheinlichkeiten in Projektions-Matrizen aufnehmen kann und damit das Nachwachsen neuer Kohorten modellieren kann.

Die Maßzahlen der Bevölkerungsstatistik

Tab. 11: Projektions-Matrix für Überlebenswahrscheinlichkeiten allgemein und mit Werten aus Tab. 9 (Altersklasse x = 1 wurde zur Vermeidung ungleich langer Zeitintervalle nicht berücksichtigt)

$$\mathbf{P} = \begin{bmatrix} 0 & \vdots & \vdots & \vdots & \vdots & \vdots & \vdots & \vdots & 0 \\ p_1 & 0 & \vdots & \vdots & \vdots & \vdots & & & \vdots \\ 0 & p_2 & 0 & \vdots & \vdots & \vdots & & & \vdots \\ \vdots & 0 & p_3 & 0 & \vdots & \vdots & & & \vdots \\ \vdots & \vdots & 0 & p_4 & 0 & \vdots & & & \vdots \\ \vdots & \vdots & \vdots & 0 & p_4 & 0 & & & \vdots \\ \vdots & & & & 0 & \ddots & 0 & & \vdots \\ \vdots & & & & & \vdots & 0 & p_{\omega-2} & 0 & \vdots \\ 0 & \vdots & \vdots & \vdots & \vdots & \vdots & & 0 & p_{\omega-1} & 0 \end{bmatrix}$$

$$\mathbf{P} = \begin{bmatrix} 0 & \vdots & \vdots & \vdots & \vdots & \vdots & \vdots & \vdots & 0 \\ .768 & 0 & \vdots & \vdots & \vdots & \vdots & & & \vdots \\ 0 & .985 & 0 & \vdots & \vdots & \vdots & & & \vdots \\ \vdots & 0 & .981 & 0 & \vdots & \vdots & & & \vdots \\ \vdots & \vdots & 0 & .971 & 0 & \vdots & & & \vdots \\ \vdots & \vdots & \vdots & 0 & .971 & 0 & & & \vdots \\ \vdots & & & & 0 & \ddots & 0 & & \vdots \\ \vdots & & & & & \vdots & 0 & .200 & 0 & \vdots \\ 0 & \vdots & \vdots & \vdots & \vdots & \vdots & & 0 & .072 & 0 \end{bmatrix}$$

Der Leser ist hier auch zum ersten Mal auf Maße als Ergebnisse von Messungen gestoßen, die nicht mehr eine einzelne, reellwertige Zahl darstellen, wie etwa die standardisierte Sterberate, sondern auf Maße, die einem als reellwertige Matrizen begegnen.

Sterbetafelmethoden und von ihnen abgeleitete Projektions-Matrizen spielen auch bei der Messung anderer demographischer Ereignisse und darüber hinaus auch in vielen anderen Bereichen eine sehr wichtige Rolle: immer dort, wo das Risiko des Eintritts eines interessierenden Ereignisses nicht über die Zeit gleich bleibt. Die Ausdrücke „Sterblichkeit" und „Überleben" werden dann bei der Diskussion dieser Tafeln nur mehr in einem übertragenen Sinn für „Ereignis eingetreten" und „Ereignis noch nicht eingetreten" verwendet.

1.2.4 Ereignismaße von Eheschließung und Ehetrennung

Es gibt vier elementare Zustände: ledig = noch nie verheiratet; verheiratet; geschieden; verwitwet. Übergänge von einem Zustand zum anderen sind nur durch den Zustand des Verheiratetseins möglich, der Zustand ledig ist nicht wieder erreichbar, wenn er einmal verlassen ist; die anderen Zustände können mehrfach eingenommen werden. Alle Ereignismaße von Eheschließung und Ehetrennung lassen sich grundsätzlich auf das Eingehen und die Auflösung nicht ehelicher Lebensgemeinschaften anwenden.

Es gibt vier elementare Zustände: ledig = noch nie verheiratet; verheiratet; geschieden; verwitwet. Übergänge von einem Zustand zum anderen sind nur durch den Zustand der Ehe möglich, der Zustand ledig ist nicht wieder erreichbar, wenn er einmal verlassen ist; die anderen Zustände können mehrfach eingenommen werden. Alle Ereignismaße von Eheschließung und Ehetrennung lassen sich grundsätzlich auf das Eingehen und die Auflösung nicht ehelicher Lebensgemeinschaften anwenden.

Nuptialität ist potenziell ein Mehrzustands-Mehrepisoden-Prozess. Daraus ergeben sich zusätzliche Fragestellungen und Aufgaben für die Messung dieser Dynamik. Wir beginnen mit einfachen Expositions-Raten für erste Ehen:

Die rohe Expositions-Rate für erste Ehen ist

$$g(1)_{t,t+n} = \frac{M(1)_{t,t+n}}{S_{t+\frac{1}{2}n}} \tag{46}$$

wobei M(1) die Gesamtzahl erster Ehen, die im Verlauf eines Beobachtungsintervalls geschlossen wurden und S die Gesamtzahl der von allen ledigen Personen bis zur Intervallmitte (Eheschließungen sollen über das Intervall gleich verteilt sein) verlebten Lebensjahre bezeichnen. Diese rohe Expositionsrate kann nun weiter differenziert werden:

nach dem Geschlecht:

$$g(1)_{t,t+n}^{f} = \frac{M(1)_{t,t+n}}{S_{t+\frac{1}{2}n}^{f}} \cdot 1000$$

oder

$$g(1)_{t,t+n}^{m} = \frac{M(1)_{t,t+n}}{S_{t+\frac{1}{2}n}^{m}} \cdot 1000 \tag{47}$$

wobei nun die von weiblichen (S^f) oder männlichen (S^m) als ledig „überlebenden" Personen verlebten Lebensjahre im Beobachtungsintervall im Nenner stehen;

nach dem Alter:
entweder durch eine grobe Unterteilung der ledigen Bevölkerung nach dem minimalen Heiratsalter, welches zum Zwecke weltweiter Vergleichbarkeit auf 15 Jahre festgelegt wird

Die Maßzahlen der Bevölkerungsstatistik

$$g(1)_{15,99} = \frac{M(1)_{15,99}}{S_{15,99}} \cdot 1000 \tag{48}$$

oder nach Altersklassen und Geschlecht:

$$g(1)^f_{x,x+n} = \frac{M(1)_{x,x+n}}{S^f_{x,x+n}} \cdot 1000$$

oder

$$g(1)^m_{x,x+n} = \frac{M(1)_{x,x+n}}{S^m_{x,x+n}} \cdot 1000 \tag{49}$$

Da im Schnitt Frauen jünger als ihre Ehemänner sind und dieser Altersabstand mit zunehmendem Alter bei der Eheschließung zunimmt, ist der Altersaufbau der ledigen Bevölkerung in den beiden Geschlechtern nicht gleich. Bei der Standardisierung der rohen Heiratsrate nach dem Vorbild der Standardisierung der rohen Sterberate muss die Standardisierung nach Alter und Geschlecht erfolgen.

Die direkte Standardisierung der rohen Heiratsrate für Frauen allein erfolgt nach der Formel

$$g^*(1)^f = \sum \frac{S(st.)^f_{x,x+1}}{S(st.)^f} \cdot M(1)^f_{x,x+1} \tag{50}$$

wobei $S(st)^f$ die Gesamtzahl unverheirateter Frauen in der Standardbevölkerung, $S(st)^f_{x,x+n}$ die Zahl der Frauen der Standardbevölkerung in der Altersklasse x, und $M(1)^f_{x,x+n}$ die Zahl von Frauen geschlossener erster Ehen in der beobachteten Bevölkerung in der x-ten Altersklasse ist.

Es bietet sich weiter an, ganz nach dem Vorbild von Sterbetafeln, allgemeine Risikotafeln – hier für das Nuptialitätsrisiko – aufzustellen und das mittlere Heiratsalter zu berechnen, wobei die Fragestellung die Art der Tafel bestimmt: will man das kumulative Heiratsrisiko bestimmen, also das Risiko, bis zu einem gewissen Lebensalter eine erste Ehe eingegangen zu sein, so wird man alle heiratsfähigen Personen in Betracht ziehen. Interessiert man sich hingegen für das mittlere Heiratsalter, so wird man nur solche Personen heranziehen, die überhaupt einmal geheiratet haben. Je nach Fragestellung muss auch das konkurrierende Risiko der Sterblichkeit betrachtet werden, das Risiko, aus der – realen oder fiktiven – Kohorte der Unverheirateten nicht durch Heirat, sondern durch Tod auszuscheiden.

In völliger analoger Weise kann man nun auch Expositonsraten für die Auflösung der ersten Ehe durch Scheidung, Verwitwung oder Tod aufstellen: rohe Raten, altersspezifische Raten, standardisierte Raten, und entsprechende Risikotafeln. Wirklich vergleichbare Ereignismaße dieser Art verlangen, dass die konkurrierenden Risiken Scheidung, Verwitwung und Tod tatsächlich auch gleichzeitig berücksichtigt werden. Da aber die meisten Heiraten und Scheidungen in einem Alter erfolgen, in dem zumindest in Industrieländern die Mortalität noch gering ist, wird man für einige praktische Fragestellungen Heirats- und Scheidungsrisiko dann doch ohne Berücksichtigung der konkurrierenden Mortalitätsrisiken behandeln können. Je nach Fragestellung wird man das Scheidungsrisiko entweder nach dem Lebensalter der Beteiligten oder aber nach der Ehedauer differenziert betrachten wollen.

Die rohe Scheidungsrate wäre dann:

$$h_{t,t+n} = \frac{D_{t,t+n}}{R_{t+\frac{1}{2}n}} \cdot 1000 \tag{51}$$

wobei $D_{t,t+1}$ für die Zahl der Scheidungen in einem Jahr und R für alle existierenden Ehen zur Jahresmitte steht.

Neben Spezifizierung nach dem Alter der Beteiligen ist es sinnvoll, nach der Ehedauer zu spezifizieren

$$h_{x,x+n} = \frac{D_{x,x+n}}{R_{x+\frac{1}{2}n}} \cdot 1000 \tag{52}$$

wobei x je nach Fragestellung die Altersklasse eines der beiden Geschlechter oder die Ehedauer bezeichnet.

Offensichtlich muss zur Berechnung des kumulativen Scheidungsrisikos, d. h. des Scheidungsrisikos von Frischvermählten in einer bestimmten Bevölkerung, sowohl Heiratsalter wie Lebenserwartung mit herangezogen werden.

Analog lassen sich nun auch Expositions-Raten für Wiederverheiratung nach Scheidung oder Verwitwung, sowie die Eheauflösungsrisiken für Zweit- oder Drittehen berechnen.

Nicht-Expositions-Raten für Eheschließung und Eheauflösung können in zweierlei Dimensionen sinnvoll sein: einmal bezogen auf die Gesamtbevölkerung oder Alters/Geschlechtssegmente derselben, ungeachtet deren Familienstand; zum Zweiten bezogen auf die heiratsfähige Bevölkerung des anderen Geschlechts (in den meisten Fällen nach Altersklassen aufgeschlüsselt) d. h. bezogen auf potenzielle Partner.

So können entweder allgemein für alle Ehen, wie auch nur für erste Ehen definiert werden:

Die Maßzahlen der Bevölkerungsstatistik

a) rohe (Erst-) Eherate

$$\frac{M(1)}{P} \tag{53}$$

b) allgemeine (Erst-) Eherate

$$\frac{M(1)}{P_{15,99}} \tag{54}$$

Die Bezugsbevölkerung ist hier nicht mehr die Gesamtbevölkerung, sondern nur noch alle Personen über 15 Jahren.

c) altersspezifische (Erst-) Eherate

$$\frac{M_{x,x+n}}{P_{x+\frac{1}{2}n}} \text{ bzw. } \frac{M(1)_{x,x+n}}{P_{x+\frac{1}{2}n}} \tag{55}$$

Analog können auch rohe, allgemeine und altersspezifische (Erst-) Scheidungsraten definiert werden.

Es können auch kumulative Heirats- oder Scheidungsraten definiert werden, etwa eine kohortenspezifische kumulative Heiratsrate, die ausdrückt, wie oft ein Mitglied einer bestimmten Geburtskohorte in seinem Leben geheiratet hat:

$$CMR = \sum_{y=0}^{\omega} \frac{M_{y,y+n}}{P_{y+\frac{1}{2}n}} \quad , y = 0, n, 2n \dots \tag{56}$$

Das Problem ist hier, wie bei der Anwendung der Tafelmethode, die Berücksichtigung der Sterblichkeit als der zweiten Austrittsmöglichkeit aus dem Zustand des Nicht-Verheiratet-Seins (ledig, geschieden, verwitwet).

Naheliegend ist die Frage, in welcher Weise sowohl die Heirats- wie auch die Scheidungswahrscheinlichkeit von der Verfügbarkeit potenzieller – gegebenenfalls alternativer – Partner, also unverheirateter oder scheidungsbereiter Personen des anderen Geschlechts in den passenden Altersgruppen abhängig sein mag.

Ereignismaße, mit denen die Heirats- bzw. Scheidungsintensität einer Gesellschaft abhängig von diesen Faktoren untersucht werden soll, könnten Eheschließungen oder

Ehescheidungen von der Sexualproportion in entsprechenden Altersgruppen abhängig machen.

Es lassen sich auch die Heirats-, Ersteheirats- und Scheidungsraten alters- und geschlechtsstandardisieren, wie bei der Mortalität; solche standardisierten Raten weisen auch hier dieselben Probleme auf: die Wahl der Standardbevölkerung ist beliebig, Veränderungen des Risikos einiger Altersklassen werden jedoch nicht proportional invariant, sondern je nach Wahl der Bezugsbevölkerung verzerrt in den standardisierten Raten wiedergegeben.

Analog zum Übergang von der Kohorten- zur Periodensterbetafel lassen sich kumulative Maße der Eheschließung und der Eheauflösung auch für eine fiktive Kohorte erstellen, die durch die altersspezifischen Risiken eines bestimmten Jahres oder von drei aufeinander folgenen Jahren hindurchwandert.

Tiefergehende Untersuchungen erfordern die Aufstellung von Tafeln, die sowohl Tod als konkurrierendes Risiko, wie auch das Risiko des Wiedereintritts in den Verheiratetenstatus nach einer Eheauflösung durch Verwitwung oder Scheidung berücksichtigen. Solche Multi-Status-Tafeln werden in Abschnitt 1.2.8 – zusammen mit den dazugehörigen Projektions-Matrizen, wie schon von Ende Abschnitt 1.2.3 bekannt – behandelt.

Die bislang dargestellten Maßzahlen für Heiratsereignisse beruhen alle auf einem Ein-Geschlecht Modell, welches die Frage der Verfügbarkeit von Partnern des anderen Geschlechts ausblendet – ein offenkundig unbefriedigender Zustand. Dieser wurde deshalb nicht als praktisch besonders bedrückend empfunden, weil normalerweise sich gleich große Frauen- und Männerkohorten gegenüberstehen: ein mächtiger, von R. Fisher (1930) beschriebener evolutionärer Mechanismus verbürgt dieses annähernde Gleichgewicht der Geschlechter, ein Exzess des weiblichen Geschlechts beginnt meist erst in Altersgruppen fühlbar zu werden, wenn der Großteil der Fruchtbarkeit bei beiden Geschlechtern bereits realisiert wurde.

Es gibt zwei wichtige Fälle, wann auch in großräumigen Bevölkerungen Abweichungen von der Gleichverteilung der Geschlechter möglich sind:

- Bei massiven Verlusten menschlichen Lebens bei einem Geschlecht in jungen Jahren. Der weitaus häufigste Fall ist hier der massive Verlust junger Männer in Kriegen ohne vergleichbare Verluste in den gleichen Altersgruppen bei der Zivilbevölkerung. Beispiele sind die französische und die deutsche Bevölkerung im ersten Weltkrieg, die iranische im ersten Golfkrieg.
- In allen Gesellschaften wählen sich Frauen einen älteren Ehepartner, Männer eine jüngere Ehepartnerin. Diese Wahl entspricht auch auf Seite der Frauen nicht bloßem Zwang, sondern Präferenzen (s. Kenrick, Keefe 1992). Die durchschnittlichen Altersabstände von Ehepartnern nach Lebensalter bei der Heirat in Westdeutschland 1989 zeigt Abb. 6. Ändern sich nun die absoluten Geburtenzahlen deutlich binnen weniger Jahre, so können sich ungleich starke Zahlen möglicher Ehepartner in den jeweils bevorzugten Altersgruppen gegenüberstehen. Bei rasch wachsenden Geburtenzahlen gibt es somit auf dem Heiratsmarkt einen Generationsabstand später einen Überschuss an Frauen, bei rasch fallenden Geburtenzahlen – in Deutschland etwa in den Jahren nach Einführung hormoneller Empfäng-

nisverhütung 1965–66 – einen Überschuss an Männern.

Es hat eine Vielzahl von Ansätzen gegeben, theoretische Modelle der Eheschließung und der Fruchtbarkeit für zwei Geschlechter zu entwerfen und innerhalb dieser Modelle dazu geeignete Maßzahlen für Ungleichverteilungen bei dem zur Verfügung stehenden Reservoir von Ehepartnern zu definieren. Wichtige Beiträge stammen von Yellin und Samuelson (1974: 1977), Pollak (1987) und Schoen (1988), der einen ausführlichen Überblick über seine eigenen Modelle und auch die anderer Autoren gibt. Die Diskussion sowohl über Modelle wie über Messmethoden ist noch im vollem Gang.

Schoen (1988) veröffentlichte eine nach Geschlechtern unterscheidende Heiratstafel für erste Ehen mit konkurrierendem Sterblichkeitsrisiko (eine so genannte Multi-Exit-Tafel oder eine hierarchische multidimensionale Tafel (dazu Abschn. 1.2.6). Zur Messung ungleicher Verteilungen zwischen verfügbaren Ehepartnern auf die beiden Geschlechter schlug Schoen (1988) einen Index der Heiratsverknappung MSI (Marriage Squeeze Index) vor, der die Aufstellung von Perioden-Heiratstafeln der dargestellten Form voraussetzt, und berechnete den Heiratsverknappungs-Index für eine Reihe von Ländern im Zeitraum 1966–1975 und zugleich den Anteil der durch die jeweilige Verknappung nicht zu Stande gekommenen Ehen. Es zeigt sich, dass sowohl Verknappungs-Index wie Anteil „verlorener" Ehen auf der Ebene der Bevölkerung ganzer Nationen in normalen Zeiten nur geringe Werte annehmen.

Dies ist freilich ganz anders, sobald man kleinräumige Bevölkerungen betrachtet; insbesondere durch geschlechtsselektive Migration kommen hier oft erhebliche Ungleichgewichte bei der Sexualproportion Unverheirateter zu Stande. Ein drastisches Beispiel beschreibt Öberg (1990): die Bergbaugebiete Nordschwedens mit einer Sexualproportion von bis zu 300 Männern auf 100 Frauen bei Alleinstehenden in der Altersgruppe 20–39 Jahre.

1.2.5 Ereignismaße der Fruchtbarkeit

Im allgemeinen Verständnis bezeichnet Fertilität die biologische Fähigkeit, Kinder zu erzeugen und auszutragen, Fruchtbarkeit (Fekundität) die fallweise Realisierung dieser Fähigkeit. Leider haben im englischsprachigen demographischen Schrifttum die beiden Begriffe eine genau vertauschte Bedeutung (anders im französischen Schrifttum); den daraus sich ergebenden terminologischen Zwängen kann sich die deutschsprachige Demographie nicht entziehen. Fruchtbarkeitsmessungen beziehen sich auf solche Realisierungen, auf das Auftreten von Fertilität nur insofern, als dies Teil des physiologischen Lebenszyklus ist: bei Frauen von der Menarche bis etwa zum 50. Lebensjahr, beim Mann von der Pubertät bis ins hohe Alter.

Fruchtbarkeit ist ein Mehrfachrisiko, dessen Messung gegenüber der Messung der Mortalität und der Geburtlichkeit zusätzliche Probleme aufwirft: Geburten können als Ereignisse auf Mütter wie auf Väter bezogen werden, die sich bezüglich Alter und sozioökonomischer Merkmale oft unterscheiden. Praktisch wird mit dieser Problematik so umgegangen, dass die Rolle des Vaters in der Demographie ausgeblendet wird. Männer-bezogene Fruchtbarkeitsmaße sind selten, die Mutter-Kind-Beziehung steht im Mittelpunkt der demographischen Fruchtbarkeitsmessung.

1.2.5.1 Die Messung der weiblichen Fruchtbarkeit

Nicht die gesamte Population unterliegt dem Risiko. Vor dem 15. Lebensjahr werden Männer wie Frauen selten Eltern. Nach dem 44. Lebensjahr sind Geburten bei Frauen selten, ebenso wie Vaterschaft bei Männern nach dem 49. Lebensjahr. Von den 660313 ehelichen Lebendgeburten in Deutschland 1996 hatten 242 eine über 44 Jahre alte Mutter und 4632 einen über 49 Jahre alten Vater (Statistisches Bundesamt 1998).

Fruchtbarkeit ist nicht nur ein Ereignis eines erwachsenen Paares, es ist auch ein Ereignis für das Kind. Eigenschaften des Kindes wirken auf die Eltern zurück, wie deren Eigenschaften auf das Kind einwirken: Stirbt ein Kind sogleich nach der Geburt, so wird die nächste Schwangerschaft der Mutter früher eintreten; die Zahl der schon vorhandenen Kinder wie das Alter der Mutter haben einen erheblichen Einfluss auf die Mortalität eines hinzukommenden Kindes.

In modernen Gesellschaften variiert die Fruchtbarkeit stärker als die Mortalität, oft in Abhängigkeit von der Konjunktur oder politischen Ereignissen. Gerade wenn man solche Zusammenhänge erfassen will, muss zeitlich sehr exakt gemessen werden.

Wir beginnen wieder mit einfachen Expositions-Raten. Die allgemeine Fruchtbarkeitsrate bezieht die Zahl der Geburten eines Jahres auf den Bestand der Frauen in üblicherweise fruchtbarem Alter zur Jahresmitte

$$b = \frac{B}{S^f_{15,49}} \cdot 1000 \quad \text{oder} \quad b = \frac{B}{S^f_{15,44}} \cdot 1000 \tag{57}$$

Da die von Frauen zwischen dem 45. und 49. Lebensjahr geborenen Kinder nur einen sehr kleinen Teil aller Geburten ausmachen, ist die zweite Variante von Formel (57) die weiter verbreitete.

Es werden in diesem Abschnitt nur diskret-zeitliche Fruchtbarkeitsraten besprochen. Die stetig-zeitliche „intrinische" Fruchtbarkeitsrate gehört wie die „intrinische" Wachstumsrate für Bevölkerungen mit stabiler Altersklassenverteilung bereits in die Modelle der Bevölkerungsdynamik, und wird im Kapitel 2 „Dynamik einer Population" dieses Handbuchs behandelt.

Es lassen sich allgemeine Fruchtbarkeitsraten für ausgewählte Frauengruppen definieren: Eheliche und nicht eheliche Fruchtbarkeit, ländliche und städtische, ethnisch spezifische, religionsspezifische usw. Alle diese Maße bieten keinerlei begriffliche Schwierigkeiten und brauchen deshalb hier nicht eigens dargestellt zu werden. Praktisch bedeutsam ist die Aufschlüsselung nach dem Alter der Mutter. Es lassen sich altersspezifische Fruchbarkeitsraten definieren:

$$b_{x,x+n} = \frac{B_{x,x+n}}{S^f_{x+\frac{1}{2}n}} \cdot 1000 \tag{58}$$

wobei $B_{x,x+n}$ die Zahl der im Bezugsjahr beobachteten Geburten zwischen dem x-ten und dem (x+n)-ten Geburtstag der Mütter und $S_{x+n/2}$ die Zahl der Frauen in dieser Altersgruppe in der Mitte des Beobachtungszeitraums ist.

Um den Einfluss verschiedener Altersverteilungen bei der Messung der Fruchtbarkeit in verschiedenen Gesellschaften auszuschalten, können verschiedene Wege gegangen werden, deren Technik dem Leser jetzt nicht mehr ganz fremd sein wird. Einmal kann man, völlig analog zur Altersstandardisierung von Mortalität und Nuptialität standardisierte allgemeine Fruchtbarkeitsraten b*, sowohl für Längsschnitts- wie für Querschnittsvergleiche berechnen, indem man das mit der relativen Besetzung der Altersklassen in der Standardbevölkerung (st) gewichtete arithmetische Mittel der altersspezifischen Fruchtbarkeitsraten der jeweils beobachteten Bevölkerung j bildet:

$$b*(j) = \sum_{y=15}^{\omega} \frac{S(st.)^f_{y,y+n}}{S(st.)^f_{15,49}} \cdot B(j)_{y,y+n} \cdot 1000 \quad y = 15, 15+n, 15+2n\ldots \tag{59}$$

Die Probleme solcher altersstandardisierten Raten sind auch hier gegeben: die Wahl der Standardbevölkerung ist unvermeidlich willkürlich; entsprechend unterschiedlich sind die Ergebnisse – was beispielsweise deren Verwendung für Vergleiche in einem anderen Kontext erheblich beschränkt. Vor allem aber werden Veränderungen in einer oder einigen wenigen Altersklassen der einen betrachteten Bevölkerung keinesfalls proportional invariant in den standardisierten Raten abgebildet.

Eine weitere wichtige Spezifizierung von Fruchtbarkeitsraten ist die nach Ehedauer. Da in allen Gesellschaften das Fruchtbarkeitsrisiko ganz überwiegend Frauen in Ehen oder eheähnlichen Verbindungen betrifft, ist die Ehedauer von zentraler Bedeutung für die kumulierte Fruchtbarkeit.

Wichtig ist ferner das mittlere Alter der Mutter (MAM = mean age at maternity = mittleres Alter bei der Mutterschaft); da die fruchtbaren Jahre der Frau hinreichend deutlich abgegrenzt sind, muss nicht auf den Median als Maß der zentralen Tendenz zurückgegriffen werden.

$$\text{MAM} = \frac{\sum_{y=0}^{\omega} \left(y + \frac{1}{2}n\right) \cdot B_{y,y+n}}{\sum_{y=0}^{\omega} B_{y,y+n}} \quad y = 0, n, 2n\ldots \tag{60}$$

Das mittlere Alter der Mütter ist das mit den altersspezifischen Geburtenzahlen gewichtete arithmetische Mittel der Mittelpunkte der fortlaufenden Altersklassen, geteilt durch die Summe der Geburtenzahlen der jeweiligen Alterklassen. Das mittlere Alter der Mutter dient als Indikator, wann im Lebenslauf die Frauen einer Gesellschaft ihre Kinder bekommen und ist damit eine wichtige Maßzahl der Geschwindigkeit der Bevölkerungsdynamik. Analog wird der mittlere Generationenabstand T als das mittlere Alter der Mutter bei der Geburt ihrer Töchter definiert. Dieses Maß spielt in Modellen der Populationsdynamik eine wichtige Rolle. Ein sich für den Vergleich zwischen verschiedenen Bevölkerungen sofort ergebendes Problem ist, dass bei ansonsten gleichen Gegebenheiten dieses mittlere Alter der Mutter nicht unabhängig von der Zahl der geborenen Kinder sein kann.

Teilweise kann dieses Problem durch die Berechnung paritätsspezifischer Geburtenraten angegangen werden, indem man nach ersten, zweiten, dritten etc. Geburten und auch noch nach dem Alter der Mutter differenziert. Allerdings stößt dann wieder der kognitive Apparat des Betrachters an seine Grenzen, wenn er verschiedene Bevölkerungen nach je ein oder zwei Dutzend simultan zu berücksichtigender Raten vergleichen soll.

In einer technisch analogen Problemlage wendet man bei der Mortalitätsmessung Tafelmethoden (einschließlich der Schätzung von Übergangsraten in vorgebenen Verteilungen) an. Solche Methoden sind allerdings bei der Fruchtbarkeitsmessung weniger angebracht, da Fruchtbarkeit, anders als der Tod, sich bei einigen Menschen gar nicht, bei anderen mehrfach ereignet. Dabei treten die mehrfach möglichen Ereignisse nicht unabhängig voneinander auf: die Zahl und Geburtszeitpunkt bereits vorhandenen Kinder ist eine starke Determinante der Eintrittswahrscheinlichkeit weiterer Geburten. Tafelmethoden (einschließlich Übergangsraten) haben für die Prognose der restlichen Fruchtbarkeitsbiographie einer noch im fruchtbaren Alter stehenden Kohorte von Frauen durchaus praktische Bedeutung. Dabei werden jeweils paritätsspezifische Tafeln oder Überlebensfunktionen berechnet, mit jeweils anders zu definierenden Risikopopulationen. Korrekterweise muss dabei Mortalität dieser Frauen als konkurrierendes Risiko mit erfasst werden.

Nach dem Vorbild von Modell-Sterbetafeln zur Schätzung der altersspezifischen Mortalität bei unvollständigen Daten hat man auch Modell-Fruchtbarkeitstafeln zur Schätzung der altersspezifischen Fruchtbarkeit bei unvollständigen Daten aufgestellt.

Da die Fruchtbarkeit vor allem kurzfristig wesentlich stärker unter dem Einfluss ökonomischer und politischer Faktoren schwankt, die Fruchtbarkeit bestimmter Altersklassen also viel schlechter aus der Fruchtbarkeit benachbarter Altersklassen vorhergesagt werden kann, sind dem Einsatz von Modell-Fruchtbarkeitstafeln allerdings wesentlich engere Grenzen gesetzt als dem von Modell-Sterbetafeln. Auch hier enthält Dinkel (1989, Kap. VII) einen ausführlichen Überblick.

Die praktisch bedeutsamste Lösung des Problems unterschiedlicher Altersverteilungen bei der Messung der Fruchtbarkeit sind aber nicht Tafelmethoden, sondern kumulative Raten.

Wir beginnen wieder mit der über die Lebensjahre einer realen Kohorte kumulierten Fruchtbarkeitsrate:

$$\text{CFR}_x = \sum_{y=0}^{x} \left(b_{y,y+n}\right) \cdot 1000 \quad y = 0, n, 2n \ldots \tag{61}$$

ist die kumulierte Fruchtbarkeitsrate einer Frauenkohorte bis zum Alter x.

Ist x = 49, also ist wegen Erlöschens der Fortpflanzungsfähigkeit eine weitere Kumulation nicht möglich, so spricht man von kompletter Fruchtbarkeitsrate

$\text{CFR} = \text{CFR}_{49}$

Tabelle 12 zeigt die Kumulation der Fruchtbarkeit für US amerikanische Frauen des Jahrgangs 1916 (geboren zwischen 1.1.1916 und 31.12. 1916) bis zum Alter x (Kalenderjahr 1916 + x) (Shryock, Siegel 1976: 289). Die Mortalität ist bei der Berechnung dieser über eine Kohorte kumulierten Fruchtbarkeitsrate nicht berücksichtigt. Es stellt sich in Befragungen – in Vollerhebungen (Censen) wie in Stichprobenbefragungen – die Frage, in welchem Verhältnis die von Frauen im Alter x angegebene Zahl lebend geborener Kinder (CEB = Children Ever Born) zu der kumulativen Fruchtbarkeitsrate derselben Kohorte wie die Befragten steht. In kumulative Fruchtbarkeitsraten geht ja auch die Fruchtbarkeit von Frauen ein, die während ihrer fruchtbaren Jahre sterben und folglich mit 50 Jahren nicht mehr befragt werden können.

Tab. 12: Kumulierte Fruchtbarkeitsrate: Die Fruchtbarkeit des Geburtsjahrgangs 1916–17 US-amerikanischer Frauen

Alter	Kumulative Fruchtbarkeitsrate		Altersspezifische Geburtenraten Kumuliert bis		
	Rate pro 1.000 Frauen	Prozent der kompletten Rate	Referenzdatum (1. Januar)	Alter	Kalenderjahr
bis Alter 20			1937	19	1936
bis Alter 25			1942	24	1941
bis Alter 30			1947	29	1946
bis Alter 35			1952	34	1951
bis Alter 40			1957	39	1956
bis Alter 45			1962	44	1961
bis Alter 50			1967	49	1966

(Quelle: Shryock, Siegel 1976: 289)

Wenn die individuelle Mortalität in einer Kohorte bis zum Alter x unabhängig von der individuellen Zahl der Geburten ist, so ist die kumulative Fruchtbarkeit dieser Kohorte bis zum Alter x identisch mit der Zahl der lebenden Geburten, die überlebende Frauen dieser Kohorte im Alter x angeben. Gibt es jedoch eine Übersterblichkeit der überfruchtbaren Frauen, so wird die von den Überlebenden im Alter x angegebene Gesamtzahl der Geburten unter der kumulativen Fruchtbarkeitsrate der Kohorte im Alter x liegen. Gibt es umgekehrt aber eine Untersterblichkeit der überfruchtbaren Frauen, so wird die von den Überlebenden im Alter x angegebene Gesamtzahl der Lebendgeburten über der kumulativen Fruchtbarkeitsrate der Kohorte im Alter x liegen.

Schematisch:
wenn positive Korrelation von Mortalität und Fruchtbarkeit bis zum Alter x:

$$CEB_x < CFR_x$$

wenn keine Korrelation Mortalität und Fruchtbarkeit bis zum Alter x:

$$CEB_x = CFR_x$$

wenn negative Korrelation Mortalität und Fruchtbarkeit bis zum Alter x:

$$CEB_x > CFR_x$$

Aus einem Literaturüberblick von Voland und Engel (1989) ergibt sich für die meisten Gesellschaften – traditionelle wie moderne – ein inverser Zusammenhang zwischen Mortalität und Fruchtbarkeit über das ganze Leben – erst bei sehr vielen Geburten (10 und mehr) sinkt bei Frauen in modernen Gesellschaften die Lebenserwartung wieder. Westendorp und Kirkwood (1998) zeigten für verheiratete Frauen der britischen Aristokratie von Kohorten <1500–1875, dass allerdings bei denen, die die Postmenopause erlebten, Mortalität und Kinderzahl direkt korrelierten.

Die Mortalität unfruchtbarer oder unterdurchschnittlich fruchtbarer Frauen fällt also – kaum wegen ihrer Fertilitätsstörung als vielmehr wegen Grundkrankheiten, die auch ihre Fertilität beeinträchtigen – stärker ins Gewicht als die fortpflanzungsbedingte Mortalität überdurchschnittlich fruchtbarer Frauen.

Ganz analog, wie man in der Messung der Mortalität und der Nuptialität von der Kohorten- oder Generationenperspektive auf die Periodenperspektive übergehen kann, so kann man nun eine fiktive Kohorte von Frauen durch die altersspezifischen Fruchtbarkeitsraten eines oder Dreierjahre (Censusjahr plus das vorausgehende und nachfolgende Jahr) hindurchwandern lassen und die sich ergebenden kumulativen Fruchtbarkeitsraten als die einer zum Stichjahr in die Fruchtbarkeit einsteigenden Kohorte bei stationärem Fruchtbarkeitsrisiko auffassen. Die kumulative Fruchtbarkeitsrate einer solchermaßen konstruierten fiktiven Kohorte bis zum Alter x wird als die Totale Fruchtbarkeitsrate TFR aus den altersspezifischen Fruchtbarkeitsraten $b_{y,y+n}$ berechnet:

$$\text{TFR}_x = \sum_{y=0}^{x} b_{y,y+n} \cdot 1000 \quad y = 0, n, 2n \ldots \tag{62}$$

Ein anderer Typ von Kumulationsmaß misst nicht die kumulierten Geburtenzahlen bis zum Alter x, sondern den Anteil der Frauen in einem Alter x, die ein bestimmtes Paritätsniveau erreicht haben: der Anteil der Frauen, die z. B. 2 und mehr Lebendgeburten erlebt haben. Dieses Maß erhält man in einer gewissen Analogie zur Sterbetafelmethode, wobei das einzige Ereignis das Eintreten des jeweiligen paritätsspezifischen Fruchtbarkeitsrisiko ist. Durch Subtraktion des Anteils der Frauen mit Mindestparität n+1 im Alter x vom Anteil der Frauen mit Mindestparität n von den Überlebenden im Alter x kann der Anteil der Frauen mit exakter kumulativer Parität n berechnet werden.

Nicht-Expositions-Raten von Fruchtbarkeit, also Geburtenraten, gehören systematisch zur Messung von Geburtsereignissen (s. Abschn. 1.2.2) und sind dort abgehandelt.

Beim Übergang vom Kohortenkumulationsmaß zum Periodenkumulationsmaß begegnet man den bekannten Problemen bei der Schätzung kumulativer Kohortenraten durch kumulative Periodenraten: Bei langfristig steigenden kohortenkumulativen Maßen unterschätzt, bei sinkenden kohortenkumulativen Maßen überschätzt das Periodenkumulationsmaß TFR_x das Kohortenkumulationsmaß CFR_x.(Abb. 10).

Häufig wird die komplette Fruchtbarkeitsrate CFR einer Kohorte durch die totale Fruchtbarkeitsrate desjenigen Jahres geschätzt, in dem diese reale Kohorte das mittlere Alter der Mutterschaft erreicht. Dabei ergibt sich als zusätzliche Fehlerquelle, dass Veränderungen der kumulativen Fruchtbarkeit im Regelfall stets einen Einfluss auf das mittlere Alter bei der Mutterschaft haben.

Leicht einsichtig ist, dass Höhe und Altersverteilung der altersspezifischen Fruchtbarkeitsraten nicht unabhängig ist von der kumulativen Fruchtbarkeit, gleichgültig, ob diese nun in Perioden- oder Kohortenperspektive betrachtet wird. Man darf nicht vergessen, dass auch das mittlere Alter der Mutterschaft einer realen Kohorte, solange sie noch fruchtbar ist, bei diesem Verfahren aus Perioden-Fruchtbarkeitsraten der betreffenden Bevölkerung geschätzt wird.

Das Periodenkumulationsmaß schwankt stärker im Verlauf der Zeit als das Kohortenkumulationsmaß, da bestimmte Ereignisse (konjunkturelles Auf und Ab, Einführung neuer Verhütungsmethoden, pronatalistische Sozialpolitik), die reale Kohorten eben nur einmal durchleben, sich bei fiktiven Kohorten, deren lebenslanges Fruchtbarkeitsrisiko aus den Risiken vieler realer Kohorten in einem kurzen Zeitabschnitt synthetisiert wird, entsprechend auch in allen fruchtbaren Altersklassen auswirken. Ein einprägsames Beispiel bringt Hinde (1998, 103): in der ersten Häfte der 60er Jahre lag die TFR in Japan bei 2.0, sank in 1966 auf 1.6 ab, und stieg dann in 1967 und 1968 auf 2.2, weil viele japanische Paare im Jahr des feurigen Pferdes 1966, unglückbringend für neugeborene Mädchen, keine Kinder riskieren wollten, und deshalb in den beiden Folgejahren ihre Fruchtbarkeit erhöhten.

Beide erwähnten Effekte - Fehleinschätzung langfristiger Trends und Überschätzung von Schwankungen - lassen sich an einer graphischen Darstellung des Verlaufs der kompletten Fruchtbarkeitsrate CFR der Frauenkohorten 1865–1960 und der totalen Fruchtbarkeitsrate TFR 1895–1990 der gesamtdeutschen Bevölkerung zeigen (Abb. 11).

In einer Kombination beider Effekte könnte es gelegentlich dazu kommen, dass sich die beiden kumulativen Maße kurzfristig in verschiedene Richtungen entwickeln: beispielsweise wenn bei tendenziell sinkender Gesamtzahl von Lebendgeburten im Verlauf von Kohorten plötzlich eine Situation eintritt, in der zugleich relativ schon etwas ältere Frauen aufgeschobene Geburten nachholen, während relativ jüngere Frauen Geburten vorziehen.

Solche Verhältnisse herrschten in den USA nach Eintritt in den 2. Weltkrieg: der schlagartig einsetzende Wirtschaftsboom nach mehr als einem Jahrzehnt der Depression, zugleich mit der Perspektive, dass die Männer womöglich bald in den Krieg ziehen mussten, führte zu einem so scharfen Anstieg der Geburtenrate, dass Whelpton (1946) für 1942 eine allgemeine Fruchtbarkeitsrate für erste Geburten (nicht: Geborene!) weißer US-Amerikanerinnen im Alter von 15 bis 49 Jahren von 1.084 pro 1.000 Frauen berechnete – eine logische Unmöglichkeit für eine reale Kohorte. Die TFR dieses Jahres dürfte sich gegenüber den Vorjahren sprunghaft erhöht haben. Die kohortenkumulierten Fruchtbarkeitsmaße für die beteiligten Frauenkohorten schwankten jedoch nur wenig (Festy 1979: 301).

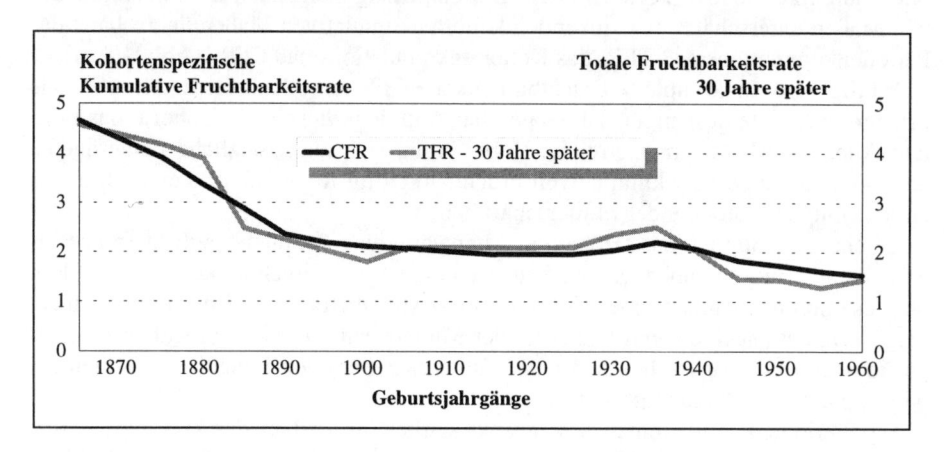

Abb. 11: Kumulative Fruchtbarkeit in Perioden- und Kohortenperspektive, Deutschland: Frauen Kohorten 1865–1960: CFR-Werte für Kohorten 1955 und 1960 z.T. geschätzt. CFR bis 1935, TFR bis 1945 Deutsches Reich; danach Westdeutschland.

(Quelle: Festy 1979; Schwarz 1991, 1993)

Bei der Untersuchung der historischen Veränderungen der Fruchtbarkeit spielte früher eine Zeit lang das Konzept der natürlichen Fruchtbarkeit eine Rolle: das physiologische Maximum, zu dem, wie man glaubte, vormoderne Gesellschaften tendierten. Mit der Modernisierung seien dann Empfängnisverhütung und Geburtenbeschränkung aufgekommen. Als ein lebendes Beispiel für eine solche maximale Fruchtbarkeit, die als „natürliche Fruchtbarkeit" gedeutet wurde, wurde die in Nordamerika lebende deutschstämmige Sekte der Hutterer gefunden, die in der Tat die höchste jemals beobachtete Fruchtbarkeit einer geschlossenen Bevölkerungsgruppe aufwies. Coale (1969) definierte unter Verwendung altersspezifischer Fruchtbarkeitsraten auf Jahresbasis für verheiratete Hutterer Frauen 1921/1930 einen Index der allgemeinen Fruchtbarkeit und dann nochmals spezifiziert einen Index der ehelichen und einen Index der unehelichen Fruchtbarkeit, der jeweils die altersspezifischen Fruchtbarkeitsraten (allgemein, ehelich, unehelich) der Beobachtungspopulation, jeweils dividiert durch die altersspezifischen Fruchtbarkeitsraten verheirateter Hutterer-Frauen der erwähnten Periode aufsummiert.

Die Berechnung entsprechender Indexwerte zeigte, dass auch in den fruchtbarsten Ländern der Welt das allgemeine Fruchtbarkeitsniveau immer noch deutlich unter dem der Hutterer Frauen liegt. Ein darüber hinausgehender Informationsgewinn bei der Verwendung dieser Indizes ist nicht zu erkennen. Das Konzept der natürlichen Fruchtbarkeit verschwand aus der demographischen Diskussion, als die anthroplogische Forschung zeigte, dass auch in den primitivsten Jäger- und Sammlergesellschaften – durch lange Stillzeiten, sexuelle Abstinenz und Kindestötung – Empfängnisverhütung und Geburtenkontrolle praktiziert wird.

1.2.5.2 Die Messung der männlichen Fruchtbarkeit

Angesichts der Regel der Juristen „mater certa, pater incertus", angesichts der Tatsache, dass in allen Gesellschaften der Erde mehr Kinder bei ihren Müttern als bei ihren Vätern leben, und nicht zuletzt auch wegen des praktischen Gesichtspunkts, dass die Fruchtbarkeit bei Frauen zeitlich einheitlicher als bei Männern begrenzt ist, wird die Fruchtbarkeitsdynamik im Regelfall unter dem Blickwinkel des Fruchtbarkeitsrisikos der Frauen betrachtet. Nur für besondere Fragestellungen berechnet man Fruchtbarkeitsrisiken für Männer. Die allgemeine Fruchtbarkeitsrate für Männer bezieht die Zahl aller Geburten eines Zeitraums auf die Zahl der Männer im Alter zwischen 15 und 54 Jahren zur Zeitraumsmitte. Wegen der höheren Altersbegrenzung ist die männliche Risikobevölkerung im Allgemeinen umfangreicher als die weibliche sowohl im selben Stichjahr wie in derselben Kohorte, sodass einfache Fruchtbarkeitsraten für Männer, solange sie nicht altersspezifisch aufgeschlüsselt sind, niedriger als die der Frauen sind.

Für die Beurteilung der Fruchtbarkeit von Männern sind kumulative Maße ebenso wichtig, wie dies bei den Frauen der Fall ist. Zur Veranschaulichung seien die allgemeinen Fruchtbarkeitsraten (57) und die Totalen Fruchtbarkeitsraten (61) von Männern denen von Frauen gegenübergestellt (Shryock, Siegel 1976: 293) (Tab. 13). Wie vorausgesagt, liegen die einfachen Fruchtbarkeitsraten der Männer unter denen der Frauen.

Die Totale Fruchtbarkeitsrate von Männern muss in einer stationären Bevölkerung gleich der mit dem Kehrwert der Sexualproportion gewichteten Totalen Fruchtbarkeitsrate der Frauen sein, also niedriger liegen. Bei den meisten Entwicklungsländern in Tab. 13 liegt jedoch der TFR für die Männer über der für Frauen. Der Grund hierfür dürfte sein, dass bei dem allgemein höheren Alter der Ehemänner in einer rasch wachsenden Bevölkerung die Kohorten der Ehefrauen stärker besetzt sind als die

Kohorten der Väter ihrer Kinder. Dies führt unmittelbar zu dem Problem, dass es genauso wie bei der Untersuchung von Heiratsereignissen so auch bei der Untersuchung der Fruchtbarkeit unbefriedigend ist, mit einem Ein-Geschlecht-Modell zu arbeiten, in dem Partner des jeweils anderen Geschlechts als eine im Überfluss zur Verfügung stehende Ressource behandelt werden und alle Festlegungen und Einschränkungen ausschließlich in den inneren Verhaltenspositionen des Geschlechts beruhen, welches man gerade untersucht. Es bietet sich an, die Ansätze von Zwei-Geschlechter-Modellen der Heiratsdynamik auch auf die Zwei-Geschlechter Fruchtbarkeitsdynamik anzuwenden. Ausgeführte Modelle hierzu sind aber seltener als bei der Analyse der Heiratsdynamik. In Analogie zum Heiratsverknappungs-Index MSI (s. Abschn. 1.2.4) hat Schoen (1985) auch einen Index der Fruchtbarkeits-Verknappung (BSI) (Birth Squeeze Index) vorgeschlagen.

Empirische Prüfungen an einer Reihe von Ländern (Schoen 1988: 198) ergab – wie zu erwarten, die höchsten Index-Werte, also die größte Verknappung von männlichen Fortpflanzungspartnern, in rasch wachsenden Bevölkerungen der Dritten Welt. Andererseits zeigen die Werte auch, dass in nur langsam wachsenden Bevölkerungen die kumulativen Fruchtbarkeitsmaße für beide Geschlechter nahe beisammen liegen, sodass für große Gesellschaften das Ein-Geschlecht-Fruchtbarkeitsmodell mit der so genannten demographischen Dominanz des weiblichen Geschlechts eine brauchbare Arbeitsgrundlage bleibt. Lokal oder zeitlich begrenzt kann freilich eine erhebliche Verknappung an Ehe- und Fortpflanzungspartnern auftreten.

Tab. 13: Vergleich männlicher und weiblicher Fruchtbarkeitsmaße, für ausgewählte Länder (um 1960)

	Altersdifferenz Väter – Mütter	Quotient Väter – Mütter	
	in Jahren (Median)	Allgemeine Fruchtbarkeitsrate	Totale Fruchtbarkeitsrate
Chile (1960)	4.5	0.891	1.224
Costa Rica (1963)	6.1	0.879	1.285
El Salvador (1961)	6.8*	(**)	1.413*
England u. Wales (1960)	2.6	0.739	0.987
Ungarn (1961)	4.3	0.806	1.072
Israel (1963)	5.2	0.791	1.090
Panama (1960)	6.4	0.837	1.200
Polen (1963)	3.6	0.844	1.029
Puerto Rico (1960)	5.2	0.907	1.339
USA (1960)	3.0	0.803	1.047
Jugoslawien (1961)	3.7	0.853	1.090

*1962; **nicht verfügbar

(Quelle: Shyrock, Siegel 1976: 293)

Ein beeindruckendes Beispiel einer erheblichen Verknappung an Ehe- und Fortpflanzungspartnern auf Grund großer Verluste junger Menschen eines Geschlechts über einige aufeinander folgende Geburtsjahrgänge einer ganzen Nation – in den allermeisten Fällen kriegsbedingte Verluste beim männlichen Geschlecht – haben Dinkel und Milenovic (1992) beschrieben: die größten Verluste im zweiten Weltkrieg bei deutschen Soldaten gab es in den Jahrgängen 1918–1926. Entsprechend waren dann die Heirats- und Fortpflanzungschancen der überlebenden Männer höher als die der ihnen auf dem Heiratsmarkt nach dem Krieg gegenüberstehenden Frauen. Dinkel und Milenovic (1992) verglichen Kinderlosigkeit und kumulierte Fruchtbarkeit dieser Männerkohorten mit den Werten für jeweils drei Jahre jüngerer Frauenkohorten (Drei Jahre ist der mediane Altersabstand der Ehepartner bei ersten Ehen im Nachkriegsdeutschland) und zeigten, dass die komplette Fruchtbarkeit erst bei den Kohorten 1927/1930 wieder zwischen den Geschlechtern ausgeglichen war, wie bei einer stationären Bevölkerung zu erwarten ist. In den Kohorten zuvor ist nicht nur die kumulierte Fruchtbarkeit der Männer höher, sondern auch die endgültige Kinderlosigkeit bei den Männern, die sonst – entsprechend der universell zu beobachtenden größeren Varianz der Fruchtbarkeit bei den Männern – im Regelfall über der der Frauen liegt, liegt hier ausnahmsweise unter der der Frauen. Ähnliche Befunde erhob Kuczynski (1932) für die Heirats- und Fruchtbarkeitsdynamik nach Geschlechtern für Frankreich nach dem 1. Weltkrieg.

1.2.6 Multidimensionale Ereignismaße

Wir beginnen sogleich mit Tafelmethoden und geben Ereignisraten, wo dies möglich ist, abgeleitet von den Tafelfunktionen an. Zwei Typen von multidimensionalen Tafeln sind zu beschreiben:

1. Tafeln mit konkurrierendem Ausscheiderisiko ohne erneuerbare Risiken. Ein Beispiel wäre das Ausscheiden aus der Erwerbsbevölkerung durch Tod, festgestellte Dauererwerbsunfähigkeit, oder Eintritt in den Ruhestand zwischen 60 und 65 Jahren. Jedes dieser Ereignisse kann nur einmal auftreten, macht dadurch das Auftreten der beiden anderen Ereignisse unmöglich, und entfernt den betreffenden Fall auf Dauer aus der Risikopopulation. Solche Tafeln können nach der Terminologie des internationalen Schrifttums als Multiple-Decrement-Tafeln oder als Multi-Exit-Tafeln bezeichnet werden. Nach wieder einer anderen Terminologie werden solche Tafeln als hierarchische multidimensionale Tafeln bezeichnet, weil ein Individuum einen Zustand oder eine Teilmenge von Zuständen nicht mehr verlassen kann.
2. Tafeln, die sowohl Ausscheiderisiken einerseits, erneuerbare Risiken andererseits abbilden. Ein Beispiel wäre eine Tafel mit den – stets erneuerbaren – Risiken der Eheschließung für Unverheiratete und der Eheauflösung für Verheiratete einerseits und dem Sterberisiko andererseits. Solche Tafeln können nach der Terminologie des internationalen Schrifttums als Multi-Regionale-Tafeln (dies spielt auf ihre Verwendung in der Migrationsforschung an), als Multi-Entry-Multi-Exit-Tafeln, als Increment-Decrement-Tafeln oder am griffigsten als Multi-Status-

Tafeln bezeichnet werden. Konsequenterweise können diese Tafeln auch als nicht-hierarchische multidimensionale Tafeln bezeichnet werden.

1.2.6.1 Multi-Exit-Tafeln

Die Funktionen dieser Tafeln können durch schematische Erweiterung der Definitionen der einfachen Sterbetafelfunktionen gewonnen werden. Wir geben zunächst die Definitionen und besprechen dann als Beispiel eine Sterbetafel nach verschiedenen Todesursachen. Zur Erinnerung seien die sechs Funktionen der einfachen Sterbetafel noch einmal abgedruckt (Tab. 14).

Tab. 14: Die sechs Tafelfunktionen (vgl. Abschn. 1.2.3.2)

$d_{x,x+n}$	Anzahl der im Intervall [x,x+n) Gestorbenen (Ausgeschiedenen)
l_{x+n}	Anzahl der Überlebenden im exakten Alter x+n $$l_{x,x+n} = l_x - d_{x,x+n}$$
$q_{x,x+n}$	Warscheinlichkeit eines bis zum exakten Alter x Überlebenden, im Intervall [x,x+n) zu sterben (auszuscheiden) $$q_{x,x+n} = \frac{d_{x,x+n}}{l_x}$$
$L_{x,x+n}$	Anzahl der Lebensjahre, die die bis zum exakten Alter x Überlebenden im Intervall [x,x+n) erleben werden $$L_{x,x+n} = n \cdot \left(l_x - \frac{1}{2} d_{x,x+n} \right)$$
T_x	Gesamtzahl der Lebensjahre, die die bis zum exakten Alter x Überlebenden in allen folgenden Intervallen noch erleben werden $$T_x = L_{x,x+n} + T_{x+n}$$
e_x	durchschnittliche restliche Lebensjahre derjenigen, die bis zum exakten Alter x überlebt haben $$e_x = \frac{T_x}{l_x}$$

Es gebe nun genau k einander ausschließende Möglichkeiten j, aus der Zahl der Überlebenden der Tafel auszuscheiden. Praktischerweise ist eine Residualkategorie „sonstiges Ausscheiden" vorzusehen.
Wir haben dann:
die spezifische Gestorbenenzahl für Ursache j im Intervall (x,x+n)

$$d(j)_{x,x+n} \quad \text{mit} \quad \sum_{j}^{k} d(j)_{x,x+n} = d_{x,x+n} \tag{63}$$

Die Maßzahlen der Bevölkerungsstatistik

die spezifische Überlebendenzahl l(j) für Ursache j wird aus der spezifischen und der totalen Gestorbenenzahl zurückgerechnet, da es im Allgemeinen niemandem bei der Geburt anzusehen ist, woran dieses Individuum dereinst sterben wird:

$$l(j)_0 = l_0 \cdot \frac{\sum_{y}^{\omega} d(j)_{y,y+n}}{\sum_{y}^{\omega} d_{y,y+n}}, \quad y = 0, n, 2n \ldots \quad (64)$$

Diese Zahl ist hier also auch bei Generationensterbetafeln eine abgeleitete Größe. Die spezifische Sterbewahrscheinlichkeit für Ursache j im Intervall ist:

$$q(j)_{x,x+n} = \frac{d(j)_{x,x+n}}{l_x} \quad (65)$$

Die Anzahl der Lebensjahre im Intervall, die von den bis zum exakten Alter x Überlebenden der Teilkohorte $l(j)_x$ erlebt werden, ist

$$L(j)_{x,x+n} = n \cdot \left(l(j)_x - \tfrac{1}{2} d(j)_{x,x+n} \right) \quad (66)$$

im konventionellen linearen Modell. Wie bei der einfachen Sterbetafel kann die Überlebensfunktion im Intervall auch noch mit anderen Modellen geschätzt werden (Abschn. 1.2.3).
  Die Gesamtzahl der Lebensjahre, die die bis zum exakten Alter x Überlebenden $l(j)_x$ in allen noch folgenden Intervallen noch erleben werden, ist

$$T(j)_x = L(j)_{x,x+n} + T(j)_{x+n} \quad (67)$$

Die durchschnittliche todesursachenspezifische Lebenserwartung ist

$$e(j)_x = \frac{T(j)_x}{l(j)_x} \quad (68)$$

und kann hier besser gedeutet werden als die restliche Lebenserwartung einer Person im Alter x, falls diese Person an der spezifischen Ursache j sterben wird.

Mittels $L(j)_{x,x+n}$ kann man direkt die altersspezifische Sterberate für die Ursache j bestimmen:

$$m(j)_{x,x+n} = \frac{d(j)_{x,x+n}}{L(j)_{x,x+n}} \tag{69}$$

Als Beispiel wählen wir die ursachenspezifische Perioden-Sterbetafel des Jahres 1985 für weiße US-amerikanische Männer die nach vier Todesursachen spezifiziert (nach Namboodiri 1991: 114 ff.). Tabelle 15 gibt die Tafelfunktionen l_x und $l(j)_x$ wieder.

Tab. 15: Überlebende nach zukünftigen Todesursachen: weiße US Männer 1985

Alters-gruppe	Überlebende: insgesamt	Malignome	Kreislauf	Unfälle	Alle anderen Ursachen
	l_x	$l(j)_x$	$l(j)_x$	$l(j)_x$	$l(j)_x$
0		22.134.89	48.310.57	6.441.97	23.112.58
1		22.131.84	48.280.79	6.415.68	22.142.05
5		22.114.53	48.272.13	6.318.65	22,057.87
10		22.093.84	48.267.90	6.248.40	22.024.90
15		22.075.45	48.261.58	6.138.29	21,993.10
20		22.047.11	48.246.11	5.674.47	21.942.45
25		22.011.99	48.223.16	5.042.41	21.870.72
30		21.962.51	48.183.98	4.517.22	21.752.04
35		21.886.11	48.109.25	4.066.78	21.569.77
40		21.755.12	47.927.22	3.667.87	21.316.55
45		21.497.83	47.514.11	3.284.74	21.005.70
50		20.987.80	46.699.76	2.921.05	20.573.64
55		20.023.41	45.222.64	2.568.36	19.926.91
60		18.340.84	42.844.49	2.196.11	18.953.14
65		15.877.60	39.326.07	1.856.25	17.515.39
70		12.736.57	34.428.67	1.535.76	15.487.75
75		9.084.32	27.821.91	1.183.07	12.636.19
80		5.488.95	19.992.09	795.67	9.106.56
85		2.614.07	11.799.62	434.54	5.410.12

(Quelle: Namboodiri 1991: 116)

Bei der Aufstellung dieser Tabellen wurde so verfahren: zunächst wurden die allgemeinen altersspezifischen Sterberaten $m_{x,x+n}$ auf Grund der absoluten Todeszahlen und der Bevölkerung in den Altersklassen zur Jahresmitte geschätzt und daraus die allgemeinen altersspezifischen Sterbewahrscheinlichkeiten $q_{x,x+n}$ geschätzt. Auf

Grund der Aufteilung der Todesfälle nach Ursache in den einzelnen Altersgruppen wurde dann die Sterbetafel erstellt.

1.2.6.2 Multi-Status-Tafeln

Dieser multidimensionale Tafeltyp bietet gegenüber der Multi-Exit-Tafel einige zusätzliche Schwierigkeiten, sodass wir mit einer Multi-Status-Heiratstafel, die auf realen Daten beruht, beginnen und dann erst den allgemeinen Fall darstellen werden.

Das Beispiel (Tab. 16) ist eine Multi-Status-Heiratstafel mit 5 Zuständen (nie verheiratet; verheiratet; verwitwet; geschieden; tot) für niederländische Männer und Frauen für die Periode 1986–1990 (die Tafel mit den absoluten Zahlen der Überlebenden wird hier verkürzt abgedruckt; die vollständige Version findet sich in Centraal bureau voor de statistiek 1992a: 30).

Eine solche Tafel erlaubt die verschiedensten Lebensverlaufsmuster voneinander getrennt zu untersuchen, etwa: Wiederverheiratungsrisiko Geschiedener oder Verwitweter; Scheidungsrisiko in zweiter Ehe; Anteil des Lebens, der verheiratet, geschieden, verwitwet verbracht wird, in Abhängigkeit vom Alter.

Aus Tab. 16 lassen sich die anderen Sterbetafelfunktionen – etwa die altersspezifischen Übergangswahrscheinlichkeiten oder die zustandsspezifische restliche Lebenserwartung – berechnen.

Weitere Anwendungsgebiete sind Wanderungsbiographien oder Arbeitsmarktbiographien. Beispiele finden sich in Centraal bureau voor de statistiek 1992b; beziehungsweise Willekens (1980).

Der allgemeine Fall

Der allgemeine Fall unterstellt stetig-zeitliche und zeitabhängige Überlebens- und Wanderungsfunktionen in den jeweiligen Intervallen (x,x+n). Analog zu den Formel (16) und (17) kann man folgende Definitionen einführen: Wir betrachten einen Prozess mit w erneuerbaren Risiken und ein Intervall (t,t+δ). Seien $P(i,j)_{t,t+\delta}$ die Individuen, die von Zustand i nach Zustand j im Intervall (t,t+δ) wandern, und $P(i,i)_{t,t+\delta}$ die Individuen, die zum Zeitpunkt t wie zum Zeitpunkt t+δ in i sind.

Diese Ströme misst man am besten relativ zur Ausgangszahl $P(i)_t$ der Individuen in i zum Zeitpunkt t, also

$$p(i,j)_{t,t+\delta} = \frac{P(i,j)_{t,t+\delta}}{P(i)_t} \tag{70}$$

offensichtlich gilt

$$\sum_j p(i,j)_{t,t+\delta} = 1 \quad \text{mit} \quad j = 1,2 \ldots i \ldots w+1$$

Es bietet sich an, die entsprechenden Hazardraten zu definieren:

$$u(i,j)_{t+\delta} = \frac{\frac{d}{d\delta} \cdot p(i,j)_{t,t+\delta}}{p(i,j)_{t,t+\delta}} \quad \text{mit} \quad \delta \to 0 \tag{71}$$

Diese beziehen, wie in Formel (17) definiert, die Dichte der Wanderungsfunktion von i nach j zum Zeitpunkt (t+δ) auf den Anteil von P(i)$_t$, der im Verlauf des Intervalls (x,x+δ) von i nach j gewandert ist.

Man betrachte nun einen Markow-Prozess mit (w+1) Zuständen (w erneuerbare Zustände plus den Tod als konkurrierendes Risiko). Dann kann man eine (w+1) x (w+1) Matrix der (relativen) Wanderungsströme zwischen den (w+1) Zuständen – in Verallgemeinerung der Überlebens- bzw. Ereignisfunktion aus Formel (17) – im Zeitraum (t,t+δ) und eine (w+1) x (w+1) Matrix der Hazardraten für alle diese Wanderungsströme aufstellen.

Tab. 16: Überlebende nach Familienstand, Multi-Status-Heiratstafel: Niederlande, Periode 1986–90

Alter	Männer					Frauen				
	Ledig	Verh.	Verw.	Gesch.	Total	Ledig	Verh.	Verw.	Gesch.	Total
0	100.000	0	0	0	100.000	100.000	0	0	0	100.000
5½	98.991	0	0	0	98.991	99.224	0	0	0	99.224
10½	98.883	0	0	0	98.883	99.150	0	0	0	99.150
15½	98.769	0	0	0	98.770	99.041	18	0	0	99.059
20½	97.509	962	0	14	98.485	93.566	5.263	4	95	98.928
25½	75.927	21.601	9	582	98.121	59.012	38.262	47	1.438	98.760
30½	47.731	47.535	42	2.424	97.732	35.876	58.859	166	3.657	98.558
35½	34.353	58.417	106	4.358	97.235	26.486	65.608	378	5.753	98.225
40½	28.721	61.617	214	5.927	96.479	22.834	66.479	764	7.677	97.752
45½	25.905	61.897	423	7.009	95.234	20.995	65.414	1.530	9.052	96.991
50½	23.993	60.996	770	7.490	93.253	19.596	63.594	2.907	9.692	95.789
55½	22.060	59.102	1.321	7.435	89.917	18.575	60.356	5.236	9.799	93.966
60½	19.862	55.693	2.101	6.812	84.469	17.586	54.955	9.039	9.588	91.168
65½	17.151	50.138	3.201	5.783	76.273	16.543	47.036	14.466	9.161	87.205
70½	13.866	41.509	4.474	4.612	64.461	15.280	34.228	21.035	8.451	81.345
75½	10.230	30.228	5.660	3.213	49.332	13.515	24.403	27..058	7.344	73.319
80½	6.415	17.845	6.107	1.941	32.308	10985	12.784	29.043	5.741	58.553
85½	3.264	7.589	5.126	922	16.901	7.523	4.541	23.802	3.640	39.506
90½	1.210	2.041	2.871	268	6.389	3.745	953	13.124	1.506	19.328
94½+	398	459	1.199	69	2.125	1.583	187	5543	475	7.787

(Quelle: Central bureau voor de Statistiek 1992a)

Die Maßzahlen der Bevölkerungsstatistik

$$\mathbf{p}_{t,t+\delta} = \begin{bmatrix} p(1,1)_{t,t+\delta} & \cdots & p(1,w+1)_{t,t+\delta} \\ \vdots & & \vdots \\ p(w+1,1)_{t,t+\delta} & \cdots & p(w+1,w+1)_{t,t+\delta} \end{bmatrix} \quad (72)$$

und

$$\mathbf{u}_{t+\delta} = \begin{bmatrix} u(1,1)_{t+\delta} & \cdots & u(1,w+1)_{t+\delta} \\ \vdots & & \vdots \\ u(w+1,1)_{t+\delta} & \cdots & u(w+1,w+1)_{t+\delta} \end{bmatrix} \quad (73)$$

Formel (73) auf beiden Seiten mit $\mathbf{p}_{t,t+\delta}$ multipliziert, ergibt dann als Matrix geschrieben:

$$\frac{d}{d\delta}\mathbf{p}_{t,t+\delta} = \mathbf{p}_{t,t+\delta} \cdot \mathbf{u}_{t+\delta} \quad (74)$$

Diese Gleichung (74) ist als die *Kolmogorov-Gleichung* bekannt. Dieses Modell ist das denkbar allgemeine, es erlaubt, beliebig viele Pfade von einem Zustand i zu einem Zustand j zwischen zwei Zeitpunkten, den direkten ebenso wie alle indirekten, mit zwischenzeitlichem Einnehmen und erneutem Verlassen des Zustandes j usw., und beschreibt die Veränderung der Besetzung des Zustandes i ausgehend von dem für die Betrachtung fix gehaltenen Zeitpunkt t mit zunehmendem δ als das Produkt aller Wanderungs- oder Übergangsbilanzen mit den jeweiligen Übergangsraten.

Aus den beiden Matrizen $\mathbf{p}_{t,t+\delta}$ und $\mathbf{u}_{t+\delta}$ lassen sich alle Tafelfunktionen der (w+1) Multi-Status-Tafel ableiten.

Die Gleichung (74) ist vollkommen determiniert aus der Verteilung der $P(i)_t$ und der Matrix $\mathbf{u}_{t+\delta}$ der Hazardraten. Das Ziel ist, (74) nach $P(i)_{t+\delta}$ aufzulösen, also die Verteilung der Besetzung der (w+1) verschiedenen Zustände zu einem Zeitpunkt t+δ mit beliebigem δ darzustellen als eine Funktion von $P(i)_t$ und der Matrix $\mathbf{u}_{t+\delta}$ der Hazardraten.

Eine allgemeine analytische Lösung der Kolmogorov-Gleichung für beliebige Hazardraten ist jedoch bislang nicht gefunden worden, sodass man sich bisher damit begnügen musste, noch weitergehende Annahmen für zulässige Hazardraten oder Übergangsströme zu machen und dann entweder analytische Lösungen für diese dadurch spezifizierte Teilmenge der Kolmogorov-Gleichung oder aber Verfahren ihrer numerischen Lösung zu finden.

Land und Schoen (1982) beispielsweise betrachteten ein solches spezifiziertes Modell, in dem der Übergangsstrom von i nach j über höchstens einen weiteren Zustand k führt, also allgemein ausgedrückt

$$P(i,j)_{t,t+\delta} = P(i,i,j)_{t,t+\delta} + P(i,j,j)_{t,t+\delta} + \sum_{k \neq j}^{w+1} P(i,k,j)_{t,t+\delta} - \sum_{k \neq j}^{w+1} P(i,j,k)_{t,t+\delta} \quad (75)$$

Der Wanderungsstrom von i nach j im Intervall (t,t+δ) ist also (die rechte Seite der Gleichung von links nach rechts gelesen) gleich all der direkten (iij oder ijj) oder der indirekten (ikj) Zuströme gemessen zum Zeitpunkt t+δ, minus der (ijk) Zuströme, die im Intervall von i nach j gekommen waren, aber zum Zeitpunkt t+δ schon wieder weitergeflossen sind, plus der initialen Anzahl der Individuen aus i, die am Intervallbeginn in j waren, Die letztere Zahl ist natürlich stets Null, es sei denn, wir betrachten Ströme von i nach i, wo also i = j gilt – dann muss zur Übergangsbilanz in Formel (75) die Zahl ursprünglich in i vorhandener Individuen mit hinzugezählt werden.

Für Gleichung (75) konnten Land und Schoen (1982), Hoem und Jensen (1982), Schoen (1988: 64–99) für einige ausgewählte Hazardraten allgemeine Lösungen angeben, mit denen die gewünschten Tafelfunktionen berechnet werden können.

1.3 Reproduktivität

Es wird notwendig, die bislang getrennt betrachteten demographischen Fundamentalprozesse zusammengefasst als Prozess der Bevölkerungsdynamik, der Reproduktion einer Gesellschaft zu betrachten. Damit wird der bisherige Begriffsrahmen überschritten; insbesondere der Begriff der Risikobevölkerung taugt nicht mehr als Grundlage zur Beschreibung der Bevölkerungsdynamik. Wir haben bislang unser Hauptaugenmerk auf das Risiko von Individuen gerichtet, zu einem bestimmten Zeitpunkt in einem bestimmten Zustand zu sein, oder innerhalb eines bestimmten Zeitraums von einem Zustand in einen anderen übergehen. In Abschnitt 1.2.8 haben wir dabei bereits die Möglichkeit erörtert, dass ein Individuum einen bestimmten Zustand verlassen und dann zu einem späteren Zeitpunkt wieder in ihn zurückkehren kann. Aber auch über dieses Multi-Status-Modell führt die Betrachtung der Reproduktion einer Bevölkerung grundsätzlich hinaus, da der Prozess des Ersetzens von Individuen durch andere ja nicht nach dem Muster eines individuellen Übergangs von einem Zustand in einen anderen aufgefasst werden kann.

In diesem Abschnitt soll beschrieben werden, mit welchen Maßzahlen die beobachtete reproduktive Dynamik einer Bevölkerung in einem bestimmten Zeitraum beschrieben wird. Freilich kann eine beobachtete reproduktive Dynamik nur sehr oberflächlich ohne Bezug auf bestimmte formale Modelle der Populationsdynamik beschrieben werden, wie sie der Gegenstand des Kapitels 2 „Dynamik einer Population" in diesem Handbuch sind.

1.3.1 Globale Reproduktionsmaße

Die Veränderung des Umfangs einer Bevölkerung kann absolut durch den Überschuss der Geborenen, beziehungsweise der Gestorbenen angegeben werden. Bei Berücksichtigung von Wanderungen kann auch der Überschuss von Zuzügen beziehungsweise Fortzügen angegeben werden.

Als relatives Maß der Veränderung des Umfangs einer Bevölkerung dient dann die rohe Veränderungsrate $r_{t,t+n}$ einer Bevölkerung:

$$r_{t,t+n} \frac{B_{t,t+n} - D_{t,t+n} + I_{t,t+n} - E_{t,t+n}}{P_{t+\frac{1}{2}n}} \tag{76}$$

also die Zahl der Geburten B, Todesfälle D, Immigrationen I und Emigrationen E im Verlauf eines Zeitabschnittes (t,t+1), geteilt durch den Bevölkerungsstand zur Zeitraumsmitte.

Im Folgenden wird nur die Dynamik einer geschlossenen Bevölkerung behandelt werden.

Gleichung (76) reduziert dann sich auf

$$r_{t,t+n} = \frac{B_{t,t+n} - D_{t,t+n}}{P_{t+\frac{1}{2}n}} \tag{77}$$

und der Gesamtbestand einer Bevölkerung P zum Zeitpunkt t+n kann beschrieben werden (zur Transformation einer diskret-zeitlichen Übergangsrate in eine diskret-zeitliche Übergangswahrscheinlichkeit s. Formel (41)) als

$$P_{t+n} = \frac{r_{t,t+n}}{1 + \frac{1}{2} r_{t,t+n}} \cdot P_t \tag{78}$$

Ausgangspunkt der Überlegungen zu den Reproduktionsmaßen sind die kumulativen Fruchtbarkeitsraten, wie sie in Abschnitt 1.2.5 beschrieben wurden. Wieder sollen die kohortenspezifischen Raten zuerst betrachtet werden.

Die erste Überlegung ist, dass eine Population dann wächst oder schrumpft, wenn, von kurzfristigen Schwankungen abgesehen, jede Kohorte mehr beziehungsweise weniger Nachkommen hinerlässt, als sie selbst umfasst, oder, anders ausgedrückt, wenn eine Frauenkohorte mehr beziehungsweise weniger Töchter hinterlässt, als sie selbst umfasst.

Diese Brutto-Reproduktionsrate berechnet sich völlig analog zur kompletten Fruchtbarkeitsrate, nur dass als Ereignisse jetzt lediglich Mädchengeburten gezählt werden. Wir betrachten die zum Zeitpunkt t = 0 geborene Kohorte:

$$BBR = \sum_{t=0} \frac{B^f_{t,t+n}}{P^f_{t+\frac{1}{2}n}} \cdot 1000, t = 0, n\, 2n, \ldots \qquad (79)$$

falls die Mädchengeburten direkt gezählt wurden

oder

$$BBR = \frac{B^f}{B^f + B^m} \cdot \sum_{t=0} \frac{B_{t,t+n}}{P^f_{t+\frac{1}{2}n}} \cdot 1000 \qquad (80)$$

falls nur die Sexualproportion der Geburten über einen ähnlichen Zeitraum wie dem der altersklassenspezifischen Fruchtbarkeitsraten bekannt ist.

Die Brutto-Reproduktionsrate ergibt sich – analog der kompletten Fruchtbarkeitsrate – aus der Zahl der weiblichen Lebendgeburten einer realen Kohorte von Frauen, jedoch unter Außerachtlassung der Mortalität. Offenbar müssen die jeweils altersspezifischen Fruchtbarkeitsraten – durch deren Aufsummierung die komplette Fruchtbarkeitsrate, beziehungsweise die Brutto-Reproduktionsrate entsteht – mit dem Anteil der Überlebenden der Kohorte in der jeweiligen Altersklasse gewichtet werden, um die echten Geburtenzahlen zu reproduzieren, die zu Stande kämen, wenn über 50 Jahre die Lebendgeburten jedes Jahres einer realen Kohorte von Frauen aufsummiert würden.

Die mit den altersspezifischen Überlebendenanteilen gewichtete kohortenspezifische Brutto-Reproduktionsrate heißt die kohortenspezifische Netto-Reproduktionsrate:

$$NRR = \sum_{t=0} \left(\frac{B^f_{t,t+n}}{P^f_{t+\frac{1}{2}n}} \cdot \frac{L^f_{t,t+n}}{n \cdot l^f_0} \right), t = 0, n, 2n, \ldots \qquad (81)$$

oder

$$\text{NRR} = \frac{B^f}{B^f + B^m} \cdot \sum_{t=0} \left(\frac{B_{t,t+n}}{P^f_{t+\frac{1}{2}n}} \cdot \frac{L^f_{t,t+n}}{n \cdot l^f_0} \right), t = 0, n, 2n, \ldots \quad (82)$$

in Analogie zu (79) und (80), wobei der Term $L_{t,t+n} /(n \cdot l_0)$ die Gesamtzahl der im Intervall (t,t+n) verlebten Lebensjahre der bis zum Zeitpunkt t überlebenden Frauen der Kohorte auf die Gesamtzahl der weiblichen Neugeborenen dieser Kohorte bezieht.

Die Netto-Reproduktionsrate gibt an, in welchem Umfang die betrachtete Frauenkohorte durch ihre Töchter zahlenmäßig ersetzt wird: bei einem Wert unter Eins schrumpft eine Bevölkerung, bei einem Wert über eins wächst eine Bevölkerung. Man kann die Netto-Reproduktionsrate durch die Brutto-Reproduktionsrate teilen: NRR/BRR und das Ergebnis als Reproduktions-Überlebensquotienten interpretieren. Diese drückt aus, welcher Anteil der potenziellen Reproduktivität einer Kohorte das kumulierte Mortalitätsrisiko dieser Kohorte vor der Menopause tatsächlich überlebt.

Kohortenspezifische Reproduktionsmaße haben ihre Hauptanwendung in der historischen Demographie. Aber obwohl man die kumulierten Reproduktionsmaße einer realen Kohorte einige Jahrzehnte früher weiß als ihre durchschnittliche Lebensdauer, möchte man gerne durch periodenspezifische Reproduktionsmaße noch etwas weiter in die Zukunft blicken. Solche ergeben sich in analoger Weise wie der Übergang vom kumulierten Kohortenrisiko zum kumulierten Periodenrisiko, wie der Leser dies bei der Betrachtung von Mortalität, Nuptialität und Fruchtbarkeit bereits kennen gelernt hat: in Gleichungen (79), (80), (81) und (82) werden statt der sukzessiven Altersklassenrisiken einer realen Kohorte die beobachteten Altersklassenrisiken der Mortalität und Fertilität eines Stichjahres oder gemittelt über drei aufeinander folgende Jahre eingesetzt.

Zu Brutto- wie Netto-Reproduktionsmaßen hat es Vorschläge zu weiterer Spezifizierung nach Familienstand oder nach Ehedauer gegeben; allen diesen Vorschlägen war, wohl wegen der Schwierigkeit, nicht nur altersspezifische Fruchtbarkeitsraten, sondern auch noch altersspezifische Mortalitätsraten für diese weiteren Unterklassen der weiblichen Bevölkerung zu erhalten, Durchsetzung nicht beschieden.

Periodenreproduktionsraten sollen die Reproduktionsraten noch fruchtbarer Kohorten vorhersagen. Die Netto-Reproduktionsrate mit Periodendaten soll als Maß dafür dienen, ob bei den bestehenden Fruchtbarkeits- und Sterbewahrscheinlichkeiten eine Bevölkerung wächst oder schrumpft. Vergleiche zeigen eine bereits bekannte Problematik, die sich hier aber in erweiterter Dimension zeigt: Bei sinkender Mortalität ebenso wie bei steigender Fruchtbarkeit unterschätzen Perioden-Netto-Reproduktionsraten die tatsächliche Kohorten-Netto-Reproduktions-rate; im umgekehrten Fall überschätzen Perioden-Netto-Reproduktionsraten die tat-sächliche Kohorten-Netto-Reproduktionsrate.

Kurzfristige Schwankungen in der Sterblichkeit wie Fruchtbarkeit schlagen sich auf eine Zeitreihe von Perioden-Netto-Reproduktivitätsraten stärker nieder als dies in der realen Reproduktivität der betreffenden Kohorte zum Ausdruck kommt.

Kurzfristig – über einige Jahre hin – können sich unter bestimmten Umständen Kohorten-Netto-Reproduktivität und Perioden-Netto-Reproduktivität sogar in verschiedene Richtungen entwickeln – so wie an dem entsprechenden Beispiel für kumulative Fruchtbarkeitsmaße (s. Abschnitt 1.2.5) gezeigt wurde. Da hier ein gleichartiger Effekt auch von der Mortalitätsdimension ausgehen kann, dürfte die Wahrscheinlichkeit solcher widersprüchlicher Zeitreihen noch größer sein als bei kumulativen Mortalitäts- oder Fruchtbarkeitsraten.

Als weiteres Problem kommen ungleiche Veränderungen der Netto-Reproduktionsraten für Männer und Frauen (in beiden Fällen bezogen auf Töchtergeburten) hinzu. In der Kohortenperspektive gilt, da jedes Kind exakt einen Vater und eine Mutter hat, ungeachtet aller Geschlechtsunterschiede in der Sterblichkeit, dass Unterschiede in den Netto-Reproduktionsraten ausschließlich von der anfänglichen Sexualproportion der Kohorte abhängen.

$$NRR^m = \frac{l_0^f}{l_0^m} NRR^f \qquad (83)$$

Da eine Neugeborenenkohorte üblicherweise mehr Jungen umfasst als Mädchen, ist die Kohorten-Netto-Reproduktionsrate von Männern zwangsläufig niedriger als die von Frauen.

In Periodenperspektive gibt es diese feste Beziehung nicht mehr. Bei unterschiedlichen Überlebensquoten in den einzelnen Alterklassen des oder der Bezugsjahre(s) kann das Verhältnis zwischen männlicher und weiblicher Nettor-Reproduktionsrate ein anderes sein, sich gegenüber der in der Kohortenperspektive sogar umkehren. Ein krasses Beispiel bringt Kuczynski (1932: 35–38): In der Periode 1920–1923 war die Perioden-Netto-Reproduktionsrate für Frauen in Frankreich 0.977, für Männer jedoch 1.194, also 1.22 mal so hoch wie die der der Frauen. Kuczynski führt dies auf den riesigen Verlust junger Männer zurück, den Frankreich im 1. Weltkrieg erlitten hatte, während es nicht viele Verluste unter der Zivilbevölkerung gegeben hatte. Entsprechend mussten die altersklassenspezifischen Fruchtbarkeitsraten für überlebende Männer größer sein als die für Frauen. Dies ist ein weiteres Beispiel, dass das an sich berechtigte Prinzip der demographischen Dominanz des weiblichen Geschlechts lokal und zeitlich begrenzt außer Kraft gesetzt werden kann.

Aber noch viel bedeutsamer ist, dass die Netto-Reproduktionsrate, die für eine bestimmte Periode gemessen wurde, nur dann unmittelbare Rückschlüsse auf den Bevölkerungsstand zukünftiger Jahre erlaubt, wenn man unterstellt, dass altersspezifische Sterbe- und Geburtenraten gleich bleiben und dass auch die relativen Altersklassenbesetzungen gleich bleiben.

Die Annahme stabiler altersspezifischer Sterbe- und Geburtenraten mag über einige Jahre hinweg oft eine brauchbare Arbeitshypothese für Bevölkerungsprojektionen sein. Eine gleich bleibende relative Altersklassenbesetzung kennzeichnet eine stabile Bevölkerung im Gleichgewicht, ist aber in der empirischen Realität eine von der Annahme stabiler Vitalraten zunächst einmal unabhängige, noch viel weitergehende Annahme, für die empirisch nichts spricht. Es sind beliebig Situationen vorstellbar, bei denen die Altersklassenbesetzungen bei gleich bleibenden Sterbe- und Geburtenraten gar nicht stabil bleiben können.

Beispielsweise seien die Altersklassen 10–19 Jahre in einer Periode doppelt so stark besetzt wie die Altersklasse 20–29 Jahre. Dann muss bei gleich bleibenden Sterbe- und Geburtenraten die Besetzung in den jüngsten Altersklassen in den kommenden Jahren auf Grund steigender absoluter Geburtenzahlen nach oben gehen. Ebenso werden, wenn die Altersklasse 60–69 nur halb so stark besetzt ist wie die Altersklasse 70–79, in den kommenden Jahren die absoluten Sterbezahlen zurückgehen. Es liegt auf der Hand zu fragen: unter welchen Bedingungen bei gleich bleibenden altersspezifischen Geburten- und Sterberaten überhaupt ein stabiler relativer Altersaufbau möglich ist, und wie man diesen gegebenenfalls aus jenen Geburten- und Sterberaten ableiten kann.

Ein weiterer offensichtlich bedeutsamer Parameter der Bevölkerungsentwicklung ist die Altersverteilung bei der Fortpflanzung: bei gleicher Netto-Reproduktionsrate wird eine Bevölkerung mit höherem durchschnittlichem Generationenabstand langsamer wachsen (und auch: langsamer schrumpfen) als eine mit niedrigerem. es lassen sich unschwer folgende Beziehungen zwischen durchschnittlichem Generationenabstand T, Netto-Reproduktionsate NRR und Wachstumsrate r im geschlossenen System aufstellen:

Bei gleich bleibendem Geburten- und Sterberisiko ist die Netto-Reproduktionsrate NRR (81) und (82) gleich der Wachstumsrate in einer Generation und es gilt im diskret-zeitlichen Modell:

$$NRR = (1+r)^T \qquad (84)$$

oder

$$T = \frac{\ln NNR}{\ln \lambda} \qquad (85)$$

oder

$$(1+r) = NRR^{\frac{1}{T}} \qquad (86)$$

oder im stetig-zeitlichen Modell:

$$NRR = e^{rT} \qquad (87)$$

oder

$$T = \frac{\ln NRR}{r} \tag{88}$$

oder

$$r = \frac{\ln NRR}{T} \tag{89}$$

Im diskretzeitlichen Modell wird die Wachstumsrate (1+r) üblicherweise mit dem Symbol λ bezeichnet.

Ohne Kenntnis der Zusammenhänge zwischen Altersaufbau, altersspezifischer Vitalraten und durchschnittlichem Generationenabstand unterrichtet die Netto-Reproduktionsrate also nur unvollkommen über die Dynamik der betrachteten Bevölkerung.

1.3.2 Differentielle Reproduktionsmaße

Häufig möchte man die Reproduktion von verschiedenen Bevölkerungen oder Bevölkerungssegmenten, die diese zu einem bestimmten Zeitpunkt oder während eines längeren Zeitraums aufweisen, miteinander vergleichen.

Die Netto-Reproduktionsrate ist der Parameter, der in der Demographie als Erster zu einem solchen Vergleich unterschiedlicher – oder wie im demographischen Schrifttum formuliert wird: *differentieller Reproduktion* verschiedener Bevölkerungssegmente verwendet wird. Differentielle Netto-Reproduktionsraten werden auch der einfachsten Definition relativer Fitness in der Evolutionstheorie zugrundegelegt. Die differentielle Reproduktion eines Bevökerungssegmentes i kann bestimmt werden als der Quotient aus der Netto-Reproduktionsrate NRR_i und der Netto-Reproduktionsrate NRR_{max} des Bevölkerungssegementes mit der höchsten unter denen, die miteinander verglichen werden sollen. Es können dabei gleiche Kohorten oder gleiche Perioden miteinander verglichen werden Ein einfaches Zahlenbeispiel ist in Tab. 17 enthalten.

Tab. 17: Messung differentieller Reproduktion I

	Netto-Reproduktionsrate NRR_i	Differentielle Netto-Reproduktionsrate NRR_i / NRR_{max}
Segment 1	1.1	1.0
Segment 2	1.0	.91
Segment 3	0.9	.82

Der Quotient differentieller Reproduktion kann hier Werte zwischen 0 und 1 annehmen; das Segment mit der höchsten beobachteten Reproduktion hat definitionsgemäß den Wert 1.

Dieses Maß differentieller Reproduktion wirft allerdings eine Reihe von Problemen auf. In die Definition geht nur die Gesamtzahl der jeweils in einer realen oder fiktiven Frauenkohorte der verglichenen Bevölkerungssegmente geborenen Töchter ein, und keine Unterschiede im zeitlichen Verlauf dieser Töchtergeburten. In dem einen Segment können Frauen ihre Töchter früher, in einem anderen später auf die Welt bringen, was möglicherweise Auswirkungen hat für den relativen Anteil an der Gesamtbevölkerung, den die Nachkommen der zum Zeitpunkt t_1 geborenen Frauen aus den beiden Segmenten zu einem bestimmten Zeitpunkt t_2 in der Zukunft jeweils haben werden. Auch geht in dieses so definierte Maß differentieller Reproduktion nur die Perspektive einer Generation ein.

Hieraus ergibt sich unmittelbar, dass ein Vergleich der differentiellen Wachstumsraten λ_i bez. r_i zu einer besseren Messung differentieller Reproduktion führt als ein Vergleich der differentiellen Netto-Reproduktionsraten (Tab. 18), in die unterschiedliche Generationenabstände nicht eingingen.

Betrachten wir zwei solche Bevölkerungssegmente; in dem einen – Segment 1 – soll der Generationenabstand T_1 niedriger, in dem anderen – Segment 2 – soll T_2 höher sein als der Durchschnitt von T für die Gesamtbevölkerung. Beide Segmente sollen nur einen kleinen Teil der Gesamtbevölkerung umfassen. Die Gesamtzahl der Mädchengeburten pro Frauenleben sei in beiden Segmenten identisch, ebenso wie Beginn und Ende der reproduktiven Jahre; auch sei die Sterblichkeit in beiden Segmenten gleich.

Verschiedene, aber über alle Segmente gleiche Netto-Reproduktionsraten führen hier zu verschiedenen Wachstumsraten zwischen den Segmenten. Ist die Gesamtzahl der Mädchengeburten pro Frau in allen Segmenten der Bevölkerung größer als eins, so weist Segment 1 eine höhere differentielle Reproduktivität als Segment 2 auf. Ist die Gesamtzahl der Mädchengeburten pro Frau hingegen kleiner als eins, so weist Segment 2 eine höhere differentielle Reproduktivität als Segment 1 auf. In einer wachsenden Bevölkerung wächst bei gleicher Zahl der Töchter pro Frau dasjenige Segment absolut und relativ am schnellsten, welches den kürzesten Generationenabstand aufweist, in einer schrumpfenden Bevölkerung wächst dasjenige Segment relativ am schnellsten, welches den längsten Generationenabstand aufweist.

Ein einfaches Zahlenbeispiel: sei in einer Bevölkerung mit einem durchschnittlichem Generationenabstand von T = 30 Jahre in zwei kleinen Segmenten 1 und 2 der Durchschnitt T_1 = 31 Jahre und T_2 = 29 Jahre. In allen Teilen der Gesellschaft sei die Netto-Reproduktionsrate gleich.

Betrachtet wird die erwartete Zahl weiblicher Nachkommen von Frauen in den beiden Segmenten nach 100 Jahren, einmal im Fall einer Netto-Reproduktionsrate über, das andere mal unter dem Erhaltungsniveau (Tab. 18).

Im Beispiel weist also unter der Bedingung einer identischen Netto-Reproduktionsrate NRR = 1.1 das Segment 2 die höchste Wachstumsrate, damit die höchste differentielle Reproduktion auf, unter Bedingungen einer identischen NRR = 0.9 zeigt jedoch das Segment 2 die niedrigste Schrumpfungsrate, damit die höchste Wachstumsrate.

Aber auch die Messung differentieller Reproduktion verschiedener Bevölkerungssegmente mittels der differentiellen Wachstumsraten wirft Probleme auf. Die Perspektive ist unverändert kurzfristig – nur eine Generation. Außerdem werden Zufallsschwankungen der Vitalraten, die im Allgemeinen nicht in allen betrachteten Bevölkerungssegmenten mit gleicher Intensität auftreten werden, nicht berücksichtigt. Vergleicht man große Bevölkerungssegmente miteinander, so mögen solche Zufallsschwankungen vielleicht ohne große Folgen vernachlässigt werden können. Damit kann man aber beim Vergleich kleiner Bevölkerungssegmente sicherlich nicht rechnen.

Tab. 18: Messung differentieller Reproduktion II a: wachsende Bevölkerung

	Generationsabstand T_i	Netto-Reproduktionsrate NRR_i	Wachstumsrate λ_i	Zahl weiblicher Nachkommen pro 100 Frauen nach 100 Jahren
Gesamtbevölkerung	30 Jahre	1.1	1.0032	137.4
Segment 1	31 Jahre	1.1	1.0031	136.0
Segment 2	29 Jahre	1.1	1.0033	138.9

Messung differentieller Reproduktion II b: schrumpfende Bevölkerung

	Generationsabstand T_i	Netto-Reproduktionsrate NRR_i	Wachstumsrate λ_i	Zahl eiblicher Nachkommen pro 00 Frauen nach 100 Jahren
Gesamtbevölkerung	30 Jahre	0.9	.9965	70.4
Segment 1	31 Jahre	0.9	.9966	71.2
Segment 2	29 Jahre	0.9	.9964	69.5

Sind die verglichenen Bevölkerungssegmente klein, so kommt als weiterer Aspekt stochastischer Fluktuationen eine nicht mehr sehr kleine Wahrscheinlichkeit eines zufallsbedingten Aussterbens eines oder mehrerer der miteinander verglichenen Bevölkerungssegmente hinzu.

Aus dem bislang Gesagten ergibt sich, dass das geeignete Maß der differentiellen Reproduktion:

– entweder das geometrische Mittel der Zahl der Individuen in den aufeinander folgenden Generationen der jeweils miteinander verglichenen Populationssegmente;
– oder alternativ das geometrische Mittel der Überlebenswahrscheinlichkeiten der verglichenen Populationssegmente über aufeinander folgende Generationen (Gillespie 1977; Yoshimura, Clark 1991) ist.

Eine verwandte Fragestellung führt zur Modellierung der mittleren Aussterbezeit kleiner Bevölkerungen unter Bedingung stochastischer Schwankungen der Vitalraten (Gabriel, Bürger 1992). Auf einzelne Abstammungslinien bezogen kann man die kumulative Aussterbewahrscheinlichkeit von Abstammungslinien schätzen (Mueller 1992). Diese Parameter – geometrisches Mittel der Aussterbewahrscheinlichkeit oder generationenkumulierte Aussterbewahrscheinlichkeit – werfen Probleme auf für die Definition und Messung differentieller Reproduktivität, also die differentielle Reproduktivität einer bestimmten Abstammungslinie oder eines Populationssegementes bezogen auf die Reproduktivität des reproduktiv erfolgreichsten Segmentes.

In Tab. 19 findet sich ein einfaches Zahlenbeispiel (vgl. dazu Tab.n 16 und 17). Unterstellt wird eine eingeschlechtliche Bevölkerung mit einem identischen Generationsabstand von 30 Jahren, sodass in den einzelnen Bevölkerungssegmenten die differentiellen Netto-Reproduktionsraten den differentiellen Wachstumsraten proportional sind. Niemand stirbt vor Ende der Reproduktionsphase.

In einem Bevölkerungssegment 1 sollen Individuen entweder mit einer fixen Wahrscheinlichkeit von p=2/3 vier Kinder oder von p=1/3 gar keine Kinder haben, was einer Netto-Reproduktionsrate von $NRR_1 = 2.67$ entspricht.

In einem Bevölkerungssegment 2 sollen Individuen entweder mit einer fixen Wahrscheinlichkeit von p=3/4 drei Kinder oder von p=1/4 gar keine Kinder haben, was einer Netto-Reproduktionsrate von $NRR_2 = 2.25$ entspricht.

Tab. 19: Messung differentieller Reproduktion III

	NRR_i	Anteil kinderloser Individuen	Zahl der Urenkel = Nachkommen in F_3	differentielle Wachstumsrate λ_i	Aussterbewahr- scheinlichkeit einer Familien-linie bis in F_3
Segment 1	2.67	.33	18.96	1.033	.36
Segment 2	2.25	.25	11.39	1.027	.26

Ein Individuum aus Segment 1 wird im Schnitt 18.96 Urenkel (Nachkommen in der 3. Generation), ein Individuum aus Segment 2 hingegen nur 11.39 Urenkel haben. Zugleich wird ein Individuum aus Segment 1 mit einer Wahrscheinlichkeit von q = .36, ein Individuum aus Segment 2 mit einer Wahrscheinlichkeit von q = .26 überhaupt keine Urenkel haben.

Welches Bevölkerungssegment weist den höheren Reproduktionserfolg auf – Segment 1 oder Segment 2? Umfassen die betrachteten Bevölkerungssegmente viele Individuen, so könnte man die differentielle Aussterbewahrscheinlichkeit individueller Nachkommenlinien vernachlässigen, und käme zum Urteil, Segment 1 weise die höhere differentielle Reproduktion auf. Sind die betrachteten Bevölkerungssegmente jedoch klein, schwankt womöglich die Gesamtzahl der Individuen aus exogenen Gründen und nimmt gelegentlich sehr kleine Werte an, so könnte man die differentielle Aussterbewahrscheinlichkeit individueller Nachkommenlinien nicht mehr vernachlässigen, und müsste bei gewissen Fragestellungen zum Urteil kommen, Segment 2 weise die höhere differentielle Reproduktion auf.

Die Schlussfolgerung für den allgemeinen Fall lautet, dass ein geeignetes Maß der differentiellen Reproduktion als eine Funktion nicht nur des Mittelwertes (Tab. 17) und des differentiellen Generationsabstands (Tab. 18), sondern auch der Streuung der Nachkommenzahl definiert werden muss (Tab. 19).

Hierzu gelangt man auch auf rein analytischem Weg (Yoshimura, Clark 1991): Gegeben sei eine Population P(t) mit nicht-überlappenden Generationen, mit einer zeitabhängigen Wachstumsrate $\lambda(t)$ beziehungsweise $e^{r(t)}$.

In diskret-zeitlicher Betrachtungsweise gilt dann

$$P(t+1) = \lambda(t) \cdot P(t)$$

oder

$$P(t+1) = \prod_{j=0}^{t} \lambda(j) \cdot P(j)$$

Vereinfachend wird unterstellt, dass die zeitabhängigen differentiellen Wachstumsraten $\lambda(t)$ (in die differentielle Netto-Reproduktionsraten und differentielle Generationsabstände mit eingehen) voneinander unabhängig und identisch verteilt sind.

Ausgehend von den Überlegungen von Lewontin und Cohen (1969) wählen wir das geometrische Mittel der Nachkommenzahl über sukzessive Generationen als Maß der differentiellen Reproduktion F (Diese Wahl liegt auch aus der pragmatischen Notwendigkeit nahe, dass für $\lambda(t) = 0$ für wenigstens ein t notwendigerweise F = 0 folgen sollte, was beim arithmetischen Mittel nicht der Fall ist).

Es sei also das Maß der differentiellen Reproduktion F über T Generationen

$$F_{0,T} = \prod_{j=0}^{T-1} \lambda(j)^{\frac{1}{T}} \tag{90}$$

Die Suche nach dem maximalen Wert von F bei den miteinander verglichenen Bevölkerungssegmenten ist gleichbedeutend mit der Suche nach dem Maximum von:

$$\ln F_{0,T} = \frac{1}{T} \sum_{j=0}^{T-1} \ln \lambda(j) = E(\ln \lambda(j)) \tag{91}$$

wobei E wieder den Erwartungswert bezeichnet.

Für alle Verteilungen von λ ist lnλ konkav. Ist beispielsweise λ normal verteilt, so gilt

$$E(\ln\lambda(j)) = \mu - \frac{1}{2}\sigma^2 \qquad (92)$$

wobei μ das arithmetische Mittel und σ^2 die Varianz von λ sind. Das geometrische Mittel der Zahl der Nachkommen als Maß der differentiellen Reproduktion F hängt in den einzelnen Segmenten also von zwei Parametern in diesen Segmenten ab: Eine Erhöhung des Mittelwerts der Wachstumsrate über die Zeit ebenso wie eine Verringerung der Streuung erhöhen den Messwert. Eine Verringerung des Mittelwerts der Wachstumsrate über die Zeit, wie eine Erhöhung der Streuung senken den Messwert.

Bei der Untersuchung nicht historischer, sondern gegenwärtiger Bevölkerungen ist man natürlich auch bei der Messung der Streuungen der Vitalraten darauf angewiesen, aus Periodendaten diese Streuungen als Kohortenschicksale in die Zukunft projezieren zu können. Streuungen der Vitalraten sind freilich ebenso wenig konstante Parameter der Bevölkerungsdynamik wie die Mittelwerte, man wird vielleicht sogar vermuten dürfen, dass sich die Streuungen selbst sich rascher ändern können. Dies gilt wohl besonders für Fruchtbarkeitsraten. Nach Schwarz (1991) etwa ist in Deutschland die kohortenspezifische Netto-Reproduktionsrate von Frauen der Geburtsjahrgänge 1930 bis 1960 von etwa .85 auf .75 gesunken, wies also innerhalb einer Generation eine Schwankung von 18% des Ausgangswertes auf. Die Kinderlosigkeit dieser Frauenkohorten ist jedoch im gleichen Zeitraum von etwa 10% auf mindestens 20%, also das Doppelte des Ausgangswertes gestiegen.

Schwierigkeiten bei der praktische Umsetzung ändern aber nichts an der allgemeinen Einsicht, die aus den stochastischen Populationsmodellen zu ziehen ist, dass man bei der Untersuchung differentieller Reproduktion nicht nur die Mittelwerte allein, sondern stets Mittelwerte und Streuungen der Vitalraten verglichener Bevölkerungssegmente betrachten muss, um Reproduktionsdifferentiale richtig zu messen.

Mit der Darstellung der intrinsischen Wachstumsrate, noch mehr aber mit den Parametern zur Beschreibung stochastischer Populationsdynamik sind wir an die Grenze einer nur beschreibenden Bevölkerungsstatistik gelangt. Bereits die schon dargestellten, noch mehr aber die auf ihnen aufbauenden Maßzahlen – wie etwa der Reproduktionswert – lassen sich nicht mehr angemessen erschließen ohne Bezug auf formale Modelle der Populationsdynamik, die im Kapitel 2 „Dynamik einer Population" dieses Handbuchs behandelt werden.

1.4 Zugang zu Daten und Methoden

Die stets als Erste zu konsultierende Quelle demographischer Daten sind die statistischen Jahrbücher des betreffenden Landes. In diesen Jahrbüchern ist jedoch nur ein geringer Teil der von der amtlichen Statistik gesammelten demographischen Daten enthalten, die ansonsten in speziellen Reihen veröffentlicht werden (in Deutschland etwa „Wirtschaft und Statistik" oder verschiedene „Fachserien"; in Österreich „Statistische Nachrichten", in der Schweiz „Die Volkswirtschaft"). Hilfe bei der Suche findet man in den Abteilungen für Bevölkerungsstatistik der zuständigen nationalen statistischen Ämter, von denen man im Regelfall auch bei einer telephonischen Anfrage sehr gut bedient wird.

Bundesamt für Statistik Hallwylstr. 13 CH-3003 Bern	Österreichisches Statistisches Zentralamt Hintere Zollamtsstr. 2b A-1030 Wien	Statistisches Bundesamt Gustav-Stresemann-Ring 11 Postfach 5528 D-65189 Wiesbaden

Regionalspezifisches Datenmaterial findet sich oft nur in den statistischen Ämtern der Bundesländer und Kantone.

Für das europäische Ausland sind die Veröffentlichungen des statistischen Amtes der Europäischen Gemeinschaft (Eurostat L-2920 Luxembourg) heranzuziehen.

Für demographische Daten des außereuropäischen Auslandes ist unentbehrlich das Demographic Yearbook of the United Nations, welches vom Statistical Office der United Nations herausgegeben wird. Wichtig sind auch die unter gleicher Verantwortung in unregelmäßiger Folge erscheinenden „Principles and Recommendations for Population and Housing Censuses".

Einschlägiges Material findet sich in Publikationen von UN Unterorganisationen wie ILO (International Labor Office), FAO (Food and Agriculture Organizantion), UNFPA (United Nations Fund for Population Activities: hier der jährliche Weltbevölkerungsbericht), WHO (World Health Organization) u. a., sowie der OECD und der Weltbank. Manche dieser Publikationen liegen auch in deutscher Sprache vor. UN und Weltbank Publikationen erhält man über folgende Vertriebsstellen:

UN Office at Geneva Palais des Nations CH-1211 Genf 10	Vienna International Centre P.O. Box 500 A-1400 Wien	Deutsche Gesellschaft für die Vereinten Nationen (DGVN) Dag-Hammarskjöld-Haus Poppelsdorfer Allee 55 D-53115 Bonn

Das Bureau of the Census und das ihm übergeordnete Department of Commerce der US-Bundesregierung veröffentlicht viel demographisches Material auch über andere Länder und Weltregionen – hier sind besonders Schätzungen und Vorausberechnungen zu nennen. Überaus nützlich sind die Daten- und sonstigen Publikationen des Population Reference Bureau in Washington DC (http://www.prb.org). Geübte Internet Benutzer werden keine Schwierigkeiten haben, mit Hilfe der allgemein bekannten Suchmaschinen unter nahe liegenden Stichwörtern weitere Einrichtungen aufzutun, die demographische Daten verfügbar machen – s. hierzu auch das Kapitel 10 „Datenquellen" dieses Handbuchs.

Kommt man mit all diesen Quellen nicht weiter, so empfiehlt sich ein Besuch in der Bibliothek des eigenen Nationalen Statistischen Amtes, da die statistischen Zentralämter vieler Länder ihre Datenveröffentlichungen sich gegenseitig zusenden.

All die bisher aufgeführten Daten sind Aggregatdaten und werden als Tafeln veröffentlicht. Für anspruchsvolle multivariate Auswertungen braucht man Individualdatensätze, entweder der amtlichen Statistik, die aus fortlaufender Registrierung, Volkszählungen, Mikrocensen stammen (ein ungehinderter Zugang zum vollen Datensatz oder auch nur zum vollen Variablensatz ist hier aus Datenschutzgründen oft nicht möglich), oder der nicht amtlichen Sozialforschung, die, wenn es sich nicht um extrem kleine Spezialpopulationen handelt, aus Stichprobenerhebungen stammen.

Im ersten Fall wende man sich an die statistischen Ämter oder an:

Zentrum für Umfragen, Methoden und Analysen (ZUMA)
Abteilung Mikrodaten
Postfach 122155
D-68072 Mannheim

Zugang zu Datensätzen der empirischen Sozialforschung, aber auch der amtlichen Statistik des Auslands vermittelt das

Zentralarchiv für empirische Sozialforschung
Universität zu Köln
Bachemerstr. 40
D-50931 Köln

Besonders kommen hier die regelmäßigen Erhebungen des International Social Survey Program (ISSP) in Betracht, die in regelmäßigen Abständen thematisch breit angelegte Befragungen an repräsentativen Bevölkerungsstichproben vornehmen und stets demographische Standarddaten mit erheben – die Längsschnitts – wie Ländervergleichsstudien erlauben. Diese Datensätze können gegen eine geringe Gebühr vom Zentralarchiv bezogen werden.

Weiterhin ist das große sozialwissenschaftliche Datenarchiv der USA zu nennen:

Inter-University Consortium for Political and Social Research (ICPSR)
University of Michigan
P.O. Box 1248
Ann Arbor, MI 48106-1248

Unentbehrlich sind die folgenden grossen Lehrbücher demographischer Methoden:

Shryock H.S., Siegel, J.S. (1976): The Methods and Materials of Demography
Academic Press: New York.

Bogue, D.J., Arriaga, E.E., Anderton, D.L. (eds.) (1993): Readings in Population Research Methodology, Vol. I–VIII.
Published for the United Nations Population Fund by Social Development Center: Chicago.

2

Dynamik einer Population

Ulrich Mueller[1]

Einleitung

Gegenstand des Kapitels ist die Aufstellung und Analyse formaler Modelle der Reproduktion einer Population, also der Dynamik, die sich in einer geschlossenen Bevölkerung aus den Vitalprozessen Fruchtbarkeit und Sterblichkeit ergibt.

In den verschiedenen Modellen der Reproduktionsdynamik, die im Folgenden besprochen werden sollen, geht es an zentraler Stelle stets um die Beantwortung zweier Fragen:

1. Zeigt die Altersklassenverteilung einer Population ein ergodisches Verhalten, d. h.: Werden die beobachteten Altersklassenverteilungen im Lauf der Zeit von ihrer initialen Verteilung unabhängig? Wenn man beliebige Populationen mit verschiedener Altersklassenverteilung in dem betrachteten Modell unter gleichen Bedingungen sich entwickeln lässt – werden sich die Altersklassenverteilungen immer ähnlicher? Wenn ja, so spricht man dem Modell *schwache Ergodizität* zu. Einen Spezialfall haben wir, wenn sich beliebige initiale Altersklassenverteilungen nicht nur immer ähnlicher werden, sondern zugleich auch auf einen stationären Zustand hin zustreben: dann spricht man von *starker Ergodizität* des Modells. Eine mögliche Ergodizität des Modells ist deshalb von so zentraler Bedeutung für die Verwendbarkeit des Modells, weil diese Eigenschaft verspricht, dass das zukünftige Verhalten einer Population von ihren gegenwärtigen und zukünftigen strukturellen Bedingungen und nicht von ihrer Vergangenheit regiert wird: man muss sich also nicht um die Rekonstruktion aller Details der Geschichte dieser Population kümmern, wenn man wissen will, wie es mit ihr weitergehen wird.
2. Mit der Frage nach Ergodizität des Modells eng verbunden, wie sich noch erweisen wird, ist die Frage nach einer *asymptotischen Wachstumsrate*: streben im Modell Populationen mit beliebiger initialer Altersklassenverteilung und beliebiger Verteilung der altersklassenspezifischen Vitalraten danach, mit einer für alle Altersklassen gleichen – vielleicht sogar konstanten – Wachstumsrate zu wachsen (oder zu schrumpfen) oder nicht? Eine mögliche Asymptotik der Wachstumsrate ist deshalb von so zentraler Bedeutung für die Verwendbarkeit des Modells, weil

---

[1] Für kritische Durchsicht danke ich Monika Heinzel-Gutenbrunner und Klaus Troitzsch.

diese Eigenschaft verspricht, dass das zukünftige Verhalten einer Population langfristig durch eine globale Wachstumsrate, und nicht durch eine Vielzahl von einander unabhängiger altersklassenspezifischer Wachstumsraten beschrieben werden kann. Es ist das Wesensmerkmal von Modellen, dass sie übervereinfachen. Wichtig ist dann aber stets, dass bei der Beschreibung eines Modells von Anbeginn klar gemacht wird, welche grundsätzlich bekannten externen Einflüsse und internen Reaktionen hier ausgeblendet werden sollen, und warum man das tut.

1. Vitalraten unterliegen umweltbedingten Veränderungen, die entweder völlig unabhängig von der internen Dynamik der Population sein können (dann lassen sich solche Prozesse in allgemeinen Populationsmodellen nur schwer berücksichtigen), oder die sich aus dem Zusammenspiel zwischen Populationsdynamik und begrenzter Tragefähigkeit der Umwelt ergeben. Ein solches Zusammenspiel wird in dichteabhängigen Populationsmodellen zum Thema gemacht: diese werden erst im Abschnitt 2.1.4 behandelt, in den vorhergehenden und den folgenden Abschnitten wird stets unterstellt, dass die Vitalraten vom Bevölkerungsumfang unabhängig sind.
2. In der Natur finden sich zwei Typen der zeitlichen Verteilung von Fruchtbarkeit und Sterblichkeit; mit diesen beiden Typen geht eine unterschiedliche Reproduktionsdynamik einher (Caughley 1977). Es gibt *Geburten-Fluss-Populationen* (birth-flow) – in denen idealtypisch Geburten wie Todesfälle gleichmäßig über die Zeit verteilt sind – und *Geburten-Puls-Populationen* (birth-pulse) – in denen idealtypisch nur Todesfälle gleichmäßig über die Zeit verteilt sind, die Geburten sich aber in einem schmalen Intervall zur selben Zeit innerhalb von der Natur gesetzter zeitlicher Perioden ereignen: in den allermeisten Fällen innerhalb eines schmalen Intervalls zu einer bestimmten Jahreszeit. Anders als bei den meisten anderen Säugetieren sind alle bekannten menschlichen Gesellschaften in ihrer Reproduktionsdynamik Geburten-Fluss-Populationen. Beide Typen weisen auch bei gleichen altersspezifischen Vitalraten und gleicher Altersklassenbesetzung im Allgemeinen andere intrinsische Wachstumsraten auf. Das vorliegende Kapitel befasst sich ausschließlich mit der Dynamik von *Geburten-Fuss-Populationen*.
3. Ungleichgewichte zwischen den beiden Geschlechtern im reproduktiven Lebensabschnitt sind in natürlichen Gesellschaften meist geringfügig, praktisch bedeutsame Auswirkungen selten, da ein mächtiger evolutionärer Mechanismus Abweichungen von der üblichen Sexualproportion bei Geburt von 104–108 Männer auf 100 Frauen entgegenwirkt. Insofern führt die Annahme der demographischen Dominanz des weiblichen Geschlechts in populationsdynamischen Modellen, die bis auf wenige Ausnahmen auch in diesem Kapitel gilt, zu keiner wesentlichen Verschlechterung gegenüber Zwei-Geschlechter-Modellen.
4. Realistische Modelle der Populationsdynamik müssen stochastische Schwankungen der Vitalraten berücksichtigen. Allerdings ist das deterministische Modell der stabilen Bevölkerung mit konstanten Vitalraten, obwohl unstreitig weniger realistisch, die gedankliche Grundlage sowohl deterministischer Modelle mit zeitabhängigen Vitalraten, als auch stochastischer Modelle der Populationsdynamik, wurde gründlich untersucht, und ist in mathematisch kompakter Form darstellbar.

Da sich in natürlichen menschlichen Gesellschaften altersspezifische Fruchtbarkeit und Sterblichkeit nicht sprunghaft ändern, ist dieses klassische Modell kurzfristig auch eine brauchbare Annäherung an die Wirklichkeit. Die meisten Anwendungen stochastischer Populationsmodelle gehen vom Modell der stabilen Bevölkerung aus, zu dem einige wenige Annahmen über stochastische Prozesse hinzugefügt werden. Andererseits ist die Zahl verschiedener Typen stochastischer Populationsmodelle dann unbegrenzt. In diesem Kapitel wird deshalb die Darstellung der deterministischen Theorie der stabilen Bevölkerung mit konstanten Vitalraten den größten Raum einnehmen, mögliche Erweiterungen zu deterministischen Modellen mit variablen Vitalraten und zu stochastischen Modellen hingegen nur kurz skizziert, und im Übrigen auf die Spezialliteratur verwiesen.
5. Man hat grundsätzlich die Wahl zwischen einer diskret-zeitlichen oder einer stetig-zeitlichen Modellierung der demographischen Dynamik. Menschliche Biogaphien sind durch klar voneinander abgegrenzte Stadien mit klar beobachtbaren Übergängen gegliedert, auch haben praktisch alle empirisch verfügbaren demographischen Verlaufsdaten eine diskret-zeitliche Struktur. Untersucht man die Dynamik der Biomasse einer bestimmten Spezies, so mag sich eine stetig-zeitliche Modellierung anbieten. Betrachtet man hingegen ganze Organismen als gegeneinander abgegrenzte Individuen, so erscheint dem Verfasser eine diskret-zeitliche Dynamik als das der Realität angemessenere Modell. Stabilitätsanalysen von Gleichgewichten, bei denen stetig-zeitliche Ansätze oft leistungsfähiger sind, spielen bei Ein-Population-Modellen eine untergeordnete Rolle. In diesem Kapitel wird deshalb überwiegend diskret-zeitlich modelliert.

2.1 Deterministische Populationsmodelle

2.1.1 Deterministische Populationsmodelle mit zeitinvarianten Vitalraten ohne Altersstruktur

Der einfachste Typ deterministischer Populationsmodelle betrachtet den Populationsumfang N(t) = die Zahl N der zum Zeitpunkt t in einer Population vorhandenen Individuen als eine nicht weiter strukturierte Größe, für die in diskret-zeitlicher Perspektive die folgende Dynamik gilt:

$$N(t+1) = \left(1 + \frac{B(t)}{N(t)} - \frac{D(t)}{N(t)}\right) N(t) \qquad (1)$$

wobei B(t) die Zahl der Geburten, D(t) die Zahl der Todesfälle zum Zeitpunkt t, beziehungsweise im Intervall [t, t+1) ist. Es wird nun die zentrale Annahme zeitinvarianter Vitalraten gemacht, d. h., dass die Raten $\frac{B(t)}{N(t)}$ und $\frac{D(t)}{N(t)}$ für alle N und für alle t konstant bleiben. Fasst man dann den Ausdruck in der Klammer auf der rechten

Seite von (1) in dem Wachstumsparameter R zusammen, so ist offensichtliche Lösung dieser Differenzengleichung:

$$N(t+k) = R^k N(t) \text{ oder } N(t) = R^t N(0) \tag{2}$$

In stetig-zeitlicher Modellierung gilt analog:

$$\frac{dN}{dt} = \left(\frac{B(t)}{N(t)} - \frac{D(t)}{N(t)}\right) N(t) \Leftrightarrow \frac{dN}{dt} = rN(t) \tag{3}$$

Integration beider Seiten führt zur Lösung dieser Differentialgleichung

$$\int_{t=0}^{t=T} \frac{dN}{dt} = \int_{t=0}^{t=T} rN(t) \Leftrightarrow \ln N(t)\Big|_{t=0}^{t=T} = rt\Big|_{t=0}^{t=T}$$

und

$$1\ln N(T) - \ln N(0) = rT \Leftrightarrow e^{\ln N(T)} e^{-\ln N(0)} = e^{rT} \Leftrightarrow N(T) = N(0)e^{rT} \tag{4}$$

Die Gleichung (2) gibt diskret-zeitlich, die Gleichung (4) stetig-zeitlich an, wie groß bei gegebenem Wachstumsparameter R beziehungsweise Wachstumsparameter r eine Population des Umfangs N nach T Zeiteinheiten geworden. Ist R = 1, beziehungsweise r = 0, so bleibt die Population N gleich; ist R > 1, beziehungsweise r > 0 (positive Wachstumsraten), so wächst die Population, ist; ist R < 1, beziehungsweise r < 0 (negative Wachstumsraten), so schrumpft sie. Aus (2) und (4) folgt weiterhin, dass

$$R = e^r \Leftrightarrow \ln R = r \rightarrow R \approx 1 + r \text{ für kleine Werte von r}$$

Die Dynamik dieses Modells ist leicht zu veranschaulichen: bei gleich bleibendem pro-Kopf-Wachstum wächst die Population exponentiell. Ebenso einfach sind die Gleichgewichtspunkte N^* des Systems zu identifizieren: es gibt nur einen einzigen $N^* = 0$: der bei positivem Wachstum instabil, bei negativem Wachstum stabil ist. Zyklische Phänomene können nicht auftreten. Nun ist es eine Grundtatsache für alle mehrzelligen Organismen mit irgendeiner Art von Zellspezialisierung, dass die Fruchtbarkeit wie die Sterblichkeit mit dem Alter stark variiert, sodass zwei Populationen derselben Spezies mit gleichem Umfang, aber unterschiedlicher Altersstruktur im Allgemeinen auch unterschiedliche Wachstumsparameter haben werden. Dies schränkt die Brauchbarkeit des Modells deterministischer Populationsmodelle mit zeitinvarianten Vitalraten ohne Altersstruktur entscheidend ein.

2.1.2 Deterministische Populationsmodelle mit zeitinvarianten Vitalraten mit Altersstruktur

Das im Folgenden darzustellende klassische Modell der stabilen Bevölkerung mit konstanten altersspezifischen Geburten- und Sterberaten ist das bei weitem wichtigste Modell der Populationsdynamik, die theoretische Grundlage für alle anderen Modelle, ebenso wie die Grundlage für empirische Analysen aller Art. Wie sich zeigen wird, gibt es im Rahmen dieses Modells zwei verschiedene Ansätze, dem Zusammenhang zwischen Vitalraten und Altersklassenbesetzung auf die Spur zu kommen: einmal über Reproduktions-Projektions-Matrizen, zum anderen über Differenzen- oder Differentialgleichungen höherer Ordnung, wobei die zu Grunde liegende mathematische Theorie jedes Mal dieselbe ist. Einen anschaulicheren Einstieg gewähren Reproduktions-Projektions-Matrizen, mit denen eine diskret-zeitliche Dynamik modelliert wird.

Von Kohorten- wie Periodensterbetafeln mit ω Altersklassen führt ein einfacher Weg zu $\omega \times \omega$ Mortalitäts-Projektions-Matrizen. Gegeben seien die altersspezifischen Sterbewahrscheinlichkeiten einer Bevölkerung, die bis auf weiteres als konstant gesetzt werden, und eine Population von Individuen mit bekanntem Umfang in den einzelnen Altersklassen. Die Aufgabe sei nun zu berechnen, wie viele Menschen von dieser Ausgangspopulation nach t Zeiteinheiten in welchen Altersklassen noch am Leben sind. Es sei

$$\mathbf{z}(t) = \left[z_1(t), z_2(t), z_3(t), \ldots z_\omega(t)\right]$$

der Zustandsvektor der betrachteten Population in absoluten Zahlen zum Zeitpunkt t, verteilt auf die Altersklassen z_x mit z_ω als oberster Altersklasse, auch als Populationsvektor oder Altersverteilung bezeichnet. Es ist $z_1 = l_0$; $z_2 = l_1$ oder $z_2 = l_5$, usw., je nachdem welche Intervallbreite der Altersklassen in der betreffenden Tafel gewählt wurde.

Aus Platzgründen werden Vektoren im Folgenden stets als Zeilenvektoren geschrieben, obwohl sie – mathematischer Verkehrssitte entsprechend – üblicherweise als Spaltenvektoren behandelt werden. Zeilenvektoren werden entsprechend nur dann als transponierte Spaltenvektoren gekennzeichnet, wenn sie mathematisch als solche behandelt werden.

Weiter bilden wir aus den altersspezifischen Sterbewahrscheinlichkeiten $q_{x,x+n}$ der Sterbetafel die dazu komplementären altersspezifischen Überlebenswahrscheinlichkeiten p_x, die wir in einer Mortalitäts-Projektions-Matrix $\mathbf{A}$ zusammenfassen:

Dynamik einer Population

$$A = \begin{bmatrix} 0 & 0 & 0 & \cdots & \cdots & 0 \\ p_1 & 0 & \vdots & \vdots & \vdots & \vdots \\ 0 & p_2 & 0 & \vdots & \vdots & \vdots \\ \vdots & 0 & p_3 & 0 & \vdots & \vdots \\ \vdots & \vdots & 0 & \ddots & 0 & \vdots \\ \vdots & \vdots & \vdots & 0 & p_{\omega-1} & 0 \end{bmatrix}$$

Es gilt dann:

$$z(n+1) = A \cdot z(n)$$

der Zustandsvektor $z(t+1)$ zum Zeitpunkt t+1 ist gleich der Mortalitäts-Projektions-Matrix **A** (post)multipliziert mit dem Zustandsvektor zum Zeitpunkt t, was nur eine kompakte Schreibweise ist von

$$l_{x+1} = l_x (1 - q_{x,x+1}) \text{ für alle Altersklassen x}$$

Wir erweitern die Aufgabe: nun sollen die Altersklassenbesetzungen zum Zeitpunkt t+1 aus denen zum Zeitpunkt t auch unter Berücksichtigung der Geburtenprozesse berechnet werden. Dazu erweitern wir die Mortalitäts-Projektions-Matrix **A** zur Reproduktions-Projektions-Matrix **B** (wir betrachten bei Reproduktionsprozessen, wie erwähnt, nur weibliche Individuen).

$$B = \begin{bmatrix} f_1 & f_2 & f_3 & \cdots & \cdots & f_\omega \\ p_1 & 0 & 0 & 0 & 0 & 0 \\ 0 & p_2 & 0 & \vdots & \vdots & \vdots \\ \vdots & 0 & p_3 & 0 & \vdots & \vdots \\ \vdots & \vdots & 0 & \ddots & 0 & \vdots \\ \vdots & \vdots & \vdots & 0 & p_{\omega-1} & 0 \end{bmatrix} \quad (5)$$

Die Reproduktions-Projektions-Matrix **B** in (5) enthält in der ersten Zeile die Erwartungswerte f_x für Töchtergeburten pro Kopf in Altersklasse x. In den Positionen unterhalb der Hauptdiagonale (also als $b_{i+1,i}$ Elemente) enthält die Matrix die Erwartungswerte p_x des jeweiligen Anteils der in Altersklasse x Lebenden, die auch noch das nächste exakte Alter x+1 erleben werden, mit $p_. \equiv 0$. In allen anderen Positionen enthält die Matrix **B** nur Nullen, und ist somit eine quadratische, nicht-negative Matrix: kein Element ist negativ. Solche Reproduktions-Projektions-Matrizen heißen nach ihrem Erstbeschreiber Leslie-Matrizen (Leslie 1945: 1946).

Die in der Literatur verwendete Terminologie zur Beschreibung der Elemente von **B** ist uneinheitlich. Es handelt sich hier nicht um Raten im Sinne der Definition in der Einleitung zu Kapitel 1 dieses Handbuchs. Die Elemente p_x der Matrix kann man als Wahrscheinlichkeiten auffassen, weil das Ereignis Tod jeden Fall nur einmal treffen kann, alle möglichen Werte von p_x im geschlossenen Intervall zwischen 0 und 1 liegen müssen. Bei den Elemente f_x der Matrix **B** ist dies nicht der Fall. Geburten können mehr als einmal pro Fall pro Altersklasse vorkommen, insbesondere, wenn das Intervall länger als ein Jahr ist. Hier handelt es sich offensichtlich nicht um Wahrscheinlichkeiten, sondern um Erwartungswerte für Geburten pro Kopf im Beobachtungszeitraum, und entsprechend sollen hier auch die Elemente p_x als Erwartungswert des Überlebens in die nächste Altersklasse pro Kopf behandelt werden.

Man unterscheide sorgfältig Zeitpunkte und Altersklassen:

$$0\underbrace{_____}_{1}\underbrace{1_____}_{2}\underbrace{2_____}_{3}\underbrace{3_____}_{4}4 \quad \leftarrow \text{Zeitpunkte}$$
$$\leftarrow \text{Altersklassen}$$

Entsprechend der diskret-zeitlichen Dynamik des Modells finden alle Vitalereignisse simultan zu den exakten Zeiten t, t+1, t+2 ... statt. Es sind also $z_1(t)$ die zum Zeitpunkt t Geborenen, $z_2(t)$ die Überlebenden der zum Zeitpunkt (t-1) Geborenen, ... , $z_\omega(t)$ die Überlebenden der zum Zeitpunkt (t-ω+1) Geborenen. Kein Individuum werde älter als ω Jahre, folglich gilt $z_{\omega+1}(t) \equiv 0$ für alle Zeitpunkte t.

Für die diskret-zeitliche Dynamik der betrachteten Population lässt sich analog die folgende Differenzengleichung aufstellen:

$$\mathbf{z}(t+1) = \mathbf{B} \cdot \mathbf{z}(t)$$

Diese Gleichung hat die Lösung

$$\mathbf{z}(t) = \mathbf{B}^t \cdot \mathbf{z}(0) \tag{6}$$

Die Multiplikation der Matrix **B** mit dem Populationsvektor zum Zeitpunkt t ergibt den Populationsvektor zum Zeitpunkt t+1: in der ersten Altersklasse die Summe aller Geburten in allen Altersklassen zum Zeitpunkt t+1, in allen höheren Altersklassen die Überlebenden aus den Besetzungen der jeweils darunter liegenden Altersklassen zum Zeitpunkt t+1.

Die rechte Seite von Gleichung (6) ist auf direktem Weg nur mühselig zu berechnen, insbesondere für große Werte von t. Hier kann man auf eine wichtige Technik der Matrizenrechnung zurückgreifen, die nicht nur das numerische Lösen von Gleichung (6) sehr erleichtert, sondern uns auch die Frage nach der stabilen Altersklassenverteilung näher bringt, nämlich die Methode der Diagonalisierung von **B**.

Dynamik einer Population

Unterstellt wird im gesamten folgenden Kapitel, dass die ω x ω Matrix **B** einen Satz von n voneinander linear unabhängigen Eigenvektoren hat. In der Praxis, mit realen Daten in **B**, ist dies immer der Fall, oder kann durch winzige Veränderungen der Werte in **B**, die den Bezug von **B** zur von ihr abgebildeten demographischen Realität nicht berühren, leicht herbeigeführt werden.
Dann gilt:

$$\mathbf{z}(t) = \mathbf{B}^t \cdot \mathbf{z}(0) = \mathbf{U}\Lambda^t\mathbf{U}^{-1} \cdot \mathbf{z}(0) \tag{7}$$

wobei **U** die ω x ω Matrix der – rechten – Eigenvektoren von **B**, $\mathbf{U}^{-1}$ die Inverse von **U**, und Λ die diagonale Matrix der Eigenwerte von **B** ist, die im Regelfall bei empirischen Daten in **B** auch alle voneinander verschieden sind, wobei

$$\Lambda^t = \begin{bmatrix} \lambda_1^t & & & \\ & \lambda_2^t & & \\ & & \ddots & \\ & & & \lambda_n^t \end{bmatrix}$$

Obwohl die Berechnung von Eigenwerten einer Matrix keinesfalls einfach ist, ist dennoch leicht sichtbar, warum (7) eine erhebliche Einsparung an Rechenaufwand gegenüber (6) darstellt: die beiden Matrizen **U** und $\mathbf{U}^{-1}$ bleiben unverändert, egal wie oft die ursprüngliche Matrix **B** mit sich selbst multipliziert werden soll. Bei n voneinander verschiedenen Eigenwerten sind die zugehörigen n Eigenvektoren stets linear unabhängig, die aus ihnen bestehende Matrix **U** also stets invertierbar. Eine Diagonalmatrix wie Λ lässt sich nun sehr leicht viele Male mit sich selbst multiplizieren.
Die Gleichung (7) gibt dabei nicht nur eine bequeme Methode zur Berechnung von (6) für beliebige n an die Hand, sie eröffnet zugleich eine Antwort auf die Frage nach der stabilen Altersverteilung.
Reproduktions-Projektions-Matrizen (Leslie-Matrizen) sind der Natur der Sache nach stets quadratische nicht-negative Matrizen. Sie enthalten nur positive Elemente dort, wo entsprechende Übergänge des Reproduktionsprozesses zwischen Altersklassen möglich sind, und Nullen dort, wo solche Übergänge unmöglich sind. Negative Elemente können nicht auftreten, da es keine negativen Erwartungswerte für Geburten oder Überleben gibt. Solche *nicht-negative Matrizen* sind, weil sie häufig auftreten, gründlich untersucht worden (Seneta 1981). Matrizen mit ausschließlich positiven Elementen heißen *positive Matrizen*.
Wird eine quadratische nicht-negative Matrix **A** vorgelegt, und gibt es eine natürliche Zahl k dergestalt, dass für alle natürlichen Zahlen m > k gilt, dass $\mathbf{A}^m$ eine positive Matrix ist, so heißt **A** eine *primitive Matrix*. Zum Beweis der Primitivität von **A** reicht es aus, für irgendeine natürliche Zahl m zu zeigen, dass $\mathbf{A}^m$ eine positive Matrix ist, da dann $\mathbf{A}^{m+1}$ ebenfalls positiv sein muss. Es gibt nicht-negative Matrizen,

die imprimitiv sind. Glücklicherweise existiert eine hinreichende Bedingung für Primitivität von Reproduktions-Projektions-Matrizen, die für menschliche Populationen stets erfüllt ist: wenigstens zwei benachbarte Altersklassen müssen strikt positive Erwartungswerte für Geburten haben (Demetrius 1971).

Für primitive Matrizen gibt es ein zentrales Ergebnis – *das Perron-Frobenius-Theorem*, welches besagt: Der betragsmäßig größte Eigenwert λ_1 einer primitiven Matrix ist reell (also nicht komplex), strikt positiv, und tritt nur einmal auf: $\lambda_1 > |\lambda_i|$ für i = 2,3, ... , n. Mit diesem dominanten Eigenwert ist je ein strikt positiver, reeller linker und rechter dominanter Eigenvektor verbunden (ausführlicher Beweis in Seneta 1981).

Dieses Theorem hat eine ganze Reihe praktischer Anwendungen: Gleichung (7) kann auch als eine Summe (Linearkombination) von Vektoren aufgefasst werden:

$$\mathbf{z}(t) = \mathbf{B}^t \cdot \mathbf{z}(0) = \mathbf{U}\Lambda^t\mathbf{U}^{-1} \cdot \mathbf{z}(0)$$

kann geschrieben werden als

$$\mathbf{z}(t) = \begin{bmatrix} \vdots & \vdots & \vdots & & \vdots \\ \vdots & \vdots & \vdots & & \vdots \\ \mathbf{u}_1 & \mathbf{u}_2 & \mathbf{u}_3 & & \mathbf{u}_n \\ \vdots & \vdots & \vdots & & \vdots \\ \vdots & \vdots & \vdots & & \vdots \end{bmatrix} \cdot \begin{bmatrix} \lambda_1^t & & & & \\ & \lambda_2^t & & & \\ & & \lambda_3^t & & \\ & & & \ddots & \\ & & & & \lambda_n^t \end{bmatrix} \cdot \mathbf{U}^{-1} \cdot \mathbf{z}(0)$$

$$= c_1 \cdot \lambda_1^t \cdot \mathbf{u}_1 + c_2 \cdot \lambda_2^t \cdot \mathbf{u}_2 + \ldots + c_n \cdot \lambda_n^t \cdot \mathbf{u}_n \tag{8}$$

wobei c_i das i-te Element des Vektors ist, der sich durch Multiplikation von $\mathbf{U}^{-1}$ und $\mathbf{z}(0)$ ergibt, λ_i der i-te Eigenwert, und $\mathbf{u}_i$, die i-te Spalte in $\mathbf{U}$, also der i-te rechte Eigenvektor von $\mathbf{B}$ ist. In alle Koeffizienten c_i geht folglich die initiale Altersverteilung $\mathbf{z}(0)$ ein. In der Anordnung von Eigenvektoren in der Matrix $\mathbf{U}$ sind wir frei, und legen deshalb den dominanten Eigenvektor $\mathbf{u}_1$ stets in die erste linke Spalte von $\mathbf{U}$.

Ist die Reproduktions-Projektions-Matrix $\mathbf{B}$ primitiv, gilt also $\lambda_1 > |\lambda_i|$ für i = 2,3, ... , n, so konvergiert für große t:

$$\frac{\mathbf{z}(t)}{\lambda_1^t} = c_1 \cdot \mathbf{u}_1 + c_2 \cdot \left(\frac{\lambda_2}{\lambda_1}\right)^t \cdot \mathbf{u}_2 + c_3 \cdot \left(\frac{\lambda_3}{\lambda_1}\right)^t \cdot \mathbf{u}_3 + \ldots$$

$$\text{oder } \lim_{t \to \infty} \mathbf{z}(t) = c_1 \cdot \lambda_1^t \cdot \mathbf{u}_1 \tag{9}$$

Für $\lambda_1 < 1$ gilt $\mathbf{z}(t) \to 0$; für $\lambda_1 > 1$ gilt $\mathbf{z}(t) \to \infty$. Für beide Fälle gilt, dass die Altersklassenbesetzung $\mathbf{z}(t)$ für große t unabhängig von der ursprünglichen Altersklassenbesetzung $\mathbf{z}(0)$ auf den mit dem dominanten Eigenwert λ_1 assoziierten Eigenvektor $\mathbf{u}_1$, multipliziert mit einer Konstante c_1 und der t-fachen Potenz des dominanten Eigenwert λ_1 konvergiert.

Aus (9) folgt unmittelbar:

$$\lim_{t \to \infty} \mathbf{z}(t+1) = \lambda_1 \cdot \mathbf{z}(t) \qquad (10)$$

für große t, unabhängig von $\mathbf{z}(0)$. Der dominante Eigenwert λ_1 der Leslie-Matrix ist die asymptotische Wachstumsrate der durch diese Matrix beschriebenen Bevölkerung.

Aus Gleichung (10) folgt, dass die stabile Altersklassenverteilung gleich dem zu λ_1 gehörigen Vektor $\mathbf{u}_1$ – dem dominanten rechten Eigenvektor von $\mathbf{B}$ – ist. Wir haben aus der Leslie-Matrix die beiden gesuchten Parameter direkt ablesen können: die stabile Altersverteilung (ein Vektor!) und die asymptotische Wachstumsrate λ_1.

Einige Bemerkungen zu diesem Ergebnis:

1. Die asymptotische Wachstumsrate λ_1 ist stets strikt positiv; ist sie größer als Eins, so wächst die Bevölkerung mit konvergierender Altersstruktur exponentiell gegen unendlich, ist die asymptotische Wachstumsrate kleiner als Eins, so schrumpft die Bevölkerung mit konvergierender Altersstruktur gegen Null. Für eine Wachstumsrate von exakt gleich Eins ist die Bevölkerung stationär.
2. Die asymptotische Wachstumsrate λ_1 beschreibt das Wachstum von einer Generation zur nächsten streng genommen nur, sobald die Bevölkerung die stabile Altersklassenverteilung erreicht hat: erst dann wachsen die einzelnen Altersklassen alle gleich. Bevor diese stabile Altersklassenverteilung eingenommen wird, beschreibt λ_1 das Wachstum der Bevölkerung ungenau: die Wachstumsraten der einzelnen Altersklassen sind nicht identisch, und die Wachstumsrate der Gesamtbevölkerung wird von Generation zu Generation schwanken.
3. Die stabile Altersklassenverteilung ist – wie allgemein alle Eigenvektoren, nur in ihren Proportionen, nicht in ihrer absoluten Besetzung bestimmt. Oft wird man Altersklassenverteilungen so normieren, dass ihre Elemente sich auf Eins aufsummieren; diese Elemente können damit direkt als Bruchteile oder Prozentwerte interpretiert werden; bei iterativen Verfahren wird man manchmal auch die Besetzung der ersten Altersklasse gleich Eins setzen. Der initiale Populationsvektor $\mathbf{z}(0)$, gewichtet mit der ersten Zeile von $\mathbf{U}^{-1}$, bleibt aufsummiert in Gestalt der Konstante c_1 in Gleichung (9) ein immer währendes Merkmal der Dynamik der absoluten Größe von $\mathbf{z}(t)$. Wir kommen bei der Definition des Reproduktionswerts hierauf wieder zurück.
4. Zwei gleich große Bevölkerungen mit unterschiedlicher initialer Altersklassenverteilung, die beide denselben Vitalraten unterliegen, werden auch nach Erreichen der stabilen Altersklassenverteilung im Allgemeinen einen unterschiedlichen relativen Umfang haben.

5. Reproduktions-Projektions-Matrizen berücksichtigen im Allgemeinen nur die Vitalraten prä-reproduktiver und reproduktiver Altersklassen. Die Überlebenserwartungswerte post-reproduktiver Altersklassen können jedoch unschwer einbezogen werden, und verändern die Dynamik nicht.
6. Die asymptotische Wachstumsrate λ_1 der stabilen Altersklassenverteilung wird nur bestimmt durch die altersspezifischen Fruchtbarkeits- und Überlebenserwartungswerte, und ist von der anfangs bestehenden Altersklassenverteilung unabhängig. Diese Eigenschaft wird als die *starke Ergodizität des stabilen Bevölkerungsmodells* – nämlich zeitinvarianter altersspezifischer Ewartungswerte für Fruchtbarkeit und Überleben – bezeichnet.
7. Die Geschwindigkeit, mit der eine beliebige Altersklassenverteilung zur durch die Reproduktions-Projektions-Matrix **B** (falls diese primitiv ist) determinierten stabilen Altersklassenverteilung konvergiert, wird bestimmt durch das Größenverhältnis des dominanten Eigenwertes λ_1 zum zweitgrößten Eigenwert λ_2 (wir unterstellen eine Anordnung der Eigenwerte nach dem absoluten Betrag). Es sei der Konvergenzkoeffizient ρ:

$$\rho := \frac{\lambda_1}{|\lambda_2|} \tag{11}$$

Aus (9) folgt:

$$\lim_{t \to \infty} \left(\frac{z(t)}{\lambda_1^t} - c_1 u_1 \right) = c_2 \rho^{-t} u_2$$

woraus folgt:

$$\lim_{t \to \infty} \left| \frac{z(\kappa)}{\lambda_1^\kappa} - c_1 u_1 \right| \leq \kappa\, r^{-t} = \kappa\, e^{-t \ln \rho} \tag{12}$$

für irgendeine Konstante κ. Das heißt., die Konvergenz zu einer stabilen Altersverteilung ist asymptotisch exponentiell, mit einer Geschwindigkeit (Abnahme des Differenzbetrags pro Zeiteinheit), die mindestens so schnell ist wie ln ρ Mit numerischen Simulationsstudien konnte Keyfitz (1972) zeigen, dass bei realistischen Annahmen über Erwartungswerte für Fruchtbarkeit und Überleben in menschlichen Bevölkerungen die Konvergenz bis auf maximal 1% relativer Abweichung bei den einzelnen Altersklassen sich innerhalb von 5 Generationen vollzieht.

8. Die Leslie-Matrix bestimmt in eindeutiger Weise eine stabile Altersverteilung und eine asymptotische Wachstumsrate, nicht aber umgekehrt. Eine gegebene stabile Altersverteilung und eine gegebene asymptotische Wachstumsrate kann im Allgemeinen von mehr als nur einer Leslie-Matrix generiert werden.
9. Die Dynamik des Modells der stabilen Bevölkerung bei Erreichen der stabilen Altersverteilung ist identisch mit der eines Modells mit stabilen Vitalraten ohne Altersstruktur. Gedämpfte – d. h. in der Amplitude abnehmende Schwingungen kann es in der hier dargestellten Dynamik nur abseits der stabilen Altersverteilung auf dem Weg zur ihr hin geben. Die starke Ergodizität der Altersverteilung und die asymptotische Wachstumsrate sind die beiden zentralen Ergebnisse des stabilen Bevölkerungsmodells. Beide haben eine eminente praktische Bedeutung:

a) Die gegenwärtige Struktur der Vitalraten ist für die Prognose wie die Analyse der Dynamik realer Bevölkerungen wichtiger als der historische Pfad, auf dem sich die Altersklassenbesetzung einer betrachteten Bevölkerung bisher entwickelt hat;
b) Das Wachstumsverhalten von Bevölkerungen im Gleichgewicht – aber auch erst dann! – braucht nicht nach Altersklassen unterschiedlich, es kann global betrachtet werden. Freilich werden reale Bevölkerungen fast immer in messbarer Weise vom Gleichgewicht entfernt sein.

Die Leslie-Matrix kann bei Beachtung des Prinzips der demographischen Dominanz des weiblichen Geschlechts leicht zu einer Matrix erweitert werden, die auch die Altersklassenbesetzung des männlichen Geschlechts enthält:
Der Zustandsvektor $\mathbf{z}(t)$ wird erweitert:

$$\mathbf{z}^*(t) = \left(z_1^f(t) \ldots z_\omega^f(t) \quad z_1^m(t) \ldots z_\omega^m(t) \right) \tag{13}$$

wobei $\mathbf{z}^m(t)$ die Altersklassenbesetzung der Männer ist, und

$$\mathbf{B}^* = \begin{bmatrix} \mathbf{B} & \mathbf{0} \\ \mathbf{A} & \mathbf{A'} \end{bmatrix} \tag{14}$$

eine quadratische Matrix ist, welche im linken oberen Quadranten die Matrix $\mathbf{B}$ wie in (5) enthält, im rechten oberen Quadranten nur Nullen – kein Einfluss der Männer auf Geburten – im linken unteren Quadranten $\mathbf{A}$ in der ersten Zeile die altersspezifischen Erwartungswerte f_x^m der Söhnegeburten für die Frauen im Intervall, und im rechten unteren Quadranten $\mathbf{A'}$ die altersspezifischen Erwartungswerte für Überleben für Männer p_x^m, jeweils in den i+1,i Positionen. Diese Matrix geht auf Goodman (1969) zurück. Da die Altersklassenverteilung der Männer in diesem Modell keinen Einfluss auf das Bevölkerungswachstum hat, ergeben sich keinerlei Veränderungen in den hiermit zu gewinnenden Aussagen über die asymptotische Wachstumsrate oder die stabile Altersverteilung.

Die Leslie-Matrix bietet im Rahmen des stabilen Bevölkerungsmodells eine vollständige, anschauliche Darstellung der gesamten Fortpflanzungs- und Sterbeverhältnisse einer Bevölkerung, erlaubt die Projektion der Größe und Altersklassenverteilung beliebiger Bevölkerungen, und führt zur bequemen Berechnung der beiden fundamentalen Parameter dieses Modells: die asymptotische Wachstumsrate und die stabile Altersverteilung. Eine auf demselben Modell der stabilen Bevölkerung und auf derselben mathematischen Struktur aufbauende, aber im praktischen Vorgehen alternative Methode geht auf eine zuerst von Leonard Euler (1760) aufgestellte Differenzengleichung zurück.

Ein schneller Weg zu dieser Gleichung ergibt sich aus einer einfachen Variablentransformation der Reproduktions-Projektions-Matrix nach (5). Es sei:

$$\mathbf{D} = \begin{bmatrix} l_1 & & & & \\ & l_2 & & & \\ & & l_3 & & \\ & & & \ddots & \\ & & & & l_\omega \end{bmatrix}$$

$l_1 = 1; \; l_2 = p_1; \; l_3 = p_1 \cdot p_2; \; l_k = p_1 \cdot p_2 \cdots p_{k-1}$ mit $k = 1, 2, 3 \ldots \omega$

Man definiert einen neuen Populationsvektor

$$\mathbf{z}(t) = \mathbf{D} \cdot \mathbf{y}(t) \Leftrightarrow \mathbf{y}(t) = \mathbf{D}^{-1} \cdot \mathbf{z}(t)$$

und

$$\mathbf{y}(t+1) = \mathbf{B'} \cdot \mathbf{y}(t) = \mathbf{D}^{-1} \cdot \mathbf{B} \cdot \mathbf{D} \cdot \mathbf{y}(t) \tag{15}$$

wobei **B** die Leslie- oder Reproduktions-Projektions-Matrix in (5), und

$$\mathbf{B'} = \begin{bmatrix} l_1 f_1 & l_2 f_2 & l_3 f_3 & \cdots & \cdots & l_\omega f_\omega \\ 1 & 0 & 0 & 0 & 0 & 0 \\ 0 & 1 & 0 & \vdots & \vdots & \vdots \\ \vdots & 0 & 1 & 0 & \vdots & \vdots \\ \vdots & \vdots & 0 & \ddots & 0 & \vdots \\ \vdots & \vdots & \vdots & 0 & 1 & 0 \end{bmatrix} \tag{16}$$

Die charakteristische Gleichung dieser Matrix ist:

$$(-1)^{-\omega}(\lambda^\omega - l_1 f_1 \cdot \lambda^{\omega-1} - l_2 f_2 \cdot \lambda^{\omega-2} - \ldots - l_{\omega-1} f_{\omega-1}\lambda - l_\omega f_\omega) = 0$$

und, nach Division durch λ^ω:

$$l_1 f_1 \cdot \lambda^{-1} + l_2 f_2 \cdot \lambda^{-2} + \ldots + l_\omega f_\omega \cdot \lambda^{-\omega} = \sum_{k=1}^{\omega} l_k f_k \lambda^{-k} = 1 \qquad (17)$$

Dies ist die Euler'sche Gleichung.

Analog gilt auch hier, dass, wenn nur zwei aufeinander folgende Summanden $l_k f_k$ positiv sind (Bedingung von Demetrius 1971, s. auch Luenberger 1979, 172 f.), diese Gleichung eine nur einmal auftretende, reelle, positive Lösung λ_1 hat mit $\lambda_1 > |\lambda_i|$ für i = 2,3, ... , n. Diese dominante Lösung ist identisch mit dem dominanten Eigenwert von λ_1 der Matrix **B**, die wegen $\mathbf{B'} = \mathbf{D}^{-1} \cdot \mathbf{B} \cdot \mathbf{D}$ dieselben Eigenwerte und Eigenvektoren hat wie **B'**.

Zur Euler'schen Gleichung kann man aber auch ohne Matrizenrechnung durch folgende Überlegungen kommen: Wir unterstellen bereits eine stabile Altersverteilung mit einer konstanten Wachstumsrate λ, nach der die aufzustellende Gleichung dann aufzulösen ist.

Es muss bei stabiler Altersverteilung gelten

$$z_x(t+1) = \lambda \cdot z_x(t) \text{ oder } z_x(t) = z_x(t+1) \cdot \lambda^{-1}$$

und entsprechend

$$z_x(t+k) = z_x(t) \cdot \lambda^k \text{ oder } z_x(t) = z_x(t+k) \cdot \lambda^{-k}$$

für alle Altersklassen x, wir wissen aber auch:

$$z_1(t+1) = f_1 \cdot p_1 \cdot z_1(t) + f_2 \cdot p_2 \cdot z_2(t) + \ldots + f_\omega \cdot p_\omega \cdot z_\omega(t)$$

und

$$z_1(t+1) = f_1 \cdot p_1 \cdot z_1(t) + f_2 \cdot p_1 \cdot p_2 \cdot z_1(t-1) + \ldots + f_\omega \cdot p_1 \cdot p_2 \cdots p_\omega \cdot z_1(t-\omega+1)$$

oder, unter Benutzung der Definition von l_k wie in

$$z_1(t+1) = f_1 \cdot l_1 \cdot z_1(t) + f_2 \cdot l_2 \cdot z_1(t-1) + ... + f_\omega \cdot l_\omega \cdot z_1(t-\omega+1)$$

und – nach Substitution von $z_1(t+1) = z_1(t) \cdot \lambda$ und Division durch λ

$$z_1(t) = f_1 \cdot p_1 \cdot z_1(t) \cdot \lambda^{-1} + f_2 \cdot p_1 \cdot p_2 \cdot z_2(t)\lambda^{-2} + ... + f_\omega \cdot p_1 \cdot p_2 \cdot ... \cdot p_\omega \cdot z_\omega(t)\lambda^{-\omega}$$

Da die stabile Altersverteilung nur relativ festgelegt ist, sind wir frei zu setzen: $z_1(t) = 1$ und wir erhalten wieder:

$$\sum_{k=1}^{\omega} l_k f_k l^{-k} = 1$$

Alfred Lotka (1907) hat diese Gleichung auf den stetig-zeitlichen Fall erweitert, wobei die Annahme stabiler Erwartungswerte für Fruchtbarkeit und Überleben hier ein exponentielles Wachstum bedeuten.

Mit $r = \ln(\lambda)$ oder $\lambda = e^r$, und entsprechend $\lambda^\kappa = e^{r\kappa}$ kann man (17) als

$$\sum_{t=0}^{\infty} f_t \cdot l_t \cdot e^{-rt} dt = 1 \qquad (18)$$

schreiben, oder, wenn man die Zahl der Altersklassen beliebig wachsen lässt, als:

$$\int_0^{\infty} f_t \cdot l_t \cdot e^{-rt} dt = 1 \qquad (19)$$

Die Gleichungen (17), (18) und (19) werden als die *Euler-Lotka-Gleichungen* bezeichnet. Analytisch explizite Lösungen für λ in (17) oder für r in (19) existieren für $\omega > 4$ nicht, numerische Lösungen erhält man durch dieselben iterativen Verfahren wie bei der Lösung von Gleichung (6), da bei größeren Matrizen (Rang größer als vier) im Allgemeinen auch keine analytisch expliziten Lösungen für die Berechnung der Eigenwerte und Eigenvektoren mehr existieren. Solche Verfahren werden beschrieben in Shryock und Siegel (1976: 316 f.), Schoen (1988: 41–43), Dinkel (1989: 99 ff.). Unter der Annahme konstanter Vitalraten können alle bisher dargestellten

Modelle sowohl auf Kohorten- wie Periodendaten angewandt werden. Aus der Wachstumsrate λ, beziehungsweise r lässt sich als weiterer wichtiger Parameter der Reproduktion der mittlere Generationenabstand T ableiten.

Bei gleich bleibendem Geburten- und Sterberisiko ist die Netto-Reproduktionsrate NRR gleich der Wachstumsrate in einer Generation und es gilt im diskret-zeitlichen Modell:

$$NRR = \lambda^T \tag{20}$$

oder

$$T = \frac{\ln NNR}{\ln \lambda} \tag{21}$$

oder

$$\lambda = NNR^{\frac{1}{T}} \tag{22}$$

oder, im stetig-zeitlichen Modell:

$$NRR = e^{rT} \tag{23}$$

oder

$$T = \frac{\ln NNR}{r} \tag{24}$$

oder

$$r = \frac{\ln NNR}{T} \tag{25}$$

wobei T den mittleren Generationenabstand in Jahren (allgemeiner: in Vielfachen der Zeiteinheit, auf die sich λ oder r beziehen) bezeichnet. Jeweils eine der drei Größen: – mittlerer Generationsabstand, Wachstumsrate, Netto-Reproduktionsrate – kann also im Modell einer stabilen Bevölkerung aus den beiden anderen berechnet werden.

In stetig-zeitlicher Perspektive heißt die konstante Wachstumsrate r auch die "intrinsische" Wachstumsrate. Aus Gleichung (19) lassen sich analog auch die stetig-zeitliche intrinsische rohe Geburtenrate (Geburten pro Kopf der Bevölkerung) und die intrinsische rohe Sterberate für Bevölkerungen (oder deren Approximation) berechnen:

$$b_{intrins.} = \frac{\int (f_x \cdot l_x \cdot e^{-rx}) dx}{\int (l_x \cdot e^{-rx}) dx}$$

die Summe aller von allen Altersklassen zum jetzigen Zeitpunkt geborenen Töchter, geteilt durch die Zahl aller bis zum jetzigen Zeitpunkt Überlebenden aus allen Altersklassen, oder, da diese Zahl vereinbarungsgemäß gleich 1 ist:

$$b_{intrins.} = \frac{1}{\int (l_x \cdot e^{-rx}) dx} \qquad (26)$$

Aus Kenntnis der altersspezifischen Sterberaten q_x (das Intervall (x,x+n) ist hier nun unendlich klein) ergibt sich analog für die intrinsische rohe Sterberate (Todesfälle pro Kopf der Bevölkerung):

$$m_{intrins.} = \frac{\int (q_x \cdot l_x \cdot e^{-rx}) dx}{\int (l_x \cdot e^{-rx}) dx}$$

oder, wesentlich einfacher:

$$m_{intrins.} = r_{intrins.} - b_{intrins.} \qquad (27)$$

Die intrinsische Sterberate ist einfach die Differenz zwischen der intrinsischen Wachstumsrate aus (19) und der intrinsischen Geburtenrate aus (26).

In analoger Weise können auch die weiteren Sterbetafelfunktionen abgeleitet werden (vgl. Tab. 14 in Kapitel 1 dieses Handbuchs): die Zahl der von den Überlebenden im exakten Alter x im Intervall (x,x+1) verlebten Jahre ist:

$$L_x = \int_x^{x+1} l_y \, dy \qquad (28)$$

die Zahl der von den Überlebenden im exakten Alter x insgesamt noch zu verlebenden Jahre ist:

$$T_x = \int_x^\infty l_y \, dy \qquad (29)$$

und die durchschnittliche Lebenserwartung im exakten Alter x:

$$e_x = \frac{\int_x^\infty l_y \, dy}{l_x} \qquad (30)$$

In den Gleichungen (17), (18) und (19) haben wir ein großes analytisches Potential zur Hand. Sie erlauben einmal abzuschätzen, welche Auswirkungen Veränderungen von Fruchtbarkeit oder Sterblichkeit in bestimmten Altersklassen auf die Wachstumsrate bei verschiedenem Ausgangsniveau dieser Rate hat: je höher die Wachstumsrate ist, desto geringer ist der Effekt von Veränderungen der Fruchtbarkeit oder Sterblichkeit in den höheren Altersklassen im Vergleich zu den jüngeren Altersklassen und umgekehrt. Diese Gleichungen erlauben weiterhin, verschiedene zeitliche Muster von Veränderungen der altersspezifischen Erwartungswerte für Fruchtbarkeit- und Überleben in ihren Auswirkungen auf die intrinsische Wachstumsrate einer Bevölkerung zu studieren.

Diese Gleichungen leiten aber auch zu einer weiteren wichtigen Maßzahl der Reproduktion, dem – auf Englisch (*reproductive value*) wie auf Deutsch sprachlich unschön gefassten – Reproduktionswert, der von Ronald Fisher (1930) in die Demographie eingeführt wurde.

Der Reproduktionswert V_x misst im stabilen Bevölkerungsmodell, welchen Anteil an der Gesamtbevölkerung in der Zukunft gegenwärtig lebende Individuen der Altersklasse x haben. Eine äquivalente Definition ist: der Reproduktionswert einer Altersklasse x ist die relative Zahl der Nachkommen, die durchschnittliche Individuen dieser Altersklasse im Lauf ihres Lebens, abdiskontiert mit der Wachstumsrate λ, noch erzeugen werden. Nach Konvention wird der Reproduktionswert der ersten Altersklasse gleich Eins gesetzt $V_1 := 1$. In jedem Fall wird unterstellt, dass eine stabile Altersverteilung bereits erreicht ist.

Definiert ist der Reproduktionswert V_x:
in diskret-zeitlicher Perspektive:

$$\frac{V_x}{V_0} = V_x = \frac{\lambda^{x-1}}{l_x} \cdot \sum_{y=0}^{\omega} f_y \cdot l_y \cdot \lambda^{-y} \qquad (31)$$

in stetig-zeitlicher Perspektive:

$$\frac{V_x}{V_0} = V_x = \frac{e^{rx}}{l_x} \cdot \int_x^{\omega} f_y \cdot l_y \cdot e^{-ry} dy \qquad (32)$$

Wie bei der stabilen Altersverteilung ergibt sich ein unmittelbarer Zugang zur Bestimmung von V_x über die Populations-Projektions-Matrizen - Gleichung (5) und (7):
Aus

$$\mathbf{B} \cdot \mathbf{U} = \Lambda \cdot \mathbf{U}^{-1} \text{ folgt } \mathbf{U}^{-1} \cdot \mathbf{B} \cdot \mathbf{U} = \Lambda \text{ und } \mathbf{U}^{-1} \cdot \mathbf{B} = \Lambda \cdot \mathbf{U}^{-1}$$

sei $\mathbf{U}^{-1} = \mathbf{V}$. Dann ist $\mathbf{V}_1$ – der im weiteren $\mathbf{v}^*$ genannt wird – der zum dominanten Eigenwert λ_1 gehörende linke dominante Eigenvektor von $\mathbf{B}$. In Gleichung (5)

$$\lim_{t \to \infty} \mathbf{z}(t) = c_1 \cdot \lambda_1^t \cdot \mathbf{u}_1$$

ist die Konstante $c_1 = \mathbf{v}^* \cdot \mathbf{z}(0)$ die Summe der durch den dominanten linken Eigenvektor $\mathbf{v}^*$ gewichteten Anteile der initialen Altersklassenbesetzung. Haben wir zwei im absoluten Umfang gleich große Bevölkerungen, aber mit unterschiedlichem Altersaufbau, so werden bei gleichen Vitalraten beide asymptotisch mit derselben Wachstumsrate λ wachsen, aber diejenige, die in einer mit einem hohen V_x gewichteten Altersklasse x initial stärker besetzt war, wird stets einen größeren Umfang haben. Die Elemente des dominanten linken Eigenvektors $\mathbf{v}^*$ sind die gesuchten altersspezifischen Reproduktionswerte; wie zu zeigen ist:

$$\mathbf{v}^* \cdot \mathbf{B} = \lambda_1 \cdot \mathbf{v}^* \text{ ist}: \quad v_1^* f_1 + v_2^* p_1 = \lambda_1 v_1^*$$

$$v_1^* f_2 + v_3^* p_2 = \lambda_1 v_2^*$$

$$v_1^* f_3 + v_4^* p_3 = \lambda_1 v_3^*$$

Dynamik einer Population

$$\vdots$$

$$\vdots$$

$$v_1^* f_{\omega-1} + v_\omega^* p_{\omega-1} = \lambda_1 v_{\omega-1}^*$$

$$v_1^* f_\omega = \lambda_1 v_\omega^*$$

Wie vereinbart, wird $v_1^* = 1$ gesetzt, woraus sich ergibt:

$$v_\omega^* = f_\omega \lambda^{-1}$$

$$v_{\omega-1}^* = f_{\omega-1}\lambda^{-1} + p_{\omega-1}f_\omega \lambda^{-2}$$

$$v_{\omega-2}^* = f_{\omega-2}\lambda^{-1} + p_{\omega-2}f_{\omega-1}\lambda^{-2} + p_{\omega-2}p_{\omega-1}f_\omega \lambda^{-3}$$

$$\vdots$$

$$\vdots$$

$$v_2^* = f_2\lambda^{-1} + p_2 f_3 \lambda^{-2} + \ldots + p_2 p_3 \cdots p_{\omega-2}p_{\omega-1}f_\omega \lambda^{-\omega+1}$$

oder allgemein:

$$v_x^* = \sum_{i=x}^{\omega} \left(\prod_{y=x}^{i-1} p_y \right) f_x \lambda^{-(i-x+1)} \tag{33}$$

Unter Verwendung der Notation aus Gleichung (15):

$$l_1 = 1; l_2 = p_1; l_3 = p_1 \cdot p_2; l_k = p_1 \cdot p_2 \cdots p_{k-1}$$

mit k = 1, 2, 3 ... ω

und nach einer kleinen Umformung ergibt sich die Formel von Fisher:

$$v_x^* = \frac{\lambda^{x-1}}{l_x} \cdot \sum_{y=x}^{\omega} f_y \cdot l_y \cdot \lambda^{-y}$$

Der stetig-zeitliche Fall ergibt sich analog.

Zu den Gleichungen (33) kann man auch ohne Matrizenrechnung durch schrittweise Anwendung der Fisher'schen Definition des Reproduktionswertes gelangen: der Reproduktionswert in der letzten reproduktiven Altersklasse ist gleich der Fertilitätsrate in derselben, abdiskontiert mit der Wachstumsrate λ; der Reproduktionswert in der vorletzten reproduktiven Altersklasse ist gleich der Fertilitätsrate in derselben, abdiskontiert mit der Wachstumsrate λ; plus dem Reproduktionswert in der letzten Altersklasse, gewichtet mit dem Erwartungswert des Überlebens von der vorletzten bis zur letzten Altersklasse, und ebenfalls abdiskontiert mit der Wachstumsrate λ; und so fort.

Tab. 1:

x	p_x	f_x	λ_x	$|\lambda_x|$	$u_1 = u^*$	a	$V_1 = v^*$
1	.99670	0	1.0498	1.0498	.1169	.1295	1.0000
2	.99837	.00102	0.3112 + .7442i	.8067	.1110	.1363	1.0532
3	.99780	.08515	0.3112 − .7442i	.8067	.1056	.1272	1.1064
4	.99672	.30574	−0.3939 + .3658i	.5375	.1003	.1174	1.0787
5	.99607	.40002	−0.3939 − .3658i	.5375	.0953	.0931	0.8293
6	.99472	.28061	0.0115 + .5221i	.5223	.0904	.0779	0.4724
7	.99240	.15260	0.0115 − .5221i	.5223	.0857	.0737	0.2165
8	.98867	.06420	−0.4112 + .1204i	.4284	.0810	.0789	0.0752
9	.98274	.01483	−0.4112 − .1204i	.4284	.0763	.0849	0.0149
10		.00089	−0.0852	.0852	.0714	..0797	0.0008

(Quelle: Keyfitz, Flieger (1971). Statistical Abstracts of the USA. Die Vektoren **u** und **a** sind so skaliert, dass ihre Elemente auf Eins aufsummieren)

Ein empirisches Beispiel, aus dem die zentralen Ergebnisse des stabilen Populationsmodells – die Wachstumsrate, die stabile Altersverteilung, der altersspezifische Reproduktionswert – abgelesen werden können, ist die Reproduktions-Projektions-Matrix für die Bevölkerung der USA im Jahre 1966 (Tab. 1). Gezeigt werden jeweils bezogen auf 5-Jahres-Altersklassen die Überlebenserwartungswerte p_x, die Erwartungswerte der Töchtergeburten f_x, die Eigenwerte λ_x, und den zum dominanten Eigenwert λ_1 gehörigen dominanten rechten Eigenvektor $\mathbf{u}_1=\mathbf{u}^*$, die stabile Altersverteilung, und die tatsächliche Altersverteilung **a** (es wird hier nur die weibliche Bevölkerung vor dem Ende der reproduktiven Lebensspanne, also bis zum Ende des 50. Lebensjahres betrachtet), sowie der altersspezifische Reproduktionswert $V_1=v^*$, den zum dominanten Eigenwert λ_1 gehörigen dominanten linken Eigenvektor.

Im Rahmen des stabilen Modells mit konstanten Vitalraten können die Gleichungen (31) und (32) äquivalent in Kohorten- wie in Periodenperspektive gedeutet werden. Der Reproduktionswert ist entweder die relative Zahl der Nachkommen, die Individuen des Alters x in allen zukünftigen Intervallen noch erzeugen werden, oder die relative Zahl der Nachkommen, die Individuen des Alters x und älter im Laufe des gegenwärtigen Intervalls erzeugt haben werden.Die Verteilung des Reproduktionswertes auf die Altersklassen erlaubt tiefe Einblicke in die Reproduktionsdynamik der betrachteten Population. Sie gibt an, in welchem Lebensalter welcher Beitrag zum Bestand zukünftiger Generationen erbracht wird. Sie ist das beste Maß zur Beurteilung, welchen Einfluss auf die Reproduktionsdynamik Umweltfaktoren haben, die nicht auf alle Altersklassen gleich wirken. Bei modernen Bevölkerungen werden diese Zusammenhänge komplizierter dadurch, dass sie effiziente Empfängnisverhütung und damit effiziente Familienplanung ermöglichen, die Verteilung der Fruchtbarkeit auf die Lebensalter folglich bewusst in Reaktion auf Umwelteinflüsse verändert werden kann.

Die Verteilung des Reproduktionswertes über die Altersklassen hängt von der Verteilung der Fruchtbarkeit und der Sterblichkeit über die Lebensalter, sowie vom Wachstum der Bevölkerung ab. In einer stationären Bevölkerung muss der Reproduktionswert ab der Geburt bis zum Beginn der reproduktiven Phase ansteigen, da es vorher nur Todesfälle, aber noch keine Geburten gibt. Mädchen, die vor dem Beginn des Fortpflanzungsalters sterben, hinterlassen keine Nachkommen. 100 junge Frauen im Alter von 15 Jahren müssen mehr Kinder hinterlassen als 100 neugeborene Mädchen. Erst ab Beginn der reproduktiven Phase – genauer: sobald die Geburtenrate über der Sterberate liegt – wird der Reproduktionswert monoton sinken, um bei etwa 50 Jahren auf null gekommen zu sein – zu einem Zeitpunkt, zu dem Frauen dieses Alters in den entwickeltsten Ländern noch eine restliche Lebenserwartung von etwa 30 Jahren haben.

In diesem Verlauf spiegelt sich die ungemein lange Betreuungszeit der Kinder wider: Kinder müssen Jahrzehnte betreut werden, bis sie auf eigenen Beinen stehen können. Und auch dann ist die Investition in bereits existierende Kinder nicht zu Ende: in allen Gesellschaften spielen direkte Investitionen von Frauen in die Betreuung ihrer Enkelkinder eine wichtige Rolle (Essock-Vitale, McGuire 1985).

Weiterhin spielt das Wachstum der Bevölkerung herein. Der Anstieg des Reproduktionswertes zwischen Geburt und Beginn der reproduktiven Phase wird umso massiver sein, je rascher die Bevölkerung selbst wächst, da die heute geborene Tochter einer heute 20-jährigen Frau in einer konstant wachsenden Bevölkerung in 50, 100 od. 200 Jahren selbst mehr Nachkommen haben wird, als die Tochter, die ein heute neugeborenes Mädchen in 20 Jahren zur Welt bringen wird. Schrumpft hingegen die Bevölkerung, so wird die in 20 Jahren geborene Tochter eines heute neugeborenen Mädchens in 50, 100 oder 200 Jahren mehr Nachkommen haben als die heute geborene Tochter einer heute 20-jährigen Frau. Hier wird der durch die Sterblichkeit bedingte Anstieg des Reproduktionswertes unmittelbar nach der Geburt geringer ausfallen; sofern die Bevölkerung als ganze schneller schrumpft als die Neugeborenenkohorte durch Sterblichkeit, wird der Reproduktionswert ab Geburt monoton fallen.

Diese Beziehungen lassen sich gut beobachten an einem Vergleich der Verteilungen des Reproduktionswertes US-amerikanischer Frauen der Periode 1966 – eine intrinsisch wachsende Bevölkerung – und westdeutscher Frauen der Periode 1989 – eine intrinsisch schrumpfende – Bevölkerung (Tab. 2).

Tab. 2: Reproduktionswert nach Alter für Frauen und Männer

Alter	US-amerikanische Frauen 1966	westdeutsche Frauen 1989	westdeutsche Männer 1989 (bezogen auf westdeutsche Frauen in Altersstufe 0 mit $V_0 = 1$)
x	Vx	Vx	Vx
0	1	1	1.026
5	1.053	.940	.967
10	1.106	.877	.889
15	1.079	.818	.841
20	.829	.746	.785
25	.472	.579	.684
30	..217	.284	.445
35	..075	.081	.205
40	..015	.012	.071
45	.015	.001	.016
50	.0008	.0001	.006
55	0	0	.002
60	0	0	.001
65	0	0	.0002

(Quelle: Keyfitz, Flieger (1971); eigene Berechnungen mit Daten des Statistischen Bundesamtes)

Im ersten Fall steigt der Reproduktionswert von der Geburt bis zum 3. Lebensjahrfünft bis auf das 1.1-fache an, bevor er abfällt, im zweiten Fall sinkt er bereits monoton ab der Geburt. Für diesen Unterschied sind die unterschiedlichen intrinsischen Wachstumsraten der beiden Bevölkerungen im Beobachtungsintervall – in den USA 1966 etwa $\lambda=1.011$, in Westdeutschland 1989 etwa $\lambda=0.986$ verantwortlich. Der Einfluss der Sterblichkeit auf die unterschiedliche Verteilung des Reproduktionswertes ist gering: vor dem 20. Lebensjahr starben 1966 in den USA 3.1% einer Frauenkohorte, 1989 in Westdeutschland 1.2%.

Während in Abb. 1 bei einem Vergleich der weiblichen Reproduktionswerte der Einfluss unterschiedlicher Wachstumsraten auf den Reproduktionswert sichtbar wird, zeigt der Vergleich des Reproduktionswertes westdeutscher Männer mit dem westdeutscher Frauen derselben Periode 1989 den Einfluss, den eine unterschiedliche Verteilung der Fruchtbarkeit über die Lebensspanne auf den Reproduktionswert bei in der Bilanz gleicher Fruchtbarkeit haben kann.

Reproduktionswert nach Altersklassen: US-Frauen 1966; Westdeutsche Frauen, westdeutsche Männer 1989

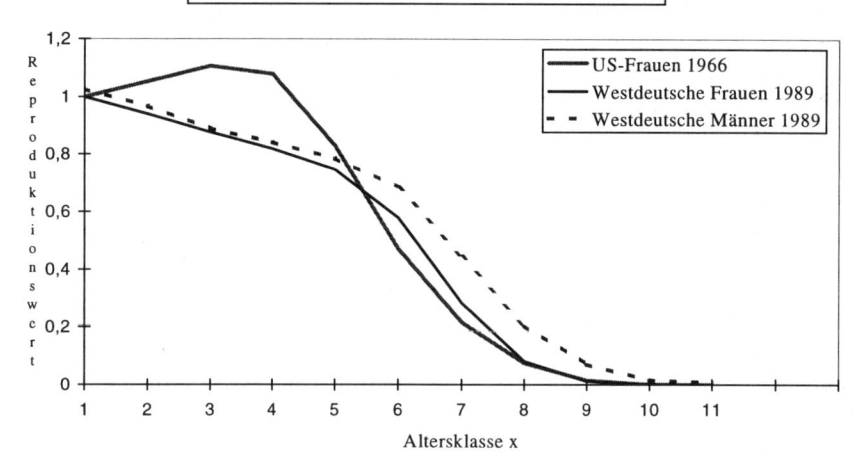

Abb. 1: Reproduktionswert in Abhängigkeit vom Lebensalter, US-Frauen 1966; westdeutsche Frauen und westdeutsche Männer 1989

(Quelle: Keyfitz, Flieger (1971). Eigene Berechnungen mit Daten des statistischen Bundesamtes)

In einer stationären Bevölkerung muss der Reproduktionswert eines neugeborenen Knaben wegen der Sexualproportion bei der Geburt von etwa 106 notwendigerweise geringer sein als der eines neugeborenen Mädchens. Die männliche Fruchtbarkeit ist zeitlich weniger scharf begrenzt als die weibliche, folglich wird in einer stationären Bevölkerung der männliche Reproduktionswert ab irgendeinem Alter notwendigerweise über dem weiblichen zu liegen kommen. Es kommt hinzu, dass in allen menschlichen Gesellschaften die Verteilung der männlichen Fruchtbarkeit als ganzes gegenüber der weiblichen in die höheren Lebensalter verschoben ist: in Westdeutschland 1989 war das durchschnittliche Alter der Väter 31.8 Jahre gegenüber einem durchschnittlichen Alter der Mütter von 28.7 Jahren. Diese Verschiebung, die einer universell zu beobachtenden Präferenz von Frauen für ältere Partner und von Männern für jüngere Partnerinnen entspringt (Kenrick, Keefe 1992), kann dazu führen, dass in schrumpfenden Bevölkerungen der Reproduktionswert neugeborener Knaben über dem neugeborener Mädchen liegt – was 1989 in Westdeutschland der Fall war. Der Reproduktionswert der Männer lag bei Geburt bei dem 1.026-fachen dessen neugeborener Mädchen und verblieb in allen Lebensaltern über dem der Frauen (Der männliche Reproduktionswert in Tab. 2 und Abb. 1 wurde unter Annahme demographischer Dominanz des weiblichen Geschlechtes nach Gleichung (31) mit einem auf den weiblichen Vitalraten basierenden λ berechnet). In wachsenden Bevölkerungen andererseits vergrößert der zeitliche Vorsprung, den die Frauen bei der Realisierung der Fruchtbarkeit gegenüber gleichaltrigen Männern haben, noch den natürlichen Rückstand des männlichen Reproduktionswertes in den ersten 3 Lebensjahrzehnten.

Unberücksichtigt bleiben bei solchen Überlegungen freilich Verknappungseffekte auf den altersspezifischen Heiratsmärkten. Bei den bestehenden Alterspräferenzen bei der Partnerwahl führt ein Schrumpfen der Bevölkerung zu einem Überangebot von Männern, ein Wachsen der Bevölkerung zu einem Überangebot von Frauen auf den Heiratsmärkten. Auch hier ist der von Fisher (1930) beschriebene evolutionäre Mechanismus wirksam, der gegen die Entstehung eines Selektionsvorteils des einen gegenüber dem Anderen, und damit auch gegen ein Auseinanderlaufen des Reproduktionswertes gleichaltriger Männer- und Frauenkohorten arbeitet.

Eine bedeutsame Frage bezieht sich auf den Einfluss einzelner altersspezifischer Vitalraten auf die globale Wachstumsrate. Man erwartet beispielsweise einen ungefähr gleichen Rückgang der Geburtenrate in zwei Bevölkerungen, die sich im durchschnittlichen Generationenabstand unterscheiden, und will wissen, wie stark sich diese Veränderung auf die jeweiligen Wachstumsraten auswirken wird. Oder man möchte den Einfluss von Messfehlern bei der Bestimmung einzelner Vitalraten auf die Berechnung der globalen Wachstumsrate abschätzen. Hiermit befasst sich die Eigenwert-Sensitivitätsanalyse (Pollard 1973; Caswell 1978, 1989; Roff 1992; Stearns 1992: 65–69).

Betrachten wird die beiden mit dem dominanten Eigenwert assoziierten rechten und linken Eigenvektoren $\mathbf{u}$ und $\mathbf{v}$ der Reproduktions-Projektions-Matrix $\mathbf{B}$ und bilden wir das Differential beider Seiten von $\mathbf{B} \cdot \mathbf{u} = \lambda \mathbf{u}$:

$$\mathbf{B}(d\mathbf{u}) + (d\mathbf{B})\mathbf{u} = \lambda(d\mathbf{u}) + (d\lambda)\mathbf{u} \tag{34}$$

wobei (d$\mathbf{B}$) das Differential der Matrixelemente ist. Nun bilden wir das Skalarprodukt von (34) und $\mathbf{v}$

$$\langle \mathbf{B}(d\mathbf{u}), \mathbf{v} \rangle + \langle (d\mathbf{B})\mathbf{u}, \mathbf{v} \rangle = \langle \lambda(d\mathbf{u}), \mathbf{v} \rangle + \langle (d\lambda)\mathbf{u}, \mathbf{v} \rangle \tag{35}$$

woraus sich nach entsprechender Umformung ergibt:

$$d\overline{\lambda} = \frac{\langle (d\mathbf{B})\mathbf{u}, \mathbf{v} \rangle}{\langle \mathbf{u}, \mathbf{v} \rangle}$$

oder

$$d\lambda = \frac{\left\langle \mathbf{v}^H, (d\mathbf{B})\mathbf{u} \right\rangle}{\langle \mathbf{u}, \mathbf{v} \rangle} \tag{36}$$

wobei $\bar{\lambda}$ der komplex konjugierte Skalar zu λ, und $\mathbf{v}^H$ der transponierte, komplex konjugierte Vektor zu $\mathbf{v}$ ist.

Nun wird man meist die Sensitivität der globalen Wachstumsrate λ gegenüber der Veränderung einer einzigen altersspezifischen Vitalrate, also eines Elementes $b_{x,y}$ der Populations-Projektions-Matrix $\mathbf{B}$ bestimmen wollen. Setzt man folglich alle Elemente der Matrix $\mathbf{B}$ konstant außer $b_{x,y}$, so hat $d(\mathbf{B})$ nur noch ein von Null verschiedenes Element, nämlich das Differential $d(b_{x,y})$ der interessierenden altersspezifischen Vitalrate, und es gilt

$$d\lambda = \frac{\bar{v}_x u_y d(b_{xy})}{\langle \mathbf{u}, \mathbf{v} \rangle} \quad \text{oder} \quad \frac{\partial \lambda}{\partial b_{xy}} = \bar{v}_x u_y \tag{37}$$

da $\langle \mathbf{u}, \mathbf{v} \rangle$ von der Auswahl von x und y unabhängig und zugleich auf Eins skaliert werden kann, und da λ jetzt nur noch von einer anderen Variable, nämlich $b_{x,y}$ abhängig ist. Das heißt: die Veränderung der globalen Wachstumsrate auf inkrementale Veränderungen der altersspezifischen Vitalrate $b_{x,y}$, oder die Sensitivität der globalen Wachstumsrate gegenüber der Vitalrate $b_{x,y}$ ist gleich dem Produkt des Reproduktionswertes der Altersklasse y und der Altersklassenbesetzung der Altersklasse x.

Betrachten wir nur den dominanten Eigenwert λ_1 so haben wir nur reelle Eigenvektoren $\mathbf{u}$ und $\mathbf{v}$. Bei der Untersuchung des Konvergenzverhaltens einer Dynamik mit der Populations-Projektions-Matrix $\mathbf{B}$, wobei man auch noch weitere Eigenwerte betrachten muss, ist dies natürlich auch anders.

Eine praktisch wichtige Anwendung von (37) ist die Bestimmung der relativen Sensitivitäten von λ gegenüber Veränderungen in den Überlebens- und Fruchtbarkeitserwartungswerten aufeinander folgender Altersklassen. Setzt man $u_1 = 1$ (das erste Element von $\mathbf{u}$), dann gilt

$$u_x = p_1 p_2 p_3 \cdots p_{x-1} \lambda^{-x+1} \tag{38}$$

Analog gilt bei $v_1 = 1$:

$$v_x = f_x \lambda^{-1} + p_x v_{x+1} \tag{39}$$

Aus (37) und (38) folgt beispielsweise bezüglich der Sensitivität gegenüber Änderungen der Erwartungswerte der Fruchtbarkeit:

$$\frac{\partial \lambda / \partial f_{x+1}}{\partial \lambda / \partial f_x} = \frac{u_{x+1}v_1}{u_x v_1} = \frac{p_x}{\lambda} \quad \frac{\partial \lambda / \partial f_{x+1}}{\partial \lambda / \partial f_x} = \frac{u_{x+1}v_1}{u_x v_1} = \frac{p_x}{\lambda} \tag{40}$$

Solange eine Bevölkerung wächst, nimmt die Sensitivität der Wachstumsrate gegenüber Veränderungen der altersspezifischen Erwartungswerte der Fruchtbarkeit monoton ab. In einer schrumpfenden Bevölkerung hingegen nimmt diese Sensitivität mit dem Alter zu, solange $\lambda < p_x$.

Aus (37) und (38) folgt andererseits bezüglich der Sensitivität gegenüber Änderungen der Überlebenserwartungswerte:

$$\frac{\partial \lambda / \partial p_{x+1}}{\partial \lambda / \partial p_x} = \frac{v_{x+2}u_{x+1}}{v_{x+1}u_x} = \frac{p_x v_{x+2}}{f_{x+1} + \lambda(p_{x+1}p_{x+1})} \tag{41}$$

Der Parameter „Sensitivität" misst den Einfluss der inkrementalen Veränderung der absoluten Werte der Elemente der Populations-Projektions-Matrix auf die globale Wachstumsrate Unbefriedigend daran ist, dass Überlebenserwartungswerte strikt begrenzt sind mit $0 \leq p_x \leq 1$, während Vergleichbares für den Erwartungswert der Zahl der Geburten pro Kopf im Intervall nicht gilt – der aber andererseits im Regelfall einen wesentlich niedrigeren absoluten Zahlenwert hat als die Erwartungswerte für Überleben. Zur Behebung des Problems schlugen de Kroon et al. (1986) vor, die Sensitivität der globalen Wachstumsrate gegenüber Veränderungen der Elemente der Populations-Projektions-Matrix mittels Elastizitäten zu messen, die als proportionale, d. h. skalenunabhängige Kennwerte in der theoretischen Ökonomie vielfach verwendet werden. Definiert sind Elastizitäten folgendermaßen:

$$e_{xy}(\lambda) = \frac{\partial \lambda / \partial b_{xy}}{\lambda / b_{xy}} = \frac{\partial \lambda}{\partial b_{xy}} \frac{b_{xy}}{\lambda} = \frac{\partial \ln \lambda}{\partial \ln b_{xy}} \tag{42}$$

Mit Hilfe von (37) beschreibt (42) die proportionalen Veränderungen in der globalen Wachstumsrate in Abhängigkeit von proportionalen Veränderungen in der Vitalrate b_{xy}.

Dynamik einer Population

Elastizitäten der Wachstumsrate nach altersspezifischen Überlebens- und Fruchtbarkeitsraten: US-Frauen 1966

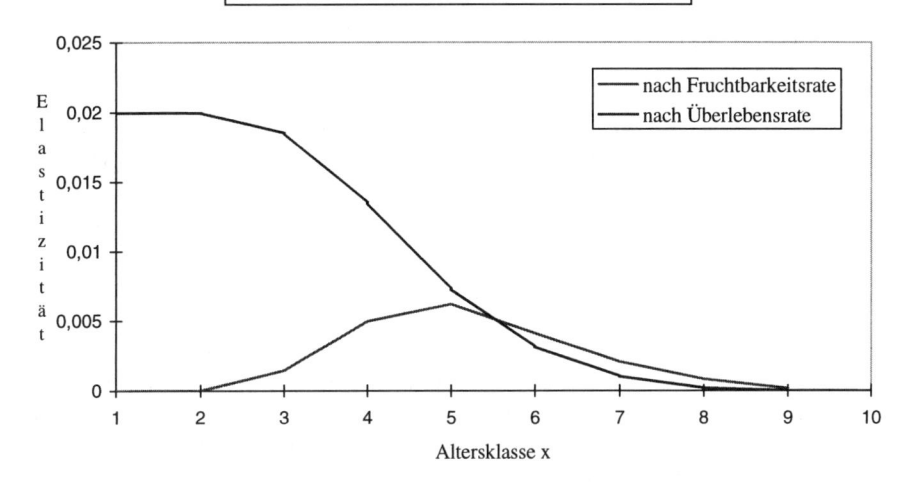

[Diagramm: Elastizität (y-Achse, 0 bis 0,025) gegen Altersklasse x (x-Achse, 1 bis 10); Kurven "nach Fruchtbarkeitsrate" und "nach Überlebensrate"]

Abb. 2: Elastizitäten der Wachstumsrate nach altersspezifischen Überlebens- und Fruchtbarkeitsraten, US-Frauen 1966 (nach Caswell 1989: 133; Daten aus Tab. 1)

Abbildung 2 zeigt die altersspezifischen Elastizitäten der globalen Wachstumsrate gegenüber Veränderungen in den Erwartungswerten für Überleben und Fruchtbarkeit für die Bevölkerung der USA 1966, unter Verwendung der Zahlen in Tab. 2. Man sieht, dass die Elastizität gegenüber Veränderungen der Überlebensraten von einem Maximum in der ersten Altersklasse an monoton absinkt. Dass dies mindestens für alle wachsenden Gesellschaften so sein muss, ergibt sich aus:

$$\frac{e_{x+2,x+1}}{e_{x+1,x}} = \frac{\partial\lambda/\partial p_{x+1}}{\partial\lambda/p_x} \cdot \frac{p_{x+1}}{p_x} = \frac{p_{x+1}v_{x+2}}{\lambda(p_{x+1}v_{x+2})+f_{x+1}}$$

woraus wegen

$$p_{x+1}v_{x+2} < \lambda(p_{x+1}v_{x+2})+f_{x+1} \text{ für alle } \lambda > 1 \qquad (43)$$

folgt, dass Elastizitäten der Wachstumsrate gegenüber Veränderungen der Überlebensraten mindestens in allen wachsenden Gesellschaften mit den Altersklassen monoton abnehmen. In schrumpfenden Gesellschaften andererseits werden solche Elastizitäten der Wachstumsrate im Allgemeinen erst im postreproduktiven Alter monoton zunehmen. Die Elastizität gegenüber Veränderungen der Fruchtbarkeitsraten hingegen erreicht ihr Maximum in der Altersklasse mit der höchsten Fruchtbarkeit, nicht in der mit dem höchsten Reproduktionswert.

2.1.3 Evolutionäre Lebenslaufforschung und differentielle Reproduktion

Die Untersuchung der Verlaufsprofile von Fruchtbarkeit und Mortalität und der von ihr abgeleiteten Parameter in Abhängigkeit vom Lebensalter ist der Ausgangspunkt einer neuen Forschungsrichtung zwischen Demographie und Verhaltensökologie: der *evolutionären Lebenslaufforschung,* die in den letzten 15 Jahren einen außerordentlichen Aufschwung genommen hat (Überblick Stearns 1992; Roff 1992; Orzack 1996; über die Verknüpfung der evolutionären Lebenslaufforschung mit dem Modell stabiler Bevölkerungen s. Caswell 1982 und Mangel 1991).

Leitende Idee ist, dass nicht die Organismen innerhalb einer Population zu einem gegebenen Zeitpunkt, sondern die Organismen über den ganzen Lebenslauf die korrekt beschriebenen Objekte der Selektion im Rahmen des evolutionären Prozesses sind. Die evolutionäre Lebenslaufforschung untersucht die Evolution von Parametern des Lebenslaufs wie Wachstumsgeschwindigkeit, Alter der sexuellen Reife, elterliche Investition in die einzelnen Nachkommen, Einzel- versus Mehrlingsgeburt usw. bezogen auf die beiden fundamentalen Vitalraten Fertilität und Mortalität in ihrer Altersverteilung. Durch den evolutionären Prozess von Mutation und Selektion werden die einzelnen Fortpflanzungslinien in der Konkurrenz innerhalb und zwischen Populationen alle diese Parameter – und damit auch die Vitalraten – auf eine Maximierung ihrer Wachstumsrate λ optimieren. Da die Wachstumsrate nicht unendlich groß sein kann, muss es in der Realität negative Effekte ("trade-offs") zwischen diesen Parametern, und damit auch zwischen den altersspezifischen Vitalraten geben. Ein hohes Körpergewicht der Mutter verringert vielleicht die foetale Mortalität, verzögert möglicherweise aber die sexuelle Reife der Mutter. Lange Schwangerschaften und hohe Geburtsgewichte verringern die Säuglingssterblichkeit, erhöhen aber möglicherweise die Müttersterblichkeit. Hohe elterliche Investitionen in ein Kind erhöhen dessen Lebenschancen, verringern aber möglicherweise die Lebenschancen später Geborener.

Bei der Modellierung solcher Effekte in der evolutionären Lebenslaufforschung geht es im Kern um demographische Modelle der optimalen Altersklassenverteilung von Vitalraten zur Maximierung der jeweiligen Wachstumsraten λ_i der individuellen Fortpflanzungslinien i in der evolutionären Konkurrenz. In deterministischer Populationsdynamik können die differentiellen Wachstumsraten λ_i individueller Fortpflanzungslinien i mit deren Fitness gleichgesetzt werden (zu diesem Begriff ausführlich Sober 1984; Roff 1992; Stearns 1992).

Die formale Analyse ganz allgemeiner Modelle – ohne jede Modellierung einschränkender Nebenbedingungen – erlaubt schon wichtige, empirisch prüfbare Einsichten.

Werden alle anderen Einflüsse konstant gehalten, so gilt, dass sich die Wachstumsrate λ erhöht, wenn sich eine altersspezifische Fertilitätsrate f_x erhöht, und sich

verringert, wenn diese sich verringert. Wir betrachten im Folgenden zwei sehr elementare, fast in allen Lebensläufen auftretende negative Effekte:
Von der allgemeinen Beziehung:

$$\lambda = g(f_1, f_2, f_3, \ldots, f_\omega, p_1, p_2, p_3, \ldots, p_{\omega-1}) \tag{44}$$

betrachten wir als Erstes den negativen Effekt jetziger Fertilität auf jetziges Überleben:

$$\lambda = g(f_x, p_x) \tag{45}$$

Ein negativer Effekt liegt vor, wenn eine Erhöhung von f_x zu einer Verringerung von p_x führt. da p_x seinerseits wieder einen positiven Effekt auf die Wachstumsrate λ hat.

Als Zweites betrachten wir den negativen Effekt jetziger Fertilität auf zukünftige Fertilität:

$$\lambda = h(f_x, f_{x+1}) \tag{46}$$

Ein negativer Effekt liegt vor, wenn eine Erhöhung von f_x zu einer Verringerung von f_{x+1} führt. da f_{x+1} seinerseits wieder einen positiven Effekt auf die Wachstumsrate λ hat.

Die notwendigen Bedingungen für ein Maximum von λ sind im ersten Fall:

$$d(\lambda) = \frac{\partial \lambda}{\partial f_x} d(f_x) + \frac{\partial \lambda}{\partial p_x} d(p_x) = 0$$

$$\Leftrightarrow \frac{-d(p_x)}{d(f_x)} = \frac{\partial \lambda / \partial f_x}{\partial \lambda / \partial p_x}$$

woraus unter Verwendung von (37) folgt:

$$\frac{-d(p_x)}{d(f_x)} = \frac{v_1 u_x}{v_{x+1} u_x} = \frac{v_1}{v_{x+1}} = \frac{1}{v_{x+1}} \tag{47}$$

Analog folgt aus der notwendigen Bedingung für ein Maximum im zweiten Fall:

$$d(\lambda) = \frac{\partial \lambda}{\partial f_x} d(f_x) + \frac{\partial \lambda}{\partial f_{x+1}} d(f_{x+1}) = 0$$

$$\Leftrightarrow \frac{-d(f_{x+1})}{d(f_x)} = \frac{\partial \lambda / \partial f_x}{\partial \lambda / \partial f_{x+1}} = \frac{v_1 u_x}{v_1 u_{x+1}} = \frac{u_x}{u_{x+1}} \qquad (48)$$

Folgend Goodman (1971); Emlen (1970); Snell und King (1977) und Caswell (1978) kann der Quotient:

$$c_x = \frac{-d(p_x)}{d(f_x)} = \frac{1}{v_{x+1}} \qquad (49)$$

allgemein als Maß der Kosten der gegenwärtigen Fertilität gemessen als Verringerung des Erwartungswert gegenwärtigen Überlebens in optimalen Lebensläufen benutzt werden.

Analog kann der Quotient:

$$f_x = \frac{-d(f_{x+1})}{d(f_x)} = \frac{u_x}{u_{x+1}} \qquad (50)$$

allgemein als Maß der Kosten der gegenwärtigen Fertilität gemessen als Verringerung des Erwartungswertes zukünftiger Fertilität in optimalen Lebensläufen benutzt werden.

Negative Effekte über mehr als eine Altersklasse lassen sich mathematisch analog definieren, dürften aber in Populationsmodellen nur selten erforderlich werden. Ohne jede Kenntnis einschränkender Nebenbedingungen lassen sich aus den allgemeinen Bedingungen (47) und (48) folgende Einsichten gewinnen:

1. In optimalen Lebensläufen sollten die Kosten altersspezifischer Fruchtbarkeit gemessen in altersspezifischen Erwartungswerten für Überleben von einer Altersklasse zur anderen variieren in Proportion zum Kehrwert der altersspezifischen Reproduktionswerte. Reproduktionswerte – wie in Tab. 2 und Abbild 1 ablesbar – steigen in stationären oder wachsenden Populationen typischerweise erst an, um dann ab dem Beginn des reproduktiven Lebensalters rasch abzufallen. Müttersterblichkeit – eine zentrale Komponente der Überlebenskosten der Fertilität – ist in den letzten 150 Jahren in den Industrieländern dramatisch gefallen, während sie in Entwicklungsländern beträchtlich variiert; in allen Gesellschaften weist sie aber ein gleiches Muster der Altersverteilung auf: ein Minimum im fünften, ein lokales Maximum im dritten, und das globale Maximum im neunten

und zehnten Lebensjahrfünft. Caswell (1978) fand für die US-Bevölkerung 1940, 1950 und 1960 eine gute Übereinstimmung zwischen den aus (47) vorausgesagten Beziehungen zwischen altersspezifischen Reproduktionswerten und dem empirischen Muster der Altersverteilung der Müttersterblichkeit, die wiederum invers korreliert mit den altersspezifischen Fertilitätsraten (s. auch Mueller 1996 mit zusätzlichen Daten).
2. In optimalen Lebensläufen sollten die Kosten altersspezifischer Fruchtbarkeit gemessen in zukünftiger altersspezifischer Fruchtbarkeit von einer Altersklasse zur anderen variieren in Proportion zur Besetzung der jeweiligen Altersklasse. In stabilen menschlichen Populationen variieren diese Proportionen – mit Ausnahme der ersten Lebensjahre und der obersten Altersklassen – relativ wenig. Entsprechend ist die Voraussage, dass die Kosten gegenwärtiger Fertilität gemessen in zukünftiger Fertilität in der nächsten Altersklasse auch nur wenig über die Lebensspanne variieren. Solche Kosten können mittels verschiedener Parameter gemessen werden: etwa Länge der postpartalen Amenorrhoe, oder foetale und Kindersterblichkeit in zeitlicher Abhängigkeit von vorausgegangenen Geburten. In einer Durchsicht der Literatur fand Caswell (1978) eine Reihe von Belegen für eine relative Altersinvarianz dieser Parameter über die gesamte reproduktive Lebensspanne.

Aus diesen Ansätzen der evolutionären Demographie ergeben sich unmittelbare Folgerungen für die Messung differentieller Reproduktion. Das einfachste Maß hierfür haben wir bereits kennen gelernt: die differentielle Netto-Reproduktionsrate, die auch dem traditionell definierten Maß der Fitness entspricht. Die intrinsischen Wachstumsraten λ_i bez. e^{r_i} in den Gleichungen (47) und (48) verknüpfen nun die einzelnen Lebensläufe mit der Dynamik der Gesamtbevölkerung. Eine realistische Verfeinerung des stabilen Bevölkerungsmodells würde unterstellen, dass die – im Allgemeinen sehr groß gedachte – Bevölkerung in viele koexistierende Segmente i unterteilt ist, über die sowohl die Netto-Reproduktionsrate NRR_i wie auch der Generationenabstand T_i streut.

Die jeweiligen intrinsischen Wachstumsraten λ_i bez. e^{r_i} entscheiden nun über die differentielle Reproduktion dieser einzelnen Bevölkerungssegmente i. Hieraus ergibt sich unmittelbar, dass ein Vergleich der differentiellen Wachstumsraten λ_i bez. e^{r_i} zu einer besseren Messung differentieller Reproduktion führt als ein Vergleich der differentiellen Netto-Reproduktionsraten, in die unterschiedliche Generationenabstände nicht eingehen, und bei dem die zeitliche Perspektive des Vergleichs auf eine Generation beschränkt ist.

Beachten wir ein einfaches Zahlenbeispiel mit zwei solchen Bevölkerungssegmenten: in dem einen – Segment 1 – soll der Generationenabstand T_1 um ein Jahr niedriger, in dem anderen – Segment 2 – soll T_2 um ein Jahr höher sein als der Durchschnitt von T = 30 Jahren für die Gesamtbevölkerung. Beide Segmente sollen jeweils nur einen kleinen Teil der Gesamtbevölkerung umfassen. Die Gesamtzahl der Mädchengeburten pro Frauenleben sei in beiden Segmenten identisch, ebenso wie Beginn und Ende der reproduktiven Jahre; auch sei die Sterblichkeit in beiden Segmenten gleich. In allen Teilen der Gesellschaft sei also die Netto-Reproduktionsrate gleich. Betrachtet werden soll die erwartete Zahl weiblicher Nachkommen von Frauen in den beiden Segmenten nach 100 Jahren, einmal im Fall einer Netto-Reproduktionsrate über, das andere mal unter dem Erhaltungsniveau. Ist nun die Netto-Reproduktionsrate in allen Segmenten der Bevölkerung größer als eins, so weist Segment 1 eine höhere differentielle Reproduktivität als Segment 2 auf. Ist die Gesamtzahl der Mädchengeburten pro Frau hingegen kleiner als eins, so weist Segment 2 eine höhere differentielle Reproduktivität als Segment 1 auf. In einer wachsenden Bevölkerung wächst bei gleicher Zahl der Töchter pro Frau dasjenige Segment absolut und relativ am schnellsten, welches den kürzesten Generationenabstand aufweist, in einer schrumpfenden Bevölkerung wächst dasjenige Segment relativ am schnellsten, welches den längsten Generationenabstand aufweist (Tab. 3).

Tab. 3: Messung differentieller Reproduktion I a: wachsende Bevölkerung

	Generationen-abstand T_i	Netto-Reproduktionsrate NRR_i	intrinsische Wachstumsrate λ_i	Zahl weiblicher Nachkommen pro 100 Frauen nach 100 Jahren
Gesamtbevölkerung	30 Jahre	1.1	1.0032	137.4
Segment 1	31 Jahre	1.1	1.0031	136.0
Segment 2	29 Jahre	1.1	1.0033	138.9

Messung differentieller Reproduktion I b: schrumpfende Bevölkerung

	Generationen-abstand T_i	Netto-Reproduktionsrate NRR_i	intrinsische Wachstumsrate λ_i	Zahl weiblicher Nachkommen pro 100 Frauen nach 100 Jahren
Gesamtbevölkerung	30 Jahre	0.9	.9965	70.4
Segment 1	31 Jahre	0.9	.9966	71.2
Segment 2	29 Jahre	0.9	.9964	69.5

Allerdings wirft auch die Messung differentieller Reproduktion verschiedener Bevölkerungssegmente mittels der differentiellen Wachstumsraten Probleme auf.

Zufallsschwankungen der Vitalraten, die im Allgemeinen nicht in allen betrachteten Bevölkerungssegmenten mit gleicher Intensität auftreten, werden nicht berücksichtigt. Vergleicht man große Bevölkerungssegmente miteinander, so mögen solche Zufallsschwankungen vielleicht ohne große Folgen vernachlässigt werden können. Damit kann man aber beim Vergleich kleiner Bevölkerungssegmente sicherlich nicht rechnen. Sind die verglichenen Bevölkerungssegmente klein, so kommt als weiterer Aspekt stochastischer Fluktuationen eine nicht mehr sehr kleine Wahrscheinlichkeit eines zufallsbedingten Aussterbens eines oder mehrerer der miteinander verglichenen Bevölkerungssegmente hinzu.

Wir werden deshalb bei den stochastischen Populationsmodellen auf die Bestimmung differentieller Reproduktion erneut zu sprechen kommen.

2.1.4 Deterministische Populationsmodelle mit zeitabhängigen Vitalraten

Das allgemeine Modell in diskret-zeitlicher Perspektive ist hier:

$$z(t+1) = \mathbf{B}(t) \cdot z(t) = \mathbf{B}(t) \cdot \mathbf{B}(t-1) \cdot \mathbf{B}(t-2) \cdot \ldots \cdot \mathbf{B}(1) \cdot \mathbf{B}(0) \cdot z(0) \qquad (51)$$

wobei **B**(t) die jeweilige Leslie-Matrix zum Zeitpunkt t ist. Auch hier, wie im stabilen Modell, stehen die Fragen nach Ergodizität und asymptotischer Wachstumsrate im Mittelpunkt des analytischen Interesses.

Periodische Zeitabhängigkeit der Vitalraten

Dynamische Populationsmodelle mit periodischer Zeitabhängigkeit der Vitalraten sind Spezialfälle von (51) mit folgender Eigenschaft: Es gibt eine natürliche Zahl k, sodass für beliebige t gilt:

$$\begin{aligned} z(t+k) &= \mathbf{B}(t+k) \cdot \mathbf{B}(t+k-1) \cdot \ldots \cdot \mathbf{B}(t+1) \cdot \mathbf{B}(t) \cdot z(t) \\ &= \mathbf{G} \cdot z(t) \end{aligned} \qquad (52)$$

wobei **G** das selbst zeitunabhängige Produkt aus den Matrizen

B(t+k) **B**(t+k-1) ... **B**(t+1) **B**(t)

ist, auf welches die gesamten Ergebnisse des klassischen deterministischen Modells mit zeitunabhängigen Vitalraten zutreffen. Deterministische Populationsmodelle mit periodisch zeitabhängigen Vitalraten haben gewisse Anwendungen bei Spezies mit saisonal gebundenen Fortpflanzungsperioden (Gourley, Lawrence 1977)); für die Erforschung menschlicher Populationen ist eine praktische Bedeutung nicht ersichtlich.

Aperiodische Zeitabhängigkeit der Vitalraten

Die Verallgemeinerung der Euler-Lotka-Gleichung für die intrinsische Wachstumsrate vom Modell der stabilen Bevölkerung auf den allgemeinen Fall deterministischer Populationsdynamik mit zeitabhängigen Vitalraten stellt die *von-Foerster-Gleichung* (manchmal auch als McKendrick-von-Foerster-Gleichung bezeichnet) dar – eine partielle Differentialgleichung mit der Altersklassenbesetzung und der chronologischen Zeit als kontinuierlichen Variablen. Diese Gleichung ist damit zugleich auch ein stetig-zeitliches Gegenstück zu – zeitinvarianten wie zeitabhängigen – Leslie-Matrizen.

Knappe Darstellungen dieser Gleichung finden sich in Murray (1993: 29–33) und Mueller (1993: 255–258). Metz und Diekmann (1986) und Vance (1990) bieten Überblicke über Partial-Differential-Gleichungsmodelle von altersstrukturierten Populationen mit variablen Vitalraten.

Trotz des aufgewendeten analytischen Scharfsinns ist die allgemeine Behandlung aperiodischer deterministischer Populationsmodelle mit zeitabhängigen Vitalraten für die Erforschung der Dynamik empirischer menschlicher Bevölkerungen nur von begrenztem Nutzen, da die Aufstellung einer aperiodischen Sequenz von zeitabhängigen Reproduktions-Projektions-Matrizen stets auf irgendeiner inhaltlichen Theorie aufbaut, aus der diese – und keine andere – Sequenz folgen soll: dann geht es eher um Annahme oder Zurückweisung dieser inhaltlichen Theorie, als um eine allgemeine Strukturanalyse des formalen Modells.

2.1.5 Deterministische Populationsmodelle mit dichteabhängigen Vitalraten

Keine Population kann für unbegrenzte Zeit ein positives Wachstum mit konstanter Rate aufweisen. Stets werden sich ab einem bestimmten Zeitpunkt begrenzte Ressourcen bremsend auf die Wachstumsrate auswirken. Das grundlegende Modell für eine vom Grad der Ressourcenausschöpfung abhängige Populationsdynamik ist das deterministische Modell ohne Altersstruktur mit dichteabhängigen Vitalraten. Hier wird in das mit den Gleichungen (2) und (4) beschriebene Modell der Begriff der Tragekapazität K (carrying capacity) eingeführt, der den maximalen Umfang der Population angibt, der in der betrachteten Umwelt mit den vorgefundenen Ressourcen auf Dauer existieren kann. Wird die Tragekapazität konstant gesetzt, so gilt:

$$N(t+1) = f(N(t), K). \text{ oder } \frac{dN}{dt} = f(N(t), K) \tag{53}$$

Die einfachste und zugleich wichtigste praktische Spezifizierung dieser Gleichung ist die logistische Wachstumsgleichung, die nach ihren Erstbeschreibern auch *Verhulst-Pearl*-Gleichung genannt wird:

$$N(t+1) = RN(t)\left(1 - \frac{N(t)}{K}\right) \tag{54}$$

oder

$$\frac{dN}{dt} = rN(t)\left(1 - \frac{N(t)}{K}\right) \tag{55}$$

wobei K die Tragekapazität, R beziehungsweise r die bereits dargestellte intrinsische Wachstumsrate ist, also die Wachstumsrate, die in diesem Modell der dichteabhängigen Populationsdynamik als die Wachstumsrate definiert ist, die die Population fern von der Tragekapazität aufweist.

Für die Differenzengleichung (54) ist keine zu (2) vergleichbare elegante explizite Lösung in Gestalt einer Funktion G(N(0)) bekannt, die (54) zu einer Identität reduzierte (Elaydi 1996, 17). Die Lösung ist dann für gegebene Werte von N(0) und R eine Folge von Werten für N(1), N(2) ...

Für die Differentialgleichung (55) ist hingegen eine solche elegante explizite Lösung verfügbar:

$$\frac{dN}{dt} = rN(t)\left(1 - \frac{N(t)}{K}\right) \Leftrightarrow \frac{dNK}{NK - N^2} = r \Leftrightarrow \frac{dN}{K - N} + \frac{dN}{N} = r$$

Integrieren beider Seiten ergibt als Nächstes:

$$\int_{t=0}^{t=T} \frac{dN}{K - N} + \int_{t=0}^{t=T} \frac{dN}{N} = \int_{t=0}^{t=T} rt \Leftrightarrow$$

$$-\ln(K - N(T)) + \ln(K - N(0)) + \ln N(T) - \ln N(0) = rT$$

Das Exponential beider Seiten führt nach Umformung über

$$\frac{(K - N(0))N(T)}{(K - N(T))N(0)} = e^{rT}$$

zur Auflösung nach:

$$N(T) = \frac{N(0)e^{rT}}{K - N(0) + N(0)e^{rT}} \tag{56}$$

Die durch die Gleichungen (54) und (55) beschriebene Dynamik ist beträchtlich komplizierter als die der dichteunabhängigen Modelle. Das Pro-Kopf-Wachstum ist eine linear abnehmende Funktion des Populationsumfangs. Das Wachstum des Populationsumfangs zeigt den bekannten logistischen Verlauf, anfangs exponentiell, mit einem Wendepunkt bei N = 0.5 K, um schließlich asymptotisch den Wert K anzustreben. K ist Grenzwert aller durch (54) angegebenen Folgen, da für alle N(t) = K − δ, (δ > 0) gilt: K − δ < N(t+k) < K. Falls N(0) kleiner als K ist, kann N(t) nie größer als K werden. Falls N(0) größer als K ist − die Tragekapazität hat sich plötzlich verringert − so strebt N(t) von oben in analoger Weise gegen K.

Das System hat zwei Gleichgewichtspunkte N^*: den bei positivem Wachstum instabilen $N^* = 0$, und den stabilen $N^* = K$. (Bei negativem Wachstum ist es umgekehrt). Zyklische Phänomene zeigt das durch (54) oder (55) beschriebene System nicht. Solche treten beispielsweise auf, wenn eine zeitliche Verzögerung der Reaktion der Wachstumsrate auf den erreichten Populationsumfang eingebaut wird, wie in folgender Gleichung modelliert:

$$N(t+1) = RN(t)\left(1 - \frac{N(t-k)}{K}\right) \qquad (57)$$

oder

$$\frac{dN}{dt} = rN(t)\left(1 - \frac{N(t-k)}{K}\right) \qquad (58)$$

In der Literatur werden noch andere Spezifizierungen der Gleichungen (53) behandelt außer den in (54) und (55) angegebenen. Hastings (1997) und Matis et al. (1998) bringen einige Beispiele. Es bietet sich an, in diese Dynamik Altersstrukturen einzubringen, wobei als plausible Grundannahme gemacht wird, dass die Vitalraten verschiedener Altersklassen unterschiedlich auf knappe Ressourcen reagieren. Die Altersklasse mit der größten Sensitivität bei Annäherung an die Tragekapazität kann als kritische Altersklasse bezeichnet werden (Charlesworth 1971: 1994). Einzelheiten gehen über den Rahmen dieses Kapitels hinaus.

Die logistische Wachstumsdynamik dient als Grundlage für die in der evolutionären Lebenslaufforschung wichtige Unterscheidung zwischen r- und K-Strategien: In stark schwankenden Umwelten, in denen der Populationsumfang immer wieder drastisch abfällt, ist der vorherrschende evolutionäre Mechanismus Expansionsselektion, in der es auf eine möglichst hohe intrinsische Wachstumsrate ankommt: r-Strategie. In stabilen Umwelten hingegen herrscht Verdrängungsselektion, in der es auf optimale Ausnutzung von Tragekapazitäten ankommt: K-Strategie.

Die logistische Wachstumsgleichung übt eine beträchtliche Anziehung auf viele Demographen aus, wohl weil sie die Perspektive anzubieten scheint, aus einer Wachstumskurve mit Wendepunkt Tragekapazitäten auch quantitativ schätzen zu können. Zu bleibendem Erfolg führten solche Hoffnungen bisher nicht. Ein bekanntes Beispiel war der − letztlich fehlgeschlagene − Versuch von Pearl und Reed in den 20er Jahren, in der demographischen Entwicklung der USA eine logistische Dynamik aufzuzeigen (instruktiv beschrieben in Olinick 1978: 63 ff.). Ebenso wenig haben Versuche, ganze Gesellschaften oder Gruppen mit relativen r- oder K-Strategien zu identifizieren, zu bemerkenswerten Einsichten geführt.

2.2. Stochastische Populationsmodelle

2.2.1 Umweltstochastizität und Populationsstochastizität

Die Annahme von Zufallsschwankungen in den beiden Vitalraten Mortalität und Fertilität führt zur stochastischen Modellierung von Reproduktionsprozessen. Das allgemeinste Modell einer stochastischen Populationsdynamik in diskret-zeitlicher Perspektive lautet:
 Es gebe eine Menge Φ von Reproduktions-Projektions-Matrizen (Leslie-Matrizen):

$$\mathbf{L}(t) := \mathbf{L} \in \Phi$$

Diese Menge Φ kann endlich, abzählbar unendlich, oder überabzählbar unendlich sein. Eine Zufallsprozess bestimme nun zum Zeitpunkt t eine oder mehrere Leslie-Matrizen $\mathbf{L}(t)$ für die betrachtete Bevölkerung. Es lassen sich nun verschiedene weitere Annahmen über den Zufallsprozess der Realisierung von Elementen $\mathbf{L}$ machen, die jeweils zu verschiedenen Klassen stochastischer Populationsmodelle führen.

1. Gilt für alle Teilmengen der Bevölkerung jeweils zum Zeitpunkt t ein und dieselbe Leslie-Matrix $\mathbf{L}(t)$, treffen also stochastische Änderungen der Vitalraten gleichermaßen alle Bevölkerungssegmente, so haben wir ein Modell lediglich mit *Umweltstochastizität* vor uns.
2. Weist der Zufallsprozess verschiedenen Bevölkerungssegmenten zum selben Zeitpunkt verschiedene Projektions-Matrizen $\mathbf{L}'(t)$, $\mathbf{L}''(t)$ $\mathbf{L}'''(t)$ zu, so haben wir ein Modell mit *Populationsstochastizität* (Für Populationsstochastizität liest man auch den Ausdruck "demographische Stochastizität").
3. Die Elemente $\mathbf{L}(t)$ werden aus der Menge Φ nach irgendeiner Wahrscheinlichkeitsverteilung gezogen, wobei aber *keine serielle Korrelation* zwischen den gezogenen Elementen $\mathbf{L}(t)$ existiere. Man hat hier also in der Sequenz von Populationsmatrizen $\mathbf{L}(t)$, $\mathbf{L}(t+1)$, $\mathbf{L}(t+2)$ einen unabhängigen Zufallsprozess vor sich. Kenntnis gegenwärtiger Vitalraten erlaubt keinerlei Vorhersagen über zukünftige Vitalraten, obwohl zeitunabhängige Aussagen über die Momente der Verteilung (gemessen in irgendeiner vereinbarten Metrik) möglich sind.
4. Alternativ kann die Folge von Ziehungen von Elementen $\mathbf{L}(t)$ aus der Menge Φ als *Markov-Prozess* modelliert werden. Im einfachsten Modell, wenn die Menge Φ endlich ist mit $\mathbf{L}_i(t)$, $\mathbf{L}_j(t) \in \Phi$, lässt sich der Prozess beschreiben durch eine Matrix $\mathbf{P}$ von Übergangswahrscheinlichkeiten von Projektions-Matrizen = Leslie-Matrizen $\mathbf{L}^i(t)$, $\mathbf{L}^j(t)$ mit

$$p_{ij}(t) = \text{Prob}\left(L(t+1)\right) = L_i \mid L(t) = L_j\right) \tag{59}$$

Da hier eine serielle Autokorrelation zwischen realisierten Vitalraten über die Zeit zu beobachten ist, ist eine Vorhersage zukünftiger Zustände aus gegenwärtigen möglich. Je nachdem, ob die Matrix **P** der Übergangswahrscheinlichkeiten von Matrizen $L_i(t)$, $L_j(t)$ selbst zeitunabhängig ist oder nicht, haben wir einen *homogenen* oder einen *inhomogenen* Markov-Prozess vor uns.

5. Als weitere Alternative kann die Folge von Ziehungen von Elementen L(t) aus der Menge Φ mittels der Annahme modelliert werden, dass die Vitalraten einem bestimmten linearen *Zeitreihenmodell* folgen – etwa einem ARMA (autoregressive moving average) Modell. Mittels eines solchen Modells schätzte beispielsweise Saboia (1974) die Vitalraten Schwedens für 1965 aus den Daten für die Zeitreihe (in fünf Jahresintervallen) von 1780–1960. MacDonald (1980) schätzte die Geburtenzahl in Australien Ende der 60er bis Anfang der 70er Jahre aus den Daten von 1921 bis 1965. Eine scharfe analytische Trennung zwischen linearen Zeitreihenmodellen und Markov-Modellen ist nicht gegeben. Die theoretische Erforschung dieser verschiedenen Typen stochastischer Populationsdynamik hat ihr Augenmerk analog wie bei den deterministischen Modellen auf folgende Fragen gerichtet:

– Die Frage nach der Ergodizität der Altersklassenverteilung;
– Die Frage nach der asymptotischen Wachstumsrate der Gesamtbevölkerung;
– Die Verteilung des Umfangs der Gesamtbevölkerung beziehungsweise von Segmenten derselben zu einem bestimmten Zeitpunkt.

Grundsätzlich gilt, dass die hinreichenden Bedingungen für schwache Ergodizität sind erstaunlich wenig restriktiv sind (Kingman 1976; Cohen 1976, 1977a, 1977b für die erwähnten Markov-Modelle).

Theoretische Befunde über Asymptotik der Wachstumsrate liegen nur für Modelle mit starker Ergodizität vor. Im Falle schwacher Ergodizität ist eine für alle Altersklassen gleiche konstante Wachstumsrate im Allgemeinen nicht gegeben.

Ein grundlegendes Ergebnis (Fuerstenberg, Kesten 1960; Lewontin, Cohen 1969; Tuljapurkar, Orzack 1980) von großer praktischer Bedeutung ist so zu deuten, dass Populationen unter Umweltstochastizität langfristig nicht mit dem arithmetischen, sondern dem geometrischen Mittel ihrer kurzfristigen Wachstumsraten wachsen. Dieses Ergebnis bezieht sich zunächst nur auf Bevölkerungen ohne Binnenstruktur. Es lässt sich jedoch analog auch für Bevölkerungen unter Populationsstochastizität zeigen, dass die über ihre Segmente arithmetisch gemittelte Wachstumsrate großer Bevölkerungen ihre langfristige Wachstumsrate im Allgemeinen überschätzt (Yoshimura, Clark 1991; Mueller 1993: 265–269). Dieses Ergebnis liegt auch aus der pragmatischen Überlegung nahe, dass für $\lambda(t) = 0$ für wenigstens ein t notwendigerweise F = 0 folgen sollte, was beim arithmetischen Mittel nicht der Fall ist.

Stochastische Populationsmodelle haben auch eine praktische Bedeutung für die Projektion menschlicher Bevölkerungen: beispielsweise Renten und Pensionen beruhen auf einem beständigen Ressourcentransfer von der Erwerbsbevölkerung im Alter

15–64 zu der alten Generation 65+. Der Umfang dieses Transfers ist wegen der Bindung an eine exakte Altersgrenze sehr sensitiv gegenüber Zufallsschwankungen der Vitalraten ist (Keyfitz 1989; Lee, Tuljapurkar 1997).

Es hat auch Versuche gegeben, dichteabhängige Modelle einer stochastischen Populationsdynamik zu entwerfen (Kisdi, Meszena 1993). Anwendungen für die Demographie sind bisher nicht sichtbar geworden.

2.2.2 Differentielle Reproduktion in stochastischen Modellen

Stochastische Modelle der Populationsdynamik erlauben auch einen tieferen Zugang zu den in Abschnitt 2.1.3 genannten Problemen, die auftreten, wenn man differentielle Reproduktion mittels der Netto-Reproduktionsrate oder der intrinsischen Wachstumsrate misst. Zufallsschwankungen der Vitalraten und – insbesondere wenn die verglichenen Populationssegmente klein sind – eine messbar positive Aussterbewahrscheinlichkeit können nun angemessen berücksichtigt werden: Aus dem bislang Gesagten ergibt sich, dass das geeignete Maß der differentiellen Reproduktion: entweder das geometrische Mittel der Zahl der Individuen in den aufeinander folgenden Generationen der jeweils miteinander verglichenen Populationssegmente; oder alternativ das geometrische Mittel der Überlebenswahrscheinlichkeiten der verglichenen Populationssegmente über aufeinander folgende Generationen (Gillespie 1977; Yoshimura, Clark 1991, 1993) ist.

Eine verwandte Fragestellung führt zur Modellierung der mittleren Aussterbezeit kleiner Bevölkerungen unter Bedingung stochastischer Schwankungen der Vitalraten (Gabriel, Bürger 1992). Auf einzelne Abstammungslinien bezogen kann man die kumulative Aussterbewahrscheinlichkeit von Abstammungslinien schätzen (Mueller 1992). In Tab. 4 findet sich hierzu ein einfaches Zahlenbeispiel (vgl. dazu Tab. 3). Unterstellt wird eine eingeschlechtliche Bevölkerung mit asexueller Vermehrung mit einem identischen Generationsabstand von 30 Jahren, sodass in den einzelnen Bevölkerungssegmenten die differentiellen Netto-Reproduktionsraten den differentiellen Wachstumsraten proportional sind. Kein Individuum stirbt vor Abschluss der Fruchtbarkeit.

In einem Bevölkerungssegment 1 sollen Individuen entweder mit einer fixen Wahrscheinlichkeit von p = 2/3 vier Kinder oder von p = 1/3 gar keine Kinder haben, was einer Netto-Reproduktionsrate von NRR_1 = 2.67 entspricht.

In einem Bevölkerungssegment 2 sollen Individuen entweder mit einer fixen Wahrscheinlichkeit von p = 3/4 drei Kinder oder von p = 1/4 gar keine Kinder haben, was einer Netto-Reproduktionsrate von NRR_2 = 2.25 entspricht.

Ein Individuum aus Segment 1 wird im Schnitt 18.96 Urenkel (Nachkommen in der 3. Generation), ein Individuum aus Segment 2 hingegen nur 11.39 Urenkel haben. Zugleich wird ein Individuum aus Segment 1 mit einer Wahrscheinlichkeit von q = .36, ein Individuum aus Segment 2 mit einer Wahrscheinlichkeit von q = .26 überhaupt keine Urenkel haben.

Welches Bevölkerungssegment weist den höheren Reproduktionserfolg auf – Segment 1 oder Segment 2?

Tab. 4: Messung differentieller Reproduktion II

Segment	NRR$_j$	Anteil Kinderloser	Zahl der Urenkel = Nachkommen in F3	differentielle Wachstumsrateλ_j	Aussterbewahrscheinlichkeit einer Familienlinie bis in F3
1	2.67	.33	18.96	1.033	.36
2	2.25	.25	11.39	1.027	.26

Umfassen die betrachteten Bevölkerungssegmente viele Individuen, so könnte man die differentielle Aussterbewahrscheinlichkeit individueller Nachkommenlinien vernachlässigen, und käme zum Urteil, Segment 1 weise die höhere differentielle Reproduktion auf. Sind die betrachteten Bevölkerungssegmente jedoch klein, schwankt womöglich die Gesamtzahl der Individuen aus exogenen Gründen und nimmt gelegentlich sehr kleine Werte an, so könnte man die differentielle Aussterbewahrscheinlichkeit individueller Nachkommenlinien nicht mehr vernachlässigen, und müsste bei gewissen Fragestellungen zum Urteil kommen, Segment 2 weise die höhere differentielle Reproduktion auf.

Die Schlussfolgerung für den allgemeinen Fall lautet, dass ein geeignetes Maß der differentiellen Reproduktion als eine Funktion nicht nur der Netto-Reproduktionsrate und des differentiellen Generationsabstands, sondern auch der Streuung der Nachkommenzahl definiert werden muss.

Hierzu gelangt man auch auf rein analytischem Weg (Yoshimura, Clark 1991). Gegeben sei eine Population P(t) mit nichtüberlappenden Generationen, mit einer zeitabhängigen Wachstumsrate $\lambda(t)$ beziehungsweise er(t). In diskret-zeitlicher Betrachtungsweise gilt dann

$$P(t+1) = \lambda(t) \cdot P(t)$$

oder

$$P(t+1) = \prod_{j=0}^{t} l(j) \cdot P(j)$$

Vereinfachend wird unterstellt, dass die zeitabhängigen differentiellen Wachstumsraten $\lambda(t)$ (in die differentielle Netto-Reproduktionsraten und differentielle Generationsabstände mit eingehen) voneinander unabhängig und identisch verteilt sind.

Ausgehend von den Überlegungen von Lewontin und Cohen (1969) wählen wir das geometrische Mittel der Nachkommenzahl über T sukzessive Generationen als Maß der differentiellen Reproduktion F:

Dynamik einer Population

$$F_{0,T} = \prod_{j=0}^{T-1} \lambda(j)^{\frac{1}{T}} \tag{60}$$

Die Suche nach dem maximalen Wert von F bei den miteinander verglichenen Bevölkerungssegmenten ist gleichbedeutend mit der Suche nach dem Maximum von

$$\ln F_{0,T} = \frac{1}{T} \sum_{j=0}^{T-1} \ln \lambda(j) = E\left(\ln \lambda(j)\right) \tag{61}$$

wobei E wieder den Erwartungswert bezeichnet.

Für alle Verteilungen von λ ist $\ln\lambda$ konkav. Ist beispielsweise λ normal verteilt, so gilt

$$E\left(\ln\lambda(j)\right) = \mu - \tfrac{1}{2}\sigma^2 \tag{62}$$

wobei μ das arithmetische Mittel und σ^2 die Varianz von λ sind.. Das geometrische Mittel der Zahl der Nachkommen als Maß der differentiellen Reproduktion F hängt in den einzelnen Segmenten also von jeweils zwei Parametern ab: Eine Erhöhung des Mittelwerts der Wachstumsrate über die Zeit ebenso wie eine Verringerung der Streuung erhöhen den Messwert. Eine Verringerung des Mittelwerts der Wachstumsrate über die Zeit ebenso wie eine Erhöhung der Streuung senken den Messwert.

Bei der Untersuchung nicht historischer, sondern gegenwärtiger Bevölkerungen ist man auch bei der Messung der Streuungen der Vitalraten darauf angewiesen, aus Periodendaten diese Streuungen als Kohortenschicksale in die Zukunft projizieren zu können. Streuungen der Vitalraten sind freilich ebenso wenig konstante Parameter der Bevölkerungsdynamik wie die Mittelwerte, man wird vielleicht sogar vermuten dürfen, dass sich die Streuungen selbst sich rascher ändern können. Dies gilt wohl besonders für Fruchtbarkeitsraten. Nach Schwarz (1991) etwa ist in Deutschland die kohortenspezifische Netto-Reproduktionsrate von Frauen der Geburtsjahrgänge 1930 bis 1960 von etwa 0.85 auf 0.75 gesunken, wies also innerhalb einer Generation eine Schwankung von 18% des Ausgangswertes auf. Die Kinderlosigkeit dieser Frauenkohorten ist jedoch im gleichen Zeitraum von etwa 10% auf mindestens 20%, also das Doppelte des Ausgangswertes gestiegen.

Schwierigkeiten bei der praktische Umsetzung ändern nichts an der allgemeinen Einsicht, die aus den stochastischen Populationsmodellen zu ziehen ist, dass man bei der Untersuchung differentieller Reproduktion nicht nur die Mittelwerte allein, sondern stets Mittelwerte und Streuungen der Vitalraten verglichener Bevölkerungssegmente betrachten muss, um Reproduktionsdifferentiale richtig zu messen.

Hinweise für weiterführende Lektüre:

Ein reichhaltiges und anschauliches Lehrbuch der linearen Algebra und Matrizenrechnung ist Zurmühl und Falk (1997). Die Standardreferenz für die Theorie positiver Matrizen ist Seneta (1981). Ausführliche, mathematisch anspruchsvolle Darstellungen des Modells der stabilen Bevölkerung finden sich in Pollard (1973), Caswell (1989), Charlesworth (1994). Auch allgemeine Lehrbücher der Demographie enthalten mittlerweile knappe Übersichten dazu, etwa Namboodiri (1991), oder Smith (1992). Hastings (1997) ist eine leicht fassliche moderne Einführung aus populationsbiologischer Sicht. Wer Populationsdynamik lieber stetig-zeitlich modelliert, findet viele Anregungen in Metz und Diekmann (1986), Murray (1993) und wiederum Charlesworth (1994). Ausführliche Überblicke über stochastische Populationsmodelle findet man in Cohen (1987); Tuljapurkar (1989, 1990); Yoshimura und Clark (1991, 1993); Tuljapurkar und Caswell (1996). Eine gute Verknüpfung der Populationsdynamik mit den ihr zu Grunde liegenden Mechanismen der biologischen Reproduktion findet sich in Wood (1994). Standardwerke über evolutionäre Lebenslaufforschung sind Mangel und Clark (1988); Roff (1992), Stearns (1992); s. auch McNamara und Houston (1996); Kaplan (1996); Voland (1998).

Einschlägige Zeitschriften sind in erster Linie *Theoretical Population Biology*, sodann *Journal of Mathematical Biology*, *Journal of Theoretical Biology*. Auch Zeitschriften auf den Gebieten Ökologie oder Evolution drucken relevante Beiträge. Die etablierten demographischen Zeitschriften öffnen sich demgegenüber nur zögernd Untersuchungen aus der mathematischen Populationsdynamik.

3

Dynamik interagierender Bevölkerungen

Klaus G. Troitzsch

Einleitung

Das Kapitel geht von der logistischen Gleichung für das Wachstum einzelner (oder mehrerer unverbundener) Populationen und vom Volterra-Lotka-Modell zweier Populationen aus, entwickelt – zunächst auf der Ebene der Populationen – ein Modell für die Interaktionen zwischen mehreren Populationen und untersucht die Fixpunkte des sie beschreibenden Differentialgleichungssystems. Auf die Darstellung der Interaktion zwischen Populationen mittels Differenzengleichungssystemen wird hier verzichtet, weil für Differenzengleichungssysteme vergleichbar einfache Lösungs- und Analysemethoden wie für Differentialgleichungssysteme nicht existieren. Hinzu kommt, dass bei menschlichen Populationen zweifelhaft ist, ob die diskret-zeitliche Perspektive angesichts der Tatsache, dass Geburten und Todesfälle nicht an bestimmte Jahreszeiten gebunden sind, überhaupt angemessen ist.

Danach wird der deterministische Ansatz zugunsten eines stochastischen Ansatzes verlassen, in dem das Wachstum der einzelnen Populationen mit Hilfe von Geburts- und Todesprozessen untersucht wird. Für den Fall konstanter Populationenzahl werden sodann Mittelwertgleichungen abgeleitet und mit den Ergebnissen des deterministischen Ansatzes verglichen.

Schließlich wird die Frage untersucht, inwieweit sich unter Geltung der verschiedenen Ansätze Parameter der Prozesse aus empirischen Daten schätzen lassen.

3.1 Volterra-Lotka-Systeme

3.1.1 Logistisches Wachstum und einfache Räuber-Beute-Systeme

Geradezu der Prototyp der Modelle interagierender Populationen sind die Modelle vom Volterra-Lotka-Typ, die soweit eine Erweiterung logistischer Modelle vom Typ

$$\frac{\overset{\bullet}{N}}{N} = r\left(1 - \frac{N}{K}\right) \quad (1)$$

darstellen, als die Wachstumsraten der nunmehr zwei Populationen nicht mehr von der Kapazität des gemeinsamen Habitats abhängen als vielmehr von der Größe der jeweils anderen Population:

$$\frac{\overset{\bullet}{N_1}}{N_1} = a - bN_2 \quad (2)$$

$$\frac{\overset{\bullet}{N_2}}{N_2} = -c + dN_1 \quad (3)$$

(a, b, c, d > 0). An die Stelle von r_1 tritt a, an die Stelle von r_2 tritt $-c$ (was bedeutet, dass die erste Population eine positive, die zweite Population aber eine negative Wachstumsrate hat), während „Konkurrenz innerhalb der Bevölkerung" (Hofbauer, Sigmund 1984: 64) keine Rolle spielt, sondern durch Konkurrenz bzw. Kooperation zwischen den (zunächst: beiden) Bevölkerungen ersetzt wird:

a) Das Wachstum der ersten Bevölkerung wird durch die zweite Bevölkerung reduziert, denn an die Stelle von $-N_1/K_1$ ist der Term $-b\,N_2$ getreten;
b) Das Wachstum der zweiten Bevölkerung wird durch die erste Bevölkerung verstärkt, denn hier ist an die Stelle von $-N_2/K_2$ der Term $+ d\,N_1$ getreten.

Das logistische Modell nicht interagierender Populationen lässt sich also ebenso wie das Volterra-Lotka-Modell aus einem allgemeineren Modell ableiten, das für zwei Bevölkerungen lauten müsste:

$$\frac{\overset{\bullet}{N_1}}{N_1} = r_1 - \frac{r_1 N_1}{K_1} + \beta_{12} N_2 \quad (4)$$

$$\frac{\overset{\bullet}{N_2}}{N_2} = r_2 - \frac{r_2 N_2}{K_2} + \beta_{21} N_1 \quad (5)$$

Hieraus ergibt sich durch folgende Ersetzungen:

das logistische Modell:

$$\beta_{12} = \beta_{21} = 0$$

das Volterra-Lotka-Modell:

$$r_1 = a$$
$$r_2 = -c$$
$$K_1 \to -\infty$$
$$K_2 \to \infty$$
$$\beta_{12} = -b$$
$$\beta_{21} = d$$

Es bietet sich nun an, auch dieses schon etwas allgemeinere Modell noch weiter zu verallgemeinern, indem es auf beliebig viele Populationen ausgedehnt wird:

$$\frac{N_i^{\bullet}}{N_i} = r_i + \alpha_{ii} N_i + \sum_{i \neq j} \alpha_{ij} N_j \qquad (6)$$

Eine noch allgemeinere Formulierung der Interaktionen zwischen mehreren Populationen könnte die Form

$$\frac{N_i^{\bullet}}{N_i} = f_i(N_1, N_2, \ldots, N_i, \ldots, N_n) \qquad (7)$$

haben (Hastings 1996: 121). Anstelle der linearen Funktion auf der rechten Seite der Gleichung (6) würde dann eine beliebige Funktion treten.

Auch aus dem verallgemeinerten linearen Modell entsteht durch folgende Transformationen das logistische Modell unverbundener Populationen:

$$r_i = r_i$$
$$\alpha_{ii} = -\frac{r_i}{K_i}$$
$$\alpha_{ij} = 0 \text{ für } i \neq j$$

oder nach den Parametern von Gleichung (1) aufgelöst:

$$r_i = N_i \qquad \text{bzw.} \qquad K_i = -\frac{N_i}{\alpha_{ii}}$$

wobei lediglich zu bemerken ist, dass die α_{ii} mindestens in diesem Falle negative Vorzeichen haben (Sättigungseffekt).

Ebenso lässt sich die Volterra-Lotka-Gleichung aus dem allgemeinen Modell der Gleichung (7) zurückgewinnen, wenn man folgende Transformation durchführt (aufgelöst nach den Parametern der Gleichung (3)):

$$r_1 = a$$
$$\alpha_{12} = -b$$
$$r_2 = -c$$
$$\alpha_{21} = d$$

die Parameter α_{ii} verschwinden hierbei.

Zur Untersuchung des Verhaltens des Modells hat man drei verschiedene Ansätze:

a) *Numerische Lösung:* Dies dient zur Veranschaulichung und grafischen Darstellung des zeitlichen Verhaltens des Systems – vgl. die folgenden Abbildungen;
b) *Fixpunktanalyse:* Man untersucht, welche Zustände stationär sind, d. h. sich nicht mehr ändern, wenn sie einmal erreicht sind, und welche darüber hinaus stabil sind, d. h. angestrebt werden;
c) *Globale Stabilitätsanalyse:* Man untersucht, aus welchen Bereichen des Zustandsraums ein stabiler stationärer Zustand erreichbar ist.

Stationäre Zustände (Fixpunkte) sind solche Zustände, für die sämtliche Wachstumsraten N^*_i/N_i gleichzeitig verschwinden. Für sie gilt also:

$$0 = r_i + \alpha_{ii} N_i + \sum_{i \neq j} \alpha_{ij} N_j \tag{8}$$

Dies lässt sich in der Matrizenschreibweise auch kompakter schreiben:

$$o = \mathbf{r} + \mathbf{An} \tag{9}$$

Dabei ist **o** ein Spaltenvektor, der aus lauter Nullen besteht, **r** enthält sämtliche r_i, **A** ist die Matrix $\{\alpha_{ij}\}$, und **n** enthält sämtliche N_i (Vektoren werden im Allgemeinen mit kleinen Buchstaben geschrieben). Damit ergeben sich die Fixpunkte aus der Gleichung

$$\mathbf{An} = -\mathbf{r} \tag{10}$$

Daraus ergeben sich zwanglos für die beiden Spezialfälle folgende Fixpunkte:

Logistisches System unverbundener Populationen:

$$N_{i0} = \frac{r_i}{a_{ii}} = K_i \tag{11}$$

Volterra-Lotka-System mit zwei Populationen:

$$n_0 = -\mathbf{A}^{-1}\mathbf{r} \qquad (12)$$

$$n_0 = -\begin{pmatrix} 0 & -b \\ d & 0 \end{pmatrix}^{-1} \begin{pmatrix} a \\ -c \end{pmatrix}$$

$$n_0 = -\begin{pmatrix} 0 & \dfrac{1}{d} \\ -\dfrac{1}{b} & 0 \end{pmatrix} \begin{pmatrix} a \\ -c \end{pmatrix}$$

$$n_0 = \begin{pmatrix} \dfrac{c}{d} \\ \dfrac{a}{b} \end{pmatrix}$$

$$N_{10} = \frac{c}{d} \qquad (13)$$

$$N_{20} = \frac{a}{b} \qquad (14)$$

Ob es sich bei diesen stationären Zuständen um stabile oder instabile Zustände handelt, d. h. ob das System gleichsam versucht, diesen Zustand zu erreichen oder ihm zu entfliehen, lässt sich mit Hilfe der linearen Stabilitätsanalyse ermitteln, bei der das System

$$\mathbf{n}^\bullet = \begin{pmatrix} N_1^\bullet \\ N_2^\bullet \end{pmatrix} = \mathbf{f}(\mathbf{n}) = \begin{pmatrix} aN_1 - bN_1N_2 \\ -cN_2 + dN_1N_2 \end{pmatrix} \qquad (15)$$

durch das lineare System

$$f^*(n) = f(n_0) + J(n_0)(n - n_0) \qquad (16)$$

ersetzt wird, worin $\mathbf{J}(\mathbf{n}_0)$ die Jacobi-Matrix des Systems am Fixpunkt $\mathbf{n}_0$, d. h. die Matrix

$$\begin{pmatrix} 0 & -\dfrac{bc}{d} \\ \dfrac{da}{b} & 0 \end{pmatrix}$$

ist. Die Funktion $\mathbf{f}^*$ ist eine gute Annäherung an die Funktion $\mathbf{f}$ – allerdings nur in einer infinitesimalen Umgebung um den Fixpunkt $\mathbf{n}_0$.

Die Eigenwerte der Jacobi-Matrix sind offensichtlich rein imaginär – nämlich

$$\pm i\sqrt{ac}$$

was bedeutet, dass das System um den Fixpunkt „kreist".

Das Verhalten in der Nähe des Fixpunktes bzw. der Fixpunkte untersucht man nun zweckmäßigerweise daraufhin, ob das System ein Potential (ersatzweise eine sogenannte Lyapunov-Funktion) besitzt. (Ein Potential ist eine Funktion in den Variablen des Differentialgleichungssystems, deren Ableitungen nach diesen Variablen gerade die rechten Seiten des Differentialgleichungssystems sind, eine Lyapunov-Funktion hat ähnliche Eigenschaften.)

Für den Fall der logistischen Funktion ist das trivialerweise der Fall; das Potential lautet hier für jede einzelne Population:

$$V(N) = rN^2\left(\frac{1}{2} - \frac{N}{3K}\right) = \frac{rN^2}{2} - \frac{rN^3}{3K} \tag{17}$$

denn deren Ableitung nach N ergibt gerade wieder Gleichung 1.

$$\frac{dV(N)}{dN} = r \cdot \frac{2N}{2} - r \cdot \frac{3N^2}{3K} = rN - r\frac{N^2}{K} = rN\left(1 - \frac{N}{K}\right) \tag{18}$$

Dieses Potential hat eine (doppelte) Nullstelle (die zugleich ein Maximum ist) für N = 0 und eine weitere für N = 3K/2 und ein Minimum für N = K. Der nichttriviale Fixpunkt – am Minimum der Potentialfunktion – ist also stabil.

Für den Fall des Volterra-Lotka-Systems gibt es offenbar kein Potential. Dies folgt aus folgender Überlegung: Gäbe es ein Potential $V(N_1, N_2)$, so müsste gelten:

$$N_1^{\bullet} = -\frac{\partial V(N_1, N_2)}{\partial N_1} = K_1(N_1, N_2)$$

$$N_2^{\bullet} = -\frac{\partial V(N_1, N_2)}{\partial N_{21}} = K_{21}(N_1, N_2)$$

und ferner:

Dynamik interagierender Bevölkerungen

$$\frac{\partial K_1(N_1,N_2)}{\partial N_2} = \frac{\partial K_2(N_1,N_2)}{\partial N_1}$$

$$\frac{\partial(aN_1 - bN_1N_2)}{\partial N_2} = \frac{\partial(-cN_2 + dN_1N_2)}{\partial N_1}$$

$$-bN_1 = dN_2 \qquad \forall N_1, \forall N_2$$

was sicher nicht (nämlich nur für $N_1 = N_2 = 0$, also für den trivialen Fall) erfüllt ist.

Statt dessen gilt für das Volterra-Lotka-System (Prigogine, Nicolis 1977: 163; Hofbauer, Sigmund 1984: 70–71), dass es eine (von Anfangsbedingungen abhängige) Bewegungskonstante gibt, nämlich:

$$V = bN_2 + dN_1 - c \log N_1 - a \log N_2 \qquad (19)$$

Ihre Ableitung nach der Zeit verschwindet überall:

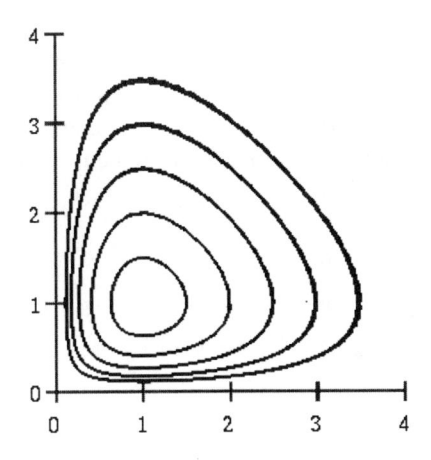

$$\begin{aligned}
\mathbf{V}^\bullet &= \frac{\partial V}{\partial N_1}\frac{dN_1}{dt} + \frac{\partial V}{\partial N_2}\frac{dN_2}{dt} \qquad (20)\\
&= \left(d - \frac{c}{N_1}\right)(aN_1 + bN_1N_2) + \left(b - \frac{a}{N_2}\right)(-cN_2 + dN_1N_2)\\
&= \left(d - \frac{c}{N_1}\right)N_1N_2\left(\frac{a}{N_2} - b\right) + \left(b - \frac{a}{N_2}\right)N_1N_2\left(\frac{-c}{N_1} + d\right)\\
&= 0
\end{aligned}$$

Abb. 1: Phasenbild des Volterra-Lotka-Systems

Damit ist klar, dass das Volterra-Lotka-System eine Menge in sich geschlossener (gleichsam konzentrischer) Trajektorien um den Fixpunkt beschreibt, die auch für $t \to \infty$ getrennt bleiben (vgl. Abb. 1).

Das Volterra-Lotka-System hat somit folgende Eigenschaften:

a) Das System ist nur für den Bereich $\Re^{+2} = \{(N_1, N_2) \mid N_1, N_2 > 0\}$ von Interesse; negative Populationszahlen machen empirisch keinen Sinn;
b) Der Rand dieses Bereichs ist invariant: für $N_1(0) = 0$ ergibt sich $N^{\bullet}_1 = 0$ und folglich $N_1(t) = 0$, $\forall t$; das gleiche gilt für N_2;
c) Der offene Bereich $\{(N_1, N_2) \mid N_1, N_2 > 0\}$ ist ebenfalls invariant; das ergibt sich schon aus Gleichung (19), denn die Bewegungskonstante $V(N_1, N_2)$ hat überhaupt nur innerhalb dieses offenen Bereichs einen endlichen reellen Wert;
d) Aus $0 < N_1(0), N_2(0) < \infty$ (d. h. wenn beide Populationen mit positiven Größen beginnen) folgt, dass beide Populationen endlich bleiben;
e) Ist die erste Population am Anfang nicht vorhanden ($N_1(0) = 0$), so stirbt die zweite Population exponentiell aus; $N^{\bullet}_2 = -cN_2$, d. h. $N_2(t) = N_2(0) \exp(-ct)$;
f) Ist die zweite Population am Anfang nicht vorhanden ($N_2(0) = 0$), so wächst die erste Population exponentiell; $N^{\bullet}_1 = aN_1$, d. h. $N_1(t) = N_1(0) \exp(at)$.

Nur der letzte Punkt gibt zu Bedenken Anlass: Während es offensichtlich ist, dass keine der beiden Populationen aus dem Nichts aufwachsen kann und dass die zweite, die „Jäger"-Population, ohne die erste, die „Beute"-Population, zugrundegehen muss[1], ist es unrealistisch anzunehmen, dass eine „Beute"-Population in Abwesenheit von „Jägern" nur noch wachsen kann.

3.1.2 Räuber-Beute-Modell mit Konkurrenz innerhalb der Populationen

Es ist also das ursprüngliche Volterra-Lotka-Modell um das logistische Wachstum zu ergänzen – was nichts anderes bedeutet, als dass auch innerhalb der beiden Populationen das Wachstum nach oben begrenzt ist. Hierzu ist auf Gleichung (7) zurückzugreifen, die für zwei Populationen folgendermaßen aufgeschrieben werden kann:

$$\frac{N^{\bullet}_1}{N_1} = r_1 + \alpha_{11} N_1 + \alpha_{12} N_2 \qquad (21)$$

$$\frac{N^{\bullet}_2}{N_2} = r_2 + \alpha_{21} N_1 + \alpha_{22} N_2 \qquad (22)$$

---

[1] Allerdings müßte dies realistischerweise schon in endlicher Zeit geschehen; das lässt sich aber in einem Ansatz mit Differentialgleichungen in reellwertigen Variablen nicht modellieren, vgl. Kap. 3.2.

oder (mit den bereits bekannten Parameterbezeichnungen a für r_1, $-c$ für r_2, $-b$ für α_{12} und d für α_{21} sowie den zusätzlichen Parametern $-e$ für α_{11} und $-f$ für α_{22}):

$$N_1^\bullet = N_1(a - eN_1 - bN_2) \qquad (23)$$

$$N_2^\bullet = N_2(-c + dN_1 - fN_2) \qquad (24)$$

mit a, b, c, d, e, f > 0.

Zunächst sind wieder die Fixpunkte zu bestimmen, deren es jetzt mehr als zwei gibt, nämlich den trivialen n_{01} im Ursprung, jeweils einen auf jeder der beiden Achsen – n_{02} = (a/e, 0) und (0, –c/f), wobei der Letztere uninteressant ist, weil seine N_2-Koordinate negativ ist – und schließlich (für $N_1, N_2 > 0$) die Lösung des Gleichungssystems

$$\begin{pmatrix} -e & -b \\ d & -f \end{pmatrix} \begin{pmatrix} N_1 \\ N_2 \end{pmatrix} = \begin{pmatrix} -a \\ c \end{pmatrix}$$

Diese Lösung lautet:

$$N_{1,03} = \frac{af + bc}{ef + bd} \qquad N_{2,03} = \frac{ad - ce}{ef + bd}$$

Während $N_{1,03}$ in jedem Fall positiv ist, kann $N_{2,03}$ negativ werden, wenn a/e < c/d wird. In diesem Falle wird jedoch der Fixpunkt keinesfalls erreicht, weil die zweite Population hierzu negativ werden müsste. Im realistischen Bereich $\{(N_1, N_2) \mid N_1, N_2 > 0\}$ liegen also zwei oder drei Fixpunkte. Für ad – ce = 0 ist dieser dritte Fixpunkt mit dem vorher gefundenen Fixpunkt (a/e, 0) identisch. Es empfiehlt sich, diese Fixpunkte zunächst mit den Mitteln der linearen Stabilitätsanalyse zu untersuchen.

Das System

$$\mathbf{n}^\bullet = \begin{pmatrix} N_1^\bullet \\ N_2^\bullet \end{pmatrix} = \mathbf{f}(\mathbf{n}) = \begin{pmatrix} aN_1 - eN_1^2 - bN_1N_2 \\ -cN_2 + dN_1N_2 - fN_2^2 \end{pmatrix} \qquad (25)$$

ist also wieder durch das lineare System

$$\mathbf{f}^*(\mathbf{n}) = \mathbf{f}(\mathbf{n}_0) + \mathbf{J}(\mathbf{n}_0)(\mathbf{n} - \mathbf{n}_0) \qquad (26)$$

zu ersetzen, worin $\mathbf{J}(\mathbf{n}_0)$ die Jacobi-Matrix des Systems an den Fixpunkten $\mathbf{n}_{01}$, $\mathbf{n}_{02}$ und $\mathbf{n}_{03}$ ist, d. h. allgemein die Matrix

$$\begin{pmatrix} a - 2eN_{1,0} - bN_{2,0} & -bN_{1,0} \\ dN_{2,0} & -c + dN_{1,0} - 2fN_{2,0} \end{pmatrix}$$

also im einzelnen:

$$\mathbf{J}(\mathbf{n}_{01}) = \begin{pmatrix} a & 0 \\ 0 & -c \end{pmatrix} \tag{27}$$

$$\mathbf{J}(\mathbf{n}_{02}) = \begin{pmatrix} -a & -\dfrac{ba}{e} \\ 0 & -c + \dfrac{ad}{e} \end{pmatrix} \tag{28}$$

$$\mathbf{J}(\mathbf{n}_{03}) = \frac{1}{ef + bd} \begin{pmatrix} -e(af + bc) & -b(af + bc) \\ d(ad - ce) & -f(ad - ce) \end{pmatrix} \tag{29}$$

Der Erste der drei Fixpunkte (0, 0) ist offensichtlich ein Sattelpunkt, der zweite ist ebenfalls ein Sattelpunkt für ($-c + ad/e$) > 0, d. h. gerade für den Fall, dass der dritte Fixpunkt im realistischen Bereich liegt. Anderenfalls, d. h. wenn es keinen dritten Fixpunkt im realistischen Bereich gibt, ist dieser zweite – auf der N_1-Achse gelegene – Fixpunkt stabil; in diesem Fall wird also die zweite Population aussterben, während die erste Population sich bei $N_{1,0}$ = a/e stabilisiert; für den Fall a/e $\leq$ c/d gibt es also keine Koexistenz (vgl. Abb. 2).

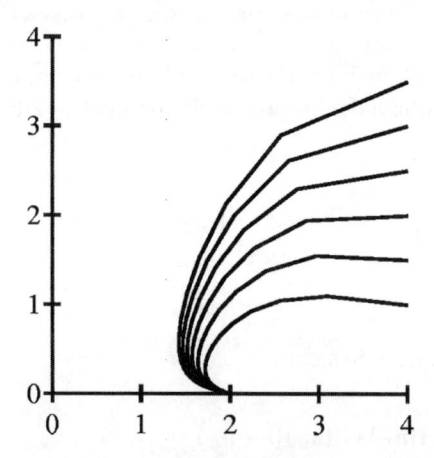

Abb. 2: Phasenbild des Volterra-Lotka-Systems mit interner Konkurrenz ohne Koexistenz

Dynamik interagierender Bevölkerungen

Für den Koexistenzfall a/e > c/d sind die beiden bisher untersuchten Fixpunkte also instabil; der in diesem Fall im realistischen Bereich liegende dritte Fixpunkt ist jedoch stabil (vgl. Abb. 3). Mit den folgenden Schreibabkürzungen –

$$A = af + bc \quad B = ad - ce \quad C = ef + bd$$

wobei zu bemerken ist, dass hier nur noch der Fall B > 0 zu betrachten ist – erhält man für die beiden Eigenwerte (unter Außerachtlassung des positiven Faktors 1/(ef+bd) vor der Matrix):

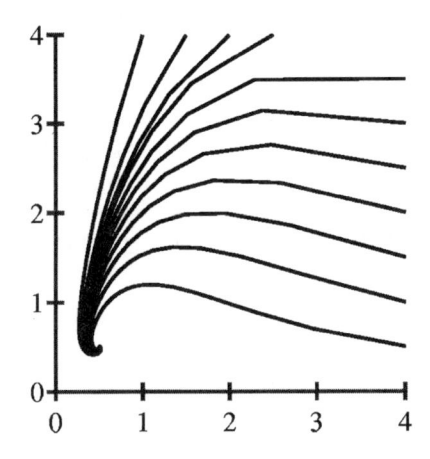

Abb. 3: Phasenbild des Volterra-Lotka-Systems mit interner Konkurrenz und mit Koexistenz

$$\lambda_1 = -\frac{eA + fB}{2} + \sqrt{\left(\frac{eA + fB}{2}\right)^2 - ABC}$$

$$\lambda_{21} = -\frac{eA + fB}{2} - \sqrt{\left(\frac{eA + fB}{2}\right)^2 - ABC}$$

Da alle vorkommenden Konstanten positiv sind, lässt sich ohne weitere Rechnung festhalten:

Falls der Radikand positiv ist, ist seine Wurzel kleiner als der erste Summand auf den rechten Seiten der beiden Eigenwerte; in diesem Fall sind beide Eigenwerte reell und negativ; der Fixpunkt ist stabil;

Falls der Radikand negativ ist, liegen zwei konjugiert komplexe Eigenwerte mit negativem Realteil vor, so dass auch in diesem Fall der Fixpunkt stabil ist. Die konjugiert komplexen Eigenwerte mit negativem Realteil deuten darüber hinaus auf eine gedämpfte Schwingung hin.

3.1.3 Um gemeinsame Ressourcen konkurrierende Populationen

Während im Volterra-Lotka-Modell die beiden Populationen im Verhältnis „Beute" zu „Jäger" zueinander stehen, lässt sich auch ein Modell konstruieren, in dem die Wachstumsfunktionen der beiden Populationen von den gleichen Ressourcen abhängen. Auch hier liegt ein Spezialfall des Gleichungssystems (7) vor.

Unterstellt man einen Ressourcenfluss der Stärke R^*, und unterstellt man, dass die beiden Populationen davon Anteile verbrauchen, die linear in den beiden Populationsgrößen sind, so gibt es jederzeit einen Überschuss von ($c_1, c_2 > 0$).

$$R = R^* - (c_1 N_1 + c_2 N_2)$$

Das Wachstum der Population korreliere direkt mit dem Ressourcenüberschuss ($b_1, b_2 > 0$); ferner soll bei einem verschwindenden Ressourcenüberschuss das Wachstum in jeder einzelnen Population bereits negativ sein können ($a_1, a_2 \geq 0$):

$$\frac{N_1^\bullet}{N_1} = b_1 R - a_1 = b_1 \left[R^* - (c_1 N_1 + c_2 N_2) \right] - a_1 \qquad (30)$$

$$\frac{N_2^\bullet}{N_2} = b_2 R - a_2 = b_2 \left[R^* - (c_1 N_1 + c_2 N_2) \right] - a_2 \qquad (31)$$

Das lässt sich vereinfachen zu dem bereits bekannten System:

$$\frac{N_i^\bullet}{N_i} = b_i R - a_i = b_i \left(R^* - \sum_j c_j N_j \right) - a_i \qquad (32)$$

$$= r_i + \sum_j \alpha_{ij} N_j \qquad (33)$$

Hierin ist nun offenbar $r_i = b_i R^* - a_i$ der bei Abwesenheit aller Konkurrenten in Wachstum umsetzbare Ressourcenfluss, während der Summenterm gerade alle Effekte der Konkurrenz innerhalb der eigenen und allen anderen Populationen enthält. Offenbar sind in dieser Variante des Modells alle $\alpha_{ij} = -b_i c_j$ negativ, und die Zeilen der Matrix $\mathbf{A} = (\alpha_{ij}) = \mathbf{b}\,\mathbf{c}^T$ sind Vielfache des Zeilenvektors $\mathbf{c}^T = (c_j)$, womit zugleich die Matrix $\mathbf{A}$ singulär ist.

Wieder gibt es den trivialen Fixpunkt (0, 0) und außerdem auf den beiden Achsen je einen Fixpunkt. Fixpunkte im Innern des realistischen Bereichs gibt es, weil die Matrix $\mathbf{A}$ singulär ist, nur, wenn $a_1/b_1 = a_2/b_2$ – dann sind sogar alle Punkte, für die

$$c_1 N_1 + c_2 N_2 = R^* - \frac{a_1}{b_1} = R^* - \frac{a_2}{b_2}$$

Dynamik interagierender Bevölkerungen   147

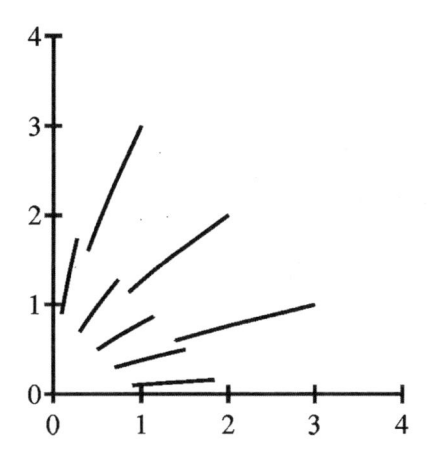

Abb. 4:   Phasenbild für um gemeinsame Ressourcen konkurrierende Populationen:
der Fall mit Koexistenz

gilt, Fixpunkte (vgl. Abb. 4). Ansonsten haben die beiden Fixpunkte auf den Achsen
die Koordinaten $(0, (R^* - a_1/b_1)/c_2)$ bzw. $((R^* - a_2/b_2)/c_1, 0)$. Die Jacobi-Matrix lautet allgemein

$$\begin{pmatrix} b_1 \bar{R} - \alpha_1 - 2b_1 c_1 N_1 - b_1 c_2 N_2 & -b_1 c_2 N_1 \\ \\ -b_2 c_1 N_2 & b_2 \bar{R} - \alpha_2 - 2b_2 c_2 N_2 - b_2 c_1 N_1 \end{pmatrix}$$

Entsprechend ist der triviale Fixpunkt instabil: von hier aus (genauer: aus seiner unmittelbaren Umgebung) wachsen beide Populationen auf. Setzt man nun die Koordinaten der beiden anderen Fixpunkte auf den beiden Achsen ein, so ergeben sich die beiden Jacobi-Matrizen

$$J(n_{01}) = \begin{pmatrix} 0 & 0 \\ -\frac{b_2 c_1}{c_2}\left(\bar{R} - \frac{a_1}{b_1}\right) & -b_2 \bar{R} - a_2 - 2\frac{b_2 a_1}{b_1} \end{pmatrix}$$

$$J(n_{02}) = \begin{pmatrix} -b_1 \bar{R} - a_1 - 2\frac{b_1 a_2}{b_2} & -\frac{b_1 c_2}{c_1}\left(\bar{R} - \frac{a_2}{b_2}\right) \\ 0 & 0 \end{pmatrix}$$

An beiden Fixpunkten hat also die Jacobi-Matrix einen negativen und einen verschwindenden Eigenwert, was zu weiteren Untersuchungen Anlass gibt.

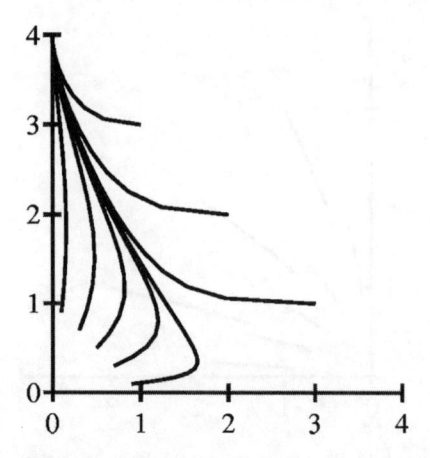

Abb. 5: Phasenbild für um gemeinsame Ressourcen konkurrierende Populationen: Aussterben der ersten Population

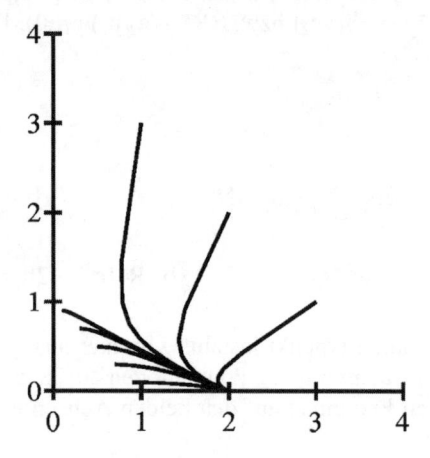

Abb. 6: Phasenbild für um gemeinsame Ressourcen konkurrierende Populationen: Aussterben der zweiten Population

Hierzu ist es erforderlich, ähnlich wie in Gleichung (19) eine Zusammenfassung und Umformung der beiden Differentialgleichungen vorzunehmen: Multiplikation der beiden Differentialgleichungen mit b_2 bzw. b_1 und Subtraktion ergibt:

$$b_2 \frac{\dot{N_1}}{N_1} - b_1 \frac{\dot{N_2}}{N_2} = b_1 a_2 - b_2 a_1 = A \qquad (34)$$

Diese neue Differentialgleichung lässt sich mühelos integrieren zu

$$b_2 \ln N_1 - b_1 \ln N_2 = At + C \qquad (35)$$

$$N_1^{b_2} N_2^{-b_1} = \exp(At + C) = K e^{At} \qquad (36)$$

Für $A < 0$ geht die rechte Seite der Gleichung (36) gegen 0; allgemeiner gilt also:

$$\lim_{t \to \infty} N_1^{b_2} N_2^{-b_1} = 0 \quad \text{für} \quad A < 0 \qquad (37)$$

$$\lim_{t \to \infty} N_1^{b_2} N_2^{-b_1} = 0 \quad \text{für} \quad A > 0 \qquad (38)$$

$$N_1^{b_2} N_2^{-b_1} = K \qquad \text{für} \quad A = 0 \qquad (39)$$

Da ausgeschlossen werden kann, dass eine der beiden Populationen über alle Grenzen wächst, folgt:

$$\lim_{t \to \infty} N_1 = 0 \quad \text{für} \quad A < 0 \qquad (40)$$

$$\lim_{t \to \infty} N_2 = 0 \quad \text{für} \quad A > 0 \qquad (41)$$

Eine der beiden Populationen stirbt also aus; das bedeutet zugleich auch, dass – bezogen auf den realistischen Bereich – der Fixpunkt $n_{02} = (0, (b_1 R^* - a_1)/(b_1 c_2))$ stabil ist für $A = b_1 a_2 - b_2 a_1 < 0$ (vgl. Abb. 5), während der andere für $A > 0$ stabil ist (vgl. Abb. 6). Wir haben es hier also mit einem Beispiel für Gauses „competitive exclusion principle" zu tun (Gause 1934; Gause 1935).

3.1.4 Verallgemeinerung des Konkurrenzmodells

Während im letzten Beispiel beide Populationen um genau eine Ressource konkurrierten, soll nun eine Verallgemeinerung erfolgen, bei der beide Populationen außer der gemeinsamen Ressource auch noch jeweils eigene Ressourcen besitzen.
Dies lässt sich modellieren durch die Einführung der beiden Ressourcen R^*_1 und R^*_2 mit den Ressourcenüberschüssen

$$R_1 = R_1^* - r_1 N_1$$
$$R_2 = R_2^* - r_2 N_2$$

mit denen das Modell vollständig folgendermaßen formuliert werden kann:

$$\frac{N_1^\bullet}{N_1} = b_1(R+R_1) - a_1$$
$$= b_1\left[R^* - (c_1N_1 + c_2N_2) + R_1^* - r_1N_1\right] - a_1 \tag{42}$$

$$\frac{N_2^\bullet}{N_2} = b_2(R+R_2) - a_2$$
$$= b_2\left[R^* - (c_1N_1 + c_2N_2) + R_2^* - r_2N_2\right] - a_2 \tag{43}$$

Auch dieses System lässt sich vereinfachen zu dem bereits bekannten System

$$\frac{N_i^\bullet}{N_i} = b_iR - a_i = b_i\left(R^* - \sum_j c_jN_j + R_i^* - r_iN_i\right) - a_i \tag{44}$$
$$= r_i + \sum_j \alpha_{ij}N_j \tag{45}$$

Hierin ist nun offenbar $r_i = b_i (R^* + R^*_i) - a_i$ der bei Abwesenheit aller Konkurrenten in Wachstum umsetzbare Ressourcenfluss, während die Terme mit negativen Vorzeichen in der Klammer gerade alle Effekte der Konkurrenz innerhalb der eigenen und allen anderen Populationen enthält. Offenbar sind in dieser Variante des Modells alle α_{ij} negativ, denn für i≠j lässt sich schreiben $\alpha_{ij} = -b_i c_j$; und α_{ii} lässt sich ersetzen durch $-b_i (c_i + r_i)$. Anders als im vorhergehenden Beispiel ist die Matrix **A** nun aber im Allgemeinen nicht singulär.

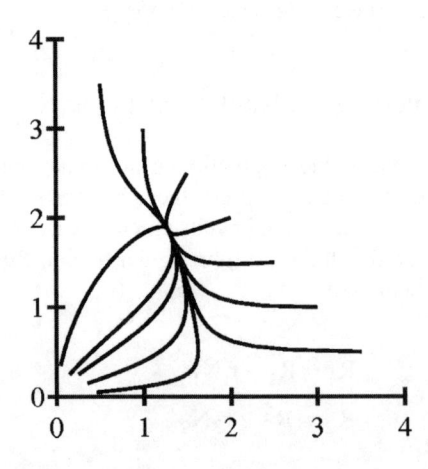

Abb. 7: Phasenbild des verallgemeinerten Konkurrenzmodells, Fall mit Koexistenz

Dynamik interagierender Bevölkerungen

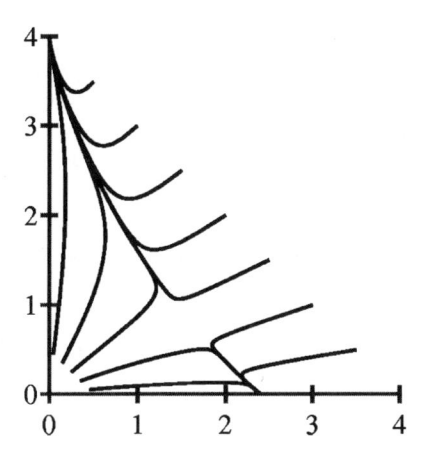

Abb. 8: Phasenbild des verallgemeinerten Konkurrenzmodells, Fall ohne Koexistenz

Für den Fall, dass es im Inneren des realistischen Bereichs keinen Fixpunkt gibt, liegen die Verhältnisse ebenso wie im vorgehenden Beispiel. Zur Abkürzung der Schreibweise werde das Differentialgleichungssystem wieder einmal zu

$$N_1^{\bullet} = N_1(a - bN_1 - cN_2) \tag{46}$$
$$N_2^{\bullet} = N_2(d - eN_1 - fN_2) \tag{47}$$

vereinfacht. Man sieht sofort, dass der hier interessierende Fixpunkt die Koordinaten

$$N_{1,01} = \frac{af - cd}{bf - ce} \quad \text{und} \quad N_{2,01} = \frac{bd - ae}{bf - ce} \tag{48}$$

hat. Die Untersuchung der Jacobi-Matrix am Fixpunkt gestaltet sich genauso wie im Falle des Differentialgleichungssystems (25): hier lautet die Jacobi-Matrix

$$\mathbf{J}(\mathbf{n}_0) = \begin{pmatrix} -bN_{1,01} & -cN_{1,01} \\ -eN_{2,01} & -fN_{2,01} \end{pmatrix} \tag{49}$$

Ihre Determinante ist $N_{1,01} N_{2,01}$ (bf − ce). Da in dem interessierenden Fall der Fixpunkt im realistischen Bereich liegt, ist $N_{1,01}, N_{2,01} > 0$, und es hängt nur noch von dem Term (bf − ce) ab, ob dieser Fixpunkt

a) ein Sattelpunkt ist (für bf − ce < 0) − dann müssen zugleich auch die beiden Zähler in Gleichung 48 negativ sein − oder
b) stabil ist − hier gelten die gleichen Überlegungen wie am Ende von Abschnitt 3.1.2.

Im Falle des stabilen Fixpunkts ergibt sich Koexistenz der beiden Populationen (vgl. Abb. 7), im Falle des Sattelpunkts stirbt eine der beiden Populationen aus, wobei es hier von den Anfangsbedingungen – und nicht von den Parametern – abhängt, welche der beiden Populationen überlebt (vgl. Abb. 8).

3.1.5 Kooperation

Kooperation oder Mutualismus stellen sich bei folgender Variation des allgemeinen Modells ein (man denke hier etwa an die Kooperation von Pflanzen und ihren Bestäubern, aber auch an zwei Populationen, die zur Herstellung von Gütern auf Vorprodukte der jeweils anderen Population zurückgreifen):

$$\frac{N_1^\bullet}{N_1} = a - bN_1 + cN_2 \tag{50}$$

$$\frac{N_2^\bullet}{N_2} = d + eN_1 - fN_2 \tag{51}$$

Bezogen auf das allgemeine Modell sind hier die Parameter α_{ii} negativ, die Parameter α_{ij}, $i \neq j$ positiv. In Abwesenheit der jeweils anderen Population ($N_2(0) = 0$ oder $c = e = 0$) liegt gewöhnliches logistisches Wachstum vor, das durch das Hinzutreten der anderen Population verstärkt wird (vgl. Gleichung (4) und (5)):

$$\frac{N_1^\bullet}{N_1} = r_1 - \frac{r_1 N_1}{K_1} + \beta_{12} N_2 \tag{52}$$

$$\frac{N_2^\bullet}{N_2} = r_2 - \frac{r_2 N_2}{K_2} + \beta_{21} N_1 \tag{53}$$

Man sieht sofort, dass der hier interessierende Fixpunkt hier die Koordinaten

$$N_{1,01} = \frac{af + cd}{bf - ce} \quad \text{und} \quad N_{2,01} = \frac{bd + ae}{bf - ce} \tag{54}$$

hat. Im Vergleich zur stabilen Populationsgröße ohne Kooperation (d. h. mit $c = e = 0$) ist die stabile Population mit Kooperation in jedem Fall größer:

$$\begin{aligned}
\frac{af + cd}{bf - ce} &> \frac{a}{b} & \frac{bd + ae}{bf - ce} &> \frac{d}{f} \\
abf + bcd &> abf - ace & bdf + aef &> bdf - cef \\
bcd &> -ace & aef &> -cef
\end{aligned} \tag{55}$$

Nimmt man an, dass bf > ce oder sogar b > c, f > e, so liegt der Fixpunkt immer im ersten Quadranten. Die Untersuchung der Jacobi-Matrix am Fixpunkt gestaltet sich wiederum genauso wie im Falle des Differentialgleichungssystems (25): hier lautet die Jacobi-Matrix

$$J(n_0) = \begin{pmatrix} -bN_{1,01} & cN_{1,01} \\ eN_{2,01} & -fN_{2,01} \end{pmatrix} \tag{56}$$

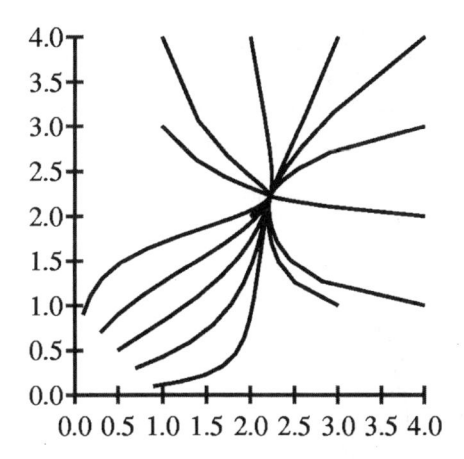

Abb. 9: Phasenbild des Kooperationsmodells

Ihre Determinante ist ebenfalls $N_{1,01} N_{2,01}$ (bf − ce). Da in dem interessierenden Fall der Fixpunkt im realistischen Bereich liegt, ist $N_{1,01}, N_{2,01} > 0$ und der Term (bf − ce) positiv, so dass dieser Fixpunkt stabil ist – es gelten die Überlegungen am Ende von Abschnitt 1.2. Es ergibt sich also Koexistenz der beiden Populationen (vgl. Abb. 9).

3.1.6 Ein allgemeines lineares Modell der Konkurrenz und Kooperation

Die letzte darzustellende Verallgemeinerung des bisher verfolgten Ansatzes wurde schon mehrfach angesprochen: das Gleichungssystem (7), bei dem die Wachstumsraten beider (aller) Populationen linear von der Größe aller Populationen abhängen:

$$\frac{\dot{N_i}}{N_i} = r_i + \sum_j \alpha_{ij} N_j \tag{57}$$

wobei hier die Vorzeichen aller Parameter nicht von vornherein festgelegt sein sollen.

Dieses allgemeine Modell zeigt für mehr als zwei Populationen bei bestimmten Parameterkonstellationen Grenzzyklen oder chaotisches Verhalten, wie die Abbildungen 10 und 11 zeigen.

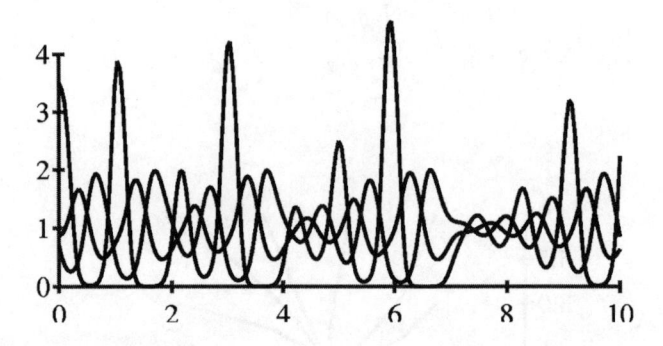

Abb. 10: Lotka-Volterra-Modell mit drei Populationen und chaotischer Entwicklung (Populationsgrößen als Funktion der Zeit)

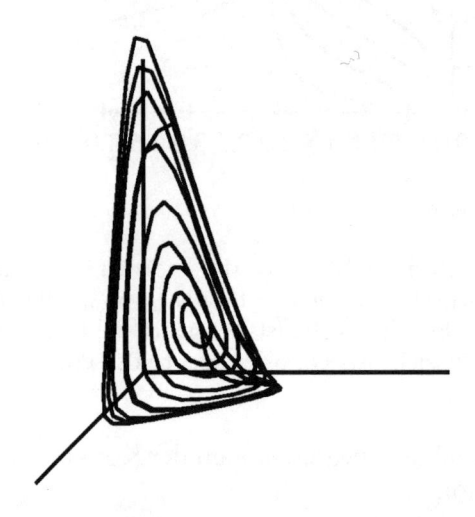

Abb. 11: Lotka-Volterra-Modell mit drei Populationen und chaotischer Entwicklung (Darstellung im Phasenraum)

Diesen Abbildungen liegt ein Modell mit drei Populationen zugrunde, dessen Differentialgleichungssystem folgendermaßen aussieht:

$$N_1^\bullet = N_1(11 - 5N_1 - 5N_2 - N_3)$$
$$N_2^\bullet = N_2(-5 + 5N_1 + N_2 - N_3)$$
$$N_3^\bullet = N_3(17 - 15N_1 - N_2 - N_3)$$

Streicht man in diesem Modell die dritte Population ($N_3(0) = 0$), so zeigt sich unter den beiden anderen der Fall der internen Konkurrenz mit Koexistenz ähnlich wie in Abb. 3; streicht man eine der beiden anderen Populationen, so zeigt sich unter den verbleibenden der Fall der Konkurrenz um gemeinsame Ressourcen ohne Koexistenz wie in den Abbildungen 5 und 6: das volle Drei-Populationen-Modell verhält sich offenbar vollkommen anders als die durch Streichen jeweils einer Population entstehenden Zwei-Populationen-Modelle.

Betrachtet man nun die Abbildungen 10 und 11, so stellt man fest, dass alle drei Populationen langfristig überleben – ähnlich wie im Falle des klassischen Volterra-Lotka-Systems der Abb. 1. Jedoch gibt es nun nicht mehr eine geschlossene, von den Anfangsbedingungen abhängige Trajektorie, sondern einen „seltsamen" Attraktor, der unabhängig von den Anfangsbedingungen erreicht wird. Dabei fällt auf, dass die dritte Population (in Abb. 11 nach oben abgetragen) jeweils für längere Zeiträume praktisch vollständig verschwindet – ein Verhalten, das bei realen Drei-Populationen-Systemen wahrscheinlich mindestens dann ausgeschlossen werden kann, wenn eine der dem Volterra-Lotka-Modell zugrundegelegten Annahmen, nämlich die der vollständigen Durchmischung, eingehalten wird. Dass eine Population für einige Zeit auf nahezu verschwindender Größe verbleibt, kann eigentlich nur mit einem zeitweiligen Rückzug in eine Nische motiviert werden – was eine Verletzung der Annahme der vollständigen Durchmischung darstellt.

Im übrigen erscheint natürlich chaotisches Verhalten eines Drei- oder Mehr-Populationen-Systems keineswegs unrealistisch.

3.2 Allgemeine stochastische Modelle interagierender Populationen

Bisher wurden ausschließlich zeitkontinuierliche deterministische Makromodelle interagierender Populationen betrachtet, in denen die Wachstumsraten stetige Funktionen der jeweils aktuellen Populationszahlen waren. Diese Betrachtungsweise stößt auf mehrererlei Bedenken:

a) Populationszahlen sind ganzzahlig, während stetige Funktionen reellwertige Populationszahlen liefern;
b) Das Wachstum von Populationen vollzieht sich nicht in stetiger Zeit, sondern zu diskreten Zeitpunkten durch Mutationen, Geburten oder Todesfälle, Ein- oder Auswanderungen;

c) In stetigen deterministischen Modellen sterben Populationen niemals in endlicher Zeit aus; vielmehr erreichen sie in endlicher Zeit allenfalls beliebig kleine Größen.

Allen drei Bedenken kann man durch eine stochastische Betrachtungsweise begegnen, bei der die Populationen zu jeder Zeit ganzzahlig sind: Mutationen, Geburten, Todesfälle, Ein- und Auswanderungen innerhalb einer Zeiteinheit mit bestimmter – von den jeweils aktuellen Populationszahlen stetig abhängiger – Wahrscheinlichkeit geschehen, so dass insbesondere auch das Aussterben einer Population in endlicher Zeit mit positiver Wahrscheinlichkeit möglich ist.
In diesem Falle lässt sich anstelle einer Folge reellwertiger Populationszahlen (deterministischer Prozess) ein stochastischer Prozess angeben, dessen Zufallsvariable die ganzzahligen Populationszahlen sind. Ein solcher stochastischer Prozess lässt sich folgendermaßen schreiben:

$$\{X(\omega, t)\}, \omega \in \Omega, t \in T, T = \mathfrak{J} \quad \text{oder} \quad T = \mathfrak{R}$$

Darin ist **X** ein ganzzahliger Vektor, dessen Elemente die einzelnen Populationszahlen sind, Ω ein Ereignisraum, über dem ein Wahrscheinlichkeitsmaß P definiert ist, und T eine Indexmenge, die hier als eine Menge von Zeitpunkten zu verstehen ist.

3.2.1 Geburts- und Todesprozess im stochastischen Modell

Schon das einfachste stochastische Modell einer isolierten Population, in der nur Geburten und Todesfälle untersucht werden (Weidlich, Haag 1983: 112–122), erweist sich als deutlich abweichend von dem ihm entsprechenden deterministischen Modell logistischen Wachstums. Nennt man die Populationszahl N(t) und beschreibt die Wahrscheinlichkeiten einer Geburt bzw. eines Sterbefalles in einer Population der Größe n mit

$$p_b(n) = \beta n$$
$$p_d(n) = \delta_1 n + \delta_2 n^2$$

so sieht man sofort, dass in einer Bevölkerung der Größe

$$K = \frac{\beta - \delta_1}{\delta_2}$$

die Wahrscheinlichkeiten einer Geburt und eines Todes gerade gleich sind. Es empfiehlt sich also die Analogie, K als die Kapazität des Habitats der Population zu verstehen und mit dem entsprechenden Parameter aus Gleichung (1) zu identifizieren. Dann bietet es sich aber zugleich an, die Geburts- und Sterbewahrscheinlichkeiten folgendermaßen umzuschreiben:

$$p_b(n) = \beta n$$
$$p_d(n) = \delta_1 n + \frac{\beta - \delta_1}{K} n^2$$

Sei nun p(n; t) die Wahrscheinlichkeit, dass die Population zum Zeitpunkt t gerade n Mitglieder zählt. Dann lässt sich aus den Annahmen über die Geburts- und Sterbewahrscheinlichkeiten die Veränderung dieser Wahrscheinlichkeit über die Zeit – d. h. bis zum Zeitpunkt t + dt – berechnen:

$$\frac{dp(n;t)}{dt} = p_b(n-1)p(n-1;t) - [p_b(n) + p_d(n)]p(n;t) + p_d(n+1)p(n+1;t) \quad (58)$$

Diese *Master-Gleichung* beschreibt die Entwicklung des gesamten Wahrscheinlichkeitsvektors

$$p(t) = \begin{pmatrix} p(0;t) \\ p(1;t) \\ \cdots \\ p(n;t) \\ \cdots \end{pmatrix} \qquad \sum_0^\infty p(i;t) = 1 \quad \forall t$$

Eine geschlossene Lösung dieses (unendlichdimensionalen) Differentialgleichungssystems ist selbstverständlich nicht möglich. Es lässt sich jedoch mühelos zeigen, dass der einzige, stabile Fixpunkt dieses Differentialgleichungssystems der Punkt p*= (1, 0, 0, ...) ist. Setzt man nämlich die linken Seiten von Gleichung 58 gleich Null, so ergibt sich aus

$$0 = p_b(-1)p^*(-1) - [p_b(0) + p_d(0)]p^*(0;t) + p_d(1)p^*(1)$$

wegen p*(−1) = 0, $p_b(0) = p_d(0) = 0$ und $p_d(1) > 0$ zwangsläufig p*(1) = 0. Der so gefundene Wert von p*(1) lässt sich in die zweite Gleichung einsetzen usw., so dass gilt p*(n) = 0 für n > 0 und damit p*(0) = 1. Der einzige stationäre Zustand ist also der, in dem die Population fast sicher ausgestorben ist. Dieses Ergebnis ist nicht sonderlich hilfreich.

Auch für die Momente dieser Wahrscheinlichkeitsfunktion lässt sich ein Differentialgleichungssystem aufstellen. Es gilt nämlich

$$\left\langle n^k \right\rangle_t = \sum_0^\infty i^k p(i;t) \tag{59}$$

$$\frac{d\left\langle n^k \right\rangle_t}{dt} = \sum_0^\infty i^k \frac{dp(i;t)}{dt} \tag{60}$$

$$= \beta \sum_0^\infty p(i;t) i \left[(i+1)^k - i^k\right]$$

$$- \delta_1 \sum_0^\infty p(i;t) i \left[i^k - (i-1)^k\right]$$

$$- \delta_2 \sum_0^\infty p(i;t) i^2 \left[i^k - (i-1)^k\right] \tag{61}$$

Nimmt man – (Weidlich, Haag 1983: 117) – in erster Annäherung an, dass $\langle n^k \rangle = \langle n \rangle^k$ (wobei die Varianz verschwinden würde), so ergibt sich als Bewegungsgleichung für den Mittelwert $\langle n \rangle_t$ wieder die logistische Gleichung 1, bei der sich die (erwartete) Populationsgröße der Kapazität K annähert. Für den Mittelwert gilt nämlich

$$\frac{d\langle n \rangle_t}{dt} = \beta \langle n \rangle_t - \delta_1 \langle n \rangle_t - \delta_2 \left\langle n^2 \right\rangle_t$$

$$\cong \beta \langle n \rangle_t - \delta_1 \langle n \rangle_t - \delta_2 \langle n \rangle_t^2 \tag{62}$$

Weidlich und Haag (1983: 117–118) zeigen, dass für eine ähnliche Approximation der Differentialgleichung für die Varianz diese zunächst ansteigt, um anschließend bis auf den Wert β/δ_2 abzufallen. Die exakte Lösung zeigt jedoch, dass der Erwartungswert $\langle n \rangle_t$ nach einem Anstieg gegen Null geht. Auch die anderen Approximationsversuche bei Weidlich und Haag erweisen sich nur als beschränkt hilfreich.

3.2.2 Das stochastische Lotka-Volterra-Modell

Auch im stochastischen Modell interagierender Populationen sind Geburts- und Sterbewahrscheinlichkeiten festzulegen und daraus eine *Master-Gleichung* abzuleiten. Seien Geburts- und Sterbewahrscheinlichkeiten – zunächst ohne Interaktion:

$$p_b^i(\mathbf{n}) = \beta^i n_i$$
$$p_d^i(\mathbf{n}) = \delta_1^i n_i + \delta_2^i n_i^2$$

Durch die Interaktion zwischen den beiden Bevölkerungen sind vier zusätzliche Terme einzufügen, die den Einfluss des Vorhandenseins der einen Population auf

Geburten und Sterbefälle auf die andere Population beschreiben. In weitgehender Analogie zu den deterministischen Makromodellen erweitern sich dann die Geburts- und Sterbewahrscheinlichkeiten zu

$$p_b^i(\mathbf{n}) = \beta^i n_i + \alpha^{ij} n_i n_j$$

$$p_d^i(\mathbf{n}) = \delta_1^i n_i + \delta_2^i n_i^2 + \gamma^{ij} n_i n_j$$

Die Master-Gleichung für diesen Prozess gestaltet sich allgemein folgendermaßen:

$$\begin{aligned}\frac{dp(n_1,n_2;t)}{dt} &= p_b^1(n_1-1,n_2)p(n_1-1,n_2;t) \\ &+ p_b^2(n_1,n_2-1)p(n_1,n_2-1;t) \\ &+ p_d^1(n_1+1,n_2)p(n_1+1,n_2;t) \\ &+ p_d^2(n_1,n_2+1)p(n_1,n_2+1;t) \\ &- p_b^1(n_1,n_2)p(n_1,n_2;t) \\ &- p_b^2(n_1,n_2)p(n_1,n_2;t) \\ &- p_d^1(n_1,n_2)p(n_1,n_2;t) \\ &- p_d^2(n_1,n_2)p(n_1,n_2;t)\end{aligned}$$

Wieder folgt ein exaktes Differentialgleichungssystem für die Momente der Verteilung, für das es wie bei einer einzigen Population keine geschlossene Lösung gibt.

Weidlich und Haag haben für eine approximative Lösung dieses Differentialgleichungssystems – ähnlich wie für den Fall einer einzigen Population – den Weg vorgeschlagen, in den Differentialgleichungen für die Momente $\langle n_1^2 \rangle$ und $\langle n_1 \rangle^2$ bzw. $\langle n_2^2 \rangle$ und $\langle n_2 \rangle^2$ gleichzusetzen (Weidlich/Haag 1983, 130–131, 133), was wiederum bedeutet, dass die Varianz der Verteilung verschwinden würde. In dieser Näherung ergeben sich für die Mittelwerte eines reinen (stochastischen) Jäger-Beute-Modells –

$$\begin{aligned}\beta^1 &> 0 & \beta^2 &= 0 \\ \delta_1^1 &= 0 & \delta_1^2 &> 0 \\ \delta_2^1 &= 0 & \delta_2^2 &= 0 \\ \alpha^{12} &= 0 & \alpha^{21} &> 0 \\ \gamma^{12} &> 0 & \gamma^{21} &= 0\end{aligned}$$

hier ist die Geburtswahrscheinlichkeit der einen Population eine linear steigende Funktion der eigenen Populationsgröße, während ihre Sterbewahrscheinlichkeit eine linear steigende Funktion des Produkts beider Populationsgrößen ist; die Geburtswahrscheinlichkeit der zweiten Population ist eine linear steigende Funktion des

Produkts beider Populationsgrößen, während ihre Sterbewahrscheinlichkeit eine linear steigende Funktion der eigenen Populationsgröße ist – exakt die Gleichungen des deterministischen Makromodells.

Für die anderen Varianten – Mutualismus und Konkurrenz – müssen lediglich andere Parameter eingesetzt werden.

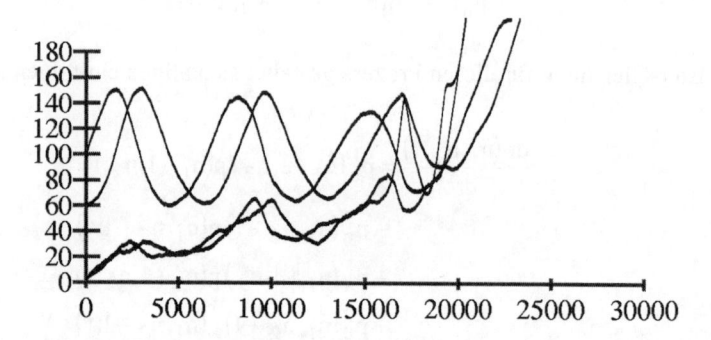

Abb. 12: Stochastisches Volterra-Lotka-Modell mit zwei Populationen (Mittelwerte und Standardabweichungen der Populationsgrößen als Funktionen der Zeit)

Diese Approximation ist mindestens für kleine Populationsgrößen nicht gerechtfertigt, weil hier die Varianz der Verteilung nicht vernachlässigt werden kann. Abb. 12 zeigt die zeitliche Entwicklung der Mittelwerte und der Standardabweichungen über 100 Populationen, die dem stochastischen Volterra-Lotka-Modell mit $\beta^1 = \delta_1{}^2 = 1$ und $\alpha^{12} = \gamma^{21} = 0.01$ folgen. Die Standardabweichung gerät schnell in die Größenordnung des Mittelwerts, d. h. $\langle n_i{}^2 \rangle$ liegt zeitweise um rund 10% höher als $\langle n_i \rangle^2$. Die Simulation zeigt ferner in Abb. 13, dass die Trajektorie des stochastisch approximierten Mittelwerts offenbar nicht geschlossen, sondern eine nach außen gerichtete Spirale ist.

Immerhin ergibt jedoch eine numerische stochastische Simulation der Master-Gleichung für das reine (stochastische) Volterra-Lotka-Modell, bei der der aktuelle Mittelwert über eine Stichprobe von Populationen für den nächsten Schritt wieder als Ausgangsgröße aller Populationen der Stichprobe eingesetzt wird – hier wird also die Varianz künstlich klein gehalten, im Beispiel der Abb. 14 beträgt sie deutlich weniger als 1% des Quadrats des Mittelwerts – auch für kleine Populationsgrößen eine relativ gute Annäherung an die von Weidlich und Haag vorgeschlagene Approximation.

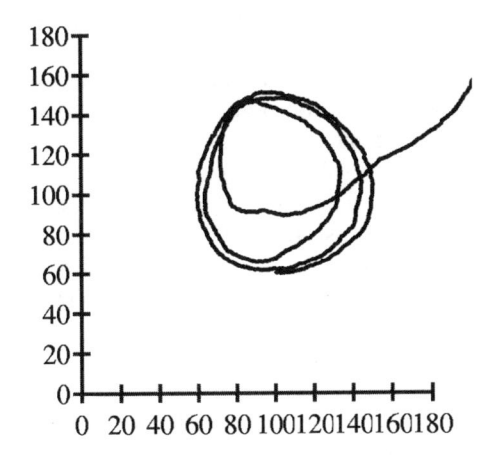

Abb. 13: Phasenbild des stochastischen Volterra-Lotka-Systems

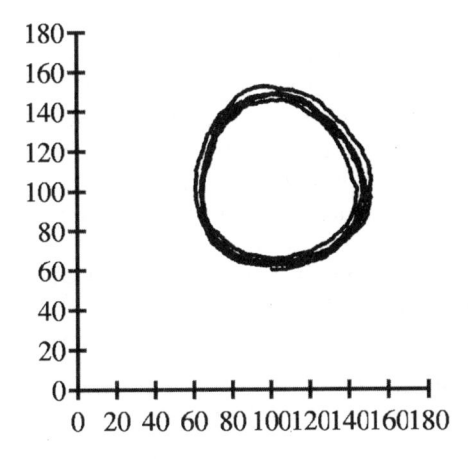

Abb. 14: Phasenbild des stochastischen Volterra-Lotka-Systems mit künstlich klein gehaltener Varianz

Das bedeutet, dass auch das stochastische Verhalten von entsprechend dem Volterra-Lotka-Modell interagierenden großen Populationen für längere Zeit vom deterministischen Modell gut vorhergesagt wird. Über längere Zeit muss jedoch vor allem für kleine Populationsgrößen beachtet werden, dass die Varianz in Wahrheit immer größer und damit die Approximation immer schlechter wird.

3.2.3 Ein Fallbeispiel: Interaktion zwischen Sprachgruppen

Eine einfache Fragestellung, an der verschiedene Varianten stochastischer Modelle von Interaktionen zwischen Populationen gezeigt werden können, ist die, wie Angehörige verschiedener Sprachgemeinschaften (od. Ethnien) aufeinander einwirken. Das einfachste denkbare Modell solcher Interaktion besteht aus drei Populationen: je einer, die nur eine von zwei Sprachen (z. B. deutsch und französisch) spricht, und einer, die beider Sprachen mächtig ist. Baggs und Freedman (1990) allerdings präsentieren ein noch einfacheres Modell, in dem eine Population ausschließlich die vorherrschende Sprache spricht, während die andere neben der vorherrschenden Sprache – z. B. Englisch – noch eine Minderheitensprache – z. B. Gälisch, Irisch oder Spanisch – spricht, die im übrigen von niemand als einzige Sprache beherrscht wird. Im weiteren wird sich zeigen, dass dies ein Grenzfall des hier zunächst ausführlicher diskutierten Modells ist, in dem freilich immer noch eine große Zahl weiterer Einflüsse unberücksichtigt gelassen wird (Laine 1995): Motivationen zum Lernen einer zweiten Landessprache hängen hier nur von der relativen Stärke der Sprachgruppen ab.

Wenn man zunächst Geburts- und Todesprozesse unberücksichtigt lässt, so ergeben sich nur folgende zwei möglichen Zustandsübergänge auf der Ebene der Individuen: ein Angehöriger der deutschen Sprachgemeinschaft lernt französisch und wird damit zweisprachig, oder ein Angehöriger der französischen Sprachgemeinschaft lernt deutsch und wird damit zweisprachig. Zweisprachigkeit ist also ein absorbierender Zustand. Die Wahrscheinlichkeiten seien bezeichnet mit μ_f und μ_g, der Index steht für die Muttersprache. Mit g, b und f für die Zahlen der Angehörigen der drei Sprachgemeinschaften sind $w_g[g, b, f] = g\,\mu_g$ und $w_f[g, b, f] = f\,\mu_f$ die Wahrscheinlichkeiten, mit denen die Gesamtpopulation vom Zustand (g, b, f) in die Zustände (g + 1, b − 1, f) bzw. (g, b + 1, f − 1) übergeht. Damit lässt sich die Master-Gleichung für die Wahrscheinlichkeit angeben, mit der sich die Gesamtpopulation zum Zeitpunkt t im Zustand (g, b, f) = (g, N−g−f, b) befindet:

$$\frac{dp(g,b,f;t)}{dt} = w_g[g+1,b-1,f]\,p(g+1,b-1,f;t)$$
$$+ w_f[g,b-1,f+1]\,p(g,b+1,f-1;t)$$
$$- w_g[g,b,f]\,p(g,b,f;t)$$
$$- w_f[g,b,f]\,p(g,b,f;t) \tag{63}$$

Zunächst wird geprüft, ob es für dieses Differentialgleichungssystem einen stationären Zustand p_{st} gibt. Unter der Voraussetzung, dass μ_g nur von g und μ_f nur von f abhängig ist, ist es gleichgültig, in welcher Reihenfolge sich der Übergang von einem Zustand (g, b, f) zu einem Zustand (g − γ, b + γ + φ, f − φ), γ,φ ≥ 0 vollzieht.

Das Prinzip des Gleichgewichts im einzelnen (*principle of detailed balance* (Weidlich 1991, 42)), demzufolge die Wahrscheinlichkeitsflüsse zwischen zwei Zuständen in beiden Richtungen gleich sind, ist hier eklatant verletzt, denn die Wahrscheinlichkeit des Übergangs von (g, b, f) nach (g − γ, b + γ + φ, f − φ) für γ, φ < 0 verschwindet nach den gemachten Annahmen.

Damit gilt für die stationäre Wahrscheinlichkeitsverteilung

$$p_{st}(g-\gamma, b+\gamma+\varphi, f-\varphi) = p_{st}(g,b,f) \prod_{i=1}^{\gamma} \frac{g-i+1}{g-i} \frac{\mu_g(g-i+1)}{\mu_g(g-i)} \prod_{j=1}^{\varphi} \frac{f-j+1}{f-j} \frac{\mu_f(f-j+1)}{\mu_f(f-j)}$$

Durch Kürzen ergeben sich

$$\prod_{i=1}^{\gamma} \frac{g-i+1}{g-i} = \frac{g}{g-\gamma}$$

$$\prod_{j=1}^{\varphi} \frac{f-j+1}{f-j} = \frac{f}{f-\varphi}$$

Die Rekursionsgleichung für die stationäre Wahrscheinlichkeitsverteilung vereinfacht sich damit zu

$$p_{st}(g-\gamma, b+\gamma+\varphi, f-\varphi) =$$

$$= p_{st}(g,b,f) \frac{g}{g-\gamma} \frac{f}{f-\varphi} \prod_{i=1}^{\gamma} \frac{\mu_g(g-i+1)}{\mu_g(g-i)} \prod_{j=1}^{\varphi} \frac{\mu_f(f-j+1)}{\mu_f(f-j)} \quad (64)$$

$$= p_{st}(g,b,f) \frac{g}{g-\gamma} \frac{f}{f-\varphi} \Pi_{g\gamma} \Pi_{f\varphi} \quad (65)$$

Unter Berücksichtigung der Tatsache, dass die Summe über alle stationären Wahrscheinlichkeiten der vom Referenzzustand (g,b,f) aus erreichbaren Zustände (g − γ, b + β + φ, f − φ) Eins sein muss, ergibt sich nach einer Reihe von Umformungen

$$p_{st}(g,b,f) = \begin{cases} 0 & \text{für} \quad b < N, g \geq 0, f \geq 0 \\ 1 & \text{für} \quad b = N, g = 0, f = 0 \end{cases} \quad (66)$$

Dieses Ergebnis lässt sich auch schon aus der Master-Gleichung für p$^{\bullet}$(g, b, f) ablesen, deren rechte Seite als einzige ausschließlich aus positiven Termen besteht, solange p(1, N−1, 0) und p(0, N−1, 1) noch nicht verschwinden, denn $w_g[0, N-f, f] = 0$ und $w_f[g, N-g, 0]$ gelten für alle f bzw. für alle g.

In dieser Modellierung verschwinden also alle einsprachigen Individuen; das gilt für beliebige individuelle Übergangswahrscheinlichkeiten.

Lässt man außer dem Prozess des Lernens auch den Geburts- und Todesprozess zu, so ergeben sich eine Reihe von Erweiterungen: Die Master-Gleichung muss um Terme für die Geburten und für die Todesfälle ergänzt werden:

$$\frac{dp(g,b,f;t)}{dt} = w_g^L[g+1,b-1,f]\,p(g+1,b-1,f;t)$$
$$+ w_f^L[g,b-1,f+1]\,p(g,b+1,f-1;t)$$
$$- w_g^L[g,b,f]\,p(g,b,f;t)$$
$$- w_f^L[g,b,f]\,p(g,b,f;t) \quad\quad \text{Lernen}$$

$$+ w_g^b[g-1,b,f]\,p(g-1,b,f;t)$$
$$+ w_b^b[g,b-1,f]\,p(g,b-1,f;t)$$
$$+ w_f^b[g,b,f-1]\,p(g,b,f-1;t)$$
$$- w_g^b[g,b,f]\,p(g,b,f;t)$$
$$- w_b^b[g,b,f]\,p(g,b,f;t)$$
$$- w_v^b[g,b,f]\,p(g,b,f;t) \quad\quad \text{Geburten}$$

$$+ w_g^d[g+1,b,f]\,p(g+1,b,f;t)$$
$$+ w_b^d[g,b+1,f]\,p(g,b+1,f;t)$$
$$+ w_f^d[g,b,f+1]\,p(g,b,f+1;t)$$
$$- w_g^d[g,b,f]\,p(g,b,f;t)$$
$$- w_b^d[g,b,f]\,p(g,b,f;t)$$
$$- w_v^d[g,b,f]\,p(g,b,f;t) \quad\quad \text{Todesfälle} \quad (67)$$

Es kommt zunächst darauf an, die Geburts- und Todeswahrscheinlichkeiten zu modellieren, wobei davon ausgegangen werden soll, dass die individuelle Sterbewahrscheinlichkeit für alle Sprachgruppen gleich, nämlich $\delta_1 + \delta_2\,N$, $N = g + b + f$ ist. Damit sind die Übergangswahrscheinlichkeiten in der letzten Gruppe von Termen der Gleichung 67 $w_i^d = \delta_1\,i + \delta_2\,i\,N$ (dabei steht i für g, b oder f).

Die Geburtswahrscheinlichkeiten sollen ebenfalls unabhängig davon sein, aus welcher Sprachgruppe die Eltern stammen; welcher Sprachgruppe jedoch die Kinder angehören, ist selbstverständlich von der Zugehörigkeit der Eltern zu den Sprachgruppen abhängig. Unterstellt sei, dass Kinder von Eltern, die beide nur deutsch (französisch) sprechen, wiederum deutsch (französisch) sprechen werden; Kinder, von deren Eltern mindestens ein Teil zweisprachig ist, sollen mit Wahrscheinlichkeit

α_f bzw. α_g wiederum zweisprachig werden, gegebenenfalls mit Wahrscheinlichkeit $(1 - \alpha_f)$ bzw. $(1 - \alpha_g)$ der Sprachgruppe des einsprachigen Elternteils angehören oder mit jeweils Wahrscheinlichkeit $(1 - \alpha_f)/2$ bzw. $(1 - \alpha_g)/2$ zu einer der beiden einsprachigen Sprachgruppen gehören, wenn beide Eltern zweisprachig sind. Kinder, deren Eltern einsprachig sind, aber verschiedenen Sprachgruppen angehören, wachsen je zur Hälfte den beiden einsprachigen Gruppen zu.

Damit ergibt sich:

$$w_g^b[g,b,f] = \frac{\beta}{N}\left[g^2 + 2(1-\alpha_g)bg + \frac{1}{2}(1-\alpha_g)b^2 + gf\right]$$

$$w_b^b[g,b,f] = \frac{\beta}{N}b\left[2\alpha_f f + 2\alpha_g g + \frac{1}{2}(\alpha_f + \alpha_g)b\right]$$

$$w_f^b[g,b,f] = \frac{\beta}{N}\left[f^2 + 2(1-\alpha_f)bf + \frac{1}{2}(1-\alpha_f)b^2 + gf\right]$$

Zur Modellierung der Wahrscheinlichkeiten, die jeweils andere Sprache zu lernen, d. h. von $w_g^L[g, b, f]$ und $w_f^L[g, b, f]$, gibt es eine Reihe von Möglichkeiten, auf die eingegangen wird, nachdem zunächst das Modell mit verschwindenden Lernwahrscheinlichkeiten behandelt wird.

In erster Näherung – vgl. die Überlegungen im Zusammenhang mit Gleichung (62) – gilt für die Erwartungswerte (die der Einfachheit halber wieder mit g, b und f bezeichnet werden sollen) folgendes Differentialgleichungssystem:

$$g^\bullet = -w_g^L[g,b,f] + \frac{\beta}{N}\left[g^2 + 2(1-\alpha_g)bg + \frac{1}{2}(1-\alpha_g)b^2 + gf\right] - \delta_1 g - \delta_2 gN$$

$$b^\bullet = w_b^L[g,b,f] + w_f^L[g,b,f] + \frac{\beta}{N}b\left[2\alpha_f f + 2\alpha_g g + \frac{1}{2}(\alpha_f + \alpha_g)b\right] - \delta_1 b - \delta_2 bN$$

$$f^\bullet = -w_f^L[g,b,f] + \frac{\beta}{N}\left[f^2 + 2(1-\alpha_f)bf + \frac{1}{2}(1-\alpha_f)b^2 + gf\right] - \delta_1 f - \delta_2 fN \quad (68)$$

Dieses Differentialgleichungssystem, bei dem die Summe N der drei einzelnen Populationszahlen dem logistischen Modell folgt, ist entfernt verwandt mit einem Modell von Baggs und Freedman (1990), von dem es sich dadurch unterscheidet, dass es *beide* einsprachigen und die zweisprachige Teilpopulation modelliert, während Baggs und Freedman nur eine einsprachige und eine zweisprachige Teilpopulation berücksichtigen.

Das Differentialgleichungssystem soll zunächst für den Fall verschwindender Lernbereitschaft untersucht werden; bereits in diesem einfachen Fall ergeben sich einige interessante Erkenntnisse:

a) nur für $1/2 < \alpha_f, \alpha_g \leq 1$ gibt es stabile Fixpunkte mit einer nicht verschwindenden Zahl von Zweisprachigen. Der Anteil der Zweisprachigen beträgt

$$\frac{b^*}{N^*} = \frac{2(2\alpha_f - 1)(2\alpha_g - 1)}{\alpha_f \alpha_g \left(4 - \frac{1}{\alpha_f} - \frac{1}{\alpha_g}\right)} \tag{69}$$

und ist für $1/2 < \alpha_f, \alpha_g \leq 1$ stets größer als Null. Speziell für $\alpha_g = \alpha_f = 1$ überlebt nur die zweisprachige Bevölkerung. Die zwei einsprachigen Gruppen umfassen:

$$\frac{g^*}{N^*} = \frac{(2\alpha_f - 1)(1 - \alpha_g)}{\alpha_f \alpha_g \left(4 - \frac{1}{\alpha_f} - \frac{1}{\alpha_g}\right)} \tag{70}$$

$$\frac{f^*}{N^*} = \frac{(1 - \alpha_f)(2\alpha_g - 1)}{\alpha_f \alpha_g \left(4 - \frac{1}{\alpha_f} - \frac{1}{\alpha_g}\right)} \tag{71}$$

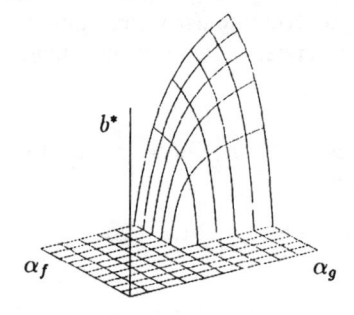

Abb.15: Anteil der zweisprachigen Bevölkerung in Abhängigkeit von α_f und α_g (ohne Lernen)

Die weiteren Fixpunkte (für die $b^* = 0$ gilt) in diesem Teil des Parameterraums sind Sattelpunkte; jeweils ein Eigenwert der Jacobi-Matrix ist größer als, gleich oder kleiner als Null, wobei der positive Eigenwert dazu führt, dass eine noch so kleine zweisprachige Teilpopulation bis zur Sättigung wächst. Die zweisprachige Teilpopulation hat in diesem Modell also genau dann eine Überlebenschance, wenn von ihren Kindern weniger als die Hälfte einsprachig wird. Der Anteil der zweisprachigen Teilpopulation an der Gesamtpopulation in Abhängigkeit von α_f und α_g ist in Abb. 15 dargestellt.

b) Für alle anderen Parameterkombinationen gibt es Fixpunkte überhaupt nur für b* = 0 (wobei natürlich nur Fixpunkte mit g*, b*, f* ≥ 0 berücksichtigt werden). Mindestens einer der Eigenwerte der Jacobi-Matrix verschwindet, mindestens ein weiterer ist negativ, keiner ist positiv. Das hat zur Folge, dass bei diesen Parameterkombinationen eine zweisprachige Population stets verschwindet, durch Fluktuationen das Verhältnis der beiden einsprachigen Bevölkerungen aber jederzeit verschoben werden kann.

Führt man Wahrscheinlichkeiten für das Lernen der jeweils anderen Sprache ein, so ändert sich das Bild. Für

$$w_g^L[g,b,f] = g\, \nu \exp\frac{-\kappa g}{g+b+f}$$

$$w_f^L[g,b,f] = f\, \nu \exp\frac{-\kappa f}{g+b+f}$$

ergibt sich für jede Kombination von α_f und α_g genau ein stabiler Fixpunkt. Abb. 16 zeigt die Koordinaten g* und b* in Abhängigkeit von α_f und α_g (für $\nu = 0.1$ und $\kappa = 0.5$, andere ν und κ zeigen qualitativ gleiche Ergebnisse).

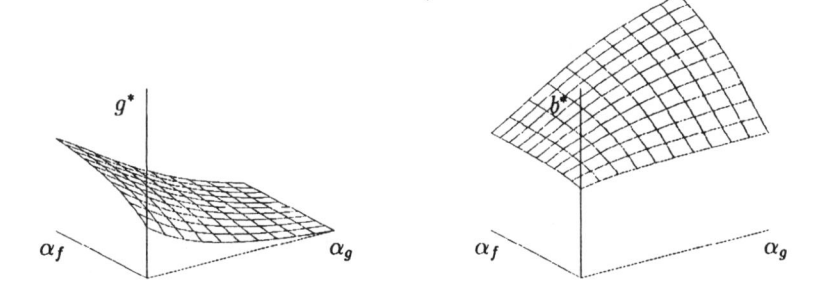

Abb. 16: Stationäre Anteile der Bevölkerungen g und b in Abhängigkeit von α_f und α_g (mit Lernen)

Für $\alpha_g = 1$ verschwindet erwartungsgemäß die deutschsprachige Bevölkerung. Wenn umgekehrt alle Kinder, deren Eltern teils zweisprachig, teils französisch oder rein zweisprachig sind, beide Sprachen lernen, verschwindet die französischsprachige Bevölkerung (g* = b* = 0.5). Wie im Fall ohne Lernen verschwinden beide einsprachigen Bevölkerungen nur für $\alpha_f = \alpha_g = 1$, anders als im Fall ohne Lernen koexistieren aber alle drei Bevölkerungen für alle Parameterkombinationen $0 < \alpha_f, \alpha_g < 1$.

Wie angedeutet, geht durch einige Vereinfachungen aus diesem Modell das Modell von Baggs und Freedman hervor, in dem es nur eine einsprachige Bevölkerung und daneben eine zweisprachige Bevölkerung gibt, die außer ihrer Minderheiten- auch die Mehrheitssprache verwendet. Zur Unterscheidung von dem vorstehenden Modell seien nun die Teilpopulationen und die zugehörigen Indizes g, b und s (man könnte bei der Minderheitensprache an das Sorbische denken); α_s wäre dann 1, d. h. auch die Kinder, deren Eltern die Minderheitensprache ständig verwenden, weil nur ein Elternteil zweisprachig ist (was nach den Annahmen sehr selten vorkäme), würden fast sicher zweisprachig werden und fast sicher nicht ($1 - \alpha_s = 0$) nur die Minderheitensprache lernen; α_g könnte hingegen beliebig sein (es entspräche in etwa dem Parameter P_1 in Braggs und Freedman (1990)). Mit diesen Parameterkombinationen verschwände s* immer; der stationäre Anteil der einsprachigen Teilpopulation würde von α_g abhängen. Mit der hier zugrundegelegten Lernbereitschaftsfunktion würde es für $\alpha_g < 1$ immer Koexistenz zwischen der zweisprachigen Teilpopulation und der Teilpopulation geben, welche nur die Mehrheitssprache verwendet.

3.3 Ein komplexes Evolutionsmodell

Während in den bisherigen Abschnitten dieses Kapitels die Evolution von Populationen stets nur für zwei oder drei Populationen untersucht wurde, soll dieser Abschnitt analysieren, wie sich ein System aus unbegrenzt vielen Populationen, die unter erweiterten Volterra-Lotka-Gesetzmäßigkeiten miteinander interagieren, unter den Bedingungen von Aussterben und Neuentstehung einzelner Populationen entwickelt.

Ausgangspunkt ist eine Arbeit von Chernenko (1989), in der er untersucht, wie sich aufeinander folgende Produktionsformen historisch entwickelt haben. Er unterscheidet Produktionsprozesse dreier Arten:

a) „aneignende" Jäger-und-Sammler-Tätigkeit;
b) agrarische Produktion;
c) industrielle Produktion.

Es soll untersucht werden, welche Gütermengen in den drei Arten von Produktionsprozessen hergestellt werden und wie sich die drei Arten von Produktionsprozessen gegenseitig beeinflussen.

Allgemein wird unterstellt, dass der Zuwachs an vorhandenen Gütermengen als die Differenz zwischen dem Ausmaß der Produktion und dem Verlust durch Abnutzung darstellbar ist, wobei die Produktion abhängt von natürlichen Ressourcen, von der schon vorhandenen Gütermenge der gleichen Produktart und von Beiträgen anderer Produktarten, soweit sie bei der Produktion dieser Produktart unterstützend eingesetzt werden können.

Dabei gilt:

a) Je mehr natürliche Ressourcen zur Verfügung stehen, desto größer sind die Produktionszuwächse;

Dynamik interagierender Bevölkerungen

b) Je mehr von der jeweiligen Produktart schon vorhanden ist, desto geringer sind die Produktionszuwächse (Sättigungseffekt);
c) Je mehr Hilfsgüter aus anderen Produktarten zur Verfügung stehen, desto höher ist der Produktionszuwachs.

3.3.1 Formalisierung auf Makroebene

Chernenko stellt für seine drei Produktarten ein System aus drei Differentialgleichungen auf, das eine Erweiterung des (deterministischen) Volterra-Lotka-Modells darstellt:

$$N_1^{\bullet} = \kappa_1 N_1 (r_1 - N_1) - \varphi_1 \tag{72}$$

$$N_2^{\bullet} = \kappa_2 N_2 (r_2 + aN_3 - N_2) - \varphi_2 \tag{73}$$

$$N_3^{\bullet} = \kappa_3 N_3 (\beta N_2 - N_3) - \varphi_3 \tag{74}$$

Ein im wesentlichen gleiches Modell untersuchen übrigens auch Eigen und Schuster (1979).
Die Variablen und Parameter der Gleichungen haben die folgende Bedeutung:

a) κ_i die Produktivität in den drei Produktionszweigen;
b) N_1 die Menge von Gütern, die durch Sammeln und Jagen erworben wird;
c) r_1 die Gesamtheit der (als regenierbar betrachteten) natürlichen Ressourcen, soweit sie durch Jagen und Sammeln ausbeutbar sind;
d) φ_1 die Verluste durch Verderb gesammelter oder gejagter Lebensmittel;
e) N_2 die im Agrarsektor produzierte Gütermenge;
f) r_2 die Gesamtheit der (als regenierbar betrachteten) natürlichen Ressourcen, soweit sie durch agrarische Produktionsmethoden ausbeutbar sind;
g) aN_3 der relative Zuwachs an agrarischer Produktion, soweit er auf im Agrarsektor eingesetzte industriell hergestellte Güter zurückgeht;
h) φ_2 die Verluste durch Verderb agrarisch produzierter Waren;
i) N_3 die industriell produzierte Gütermenge;
j) βN_2 der relative Zuwachs an industrieller Produktion, soweit er auf den Einsatz von Agrarprodukten im industriellen Sektor zurückgeht;
k) φ_3 die Verluste an industriellen Produkten durch Verschleiß.

$$N_i^{\bullet} = \kappa_i N_i \left(r_i + \sum_{j \neq i} \alpha_{ij} N_j - \alpha_{ii} N_i \right) - \varphi_i(n) \tag{75}$$

Allgemeiner lautet eine Differentialgleichung für eine bestimmte Güterart:

mit

a) r_i natürliche Ressourcen (wiederum als regenerierbar angenommen), die notwendig sind, um Güter der Art i zu produzieren;
b) α_{ij} die Effekte von Gütern der Art j auf die Menge an Gütern der Art i;
c) α_{ii} der Sättigungseffekt;
d) **n** ist dabei der Vektor, der alle N_i enthält.

Das Nettowachstum („excess production") (Eigen, Schuster 1979: 29–30)

$$\kappa_i N_i \left(r_i + \sum_{j \neq i} \alpha_{ij} N_i - \alpha_{ii} N_i \right)$$

lässt sich in einem Term $\Gamma_i(\mathbf{n})$ schreiben, so dass Gleichung 75 einfacher geschrieben werden kann:

$$N_i^{\bullet} = \Gamma_i(\mathbf{n}) - \varphi(\mathbf{n}) \tag{76}$$

Die Gesamtproduktion (oder die Größe der Gesamtpopulation) zum Zeitpunkt t kann man nennen

$$N(t) = N_1(t) + N_{2t}(t) + N_3(t)$$

Das Differentialgleichungssystem hat offensichtlich mehrere stationäre Zustände, in diesen Zuständen ist für alle einzelnen Produktarten die Neuproduktion dem Verlust gleich.

Hinsichtlich der Verluste wird unterstellt, dass sie proportional sind sowohl zum Güterbestand der jeweiligen Produktart als auch zum Gesamtzuwachs in allen Produktarten. Damit können die Verlustfunktionen folgendermaßen geschrieben werden:

$$\varphi_i(\mathbf{n}) = \frac{N_i}{N} \left[\kappa_1 N_1 (r_1 - N_1) + \kappa_2 N_2 (r_2 + aN_3 - N_2) + \kappa_3 N_3 (\beta N_2 - N_3) \right] \tag{78}$$

Allgemeiner kann man schreiben (Eigen, Schuster 1979: 30; Gl. 37):

$$N_i^{\bullet} = \Gamma_i(\mathbf{n}) - \varphi_i(\mathbf{n}) \tag{79}$$

$$\Gamma_i(\mathbf{n}) = \kappa_i N_i \left(r_i + \sum_{j \neq i} \alpha_{ij} N_i - \alpha_{ii} N_i \right) \tag{80}$$

$$\varphi_i(\mathbf{n}) = \frac{N_i}{N} \sum_k \Gamma_k(\mathbf{n}) \tag{81}$$

Offenbar gilt $N^{\bullet} = 0$ für alle $\mathbf{n}$, denn

$$N^{\bullet} = \sum_i \left(\Gamma_i(\mathbf{n}) - \frac{N_i}{N} \sum_k \Gamma_k(\mathbf{n}) \right) \tag{82}$$

$$= \sum_i \Gamma_i(\mathbf{n}) - \sum_i \frac{N_i}{N} \sum_k \Gamma_k(\mathbf{n}) = 0 \tag{83}$$

Damit liegt der Fall von Eigens und Schusters „constrained growth and selection" (1979: 30–31) vor, wobei N(t) = Σi Ni(0) = const. Damit liegt eine kubische Evolutionsgleichung vor (Die Gleichungen in Abschnitt 1 sind quadratisch). Die Mengen einiger Produkte (oder: die Größen der Subpopulationen, die diese Produkte produzieren) können auf Kosten anderer anwachsen, wobei die Gesamtmenge produzierter Güter (oder die Größen der Gesamtpopulation) konstant bleibt. Nur wenn die Mengen einiger Güter von außen vergrößert werden oder neue Güter von außen (aber nicht auf Kosten anderer Güter) hinzugefügt werden, vergrößert sich auch N = N_0.

3.3.2 Chernenkos Ergebnisse für drei Populationen

Chernenkos Modell hat drei stationäre Zustände:

a)
$N_1 = N_0$
$N_2 = 0$
$N_3 = 0$

b)
$$N_1 = \frac{\kappa_2 N_0 + (\kappa_1 r_1 - \kappa_2 r_2)}{\kappa_1 + \kappa_2}$$

$$N_2 = \frac{\kappa_1 N_0 - (\kappa_1 r_1 - \kappa_2 r_2)}{\kappa_1 + \kappa_2}$$

$N_3 = 0$

c)

$$N_1 = r_1$$
$$N_2 = \frac{r_2}{1-a\beta}$$
$$N_3 = \frac{\beta r_2}{1-a\beta}$$

Offenbar soll N_0 eine monoton wachsende exogene zeitabhängige Funktion sein.

Von den stationären Zuständen dieses Differentialgleichungssystems ist – in Abhängigkeit von den Parametern – genau einer stabil. Wenn zum ersten Mal N_0 größer wird als $r_1-r_2\kappa_1/\kappa_2$, verliert Zustand 1 seine Stabilität, und Zustand 2 wird stabil. Ein weiterer Schwellwert gilt für den Verlust der Stabilität im Zustand 2; bei diesem Schwellwert wird Zustand 3 stabil.[2] Interessant ist – und das gleiche gilt auch für das allgemeinere Modell in Gleichung (75), dass nur die stationäre Lösung, bei der alle Subpopulationen existieren, nicht von N_0 abhängt. Hier verschwinden alle Nettozuwächse oder „excess productions" für nichtverschwindende Subpopulationengrößen.

Wie und wodurch ändern sich überhaupt die Parameter? Chernenko unterstellt zunächst, dass sie sich so ändern, wie sie sich offenbar historisch geändert haben: „Wir sehen, dass am Anfang der Evolution der zweite und der dritte Aspekt der Produktion praktisch fehlen. Danach kommt der erste Aspekt der Produktion zur Sättigung infolge der Beschränktheit der natürlichen Ressourcen, und es beginnt der zweite Aspekt der Produktion sich zu entwickeln. Danach beginnt in dem Maße, wie sich die Reserven der primitiven agrarischen Produktion erschöpfen, die Entwicklung des dritten Aspekts der Produktion." (Chernenko 1989, 179) Zum Wachstums von N_0 heisst es: „Für eine Erklärung des Wachstums des Parameters N_0 ⟨der Gesamtproduktion⟩ sind wir gezwungen, eine Selektion von Fluktuationen zu postulieren, welche die Richtung der Evolution bestimmen. Unter den Fluktuationen werden die ausgewählt, welche N_0 zur Vergrößerung bringen. Diese Selektion kann erklärt werden mit der Konkurrenz zwischen Populationen, aus der die ⟨wirtschaftlich leistungsfähigeren und damit⟩ kopfstärkeren siegreich hervorgehen. Dies erklärt auch die Tatsache, dass isolierte Volksstämme oft in gewissen Stadien der Entwicklung stehenbleiben." Wie die Fluktuationen die Richtung der Evolution bestimmen, bleibt dunkel.

3.3.3 Unbegrenzt viele Populationen

Unter Verwendung der Ergebnisse von Peter M. Allen (1976) – auf die sich auch Chernenko bezieht – lässt sich dieser Mechanismus erhellen (vgl. zum folgenden

---

[2] Natürlich sind auch $(0, N_0, 0)$, $(0, 0, N_0)$ und $(0, 0, 0)$ stationäre Zustände; von diesen ist nur der erste stabil für $N_0 < \min(r_2 - \kappa_1 r_1/\kappa_2, \kappa_2 r_2/(\kappa_3 \beta + \kappa_2))$ während die beiden anderen immer unstabil sind. Gleichzeitig sieht man, dass für $N_0 < \min(r_1 - \kappa_1 r_1/\kappa_2, r_2 - \kappa_1 r_1/\kappa_2, \kappa_2 r_2/(\kappa_3 \beta + \kappa_2))$ zwei stabile Zustände existieren. Darüber hinaus gibt es noch zwei stationäre Zustände mit $N_1 = 0$, $N_2 = [\kappa_2 (r_2 + a N_0) + \kappa_3 N_0]/[\kappa_2 (1 + a) + \kappa_3 (1 + \beta)]$, $N_3 = [\kappa_2(N_0 - r_2) + \kappa_3 N_0 \beta]/[\kappa_2 (1 + a) + \kappa_3 (1 + \beta)]$ bzw. $N_1 = (\kappa_3 N_0 + \kappa_1 r_1)/(\kappa_1 + \kappa_3)$, $N_2 = 0$, $N_3 = [\kappa_1 (N_0 - r_1)]/(\kappa_1 + \kappa_3)$, deren Stabilität hier nicht untersucht werden soll.

ausführlicher Troitzsch 1994). Es sei zunächst eine einzige Subpopulation unterstellt, deren Produktion nach dem Muster der erweiterten Volterra-Lotka-Gleichung Chernenkos erfolgt. Die Parameter dieser Gleichung stehen für die Produktionsweise, die diese Subpopulation anwendet. Zu ferneren Zeitpunkten entstehen – mit zunächst sehr kleinen Populations- und infolgedessen Produktions-zahlen – neue Subpopulationen mit neuen (eventuell auch „schlechteren") Produk-tionsweisen, d. h. anderen Parametern. Erweist sich eine neue Subpopulation als hinsichtlich ihrer Produktivität überlegen, so setzt sie sich gegenüber den bestehen-den durch, entweder dadurch, dass diese aussterben, oder dadurch, dass diese die neuen Produktionsweisen übernehmen, oder einfach dadurch, dass diese stagnieren, während jene wächst und damit nach einiger Zeit einen hohen Anteil an der Gesamtpopulation ausmacht.

Immer wieder einmal – genauer: zu exponentiell verteilten Ankunftszeiten – entsteht eine neue Population. Dadurch wird N_0 eine stochastische, monoton steigende zeitabhängige Funktion.

Bei dieser Art von Modellierung ist es nicht erforderlich, das Differentialgleichungssystem –wie bei Chernenko – zu spezialisieren (das „Gesetz der Geschichte" also vorwegzunehmen), sondern nach den von Peter M. Allen für Räuber-Beute-Modelle erzielten Ergebnissen stellt sich die (historisch beobachtbare) Evolution hin zu effektiveren Produktionsweisen von selbst ein (das „Gesetz der Geschichte" wird also aus einfacheren Annahmen über Mutation und Selektion erst abgeleitet).

Bisher wurden Chernenkos Fluktuationen als neue Subpopulationen modelliert, die stochastisch hervorgebracht werden – aber es ist noch keineswegs klar, woher diese Subpopulationen kommen. Diese Frage wird weiter unten behandelt werden, denn es ist nicht zufriedenstellend, Fluktuationen mit einem Mittelwert größer als Null zu fordern, aber ein befriedigenderes Modell scheint auf der Makroebene, d. h. auf der Ebene der Subpopulationen nicht möglich zu sein. Vielmehr erscheint es vielversprechend, den ganzen Prozess als Geburts- und Todesprozess *innerhalb* der Subpopulationen, d. h. auf der Mikroebene (der Ebene der Individuen) zu modellieren. Dies sei aber zurückgestellt, bis das Makromodell eingehender erörtert worden ist.

Eine typische Simulation mit exponentialverteiltem r_i (d. h. mit der Fähigkeit der Subpopulationen, ihre Ressourcen auszubeuten, die zwischen Null und Unendlich liegt) erbringt die folgenden Ergebnisse (s. Abb. 17). Der in Abb. 17 dargestellten Simulation liegen folgende Parameter zugrunde:

a) Größe der Subpopulationen bei ihrer Initialisierung gleichverteilt zwischen 0.0 und 0.01;
b) Abstand zwischen den Zeitpunkten, zu denen neue Subpopulationen entstehen: exponentialverteilt mit Erwartungswert 5;
c) α_{ij} gleichverteilt zwischen 0.0 und 0.3;
d) r_i exponentialverteilt mit Erwartungswert 0.5;
e) κ_i gleichverteilt zwischen 0.0 und 1.0;
f) Entfernung der Subpopulationen, sobald ihre Größe 0.05 unterschreitet.

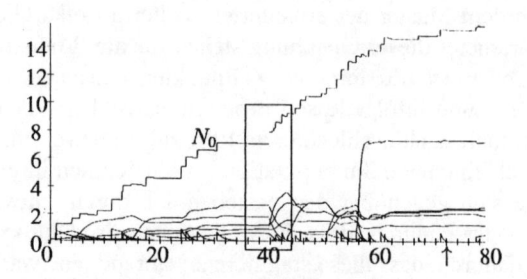

Abb. 17: Ergebnisse eines Simulationslaufs des Makromodells

Während der simulierten Periode sind insgesamt 42 Subpopulationen entstanden, von denen zwei Drittel nach höchstens fünf Zeiteinheiten ausgestorben waren. Ein typischer Fall ist die Supopulation #40, auf die in Abb. 17 ein Pfeil zeigt. Sie wird zum Zeitpunkt t=7.95 mit einer Ausgangsgröße von 0.625 ins System eingefügt, von dann an schrumpft sie exponentiell, bis sie zum Zeitpunkt t=72.15 die Größe 0.05 erreicht hat und entfernt wird. Während Zeiträumen, in denen der Zufallszahlengenerator keine oder nur wenige Subpopulationen erzeugt, stellt sich zwischen den vorhandenen Subpopulationen ein Gleichgewicht ein – zum Beispiel in den Perioden von t = 30.45 bis t = 39.75 (keine zusätzliche Subpopulation) oder von ungefähr t = 56 bis t = 77 (nur sehr wenige zusätzliche Subpopulationen mit offenbar geringem Effekt, was zu den Zeitpunkten t = 59.95, 60.65, 66.80, und 79.95 deutlich zu erkennen ist).

Das Hinzutreten erfolgreicher Subpopulationen verschiebt ein zuvor herrschendes Gleichgewicht. Um das genauer analysieren zu können, ist die detailliertere Darstellung in Abb. 18 erforderlich.

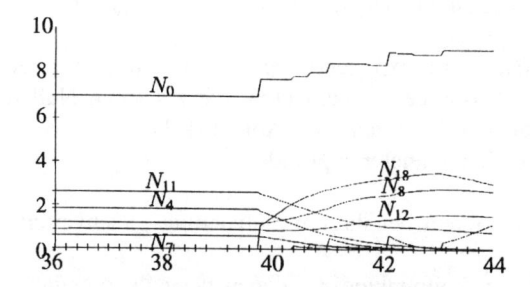

Abb. 18: Ergebnisse eines Simulationslaufs des Makromodells (Vergrößerung von Abb. 17)

Das interessanteste Ereignis dieser Art in diesem Lauf – ein völlig gestörtes Gleichgewicht – geschieht ungefähr bei t = 40, wenn die Subpopulation #8 entsteht (t = 39.75), schnell wächst und die Subpopulationen #4, #7, und #1 zu plötzlicher Schrumpfung bringt. Das liegt hauptsächlich daran, dass die Koeffizienten, die beschreiben, wie stark #8 von #4, #7 und #1 profitiert ($\alpha_{18,4}$, $\alpha_{18,7}$, $\alpha_{18,11}$), ziemlich hoch sind, während die Koeffizienten, die beschreiben, wie stark #4, #7 und #1 von #8 profitieren ($\alpha_{4,18}$, $\alpha_{7,18}$, $\alpha_{11,18}$), beträchtlich geringer sind. Die Subpopulationen #8 und #2 können zu diesem Zeitpunkt (und sogar bis zum Abbruch des Simulationslaufs) überleben, weil ihre Kopplungskoeffizienten und die mit #8 alle recht hoch sind; insbesondere #7 profitiert überhaupt nicht von ihnen (s. Tab. 1).

Tab. 1: Parameter der wichtigsten Subpopulationen zum Zeitpunkt t = 40

| Zeit | Größen | Subpopulationen | | | | | |
		4	7	11	8	12	18
38.0		1.802	0.583	2.619	1.163	0.874	–
40.0		1.464	0.475	2.317	1.259	0.843	1.507
42.0		0.264	–	1.043	2.459	1.343	3.235
40.0	Parameter						
	r_i	1.445	0.342	0.661	0.127	2.172	0.943
	κ_i	0.692	0.702	0.914	0.965	0.717	0.865
Subpop.	α_{ij} j=4	7	11	8	12	18	
i=4	0.314	0.696	0.495	0.034	0.907	0.066	
7	0.840	0.755	0.682	0.067	0.096	0.192	
11	0.909	0.947	0.506	0.255	0.874	0.361	
8	0.598	0.450	0.369	0.657	0.891	0.990	
12	0.198	0.965	0.119	0.507	0.794	0.701	
18	0.868	0.572	0.502	0.867	0.609	0.247	

Die vollständige Analyse der konstanten Attribute der Subpopulationen und ihres Einflusses auf ihre Überlebensfähigkeit zeigt, dass höhere r_i und κ_i eine Subpopulation stärker und lebensfähiger machen (s. Tab. 2).

Tab. 2: Einfluss der Parameter auf die Lebensdauer der Subpopulationen

| Gruppen von Subpopulationen | n | Mittelwerte | |
		r_i	κ_i
überlebend	6	4.130	0.701
ausgestorben, Lebensdauer > 10	8	0.895	0.665
ausgestorben, Lebensdauer < 10	28	1.619	0.349
alle	42	1.840	0.460

Ein – immer noch vorhandener – Nachteil dieser Modellierung ist, dass dieses Modell ein scheinbares Wachstum zeigt, das allein darauf beruht, dass immer wieder neue Subpopulationen mit nicht verschwindendem Produktionsumfang eingebracht werden. Das Wachstum, das im Modell insgesamt zu beobachten ist, folgt also allein schon aus den bloß mathematisch-technisch erforderlichen, nicht aber allein aus den inhaltlichen Annahmen. Gleichwohl mag von Interesse sein, dass alle durchgeführten Simulationsläufe deutlich machen, dass sich gerade diejenigen Populationen, die ihre Ressourcen besonders gut auszunutzen vermögen und außerdem zu schneller Produktion fähig sind, durchzusetzen in der Lage sind.

3.3.4 Ein stochastisches Modell der Evolution

Eine weitere Verallgemeinerung umgeht die mathematisch-technisch erforderliche Annahme des ständigen Wachstums dadurch, dass die Entwicklung der einzelnen Subpopulationen (d. h. der Träger der einzelnen Produktionsweisen) nicht deterministisch und kontinuierlich erfolgt, sondern stochastisch und diskret vermöge eines Geburts- und Todesprozesses, der so konstruiert ist, dass die über die Gesamtpopulation berechnete mittlere Geburtenrate der mittleren Sterberate gleich ist. Ein eventuell zu beobachtendes Wachstum ergibt sich hier also allein aus inhaltlichen, nicht aus methodisch erforderlichen Annahmen. Geburtenrate und Sterberate hängen dabei vom aktuellen Zustand der Produktion in gleicher Weise ab wie im Makromodell.

Auf der Ebene der Individuen muss das Wachstum der Subpopulationen mit Hilfe individueller Geburts- und Sterbewahrscheinlichkeiten modelliert werden. Um es etwas einfacher zu machen, modelliert man die Individuen, als ob sie sich asexuell fortpflanzen würden. Damit das Mikromodell dem Makromodell so ähnlich wie möglich wird, werden die Geburts- oder Kopierwahrscheinlichkeiten mit den positiven Teilen und die Sterbewahrscheinlichkeiten mit den negativen Teilen der Zuwächse und Verluste von Gleichung (75) modelliert, d. h. die individuelle Reproduktionswahrscheinlichkeitsrate in Subpopulation i ist

$$p_i^b(n) = \kappa_i \left(N_i + \sum_{j \neq i} \alpha_{ij} N_j \right) + \frac{1}{N(0)} \sum_k \kappa_k \alpha_{kk} N_k^2 \qquad (84)$$

Entsprechend ist die individuelle Sterbewahrscheinlichkeitsrate

$$p_i^d(n) = \kappa_i \alpha_{ii} N_i + \frac{1}{N(0)} \sum_k \kappa_k N_k \left(N_k + \sum_{j \neq k} \alpha_{kj} N_j \right) \qquad (85)$$

Man sieht sofort, dass gilt:

$$\sum_i N_i p_i^b(n) = \sum_i N_i p_i^d(n) \qquad (86)$$

Im Mittel sind also Geburten und Sterbefälle im Gesamtsystem gleichwahrscheinlich.

Die Entstehung neuer Subpopulationen wird nun in zwei Schritten modelliert: Zunächst werden – wie im Makromodell – neue Subpopulationen erzeugt, aber mit einer Anfangsgröße von Null. Jedoch kommen „Mutationen" vor, wenn ein Individuum seine Subpopulation verlässt, um sich einer anderen anzuschließen. Damit ist eine Subpopulation leer, wenn sie erzeugt wird, und sie wird erst aufgefüllt, wenn sich ein Individuum ihr anschließt. In den Simulationsläufen, die nachfolgend beschrieben werden, wird jedoch dieser Mutationsmechanismus gar nicht benutzt. Um Subpopulationsgrößen von Null aus wachsen zu lassen, genügt nämlich der Geburtsmechanismus bereits, denn $p_i^b(N)$ kann auch für $N_i = 0$ positiv sein. Nur die erste Subpopulation muss von einer positiven Größe aus starten. Dieser Modellierungsansatz erlaubt eine einfachere und effizientere Realisierung, denn es ist nicht notwendig, die einzelne Subpopulation aus ihren Mitgliedern zu rekonstruieren. In gewisser Weise werden Genotypen modelliert, die vor ihren Phänotypen entstehen, oder Pläne, die formuliert werden, bevor sie ausgeführt werden. Es kommt hinzu, dass in diesem Ansatz (wenn Mutation nicht ausgeschlossen wird) ein Plan, der von seiner Subpopulation aufgegeben worden ist, von später geborenen Individuen wieder aufgegriffen werden kann, wenn sie sich entscheiden, ihm zu folgen – im Makroansatz blieben ausgestorbene Subpopulationen für immer ausgestorben.

In der Mikrosimulation ist die Ausgangsgröße der ersten Subpopulation 500, während alle späteren Subpopulationen ohne Mitglieder entstehen. Der in Bild 19 dargestellte Simulationslauf erstreckte sich über 3.256.500 Zeitschritte (bevor er abgebrochen wurde). Die Gesamtgröße der Population betrug maximal 4.368 und bei Abbruch 3.934. Die Abb. zeigt die Größe der (insgesamt knapp 160.000, von denen aber meist nur 15 bis 20 gleichzeitig vorhanden waren) Subpopulationen (deren größte im Maximum eine Mitgliederzahl von 704 erreichte). Dem Simulationslauf liegen folgende Parameter zugrunde:

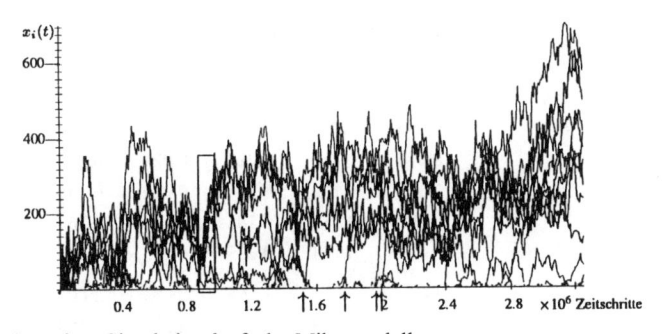

Abb. 19: Ergebnisse eines Simulationslaufs des Mikromodells

a) Abstand zwischen den Zeitpunkten, zu denen neue Subpopulationen entstehen: exponentialverteilt mit Erwartungswert 5;
b) α_{ij} gleichverteilt zwischen 0.0 und 0.3;
c) N_i exponentialverteilt mit Erwartungswert 0.5;

d) κ_i gleichverteilt zwischen 0.0 und 1.0;
e) Entfernung einer Subpopulation, deren Größe Null ist nach 10 Zeitschritten.

Eine Analyse der einzelnen Subpopulationen ergibt eine starke Abhängigkeit ihrer Überlebensfähigkeit von ihren Produktivitätskoeffizienten κ_i. Bei 17 der 32 Subpopulationen, die jemals mehr als 100 Mitglieder hatten, liegt κ über 0.95, bei weiteren 11 über 0.8. Die N_i's scheinen keinen Einfluss auf die Überlebensdauer zu haben, nur bei zehn der genannten 32 Subpopulationen liegt N_i über dem Mittel. Die Sättigungskoeffizienten (α_{ii}) dieser 32 Subpopulationen sind niedriger, als man vielleicht erwarten würde: 19 von ihnen liegen unter und nur 13 über dem Mittelwert von 0.15; 14 sind unter 0.1, acht sogar unter 0.05. Die Autokorrelation und das Periodogramm der Zeitreihe der Gesamtgröße der Population sehen (jedenfalls für die ersten 100.000 Zeitschritte) denjenigen eines ARIMA(0, 1, 0)-Prozesses, d. h. eines Random-Walk-Prozesses, zum Verwechseln ähnlich.

Trotzdem lohnt sich ein Versuch, das, was sich hinter diesem Random-Walk-Prozess auf der Ebene der einzelnen Subpopulationen verbirgt, genauer zu untersuchen. Nach 874.400 Zeitschritten hat die Gesamtgröße der Population ein lokales Minimum von nur 389. Von diesem Zeitpunkt an sollen sieben Subpopulationen weiter verfolgt werden, von denen fünf gemeinsam schnell wachsen (s. Tab. 3 und den rechtwinkligen Rahmen in Abb. 19). Nach dieser Phase eines gesamthaften Wachstums findet sich erst wieder ein Minimum nach 971.000 Zeitschritten mit 1.462 Mitgliedern der Gesamtpopulation.

Tab. 3: Größe und Koeffizienten einiger ausgewählter Subpopulationen

	Subpopulation Nr.						
	1669	18356	18528	22541	28025	33061	42550
Größe nach 880k Zeitschritten	20	72	88	93	120	64	87
α_{ij}							
1669	0.053	0.241	0.068	0.221	0.245	0.054	0.001
18356	0.161	0.028	0.253	0.262	0.204	0.164	0.045
18528	0.296	0.223	0.008	0.209	0.145	0.196	0.271
22541	0.049	0.251	0.227	0.029	0.210	0.106	0.284
28025	0.113	0.152	0.256	0.269	0.148	0.292	0.274
33061	0.292	0.289	0.181	0.137	0.267	0.237	0.270
42550	0.177	0.224	0.223	0.235	0.243	0.181	0.001
Größe nach 960k Zeitschritten	14	23	177	233	294	154	281
N_i	1.310	0.139	0.326	2.300	1.388	0.355	0.172
κ_i	0.997	0.969	0.952	0.966	0.996	0.942	0.932

Es lässt sich also auch hier erkennen, dass starke und wachsende Subpopulationen hohe κ_i's aufweisen, dass die N_i offenbar überhaupt keinen Einfluss auf die Überlebensfähigkeit der Subpopulationen ausüben und dass die Kopplungskoeffizienten der fünf wachsenden Populationen ziemlich hoch sind, während die Sättigungskoeffizienten α_{ii} ziemlich niedrig sind: sowohl Kopplungs- als auch Sättigungskoeffizienten entstammen derselben Gleichverteilung über dem Intervall [0, 0.3], aber von den fünf Sättigungskoeffizienten sind vier niedriger als 0.150, während von den 20 Kopplungskoeffizienten der fünf wachsenden Subpopulationen 17 größer als 0.15 und acht sogar größer als 0.25 sind.

Aus dieser Beobachtung lässt sich ableiten, dass eine starke Kopplung zwischen den wichtigeren Subpopulationen für die Population als ganze vorteilhaft sein kann, insofern eine zufällige Drift aufwärts von starker Kopplung verstärkt wird; eine zufällige Drift abwärts wird allerdings ebenso verstärkt. Die Verteilung der Kopplungskoeffizienten, die Beiträge der wachsenden an die schrumpfenden Subpopulationen (#669 and #8356) ausdrücken, sind ziemlich gleichförmig verteilt, und das dürfte erklären, warum die Letzteren vom Wachstum der anderen fünf nicht profitieren.

Eine weitere Beobachtung in Abb. 19 verdient noch diskutiert zu werden: Vier Subpopulationen sind mühelos auszumachen, die von ihrer Entstehung nach ungefähr 1.500.000, 1.800.000, 1.938.000 und 1.952.000 Zeitschritten sehr schnell aufwachsen (s. die Pfeile in Abb. 19). Es ist interessant zu sehen, was an diesen Subpopulationen besonderes ist, dass nur sie eine Chance haben, sehr schnell auf eine Größe von mehreren hundert Mitgliedern zu wachsen. Nach ungefähr 1.500.000 Zeitschritten haben die aus Tab. 3 schon bekannten fünf wichtigeren Subpopulationen ihre Kooperation fortgesetzt. Alle Kopplungskoeffizienten der neuen Subpopulation #64649 mit Bezug zu den früheren wichtigen fünf Subpopulationen liegen über dem Mittelwert. Das gleiche gilt für #86059, die nach ungefähr 1.800.000 Zeitschritten entsteht, und es gilt auch für #94311, die zwischen t=1.938.000 und t=2.040.000 auf 303 Mitglieder anwächst, und für #95001, die zwischen t=1.952.000 und t=2.050.000 auf 183 anwächst. Von den 5+6+7+8=26 Kopplungskoeffizienten dieser vier neuen Subpopulationen mit ihren jeweiligen Vorgängern, liegen 24 über dem Mittelwert von 0.15, zwölf über 0.25 und sechs sogar über 0.29.

Aus dieser Beobachtung lässt sich eine Vermutung ableiten über die Chance einer einzelnen Subpopulation, schnell aufzuwachsen und lange zu überleben: Wenn sie gut an ihre Vorgänger angepasst ist, d. h. wenn sie mit ihnen stark gekoppelt ist, dann hat sie eine gute Chance, einen erfolgreichen Start in ihre Existenz zu machen.

3.3.5 Schlussfolgerungen

Die hier entwickelten Modelle können als Funktionen von $\Omega \times P$ in den Raum der möglichen Realisierungen angesehen werden (wobei Ω der Ereignisraum oder, genauer, die Menge der möglichen Startwerte des Zufallszahlengenerators und P der Parameterraum der beteiligten stochastischen Prozesse ist). Im Fall des Makromodells hat sich gezeigt, dass eine kontraintuitive Annahme gemacht werden muss, insofern als neue Subpopulationen mit einer positiven (wenn auch kleinen) Anfangsgröße starten müssen, denn eine Subpopulation, die bei Null anfängt, wird niemals wachsen. Dies führt zu einer Gesamtgröße der Population, die eine monoton steigende Funktion der Zeit ist. Das Mikromodell mit seinem stochastischen Geburts- und Todesprozess und diskreten Subpopulationsgrößen zeigt, dass das Makromodell nicht nur wegen seiner kontinuierlichen Subpopulationsgrößen unrealistisch, sondern sogar falsch ist, weil der deterministische Algorithmus (eine Differentialgleichung), der zur Berechnung der Subpopulationsgrößen *zwischen* aufeinander folgenden Zeitpunkten der Entstehung neuer Subpopulationen dient, nicht die Erwartungswerte des stochastischen Geburts- und Todesprozesses ergibt (Weidlich, Haag 1983: 112–122).

Es wäre wünschenswert, eine analytische Lösung für die Wahrscheinlichkeitsfunktion über dem Raum der möglichen Realisierungen zu kennen. Dies würde allerdings die Ableitung einer Master-Gleichung (Weidlich, Haag 1983: 58–62) für den Makrozustand erfordern, der hier als Vektor variabler Länge beschrieben werden müsste (eine skalare oder vektorwertige Makrovariable feststehender Dimension würde offensichtlich nicht ausreichen). Soweit ersichtlich, ist ein Kalkül für diesen Fall bisher noch nicht entwickelt worden. Daher können sich weitergehende Aussagen einstweilen nur auf Simulationsexperimente stützen.

Die vorläufigen Ergebnisse dieses Abschnitts können folgendermaßen umschrieben werden:

a) Entgegen dem teilweise deterministischen Ansatz, wie er von Allen (1976) (vgl. auch Prigogine, Nicolis 1977: 455–458) entwickelt wurde, ist ein immerwährender Zuwachs der Gesamtgröße der Population nicht unausweichlich, wie der stochastische Ansatz zeigt. Vielmehr ist vollständige Auslöschung im Laufe eines Evolutionsprozesses möglich;
b) Statt dessen lässt sich ein mittleres Wachstum der Gesamtgröße der Population beobachten, wenn die Komplexität der Gesamtpopulation (oder die Gleichheit zwischen den Subpopulationen) hoch ist, während geringe Komplexität (oder das Vorherrschen einer oder weniger Subpopulationen) zu einem Absinken der Gesamtgröße der Population und sogar zum Aussterben der Gesamtpopulation zu führen scheint;
c) Nur Subpopulationen mit hoher Produktivität und hoher Kapazität zur Ausnutzung äußerer erneuerbarer Ressourcen haben eine Chance, zu wachsen und längere Zeit zu überleben. Im vorliegenden Modell – in dem die Produktivität in einem geschlossenen Intervall gleichverteilt, die Ausbeutungskapazität aber exponentialverteilt ist – wird die Ausbeutungskapazität wichtiger als die Produktivität.

Viel Forschungsarbeit bleibt zu tun, um die Komplexität des vorliegenden Modells weiter zu analysieren. Weitere Anstrengungen müssen insbesondere den Auswirkungen der Kopplungskoeffizienten α_{ij} auf die Entwicklung des Gesamtsystems und auf die Überlebenszeit der individuellen Subpopulationen gelten.

3.4 Parameterschätzung

Die verschiedenen Modelle, die in diesem Kapitel diskutiert worden sind, haben eine –teilweise auch größere – Zahl von Parametern, die man vielfach gern aus empirischen Daten über Populationsgrößen und/oder Wachstumsraten schätzen würde.

Für eine solche Schätzung – sofern sie angesichts der Tatsache, dass alle in diesem Kapitel betrachteten Prozesse nichtlinear sind, überhaupt möglich ist – bieten sich verschiedene Zugänge an. Zunächst kann man unterstellen, dass das beobachtete System sich in der Nähe eines seiner stabilen stationären Zustände befindet. In diesem Fall müssen die empirischen Daten über die aktuellen Größen der einzelnen Subpopulationen ausreichen, um die Parameter zu bestimmen, denn in dem so unterstellten Fall verschwinden ja die Wachstumsraten gerade. Die Differentialgleichungssysteme der verschiedenen diskutierten deterministischen Modelle und ebenso die Differentialgleichungssysteme für die Approximationen an die Erwartungswerte der Populationsgrößen, die aus den stochastischen Modellen – wenn auch unter Vorbehalten – abgeleitet werden konnten, haben aber im Allgemeinen mehr Parameter als Variablen. Aus diesem Grunde erscheint es prinzipiell unmöglich, allein aus Daten, die zu einem Zeitpunkt erhoben worden sind, Parameter des zugrundeliegenden dynamischen Systems abzuleiten, selbst wenn die Annahme, das System befinde sich in der Nähe eines stabilen stationären Zustandes, gerechtfertigt sein mag.

Nur bei Modellen mit gleich viel Parametern wie Variablen – etwa im Fall der interagierenden Sprachgruppen ohne Lernen – lässt sich durch Umformung der Bestimmungsgleichungen für den stationären Zustand der Parametervektor berechnen. Für das Beispiel ergibt sich

$$\alpha_f = \frac{1 + f^* - g^*}{1 + 3f^* - g^*}$$

$$\alpha_g = \frac{1 - f^* + g^*}{1 - f^* + 3g^*}$$

womit sich aus einer aktuellen, offensichtlich stabilen Verteilung der Bevölkerung auf die drei Sprachgruppen – freilich nur unter Geltung aller anderen Modellannahmen – für $b^* > 0$ mühelos die beiden α-Koeffizienten berechnen lassen. Modelle dieser Art, die noch von Relevanz sind, dürften aber eher selten sein.

Bei Modellen ohne stabile stationäre Zustände – wie etwa das einfache Volterra-Lotka-Modell – oder in Fällen, in denen der stabile Zustand offensichtlich noch nicht erreicht ist, ist es möglich, verallgemeinerte Methoden der Zeitreihenanalysen anzuwenden. Die Standardmethoden der linearen Zeitreihenanalysen nach dem Box-Jenkins- oder ARIMA-Ansatz sind hier aber nicht sehr hilfreich, weil von vornherein klar ist, dass die Annahmen des ARIMA-Modells von empirischen Systemen, die dem Volterra-Lotka-Modell (oder den anderen in diesem Kapitel behandelten Modellen) folgen, verletzt sein müssen. Von daher ist es nicht verwunderlich, wenn Schlittgen und Streitberg von einer „sehr schlechte⟨n⟩ Anpassung" eines AR[2]-Prozesses an eine Zeitreihe der (logarithmierten) Anzahl der jährlich gefangenen Luchse in einer Region Kanadas berichten (Schlittgen, Streitberg 1984: 166–167), denn die Zeitreihe lässt schon an ihrer grafischen Darstellung (ebenda, 2) manche Anzeichen eines Volterra-Lotka-Modells erkennen.

Für Volterra-Lotka-Modelle lässt sich aber ein Parameterschätzungsverfahren nach der Methode der kleinsten Quadrate verwenden, dass die Ableitungen der Populationsgrößen nach der Zeit aus den verfügbaren Zeitreihen aus den Differenzen der Populationsgrößen zu zwei aufeinander folgenden Zeitpunkten schätzt:

$$N_i^{\bullet}(t) \cong \frac{N_i(t) - N_i(t-\tau)}{\tau}$$

Im folgenden Beispiel wurden die beiden Zeitreihen, die für die Abb. 12 und 13 benutzt wurden, für eine solche Parameterschätzung verwendet (zu beachten ist, dass es sich dort nicht um eine einzelne Realisierung des dort beschriebenen stochastischen Prozesses handelte, sondern um die Mittelwerte von 100 Realisierungen über 10.000 Zeitschritte).

Das „Regressionsmodell" sieht im vorliegenden Fall – mit den Variablen DX, DY, X, Y, und XY – folgendermaßen aus:

$$DX = a_0 + a_x X + a_{xy} XY$$
$$DY = b_0 + b_y Y + b_{xy} XY$$

wobei sich für a_0 und b_0 jeweils 0, für a_x 1, für b_y −1, für a_{xy} −0.01 und für b_{xy} 0.01 ergeben sollte. Für $\tau = 1$ ergeben sich (nach Skalierung auf die angemessenen Zeiteinheiten) folgende Schätzungen:

Parameter	Schätzwert	Standardfehler
a_x	0.98637	0.02014
a_{xy}	−0.00990	0.00014
a_0	0.35176	1.72900
b_y	−1.02900	0.00044
b_{xy}	0.01006	0.00015
b_0	2.52300	1.53800

Für $\tau = 20$ sehen die Werte folgendermaßen aus:

Parameter	Schätzwert	Standardfehler
a_x	0.99665	0.004569
a_{xy}	−0.00990	0.000031
a_0	0.74220	0.392250
b_y	1.01710	0.004518
b_{xy}	0.01005	0.000033
b_0	1.42585	0.347300

Selbst für $\tau = 100$ und bei einer Beschränkung auf jeden 100. Zeitpunkt, d. h. mit nur 100 Zeitpunkten, ergeben sich immer noch gute Werte:

Dynamik interagierender Bevölkerungen

Parameter	Schätzwert	Standardfehler
a_x	1.03883	0.02206
a_{xy}	−0.00989	0.00015
a_0	−5.13669	1.89408
b_y	−0.96695	0.02064
b_{xy}	0.01001	0.00015
b_0	−3.08972	1.58302

Lediglich die Konstanten a_0 und b_0 werden überschätzt, die Schätzwerte unterscheiden sich aber meist nicht signifikant von 0. Bei Anwendung des angemessenen Modells ohne Konstanten ergeben sich folgende Werte:

$$DX = a_x X + a_{xy} XY$$
$$DY = b_y Y + b_{xy} XY$$

τ		a_x bzw. b_y	a_{xy} bzw. b_{xy}
1	DX	0.98919	−0.00990
1	DY	−1.00900	0.00101
20	DX	0.99070	−0.00990
20	DY	−1.00580	0.01007
100	DX	0.99768	−0.00992
100	DY	−0.99158	0.00999

Nach diesem Experiment erscheint es plausibel, dass die Schätzung der Parameter eines verallgemeinerten Volterra-Lotka-Modells mit dem beschriebenen Verfahren auch für kürzere Zeitreihen befriedigende Ergebnisse erbringt.

4

Wanderungsdynamik

Günter Haag und Kathrin Grützmann

Einleitung

So unterschiedlich die Motivationen eines Individuums sind, die Wohnung, den Wohnort, den Arbeitsplatz oder gar das Land zu wechseln, so vielfältig wurden Hypothesen oder Theorien entwickelt, die der Beschreibung von Wanderungsprozessen und wenn möglich der Fortschreibung bzw. Prognose derartiger Prozesse dienten.

Unter dem Begriff „Migration" können sich dabei sehr unterschiedliche Ereignisse verbergen. So werden neben der Umverteilung der Bevölkerung innerhalb von Bundesländern, Regionen oder Städten u. a. auch die Migration von Arbeitskräften (Gastarbeitern) zwischen einem Heimatland und einem Gastland in Abhängigkeit von ökonomischen und sozialen Gesichtspunkten (Kindleberger 1967; Straubhaar 1988), oder auch die Zuwanderung von Aussiedlern oder Asylanten untersucht. Die Modellierung derartiger Wanderungsprozesse geht häufig von einem 2-Regionenmodell aus, wobei das Heimatland und das Gastland jeweils als eine Region betrachtet werden. Die Migrationsströme zwischen Heimatland und Gastland sowie die Ströme in umgekehrter Richtung werden durch ökonomische Faktoren, Erwartungen, Netzwerkexternalitäten, soziale und gruppendynamische Gesichtspunkte etc. begründet.

Betrachtet man die räumliche Verteilung von Städten unterschiedlicher Größe innerhalb eines Landes und ist gleichzeitig fasziniert von der Astronomie, wie z. B. Levasseur (1909), liegt es nahe, das Städtesystem und das System der Sterne am abendlichen Himmel in seinen Besonderheiten zu vergleichen: „*Les villes, etoiles de premiere grandeur, ont avec les autres ce caractere commun qu´elles exercent en general sur la population rurale une puissance d´attraction qui est proportionnelle á la masse de leur propre population.*"

Diese Idee hat sich über das gesamte XIX. Jahrhundert bewahrt und zeigt sich noch heute im „Gravitationsgesetz" der Migration.

Eine erste vollständige Beschreibung eines „Systems von Städten", die über eine eher oberflächliche Analogie zur Physik hinausgeht, wurde von Reynaud (1841) erstellt. Er wird in der Zwischenzeit als der eigentliche Begründer der *Theorie der zentralen Orte* angesehen, mit allen darin vorkommenden grundlegenden Prinzipien, einschließlich der geometrischen Formulierung von Marktflächen als Hexagone. Seine Arbeiten wurden von Robic (1982) wieder aufgefunden und diskutiert. Ein weiterer Wegbereiter für die Anwendung von Gravitationsmodellen in den Sozialwissenschaften war Carey (1858), der folgerte: *„Man tends, of necessity, to gravitate towards his fellow man."*

Die (vermutlich) erste Anwendung mathematischer Wanderungsmodelle erfolgte nach der Analyse von Wanderungsströmen durch Ravenstein (1885) und der Veröffentlichung seines berühmten Artikels *„The laws of migration"*. Die Analyse der Entwicklung von Städten während des 19. Jahrhunderts durch Weber (1899) wurde auf den Grundlagen des Ravenstein-Artikels durchgeführt.

Eine weitere Möglichkeit, Wanderungsprozesse zu beschreiben, ergibt sich durch die Anwendung von Entscheidungsmodellen auf die Wohnortwahl von Personen bzw. die Standortwahl von Betrieben. Eine „Entscheidung" zu treffen, bedeutet in diesem Zusammenhang die mehr oder weniger bewusste Auswahl einer von mehreren möglichen Handlungsalternativen, z. B. eines Wohnorts oder eines Betriebsstandorts, aus einer Vielzahl von möglichen Wohnorten bzw. Betriebsstandorten.

Im letzten Jahrzehnt wurden zahlreiche Entscheidungsmodelle mit dem Ziel entwickelt, Verhaltensweisen von Personengruppen (Subpopulationen) in ihrem Entscheidungsverhalten beschreiben, erklären und, wenn möglich, vorhersagen zu können (Hauer et al. 1988; Fischer et al. 1988).

Stationäre Modelle, wie beispielsweise das Multinomial-Logit-Modell haben sich in der Zwischenzeit in zahlreichen Anwendungen bewährt, wenngleich natürlich eine Begrenzung in ihrer Anwendbarkeit besteht, da sie den Zeitfaktor nicht beinhalten. Ein weiterer Nachteil der meisten Entscheidungsmodelle ist zudem, dass Interaktionen, d. h. Wechselwirkungen zwischen den einzelnen Individuen, bei der Entscheidungsfindung nicht berücksichtigt werden.

Das hier beschriebene stochastische Migrationsmodell beruht auf einem dynamischen und nichtlinearen Entscheidungsmodell, das über die Vielzahl individueller Wohnortentscheidungen der Bevölkerung das Migrationsgeschehen auf der Makroebene abbildet. D. h. die zeitliche Entwicklung der Bevölkerungszahlen einzelner Wohnorte oder Regionen wird unter Einbeziehung von Interaktionen der Bevölkerung untereinander modelliert. Die in den Bevölkerungsbewegungen enthaltenen Informationen werden dabei auf möglichst wenige relevante und in der Praxis gut interpretierbare Größen reduziert.

In Kap. 4.1 werden zunächst die gängigen Modelle zur Beschreibung des Migrationsverhaltens dargestellt. Zunächst wird dabei auf das Gravitaitonsmodell eingegangen, es folgen Modellansätze, die auf dem Prinzip der Entropiemaximierung beruhen sowie das oft verwendete und noch häufiger zitierte Multinomial-Logit-Modell.

Das in Stuttgart entwickelte stochastische Migrationsmodell wird in Kap. 4.2 beschrieben. Nach einer kurzen Beschreibung des Modells sowie seiner Vor- und Nachteile wird dabei auch der mathematische Rahmen im Detail erklärt.

Die Schätzung der Parameter für das stochastische Migrationsmodell ist in Kap. 4.3 erläutert.

Eine Anwendung des Modells auf die Analyse der Wanderungsbewegungen zwischen den Kreisen Baden-Württembergs ist in Kap. 4.4 zusammengefasst.

Kapitel 4.5 schließt mit der Simulation der Bevölkerungsentwicklung für die Region Stuttgart für unterschiedliche Szenarien diesen Beitrag inhaltlich ab.

4.1 Modelle zur Beschreibung von Migrationsprozessen

4.1.1 Gravitationsmodelle

Gravitationsmodelle werden sehr häufig zur Untersuchung von Migrationsereignissen verwendet. Die einfachste Form stellt eine direkte Übertragung des Newtonschen Gesetzes dar[1]

$$w_{ij} = k \frac{n_i n_j}{d_{ij}^2} \qquad (1)$$

wobei w_{ij} den Migrationsfluss, d. h. die Anzahl der Wanderungen von j nach i innerhalb eines vorgegebenen Zeitintervalls, n_i bzw. n_j die Bevölkerungszahl der beiden Regionen i bzw. j und d_{ij} die Entfernung zwischen diesen Regionen beschreibt. Der Migrationsstrom w_{ij} zwischen einer Region j und der Region i ist daher beim Gravitationsmodell genau so groß wie der inverse Strom w_{ji}.[2]

Der einzige Parameter k wird häufig durch die Forderung festgelegt, dass die Summe der geschätzten Wanderungsströme w_{ij} gleich der Summe der beobachteten Ströme $w_{ij}^{(e)}$ sein muss:

$$k = \frac{\sum_{i,j=1}^{L} w_{ij}^{(e)}}{\sum_{i,j=1}^{L} \frac{n_i n_j}{d_{ij}^2}} \qquad (2)$$

Wanderungen erfolgen innerhalb unterschiedlicher Aggregationsebenen, etwa zwischen den 16 Bundesländern der Bundesrepublik Deutschland, zwischen den Kreisen innerhalb eines Bundeslands und über die Bundesländergrenzen hinaus, auf Gemein-

---

[1] Aus den Keplerschen Gesetzen der Himmelsmechanik leitete Newton das Gravitationsgesetz ab. Es besagt, dass die anziehende Kraft zwischen zwei Körpern (Gravitationskraft) $F_{ij} = \gamma \frac{M_i M_j}{d_{ij}^2}$ proportional den Massen der beiden Körper M_i und M_j ist, und umgekehrt proportional dem Quadrat des Abstandes d_{ij}. Die Proportionalitätskonstante ist die sogenannte Gravitationskonstante γ. Das Gesetz gilt für Massenpunkte. Bei ausgedehnten Körpern muß über die zwischen ihren sämtlichen Massenelementen wirkenden Kräfte integriert werden.

[2] Dies gilt natürlich nur falls $d_{ij} = d_{ji}$ gilt.

deebene oder auch zwischen den Stadtteilen einer Stadt. Immigrations- und Emigrationsereignisse sind ebenfalls zu berücksichtigen. Die Grenzen der betrachteten räumlichen Einheiten (Regionen) sind jeweils in einem komplexen historischen Prozess entstanden. Daher fallen auch die „Gravitationszentren" nicht unbedingt mit den „Flächenschwerpunkten" einer Region zusammen. Dies stellt ein Problem der Migrationsforschung dar und wurde von Grimmeau (1994) im Zusammenhang mit dem Gravitationsmodell als „*The inconsistency of the gravity model according to scale*" bezeichnet.

Die Summation über die Migrationsströme z. B. zwischen sämtlichen Gemeinden eines Bundeslandes und allen Gemeinden eines anderen Bundeslandes sollte erwartungsgemäß die Migrationsströme auf der höher aggregierten Ebene, nämlich zwischen den betrachteten Bundesländern, ergeben. Wie von Grimmeau gezeigt, können einfache Gravitationsmodelle diese Skalenforderung nicht erfüllen, da die sozialen, ökonomischen und geografischen Besonderheiten einer Region durch diesen einfachen Modellansatz nicht abgebildet werden. Es zeigte sich auch, dass die Schätzungen auf der Ebene der Gemeinden bessere statistische Tests ergeben, als dies auf Ebene der Bundesländer der Fall ist. Dies ist zu erwarten, da die räumliche Verteilung der Bevölkerung im ersten Fall besser erfasst wird.

Die Übertragung des Gravitationsansatzes auf Wanderungsbewegungen zwischen großflächigen Regionen ist daher im Allgemeinen problematisch. In Analogie zur Physik kann hier – an Stelle der Massenverteilung – die Verteilung der Bevölkerung in den einzelnen Regionen ebenfalls durch Integration berücksichtigt werden.

Ein Hauptziel der Verwendung einfacher Gravitationsmodelle kann aber auch darin bestehen, die allein auf die räumliche Verteilung der Bevölkerung im Untersuchungsraum zurückzuführenden Anteile an den Migrationsströmen $w_{ij}(t)$ zu erfassen und mit den beobachteten Migrationsströmen $w_{ij}^{(e)}(t)$ zu vergleichen. Dies setzt natürlich voraus, dass das verwendete Gravitationsmodell die auf die Bevölkerungsverteilung zurückzuführenden Wanderungsströme richtig beschreibt. Dies ist keinesfalls trivialerweise der Fall!

Vergleicht man auf diese Weise für jede Region i die Summe aller beobachteten Einwanderungen $\sum_{j=1}^{L} w_{ij}^{(e)}(t)$ bzw. Auswanderungen $\sum_{j=1}^{L} w_{ji}^{(e)}(t)$ mit der Summe der über das Gravitationsmodell berechneten Einwanderungen $\sum_{j=1}^{L} w_{ij}(t)$ bzw. Auswanderungen $\sum_{j=1}^{L} w_{ji}(t)$, so lässt sich damit ein Attraktivitätsindex definieren.

Eine Region wird dann als attraktiv bezeichnet, wenn die beobachtete Anzahl an Einwanderungen die mit dem Garvitationsmodell berechneten Einwanderungszahl übertrifft, d. h. falls

$$\sum_{j=1}^{L} w_{ij}^{(e)}(t) > \sum_{j=1}^{L} w_{ij}(t)$$

erfüllt ist. Gilt ein „ < "- Zeichen, wird die Region i als unattraktiv betrachtet. Das Verhältnis

$$A_i(t) = \frac{\sum_{j=1}^{L} w_{ij}^{(e)}(t)}{\sum_{j=1}^{L} w_{ij}(t)} \qquad (3)$$

stellt damit einen Attraktivitätsindex der Region i oder „Pull"-Index $A_i(t)$ dar. Dieselbe Betrachtung kann auch für die Auswanderungsströme durchgeführt werden. Damit kann auch ein Abstoßungsindex oder „Push"-Index $B_i(t)$ auf der Ebene der betrachteten regionalen Einheiten definiert werden:

$$B_i(t) = \frac{\sum_{j=1}^{L} w_{ji}^{(e)}(t)}{\sum_{j=1}^{L} w_{ji}(t)} \qquad (4)$$

Ein andere Betrachtungsweise führt auf der Grundlage des Gravitationsmodells zur Einführung von „Entfernungen" d_{ij} zwischen den Regionen

$$d_{ij} = \sqrt{\frac{k n_i n_j}{w_{ij}}} \qquad (5)$$

Die so erhaltene Distanz stellt eine Schätzung der mittleren Entfernung dar, die ein Migrant pro Migrationsakt zurücklegt. Diese Distanzen können mit den tatsächlichen Entfernungen zwischen den „Gravitationszentren" i und j verglichen werden. Die mithilfe des Modells berechneten Entfernungen sind in der Regel kleiner als die tatsächlichen Entfernungen. Dies liegt darin begründet, dass für eine Abstandsabhängigkeit nach dem klassischen Gravitationsansatz Wanderungen über größere Entfernungen nur schlecht abgebildet werden können. In empirischen Studien zeigt sich auch, dass bei Umzügen über große Entfernungen (> 200 km) die Veränderungen der Distanz nur noch eine untergeordnete Rolle spielen.

Häufig wird das „Gravitationsmodell" auch bei anderen Arten der Wechselwirkungen zwischen räumlichen Einheiten verwendet, wie etwa zur Abschätzung der Anzahl der Eisenbahn- oder Flugzeugbenutzer zwischen zwei Zentren, der Anzahl der Telefongespräche zwischen zwei Regionen, der Anzahl der potenziellen Kunden eines Einkaufszentrums und so weiter. Dass selbst bei den oben genannten sehr unterschiedlichen räumlichen Wechselwirkungen starke Korrelationen mit dem Ausdruck $n_i n_j / d_{ij}^2$ existieren, war für Stewart (1947, 1948) ein Hinweis auf die grundlegende Bedeutung des Gravitationsansatzes für die Sozialwissenschaften.

Dieses sehr einfache „Interaktionsmodell" wurde daher in den vergangenen Jahrzehnten vielfach modifiziert, um Besonderheiten des betrachteten Untersuchungsraums besser abbilden zu können (Poulain 1981). Wir werden Einzelne dieser Modifikationen in diesem Kapitel kurz zusammenstellen. Zusammenfassungen unterschiedlicher Gravitationsansätze mit Anwendungen und deren Bewertungen finden sich in Fotheringham, O'Kelly (1989); Haynes, Fotheringham (1984); De La Barra (1990).

Eine erste sehr einfache Modifikation ergibt sich aus der Beobachtung, dass die Wanderungsströme nach einem anderen Abstandsgesetz abnehmen, als dies dem Newtonschen Gesetz entspricht. Es gibt keinen überzeugenden Grund, an einem Abstandseffekt $\propto d_{ij}^{-2}$ festzuhalten.[3] Eine Interpretation der räumlichen Abhängigkeit als räumlichen „Widerstand" oder allgemein als räumliche Abklingfunktion, die unterschiedliche analytische Formen annehmen kann, wurde diskutiert und führte zumeist zu einer besseren Anpassung der Wanderungsströme an die empirisch beobachteten Ströme:

$$w_{ij} = k \frac{n_i n_j}{d_{ij}^\alpha} \qquad (6)$$

Der Koeffizient α stellt dabei ein Maß für die Abstandssensitivität der Bevölkerung dar. Allgemeiner können die Ströme auch folgendermaßen ausgedrückt werden:

$$w_{ij} = k n_i n_j f(d_{ij}) \qquad (7)$$

mit der Abkling- oder Abstandsfunktion $f(d_{ij})$, die von Fall zu Fall zu spezifizieren ist.

---

[3] Im Gegensatz zur Physik. Hier ergibt sich das Abstandsgesetz aufgrund der räumlich homogenen Ausbreitung der Gravitationswellen.

Die beiden Systemparameter k und α können nun z. B. mittels einer einfachen log-linearen Schätzung,[4] beruhend auf der Methode der kleinsten Fehlerquadrate, bestimmt werden:

$$F(k,\alpha) = \sum_{i,j=1}^{L} \left[\log w_{ij}^{(e)} - \log(k n_i n_j d_{ij}^{-\alpha}) \right]^2 = Min. \tag{8}$$

bzw. mittels der nichtlinearen Schätzung:

$$H(k,\alpha) = \sum_{i,j=1}^{L} \left[w_{ij}^{(e)} - k n_i n_j d_{ij}^{-\alpha} \right]^2 = Min. \tag{9}$$

Einen weiteren Diskussionspunkt in der Literatur stellt die Frage dar, was unter dem Distanzmaß d_{ij} zu verstehen ist. Unter d_{ij} die Entfernung zwischen Region i und Region j zu verstehen, erweist sich nicht immer als signifikant. Bessere statistische Tests erhält man durch Berücksichtigung des notwendigen Aufwands, um von einer Region i in eine Region j zu gelangen. Dies kann dadurch berücksichtigt werden, indem d_{ij} die Transportkosten oder die Reisezeit angibt, wobei ein bestimmtes Verkehrsnetz zu Grunde gelegt wird. Auch „soziale" Distanzen, gemessen z. B. als Unterschiede im sozialen Status, im Einkommen oder im kulturellen Verhalten, aber auch in Form von Sprach- und ethnischen Barrieren können bei spezifischen Anwendungsfällen durchaus von entscheidender Bedeutung sein (Huriot, Thisse 1984). Im Folgenden gehen wir immer von diesem allgemeinen Distanzbegriff aus.

Ein weiterer Punkt, der sehr früh in Frage gestellt wurde, ist die alleinige Verwendung der Bevölkerungszahlen n_i und n_j als Maßzahlen für die „Gravitationsmassen". Die Größen n_i und n_j sollen dagegen effektive Attraktivitäten[5] der Regionen i und j repräsentieren und damit zur Erklärung der Migrationsströme beitragen. Insbesondere in der englisch sprachigen Literatur haben sich für diese effektiven Attraktivitäten die Bezeichnungen O_j (origin) für die Quell- oder Ausgangsregion und D_i (destination) für die Zielregion eingebürgert.

Eine einfache Verallgemeinerung des Gravitationsansatzes zur Beschreibung der Wechselwirkung zwischen zwei Regionen (Wanderungsströme) kann damit mittels des sog. Cobb-Douglas-Ansatzes (10)

---

[4] Die log-lineare Schätzung begründet sich auf der Tatsache, dass falls eine Funktion ein Maximum oder ein Minimum aufweist, der Logarithmus dieser Funktion an denselben Stellen ein Maximum oder ein Minimum besitzt.

[5] Die Bevölkerungszahlen stellen in diesem Sinne lediglich eine von mehreren denkbaren Variablen zur Beschreibung der effektiven Attraktivitäten dar.

$$w_{ij} = kD_i^{\alpha_i} O_j^{\alpha_j} f_{ij}(d_{ij}) \tag{10}$$

erzielt werden, wobei die Elastizitäten über Schätzverfahren zu bestimmen sind. Einwanderungsprozesse in zunächst „unbesetzte" Regionen i, d. h. mit $D_i = 0$, können mit diesem Ansatz nicht abgebildet werden. Hier zeigt sich ein grundsätzliches Problem sämtlicher Gravitationsmodelle, das durch die zu perfekte Analogie zu physikalischen Gesetzmäßigkeiten bedingt ist. Der Migrationsfluss w_{ij} bezeichnet dabei die Anzahl der Wanderungen von j nach i innerhalb eines vorgegebenen Zeitintervalls.

Solange die effektiven Attraktivitäten von Ursprungs- und Zielregion faktorisieren, erwies sich auch der folgende Ansatz als sehr flexibel

$$w_{ij} = g(D_i)h(O_j)f_{ij}(d_{ij}) \tag{11}$$

wobei die „effektiven Attraktivitäten" $h(O_j)$ und $g(D_i)$ aus Charakteristiken der Quell- und Zielregion zusammengesetzt sind. Diese allgemeine Gleichung beinhaltet den einfachen Gravitationsansatz als Spezialfall.

Der verallgemeinerte Ansatz ist jedoch in der angegebenen Form inkonsistent bezüglich der Additionsbedingung der Ströme, d. h. wenn gefordert wird, dass die Summe der Einzelströme gleich dem Gesamtstrom ist (Somermeijer 1966):

$$\sum_{i=1}^{L} w_{ij} = O_j \tag{12}$$

und

$$\sum_{j=1}^{L} w_{ij} = D_i \tag{13}$$

Durch geeignete Wahl von Vorfaktoren kann der verallgemeinerte Gravitationsansatz (11) so modifiziert werden, dass die Additionsbedingungen dennoch erfüllt sind:

$$w_{ij} = A_j B_i g(D_i) h(O_j) f_{ij}(d_{ij}) \tag{14}$$

mit

$$A_j = O_j \left[h(O_j) \sum_{i=1}^{L} B_i g(D_i) f_{ij} \right]^{-1}$$

(15)

$$B_i = D_i \left[g(D_i) \sum_{j=1}^{L} A_j h(O_j) f_{ij} \right]^{-1}$$

Das sich hiermit ergebende „Gravitationsmodell" ist natürlich gegenüber der einfachen Version erheblich komplizierter. Insbesondere die Schätzung der Systemparameter wird für diesen Ansatz sehr umfangreich. Die Skalierungsfaktoren A_j und B_i können mittels Rekursionsverfahren geschätzt werden (Batty 1970; Batty, Mackie 1973; Wilson 1970), wobei bestimmte Konvergenzbedingungen einzuhalten sind (MacGill 1977; Sen 1982).

4.1.2 Entropie und räumliche Interaktionsmodelle

In der Thermodynamik stellt die „Entropie" ein Maß für den Ordnungszustand der Materie dar. In einem geschlossenen System nimmt die Entropie beständig zu und erreicht für den Gleichgewichtszustand ein Maximum an „Unordnung". In abgeschlossenen physikalischen Systemen besteht daher eine Tendenz in Richtung zunehmender Unordnung der Mikrozustände des Systems.

Der Bezug zur Wahrscheinlichkeit, einen Makrozustand durch bestimmte Mikrozustände realisiert zu finden, ermöglicht eine Übertragbarkeit des Entropiekonzeptes auf unterschiedliche Bereiche auch der Sozialwissenschaften (Wilson 1967, 1970). Im Falle der Migration wird die Makroebene durch die empirisch zu beobachtenden Größen wie die Einwohnerzahlen und die Migrationsströme bestimmt, während die Umzugsentscheidungen der Individuen oder Haushalte und damit die räumliche Verteilung der Ströme oder Flüsse die Mikroebene bilden.

Da die Verteilung z. B. der Migrationsströme innerhalb eines räumlichen Systems ebenfalls eine große Vielzahl unterschiedlicher Konfigurationen annehmen kann, scheint die Übertragung des Rahmenkonzepts der Entropie zur Analyse und Prognose räumlicher Interaktionen ebenfalls sinnvoll. In der Zwischenzeit wurden zahlreiche Anwendungsfelder untersucht, wie z. B. Warenströme, Migrationsströme, Einkaufsfahrten oder Modal-Split-Aufteilungen. Die Grundidee ist dabei immer, dass die räumliche Verteilung der interessierenden Größen (z. B. der Ströme) aus der Vielzahl der möglichen Realisierungen als die statistisch wahrscheinlichste Verteilung mittels des Entropieprinzips ausgewählt werden kann. Entsprechend Nijkamp und Reggiani (1992) können zwei Anwendungsbereiche unterschieden werden: erstens die Verwendung der Entropie als beschreibendes Konzept in dem Sinne, dass der wahrscheinlichste Zustand des Systems einem Zustand maximaler Entropie entspricht. Entropie maximierende Modelle ermöglichen es daher, die wahrscheinlichste Aufteilung der Migrationsströme oder Warenströme, um nur zwei Beispiele zu nennen, aufzufinden. Gleichzeitig können bestimmte Nebenbedingungen berücksichtigt werden. Zweitens kann die Entropie als ein Indikator zur Messung des räumlichen Organisationsgrads des Systems verwendet werden.

Im Hinblick auf die Analyse räumlicher Interaktionsmodelle folgen wir nun den grundlegenden theoretischen Arbeiten von Wilson (1967, 1970). Betrachten wir ein räumliches System, das aus Quell- und Zielregionen besteht, wobei die Flüsse w_{ij}, die z. B. Migrationsströme darstellen können, zunächst unbestimmt sind. Es gelte

$$\sum_{i=1}^{L} w_{ij} = O_j \tag{16}$$

und

$$\sum_{j=1}^{L} w_{ij} = D_i \tag{17}$$

Selbstverständlich muss die folgende Konsistenzbedingung ebenfalls gelten:

$$\sum_{j=1}^{L}\sum_{i=1}^{L} w_{ij} = \sum_{j=1}^{L} D_j = \sum_{i=1}^{L} O_i = w \tag{18}$$

Entsprechend dem Entropie-Prinzip wird der wahrscheinlichste Zustand durch diejenige räumliche Verteilung repräsentiert, der die größte Anzahl von Mikrozuständen zugeordnet werden kann. Dabei errechnet sich die Anzahl an Möglichkeiten, zwischen einer Quellregion j und einer Zielregion i Flüsse zuzuordnen, über die Anzahl der kombinatorischen Möglichkeiten:

$$\omega(w_{ji}) = \frac{w!}{\prod_i \prod_j w_{ji}!} \tag{19}$$

Das Maximum von $\omega(w_{ji})$ gibt die maximale Anzahl an Realisierungen des Makrozustandes w_{ij} durch Mikrozustände an. An Stelle des Maximums der Funktion

$\omega(w_{ji})$ kann man auch das Maximum der logarithmierten Funktion $log(\omega(w_{ji}))$ ermitteln, d. h. das Maximum der Funktion:

$$ln\,\omega(w_{ji}) = ln\,w! - \sum_{i=1}^{L}\sum_{j=1}^{L}(w_{ji}\,ln\,w_{ji} - w_{ji}) \qquad (20)$$

wobei die Nebenbedingungen

$$\sum_{i=1}^{L} w_{ij} = O_j$$

$$\sum_{j=1}^{L} w_{ij} = D_i$$

und

$$\sum_{i=1}^{L}\sum_{j=1}^{L} c_{ji} w_{ji} = C \qquad (21)$$

zu berücksichtigen sind. Hierbei wurde die Stirling'sche Formel verwendet. Die Ausdruck $S = ln(\omega(w_{ji}))$ stellt dabei die Entropie S des Systems dar. Die Transportkosten C werden in diesem Ansatz konstant angenommen. In der Realität muss jedoch von einer Zunahme der Transportkosten ausgegangen werden. Dies ist im Einzelfall empirisch zu überprüfen. Durch Berücksichtigung dieser Nebenbedingung wird allerdings erreicht, dass die statistisch wahrscheinlichste räumliche Verteilung der Ströme nach generellen Kostengesichtspunkten, d. h. unter Berücksichtigung der Transportkosten c_{ji} zwischen den Regionen i und j erfolgt.

Die Lösung der oben angegebenen Optimierungsaufgabe unter Berücksichtigung der verschiedenen Nebenbedingungen erfolgt durch Zuordnung einer entsprechenden Lagrangefunktion L:

$$L = \ln(\omega(w_{ji})) + \sum_{j=1}^{L} \lambda_j (O_j - \sum_{i=1}^{L} w_{ji})$$
$$+ \sum_{i=1}^{L} \mu_i (D_i - \sum_{j=1}^{L} w_{ji}) + \beta(C - \sum_{j=1}^{L}\sum_{i=1}^{L} c_{ij} w_{ij}),$$

(22)

wobei die Nebenbedingungen mit den Lagrangeparametern λ_j, μ_i und β berücksichtigt werden.
Die notwendigen Bedingungen für ein Maximum lauten damit:

$$\frac{\partial L}{\partial w_{ji}} = -\ln w_{ji} - \lambda_j - \mu_i - \beta c_{ji} = 0$$

Aufgelöst nach den Strömen ergibt sich:

$$w_{ji} = exp(-\lambda_j - \mu_i - \beta c_{ji})$$

oder

$$w_{ji} = A_i B_j O_i D_j \, exp(-\beta c_{ji})$$

(23)

mit den Abkürzungen

$$A_i = \left[\sum_{j=1}^{L} B_j D_j \, exp(-\beta c_{ji}) \right]^{-1}$$

(24)

$$B_j = \left[\sum_{i=1}^{L} A_i O_i \, exp(-\beta c_{ji}) \right]^{-1}$$

Die damit berechnete Verteilung der Ströme repräsentiert die wahrscheinlichste Verteilung für die entsprechenden Quell-Zielrelationen. Auf diese Weise kann die "optimale" Verteilung der Ströme innerhalb des räumlichen Systems bei bekanntem Quellaufkommen O_i, Zielaufkommen D_j und Transportkosten C angegeben werden. Die Parameter A_i und B_j sind rekursiv zu bestimmen.

Die Verteilung der Ströme entspricht einem Gravitationsmodell mit exponentieller Abstandsabhängigkeit $exp(-\beta c_{ji})$. Hiermit eröffnet sich eine Begründung des Gravitationsansatzes aus informationstheoretischer Sicht. Das Konzept der Entropie eröffnet damit einen neuen Zugang zu Gravitationsmodellen.

Des Weiteren ist festzustellen, dass die Additivität der Ströme durch das vorgestellte Konzept sichergestellt ist und sich auch die Abhängigkeit von den Transportkosten erwartungsgemäß niederschlägt. Die starke Analogie zur Physik zeigt sich in der gestellten Nebenbedingung, die hier die Bedeutung einer mittleren vorgegebenen Energie einnimmt. Im Gegensatz zur Physik basiert diese Annahme jedoch nicht auf einem „Erhaltungssatz" (Energiesatz) und stellt damit eine Näherung dar.

Einige Kritikpunkte an diesem Konzept sind jedoch ebenfalls angebracht. Die bestechende Eleganz der Methode wird durch die notwendige Nähe zur Thermodynamik eingeschränkt. So kann die Existenz der Entropie nur für sich im Gleichgewicht befindliche Systeme oder Systeme, die sich in der Nähe des Gleichgewichts befinden, d. h. solange lineare Regressionsgesetze gelten, gezeigt werden. Die Behandlung von Systemen, die sich außerhalb des Gleichgewichts befinden, und dies ist bei sozioökonomischen Systemen durchaus häufig der Fall, ist damit jedoch eher fragwürdig. Dies ist ein Grund für die ausführliche Beschäftigung mit der Mastergleichung in den späteren Kapiteln, da diese auch zur adäquaten Behandlung von Nichtgleichgewichtszuständen geeignet ist. Weitere Kritikpunkte sind:

a) Der entscheidungsbasierte Hintergrund des Entropiekonzepts ist unklar. Es ist nicht evident, dass sich Individuen wie physikalische Teilchen verhalten.
b) Der mathematische Rahmen liefert zwar eine Begründung für das Gravitationsmodell. Es stellt sich allerdings die Frage, ob nicht eine auf ökonomischen Prinzipien beruhende Fundierung für den Gravitationsansatz bzw. für entsprechende Modellerweiterungen abgeleitet werden kann.
c) Ein weiteres Problem ergibt sich durch die Annahme fest vorgegebener Transportkosten c_{ij} innerhalb des Transportkostenbudgets C. Damit werden Transportkapazitätsprobleme des Netzwerks außer Acht gelassen.

Aus den genannten Gründen scheint es angemessen, den Rahmen der Newtonschen Physik als Entwicklungsrahmen räumlicher Interaktionsmodelle zu verlassen und allgemeine Aspekte der Sozialwissenschaften als Grundlage der Modellbildung heranzuziehen. Insbesondere sollen die aufgeführten Unzulänglichkeiten schrittweise beseitigt werden.

4.1.3 Das Multinomial-Logit-Modell

Beim Multinomial-Logit-Modell geht man von einem ökonomischen Ansatz aus. Es wird ein Individuum k betrachtet, das eine Alternative A_j aus einem Satz J sich gegenseitig ausschließender Alternativen $A_j, j = 1,...,J$ auszuwählen hat. Dabei wird als Entscheidungskriterium davon ausgegangen, dass das Individuum diejenige Alternative A_j auswählt, die ihm den größten Vorteil verspricht, bei bekannten Charakteristiken z_j^k jeder Alternative A_j und den gegebenen persönlichen Präferenzen s^k des Individuums k. In anderen Worten: das Individuum k ordnet jeder Alternative A_j eine Nutzenfunktion u_j^k zu,

$$u_j^k = u_j^k(z_j^k, s^k, \varepsilon_j^k), \quad j = 1,...,J \tag{25}$$

die neben einer Abhängigkeit von den jeweiligen Charakteristiken der Alternativen z_j^k und den persönlichen Präferenzen s^k auch einen stochastischen Term ε_j^k beinhaltet, der Unsicherheiten im Entscheidungsprozess berücksichtigt, bzw. unbeobachtbare/unbekannte Variablen enthält. Geht man von einem additiven Effekt aus („additive noise"), so erhält man:

$$u_j^k = v_j^k(z_j^k, s^k) + \mu^k \varepsilon_j^k \tag{26}$$

d. h. die Nutzenfunktion u_j^k setzt sich nun aus einem deterministischen Anteil v_j^k und einem stochastischen Term ε_j^k zusammen, wobei der stochastische Term noch einen Gewichtsfaktor μ^k enthält, der den jeweiligen Einfluss des stochastischen Anteils ε_j^k bezogen auf ein Individuum k beschreibt.

Die Wahrscheinlichkeit p_j^k, dass ein Individuum k eine Alternative j auswählt, ist dann nach dem Prinzip der Nutzenoptimierung gegeben durch

$$p_j^k = Prob\left[v_j^k(z_j^k, s^k) + \mu^k \varepsilon_j^k \geq v_i^k(z_i^k, s^k) + \mu^k \varepsilon_i^k\right] \tag{27}$$

für alle $i \neq j$, mit $j = 1,...,J$. Geht man nun davon aus, dass die stochastischen Therme ε_j^k unabhängig *Gumbel-verteilt* (Johnson, Kotz 1970) sind[6], d. h.

$$Prob[\varepsilon_i \leq \varepsilon] = exp\left[-e^{-(\varepsilon + \alpha_i)}\right] \tag{28}$$

---

[6] Analog der Normalverteilung, die invariant gegenüber Superposition ist, ist die Gumbel- oder auch Weibull-Verteilung stabil unter Maximierung, d.h., das Maximum zweier Gumbel-Zufallsvariablen ist wieder Gumbel-verteilt. Ebenso wie die Normalverteilung für physikalische Probleme stellt diese Gumbel-Verteilung deshalb eine natürliche Verteilung für Maximierungsprobleme dar.

mit einem Parameter α_i, der für dieses Modell gleich Null ist, dann erhält man für die Wahrscheinlichkeit p_j^k, dass das Individuum k die Alternative A_j auswählt (Domencich, McFadden 1975)

$$p_j^k = \frac{exp(v_j^k / \mu^k)}{\sum_{i=1}^{J} exp(v_i^k / \mu^k)} \qquad (29)$$

für $j = 1,...,J$.

Auf Grund seiner einfachen Struktur und den inhaltlichen Modelleigenschaften wurde das Multinomial-Logit-Modell vielfach in unterschiedlichen Disziplinen, wie etwa der Ökonomie, Geographie, Biologie, Psychologie und Soziologie erfolgreich eingesetzt.

Eine wichtige Modelleigenschaft ist die so genannte *Unabhängigkeit von irrelevanten Alternativen*, auch als *red-bus, blue-bus Problem* (Samuelson 1985) bekannt. Dies bedeutet, dass das Verhältnis der Wahrscheinlichkeiten p_i^k / p_j^k der Alternativen i bzw. j unabhängig ist von der Existenz anderer Alternativen, denn es gilt:

$$ln\frac{p_i^k}{p_j^k} = v_i^k(z_i^k, s^k) - v_j^k(z_j^k, s^k) \qquad (30)$$

Diese Eigenschaft stellt sowohl eine Stärke als auch eine Schwäche des Modells dar (Domencich, McFadden 1975). Ein Vorteil dieser Eigenschaft zeigt sich z. B. bei Einführung neuer Alternativen oder bei Wegfall bestehender Alternativen: Die Existenz anderer Alternativen ändert am Verhältnis der Wahrscheinlichkeiten zweier Alternativer nichts. Daher müssen auch die Modellparameter bei Einführung einer neuen Alternativen bzw. beim Wegfall einer bestehenden Alternative nicht neu geschätzt werden.

4.2 Das stochastische Migrationsmodell

Ziel dieses Kapitels ist es, die Migrationsströme über ein verhaltensorientiertes Entscheidungsmodell, d. h. disaggregiertes Entscheidungsmodell im Sinne von nicht flächenaggregiert, abzuleiten (Haag, Weidlich 1984; Fischer et al. 1990). Das Verhalten der Akteure (Personen, Haushalte) wird auf der Basis verhaltenshomogener Gruppen (Subpopulationen) beschrieben. Diese Gruppen zeichnen sich durch vergleichbare sozioökonomische Merkmale aus, sodass das Migrationsverhalten der einzelnen Entscheidungsträger als annähernd homogen angenommen werden kann, zwischen den einzelnen Gruppen jedoch durchaus differiert (Kutter 1972). Die Verhaltensmuster sind als gruppenspezifisch anzusehen.

Die Wanderungsströme werden auf eine Vielzahl „individueller" Entscheidungsprozesse zurückgeführt und damit letztendlich mit rationalen und irrationalen Beweggründen einzelner Agenten des Wirtschaftssystems, bestimmte Tätigkeiten auszuüben, in Zusammenhang gebracht (Birg 1990, Fischer et al. 1988). Es ist bekannt, dass eine direkte, eindeutige, kausale Interpretation einer sozioökonomischen Situation und das Verhalten bestimmter Makrovariablen der Gesellschaft nicht oder nur unvollständig auf individuelle Entscheidungsprozesse auf der Mikroebene zurückgeführt werden können. Vielmehr erwarten wir, dass viele unterschiedliche Motivationen mit unterschiedlichem Gewicht, d. h. ein Bündel sozioökonomischer erklärender Variablen, die beobachtbare Makrodynamik, d. h. die jeweiligen Migrationsströme, bewirken (Pumain, Saint-Julien 1989; Birg 1990).

In diesem Migrationsmodell wird davon ausgegangen, dass den einzelnen Regionen, Städten, oder sonstigen Wirtschaftsräumen auf Grund ihrer Charakteristiken für Mitglieder einer bestimmten Subpopulation regionale „Attraktivitäten" zugeordnet werden können. Bei den Entscheidungsprozessen spielen sowohl angebotsabhängige (Wohnungsangebot, Arbeitsplatzangebot) als auch nachfrageabhängige Faktoren eine Rolle, die sich in den Attraktivitäten der Regionen widerspiegeln. Ein hohes Maß an Rückkopplungen zwischen den Migrationsströmen und den regionalen Standortbedingungen ist zu erwarten.

Die Entscheidungen der einzelnen Individuen, ihren Wohnort zu wechseln, sind im Allgemeinen nicht unabhängig voneinander. Vielmehr spielt neben anderen Faktoren auch die Verteilung der Individuen im Untersuchungsraum eine entscheidende Rolle. Dieser band-wagon Effekt, Synergieeffekt, Agglomerationseffekt oder auch positiven und/oder negativen Netzwerkexternalitäten zugeordnete Effekt zeigt sich in einer Abhängigkeit der Attraktivitäten von der regionalen Verteilung der Subpopulationen, die bei längerfristig angelegten Bevölkerungsvorausrechnungen zu berücksichtigen ist (Pumain, Haag 1991).

Sowohl Attraktivitätsunterschiede der Regionen als auch Mobilitäts- und Verflechtungsindikatoren[7] (Birg et al. 1983) zwischen den Regionen werden als wesentliche Einflussfaktoren der Migration betrachtet. Dabei spielt auch die Unsicherheit im Entscheidungsprozess, z. B. infolge ungenügender Informiertheit über die Charakteristiken der einzelnen Regionen eine wichtige Rolle. So ist ein Haushalt beispielsweise über das Wohnungsangebot in der näheren Umgebung in der Regel wesentlich besser informiert, als über das Wohnungsangebot entfernt gelegener Regionen und berücksichtigt diese daher nicht oder nur unvollständig bei seinem Suchprozess. Aus diesem Grund wird auf eine stochastische Beschreibung zurückgegriffen.

4.2.1 Die Mikroebene

Die Mikroebene der Gesellschaft ist durch das individuelle Entscheidungsverhalten der einzelnen Agenten des Wirtschaftssystems bestimmt. Im Vordergrund stehen so

---

[7] Wir werden diese Begriffe später ausführlich erörtern.

genannte „Einstellungen" (attitudes) eines jeden Individuums bezüglich bestimmter „Aspekte" der Gesellschaft, wie z. B. das derzeitige Einkommen, die Art der Arbeit, die derzeitige Wohnung, die Familienverhältnisse, das Freizeitangebot, die Politik oder die Verkehrssituation, um nur einige Einflussfaktoren zu nennen.

Es sei

$$p_{ij}^{\alpha l}(\vec{n},\vec{\kappa}_l)$$

die Wahrscheinlichkeit pro Zeiteinheit, dass ein Individuum l, ($l = 1,..., I$) einen Wechsel von Region j nach Region i durchführt, bei einer vorgegebenen Bevölkerungsverteilung $\vec{n}$ im Untersuchungsraum. Das Individuum sei der Subpopulation α zuorderbar. Die „Attitudes" des Individuums l bezüglich einzelner Aspekte sind im „Attitudevektor" $\vec{\kappa}_l$ zusammengefasst. Diese individuellen Übergangsraten $p_{ij}^{\alpha l}(\vec{n},\vec{\kappa}_l)$ können z. B. über Panel-Daten ermittelt werden (Courgeau 1985).

Im Fishbein-Ajzen-Modell wird von der Hypothese einer Verbindung zwischen tatsächlichem Verhalten (z. B. einem Wohnortwechsel) und den Einstellungen ausgegangen (Fischbein, Ajzen 1975). Wie die empirische Verhaltensforschung allerdings zeigt, müssen Einstellungen und tatsächliches Verhalten keineswegs übereinstimmen (Lapiere 1934). Eine Erweiterung des Fishbein-Ajzen-Modells um Gewohnheitseffekte und um alternative Möglichkeiten als Bestimmungsgründe für das tatsächliche Verhalten hat sich als sinnvoll erwiesen, eine Lösung der Grundsatzfrage *„under what conditions do what kinds of individuals predict what kind of behaviour?"* (Fazio, Zanna 1981) jedoch noch keineswegs ermöglicht. Ausgehend von der Mikroebene der einzelnen Individuen mit ihren Haltungen und Entscheidungen wollen wir nun eine Quantifizierung sozioökonomisch fundierter Wanderungsprozesse vornehmen.

4.2.2 Die Makroebene

Die Zahl der zur Beschreibung der Gesellschaft notwendigen Systemgrößen reduziert sich drastisch, wenn wir zur Makroebene übergehen. Der Untersuchungsraum sei in L nicht überlappende Regionen (z. B. Länder, Kreise, Gemeinden) unterteilt. Ferner nehmen wir an, dass die Gesamtpopulation $N(t)$ aus α, $\alpha = 1,...,P$, Subpopulationen besteht, die sich in ihrem Migrationsverhalten unterscheiden.

Bezeichnen wir mit $n_i^\alpha(t) > 0$ die Zahl der Mitglieder der Subpopulation α in der Region i, dann charakterisiert die Populationskonfiguration[8]

$$\vec{n} = \{ n_i^\alpha \} = \{ n_1^1,...,n_1^P,...,n_i^\alpha,...,n_L^P \}, \tag{31}$$

---

[8] In Weidlich, Haag (1983) auch als Soziokonfiguration bezeichnet.

bestehend aus $C = P*L$ ganzzahligen Variablen n_i^α, den Makrozustand des Migrationssystems. Die Populationskonfiguration beschreibt also die räumliche Verteilung der verschiedenen Bevölkerungsgruppen im Untersuchungsgebiet.

Die Gesamtzahl $N^\alpha(t)$ der Mitglieder der Subpopulation α zur Zeit t ist dann gegeben durch:

$$\sum_{i=1}^{L} n_i^\alpha(t) = N^\alpha(t) \qquad (32)$$

Durch Summation über die einzelnen Subpopulationen ergibt sich damit die Gesamtpopulationsgröße:

$$\sum_{\alpha=1}^{P} N^\alpha(t) = N(t) \qquad (33)$$

Die Populationskonfiguration $\vec{n}$ wird durch die Entscheidung einzelner Individuen, von Region i nach Region j zu wechseln, verändert. Damit wird die Populationskonfiguration $\vec{n}$ mit einer Vielzahl individueller unabhängiger und teilweise gekoppelter Einzelentscheidungen auf der Mikroebene in Zusammenhang gebracht. Letztendlich wird die Bevölkerungsverteilung über die Aktivitätenmuster der Subpopulationen mit den Charakteristiken der einzelnen Regionen verknüpft, die sich ihrerseits in den regionalen Attraktivitäten widerspiegeln.

4.2.3 Die wechselseitige Abhängigkeit von Mikro- und Makroebene

Auf den ersten Blick scheint die Mikroebene (Individuen, Haushalte, Firmen) die Dynamik der Makroebene zu bestimmen, während es keine Rückkopplung von der Makroebene zur Mikroebene gibt. Dies ist jedoch keineswegs der Fall. Vielmehr findet eine gegenseitige Beeinflussung der beiden Ebenen statt: Die Handlungen (Aktivitäten) der einzelnen Individuen des Wirtschaftssystems drücken sich in der Dynamik der Wanderungsströme und damit in den Bevölkerungsbestandszahlen der einzelnen Regionen aus. Dies wirkt sich wiederum umgekehrt auf das „individuelle" Entscheidungsverhalten aus. Daher sind Mikroverhalten und Makrodynamik in selbstkonsistenter Weise gekoppelt.

Formal drückt sich die Abhängigkeit individueller Migrationsentscheidungen vom Makrozustand dadurch aus, dass die Attraktivitäten der einzelnen Regionen für die Mitglieder einer bestimmten Subpopulation, vom jeweiligen Makrozustand, z. B. gekennzeichnet durch die Populationsverteilung im Untersuchungsraum, abhängig sind. Damit werden auch die „individuellen" Übergangsraten Funktionen des Makrozustands.

4.2.4 Die Mastergleichung

Bei Entscheidungsprozessen spielen neben rationalen Beweggründen auch Unsicherheiten eine Rolle. Aus diesem Grunde wird auf eine stochastische Beschreibung zurückgegriffen, d. h. wir sind an der „konfiguralen" Wahrscheinlichkeit $P(\vec{n},t)$ interessiert, eine bestimmte Verteilung der Bevölkerung $\vec{n}(t)$ zur Zeit t vorzufinden, unter Berücksichtigung der vielfältigen Wechselwirkungen der Individuen untereinander. Die Individuen werden dabei nicht als unabhängig voneinander betrachtet. Natürlich muss die Wahrscheinlichkeitsverteilung $P(\vec{n},t)$ zu allen Zeiten die Normierungsbedingung

$$\sum_{\vec{n}} P(\vec{n},t) = 1 \qquad (34)$$

erfüllen, wobei sich die Summation über alle realisierbaren Populationskonfigurationen erstreckt.

Wir führen nun Übergangsraten ein, die den Übergang von einem Zustand $\vec{n}$ in einen Zustand $\vec{n}+\vec{k}$ beschreiben:

$$w_t(\vec{n}+\vec{k},\vec{n})$$

Bei bekannten Übergangsraten $w_t(\vec{n}+\vec{k},\vec{n})$ kann man für die zeitliche Entwicklung der Wahrscheinlichkeitsverteilung $P(\vec{n},t)$ eine Bewegungsgleichung ableiten, die so genannte Mastergleichung (Weidlich, Haag 1983, 1988):

$$\frac{dP(\vec{n},t)}{dt} = \sum_{\vec{k}} w_t(\vec{n},\vec{n}+\vec{k})P(\vec{n}+\vec{k},t) - \sum_{\vec{k}} w_t(\vec{n}+\vec{k},\vec{n})P(\vec{n},t) \qquad (35)$$

wobei sich die Summen über $\vec{k}$ über alle nicht verschwindenden Übergangsraten $w_t(\vec{n}+\vec{k},\vec{n})$ und $w_t(\vec{n},\vec{n}+\vec{k})$ erstrecken.

Die Mastergleichung beschreibt die zeitliche Entwicklung des Migrationssystems vollständig. Verbal lässt sich die Mastergleichung folgendermaßen erklären: Die Änderung der Wahrscheinlichkeit eines Zustandes $\frac{dP(\vec{n},t)}{dt}$ ist gleich der Summe der in den betrachteten Zustand hereinfließenden Wahrscheinlichkeitsströme $\sum_{\vec{k}} w_t(\vec{n},\vec{n}+\vec{k})P(\vec{n}+\vec{k},t)$, abzüglich der Summe der aus diesem Zustand herausfließenden Wahrscheinlichkeitsströme $\sum_{k} w_t(\vec{n}+\vec{k},\vec{n})P(\vec{n},t)$. Sie stellt somit eine Bilanzgleichung für Wahrscheinlichkeitsströme dar.

Die Lösung der Mastergleichung, d. h. die zeitabhängige Verteilung $P(\vec{n},t)$ enthält in detaillierter Weise das gesamte Wissen über den Migrationsprozess. Die „individuellen" Unsicherheiten im Entscheidungsprozess zeigen sich in Form und Breite der Verteilungsfunktion $P(\vec{n},t)$ im Raum der möglichen Populationskonfigurationen. Daher können nicht nur Aussagen über das wahrscheinlichste Verhalten des Migrationssystems gemacht, sondern auch Konfidenzintervalle berechnet werden. Die dem zeitabhängigen Maximum der Verteilung zugeordnete Bevölkerungsverteilung $\vec{n}(t)$ repräsentiert die wahrscheinlichste räumliche Bevölkerungsverteilung im Untersuchungsraum bei gegebenen sozioökonomischen Bedingungen.

4.2.5 Die Übergangsraten des Migrationsmodells

Die Übergangsraten von populationskonfiguralen Wahrscheinlichkeiten sind die Grundlage für das allgemeine Schema der Mastergleichung. Die Übergangsraten erfassen im alle Veränderungsprozesse, die von einer bestimmten Wahrscheinlichkeitsverteilung in benachbarte populationskonfigurale Wahrscheinlichkeiten führen.

Dazu wird die „totale" Übergangsrate $w_t(\vec{n}+\vec{k},\vec{n})$ in bezüglich der Natur des zu Grunde liegenden Prozesses unterschiedliche Therme zerlegt. Zu unterscheiden sind:

a) interregionale Migrationsprozesse, Übergänge zwischen verschiedenen Regionen;
b) Übergänge zwischen Subpopulationen;
c) Geburts- und Todesprozesse;
d) Immigrations- und Emigrationsprozesse.

Damit ergibt sich:

$$w_t(\vec{n}+\vec{k},\vec{n}) = \sum_{\alpha=1}^{P}\sum_{i,j=1}^{L} w_{ji}^{\alpha}(\vec{n}+\vec{k},\vec{n})$$
$$+ \sum_{\alpha,\beta=1}^{P}\sum_{i=1}^{L} w_i^{\beta\alpha}(\vec{n}+\vec{k},\vec{n})$$
$$+ \sum_{\alpha=1}^{P}\sum_{i=1}^{L} w_{i+}^{\alpha}(\vec{n}+\vec{k},\vec{n})$$
$$+ \sum_{\alpha=1}^{P}\sum_{i=1}^{L} w_{i-}^{\alpha}(\vec{n}+\vec{k},\vec{n})$$

(36)

Der Index t soll auf die Möglichkeit der Berücksichtigung einer expliziten Zeitabhängigkeit hindeuten.[9]

Der Term $w_{ji}^{\alpha}(\vec{n}+\vec{k},\vec{n})$ beschreibt die Übergangsrate von Mitgliedern der betrachteten Population α von der Region i in die Region j.[10] Übergänge zwischen Subpopulationen von α nach β werden durch den Term $w_i^{\beta\alpha}(\vec{n}+\vec{k},\vec{n})$ beschrieben. Geburts- und Todesprozesse sowie Immigrations- und Emigrationsereignisse finden in den Thermen $w_{i+}^{\alpha}(\vec{n}+\vec{k},\vec{n})$ bzw. $w_{i-}^{\alpha}(\vec{n}+\vec{k},\vec{n})$ Berücksichtigung.

Vernachlässigt werden in dieser Betrachtung Übergänge, die mit einem gleichzeitigen Wechsel der Subpopulationen und der Region verknüpft sind. Da jedoch derartige Prozesse durch eine sequenzielle Folge von Wechseln ebenfalls dargestellt werden kann, ist diese Einschränkung für die betrachteten Migrationsvorgänge unwesentlich.

Die explizit dargestellte Abhängigkeit der Therme von $(\vec{n}+\vec{k},\vec{n})$ lässt erkennen, dass lediglich diejenigen Beiträge (Übergänge) aufsummiert werden, die mit einem Wechsel der Populationskonfiguration von $\vec{n}$ nach $\vec{n}+\vec{k}$ verknüpft sind. Eine Summation über alle derartigen Übergänge ergibt dann folgerichtig die totale Übergangsrate.

Die Modellierung der Übergangsraten stellt das eigentliche Problem dar. Es stellt sich daher die Frage nach den „treibenden" Beweggründen (key attitudes), die beispielsweise ein Individuum veranlassen, die Region zu wechseln, d. h. ihr Verhalten zu ändern. Die nach Art des Prozesses differenzierten Übergangsraten sollen nun anschließend weiter strukturiert und mit Erklärungsinhalten in Zusammenhang gebracht werden.

Prinzipiell besteht die Möglichkeit, Panel-Daten zu verwenden und hiermit die Übergangsraten auf der Makroebene abzuleiten, entsprechend:

$$w_{ij}(\vec{n}+\vec{k},\vec{n}) = \sum_{l \in \Gamma_i} p_{ij}^l(\vec{n},\vec{\kappa}_l) \qquad (37)$$

wobei wir über alle Individuen summieren müssen, die innerhalb des betrachteten Zeitintervalls von Region j ausgehend in die Region i migrieren. Diese Vorgehensweise ist durch die erforderliche Datenbasis entsprechend aufwändig und kann daher schon aus Kostengründen nur in Ausnahmesituationen erfolgreich durchgeführt werden (Courgeau 1985). Da zur Bestimmung der Verhaltensmuster und der key attitudes Zeitreihen über verhältnismäßig lange Zeiträume erforderlich sind,[11] muss die Zusammensetzung des Panels ständig aktualisiert werden. Die damit verbundenen Probleme sind bekannt.

---

[9] Dies ist z. B. dann gegeben, wenn die Parameter des Migrationssystems eine Dynamik aufweisen.
[10] Diese Übergangsrate entspricht daher direkt dem Migrationsstrom zwischen den Regionen i und j.
[11] Es müssen wiederholte Beobachtungen (Messungen) bei den selben Individuen durchgeführt werden.

Aus diesen Gründen ist eine weniger differenzierte Vorgehensweise, dafür jedoch der Analyse und Simulation zugänglichere Betrachtung angebracht. Da sich zur Zeit t $n_j^\alpha(t)$ Individuen in der Region i befinden, können wir eine „individuelle" Übergangsrate $p_{ij}^\alpha(\vec{n}, \vec{\kappa})$ definieren. Die Übergangsrate $w_{ij}^\alpha(\vec{n}+\vec{k}, \vec{n})$ ist damit gegeben durch:

$$w_{ij}^\alpha(\vec{n}+\vec{k}, \vec{n}) = n_j^\alpha p_{ij}^\alpha(\vec{n}, \vec{\kappa}) \tag{38}$$

$$\text{für } \vec{k} = \{0,...,1_i^\alpha,...,0,...,(-1)_j^\alpha,...,0\}$$

Die somit eingeführten „individuellen" Übergangsraten sind daher Übertrittswahrscheinlichkeiten von einer Region j in eine andere Region i, wobei im Wesentlichen drei Faktorensets von Bedeutung sind: regionale (netzwerkspezifische) Attraktivitäten, Verflechtungsfaktoren sowie Mobilitätsparameter. Um die Erklärungsleistung möglichst transparent zu gestalten, wählen wir den in der Praxis bewährten funktionalen Zusammenhang

$$p_{ij}^\alpha(\vec{n}) = v_{ij}^\alpha(t) \exp[u_i^\alpha(\vec{n}) - u_j^\alpha(\vec{n})], \tag{39}$$

wobei die symmetrische Mobilitätsmatrix $v_{ij}(t) = v_{ji}(t) > 0$ Mobilitäts- und Verflechtungseffekte beinhaltet und push/pull Faktoren in den gruppenspezifischen regionalen Attraktivitäten $u_i^\alpha(\vec{n})$ zum Ausdruck kommen.

Die zentrale inhaltliche Fragestellung lautet damit:

a) Welche Faktoren bestimmen die allgemeine Häufigkeit, den Wohnort bzw. die Region zu wechseln?
b) Welche Größen sind als Hemmnisse oder Barrieren für den Wohnortwechsel zwischen Regionen zu apostrophieren?
c) Welche Schlüsselfaktoren bestimmen die unterschiedlichen Attraktivitäten der jeweiligen Regionen?

Diese drei Fragen sollen modellspezifisch nachfolgend beantwortet werden.

Es wird davon ausgegangen, dass die Mitglieder einer Subpopulation die regionalen Attraktivitäten vergleichen und dass mit wachsender Differenz $(u_i^\alpha(\vec{n}) - u_j^\alpha(\vec{n}))$ die Wahrscheinlichkeit für eine Wechsel von Region j in Region i pro Zeiteinheit zunimmt und damit die entgegengesetzte Übergangsrate von i nach j übertrifft. Im Gegensatz zu dem rein ökonomisch fundierten „Nutzenmaximierungsprinzip", das

Wechsel von Mitgliedern einer Subpopulation solange zulässt, wie ein mit dem Übertritt versehener Nutzengewinn vorliegt und damit im „ökonomischen" Gleichgewicht sämtliche Wanderungen unterbindet, findet in diesem Modellansatz in Übereinstimmung mit den empirischen Erfahrungen selbst zwischen Regionen (Gebieten) gleicher Attraktivität ein Populationsaustausch statt. Die zugeordneten gruppenspezifischen Übergangsraten sind in diesem Falle, wie zu erwarten, symmetrisch, d. h. $p_{ij}^{\alpha} = p_{ji}^{\alpha}$. Die makroskopischen Migrationsströme sind in der Regel selbst bei Nutzengleichheit durchaus verschieden, da diese mit den Populationszahlen n_i^{α} bzw. n_j^{α} zu multiplizieren sind.

Das Migrationssystem ist in diesem Sinne im Gleichgewicht, wenn die Summe der Zuwanderungen in eine Region gleich der Summe ihrer Abwanderungen ist. Ohne weiter darauf einzugehen, sollen hier kurz noch einige weitere Vorteile der exponentiellen Form der Übergangsraten aufgeführt werden:

a) In Haag (1989) wird gezeigt, dass die Mastergleichung bei den gewählten Übergangsraten das Multinomial-Logit-Model (MNL) als stationären Grenzfall enthält.

b) Die regionalen Attraktivitäten u_i^{α} werden mit Verhaltensintensionen bzw. regional zuordbaren Makrovariablen in Zusammenhang gebracht. Es ist zu erwarten, dass diese Variablen als Linearkombination die regionalen Attraktivitäten bestimmen. Eine Linearisierung der u_i^{α} bezüglich ihrer Variablen enthält jedoch bereits nichtlineare Effekte bezüglich des Entscheidungsverhaltens der Subpopulationen.

c) Die Fechnerschen Gesetze (Fechner 1877), in neuerer Überprüfung durch Hofstätter (Hofstätter, Wendt 1967) stellen einen Zusammenhang zwischen der realen Größe eines Reizes und seiner subjektiven Wahrnehmung her: „*Massgesetz der Empfindung (...) bezieht sich auf die Abhängigkeit der Empfindungsgröße selbst von der Größe des Reizes und sagt aus: dass die Größe der Empfindung proportional dem Logarithmus des, durch seinen Schwellenwert dividierten Reizes, oder, wenn man den Schwellenwert als Reizeinheit nimmt, einfach proportional dem Logarithmus des Reizes, wovon die Empfindung abhängt, wächst.*" Für optische und akustische Wahrnehmungen mittlerer Intensität hat sich dieser Zusammenhang empirisch gut bestätigt und sich z. B. in der Definition der Phonzahl, dem physiologischen Maß der Lautstärke, widergespiegelt. Die Reizgröße sollte daher, entsprechend dem Fechnerschen Gesetz, exponentiell von den Empfindungen abhängig sein, die sich ihrerseits linear in den regionalen Attraktivitäten zeigen;

d) Entsprechend dem Weberschen Gesetz (Weber 1909) "*... bleiben die Unterschiede, Änderungen oder Zuwüchse der Empfindung sich gleich, nicht, wenn die absoluten, sondern wenn die relativen Unterschiede, Änderungen oder Zuwüchse des Reizes sich gleich bleiben, indem man unter relativem Zuwuchs den absoluten Zuwuchs dividirt durch die Größe des Reizes, zu dem der Zuwuchs erfolgt, versteht.*"

Entsprechend wird auch hier die Differenz zweier Attraktivitäten, d. h. es werden relative Attraktivitätsänderungen im Entscheidungskalkül verwendet;

e) Die geforderte Positivität der Übergangsraten p_{ij}^α wird durch die exponentielle Form sichergestellt.

Es wurde öfters die Möglichkeit diskutiert, die Attraktivitäten der Ausgangsregion und der Zielregion mit unterschiedlichen Gewichtsfaktoren zu versehen. Sowohl verschiedene numerische Tests als auch theoretische Überlegungen unter Verwendung des log-linearen Schätzverfahrens zur Bestimmung der Modellparameter, haben jedoch gezeigt, dass eine bessere (unbiased) Schätzung bei gleichen statistischen Gewichten erzielt wird.

4.2.6 Die globale Mobilität

Die Mobilitätsmatrix v_{ij}^α enthält alle bezüglich i und j symmetrischen Effekte. Deshalb zeigt sich insbesondere die Distanzabhängigkeit der Übergangsraten in der Mobilitätsmatrix. Die Einführung einer „globalen" Mobilität $v_0^\alpha(t)$ erscheint nicht nur plausibel, dies ist auch durch Regressionsanalyse in sehr guter Näherung bestätigt (Weidlich, Haag 1988). Die globale Mobilität charakterisiert die mittlere Mobilität (Flexibilität) einer Population:

$$v_0^\alpha(t) = \frac{1}{L(L-1)} \sum_{\substack{i,j=1 \\ i \neq j}}^{L} v_{ij}^\alpha(t) \tag{40}$$

Problemorientiert ist es daher angezeigt, die Mobilitätsmatrix in zwei Faktoren zu zerlegen:

$$v_{ij}^\alpha(t) = v_0^\alpha(t) f_{ij}^\alpha(t) \tag{41}$$

nämlich in zeitabhängige Distanzeffekte bzw. Barriereneffekte beinhaltende Abklingfunktionen (*deterrence factors*) bzw. Verflechtungsindikatoren $f_{ij}^\alpha(t) = f_{ji}^\alpha(t)$, und den oben eingeführten globale Mobilitätsindikator $v_0^\alpha(t)$.

Der *Mobilitätsindikator* $v_0^\alpha(t)$ hängt weitgehend von der wirtschaftlichen Lage der betrachteten Regionen ab (Sanders 1992). Es zeigt sich, dass bei günstigen wirtschaftlichen Rahmenbedingungen (niedrige Arbeitslosenzahl, niedrige Zinsrate, hohes verfügbares Nettoeinkommen) die Umzugsbereitschaft und damit auch der Mobilitätsindikator höher als bei einem Konjunkturtief ist, da in diesem Falle die mit dem Umzug verbundenen Risiken leichter getragen werden.

Die *Verflechtungsindikatoren* $f_{ij}^{\alpha}(t)$ spiegeln Nähe und Distanz zwischen den Regionen wider. Sie beinhalten nicht nur die geografischen Distanzen, sondern auch „soziale" Distanzen, d. h. Distanzen auf Grund ungenügender Information z. B. über den Wohnungs- oder Stellenmarkt einer anderen Region. Diese Distanzen werden beispielsweise auch durch die Verkehrsinfrastruktur beeinflusst (Reisezeiten, Transportkosten). Der Distanz- oder Verflechtungsindikator („deterrence factor") stellt ein Maß für bestehende Barrieren bzw. die regionalen Verflechtungen zwischen den Regionen dar, und zwar unabhängig von den entsprechenden regionalen Attraktivitäten. Betrachtet man z. B. die Zu- und Abwanderungsströme zwischen zwei Regionen, so ergeben sich aus dem Modell bei einer Verringerung des Verflechtungsfaktors um die Hälfte auch halb so starke Wanderungsströme zwischen den entsprechenden Regionen. Wanderungsströme zwischen Regionen, die sich durch kleine Verflechtungsfaktoren auszeichnen, können daher als untereinander weniger stark vernetzt betrachtet werden. Der Begriff der „Vernetzung" bezieht sich hier allerdings lediglich auf Wanderungsereignisse, also auf die Migration von Personen. Da jedoch die ökonomische Entwicklung sehr stark mit der Bevölkerungsentwicklung korreliert ist, kann man näherungsweise davon ausgehen, dass bezüglich der Migration stark oder schwach vernetzte Kreise auch in ihrer wirtschaftlichen Abhängigkeit stark bzw. schwach vernetzt sind. Daher stellt die Ermittlung der Größe und der Rangfolge der Verflechtungsfaktoren einen wichtigen Schritt zur Analyse der räumlichen Verflechtung der Regionen untereinander dar (Birg et al. 1983).

4.2.7 Die regionalen Attraktivitäten

Die gesuchten regionalen Attraktivitäten $u_i^{\alpha}(\vec{n})$ werden aus zwei unterschiedlichen Bereichen gewonnen: einerseits aus der Klasse so genannter Synergievariablen, die ein allgemeines Gruppenverhalten in Form von Tauben- bzw. Band-wagon-Effekten und Sättigungseffekten beziehungsweise negativen Externalitäten beschreiben und andererseits aus einer Reihe potenzieller Attraktivitätsfaktoren, die von der Arbeitskräftenachfrage, der Höhe der Arbeitslosigkeit und dem Einkommen bis hin zum regionalen Wirtschaftswachstum, der Einkommensentwicklung oder dem Wohnungsmarkt reichen. Die Relevanz der jeweiligen Attraktivitätsfaktoren wird über ein Verfahren der stufenweisen Regression bestimmt. Diese Auswahl an Variablen ergibt sich aus der erwähnten wechselseitigen Abhängigkeit von Mikro- und Makroebene und baut empirisch auf den Erfahrungen auf, dass *„Migrationen zwischen Regionen (urbanen Agglomerationen) einem Selbstverstärkungsprozess unterliegen, der aber nicht grenzenlos wächst, sondern seinerseits netzwerkspezifische, d. h. von der regionalen Struktur abhängige Sättigungsgrenzen aufweist"* (Haag 1994).

Und dass weiterhin eine Region (Stadt) als umso attraktiver wahrgenommen wird, je höher ihre ökonomischen Stärken sind, die sich etwa im Pro-Kopf-Einkommen, der Wirtschaftsstruktur, dem Arbeitsmarkt und Wohnungsmarkt zeigen und je höher ihre soziale- und gesellschaftliche Stabilität ist.

Die regionalen „Attraktivitäten" $u_i^\alpha(\vec{n})$ für eine Umzugsentscheidung generieren sich daher aus einem Bündel unterschiedlicher Standortfaktoren. Regionale Attraktivitätsunterschiede können als „treibende Kräfte" für die Umzugsentscheidung betrachtet werden, d. h. je größer die Attraktivitätsdifferenz zweier Regionen ist, desto wahrscheinlicher wird ein Umzug in die attraktivere Region und desto unwahrscheinlicher erfolgt ein Umzug von einer attraktiveren Region in eine weniger attraktive Region. Die Attraktivitäten werden einerseits mit Synergie- und Sättigungseffekten bzw. Fühlungsvorteilen und negativen Netzwerkexternalitäten und andererseits mit verschiedenen sozioökonomischen Merkmalen der Kreise in Zusammenhang gebracht,

$$u_i^\alpha = \delta_i^\alpha + \sum_{\beta=1}^{P} \kappa^{\alpha\beta} n_i^\beta + \sum_{\beta=1}^{P}\sum_{\gamma=1}^{P} \sigma^{\alpha\beta\gamma} n_i^\beta n_i^\gamma + ..., \qquad (42)$$

wobei die Attraktivitäten in Form einer Potenzreihe bis einschließlich 2. Ordnung dargestellt sind. Gemäß ihrer Bedeutung werden synergetische Agglomerationstrends durch den Parameter $\kappa^{\alpha\alpha} > 0$ beschrieben, während negative Externalitäten (Sättigungseffekte) durch $\sigma^{\alpha\alpha\alpha} < 0$ berücksichtigt werden. Die Intergruppenwechselwirkung wird durch die Trendparameter $\kappa^{\alpha\beta}$ und $\sigma^{\alpha\beta\gamma}$ repräsentiert. Bei positivem $\kappa^{\alpha\beta}$ bevorzugt die Subpopulation α in der selben Region zu leben wie die Subpopulation β, während sich für $\kappa^{\alpha\beta} < 0$ die Subpopulation α möglichst nicht in einer durch die Subpopulation β merklich bevölkerten Region aufhalten möchte. Je nach Vorzeichen des Trendparameters $\kappa^{\alpha\beta}$ handelt es sich daher um eine ein Zusammenleben unterschiedlicher Subpopulationen fördernde Wechselwirkung oder eher Gettobildung, d. h. gegenseitige Abgrenzung, bewirkende Interaktion. Gerade beim Auftreten unterschiedlicher Vorzeichen der Intergruppenwechselwirkung nimmt daher auch die Tendenz zur Instabilität der räumlichen Bevölkerungsverteilung zu. Infolgedessen können im Falle mehrerer Subpopulationen, bei unterschiedlichen Vorzeichen der Intergruppenwechselwirkung zyklische oder gar chaotische Strukturen in der Bevölkerungsentwicklung auftreten.

Da die gruppenspezifischen Übergangsraten nur von der Differenz der Nutzenfunktionen abhängen, können wir ohne jegliche Einschränkung der Allgemeinheit die folgende Skalierung vornehmen:

$$\sum_{i=1}^{L} u_i^\alpha(\vec{n}) = 0. \qquad (43)$$

Die *Varianz der regionalen Attraktivitäten* $\sigma_\alpha^2(t)$ und insbesondere deren Zeitabhängigkeit stellt einen weiteren interessanten Index zur Bewertung regionaler Inhomogenitäten des Systems im Hinblick auf Wanderungsereignisse dar:

$$\sigma_\alpha^2(t) = \frac{1}{L}\sum_{i=1}^{L} u_i^\alpha(t)^2 \qquad (44)$$

wobei die oben genannte Skalierung der Attraktivitäten (43) bereits verwendet wurde. Dieser Index hat sich zur Beurteilung der zeitlichen Wirkungen regionalpolitischer Maßnahmen bewährt.

Der *Präferenzparameter* δ_i^α einer Region i wird in einem zweiten Schritt mittels einer multiplen Regression mit verschiedenen Merkmalen und sachlogisch zugehörigen *erklärenden Variablen* der einzelnen Regionen in Zusammenhang gebracht, wie beispielsweise:

a) Lageattraktivität (Infrastruktureinrichtungen, Erreichbarkeit);
b) Wohnraumsituation (Ausstattung mit Wohnungen, Mietpreise, Siedlungsdichte);
c) Arbeitsmarktsituation (Erwerbsquote, BIP);
d) Bildungssituation (Schüler je Klasse in Grund- und Hauptschulen, Anteil der Einwohner mit höherem Schulabschluss);
e) Gesundheitssituation (Ärztedichte, Bettendichte);
f) Versorgungssituation mit öffentlichen Gütern (Steuerkraftsumme je Einwohner, Gesamtausgaben je Einwohner);
g) Freizeiteignung (Angebot an Freizeiteinrichtungen, Grünflächen), in Beziehung gesetzt (Arl 1996; Petry 1978)

4.2.8 Wechsel zwischen Subpopulationen

Die Populationskonfiguration $\vec{n}$ kann sich auch dadurch ändern, dass Mitglieder einer bestimmten Subpopulation, z. B. der Subpopulation α, auf Grund bestimmter Ereignisse nun einer anderen Subpopulation, z. B. der Subpopulation β, zugerechnet werden müssen, die Region zunächst jedoch beibehalten. Beispiele für derartige Gruppenwechsel sind:

a) Austritt aus dem Erwerbsleben (Übergang vom Beschäftigten-Status in den Rentner-Status);
b) Heirat (Wechsel vom Single-Status in die Subpopulation der Verheirateten);
c) Übergänge zwischen Altersgruppen (um nur einige Möglichkeiten aufzuzeigen).

Es ist daher nicht wie im Falle der interregionalen Migration einer Subpopulation möglich allgemein übertragbare Modellansätze zu formulieren, vielmehr sind die jeweiligen Übergangsprozesse zwischen den betrachteten Subpopulationen für den betrachteten Fall inhaltsspezifisch zu modellieren.

Der Beitrag derartiger Wechsel zwischen Subpopulationen kann für eine große Klasse von Prozessen wie folgt modelliert werden:

$$w_i^{\beta\alpha}(\vec{n}+\vec{k},\vec{n}) = n_i^\alpha\, p_i^{\beta\alpha}(\vec{n},\vec{\kappa}) \tag{45}$$

für $\vec{k} = \{0,...,1_i^\beta,...,0,...,(-1_i^\alpha),...,0\}$, wobei für alle anderen Übergänge $\vec{k}$ $w_i^{\beta\alpha}(\vec{n}+\vec{k},\vec{n}) = 0$ gilt, und $p_i^{\beta\alpha}(\vec{n},\vec{\kappa})$ die gruppenspezifische Übergangsrate $\alpha \to \beta$ bezeichnet. Volterra-Lotka-Prozesse stellen eine sehr spezielle Form der Intergruppenwechselwirkungen dar und können durch die gruppenspezifischen Raten

$$p_i^{\beta\alpha}(\vec{n},\vec{\kappa}) \propto n_i^\beta\, n_i^\alpha$$

modelliert werden.

4.2.9 Geburts- und Todesprozesse

Schließlich betrachten wir noch die bei Migrationsproblemen wichtigen Geburts- und Todesprozesse. Dabei verstehen wir unter diesen Ereignissen nicht nur reale Geburts- und Todesprozesse, die also mit der Geburt oder dem Tod eines weiteren Mitglieds einer entsprechenden Subpopulation verbunden sind, sondern auch z. B. Imitationsprozesse und Immigrations/Emigrationsereignisse sowie Stadt-Hinterland-Übergänge.

Betrachten wir den Spezialfall realer Geburts-Todesprozesse, so kann man von einer direkten Abhängigkeit der Anzahl der Geburts- und der Todesereignisse $w_{i+}^\alpha(\vec{n}+\vec{k},\vec{n})$ und $w_{i-}^\alpha(\vec{n}+\vec{k},\vec{n})$ von der Bevölkerungszahl n_i^α ausgehen:

$$w_{i-}^\alpha(\vec{n}+\vec{k},\vec{n}) = \beta_i^\alpha(t)n_i^\alpha \quad \text{für} \quad \vec{k} = \{0,...,1_i^\alpha,...0\} \tag{46}$$

und

$$w_{i-}^\alpha(\vec{n}+\vec{k},\vec{n}) = \mu_i^\alpha(t)n_i^\alpha \quad \text{für } \vec{k} = \{0,...,(-1_i^\alpha)...0\} \tag{47}$$

und $w_{i-}^\alpha(\vec{n}+\vec{k},\vec{n}) = 0$, für alle anderen $\vec{k}$. Dabei bedeuten $\beta_i^\alpha(t)$ bzw. $\mu_i^\alpha(t)$ die Geburts- bzw. Todesraten. Diese Raten sind im Allgemeinen sowohl gruppenspezifisch als auch zeitlich- und regional sehr stark schwankend. Empirische Ergebnisse zeigen ferner eine Abhängigkeit der Geburts- und Todesraten von der Populationszahl (Birg et al. 1984).[12]

4.2.10 Die allgemeine Mittelwertgleichung der Migration

Der entscheidende Schritt, der aus der bisherigen informationsdichten Behandlung von Populationskonfigurationen weg zu ihrer Berechenbarkeit führt, besteht in der Verwendung von Mittelwerten an Stelle der Wahrscheinlichkeitsverteilung von Populationskonfigurationen $P(\vec{n},t)$ selbst. Die ursprüngliche Mastergleichung wird dementsprechend durch nichtlineare dynamische Mittelwertgleichungen, die jedoch mikrofundiert sind, ersetzt. Es ist davon auszugehen, dass der Mittelwert $\vec{n}(t)$ der Populationskonfiguration $\vec{n}$ praktisch mit der realisierten Konfiguration $\vec{n}^e(t)$ übereinstimmt. Deshalb ist es erstrebenswert, Bewegungsgleichungen für das mittlere (wahrscheinlichste) Entscheidungsverhalten der Akteure unter gegebenen Randbedingungen direkt aus der Mastergleichung abzuleiten.

Der Mittelwert $\overline{f(\vec{n})}$ einer beliebigen Funktion $f(\vec{n})$ ist wie folgt definiert:

$$\overline{f(\vec{n})} = \sum_{\vec{n}} f(\vec{n}) P(\vec{n},t) \qquad (48)$$

Insbesondere ist damit die mittlere Populationszahl der Subpopulation γ gegeben durch:

$$\overline{n_k^\gamma(t)} = \sum_{\vec{n}} n_k^\gamma P(\vec{n},t) \qquad (49)$$

Es ist möglich, Bewegungsgleichungen für die Mittelwerte, z. B. den Mittelwert $n_k^\gamma(t)$ direkt aus der Mastergleichung (35) abzuleiten. Hierzu wird die Mastergleichung (35) mit n_k^γ multipliziert und die Summe über alle Konfigurationen $\vec{n}$ gebildet. Eine ausführliche Darstellung der Ableitung der Mittelwertgleichungen aus der Mastergleichung ist in Haag (1989) gegeben. Damit erhalten wir näherungsweise das Ergebnis:

---

[12] So können sich etwa bei hohen Populationsdichten Seuchen/Krankheiten schneller ausbreiten und damit eine Erhöhung der Todesrate bewirken. Bei hohen Populationsdichten nimmt in der Regel auch die Geburtenrate ab. Die ursächlichen Gründe hierfür sind sehr vielfältig und gehen über den Rahmen dieses Beitrags hinaus.

$$\frac{d\overline{n_k^\gamma}}{dt} = \sum_{i \ne k}^{L} \overline{n_i^\gamma} \, \overline{p_{ki}^\gamma}(\vec{n},\vec{\kappa}) - \sum_{i \ne k}^{L} \overline{n_k^\gamma} \, \overline{p_{ik}^\gamma}(\vec{n},\vec{\kappa})$$
$$+ \sum_{\alpha \ne \gamma}^{P} \overline{n_k^\alpha} \, \overline{p_k^{\gamma\alpha}}(\vec{n},\vec{\kappa}) - \sum_{\alpha \ne \gamma}^{P} \overline{n_k^\gamma} \, \overline{p_k^{\alpha\gamma}}(\vec{n},\vec{\kappa}) + (\beta_k^\gamma(t) - \mu_k^\gamma(t))\overline{n_k^\gamma}$$
(50)

wobei davon ausgegangen wurde, dass die Populationszahl der einzelnen Subpopulationen hinreichend groß ist, sodass die Varianzen in den Bevölkerungszahlen entsprechend klein sind. Die Wahrscheinlichkeitsverteilung kann unter diesen Voraussetzungen als scharf lokalisiert betrachtet werden. D. h. der wahrscheinlichste Wert und der Mittelwert der Verteilung unterscheiden sich nur geringfügig.

Die endgültige Form dieser Gleichungen erhält man durch Einsetzen der „individuellen" Übergangsraten. Die Mittelwertgleichungen bilden ein System von $P \cdot L$ nichtlinearen gekoppelten Differenzialgleichungen für die $n_k^\gamma(t)$. Da die Mittelwerte per Definition Mittel über Pfade mit fluktuierenden Abweichungen sind, wird ihre zeitliche Entwicklung durch deterministische Gleichungen beschrieben. Es muss jedoch damit gerechnet werden, dass die empirischen Werte $n_k^{\gamma(e)}(t)$ statistisch um diese Mittelwerte fluktuieren, selbst wenn die Theorie die Populationsdynamik angemessen beschreibt.

Die Mittelwertgleichungen (50) können einen oder mehrere stationäre Zustände besitzen. Alle zeitabhängigen Zustände nähern sich für $t \to \infty$ einem dieser stationären Zustände an. Es hängt jedoch von den Anfangsbedingungen ab, welcher der stationären Zustände erreicht wird. Dies bedeutet, dass sich die Umverteilung der Subpopulationen in Abhängigkeit von den Elastizitäten und sonstigen Parametern des Migrationssystems $\vec{\kappa}$ und den Anfangsbedingungen einem einzigen oder einem von mehreren möglichen Gleichgewichtszuständen annähert. Betrachtet man jetzt den in der praktischen Anwendung häufig auftretenden Fall von sich zeitlich langsam ändernden Trendparametern, d. h. $\vec{\kappa} = \vec{\kappa}(t)$, so kann es vorkommen, dass beispielsweise ein Trendparameter einen kritischen Wert durchläuft, für den einer oder mehrere der möglichen stationären Gleichgewichtszustände instabil wird. Hat sich die Verteilung des Migrationssystems zuvor in diesem nun instabil werdenden Zustand befunden, so wird sich jetzt plötzlich eine andere Verteilung einstellen müssen, die einem neuen stationären Zustand zugeordnet werden kann oder die Populationsverteilung geht in eine neue dynamische Mode über. Ein solches Systemverhalten zeichnet einen migratorischen Phasenübergang aus (Weidlich, Haag 1987).

Werden mehrere Subpopulationen betrachtet, die zwischen verschiedenen Gebieten wandern können, kann es auf Grund der komplizierten wechselseitigen Abhängigkeiten auch zu chaotischen Zuständen für allerdings extreme Werte der Systemparameter kommen (Reiner et al. 1986).

Bei den zu Grunde liegenden Bewegungsgleichungen (50) handelt es sich um gekoppelte nichtlineare Gleichungen, die als eine Verallgemeinerung der in den Sozialwissenschaften vielfach diskutierten und gelegentlich angewandten Volterra-Lotka-Gleichungen (Lotka 1932; Dendrinos, Mulally 1985) angesehen werden können. Die

Modellierung der raum-zeitlichen Dynamik eines sozioökonomischen Systems (Griffith 1982; Nijkamp, Reggiani 1992) ist nicht Fokus dieses Beitrags. Das Hauptinteresse richtet sich hier auf Wanderungsphänomene. Es ist jedoch offensichtlich, dass Wanderungsvorgänge sehr stark durch die ablaufenden sozioökonomischen Prozesse in ihrer Stärke beeinflusst und auch in ihrer Vorzugsrichtung geleitet werden (Birg 1990). Aus diesem Grunde werden wie bereits erwähnt die Übergangsraten bzw. die Präferenzparameter durch eine Vielzahl sozioökonomischer Variablen bzw. entsprechende Indikatoren bestimmt.

4.3 Schätzung der Modellparameter

Die im Ansatz für die Migrationsraten auftretenden Systemparameter $u_i(t)$[13] und $v_{ij}(t)$ lassen sich bei empirisch bekannten Bevölkerungszahlen und Migrationsströmen (Index e)

$$\{ n_i^e(t), w_{ij}^e(t), w_{ji}^e(t) \}$$

für $t = 1, 2, ..., T$ und $i, j = 1, 2, ..., L$ über verschiedene Optimierungsverfahren schätzen. Die mithilfe des Modells berechneten Migrationsströme werden zu diesem Zwecke mit den empirischen Migrationsströmen und Bestandszahlen in Zusammenhang gebracht.

Zunächst wird ein log-lineares Schätzverfahren verwendet, um explizite und eindeutige Ergebnisse für die Attraktivitäten der einzelnen Regionen und die sonstigen Systemparameter zu erhalten. Die Ergebnisse dieser Parameterschätzung können direkt in Abhängigkeit der empirischen Daten interpretiert werden und liefern damit erste analytisch fassbare Anhaltspunkte zum Verständnis der Attraktivitäten und Mobilitätsparameter. Des Weiteren ist es sinnvoll, die so erhaltenen Schätzwerte als Startwerte einer nichtlinearen Parameterschätzung zu verwenden.

Sind die Wanderungsströme $w_{ij}(t)$ nicht empirisch zugänglich, sondern sind lediglich die Zu- und Abwanderungen in die einzelnen Regionen bekannt, ist eine Schätzung der Systemparameter ebenfalls möglich.

Die zur Analyse der Wanderungsbewegungen zur Verfügung stehende Datenbasis kann vielfältige Probleme in sich bergen:

a) Die Daten sind nur für einen Zeitpunkt (Zeitabschnitt) verfügbar, oder es stehen nur kurze Zeitreihen zur Verfügung. Die üblichen ökonometrischen Verfahren zur Analyse der Migrationsbewegungen scheiden in diesem Falle aus.
b) Große Datenunsicherheiten können in der Art der Erfassung (falls kein Meldezettelsystem vorhanden ist) oder in der Größe des Panels begründet sein, das zur Hochrechnung auf die Gesamtheit dient.

---

[13] Auf den Index α, der die Zugehörigkeit zu einer bestimmten Subpopulation bezeichnet, wird im folgenden aus Vereinfachungsgründen o.B.d.A. verzichtet.

c) Die den Daten zugrunde liegende Rauschverteilung ist häufig unbekannt.
d) Es kann sehr schwierig sein zu unterscheiden, ob ein bestimmter Datenpunkt einen „Ausreißer" darstellt oder einen dynamischen Effekt repräsentiert.
e) Die Definition der empirisch erfassten Variablen ist nicht immer klar und ändert sich gelegentlich.

Infolgedessen ist eine sorgfältige Betrachtung und Bewertung der einzelnen Daten im Hinblick auf das Ziel der Modellierung unbedingt erforderlich. Nur bei einer hinreichend guten Datenlage kann eine detaillierte modellgestützte Analyse erfolgen, die es erlaubt, neben regionalen Attraktivitäten und Mobilitätsparametern auch die sozioökonomischen Standortfaktoren sowie deren Elastizitäten zu ermitteln. Letztendlich entscheidet auch die Datenlage über das sinnvollerweise zur Modellierung heranzuziehende Modell.

Daten sind generell mit Messfehlern (Erfassungsfehlern usw.) behaftet. Aus diesem Grund muss die Güte der modellgemäßen Datenanpassung über die Parameteroptimierung hinaus gegenüber einem sinnvollen statistischen Standard getestet werden. Zusätzlich muss die Genauigkeit, mit der die einzelnen Parameter bestimmt werden können, bei der Schätzung angegeben werden. Mit anderen Worten: Die Fehlerwahrscheinlichkeit der Parameter ist in Abhängigkeit von der Anzahl der „Beobachtungen" und der Anzahl der Parameter zu ermitteln.

Eine sorgfältige Schätzung der Systemparameter sollte daher immer

a) die Systemparameter;
b) eine Fehlerabschätzung der Werte der Systemparameter;
c) ein Maß für die Qualität des „Goodness-of-Fit" beinhalten.

Jedoch erfordert diese Vorgehensweise zusätzliche Informationen über die „Rauschstatistik". Sind diese Informationen nicht oder nur sehr begrenzt vorhanden, kann es zweckmäßig sein, die Datenunsicherheit „künstlich" mittels des Rechners zu simulieren und damit deren Auswirkungen auf die (nichtlineare) Parameterschätzung zu ermitteln und somit entsprechende Konfidenzintervalle den einzelnen Parametern zuzuordnen.

Da die nach den bisherigen Schritten gewonnenen Attraktivitäten und Mobilitätsparameter bereits eine anschauliche Interpretation besitzen, werden die erklärenden Variablen der Migration erst in einem weiteren Schritt aus den Attraktivitäten und Mobilitätsparametern bestimmt. Dies kann unter Berücksichtigung der Normierungsbedingung für die Attraktivitäten mit herkömmlichen Regressionsverfahren erfolgen.

4.3.1 Log-lineares Schätzverfahren

Die „log-lineare" Schätzungsprozedur zur Bestimmung der „optimalen" Systemparameter $u_i(t)$ und $v_{ki}(t)$ besteht darin, die „Fehlerfunktion"

$$F(\overline{v},\overline{u}) = \sum_{t=1}^{T} \sum_{k,l=1}^{L} {}' \{ln[\,w_{kl}^{e}(t)] - ln[\,n_{l}^{e}(t)v_{kl}(t)exp(u_{k}(t)-u_{l}(t))]\}^2 \quad (51)$$

durch geeignete Wahl der Parameter $v_{kl}(t)=v_{lk}(t)$ und $u_i(t)$ zu minimieren.[14] Die betragsmäßigen Abweichungen der logarithmierten, „theoretisch angesetzten" Übergangsraten von den logarithmierten, empirischen Übergangsraten werden aufsummiert und minimiert, um die entsprechenden Parameter optimal anzupassen.

Da die Übergangsraten nur von den Differenzen der Nutzenfunktionen abhängen, dürfen wir ohne Einschränkung der Allgemeinheit, die zusätzliche Bedingung

$$\sum_{i=1}^{L} u_i(t) = 0, \quad t = 1,2,...,T \quad (52)$$

fordern. Damit $F(\overline{v},\overline{u})$ ein Minimum annimmt, muss seine Variation verschwinden. Nach einigen einfachen Umrechnungen erhalten wir damit für die Attraktivitäten

$$u_i(t) = \frac{1}{2L} \sum_{k=1}^{L} ln\left[p_{ik}^{(e)}(t)/p_{ki}^{(e)}(t)\right] \quad i=1,2,...,L, \quad t=1,2,....T \quad (53)$$

und für die Mobilitäten:

$$v_{ij}(t) = v_{ji}(t) = \left[p_{ij}^{(e)}(t)p_{ji}^{(e)}(t)\right]^{1/2} \quad i,j = 1,2,...,L(i \neq j), \quad t=1,2,....T \quad (54)$$

wobei wir die empirischen „individuellen" Übergangsraten

$$p_{ji}^{e}(t) = w_{ji}^{e}(t)/n_i^{e}(t) \quad (55)$$

als Abkürzung eingeführt haben. Diese Gleichungen stellen die optimal geschätzten Attraktivitäten und Mobilitäten in Abhängigkeit von den empirisch als bekannt vorausgesetzten „individuellen" Übergangsraten dar.

Log-lineare Schätzverfahren sind nicht anwendbar, falls einzelne Matrixelemente mit Nullen besetzt sind, d. h. falls bezogen auf die durchgeführte Schätzung innerhalb eines betrachteten Zeitabschnitts t ein oder mehrere Matrixelemente

---

[14] Der Strich an der Summe über k und l soll andeuten, dass stets $k \neq l$. Dieser Strich wird im folgenden weggelassen.

$w_{ij}^{(e)}(t) = 0$ sind. Entsprechend Sen und Pruthi (1983) kann dieses Problem beseitigt und gleichzeitig der durch Verwendung von $\log w_{ji}^{(e)}(t)$ an Stelle von $w_{ji}^{(e)}(t)$ entstehende „bias" deutlich reduziert werden, wenn die Ersetzung

$$\log w_{ji}^{(e)}(t) \to \log(w_{ji}^{(e)}(t) + 0.5) \tag{56}$$

durchgeführt wird. Diese Datenvorverarbeitung wird daher grundsätzlich empfohlen.

4.3.2 Nichtlineares Schätzverfahren

Verwendet man an Stelle des log-linearen Schätzverfahrens ein nichtlineares Optimierungsverfahren, erhält man geringfügig bessere Schätzergebnisse. Allerdings können in diesem Falle die Systemparameter in Abhängigkeit der empirischen Daten nicht analytisch angegeben werden. Mittels der Fehlerfunktion

$$H(\overline{v}, \overline{u}) = \sum_{t=1}^{T} \sum_{k,l=1}^{L} {}'\{w_{kl}^{(e)}(t) - n_l^{(e)}(t)v_{kl}(t)\exp(u_k(t) - u_l(t))\}^2 \tag{57}$$

werden die Schätzergebnisse über ein Optimierungsproblem definiert. Die Optimierungsaufgabe kann unter Hinzunahme unterschiedlicher Optimierungsstrategien behandelt werden. Es ist sinnvoll, die Werte der log-linearen Parameterschätzung als Startwerte für die nichtlineare Schätzung zu verwenden. Die anwendungsbezogenen Ergebnisse beziehen sich hier immer auf die nichtlineare Parameterschätzung.

4.3.3 Nichtlineares Schätzverfahren bei einem reduzierten Datensatz

Bei der Analyse von Migrationsereignissen kann nicht immer auf detaillierte Migrationsdaten zwischen sämtlichen Regionen zurückgegriffen werden. Vielmals sind lediglich die Einwanderungsströme $w_{i,in}^{(e)} = \sum_{j=1}^{L} w_{ij}^{(e)}(t)$ und Abwanderungsströme

$w_{i,out}^{(e)} = \sum_{j=1}^{L} w_{ji}^{(e)}(t)$ der einzelnen Regionen oder Zellen erfasst.

Es ist bemerkenswert, dass selbst bei derartig eingeschränkten Daten, d. h. falls

$$\{n_i^{(e)}(t), w_{i,in}^{(e)}(t), w_{i,out}^{(e)}(t)\} \quad \text{für } t = 1,2,...,T \text{ und } i = 1,2,...,L$$

bekannt sind, eine Schätzung der Trendparameter noch sinnvoll möglich ist. Diese Aussage gilt nur dann, wenn die Anzahl der empirischen Daten $q=2LT$ die Anzahl der zu schätzenden Parameter übersteigt. Infolgedessen muss bei eingeschränkten Migrationsdaten bereits die explizite Form der Abklingfunktion f_{ij} in das Schätzverfahren eingesetzt werden. Die Minimierung der Fehlerfunktion (Kostenfunktion)

$$F(v,\vec{u}) = \sum_{t=1}^{T}\sum_{k=1}^{L}\left[w_{k,in}^{(e)}(t) - \sum_{l=1}^{L} n_l^{(e)}(t)v_0(t)exp\left(-\frac{\beta d_{lk}}{1+\gamma d_{lk}}\right)exp(u_k(t)-u_l(t))\right]^2$$
$$+ \sum_{t=1}^{T}\sum_{k=1}^{L}\left[w_{k,out}^{(e)}(t) - \sum_{l=1}^{L} n_k^{(e)}(t)v_0(t)exp\left(-\frac{\beta d_{kl}}{1+\gamma d_{kl}}\right)exp(u_l(t)-u_k(t))\right]^2 \quad (58)$$

ergibt anschließend die, in diesem speziellen Fall $k=LT+2$ zu schätzenden Parameter $v_0(t), \beta, \gamma$ und $u_k(t)$ des Migrationssystems.

4.3.4 Ermittlung der Synergieparameter und der Elastizitäten

Im nächsten Schritt werden die erklärenden Variablen der Attraktivitäten und Mobilitäten mittels eines Regressionsverfahrens bestimmt. Die Präferenz δ_i eines Kreises i ergibt sich durch die Überlagerung unterschiedlicher Einflussfaktoren ergibt:

$$\delta_i(\vec{x}) = \sum_n b_n(\tau)x_i^n(\tau). \quad (59)$$

Die Präferenzen δ_i können dabei von einem Bündel spezifischer (standardisierter) ökonomischer und sozioökonomischer Variablen $x_i^n, n = 1,...$ abhängen, wobei die zugeordneten Elastizitäten mit $b_n(\tau)$ bezeichnet sind. Diese, wie auch die erklärenden sozioökonomischen Variablen, werden durch multiple Regression bestimmt. Dazu werden die Bevölkerungszahl und die sozioökonomischen Variablen $x_i^n, n = 1,...$ entsprechend skaliert, sodass die Bedingung $\sum_{i=1}^{L} u_i(\tau) = 0$ gilt.

4.4 Anwendungsbeispiel: Wanderungsbewegungen zwischen den Kreisen Baden-Württembergs

Im Rahmen der Studie „Modellgestützte Analyse und Prognose der Bevölkerungsentwicklung der Stadt Stuttgart", im Auftrag der Stadt Stuttgart (Landeshauptstadt Stuttgart 1997), wurden die Wanderungsbewegungen zwischen den Kreisen Baden-

Württembergs für die Jahre 1989–1995 analysiert. Mithilfe der ermittelten Indikatoren – Attraktivitäten und Attraktivitätsfaktoren, Mobilitätsindikatoren sowie Verflechtungsindikatoren – wurden für Szenarien unterschiedlicher Bautätigkeiten innerhalb der Region Stuttgart Bevölkerungsvorausrechnungen bis 2020 durchgeführt.

4.4.1 Vorgehensweise

Die Abschätzung der Wirkungen einzelner Maßnahmen auf die seit längerer Zeit andauernden Abwanderungen der Bevölkerung der Stadt Stuttgart erfolgte im Anschluss an die Kalibrierung des Wanderungsmodells mit den empirischen Ausgangsdaten über Simulationen des zukünftigen Wanderungsgeschehens. Dies war möglich, da sich das Modell als *maßnahmensensitiv* herausstellte, d. h. die in den regionalen Attraktivitäten auftretenden „erklärenden Variablen" sind geeignet, regionale Maßnahmen, wie die Ausweisung regionaler Bebauungsschwerpunkte, abzubilden. Da die einzelnen Kreise des Landes stark miteinander verflochten sind, genügt es nicht, nur die Kreise der Region Stuttgart zu betrachten, vielmehr wird die migratorisch bedingte Landesentwicklung Baden-Württembergs auf der Ebene der 44 Stadt- und Landkreise simultan ermittelt. Es ist selbstverständlich, dass Baden-Württemberg nicht als isolierte Gebietseinheit betrachtet werden kann. Vielmehr muss die Verflechtung des Landes mit den übrigen Bundesländern Deutschlands sowie mit dem „Rest der Welt" ebenfalls, zumindest näherungsweise in Form externer Vorgaben Berücksichtigung finden.

4.4.2 Prämissen

In Abstimmung mit dem Statistischen Amt der Stadt Stuttgart und dem Statistischen Landesamt wurden in dieser Untersuchung die folgenden Einflussgrößen als extern vorgegeben betrachtet:

a) Außenwanderungssalden der Kreise Baden-Württembergs mit den übrigen Bundesländern und dem Ausland. Veränderungen in der Zuwanderung aus den übrigen Bundesländer infolge erhöhter Bautätigkeit bzw. veränderter Attraktivität der einzelnen Kreise wurden mit einem Multinomial-Logit-Ansatzes geschätzt;
b) Geburtenüberschüsse der einzelnen Kreise.

Des Weiteren wurde in dieser Untersuchung auf eine Einteilung der Bevölkerung in so genannte verhaltenshomogene Gruppen z. B. nach Alter und Geschlecht in Abstimmung mit dem Auftraggeber verzichtet.
Folgende Daten des Statistischen Landesamtes Baden-Württemberg und des Statistischen Amts der Stadt Stuttgart wurden für die Analyse und Prognose der Wanderungen zwischen den Kreisen Baden-Württembergs verwendet:

a) Bevölkerung der Kreise Baden-Württembergs in 1989–1995, jeweils zum 31.12.;
b) Wanderungsströme zwischen den Kreisen Baden-Württembergs in 1989–1995;

c) Zu- und Abwanderungen der Kreise in den Jahren 1989–1995 in das/aus dem Ausland, in die/aus den alten und neuen Bundesländern;
d) Strukturdaten auf Kreisebene (sozioökonomische Variablen) von 1989–1995 wie z. B. Beschäftigtenzahlen, Bestand an Wohnflächen, Steuerkraftsumme je Einwohner etc. (vgl. Kap. 4.4.5).

4.4.3 Untersuchungsschritte

Die Untersuchung gliederte sich in folgende Schritte (vgl. Abb. 1):

a) *Modellgestützte Analyse der Wanderungsströme zwischen den Kreisen Baden-Württembergs für die Jahre 1989–1995.* Zu diesem Zweck wurden die entscheidenden Faktorensets des Migrationsmodells bestimmt:

– Aus den empirischen Wanderungsströmen und den Einwohnerzahlen der Kreise aus den Jahren 1989–1995 wurden die Attraktivitäten der Kreise, die Mobilität und die Verflechtungsindikatoren zwischen den Kreisen mittels eines Optimierungsverfahrens geschätzt. Die bestimmten Parameter gestatten Rückschlüsse auf die Wanderungen der Bevölkerung zwischen den Kreisen;
– In einem weiteren Schritt wurden die „erklärenden" Variablen der Attraktivitäten der Kreise ermittelt. Hierzu wurden einerseits die Fühlungsvorteile (repräsentiert durch den Agglomerationsparameter) und die negativen Netzwerkexternalitäten (repräsentiert durch den Sättigungsparameter) bestimmt. Andererseits wurde eine multiple Regression mit den ausgewählten Strukturdaten der Kreise durchgeführt und damit die weiteren „erklärenden" Variablen (Schlüsselfaktoren) sowie die Stärke ihres Einflusses auf die Attraktivitäten (d. h. die zugeordneten Elastizitäten) ermittelt.

b) *Prognose der Bevölkerungsentwicklung für die Kreise Baden-Württembergs von 1995–2020.* Im nächsten Schritt wurden mithilfe der im ersten Schritt ermittelten Parameter des Migrationsmodells für verschiedene Szenarien mögliche Entwicklungspfade der Einwohnerzahlen der Kreise Baden-Württembergs von 1995–2020 berechnet. Im Einzelnen war die Vorgehensweise wie folgt:

– Es wurden verschiedene Szenarien mit dem Auftraggeber abgestimmt, d. h. unterschiedliche Maßnahmen wie die Ausweisung bestimmter Wohn- und Gewerbegebiete, deren voraussichtlicher Baubeginn und -ende. Die in die Attraktivitäten eingehenden Größen wie z. B. die Baufertigstellungen im Wohnungsbau wurden entsprechend angepasst. Zusätzlich wurden unterschiedliche Zu- und Abwanderungsszenarien, Szenarien für Geburtenüberschüsse oder Verhaltensänderungen (z. B. veränderte Mobilität) festgelegt;
– Mit den Szenariendaten und den ermittelten Parametern wurden dann die Binnenwanderungen zwischen den Kreisen für die Jahre 1995–2020 berechnet. Die entsprechenden Einwohnerzahlen der Kreise ergeben sich unter Berücksichtigung der erwarteten Geburtenüberschüsse sowie der Außenwanderungs-

salden für die jeweiligen Kreise. Die Ergebnisse ermöglichen Rückschlüsse bezüglich der Wirksamkeit der geplanten Maßnahmen (entsprechend einzelnen Szenarien).

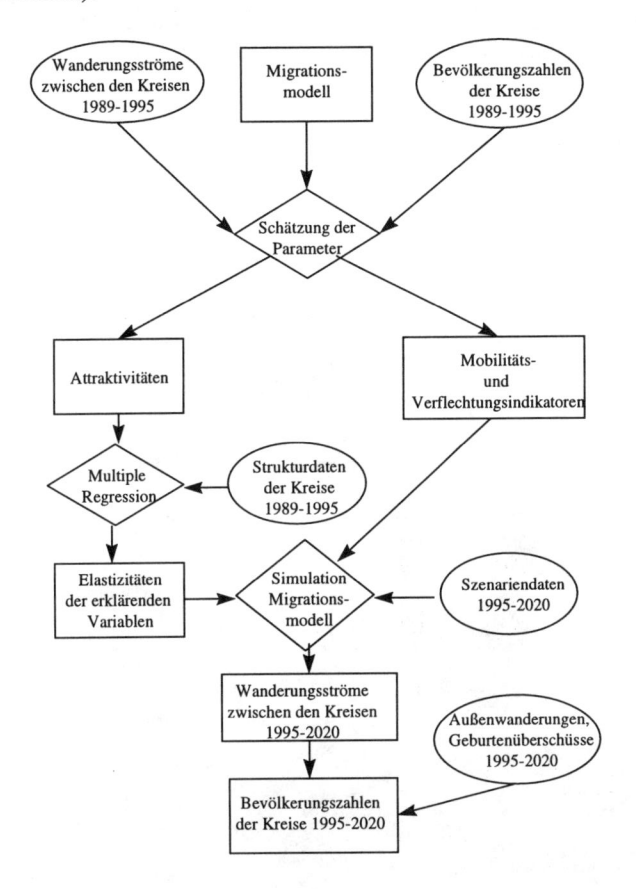

Abb 1: Darstellung des Untersuchungsverlaufs

Um die Qualität der Parameterbestimmung bewerten zu können, wurde die Korrelation, die um die Zahl der Parameter korrigierte Korrelation sowie Fishers F-Wert für den Vergleich der empirischen Wanderungsmatrizen mit den modellmäßig abgebildeten Wanderungsströmen bestimmt.[15] Die Korrelationen, mit einem über die Jahre sehr stabilen Wert nahe eins und die hohen Fishers F-Werte (Werte zwischen 150–220) deuten auf einen hohen Erklärungswert des Modells hin.

---

[15] Die Korrelation stellt - einfach ausgedrückt - ein Maß für die Übereinstimmung der empirischen Daten mit einem „theoretisch", mit entsprechenden Parameterwerten berechneten Datensatz dar. Je mehr Parameter dabei gewählt werden, desto besser wird die Übereinstimmung und desto besser wird die Korrelation. Allerdings wird die Tauglichkeit eines Modells mit steigender Parameterzahl auch immer fraglicher. Deshalb wird die sogenannte „adjusted correlation", die ebenfalls ein Maß für die Güte des Modells darstellt, aber im Gegensatz zur üblichen Korrelation auch die Zahl der in das Modell eingehenden Parameter berücksichtigt, zusätzlich berechnet.

4.4.4 Attraktivitäten

In Abb. 2 sind beispielhaft die regionale Attraktivitäten der 44 Kreise Baden-Württembergs für das Jahr 1995 dargestellt. Hohe Attraktivitätsniveaus sind dabei weiß, niedrige Attraktivitätswerte schwarz eingefärbt.

Attraktivität 1995

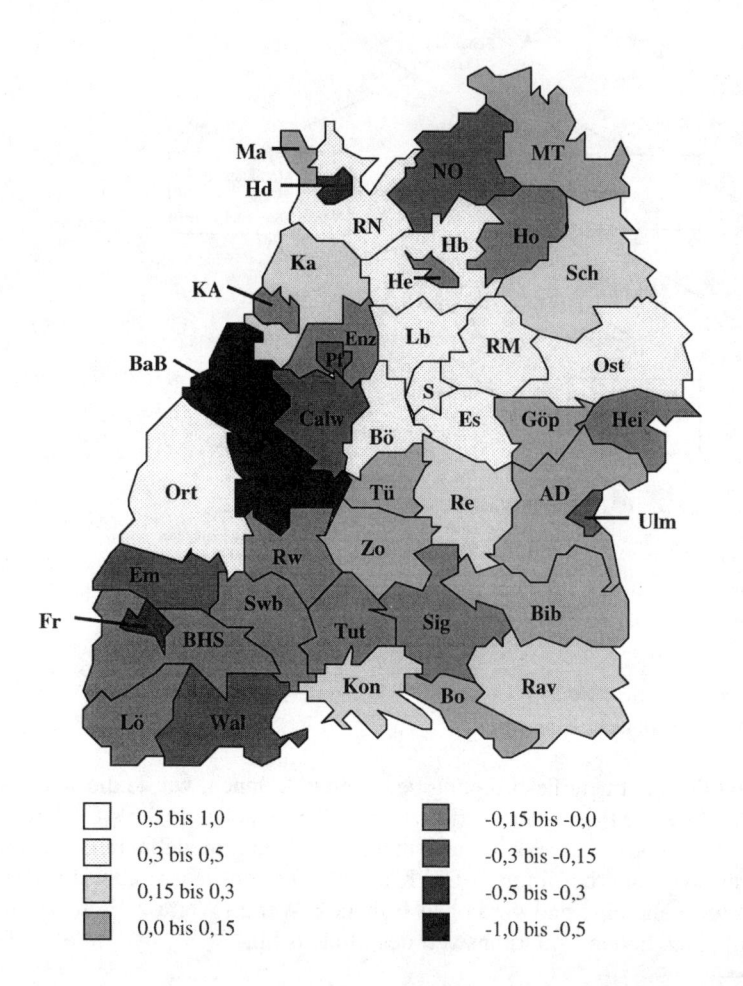

Abb. 2: Die regionalen Attraktivitäten der Kreise Baden-Württembergs für das Jahr 1995

Deutlich sind die wirtschaftlich schwachen Kreise Baden-Württembergs zu identifizieren. Diese ziehen sich im Jahr 1989 wie ein Ring um das wirtschaftliche Herz Baden-Württembergs, die Region Stuttgart, unterbrochen im Osten und Westen der

Region Stuttgart von Kreisen mit durchschnittlichen bis mäßig guten Attraktivitäten. Die Ringstruktur blieb zwar in der Tendenz auch in den nachfolgenden Jahren bis 1995 bestehen, viele der beteiligten Kreise erfahren jedoch deutliche Attraktivitätsverbesserungen im Vergleich zum Ausgangsjahr 1989.

Die Betrachtung der *Stadtkreise* und ihrer umgebenden Landkreise zeigt deutlich die Tendenz zur Stadtflucht. Dies wird z. B. im Attraktivitätsgefälle zwischen den Kreisen Heidelberg/Mannheim und dem Rhein-Neckar-Kreis, den Stadt- und Landkreisen Karlsruhe sowie Heilbronn oder Ulm und dem Alb-Donau-Kreis deutlich. Die Ursachen liegen u. a. in einem niedrigeren Mietniveau der Landkreise im Vergleich zu den Stadtkreisen und einer gleichzeitig guten Erreichbarkeit der zugeordneten Stadtkreise. In der Region Stuttgart ist das Attraktivitätsgefälle – trotz hoher Abwanderungen aus der Stadt in die umliegenden Kreise der Region – nicht so klar erkennbar. Zeitweise zeigt Stuttgart sogar eine höhere Attraktivität als diese Kreise, so z. B. im Jahr 1991 im Vergleich mit Böblingen, da Stuttgart als Zentrum des Landes Baden-Württemberg auch hohe Zuwanderungen aus Kreisen innerhalb und außerhalb der Region Stuttgarts verzeichnet. Demgegenüber stehen andere Stadtkreise wie z. B. Heilbronn vorwiegend zur nächsten Umgebung in Beziehung (zentraler Ort). Dies zeigt sich auch später bei der Analyse der Verflechtungsindikatoren.

Im *Gesamtbild der Attraktivitäten* fällt die Region Stuttgart durch die stabilen und durchweg hohen bis sehr hohen regionalen Attraktivitäten auf. Nur das Attraktivitätsniveau des Kreises Göppingen ist eher dem Mittelfeld zuzuordnen. Startend aus einer Mittelfeldlage ist für den Kreis Göppingen zwischen 1990 und 1991 eine Attraktivitätssteigerung festzustellen, die jedoch bereits 1992 wieder auf den Wert des Jahres 1990 zurückging und 1993 und 1994 einen Tiefstand erreichte. Im Jahr 1995 normalisierte sich die Attraktivität des Kreises Göppingen wieder mit einer leichten Erholung. Auf einem gleich bleibend hohen Niveau ist die Attraktivität des Kreises Ludwigsburg angesiedelt. Der Kreis Böblingen zeigt zwischen 1989 und 1994 ebenfalls ein sehr stabiles Verharren auf einem hohen Niveau. Im Jahr 1995 erfährt der Kreis Böblingen eine deutliche Attraktivitätssteigerung auf die Niveaus der Kreise Ludwigsburg und Stuttgart. Der Kreis Esslingen hält zwischen den Jahren 1989 und 1991 ein relativ hohes Niveau, verliert dann jedoch 1992 und 1993 an Attraktivität, bevor er ab 1994 wieder auf sein Anfangsniveau zurückkehrt.

Der zeitliche Verlauf der Attraktivitäten spiegelt die Zu- und Abnahmen der Wanderungssalden gut wider. Aus Abb. 3 ist zudem deutlich zu erkennen, dass die gesamte Region Stuttgart nach einem allgemeinen Abwärtstrend im Jahr 1992 die Talsohle erreichte und sich seit 1994 wieder in einer Aufschwungphase befindet. Hier wird deutlich, dass die Region Stuttgart gemessen an der zeitlichen Entwicklung der Attraktivitäten dem Konjunkturverlauf folgt.[16] Ausgehend davon ist es sehr wahrscheinlich, dass sich in den Jahren 1996 und insbesondere 1997 die allgemeine Wirtschaftsentwicklung positiv auf die Region Stuttgart auswirkt, wenn die wirtschaftlichen Auftriebskräfte die Oberhand behalten.

---

16 Aus dem zeitlichen Verhalten der Attraktivitäten kann nicht auf die Existenz eines Konjunkturzyklus geschlossen werden. Die Existenz und Phasenlage des Konjunkturzyklus ist unabhängig davon aus der gesamtwirtschaftlichen Entwicklung absehbar.

Da Attraktivitäten auch *Agglomerationseffekte* abbilden, beruhen die hohen Werte für Stuttgart, den Kreis Esslingen sowie Ludwigsburg auch auf Synergieeffekten.

Attraktivitäten 1989-1995

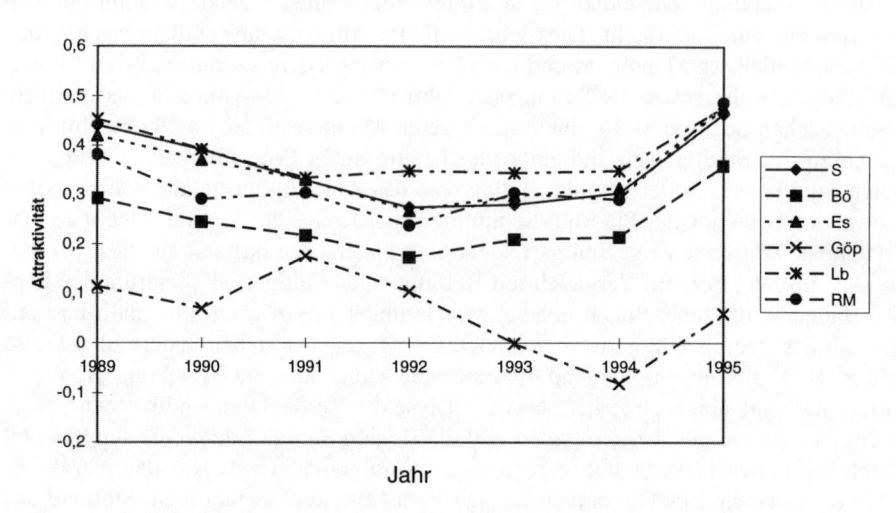

Abb. 3: Attraktivitäten der Kreise in der Region Stuttgart 1989–1995

Präferenzen 1989-1995

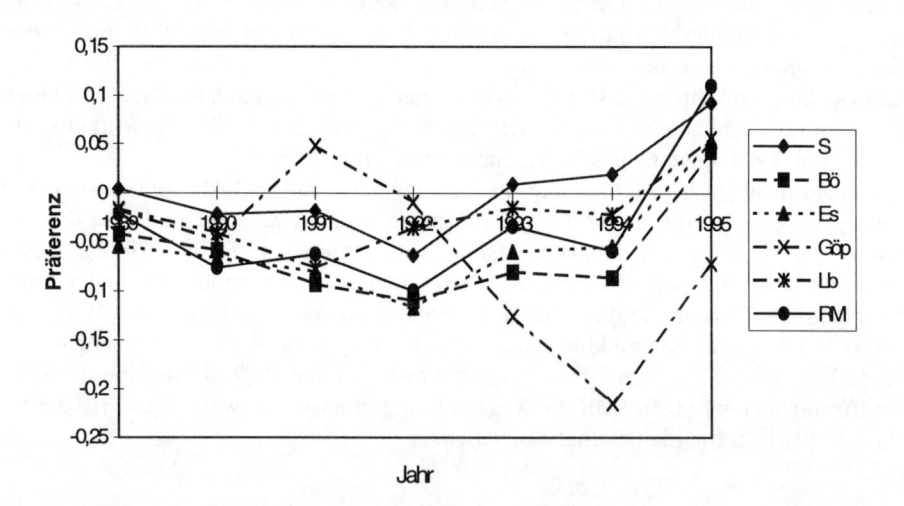

Abb. 4: Präferenzen der Kreise Baden-Württembergs 1989–1995

Um den Einfluss weiterer Strukturdaten auf Kreisebene abschätzen zu können, werden die **Präferenzen** δ_i berechnet, da diese die um die entsprechenden Größeneffekte skalierten Attraktivitäten darstellen. In Abb. 3 und 4 sind im Jahr 1992 für die Präferenzen wie für die regionalen Attraktivitäten leichte Einbrüche erkennbar.

Die zeitliche Entwicklung des *Agglomerationsparameters* κ und des *Sättigungsparameters* σ für den Untersuchungszeitraum sind in Abb. 5 dargestellt. Es zeigt sich, dass die Tendenz eines verstärkten Wachstums der Agglomerationen Baden-Württembergs im betrachteten Zeitraum ebenfalls den konjunkturellen Schwankungen folgt. So ist im Jahr 1992 eine geringe Tendenz zu agglomerativem Wachstum vorhanden als in den Phasen einer wirtschaftlichen Hochkonjunktur. Der Sättigungsparameter zeigt im Zeitraum 1989–1995 ein stabiles Verhalten.

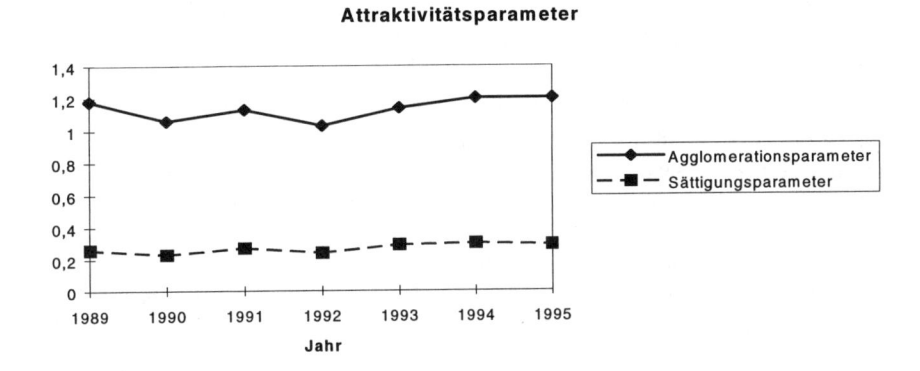

4.4.5 Mobilität

Der Mobilitätsindikator $\gamma(t)$, der ebenfalls aus den Wanderungsdaten geschätzt wird, ist in Abb. 6 dargestellt.

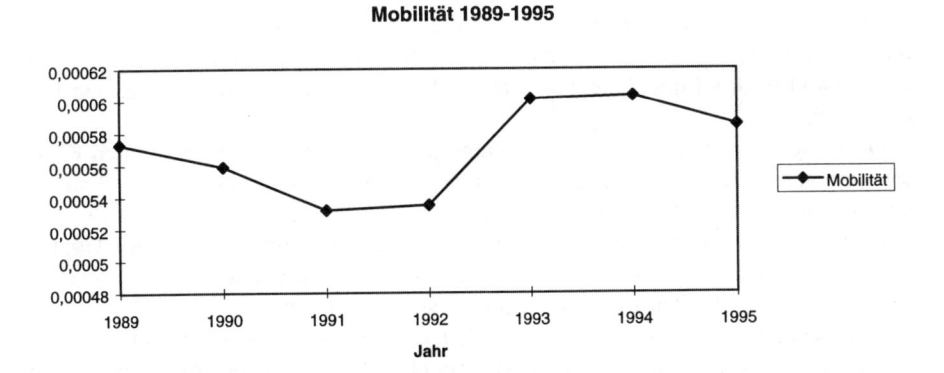

Abb. 6: Mobilität 1989–1995 für Baden-Württemberg

Auch hier ist festzustellen, dass das Jahr 1992 eine besondere Rolle in der Wanderungsdynamik spielte. Allerdings betragen die Schwankungen der Mobilität zwischen 1989 und 1995 maximal ca. 10%. Die Kopplung dieses Parameters an die wirtschaftliche Entwicklung des Landes im betrachteten Zeitraum ist offensichtlich.

4.4.6 Verflechtungsanalyse

Für die Verflechtungsindikatoren $f_{ij}(t)$ zwischen den Kreisen i und j wurde entsprechend den Wanderungsströmen eine Verflechtungsanalyse durchgeführt. Typischerweise zeigt sich dabei für die Stadt Stuttgart eine sehr starke Vernetzung mit den umliegenden Kreisen der Region Stuttgart über den gesamten Untersuchungszeitraum 1989–1995. Besonders ausgeprägt ist die Vernetzung der Stadt Stuttgart mit den Kreisen Ludwigsburg und Esslingen, welche durch die Ab- und Zuwanderungen in diese bzw. aus diesen Kreisen deutlich wird.

Betrachtet man umgekehrt die Verteilung der f_{ij} der umliegenden Kreise wird offensichtlich, dass nicht nur die Stadt Stuttgart mit den Kreisen Ludwigsburg, Esslingen und dem Rems-Murr-Kreis stark vernetzt ist, sondern Esslingen, Ludwigsburg und der Rems-Murr-Kreis ihrerseits mit der Stadt Stuttgart ihre stärkste Vernetzung aufweisen. Im Gegensatz zu der Stadt Stuttgart, die mit sämtlichen umliegenden Kreisen eine hohe bis starke Vernetzung (Affinität) aufweist, besitzen die Kreise Ludwigsburg, Esslingen und der Rems-Murr-Kreis nur zur Stadt Stuttgart eine starke Vernetzung, zu ihren weiteren Nachbarkreisen sind die entsprechenden f_{ij}-Werte mindestens um den Faktor zwei kleiner. Erst an zweiter Stelle, mit rund 82% des f_{ij}-Wertes Böblingen-Calw, ist für den Kreis Böblingen die Stadt Stuttgart platziert.

In IHK-Studien (IHK 1990, 1991) wurde die wirtschaftliche Situation der Stadt Stuttgart und der umgebenden Kreise einerseits im Vergleich zur Landesentwicklung Baden-Württembergs und andererseits verglichen mit anderen Verdichtungsräumen der BRD (München, Frankfurt, Köln, Düsseldorf, Essen, Berlin, Hamburg dargestellt. Ein wichtiges Ergebnis dieser Untersuchungen war, dass die Region Stuttgart eine polyzentrische Struktur besitzt. D. h. die Stadt Stuttgart verliert immer mehr die Bedeutung als Zentrum der Region, während die umliegenden Landkreise durch starke Zuwanderungen von Bevölkerung und Industrie gestärkt werden. Dies zeige sich sowohl in den Einwohnerzahlen als auch in den Beschäftigtenzahlen, den Umsätzen etc.

Dem können wir nur bedingt zustimmen. Sicherlich besitzen die einzelnen Kreise der Region eine bestimmte Eigenständigkeit und wirken damit polarisierend auf die umgebenden Kreise. Gleichzeitig zeigt die Verflechtungsanalyse jedoch deutlich, dass die einzelnen Kreise der Region Stuttgart, mit Ausnahme des Kreises Göppingen, insgesamt untereinander stark vernetzt sind und von daher als „agglomerative Einheit" gesehen werden müssen. Dies unterstreichen nicht nur die absoluten Werte der Verflechtungsindikatoren sondern auch deren Verteilung entsprechend Abb. 7.

Die Besonderheit der regionalen Verflechtung der Kreise innerhalb der Region Stuttgart zeigt sich bei einem Vergleich mit anderen regionalen Zentren Baden-Württembergs. Abb. 8 zeigt das Ergebnis einer Verflechtungsanalyse für den Stadt-

und Landkreis Heilbronn. Dabei wird deutlich, dass der Stadt- und der Landkreis Heilbronn untereinander extrem stark vernetzt sind und die Stärke der Vernetzung zwischen 1989 und 1994 auch noch deutlich zugenommen hat. Der absolute Wert des Verflechtungsindikators der Stadt Heilbronn mit dem Landkreis Heilbronn ist gleichzeitig um mehr als den Faktor 2 größer als der absolute Wert des Verflechtungsparameters der Stadt Stuttgart mit dem am stärksten vernetzten Kreis, dem Kreis Ludwigsburg. Auch dies unterstützt die obige These. Diese ausgeprägte Vernetzung der beiden Kreise hat ihren Grund in der Insellage der Stadt Heilbronn innerhalb des Landkreises Heilbronn. Entsprechend klein sind die Vernetzungswerte f_{ij} zu den weiteren Nachbarkreisen Ludwigsburg, Neckar-Odenwaldkreis und dem Hohenlohekreis. Der Stadtkreis Heilbronn stellt damit für die Umgebung, d. h. für den Landkreis Heilbronn, einen zentralen Ort dar (Christaller 1933). Heilbronn und Umgebung bilden annähernd ein abgeschlossenes System.

Verflechtungsindikatoren der Kreise mit der Stadt Stuttgart für das Jahr 1995

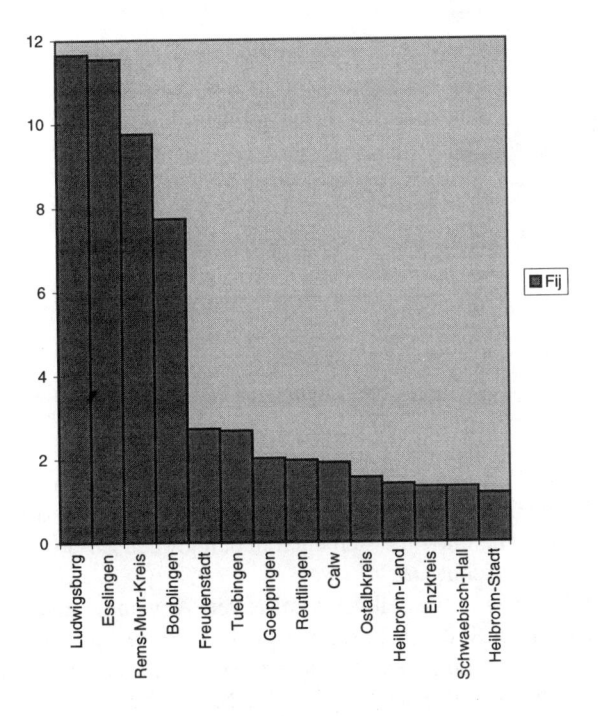

Abb. 7: Verflechtungsindikatoren der Kreise Baden-Württembergs mit der Stadt Stuttgart 1995

**Verflechtungsindikatoren
der Kreise mit der Stadt
Heilbronn für 1995**

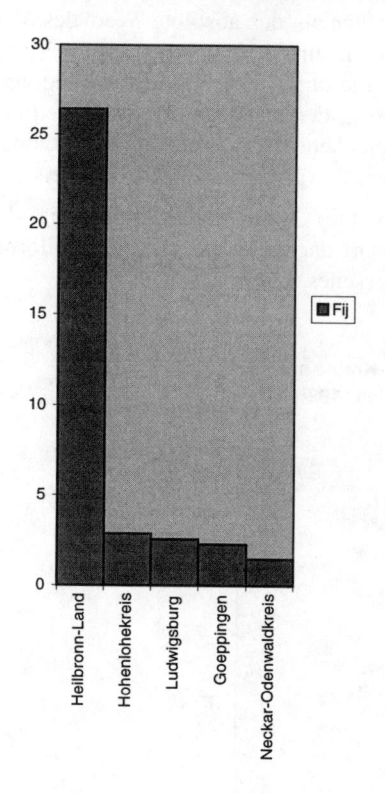

Abb. 8: Verflechtungsindikatoren der Kreise Baden-Württembergs mit der Stadt Heilbronn 1989 und 1995

Dagegen ist Stuttgart als Zentrum des Landes Baden-Württemberg und der Region nicht nur mit der näheren Umgebung stark vernetzt, sondern bildet ein offenes System, das durch eine starke Dynamik – die sich auch in den großen Zu- und Abwanderungsströmen zeigt – gekennzeichnet ist.

Es stellt sich nun die Frage, wie die teilweise massiven Abwanderungen aus dem Zentrum der Region, der Stadt Stuttgart in die peripheren Kreise Ludwigsburg, Esslingen, Rems-Murr-Kreis und Böblingen zu interpretieren sind. Gewiss haben ökonomische Erwägungen der Bevölkerung im Sinne einer Nutzenoptimierung einen Anteil an der räumlichen Umstrukturierung der Bevölkerungsverteilung. So bieten die peripheren Kreise vor allem folgende objektivierbare Vorteile:

a) niedrigere Mieten und Baulandpreise;
b) eine sehr gute lokale Erreichbarkeit von Geschäften zur Abdeckung täglicher Bedürfnisse (z. B. Bäcker, Metzger, andere Lebensmittel, aber auch Freizeiteinrichtungen etc.), die durch die peripheren Kreise oftmals besser abgedeckt werden als durch die Stadt Stuttgart, zumal die Reisezeiten in der Nutzenbetrachtung zu berücksichtigen sind;
c) eine gute Erreichbarkeit des Stadtzentrums der Stadt Stuttgart von den peripheren Kreisen aus, durch eine gute vorhandene Verkehrsinfrastruktur. Beispielsweise bietet die Autobahn A81 im Abschnitt Herrenberg Stuttgart die Möglichkeit, zusätzlich zu den Annehmlichkeiten des Wohnens „auf dem Lande" auch die Vorteile der Stadt in Anspruch nehmen zu können, ohne größer reisezeitbedingte Nachteile in Kauf nehmen zu müssen.

Im Produktions- und Investitionsgütersektor fanden Standortverlagerungen von Unternehmen hauptsächlich in die Anrainerkreise der Stadt Stuttgart (90% der vollverlagerten, 100% der teilverlagerten Betriebe) statt, mit entsprechenden Verlagerungen der Arbeitsplätze. Die gewählten stadtnahen Verlagerungen und Gründungen deuten ebenfalls darauf hin, die Region als Ganzes ihre wirtschaftliche Bedeutung nicht verloren hat sondern die Nähe zur Stadt Stuttgart bewusst von den Unternehmen gesucht wird.

4.4.7 Perspektiven für die Bevölkerungsentwicklung

Die vorgefundenen Indizien deuteten darauf hin, dass sich die Region Stuttgart deutlich auf dem Weg in Richtung einer *europäischen Metropole* befindet, das heißt als agglomerative Einheit gesehen werden muss.
Auch vor diesem Hintergrund ist *Stuttgart 21*, der *Ausbau des Flughafens* sowie die geplante *Filderbebauung* zu sehen. Durch die bessere Vernetzung der Region Stuttgart mit den europäischen Metropolen (auch mit dem Raum München), wird sich der Wettbewerb der Metropolen untereinander verschärfen. Die Region Stuttgart als Ganzes besitzt durch die vorhandenen Fühlungsvorteile und ihr Angebots- und Nachfragepotential gute Chancen sich in diesem Wettbewerb nicht nur erfolgreich zu behaupten, sondern ihre Position als internationales Wirtschaftszentrum deutlich zu verbessern. Dies beruht nicht nur auf der Bevölkerungszahl der Region von ca. 2.4 Millionen sondern auch darauf, dass das „Hinterland" der Region Stuttgart, d. h. die umgebenden Kreise der Region Stuttgart, ebenfalls über entsprechende wirtschaftliche Potentiale verfügen. Ausgehend von diesen Betrachtungen und in Hinsicht auf die Beantwortung der oben gestellten Frage deuten auf den derzeit bereits ablaufenden Metropolisierungsprozess der Region Stuttgart hin:

a) die Verflechtungsindikatoren;
b) die Verlagerung von Unternehmen in die peripheren Kreise der Stadt Stuttgart;
c) die derzeitige Bevölkerungsumverteilung innerhalb der Region;

d) die Zunahme der Übernachtungen und des Städtetourismus in der Stadt Stuttgart im Vergleich zu den anderen Kreisen der Region und den meisten Städten der Bundesrepublik;
e) die Anzahl der ansässigen global agierenden Unternehmen in der Region;
f) die wirtschaftliche Entwicklung der Region seit 1970;
g) der Vergleich der regionalen Attraktivitäten

4.4.8 Regression

In einem weiteren Schritt wird der Zusammenhang zwischen den Attraktivitäten bzw. Präferenzen mit den Strukturdaten der Kreise mittels einer multiplen Regressionsanalyse untersucht, um die Einflussfaktoren der Wanderungsbewegungen (push- und pull-Faktoren), d. h. *die erklärenden Variablen* systematisch zu ermitteln. Zu diesem Zweck werden die nachfolgend aufgelisteten Variablen auf Kreisebene für die Jahre 1989–1995 in die Regression einbezogen. Die gewählten Abkürzungen für diese Variablen sind jeweils in den Klammern angegeben:

a) Einwohnerzahl (jeweils zum 31.12.) (bev);
b) Bestand an Wohngebäuden, Wohnfläche (100 m^2) (bwohn);
c) Baufertigstellungen insgesamt, Nutzfläche (100 m^2) (nutzfl);
d) Baufertigstellungen insgesamt, Wohnfläche (100 m^2) (wohnfl);
e) Arbeitslose insgesamt (alose);
f) sozialversicherungspflichtig beschäftigte Arbeitnehmer insgesamt (arb);
g) Beschäftigte im Produzierenden Gewerbe insgesamt (probes);
h) Gesamtumsatz im Produzierenden Gewerbe insgesamt (in 1.000 DM) (proums);
i) Bruttowertschöpfung zu Marktpreisen (unbereinigt), in DM (nur für die Jahre 1988/90/92) (bws);
j) Steuerkraftsumme je Einwohner in DM (fiskus);
k) Zahl der Schüler an Grund-, Haupt- und Realschulen sowie Gymnasien (schul);
l) Zahl der Übernachtungen insgesamt (touri);
m) durchschnittliche Kaufwerte von baureifem Land, Durchschnittspreise pro m^2 (kauf).

Zusätzlich werden die Veränderungen der Variablen gegenüber dem Vorjahr ebenso betrachtet wie die auf die Bevölkerungszahlen bezogenen Variablen. Auch ein „time-lag" wird in die Untersuchung einbezogen, d. h. der Einfluss der Variablenwerte aus dem Vorjahr wird zusätzlich untersucht. Daten wie Mieten, Arbeitslose nach unterschiedlichen Strukturmerkmalen, Beschäftigte im Dienstleistungssektor oder die Zahl der Krankenhäuser konnten vom Statistischen Landesamt nicht für diesen Zeitraum auf Kreisebene zur Verfügung gestellt werden.

Die Regressionen wurden gleichzeitig für sämtliche Kreise für den gesamten Zeitraum 1989–1995 durchgeführt. Es ergab sich folgender signifikanter Variablensatz:

a) Bevölkerungszahl der Region;
b) Baufertigstellungen je Einwohner des jeweiligen Jahres im Wohnungsbau;

c) Zahl der Übernachtungen je Einwohner des Vorjahres;
d) Veränderung der Steuerkraftsumme je Einwohner des Vorjahres.

Die Baufertigstellungen gehen dabei mit einer Zeitverzögerung von einem Jahr ein. Die oben aufgeführten Variablen sind untereinander nicht korreliert. Die Korrelationen für die Regressionen sind sehr gut und erreichen je nach Zusammensetzung des Variablensatzes Werte zwischen 0,80 und 0,85, die Fishers F-Werte liegen zwischen 142 und 392 und damit in einem sehr guten Bereich. Dieser Variablensatz ist somit statistisch sehr gut abgesichert und daher für die nachfolgenden Simulationen unterschiedlicher Szenarien gut geeignet. Eine weitere signifikante Variable mit Erklärungswert ist beispielsweise die Schülerzahl je Einwohner. Auch hiermit können bei entsprechenden Fragestellungen Prognosen durchgeführt werden.

Die Baufertigstellungen und der Wohnungsbestand stellen Variablen des Wohnungsmarkts dar, die neben anderen Einflussfaktoren auch für die Abwanderungen der Bevölkerung aus der Stadt Stuttgart in die Nachbarkreise verantwortlich sind. Die Mieten waren als Variable auf Kreisebene im betrachteten Zeitraum nicht erhältlich. Allerdings ist zu vermuten, dass die Mietpreisentwicklung zum Teil mit den Baufertigstellungen im Wohnungsbau je Einwohner gekoppelt ist.

4.5 Simulation der Bevölkerungsentwicklung für die Region Stuttgart

Im folgenden Kapitel wird auf der Grundlage der Analyseergebnisse aus Kap. 4.4 die Bevölkerungsentwicklung Baden-Württembergs für eine Anzahl plausibler Szenarien simuliert. Dabei wird der Einfluss von im Flächennutzungsplan der Region aufgeführten Vorhaben untersucht. Die in ihrer Wirkung auf das Wanderungsgeschehen als bedeutsam erachteten Baumaßnahmen wurden mit dem Auftraggeber abgestimmt.

4.5.1 Voraussetzungen und Annahmen

Ausgangspunkt für die Vorausrechnung der weiteren regionalen Bevölkerungsentwicklung ist das Jahr 1995. Damit beginnend werden die Bevölkerungszahlen der Kreise für jedes Jahr bis einschließlich 2020 für fünf unterschiedliche Szenarien berechnet. Es werden die Einwohnerzahlen der Kreise des Statistischen Landesamtes zu Grunde gelegt. Die Ergebnisse der Vorausrechnungen werden mit fortschreitender Simulationsdauer selbstverständlich unsicherer. Der Prognosezeitraum 1995–2020 wurde unter dem Gesichtspunkt festgelegt, die Auswirkungen vorgesehener Baumaßnahmen des Flächennutzungsplans mittel- bis langfristig abschätzen zu können.

Die *Geburtenüberschüsse* und die Außenwanderungen Baden-Württembergs, mit den übrigen Bundesländern sowie dem Ausland, werden als externe Größen vorgegeben. Die Geburtenüberschüsse werden aus der kleinräumigen Prognose des Statistischen Landesamtes für die Kreise Baden-Württembergs übernommen (Statistisches Landesamt 1994). Dabei wird davon ausgegangen, dass sich weder die Geburtenentwicklung noch die Sterblichkeitsentwicklung innerhalb des Prognosezeitraums wesentlich verändern (Cornelius 1996). Für die Stadt Stuttgart bedeutet dies einen negativen Geburtenüberschuss.

Tab. 1: Annahmen für die Außenwanderungssalden von Baden-Württemberg 1995–2020

Jahr	untere Variante der Achte koord. Bevölkerungsvorausrechnung (in Tsd.)	verwendete Außenwanderungssalden für Baden-Württemberg (in Tsd.)
1995	70,1	32,3
1996	63,7	40,0
1997	57,8	40,0
1998	51,8	40,0
1999	37,0	37,0
2000	26,5	26,5
2001	20,7	20,7
2002	20,5	20,5
2003	20,4	20,4
2004	20,4	20,4
2005	20,5	20,5
2006–2010	20,0	20,0
ab 2011	12,8	12,8

Die *Außenwanderungssalden* für Baden-Württemberg orientieren sich an den Werten der Achte koordinierten Bevölkerungsvorausrechnung der BRD. Da die Werte dieser Prognose in der unteren Variante allerdings 1994 und 1995 die empirischen Werte stark überschreiten und die empirischen Werte in den Ersten beiden Quartalen von 1996 keine wesentlichen Veränderungen erwarten lassen, werden in der vorliegenden Prognose die Außenwanderungssalden etwas geringer angenommen (Tab. 1).[17] Die Außenwanderungssalden Baden-Württembergs der einzelnen Jahre werden nach einem Schlüssel entsprechend den Jahren 1994 und 1995 auf die einzelnen Kreise verteilt. Dabei entstehen zwar im Laufe der Jahre abnehmende, aber insgesamt relativ hohe Salden für die Kreise Freudenstadt und Rastatt, die auf den bisher schon recht großen Zustrom von Aussiedlern und Asylbewerbern in diese Kreise (zentrale Aufnahmelager) zurückzuführen sind. Da auch weiterhin entsprechende Zuwanderungen zu erwarten sind, erscheint dies auch gerechtfertigt. Für Stuttgart wird auch weiterhin mit einem negativen Außenwanderungssaldo gerechnet. Diese sind unter Umständen sogar wegen der möglichen Rückkehr der Bürgerkriegsflüchtlinge aus dem ehemaligen Jugoslawien noch unterschätzt.

Da zu erwarten ist, dass die unterschiedlichen Bautätigkeiten innerhalb der Region auch Auswirkungen vor allem auf die Zuwanderungen aus anderen Bundesländern

---

[17] Die gewählten Außenwanderungssalden wurden mit dem Statistischen Landesamt und dem Statistischen Amt der Stadt Stuttgart abgestimmt.

Wanderungsdynamik

haben, wurden in einem zweiten Schritt diese Veränderungen mithilfe eines vereinfachten Multinomial-Logit-Ansatzes abgeschätzt. Hierzu wurde die Zuwanderung $zu_i(t)$ in einem bestimmten Jahr t aus den Bundesländern in die einzelnen Kreise i wie folgt abgeschätzt:

$$zu_i(t) = f \cdot zu_i(t-1) \qquad (60)$$

mit dem Faktor f

$$f = \frac{exp(u_i(t))}{exp(u_i(t-1))} \qquad (61)$$

Bei steigender Attraktivität der Kreise z. B. infolge zunehmender Bautätigkeit nimmt auf diese Weise auch die Zuwanderung zu. Die Außenwanderungssalden $w_i(t)$ lassen sich damit wie folgt abschätzen:

$$\begin{aligned} w_i(t) &= zu_i(t) - ab_i(t) \\ &= f \cdot zu_i(t-1) - ab_i(t) \\ &= f \cdot (w_i(t-1) + ab_i(t-1)) - ab_i(t) \\ &\approx f \cdot w_i(t-1) + (f-1) ab_i(t-1) \end{aligned} \qquad (62)$$

mit den Abwanderungen $ab_i(t)$ aus dem Kreis i in die übrigen Bundesländer. Dabei wird angenommen, dass sich die Zahl der Abwanderungen nicht verändern. Des Weiteren wird folgende, stark vereinfachende Abschätzung durchgeführt:

$$w_i(t) = g \cdot ab_i(t) \qquad (63)$$

mit

$$g = \frac{w_i(1995)}{ab_i(1995)} \qquad (64)$$

Damit lässt sich eine untere Grenze für die Veränderung der Außenwanderungssalden in stark vereinfachender Weise abschätzen, sodass die Ergebnisse der Bevölkerungsvorausrechnung für die unterschiedlichen Szenarien plausibler werden.

Die geschätzten Verhaltensparameter wie die *Mobilitätsindikatoren*, die *Verflechtungsindikatoren* und die statistischen Gewichte, mit denen die „erklärenden"

Variablen in die regionalen Attraktivitäten eingehen, werden zwischen 1995 und 2020 konstant gehalten.

Die *regionalen Attraktivitäten* berechnen sich aus den Einwohnerzahlen der Kreise und den Präferenzen. In dieser Berechnung werden die Einwohnerzahlen und nicht der Bestand an Wohnfläche als maßgebliche Variable verwendet, um die Rückkopplung innerhalb des Modells einzubeziehen. Beide Variable sind, wie bereits dargestellt, untereinander stark korreliert. Damit wird auch die zeitliche Entwicklung der Fühlungsvorteile abgebildet. Die Entwicklung des Bestands an Wohnfläche ist schwer einzuschätzen, sodass die Erstellung von Szenarien schwierig erscheint. Die Präferenzen werden gemäß der Ergebnisse der Regressionsrechnungen mit folgenden *erklärenden Variablen* berechnet:

a) Baufertigstellungen im Wohnungsbau/Einwohner jeweils des Vorjahres (Parameter: 0,18; T-Wert: 6,1);
b) Zahl der Übernachtungen je Einwohner (Parameter: -0,04; T-Wert: -5,5);
c) Veränderung der Steuerkraftsumme je Einwohner (Parameter: 0,04; T-Wert: 0,3).

Andere Variablenkombinationen zu verschiedenen Simulationszwecken gemäß den Regressionsergebnissen können ebenfalls bei Bedarf in die Berechnungen einbezogen werden. In den nachfolgend beschriebenen Szenarien wurde die Variable Baufertigstellungen entsprechend den gewählten Szenarien verändert, um die Auswirkung verschiedener baulicher Maßnahmen auf die Region und insbesondere die Stadt Stuttgart abschätzen zu können.

4.5.2 Szenarien und Simulationen

In den Simulationen werden unterschiedliche Bauvorhaben im Wohnungsbau in der Region Stuttgart in ihren bevölkerungsrelevanten Wirkung auf die Stadt Stuttgart untersucht. Dabei werden die regionalbedeutsamen Schwerpunkte des Flächennutzungsplans der Region besonders berücksichtigt. In Stuttgart handelt es sich dabei um folgende Maßnahmen:

a) Neubauflächen nach dem FNP 2005 (z. B. Feuerbach, Weilimdorf, Birkach);
b) "City Prag" (Mischgebiet, ca. 25% Wohnfläche);
c) "Burgholzhof";
d) "Stuttgart 21";
e) Bestandsumwandlung.

Die Bestandsumwandlung nimmt dabei einen bedeutenden Anteil ein. Die Zeitpunkte der Baufertigstellungen sind lediglich Schätzwerte, die eine obere Grenze für die Fertigstellung darstellen. Dies erscheint ausreichend. Die Hektarangaben wurden nach entsprechenden Angaben des Verbandes der Region Stuttgart bzw. des Stadtplanungsamtes der Stadt Stuttgart in BGF (Baugeschossflächen) umgerechnet. Für die Region wurde dabei von 100 Einwohnern/ha ausgegangen, für die Stadt Stuttgart von 130 Einwohnern/ha. Die Wohnfläche/Einwohner für die einzelnen Kreise wurde gemäß den Durchschnittswerten der Jahre 1994 und 1995 angenommen. Aus diesen Werten können die Baulandflächen (in ha) in geschätzte BGF (in m^2) umgerechnet werden. Die Bebauungsdichte in Gebieten mit Bestandsumwandlungen ist höher als in Neubaugebieten, deshalb wurden hier ebenso wie für das Projekt Stuttgart 21 gemäß den Angaben des Stadtplanungsamtes Stuttgart entsprechend höhere Werte für die BGF festgelegt.

Für die einzelnen Szenarien wurde jeweils die Variable „Baufertigstellungen im Wohnungsbau" entsprechend der errechneten BGF der jeweiligen Maßnahme vorgegeben. Für alle Kreise Baden-Württembergs wurde für die Jahre 1995–2020 mit einer gleich bleibenden Bautätigkeit gerechnet, für die Region Stuttgart kommen jeweils die BGF der betrachteten Maßnahmen im jeweiligen Jahr hinzu. Da nicht anzunehmen ist, dass alle Maßnahmen erst im angegebenen Baufertigstellungsjahr gleichzeitig fertig sind, wurden verschiedenen Simulationen durchgeführt:

a) Einerseits wird angenommen, dass die Maßnahmen tatsächlich erst im angegebenen Zeithorizont fertig gestellt werden;
b) andererseits wird vergleichend abgebildet, dass bei den Maßnahmen mit dem Zeithorizont 2005, 2010 und 2015 die BGF innerhalb von 5 Jahren vor dem entsprechenden Baufertigstellungsdatum zu jeweils 20% jährlich hinzukommen.

Die Übrigen „erklärenden" Variablen wie die Zahl der Übernachtungen, und die Veränderung der Steuerkraftsumme je Einwohner werden nicht verändert.

Im folgenden Kapitel werden die Ergebnisse der sieben unterschiedlichen Szenarien zusammengefasst. Zu bemerken ist, dass einzelne Szenarien nur gewählt wurden, um den Einfluss bestimmter Maßnahmen auf die Bevölkerungsentwicklung abschätzen zu können. Es ist beispielsweise kaum wahrscheinlich, dass sämtliche Baumaßnahmen in der Stadt Stuttgart umgesetzt werden, in der Region jedoch nicht. Ziel der Prognosen ist es, mögliche Zusammenhänge und Auswirkungen einzelner Maßnahmen auf die Bevölkerungsentwicklung zu erkennen und aufzuzeigen.

4.5.3 Zusammenfassung der Simulationsergebnisse

Die Simulationen zu den einzelnen Szenarien bezüglich der Bautätigkeit in der Region zeigen, dass eine Abstimmung und gemeinsame Planung großflächiger Baumaßnahmen innerhalb der Region sinnvoll ist. Die Wirkungen auf die Bevölkerungsentwicklung sind nicht zu vernachlässigen. Die Ergebnisse für die Stadt Stuttgart sind im Einzelnen:

Szenario 1: Regionalbedeutsame Schwerpunkte im Wohnungsbau werden nicht umgesetzt
Unter der Annahme, dass die Bautätigkeit innerhalb Baden-Württembergs konstant auf dem Niveau von 1995 bleibt und keines der regionalbedeutsamen Vorhaben umgesetzt wird, hat die Stadt Stuttgart starke Verluste bis 2010 von 44.500 Personen bzw. bis 2020 von 69.700 Personen zu verzeichnen. Alle anderen Kreise der Region

Stuttgart weisen eine Bevölkerungszunahme auf. Der Kreis Esslingen hätte im Jahr 2020 eine um 23.800 höhere Einwohnerzahl; auch der Kreis Ludwigsburg hätte ein höhere Bevölkerungszahl zu verzeichnen. Diese für die Stadt Stuttgart ungünstige Bevölkerungsentwicklung ist vorwiegend auf die negative Entwicklung der Geburtenüberschüsse und der Außenwanderungen zurückzuführen.

Szenario 2: Alle Bauvorhaben werden bis 2010 bzw. 2015 umgesetzt, fester Zeitpunkt
Werden alle regionalbedeutsamen Vorhaben zum festgesetzten Zeitpunkt umgesetzt, erhöht sich die Einwohnerzahl der Stadt Stuttgart gegenüber Szenario 1 bis zum Jahr 2020 um ca. 45.000 Einwohner. Die Abnahme von 1995–2020 beträgt aber immer noch 24.000 Personen. Auch die Kreise Ludwigsburg sowie Böblingen profitieren von diesen Baumaßnahmen, während die übrigen Kreise ein etwas verlangsamtes Wachstum zeigen. In diesem Szenario weist die Stadt Stuttgart im Jahr 2020 wieder mehr Einwohner als die Kreise Esslingen und Ludwigsburg auf.

Szenario 3: Alle Bauvorhaben werden bis 2005, 2010 bzw. 2015 umgesetzt. Die einzelnen Bauvorhaben werden innerhalb eines Zeitraums von 5 Jahren fertig gestellt
Nach diesem Szenario sinkt die Einwohnerzahl von Stuttgart bis zum Jahr 2020 um 31.800 Personen gegenüber 1995. Im Vergleich zu Szenario 1 entspricht dies im Jahr 2020 einem Unterschied von ca. 38.000 Personen mehr. Ein Vergleich von Szenario 2 und 3 ergibt in der langfristigen Bevölkerungsentwicklung der Region keine großen Veränderungen, aus diesem Grund wird in den nachfolgenden Szenarien nur die realistischere Annahme, die Bauvorhaben werden im Laufe mehrerer Jahre und nicht zu einem festen Zeitpunkt umgesetzt, berücksichtigt.

Szenario 4: Nur das Projekt "Stuttgart 21" wird umgesetzt
Die Umsetzung des Projekts "Stuttgart 21", während alle übrigen Baumaßnahmen der Region nicht verwirklicht werden, führt gegenüber Szenario 1 für die Stadt Stuttgart im Jahr 2020 zu einer um 8.700 Personen erhöhten Einwohnerzahl. Insgesamt sinkt dadurch die Bevölkerungszahl der Stadt Stuttgart bis 2020 um 61.000 Personen. Die Einwohnerzahlen der umgebenden Kreise verändern sich geringfügig gegenüber Szenario 1. Insgesamt hätte das Projekt "Stuttgart 21" auf die Binnenwanderung für Stuttgart mit den Kreisen Baden-Württembergs durchaus positive Wirkungen, es sind aber auch infolge der verbesserten Verkehrsanbindung weitreichendere Wirkungen zu erwarten, die in diesem Zusammenhang nur grob abgeschätzt werden konnten.

Szenario 5: Nur die Bestandsumwandlung in Stuttgart wird umgesetzt
Werden von allen Bauvorhaben in der Region nur die Bestandsumwandlungen innerhalb der Stadt Stuttgart umgesetzt, sind deutliche positive Wirkungen auf die Stadt Stuttgart zu erwarten. Gegenüber Szenario 1 hätte die Stadt bis 2020 27.800 Einwohner mehr zu verzeichnen, zwischen 1995 und 2020 würde die Bevölkerung um ca. 42.000 Personen abnehmen. Die übrigen Kreise der Region würden gegenüber Szenario 1 an Bevölkerung verlieren. Die Bestandsumwandlung in der Stadt

Stuttgart als alleinige Maßnahme innerhalb der Region hätte also einen deutlichen Effekt auf die Bevölkerungszahlen der Stadt.

Szenario 6: Alle Bauvorhaben der Stadt Stuttgart werden umgesetzt

Werden alle Bauvorhaben in der Stadt Stuttgart, nicht aber in den übrigen Kreisen der Region umgesetzt, ergibt sich eine Abnahme der Bevölkerung für Stuttgart von 1995–2020 um 26.700 Personen. Gegenüber dem Bezugsfall Szenario 1 ist hier bis 2020 eine Zunahme der Bevölkerungszahl um 43.000 Personen auf Grund der alleinigen Bautätigkeit der Stadt Stuttgart zu verzeichnen. Die Kreise der Region schneiden durchweg schlechter ab als in Szenario 1.

Szenario 7: Nur Bauvorhaben der übrigen Kreise der Region ohne die Stadt Stuttgart werden umgesetzt

Werden nur die geplanten Bauvorhaben der Kreise Böblingen, Esslingen, Göppingen, Ludwigsburg und Rems-Murr umgesetzt, nicht jedoch die geplanten Baumaßnahmen der Stadt Stuttgart verwirklicht, führt dies zu einem Einwohnerverlust der Stadt Stuttgart von 73.000 Einwohnern zwischen 1995 und 2020. Die übrigen Kreise der Region würden selbstverständlich von der passiven Haltung der Stadt Stuttgart deutlich profitieren. Gegenüber Szenario 1 weist Stuttgart in diesem Szenario bis 2020 ca. 3.200 Einwohnern weniger auf, was ein vergleichsweise geringer Wert ist. Die Region insgesamt hätte von 1995–2020 insgesamt 163.800 Einwohner mehr zu verzeichnen. Gegenüber Szenario 1 sind dies 11.800 Personen mehr. Die Einwohnerzahl der Region ohne Stuttgart würde sogar von 1995–2020 um 236.700 Personen zunehmen, dies entspricht gegenüber Szenario 1 15.000 Personen mehr.

5

Regionaldemographische Ansätze als formales Gerüst für die Formulierung von Prognosemodellen

Manfred M. Fischer

Einleitung

Regionaldemographische Prognosemodelle haben in der jüngeren Vergangenheit zunehmend an Bedeutung gewonnen. Dieser Trend gründet sich auf das zunehmende Interesse von Regionalplanern, sowie Sozial- und Wirtschaftswissenschaftlern an den regionalen Aspekten der Bevölkerungsdynamik. Auch in der Demographie wird die Bedeutung regionaler Differenzierung für die Erklärung und Interpretation von demographischen Phänomenen zunehmend höher eingeschätzt.

Die Berücksichtigung regionaler Aspekte bei der demographischen Modellbildung hat zu einer neuen Art von Modellen geführt, den so genannten regionaldemographischen Modellen. Zielsetzung dieser Modelle ist es, regionale Bevölkerungsprognosen durchzuführen, wobei die Zahl, Struktur (vor allem die Alters- und Geschlechtsstrukturen) und räumliche Verteilung der Bevölkerung und ihrer Bewegungen (Geburten, Sterbefälle, Wanderungen) im Mittelpunkt des Erkenntnisinteresses stehen.

Im Prinzip lassen sich acht unterschiedliche (makroanalytische) regionaldemographische Modellansätze unterscheiden (vgl. Abb. 1). Im Mittelpunkt dieses Beitrages stehen die bekanntesten Vertreter regionaldemographischer Ansätze:

- die klassischen einregionalen (deterministischen diskreten) Cohort Survival-Modelle und quasi-multiregionale Weiterentwicklungen (vgl. Kap. 5.2),
- das multiregionale (deterministische diskrete) Cohort Survival-Modell von Rogers und Modifikationen (vgl. Kap. 5.3), sowie
- das multiregionale Accounting System-Modell von Rees und Wilson (vgl. Kap. 5.4),

die als formales Gerüst für die Formulierung von regionalen Bevölkerungsprognosemodellen beschrieben und vergleichend bewertet werden. In Kap. 5.1 werden Grundbegriffe, die verwendete Notation sowie ein Basismodell eingeführt, das als Referenzmodell für den Modellvergleich dienen soll.

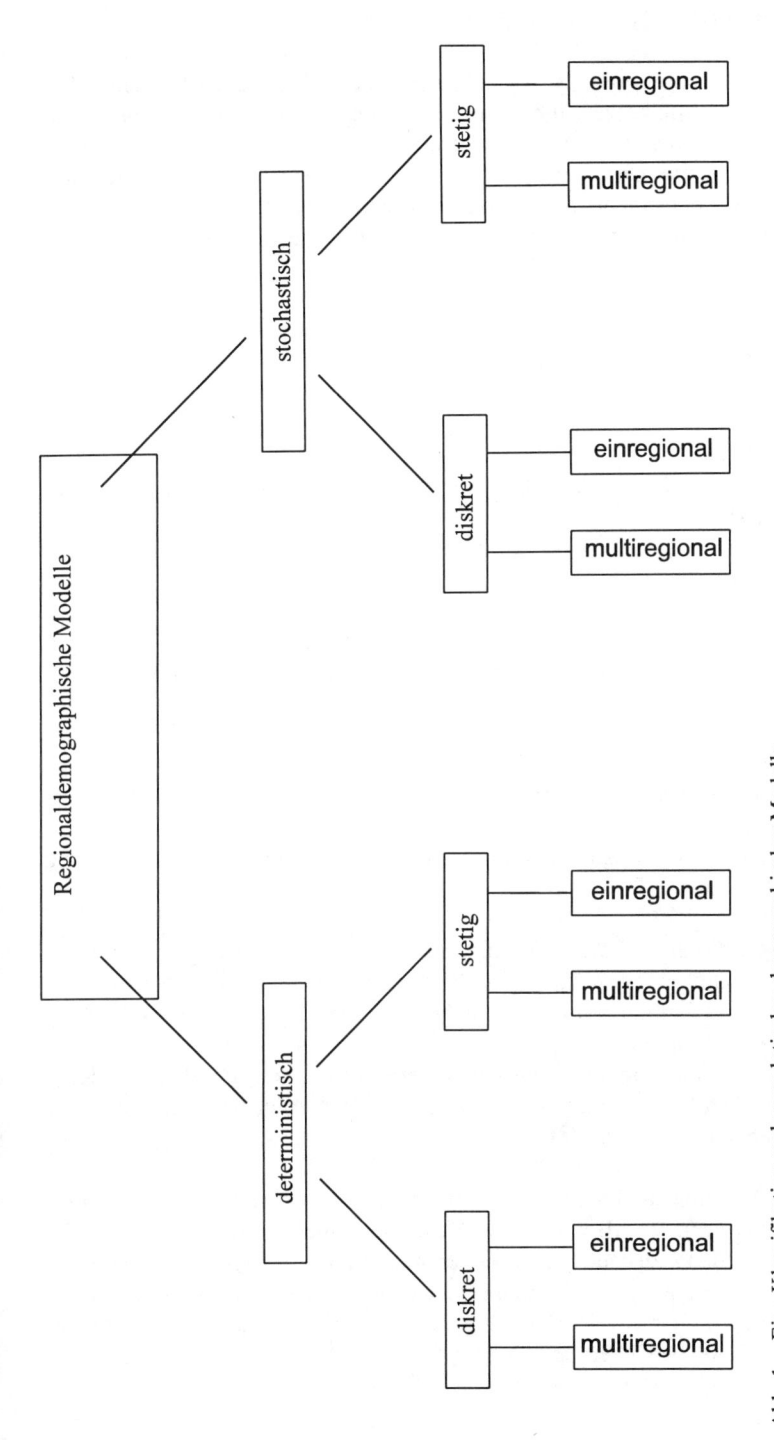

Abb. 1: Eine Klassifikation makroanalytischer demographischer Modelle

5.1 Grundbegriffe, Notation und Grundlagen

Die Variable B repräsentiere die Bevölkerung in einem räumlichen System. Verschiedene Super- und Subindizes, die sich auf den demographischen Zustand, das Alter, die regionale Lokalisierung, das Geschlecht und die Zeit beziehen, dienen dazu, die Bevölkerungsentwicklung zwischen zwei Zeitpunkten t und t+T differenzierter zu betrachten und entsprechende für die demographische Analyse wichtige Bevölkerungsklassen zu definieren. Folgende Indizes werden hierzu verwendet:

(a)   Zeit
t   Zeitpunkt zu Beginn einer Zeitperiode (Basiszeitpunkt)
T   Länge des Projektionszeitintervalls
t+T   Projektionszeitpunkt

(b)   Altersklassen   r,s=1, ... ,R
r   allgemeiner Index zur Charakterisierung der Altersklassen 1,2, ... ,R zum Zeitpunkt t
s   allgemeiner Index zur Charakterisierung der Altersklassen 1,2, ... ,R zum Zeitpunkt t+T

(c)   Geschlecht X=M,F
X   allgemeiner Index mit den Ausprägungen M für männlich und F für weiblich

(d)   Regionen i,j=1,...,N
i   allgemeiner Index zur Charakterisierung der räumlichen Lokalisierung zum Zeitpunkt t
j   allgemeiner Index zur Charakterisierung der räumlichen Lokalisierung zum Zeitpunkt t+T

(e)   Demographischer Zustand $\alpha = \beta,\varepsilon$; $\omega = \delta,\sigma$
$\alpha = \beta,\varepsilon$ α allgemeiner Index zur Charakterisierung der möglichen Anfangszustände im Zeitraum (t,t+T), β steht für Geburt in (t,t+T) und ε für Existenz zum Zeitpunkt t
$\omega = \delta,\sigma$ ω allgemeiner Index zur Charakterisierung der möglichen demographischen Endzustände im Zeitraum (t,t+T), δ steht für Tod und σ für Überleben im Zeitraum (t,t+T)

In dieser sog. B-Notation lässt sich die allgemeinste – in den regionaldemographischen Modellen verwendete – Bevölkerungsklasse schreiben als $B_{rs}^{\alpha(i)\omega(j)X}(t,t+T)$, wobei der den Anfangszustand repräsentierende Index α die Ausprägungen β (Geburt) oder ε (Existenz) und der den Endzustand repräsentierende Index ω die Ausprägungen δ (Tod) oder σ (Überleben) besitzt. Wir erhalten auf diese Weise folgende vier verschiedene Bevölkerungsklassen:

$B_{rs}^{\varepsilon(i)\sigma(j)X}(t,t+T)$ — Klasse der Personen des Geschlechts X, die zum Zeitpunkt t als Angehörige der Altersklasse r in der Region i lebten und als Angehörige der Altersklasse s den Zeitpunkt t+T in der Region j erleben.

$B_{rs}^{\varepsilon(i)\delta(j)X}(t,t+T)$ — Klasse der Personen des Geschlechts X, die zum Zeitpunkt t als Angehörige der Altersklasse r in der Region i lebten und als Angehörige der Altersklasse s den Zeitpunkt (t,t+T) in der Region j sterben.

$B_{rs}^{\beta(i)\sigma(j)X}(t,t+T)$ — Klasse der in der Region i Geborenen des Geschlechts X, die zum Zeitpunkt t der Altersklasse r angehörende Mütter im Zeitraum (t,t+T) gebaren und die den Zeitpunkt t+T als Angehörige der Altersklasse s in der Region j erleben.

$B_{rs}^{\beta(i)\delta(j)X}(t,t+T)$ — Klasse der in der Region i Geborenen des Geschlechts X, die zum Zeitpunkt t der Altersklasse r angehörende Mütter im Zeitraum (t,t+T) gebaren und die bereits im Zeitpunkt(t,t+T) als Angehörige der Altersklasse s in der Region j sterben.

Man beachte, dass sich in den Termen $B_{rs}^{\beta(i)\sigma(j)X}$, $B_{rs}^{\beta(i)\delta(j)X}$ der Index r auf das Alter der Mütter zum Zeitpunkt t und nicht auf das Eintreten des demographischen Ereignisses „Geburt" bezieht. Bei den Termen $B_{rs}^{\varepsilon(i)\delta(j)X}$, $B_{rs}^{\beta(i)\delta(j)X}$ kennzeichnet der Index s das Alter beim Eintreten des demographischen Ereignisses „Tod". Beispiele für aggregierte Bevölkerungsklassen sind:

$B_{r*}^{\beta(i)*X}(t,t+T)$ — Klasse der in der Region i Geborenen des Geschlechts X, die zum Zeitpunkt t der Altersklasse r angehörende Mütter im Zeitraum (t,t+T) gebaren.

$B_{r*}^{\varepsilon(i)*X}(t)$ — Klasse der zum Zeitpunkt t in der Region i Lebenden der Altersklasse r und des Geschlechts X.

$B_{*s}^{*\delta(j)X}(t,t+T)$ — Klasse der zum Zeitpunkt (t,t+T) in der Region j als Angehörige der Altersklasse s Gestorbene des Geschlechts X.

$B_{*s}^{*\sigma(j)X}(t+T)$ — Klasse der zum Zeitpunkt (t+T) in der Region j als Angehörige der Altersklasse s Lebenden des Geschlechts X.

Die *-Notation kennzeichnet – je nach Stellung innerhalb der Terme – eine Aggregation über alle möglichen Altersklassen r (linker Subindex), eine Aggregation über alle möglichen Altersklassen s (rechter Subindex), eine Aggregation über alle möglichen demographischen Anfangszustände α und regionale Lokalisierungen i (linker Superindex) oder eine Aggregation über alle möglichen demographischen Endzustände ω und regionale Lokalisierungen j (mittlerer Superindex). Zur Vereinfachung der Notation, aber ohne Verlust der Eindeutigkeit der Terme schreiben wir in Zukunft an Stelle des Index ε(i) zur Kennzeichnung des demographischen Ereignisses „Existenz in der Region i zum Zeitpunkt t" einfach i und an Stelle von σ(j) zur Kennzeichnung des demographischen Ereignisses „Erleben des Zeitpunktes (t+T) in der Region j" einfach j.

Die durch (b) - (e) definierten Bevölkerungsklassen lassen sich in einer Accounting-Matrix übersichtlich darstellen. Aus didaktischen Erwägungen ziehen wir zunächst nur die Indexklassen (d) - (e) heran und erhalten auf diese Weise die folgende (2 N,2 N)-Matrix **B**.

$$
\mathbf{B} = \begin{bmatrix} B^{11} & B^{12} & \cdots & B^{1N} & B^{1\delta(1)} & B^{1\delta(2)} & \cdots & B^{1\delta(N)} \\ B^{21} & B^{22} & \cdots & B^{2N} & B^{2\delta(1)} & B^{2\delta(2)} & \cdots & B^{2\delta(N)} \\ \cdot & \cdot & & \cdot & \cdot & \cdot & & \cdot \\ \cdot & \cdot & & \cdot & \cdot & \cdot & & \cdot \\ \cdot & \cdot & & \cdot & \cdot & \cdot & & \cdot \\ B^{N1} & B^{N2} & \cdots & B^{NN} & B^{N\delta(1)} & B^{N\delta(2)} & \cdots & B^{N\delta(N)} \\ \hline B^{\beta(1)1} & B^{\beta(1)2} & \cdots & B^{\beta(1)N} & B^{\beta(1)\delta(1)} & B^{\beta(1)\delta(2)} & \cdots & B^{\beta(1)\delta(N)} \\ B^{\beta(2)1} & B^{\beta(2)2} & \cdots & B^{\beta(2)N} & B^{\beta(2)\delta(1)} & B^{\beta(2)\delta(2)} & \cdots & B^{\beta(2)\delta(N)} \\ \cdot & \cdot & & \cdot & \cdot & \cdot & & \cdot \\ \cdot & \cdot & & \cdot & \cdot & \cdot & & \cdot \\ \cdot & \cdot & & \cdot & \cdot & \cdot & & \cdot \\ B^{\beta(N)1} & B^{\beta(N)2} & \cdots & B^{\beta(N)N} & B^{\beta(N)\delta(1)} & B^{\beta(N)\delta(2)} & \cdots & B^{\beta(N)\delta(N)} \end{bmatrix} \quad (1)
$$

Diese Accounting-Matrix lässt sich ganz offensichtlich in vier (N,N)-Submatrizen disaggregieren, die jeweils unterschiedliche demographische Ereignisse (bzw. Ereignisfolgen) repräsentieren.

$$
B = \begin{bmatrix} \left(B^{ij}\right) & \left(B^{i\delta(j)}\right) \\ \hline \left(B^{\beta(i)j}\right) & \left(B^{\beta(i)\delta(j)}\right) \end{bmatrix} \quad (2)
$$

$(B^{ij})_{i,j=1,...,N}$

Elemente dieser Submatrix kennzeichnen für i=j die demographische Ereignisfolge „Existenz zum Zeitpunkt t in der Region i und Erleben des Zeitpunktes t+T in dieser Region", für i≠j die demographische Ereignisfolge „Existenz zum Zeitpunkt t in der Region i, Migration von der Region i in die Region j und Erleben des Zeitpunktes t+T in der Region j".

$(B^{i\delta(j)})_{i,j=1,...,N}$

Elemente dieser Submatrix kennzeichnen für i=j die demographische Ereignisfolge „Existenz zum Zeitpunkt t in der Region i und Sterben in dieser Region im Zeitraum (t,t+T)", für i≠j die demographische Ereignisfolge „Existenz zum Zeitpunkt t in der Region i, Migration von der Region i in die Region j und Sterben in der Region j im Zeitraum (t,t+T)".

$(B^{\beta(i)j})_{i,j=1,...,N}$

Elemente dieser Submatrix kennzeichnen für i=j die Ereignisfolge „Geburt in der Region i im Zeitraum (t,t+T) und Erleben des Zeitpunktes (t+T) in dieser Region", für i≠j die Ereignisfolge „Geburt in der Region i im Zeitraum (t,t+T), Migration von der Regiosn i in die Region j und Erleben des Zeitpunktes (t+T) in der Region j".

$(B^{\beta(i)\delta(j)})_{i,j=1,...,N}$

Elemente dieser Submatrix kennzeichnen für i=j die Ereignisfolge „Geburt in der Region i im Zeitraum (t,t+T) und Sterben in dieser Region in diesem Zeitraum (t,t+T)", für i≠j die Ereignisfolge „Geburt in der Region i im Zeitraum (t,t+T), Migration von der Region i in die Region j und Sterben in der Region j im Zeitraum (t,t+T)".

In einem aus nur 2 Regionen bestehenden räumlichen System lassen sich die verschiedenen Ereignistypen auch graphisch darstellen. Die Accounting-Matrix enthält in diesem Fall nur $(2 \cdot 2) \cdot (2 \cdot 2)$ Elemente, d. h. 16 verschiedene Bevölkerungsklassen, die natürlich unterschiedlich stark besetzt sind (vgl. Abb. 2).

Im altersklassendisaggregierten Fall werden die Elemente dieser vier Submatrizen weiter disaggregiert und führen zu folgenden $(2 \cdot N) \cdot (2 \cdot N)$ verschiedenen (R,R)-Submatrizen:

$$B^{ij} = (B^{ij}_{rs})_{r,s=1,...,R} \qquad \text{für i,j=1,...,N} \qquad (3)$$

$$B^{i\delta(j)} = (B^{i\delta(j)}_{rs})_{r,s=1,...,R} \qquad \text{für i,j=1,...,N} \qquad (4)$$

$$B^{\beta(i)j} = (B_{rs}^{\beta(i)j})_{r,s=1,...,R} \qquad \text{für } i,j=1,...,N \qquad (5)$$

$$B^{\beta(i)\delta(j)} = (B_{rs}^{\beta(i)\delta(j)})_{r,s=1,...,R} \qquad \text{für } i,j=1,...,N \qquad (6)$$

Region i	Region j	Symbole	Legende
———→		B^{ii}	→ Lebenslinien ←
	←———	B^{jj}	
———→	———→	B^{ij}	□ Geburt
←———	←———	B^{ji}	
———→●		$B^{i\delta(i)}$	● Tod
	●←———	$B^{j\delta(j)}$	→‖← Migrationen
———→	———→●	$B^{i\delta(j)}$	
●←———	←———	$B^{j\delta(i)}$	
□———→		$B^{\beta(i)i}$	
	———→□	$B^{\beta(j)j}$	
□———→	———→	$B^{\beta(i)j}$	
	←———□	$B^{\beta(j)i}$	
□———→●		$B^{\beta(i)\delta(i)}$	
	●←———□	$B^{\beta(j)\delta(j)}$	
□———→	———→●	$B^{\beta(i)\delta(j)}$	
●←———	←———□	$B^{\beta(j)\delta(i)}$	

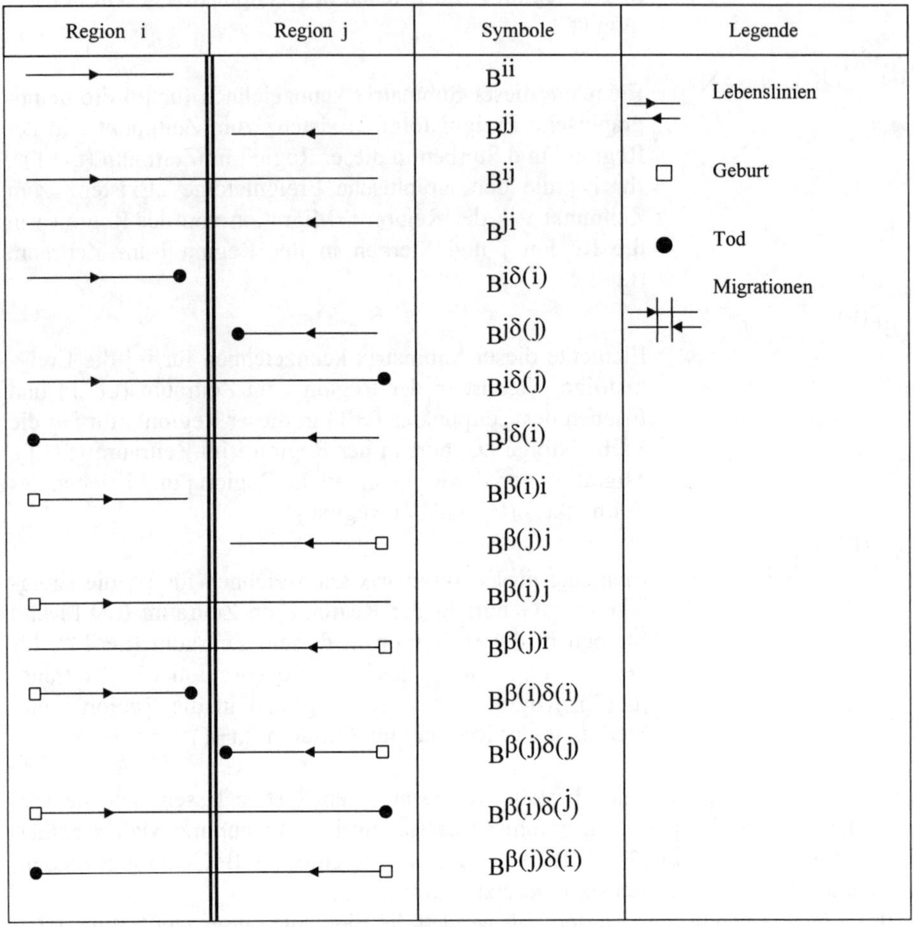

Abb. 2: Verschiedene demographische Ereignistypen im 2-regionalen Fall

Die Struktur dieser Submatrizen hängt stark von der Definition der Altersklassen ab. Ein den Modellansätzen in 3–5 zugrunde liegender Spezialfall verdient besondere Beachtung, der durch folgende Eigenschaften der Altersklassen festgelegt ist:

(i) die Altersklassen sind paarweise disjunkt,

(ii) die Intervallbreiten Δ_r der Altersklassen $(1 \leq r \leq R)$ ←——— sind untereinander gleich (in elaborierteren Ansätzen gilt diese Eigenschaft nur für $1 \leq r < R$, während das Altersklassenintervall Δ_R als halb offen definiert wird),

(iii) es gilt $\Delta_r = T$ für $1 \leq r \leq R$ (in elaborierteren Ansätzen nur für $1 \leq r < R$).

Dementsprechend besitzen die Submatrizen in dem durch (i) - (iii) festgelegten Spezialfall eine einfachere Struktur als im allgemeinen Fall, bei dem (i) - (iii) nicht gilt (vgl. Abb. 3). Im Spezialfall sind die meisten Elemente der Submatrizen Nullelemente. Es gilt nämlich:

$$B^{ij}_{rs} = 0 \quad \begin{cases} \text{für } s \leq r \\ \\ \text{für } s > r+1 \end{cases} \tag{7}$$

$$B^{i\delta(j)}_{rs} = 0 \quad \begin{cases} \text{für } s < r \\ \text{für } s > r+1 \end{cases} \tag{8}$$

$$B^{\beta(i)j}_{rs} = 0 \quad \text{für } s > 1 \tag{9}$$

$$B^{\beta(i)\delta(j)}_{rs} = 0 \quad \text{für } s > 1 \tag{10}$$

Berücksichtigt man ferner die Disaggregation der Altersklassen in reproduktive und nicht-reproduktive Klassen und sei λ die Erste sowie μ die Letzte der (in einer aufsteigenden endlichen Folge geordneten) reproduktiven Klassen, so vereinfachen sich die beiden letzten Submatrizen weiter. Es gilt nämlich an Stelle von (9) und (10):

$$B^{\beta(i)j}_{rs} = 0 \quad \begin{cases} \text{für } s > 1 \\ \text{für } s = 1 \text{ und } r < \lambda \\ \text{für } s = 1 \text{ und } r > \mu \end{cases} \tag{11}$$

$$B^{\beta(i)\delta(j)}_{rs} = 0 \quad \begin{cases} \text{für } s > 1 \\ \text{für } s = 1 \text{ und } r < \lambda \\ \text{für } s = 1 \text{ und } r > \mu \end{cases} \tag{12}$$

Die Struktur der Submatrizen B^{ij}, $B^{i\delta(j)}$, $B^{\beta(i)j}$ und $B^{\beta(i)\delta(j)}$ der Accounting-Matrix **B** ist in Abb. 3 in Matrizenschreibweise für den altersdisaggregierten Spezialfall

Abb. 3: Struktur der Submatrizen der Accounting-Matrix **B** im altersdisaggregierten Spezialfall

dargestellt. Eine Disaggregierung nach dem Geschlecht X=M,F lässt sich in diesem konzeptionellen Rahmen mühelos einführen, indem man jedem Element der durch (3)–(6) beschriebenen Accounting-Matrix den Index X=M,F zuordnet:

$$\mathbf{B} = \begin{bmatrix} \left(B_{rs}^{ijX}\right) & \left(B_{rs}^{i\ (j)X}\right) \\ \left(B_{rs}^{(i)jX}\right) & \left(B_{rs}^{(i)\ (j)X}\right) \end{bmatrix} \text{ für X=M,F} \tag{13}$$

und die so erzeugten geschlechtsspezifischen Accounting-Matrizen folgendermaßen anordnet:

$$\mathbf{B} = \begin{bmatrix} \mathbf{B}^F & 0 \\ 0 & \mathbf{B}^M \end{bmatrix} \tag{14}$$

Das demographische Basismodell

Den Modellansätzen in Kap. 5.2–5.4 liegt ein Basismodell zu Grunde, das im Folgenden expliziert werden soll. Da die Modelle sich nicht nur durch eine unterschiedliche Disaggregation der Modellvariablen auszeichnen, sondern auch in unterschiedlichem Maße die möglichen Bevölkerungsklassen eines gewählten (durch die Indexklassen definierten) Disaggregationsniveaus berücksichtigen, ist es sinnvoll, bei einer Explikation des Basismodells von zwei Indexfamilien auszugehen.

Sei u eine Indexfamilie zur Charakterisierung der möglichen demographischen Anfangszustände und v eine Indexfamilie zur Charakterisierung der möglichen demographischen Endzustände. Im altersklassen- und geschlechtsdisaggregierten Fall kann u folgende Indexkombinationen $\varepsilon(i)X \atop r$, $\beta(i)X \atop r$ (für r=1,...,R; i=1,...,N; X=M,F) und v folgende Indexkombinationen $\delta(j)X \atop s$, $\sigma(j)X \atop s$ (für s=1,...,R; i=1,...,N; X=M,F) repräsentieren. Dementsprechend kann dann $B^{uv}(t,t+T)$ als (u,v)-tes Element einer Accounting-Matrix **B** definiert werden. $B^{u*}(t)$ ist die Bevölkerung im Anfangszustand u und $B^{*v}(t+T)$ die Bevölkerung im Endzustand v. Sei weiterhin P(t) der Vektor der Bevölkerung im Anfangszustand, wobei $p^u(t) = B^{u*}(t)$ gilt, und sei P(t+T) der Vektor der Bevölkerung im Endzustand, wobei $p^v(t+T) = B^{*v}(t+T)$ gilt, dann lassen sich die zur Diskussion stehenden makroanalytischen deterministischen diskreten demographischen Modelle ganz allgemein in folgender Form darstellen:

$$P(t+T) = W(t,t+T)\, P(t) \tag{15}$$

wobei W(t,t+T) je nach Modell eine geeignete Matrix (eine so genannte Wachstumsmatrix) ist, die den Bevölkerungsvektor für den Zeitpunkt (t+T) generiert.

Wenn $\widetilde{P}(t)$ eine Diagonalmatrix ist, deren (u,u)-tes Element $p^u(t)$ ist, dann ist die (15) zugrunde liegende Accounting-Matrix gegeben durch:

$$\mathbf{B}^T(t,t+T) = W(t,t+T) \cdot \widetilde{P}(t) \qquad (16)$$

wobei $\mathbf{B}^T$ die transformierte Matrix von $\mathbf{B}$ ist. Das Grundmodell (15) ermöglicht den angestrebten Modellvergleich, der vor allem auf folgende zwei Aspekte abzielt:

- auf eine Analyse der Struktur der Wachstumsmatrix W und/oder der Accounting-Matrix $\mathbf{B}$ (bzw. $\mathbf{B}^T$) sowie
- auf eine Diskussion der Elemente von W.

Bei dieser Analyse sollen auch die zugrunde liegenden Hauptprämissen sowie Schwächen der einzelnen Modelle herausgearbeitet werden.

5.2 Die klassischen einregionalen Cohort Survival-Modellansätze und quasi-multiregionalen Modellversionen

Als Vorläufer der (multi)regionaldemographischen Modellansätze können die klassischen (einregional) demographischen Modelle betrachtet werden, die in der Planungspraxis häufig Anwendung finden. Das wohl bekannteste makroanalytische deterministische diskrete demographische Modell, das einregionale Cohort Survival-Modell eines geschlossenen räumlichen Systems, geht auf Bernardelli (1941) und Leslie (1945, 1948) zurück. Als wesentlichstes demographisches Charakteristikum der Modellvariablen wird bei diesem Modell das Alter herangezogen, wobei von dem durch die Eigenschaften (i) - (iii) in Kap. 5.1 festgelegten Spezialfall der Altersklassendefinition ausgegangen wird. Das dem Modell zugrunde liegende räumliche System besteht aus nur einer Region und wird zusätzlich als geschlossen angenommen. Diese Prämisse impliziert, dass als Quelle der alterklassenspezifischen Bevölkerungsveränderung zwischen den Zeitpunkten t und t+T lediglich das Geburten- und Sterbegeschehen berücksichtigt und somit die Bevölkerungsentwicklung als unabhängig von externen, d. h. die Regionsgrenzen überschreitenden Migrationen betrachtet wird.

Das einregionale Cohort Survival-Modell eines geschlossenen räumlichen Systems lässt sich als ein System von R linearen rekursiven Gleichungen formulieren, die die altersklassenspezifischen (geschlechtsaggregierten) Bestände einer geschlossenen Bevölkerung zu den Zeitpunkten t und t+T miteinander verbinden.

Für die Altersklasse r=1 gilt:

Regionaldemographische Ansätze von Prognosemodellen

$$p_1(t+T) = \sum_{r=1}^{R} g_r \cdot p_r(t) \tag{17}$$

wobei g_r eine für Personen, die zum Zeitpunkt t der Altersklasse r angehören, spezifische Geburtenrate ist. Gleichung (17) kennzeichnet das Geburtengeschehen.

Für die Altersklassen r mit $1 < r \leq R$ gilt:

$$p_r(t+T) = u_{r-1} \cdot p_{r-1}(t) \tag{18}$$

wobei u_r mit $1 \leq r < R$ eine für zum Zeitpunkt t der Altersklasse r angehörende Personen spezifische Überlebensrate ist. Der Term u_r wird mithilfe der entsprechend definierten altersklassenspezifischen Sterberate festgelegt als:

$$u_r = 1 - s_r \quad \text{für } 1 \leq r < R \tag{19}$$

Für diese linearen Relationen (17)–(18) bietet sich die Matrizenschreibweise an:

$$\underbrace{\begin{bmatrix} p_1(t+T) \\ p_2(t+T) \\ p_3(t+T) \\ \cdot \\ \cdot \\ \cdot \\ p_R(t+T) \end{bmatrix}}_{P(t+T)} = \underbrace{\begin{bmatrix} g_1 & g_2 & \cdot & \cdot & \cdot & g_{R-1} & g_R \\ u_1 & 0 & \cdot & \cdot & \cdot & 0 & 0 \\ 0 & u_2 & \cdot & \cdot & \cdot & 0 & 0 \\ \cdot & \cdot & & & & \cdot & \cdot \\ \cdot & \cdot & & & & \cdot & \cdot \\ \cdot & \cdot & & & & \cdot & \cdot \\ 0 & 0 & & & & u_{R-1} & 0 \end{bmatrix}}_{W(t,t+T)} \underbrace{\begin{bmatrix} p_1(t) \\ p_2(t) \\ p_3(t) \\ \cdot \\ \cdot \\ \cdot \\ p_R(t) \end{bmatrix}}_{P(t)} \tag{20}$$

Die Wachstumsmatrix W, die auch Leslie-Matrix genannt wird, ist in diesem Falle eine quadratische Matrix der Ordnung R, in der mit Ausnahme der 1. Zeile und der Subdiagonale alle Elemente gleich Null sind. Disaggregiert man W in die (R,R)-Matrizen G und U

$$G = \begin{bmatrix} g_1 & g_2 & \cdot & \cdot & \cdot & g_{R-1} & g_R \\ 0 & 0 & \cdot & \cdot & \cdot & 0 & 0 \\ \cdot & \cdot & & & & \cdot & \cdot \\ \cdot & \cdot & & & & \cdot & \cdot \\ \cdot & \cdot & & & & \cdot & \cdot \\ 0 & 0 & \cdot & \cdot & \cdot & 0 & 0 \end{bmatrix} \qquad (21)$$

$$U = \begin{bmatrix} 0 & 0 & \cdot & \cdot & \cdot & 0 & 0 \\ u_1 & 0 & \cdot & \cdot & \cdot & 0 & 0 \\ 0 & u_2 & \cdot & \cdot & \cdot & 0 & 0 \\ \cdot & \cdot & & & & \cdot & \cdot \\ \cdot & \cdot & & & & \cdot & \cdot \\ \cdot & \cdot & & & & \cdot & \cdot \\ 0 & 0 & \cdot & \cdot & \cdot & u_{R-1} & 0 \end{bmatrix} \qquad (22)$$

die die beiden demographischen Ereignisse „Geburt im Zeitraum (t,t+T)" bzw. „den Zeitraum (t,t+T) überleben" repräsentieren, so lässt sich die Wachstumsmatrix darstellen als

$$W(t,t+T) = G(t,t+T) + U(t,t+T) \qquad (23)$$

Obwohl das demographische Modell (20) nur für eine Region und nicht für ein multiregionales (d. h. aus mehreren Regionen bestehendes räumliches) System konzipiert wurde, kann man (20) bzw. (17) – (19) separat für jede Region i eines aus N Regionen bestehenden Systems anwenden, indem man die Modellvariablen mithilfe eines regionalen Index i disaggregiert. Auf diese Weise erhält man eine regionale Version des altersklassendisaggregierten geschlossenen Cohort Survival-Modells.

Für r=1 und i=1,...,N gilt dann:

$$p_1^i(t+T) = \sum_{r=1}^{R} g_r^i \cdot p_r^i(t) \qquad (24)$$

Für $1 < r \leq R$ und i=1,...,N gilt:

$$p_r^i(t+T) = u_{r-1}^i \cdot p_{r-1}^i(t) \qquad (25)$$

mit

$$u_r^i = 1 - s_r^i \quad \text{für } 1 \leq r < R \tag{26}$$

Es ist zu beachten, dass sich die Sterberaten s_r^i in (26) nur auf Todesfälle von Personen beziehen, die zum Zeitpunkt t der Altersklasse r angehörten und bereits in der Region i lebten. In der Regel stehen allerdings nur Informationen über Todesfälle zur Verfügung, die sich in einer Region in einem bestimmten Zeitraum ereigneten. Analoges gilt für die Geburtenraten g_r^i.

Bei der Modellversion (24) – (26) werden sowohl Migrationen zwischen den einzelnen Regionen des multiregionalen Systems wie auch Migrationen zwischen Umwelt und räumlichem System vernachlässigt. Streng genommen nimmt daher (24) - (26) eine Zwischenstellung zwischen einregionalen Modellen und multiregionalen Modellen (i.e.S.) ein, wenn man unter multiregionalen Modellen (i.e.S.) derartige Ansätze versteht, die Interdependenzen zwischen den Regionen des räumlichen Systems durch zweistellige Relationen (hier im demographischen Sinne: gerichtete Wanderungsströme) erfassen. Wir bezeichnen daher (24) – (26) als quasi-multiregional. Die alterklassen- und regional disaggregierten Geburtenraten g_r^i in (24) lassen sich in der B-Notation von Kap. 5.1 formulieren als:

$$g_r^i = \frac{{}_r B_{*1}^{\beta(i)*}}{\hat{B}_{*r}^{G*i}} \quad \text{für } r=1,...,R; \, i=1,...,N \tag{27}$$

wobei ${}_r B_{*1}^{\beta(i)*}$ die Klasse der in (t,t+T) in der Region i Geborenen ist, die Mütter der Altersklasse r (gemessen beim Eintreten des demographischen Ereignisses) gebären, und $\hat{B}_{*r}^{G*i}$ die den Bevölkerungsklassen ${}_r B_{*1}^{\beta(i)*}$ entsprechenden Risikobevölkerungen sind. Für die prä-reproduktiven Altersklassen $r < \lambda$ wie auch für die post-reproduktiven Altersklassen $r > \mu$ gilt per definitionem $g_r^i = 0$. Man beachte, dass der in Kap. 5.1 eingeführte Term $B_{r*}^{\beta(i)*}$ für die Bevölkerungsklasse der im Zeitraum (t,t+T) in der Region i Geborenen reserviert bleibt, die Mütter der Altersklasse r (gemessen zum Zeitpunkt t) in (t,t+T) gebären.

Als Risikobevölkerung für das demographische Ereignis „Geburt" wird häufig der folgende Term für r=1,...,R und i=1,...,N verwendet:

$$\hat{B}_{*r}^{G*i}(t,t+T) = B_{r*}^{i*}(t) + \frac{B_{*r}^{*i}(t,t+T) - B_{r*}^{i*}(t)}{2} \tag{28}$$

Um die Konsistenz der internen Modellstruktur zu Gewähr leisten (vgl. hierzu 24), ist es jedoch notwendig, als Risikobevölkerungen

$$\hat{B}^{G*i}_{*r}(t, t+T) = B^{i*}_{r*}(t) \quad \text{für } r=1,...,R; i=1,...,N \tag{29}$$

zu nehmen und damit die regionalspezifischen Geburtenraten für $r=1,...,R$ und $j=1,...,N$

$$g^i_r = \frac{B^{\beta(i)*}_{*1}(t, t+T)}{B^{i*}_{r*}(t)} \tag{30}$$

zu definieren. Analoges gilt für Überlebensraten u^i_r bzw. für die Sterberaten s^i_r. Die Risikobevölkerungen $\hat{B}^{S*i}_{*r}$ für die Klassen $B^{*\delta(i)}_{*r}$ und somit für das demographische Ereignis „Sterben in der Region i" werden also als

$$\hat{B}^{S*i}_{*r}(t, t+T) = B^{i*}_{r*}(t) \quad \text{für } r=1,...,R-1; i=1,...,N \tag{31}$$

festgelegt.
Es gilt

$$s^i_r = \frac{B^{*\delta(i)}_{*r}(t, t+T)}{B^{i*}_{r*}(t)} \quad \text{für } r=1,...,R-1; i=1,...,N \tag{32}$$

Demnach erhält man für die Überlebensraten u^i_r folgende Definition:

$$u^i_r = \frac{1 - B^{*\delta(i)}_{*r}(t, t+T)}{B^{i*}_{r*}(t)} \quad \text{für } r=1,...,R-1; 1,...,N \tag{33}$$

Werden die Geburten- und Überlebensraten abweichend von (30) bzw. (33) definiert, so weist die Accounting-Matrix eine Inkonsistenz mit dem Datensatz auf. Das bedeutet zwar nicht, dass (30) und (33) die bestmöglichen Ratendefinitionen sind, sondern nur, dass man einen verbesserten Modellansatz heranziehen muss, wenn man adäquatere Ratendefinition (d. h. adäquatere Risikobevölkerungen) verwenden will.

Die Hauptschwäche von (30) und (33) ist die – durch die Modellstruktur bedingt – unkorrekte Spezifikation der Geburten- und Überlebensraten: Die Altersklassen r im Zähler und Nenner der Ratendefinitionen stimmen nicht überein. Im Nenner bezieht sich die Altersklasse r auf den Zeitpunkt t, im Zähler jedoch auf das Eintreten des Ereignisses in (t,t+T). Weiterhin wird implizit angenommen, dass Personen der Altersklasse R im Zeitraum (t,t+T) nicht überleben. Die Schwäche des Modells lässt sich jedoch durch eine geringe Modifikation eliminieren, indem man (25) auf die Altersklasse 1 < r < R beschränkt und für r=R folgende lineare Relation formuliert

$$p_R(t+T) = u_{R-1} \cdot p_{R-1}(t) + u_R \cdot p_R(t) \tag{34}$$

und den Gültigkeitsbereich von (33) auf $1 \leq r \leq R$ erweitert. Implizit liegt den Ratendefinitionen (30) und (33) die Prämisse der zeitlichen Homogenität, d. h. die Forderung der Unabhängigkeit der Raten vom Zeitparameter T zu Grunde. Diese Prämisse ist allerdings nur für kleines T vertretbar.

Schreibt man den Bevölkerungsvektor $p^i(t)$ des Gleichungssystems (24)–(26) in Form einer (R,R)-Diagonalmatrix $\tilde{P}^i(t)$, wobei das (r,r)-te Element $\tilde{P}^i_r(t)$ ist, so erhält man durch Einsetzen der regionalspezifischen Wachstumsmatrizen W^i von (24)–(26) in die folgendermaßen modifizierte Gleichung (16)

$$^iB^T(t,t+T) = W^i(t,t+T) \cdot \tilde{P}^i(t) \quad \text{für } i=1,...,N \tag{35}$$

wobei $^iB^T$ die Transformierte der Accounting-Matrix für die Region i ist. Die der quasi-multiregionalen Version des Cohort Survival-Modells eines geschlossenen Systems zugrunde liegende Accounting-Matrix $^iB^T$ (i=1,...,N) lässt sich spezifizieren als:

$$^iB^T = \begin{bmatrix} {}_1B^{\beta(i)*}_{*1} & {}_2B^{\beta(i)*}_{*1} & \cdots & {}_{R-1}B^{\beta(i)*}_{*1} & {}_RB^{\beta(i)*}_{*1} \\ (B^{i*}_{1*}-B^{*\delta(i)}_{*1}) & 0 & \cdots & 0 & 0 \\ 0 & (B^{i*}_{2*}-B^{*\delta(i)}_{*2}) & \cdots & 0 & 0 \\ \vdots & \vdots & & \vdots & \vdots \\ 0 & 0 & \cdots & (B^{i*}_{R-1*}-B^{*\delta(i)}_{*R-1}) & 0 \end{bmatrix} \tag{36}$$

Berücksichtigt man die durch (34) festgelegte Modifikation des Modells so steht an der (R,R)-ten Stelle von $^iB^T$ (und damit auch von ^iB) an Stelle von 0 der Term

$(B_{R*}^{i*} - B_{*R}^{*\delta(i)})$, der das modifizierte Überlebensgeschehen der zum Zeitpunkt t der Altersklasse R angehörenden Personen im Zeitraum (t,t+T) widerspiegelt.

Da jede Region i des räumlichen Systems separat als geschlossenes System betrachtet wird, werden die Bevölkerungsklassen B_{rr+1}^{ij} ($1 \le r < R$; $i \ne j$; $i,j=1,...,N$), B_{RR}^{ij} ($i \ne j; i,j=1,...,N$), $B_{rr+1}^{i\delta(j)}$ ($1 \le r < R$; $i \ne j$, $i,j=1,...,N$), $B_{rr}^{i\delta(j)}$ ($1 \le r \le R$, $i \ne j$, $i,j=1,...,N$) sowie $_rB_{*1}^{\beta(i)j}$ beziehungsweise $B_{rl}^{\beta(i)j}$ ($\lambda \le r \le \mu$; $i \ne j, i,j=1,...,N$) und $_rB_{*1}^{\beta(i)\delta(j)}$ bzw. $B_{rl}^{\beta(i)\delta(j)}$ ($\lambda \le r \le \mu$; $i \ne j, i,j=1,...,N$), d. h. alle mit dem demographischen Ereignis „Migration von der Region i in die Region j" kombinierten Ereignisfolgen vernachlässigt (vgl. hierzu (36)). Ferner wird implizit vorausgesetzt, dass die im Zeitraum (t,t+T) in der Region i Geborenen mindestens den Zeitpunkt (t+T) erleben. Infolge dieser Annahme bleiben die Bevölkerungsklassen $B_{rl}^{\beta(i)\delta(i)}$ unberücksichtigt, während die Terme $B_{rl}^{\beta(i)i}$ überschätzt werden. Die quasi-multiregionale Version des Cohort Survival-Modells eines geschlossenen Systems ist nur dann sinnvoll, wenn von einem Gleichgewicht der Wanderungen zwischen den Regionen des räumlichen System wie auch von einem Gleichgewicht zwischen den einzelnen Regionen und dem Umgebungssystem ausgegangen werden kann.

Ein erster Schritt, die Qualität und Aussagekraft der Modellergebnisse zu erhöhen, besteht darin, von einem geschlossenen zu einem offenen räumlichen System überzugehen, also die Wanderungsbewegung zwischen dem aus einer Region bestehenden räumlichen System und der Umgebung in irgendeiner Form zu berücksichtigen. Zunächst werden wir das einregionale Cohort Survival-Modell eines offenen Systems, das die Wanderungsbewegung in Form von Nettowanderungsraten erfasst, und anschließend dessen quasi-multiregionale Version darstellen.

Das einregionale Cohort Survival-Modell eines offenen Systems lässt sich in Matrizenschreibweise formulieren als

$$\underbrace{\begin{bmatrix} p_1(t+T) \\ p_2(t+T) \\ p_3(t+T) \\ \cdot \\ \cdot \\ \cdot \\ p_R(t+T) \end{bmatrix}}_{P(t+T)\ =} = \underbrace{\begin{bmatrix} 0 & 0 & \cdots 0\,g_\lambda & \cdots & g_\mu\,0 & \cdots & 0 & 0 \\ (u_{21}+m_{21}) & 0 & \cdot & & & & 0 & 0 \\ 0 & (u_{32}+m_{32}) & \cdot & & & & 0 & 0 \\ \cdot & & \cdot & & & & \cdot & \cdot \\ \cdot & & & \cdot & & & \cdot & \cdot \\ \cdot & & & & \cdot & & \cdot & \cdot \\ 0 & 0 & & \cdot & & \cdot & (u_{RR-1}+m_{RR-1}) & (u_{RR}+m_{RR}) \end{bmatrix}}_{W(t,t+T)} \cdot \underbrace{\begin{bmatrix} p_1(t) \\ p_2(t) \\ p_3(t) \\ \cdot \\ \cdot \\ \cdot \\ p_R(t) \end{bmatrix}}_{P(t)} \quad (37)$$

wobei die Geburtenraten g_r mit $\lambda \le r \le \mu$ (λ, μ Grenzen der reproduktiven Altersklassen) die Ereignisfolge „Geburt und Überleben bis mindestens zum Zeitpunkt (t+T)" charakterisieren. Die Termine u_{rr-1} mit $1 < r \le R$ kennzeichnen die Überlebensraten von der Altersklasse r-1 zum Zeitpunkt t in die Alterklasse r zum Zeitpunkt t+T und u die Überlebensrate in dem betrachteten Projektionszeitraum für die zum Zeitpunkt t der halb offenen Altersklasse R angehörenden Personen, während m_{rr-1} Nettowanderungsraten von Personen sind, die zum Zeitpunkt t der Altersklasse r-1 und zum Zeitpunkt t+T der Altersklasse r angehören.

Unterscheidet man Zuwanderung und Abwanderung, d. h. entsprechende Zuwanderungsraten zw und Abwanderungsraten aw, so lassen sich die Termine $(u_{rr-1} + m_{rr-1})$ und $(u_{RR} + m_{RR})$ präzisieren:

$$u_{rr-1} + m_{rr-1} = \underbrace{1 - s_{r-1}}_{u_{rr-1}} + \underbrace{zw_{rr-1} - aw_{rr-1}}_{m_{rr-1}} \quad \text{für } 1 < r \leq R \qquad (38)$$

$$u_{RR} + m_{RR} = \underbrace{1 - s_R}_{u_{RR}} + \underbrace{zw_{RR} - aw_{RR}}_{m_{RR}} \qquad (39)$$

Die (37) zugrunde liegende Wachstumsmatrix W lässt sich in die drei (R,R)-Matrizen G, U, M zerlegen:

$$W(t,t+T) = G(t,t+T) + U(t,t+T) + M(t,t+T) \qquad (40)$$

mit:

$$G = \begin{bmatrix} 0 & 0 & \cdots & 0 & g_\lambda & \cdots & g_\mu & 0 & 0 \\ 0 & 0 & \cdots & 0 & 0 & \cdots & 0 & 0 & 0 \\ \cdot & \cdot & & & \cdot & & \cdot & \cdot & \cdot \\ \cdot & \cdot & & & & & & \cdot & \cdot \\ \cdot & \cdot & & & & & & \cdot & \cdot \\ 0 & 0 & \cdot & & \cdot & \cdot & 0 & 0 & 0 \end{bmatrix} \qquad (41)$$

$$U = \begin{bmatrix} 0 & 0 & & \cdots & & 0 & 0 \\ u_{21} & 0 & & \cdots & & 0 & 0 \\ 0 & u_{32} & & \cdots & & 0 & 0 \\ \cdot & \cdot & & & & \cdot & \cdot \\ \cdot & \cdot & & & & \cdot & \cdot \\ \cdot & \cdot & & & & \cdot & \cdot \\ 0 & 0 & & \cdots & & u_{RR-1} & u_{RR} \end{bmatrix} \qquad (42)$$

$$M = \begin{bmatrix} 0 & 0 & \cdots & 0 & 0 \\ m_{21} & 0 & \cdots & 0 & 0 \\ 0 & m_{32} & \cdots & 0 & 0 \\ \vdots & \vdots & & \vdots & \vdots \\ 0 & 0 & \cdots & m_{RR-1} & m_{RR} \end{bmatrix} \qquad (43)$$

Eine regionale Indizierung von (37) liefert die entsprechende quasi-multiregionale Version des einregionalen Cohort Survival-Modell eines offenen Systems. Wir erhalten somit folgendes System linearer Gleichungen.

Für r=1 und i=1,...,N gilt:

$$p_r^i(t+T) = \sum_{r=\lambda}^{\mu} g_r^i \cdot p_r^i(t) \qquad (44)$$

Für r mit $1 < r < R$ und i=1,...,N gilt:

$$p_r^i(t+T) = \left(u_{rr-1}^i + m_{rr-1}^i\right) \cdot p_{r-1}^i(t) \qquad (45)$$

Für r=R und i=1,...,N gilt:

$$p_R^i(t+T) = \left(u_{RR-1}^i + m_{RR-1}^i\right) \cdot p_{R-1}^i(t) + \left(u_{RR}^i + m_{RR}^i\right) \cdot p_R^i(t) \qquad (46)$$

mit:

$$u_{rr-1}^i = 1 - s_{r-1}^i \qquad \text{für } 1 < r < R \qquad (47)$$

$$u_{RR}^i = 1 - s_R^i \qquad (48)$$

$$m_{rr-1}^i = zw_{rr-1}^i - aw_{rr-1}^i \qquad \text{für } 1 < r < R \qquad (49)$$

$$m^i_{RR} = zw^i_{RR} - aw^i_{RR} \qquad (50)$$

Die Geburtenraten g^i_r ($\lambda \leq r \leq \mu$; i=1,...,N) und die Sterberaten s^i_r ($1 \leq r \leq R$; i=1,...,N) werden wie im Falle des quasi-multiregionalen Cohort Survival-Modells eines geschlossenen Systems durch (27) und (32) (nun für r=1,...,R) festgelegt, weisen daher ebenfalls die erwähnte unkorrekte Spezifikation auf.

Die Zuwanderungsraten in (49)–(50) sind im Falle $1<r\leq R$ für i=1,...,N definiert als:

$$zw^i_{rr-1} = \frac{\sum_{j \neq i} B^{ji}_{r-1\,r}(t, t+T)}{B^{i*}_{r-1\,*}(t)} \qquad (51)$$

Für die Altersklasse R (zum Zeitpunkt t) und i=1,...,N gilt:

$$zw^i_{RR} = \frac{\sum_{j \neq i} B^{ji}_{RR}(t, t+T)}{B^{i*}_{R*}(t)} \qquad (52)$$

Als Risikobevölkerung für das demographische Ereignis „Zuwanderung von Personen der Altersklasse r (zum Zeitpunkt t, $1 \leq r \leq R$, in der Region $j \neq i$, j,i=1,...,N) in die Region i" wird die Bevölkerungsklasse $B^{i*}_{r*}(t)$ für $1 \leq r \leq R$, d. h. die Klasse von zum Zeitpunkt t in der Region i (= Zielregion der Wanderungsbewegung) lebenden und der Altersklasse r-1 angehörenden Personen herangezogen.

Die Abwanderungsraten in (49) und (50) sind im Falle $1<r\leq R$ für i=1,...,N definiert als:

$$aw^i_{rr-1} = \frac{\sum_{i \neq j} B^{ij}_{r-1\,r}(t, t+T)}{B^{i*}_{r-1\,*}(t)} \qquad (53)$$

Für die Altersklasse R (zum Zeitpunkt t) und für i=1,...,N gilt:

$$aw^i_{RR} = \frac{\sum_{i \neq j} B^{ij}_{RR}(t, t+T)}{B^{i*}_{R*}(t)} \qquad (54)$$

In (53)–(54) wird als Risikobevölkerung für das demographische Ereignis „Auswanderung von Personen der Altersklasse r-1 (zum Zeitpunkt t, $1 \leq r \leq R$, in der Region $i \neq j$, $i,j=1,...,N$) aus der Region i" die gleiche Bevölkerungsklasse $B^{i*}_{r*}(t)$ (für $1 \leq r \leq R$) wie in (51)–(52), d. h. die Klasse von zum Zeitpunkt t in der Region i (nun aber in der Quellregion der Wanderungsbewegung) lebenden und der Altersklasse r-1 angehörenden Personen, verwendet. Wie im Falle der quasi-multiregionalen Version des Cohort Survival-Modells eines geschlossenen Systems erhält man durch Einsetzen von (44)–(46) unter Berücksichtigung der Ratendefinitionen (27), (32), (51)–(54) in die Gleichung (35) die in Abb. 4 dargestellte Accounting-Matrix $^1\mathbf{B}^1$ des offenen Cohort Survival-Modells.

Dieses Modell erzeugt die gleiche Altersklasse s=1 für den Zeitpunkt (t+T) wie die quasi-multiregionale Version des einregionalen geschlossenen Cohort Survival-Modells. Implizit wird vorausgesetzt, dass die in der Region i Geborenen mindestens den Zeitpunkt t+T erleben. Infolge dieser Prämisse bleiben die Ereignisfolgen „Geburt-Migration-Existenz", „Geburt-Migration-Tod" und „Geburt-Tod" außer acht. Die Bevölkerungsklassen $B^{\beta(i)i}_{r1}$ (bzw. $_rB^{\beta(i)i}_{*1}$) werden überschätzt, während die Terme $B^{\beta(i)j}_{*1}$ (bzw. $_rB^{\beta(i)j}_{*1}$) für $i \neq j$ und $B^{\beta(i)\delta(j)}_{r1}$ (bzw. $_rB^{\beta(i)\delta(j)}_{*1}$) trotz ihrer großen Bedeutung für regionale Projektionen keine Berücksichtigung finden.

Präzision und Aussagekraft des Modells (44)–(46) können durch eine Disaggregation nach dem Geschlecht i.a. wesentlich erhöht werden. Als geschlechtsdisaggregierte Version von (44)–(46) erhält man durch Hinzufügen eines Superindex X=M,F das in Abb. 5 in Matrizenschreibweise dargestellte Gleichungssystem.

Bei der Disaggregation ist lediglich zu beachten, dass bei den Geburtenraten g^{iM}_r und g^{iF}_r als Risikobevölkerung jeweils die „weibliche Bevölkerungsklasse" $B^{i*F}_{r*}(t)$ herangezogen wird.

$$g^{iM}_r = \frac{_rB^{\beta(i)*M}_{*1}(t, t+T)}{B^{i*F}_{r*}(t)} \qquad \text{für } \lambda \leq r \leq \mu; i=1;...,N \qquad (55)$$

$$g^{iF}_r = \frac{_rB^{\beta(i)*F}_{*1}(t, t+T)}{B^{i*F}_{r*}(t)} \qquad \text{für } \lambda \leq r \leq \mu; i=1;...,N \qquad (56)$$

Regionaldemographische Ansätze von Prognosemodellen

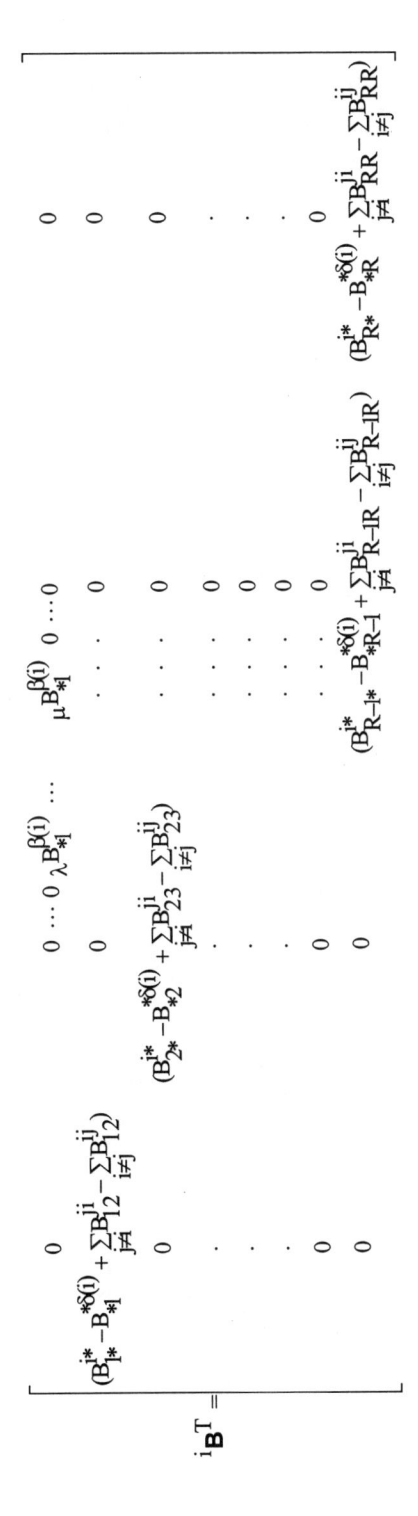

$$
{}^i\mathbf{B}^T = \begin{bmatrix} (B_{1*}^{i*} - B_{*1}^{*\delta(i)} + \sum_{j \neq i} B_{12}^{ji} - \sum_{i \neq j} B_{12}^{ij}) & 0 & \cdots & 0 & \lambda B_{*1}^{\beta(i)} & \cdots & 0 & \cdots & 0 \\ 0 & (B_{2*}^{i*} - B_{*2}^{*\delta(i)} + \sum_{j \neq i} B_{23}^{ji} - \sum_{i \neq j} B_{23}^{ij}) & & & 0 & & & & 0 \\ \vdots & & \ddots & & \vdots & & & & \vdots \\ 0 & & & & \mu B_{*1}^{\beta(i)} & 0 \cdots 0 & & & 0 \\ \vdots & & & & 0 & & & & \vdots \\ 0 & & & & \vdots & & & & 0 \\ 0 & 0 & & & 0 & & (B_{R-1*}^{i*} - B_{*R-1}^{*\delta(i)} + \sum_{j \neq i} B_{R-1}^{ji} - \sum_{i \neq j} B_{R-1R}^{ij}) & & 0 \\ 0 & 0 & & & 0 & & (B_{R*}^{i*} - B_{*R}^{*\delta(i)} + \sum_{j \neq i} B_{RR}^{ji} - \sum_{i \neq j} B_{RR}^{ij}) \end{bmatrix}
$$

Abb 4: Struktur der Accounting-Matrix der quasi-multiregionalen Version des offenen Cohort Survival-Modells

Die Definition der g_r^{iM}-Terme erklärt auch deren – durch die Struktur des Bevölkerungsvektors P(t) bedingte – Stellung in der rechten oberen Submatrix von W. Mühelos kann der Leser mithilfe von (35) und unter Berücksichtigung von (55)–(56) die der Abb. 5 zugrunde liegende Accounting-Matrix erzeugen.

5.3 Rogers' multiregionales Cohort Survival-Modell und Modifikationen

Während die quasi-multiregionalen Versionen der (einregional) demographischen Modelle die Bevölkerungsentwicklung in den einzelnen Regionen simultan, jedoch isoliert betrachten, berücksichtigt Rogers' multiregionales Cohort Survival-Modell die interregionalen Zusammenhänge des räumlichen Systems in Form von richtungsspezifischen Zuwanderungsraten.

Dieses Modell erfüllt somit wesentlich höhere methodische Ansprüche als die in Kap. 5.2 diskutierten Ansätze, erfordert allerdings auch ein detaillierteres Ausgangsmaterial, nämlich extern geschätzte altersklassendisaggregierte Wanderungsmatrizen. Rogers (1966, 1969, 1975a u. a.) kommt mit diesem Modellansatz das Verdienst zu, der multiregional-demographischen Analyse deterministischer diskreter Systeme wesentliche Impulse verliehen zu haben.

Das multiregionale Cohort Survival-Modell lässt sich folgendermaßen als System linearer homogener Differenzgleichungen erster Ordnung darstellen:
Für die Altersklasse r=1 und für i=1,...,N gilt:

$$p_1^i(t+T) = \sum_{r=\lambda}^{\mu} g_r^i \cdot p_r^i(t) \tag{57}$$

Für die Altersklassen r mit 1 < r < R und für i=1,...,N gilt:

$$p_r^i(t+T) = u_{rr-1}^i \cdot p_{r-1}^i(t) + \sum_{j \neq i} m_{rr-1}^{ij} \cdot p_{r-1}^j(t) \tag{58}$$

Für die Altersklasse r=R und für i=1,...,N gilt:

$$p_R^i(t+T) = u_{RR-1}^i \cdot p_{R-1}^i(t) + \sum_{j \neq i} m_{RR-1}^{ij} \cdot p_{R-1}^j(t) \tag{59}$$

$$
\underbrace{\begin{bmatrix}
p_1^{iM}(t+T)\\ p_2^{iM}(t+T)\\ p_3^{iM}(t+T)\\ \cdot\\ \cdot\\ \cdot\\ p_R^{iM}(t+T)\\ p_1^{iF}(t+T)\\ p_2^{iF}(t+T)\\ p_3^{iF}(t+T)\\ \cdot\\ \cdot\\ \cdot\\ p_R^{iF}(t+T)
\end{bmatrix}}_{P^i(t+T)}
=
\underbrace{\begin{bmatrix}
0 & 0 & \cdots & 0 & 0 & 0 & 0\cdots0\; g_\lambda^{iM}\cdots g_\mu^{iM}\; 0\cdots0 & 0\\
\left(u_{21}^{iM}+m_{21}^{iM}\right) & 0 & \cdots & 0 & 0 & 0 & 0\quad\cdots\quad 0 & 0\\
0 & \left(u_{32}^{iM}+m_{32}^{iM}\right) & \cdots & 0 & 0 & 0 & 0\quad\cdots\quad 0 & 0\\
\cdot & \cdot & & \cdot & \cdot & \cdot & \cdot\qquad\quad\cdot & \cdot\\
\cdot & \cdot & & \cdot & \cdot & \cdot & \cdot\qquad\quad\cdot & \cdot\\
\cdot & \cdot & & \cdot & \cdot & \cdot & \cdot\qquad\quad\cdot & \cdot\\
0 & 0 & \cdots & \left(u_{RR-1}^{iM}+m_{RR-1}^{iM}\right) & \left(u_{RR}^{iM}+m_{RR}^{iM}\right) & 0 & 0\qquad\quad 0 & 0\\
0 & 0 & \cdots & 0 & 0 & 0 & 0\cdots0\; g_\lambda^{iF}\cdots g_\mu^{iF}\; 0\cdots0 & 0\\
0 & 0 & \cdots & 0 & 0 & \left(u_{21}^{iF}+m_{21}^{iF}\right) & 0\quad\cdots\quad 0 & 0\\
0 & 0 & \cdots & 0 & 0 & 0 & \left(u_{32}^{iF}+m_{32}^{iF}\right)\cdots\quad 0 & 0\\
\cdot & \cdot & & \cdot & \cdot & \cdot & \cdot\qquad\quad\cdot & \cdot\\
\cdot & \cdot & & \cdot & \cdot & \cdot & \cdot\qquad\quad\cdot & \cdot\\
\cdot & \cdot & & \cdot & \cdot & \cdot & \cdot\qquad\quad\cdot & \cdot\\
0 & 0 & \cdots & 0 & 0 & 0 & 0\cdots\left(u_{RR-1}^{iF}+m_{RR-1}^{iF}\right) & \left(u_{RR}^{iF}+m_{RR}^{iF}\right)
\end{bmatrix}}_{W^i(t,t+T)}
\underbrace{\begin{bmatrix}
p_1^{iM}(t)\\ p_2^{iM}(t)\\ p_3^{iM}(t)\\ \cdot\\ \cdot\\ \cdot\\ p_R^{iM}(t)\\ p_1^{iF}(t)\\ p_2^{iF}(t)\\ p_3^{iF}(t)\\ \cdot\\ \cdot\\ \cdot\\ p_R^{iF}(t)
\end{bmatrix}}_{P^i(t)}
$$

Abb. 5: Struktur der quasi-multiregionalen Version des offenen altersklassen- und geschlechtsdisaggregierten Cohort Survival-Modells

Analog zu (25) weist (59) eine unrealistische Spezifikation der Überlebens- und Migrationsterme von $p_R^i(t)$ auf. Deshalb wird (59) modifiziert zu:

$$p_R^i(t+T) = u_{RR-1}^i \cdot p_{R-1}^i(t) + \sum_{j \neq i} m_{RR-1}^{ij} \cdot p_{R-1}^j(t) + u_{RR}^i \cdot p_R^i(t) + \sum_{j \neq i} m_{RR}^{ij} \cdot p_R^j(t) \tag{60}$$

Die Geburtenraten g_r^i mit $\lambda \leq r \leq \mu$ sind durch (30), die Migrations- und Überlebensterme durch folgende Gleichungen (60)–(64) definiert:

$$m_{rr-1}^{ij} = \frac{B_{r-1r}^{ji}(t,t+T)}{B_{r-1*}^{j*}(t)} \qquad \text{für } 1 < r \leq R \tag{61}$$

$$m_{RR}^{ij} = \frac{B_{RR}^{ji}(t,t+T)}{B_{R*}^{j*}(t)} \tag{62}$$

Die Migrationsterme in (61) und (62) repräsentieren also das demographische Ereignis „Zuwanderung aus der Region j in die Region i" und setzen implizit ein Überleben in der Region i mindestens bis zum Zeitpunkt (t+T) voraus.

Die regionalspezifischen Überlebensraten erfassen nun nicht nur das Sterbegeschehen, sondern auch die Auswanderung aus der Region i in andere Regionen des räumlichen Systems.

Für $1 < r \leq R$ und i=j, i=1,...,N gilt:

$$u_{rr-1}^i = 1 - s_{r-1}^i - \sum_{j \neq i} m_{rr-1}^{ji} \tag{63}$$

Für den Überlebensterm u_{RR}^i der Altersklasse R (i=1,...,N) gilt:

$$u_{RR}^i = 1 - s_R^i - \sum_{j \neq i} m_{RR}^{ji} \tag{64}$$

Die entsprechenden Ratendefinitionen von (63)–(64) ergeben sich als (65)–(66).
Für $1 < r \leq R$ und i=1,...,N gilt:

$$u^i_{rr-1} = 1 - \frac{B^{*\delta(i)}_{*r-1}(t,t+T)}{B^{i*}_{r-1*}(t)} - \sum_{j \neq i} \frac{B^{ij}_{r-1r}(t,t+T)}{B^{i*}_{r-1*}(t)} \tag{65}$$

Für den Überlebensterm u^i_{RR} der Altersklasse R (i=1,...,N) gilt:

$$u^i_{RR} = 1 - \frac{B^{*\delta(i)}_{*R}(t,t+T)}{B^{i*}_{R*}(t)} - \sum_{j \neq i} \frac{B^{ij}_{RR}(t,t+T)}{B^{i*}_{R*}(t)} \tag{66}$$

Wie in Kap. 5.2 weisen die Ratendefinitionen eine unkorrekte Spezifikation auf, da sich die Altersklassen im Zähler auf das Eintreten des demographischen Ereignisses, die Altersklassen im Nenner jedoch auf den Zeitpunkt t beziehen, eine Schwäche der Modellkonzeption, die erst beim Accounting System-Modell in Kap. 5.4 vermieden werden kann.

Während die quasi-multiregionale Version des einregionalen offenen Cohort Survival-Modells als Risikobevölkerung für die Zuwanderung die entsprechende altersklassendisaggregierte Bevölkerung der Zielregion, jedoch für die Abwanderung diejenige der Quellregion verwendet, wird bei Rogers' multiregionalem Modell in beiden Fällen die entsprechende alterklassendisaggregierte Bevölkerung der Quellregion der Wanderungsbewegung herangezogen (vgl. hierzu (51)–(54) und (61)–(62), (65)–(66)), was zweifellos aus methodisch-konzeptionellen Gründen zufrieden stellender ist. Die Darstellung des Modells (57)–(58), (60) in Matrizenform vermag die multiregionale Konzeption besser zu vermitteln als das Gleichungssystem (vgl. Abb. 6). Die Interdependenzen zwischen den einzelnen Regionen des räumlichen Systems kommen insbesondere durch die außerhalb der Hauptdiagonale lokalisierten Submatrizen der Wachstumsmatrix W zum Ausdruck.

Die Accounting-Matrix (vgl. Abb. 7) verdeutlicht, dass auch beim multiregionalen Cohort Survival-Modell die demographischen Ereignisfolgen „Geburt-Wanderung-Existenz" bzw. „Geburt-Wanderung-Tod" m.a.W. die Bevölkerungsklassen $B^{\beta(i)j}_{rl}$, $B^{\beta(i)\delta(j)}_{rl}$ für $\lambda \leq r \leq \mu$; $i \neq j$, $j=1,...,N$ keine Berücksichtigung finden.

Eine Vernachlässigung dieser Terme kann jedoch bei einer multiregionalen Projektion zu signifikanten Fehlern führen. Allerdings sind diese Bevölkerungsklassen in der Praxis nur sehr schwer auf der Basis veröffentlichter Daten zu schätzen. Die oben erwähnte Schwäche lässt sich partiell, d. h. für die Ereignisfolge „Geburt-Wanderung-Existenz", beheben, indem man an Stelle der g^i_r-Terme disaggregierte g^{ij}_r-Terme einführt. Die Geburtengleichung (57) muss daher geändert werden in:

$$p^i_1(t+T) = \sum_{r=\lambda}^{\mu} g^{ii}_r \cdot p^i_r(t) - \sum_{j \neq i} \sum_{r=\lambda}^{\mu} g^{ij}_r \cdot p^j_r(t) + \sum_{j \neq i} \sum_{r=\lambda}^{\mu} g^{ji}_r \cdot p^i_r(t) \tag{67}$$

$$
\underset{P(t+T)}{\begin{bmatrix}
p^1_1(t+T)\\ p^1_2(t+T)\\ \vdots\\ p^1_r(t+T)\\ \vdots\\ p^1_R(t+T)\\ \vdots\\ p^i_1(t+T)\\ p^i_2(t+T)\\ \vdots\\ p^i_r(t+T)\\ \vdots\\ p^i_R(t+T)\\ \vdots\\ p^N_1(t+T)\\ p^N_2(t+T)\\ \vdots\\ p^N_r(t+T)\\ \vdots\\ p^N_R(t+T)
\end{bmatrix}}
\underset{W(t,\,t+T)}{\left[\begin{array}{ccccccc|c|ccccccc|c|ccccccc}
0 & \cdots 0 & g^1_\lambda & \cdots & g^1_\mu & 0 \cdots & 0 & \cdots & 0 & & \cdot & \cdot & \cdot & & & & 0 \cdots 0 & & \cdot & \cdot & \cdot & & 0\\
u^1_{21} & & & & & & & & m^{1i}_{21} & & & & & & & & m^{1N}_{21} & & & & & & \\
 & & & & & & & & & & & & & & & & & & & & & & \\
 & & u^1_{rr-1} & & & & & & & & m^{1i}_{21} & & & & & & & & m^{1N}_{rr-1} & & & & \\
\hline
 & & & & & & & & & & & & & & & & & & & & & & \\
\hline
 & & & & u^1_{RR-1} & & u^1_{RR} & & & & & & m^{1i}_{RR-1} & & & & m^{1i}_{RR} & & & & m^{1N}_{RR-1} & & m^{1N}_{RR}\\
 & & & \vdots & & & & & & & & \vdots & & & & & & & & & \vdots & & \\
0 & & \cdot & \cdot & \cdot & & 0 & \cdots & 0 & \cdots 0 & g^i_\lambda & \cdots & g^i_\mu & & 0 & \cdots & 0 \cdots 0 & & \cdot & \cdot & \cdot & & 0\\
m^{i1}_{21} & & & & & & & & u^i_{21} & & & & & & & & m^{iN}_{21} & & & & & & \\
 & & & & & & & & & & & & & & & & & & & & & & \\
 & & m^{i1}_{rr-1} & & & & & & & & u^i_{rr-1} & & & & & & & & m^{iN}_{rr-1} & & & & \\
\hline
 & & & & & & & & & & & & & & & & & & & & & & \\
\hline
 & & & & m^{i1}_{RR-1} & & m^{i1}_{RR-1} & & & & & & u^i_{RR-1} & & & & u^i_{RR} & & & & m^{iN}_{RR-1} & & m^{iN}_{RR}\\
 & & & \vdots & & & & & & & & & \vdots & & & & & & & & \vdots & & \\
0 & & \cdot & \cdot & \cdot & & 0 & \cdots & 0 & & \cdot & \cdot & \cdot & & & & 0 \cdots 0 & \cdots 0 & g^N_\lambda & \cdots & g^N_\mu & 0 \cdots & 0\\
m^{N1}_{21} & & & & & & & & m^{Ni}_{21} & & & & & & & & u^N_{21} & & & & & & \\
 & & & & & & & & & & & & & & & & & & & & & & \\
 & & m^{N1}_{rr-1} & & & & & & & & m^{Ni}_{rr-1} & & & & & & & & u^N_{rr-1} & & & & \\
 & & & & & & & & & & & & & & & & & & & & & & \\
 & & & & m^{N1}_{RR-1} & & m^{N1}_{RR} & & & & & & m^{Ni}_{RR-1} & & & & m^{Ni}_{RR} & & & & u^N_{RR-1} & & u^N_{RR}
\end{array}\right]}
\underset{P(t)}{\begin{bmatrix}
p^1_1(t)\\ p^1_2(t)\\ \vdots\\ p^1_r(t)\\ \vdots\\ p^1_R(t)\\ \vdots\\ p^i_1(t)\\ p^i_2(t)\\ \vdots\\ p^i_r(t)\\ \vdots\\ p^i_R(t)\\ \vdots\\ p^N_1(t)\\ p^N_2(t)\\ \vdots\\ p^N_r(t)\\ \vdots\\ p^N_R(t)
\end{bmatrix}}
$$

Abb. 6: Das multiregionale Cohort Survival-Modell von Rogers in Matrizenschreibweise

$$B^T = \begin{bmatrix} 0 & \cdots & 0 & {}_\lambda B_{\bullet 1}^{\beta(1)\bullet} & \cdots & {}_\mu B_{\bullet 1}^{\beta(1)\bullet} & 0 & & & & & 0 & & & & & 0 & & & & & 0 \\ B_{12}^{11} & & & & & & B_{12}^{i1} & & & & & & B_{12}^{ii} & & & & & & B_{12}^{Ni} & & & & & B_{12}^{N1} \\ \vdots & & & & & & \vdots & & & & & & \vdots & & & & & & \vdots & & & & & \vdots \\ & & B_{r-1r}^{11} & & & & & & B_{r-1r}^{i1} & & & & & & B_{r-1r}^{ii} & & & & & & B_{r-1r}^{Ni} & & & & B_{r-1r}^{N1} \\ & & & & & & & & & & & & & & & & & & & & & & & \\ & & & B_{R-1R}^{11} & & & & & & B_{R-1R}^{i1} & & & & & & B_{R-1R}^{ii} & & & & & & B_{R-1R}^{Ni} & & & B_{R-1R}^{N1} \\ & & & & B_{RR}^{11} & & & & & & B_{RR}^{i1} & & & & & & B_{RR}^{ii} & & & & & & B_{RR}^{Ni} & & B_{RR}^{N1} \\ \hline 0 & & & & & & 0 & \cdots & 0 & {}_\lambda B_{\bullet 1}^{\beta(i)\bullet} & \cdots & {}_\mu B_{\bullet 1}^{\beta(i)\bullet} & 0 & & & & & 0 & & & & & 0 \\ B_{12}^{1i} & & & & & & B_{12}^{ii} & & & & & & B_{12}^{ii} & & & & & & B_{12}^{Ni} & & & & & \\ \vdots & & & & & & \vdots & & & & & & \vdots & & & & & & \vdots & & & & & \\ & & B_{r-1r}^{1i} & & & & & & B_{r-1r}^{ii} & & & & & & B_{r-1r}^{ii} & & & & & & B_{r-1r}^{Ni} & & & \\ & & & B_{R-1R}^{1i} & & & & & & B_{R-1R}^{ii} & & & & & & B_{R-1R}^{ii} & & & & & & B_{R-1R}^{Ni} & \\ & & & & B_{RR}^{1i} & & & & & & B_{RR}^{ii} & & & & & & B_{RR}^{ii} & & & & & & B_{RR}^{Ni} \\ \hline 0 & & & & & & 0 & & & & & & 0 & \cdots & 0 & {}_\lambda B_{\bullet 1}^{\beta(N)\bullet} & \cdots & {}_\mu B_{\bullet 1}^{\beta(N)\bullet} & 0 \\ B_{12}^{1N} & & & & & & B_{12}^{iN} & & & & & & B_{12}^{iN} & & & & & & B_{12}^{NN} \\ \vdots & & & & & & \vdots & & & & & & \vdots & & & & & & \vdots \\ & & B_{r-1r}^{1N} & & & & & & B_{r-1r}^{iN} & & & & & & B_{r-1r}^{iN} & & & & B_{r-1r}^{NN} \\ & & & B_{R-1R}^{1N} & & & & & & B_{R-1R}^{iN} & & & & & & B_{R-1R}^{iN} & & & B_{R-1R}^{NN} \\ & & & & B_{RR}^{1N} & & & & & & B_{RR}^{iN} & & & & & & B_{RR}^{iN} & & B_{RR}^{NN} \end{bmatrix}$$

mit $B_{r-1r}^{ii} := (B_{r\bullet}^{i\bullet} - B_{\bullet r}^{\bullet\delta(i)} - \sum_{j\neq i} B_{r-1r}^{ij})$ für $r=1,...,R; i=1,...,N$ und $B_{RR}^{ii} := (B_{R\bullet}^{i\bullet} - B_{\bullet R}^{\bullet\delta(i)} - \sum_{j\neq i} B_{RR}^{ii})$ für $i=1,...,N$

Abb. 7: Accounting-Matrix des multiregionalen Cohort Survival-Modells

wobei g_r^{ij} die Rate der Geborenen repräsentiert, die zum Zeitpunkt t der Altersklasse r angehörende und in der Region i wohnende Mütter in (t,t+T) gebärten, im Projektionszeitraum in die Region j (j ≠ i) wandern und dort mindestens den Zeitpunkt (t+T) erleben. Die g_r^{ij}-Terme sind also folgendermaßen definiert:

$$g_r^{ij} = \frac{{}_rB_{*1}^{\beta(i)j}(t,t+T)}{B_{r*}^{i*}(t)} \qquad \text{für } \lambda \leq r \leq \mu \,;\, i \neq j, i,j=1,...,N \tag{68}$$

Die Qualität und Aussagekraft des modifizierten Rogers' Modell (58), (60), (67) lassen sich weiter erhöhen, wenn man eine Disaggregation nach dem Geschlecht vornimmt.

Durch Hinzufügen des Geschlechtsindex X=M,F erhält man das aus 2 R N linearen homogenen Differenzengleichungen bestehende geschlechtsdisaggregierte multiregionaldemographische Modell.

$$p_1^{iM}(t+T) = \sum_{r=\lambda}^{\mu} g_r^{iiM} \cdot p_r^{iF}(t) - \sum_{j \neq i} \sum_{r=\lambda}^{\mu} g_r^{ijM} \cdot p_r^{jF}(t) + \sum_{j \neq i} \sum_{r=\lambda}^{\mu} g_r^{jiM} \cdot p_r^{iF}(t) \tag{69}$$

$$p_1^{iF}(t+T) = \sum_{r=\lambda}^{\mu} g_r^{iiF} \cdot p_r^{iF}(t) - \sum_{j \neq i} \sum_{r=\lambda}^{\mu} g_r^{ijF} \cdot p_r^{jF}(t) + \sum_{j \neq i} \sum_{r=\lambda}^{\mu} g_r^{jiF} \cdot p_r^{iF}(t) \tag{70}$$

Für die Altersklassen r mit 1 < r < R, i=1,...,N und X=M,F gilt:

$$p_r^{iX}(t+T) = u_{rr-1}^{iX} \cdot p_{r-1}^{iX}(t) + \sum_{j \neq i} m_{rr-1}^{ijX} \cdot p_{r-1}^{jX}(t) \tag{71}$$

Für die Altersklasse r=R, i=1,...,N und X=M,F gilt:

$$p_R^{iX}(t+T) = u_{RR-1}^{iX} \cdot p_{R-1}^{iX}(t) + \sum_{j \neq i} m_{RR-1}^{ijX} \cdot p_{R-1}^{jX}(t) +$$

$$u_{RR}^{iX} \cdot p_R^{iX}(t) + \sum_{j \neq i} m_{RR}^{ijX} \cdot p_R^{jX}(t) \tag{72}$$

In (70) ist zu beachten, dass die den Raten g_r^{ijM}, g_r^{ijF} zugrunde liegenden Risikobevölkerungen jeweils die entsprechenden altersklassenspezifischen weiblichen Bevölkerungsklassen sind, d. h. es gilt für $\lambda \leq r \leq \mu$:

$$g_r^{ijM} = \frac{{}_r B_{*1}^{\beta(i)\,jM}(t,t+T)}{B_{r*}^{i*F}(t)} \tag{73}$$

$$g_r^{ijF} = \frac{{}_r B_{*1}^{\beta(i)\,jF}(t,t+T)}{B_{r*}^{i*F}(t)} \tag{74}$$

Die dem Modell (69)–(72) zugrunde liegende Wachstumsmatrix ist in (75) dargestellt,

$$W = \begin{bmatrix} W^{iF} & 0 & M^{12F} & 0 & & M^{1iF} & 0 & & M^{1NF} & 0 \\ G^{1M} & W^{1M} & 0 & M^{12M} & & 0 & M^{1iM} & & 0 & M^{1NM} \\ M^{21F} & 0 & W^{2F} & 0 & & M^{2iF} & 0 & & M^{2NF} & 0 \\ 0 & M^{21M} & G^{2M} & W^{2M} & & 0 & M^{2iM} & & 0 & M^{2NM} \\ & \cdot & & & & \cdot & & & \cdot & \\ & \cdot & & & & \cdot & & & \cdot & \\ M^{i1F} & 0 & M^{i2F} & 0 & \cdots & W^{iF} & 0 & & M^{iNF} & 0 \\ 0 & M^{i1M} & 0 & M^{i2M} & & G^{iM} & W^{iM} & & 0 & M^{iNM} \\ & \cdot & & & & \cdot & & & \cdot & \\ & \cdot & & & & \cdot & & & \cdot & \\ M^{N1F} & 0 & M^{N2F} & 0 & & M^{NiF} & 0 & & W^{NF} & 0 \\ 0 & M^{N1M} & 0 & M^{N2M} & & 0 & M^{NiM} & & G^{NM} & W^{NM} \end{bmatrix} \tag{75}$$

wobei die „männlichen Geburtenmatrizen" G^{iM} (i=1,...,N) die folgende Struktur besitzen:

$$G^{iM} = \begin{bmatrix} 0 & \cdots & 0 & g_\lambda^{iiM} & \cdots & g_\mu^{iiM} & 0 & \cdots & 0 \\ 0 & \cdots & 0 & 0 & \cdots & 0 & 0 & \cdots & 0 \\ \vdots & & \vdots & \vdots & & \vdots & \vdots & & \vdots \\ 0 & \cdots & 0 & 0 & \cdots & 0 & 0 & \cdots & 0 \end{bmatrix} \quad (76)$$

und ferner die aus Geburten- und Überlebenstermen (incl. Abwanderung) zusammengesetzten Matrizen W^{iF} (i=1,...,N) für die weiblichen Bevölkerungsklassen die in (77) dargestellte Struktur:

$$W^{iF} = \begin{bmatrix} 0 & \cdots & 0 & g_\lambda^{iiF} & \cdots & g_\mu^{iiF} & 0 & \cdots & 0 \\ u_{21}^{iF} & & & & & & & & \\ & \ddots & & & & & & & \\ & & & u_{rr-1}^{iF} & & & & & \\ & & & & & \ddots & & & \\ & & & & & & & u_{RR-1}^{iF} & u_{RR}^{iF} \end{bmatrix} \quad (77)$$

Die nur aus Überlebenstermen (incl. Abwanderung) zusammengesetzte Matrizen W^{iM} (i=1,...,N) für die männlichen Bevölkerungsklassen in (75) weisen die folgende Struktur auf:

$$W^{iM} = \begin{bmatrix} 0 & & & & & \\ u_{21}^{iM} & & & & & \\ & \ddots & & & & \\ & & u_{rr-1}^{iM} & & & \\ & & & \ddots & & \\ & & & & u_{RR-1}^{iM} & u_{RR}^{iM} \end{bmatrix} \quad (78)$$

Die Migrationsmatrizen (genauer Zuwanderungsmatrizen) M^{ijX} ($i \neq j, i,j=1,...,N$; X=M,F) in (75) besitzen die folgende Struktur:

$$M^{ijX} = \begin{bmatrix} 0 & \cdots & 0 & g_\lambda^{ijX} & \cdots & g_\mu^{ijX} & 0 & \cdots & 0 \\ m_{21}^{ijX} & & & & & & & & \\ & \ddots & & & & & & & \\ & & m_{rr-1}^{ijX} & & & & & & \\ & & & \ddots & & & & & \\ & & & & & & m_{RR-1}^{ijX} & m_{RR}^{ijX} \end{bmatrix} \quad (79)$$

Die dem Rogers' Modell (57)–(60) immanenten Struktur- und Konzeptionsschwächen wurden schrittweise eliminiert:

(M1) Modellmodifikation (57)–(58), (60) berücksichtigt Überlebens- und Migrationsterme für die Altersklasse R, die nun als halb offen definiert ist.
(M2) Bei der Modellmodifikation (58), (60), (67) wird zu (M1) auch die demographische Ereignisfolge „Geburt-Migration-Existenz" berücksichtigt.
(M3) Modellmodifikation (69)–(72) liefert zusätzlich zu (M1) - (M2) eine Disaggregation nach dem Geschlecht.

Zwei verbleibende konzeptionelle Schwächen der multiregional-demographischen Modelle vom Rogers' Typ (58), (60), (67) und (69)–(72) lassen sich nicht ohne weiteres eliminieren. Hierbei handelt es sich um:

(S1) die Nicht-Berücksichtigung der demographischen Ereignisfolgen „Existenz-Migration-Tod" und „Geburt-Migration-Tod", also um die Bevölkerungsklassen $B_{r-1r}^{i\delta(j)}$ ($1 < r \leq R; i \neq j$), $B_{rr}^{i\delta(j)}$ ($1 \leq r \leq R; i \neq j$) sowie um $B_{rl}^{\beta(i)\delta(j)}$ ($\lambda \leq r \leq \mu; i \neq j$),
(S2) die unkorrekte Spezifikation der Geburten-, Überlebens- und Migrationsraten.

(S2) hat Rogers (1973) in einem multiregional-demographischen Projektionsmodell mit multiregionalen Lebenstafelraten korrigiert. Allerdings treten bei diesem Ansatz substanziellere Messprobleme auf. In Kap. 5.4 wird das multiregional-demographische Accounting System-Modell von Rees und Wilson diskutiert, das die Schwächen (S1) - (S2) vermeidet und im Vergleich zu Rogers' Projektmodell weniger exogene Prämissen zur Berechnung der Ratenvariablen benötigt. Es ist noch darauf hinzuweisen, dass die vier multiregionaldemographischen Modelle vom Rogers Typ – wie auch das Accounting System-Modell in Kap. 5.4 – sowohl für ein geschlossenes wie auch für ein offenes räumliches System anwendbar sind. Im Falle des offenen Systemkonzeptes definiere man eine Region, etwa die Region N, als Umgebungssystem der restlichen (N-1) Regionen. So können auch die Wanderungsbewegungen zwischen Regionen einerseits sowie zwischen Regionen und Umwelt andererseits berücksichtigt werden. Auch in dieser Hinsicht stellen die Modelle vom Rogers' Typ einen Fortschritt dar. Man vergegenwärtige sich nur, dass die quasi-multi-regionalen Ansätze in Kap. 5.2 ein Gleichgewicht zwischen einzelnen Regionen wie zwischen Regionen und Umwelt annehmen mussten.

5.4 Das multiregionale altersklassen- und geschlechtsdisaggregierte Accounting System-Modell von Rees und Wilson

Zielsetzung von Kap. 5.4 ist es, die dem altersklassen- und geschlechtsdisaggregierten multiregional demographischen Accounting System-Modell zugrunde liegende Konzeption darzulegen und die entsprechenden Gleichungen für den Fall gleich großer Altersklassenintervalle Δ_r und $\Delta_r = T$ für $1 \leq r < R$ zu diskutieren.

Prinzipiell betrachtet lassen sich folgende vier Gleichungstypen unterscheiden, die die multiregionaldemographische Struktur des Systems vollständig beschreiben.

1. Gleichungstyp: Zeilengleichungen der Accounting-Matrix für die altersklassen-, regional- und geschlechtsdisaggregierten Bevölkerungsklassen $B_{r*}^{i*X}(t)$

(i) Für die Altersklassen r mit $1 \leq r < R$; $i=1,...,N$ und $X=M,F$ gilt:

$$B_{r*}^{i*X} = B_{rr+1}^{iiX} + \sum_{j \neq i} B_{rr+1}^{ijX} + B_{rr}^{i\delta(i)X} + B_{rr+1}^{i\delta(i)X} + \sum_{j \neq i} B_{rr}^{i\delta(j)X} + \sum_{j \neq i} B_{rr+1}^{i\delta(j)X} \quad (80)$$

(ii) Für die Altersklasse r=R; i=1,...,N und X=M,F gilt:

$$B_{R*}^{i*X} = B_{RR}^{iiX} + \sum_{j \neq i} B_{RR}^{ijX} + B_{RR}^{i\delta(i)X} + \sum_{j \neq i} B_{RR}^{i\delta(j)X} \quad (81)$$

2. Gleichungstyp: Zeilengleichungen der Accounting-Matrix für die altersklassen-, regional- und geschlechtsdisaggregierten Bevölkerungsklassen $B_{r*}^{b(i)*X}$ für $\lambda \leq r \leq \mu$; $i=1,...,N$; $X=M,F$

$$B_{r*}^{\beta(i)*X} = B_{r1}^{\beta(i)iX} + \sum_{j \neq i} B_{r1}^{\beta(i)jX} + B_{r1}^{\beta(i)\delta(i)X} + \sum_{j \neq i} B_{r1}^{\beta(i)\delta(j)X} \quad (82)$$

3. Gleichungstyp: Spaltengleichungen der Accounting-Matrix für die altersklassen-, regional- und geschlechtsdisaggregierten Bevölkerungsklassen $B_{*s}^{*\delta(i)X}$

(i) Für die Altersklassen s mit $1 < s \leq R$; $i=1,...,N$ und $X=M,F$ gilt:

$$B_{*s}^{*\delta(i)X} = B_{s-1s}^{i\delta(i)X} + B_{ss}^{i\delta(i)X} + \sum_{j \neq i} B_{s-1s}^{j\delta(i)X} + \sum_{j \neq i} B_{ss}^{j\delta(i)X} \quad (83)$$

(ii) Für die Altersklasse s=1;i=1,...,N und X=M,F gilt:

$$B^{*\delta(i)X}_{*1} = \sum_{r=\lambda}^{\mu} B^{\beta(i)\delta(i)X}_{r1} + B^{i\delta(i)X}_{11} + \sum_{j \neq i} \sum_{r=\lambda}^{\mu} B^{\beta(j)\delta(i)X}_{r1} + \sum_{j \neq i} B^{j\delta(i)X}_{11} \quad (84)$$

4. *Gleichungstyp:*   Spaltengleichungen der Accounting-Matrix für die altersklassen-, regional- und geschlechtsdisaggregierten Bevölkerungsklassen B^{*iX}_{*s}

(i) Für die Altersklassen s mit 1<s<R;i=1,...,N und X=M,F gilt:

$$B^{*iX}_{*s} = B^{iiX}_{s-1s} + \sum_{j \neq i} B^{jiX}_{s-1s} \quad (85)$$

(ii) Für die Altersklasse s=1;i=1,...,N und X=M,F gilt:

$$B^{*iX}_{*1} = \sum_{r=\lambda}^{\mu} B^{\beta(i)iX}_{r1} + \sum_{j \neq i} \sum_{r=\lambda}^{\mu} B^{\beta(j)iX}_{r1} \quad (86)$$

(iii) Für die Altersklasse s=R;i=1,...,N und X=M,F gilt:

$$B^{*iX}_{*R} = B^{iiX}_{R-1R} + B^{iiX}_{RR} + \sum_{j \neq i} B^{jiX}_{R-1R} + \sum_{j \neq i} B^{jiX}_{RR} \quad (87)$$

Im betrachteten altersklassen- und geschlechtsdisaggregierten Fall (mit gleich großen Altersklassenintervallen Δ_r und $\Delta_r = T$ für $1 \leq r < R$) liefert das Gleichungssystem (80)–(87) $2 \cdot N \cdot (3 \cdot R + 1) = 6 \cdot N \cdot R + 2 \cdot N$ verschiedene Gleichungen mit $N \cdot R$ bekannten und $(3 \cdot N \cdot R + 2 \cdot N^2 \cdot R + N^2 \cdot (R-1) + 2 \cdot N^2 \cdot (\mu - \lambda))$ unbekannten Variablen. Dieses Gleichungssystem (80)–(87) lässt sich offensichtlich nur näherungsweise lösen, da die Anzahl der Gleichungen wesentlich kleiner ist als diejenige der unbekannte Bevölkerungsklassen.

Im Folgenden werden die einzelnen Arbeitsschritte, die das Accounting System-Modell von Rees und Wilson für den altersklassen- und geschlechtsdisaggregierten Fall mit gleichen Altersklassenintervallen Δ_r und $\Delta_r = T$ für $1 \leq r < R$ konstituieren, zusammengefasst. Zur iterativen Lösung des simultanen linearen Gleichungssystems (80)–(87) dienen folgende Arbeitsschritte (vgl. Abb. 8):

Arbeitsschritt 1:

Datensammlung für die Terme B_{r*}^{i*X}, B_{*s}^{ijX} ($i \neq j$), $B_{r1}^{\beta(i)jX}$ ($i \neq j$), g_{*s}^{*iX} und s_{*s}^{*iX} (modellexterne Projektion der vier letzten Terme mithilfe von Migrations- und Ratenmodellen).

Arbeitsschritt 2:

Berechnung von Werten für die Bevölkerungsklassen B_{s-1s}^{ijX} ($1 < s \leq R$; $i \neq j$) und B_{RR}^{ijX} ($i \neq j$) mithilfe von

$$B_{s-1s}^{ijX} = B_{*s}^{ijX} \text{ (wegen } \Delta_s = T \text{ für } 1 \leq s < R\text{)} \quad \text{für } i \neq j, X = M, F \quad (88)$$

$$B_{R-1R}^{ijX} = q_{R-1R} \cdot B_{*R}^{ijX} \quad \text{für } i \neq j, X = M, F \quad (89)$$

$$B_{RR}^{ijX} = q_{RR} \cdot B_{*R}^{ijX} \quad \text{für } i \neq j, X = M, F \quad (90)$$

mit:

q_{R-1R} Anteil der Bevölkerung der Klasse B_{*R}^{ijX}, die zum Zeitpunkt t der Altersklasse R-1 angehörte,

q_{RR} Anteil der Bevölkerung der Klasse B_{*R}^{ijX}, die zum Zeitpunkt t der Altersklasse R angehörte

wobei:

$$q_{R-1R} + q_{RR} = 1 \quad (91)$$

Arbeitsschritt 3:

Mithilfe bereits bekannter Bevölkerungsklassen werden Anfangswerte der Risikobevölkerung $\hat{B}_{*s}^{S*iX}$ für das demographische Ereignis „Tod in der Altersklasse s in der Region i" bzw. $\hat{B}_{*s}^{G*iF}$ für das demographische Ereignis „Niederkunft von Müttern der Altersklasse s (gemessen beim Eintreten des demographischen Ereignisses) in der Region i" berechnet. Die entsprechenden Anfangswerte werden mit $\hat{B}_{*s}^{S*iX}$(anfang) bzw. $\hat{B}_{*s}^{G*iF}$(anfang) bezeichnet. Mithilfe dieser Risikobevölkerungen werden sodann die Bevölkerungsklassen $B_{*s}^{*\delta(i)X}$ und $_sB_{*1}^{\beta(i)*X}$ ermittelt.

$\hat{B}_{*s}^{S*iX}$ (anfang) bzw. $\hat{B}_{*s}^{G*iF}$ (anfang) bezeichnet. Mithilfe dieser Risikobevölkerungen werden sodann die Bevölkerungsklassen $B_{*s}^{*\delta(i)X}$ und $_sB_{*1}^{\beta(i)*X}$ ermittelt. Zunächst sollen die Risikobevölkerungen $\hat{B}_{*s}^{S*iX}$ und anschließend die Risikobevölkerungen $\hat{B}_{*s}^{G*iF}$ definiert werden.

(a) Berechnung von Anfangswerten für die Risikobevölkerungen $\hat{B}_{*s}^{S*iX}$ mithilfe von

$$\hat{B}_{*s}^{S*iX} = \hat{B}_{s-1s}^{S*iX} + \hat{B}_{ss}^{S*iX} \quad \text{für } 1 \leq s \leq R; i = 1,...,N; X = M, F \tag{92}$$

$$\begin{aligned}
B_{s-1s}^{S*iX} = {}_s^i\Theta^{Sii} \cdot B_{s-1s}^{iiX} &+ {}_s^i\Theta^{Si\delta(i)} \cdot B_{s-1s}^{i\delta(i)X} + \sum_{j \neq i} {}_s^i\Theta^{Sij} \cdot B_{s-1s}^{ijX} + \\
\sum_{j \neq i} {}_s^i\Theta^{Si\delta(j)} \cdot B_{s-1s}^{i\delta(j)X} &+ \sum_{j \neq i} {}_s^i\Theta^{Sji} \cdot B_{s-1s}^{jiX} + \sum_{j \neq i} {}_s^i\Theta^{Sj\delta(i)} \cdot B_{s-1s}^{j\delta(i)X} + \\
\sum_{j \neq i}\sum_{k \neq i} {}_s^i\Theta^{Sjk} \cdot B_{s-1s}^{jkX} &+ \sum_{j \neq i}\sum_{k \neq i} {}_s^i\Theta^{Sj\delta(k)} \cdot B_{s-1s}^{j\delta(k)X}
\end{aligned} \tag{93}$$

$$\begin{aligned}
\hat{B}_{ss}^{S*iX} = {}_s^i\Theta^{Sii} \cdot B_{ss+1}^{iiX} &+ {}_s^i\Theta^{Si\delta(i)} \cdot B_{ss}^{i\delta(i)X} + {}_s^i\Theta^{Si\delta(i)} \cdot B_{ss+1}^{i\delta(i)X} \\
+ \sum_{j \neq i} {}_s^i\Theta^{Sij} \cdot B_{ss+1}^{ijX} &+ \sum_{j \neq i} {}_s^i\Theta^{Si\delta(j)} \cdot B_{ss}^{i\delta(j)X} + \sum_{j \neq i} {}_s^i\Theta^{Si\delta(j)} \cdot B_{ss+1}^{i\delta(j)X} \\
+ \sum_{j \neq i} {}_s^i\Theta^{Sji} \cdot B_{ss+1}^{jiX} &+ \sum_{j \neq i} {}_s^i\Theta^{Sj\delta(i)} \cdot B_{ss}^{j\delta(i)X} + \sum_{j \neq i} {}_s^i\Theta^{Sj\delta(i)} \cdot B_{ss+1}^{j\delta(i)X} + \\
\sum_{j \neq i}\sum_{k \neq i} {}_s^i\Theta^{Sjk} \cdot B_{ss+1}^{jkX} &+ \sum_{j \neq i}\sum_{k \neq i} {}_s^i\Theta^{Sj\delta(k)} \cdot B_{ss}^{j\delta(k)X} + \sum_{j \neq i}\sum_{k \neq i} {}_s^i\Theta^{Sj\delta(k)} \cdot B_{ss+1}^{j\delta(k)X}
\end{aligned} \tag{94}$$

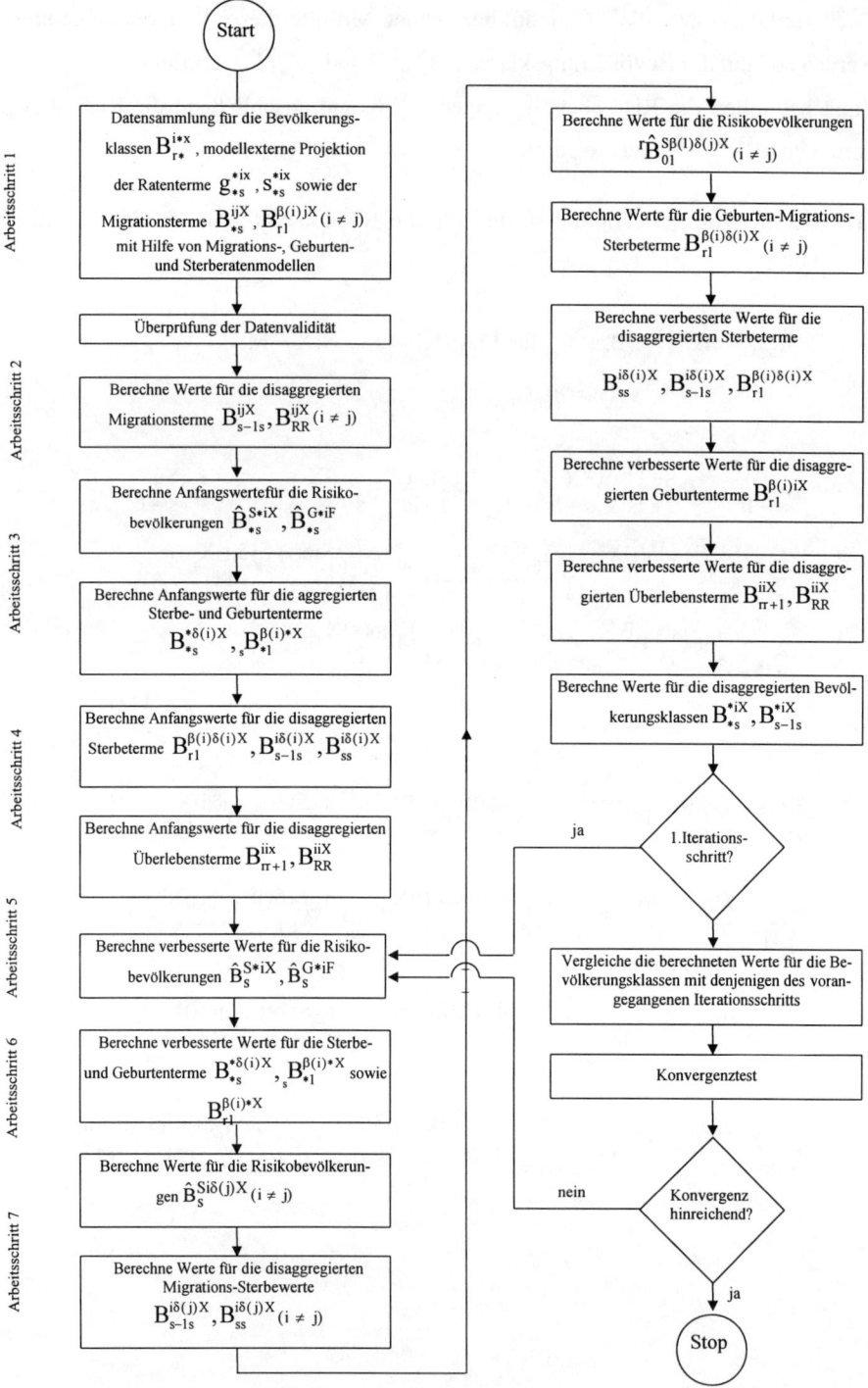

Abb. 8: Flussdiagramm zur Charakterisierung der sequentiellen Struktur des altersklassen- und geschlechts-disaggregierten Accounting System-Modells

wobei die $_s^i\Theta^S$-Terme die Funktion von Gewichtungsfaktoren besitzen und die durchschnittliche Aufenthaltsdauer (gemessen als Anteil an T) repräsentieren, die die Bevölkerung der entsprechenden B-Terme während ihrer Zugehörigkeit zur Altersklasse s in der Region i zubringen. Der Superindex S macht die Zugehörigkeit zur Risikobevölkerung für das demographische Ereignis „Sterben", die anderen auf der rechten Seite von Θ lokalisierten Super- und Subindices die Zuordnung zu den entsprechenden B-Termen kenntlich. Zur Operationalisierung von (93)–(94) ist es notwendig, entsprechende Werte für die Θ-Terme empirisch zu ermitteln oder theoretisch abzuleiten (Rees, Wilson 1977). Die Risikobevölkerungen für das demographische Ereignis „Sterben in der Altersklasse s in der Region i" unterscheiden sich in das Ereignis s = 1 und s = R nur geringfügig vom Fall 1<s<R, der in (93)–(94) dargestellt ist. Abb. 9 zeigt das multiregionale Lexis-Diagramm, mit dessen Hilfe der Leser/die Leserin geeignete Bevölkerungsklassen als Komponenten der entsprechenden Risikobevölkerungen wählen kann.

(b) Berechnung von Anfangswerten für die Bevölkerungsklassen $B_{*s}^{*\delta(i)x}$

Wenn numerische Werte für die Θ-Terme festgelegt sind, dann lassen sich entsprechende Anfangswerte für die für die Bevölkerungsklassen $\hat{B}_{*s}^{*\delta(i)x}$ für s=1,..., R; i=1,..., N und X=M, F berechnen als

$$B_{*s}^{*\delta(i)X}(\text{anfang}) = \hat{B}_{*s}^{S*iX}(\text{anfang}) \cdot s_{*s}^{*iX} \qquad (95)$$

Implizit geht in (95) die Prämisse ein, dass Migranten die Sterberate derjenigen Region erwarten, in die sie wandern und nicht die Sterberate der Region, aus der sie abwandern.

(c) Berechnung von Anfangswerten für die Risikobevölkerungen $\hat{B}_{*s}^{G*iF}$ für $\lambda \leq r \leq \mu$; $i = 1,...,N$ und $x = M,F$ gemäß

$$\hat{B}_{*s}^{G*iF} = \hat{B}_{s-1s}^{G*iF} + \hat{B}_{ss}^{G*iF} \qquad (96)$$

$$\hat{B}_{ss}^{G*iF} = {}_s^i\Theta^{Gii} \cdot B_{s-1s}^{iiF} + {}_s^i\Theta^{Gi\delta(i)} \cdot B_{s-1s}^{i\delta(i)F} + \sum_{j \neq i} {}_s^i\Theta^{Gij} \cdot B_{s-1s}^{ijF} +$$

$$\sum_{j \neq i} {}_s^i\Theta^{Gi\delta(j)} \cdot B_{s-1s}^{i\delta(j)F} + \sum_{j \neq i} {}_s^i\Theta^{Gji} \cdot B_{s-1s}^{jiF} + \sum_{j \neq i} {}_s^i\Theta^{Gj\delta(i)} \cdot B_{s-1s}^{j\delta(i)F} + \quad (97)$$

$$\sum_{j \neq i}\sum_{k \neq i} {}_s^i\Theta^{Gjk} \cdot B_{s-1s}^{jkF} + \sum_{j \neq i}\sum_{k \neq i} {}_s^i\Theta^{Gj\delta(k)} \cdot B_{s-1s}^{j\delta(k)F}$$

$$\hat{B}_{ss}^{G*iF} = {}_s^i\Theta^{Gii} \cdot B_{ss+1}^{iiF} + {}_s^i\Theta^{Gi\delta(i)} \cdot B_{ss}^{id(i)F} + {}_s^i\Theta^{Gi\delta(i)} \cdot B_{ss+1}^{id(i)F}$$

$$+ \sum_{j \neq i} {}_s^i\Theta^{Gij} \cdot B_{ss+1}^{ijF} + \sum_{j \neq i} {}_s^i\Theta^{Gi\delta(j)} \cdot B_{ss}^{i\delta(j)F} + \sum_{j \neq i} {}_s^i\Theta^{Gi\delta(j)} \cdot B_{ss+1}^{i\delta(j)F}$$

$$+ \sum_{j \neq i} {}_s^i\Theta^{Gji} \cdot B_{ss+1}^{jiF} + \sum_{j \neq i} {}_s^i\Theta^{Gj\delta(i)} \cdot B_{ss}^{j\delta(i)F} + \sum_{j \neq i} {}_s^i\Theta^{Gj\delta(i)} \cdot B_{ss+1}^{j\delta(i)F} \quad (98)$$

$$+ \sum_{j \neq i}\sum_{k \neq i} {}_s^i\Theta^{Gjk} \cdot B_{ss+1}^{jkF} + \sum_{j \neq i}\sum_{k \neq i} {}_s^i\Theta^{Gj\delta(k)} \cdot B_{ss}^{j\delta(k)F}$$

$$+ \sum_{j \neq i}\sum_{k \neq i} {}_s^i\Theta^{Gj\delta(k)} \cdot B_{ss+1}^{jd(k)F}$$

wobei die ${}_s^i\Theta^G$-Terme als Gewichtungsfaktoren fungieren und die durchschnittliche Aufenthaltsdauer (gemessen als Anteil an T) repräsentieren, die die entsprechenden B-Terme während ihrer Zugehörigkeit zur Altersklasse $\lambda \leq s \leq \mu$ in der Region i zubringen. Der Index G macht die Zugehörigkeit zur Risikobevölkerung für das demographische Ereignis „Geburt", die anderen auf der rechten Seite von Θ lokalisierten Super- und Subindices die Zuordnung zu den entsprechenden B-Termen kenntlich. Geht man von der Hypothese der Unabhängigkeit der Θ-Terme von den Altersklassen s und vom Geschlecht X in (93) und (94) aus, so stimmen die Θ-Terme in (97) und (98) mit den entsprechenden Θ-Terme in (93) und (94) überein. Man kann dann die Indices B und S weglassen und die gleichen numerischen Werte für die Θ-Terme in (97) und (98) verwenden.

Regionaldemographische Ansätze von Prognosemodellen 277

Legende: ———— Lebenslinie ----▶---- Migration, • demographisches Ereignis „Tod"

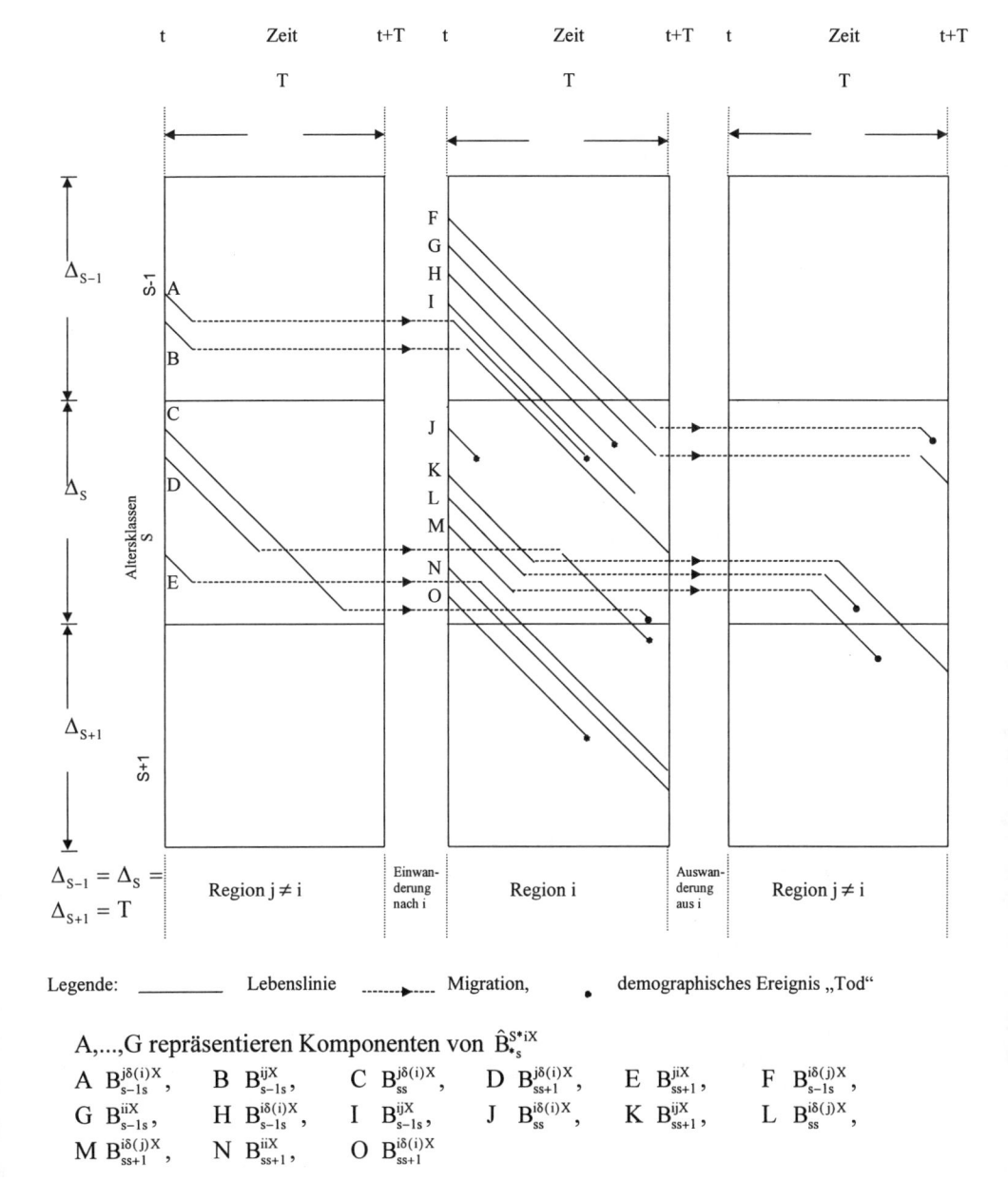

A,...,G repräsentieren Komponenten von $\hat{B}_{\bullet s}^{S\bullet iX}$

A $B_{s-1s}^{j\delta(i)X}$, B B_{s-1s}^{ijX}, C $B_{ss}^{j\delta(i)X}$, D $B_{ss+1}^{j\delta(i)X}$, E B_{ss+1}^{jiX}, F $B_{s-1s}^{i\delta(j)X}$,

G B_{s-1s}^{iiX}, H $B_{s-1s}^{i\delta(i)X}$, I B_{s-1s}^{ijX}, J $B_{ss}^{i\delta(i)X}$, K B_{ss+1}^{ijX}, L $B_{ss}^{i\delta(j)X}$,

M $B_{ss+1}^{i\delta(j)X}$, N B_{ss+1}^{iiX}, O $B_{ss+1}^{i\delta(i)X}$

Abb. 9: Multiregionales Lexis-Diagramm zur Charakterisierung des Konzeptes der Risikobevölkerung $\hat{B}_{\bullet s}^{S\bullet iX}$ (ohne Berücksichtigung multipler Migrationen)

(d) Berechnung von Anfangswerten für die Bevölkerungsklassen ${}_s B_{*1}^{\beta(i)*X}$ analog zu (b) gemäß

$$
{}_s B_{*1}^{\beta(i)*X} = \hat{B}_{*s}^{G*iF}(\text{anfang}) \cdot g_{*s}^{*iX} \tag{99}
$$

Es wird daran erinnert, dass sich der Subindex s in ${}_s B_{*1}^{\beta(i)*X}$ auf das Alter der Mütter beim Eintreten des demographischen Ereignisses bezieht.

Arbeitsschritt 4:

Berechne für die folgenden noch unbekannten Bevölkerungsklassen B_{rr+1}^{iiX} ($1 \leq r < R$), B_{RR}^{iiX}, $B_{s-1s}^{i\delta(i)X}$ ($1 < s \leq R$), $B_{ss}^{i\delta(i)X}$ ($1 \leq s \leq R$), $B_{r1}^{\beta(i)\delta(i)X}$ ($\lambda \leq r \leq \mu$) und $B_{r1}^{\beta(i)*X}$ ($\lambda \leq r \leq \mu$) Anfangswerte, indem man die durch die Arbeitsschritte 1–3 bekannten Terme in die Accounting-Gleichungen (80)–(84) einsetzt und die noch unbekannten Bevölkerungsklassen vernachlässigt. Gleichung (84) reduziert sich auf diese Weise für i=1,...,N und X=M,F zu:

$$
B_{11}^{i\delta(i)X} + B_{*1}^{\beta(i)\delta(i)X} = B_{*1}^{*\delta(i)X} \tag{100}
$$

(wegen $\Delta_1 = T$ ist $B_{11}^{i\delta(i)X} = B_{*1}^{i\delta(i)X}$)

Der Term auf der linken Seite von (100) kann für i=1,...,N und X=M,F mithilfe geeigneter empirischer c-Koeffizienten disaggregiert werden in:

$$
B_{*1}^{\beta(i)\delta(i)X} = c_{01} \cdot \left(B_{11}^{i\delta(i)X} + B_{*1}^{\beta(i)\delta(i)X} \right) \tag{101}
$$

$$
B_{11}^{i\delta(i)X} = c_{11} \cdot \left(B_{11}^{i\delta(i)X} + B_{*1}^{\beta(i)\delta(i)X} \right) \tag{102}
$$

mit:

$$
c_{01} + c_{11} = 1 \tag{103}
$$

wobei die Koeffizienten c_{01}, c_{11} Anteilswerte zur Disaggregation des Termes $\left(B_{11}^{i\delta(i)X} + B_{*1}^{\beta(i)\delta(i)X}\right)$ in die beiden Bevölkerungsklassen $B_{11}^{i\delta(i)X}$ und $B_{*1}^{\beta(i)\delta(i)X}$ sind und empirisch ermittelt werden müssen. Diese c-Koeffizienten hängen vom Alter ab und können von Region zu Region, u.U. auch geschlechtsspezifisch variieren. In der Regel fehlen jedoch hinreichend detaillierte Informationen zu entsprechenden Disaggregationen. Infolge des erhöhten Sterblichkeitsrisikos für Säuglinge liegen Nährungswerte für c_{01} um 2/3 und für c_{11} um 1/3 (Rees, Wilson 1977). Die durch (101) gewonnenen Bevölkerungsklassen $B_{*1}^{\beta(i)\delta(i)X}$ können schließlich mithilfe weiterer Koeffizienten nach dem Alter der Mütter zum Zeitpunkt t unterteilt werden:

$$B_{r1}^{\beta(i)\delta(i)X} = e_{r1} \cdot B_{*1}^{\beta(i)\delta(i)X} \tag{104}$$

wobei $e_{r1}(\lambda \leq r \leq \mu)$ weitere empirisch zu ermittelnde Koeffizienten sind, die die angestrebte Disaggregation der Bevölkerungsklassen $B_{*1}^{\beta(i)\delta(i)X}$ nach dem Alter der Mütter zum Zeitpunkt t ermöglichen.

Aus (83) erhält man Anfangswerte für die Bevölkerungsklassen $B_{*s}^{i\delta(i)X}$ für s>1,i=1,...,N und X=M,F:

$$B_{*s}^{i\delta(i)X} = B_{*s}^{*\delta(i)X} \tag{105}$$

Eine altersklassenspezifische Disaggregation dieses Termes ergibt sich dann mithilfe der c-Koeffizienten für 1<s≤R;i=1,...,N;X=M,F:

$$B_{s-1s}^{i\delta(i)X} = c_{s-1s} \cdot B_{*s}^{i\delta(i)X} \tag{106}$$

und

$$B_{ss}^{i\delta(i)X} = c_{ss} \cdot B_{*s}^{i\delta(i)X} \tag{107}$$

mit:

$$c_{s-1s} + c_{ss} = 1 \tag{108}$$

wobei die c-Koeffizienten c_{s-1s}, c_{ss} den Anteil der in (t,t+T) Gestorbenen repräsentieren, die zum Zeitpunkt t der Altersklasse s-1 bzw. s angehörten. Werte für diese Koeffizienten müssen empirisch ermittelt werden. Als Näherungswerte kann man für s>1 $c_{s-1s} = \frac{1}{2} = c_{ss}$ verwenden.

Gleichung (82) liefert Anfangswerte für $B_{r1}^{\beta(i)*X}$ ($\lambda \le r \le \mu$; i=1,...,N; X=M,F):

$$B_{r1}^{\beta(i)*X} = B_{r*}^{\beta(i)*X} - \sum_{j \ne i} B_{r1}^{\beta(i)jX} - B_{r1}^{\beta(i)\delta(i)X} \qquad (109)$$

Weiter ergibt sich aus (80) für $1 \le r < R$; i=1,...,N; X=M,F:

$$B_{rr+1}^{iiX} = B_{r*}^{i*X} - \sum_{j \ne i} B_{rr+1}^{ijX} - B_{rr}^{i\delta(i)X} - B_{rr+1}^{i\delta(i)X} \qquad (110)$$

und aus (81) für r=R; i=1,...,N; X=M,F:

$$B_{RR}^{iiX} = B_{R*}^{i*X} - \sum_{j \ne i} B_{RR}^{ijX} - B_{RR}^{i\delta(i)X} \qquad (111)$$

Arbeitsschritt 5:
Berechne mithilfe der in Arbeitsschritt 4 ermittelten Terme und der Gleichungen (92)–(99) verbesserte Werte für die Risikobevölkerungen $\hat{B}_{*s}^{S*iX}$ und $\hat{B}_{*s}^{G*iF}$.

Arbeitsschritt 6:
Berechne mithilfe der bereits bekannten Terme verbesserte Werte für die Bevölkerungsklassen $B_{*s}^{*\delta(i)X}$ ($1 \le s \le R$; i=1,...,N; X=M,F) und $_sB_{*1}^{\beta(i)*X}$ ($\lambda \le s \le \mu$; i=1,...,N; X=M,F) als:

$$B_{*s}^{*\delta(i)X} = \hat{B}_{*s}^{S*iX} \cdot s_{*s}^{*iX} \qquad (112)$$

$$_sB_{*1}^{\beta(i)*X} = \hat{B}_{*s}^{G*iF} \cdot g_{*s}^{*iX} \qquad (113)$$

und disaggregiere den Term $_sB_{*1}^{\beta(i)*X}$ ($= B_{*1}^{\beta(i)*X}$) mithilfe geeigneter empirischer c-Koeffizienten vom Typ (108) nach dem Alter s ($\lambda \leq s \leq \mu$) der Mütter zum Zeitpunkt t:

$$B_{s1}^{\beta(i)*X} = c_{ss} \cdot {_sB_{*1}^{\beta(i)*X}} + c_{ss+1} \cdot {_{s+1}B_{*1}^{\beta(i)*X}} \tag{114}$$

Die c-Koeffizienten verbinden hier das Alter der Mütter zum Zeitpunkt t (linker Subindex) mit dem Alter der Mütter beim Eintreten des demographischen Ereignisses (rechter Subindex).

Arbeitsschritt 7:

Berechne die Terme $B_{s-1s}^{i\delta(j)X}$ ($1 < s \leq R$; $i \neq j$; $i,j=1,...,N$; $X=M,F$), $B_{ss}^{i\delta(j)X}$ ($i,j = 1,...,N; X = M,F$), $B_{r1}^{\beta(i)\delta(j)X}$ ($\lambda \leq r \leq \mu$; $i \neq j$; $i,j=1,...,N;X=M,F$) und bilde die entsprechenden Risikobevölkerungen $\hat{B}_{*s}^{Si\delta(j)X}$ ($1 \leq s \leq R$; $i \neq j$; $i,j=1,...,N$; $X=M,F$), $\hat{B}_{01}^{S\beta(i)\delta(j)X}$ ($i \neq j$; $i,j = 1,...,N;X=M,F$).

(a) Berechnung der Risikobevölkerungen $\hat{B}_{*s}^{Si\delta(j)X}$

Für den Fall s=1 ($i \neq j$; $i,j = 1,...,N$; $X = M,F$) erhalten wir:

$$\hat{B}_{*1}^{Si\delta(j)X} = {_1^j\Theta_{12}^{Sij}} \cdot B_{12}^{ijX} + {_1^j\Theta_{11}^{Si\delta(j)}} \cdot B_{11}^{i\delta(j)X} + {_1^j\Theta_{12}^{Si\delta(j)}} \cdot B_{12}^{i\delta(j)X} \tag{115}$$

Für die Altersklasse $1 < s < R$ und $i \neq j$; $i,j = 1,...,N$; $X = M,F$ gilt:

$$\hat{B}_{*s}^{Si\delta(j)X} = {_s^j\Theta_{s-1s}^{Sij}} \cdot B_{s-1s}^{ijX} + {_s^j\Theta_{s-1s}^{Si\delta(j)}} \cdot B_{s-1s}^{i\delta(j)X} + {_s^j\Theta_{ss+1}^{Sij}} \cdot B_{ss+1}^{ijX}$$
$$+ {_s^j\Theta_{ss}^{Si\delta(j)}} \cdot B_{ss}^{i\delta(j)X} + {_s^j\Theta_{ss+1}^{Si\delta(j)}} \cdot B_{ss+1}^{i\delta(j)X} \tag{116}$$

Für die Altersklasse s=R und $i \neq j;i,j=1,...,N;X=M,F$ gilt:

$$\hat{B}_{*R}^{Si\delta(j)X} = {_R^j\Theta_{R-1R}^{Sij}} \cdot B_{R-1R}^{ijX} + {_R^j\Theta_{R-1R}^{Si\delta(j)}} \cdot B_{R-1R}^{i\delta(j)X} +$$
$$+ {_R^j\Theta_{RR}^{Sij}} \cdot B_{RR}^{ijX} + {_R^j\Theta_{RR}^{Si\delta(j)}} \cdot B_{RR}^{i\delta(j)X} \tag{117}$$

wobei die Θ-Terme bereits in Arbeitsschritt 3 definiert wurden.

(b) Berechnung der Bevölkerungsklassen $B_{s-1s}^{i\delta(j)X}$ und $B_{ss}^{i\delta(j)X}$

Setzt man die in (a) berechneten Risikobevölkerungen in die Gleichung

$$\frac{B_{*s}^{i\delta(j)X}}{\hat{B}_{*s}^{Si\delta(j)X}} = s_{*s}^{*jX} \tag{118}$$

ein, so erhält man für s=1 (i ≠ j; i,j=1,...,N; X = M,F):

$$B_{*1}^{i\delta(j)X} = \left({}_1\Theta_{12}^{Sij} \cdot B_{12}^{ijX} + {}_1\Theta_{11}^{Si\delta(j)} \cdot B_{11}^{i\delta(j)X} + {}_1\Theta_{12}^{Si\delta(j)} \cdot B_{12}^{i\delta(j)X} \right) \cdot s_{*1}^{*jX} \tag{119}$$

und für die Altersklassen $1 < s < R$ (i ≠ j; i,j = 1,...N; X = M,F):

$$B_{*s}^{i\delta(j)X} = \left({}_s\Theta_{s-1s}^{Sij} \cdot B_{s-1s}^{ijX} + {}_s\Theta_{s-1s}^{Si\delta(j)} \cdot B_{s-1s}^{i\delta(j)X} + {}_s\Theta_{ss+1}^{Sij} \cdot B_{ss+1}^{ijX} \right.$$
$$\left. + {}_s\Theta_{ss}^{Si\delta(j)} \cdot B_{ss}^{i\delta(j)X} + {}_s\Theta_{ss+1}^{Si\delta(j)} \cdot B_{ss+1}^{i\delta(j)X} \right) \cdot s_{*s}^{*jX} \tag{120}$$

und für s=R (i ≠ j; i,j = 1,...,N; X = M,F):

$$B_{*R}^{i\delta(j)X} = \left({}_R\Theta_{R-1R}^{Sij} \cdot B_{R-1R}^{ijX} + {}_R\Theta_{R-1R}^{Si\delta(j)} \cdot B_{R-1R}^{i\delta(j)X} + {}_R\Theta_{RR}^{Sij} \cdot B_{RR}^{ijX} + {}_R\Theta_{RR}^{Si\delta(j)} \cdot B_{RR}^{i\delta(j)X} \right) \cdot s_{*R}^{*jX} \tag{121}$$

Berücksichtigt man, dass wegen $\Delta_r = T$ für $1 \leq r < R$ gilt:

$$B_{11}^{i\delta(j)X} = B_{*1}^{i\delta(j)X} \tag{122}$$

dann lässt sich (119) folgendermaßen umordnen:

$$B_{*1}^{i\delta(j)X} = \frac{\left({}_1^j\Theta_{12}^{Sij} \cdot B_{12}^{ijX} + {}_1^j\Theta_{12}^{Si\delta(j)} \cdot B_{12}^{i\delta(j)X}\right)}{\left(1 - {}_1^j\Theta_{11}^{Si\delta(j)} \cdot s_{*1}^{*jX}\right)} s_{*1}^{*jX} \qquad (123)$$

$$\|$$

$$B_{11}^{i\delta(j)X}$$

Setzt man in (120)–(121) und (123) die modellextern berechneten altersklassen-, region- und geschlechtsspezifischen Sterberaten s_{*s}^{*jX} ($1 \leq s \leq R$; $j = 1,...,N$; $X = M,F$) ein und verwendet man numerische Werte für die Θ-Terme, so lassen sich die Bevölkerungsklassen $B_{*s}^{i\delta(j)X}$ ($1 \leq s \leq R$; $i \neq j$; $i,j = 1,...,N$; $X = M,F$) berechnen. Eine Disaggregation der durch (120), (121) und (123) festgelegten Terme $B_{*s}^{i\delta(j)X}$ in die Komponenten $B_{s-1s}^{i\delta(j)X}$ und $B_{ss}^{i\delta(j)X}$ gelingt durch:

$$B_{s-1s}^{i\delta(j)X} = c_{s-1s} \cdot B_{*s}^{i\delta(j)X} \qquad (124)$$

$$B_{ss}^{i\delta(j)X} = c_{ss} \cdot B_{*s}^{i\delta(j)X} \qquad (125)$$

mit:

$$c_{s-1s} + c_{ss} = 1 \qquad (108)$$

wobei die c-Koeffizienten bereits in Arbeitsschritt 4 definiert wurden. Die Gleichungen (120)–(125) müssen iterativ gelöst werden, da die Terme $B_{11}^{i\delta(j)X}$, $B_{s-1s}^{i\delta(j)X}$ und $B_{ss}^{i\delta(j)X}$ auf der rechten Seite der Gleichungen (120), (121) und (123) auftreten.

(c) Berechnung der Risikobevölkerungen ${}^r\hat{B}_{01}^{S\beta(i)\delta(j)X}$

Zur Ermittlung von $B_{r1}^{\beta(i)\delta(j)X}$ geht man analog zu (a) und (b) vor und berechnet zunächst die für diese Bevölkerungsklassen entsprechenden Risikobevölkerungen ${}^r\hat{B}_{01}^{S\beta(i)\delta(j)X}$, wobei der Index 0 das demographische Ereignis „Geburt" anzeigt. Dieser Term ist ganz offensichtlich eine Teilmenge von $\hat{B}_{01}^{S*jX}$ und lässt sich schreiben als:

$$\hat{B}_{01}^{S\beta(i)\delta(j)X} = {}_1^j\Theta_{01}^{S\beta(i)j} \cdot B_{*1}^{\beta(i)jX} + {}_1^j\Theta_{01}^{S\beta(i)\delta(j)} \cdot B_{*1}^{\beta(i)\delta(j)X} \qquad (126)$$

Setzt man die Unabhängigkeit der Θ-Terme vom Alter r der Mütter voraus, so ergeben sich die den Bevölkerungsklassen $B_{r1}^{\beta(i)\delta(j)X}$ entsprechenden Risikobevölkerungen als:

$${}^r\hat{B}_{01}^{S\beta(i)\delta(j)X} = {}_1^j\Theta_{01}^{S\beta(i)j} \cdot B_{r1}^{\beta(i)jX} + {}_1^j\Theta_{01}^{S\beta(i)\delta(j)} \cdot B_{r1}^{\beta(i)\delta(j)X} \qquad (127)$$

wobei der Index r in ${}^r\hat{B}_{01}^{\beta(i)\delta(j)X}$ die Altersklasse der Mütter zum Zeitpunkt t charakterisiert und die Θ-Terme bereits in Arbeitsschritt 3 definiert wurden.

(d) Berechnung der Bevölkerungsklassen $B_{r1}^{\beta(i)\delta(j)X}$

Setzt man die aus (127) erhaltenen Risikobevölkerungen ${}^r\hat{B}_{01}^{S\beta(i)\delta(j)X}$ in die folgende Gleichung ein

$$\frac{B_{r1}^{\beta(i)\delta(j)X}}{{}^r\hat{B}_{01}^{S\beta(i)\delta(j)X}} = s_{*1}^{*jX} \qquad (128)$$

so erhält man für $\lambda \leq r \leq \mu$; $i \neq j$; $i,j=1,...,N$; $X=M,F$ die gesuchten Bevölkerungsklassen

$$B_{r1}^{\beta(i)\delta(j)X} = \frac{{}_1^j\Theta_{01}^{S\beta(i)j} \cdot B_{r1}^{\beta(i)jX} \cdot s_{*1}^{*j}}{1 - {}_1^j\Theta_{01}^{S\beta(i)\delta(j)} \cdot s_{*1}^{*j}} \qquad (129)$$

wenn man entsprechende numerische Werte für die Θ-Terme einsetzt. Im Gegensatz zu (b) ist hier kein iteratives Lösungsverfahren notwendig.

Arbeitsschritt 8:

Nun werden die Accounting-Gleichungen (80)–(87) gelöst, wobei im Gegensatz zur Berechnung der Anfangswerte in Arbeitsschritt 4 alle Terme berücksichtigt werden. Die Gleichungen werden in der gleichen Reihenfolge wie in Arbeitsschritt 4 formuliert. Gleichung (84) liefert für $i=1,...,N$ und $X=M,F$:

$$B_{11}^{i\delta(i)X} + B_{*1}^{\beta(i)d(i)X} = B_{*1}^{\delta(i)X} - \sum_{j \neq i} B_{11}^{j\delta(i)X} - \sum_{j \neq i} \sum_{r=1} B_{rl}^{\beta(j)\delta(i)X} \quad (130)$$

Beachte, dass der Term $\sum_{r=\lambda}^{\mu} B_{rl}^{\beta(i)\delta(i)X}$ durch $B_{*1}^{\beta(i)\delta(i)X}$ ersetzt werden kann und dass

$$B_{*1}^{i\delta(i)X} = B_{11}^{i\delta(i)X} \quad (131)$$

wegen $\Delta_r = T$ für $r<R$ gilt. Eine weitere Disaggregation der Bevölkerungsklassen ($B_{11}^{i\delta(i)X} + B_{*1}^{\beta(i)\delta(i)X}$) erfolgt mithilfe der c- und e-Koeffizienten. Es gilt für $i=1,...,N$ und $X=M,F$:

$$B_{*1}^{\beta(i)\delta(i)X} = c_{01} \cdot \left(B_{11}^{i\delta(i)X} + B_{*1}^{\beta(i)\delta(i)X} \right) \quad (132)$$

$$B_{11}^{i\delta(i)X} = \left(1 - c_{01} \right) \cdot \left(B_{11}^{i\delta(i)X} + B_{*1}^{\beta(i)\delta(i)X} \right) \quad (133)$$

$$B_{rl}^{\beta(i)\delta(i)X} = e_{rl} \cdot B_{*1}^{\beta(i)\delta(i)X} \quad \text{für } \lambda \leq r \leq \mu \quad (134)$$

Gleichung (83) ergibt für $1 < s \leq R$; $i=1,...,N$ und $X=M,F$:

$$B_{*s}^{i\delta(i)X} = B_{*s}^{*\delta(i)X} - \sum_{j \neq i} \left(B_{s-1s}^{j\delta(i)X} + B_{ss}^{j\delta(i)X} \right) \quad (135)$$

wobei gilt:

$$B_{*s}^{i\delta(i)X} = B_{s-1s}^{i\delta(i)X} + B_{ss}^{i\delta(i)X} \quad (136)$$

Die c-Koeffizienten liefern die entsprechende Disaggregation von $B_{*s}^{i\delta(i)X}$ für $1 < s \le R$; $i=1,...,N$; $X=M,F$:

$$B_{s-1s}^{i\delta(i)X} = c_{s-1s} \cdot B_{*s}^{i\delta(i)X} \tag{137}$$

$$B_{ss}^{i\delta(i)X} = c_{ss} \cdot B_{*s}^{i\delta(i)X} \tag{138}$$

(82) ergibt für $\lambda \le r \le \mu$; $i=1,...,N$; $X=M,F$:

$$B_{r1}^{\beta(i)iX} = B_{r*}^{\beta(i)*X} - \sum_{j \ne i} B_{r1}^{\beta(i)jX} - B_{r1}^{\beta(i)\delta(i)X} - \sum_{j \ne i} B_{r1}^{\beta(i)\delta(j)X} \tag{139}$$

Die Accounting-Gleichungen (80) und (81) liefern die Bevölkerungsklassen B_{rr+1}^{iiX}, B_{RR}^{iiX} ($1 \le r < R$; $i=1,...,N$; $X = M,F$):

$$\begin{aligned} B_{rr+1}^{iiX} &= B_{r*}^{i*X} - \sum_{j \ne i} B_{rr+1}^{ijX} - B_{rr}^{i\delta(i)X} - B_{rr+1}^{i\delta(i)X} \\ &\quad - \sum_{j \ne i} \left(B_{rr}^{i\delta(j)X} + B_{rr+1}^{id(j)X} \right) \end{aligned} \tag{140}$$

$$B_{RR}^{iiX} = B_{R*}^{i*X} - \sum_{j \ne i} B_{RR}^{ijX} - B_{RR}^{i\delta(i)X} - \sum_{j \ne i} B_{RR}^{i\delta(j)X} \tag{141}$$

Schließlich lassen sich nun auch die Gleichungen (85)–(87) lösen und damit die gesuchten Bevölkerungsklassen B_{*s}^{*iX} ($1 \le s \le R$; $i = 1,...,N$; $X = M,F$) berechnen. Für die Altersklasse s=1 erhält man aus (86):

$$B_{*1}^{*iX} = \sum_{r=\lambda}^{\mu} B_{r1}^{\beta(i)iX} + \sum_{j \ne i} \sum_{r=\lambda}^{\mu} B_{r1}^{\beta(i)iX} \tag{142}$$

Für die Altersklassen $1 < s < R$ folgt aus (85):

$$B_{*s}^{*iX} = B_{s-1s}^{iiX} + \sum_{j \neq i} B_{s-1s}^{jiX} \tag{143}$$

Wegen $\Delta_s = T$ für $1 \leq s < R$ gilt:

$$B_{s-1s}^{*iX} = B_{*s}^{*iX} \tag{144}$$

Für die Altersklasse s=R erhält man aus (87):

$$B_{*R}^{*iX} = B_{R-1R}^{iiX} + B_{RR}^{iiX} + \sum_{j \neq i} B_{R-1R}^{jiX} + \sum_{j \neq i} B_{RR}^{jiX} \tag{145}$$

Disaggregation der Bevölkerungsklassen B_{*R}^{*iX} mithilfe der q-Koeffizienten liefert dann schließlich:

$$B_{R-1R}^{*iX} = q_{R-1R} \cdot B_{*R}^{*iX} \tag{146}$$

$$B_{RR}^{*iX} = q_{RR} \cdot B_{*R}^{*iX} \tag{147}$$

Die Arbeitsschritte 5–8 werden iteriert, bis man eine hinreichende Konvergenz erhält, d. h. bis die relativen Differenzen der Werte entsprechender Bevölkerungsklassen in aufeinander folgenden Iterationsschritten hinreichend klein ist:

$$\text{Differenz} = \frac{\left|\begin{array}{l}\text{Wert der Bevölkerungsklasse beim gegenwärtigen Iterationsschritt} - \\ \text{Wert der Bevölkerungsklasse beim vorangehenden Iterationschritt}\end{array}\right|}{\text{Wert der Bevölkerungsklasse beim vorangehenden Iterationschritt}}$$

Solange diese Differenz für eine oder mehrere der Bevölkerungsklassen größer als eine extern festzulegende Konvergenzschranke (etwa: 0,001) ist, dann wird der Iterationsprozess mit Arbeitsschritt 5 fortgesetzt.. Die in den Arbeitsschritten auftretenden c-, e-, q- und Θ-Koeffizienten lassen sich entweder aus den durch die Altersklassenstruktur und den Projektionszeitraum T festgelegten Lexis-Diagrammen direkt ableiten oder empirisch schätzen. Die Güte der erzielten Ergebnisse ist nicht nur von der internen Struktur des Modells, sondern auch von der Validität der verwendeten Daten, insbesondere für die Terme g_{*s}^{*iX}, s_{*s}^{*iX}, $B_{r1}^{\beta(i)jX}$ ($i \neq j$) abhängt. Hierbei werden die Raten für den Zeitraum (t,t+T) i.a. entweder als unabhängig vom Zeitparameter T angenommen (Prämisse der zeitlichen Homogenität) oder auf der Basis spezifischer Annahmen und Hypothesen geschätzt, in der Regel mithilfe entsprechender Submodelle, in die als Basisinformationen Zeitreihen für die Daten eingehen. Die Migrationsterme lassen sich etwa mit produktionsbeschränkten räumlichen Interaktionsmodellen gewinnen. Bei einer Interpretation der Ergebnisse des Accounting System-Modells sind daher auch die in die Submodelle (also in Arbeitsschritt 1) explizit wie implizit eingehenden Prämissen und Hypothesen mit zu berücksichtigen.

5.5 Vergleichende Bemerkungen

Der Hauptvorteil des Accounting System-Modells im Vergleich zum modifizierten multiregionalen Cohort Survival-Modell (69)–(72) von Rogers besteht darin, dass alle Klassen der betrachteten Bevölkerung mit den Ereignisfolgen „Existenz-Migration-Tod" und „Geburt-Migration-Tod") berücksichtigt werden und die entsprechenden Raten $\left(\dfrac{B_{*s}^{*\delta(i)X}}{\hat{B}_{*s}^{S*iX}} \right)$; $\left(\dfrac{{}_sB_{*1}^{\beta(i)*X}}{\hat{B}_{*s}^{G*iX}} \right)$ korrekt spezifiziert sind. (Vergl. Abb. 10 und (S1) - (S2) in Kap. 5.3).

Ferner unterscheiden sich die Geburtenterme $B_{r1}^{\beta(i)jX}$ ($\lambda \leq r \leq \mu$) in beiden Modellen. Der Index i bezieht sich im Accounting System-Modell auf die regionale Lokalisierung der Geborenen, während der Index i in den Cohort Survival-Modellen vom Rogers Typ die regionale Lokalisierung der Mütter zum Zeitpunkt t kennzeichnet. Beide Modell setzen voraus, dass nur zum Zeitpunkt t existierende Frauen im Zeitraum (t,t+T) gebären können. Diese Prämisse ist jedoch unrealistisch für relativ grosse T (etwa T=15).

Im Folgenden wollen wir zeigen, unter welchen Bedingungen und wie sich das altersklassen- und geschlechtsdisaggregierte Accounting System-Modell in einer kompakten Matrizenform vom Typ (15) darstellen lässt. Zunächst ordne man die Accounting-Matrix **B** (vgl. Abb. 10) in folgende Form um:

$$\hat{\mathbf{B}} = \begin{bmatrix} \mathbf{B}^{ijF} & \mathbf{B}^{i\delta(j)F} & 0 & 0 \\ \mathbf{B}^{\beta(i)jF} & \mathbf{B}^{\beta(i)\delta(j)F} & \mathbf{B}^{\beta(i)jM} & \mathbf{B}^{\beta(i)\delta(j)M} \\ 0 & 0 & \mathbf{B}^{ijM} & \mathbf{B}^{i\delta(j)M} \\ 0 & 0 & 0 & 0 \end{bmatrix} \qquad (148)$$

weiterhin gelte:

$$\mathbf{B}^{\sim\wedge} = (\mathbf{B}_{1*}^{1*F}, \mathbf{B}_{2*}^{1*F}, \ldots, \mathbf{B}_{R*}^{1*F}, \ldots, \mathbf{B}_{R*}^{\beta(1)**}, \ldots, \mathbf{B}_{\lambda*}^{\beta(1)**}, \mathbf{B}_{\mu*}^{\beta(1)**}, \ldots,$$
$$\mathbf{B}_{\lambda*}^{\beta(N)**}, \ldots, \mathbf{B}_{\mu*}^{\beta(N)**}, \ldots, \mathbf{B}_{1*}^{1*M}, \ldots; \mathbf{B}_{R*}^{N*M}, \ldots,)^{T} \quad (149)$$

und:

$$\mathbf{B}^{\wedge\sim} = (\mathbf{B}_{*1}^{*1F}, \mathbf{B}_{*2}^{*1F}, \ldots, \mathbf{B}_{*R}^{*1F}, \ldots, \mathbf{B}_{*R}^{*NF}, \mathbf{B}_{*1}^{*\delta(1)F}, \ldots, \mathbf{B}_{*R}^{*(1)F}, \ldots,$$
$$\mathbf{B}_{*R}^{*\delta(N)F}, \ldots, \mathbf{B}_{*1}^{*1M}, \ldots, \mathbf{B}_{*R}^{*NM}, \mathbf{B}_{*1}^{*\delta(1)M}, \ldots, \mathbf{B}_{*R}^{*\delta(N)M}, \ldots,)^{T} \quad (150)$$

die Zeilen- bzw. Spaltensummen der Accounting-Matrix $\hat{\mathbf{B}}$ (vgl. (Gl. 148)). Sei ferner WT diejenige Matrix, die man erhält, wenn jedes Element der Accounting-Matrix durch das entsprechende Element der Reihensumme dividiert wird. Dann gilt folgende Relation vom Typ (15):

$$\mathbf{B}^{\wedge\sim} = \mathbf{W} \cdot \mathbf{B}^{\sim\wedge} \quad (151)$$

Die den Submatrizen B^{ijX}, $B^{id(j)X}$ entsprechenden Raten stellen ganz offensichtlich Überlebensraten, Migrations-Überlebensraten ($i \neq j$), Sterberaten, Migrations-Sterberaten ($i \neq j$) dar, während die den Geburtentermen in (148) entsprechenden Raten im Nenner die aggregierte Klasse $B_{r*}^{\beta(i)**}$ der Geburten im Zeitraum (t,t+T) enthalten und nicht als Geburtenraten betrachtet werden können. Um den Vergleich mit den altersklassen- und geschlechtsdisaggregierten multiregionaldemographischen Cohort Survival-Modellen vom Rogers Typ zu erleichtern, mus man die $B_{r*}^{\beta(i)**}$-Elemente durch B_{r*}^{i*F}-Elemente im Nenner dieser Raten in W ebenso wie im Vektor $\mathbf{B}^{\sim\wedge}$ ersetzen. Die ersten NR-Zeilen von $\mathbf{B}^{\sim\wedge}$ sind nun mit den nächsten NR-Zeilen identisch, während die letzten NR-Zeilen nur aus Nullelementen bestehen. Die Wachstumsmatrix besitzt dann die in (Abb. 11) dargestellte Struktur, wobei

$$\left(B^{ijX}\right)_{X=M,F} = \begin{bmatrix} 0 & B_{12}^{11X} & 0 & \cdots & 0 & & 0 & B_{12}^{1NX} & 0 & \cdots & 0 \\ 0 & 0 & B_{23}^{11X} & \cdots & 0 & & 0 & 0 & B_{23}^{11X} & \cdots & 0 \\ \vdots & \vdots & \vdots & & \vdots & \cdots & \vdots & \vdots & \vdots & & \vdots \\ 0 & 0 & 0 & \cdots & B_{R-1R}^{11X} & & 0 & 0 & 0 & \cdots & B_{R-1R}^{11X} \\ 0 & 0 & 0 & \cdots & B_{RR}^{11X} & & 0 & 0 & 0 & \cdots & B_{RR}^{1NX} \\ & & \vdots & & & & & & \vdots & & \\ 0 & B_{12}^{N1X} & 0 & \cdots & 0 & & 0 & B_{12}^{NNX} & 0 & \cdots & 0 \\ 0 & 0 & B_{23}^{N1X} & \cdots & 0 & & 0 & 0 & B_{23}^{NNX} & \cdots & 0 \\ \vdots & \vdots & \vdots & & \vdots & \cdots & \vdots & \vdots & \vdots & \vdots & \vdots \\ 0 & 0 & 0 & \cdots & B_{R-1R}^{N1X} & & 0 & 0 & 0 & \cdots & B_{R-1R}^{NNX} \\ 0 & 0 & 0 & \cdots & B_{RR}^{N1X} & & 0 & 0 & 0 & \cdots & B_{RR}^{NNX} \end{bmatrix}$$

$$\left(B^{i\delta(j)X}\right)_{X=M,F} = \begin{bmatrix} B_{11}^{1\delta(1)X} & B_{12}^{1\delta(1)X} & 0 & \cdots & 0 & & B_{11}^{1\delta(N)X} & B_{12}^{1\delta(N)X} & 0 & \cdots & 0 \\ 0 & B_{22}^{1\delta(1)X} & B_{23}^{1\delta(1)X} & \cdots & & & 0 & B_{22}^{1\delta(N)X} & B_{23}^{1\delta(N)X} & \cdots & 0 \\ \vdots & \vdots & \vdots & & \vdots & \cdots & \vdots & \vdots & \vdots & & \vdots \\ 0 & 0 & 0 & \cdots & B_{R-1R}^{1\delta(1)X} & & 0 & 0 & 0 & \cdots & B_{R-1R}^{1\delta(N)X} \\ 0 & 0 & 0 & \cdots & B_{RR}^{1\delta(1)X} & & 0 & 0 & 0 & \cdots & B_{RR}^{1\delta(N)X} \\ & & \vdots & & & & & & \vdots & & \\ B_{11}^{N\delta(1)X} & B_{12}^{N\delta(1)X} & 0 & \cdots & 0 & & B_{11}^{N\delta(N)X} & B_{12}^{N\delta(N)X} & 0 & \cdots & 0 \\ & B_{22}^{N\delta(1)X} & B_{23}^{N\delta(1)X} & \cdots & 0 & & 0 & B_{22}^{N\delta(N)X} & B_{23}^{N\delta(N)X} & \cdots & 0 \\ \vdots & \vdots & \vdots & & \vdots & \cdots & \vdots & \vdots & \vdots & & \vdots \\ 0 & 0 & 0 & \cdots & B_{R-1R}^{N\delta(1)X} & & 0 & 0 & 0 & \cdots & B_{R-1R}^{N\delta(N)X} \\ 0 & 0 & 0 & \cdots & B_{RR}^{N\delta(1)X} & & 0 & 0 & 0 & \cdots & B_{RR}^{N\delta(N)X} \end{bmatrix}$$

$$\left(B^{\beta(i)jX}\right)_{X=M,F} = \left[\begin{array}{cccc|c|cccc} 0 & 0 & \cdots & 0 & & 0 & 0 & \cdots & 0 \\ \vdots & \vdots & & \vdots & & \vdots & \vdots & & \vdots \\ 0 & 0 & \cdots & 0 & & 0 & 0 & \cdots & 0 \\ B_{\lambda 1}^{\beta(1)1X} & 0 & \cdots & 0 & & B_{\lambda 1}^{\beta(1)NX} & 0 & \cdots & 0 \\ \vdots & \vdots & & \vdots & \cdots & \vdots & \vdots & & \vdots \\ B_{\mu 1}^{\beta(1)1X} & 0 & \cdots & 0 & & B_{\mu 1}^{\beta(1)NX} & 0 & \cdots & 0 \\ 0 & 0 & \cdots & 0 & & 0 & 0 & \cdots & 0 \\ \vdots & \vdots & & \vdots & & \vdots & \vdots & & \vdots \\ 0 & 0 & \cdots & 0 & & 0 & 0 & \cdots & 0 \\ \hline & \vdots & & & & & \vdots & & \\ \hline 0 & 0 & \cdots & 0 & & 0 & 0 & \cdots & 0 \\ \vdots & \vdots & & \vdots & & \vdots & \vdots & & \vdots \\ 0 & 0 & \cdots & 0 & & 0 & 0 & \cdots & 0 \\ B_{\lambda 1}^{\beta(N)1X} & 0 & \cdots & 0 & & B_{\lambda 1}^{\beta(N)NX} & 0 & \cdots & 0 \\ \vdots & \vdots & & \vdots & \cdots & \vdots & \vdots & & \vdots \\ B_{\mu 1}^{\beta(N)1X} & 0 & & 0 & & B_{\mu 1}^{\beta(N)NX} & 0 & & 0 \\ 0 & 0 & \cdots & 0 & & 0 & 0 & \cdots & 0 \\ \vdots & \vdots & & \vdots & & \vdots & \vdots & & \vdots \\ 0 & 0 & \cdots & 0 & & 0 & 0 & \cdots & 0 \end{array}\right]$$

$$\left(B^{\beta(i)\delta(j)X}\right)_{X=M,F} = \left[\begin{array}{cccc|c|cccc} 0 & 0 & \cdots & 0 & & 0 & 0 & \cdots & 0 \\ \vdots & \vdots & & \vdots & & \vdots & \vdots & & \vdots \\ 0 & 0 & \cdots & 0 & & 0 & 0 & \cdots & 0 \\ B_{\lambda 1}^{\beta(1)\delta(1)X} & 0 & \cdots & 0 & & B_{\lambda 1}^{\beta(1)\delta(N)X} & 0 & \cdots & 0 \\ \vdots & \vdots & & \vdots & \cdots & \vdots & \vdots & & \vdots \\ B_{\mu 1}^{\beta(1)\delta(1)X} & 0 & \cdots & 0 & & B_{\mu 1}^{\beta(1)\delta(N)X} & 0 & \cdots & 0 \\ 0 & 0 & \cdots & 0 & & 0 & 0 & \cdots & 0 \\ \vdots & \vdots & & \vdots & & \vdots & \vdots & & \vdots \\ 0 & 0 & \cdots & 0 & & 0 & 0 & \cdots & 0 \\ \hline & \vdots & & & & & \vdots & & \\ \hline 0 & 0 & \cdots & 0 & & 0 & 0 & \cdots & 0 \\ \vdots & \vdots & & \vdots & & \vdots & \vdots & & \vdots \\ 0 & 0 & \cdots & 0 & & 0 & 0 & \cdots & 0 \\ B_{\lambda 1}^{\beta(N)\delta(1)X} & 0 & \cdots & 0 & & B_{\lambda 1}^{\beta(N)\delta(N)X} & 0 & \cdots & 0 \\ \vdots & \vdots & & \vdots & \cdots & \vdots & \vdots & & \vdots \\ B_{\mu 1}^{\beta(N)\delta(1)X} & 0 & & 0 & & B_{\mu 1}^{\beta(N)\delta(N)X} & 0 & & 0 \\ 0 & 0 & \cdots & 0 & & 0 & 0 & \cdots & 0 \\ \vdots & \vdots & & \vdots & & \vdots & \vdots & & \vdots \\ 0 & 0 & \cdots & 0 & & 0 & 0 & \cdots & 0 \end{array}\right]$$

Abb. 10: Accounting-Matrix des altersklassen- und geschlechtsdisaggregierten Accounting System-Modells. $\Delta_r = T$ für $1 \leq r < R$

$$W^{ijX} = (w_{sr}^{ijX}) = \begin{cases} \dfrac{B_{rs}^{ijX}}{B_{s*}^{i*X}} & s = r+1 \\ 0 & \text{sonst} \end{cases} \qquad (152)$$

$$W^{\beta(i)jX} = (w_{sr}^{\beta(i)jX}) = \begin{cases} \dfrac{B_{rs}^{\beta(i)jX}}{B_{r*}^{i*F}} & s = 1, \lambda \leq r \leq \mu \\ 0 & \text{sonst} \end{cases} \qquad (153)$$

$$W^{\beta(i)\delta(j)X} = (w_{sr}^{\beta(i)\delta(j)X}) = \begin{cases} \dfrac{B_{rs}^{\beta(i)\delta(j)X}}{B_{r*}^{i*F}} & s = 1, \lambda \leq r \leq \mu \\ 0 & \text{sonst} \end{cases} \qquad (154)$$

$$W^{i\delta(j)X} = (w_{sr}^{i\delta(j)X}) = \begin{cases} \dfrac{B_{rs}^{i\delta(j)X}}{B_{r*}^{i*X}} & s = r, s = r+1 \\ 0 & \text{sonst} \end{cases} \qquad (155)$$

für $i,j = 1,...,N$ und $X = M,F$.

Es ist zu beachten, dass eine Darstellung des altersklassen- und geschlechtsdisaggregierten Accounting System-Modells in der kompakten Matrizenschreibweise nur möglich wird, wenn man das Modell modifiziert und die Terme B_{r*}^{i*F} ($\lambda \leq r \leq \mu$) bzw. B_{r*}^{i*X} ($1 \leq r \leq R$) als Risikobevölkerungen für die Bevölkerungsklassen $B_{r1}^{\beta(i)jX}$, $B_{r1}^{\beta(i)d(j)X}$ ($\lambda \leq r \leq \mu; X = M,F$) bzw. $B_{rs}^{i\delta(j)X}$ ($1 \leq r \leq R$, $s = r$ und $s = r+1$) akzeptiert.

Anzumerken bleibt, dass Rees und Wilson (1977) zwar für den *geschlechtsaggregierten* Fall die Strukturidentität der Wachstumsmatrizen des multiregionalen Cohort Survival-Modells von Rogers und des Accounting System-Modells nachgewiesen haben, im *geschlechtsdisaggregierten* Fall hingegen, den Rees und Wilson (1977) nur ansatzweise entwickelt und wir präzise (d. h. in allen wesentlichen Details) dargestellt haben, ein derartiger Beweis auf der Basis einer Gleichung vom Typ (15) kaum zu erbringen ist.

$$
\mathbf{W} = \left[\begin{array}{ccc|ccc|ccc|ccc}
W^{11F} & \cdots & W^{N1F} & W^{\beta(1)1F} & \cdots & W^{\beta(N)1F} & 0 & \cdots & 0 & 0 & \cdots & 0 \\
\vdots & & \vdots & \vdots & & \vdots & \vdots & & \vdots & \vdots & & \vdots \\
W^{1NF} & \cdots & W^{NNF} & W^{\beta(1)NF} & \cdots & W^{\beta(N)NF} & 0 & \cdots & 0 & 0 & \cdots & 0 \\
\hline
W^{1\delta(1)F} & \cdots & W^{N\delta(1)F} & W^{\beta(1)\delta(1)F} & \cdots & W^{\beta(N)\delta(1)F} & 0 & \cdots & 0 & 0 & \cdots & 0 \\
\vdots & & \vdots & \vdots & & \vdots & \vdots & & \vdots & \vdots & & \vdots \\
W^{1\delta(N)F} & \cdots & W^{N\delta(N)F} & W^{\beta(1)\delta(N)F} & \cdots & W^{\beta(N)\delta(N)F} & 0 & \cdots & 0 & 0 & \cdots & 0 \\
\hline
0 & \cdots & 0 & W^{\beta(1)1M} & \cdots & W^{\beta(N)1M} & W^{11M} & \cdots & W^{N1M} & 0 & \cdots & 0 \\
\vdots & & \vdots & \vdots & & \vdots & \vdots & & \vdots & \vdots & & \vdots \\
0 & \cdots & 0 & W^{\beta(1)NM} & \cdots & W^{\beta(N)NM} & W^{1NM} & \cdots & W^{NNM} & 0 & \cdots & 0 \\
\hline
0 & \cdots & 0 & W^{\beta(1)\delta(1)M} & \cdots & W^{\beta(N)\delta(1)M} & W^{1\delta(1)M} & \cdots & W^{N\delta(1)F} & 0 & \cdots & 0 \\
\vdots & & \vdots & \vdots & & \vdots & \vdots & & \vdots & \vdots & & \vdots \\
0 & \cdots & 0 & W^{\beta(1)\delta(N)M} & \cdots & W^{\beta(N)\delta(N)M} & W^{1\delta(N)M} & \cdots & W^{N\delta(N)M} & 0 & \cdots & 0
\end{array}\right]
$$

Abb. 11: Die Wachstumsmatrix **W** des Accounting System-Modells

Ohne Zweifel ist das auf dem Accounting System-Ansatz basierende regionaldemographische Modell von Rees und Wilson infolge seiner Konzeption das flexibelste und leistungsfähigste Modell unter den hier betrachteten Ansätzen. Stellt man den Operationalisierungsaufwand in Betracht, so besitzen auch die einfacheren (quasi-) regionaldemographischen Modelle zweifellos eine gewisse Attraktivität. Sie liefern allerdings nicht stets gesicherte, zum Teil irreführende Antworten auf demographische Fragestellungen, wenn die Modellvariablen, insbesondere die Raten – wie es in der Planungspraxis nicht selten der Fall ist – nicht korrekt spezifiziert werden. In jedem Fall scheint es zweckentsprechender zu sein, von einem Accounting System-Ansatz auszugehen und je nach Zielsetzung und Datenlage entsprechende Modifikationen an dem altersklassen- und geschlechtsdisaggregierten Basismodell vorzunehmen. So können die Bevölkerungsklassen nicht nur nach Altersklassen und Geschlecht, sondern auch nach sozioökonomischen Klassen oder anderen für die Analyse von Bedeutung erscheinenden Attributen disaggregiert werden. Eine stärkere Disaggregation ist allerdings nur dann sinnvoll, wenn die erzeugten Bevölkerungsklassen im statistischen Sinne hinreichend besetzt sind.

Bei allen Modellansätzen sind wir vom Spezialfall einer Altersklassendefinition ausgegangen, nämlich davon, dass die Intervallbreiten Δ_r der Altersklassen r ($1 \leq r < R$) untereinander gleich sind und $\Delta_r = T$ für $1 \leq r < R$ gilt. Die Flexibilität des Accounting System-Ansatzes kommt auch dadurch zum Ausdruck, dass nur geringfügige Modifikationen des beschriebenen Modellansatzes notwendig sind, um folgende allgemeinere Fälle einer Altersklassenstruktur behandeln zu können:

a) Die Intervallbreiten Δ_r der Altersklassen r ($1 \leq r < R$) sind untereinander gleich, im Unterschied zum praxisrelevanten Spezialfall ist aber $\Delta_r \neq T$ (allgemeiner Fall 1a: $\Delta_r < T$; allgemeiner Fall 1b: $\Delta_r > T$);
b) Die Intervallbreiten der Altersklassen sind untereinander nicht gleich (allgemeiner Fall 2).

Die dem allgemeinen Fall 1 entsprechende Accounting-Matrix wird in der Regel weniger Nullelemente aufweisen als diejenigen des Spezialfalles und die Accounting-Matrix des allgemeinen Falles 1 weniger als diejenige des allgemeinen Falles 2. Dementsprechend müssen auch in diesen beiden allgemeinen Fällen die Accounting-Gleichungen modifiziert werden. Die beiden allgemeinen Fälle sind keineswegs nur von akademischem Interesse. Vielmehr können fehlende Daten für die geschlechtsdisaggregierten Altersklassen oder eine zu kleine Mächtigkeit dieser Klassen es nahe legen, die Prämisse gleicher Intervallbreiten Δ_r und $\Delta_r = T$ ($1 \leq r < R$) aufzugeben.

Appendix

Zur Stetisierung multiregional-demographischer deterministischer diskreter Modelle

Die Stetisierung deterministischer diskreter regionaldemographischer Modelle stellt eine Möglichkeit dar, die beim Falle ungleicher Altersklassenintervalle auftretenden Schwierigkeiten zu vermeiden. Bei stetigen Modellansätzen wird die Zeitdimension (d. h. Alter wie auch Projektionszeit, jedoch nicht der Raum) kontinuierlich behandelt. Wir wollen hier als Demonstrationsbeispiel die dem diskreten deterministischen altersklassen- und geschlechtsdisaggregierten multiregional-demographischen Cohort Survival-Modell entsprechende stetige Version formulieren (vgl. hierzu auch Wilson 1972).

Als stetiges Analogon der linearen Differenzengleichungen erhalten wir nun zur Charakterisierung des Geburtengeschehens folgende Integralgleichungen:

$$p^{iF}(0,t) = \int_{\lambda}^{\mu} g^{iF}(r,t) \cdot p^{iF}(r,t) \, dr \qquad (A-1)$$

$$p^{iM}(0,t) = \int_{\lambda}^{\mu} g^{iM}(r,t) \cdot p^{iF}(r,t) \, dr \qquad (A-2)$$

wobei die stetigen Funktionen $g^{iX}(r,t)$ für X=M,F geschlechtsspezifische Geburtenraten zum Zeitpunkt t (bezogen auf das Alter r der Mütter) repräsentieren und $p^{iX}(r,t)$, $p^{iX}(0,t)$ für X=M,F stetige Bevölkerungsdichtefunktionen sind, die präziser mit $p^{iX}(r,t)\delta r$ bzw. $p^{iX}(0,t)\delta t$ bezeichnet werden müssten. $p^{iX}(r,t)\delta r$ ist die zum Zeitpunkt t in der Region i lebende Bevölkerung des Geschlechtes X mit einem Alter zwischen r und $(r+\delta r)$, wobei δr einen „infinitesimal" kleinen Zeitraum repräsentiert. Demgegenüber erfassen die $p^{iX}(0,t)\delta t$ die im Zeitraum $(t,t+\delta t)$ und in der Region i Geborenen des Geschlechtes X. Es gilt hierbei $\delta t = \delta r$.

Zur Charakterisierung der demographischen Ereignisse „Überleben in der Region i im Zeitraum $(t,t+\delta t)$" sowie „Migration von der Region j in die Region i im Zeitraum $(t,t+\delta t)$ und Überleben in der Region i mindestens bis zum Zeitpunkt $(t+\delta t)$" kann folgendes System von $2 \cdot N$ linearen Differentialgleichungen herangezogen werden:

$$\frac{\partial p^{iX}(r,t)}{\partial t} = \tilde{u}^{iX}(r,t) \cdot p^{iX}(r,t) + \sum_{j \neq i} \tilde{m}^{ijX}(r,t) \cdot p^{jX}(r,t) \qquad (A-3)$$

für i = 1,..., N und X = M,F; wobei sich die stetigen Funktionen $\tilde{u}^{iX}$ und $\tilde{m}^{ijX}$ als Ableitungen der geschlechtsspezifischen Überlebens- bzw. Migrationsraten erweisen:

$$\tilde{u}^{iX}(r,t) = \frac{\partial u^{iX}}{\partial \delta t}(r, \delta t, t)\bigg|_{\delta t = 0} \tag{A-4}$$

$$\tilde{m}^{ijX}(r,t) = \frac{\partial m^{ijX}}{\partial \delta t}(r, \delta t, t)\bigg|_{\delta t = 0} \tag{A-5}$$

für i,j = 1,...,N und X = M,F. Es ist hierbei zu beachten, dass $\tilde{u}^{iX}$ und $\tilde{m}^{ijX}$ Funktionen von r, t, $\delta t = \delta r$ sind. u^{iX} charakterisiert den Anteil an Personen des Geschlechtes X und des Alters r (zum Zeitpunkt t), die im Alter (r+δ r) den Zeitpunkt (t+δ t) erleben. Analog ist m^{ijX} definiert.

Das lineare Differentialgleichungssystem (A-4)–(A-5) enthält mit r und t zwei Zeitvariable. Aus methodischen Gründen ist es ratsam, (A-3) in ein äquivalentes Gleichungssystem mit nur einer Zeitvariablen zu transformieren. Deshalb setzen wir

$$r = r_0 + \tilde{t} \tag{A-6}$$

$$t = t_0 + \tilde{t} \tag{A-7}$$

wobei r_0, t_0 beliebig sind und $\tilde{t}$ die seit t_0 abgelaufene Zeit repräsentiert. Es ist zu beachten, dass nun t *die* unabhängige Zeitvariable ist. Durch eine systematische Variation von t_0 und r_0 wird die Kohortenstruktur der Bevölkerung festgelegt. Schreibt man t an Stelle von $\tilde{t}$ und r an Stelle von r_0, so erhält man folgendes zu (A-3) äquivalentes Gleichungssystem in der Hauptvariablen t:

$$\frac{\partial p^{iX}(r+t, t_0+t)}{\partial t} = \tilde{u}^{iX}(r+t, t_0+t) \cdot p^{iX}(r+t, t_0+t) + \\ \sum_{j \neq i} \tilde{m}^{ijX}(r+t, t_0+t) \cdot p^{jX}(r+t, t_0+t) \tag{A-8}$$

für i,j = 1,...,N und X = M,F. Aus Konsistenzgründen ist es notwendig, (A-1)–(A-2) umzuformulieren:

$$p^{iF}(0, t_0 + t) = \int_\lambda^\mu g^{iF}(r, t_0 + t) \cdot p^{iF}(r, t_0 + t) \, dr \tag{A-9}$$

$$p^{iM}(0, t_0 + t) = \int_\lambda^\mu g^{iM}(r, t_0 + t) \cdot p^{iF}(r, t_0 + t) \, dr \tag{A-10}$$

(A-8) lässt sich dann als lineares Differentialgleichungssystem für eine (stetige) Menge von r-Werten lösen. Für t=0 muss eine Lösung von (A-8) die Randbedingungen $p^{iX}(r,t_0)$ für X=M,F erfüllen, wobei die alters-, geschlechts- und regionalspezifische Bevölkerung zum Zeitpunkt t_0 als gegeben angenommen wird. Weiter wird vorausgesetzt, dass die Funktionen $\bar{u}^{iX}$, $\bar{m}^{ijX}$ auf der Basis empirischer Analysen geschätzt sowie mithilfe entsprechender Prämissen und Hypothesen prognostiziert werden können. Die geschlechtsdisaggregierten Geburten sind für alle Zeitpunkte (t_0+t), also $p^{iX}(0, t_0$ +t) für alle t, durch (A-9) gegeben. Die Aufgabe von (A-8) ist es, [bei einer extern gegebenen Anfangsverteilung $p^{iX}(r,t_0)$ sowie bei für alle t durch (A-9)–(A-10) gegebenen $p^{iX}(0,t_0$+t),] $p^{iX}(r,t_0)$ und $p^{iX}(0,t_0$+t) zu prognostizieren.

Im Folgenden wollen wir eine mögliche Lösungsstrategie für (A-8) andeuten. Für eine gegebene (r,t_0,t)-Kombination (mit t > 0) und für ein gegebenes Geschlecht hat (A-8) die Gestalt des folgenden Differentialgleichungssystems (Wilson, 1977):

$$\frac{\partial y_i(t)}{\partial t} = \sum_j a_{ij}(t) \cdot y_j(t) \tag{A-11}$$

oder in Matrizenschreibweise:

$$\frac{\partial Y(t)}{\partial t} = \sum_j A(t) \cdot Y(t) \tag{A-12}$$

wobei die Koeffizienten a_{ij} Funktionen in t sind und empirisch festgelegt werden. Ein Gleichungssystem vom Typ (A-12) lässt sich jedoch integrieren. Man erhält:

$$Y = Y(t_0) + \int_{t_0}^{t} A(\tau) \cdot Y(\tau) \, d\tau \tag{A-13}$$

Die Integrationsvariable haben wir, um eine Verwechslung mit der oberen Grenze des Intervalls t auszuschließen, mit τ bezeichnet. Eine Lösung von (A-13) lässt sich mithilfe numerischer Verfahren sukzessive annähern. Ist $Y(t_0)$ gegeben, so liefert die (n+1)-te Approximation folgende Näherungslösung:

$$Y^{(n+1)} = Y(t_0) + \int_{t_0}^{t} A(\tau) \cdot Y^{(n)}(t) \, d\tau \tag{A-14}$$

Abschließend sei noch darauf hingewiesen, dass sich eine Strategie zur Stetisierung der Accounting System-Modelle vom Rees-Wilson Typ in Rees und Wilson (1977) findet.

II. Theorien

6

Ökonomische Theorien in der Bevölkerungswissenschaft

Norman Braun[1]

Einleitung

Bevölkerungsökonomische Überlegungen haben eine lange Tradition. Dieser Beitrag beschäftigt sich mit einigen dieser Theorien. Nach einer Darstellung methodologischer Grundlagen (Kap. 6.1) werden mit dem Populationsprinzip von Malthus (Kap. 6.2) und der neoklassischen Wachstumstheorie (Kap. 6.3) zunächst zwei prominente Ansätze behandelt, die auf den generellen Zusammenhang zwischen Wirtschafts- und Bevölkerungsentwicklung abstellen. Als Reaktionen auf diese allgemeinen Ansätze sind spezielle familienökonomische Theorien entwickelt worden, von denen hier lediglich Modelle der Fertilität näher besprochen werden (Kap. 6.4). Die Kombination familienökonomischer und wachstumstheoretischer Ideen charakterisiert insbesondere jüngere bevölkerungsökonomische Arbeiten. Eine kurze Zusammenfassung ausgesuchter aktueller Beiträge wird deswegen diesen Überblick beschließen (Kap. 6.5).

Aus Platzgründen werden somit verschiedene Theorien für bevölkerungsökonomische Teilaspekte vernachlässigt. Einige dieser Theorien befassen sich mit Investitionen in die eigene Ausbildung und Effekten dieser Humankapitalbildung (Becker 1993; Mincer 1974; Mincer, Polachek 1974). Weitere Modelle beschäftigen sich mit Diskriminierung (Becker 1971) und Migration (Borjas 1990) sowie ihren Wirkungen. Alternative Theorien (vgl. Becker 1991; Grossbard-Shechtman 1993; Ott 1992) präsentieren ökonomische Erklärungen für das Zustandekommen von Ehen und Lebens-

---

[1] Zu danken ist Joseph Brüderl, Andreas Diekmann, Henriette Engelhardt, Axel Franzen, Helmut Knolle, Ruth Meyer Schweizer, Ulrich Mueller, Bernhard Nauck, Werner Raub, Kurt Schmidheiny und Claudia Zahner für wertvolle Kommentare und Hinweise. Besonderen Dank schulde ich Thomas Gautschi für Verbesserungsvorschläge und die Umwandlung des in LATEX gesetzten Originalbeitrags in das gewünschte Format (WINWORD).

gemeinschaften, die Arbeitsteilung im Haushalt und das Scheidungsverhalten.[2]

Die bisher erwähnten Ansätze stellen keine erschöpfende Liste ökonomischer Theorien für demographische Phänomene und Prozesse dar.[3] Der vorliegende Beitrag beschäftigt sich demnach mit einer sehr begrenzten Anzahl bevölkerungsökonomischer Thesen und Themenkreise. Trotz der Beschränkung auf wenige Theorien schließt die Vielzahl der Arbeiten zu jedem einzelnen Teilgebiet aber auch nur annähernd vollständige Überblicke aus. Die zusammenfassenden Darstellungen der einzelnen Theorien sind notwendigerweise selektiv und können bestenfalls die Lektüre der relevanten Spezialliteratur erleichtern.[4]

6.1 Methodologische Grundlagen

Bevölkerungsökonomische Theorien lassen sich mehr oder weniger eindeutig der Mikroökonomik oder der Makroökonomik zuordnen. Zum besseren Verständnis ihrer Logik empfiehlt sich eine Charakterisierung der Unterschiede und Verbindungen zwischen mikro- und makroökonomischen Ansätzen.[5] Nach einer Skizze der mikroökonomischen Grundorientierung bei der Theoriebildung (Kap. 6.1.1) werden Ansätze der mikroökonomischen Modellierung des Familienverhaltens knapp dargestellt (Kap. 6.1.2). Im Anschluss daran werden Elemente der Theoriebildung in der Makroökonomik und die wesentlichen Verfahren bei ihrer Mikrofundierung kurz besprochen (Kap. 6.1.3). Verzichtet wird dagegen auf eine Diskussion wissenschaftstheoretischer Grundlagen der ökonomischen Theoriebildung (vgl. hierzu Blaug 1980; Rosenberg 1992).

---

[2] Wesentliche Einsichten von hier nicht besprochenen Ansätzen und Modellen werden in Lehrbüchern oder Übersichtsartikeln zusammengefaßt. Rosen (1989) sowie Ehrenberg und Smith (1991) geben Überblicke zur Humankapitaltheorie, während Willis (1986) ihre Umsetzung in der Arbeitsmarktforschung beschreibt. Chiswick (1995) sowie Ehrenberg und Smith (1991) fassen Beiträge der Diskriminierungsforschung zusammen. Ökonomische Theorien zu Wanderungsbewegungen finden sich in Borjas (1995), Siebert (1993) und Stark (1991). Becker (1989), Bryant (1992), Grossbard-Shechtman (1995), Hartwig (1993) sowie Rihegge (1993) diskutieren die Grundzüge von ökonomischen Theorien der Partnerfindung, Eheschließung, haushaltsinternen Arbeitsteilung und Scheidung.

[3] Zusätzlich existieren beispielsweise Untersuchungen zu Aspekten des Alterns (Posner 1995) und zum Eintritt in den Ruhestand (für einen Überblick s. Lazear 1986). Weiter liegen ökonomisch geprägte Beiträge über das Sexualverhalten (Posner 1992) und zur Ausbreitung infektiöser Krankheiten (AIDS) vor (Philipson, Posner 1993). Neben vielen Arbeiten zur These des "demographischen Übergangs" (für eine knappe Zusammenfassung vgl. Coale 1989) und zur Ökonomik armer Länder (Dasgupta 1993) gibt es bioökonomische Modelle, die sich mit der optimalen Nutzung erneuerbarer Ressourcen beschäftigen und einige Anknüpfungspunkte zur Demographie besitzen (Clark 1990).

[4] Weitere Informationen bieten zudem andere Übersichtsarbeiten: Felderer und Sauga (1988) diskutieren in leicht lesbarer Form wesentliche Zusammenhänge von Bevölkerung und Wirtschaftsentwicklung, während der Sammelband von Felderer (1986) gute Zusammenfassungen zu verschiedenen Aspekten der Bevölkerungsökonomik enthält. Ausführliche Überblicke finden sich in dem von Rosenzweig und Stark (1997) herausgegebenen Handbuch der Populations- und Familienökonomik.

[5] Etwas detailliertere Darstellungen geben z. B. Felderer und Homburg (1994) sowie Neumann (1996).

6.1.1 Mikroökonomik und Rationalität

Mikroökonomik beginnt mit der entscheidungslogischen Analyse des Verhaltens von Individuen, Haushalten und Organisationen (z. B. Firmen, Parteien) auf der Grundlage der Rationalitätshypothese. Letztere wurde im Rahmen verschiedener Theorien des rationalen Entscheidungsverhaltens konkretisiert. Diese Theorien beruhen jeweils auf einer Reihe von Axiomen (Kreps 1989) und unterscheiden sich vor allem durch die Kennzeichnung der Entscheidungssituation. Neben der mit strategischen Situationen befassten Spieltheorie (Rasmusen 1994) unterscheidet beispielsweise Harsanyi (1977) kumulativ anspruchsvollere Versionen der Nutzentheorie, welche sich auf nichtstrategische Entscheidungen unter Sicherheit, Risiko und Unsicherheit beziehen. Allen Varianten gemeinsam ist die Vorstellung, dass rationales Verhalten zielorientiertes, optimierendes und konsistentes Verhalten ist.[6]

Generell besagt die Rationalitätshypothese, dass jeder Entscheidungsträger unter den gegebenen Umständen durch den Einsatz verfügbarer Ressourcen den (aus seiner Sicht) günstigsten Zustand zu erreichen sucht. Üblicherweise ergibt sich das Verhalten eines Akteurs daher aus einer Optimierung unter Nebenbedingungen. Bei der Modellierung des Konsumentenverhaltens wird beispielsweise unterstellt, dass der Konsument eine vollständige, widerspruchsfreie und hinreichend stabile Präferenzordnung bezüglich verschiedener Güterbündel besitzt, die durch eine reellwertige Nutzenfunktion mit bestimmten formalen Eigenschaften (z. B. zumindest zweifache stetige Differenzierbarkeit, positive erste Ableitungen, strikte Quasi-Konkavität) abgebildet wird.[7] Unter der Voraussetzung eines bestimmten institutionellen Rahmens (z. B. Wettbewerbsmarkt mit vorgegebenen Güterpreisen sowie klar definierten und einklagbaren Eigentumsrechten) maximiert er dann diese Zielfunktion unter der Nebenbedingung seines Einkommens durch die Wahl des "besten" verfügbaren Güterbündels. Bei Konstanz der nicht individuell beeinflussbaren Rahmenbedingungen kann dieses optimale Verhalten als individuelles Gleichgewicht aufgefasst werden, da für den Entscheidungsträger keine Verbesserung seiner Lage durch eine Verhaltensänderung erreichbar ist.

Zielsetzung der Mikroökonomik ist allerdings nicht nur die Erklärung der Verhaltensweisen "typischer" Akteure in der jeweils betrachteten Entscheidungssituation. Vielmehr interessiert das Zusammenwirken der Einzelverhalten in Märkten und Organisationen sowie die daraus resultierenden Konsequenzen auf der Systemebene

---

[6] Es existiert eine umfangreiche und kontroverse Literatur zu Theorien rationalen Verhaltens. Heap et al. (1992) geben einen ersten Eindruck über die grundlegenden Argumente und Streitpunkte. Die Beiträge in dem Sammelband von Hogarth und Reder (1987) sowie die Überblicke von Machina (1987, 1989) und Rabin (1996) informieren über verschiedene Stärken und Schwächen gebräuchlicher Verhaltensmodelle in der Ökonomik. Dabei stehen Abweichungen zwischen theoretischen Vorhersagen und experimentellen Befunden im Mittelpunkt. Davis und Holt (1993) sowie Kagel und Roth (1995) fassen die experimentelle Verhaltensforschung zur Nutzen- und Spieltheorie zusammen.

[7] Die beiden ersten Eigenschaften werden im folgenden stillschweigend unterstellt. Die dritte Eigenschaft der strikten Quasi-Konkavität wird manchmal explizit durch die Annahme strikter Konkavität (der Nutzen nimmt mit abnehmender Rate zu) ersetzt. Konkave Funktionen sind quasi-konkav, aber nicht jede quasi-konkave Funktion ist auch konkav. Quasi-Konkavität ist somit eine etwas schwächere Anforderung als Konkavität. Inhaltlich bedeutet strikte Quasi-Konkavität der Nutzenfunktion, dass der Entscheidungsträger durchschnittlich zusammengesetzte Güterbündel gegenüber extrem zusammengestellten Bündeln vorzieht.

(z. B. Angebot und Nachfrage in Märkten für verschiedene Güter, Marktpreise). Zur Ableitung dieser Effekte werden Systemgleichgewichte bestimmt und untersucht. Ein Gleichgewicht im Sinne der Mikroökonomik ist durch die Konsistenz des Verhaltens aller Wirtschaftssubjekte definiert, d. h. alle Beteiligten haben für sich einen jeweils bestmöglichen Zustand (individuelles Gleichgewicht) erreicht. Dabei muss ein solches Systemgleichgewicht keineswegs soziale Optimalität (z. B. im Sinne des Pareto-Kriteriums) aufweisen.[8]

Zentrale Themen der Mikroökonomen sind Probleme der Allokation (d. h. Verwendung knapper Ressourcen für alternative Zwecke) und Distribution (d. h. Verteilung der Einkommen auf Personen, Gruppen und Produktionsfaktoren). Es verwundert daher nicht, dass der mikroökonomische Ansatz im Zusammenhang mit bevölkerungswirtschaftlichen Fragestellungen insbesondere bei der Analyse von Entscheidungen privater Haushalte angewendet wird. In der Tradition von Samuelson (1956) wird dabei häufig ein Mehrpersonenhaushalt als einzelner Entscheidungsträger betrachtet. Demnach maximiert eine solche Gruppe oder Familie eine einzige gemeinsame Nutzenfunktion unter der Nebenbedingung der zusammengelegten Ressourcen aller Haushaltsmitglieder. Es ist daher zu fragen, inwieweit eine derartige Vorgehensweise mit der individualistischen Grundorientierung der Mikroökonomik korrespondiert.

6.1.2 Aggregation und Haushaltsverhalten

Die Betrachtung eines Mehrpersonenhaushalts als einzelner Entscheidungsträger wird üblicherweise durch Beckers (1974, 1991) "Rotten Kid Theorem" gerechtfertigt. Dazu interpretiert man eine Mehrpersonenfamilie als eine Gruppe rationaler Egoisten mit einem gleichfalls rationalen, aber altruistischen Haushaltsvorstand. Letzterer besitzt dementsprechend eine Nutzenfunktion, die u. a. positiv von den Nutzenniveaus der anderen Familienmitglieder beeinflusst wird. Daher wird der Altruist mehr oder weniger regelmäßige Transfers (z. B. Schenkungen privater Marktgüter) an diese Personen leisten. Sofern der Altruist das "letzte Wort" hat, wenn also seine Geschenke zumindest teilweise von den vorherigen Verhaltensweisen der potentiellen Empfänger abhängen, so kann er damit Wohlverhalten sämtlicher Haushaltsmitglieder bewirken.[9] Im einfachsten Fall ergibt sich diese Folgerung, wenn der Nutzen des altruistischen Haushaltsvorstands direkt von den kombinierten Ressourcen der übrigen n Haushaltsmitglieder abhängt und dies auch allen Personen bekannt ist. Falls x_i die vom i-ten Mitglied konsumierte Menge eines übertragbaren und privaten Marktgutes bezeichnet, so lautet die strikt konkave Nutzenfunktion des Altruisten:

---

[8] Das Pareto-Kriterium besagt, dass eine bestmögliche soziale Situation noch nicht erreicht ist, solange es noch möglich ist, zumindest ein Individuum besser zu stellen, ohne dadurch die Lage eines anderen Individuums zu verschlechtern. Ein Pareto-Optimum liegt dann vor, wenn eine Besserstellung für einen Akteur nur noch auf Kosten anderer erreicht werden kann.

[9] Diskussionen des Rotten Kid Theorems, seiner Annahmen und Implikationen finden sich u. a. bei Bergstrom (1989), Bolle (1991), Hirshleifer (1977), Nutzinger (1993) und Pollak (1985).

$$U_a = U(x_a, x_1, ..., x_n)$$

Setzt man zur Vereinfachung den Preis des Gutes auf Eins, dann kann die Budgetbeschränkung des Altruisten bei einem gegebenen Einkommen von E_a als $x_a + \Sigma_i\, g_i = E_a$ geschrieben werden, wobei g_i das Geschenk des Altruisten für das i-te Mitglied bezeichnet. Falls bei Transfers keine Transaktionskosten anfallen, so verfügt das Haushaltsmitglied i mit Einkommen E_i nach der Schenkung insgesamt über $x_i = E_i + g_i$ Konsumeinheiten. Substituiert man diesen Ausdruck in die Budgetbeschränkung des Altruisten, so erhält man

$$x_a + \sum_{i=1}^{n} x_i = E_a + \sum_{i=1}^{n} E_i$$

als Haushaltsausgabenrestriktion oder Familieneinkommen. Daher führt die beschränkte Nutzenmaximierung des Altruisten letztlich zur Optimierung der Haushaltswohlfahrt unter der Nebenbedingung des Haushaltseinkommens. Aus dieser Perspektive wird jeder rationale Egoist (also auch das verwöhnte und vollständig eigeninteressierte Kind oder "Rotten Kid") nur solche Handlungen wählen, die letztlich die Familienwohlfahrt maximieren. Obwohl Konflikte zwischen Haushaltsmitgliedern durch das Rotten Kid Theorem keineswegs ausgeschlossen werden (Becker 1989), kann man daher die Maximierung des Haushaltsnutzens unter der Nebenbedingung der Haushaltsressourcen unterstellen, ohne die Konsensfindung der Familienmitglieder näher zu betrachten.

In den letzten Jahren wurde diese Vorgehensweise und die damit verknüpfte Aggregationsautomatik immer wieder kritisiert. Als Alternativen zum skizzierten Standardansatz sind verschiedene spieltheoretische Verhandlungsmodelle (Chiappori 1988; Galler, Ott 1990; Lundberg, Pollak 1993, 1994; Manser, Brown 1980; McElroy, Horney 1981, 1990; Ott 1992) vorgeschlagen und diskutiert worden. Ihre Zielsetzung besteht in der Erklärung des Familienverhaltens durch Kompromisse zwischen egoistischen Haushaltsvorständen mit eventuell divergierenden Interessen. Typischerweise beschäftigen sich diese spieltheoretischen Familienmodelle nämlich mit Verhandlungen zwischen Frau (f) und Mann (m), wobei der haushaltsinterne Konsens im Mittelpunkt steht.

Zur ihrer Verdeutlichung seien $U_f = U_f(x_f)$ und $U_m = U_m(x_m)$ strikt konkave Nutzenfunktionen mit x_f und x_m als die entsprechenden Konsummengen eines privaten Gutes. Wenn Frau und Mann keine Übereinkunft erzielen können, dann erhalten sie die Auszahlungen D_f und D_m, die man als Koordinaten des so genannten Konflikt- oder Drohpunktes auffassen kann. In vielen Modellen reflektieren D_f und D_m die Nutzenniveaus bei der Familienauflösung (z. B. Scheidung, Trennung); manchmal repräsentieren sie jedoch Auszahlungen, die bei Fortbestand des gemeinsamen Haushalts mit einem Gleichgewichtspunkt im Sinne von Nash (1951) einhergehen.[10]

Sind bindende Vereinbarungen zwischen den Verhandlungspartnern möglich, so stellt sich die Frage nach einem typischen Kompromiss. Zur Identifikation eines solchen Konsenspunktes zwischen Haushaltsmitgliedern wird mit Nashs (1950) Verhandlungslösung häufig ein zentrales Konzept der kooperativen Spieltheorie (Rasmusen 1994) angewandt. Die Nash-Verhandlungslösung bestimmt die Auszahlungen, sodass einige Axiome erfüllt werden.[11] Bei gegebenen Einkommen E_f und E_m löst sie das Optimierungsproblem

$$\max \ (U_f(x_f) - D_f)\ (U_m(x_m) - D_m)$$

$$\text{bei} \ \ (x_f + x_m)\,p = E_f + E_m \ \ \text{und} \ \ U_i \geq D_i \ \ \text{für} \ \ i = f, m$$

wobei p den Marktpreis des Konsumguts repräsentiert. Bei der Nash-Lösung von Verhandlungsspielen wird also diejenige Allokation (x_f, x_m) gesucht, die das Produkt der Kooperationserträge unter der Nebenbedingung maximiert, dass Familienausgaben und Familieneinkünfte übereinstimmen. Neben den Standardvariablen (Preis, Einkommen) hängen Haushaltsentscheidungen aus dieser Perspektive damit wesentlich vom Drohpunkt und seinen Determinanten ab.

Allerdings besteht in der Literatur bisher keine Übereinstimmung über die angemessene Bestimmung des Konfliktpunkts (D_f, D_m). Darüber hinaus zeigen McElroy und Horney (1981), dass sich bei einem exogen gegebenen und unveränderlichen Drohpunkt und einer Deutung von $U = (U_f - D_f)(U_m - D_m)$ als Haushaltsnutzenfunktion praktisch analoge Resultate wie im traditionellen mikroökonomischen Ansatz ergeben (s. auch Grossbard-Shechtman 1995). In ihrer gegenwärtigen Form bieten die spieltheoretischen Verhandlungsmodelle daher keinen einheitlichen theoretischen Rahmen, der den Standardansatz der Familienökonomik ersetzen könnte. Weil Lundberg und Pollak (1996) zudem einen aktuellen Überblick zum Forschungsstand geben, werden spezifische spieltheoretische Modelle der familieninternen Entscheidungsfindung und ihre Implikationen im Folgenden zu Gunsten traditioneller entscheidungstheoretischer Modelle vernachlässigt. Zur Vorbereitung der Diskussion konkreter bevölkerungsökonomischer Ansätze empfiehlt sich zuvor jedoch eine kurze Diskussion der Grundstruktur makroökonomischer Theoriebildung.

---

[10] Der Begriff des Nash-Gleichgewichts bezieht sich auf konsistente rationale Handlungserwartungen und Strategiewahlen in Situationen, in denen strategisch interdependente Akteure keine bindenden Verträge abschließen können. Ein Nash-Gleichgewichtspunkt liegt vor, wenn jeder Spieler diejenige Handlungswahl trifft, die seinen erwarteten Nutzen bei (korrekt antizipierten und daher) gegebenen Strategiewahlen der anderen Spieler maximiert. Eindeutigkeit und Pareto-Optimalität sind keine typischen Eigenschaften eines solchen nicht-kooperativen Gleichgewichts.

[11] Unter anderem beruht die Nash-Verhandlungslösung auf den Axiomen der Symmetrie und der Pareto-Optimalität. Sie erfüllt somit einige Anforderungen, die aus mehr oder weniger plausiblen Vorüberlegungen zu den Erwartungen der Spieler (z. B. Fairneß) an ein akzeptables Verhandlungsergebnis geknüpft werden. Diese normativen Elemente in Verhandlungsmodellen der kooperativen Spieltheorie werden manchmal kritisch hinterfragt (Rasmusen 1994: 279).

6.1.3 Makroökonomik und Mikrofundierung

Im Gegensatz zur Mikroökonomik vernachlässigt die Makroökonomik mehr oder weniger explizit die Verhaltensentscheidungen einzelner Wirtschaftssubjekte und die Verschiedenartigkeit der Güter. Stattdessen betrachtet sie von vornherein "Aggregate" (z. B. gesamtwirtschaftliches Preisniveau, volkswirtschaftliches Güterangebot) und postuliert mehr oder weniger plausible Hypothesen über deren Zusammenhänge (z. B. aggregierte Güternachfrage als fallende Funktion des Preisniveaus). Ausgehend von diesen Makrohypothesen bestimmt und untersucht sie dann Systemgrößen wie Beschäftigung, Inflation und Wachstum und deren Zusammenwirken im Rahmen von makroökonomischen Gleichgewichtsanalysen.

Nun sind natürlich auch die makroökonomischen Phänomene und Prozesse das Ergebnis der Interaktionen einzelner Wirtschaftssubjekte. Daher wird manchmal argumentiert, dass sie idealerweise aus Analysen des individuellen Verhaltens abgeleitet werden müssten. Makroökonomische Aussagen sollten also letztlich aus mikroökonomischen Theorien gewonnen werden. Abgesehen von einigen Sonderfällen treten bei einer derartigen methodologischen Orientierung jedoch häufig enorme Schwierigkeiten auf, die u. a. die Aggregation von Einzelverhalten betreffen. Zur Vermeidung dieser Probleme begnügt man sich in der Regel mit einer relativ pragmatischen Vorgehensweise bei der Mikrofundierung der Makroökonomik. Üblicherweise beschränkt man sich nämlich auf eine der folgenden Strategien:

- Unter Verzicht auf die Analyse des Entscheidungsverhaltens der Wirtschaftssubjekte werden nur solche Makrohypothesen vorausgesetzt, die mikroökonomisch plausibel erscheinen.
- Zur mikroökonomischen Begründung von Makrohypothesen werden die Handlungsentscheidungen völlig identischer Wirtschaftssubjekte oder eines einzigen Entscheidungsträgers (zentrale Planungsbehörde, "wohl wollender Diktator", repräsentativer Akteur) analysiert, sodass keine Aggregationsprobleme auftreten.

Beide Vorgehensweisen charakterisieren moderne Untersuchungen bevölkerungsökonomischer Fragestellungen. Bevor solche Analysen im Mittelpunkt stehen, erscheint eine ausführliche Diskussion der klassischen Thesen von Malthus sinnvoll. Durch die Kombination von wachstums- und familienökonomischen Überlegungen war sein Ansatz wegweisend für die bevölkerungsökonomische Theoriebildung.

6.2 Klassisch-Malthusianischer Ansatz

Bereits die griechische Philosophie beschäftigte sich mit dem generellen Zusammenhang zwischen Bevölkerung und Wirtschaft: So waren z. B. Plato und Aristoteles davon überzeugt, dass eine stagnierende Bevölkerung zur Stabilisierung des Wirtschaftsgeschehens beiträgt und die Verteilungsgerechtigkeit fördert. Dagegen war man im Mittelalter auf Grund religiöser Überzeugungen zu Gunsten des Bevölkerungswachstums eingestellt. Auch aus der Sicht des Merkantilismus in den absolutistischen Staaten des 17. Jahrhunderts war eine zunehmende Bevölkerung wünschenswert, weil dadurch zusätzliche Steuereinnahmen und Machtgewinne möglich erschienen. Einige Klassiker der Nationalökonomik standen dem Bevölkerungswachstum ebenfalls positiv gegenüber. Beispielsweise betonte Adam Smith (1776), dass eine größere Bevölkerung das Ausmaß der Arbeitsteilung und damit die Wirtschaftsentwicklung positiv beeinflussen kann.

Erst die am Ende des 18. Jahrhunderts publizierten Ideen des englischen Geistlichen und Nationalökonomen Thomas Robert Malthus (1766–1843) führten zu einer pessimistischeren Sicht der bevölkerungsökonomischen Zusammenhänge.[12] Da Malthus seine ursprünglichen Argumente im Laufe von fünf weiteren Auflagen erheblich modifiziert hat, lassen seine verbalen Darlegungen einen gewissen Interpretationsspielraum. Genereller Ausgangspunkt der malthusianischen Überlegungen ist eine Charakterisierung der Wachstumstendenzen von Bevölkerung und ökonomischer Versorgung, die zunächst skizziert wird (Kap. 6.2.1). Nach der Einführung des daraus abgeleiteten Populationsprinzips (Kap. 6.2.2) werden Interpretationen der Theorie und einige empirische Befunde diskutiert (Kap. 6.2.3).

6.2.1 Wachstumstendenzen

Malthus veröffentlichte im Jahr 1798 anonym "An Essay on the Principle of Population, as it Affects the Future Improvement of Society", worin er sich mit dem Zusammenspiel zwischen Bevölkerungswachstum und der Entwicklung der ökonomischen Versorgung befasst. Der Essay beginnt mit zwei berühmten Postulaten:
"First, that food is necessary to the existence of man. Secondly, that the passion between the sexes is necessary, and will remain nearly in its present state."
Daraus folgert Malthus (1798: 6–7) zwei Regelmäßigkeiten:
"Assuming then, my postulata as granted, I say that the power of population is indefinitely greater than the power in the earth to produce subsistence for man. Population, when unchecked, increases in a geometric ratio. Subsistence increases only in an arithmetical ratio."
Diese Charakterisierung der Wachstumsdynamik von Bevölkerung und Produktion ist zentral für die weitere Argumentation von Malthus. Seine Aussage über ein ungehindertes Wachstum der Population wird häufig als "malthusianisches Gesetz des Bevölkerungswachstums" bezeichnet (Braun 1991; Dinkel 1989; Murray 1991). Zur Konkretisierung sei $N(t)$ eine Bevölkerung zur Zeit t und n die zeitunabhängige Differenz zwischen Geburts- und Sterberate bei Abwesenheit irgendwelcher Wachstumshemmnisse. Unterstellt man eine zeitlich kontinuierliche Reproduktion, so bestimmt die Konstante n die Wachstumsrate der Bevölkerung:

$$\frac{\dot{N}}{N} = n$$

---

[12] Die Thesen von Malthus weisen u. a. Querverbindungen mit den Ideen von David Ricardo (1772-1823) auf, weshalb manchmal vom malthusianischen-ricardianischen Ansatz gesprochen wird. Blaug (1985) diskutiert die wesentlichen Übereinstimmungen und Unterschiede zwischen verschiedenen Klassikern der Ökonomik.

Anders ausgedrückt: Die lineare Differentialgleichung

$$\frac{dN}{dt} = \dot{N} = nN$$

mit Lösung $N(t) = N_0 \exp(nt)$ ist eine formale Darstellung der ungehinderten (und daher hypothetischen) Bevölkerungsentwicklung im Sinne von Malthus. Dabei bezeichnet $N(0) = N_0$ den gegebenen Anfangswert der Population und $\exp(\cdot)$ die Exponentialfunktion, sodass sich die Basis des natürlichen Logarithmus (ln) durch $\exp(1) = e = 2{,}71828...$ ergibt. Falls sich das Wachstum unbeschränkt vollziehen könnte, so würde sich damit die Bevölkerung jeweils nach $T = (\ln 2/n)$ Zeitperioden verdoppeln.

Während also die Bevölkerung bei Abwesenheit irgendwelcher Beschränkungen exponentiell wächst, fällt nach Malthus die Steigerung der tatsächlichen Lebensmittelproduktion und damit der ökonomischen Versorgung erheblich geringer aus. Die lediglich arithmetische Progression der Subsistenzmittel begründet Malthus dabei mehr oder weniger deutlich mit dem klassischen Ertragsgesetz, wonach die landwirtschaftliche Produktion nur mit abnehmender Rate zunimmt.

6.2.2 Das Bevölkerungsprinzip

Gestützt durch zahlreiche empirische Belege leitet Malthus aus diesen Überlegungen sein Bevölkerungsprinzip ab. Es reflektiert den Gedanken, dass das enorme Wachstumspotential der Bevölkerung etwaige Verbesserungen der ökonomischen Situation zunichte machen kann. Das "Principle of Population" lautet in der verfeinerten Version späterer Auflagen (Malthus 1872: 12–13):

"Population is necessarily limited by the means of subsistence. Population invariably increases where the means of subsistence increase, unless prevented by some very powerful and obvious checks. These checks, and the checks which repress the superior power of population, and keep its effects on a level with the means of subsistence, are all resolvable into moral restraint, vice, and misery."

Üblicherweise wird dabei der ökonomische Wohlstand, d. h. die Ausstattung mit wirtschaftlichen Ressourcen, durch die Differenz zwischen dem tatsächlichen Pro-Kopf-Einkommen und einem bestimmten Mindesteinkommen gemessen (Neumann 1994).[13] Aus dieser Perspektive besagt Malthus' Prinzip zunächst einmal, dass das Minimumeinkommen den fundamentalen Hinderungsgrund für das Bevölkerungs-

---

[13] Statt von "Mindesteinkommen" könnte man mit Becker (1988) auch von "Gleichgewichtseinkommen" sprechen. Dieses Mindest- oder Gleichgewichtseinkommen läßt sich auch als das demographische Existenzminimum (d.h., Pro-Kopf-Einkommen zur Sicherstellung einer stationären Bevölkerung) auffassen (Steinmann 1986). Malthus selbst verwendete den erheblich spezielleren Begriff der "means of subsistence" und interpretierte ihn manchmal als biologisches, manchmal als kulturelles Existenz-minimum. Zu Malthus' Zeit dürfte zumindest in der Arbeiterklasse das kulturelle Existenzminimum (Pro-Kopf-Einkommen zur Sicherstellung eines "normalen" Lebensstandards in der betrachteten Gesellschaft) weitgehend dem physischen Existenzminimum (Pro-Kopf-Einkommen für minimale Nahrungsmittelver-sorgung) entsprochen haben. Wohl aus diesem Grund verwendete Malthus die beiden Begriffe weitgehend synonym.

wachstum darstellt. Zudem wird sich der Populationsbestand tendenziell dem ökonomischen Versorgungsniveau anpassen. Verbessert (verschlechtert) sich die ökonomische Situation, so wird die Population zunehmen (abnehmen), wenn nicht entsprechend starke Hemmnisse ("checks") entgegen wirken.[14] Das malthusianische Prinzip postuliert somit einen tendenziell positiven Zusammenhang zwischen der wirtschaftlichen Versorgung und der Wachstumsrate der Bevölkerung. Zu erwähnen sind die demographischen Mechanismen, die diesen Zusammenhang bewirken:

- "Positive checks": Sie beziehen sich auf die Steigerung der Mortalität durch z. B. Krieg, Hunger oder Seuchen sowie extreme Armut und schlechte Arbeitsbedingungen.
- "Preventive checks": Sie resultieren aus einer Begrenzung der Fertilität durch z. B. sexuelle Enthaltsamkeit, höheres Heiratsalter oder Maßnahmen der Geburtenkontrolle.

Auf dieser Grundlage lassen sich die wesentlichen Deutungen der malthusianischen Theorie einführen und mit einigen empirischen Befunden konfrontieren.

6.2.3 Interpretationen und Befunde

Ausgangspunkt der Standardinterpretation der Malthus-Theorie ist die Annahme, dass die tatsächliche Wachstumsrate der Bevölkerung mit der Differenz zwischen den tatsächlichen Pro-Kopf-Einkommen und dem Mindesteinkommen variiert (Neumann 1994). Übersteigt (unterschreitet) das Pro-Kopf-Einkommen im Durchschnitt das Minimaleinkommen, so nimmt die Wachstumsrate der Population zu (ab), weil

- die Mortalität wegen der besseren (schlechteren) Versorgungslage und Arbeitssituation sinkt (steigt) und
- die Fertilität auf Grund einer höheren (geringeren) Zahl früher Eheschließungen, einer geringeren (höheren) sexuellen Enthaltsamkeit und einer verringerten (verstärkten) Geburtenkontrolle steigt (sinkt).[15]

Auf Grund der induzierten Zunahme (Abnahme) der Bevölkerung wächst (fällt) das Arbeitsangebot im Zeitablauf, sodass die Einkommen wieder sinken (steigen). Entsprechend dieser Standardinterpretation des malthusianischen Prinzips ergibt sich

---

[14] Diese Relativierung des positiven Zusammenhangs zwischen Bevölkerungswachstum und ökonomischer Versorgung durch den Hinweis auf sehr wirksame und offensichtliche Hinderungsgründe ("very powerful and obvious checks") charakterisiert die angegebene differenziertere Formulierung des Populationsprinzips, aber nicht seine Fassung in der ersten Auflage von Malthus' Arbeit. Letztere ist die wesentliche Quelle für die Kritik der malthusianischen Theorie. Allerdings ist auch die modifizierte Theorie nicht unkritisiert geblieben. Blaug (1985) faßt zentrale Einwände gegen verschiedene Versionen der Malthus-Theorie zusammen.

[15] Wegen dieser Zusammenhänge empfahl Malthus den Menschen seiner Zeit die Einschränkung ihrer Fruchtbarkeit durch späte Eheschließung und sexuelle Zurückhaltung. Malthus war zwar für die Reduktion der Fertilität, jedoch als Geistlicher gegen Maßnahmen der Geburtenkontrolle eingestellt.

damit langfristig eine Konvergenz der tatsächlichen Einkommen zu einer stationären Pro-Kopf-Versorgung in der Höhe des Mindesteinkommens. Weil dann auch die Wachstumsrate der Bevölkerung verschwindet, entspricht dieses Gleichgewichtseinkommen genau dem demographischen Existenzminimum (d. h. dem Pro-Kopf-Einkommen, bei dem die Geburtenrate und Sterberate gleich hoch sind, sodass die Bevölkerung stagniert).[15]

Aus dieser Perspektive erscheint die malthusianische Theorie als Modell eines dynamischen Wachstumsprozesses in einer Volkswirtschaft mit stationärem Pro-Kopf-Einkommen bei konstanter Bevölkerung (Becker, Murphy, Tamura 1993).[16] Nach der ihr zugrunde liegenden Logik müsste sich bei einer verbesserten ökonomischen Situation eine Senkung der Mortalitätsraten und eine Steigerung der Fertilitätsraten ergeben. Die empirische Evidenz für die Vereinigten Staaten, Westeuropa und Japan in den letzten 100 Jahren widerspricht allerdings dieser Hypothese: Obwohl die Pro-Kopf-Einkommen beständig anstiegen und die Mortalität erwartungsgemäß sank, begann ein langfristiger Fall der Geburtenraten (Becker 1988; Felderer, Sauga 1988).

Gemäß Becker (1991: 136–137) kann auch die (in späteren Auflagen) differenziertere Malthus-Theorie die starke Reduktion der durchschnittlichen Kinderzahl pro Familie bei enorm gewachsenen Familieneinkommen während der letzten 100 Jahre nicht erklären. Die modifizierte Version der Theorie ergänzt den Originalansatz v.a. durch mehr oder weniger deutliche Bedingungen für die Wirkung von Wachstumshindernissen. Nach Beckers moderner Darstellung besagt die erweiterte Malthus-Theorie, dass

- die "Preventive checks" die hauptsächlichen Hinderungsgründe für das natürliche Bevölkerungswachstum darstellen, wenn die Nachfrage nach Kindern eine hohe Einkommenselastizität aufweist;[17] jedoch
- die "Positive checks" die zentralen Beschränkungen des Populationswachstums sind, falls die Geburtenzahlen weitgehend unbeeinflusst vom Einkommen bleiben.[18]

Auf Grund des enormen Wohlstandszuwachses in den Industrieregionen während des letzten Jahrhunderts scheint der beobachtete langanhaltende Fall der Geburtenraten

---

[15] Das demographische Minimumeinkommen muß dabei keineswegs mit dem physischen Existenzminimum oder dem kulturellen Mindesteinkommen zusammenfallen (s. Becker 1988; Steinmann 1986).

[16] Das malthusianische System ist somit durch eine bestimmte Konzeption der optimalen Bevölkerungsgröße gekennzeichnet: An der Stelle des Populationsoptimums gewährleistet die Zahl der Arbeitskräfte und der Arbeitsplätze nämlich, dass das Pro-Kopf-Einkommen konstant bleibt (vgl. Schmitt-Rink 1986).

[17] Sei $x_j = x_j(p_1, \ldots, p_m, y)$ die generelle Nachfragefunktion für Gut j, wobei y das Einkommen und $p_1, \ldots, p_m$ die Preise von m Gütern bezeichnen. Dann ist die Einkommenselastizität durch $\eta_j = (y/x_j)(\partial x_j / \partial y)$ = $\partial (\ln x_j)/\partial (\ln y)$ definiert. Sie gibt annähernd an, um wieviel Prozent eine einprozentige Einkommensänderung die Nachfrage x_j ändert. Es gilt $\eta_j > 0$ für superiore Güter, aber $\eta_j < 0$ für inferiore Güter. Superiore Güter sind stets normale Güter ($\partial x_j / \partial p_j > 0$) aber nicht jedes normale Gut ist superior.

[18] Manche Autoren (z. B. von Tunzelmann 1986) interpretieren die erweiterte Malthus-Theorie (und damit die Abhängigkeit der Wirkung einzelner Wachstumshemmnisse von der Höhe der Einkommenselastizität der Nachfrage nach Kindern) dahingehend, dass in einem reicheren Land die "preventive checks" eine Rolle spielen, während in ärmeren Volkswirtschaften lediglich den "positive checks" herausragende Bedeutung zukommt.

selbst dann mit Malthus' theoretischen Ansatz schwerlich vereinbar, wenn man eine hohe Einkommenselastizität der Nachfrage nach Kindern unterstellt.

Bemerkenswerterweise scheint dieser säkulare Trend jedoch von ungefähr 20–30 Jahre dauernden Schwankungen überlagert zu sein, in denen Pro-Kopf-Einkommen und Familiengröße jeweils positiv verbunden sind (Felderer, Sauga 1988: 86). Betrachtet man darüber hinaus Konjunkturzyklen von etwa drei bis sieben Jahren für verschiedene Industriestaaten, so sind Pro-Kopf-Einkommen und Kinderzahl offenbar (schwach) positiv verknüpft (Felderer, Sauga 1988: 71). Weiter scheinen Familien mit relativ hohem Einkommen innerhalb einer Sozialschicht auch mehr Kinder zu haben als weniger wohlhabende Familien aus derselben Schicht (Felderer, Sauga 1988: 83). Zudem deuten die verfügbaren Daten über die Entwicklung der Geburtenzahlen in vielen europäischen Ländern bis zum Ende des 19. Jahrhunderts darauf hin, dass eine positive Beziehung zwischen dem Einkommen und der Fertilitätsrate bestanden hat (Felderer, Sauga 1988: 14–38).

Erwähnenswert ist schließlich, dass eine positive Assoziation zwischen Familieneinkommen und Kinderzahl vielfach aus dem Gesamtbild einschlägiger Untersuchungen gefolgert wird (Neumann 1994: 114), obwohl Querschnittsstudien für entwickelte Länder (Simon 1974; Wrong 1980) durchaus variierende und auch insignifikante Befunde erbrachten.[20] Selbst wenn man derartige Erkenntnisse zu Gunsten des malthusianischen Gedankengebäudes auslegt, weist der säkulare Fall der Geburtenraten bei zunehmender Industrialisierung doch klar auf seine Schwächen hin.[21]

Trotzdem finden malthusianische Ideen nach wie vor ihren Niederschlag in der Bevölkerungspolitik internationaler Organisationen und Staaten. Ebenso sind aktuelle Diskussionen über die Gefahren der "Bevölkerungsexplosion" insbesondere vor dem Hintergrund von Malthus' Thesen verständlich. Grundlagen liefern hierbei auch zeitgenössische Modellierungen der Theorie.

Auf Grund des zweifellos vorhandenen Interpretationsspielraums des malthusianischen Ideengebäudes verwundert es nicht, dass verschiedene Konkretisierungen und Auslegungen vorliegen. So analysiert von Tunzelmann (1986) die Interdependenz von wirtschaftlicher Entwicklung und Bevölkerungswachstum mithilfe gekoppelter

---

[20] Verschiedene Studien für wirtschaftlich fortgeschrittene Länder berichten negative Beziehungen zwischen Kinderzahl und Wohlstand für Familien mit geringerem Einkommen, aber nicht-negative Beziehungen für Familien mit höherem Einkommen (Simon 1974: 42-69).

[21] Bei Einbeziehung der u. a. von Leibenstein (1974, 1975) artikulierten Ideen zur Orientierung an Bezugsgruppen scheinen die empirischen Befunde prinzipiell mit der Grundlogik des malthusianischen Ansatzes vereinbar. Neumann (1994: 115) deutet zumindest eine entsprechende Rationalisierung an. Dazu interpretiert er das Mindesteinkommen als kulturelles Existenzminimum (Pro-Kopf-Einkommen zur Sicherstellung eines "normalen" Lebensstandards). Weil letzteres vom jeweils herrschenden Anspruchs-niveau einer Schicht oder Gesellschaft abhängt, ist die Dynamik des (sozialpsychologisch bestimmten) Anspruchsniveaus zentral. Sofern die Veränderung des Anspruchsniveaus mehr oder weniger der Entwicklung des Pro-Kopf-Einkommens folgt, wird in einer wohlhabenderen Schicht oder Gesellschaft aufgrund der gehobenen Ansprüche ein insgesamt höheres Existenzminimum vorliegen als in einer Schicht oder Gesellschaft mit geringerem Wohlstand. Trotz höherer Familieneinkommen kann es deswegen zu einer geringeren Fertilität kommen als in einem wirtschaftlich ärmeren Vergleichssystem. Aus dieser Sicht scheint daher im Querschnitt eine insgesamt positive Beziehung zwischen Familieneinkommen und Fertilität möglich, obwohl die ständige Einkommensverbesserung im langfristigen Wachstumsprozess mit einer Fertilitätsreduktion einhergeht.

Differentialgleichungen im Sinne einer ökologischen Dynamik (Kapitel 3 dieses Handbuchs zur Logik von Jäger-Beute-Modellen). Dabei wird mehr oder weniger deutlich von der modifizierten Version von Malthus' Ansatz ausgegangen und bei der Modellierung eine Unterscheidung nach dem Wohlstandsniveau der betrachteten Volkswirtschaft getroffen.

Dagegen präsentiert Steinmann (1986) ein ökonomisches Wachstumsmodell zur Verdeutlichung der Standardinterpretation von Malthus' Ansatz vor dem Hintergrund produktionstheoretischer Überlegungen.[22] Danach ist für das malthusianische Ideengebäude eine "Trade-Off-Beziehung" zwischen Lebensstandard und Bevölkerungsgröße charakteristisch: Gewählt werden kann zwischen hohem Pro-Kopf-Einkommen bei kleiner Population und niedrigem Pro-Kopf-Einkommen bei großer Population. Allerdings beruht diese Folgerung auf der (für die malthusianische Theorie typischen) Vernachlässigung des Produktionsfaktors "Kapital" und seiner Entwicklung in der Zeit. Es ist daher zu fragen, ob die Berücksichtigung der Kapitalbildung zu einer grundsätzlich anderen Einschätzung der Zusammenhänge zwischen Bevölkerungsentwicklung und Wirtschaftsgeschehen führt.

Diese Fragestellung lässt sich mithilfe der neoklassischen Wachstumstheorie beantworten.

6.3 Neoklassische Wachstumstheorie

Im Gegensatz zum Malthusianischen Ansatz steht hier das Wirtschaftswachstum durch Kapitalakkumulation bei exogen gegebenem Bevölkerungswachstum im Mittelpunkt. Die Annahmen und Folgerungen des (auf Solow (1956) und Swan (1956) zurückgehenden) neoklassischen Basismodells werden zunächst präsentiert (Kap. 6.3.1 und 6.3.2). Danach werden mit der goldenen Regel der Kapitalakkumulation, der Theorie optimalen Wachstums und dem technischen Fortschritt wichtige Erweiterungen und Modifikationen des Grundmodells skizziert (Kap. 6.3.3–6.3.5).[23]

---

[22] Weitere Modelle für malthusianische Ideen stammen z. B. von Eltis (1984) sowie Lee und Loschky (1987). Modelle der optimalen Bevölkerungsgröße mit Anknüpfungspunkten zu Malthus finden sich bei Schmitt-Rink (1986) und Zimmermann (1989).

[23] Es existieren verschiedene gute Zusammenfassungen der neoklassischen Wachstumstheorie und ihrer Erweiterungen (Krelle 1985; Rose 1984). Eine Kritik des neoklassischen Grundmodells aus demographischer Sicht findet sich bei Dinkel (1989). Einen aktuellen Überblick zu wesentlichen Aspekten, Weiterentwicklungen sowie formalen Aspekten der ökonomischen Wachstumstheorie gibt Neumann (1994). Übersichten zu bevölkerungsökonomischen Erkenntnissen der Wachstumstheoretiker bieten zudem Schmitt-Rink (1986) und Steinmann (1986). Ihre Arbeiten umfassen auch Themen, die hier nicht behandelt werden (u. a. Effekte schrumpfender Populationen, Wirkungen des Migrationsprozesses sowie Endogenisierungen des technischen Fortschritts durch z. B. "Bevölkerungsdruck", gesteigerte Forschungsausgaben oder "Learning by Doing"). Verzichtet wird zudem auf die Diskussion der Zusammenhänge zwischen Bevölkerungsentwicklung, Wirtschaftswachstum und Alterssicherungssystem und deren Abhängigkeit von der jeweiligen Finanzierungsgrundlage (Kapitaldeckungsverfahren oder Umlageverfahren). Felderer und Sauga (1988: 112-115) fassen bevölkerungsökonomische Erkenntnisse zu dieser Thematik zusammen.

6.3.1 Annahmen des Grundmodells

Zur Analyse des Wachstums der Produktionsmöglichkeiten durch Kapitalakkumulation bei exogen gegebener Wachstumsrate der Bevölkerung wird eine geschlossene Wirtschaft mit Vollbeschäftigung betrachtet, in der mittels Kapital K und Arbeit L ein homogenes Gut Y produziert wird, das als Kapitalgut wie auch als Konsumgut verwendet werden kann. Die Produktionsfaktoren werden dabei nach ihrer Grenzproduktivität entlohnt.[24] Das Sozialprodukt oder Realeinkommen Y wird jeweils auf Bruttoinvestition I und Konsum X aufgeteilt:

$$Y = I + X$$

Falls Sparen und Investieren jeweils übereinstimmen und dabei die (durchschnittliche) Sparquote s gegeben ist, lässt sich die Bruttoinvestition als $I = sY$ und der Konsum als $X = (1 - s)Y$ ausdrücken.

Investitionen determinieren den Kapitalstock. Letzterer unterliegt einem Nutzungsverschleiß, der in jeder Periode durch die gegebene Abschreibungsrate v berücksichtigt wird und jeweils eine Ersatzinvestition in Höhe von vK zur Aufrechterhaltung des bestehenden Kapitalgutbestandes notwendig macht. Die Nettoinvestition oder Veränderung des Kapitalstocks $dK/dt = \dot{K}$ entspricht zu jedem Zeitpunkt der Differenz zwischen Bruttoinvestition I und Ersatzinvestition vK. Berücksichtigt man $I = sY$ und dividiert durch den Kapitalgutbestand K, so ergibt sich die Wachstumsrate des Kapitalstocks in Abhängigkeit von der Kapitalproduktivität Y/K:

$$\frac{\dot{K}}{K} = s\left(\frac{Y}{K}\right) - v$$

Vorausgesetzt wird weiter, dass die Bevölkerung N mit der exogen vorgegebenen Rate n wächst. Unter der Zusatzannahme einer konstanten Erwerbsquote nimmt daher das Arbeitsangebot L mit derselben Rate zu:[25]

$$\frac{\dot{L}}{L} = \frac{\dot{N}}{N} = n$$

---

[24] Es wird damit eine Wirtschaft mit vollständiger Konkurrenz unterstellt. Kein einzelner Marktteilnehmer kann also die systemweiten relativen Preise (Kapitalrendite oder Zins, Reallohn) beeinflußen. Der Zins als Faktorpreis des Kapitalgutes entspricht dem Grenzprodukt des Kapitals und der Reallohn als Faktorpreis der Arbeit stimmt mit dem Grenzprodukt der Arbeit überein. Detaillierte Darstellungen der grundlegenden Annahmen und Implikationen der (mit der neoklassischen Wachstumstheorie somit verknüpften) Theorie der Wettbewerbswirtschaft finden sich in Lehrbüchern der Mikroökonomik (Mas-Colell et al. 1995; Neumann 1995; Varian 1992).

[25] Bei Vollbeschäftigung entspricht die Erwerbsquote dem Anteil des tatsächlichen Arbeitsangebotes am potentiellen Arbeitsangebot.

Die Güterproduktion pro Periode wird durch eine makroökonomische Produktionsfunktion $Y(t) = F(K(t), L(t))$ bestimmt, die zweifach stetig differenzierbar und streng konkav in beiden Produktionsfaktoren ist:[26]

$$F_K = \frac{\partial F}{\partial K} > 0, F_L = \frac{\partial F}{\partial L} > 0, F_{KK} = \frac{\partial^2 F}{\partial K^2} < 0, F_{LL} = \frac{\partial^2 F}{\partial L^2} < 0$$

Üblicherweise wird darüber hinaus unterstellt, dass die Produktionsfunktion linear homogen ist und daher konstante Skalenerträge aufweist.[27] Bei einer μ-fachen Faktorvariation gilt also

$$F(\mu K, \mu L) = \mu F(K, L) = \mu Y \quad \text{für} \quad \mu \geq 0$$

Damit sind die partiellen Produktionselastizitäten der Faktoren durch $\alpha = (K/Y) F_K$ und $1 - \alpha = (L/Y) F_L$ bestimmt.[28] Durch die Wahl von $\mu = 1/L$ resultiert zudem der Pro-Kopf-Output oder die Arbeitsproduktivität $y = Y/L$ als streng konkave Funktion der durch $k = K/L$ definierten Kapitalintensität (d. h. Kapitaleinsatz pro Arbeiter):

$$y = f(k) \text{ mit } f(0) = 0, \lim_{k \to \infty} f(k) = \infty \text{ und } f'(k) > 0, f''(k) < 0 \text{ für } 0 < k < \infty$$

Das Grenzprodukt des Kapitals ist damit $F_K = f'(k)$, während das Grenzprodukt der Arbeit als $F_L = f(k) - kf'(k)$ geschrieben werden kann. Die angegebenen Eigenschaften der Funktion $f(\cdot)$ reflektieren die Merkmale neoklassischer Produktionsfunktionen:[29] Ohne Kapital kann kein Output produziert werden, der Output pro Arbeitseinheit wächst unbegrenzt mit zunehmender Kapitalintensität, die Grenzproduktivität des Kapitals ist immer positiv und sinkt mit wachsender Kapitalintensität. Aus formalen Gründen werden diese Eigenschaften üblicherweise durch zwei weitere Be-

---

[26] Eine Produktionsfunktion ist eine reellwertige Repräsentation der effizienten Produktionsprozesse. Wird nur ein Gut erzeugt, so ordnet sie jeder Kombination von Inputs (Einsatzmengen der Produktionsfaktoren) genau eine Outputmenge zu.

[27] Generell besitzt eine Produktionsfunktion konstante, abnehmende oder zunehmende Skalenerträge, wenn bei einer proportionalen Faktorvariation (d.h. einer Veränderung der Verbrauchsmengen aller Produktionsfaktoren um eine identische Rate) die erzeugte Gütermenge mit der gleichen, einer geringeren oder einer größeren Rate variiert. Weist eine Produktionsfunktion über den gesamten Definitionsbereich entweder konstante, abnehmende oder zunehmende Skalenerträge auf, so liegt eine linear homogene, unter-linear homogene oder über-linear homogene Produktionsfunktion vor.

[28] Die (partielle) Produktionselastizität eines Faktors gibt näherungsweise an, um wieviel Prozent die Produktion zunimmt, wenn der Einsatz des betrachteten Faktors um ein Prozent steigt. Die Summe der Produktionselastizitäten heißt Skalenelastizität der Produktion; bei homogenen Funktionen entspricht sie dem Homogenitätsgrad.

[29] Das Standardbeispiel für eine neoklassische Produktionsfunktion ist die Cobb-Douglas Funktion $Y = AK^\alpha L^{1-\alpha}$ mit $A > 0$ und $0 < \alpha < 1$.

dingungen ergänzt:

$$\lim_{k \to 0} f'(k) = \infty \quad \text{und} \quad \lim_{k \to \infty} f'(k) = 0$$

Bei verschwindender Kapitalintensität wird also die Grenzproduktivität des Kapitals unendlich groß, sie verschwindet aber bei unbegrenztem Wachstum der Kapitalintensität. Die beiden Zusatzbedingungen sichern die Existenz und Eindeutigkeit eines gleichgewichtigen Wachstumszustandes im betrachteten Modell.

6.3.2 Implikationen des Grundmodells

Auf der Grundlage dieser Charakterisierung einer Wettbewerbswirtschaft lassen sich zunächst die Determinanten des Wachstums der Produktionsmöglichkeiten identifizieren. Die Wachstumsrate des Sozialproduktes oder Realeinkommens erhält man nach Ableitung der Produktionsfunktion nach der Zeit und Division durch Y:

$$\frac{\dot{Y}}{Y} = F_K \frac{\dot{K}}{Y} + F_L \frac{\dot{L}}{Y}$$

Bei Verwendung der partiellen Produktionselastizitäten $1 - \alpha = (L/Y) F_L$ sowie $\alpha = (K/Y) F_K$ und entsprechender Erweiterung zeigt sich erwartungsgemäß, dass die Wachstumsrate des Sozialproduktes $(\dot{Y}/Y)$ mit der Wachstumsrate des Kapitalbestandes $(\dot{K}/K)$ und der Wachstumsrate des Arbeitseinsatzes $(\dot{L}/L = n)$ zunimmt:[30]

$$\frac{\dot{Y}}{Y} = \alpha \frac{\dot{K}}{K} + (1 - \alpha) \frac{\dot{L}}{L} = \alpha (s(\frac{Y}{K}) - v) + (1 - \alpha) n$$

wobei die rechte Seite aus den angegebenen Raten des Kapitalwachstums und der Bevölkerungsentwicklung folgt. Gleichgewichtiges Wachstum lässt sich als Zustand auffassen, in dem die Wachstumsrate des Outputs bei exogen gegebenen Größen konstant ist.[31] Gleichgewichtiges Wachstum erfordert, dass sich Realeinkommen Y und Kapitalstock K mit der gleichen konstanten Rate ändern wie die Bevölkerung N:

---

[30] Weil die Faktoren K und L annahmegemäß nach ihren Grenzprodukten entlohnt werden, können die Produktionselastizitäten auch als funktionale Einkommensquoten interpretiert werden. Somit repräsentiert α den Anteil des Kapitals (Profitquote) und $1 - \alpha$ den Anteil der Arbeit (Lohnquote) in der funktionalen Einkommensverteilung der betrachteten Wettbewerbswirtschaft.

[31] Gleichgewichtiges Wachstum wird auch als "steady state" bezeichnet. Ein solcher dauerhafter Zustand ist charakterisiert durch ein stetiges Wachstum der relevanten Variablen mit konstanten (aber nicht notwendigerweise identischen) Raten. Bei Übereinstimmung der Wachstumsraten der wesentlichen Variablen spricht man von "balanced growth".

$$\frac{\dot{Y}}{Y} = \frac{\dot{K}}{K} = n$$

Neben dem Kapitalbestand K, Arbeitseinsatz L und Sozialprodukt Y wächst in diesem Gleichgewichtszustand auch der Konsum X mit der Rate n. Bei einer solchen gleichförmigen Expansion mit der modellexogenen Wachstumsrate der Bevölkerung nehmen das Sozialprodukt pro Kopf oder die Arbeitsproduktivität $y = Y/L = f(k)$, die Kapitalproduktivität $Y/K = f(k)/k$ und der Pro-Kopf-Konsum X/L stationäre Werte an.

Wegen der Identität der Wachstumsraten von Produktion, Kapital und Arbeit besteht bei gleichgewichtigem Wachstum auch eine Konstanz der Kapitalintensität $k(t) = K(t)/L(t)$. Diese Erkenntnis kann als Ausgangspunkt für eine genauere Untersuchung des Gleichgewichtswachstums dienen. Um die Zusammenhänge zwischen der tatsächlichen und der gleichgewichtigen Wachstumsrate herauszuarbeiten, wird die Kapitalintensität nach der Zeit t abgeleitet:

$$\dot{k} = \frac{L\dot{K} - \dot{L}K}{L^2} = \frac{sY - vK}{L} - nk = sy - vk - nk = sf(k) - (n+v)k$$

wobei nacheinander $\dot{K} = sY - vK$ und $y = Y/L = f(k)$ eingesetzt wurden. Weil bei gleichgewichtiger Expansion die Kapitalintensität den konstanten Wert k^* annimmt, gilt $\dot{k} = 0$ und somit

$$sf(k^*) = (n+v)k^*$$

Das gleichgewichtige Wachstum ist stabil: Bei $k < k^*$ wird mehr investiert als für die Beibehaltung der bisherigen Kapitalintensität nötig ist und deswegen nimmt die Kapitalintensität im Zeitablauf zu ($\dot{k} > 0$). Dagegen wird bei $k > k^*$ zu wenig zur Aufrechterhaltung der bestehenden Kapitalintensität investiert und es findet daher eine genau umgekehrte Anpassung ($\dot{k} < 0$) statt. Aus neoklassischer Sicht besteht somit langfristig eine Tendenz zu einem Zustand gleichgewichtigen Wachstums.

Die fundamentale Bewegungsgleichung der neoklassischen Wachstumstheorie impliziert dabei auch, dass ein beschleunigtes Populationswachstum bei gegebener Sparquote das Wachstum der Kapitalintensität bremst.[32] Dieser negative Zusammenhang scheint übrigens auch dann zu gelten, wenn man Variationen der Sparquote in

---

[32] Dividiert man die Differentialgleichung durch die Kapitalintensität $k = K/L$, so erhält man $\dot{k}/k = \dot{K}/K - n = s(Y/K) - v - n$ für die Wachstumsrate der Kapitalintensität. Bei gegebener Sparquote s sinkt danach die Wachstumsrate der Kapitalintensität bei einer erhöhten Populationszunahme.

Abhängigkeit von der Bevölkerungsentwicklung zulässt.[33] Die Reduktion der Kapitalintensität durch eine Steigerung der Bevölkerungswachstumsrate senkt die Höhe des Sozialproduktes pro Kopf. Steinmann (1986) spricht daher von einer "Trade-Off-Beziehung" zwischen Lebensstandard und der Wachstumsrate der Population im neoklassischen Modell. Somit charakterisiert eine pessimistische Grundhaltung zum bevölkerungsökonomischen Zusammenhang offenbar nicht nur die malthusianische Theorie, derzufolge eine solche Beziehung zwischen Lebensstandard und Populationsgröße besteht. Jedoch halten die Neoklassiker ein langfristiges Wachstum der Bevölkerung für möglich, weil durch Kapitalakkumulation und Kapitaleinsatz ein bestimmter Lebensstandard erreicht und beibehalten werden kann.

Weil sich unter den Bedingungen des Modells die ökonomische Entwicklung stets der Wachstumsrate der Population anpaßt, ergibt sich auch nach einer Erhöhung der Sparquote langfristig ein entsprechendes Wirtschaftswachstum (s. hierzu und zum folgenden Neumann 1994: 15). Allerdings steigen bei einer isolierten Zunahme der Sparquote – im Vergleich zum ursprünglichen Gleichgewichtszustand – das Pro-Kopf-Sozialprodukt und die Kapitalintensität jeweils auf ein höheres Gleichgewichtsniveau. Da die Größe der Produktion (im Gegensatz zu ihrer Wachstumsrate) durch die Sparquote beeinflussbar erscheint, stellt sich die Frage nach der "besten" Sparquote und damit den Bedingungen für eine optimale Kapitalbildung der Ökonomie bei exogenem Populationswachstum.

6.3.3 Goldene Regel der Kapitalakkumulation

Eine erste Antwort auf die Frage nach der optimalen Sparquote bei gegebenem Bevölkerungswachstum stammt von verschiedenen Autoren (Allais; Phelps; Robinson; von Weizsäcker). Ausgangspunkt ist dabei das beschriebene Modell der Kapitalbildung. Auf Grund der Exogenität der Sparquote sucht man in diesem Ansatz zuerst diejenige gleichgewichtige Kapitalintensität, die den Pro-Kopf-Konsum maximiert und bestimmt dann auf dieser Grundlage die korrespondierende Sparquote. Dazu wird zunächst der Pro-Kopf-Konsum $x = X/L$ als Funktion der Kapitalintensität k ausgedrückt. Auf Grund der eingeführten Beziehungen gilt:

$$x = (1-s)\frac{Y}{L} = f(k) - sf(k) = f(k) - (n+v)k - \dot{k}$$

Weil jeder gleichgewichtige Wachstumsprozess mit Faktoreinsatzverhältnis k^* definitionsgemäß $\dot{k} = 0$ erfüllt, ist $x(k^*) = f(k^*) - (n+v)k^*$ zu maximieren. Notwendig und hinreichend für ein Maximum sind

---

[33] Felderer und Sauga (1988: 101-112) belegen diese Aussage durch die Kombination von Modigliani und Andos (1963) Lebenszyklus-Hypothese der Ersparnisbildung mit verschiedenen empirischen Befunden. Danach erhöht zwar eine Steigerung der Bevölkerungswachstumsrate die Sparquote. Jedoch ist dieser positive Zusammenhang zwischen Bevölkerungsbewegung und Sparquote insgesamt zu schwach, um die durch das Populationswachstum induzierte Senkung der Kapitalintensität zu dominieren.

$$f'(k^*)-(n+v)=0 \quad \text{und} \quad f''(k^*)<0$$

Zur Maximierung des Konsums pro Kopf muss demnach die gleichgewichtige Kapitalintensität k^* so gewählt werden, dass das Grenzprodukt des Kapitals $f'(k^*)$ genau der Summe von Abschreibungsrate v und Populationswachstumsrate n entspricht. Alternativ gesagt: Beim Vergleich zwischen Zuständen gleichgewichtigen Wachstums stellt dasjenige Faktoreinsatzverhältnis den höchsten Pro-Kopf-Konsum sicher, bei dem $f'(k^*) - n = v$ erfüllt ist. Demnach muss der "Realzins" (d. h. die Grenzproduktivität des Kapitals abzüglich der Abschreibungsrate) zur Sicherstellung des größtmöglichen Lebensstandards mit der Wachstumsrate der Wohn- und Arbeitsbevölkerung (und somit der gleichgewichtigen Wachstumsrate des Sozialprodukts) übereinstimmen. Phelps (1967) bezeichnet diese Bedingung als die "Goldene Regel der Kapitalakkumulation". Weil bei gleichgewichtigem Wachstum zudem $(n + v) = sf(k^*) / k^*$ erfüllt ist, ergibt sich daraus eine Folgerung über die Höhe der Sparquote:

$$U(x(t))\,exp(-\rho t)\,dt \quad \text{mit} \quad s = \frac{f'(k^*)k^*}{f(k^*)} = \frac{f'(k^*)}{(f(k^*)/k^*)}$$

Da generell $F_K = f'(k)$ und $Y/K = f(k)/k$ gelten, erfordert ein maximaler Pro-Kopf-Konsum somit, dass die Sparquote s mit der Produktionselastizität des Kapitals $\alpha = (K/Y) F_K$ zusammenfällt.[34] Bei entsprechender Sparquote erfolgt eine stetige Kapitalakkumulation und Expansion der betrachteten Modellwirtschaft bei vorgegebener Wachstumsrate der Bevölkerung bei gleichzeitig bester Konsumversorgung.

Zu bedenken ist allerdings, dass die Sparquote hierbei keine endogene Größe ist. Das Modell konzentriert sich ja auf das Wachstum der Produktionsmöglichkeiten (Angebotsseite) unter Vernachlässigung der Präferenzen der Wirtschaftssubjekte (Nachfrageseite). Die Goldene Regel identifiziert zwar eine optimale Sparquote, hilft aber nicht bei ihrer Etablierung. Zur Erklärung der Entscheidungen über die Sparquote wurde daher das beschriebene Modell der Kapitalakkumulation im Gefolge von Ramseys (1928) wegweisendem Beitrag erweitert. Die resultierende Theorie des optimalen Wachstums gibt eine generellere Antwort auf die Frage nach der optimalen Sparquote, die auch aus bevölkerungsökonomischer Sicht interessant ist.

6.3.4 Theorie des optimalen Wachstums

Ausgangspunkt dieser Theorie (Cass 1965; Uzawa 1964) ist die unrealistische Annahme, dass sämtliche Individuen über vollkommene Voraussicht verfügen und dabei

---

[34] Zur Gewährleistung eines maximalen Pro-Kopf-Konsums bei gleichgewichtigem Wachstum mit vorgegebener Bevölkerungsänderungsrate hat die Sparquote also der Profitquote zu entsprechen. Damit ist diejenige Sparquote optimal, bei der die unter vollständiger Konkurrenz erzielten Kapitalerlöse jeweils gespart und wieder investiert werden.

gleiche Präferenzen im Hinblick auf Konsum und Sparen besitzen. Postuliert wird daher eine intertemporale Nutzenfunktion eines repräsentativen Individuums mit unendlichem Zeithorizont, welche die aktuellen Präferenzen für den Konsum in der Gegenwartsperiode $t = 0$ und den Zukunftsperioden abbildet. Eine intertemporale Nutzenfunktion erweitert das Konzept der strikt konkaven Nutzenfunktion $U(x)$ auf mehrere Perioden, wobei einige wichtige und keineswegs unproblematische Zusatzvoraussetzungen getroffen werden. So bleibt die Bedarfsstruktur im Zeitablauf konstant, der Nutzen des Konsums einer Periode ist unabhängig von dem in anderen Perioden und der Periodennutzen lässt sich jeweils kardinal messen. Weiter wird unterstellt, dass der Nutzen gegenwärtigen Konsums höher eingeschätzt wird als der Nutzen künftigen Konsums. Die Nutzenminderschätzung für zukünftige Perioden wird hierbei durch einen exponentiellen Diskontierungsfaktor ausgedrückt, wobei eine invariante Zeitpräferenzrate ρ als Diskontsatz dient. Bei ungewisser Lebensdauer und stetiger Zeitmessung lautet die intertemporale Nutzenfunktion des typischen Akteurs damit

$$V = \int_0^\infty U(x(tp)) \cdot \exp(-\rho t) dt \quad mit \quad U'(x) < 0 \quad für \quad x > 0$$

Zur Bestimmung der Bedingungen optimalen Wirtschaftswachstums wird vereinfachend Haltbarkeit des Kapitalstocks unterstellt ($v = 0$) und dann die intertemporale Nutzenfunktion unter der Nebenbedingung der fundamentalen Differentialgleichung der neoklassischen Wachstumstheorie maximiert:[35]

$$\max \int_0^\infty U(x(tp)) \cdot \exp(-\rho t) dt \quad bei \quad k = f(k) - x - nk$$

Die grundlegende Idee der Theorie optimalen Wachstums ist damit, die Entwicklung der Kapitalintensität k durch die Wahl des Pro-Kopf-Konsums x nutzenmaximierend zu steuern. Beschränkt man sich auf das Szenario, in dem der Konsum pro Kopf positiv ist und die Pro-Kopf-Produktion $y = f(k)$ nicht überschreitet ($0 < x < y$), so ergibt sich ein eindeutiges Gleichgewicht (k^*, x^*), das durch

$$f'(k^*) = \rho + n \quad und \quad x^* = f(k^*) - nk^*$$

---

[35] Es handelt sich um ein dynamisches Optimierungsproblem (Dixit 1990; Intriligator 1971). Eine umfassende Darstellung von Lösungsverfahren der optimalen Kontrolltheorie mit vielen ökonomischen Beispielen geben Feichtinger und Hartl (1986). Sie behandeln dabei auch die neoklassische Theorie optimalen Wirtschaftswachstums.

bestimmt ist (für die Herleitung s. Feichtinger, Hartl 1986: 206). Im Optimum besteht somit Konstanz der Kapitalintensität, sodass der Kapitalstock mit der Rate der Bevölkerungszunahme n wächst (s. hierzu und zum folgenden Neumann 1994: 25–26). Gemäß der ersten Gleichgewichtsbedingung ergibt sich die Höhe der optimalen Kapitalintensität k^* aus der Übereinstimmung des Grenzproduktes des Kapitals $f'(\cdot)$ mit der Summe aus der Bevölkerungswachstumsrate n und der Zeitpräferenzrate ρ, welche die Dringlichkeit gegenwärtigen Konsums ausdrückt. Bei gegebener Zunahmerate der Population reduziert eine höhere Zeitpräferenzrate zwar die Kapitalintensität, geht aber mit einem größeren Grenzprodukt des Kapitals einher. Weil annahmegemäß die Faktoren nach ihren Grenzprodukten entlohnt werden, schlägt sich eine gestiegene Zeitpräferenzrate damit in einer Erhöhung des Zinses nieder. Der Zins erscheint aus dieser Perspektive als Gleichgewichtspreis, der aus den Spar- und Investitionsentscheidungen in der betrachteten Wettbewerbswirtschaft resultiert.

Zur Diskussion weiterer Implikationen des (diesen Entscheidungen zugrunde liegenden) Optimierungskalküls ist die Reformulierung der zweiten Gleichgewichtsbedingung $f(k^*) - x^* - nk^* = 0$ mithilfe der Beziehung $sf(k^*) = f(k^*) - x^*$ sinnvoll. Nach Einsetzen und Umstellen ergibt sich eine Folgerung über die Höhe der Sparquote, welche die Goldene Regel der Kapitalakkumulation als Spezialfall enthält:

$$s = \frac{nk^*}{f(k^*)} = \frac{n}{(f(k^*)/k^*)}$$

In der Theorie optimalen Wachstums entspricht die Sparquote demnach dem Verhältnis zwischen der Wachstumsrate der Bevölkerung (oder der Zuwachsrate des Sozialproduktes) und dem Durchschnittsprodukt des Kapitals (Kapitalproduktivität). Letzteres ist umso geringer, je kleiner das Grenzprodukt des Kapitals ist. Da das Grenzprodukt des Kapitals mit einer geringeren Zeitpräferenzrate ρ fällt, sinkt auch das Durchschnittsprodukt des Kapitals bei einer reduzierten Zeitpräferenzrate. Deshalb wird die Sparquote s bei einer gegebenen Bevölkerungswachstumsrate n umso höher sein, je geringer die Zeitpräferenzrate ρ ist.

Schließlich kann man die Frage nach den Effekten einer Veränderung der Rate der Bevölkerungszunahme bei optimalem Wirtschaftswachstum stellen. Neumann (1994: 107) präsentiert eine entsprechende komparativ-statische Analyse. Danach senkt eine erhöhte Rate des Populationswachstums immer die optimale Kapitalintensität. Jedoch hat eine größere Bevölkerungswachstumsrate unter den getroffenen Annahmen keinen eindeutigen Effekt auf die optimale Sparquote. Nur bei Erfüllung zusätzlicher Voraussetzungen (Kap. 6.5.1) wird die Sparquote bei gegebener Zeitpräferenzrate umso höher liegen, je größer die Wachstumsrate der Bevölkerung ist.

Alle diese Folgerungen gelten für den optimalen Expansionspfad einer stark idealisierten Modellwirtschaft. Es überrascht daher nicht, dass neben der Theorie optimalen Wachstums noch andere Modifikationen des neoklassischen Grundmodells vorgeschlagen wurden. Mit der Einführung des technischen Fortschritts in das Basismodell wird nun eine Erweiterung näher betrachtet, die aus bevölkerungsökonomischer Sicht besonders wichtig ist.

6.3.5 Exogener technischer Fortschritt

Das neoklassische Grundmodell und die Theorie optimalen Wachstums sagen eine negative Beziehung zwischen der Bevölkerungswachstumsrate und der Kapitalintensität (und damit dem Pro-Kopf-Einkommen) voraus. Empirische Untersuchungen für jeweils einzelne Industrieländer konnten aber keinen eindeutigen und statistisch signifikanten Zusammenhang zwischen der Rate des Populationswachstums und dem Pro-Kopf-Einkommen nachweisen.[36]

Das neoklassische Grundmodell impliziert weiter eine langfristig gegen Null fallende Wachstumsrate der Kapitalausstattung pro Arbeiter. Die empirische Evidenz spricht gegen dieses Modellresultat. Die Wachstumsraten der Kapitalintensität in den Vereinigten Staaten während der letzten beiden Jahrhunderte waren positiv, sodass man (aus der Perspektive des Modells) gleichgewichtiges Wachstum mit einer von Null verschiedenen Rate diagnostizieren muss (Vanini 1996).

Zur Erklärung derartiger Befunde kann man das neoklassische Basismodell durch die Annahme exogenen technischen Fortschritts erweitern.[37] Dabei wird die Erweiterung technologischen Wissens als die Verminderung der Inputs bei konstantem Output oder die Steigerung des Outputs bei konstanten Inputs konzeptualisiert. Technischer Fortschritt erhöht also die Produktivität des Faktoreinsatzes in der Zeit t, sodass die Produktionsfunktion nun $Y(t) = F(K(t), L(t), t)$ lautet. Der technische Fortschritt kann sich dabei unterschiedlich auf die Inputfaktoren auswirken. Ist der Fortschritt rein arbeitserhöhend (oder Harrod-neutral), dann besitzt die Produktionsfunktion folgende Form:[38]

$$Y(t) = F(K(t), L(t), t) = F(K(t), A(t)L(t)) \quad mit \quad \frac{\dot{A}}{A} = a > 0,$$

wobei $A > 0$ den Index der Technologie bezeichnet, der eine konstante Steigerungsrate a aufweist. Trifft man nun die übrigen Annahmen des neoklassischen Grundmodells (Kap. 6.3.1), so ergeben sich insbesondere die folgenden Resultate:

---

[36] Nach Felderer und Saugas (1988: 120-122) Zusammenfassung der empirischen Literatur variieren die Ergebnisse insbesondere mit dem betrachteten Zeithorizont. So zeigen sich schwach negative Zusammenhänge in Studien, die die Bevölkerungswachstumsrate mit der Pro-Kopf-Einkommensentwicklung des gleichen Jahres verknüpfen. Schwach positive Effekte finden sich dagegen in Untersuchungen, welche die Beziehung beider Variablen unter Berücksichtigung der zeitlichen Verzögerung (z. B. 15 Jahre) bezüglich des Arbeitsbeginns der Neugeborenen analysieren. Im Unterschied zu vielen älteren Beiträgen betrachten neuere Arbeiten (Barro 1991; Mankiw, Romer und Weil 1992) das Wirtschaftswachstum im Länderquerschnitt. Entsprechende Regressionsanalysen weisen auf negative Zusammenhänge zwischen der Rate des Populationswachstums und dem Niveau wie auch der Wachstumsrate des Pro-Kopf-Einkommens hin.

[37] Eine ausführliche Präsentation verschiedener Aspekte und Spielarten des technischen Fortschritts in Wachstumsmodellen findet sich bei Neumann (1994: 29-59). Steinmann (1986) diskutiert bevölkerungsökonomische Modelle mit exogenem und endogenem technischen Fortschritt.

[38] Technischer Fortschritt ist neutral, wenn die funktionale Einkommensverteilung trotz der Erweiterung des technischen Wissens konstant bleibt. In der Literatur finden sich verschiedene Definitionen eines neutralen technischen Fortschritts (Rose 1984). Harrod-Neutralität liegt vor, falls der technische Fortschritt bei gegebenem Grenzprodukt des Kapitals F_K den Kapitalkoeffizienten $K/Y = k/f(k)$ nicht verändert.

- Bei rein arbeitserhöhendem technischen Fortschritt mit konstanter Rate a und exogen gegebener Populationswachstumsrate n besteht eine langfristige Konvergenz zu einem eindeutigen gleichgewichtigen Wachstumszustand.
- Bei gleichgewichtiger Expansion wachsen der Kapitalstock K, der Konsum X und das Sozialprodukt Y alle mit der Rate $n + a$, während sich die Arbeitseinsatz L mit der Bevölkerungswachstumsrate n ändert.
- Die Kapitalintensität $k = K/L$, das Pro-Kopf-Einkommen $y = Y/L$ und der Pro-Kopf-Konsum $x = X/L$ entwickeln sich bei gleichgewichtigem Wachstum allesamt mit a, der Wachstumsrate des exogenen technischen Fortschritts. Letztere kann man als Zuwachsrate der Arbeitsproduktivität interpretieren.
- Die Größen $\hat{k} = k/A, \hat{y} = Y/AL = f(\hat{k})$ und $\hat{x} = (1-s)\hat{y}$ sind bei gleichgewichtigem Wachstum allesamt konstant.
- Die goldene Regel der Kapitalakkumulation lautet nun $f'(\hat{k}^*) - v = n + a$, sodass die korrespondierende Sparquote durch $s = (\hat{k}^*)f'(\hat{k}^*)/f(\hat{k}^*)$ bestimmt ist (und daher wiederum der Profitquote entspricht).

Diese Folgerungen verallgemeinern wesentliche Implikationen des neoklassischen Basismodells. Bei exogenem technischen Fortschritt nimmt die Kapitalausstattung pro Kopf im Wachstumsprozess exponentiell zu, während im ursprünglichen Modell eine konstante Kapitalintensität resultiert. Eine kontinuierliche Erweiterung des technischen Wissens ermöglicht damit ein positives Gleichgewichtswachstum auch bei einer stagnierenden Population ($n = 0$). Ist der technische Fortschritt hinreichend rapide, so kann ein Zustand permanenten Wachstums sogar dann realisiert werden, wenn eine schrumpfende Bevölkerung ($n < 0$) vorliegt.

Die wichtige Rolle technischer Neuerungen zeigt sich u. a. daran, dass die gleichgewichtige Wachstumsrate des Pro-Kopf-Einkommens (und des Pro-Kopf-Konsums) nun positiv ist. Die Entwicklung des Lebensstandards wird danach entscheidend von der Variation des technischen Wissens geprägt. Weil Letztere auch die Wachstumsrate der Kapitalintensität bestimmt, kompensieren Effizienzgewinne im Produktionsprozess offenbar die negative Beziehung zwischen Bevölkerungsentwicklung und Kapitalbildung, welche bei Vernachlässigung des technischen Fortschritts noch zentrale Bedeutung besitzt.[39] Insgesamt erscheint der technische Fortschritt deswegen als eine zentrale Variable im ökonomischen Wachstumsprozess, die den Bevölkerungspessimismus der Malthusianischen Theorie weiter abschwächt.[40] Im Unterschied zu Malthus' Theorie enthalten die präsentierten Versionen des neoklassischen Ansatzes jedoch praktisch keine Überlegungen zu Determinanten der Bevölkerungs-

---

[39] Vorhersagen des (durch Harrod-neutralen technischen Fortschritt) erweiterten Modells korrespondieren daneben mit einigen anderen "stilisierten Fakten" des Wachstumsprozesses der Industrieländer. Neumann (1994: 41) erwähnt u. a. folgende Befunde: Trotz Schwankungen läßt sich kein Trend von Kapitalkoeffizient und funktionaler Einkommensverteilung nachweisen. Dagegen nehmen langfristig der Reallohn und die Kapitalintensität entsprechend der durchschnittlichen Arbeitsproduktivität zu.

[40] Aufgrund der Bedeutung des technischen Fortschritts stellt sich die Frage nach seinen Bestimmungsgründen. Felderer und Sauga (1988: 123-180) beschreiben einige ökonomische Theorien zu Determinanten von Effizienzgewinnen im volkswirtschaftlichen Produktionsprozeß. Die dort referierten Theorien implizieren u. a., dass eine Bevölkerungszunahme einen positiven Einfluß auf die Rate des technischen Fortschritts ausübt, der sich mit zunehmender wirtschaftlicher Entwicklung jedoch abschwächt.

entwicklung.[41] Derartige Bestimmungsgründe sind erst durch die Entwicklung verschiedener Fertilitätstheorien im Rahmen der Familienökonomik zu einem festen Bestandteil der modernen Wirtschaftstheorie geworden.

6.4 Einige Modelle der Fertilität

Auf Grund der Fortschritte der Medizin und der Perfektionierung der Geburtenkontrolle kann heutzutage kaum mehr bezweifelt werden, dass der menschlichen Fortpflanzung mehr oder weniger bewusste Entscheidungen zu Grunde liegen. Auch in der Vergangenheit scheint eine nicht unerhebliche Kontrolle der Fertilität durch verschiedene Praktiken (z. B. primitive Verfahren der Abtreibung, Tötung von schwachen und missgebildeten Kindern) sowie mehr oder weniger festgeschriebene Normen (z. B. Regeln über ökonomische Voraussetzungen der Eheschließung, Bestimmungen zum Heiratsalter) bestanden zu haben (Felderer, Sauga 1988; Gies, Gies 1987). Es verwundert daher nicht, dass während der letzten vier Jahrzehnte verschiedene ökonomische Theorien der Fertilität im Lebenszyklus vorgelegt wurden.

Eine begrenzte Auswahl dieser Theorien wird im Folgenden näher betrachtet.[42] Zunächst wird ein auf Easterlin (1968, 1973) zurückgehender Ansatz besprochen, dem zufolge ökonomische Gegebenheiten während der Jugend die subjektiven Einstellungen zu Kindern prägen und damit spätere Fertilitätsentscheidungen beeinflussen (Kap. 6.4.1). Weil dieses Modell intergenerationale Variationen der Präferenzen für Kinder zulässt, liefert es einen Anknüpfungspunkt zum Gedankengut verschiedener Nachbardisziplinen (z. B. Soziologie, Sozialpsychologie). Es steht dadurch aber im Kontrast zu preistheoretischen Fertilitätsmodellen (Becker 1960, 1991; Becker, Lewis 1973; Mincer 1963; Willis 1973), die stabile Präferenzen für Kinder unterstellen unbd als Teiltheorien der "Neuen Haushaltsökonomik" ("New Home Economics") aufzufassen sind. Die zentralen Elemente dieses Ansatzes zur ökonomischen Analyse von Haushaltsentscheidungen sowie damit verknüpfte Fertilitätsmodelle stehen im Mittelpunkt der weiteren Ausführungen (Kap. 6.4.2 und 6.4.3).[43]

---

[41] Allerdings endogenisiert Niehans (1963) die Bevölkerungsentwicklung im Rahmen eines neoklassischen Grundmodells mit Cobb-Douglas Produktionstechnologie. Die wesentliche Modifikation besteht dabei in dem Postulat, dass die Wachstumsrate jedes Produktionsfaktors jeweils positiv linear von der Differenz zwischen dem tatsächlichen Faktorpreis (Grenzproduktivität) und einem gegebenen minimalen Faktorpreis abhängt. Nachweisen läßt sich dann die Existenz eines gleichgewichtigen Wachstumspfades, der bei konstanten und abnehmenden Skaleneffekten stabil ist. Eine moderne Darstellung des Niehans-Ansatzes bietet Schmitt-Rink (1986).

[42] Nicht behandelt werden z. B. Leibensteins (1957) Übersetzung der Fertilitätsentscheidung in Kosten-Nutzen Größen, Otts (1992) spieltheoretische Konzeptualisierung der Fertilitätsentscheidung, dynamische Optimierungsansätze in der Fertilitätsforschung sowie Arbeiten zum "Timing" und "Spacing" von Kindern (für einen kurzen Überblick s. Montgomery und Trussell 1986). Ausgeklammert bleiben auch Analysen familienpolitischer Maßnahmen zur Beeinflußung des generativen Verhaltens sowie eine systematische Darstellung empirischer Prüfungen theoretischer Fertilitätsmodelle und ihrer Ergebnisse (Zimmermann 1985).

[43] Neben den bereits angeführten Beiträgen existieren verschiedene gute Übersichtsarbeiten, die sich mit diesen und anderen Fertilitätstheorien beschäftigen. Beispiele sind Becker (1989), Bryant (1992), Easterlin (1989), Montgomery und Trussell (1986), Olsen (1994), Schultz (1981) sowie Zimmermann (1986).

6.4.1 Wertvorstellungen über Kinder

Easterlin (1968, 1973, 1980) geht davon aus, dass Kinder und Konsum aus der Sicht potentieller Eltern in einem Zielkonflikt stehen. Seine Fertilitätstheorie beruht zusätzlich auf dem Gedanken, dass die relativen Bewertungen von Kinderzahl und Konsum während einer bestimmten Lebensphase (Sozialisation) geprägt werden, aber danach Stabilität dieser Präferenzen für den gesamten reproduktiven Lebenszyklus besteht. Die Präferenzbildung in der Jugendzeit reflektiert die wirtschaftliche Ausstattung und die Kinderzahl der jeweiligen Elterngeneration. Grob gesprochen beeinflussen Konsumerfahrungen und Geschwisterzahl wesentlich die spätere Gewichtung materieller Güter (relativ zur Nachkommenzahl) in der Nutzenfunktion potentieller Eltern. Unterstellt wird hierbei insbesondere, dass Jugendliche aus Familien mit einem hohen Einkommen und einer kleinen Mitgliederzahl vergleichsweise starke Präferenzen für materielle Güter entwickeln. Diese Wertvorstellungen zu Gunsten von Konsum führen später zu einer geringeren Kinderzahl solcher Personen.

In Anlehnung an Montgomery und Trussells (1986: 251 f.) Darstellung lassen sich diese Überlegungen präziser fassen. Betrachtet wird dazu ein typisches potentielles Elternpaar der Generation t während seines reproduktiven Lebensabschnitts. Angenommen wird, dass es gemeinsame Präferenzen bezüglich der (zur Vereinfachung als stetig betrachteten) Kinderzahl r_t und der Menge x_t eines zusammengesetzten Konsumgutes besitzt.[44] Bei Beschränkung auf das Szenario $r_t, x_t > 0$ lassen sich diese Präferenzen durch eine linear homogene Cobb-Douglas Nutzenfunktion abbilden:

$$U_t = x_t^{\delta_t} r_t^{1-\delta_t}$$

wobei δ_t einen positiven Parameter bezeichnet, der die relative Dominanz der Präferenz für Konsum in der Generation t ausdrückt. Anders formuliert: Der Parameter δ_t repräsentiert das relative Konsuminteresse oder die Konsumansprüche von Generation t. Diese Präferenzintensität ist nichtfallend im Einkommensniveau E_{t-1} der vorherigen Generation t-1, aber nichtsteigend in der damaligen Kinderzahl r_{t-1}:

$$\delta_t = g(r_{t-1}, E_{t-1}) \quad \text{mit} \quad \partial g / \partial r_{t-1} \leq 0, \ \partial g / \partial E_{t-1} \geq 0$$

wobei $0 < g(\cdot) < 1$. Sowohl Konsum als auch Kinder erfordern finanzielle Aufwendungen, die durch die gegebenen Preisindizes p_t und v_t mitbestimmt werden. Die

---

[44] Die Annahme gemeinsamer Präferenzen läßt sich in diesem Zusammenhang eventuell durch die wohl dokumentierte Homogamie-Tendenz ("Gleich und gleich gesellt sich gern") rechtfertigen. Letztere ergibt sich übrigens auch aus Beckers (1991) Theorie des Heiratsmarktes und der Eheschließung ("positive assortative mating"). Die Annahme eines zusammengesetzten Gutes charakterisiert viele familienöko-nomische Arbeiten. Sie beruht auf dem sogenannten "composite good theorem" (Deaton und Muellbauer 1988). Grob gesprochen besagt dieses Theorem, dass eine Aggregation von verschiedenen Gütern zu einem zusammengesetzten Gut dann möglich ist, wenn sich ihre Preise parallel entwickeln. Der Preis des zusammengesetzten Gutes ähnelt dann einem Konsumentenpreisindex.

Zielsetzung potentieller Eltern besteht in der Maximierung der Nutzenfunktion durch die Wahl von Konsum x_t und Kinderzahl r_t für ein gegebenes Einkommen E_t:

$$\max \ x_t^{\delta_t} r_t^{1-\delta_t} \quad \text{bei} \quad E_t = x_t p_t + r_t v_t$$

Als Lösungen ergeben sich die optimalen Nachfragemengen

$$x_t^* = \frac{\delta_t E_t}{p_t} \quad \text{und} \quad r_t^* = \frac{(1-\delta_t)E_t}{v_t}$$

Wegen der Bestimmungsgründe des Konsuminteresses δ_t lässt sich die Nachfrage nach Kinder durch Generation t alternativ schreiben:

$$r_t^* = (1 - g(r_{t-1}, E_{t-1}))(\frac{E_t}{v_t})$$

Auf dieser Grundlage kann man zunächst die Abhängigkeit des Kinderwunsches von Einkommen und Preis untersuchen. Weil ceteris paribus die gewünschte Kinderzahl mit dem verfügbaren Einkommen steigt, sind Kinder hier superiore Güter. Unter sonst gleichen Bedingungen werden danach bessere wirtschaftliche Bedingungen (Verdienstmöglichkeiten) die Geburtenentscheidung fördern. Kinder sind demnach auch normale Güter:[45] Unter sonst gleichen Bedingungen werden weniger Nachkommen bei steigendem Aufwand pro Kind (d. h. einem höheren Preisindex v_t) gewünscht. Neben den Preis- und Einkommenseffekten erlaubt das Modell einige weitere Folgerungen. Bei Konstanz der anderen Größen senken stärkere Konsuminteressen δ_t die Kindernachfrage r_t^* von Generation t. Unter den getroffenen Annahmen fällt aber die Präferenzintensität für Konsum üblicherweise mit r_{t-1}, der Kinderzahl der jeweils letzten Generation t-1. Somit müssten potentielle Eltern aus größeren Familien unter sonst gleichen Bedingungen selbst größere Familien wünschen. Annahmegemäß steigen zudem typischerweise die Konsumansprüche von Individuen der Generation t mit E_{t-1}, dem Einkommensniveau ihrer Eltern. Somit müssten Personen

---

[45] Inferiorität eines Gutes kann nur bei einer nicht-homogenen Nutzenfunktion auftreten. Bei einer homogenen Nutzenfunktion ist deswegen Superiorität (und damit auch Normalität) sofort sichergestellt. Die lineare Homogenität der Nutzenfunktion impliziert zudem, dass die Einkommenselastizität der Kindernach-frage genau Eins beträgt. Unter den getroffenen Voraussetzungen sind Kinder daher weder Luxusgüter noch notwendige Güter.

aus wohlhabenderem Elternhaus ceteris paribus eine geringere Fortpflanzungsbereitschaft aufweisen als Personen aus weniger begüterten Verhältnissen.[46]

Prinzipiell unabhängig von diesem Präferenzbildungsmechanismus und seinen Effekten ist ein Aspekt von Easterlins Ansatz, der sich mit dem Zusammenhang zwischen Kohortengröße und Arbeitsmarktsituation sowie den daraus erwachsenden Folgen für das Fertilitätsverhalten beschäftigt. Sein Grundgedanke ist einfach: Der Wohlstand einer Generation kann negativ von der Größe der Vorläuferkohorte abhängen. Interpretiert man also E_t als Indikator für die ökonomische Wohlfahrt von Generation t und r_{t-1} als die Kohortengröße der vorherigen Generation $t-1$, so gilt $E_t = h(r_{t-1})$ mit $h' \leq 0$. Die Konsequenzen dieser Idee werden sofort deutlich, wenn man die Präferenzbildungslogik ausblendet ($\partial g / \partial r_{t-1} = \partial g / \partial E_{t-1} = 0$), also konstante Konsumansprüche $\delta = \delta_t$ für alle t voraussetzt. Betrachtet man dann $r_t^* = (1-\delta) h(r_{t-1})/v_t$ als die gewählte Kohortengröße der Generation t, so ergibt sich ein negativer Effekt von r_{t-1} auf r_t^*. Unter sonst gleichen Bedingungen ist daher zu erwarten, dass auf eine größere (kleinere) Kohorte jeweils eine kleinere (größere) Kohorte folgt.[47]

Inhaltlich steht dahinter folgende Argumentation: Für eine große Geburtenkohorte ist die gleichaltrige Konkurrenz um knappe Arbeitsplätze groß und daher die Entlohnung vergleichsweise niedrig. Auf Grund der geringeren Einkommen wird eine starke Kohorte daher weniger Nachkommen haben. Durch ihre reduzierte Kohortengröße ergibt sich für die neue Generation eine bessere wirtschaftliche Versorgung als für ihre Eltern. Unter sonst weitgehend analogen Bedingungen (z. B. ähnlichem Wirtschaftswachstum) wird deswegen auf die neue Generation wieder eine zahlenmäßig größere Nachkommenskohorte folgen und der Zyklus kann von neuem beginnen.[48]

Easterlin liefert damit eine Erklärung für die mögliche Dynamik der Fortpflanzungstätigkeit über Generationen. Das Fertilitätsverhalten erscheint aus dieser Perspektive als ein mehr oder weniger selbstregulierender Prozess in einem geschlossenen demographischen System.[49] Verantwortlich ist hierfür die Verknüpfung der Fertilität einer Generation mit den wirtschaftlichen Bedingungen einer späteren Generation. Neben den Überlegungen zur Präferenzbildung und ihren Effekten unterscheidet sich Easterlins Ansatz insbesondere dadurch von statischen Fertilitätsmodellen der Preistheorie.

---

[46] Bei der Analyse von Individualdaten fand Ben-Porath (1975) allerdings wenig Evidenz, die für die Aufnahme des Einkommensniveaus der jeweiligen Vorläufergeneration in die Nachfragefunktion für Kinder spricht.

[47] Unter bestimmten Bedingungen gilt diese Folgerung auch bei Berücksichtigung des Präferenzbildungsmechanismus. Beispielsweise ergibt sich ein entsprechender Gesamteffekt für $\partial g / \partial r_{t-1} = 0$ und $\partial g / \partial E_{t-1} < 0$.

[48] Easterlin (1989) faßt einen Großteil der theoretischen und empirischen Literatur zu diesen Überlegungen zusammen.

[49] Modellierungen solcher Prozesse finden sich u. a. bei Lee (1974) und Samuelson (1976).

6.4.2 Haushaltsproduktion und Kinderzahl

Die preistheoretische Betrachtung der Fortpflanzungsentscheidung kann als Anwendung des Haushaltsproduktionsansatzes im Rahmen der Neuen Haushaltsökonomik aufgefasst werden. Dieser Ansatz geht zurück auf die Formalisierung der Humankapitaltheorie (Becker 1962, 1993; Mincer 1974; Schultz 1959, 1961), die explizite Betrachtung der Konsumtechnologie im Haushalt (Lancaster 1966) sowie die Einbeziehung von Zeitkosten und Produktionstechnologie in das traditionelle Haushaltsmodell (Becker 1965; Muth 1966). In einer Verallgemeinerung der Theorie der optimalen Zeitallokation ergänzt der Haushaltsproduktionsansatz die traditionelle Mikroökonomik durch die Kombination von Elementen der neoklassischen Theorien des Konsums und der Produktion. Aus neoklassischer Sicht tauschen die Firmen ihre Outputs (Güter und Dienstleistungen) letztlich gegen die von Haushalten in den Produktionsprozess eingebrachten Inputs an Arbeit und Kapital.[50] Dabei werden allerdings Vorgänge in Firmen und Haushalten sowie deren institutionelle Einbettung (u. a. Eigentumsrechte) und soziale Vernetzung (Ben-Porath 1980) weitgehend vernachlässigt. Der Haushaltsproduktionsansatz konzentriert sich nun gerade auf die haushaltsinternen Vorgänge.[51] Grundlegend ist dabei die Erkenntnis, dass Konsum generell Zeit erfordert und auch die durch Firmen vermarkteten Produkte häufig nicht sofort Nutzen im privaten Haushalt stiften. Neben Zeitaufwendungen sind sie vielmehr oft Inputs (z. B. Geschirr, Gewürze, Nahrungsmittel) bei der Herstellung nutzenstiftender Güter (z. B. Mahlzeit) im Haushalt. Aus dieser Perspektive erfordert ein adäquates Verständnis der Tauschvorgänge zwischen Haushalten und Firmen die Berücksichtigung der haushaltsinternen Produktions- und Konsumvorgänge.

Weil die preistheoretischen Fertilitätsmodelle vor dem Hintergrund des Haushaltsproduktionsansatzes besser verständlich werden, ist die kurze Diskussion seiner wesentlichen Konzepte und Ideen sinnvoll.[52] Betrachtet wird ein typischer privater Haushalt mit einem einzelnen rationalen Entscheidungsträger (altruistischer Haushaltsvorstand) während einer einzigen vorgegebenen Periode (z. B. Lebenszyklus, Jahr). Angenommen wird, dass der Haushalt über das Besitzeinkommen b verfügt und die (durch die Periodenlänge festgelegte) Gesamtzeit t mit den exogenen Markt-

---

[50] Entsprechend der neoklassischen Standardtheorien des Konsums und der Produktion wird durch gewinnmaximierende Firmen das Marktangebot an Endprodukten hergestellt, während nutzenmaxi-mierende Haushalte die Marktnachfrage nach Endprodukten bestimmen. Zur Gütererzeugung fragen Firmen ihrerseits Produktionsfaktoren nach und Haushalte bieten zur Einkommenserzielung jeweils Arbeitseinsatz und Kapitalnutzung an.

[51] Daneben haben die angesprochenen Mängel der neoklassischen Standardtheorien zu einer differenzierteren Sichtweise von Unternehmungen und zur expliziten Berücksichtigung institutioneller Rahmenbedingungen von Wirtschaftsaktivitäten geführt (Coase 1988; Williamson 1985; Williamson und Winter 1993). Diese Entwicklungen schlagen sich deutlich in der modernen Industrieökonomik (Hay und Morris 1991; Martin 1996) und der Neuen Institutionenökonomik (Richter und Furubotn 1996) nieder.

[52] Eine detaillierte Darstellung des Haushaltsproduktionsansatzes und seiner Spielarten bietet Seel (1991). Zusammenfassungen inhaltlicher und formaler Aspekte verschiedener Modelle geben Deaton und Muellbauer (1988), Gronau (1986) sowie Zimmermann (1985). Interessante Stellungnahmen zu Stärken und Schwächen des Haushaltsproduktionsansatzes sind u. a. Berk (1989) sowie Pollak und Wachter (1975), während lesenswerte Einschätzungen der (insbesondere von Becker geprägten) Familienökonomik z. B. von Ben-Porath (1982), Hannan (1982), Meyer (1987) und Witt (1987) stammen.

löhnen seiner n Mitglieder bewertet. Wenn die Humankapitalausstattung aller Personen konstant bleibt und w_i den Lohnsatz des i-ten Haushaltsmitglieds repräsentiert, dann ergibt sich das volle Einkommen ("full income") durch

$$S = b + \sum_{i=1}^{n} w_i t$$

Letzteres ist das durch vollständigen Zeiteinsatz im Marktsektor potentiell erzielbare Gesamteinkommen des Haushalts. Weiter wird vorausgesetzt, dass der Haushalt hinreichend stabile Präferenzen bezüglich einer relativ kleinen Zahl fundamentaler Güter ("Commodities") wie Altruismus, Gesundheit, Kinder und Prestige besitzt.[53] Diese Präferenzen werden durch eine strikt quasi-konkave Nutzenfunktion $U = U(z_1, ..., z_m) = U(\mathbf{z})$ repräsentiert. Die einzelnen Commodities können nicht auf dem Markt gekauft werden, sodass für sie auch keine Marktpreise existieren. Bei konstanter Humankapitalausstattung seiner Mitglieder stellt der Haushalt vielmehr die Menge z_j von Commodity j mithilfe von Marktgütern und Zeiteinsatz selbst her und ordnet diesem Haushaltsgut den "Schattenpreis" v_j zu, der durch die Grenzkosten der einschlägigen Aktivitäten bestimmt wird.

In Anlehnung an Zimmermann (1986) lassen sich diese Überlegungen präzisieren. Bei gegebenem vollen Haushaltseinkommen S wird der Commodity-Vektor $\mathbf{z}$ mithilfe der Inputs $\mathbf{X}$ bei Verrechnung der Marktpreise $\mathbf{P}$ produziert und konsumiert. Die Haushaltstechnologie wird durch eine zweifach stetig differenzierbare Gesamtkostenfunktion $C = C(\mathbf{P}, \mathbf{z})$ beschrieben, die als konkav in den Inputpreisen und konvex in den Outputmengen angenommen wird. Der Gradient der Kostenfunktion bezüglich der Marktpreise bestimmt das System von Nachfragefunktionen nach Haushaltsinputs: $\mathbf{X} = \partial C/\partial \mathbf{P} = \mathbf{F}(\mathbf{P}, \mathbf{z})$. Dagegen gibt der Gradient der Kostenfunktion bezüglich der Haushaltsgüter die Grenzkosten der Haushaltsproduktion und damit die Schattenpreise an: $\mathbf{v} = \partial C/\partial \mathbf{z} = \mathbf{G}(\mathbf{P}, \mathbf{z})$. Die Maximierung der Nutzenfunktion $U(\mathbf{z})$ unter der Einkommensrestriktion $\mathbf{zv} = C(\mathbf{P}, \mathbf{z}) = S$ führt zu $\mathbf{z} = \mathbf{H}(\mathbf{P}, S)$, dem System der Nachfragefunktionen nach Commodities. Letzteres ergibt sich auch als Lösung von $\mathbf{z} - \mathbf{K}(\mathbf{G}(\mathbf{P}, \mathbf{z}), S) = 0$ in $\mathbf{z}$.

Generell hängen die Schattenpreise der Commodities somit von den Marktpreisen und von den gewünschten Outputmengen ab. Die Bestimmung der Schattenpreise vereinfacht sich jedoch beträchtlich, wenn die Gesamtkosten eine linear separable Funktion der Herstellungskosten jedes einzelnen Haushaltsgutes sind. Eine solche Gesamtkostenfunktion resultiert, wenn bei der Haushaltsproduktion konstante Ska-

---

[53] Die Annahme stabiler Präferenzen reflektiert das (durch Stigler und Becker (1977) betonte) methodologische Prinzip, nach dem Erklärungen auf Variationen prinzipiell beobachtbarer Größen (z. B. Preise, Produktionstechnologie) abstellen sollten und möglichst auf Annahmen über Veränderungen der individuellen Wertvorstellungen verzichten sollten. Becker (1996) reichert diese methodologische Orien-tierung weiter an. Danach ergibt sich bei Berücksichtigung zeitabhängiger Humankapitalstöcke (z. B. für persönliche Erfahrungen und soziale Einflüße) in einer zeitunabhängigen Nutzenfunktion eine Endogenisierung der Präferenzen. Es bleibt abzuwarten, ob diese Methodologie die von manchen Autoren (Witt 1987) geforderte Dynamisierung der Familienökonomik fördert und dabei Erkenntniszuwächse ermöglicht.

lenerträge realisiert und Kuppelproduktionen (wie z. B. Kinderbeaufsichtigung beim Kochen) ausgeschlossen werden.[54] Unter diesen Bedingungen entspricht jeder Schattenpreis den durchschnittlichen Produktionskosten des betrachteten Haushaltsgutes. Weil die gewünschten Outputniveaus bei seiner Bestimmung dann keine Rolle spielen, besitzt der Sonderfall der konstanten Skalenerträge bei unverbundener Haushaltsproduktion herausragende Bedeutung bei Anwendungen.

Dies wird beispielsweise deutlich, wenn man Beckers (1989: 65–66, 1991:137–144) Modellversion für die Analyse der Fortpflanzungsentscheidung betrachtet. Ausgangspunkt ist dabei ein typischer Haushalt mit n Mitgliedern sowie einer strikt quasikonkaven Nutzenfunktion $U = U(r, z)$, in der r die (als stetig angenommene) Kinderzahl und z ein zusammengesetztes Haushaltsgut (Aggregat aller anderen Commodities) darstellen. Jedes Haushaltsmitglied i verwendet die insgesamt verfügbare Zeit t für Marktarbeit (t_{w_i}), Kinderbetreuung (t_{r_i}) und die Erzeugung der übrigen Haushaltsgüter (t_{z_i}):

$$t = t_{w_i} + t_{r_i} + t_{z_i} \quad \text{für} \quad i = 1, ..., n$$

Der Haushalt besitzt ein bestimmtes lohnunabhängiges Einkommen b und erwirtschaftet durch Marktarbeit seiner Mitglieder bei möglicherweise unterschiedlichen Lohnsätzen $w_1, ..., w_n$ ein bestimmtes Arbeitseinkommen, dass er zur Finanzierung der Haushaltsgüterproduktion aufwendet:

$$b + \sum_{i=1}^{n} w_i t_{w_i} = a_r r + a_z z$$

wobei a_r und a_z die finanziellen Aufwendungen pro Kind und Einheit des aggregierten Haushaltsgutes bezeichnen. Kombiniert man nun die Zeitbeschränkungen der Haushaltsmitglieder mit dieser Einkommensrestriktion des Haushalts, so erhält man folgende Version des vollen Haushaltseinkommens S:

$$\left(a_r + \sum_{i=1}^{n} w_i t_{r_i} \right) r + \left(a_z + \sum_{i=1}^{n} w_i t_{z_i} \right) z = S = \sum_{i=1}^{n} w_i t + b$$

Während die rechte Seite die potentiellen Gesamteinnahmen abbildet, zeigt die linke Seite die Ausgaben des Haushalts, wenn man sämtliche Kostengrößen (also auch entgangene Lohnzahlungen) berücksichtigt. Abgesehen von den Determinanten die-

---

54 Konstante Skalenerträge gewährleisten, dass die bei der Erzeugung von j anfallenden Kosten jeweils linear im Outputniveau z_j sind. Abwesenheit von Kuppel- oder Verbundproduktion bedeutet, dass jede Einheit eines Marktgutes oder jede Einheit einer Zeitart jeweils eindeutig der Produktion eines bestimmten Haushaltsgutes zugerechnet werden kann und daher m separate Kostenfunktionen vorliegen.

ser Opportunitätskosten der Haushaltsproduktion wird im betrachteten Modell somit auf die Einführung von Mengen und Preisen einzelner Inputs bei der Haushaltsproduktion von r und z verzichtet. Auf Grund der skizzierten Logik des Haushaltsproduktionsansatzes ergeben sich aus der Form der Gesamtkosten (Linearität und Separabilität) die Schattenpreise für Kinder und andere Commodities durch ihre (durchschnittlichen) Kosten:

$$v_r = a_r + \sum_{i=1}^{n} w_i t_{r_i} = c_r \quad \text{und} \quad v_z = a_z + \sum_{i=1}^{n} w_i t_{z_i} = c_z$$

Weil $C = c_r r + c_z z = S$ bei der Maximierung von $U(r, z)$ erfüllt sein muss, implizieren die Bedingungen erster Ordnung u. a., dass an der Stelle des Optimums die Grenzrate der Substitution (Verhältnis der Grenznutzen) mit dem relativen Preis von Kindern (Verhältnis der Schattenpreise) übereinstimmt:

$$\frac{\partial U / \partial r}{\partial U / \partial z} = \frac{c_r}{c_z} = \frac{v_r}{v_z}$$

Ein Anstieg des relativen Preises von Kindern (bei Konstanthaltung des realen Einkommens) wird daher die gewünschte Kinderzahl reduzieren und die Nachfrage nach den anderen Commodities vergrößern. Nun ist auf Grund des Modells klar, dass der relative Preis von Kindern durch verschiedene Variablen beeinflusst wird:

- Der relative Preis ist abhängig von den direkten finanziellen Aufwendungen für die Kindererziehung. Steigen also z. B. die Preise für Nahrungsmittel oder Behausung, so wird die Nachfrage nach Kindern zurückgehen. Aus dieser Perspektive wird teilweise verständlich, warum die Familiengröße in ländlichen Regionen tendenziell größer ist als in Städten.
- Die Kosten von Kindern fallen, wenn sie selbst Arbeit leisten können, die das Haushaltsbudget entlastet oder ergänzt. Sofern Kinderarbeit möglich ist, wird damit der Kinderwunsch stärker sein. Dies liefert z. B. eine Erklärung für die Beobachtung, dass die Kinderzahl auf Höfen mit traditioneller Landwirtschaft oftmals größer war als auf modernen Bauernhöfen.
- Der Aufwand für Kinder dürfte sinken, falls zur Kinderbetreuung prinzipiell komplementäre Tätigkeiten zu Hause ausgeübt werden können (z. B. Familiengeschäft, Heimarbeit). Falls also Vereinbarkeit der Beschäftigung von Haushaltsmitgliedern mit Kindererziehung besteht, so ist ein stärkerer Kinderwunsch zu erwarten. Nach Becker (1989: 66) erklärt dies z. B., warum in den Vereinigten Staaten Milchbauern mehr Kinder haben als Getreidebauern.
- Der Preis von Kindern steigt mit den Opportunitätskosten der Kinderbetreuung, also den durch entsprechenden Zeiteinsatz im Marktsektor potentiell erzielbaren Einkünften der betreuenden Haushaltsmitglieder. Nach wie vor sind hauptsäch-

lich Frauen mit der zeitintensiven Kinderziehung betraut. Aus der Perspektive des Modells verwundert es daher nicht, dass steigende Lohnsätze für Frauen in der Regel die Kinderzahl reduzieren, während eine Erhöhung der Männerentlohnung die Geburtenrate entweder nicht oder sogar positiv beeinflusst. Da die traditionelle Arbeitsteilung im Haushalt mehr oder weniger fortbesteht, liefert das Modell zudem einen Erklärungsansatz für den empirischen Befund, dass Frauen mit besserer Berufausbildung (und damit günstigeren Erwerbschancen) weniger Kinder haben als Frauen mit geringerem Humankapital für Marktarbeit.

Aus der Perspektive des Modells kann man somit davon ausgehen, dass die sozioökonomische und technologische Entwicklung die relativen Kosten von Kindern insgesamt erhöht hat (z. B. Niedergang der traditionellen Landwirtschaft, Rückgang von Kinderarbeit in der modernen Landwirtschaft, Wertsteigerung der elterlichen Zeit). Der erhöhte Kinderpreis dürfte dabei wesentlich zur Erklärung der Geburtenentwicklung in den Industrienationen während der letzten Jahrzehnte beitragen.

Neben dem relativen Preis von Kindern identifiziert das Modell mit dem Haushaltseinkommen eine weitere, bisher vernachlässigte Determinante des Fertilitätsverhaltens. Weil Kinder auch aus der Perspektive des Haushaltsproduktionsansatzes nicht als inferiore Güter betrachtet werden, müsste die Fertilität ceteris paribus mit zunehmendem Wohlstand steigen. Resultate verschiedener Querschnittsstudien für entwickelte Länder scheinen dieser Erwartung allerdings zu widersprechen (Kap. 6.2.3). Nach Auffassung der meisten Bevölkerungsökonomen belegen negative Zusammenhänge zwischen Einkommen und Kinderzahl in empirischen Untersuchungen dennoch keineswegs die Inferiorität von Kindern. Gemäß Becker (1991), Mincer (1963) und Willis (1973) reflektieren derartige Befunde vielmehr, dass der effektive Kinderpreis offenbar mit dem Einkommensniveau zunimmt und dass dieser Preiseffekt (trotz der Wohlstandsverbesserung) die Zahl gewünschter Nachkommen weiter reduziert hat. Eine empirische Begründung für diese These liefern verstärkte elterliche Investitionen in vorhandene Kinder, die eine generelle Begleiterscheinung des Fertilitätsrückgangs darstellen und u. a. die gewachsene Bedeutung von Humankapital in modernen Volkswirtschaften reflektieren. Zur genaueren Klärung der Zusammenhänge wurde ein erweitertes Fertilitätsmodell (Becker 1960; Becker, Lewis 1973) entwickelt, dessen Grundzüge nun kurz betrachtet werden.

6.4.3 Qualität und Quantität von Kindern

Unter der "Qualität" von Kindern werden üblicherweise Merkmale von Nachkommen (wie etwa Ausbildung, Gesundheit oder Verdienst) verstanden, die das Nutzenniveau der Eltern beeinflussen. Es erscheint plausibel, dass elterliche Entscheidungen (neben z. B. Glück, Begabungen, öffentlichen Ausgaben) die Qualität des Nachwuchses verändern. Becker (1989: 67–68) verdeutlicht die wesentlichen Aspekte und Effekte der elterlichen Entscheidungen zur Qualität und Quantität von Kindern durch eine Modifikation des beschriebenen Fertilitätsmodells und eine entsprechende

Reinterpretation seiner Größen.[55]

Dazu werden einige weitere Annahmen getroffen, die sowohl die Nutzenfunktion als auch die Budgetbeschränkung des Haushalts betreffen. Betrachtet wird nun die erweiterte Nutzenfunktion $U = U(q, r, z)$, in der q (zusätzlich zu den bereits eingeführten Größen) die Qualität jedes Kindes in dem betrachteten Haushalt repräsentiert. Während sich die formalen Eigenschaften der Nutzenfunktion durch die Aufnahme von q nicht verändern, gilt dies nicht für die Ausgaben des Haushalts. Angenommen wird nämlich, dass eine Interaktion zwischen Qualität und Quantität von Kindern stattfindet und die Kostenfunktion deswegen eine nichtlineare Form aufweist:

$$C = c_r r + c_q q + c(q)rq + c_z z$$

wobei c_q die fixen Kosten pro Einheit Qualität und $c(q)$ die variablen Kosten der Kinderqualität repräsentieren. Weil der Haushalt seine Einkommensbeschränkung S einhalten muss, lautet seine Optimierungsaufgabe

$$\max\ U(q, r, z) \quad \text{bei} \quad C = c_r r + c_q q + c(q)rq + c_z z = S$$

Bei der Lösung dieses Problems ergeben sich unter anderem folgende Bedingungen erster Ordnung:[56]

$$\frac{\partial U}{\partial r} = \lambda(c_r + c(q)q) = \lambda v_r^* \quad \text{und} \quad \frac{\partial U}{\partial q} = \lambda(c_q + c(q)r + c'(q)rq) = \lambda v_q^*$$

wobei v_r^* und v_q^* die relevanten Schattenpreise von Quantität und Qualität des Nachwuchses bezeichnen, während λ den Lagrange-Multiplikator (Grenznutzen des Einkommens) repräsentiert. Dementsprechend steigt der Schattenpreis der Quantität v_r^* mit dem Qualitätsniveau q, während der Schattenpreis der Qualität v_q^* mit der Kinderzahl r zunimmt. Diese Interdependenz kann einen großen Effekt einer kleinen Veränderung bewirken. Zur Illustration sei eine Gleichgewichtssituation betrachtet, in der ein moderater Anstieg der Fixkosten pro Kind zu einem erhöhten Schattenpreis der Kinderzahl und daher zu einem geringeren Kinderwunsch führt. Die reduzierte Kindernachfrage senkt den Schattenpreis der Qualität und erzeugt daher eine verstärkte Nachfrage nach Kinderqualität. Letztere erhöht nun aber den Schattenpreis der Quantität weiter, sodass der Kinderwunsch nochmals abnimmt und der Qualitätswunsch wiederum steigt usw. Unter sonst gleichen Bedingungen setzt sich dieser Prozess fort bis ein neues Gleichgewicht erreicht ist, das sich von der Ausgangssi-

---

[55] Becker (1991: 145-154) stellt die Modellierung und ihre Implikationen ausführlicher dar.
[56] Aufgrund der interaktiven und damit nichtlinearen Form der Beschränkung existiert nur dann ein inneres Maximum, wenn Qualität und Quantität keine engen Substitute in der Nutzenfunktion sind (s. Becker, Lewis 1973).

tuation möglicherweise stark unterscheidet.

Diese Interaktion zwischen Quantität und Qualität erklärt, warum der beobachtete Fertilitätsrückgang in entwickelten Ländern mit einer enormen Zunahme elterlicher Investitionen in die Ausbildung oder die Gesundheit von Kindern einherging. Sie begründet auch, warum Kinderzahl und Humankapitalausstattung des Nachwuchses in Querschnittsstudien oftmals negativ verknüpft sind. Beispielsweise finden sich häufig mehr absolvierte Schulbildungsjahre bei Personen mit einer kleineren Geschwisterzahl (Blake 1981; De Tray 1973).

Insbesondere liefert das Modell eine Erklärung der unterschiedlichen Befunde zum Zusammenhang zwischen Einkommensentwicklung und Kinderzahl in Industriestaaten (Andorka 1978; Simon 1974). Falls Kinder keine inferioren Güter sind, dann werden wohlhabendere Haushalte mehr für Kinder ausgeben. Ist nun (neben der Quantität) die Qualität der Kinder nutzenstiftend, so liegt der Schattenpreis der Kinderzahl höher als im Szenario ohne nutzenstiftende Wirkung der Nachwuchsqualität. Ein gestiegenes Einkommen kann daher eine Reduktion des Kinderwunsches zu Gunsten einer höheren Kinderqualität induzieren: Eltern geben mit steigendem Einkommen insgesamt mehr für Kinder aus; diese Ausgaben erfolgen jedoch zu Gunsten einer kleineren Kinderzahl, sodass der Nachwuchs z. B. umfassender gebildet wird. Ist die Qualitätsreaktion größer als die Quantitätsreaktion, so reduziert sich der Einkommenseffekt der Quantität. Aus der Perspektive des Modells sind damit schwach positive oder negative Beziehungen zwischen Kinderzahl und Einkommen in empirischen Untersuchungen nicht überraschend.

Zudem folgen wesentliche Hypothesen des ursprünglichen Fertilitätsmodells (z. B. Opportunitätskostenthese) auch aus dem erweiterten Modell. Zwar ist Letzteres keineswegs unumstritten (Arthur 1982). Jedoch werden Elemente des erweiterten Ansatzes inzwischen auch von Forschern verwendet, die der ökonomischen Nutzen-Kosten-Analyse der Fortpflanzungsentscheidung ursprünglich eher kritisch gegenüber standen (Blake 1968, 1981). Die Betonung der elterlichen Ausgaben für die Qualität der Kinder hat außerdem weitere Arbeiten angeregt, die sich mit Unterschieden in der Anfangsausstattung von Kindern (Fähigkeiten) und der Ressourcenausstattung der Eltern sowie Effekten staatlicher Maßnahmen zur Verminderung der Chancenungleichheit beschäftigen (Becker, Tomes 1976, 1986). Gerade in der jüngsten Vergangenheit sind verwandte familienökonomische Ideen darüber hinaus bei der Analyse wirtschaftlichen Wachstums berücksichtigt worden.

6.5 Familienökonomik und Wachstumstheorie

In einem Überblick zu den wirtschaftlichen Erfahrungen während der letzten beiden Jahrhunderte identifiziert Easterlin (1981) drei wesentliche Bestimmungsgründe des ökonomischen Wachstums, sofern private Eigentumsrechte durch staatliche Institutionen festgelegt und glaubwürdig durchgesetzt werden: Die Zunahme in der Zahl und der Rate von Innovationen, die Diffusion technologischer Neuerungen in immer mehr Ländern sowie die Ausbreitung der Allgemeinbildung in nahezu allen Staaten. Die verbesserte Ausstattung mit Humankapital erscheint dabei als fundamentale Einflussgröße, weil der Bildungsstand einer Population sicherlich auch herausragende

Bedeutung bei der Erklärung der beiden anderen Determinanten des wirtschaftlichen Wachstums besitzt.

Da man die Humankapitalausstattung einer Generation als Konsequenz von Investitionsentscheidungen der jeweiligen Elterngeneration auffassen kann, ist die Integration familienökonomischer Elemente in wachstumstheoretische Analysen während der letzten Jahre nicht überraschend. Ausgewählte Aspekte und Resultate dieser Verbindung werden nun referiert. Zunächst wird die Einbeziehung des Altruismus zwischen Generationen in die neoklassische Theorie optimalen Wachstums dargestellt. Im Mittelpunkt steht dabei die Frage, ob und wie sich die Implikationen einer optimalen Wirtschaftsexpansion verändern, wenn Altruismus zu Gunsten späterer Generationen zugelassen wird (Kap. 6.5.1). Nach ihrer Beantwortung wird knapp beschrieben, welche gesamtwirtschaftlichen Effekte sich bei einer Endogenisierung des Bevölkerungswachstums mithilfe familienökonomischer Fertilitätskalküle ergeben (Kap. 6.5.2). Schließlich werden einige theoretische Erkenntnisse zu den Beziehungen zwischen Humankapital, Fertilität und Wirtschaftswachstum zusammengestellt (Kap. 6.5.3). Ihre Kombination liefert eine Erklärungsskizze für Unterschiede zwischen mehr und weniger entwickelten Ländern, die auch mit der Malthusianischen Theorie (Kap. 6.2) zu tun hat.

6.5.1 Optimales Wachstum und Altruismus

Zur Beantwortung der Frage nach den Effekten des Altruismus zwischen Generationen für die Wirtschaftsentwicklung wird die Theorie optimalen Wachstums (Kap. 6.3.4) entsprechend erweitert. Ausgangspunkt ist dabei die Annahme, dass sämtliche Individuen einer Generation über vollkommene Voraussicht verfügen und dabei gleiche Konsumpräferenzen besitzen (s. hierzu und zum flgenden Neumann 1994: 21–26). Postuliert wird daher abermals eine intertemporale Nutzenfunktion eines repräsentativen Individuums mit unendlichem Zeithorizont, welche Präferenzen für Konsum in der Gegenwart und in zukünftigen Perioden abbildet. Im Gegensatz zum Originalmodell trifft dieses Individuum seine Entscheidungen allerdings nicht unbedingt nur mit Blick auf den Nutzen des Konsums während der eigenen unbestimmten Lebensdauer. Es wird vielmehr angenommen, dass der typische Akteur bei seinen Entscheidungen auch den Nutzen des Konsums zukünftiger Generationen berücksichtigen kann.

Zur Präzisierung sei x der Pro-Kopf-Konsum, ρ die Zeitpräferenzrate und $U(x)$ die Periodennutzenfunktion des Akteurs mit den Standardeigenschaften $U'(x) > 0$ und $U''(x) < 0$. Weiter sei σ ein Parameter für das Ausmaß, in dem das Wohlergehen zukünftiger Generationen normalerweise von den (durch $L(0)$ bestimmten) Mitgliedern der gegenwärtigen Generation bei Entscheidungen vernachlässigt wird, wobei $0 \leq \sigma \leq 1$. Somit lässt sich $1-\sigma$ als Maßzahl für den Altruismus des repräsentativen Akteurs aus der Gegenwartsgeneration gegenüber zukünftig Lebenden interpretieren. Bei stetiger Zeitmessung lautet die intertemporale Nutzenfunktion des typischen Individuums damit

$$V = \int_0^\infty L(t)^{1-\sigma} U(x(t)) \exp(-\rho t) dt = \int_0^\infty L(0) U(x(t)) \exp(n - \rho n - \rho) dt$$

wobei $n = \dot{N}/N = \dot{L}/L$ die Wachstumsrate der Wohn- oder Arbeitsbevölkerung darstellt, falls eine konstante Erwerbsquote vorliegt. Für $\sigma = 0$ wird der Nutzen aller zukünftig Lebenden bei Konsumentscheidungen durch den Repräsentanten der Gegenwartsgeneration vollständig in Betracht gezogen. Dagegen spielt bei $\sigma = 1$ der Nutzen der später Geborenen bei den Entscheidungen der gegenwärtigen Generation keinerlei Rolle. In diesem Fall ergibt sich nämlich die intertemporale Nutzenfunktion der Standardversion der Theorie optimalen Wachstums.

Trifft man zu Analysezwecken nun alle weiteren Annahmen dieser Theorie, dann ist $\dot{k} = f(k) - x - nk$ die Bewegungsgleichung der durch $k = K/L$ definierten Kapitalintensität, wobei der Pro-Kopf-Output oder die Arbeitsproduktivität durch die strikt konkave Funktion $f(k)$ bestimmt wird. Der repräsentative Akteur der Gegenwartsgeneration hat somit das folgende Optimierungsproblem zu lösen:

$$\max \int_0^\infty L(t)^{1-\sigma} U(x) \exp(-\rho t) dt \quad \text{bei} \quad \dot{k} = f(k) - x - nk$$

Wiederum ist dabei die grundlegende Idee, die Entwicklung der Kapitalintensität k durch die Wahl des Pro-Kopf-Konsums x nutzenmaximierend zu steuern. Beschränkt man sich abermals auf das Szenario, in dem der Konsum pro Kopf positiv ist und die Pro-Kopf-Produktion $y = f(k)$ nicht überschreitet ($0 < x < y$), dann ergibt sich ein Gleichgewicht (k^*, x^*), in dem

$$f'(k^*) = \rho + \sigma n \quad \text{und} \quad x^* = f(k^*) - n k^*$$

sodass auch $s f(k^*) - n k^* = 0$ wegen $s f(k^*) = f(k^*) - x^*$ gilt. Wie im Originalmodell wächst der Kapitalstock mit der Rate der Bevölkerungszunahme n, sodass Konstanz der Kapitalintensität besteht. Die optimale Kapitalintensität k^* ergibt sich nun allerdings aus der Übereinstimmung des Grenzproduktes des Kapitals $f'(\cdot)$ mit der Summe aus Zeitpräferenzrate ρ und bewerteter Bevölkerungswachstumsrate σn. Im Vergleich zu $\sigma = 0$ ist für $\sigma > 0$ deshalb das Grenzprodukt des Kapitals (und damit der Zins) höher, aber sowohl der Kapitalbestand als auch der Pro-Kopf-Konsum geringer. Daraus kann man folgern, dass sich bei optimalem Wachstum Altruismus gegenüber künftigen Generationen auszahlt, während Egoismus schadet (Neumann 1994: 25).

Daneben beeinflusst die Berücksichtigung des Nutzens zukünftig Lebender auch das Resultat der komparativ-statischen Analyse zum Effekt der Bevölkerungswachstumsrate n auf die durch $s = n k^*/f(k^*)$ bestimmte Sparquote (s. hierzu und zum folgenden Neumann 1994: 107). Unterstellt man nämlich σ = 0, so wird die Sparquote bei gegebener Zeitpräferenzrate umso höher liegen, je größer die Wachstumsrate der Bevölkerung ist. Bei einer höheren Zunahmerate der Wohn- oder Arbeitsbevölkerung und vollständigem Altruismus gegenüber künftigen Generationen muss die Sparquote im optimalen Wachstumsprozess somit größer sein, um die jeweils adäquate Kapitalausstattung neuer Arbeitsplätze sicherzustellen. Betrachtet man schließlich das Szenario σ > 0, so steigt die Wahrscheinlichkeit für einen positiven Effekt der Bevölkerungswachstumsrate auf die Sparquote mit dem Grad des Altruismus gegenüber zukünftig Lebenden.

Insgesamt scheint der Altruismus gegenüber späteren Generationen daher günstige Effekte zu haben, wenn man optimales Wirtschaftswachstum im Sinne der neoklassischen Theorie betrachtet. Die Annahme intergenerationalen Altruismus in einem wachstumstheoretischen Kontext bietet daneben die Möglichkeit, Zusammenhänge der Fertilität mit makroökonomischen Variablen zu analysieren und dabei die Bevölkerungswachstumsrate zu endogenisieren.

6.5.2 Endogene Fertilität und Wachstum

Die besprochenen preistheoretischen Fertilitätsmodelle sind statisch (Kap. 6.4.2 und 6.4.3). Becker und Barro (1988) präsentieren eine Dynamisierung der Theorie der Fortpflanzungsentscheidung, die interessante Beziehungen zwischen einigen ökonomischen Größen impliziert. Diese reformulierte Fertilitätstheorie beruht auf dem Postulat des Altruismus von Eltern für ihre Kinder über die verschiedenen Generationen einer repräsentativen "Dynastie".

Genauer gesagt hängt der Nutzen jeder Elterngeneration ab vom Konsum, von der Kinderzahl und vom Nutzenniveau jedes Kindes. Der Altruismus zu Gunsten des Nachwuchses bedeutet in langfristiger Betrachtung, dass die Wohlfahrt aller Generationen durch eine so genannte "dynastische Nutzenfunktion" verknüpft ist, die (trotz einer unterschiedlichen formalen Struktur) eine konzeptionelle Ähnlichkeit zu der obigen intertemporalen Nutzenfunktion (Kap. 6.5.1) aufweist. Der dynastische Nutzen ist bestimmt durch den Konsum und die Zahl der Nachkommen in allen Generationen. Dabei sinkt die von der Gegenwartsgeneration (zur Abdiskontierung des Pro-Kopf-Konsums nachfolgender Generationen) verwendete Zeitpräferenzrate mit der Fertilität der Gegenwartsgeneration.[57]

Zur Vereinfachung wird zudem ein rationales "Oberhaupt" der Dynastie vorausgesetzt, das die Allokationsentscheidungen vorausschauend für die gesamte Generationenfolge trifft. Diese heuristische Figur maximiert die dynastische Nutzenfunktion durch die Wahl von Konsum und Nachkommenschaft unter der Nebenbedingung ei-

---

[57] Becker und Barro begründen diese Eigenschaft durch die Annahme, dass der Grad des elterlichen Altruismus gegenüber jedem Kind den Diskont- oder Zeitpräferenzfaktor bestimmt. Der Altruismus pro Kind sinkt bei steigender Kinderzahl. Weil Diskontfaktor und Diskontrate stets negativ verknüpft sind, erhöht eine zunehmende Fertilität daher die Diskont- oder Zeitpräferenzrate, so dass zukünftiger Konsum weniger hoch bewertet wird.

ner dynastischen Budgetbeschränkung.[58] Letztere fordert den Ausgleich des Gegenwartswertes der Ressourcen aller Dynastieangehörigen (Erbschaften, Kapitaleinkünfte und Verdienste) mit dem Gegenwartswert der Aufwendungen (Konsumausgaben und Kosten der Kindererziehung) sämtlicher Generationen.

Ein wesentliches Resultat dieser Optimierung besagt, dass der Grenznutzen eines Kindes mit den Nettokosten seiner Erziehung übereinstimmen muss. Diese Kosten werden durch die Verdienste der Kinder vermindert, aber durch die Investitionen in die Humankapitalausstattung der Nachkommenschaft und die Aufwendungen für die Kinderbetreuung erhöht. Daneben ergibt sich eine positive Beziehung zwischen dem Konsum pro Abkömmling und den Nettokosten seiner "Produktion". Dementsprechend werden Personen aus einer begüterten Dynastie selbst höhere Konsumansprüche besitzen und umsetzen, sofern die Vorfahren entsprechend in die Qualität ihrer Nachkommen investiert haben.[59]

Ein weiteres Ergebnis der Maximierung des dynastischen Nutzens schlägt sich in einer Bedingung für die Konsummuster über Generationen nieder. Danach führen Variationen des Zinssatzes und des Altruismus zu Reaktionen der Fertilität, aber nicht zu Änderungen im Wachstum des Konsums pro Nachkommen. Unter der Annahme konstanter Kindererziehungskosten zeigen Becker und Barro, dass die Kinderzahl positiv vom Zinssatz, vom Grad des Altruismus und vom Zeitpräferenzfaktor beeinflusst wird. Stärkerer Altruismus der Eltern und eine höhere Kapitalrendite schlagen sich demnach in einer größeren Nachkommenschaft nieder. Gleichzeitig führt eine höhere Zeitpräferenzrate (und damit eine größere Dringlichkeit gegenwärtigen Konsums) zu einer geringeren Zuwachsrate der Bevölkerung.

Aus der Modellierung ergibt sich darüber hinaus eine negative Beziehung zwischen der Fertilität und der Wachstumsrate von Transferzahlungen. Nimmt in einer Wirtschaft somit das Niveau von leistungsunabhängigen sozialstaatlichen Leistungen zu, so sollte dies die Fortpflanzungstätigkeit in dieser Gesellschaft vermindern. Bekker und Barro vermuten, dass auch dieser Aspekt ein Erklärungsfaktor für den Rückgang der Fertilität in westlichen Gesellschaften seit den 60er-Jahren ist.

Neben der Herleitung weiterer Folgerungen (vgl. Becker, Barro 1988) erlaubt dieser Ansatz eine Endogenisierung des Bevölkerungswachstums im Rahmen der neoklassischen Wachstumstheorie. Barro und Becker (1989) kombinieren dazu die skizzierte Idee der dynastischen Nutzenmaximierung mit den Annahmen des neoklassischen Grundmodells (Kap. 6.3.1), wobei sie zusätzlich exogenen technischen Fortschritt unterstellen, der rein arbeitserhöhend wirkt (Kap. 6.3.5).

Diese Variation und Erweiterung der Theorie optimalen Wachstums (Kap. 6.3.4) zeigt u. a., dass die gleichgewichtige Rate des Bevölkerungswachstums negativ mit

---

[58] Becker und Barro unterstellen damit vereinfachend, dass das Oberhaupt der Dynastie den gesamten Zeitpfad wählen kann. Diese heroische Voraussetzung ist gleichbedeutend mit der Annahme einer zeit-konsistenten Zielfunktion, die additiv separabel in den Konsumniveaus der verschiedenen Generationen ist. Unter diesen Umständen haben die Nachfahren ein analoges Problem zu lösen wie das Haupt der Generationenfolge. Rationale Abkömmlinge besitzen daher keinen Anreiz vom Plan des "Kopfs" der Dynastie abzuweichen und implementieren konsequenterweise dessen Entscheidungen.

[59] Dieses Analyseresultat besitzt eine gewisse Ähnlichkeit zu Easterlins (1968, 1973) Annahme über die Sozialisationswirkung des Einkommens der Eltern auf die spätere Konsumansprüche ihrer Nachkommen (s. Kap. 6.4.1).

der Wachstumsrate des Pro-Kopf-Konsums zwischen Generationen verknüpft ist. Im Normalfall erhöht beschleunigter technischer Fortschritt zudem die Wachstumsrate des Konsums pro Kopf. Falls eine positive Beziehung zwischen Einkommen und Fertilität vorliegt, senkt rapider technischer Fortschritt daher üblicherweise die Rate des Populationswachstums, während bei einem negativen Zusammenhang zwischen Fertilität und Einkommen der gegenteilige Effekt auftreten kann. Sind Kinder also keine inferioren Güter, so ergibt sich im Gefolge einer Steigerung der Produktionseffizienz eine höhere Wachstumsrate des Konsums und eine niedrigere Fertilitätsrate.

Mit ihrem Modell des intergenerationalen Altruismus bei optimalem Wachstum weisen Barro und Becker somit auf einen Mechanismus hin, der Fertilität und Wirtschaftswachstum negativ miteinander verbindet. Dieser Mechanismus könnte zur Erklärung der sinkenden Geburtenraten bei fortschreitender Wohlstandsverbesserung in den Industrieregionen während des letzten Jahrhunderts beitragen.

In der aktuellen ökonomischen Literatur werden allerdings auch andere Mechanismen diskutiert, die diesen säkularen Trend mitbewirkt haben könnten. Eine solche Alternativerklärung auf der Grundlage von Familienökonomik und Wachstumstheorie stammt von Galor und Weil (1996). Im Gegensatz zu Barro und Becker verzichten sie auf die Annahme des intergenerationalen Altruismus. Galor und Weil betonen stattdessen Unterschiede in der Entlohnung der Geschlechter mithilfe einer preistheoretischen Fertilitätsmodellierung im Sinne von Becker (1960) und Mincer (1963). Ihr Modell betrachtet ein repräsentatives Paar (Mann und Frau) und kombiniert die neoklassische Wachstumstheorie insbesondere mit dem familienökonomischen Opportunitätskostenkalkül bei Fortpflanzungsentscheidungen (Kap. 6.4.2). Es umfasst im Wesentlichen drei Thesen:

- Nutzenmaximierende Fertilitätsentscheidungen in privaten Haushalten reflektieren die relativen Löhne von Männern und Frauen. Gestiegene Frauenlöhne erhöhen dabei die Kosten von Kindern vergleichsweise stärker als das Haushaltseinkommen. Lohnsteigerungen zu Gunsten von Frauen reduzieren daher die Zahl der gewünschten Kinder.
- In Übereinstimmung mit der neoklassischen Wachstumstheorie wird eine negative Beziehung zwischen der Populationswachstumsrate und der Kapitalausstattung pro Arbeiter unterstellt. Eine geringere Rate des Bevölkerungswachstums steigert somit die Kapitalintensität, wodurch sich die Arbeitsproduktivität und die Pro-Kopf-Produktion erhöhen (Kap. 6.3.2).
- Das Niveau der Kapitalintensität beeinflusst die relativen Löhne von Männern und Frauen. Ein Anstieg der Kapitalintensität erhöht die relativen Löhne von Frauen, da der Faktor "Kapital" eine stärkere Komplementarität mit dem Arbeitseinsatz von Frauen aufweist als mit dem Arbeitsinput von Männern.[60]

Galor und Weil zeigen, dass das Zusammenspiel dieser drei Beziehungen einen positiven Verstärkungseffekt erzeugt, der sich in einem starken Rückgang der Fertilität bei beschleunigtem Wirtschaftswachstum niederschlägt. Damit liegt ein weiterer Me-

---

[60] Galor und Weil (1996) verweisen auf verschiedene empirische Untersuchungen, die allesamt diese These zu stützen scheinen.

chanismus vor, der den langfristigen Fall der Geburtenrate bei zunehmendem Einkommen in Industrieländern zumindest teilweise erklärt. Galor und Weil erwähnen allerdings andere plausible Faktoren zur Begründung dieses säkularen Trends, die ihr Modell vernachlässigt. Eine herausragende Rolle kann danach den Zusammenhängen zwischen Fertilität, Humankapital und Wirtschaftswachstum zukommen.

6.5.3 Humankapital, Fertilität und Wachstum

Entsprechend der besprochenen Wachstumsmodelle mit endogener Fertilität müsste sich bei Ähnlichkeiten der Präferenzen und Produktionsmöglichkeiten in verschiedenen Ländern langfristig derselbe Lebensstandard und dieselbe Bevölkerungswachstumsrate ergeben. Beobachtbar ist jedoch eine enorme Wohlstandskluft zwischen einzelnen Weltregionen sowie eine unterschiedliche Populationsentwicklung in Industriestaaten und weniger entwickelten Ländern. Zur Erklärung dieser Divergenzen kombinieren Becker, Murphy und Tamura (1990) einige Ideen zur Humankapitalbildung und Fertilitätsentwicklung mit der neoklassischen Wachstumstheorie.

Ihr Ausgangspunkt ist das skizzierte Barro-Becker Modell der Maximierung des dynastischen Nutzens zur Endogenisierung der Fertilität bei Wachstum in einer Wettbewerbswirtschaft (Kap. 6.5.2). Becker, Murphy und Tamura modifizieren das Optimierungsproblem der typischen Dynastie, sodass nun Entscheidungen über Humankapitalinvestitionen berücksichtigt werden. Ihre zentrale Annahme ist hierbei, dass die Rendite von Ausbildungsinvestitionen mit zunehmendem Humankapitalbestand zumindest solange steigt bis ein hoher Humankapitalstock aufgebaut ist. Zur Begründung dieses Postulats verweisen Becker, Murphy und Tamura darauf, dass die Erzeugung von Humankapital üblicherweise den Einsatz von Arbeitskräften mit relativ großer Humankapitalausstattung erfordert. Diese Eigenschaft unterscheidet Humankapital vom Produktionsfaktor "Kapital", dessen Rendite mit zunehmender Kapitalausstattung pro Kopf fällt.[61]

Auf dieser Grundlage zeigen Becker, Murphy und Tamura, dass mehrere gleichgewichtige Zustände bei der Lösung der dynamischen Optimierungsaufgabe möglich sind. Neben dem Anfangszustand hängt das optimale langfristige Verhalten der betrachteten Wirtschaft daher von kurzfristig auftretenden zufälligen Ereignissen ab. Geschichte und Glück stellen damit wesentliche Determinanten der Wachstumsentwicklung eines Landes dar.

Eine genauere Betrachtung der Optimierungsresultate ergibt zwei stabile gleichgewichtige Wachstumszustände: Ein erster Zustand gleichgewichtigen Wachstums ist charakterisiert durch hohe Geburtenraten, geringes Humankapital und niedrige Renditen von Ausbildungsinvestitionen, während ein zweiter Zustand gleichgewichtigen Wachstums sich durch niedrige Fertilität, einen großen (und eventuell weiter wachsenden) Humankapitalbestand sowie höhere Ausbildungsrenditen auszeichnet. Der erste Zustand weist darüber hinaus ein kleineres Pro-Kopf-Einkommen und eine ge-

---

[61] Im neoklassischen Wachstumsmodell sinkt die Kapitalrendite oder der Zins mit zunehmender Kapitalintensität, weil annahmegemäß die Produktionsfaktoren nach ihren Grenzprodukten entlohnt werden und das Grenzprodukt des Kapitals mit steigender Kapitalintensität abnimmt (s. Kap. 6.3.1).

ringere Kapitalintensität auf, wobei eine permanente Verbesserung der Wachstumsentwicklung nur bei einem starken externen Anstoß möglich erscheint. Gemäß Becker, Murphy und Tamura korrespondiert dieser mehr oder weniger Malthusianische Zustand mit der Wachstumserfahrung unterentwickelter Länder, während der zweite Zustand des fortgeschrittenen Wachstums mit der Erfahrung entwickelter Länder einhergeht.

Im Zusammenhang mit dem Wachstumspfad für Industriestaaten erscheint zudem bemerkenswert, dass sich damit ein weiterer Mechanismus ergibt, der den langfristigen Fall der Geburtenrate bei zunehmendem Einkommen zumindest teilweise erklärt: Wenn ein hinreichend großer Humankapitalbestand existiert und daher die Rendite von Ausbildungsinvestitionen hoch ist, werden Familien tendenziell weniger, aber besser qualifizierte Kinder wünschen. Der dadurch eventuell weiter vergrößerte Humankapitalstock stellt ein relativ hohes Wachstum sicher, sodass sich insgesamt eine negative Beziehung zwischen Fertilität und Wirtschaftsentwicklung ergibt.

Auf Grund der Plausibilität dieser Resultate verwundert es nicht, dass Tamura (1995) einige politische Empfehlungen aus dem Modell ableitet.[61] Neben der Etablierung und Durchsetzung privater Eigentumsrechte sowie der Sicherstellung des Wettbewerbs in Güter- und Faktormärkten bestehen danach zentrale Aufgaben des Staates in der Bereitstellung von Möglichkeiten der Allgemeinbildung und der Förderung ihrer Verbreitung. Dies bedeutet jedoch keineswegs, dass der Staat die Bildungseinrichtungen selbst besitzen und betreiben muss. Vielmehr sollte er die Ungleichheit von Bildungschancen und Bildungsmöglichkeiten durch geeignete Maßnahmen (z. B. finanzielle Unterstützung für ärmere Familien, Sicherstellung des Wettbewerbs in und zwischen Bildungsinstitutionen) vermindern. Gelingt diese Politik in einer Konkurrenzwirtschaft mit angemessener Anfangsausstattung an Humankapital, so erscheinen (aus der Sicht des stark idealisierenden Modells) bevölkerungsökonomische Befürchtungen im Sinne der Malthusianischen Theorie unberechtigt, weil dann die grundlegenden Voraussetzungen für ein langfristiges Wachstum des Wohlstands vorliegen.

---

[61] Dasgupta (1993: 371-375) verneint die Möglichkeit, Politikempfehlungen aus einer Maximierung des dynastischen Nutzens im Sinne von Becker, Murphy und Tamura (1990) herzuleiten. Er präsentiert einen alternativen Modellierungsansatz, der allerdings zu weitgehend analogen Ratschlägen führt.

7

Soziologische Ansätze zur Bevölkerungsentwicklung

Johannes Huinink

Einleitung

Das Ziel soziologischer Forschung ist die Erklärung der Genese, der Stabilität und des Wandels kollektiver sozialer Phänomene. Dazu gehört auch das Studium der Bevölkerungsstruktur und -entwicklung eines Landes. In bevölkerungssoziologischen Modellen untersucht man die Stabilität und den Wandel der dominanten Muster demographisch relevanten Verhaltens in einer Gesellschaft und den Zusammenhang zwischen der Entwicklung von Bevölkerungsstruktur und sozialen Strukturen.

Die sozialen, politischen, ökonomischen und kulturellen, damit auch die demographischen Strukturen in einer Gesellschaft sind letztlich das Ergebnis der Handlungen von Menschen. Anhand der Bevölkerungsentwicklung lässt sich dieser Sachverhalt besonders einfach demonstrieren. Ob die Bevölkerung wächst oder schrumpft, ob sie sich verjüngt oder altert, ist davon abhängig, wie viele Kinder Jahr für Jahr geboren werden und wie lange die Menschen leben. Die Zahl der Kinder ist auf das Fortpflanzungsverhalten heterosexueller Paare zurückzuführen. Der Zeitpunkt, zu dem Individuen sterben und damit aus der Gesellschaft ausscheiden, ist nicht unabhängig von ihrer individuellen Lebensgestaltung. Gleichzeitig stellen die gesellschaftlichen Verhältnisse und mit ihnen die demographische Struktur einer Gesellschaft Rahmenbedingungen für individuelles Handeln und für die Gestaltung sozialer Beziehungen dar. Eine Erklärung kollektiver sozialer Phänomene und ihres Wandels verlangt daher, die enge Wechselbeziehung zwischen den je schon existierenden gesellschaftlichen Verhältnissen und individuellem Handeln zu entschlüsseln.

Der Zusammenhang zwischen sozialen Verhältnissen und demographisch relevantem Verhalten ist über die Zeit hin komplizierter geworden. Die Thesen einfacher struktureller Entsprechungsverhältnisse zwischen sozialstrukturellen, institutionellen und demographischen Indikatoren, wie sie in der theoretischen Diskussion bis vor einiger Zeit dominierten, sind obsolet geworden (Schmid 1985: 259). Das, was mit dem Schlagwort der „Pluralisierung der Lebensformen" angesprochen ist, verlangt eine differenziertere Betrachtung der Beziehung zwischen sozialen und demographisch relevanten Handlungsprozessen, als es die klassischen Theorien vermochten.

In den letzten beiden Jahrzehnten sind bedeutsame Fortschritte in der bevölkerungssoziologischen Forschung erreicht worden, die dem Rechnung tragen konnten

(Mayer 1989: 263 ff.). Vor allem die konsequente Hinwendung zu Längsschnittmodellen auf der Makro- wie auf der Mikroebene, die mit der Entwicklung und Anwendung der Kohorten- und Lebensverlaufsanalyse erfolgte, haben zu großen Fortschritten in der bevölkerungssoziologischen Forschung beigetragen (Ryder 1965; Höhn 1985; Mason und Fienberg 1985; Mayer 1990; Diekmann und Weick 1993; Blossfeld 1995). Sie hat die Integration soziologischer und bevölkerungswissenschaftlicher Analyse entscheidend gefördert. Die methodischen Innovationen und empirischen Erkenntnisgewinne haben sich bislang jedoch nicht hinreichend in einer Innovation bevölkerungssoziologischer Theoriebildung niedergeschlagen.

Umfassendere Darstellungen bevölkerungssoziologischer Theorien und Forschung im deutschsprachigen Raum sind bis heute Mangelware (Schmid 1976, 1984; Bolte et al. 1980; Cromm 1988). Daher ist ein neuer Versuch der Bestandsaufnahme überfällig. Dieser Beitrag gibt einen knappen Überblick über den Stand einiger soziologischer Ansätze zur Bevölkerungsentwicklung, die das Bild der Bevölkerungssoziologie geprägt haben und in Zukunft wahrscheinlich prägen werden. Das Hauptaugenmerk liegt auf soziologischen Theorien der natürlichen Bevölkerungsbewegung, und da besonders auf Theorien der Reproduktion der Bevölkerung und der sie begleitenden Institutionen.

Im Folgenden gehe ich kurz auf wichtige frühe Ansätze und Vorläufer bevölkerungssoziologischer Theoriebildung ein. Ich erläutere anschließend einige systematische Grundlagen zum Untersuchungsgegenstand und schlage einen dynamischen, mehrebenentheoretischen Ansatz der Analyse demographischer Prozesse vor. Ich stelle danach einige makrosoziologisch orientierte Ansätze der Bevölkerungssoziologie dar. Dazu gehört natürlich die Theorie des demographischen Übergangs und deren Nachfolger. Relevante modernisierungstheoretische Ansätze dürfen hier ebenso wenig fehlen, wie Erklärungsversuche demographischer Entwicklung, die den kulturellen Wandel in den Vordergrund stellen. Aus mikrosoziologischer Sicht werde ich dann auf wichtige sozialpsychologische Theorien eingehen. Es folgen einige Überlegungen zur Relevanz der Lebenslaufperspektive soziologischer Forschung, die den Bezug demographischen Handelns zum individuellen Lebenslauf explizit thematisieren und zur Grundlage der Theorie machen.

7.1 Historischer Rückblick: Die Erkenntnis der sozialen Bestimmtheit des Bevölkerungsprozesses

Die Bevölkerungsentwicklung hat das Denken der Menschen seit der Antike bewegt. Etwa bis zur Mitte des 18. Jahrhunderts gab es aber kaum systematisches Wissen über Bestimmungsgründe der Bevölkerungsentwicklung.[1] Als mit dem Aufschwung des Merkantilismus und Frühkapitalismus sich die Interessen an der Erforschung der Gesetze der Bevölkerungsbewegung verstärkten, wurden die ersten umfassenden

---

[1] Die Größe der Bevölkerung und ihre Entwicklung wurde frühzeitig als politisch bedeutsames Problem erkannt. Schon in der Antike findet man rudimentäre Hinweise auf soziale Differenzierungen und individuelle Beweggründe im Hinblick auf das Geburtenverhalten (Cromm 1988: 133 ff.). Zu ausführlicheren historischen Überblicken s. Schmid (1976) und Cromm (1988). Bevölkerungssoziologisch relevante Arbeiten vor Malthus werden auch von Kraeger (1991) vorgestellt.

statistischen Beschreibungen demographischer Vorgänge durchgeführt. Die dabei noch überwiegend vertretene, vormoderne Annahme von der Naturhaftigkeit des Bevölkerungsprozesses machte dann zunehmend der Erkenntnis einer sozialen Bedingtheit von Geburten- und Sterbeprozess Platz.

Frühe Pioniere einer systematischen Erforschung der natürlichen Bevölkerungsvorgänge (Geburten und Sterbefälle), waren die Engländer John Graunt, der die erste Sterbetafel berechnete („bills of mortality"; 1662), und Sir William Petty mit seiner „politischen Arithmetik" (1976). Beide wurden auch von Johann Peter Süßmilch rezipiert, dessen umfangreiche demographische Untersuchungen noch dem Nachweis einer göttlichen Ordnung in den Veränderungen des menschlichen Geschlechts dienen sollten. In der zweiten Ausgabe seines Hauptwerkes hob Süßmilch aber schon die Auswirkungen gesellschaftlicher, insbesondere institutioneller und ökonomischer Bedingungen des Heirats- und Fortpflanzungsverhaltens auf die Bevölkerungsprozesse hervor (Süßmilch 1761). Er sah die Möglichkeit bewusster, vernunftgeleiteter Nachwuchsbeschränkung, sei es aus Gründen der Mittellosigkeit der Menschen, sei es aus Gründen ihres sozialen Vorwärtsstrebens (Dreitzel 1986: 71 f.). Süßmilch trat naturalistischen Thesen eines nur durch Katastrophen verschiedener Art zu regulierenden Bevölkerungswachstums entgegen und formulierte pragmatische Vorschläge für Maßnahmen zur Beeinflussung der Bevölkerungsentwicklung.

In der *klassischen Nationalökonomie* wurde die Frage der Bevölkerungsentwicklung in ein theoretisches Gesamtmodell sozioökonomischer Entwicklung eingebaut. Es wurde postuliert, dass die Bevölkerungsentwicklung an den Produktivitätsfortschritt bei der Herstellung von Unterhaltsmitteln gekoppelt sei, die die Ernährung der Bevölkerung sicherten (Bevölkerungsprinzip). Ebenso wurde ein Wirkungszusammenhang zwischen den Arbeitsmöglichkeiten und der Bevölkerungsentwicklung behauptet. Das Angebot und die Nachfrage nach Arbeitskräften und damit auch das Lohnniveau regulierte danach die Dynamik des Bevölkerungswachstums. Diese beiden Aspekte wurden unterschiedlich gewichtet. Ricardo und Adam Smith etwa stellten die Bedeutung der Arbeitsmarktdynamik in den Vordergrund der Argumentation. Malthus dagegen betonte das Bevölkerungsprinzip.

Thomas R. Malthus formuliert in einer Streitschrift „An essay on the principle of population as it affects the future improvement of the society", die er 1798 veröffentlicht, sein allgemeines Gesetz zur Bevölkerungsentwicklung. Danach führe ein konstant hoher Fortpflanzungstrieb der Menschen zu einer geometrischen Wachstumskurve der Bevölkerung. Und dem stehe wegen des Gesetzes abnehmender Bodenerträge in der Landwirtschaft nur ein lineares Wachstum bei der Unterhaltsmittelproduktion gegenüber. Die Folge sei eine ständige Tendenz zur Überbevölkerung, die nur durch um sich greifende Hungersnöte, Seuchen und wirtschaftliche Not beschränkt werde („positive checks"). Diese Korrekturen seien unausweichlich. Die Linderung von Armut und Elend in der Bevölkerung durch Sozialgesetze und caritative Maßnahmen seien daher verfehlt. Armengesetze und soziale Unterstützungen hielten die Menschen nur davon ab, eigene Anstrengungen zur Bewältigung ihres Lebensschicksals zu unternehmen und selbst die Voraussetzungen dafür zu schaffen, eigene Kinder auch unterhalten zu können. Sie leisteten einer drohenden Übervölkerung nur Vorschub.

In einer späteren Ausgabe des „Bevölkerungsgesetzes" argumentiert Malthus differenzierter (Malthus 1803). Er nennt nun auch präventive Strategien der Beschränkung der Geburtenzahlen angesichts drohenden Elends („preventive checks"). Dabei unterscheidet er zwischen der einzig legitimen sexuellen Enthaltsamkeit (moral restraint), die mit Ehelosigkeit einhergeht, und der von ihm als unzulässig und lasterhaft gescholtenen Geburtenbeschränkung durch Verhütungsmittel.[2] Geburtenbeschränkung heißt nach dem herrschenden moralischen Grundverständnis von Sexualität und Familie daher Eheverzicht bzw. -aufschub.

Malthus hat „das Bevölkerungsgesetz aus dem quasi-animalischen Determinismus der Urfassung, in der Malthus die Bevölkerungsfrage als wissenschaftliches Problem begründete, und auf einer anthropologischen Ebene ... neu formuliert" (Linde 1988: 181 f.). Er hält zwar an der These eines unwandelbaren Wachstums der Bevölkerung, das nur durch sehr mächtige und offenkundige Hemmnisse vemindert werden könne, fest. Malthus bestreitet aber keineswegs die ökonomische und soziale Bedingtheit des Fortpflanzungsverhaltens und die Lernfähigkeit der Menschen. So formuliert er zunächst mit Bezug auf die Tierwelt: „Wo immer also Freiheit ist, betätigt sich die Vermehrungskraft, und ihre übermäßigen Folgen werden hinterher durch Raum- und Nahrungsmittelmangel unterdrückt .... Die Wirkungen dieses Hemmnisses auf den Menschen sind komplizierter. Angetrieben zur Vermehrung seiner Art durch den gleichen mächtigen Instinkt, *unterbricht doch die Vernunft seinen Lauf*, und fragt ihn, ob er nicht etwa Wesen in die Welt setze, die er nicht erhalten kann" (Malthus 1924: 14).

Die Theorie von Malthus ist von Anfang an umstritten. In scharfer Form wird seine „borniert", vermeintlich naturgesetzliche Position von *Marx* kritisiert (Marx 1974: 663). Die einfache Formel des Malthusschen Bevölkerungsgesetzes verwirft Marx als ahistorische Konstruktion, die den geschichtlichen Charakter der sozialen Verhältnisse in den Völkern völlig verkenne. Marx betont, dass jede „besondre historische Produktionsweise ihre besondren historisch gültigen Populationsgesetze hat. Ein abstraktes Populationsgesetz existiert nur für Pflanze und Tier, soweit der Mensch nicht geschichtlich eingreift" (Marx 1974: 660). Engels sieht keine realen Grenzen eines Bevölkerungswachstums, die durch eine unzureichende Verfügbarkeit von Subsistenzmitteln begründet sein könnte. Er schätzt das Problem der Überbevölkerung lediglich als eine „abstrakte Möglichkeit" ein (Heinsohn et al. 1979: 120).

Entscheidende Bedeutung kommt nach Marx den konjunkturellen Zyklen der kapitalistischen Wirtschaft mit ihren Überproduktionskrisen sowie der Akkumulation des Kapitals mit der zunehmenden Umverteilung zu Ungunsten der lebendigen Arbeit zu. Die Folge ist die „relative Überzähligmachung" der Arbeiterbevölkerung und der Aufbau der industriellen Reservearmee. Diese aus der kapitalistischen Entwicklungslogik generierte Überbevölkerung wird umgekehrt zu einem Hebel der kapitali-

---

[2] Malthus gibt noch weitere Begründungen, wie die, dass die Zulässigkeit von Verhütungsmitteln das Bestreben der Menschen nach Herstellung zureichender Voraussetzungen zur Gründung einer Familie erlahmen lasse. Siehe dazu die etwas ausführlicheren Darstellungen bei Heinsohn, Knieper und Steiger (1979: 107 ff.).

stischen Akkumulation, da sie die Ausbeutungsmöglichkeiten des Kapitals befördert (Marx 1974: 661).

Malthus' Theorie hat sich in soziologisch relevanten Kernpunkten empirisch als falsch erwiesen. Die Möglichkeiten des Technologiefortschritts in der Produktion von Subsistenzmitteln und Wohlstand trotz Bevölkerungswachstums werden deutlich unterschätzt[3]. Wohlstandssteigerung und soziale Sicherheit hatten Folgen für das generative Verhalten, die den von Malthus behaupteten entgegengesetzt waren. „Das Sinken der Geborenenziffern bei konstanten Heiratsziffern und zunehmendem Wohlstand war ein Phänomen, das die Malthusschen Voraussagen auf den Kopf stellt, obwohl Malthus selber ähnliche Zusammenhänge schon am Ende des 18. Jahrhunderts in England beschrieben hatte" (Marschalck 1984: 58).

Der Zusammenhang zwischen dem Wohlstandsniveau und der Geburtenzahl wird von John St. Mill ausführlicher untersucht (Mill 1881). Mill, der dem malthusianischen Grundmodell des Bevölkerungsprozesses zustimmte, ging von der Annahme aus, dass Individuen Entscheidungskompetenzen in Bezug auf das generative Verhalten besitzen. Menschen sind zur Voraussicht der natürlichen Folgen ihres Verhaltens fähig. Mill nimmt dann an, dass die Bereitschaft zur Fortpflanzung von dem Anspruchsniveau, dem „gewöhnlichen Maßstab" der Menschen von einem annehmlichen Leben abhängt, bis zu dem sie bereit sind, sich noch zu vermehren. Und: „Jeder Fortschritt, den sie in Erziehung, Civilisation und gesellschaftlicher Verbesserung machen, wirkt auf die Hebung dieses Maßstabs ..." (Mill 1881: 170; zitiert nach Cromm 1988: 148). Mill verweist auch auf die Bedeutung moralischer Standards, die zur sozialen Verankerung eines solchen Maßstabes vonnöten sind. Bildung und steigender Lebensstandard förderten aber die Bereitschaft von Menschen, gewohnte Verhaltensweisen abzulegen und die individuellen Verhaltensspielräume zu vergrößern. Wohlstand, Bildung und sozialer Aufstieg verringert letztlich die Neigung zur Fortpflanzung. Auch die Stärkung der Rechte der Frauen und ihrer Erwerbschancen, so Mill, führe zu einem Rückgang der Geburtenzahlen (Mill 1880). Mill nimmt damit einige der Thesen vorweg, die weiterhin die Diskussion um die Erklärung des Wandels von Geburtenverhalten und demographischer Entwicklung bestimmen sollten.

„Im Verlauf des 19. Jahrhunderts hat sich die Erkenntnis durchgesetzt, dass der Bevölkerungsprozess als Teil der gesellschaftlichen Entwicklung zu verstehen ist. Keiner der Autoren, von Malthus über Marx bis Mill, rüttelt aber an der Norm einer engen Verbindung von Sexualität, Ehe und Elternschaft. Die Geburtenregulierung war ausschließlich über die Veränderung des Heiratsverhaltens, insbesondere des Heiratsalters, und seiner institutionellen Rahmenbedingungen erklärt worden. Man ging von einem konstanten Fortpflanzungstrieb aus, der nur durch die Verringerung sexueller Aktivitäten und Eheverzicht einzuschränken war. Nachwuchsbeschränkung in der Ehe mithilfe von Verhütungsmitteln wurde als lasterhafter Bruch dieser Norm gewertet" (Heinsohn et al. 1979: 127).

Das änderte sich in den ersten sozioökonomischen Erklärungsversuchen des säkularen Geburtenrückgangs, der trotz einer Zunahme der Zahl der Eheschließungen

---

[3] Die Möglichkeit, dass Bevölkerungswachstum gerade die Entwicklung des technologischen Standards der gesellschaftlichen Produktion ermöglichen bzw. beschleunigen kann, wird von ihm nicht in Betracht gezogen.

in den meisten west- und nordeuropäischen Staaten in der zweiten Hälfte des 19. Jahrhunderts einsetzte. Die Annahme der engen Kopplung zwischen Sexualität, Ehe und Elternschaft musste aufgegeben werden. Einen wichtigen Beitrag dazu lieferten die so genannten *Wohlstandstheoretiker*, die die frühen Ideen der sozioökonomischen Erklärung generativen Verhaltens weiterentwickelten. Zu ihnen zählen Lujo Brentano, Paul Mombert und Oscar Wingen (Brentano 1909; Mombert 1907; Wingen 1915).

„Es gibt aber keinen Fortpflanzungstrieb. ... Die enorme Mehrzahl der Menschen erzeugt Kinder nicht um eines abstrakten Zieles willen, wie dies die Erhaltung der Gattung wäre; zwei höchst konkrete Bedürfnisse sind es, was zur Zunahme der Bevölkerung führt, das Geschlechtsbedürfnis und die Kinderliebe". (Brentano 1909: 579).

Geschlechtstrieb und Zeugungswille sind aber voneinander zu trennen. Den Menschen sind Mittel in die Hand gegeben, durch Verhütungsverhalten diese Trennung zwischen Geschlechtsakt und Zeugung auch zu praktizieren. Damit tritt der Aspekt der Willentlichkeit der Zeugung deutlich zu Tage. Die Zeugung von Kindern wird im Prinzip zu einem individuellen Willensakt. Der Rückgang der Geburtenzahlen wird von den Wohlstandstheoretikern in einer Weise zu erklären versucht, die an Mill erinnert: „Was mit zunehmendem Wohlstand abgenommen hat, ist vielmehr ... der Zeugungswille. Das aber, was die Abnahme des Zeugungswillens hervorgerufen hat, sind die Zunahme der Konkurrenz der Genüsse und einer Verfeinerung im Gefühle der Kinderliebe" (Brentano 1909: 602).

Steigender Wohlstand und höhere Bildung führen zu einer Begünstigung ökonomischen Denkens in Bezug auf die Lebensplanung. Dazu gehört eine vorsorgliche Planung für die Zukunft und im Hinblick auf die Absicherung bzw. Verbesserung der individuellen Lebensverhältnisse (Mombert 1907: 95). Daran schließt das Argument zur Konkurrenz der Genüsse an. Mit zunehmendem Wohlstand „wächst die Mannigfaltigkeit der Bedürfnisse der Menschen, und mit dem Auftreten anderer Bedürfnisse macht sich auch hinsichtlich der Befriedigung des Geschlechtstriebes das Gossensche Gesetz geltend, wonach der nach der größten Summe des Wohlgefühls strebende Mensch mit der Befriedigung eines Bedürfnisses da abbricht, wo ein Fortfahren in seiner Befriedigung ihm geringeren Genuss bereiten würde, als die Befriedigung eines anderen Bedürfnisses, auf das er sonst verzichten müsste" (Brentano 1909: 606).

Ein Wandel der geschlechtsspezifischen Rollenmuster ist eine Folge. Der Wandel der gesellschaftlichen Stellung der Frau ist, so Brentano, für eine Verringerung der Heiratshäufigkeiten verantwortlich. Damit ist ein Geburtenrückgang impliziert, da außereheliche Geburten vernachlässigt werden und die enge Bindung zwischen Ehe und Elternschaft nicht in Frage gestellt wird. Die Wohlstandsentwicklung führt auch zu einem Wandel der innerehelichen und innerfamiliären Beziehungen: Die Ehe wird zur Partnerschaft zweier Menschen. Die Kinderliebe „verfeinert" sich. Das Anspruchsniveau in Bezug auf den eigenen Lebensstandard und in Bezug auf die Erziehung der Kinder erhöht sich[4]. Dies spricht für eine Verringerung der Geburtenzahlen in den Ehen.

---

4 Brentano schließt daraus auch auf eine wachsende Instabilität der Partnerbeziehungen.

Parallel zu dieser durch die Relevanz ökonomisch bedingter Verhaltenskalküle individueller Akteure bestimmten Theorie der Wohlstandstheoretiker entwickelt sich eine theoretische Tradition, die den kulturellen Wandel als Auslöser des veränderten Geburtenverhaltens hervorhebt. Ihre Vertreter sind Anhänger von Versionen einer *Rationalisierungstheorie*, die unter anderem ihren Ausgangspunkt in den Thesen von der Rationalisierung der individuellen Lebensführung und sozialer Strukturen und der Entpersönlichung sozialer Beziehungen findet, wie sie umfassend von Weber, Werner Sombart und Georg Simmel ausgearbeitet wurden (Weber 1972; Sombart 1928; Simmel 1989).

Wolf betont die Rolle der steigenden Bildung in stärkerem Maße als die von ihm kritisierten Wohlstandstheoretiker (Wolf 1912, 1913). Steigende Bildung geht nach Wolf mit steigendem Ordnungssinn und steigenden Ansprüchen an die Lebensgestaltung einher. Sie befördert eine rationale Lebensführung und die Loslösung von traditionalen Werten. Der säkularisierte Geist des Kapitalismus, das rationale Verständnis einer Rechenhaftigkeit der menschlichen Beziehungen wird für den Geburtenrückgang verantwortlich gemacht (Scheler 1963: 309). Er ergreift die Mitglieder aller sozialen Schichten der Gesellschaft. Die Behauptung und der Erfolg in dem System der kapitalistischen Marktprozesse wird zu einem primären Faktor von Lebensgestaltung und bestimmt die weltanschauliche Orientierung der Menschen. Diese schlägt auf das Geburtenverhalten durch. Religiöse und traditional vorgegebene soziale Werte und Normen verlieren ihre vormals große Bedeutung.

Das ökonomisch-rationale Kalkül hat die Familienplanung erfasst. Soziale Unsicherheit und Krisen werden in doppelter Weise zum Hemmnis der Fortpflanzung: Sie führen zum Aufschub von Familiengründungen. Sie fördern auch die Erwerbstätigkeit der Frauen in der Lohnarbeiterschaft, die zu einer besseren Absicherung ökonomischer Risiken beitragen soll (Wolf 1913). Sozialer Aufstieg und ökonomischer Erfolg motiviert ebenfalls eher zur Geburtenbeschränkung. Roderich von Ungern-Sternberg spricht von der „streberischen Gesinnung, ein Derivat des kapitalistischen Geistes", die für ihn die „causa causans des Geburtenrückgangs im westeuropäischen Kulturkreis" darstellt (Ungern-Sternberg 1932: 318).

Die soziologische Diskussion um den Bevölkerungsprozess konzentrierte sich auf die Fortpflanzung. Die Frage der sozialen Bedingtheit der Sterblichkeit stand dem gegenüber im Hintergrund. Verbindungen zwischen dem Wandel der Sterblichkeitsverhältnisse und der Geburtenentwicklung werden kaum thematisiert. Soziologische Ansätze zum Wandel der Mortalität sind bis zu dieser Zeit kaum zu verzeichnen. Im Verlauf des 19. Jahrhundert sank das Ausmaß der Sterblichkeit in Nord- und Westeuropa stark ab und die Lebenserwartung stieg deutlich an (Imhof 1981). Dies war durch eine allgemeine Verbesserung der Ernährungslage, der hygienischen Verhältnisse und der medizinischen Möglichkeiten bedingt. Das konnte aber nicht darüber hinwegtäuschen, dass verschiedene Bevölkerungsgruppen in unterschiedlichem Ausmaß betroffen waren. Auch bezogen auf die Sterblichkeit wird erkannt, dass man es nicht (allein) mit einer „Naturtatsache" zu tun hat. Die soziale Bedingtheit der Sterblichkeit, sozial und regional bestimmte differentielle Mortalität, wird postuliert und empirisch belegt (Schmid 1976: 63 f., 144 ff.). Auch heute geht es in der soziologischen Mortalitäts- und Morbiditätsforschung überwiegend um die Frage der „sozialen Ungleichheit von Morbidität und Mortalität" (Voges, Schmidt 1996).

Mit den frühen sozialwissenschaftlichen Theorien des Bevölkerungsprozesses sind die Ausgangspunkte von zum Teil miteinander konkurrierenden Perspektiven für die spätere Theoriebildung mitunter bis ins Detail angelegt worden. Der entscheidende Schritt war, dass die strikte Einheit von Sexualität und Fortpflanzung aufgehoben wurde. Die Erklärungsansätze gründen auf einem Studium individuellen Entscheidungsverhaltens in gesellschaftlich geprägten Handlungssituationen. Das Verhältnis zentraler sozialstruktureller Kategorien, wie Bildung, sozialer Status, soziale Mobilität, Lebensstandard und Wohlstandsniveau zu demographisch relevanten Verhaltensweisen wird analysiert und handlungstheoretisch oder kultursoziologisch begründet.

7.2 Gesellschaftlicher Wandel und Bevölkerungsentwicklung: konzeptuelle Zwischenüberlegungen

7.2.1 Inhaltliche Bestimmung des Forschungsgegenstands

In bevölkerungssoziologischen Modellen sollen die Stabilität und der Wandel demographischer Strukturen unter Bezug auf die sozialen Verhältnisse in einer Gesellschaft erklärt werden. Was soll aber unter demographischen Strukturen verstanden werden? Zur Beantwortung dieser Frage werde ich eine Differenzierung des Begriffs gesellschaftlicher Strukturen im Allgemeinen und demographischer Strukturen im Speziellen vornehmen. Ich beziehe mich dabei auf einen Vorschlag von Gudmund Hernes, der analytisch drei verschiedene makrosoziologische Strukturdimensionen unterscheidet, die miteinander verknüpft sind (Hernes 1976):

Hernes nennt als Erstes die *Outputstruktur* sozialer Prozesse. Sie ist das Ergebnis der Aggregation individueller Handlungsergebnisse. Im Rahmen bevölkerungssoziologischer Analysen interessieren uns demographisch relevante Teile der Outputstruktur (*demographische Outputstruktur*). Die Bevölkerungsstruktur ist Teil der Sozialstruktur der Gesellschaft. Zu ihr gehören im engeren Sinne neben der Bevölkerungsgröße die Verteilungen der Bevölkerung nach Geschlecht, Alter, Familienstand bzw. Lebensform, Wohnregion und ethnischer Zugehörigkeit. Auch wenn sich Bevölkerungsbestand und -struktur auf Grund von Geburten, Todesfällen und regionaler Mobilität in einem permanenten Fluss befinden, so sind sie über mittlere Zeiträume hin relativ stabil. Sie ist kurzfristig kaum durch individuelle oder institutionelle Eingriffe maßgeblich zu verändern. Als demographisch bedeutungsvoller Teil sozialer Beziehungsstrukturen interessieren auch die Lebensformen im Allgemeinen und partnerschaftliche Beziehungen im Speziellen. Als Teil der institutionellen Struktur einer Gesellschaft sind die rechtlichen und normativen Regelungen demographisch relevanter Verhaltensweisen von besonderem Interesse.

Als Zweites nennt Hernes die *Prozessstruktur* sozialer Prozesse. Die Prozessstruktur beinhaltet die Prinzipien oder Mechanismen, mittels derer die Outputstruktur auf der Makroebene einer Gesellschaft aus den individuellen Einzelhandlungen entsteht oder hergestellt wird. Im Fall der Bevölkerungsentwicklung hat man es mit einer einfachen Operation zu tun, nämlich mit der Aggregation von demographisch relevanten Ereignissen, den Geburten, Todesfällen und Migrationen, die sich im

Verlauf der Zeit ereignen (*demographische Prozessstruktur*). Menschen werden in die Bevölkerung hineingeboren: die Geborenen eines Kalenderjahres bilden dann einen Geburtsjahrgang oder eine Kohorte. Mit dem Alterungsprozess tragen sie zur Veränderung der Altersstruktur der Bevölkerung bei, bis sie schließlich mit ihrem Tod ausscheiden. Im Verlauf ihres Lebens verändern sie ihren Familienstand und ihren Wohnstandort, womit sie Veränderungen der entsprechenden Verteilungen bewirken.

Schließlich nennt Hernes die *Parameterstruktur* sozialer Prozesse. Sie beinhaltet die spezifischen Muster der individuellen Handlungs- und Verhaltensprozesse, die sich in einer Gesellschaft herausbilden. Sie „parametrisieren" gleichsam die Prozessstruktur und bestimmen so über den in der Prozessstruktur spezifizierten Aggregationsprozess die Outputstruktur. In unserem Zusammenhang spielen hier unterschiedliche Verhaltensintensitäten bzw. Übergangs- oder Expositionsraten, eine zentrale Rolle *(demographische Parameterstruktur)*. Die demographischen Parameterstrukturen geben über das „Ob" und „Wann" demographisch relevanter Handlungen bzw. Ereignisse in individuellen Lebensverläufen Auskunft. Wichtige Beispiele für Größen in der demographischen Parameterstruktur sind altersspezifisch differenzierte Geburten-, Heirats-, und Sterberaten, ehedauerspezifische Scheidungsraten usw.

Als *demographisch relevantes Handeln* definieren wir einen Bereich individuellen Handelns, also eines absichtsvollen, mit subjektivem Sinn versehenen Verhaltens eines Individuums, das in engerem Sinne Auswirkungen auf die Bevölkerungsstruktur einer Gesellschaft hat. Damit ist Handeln gemeint, welches Ereignisse herbeiführen oder vermeiden hilft bzw. vermeiden helfen soll, die direkte Auswirkungen auf die Bevölkerungsstruktur haben. Dieses Handeln hat einen Einfluss auf die Inzidenz, das Timing und die Frequenz von Geburten-, Sterbe- und Migrationsereignissen und Familienstandswechseln. Allgemeiner sprechen wir von *demographisch relevantem Verhalten*, wenn wir solche Verhaltensweisen berücksichtigen, die nicht als absichtsvolles, sinnhaftes Handeln verstanden werden können.

Als *„generatives" Handeln* bezeichnen wir den Teilkomplex demographisch relevanten Handelns, der mit der menschlichen Fortpflanzung zu tun hat. Wir unterscheiden zwischen Handeln, welches ein Ereignis, etwa die Zeugung und die Geburt eines Kindes herbeiführen soll oder kann, und Handeln, mit dem das Eintreten des Ereignisses verhindert oder aufgeschoben werden soll. Allgemeiner wird im obigen Sinn dann auch vom *generativen Verhalten* gesprochen (Kiefl, Schmid 1985: 15 ff.; Cromm 1988: 23 ff.).

Auch in Bezug auf den Sterbeprozess ist die Bestimmung eines bestimmten Handlungs- oder Verhaltenskomplexes möglich. Man kann einerseits Handeln oder Verhalten betrachten, mit denen das Individuum versucht oder veranlasst, das demographisch relevante Ereignis, also das Sterben, zu verhindern oder hinauszuzögern. Dazu können Handlungen zählen, die dem Erhalt des Lebens dienen, wie eine mehr oder weniger umfassende Gesundheitsvorsorge. Davon kann man andererseits Handeln (Verhalten) unterscheiden, das dem Eintreten des Ereignisses, also dem Tod, förderlich ist. Im Extremfall haben wir es hier mit Selbstmordverhalten zu tun, das ein prominentes Thema soziologischer Forschung darstellt.

7.2.2 Ein Mehrebenenkonzept demographischen Wandels

Gesellschaftlicher und demographischer Wandel ist Ergebnis der Wechselwirkung zwischen Akteuren und den situationalen Bedingungen ihres Handelns, also gesellschaftlichen Strukturen. Ein Mehrebenenmodell soll diesen komplexen Zusammenhang abbilden (Coleman 1990: 11 ff.; Esser 1993: 98 ff.). Auf der Mikroebene betrachten wir die (individuellen) *Akteure*. Von Akteuren sprechen wir immer dann, wenn wir Individuen als Subjekte zielverfolgenden, absichtsvollen Handelns meinen. Individuelle Akteure sind in vielfältiger Weise in *soziale Beziehungsstrukturen* eingebunden, in denen sie miteinander interagieren bzw. durch ihr Handeln aufeinander einwirken. *Soziale Gruppen*, wie Lebensgemeinschaften, Ehepaare, Partnerschaften und Familien, bilden eine enge, persönlich und nicht-formal bestimmte, beständige Beziehungsstruktur der beteiligten individuellen Akteure, die miteinander kooperieren, um gemeinsame Interessen zu verwirklichen. *Soziale Organisationen* sind Systeme sozialer Beziehungen, die sich als zielverfolgende soziale Einheiten begreifen lassen, in denen strukturell und qua formaler Satzung alles Handeln der Mitglieder der Organisation, dem definierten Organisationsziel untergeordnet ist. Akteure sind auch in *sozialräumliche Kontexte* mit ihren strukturellen Gegebenheiten eingebunden. Die lokale sozialstrukturelle Gliederung der Bevölkerung hat zum Beispiel Konsequenzen für die Chancen zur Etablierung sozialer Beziehungen (Blau 1994). Wir haben es mit lokalen Märkten für potentielle Beziehungspartner im persönlichen, öffentlichen und wirtschaftlichen Bereich (Partnermarkt, Arbeitsmarkt etc.) zu tun. Darüber hinaus gibt es die lokale Infrastruktur. Auch die lokalen kulturellen Muster mit ihren vorherrschenden Werte- und Normenstrukturen und den gesellschaftlichen Institutionen sind bedeutsam. Akteure handeln schließlich unter strukturellen (Lebens)-Bedingungen, die durch die sozialen, politischen, ökonomischen und kulturellen Gegebenheiten in einer *Gesellschaft als Ganzes* bestimmt sind.

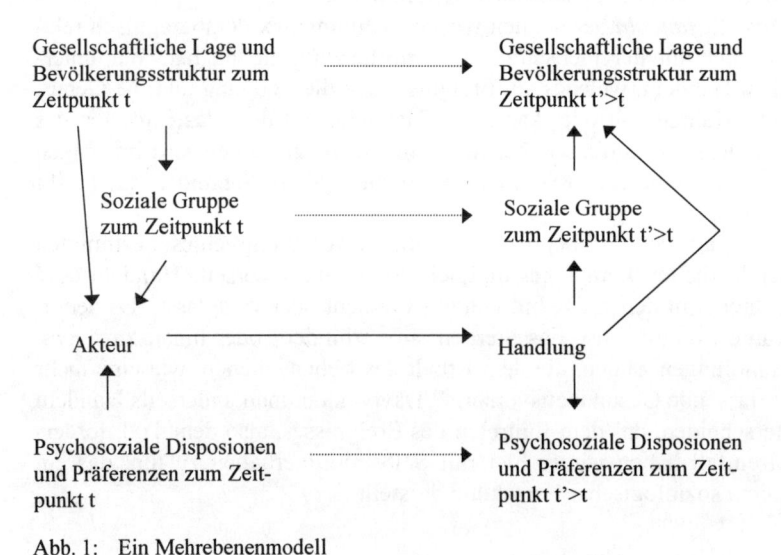

Abb. 1: Ein Mehrebenenmodell

Die Bedingungen für individuelles Handeln, die sich in Form von Restriktionen und Opportunitäten für das Handeln auswirken, werden subjektiv von den Akteuren wahrgenommen und interpretiert. Sie bilden eine Grundlage der notwendigen Entscheidungen für das individuelle Handeln.[5] Umgekehrt sind die Makrostrukturen als Teil der Outputstrukturen in mehr oder minder komplexer Weise als Emergenzphänomene individueller Handlungsprozesse und deren Objektivation zu verstehen. Indem Menschen durch ihr Handeln neue Realitäten schaffen, tragen sie zu der Veränderung sozialer Wirklichkeit bei. Einmal entstanden, sind diese Realitäten nicht mehr beliebig veränderbar. Sie erweisen sich daher wiederum als Bedingungsfaktoren individueller Handlungsprozesse: in Form von sozialstrukturellen Gegebenheiten, gesellschaftlichen Institutionen, der materiellen und kulturellen Ausstattung einer Gesellschaft etc.[6] Siehe zu diesem Wechselwirkungsprozess den oberen Teil der Abb. 1, der beispielhaft eine Drei-Ebenen-Konstellation darstellen soll.

Bei demographischen Prozessen handelt es sich um „Musterfälle für die wechselseitige Verkopplung individueller Handlungen und kollektiver Folgen mit Rückwirkungen wiederum auf die Möglichkeiten für das individuelle Handeln" (Esser 1993: 255). Die Aggregation der Effekte demographisch relevanter Handlungen, wie Geburten von Kindern, ist einfach zu durchschauen[7]. Ein gutes Beispiel ist der derzeitig zu beobachtende Alterungsprozess in fortgeschrittenen Industriegesellschaften (Leisering 1992). Generiert wird er zu einem großen Teil durch die nachhaltige Beschränkung der Kinderzahlen durch die jungen Erwachsenen. Diese tragen damit unbeabsichtigt zu einer Veränderung der Altersstruktur der Bevölkerung bei. Sie wird einen Wandel im sozialen und institutionellen Gefüge dieser Gesellschaften hervorrufen, weil die Bedingungen für politisches und soziales Handeln sich dadurch nachhaltig verändern.

Das Modell in Abb. 1 hat einen zweiten Teil. Damit soll eine gleichsam ins Individuum gewendete Mehrebenenhierarchie von Voreinstellungen, Orientierung usw. abgebildet werden (psychosoziale Dispositionen und Präferenzen). Diese bestimmen Präferenzstruktur des Individuums, welche die Bewertung der zur Disposition stehenden Handlungsalternativen beeinflusst. Gemeint sind relativ stabile Muster indi-

---

[5] Erklärungen demographisch relevanten Handelns erfordern auf dieser Ebene theoretische Grundannahmen bezogen auf Logik individuellen Entscheidens und Handelns einzuführen. Eine Versionen einer Spezifikation rationalen Handelns geht davon aus, dass Akteure in einer Handlungssituation die Handlungsalternative wählen, die sie subjektiv als die beste Lösung für die Realisierung seines situationalen Handlungsziels be-trachten. Man kann auch schwächer formulieren, dass ein bestimmtes Verhalten nicht geändert wird, solan-ge der Akteur dieses Verhalten subjektiv als hinreichend gut bei der Verfolgung seiner situationalen Hand-lungsziele erfährt.

[6] Typischerweise sind die emergenten Effekte nicht von den Akteuren beabsichtigt oder geplant, zumal nicht in ihren langfristigen Auswirkungen (Boudon 1980). Die Wirkung individueller Handlungen hängt zum Beispiel immer auch von den Handlungen anderer Akteure ab. Die Handlungseffekte unterschiedlicher Akteure beeinflussen sich gegenseitig. Dieses ist ein Aspekt der allgemeineren Tatsache, dass die Folgen individuellen Handelns durch die je schon gegebenen Strukturen beeinflußt werden.

[7] Die Bevölkerungsstruktur zum Zeitpunkt t' ist indirekt an die Bevölkerungsstruktur zum Zeitpunkt t<t' zurückgekoppelt. Die Zahl der Geburten in einem Jahr ist zum Beispiel abhängig davon, wie groß die Anzahl der Personen ist, die in diesem Jahr Kinder bekommen können. Wie stark dieser Zusammenhang ist, hängt von der Entwicklung der Geburtenneigung ab, die sich in der Parameterstruktur niederschlägt. Die Prozeßstruktur bleibt im Fall der Bevölkerungsentwicklung unverändert.

vidueller Orientierungen, die wie die strukturellen Bedingungen der sozialen Situation den Entscheidungsprozess wesentlich strukturieren. Der Akteur beurteilt Handlungen vor dem Hintergrund der individuellen Präferenzen, als einer Ordnung von unterschiedlich stabilen Vorentscheidungen in Bezug auf Handlungsziele und Handlungsmittel (Esser 1990).

Objektive und subjektive Handlungsbedingungen, also „Opportunitäten sowie Restriktionen" und „Präferenzen sowie psychosoziale Dispositionen" hängen eng zusammen und bedingen einander. Die natürliche und soziokulturelle Umwelt des Menschen führt zu bestimmten kognitiven „maps", die das Denken und die Wahrnehmung von Individuen steuern und damit sein Bild von der Welt festigen (Lindenberg 1990). Sie stabilisieren die Erwartungsstrukturen der Akteure im sozialen Raum und sichern sie gegen unvorteilhafte Auswirkungen kollektiven Handelns ab.

Das Modell lässt sich auf mehrfache Weise erweitern. Man kann zusätzliche Ebenen berücksichtigen und damit die Mehrebenenhierarchie differenzieren. Die gezeigte Abbildung ist zudem als Ausschnitt einer ständigen Abfolge von Wechselwirkungen zwischen der Akteursebene und den anderen Ebenen zu verstehen (Esser 1993: 107). Auf der Akteursebene beobachten wir dann den *individuellen Lebenslauf* als Abfolge individueller Handlungen und Ereignisse. Auf den Kollektivebenen beobachten wir *sozialen Wandel* und auf der psychosozialen Ebene den Prozess der *psychosozialen Entwicklung* der Akteure.

Bevölkerungssoziologische Theorien lassen sich daher danach untersuchen, inwieweit sie das volle Programm dieses Ansatzes oder nur Teile davon einlösen. Die beiden Dimensionen des Mehrebenen- und des Zeitbezuges ergeben kombiniert sechs Theorietypen, deren Gegenstandsbereiche in der folgenden Übersicht (Tab. 1) genannt werden:

Tab. 1: Gegenstandsbereiche sozialwissenschaftlicher Theorien

	statisch	dynamisch
Makroebene	Sozialstruktur	sozialer Wandel
Mikroebene	Lebensverhältnisse	Lebenslauf
psychosoziale Ebene	psychosozialer Entwicklungsstand	psychosoziale Entwicklung

7.3 Makrotheorien demographischen Wandels

Die klassischen strukturtheoretisch angelegten, sozialwissenschaftlichen Makrotheorien gehen von Vorstellungen eines gleichgewichtigen Entwicklungsprozesses der Bevölkerungsbewegung aus. Dahinter steht die Annahme einer strukturellen Korrespondenz zwischen Bevölkerungsprozess und gesamtgesellschaftlicher Entwicklung. In den älteren Ansätzen wird diese Ausgangsposition durch die Annahme ergänzt, dass immer ein Bevölkerungsregime mit moderatem Bevölkerungswachstum erhalten wird. Diese Vorstellung ist mittlerweile empirisch widerlegt, wenn wir davon ausgehen, dass das Geburtendefizit in zahlreichen „modernen" Gesellschaften kein vorübergehendes Phänomen bleibt.

7.3.1 Die Theorie des demographischen Übergangs

Die Theorie des demographischen Übergangs gehörte in der Nachkriegszeit zu den dominierenden theoretischen Entwürfen der Beschreibung und Analyse demographischen Wandels. Sie beinhaltet ein makroskopisches Phasenmodell der Geburten- und Sterblichkeitsentwicklung im Übergang von vorindustriellen zu industriellen Gesellschaften. Nachdem erste Modelle schon in den Zwanzigerjahren vorgelegt worden waren (Landry 1909; Thompson 1929), wurde sie nach dem Zweiten Weltkrieg umfassender ausgearbeitet (Blacker 1947; Davis 1945; Notestein 1945, 1950, 1953; Mackenroth 1953; Beshers 1967; Schmid 1984; Coale, Watkins 1986; Chenais 1992; Szreter 1993; Kirk 1996).

Die Theorie des demographischen Übergangs wird klassischerweise am Beispiel der europäischen Entwicklung seit dem 19. Jahrhundert beschrieben und hier mit den Prozessen der Industrialisierung und ökonomischen Wachstums, dem Ausbau des Bildungswesens, der Urbanisierung, der Verbesserung von Kommunikation und Transportwesen, des steigenden Leistungsstandards gesundheitlicher und sozialer Dienstleistungen etc. verbunden: Entwicklung die allesamt auch im Modell der Modernisierung zusammengefasst werden. In Deutschland und vielen westeuropäischen Ländern vollzog sich dieser Prozess etwa zwischen 1850 und 1930.

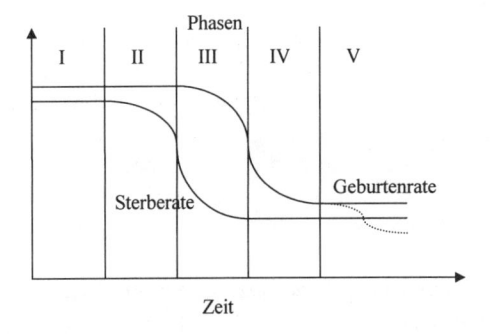

Abb. 2: Die Phasen des demographischen Übergangs

In der differenzierten Form werden fünf Phasen dieses Übergangsprozesses unterschieden (vgl. Abb. 2). Die erste, die prätransitionale Phase mit einem „hohen Bevölkerungsumsatz" (Mackenroth) ist durch hohe Geburten- und Sterbeziffern und ein geringes Bevölkerungswachstum gekennzeichnet. In der zweiten Phase, der frühen Transformationsphase, beginnen die Sterbeziffern zu sinken. Die Geburtenziffern verbleiben noch auf ihrem ursprünglichen Niveau. Folglich wächst die Bevölkerung stärker als vorher. In der mittleren Transformationsphase beginnen auch die Geburtenziffern zu sinken, während die Sterbeziffern weiter stark fallen. Das Bevölkerungswachstum beschleunigt sich aber weiter. Der Übergang kommt in der vierten Phase zum Abschluss, in der die Sterbeziffern auf ihrem geringen Niveau verbleiben und die Geburtenziffern stark zurückgehen. In der Letzten, der posttransitionalen Phase sind Geburten- und Sterbeziffern auf einem niedrigen Niveau angelangt. Auf der Basis eines geringen Bevölkerungsumsatzes wird wieder ein relativ geringes Bevölkerungswachstum erreicht. Einer der Urväter der Transitionstheorie, Landry, sah hier durchaus auch einen Zustand der Bevölkerungsabnahme als möglich an, wie es durch die gestrichelte Linie in Abb. 2 angedeutet worden ist (Landry 1909).

Notestein behauptete, dass die demographische Transformation früher oder später alle Länder erfassen werde (Notestein 1950). Zwei Erklärungsansätze prägen die klassische Begründung für diesen Ablauf des demographischen Wandels:

1. Es wird postuliert, dass Sterblichkeits- und Geburtenentwicklung in einem ursächlichen Zusammenhang stehen. Die Sterblichkeit sank als Folge des sozioökonomischen Wandels, des damit einhergehenden medizinischen Fortschritts und der Verbesserung der hygienischen Verhältnisse. Vor allem die Kindersterblichkeit wurde drastisch reduziert. (Marschalck 1984: 41 f.). Die Bevölkerungsentwicklung wäre aus dem Gleichgewicht geraten, wenn nicht auch eine Anpassung der Geburtenzahlen an das veränderte Sterblichkeitsniveau erfolgte: Eine geringere Säuglings- und Kindersterblichkeit verlangte eine geringere Zahl von Geburten, um eine bestimmte Bevölkerungsentwicklung zu garantieren. Damit gingen Auswirkungen auf gesellschaftliche Normen zur Familiengröße und Kinderzahl einher. Die Zeitverzögerung zwischen dem Rückgang der Geburtenhäufigkeit und der Sterblichkeit wird von Notestein so begründet: „The more rapid response of mortality than of fertility to the forces of modernization is probably inevitable. The reduction of mortality is a universal acceptable goal and faces no substantial obstacles. But the reduction of fertility requires a shift in social goals from those directed toward the survival of the group to those directed toward the welfare and development of the individual. This change, both of goals and of social equipment by which they are achieved is at best a slow process" (Notestein 1945: 41). Der kulturelle Wandel, der mit dem Rückgang der Kinderzahlen einhergeht, der Wandel der sozialen Struktur war radikal und durchgreifend. Das brauchte seine Zeit.
2. Die Geburtenentwicklung wird in den Bezug zum sozioökonomischen Wandel mit seinen Konsequenzen für Sozialstruktur und Wertestruktur gestellt. Notestein (1953) formuliert zahlreiche Hypothesen zur Rolle des sozioökonomischen und kulturellen Wandels. Ein wichtiger Motor war danach die zunehmende Urbanisierung. In den städtischen Regionen formierte sich zuerst ein neues Familienideal mit geringen Kinderzahlen. Es konnte entstehen, nachdem sich infolge der Veränderung der Lebensbedingungen insbesondere in den Städten die traditionellen Werte- und Normenstrukturen zur Fortpflanzung und Familie ins Wanken gerieten und überwunden wurden. Notestein hebt den zunehmenden Individualismus und das ansteigende Aspirationsniveau in Bezug auf die individuelle Wohlfahrt hervor (Notestein 1945). Die Geburtenbeschränkung wurde durch eine zunehmend als legitim betrachtete Anwendung von Mitteln zur Empfängnisverhütung erreicht. „Education and a rational point of view became increasingly important.

As a consequence the cost of child bearing grew and the possibilities for economic contributions by children declined. Falling death-rates at once increased the size of the family to be supported and lowered inducements to have many births. Women, moreover, found new independence from household obligations and new economic roles less compatible with child-rearing". (Notestein 1953: 16).

7.3.2 Von der vorindustriellen zu industriellen Bevölkerungsweise: Die Übergangstheorie von Mackenroth

Auch Gerhard Mackenroth formuliert eine elaborierte Theorie des demographischen Übergangs (Mackenroth 1953: 333–413). Bevor wir die wesentlichen Grundzüge seiner Theorie kennen lernen, betrachten wir in einem kleinen Exkurs seinen Vorschlag einer konzeptuellen Grundlegung der Bevölkerungstheorie, in dem sich schon Elemente eines mehrebenentheoretischen Ansatzes finden lassen.

7.3.2.1 Mackenroths Konzept der Bevölkerungsweise

Bevölkerungsentwicklung wird von Mackenroth als „Bevölkerungsvorgang" bezeichnet, unter dem „Massentatsachen des Geborenwerdens, Heiratens und Sterbens" verstanden werden (Mackenroth 1953: 11): „Der Bevölkerungsvorgang ist ein Lebensvorgang, der wie jeder Lebensvorgang eine rein naturale Seite hat, ohne sich jedoch darin zu erschöpfen" (Mackenroth 1953: 325). Für das Verständnis des historisch spezifisch ausgeprägten Bevölkerungsvorganges ist das Studium der sozialen Bedingungen unabdingbar. Hier liegt die Aufgabe einer sozialwissenschaftlichen Bevölkerungstheorie.

„Die Bevölkerungsweise ist also ein Sinnzusammenhang, in dem alle Elemente eines generativen Verhaltens aufeinander in sinnvoller Weise abgestimmt sind: Familienverfassung, Heiratshäufigkeit, Fruchtbarkeit usw., alle diese einzelnen ‚patterns of behavior' bilden zusammen in ihrer Abgestimmtheit aufeinander eine Struktur" (Mackenroth 1953: 326). Dieser Sinnzusammenhang ist den einzelnen Trägern der Bevölkerungsweise nicht bewusst. Die Menschen „wollen keine Bevölkerungsweise, sie sind dennoch Träger einer solchen und verwirklichen sie" (Mackenroth 1953: 327). Wir erkennen hier die Idee der Genese und des Wandels von Bevölkerungsstrukturen als das nichtintendierte Ergebnis individuellen Handelns, die ja einen ganz wesentlichen Teil des Mehrebenprogramms sozialwissenschaftlicher Erklärung ausmacht[8].

---

[8] Mackenroth gibt zwölf Parameter an, die diese Struktur empirisch beschreiben:. Zur Heiratsstruktur zählt er das durchschnittliche Heiratsalter, die Heiratshäufigkeit, Scheidungshäufigkeit. Zur Struktur der Fruchtbarkeit zählt er eheliche Fruchtbarkeit, uneheliche Fruchtbarkeit, Gebäralter und Geburtenfolge (durchschnittlicher Generationenabstand) und die Fehl- und Todgeburtenhäufigkeit. Die Struktur der Sterblichkeit schließlich wird beschrieben durch alters- und geschlechtsspezifische Absterbeordnung: die Säuglingssterblichkeit, die Kleinkindersterblichkeit, Jugendlichensterblichkeit, Erwachsenensterblichkeit und Greisensterblichkeit (Mackenroth 1953: 110). Damit ist der Bezug zur demo-statistischen Beschreibung der Bevölkerungsweise hergestellt.

Bevölkerungsweise und generative Struktur werden als synonyme Begriffe eingeführt, die „das geschichtliche Zusammenspiel generativer Verhaltensweisen einer Menschengruppe" (Mackenroth 1953: 110) bezeichnen. In dem oben definierten Sinne steht die Bevölkerungsweise die sinnhaft aufeinander abgestimmte demographische Parameterstruktur in einer Gesellschaft. Diese gilt es in empirischen Analysen nachzuweisen. Die Elemente, die eine Bevölkerungsweise bestimmen, sind die Heiratsstruktur, die Struktur der Fruchtbarkeit und die Struktur der Sterblichkeit.

Dem generativen Verhalten kommt eine besondere Bedeutung in der Bestimmung generativer Strukturen oder Bevölkerungsweisen zu. Im Bemühen um eine Systematik der Bestimmungsfaktoren generativen Verhaltens unterscheidet Mackenroth „... drei Bereiche für die Ausprägung des generativen Verhaltens:

1. *das physische Können;*
2. *das soziale Dürfen;*
3. *das persönliche Wollen"* (Mackenroth 1953: 330).

Neben dem physiologischen Aspekt hebt Mackenroth die Bedeutung „sozialinstitutioneller Faktoren" hervor. Er betont, dass der Bevölkerungsvorgang „unmittelbar aus menschlichem Verhalten" hervorgehe. Doch: „Die individualpsychologischen Determinanten werden und sind sozial überformt, sie interessieren uns nicht in ihrer individualpsychologischen Verbesonderung, sondern in der durch soziale Überformung enstandenen Häufung" (Mackenroth 1955: 68).

Besonderes Gewicht misst Mackenroth den ökonomischen Strukturen („Wirtschaftsweise") zu. „Der Wirkungszusammenhang von Bevölkerungsweisen und ökonomischen Realfaktoren zeigt einen dialektischen Prozess, in dem immer wieder eine Bevölkerungsweise am Entstehen einer Wirtschaftsweise und diese am Entstehen einer neuen Bevölkerungsweise ursächlich Mitbeteiligen ist" (Mackenroth 1953: 328, Hervorhebungen im Text). Später schwächt er seine Darstellung zur Wechselwirkung zwischen generativer Struktur und ökonomischer Struktur ab, wenn er den Begriff der „Ausdrucksanalogie" benutzt (Mackenroth 1953: 415). Schließlich meint er gar, dass beide aus dem „Sozialstil der Zeit" heraus entstehen und daher – wegen des gemeinsamen Bezuges auf etwas Drittes – strukturanalog sind. Hier wird sehr uneindeutig argumentiert. Letztlich bestimmt Mackenroth den eigentlichen Kern demographischer, ökonomischer und sozialer Entwicklung nicht hinreichend: die Erklärung individuellen Handelns. Er verbleibt weitgehend auf einer makrostrukturellen Argumentationsebene, indem er die enge Korrespondenz zwischen gesellschaftlichen und insbesondere ökonomischen Verhältnissen und demographischen Strukturen sowie typischen Mustern demographisch relevanten Verhaltens behauptet. Hier kommt eine starke Gleichgewichtsorientierung seiner Theorie deutlich zum Ausdruck (Schmid 1984: 70), auch wenn er eine „vollendete Abgestimmtheit" der Strukturdimension für die Ausnahme hält, die sich in „kulturellen Hochzeiten" zeigt.

Mackenroths Ansatz ist sozialhistorisch verankert, zumal er den Bezug der Bevölkerungsweise zu individuellen Verhaltensweisen betont: „Das generative Verhalten des geschichtlichen und heutigen Menschen ist wie sein soziales Dasein überhaupt vielfältig historisch differenziert, es gibt kein allgemeines Bevölkerungsgesetz, es gibt nur differenzierte Verhaltensweisen" (Mackenroth 1955: 68).

7.3.2.2 Mackenroths Theorie des demographischen Übergangs

Mackenroth versucht eine umfassende Analyse des demographischen Wandels während der Industrialisierungsphase. In seiner Darstellung unterscheidet er die physiologische („Können"), die sozialinstitutionelle („Dürfen") und die persönliche Dimension („Wollen"). Die physiologischen Grundvoraussetzungen der Bevölkerungsentwicklung (Sterblichkeit und Lebenserwartung, Fruchtbarkeit und Sterilität) hält Mackenroth als eigenständigen Erklärungsfaktor für vernachlässigbar, da sie wesentlich durch die sozialen Verhältnisse überdeckt wird (Mackenroth 1953: 338 ff.).

Bei der Behandlung der sozialinstitutionellen Komponente thematisiert er den Funktionsverlust der Familie in der sich entwickelnden Industriegesellschaft (Makkenroth 1953: 357 ff.). Mackenroth weist auf die Zerstörung der ökonomischen Einheit als Erzeugungs- und Verbrauchseinheit und die Auslagerung der Ausbildung aus der Familie hin. Er betont eine Abkopplung der sozialen und rechtlichen Stellung von Personen von der Zugehörigkeit zu einer Familie. Andere Teile des Familienrechts ändern sich. Die Stellung der Kinder in der Familie wandelt sich grundlegend. Mackenroth schließt, dass Kinder für große Bevölkerungsteile immer mehr zum reinen „Kostenelement" werden.

Mackenroth nennt auch Funktionsgewinne der Familie, die aber gleichfalls für eine Beschränkung der Kinderzahlen sprechen. Die Abschwächung der traditionalen sozialen Institutionen und Gemeinschaftsformen macht Ehe und Familie nach Makkenroth zu Trägern einer Verinnerlichungstendenz oder zu einer „Pflegestätte des persönlichen Ausdrucks", der die Menschen immer mehr bedürfen (Mackenroth 1953: 376). Er formuliert eine Reihe von Thesen, die an die aktuelle Individualisierungsdebatte erinnern. Im Unterschied zu dieser Diskussion ist in dem Szenario von Mackenroth aber die Ehe als die institutionelle Form partnerschaftlichen und familialen Zusammenlebens nicht in Frage gestellt. Mackenroth folgt damit dem klassischen Modell der bürgerlichen Familie.

Die persönliche Komponente bei der Gestaltung des generativen Verhaltens kann nun erst zu Geltung kommen, auch wenn sie sich noch innerhalb der Freiheitsgrade gesellschaftlicher Institutionen beschränken muss. Der Neomalthusianismus lieferte die Rechtfertigung für die eheliche Geburtenkontrolle als „anpassendes Verhalten gegenüber einem als unabänderlich angesehenen Naturgesetz" (Mackeroth 1953: 352), nachdem die enge Verbindung zwischen Geburten- und Bevölkerungsregulierung von Malthus in dramatischer Weise aufgezeigt worden war. Die gewollte Nachwuchsbeschränkung innerhalb der Ehe konnte sich durchsetzen.

Die Bedeutung „persönlicher Faktoren" des Wandels gründet Mackenroth auf einem eigenen Schichtungsmodell einer industriellen Gesellschaft. Er hebt den neuen Mittelstand als die Schicht hervor, die für den Industriekapitalismus typisch ist und deren Mitglieder gleichzeitig die Avantgarde der neuen Bevölkerungsweise darstellen. Zu dieser Schicht zählt Mackenroth die Angestellten im öffentlichen und privaten Sektor, die Inhaber der Leitungspositionen, Beamte, freie Berufe und kleine selbstständige Unternehmer. Davon unterscheidet er die ebenfalls neue Schicht der industriellen Arbeiterschaft und die „stationären Schichten", die aus der vorindustriellen Zeit erhalten geblieben sind.

Mackenroth geht davon aus, dass die Mitglieder der neuen Schichten durchweg durch einen starken Aufstiegswillen geprägt waren, nachdem ihr Hineinwachsen in diese Schichten schon als sozialer Aufstieg erlebt wurde und sich die sozialen Horizonte erweitert haben. Der Aufstiegswille kann nur durch „das Halten einer ganz bestimmten Aufwandsnorm" verwirklicht werden, die als Ausdruck einer Form sozialen Distinktionsbemühens verstanden werden muss. Sie gilt vor allem für die sichtbaren Teile des Aufwandes und betrifft auch die Erziehung der Kinder: „In diese Aufwandsnorm sind auch die Ausgaben, die eine Familie verursacht, in bestimmter Weise eingefügt: die Zahl der Kinder ist sozial indifferent, aber der Aufwand für die vorhandenen Kinder ist stärkstens konventionell gebunden in Kleidung und vor allem Schul- und Berufsausbildung" (Mackenroth 1953: 397).

Gleichzeitig entsteht eine Aufwandskonkurrenz, da sich Angehörige einer Schicht in Bezug auf ihre Aufwandsnorm an der nächsthöheren Schicht orientieren und ihren Standard zu erreichen versuchen. Die Aufwandskonkurrenz führt dann zu einer negativen Korrelation zwischen Aufstiegswille und Kinderzahl. Mackenroth begründet den Rückgang der Geburtenzahlen in der zweiten Phase des Übergangs damit, dass innereheliche Fruchtbarkeit nach den Möglichkeiten und den Bedingungen der Aufwandskonkurrenz immer mehr rational geplant wird.

Die industrielle Arbeiterschaft ist einem Krisenerlebnis ausgesetzt, wonach die Unsicherheit des Einkommens im Kapitalismus vor allem in ökonomischen Krisen eine ständige Bedrohung der Lebensgestaltung darstellt. Die Folge ist, dass man von vorne herein die Kinderzahlen geringer zu halten gedenkt und die Familiengründung aufschiebt. Nach Mackenroth lässt sich eine Entsprechung zwischen den Kinderzahlen und der ökonomischen Lage auch beobachten. Er begründet sie mit Timingeffekten. In der Tat kann man die Verringerung des Heiratsalters und des Alters bei der Familiengründung, die in den wirtschaftlich guten Zeiten der späten fünfziger und frühen Sechzigerjahren zu dem Babyboom geführt hat, so plausibilisieren. In einem weiteren Argument spricht Mackenroth die Entwicklung der Einkommen über die Lebenszeit an. Sie nehmen unter der Arbeiterschaft nicht hinreichend stark zu, weshalb sich die zu Beginn des Erwerbslebens gebildete Konsumnorm negativ auf die Motivation für größere Kinderzahlen auswirken muss.[9]

Die von Mackenroth angeführten Thesen grenzen sich in typischer Weise von ökonomischen Ansätzen ab, auch wenn sie den planenden Akteur nicht außer Acht lassen. Die Argumentation über das Konstrukt der Aufwands- oder Konsumnorm erinnert stark an die Wohlstandstheoretiker. Die soziologische Begründung einer Aufwandskonkurrenz findet sich bei den Wohlstandstheoretikern allerdings nicht.

Das Phänomen der „europäischen Schere", wie Mackenroth sein Modell des demographischen Übergangs beschreibt, verortet er historisch und räumlich. Doch verweist er darauf, dass die in Europa entstandene *industrielle Bevölkerungsweise* sich mit dem Siegeszug der Industrialisierung als „exportfähig" erweisen könne. Er vertritt auch hier die Annahme der Verhaltensdiffusion. Der Wandel, einmal angestoßen, ist bestimmt durch „dauerndes Umprägen so, dass von soziologisch führenden Schichten oder Völkern her das Verhalten der anderen laufend geprägt wird"

---

[9] Mackenroth präsentiert noch Einzelbegründungen für die Vertreter der „stationären" Schichten, bei denen ein Aufstiegswille nicht angenommen werden kann.

(Mackenroth 1955). Letztlich setzt sich die neue Bevölkerungsweise durch. Assimilation zwischen sozialen Schichten einer Gesellschaft (vertikal) wird von einer Assimilation zwischen verschiedenen Völkern (horizontal) gefolgt. Soziologisch führend sind dabei die höheren sozialen Schichten in Europa und der „weltweite Assimilationsvorgang ist also nur ein Einschwingen in einen einheitlichen von Europa her geprägten Entwicklungsgang" (Mackenroth 1953: 333). Die Theorie von Makkenroth erhält dadurch eine stark theologische und ethnozentrische Komponente.

7.3.3 Kritik und Weiterentwicklung der Transformationstheorien

Die Theorie des demographischen Übergangs wurde durch Notestein und Mackenroth einer breiten sozialwissenschaftlichen Diskussion geöffnet, wenngleich Letzterer in der angelsächsischen Literatur nicht wahrgenommen wurde (Andorka 1978; Schmid 1984). Sie hat die allgemeine Überzeugung von einer negativen Beziehung zwischen dem sozioökonomischen Entwicklungsgrad (Urbanisierung, Industrialisierung, Modernisierung) und dem Geburtenniveau nachhaltig geprägt (Chenais 1992). Zahlreiche empirische Befunde widersprechen dem behaupteten Zusammenhang zwischen dem sozioökonomischem Entwicklungsstand eines Landes und dem Stadium, in dem es sich im Verlauf des demographischen Übergangs befindet. Die darauf gegründete Kritik am Konzept des demographischen Übergangs zeigt exemplarisch, wie eine Makrotheorie gesellschaftlichen Wandels mit ihrem globalen Anspruch scheitern muss (Freedman 1979; Boudon 1986). „It is now the conventional wisdom in many circles, inside the field of demography and beyond, that demographic transition theory is near death" (Hirschman 1994: 213). So eine neuere Einschätzung dieser Theorie. Sie bleibe nur im Geschäft, weil es keine Alternative gebe, die sie ersetzen könne. Doch gelangen einige Autoren zu dem Urteil, dass die Abbildung trotz der berechtigten Einwände im Großen und Ganzen als bestätigt angesehen werden kann. Regionale Besonderheiten ließen sich nicht mit der Konzeption in Einklang bringen (Schmid 1984: 53). Man könne diesen Ansatz aber weiterhin als den Ausgangspunkt der modernen strukturtheoretisch angelegten Bevölkerungssoziologie ansehen.

7.3.3.1 Der Systemansatz in der Bevölkerungstheorie

Eine makrosoziologische Betrachtung der Wechselbeziehung zwischen Bevölkerungsprozessen und gesellschaftlicher Entwicklung wird prototypisch aus systemtheoretischer Perspektive versucht[10]. Der wechselseitige Zusammenhang zwischen soziologischen und demographischen Faktoren soll in den Blick genommen

---

[10] Die Datengrundlage boten Census-Daten und groß angelegte empirische Surveys. Die Indianapolis Studie bildete den Ausgangspunkt zu einer Folge von weiteren Studien. Es folgten die Princeton Studie, die Growth of American Families Surveys und die National Fertility Surveys, die schon als Panel angelegt waren (vgl. Überblick bei Andorka 1978).

werden. Die demographischen Prozesse werden als integrale Bestandteile dieser gesellschaftlichen Entwicklung betrachtet.

Einer der wichtigsten Vordenker dieses Ansatzes ist Kingsley Davis (Davis 1964). Er führt in seiner „multiphasic theory" des demographischen Wandels aus: „The process of demographic change and response is not only continuous but also reflexive and behavioral – reflexive in the sense that a change in one component is eventually altered by the change it has induced in other components; behavioral in the sense that the process involves human decisions in the pursuit of goals with varying means and conditions" (Davis 1963: 345). Damit sind die Makro- und die Mikroebene gesellschaftlicher Prozesse angesprochen.

Die Reinterpretation des demographischen Übergangs benutzt einen genuin handlungstheoretischen Ansatz. In der Phase der Industrialisierung stellt nach Davis die kinderreiche Familie ein zunehmendes Hindernis für die Wahrnehmung der neuen Opportunitäten dar, die eine wachsende Ökonomie bereitstellt. Wie schon die Wohlstandstheoretiker, verweist er aber gleichzeitig auf die These von der steigenden Aufwandsnorm im Hinblick auf die Erziehung und Ausbildung der Kinder. Die Nachwuchsbeschränkung lässt sich nach Davis überdies als ein „response" auf den Rückgang der Sterbehäufigkeiten begründen. Die längere Lebenserwartung der Menschen ließ zwar die Notwendigkeit der Altersvorsorge gravierender erscheinen. Die niedrigere Kindersterblichkeit führte aber zu großen Familien und damit zu den erwähnten großen Belastungen der Eltern. Sie waren gezwungen, ihren Lebensstandard einzuschränken, und mussten vielfältige Benachteiligungen in Kauf nehmen. Die Kinderzahlen wurden daher beschränkt und Empfängnisverhütung betrieben.

Eine mikrosoziologische Fundierung gibt Davis auch bei der als Beispiel gedachten detaillierteren Analyse des generativen Verhaltens der Bauern. Bei den Bauern geht es um die Abwägung der Vorteile vieler Kinder als potentielle Arbeitskräfte im elterlichen Betrieb gegenüber den Nachteilen großer Kinderzahlen im Hinblick auf die Größe zur Verfügung stehender Flächen und anderer Verteilungsprobleme. Letztere sind durch zahlreiche Faktoren, wie die Möglichkeiten der Abwanderung aus den ländlichen Gebieten, bedingt. Sie hängen nach Davis nicht allein und nicht in erster Linie von einem bestimmten Vererbungssystem oder anderen ländlichen Traditionen ab. „An explanation in terms of ‚tradition' has no value in social science, because ‚tradition' is merely a name for absence of change" (Davis 1963: 355).

Man kann die Arbeit von Davis als einen Schritt in Richtung auf ein multidimensionales Mehrebenenmodell demographischen Wandels deuten, in dem eine Verbindung zwischen handlungs- und systemtheoretischen Ansätzen versucht wird. Der strukturfunktionalistische Ansatz der Bevölkerungssoziologie war enger angelegt: „In general this ‚approach' or frame of reference studies repeated patterns of action (structures) and their consequences (functions)" (Moore 1963: 835). Die demographischen Phänomene bilden einen integralen Bestandteil menschlicher Gesellschaften, sind sie doch mit essenziellen Funktionen („requisite functions") im Hinblick auf die Überlebensfähigkeit der Gesellschaften verbunden. Die gesellschaftlichen Teilsysteme stehen in einem gleichgewichtigen Wechselverhältnis zueinander, das der Sicherung des Gesellschaftssystems dient.

„Die Theorie des demographischen Gleichgewichts besagt Folgendes: Es gibt in jeder Gesellschaft Elemente und Faktoren, die – wären sie allein und ungehindert wirksam – zu einem enormen Bevölkerungswachstum führen würden. Ebenso gibt es Faktoren, die unter denselben Umständen eine Bevölkerung dezimieren würden. Jedes soziale System ist darum bestrebt, ein Gleichgewicht zwischen diesen gegensätzlichen Kräften herzustellen. Jede Veränderungen in einer Variablen wird auch eine Veränderung in den anderen Variablen nach sich ziehen. Wäre dem nicht so, würden Gesellschaften aus Katastrophenlagen nie herausfinden" (Schmid 1976: 98 f.).

Genau dieses geschieht wegen der funktionalen Abgestimmtheit der Teilsysteme aufeinander nicht. Eine Erklärung dafür sucht man allerdings vergebens. Die institutionelle Struktur der Gesellschaft mit ihrem Reservoir an sozialen Werten, Normen und rechtlichen Regelungen wird letztlich als die Instanz betrachtet, die die Menschen auf Verhaltensregeln festlegt, welche dem Strukturerhaltungsgebot nicht zuwiderlaufen (Parsons 1975).

In einem späteren Systematisierungsversuch eines „analytical systems approach" modifizieren Ford und de Jong dieses Verständnis systemtheoretischer Bevölkerungstheorie (Ford, de Jong 1970). „Analytic" nennen sie ihren Ansatz, weil sie explizit die Strukturen und den Wandel auf der Systemebene auf die Eigenschaften und Veränderungen bei den Systemelementen, das heißt, den Individuen zurückführen, wie es auch im Mehrebenenansatz getan wird: „The common thread of concern in all social demography studies is the relationship between aggregate demographic phenomena and regularities in other social and individual units of human behavior" (Ford, De Jong 1970: 5). Die Autoren haben keine ausgearbeitete Theorie für die sozialen Prozesse auf der Mikroebene. Ford und De Jong bestimmen drei Typen von analytischen Systemen, deren Interdependenz im Zentrum der soziodemographischen Forschung steht: das demographische System, Systeme sozialen Handelns und Systeme sozialer Aggregate (Ford, De Jong 1970: 7 ff.). Diese Differenzierung lässt sich mit unserer Unterscheidung zwischen demographischer Struktur, sozialen Strukturen und Sozialstruktur einer Gesellschaft vergleichen (vgl. Kap. 2.1). In der empirischen Forschung der „Social Demography" werden die Zusammenhänge und Wechselwirkungen zwischen den Prozessen in den genannten drei Systemen analysiert.

Die mehrebenenanalytische Konzeption, die in dem Begriff des „analytic system" angelegt ist, bleibt Programm. In der Theorie wie in der Forschung, die unter dem Label der „Social Demography" figuriert, sind die konzeptuellen Konturen, wie sie von Davis oder von Ford und De Jong vorgeschlagen wurden, kaum weiter ausgearbeitet worden. Was bleibt, ist der allgemeine Anspruch, *Wechselwirkungen demographischer und sozioökonomischer Prozesse in menschlichen Gesellschaften* zu untersuchen, der in der Tat in der amerikanischen, sozialwissenschaftlichen Forschungstradition sehr viel weitgehender eingelöst wird, als etwa in der bundesrepublikanischen Bevölkerungsforschung.

7.3.3.2 Das Princeton European Fertility Project

Die Übergangstheorie wurde im Princeton European Fertility Project einem umfangreichen empirischen Revirement unterzogen. In diesem Projekt führte man seit 1963 detaillierte Studien zum Bevölkerungswandel, insbesondere zum Geburtenrückgang, in Europa durch. Gleichzeitig versuchte man, sie auf eine solide theoretische Basis zu stellen (Coale 1973; Coale, Watkins 1986).

In dem Projekt wurden zahlreiche Widersprüche zu den grundlegenden Thesen der Theorie des demographischen Übergangs aufgezeigt. Die Annahme durchgängig hoher Geburtenraten in vortransitionalen Gesellschaften erwies sich als falsch (Coale 1986; Crenshaw 1989). Die Ergebnisse belegen, dass ein Rückgangs der Geburtenzahlen in einer ganzen Reihe europäischer Länder gleichzeitig begann, obwohl sie sich nicht auf dem gleichen sozioökonomischen Entwicklungsstand befanden (Knodel, van de Walle 1979). So setzt er in Deutschland, England, Wales, Schweden, Ungarn etwa übereinstimmend zum Ende des 19. Jahrhunderts ein. In Frankreich dagegen begann er schon zu Beginn des 19. Jahrhunderts, obschon dieses Land keineswegs ein Vorreiter der Industrialisierung in Europa war. Der Zusammenhang zwischen der Sterblichkeitsentwicklung und dem Geburtenrückgang erwies sich mit den Thesen der Theorie des demographischen Übergangs nicht immer vereinbar (Coale 1973; Knodel, van de Walle 1979; Chenais 1992). Van der Walle kommt daher zu dem Schluss, dass der postulierte Zusammenhang zwischen Geburten und Sterblichkeitsentwicklung eine Scheinkorrelation darstelle. Beide Prozesse seien das Ergebnis der Modernisierung (van der Walle 1986). Die Befunde des Projekts belegen auch große Unterschiede des demographischen Wandels zwischen einzelnen Regionen zwischen und innerhalb der europäischen Staaten. Es lassen sich keine präzisen Schwellenwerte in Bezug auf die sozioökonomische Entwicklung und den Rückgang der Sterblichkeit angeben, ab denen ein Wandel der generativen Struktur vorhersagbar wäre (Knodel, van de Walle 1979). Im Projekt werden auch typische Unterschiede zwischen Bevölkerungsgruppen identifiziert (Livi-Bacci 1986).

Ansley Coale schlägt einen theoretischen Ansatz vor, mit dem er meint, die empirischen Befunde, die sehr viel differenzierter sind, als es die einfache Übergangstheorie erwarten ließe, besser erklären zu können (Coale 1973). Nach Coale müssen drei Bedingungen erfüllt sein, soll der im Modell des demographischen Übergangs behauptete Geburtenrückgang eintreten:

„(1) Fertility must be within the calculus of conscious choice. ....; (2) Reduced fertility must be advantageous. ...; (3) Effective techniques of fertility reduction must be available. ..." (Coale 1973: 65).

Coale meint, dass verschiedene Erklärungsversuche des Geburtenrückgangs sich darin unterscheiden, welche der drei Voraussetzungen besonders betont werden. Mit der ersten Bedingung nennt Coale einen nichtökonomischen Faktor, der Zweite betont den ökonomischen Aspekt, und der Dritte kann beiden Bereichen zugeordnet werden. Um zu präzisen empirischen Aussagen zu kommen, hat Coale formale Modelle entwickelt, die es erlauben, das Ausmaß der Geburtenbeschränkung in Ehen, das heißt das Ausmaß der Geburtenkontrolle, zu schätzen (Coale 1986: 12; Coale, Treadway 1986: 34). Mit den auf der Basis dieser Modelle gewonnenen Indizes konnten die regionalen Unterschiede und Parallelentwicklungen in verschiedenen Regionen und Ländern nachgezeichnet werden.

Gemäß Coales These kann man für fortgeschrittene moderne Gesellschaften annehmen, dass alle drei genannten Voraussetzungen simultan erfüllt sind. Das heißt aber nicht, dass in gemessen an ihrem ökonomischen Status vormodernen Gesellschaften keine dieser Voraussetzung erfüllt sein kann. In manchen Ländern können im prätransitionalen Stadium sogar schon alle drei Voraussetzungen erfüllt sein, auch wenn bewusst praktizierte Geburtenkontrolle in diesem Stadium weitgehend unbekannt gewesen sein dürfte.

Coales Ansatz betont die gemeinsame Bedeutung kultureller oder ideationaler und ökonomischer und materieller Faktoren. Die Bedeutung nichtökonomischer Faktoren wird auch in anderen Analysen des Princeton European Fertility Projects hervorgehoben (Anderson 1986; Knodel, van de Walle 1979).11 Anderson weist auf die Bedeutung regionaler kultureller Unterschiede hin. Nach Knodel und van de Walle sind es vor allem kulturelle Übereinstimmungen in Gesellschaften gewesen, auf die die Gleichzeitigkeit des Starts in den Abschwung der Geburtenzahlen und die Ähnlichkeit der Verlaufsmuster der demographischen Transition in europäischen Ländern zurückgeführt werden könnten. Die Nichtexistenz bewusster Geburtenregelung basiere eher auf der Geltung starker sozialer Normen als auf Unkenntnis. Geburtenkontrolle, so meinen sie, war in der vortransitionalen Phase „unthinkable".12 Ein weiterer wichtiger kultureller Faktor, der von ihnen betont wird, ist die sich wandelnde Stellung der Frau in der Gesellschaft. Insgesamt beklagen Knodel und van de Walle, dass der Forschungsstand zur Bedeutung kultureller Faktoren aber noch sehr bescheiden sei.

7.3.3.3 Die „Wealth of Flows"-Theorie

John C. Caldwells Theorie ist ebenfalls aus der Auseinandersetzung mit der Theorie des demographischen Übergangs hervorgegangen (Caldwell 1982a, b). Caldwell meint, dass „fertility behavior in both pretransitional and posttransitional societies is economically rational within the context of socially determined economic goals and within the bounds largely set by biological and psychological factors" (Caldwell 1982a: 157). So versucht er ökonomische und kulturelle Faktoren miteinander zu verbinden, wenn er die soziale Determiniertheit der Ziele individuellen Handelns betont.

Seine zentrale These ist, dass unter den Bedingungen des prätransitionalen Typs ein positiver „net wealth flow" von der jüngeren zur älteren Generation gegeben ist. Unter den Bedingungen des posttransitionalen Typs hat sich seine Richtung umgekehrt und die Kinder werden ökonomisch zu einem Kostenfaktor (Caldwell 1982a: 167). Mit dem Begriff des Wealth Flows sind materielle Transfers wie Geld und Güter, die Übernahme von Arbeiten und Dienstleistungen im Familienkontext und

---

11 Auch Cleland und Wilson betonen, dass die erste und die dritte Voraussetzung, die Coale genannt hat, zu wenig Beachtung gefunden haben (Cleland und Wilson 1987). Sie wenden sich dezidiert gegen eine Dominanz ökonomischer Erklärungsfaktoren. Sie plädieren für eine integrierte Betrachtung und meinen, es sei nicht möglich, nur den einen, letzten Grund dieser Entwicklung zu isolieren: „Structural modernization and transmission of new ideas go hand in hand, and their impact on the economic role of children, on material aspirations, and acceptance of the principle of birth control are likely to change in concert" (Cleland und Wilson 1987: 9).

12 Eine ganz andere Theorie dazu wird von Heinsohn, Knieper und Steiger vertreten. Sie meinen, dass das frü-her vorhandene Verhütungswissen im Rahmen der Hexenverfolgung im Übergang zur Neuzeit vernichtet worden sei (Heinsohn et al. 1979: 51 ff.).

der sozialen Absicherung von Personen etc. gemeint. Sie werden von den Mitgliedern der Familie gewährt und empfangen. Rein psychische Faktoren nimmt Caldwell davon erklärtermaßen aus, der ökonomische Nutzen steht im Vordergrund (Caldwell 1982a: 337).

Der prätransitionale Typ ist durch die Familienproduktion gekennzeichnet. Alle Familienmitglieder, also auch die Kinder, sind in diese Produktion eingebunden. Es ist daher sinnvoll, viele Kinder zu haben. Die familieninternen Beziehungsstrukturen und alters- bzw. geschlechtsspezifischen Hierarchien in der Familie ordnen sich den ökonomischen Zielen der Familie unter und werden durch normative Regeln abgesichert. Beim posttransitionalen Typ dominieren außerfamiliale Produktionsstrukturen mit individualisierten Arbeitsmärkten. Die innerfamilialen Beziehungen werden zunehmend nur noch durch emotionale Bande gehalten. Eine strikte geschlechts- und altersspezifische Arbeitsteilung bleibt jedoch erhalten, solange allein der Mann außerhäuslich erwerbstätig ist. Damit geht der Ausbau des Bildungssystems und die abnehmende produktive Bedeutung der Kinder einher, was eine zunehmende Kostenbelastung für die Eltern zur Folge hat: Die Richtung des Wealth Flows kehrt sich um (Caldwell 1982a :173 f.). Die Anzahl der Kinder wird begrenzt.

In dem Maße, wie sich die geschlechtsspezifische Differenzierung in den Zugangschancen zum Arbeitsmarkt verringert und sich die geschlechts- und altersspezifischen Konsumstrukturen in der Familie angleichen, wird die alte patriarchalische Struktur der Familie unterminiert. Dieser Wandel wird durch die widersprüchliche Beziehung ökonomischer Bedingungen der Veränderung der innerfamilialen Flows of Wealth zu der kulturellen „superstructure" angetrieben, die durch eine trägere Dynamik des Wandels gekennzeichnet ist (Caldwell 1982a: 214 ff.). „Economic forces were basic but the extent to which they effected fertility in any given period dependend on how long it took to dismantle the system of age and sex differentiation and the morality that supported it" (Caldwell 1982a: 257).

Die kulturelle „superstructure" wird in den Arbeiten von Caldwell theoretisch nur noch sehr vermittelt auf der Mikroebene abgebildet. Vor allem fehlt eine präzise Anbindung an die Genese und Veränderung der individuellen Präferenzstrukturen unter den Bedingungen des Flow-of-Wealth-Konzepts. Das sieht Caldwell auch: „The most urgently needed research is that into intrafamilial economic and power relations in the traditional family characterized by familial production and into the causes and effects of shifts within these relations" (Caldwell 1982b: 186).

7.3.3.4 Die Theorie der säkularen Nachwuchsbeschränkung

Hans Linde (1984) hat in seiner Theorie der säkularen Nachwuchsbeschränkung den Ansatz des demographischen Übergangs und den Mackenrothschen Ansatz stark kritisiert. Insbesondere, so Linde, lasse sich mit diesem Ansatz der jüngste Geburtenrückgang unter das Reproduktionsniveau nicht erklären. Er versucht, die Theorie individualtheoretisch zu unterfüttern, und unterschiedet drei Analyseebenen: Die Ebene der Explanans ist die Ebene „demostatistisch angezeigter Charakteristika der biologischen Erneuerung einer wie auch immer definierten Bevölkerung" (Linde 1984: 19). Das ist unsere Parameterstruktur des Bevölkerungsprozesses. Die Mikroebene der Explananda ist die Ebene der „mikroanalytisch fixierbaren *instrumentellen* Variablen des individuellen oder familialen, genauer partnerschaftlichen Fortpflanzungsverhaltens (Fakten, Einstellungen, Motivationen und Absichten)" (Linde 1984: 20). Die dritte Ebene ist die Ebene „der gesellschaftlichen Bedingungen und gesellschaftlichen Determinanten der historisch konkreten Fortpflanzungsprozesse, das heißt, der auf der zweiten Ebene [der Mikroebene, Anmerkung des Autors] ausgebildeten generativ relevanten Verhaltensmuster" (Linde 1984: 20).

Linde lehnt die „Umprägungsthesen" von Mackenroth ab. Dagegen muss man die strukturellen Bedingungen der Lebensgestaltung der Mitglieder aller unterschiedlichen sozialer Gruppen für sich studieren und aus dieser Analyse heraus den Wandel generativer Verhaltensweisen erklären. Linde selbst führt das für verschiedene historische Phasen vor (Linde 1984: 44 ff.). Die wesentlichen globalen strukturellen Faktoren nach Linde sind, wie bei Caldwell, die Ablösung des Produktionsprozesses von der Familie und die Einführung sozialer Sicherungssysteme, insbesondere der Alterssicherungssysteme, seitens des Staates, also Entwicklungen, die zu einer Verringerung des Nutzens einer größeren Anzahl von Kindern geführt haben. Er behauptet drittens, dass eine „auf Grund der Fähigkeit zur Massenproduktion zunehmend „demokratisierte" und durch akzelerierende Offerten forcierte Konsumstruktur" (Linde 1984: 164) sich als Quelle wirkungsvoller Alternativen für eine familial bestimmte und damit langfristig festgelegte Zeitverwendung anbieten.

Für verschiedene Bevölkerungsgruppen (Besitzbürgertum, Landfamilien, proletarische Familien) zeigt Linde dann am Beispiel Deutschlands detailliert die strukturellen Handlungskontexte in den verschiedenen Phasen des Modernisierungsprozesses auf. Aus der Analyse der Lebensverhältnisse erklärt er das Geburtenverhalten in diesen Bevölkerungsgruppen und dessen Wandel. Er deutet den starken Geburtenrückgang als Folge der Verstärkung einer „sozialen Tendenz zur Nachwuchsbeschränkung", die es immer schon, wenn auch in unterschiedlichem Ausmaß, gegeben habe. Dass diese Entwicklung durch den Rückgang der Säuglings- und Kindersterblichkeit unterstützt worden sei, sei nicht auszuschließen (Linde 1984: 138).

Der Ausbau des Sozialstaates und in Verbindung damit die These von den akzelerierenden Offerten, die in der Systematik der nutzentheoretischen Argumentation verbleibt, sind Lindes zentrale Faktoren zur Erklärung des zweiten Geburtenrückgangs nach dem Zweiten Weltkrieg: „Die konsequente Minimierung der Kinderzahl resultiert aus der rationalen Verknüpfung der florierenden Marktwirtschaft des ausgereiften Industriesystems mit einem leistungsfähigen System sozialer Sicherheit: ..." (Linde 1984: 161).

Auf der Makroebene ergänzt Linde seine Theorie durch eine zweite Erklärungsdimension, indem er die kulturellen Auslöser des Wandels der Familie, ihrer Binnenverhältnisse und Außenbeziehungen zu identifizieren sucht (Linde 1984: 167 ff.). Er ist nach Linde durch die „Personalisierung" von Heilserwartungen, der Verweltlichung und damit Moralisierung innerfamilialer Beziehungen über die wechselseitige Verantwortung der Familienmitglieder zueinander gekennzeichnet. Hier unterstellt Linde im Unterschied zur sozioökonomischen Argumentationslinie die Bedeutung eines Diffusionsprozesses entlang der „eingelebten oder innovierten (Buchdruck) Kommunikationslinien" (Linde 1984: 176), der sich schließlich auch in den bis in die jüngste Zeit erfolgten Veränderungen des rechtlichen Rahmens von Ehe und Familie ausdrückt.

Linde scheint skeptisch zu sein, was die originäre Rolle des kulturellen Wandels im gesamten Erklärungszusammenhang angeht: „Von dem hier historisch ertasteten säkularen Trend zur Personalisierung der Verhaltenserwartungen im familialen Handlungsfeld haben wir von vornherein nicht erwartet, dass er dem ersten Erklärungsansatz verdankten Urteil, dass die Minimierung der Kinderzahl im Kontext rationaler Kalküle die defizitäre Kehrseite der real existierenden Sozialen Marktwirtschaft ist, etwas hinzufügen könnte". Er schließt die Frage an, ob „die in der zweiten Erklärungsdimension erkennbaren Tatsachen die skeptischen Einsichten (für die Zukunft, Anmerkung des Autors) aus dem ersten Erklärungsansatz verstärken oder abschwächen" (Linde 1984: 186). Er geht von der ersten Variante aus: „So ist, auf das Ganze unserer demographischen Lage gesehen, aus der sozialpsychologischen Dimension des Ehe- und Familienalltags keine Kompensation des auf dem Reproduktionsniveau lastenden, systemimmanenten ökonomischen Druckes zu erwarten" (Linde 1984: 189).

7.3.4 Modernisierung und demographischer Wandel

In den soziologischen Ansätzen der Modernisierungstheorie hat die Bevölkerungsentwicklung eine gewisse, wenn auch keine hervorragende Rolle gespielt (Schmid 1984). Gibt es Verbindungslinien, dann stehen sie überwiegend in Verbindung mit Theorien der demographischen Transition. Der demographische Übergang wurde als Teilprozess der Modernisierung der Gesellschaft thematisiert und an die Argumentationslinien der Modernisierungstheorie angebunden (Flora 1974; Zapf 1972). Im Zusammenhang damit haben Vertreter der Ansätze zur fortschreitenden Modernisierung entwickelter Industriegesellschaften sich auch schwerpunktmäßig mit dem gravierenden Wandel der „generativen Struktur" in der Zeit nach dem Zweiten Weltkrieg beschäftigt, der ja nach der klassischen Theorie des demographischen Übergangs so nicht zu erwarten gewesen wäre.

7.3.4.1 Modernisierung und gesellschaftliche Differenzierung

Für die differenzierungstheoretische Alternative zur Theorie des demographischen Übergangs wird der Wandel der Familie im Zuge der Industrialisierung ganz zentral auf die Trennung von Produktion und Haushalt, sowie die Auslagerung zentraler

Bildungsaufgaben und Aufgaben der existenziellen Absicherung der Menschen aus dem Familienhalt zurückgeführt.13

Damit wurde die These der zunehmenden Dominanz der isolierten Kleinfamilie oder Gattenfamilie mit begrenzten Kinderzahlen verbunden (Durkheim 1921; Parsons 1943).

Die Auslagerung von ökonomischer Produktion, sozialen Sicherungsfunktionen und der Vermittlung von Humankapital aus der Familie hat zu einem grundlegenden Wandel ihrer gesellschaftlichen Bedeutung geführt, der sich mit dem Spezialisierungsgedanken verbinden lässt.

Die moderne Kleinfamilie wird in exklusiver Weise die primäre Sozialisationsinstanz für die nachwachsende Generation (Parsons 1965; Schumacher, Vollmer 1982). Sie etabliert sich als der Raum zur Befriedigung emotionaler und seelischer Bedürfnisse der Menschen und bildet eine Basis sozialer Interaktion, in der sich die Akteure als „Vollpersonen" gegenübertreten und wahrnehmen (Luhmann 1988). Dieser Prozess der Spezialisierung auf Sozialisationsfunktionen und Funktion der Sicherung emotionaler Befriedigung von Individuen hält bis heute an (Kaufmann 1988, 1994; Nave-Herz 1988, 1994).

Meyer geht mit seiner differenzierungstheoretischen Interpretation des aktuellen Wandels von Familie und Privatheit weiter. Danach verliert die moderne Kleinfamilie ihr Monopol als *die* private Lebensform (Meyer 1992). Heute haben sich unterschiedliche, gleichberechtigt nebeneinander existierende private Lebensformen ausdifferenziert. Meyer unterscheidet einen individualistischen, partnerschaftlichen und kindorientierten Privatheitstyp (Meyer 1992: 89). Gerade angesichts der gestiegenen Anforderung der Arbeitswelt an beide Geschlechter sei diese Entkopplung beziehungsweise Differenzierung ehemals unter dem Dach der Familie vereinter Sinnsphären erforderlich geworden, die sich auch institutionell niederschlägt.

Kritische Reflexionen des differenzierungstheoretischen Ansatzes der Familiensoziologie betonen das Konfliktpotential in der individuellen bzw. partnerschaftlichen Auseinandersetzung zwischen den Zumutungen der modernen Gesellschaft und der Rolle in familialen Gruppen (Kaufmann 1995). Auf der einen Seite erleben wir die wachsende gesellschaftliche Relevanz eines ausdifferenzierten „Normenkomplexes" Elternschaft mit gestiegenen Anforderungen und Erwartungen an die Eltern. Dagegen setzt Kaufmann den Individualisierungsprozess bei den Frauen und „das Wirksamwerden des kulturellen Komplexes ‚Modernität' im Bereich der Familie" (Kaufmann 1988: 407). Kaufmann leitet für das individuelle Handeln folgerichtig die These von der Überlastung von Familien-(mitgliedern), insbesondere von Frauen, ab, wonach die gleichzeitig geforderten, modernen Orientierungsleistungen und Anpassungsprozesse im öffentlichen Bereich mit den gestiegenen Anforderungen an fami-

---

13 Bevölkerungswachstum wird auch als Auslöser gesellschaftlicher Differenzierung betrachtet. Man kann auf Spencer verweisen, dessen evolutionstheoretischer Ansatz die gesellschaftliche Entwicklung als Prozeß fortschreitender sozialer Differenzierung versteht (Spencer 1892). Gewonnene Effizienz in der gesellschaftlichen Produktion und Organisation ermöglicht das Bevölkerungswachstum. Durkheim bringt in seiner Theorie gesellschaftlicher Differenzierung, der Theorie der gesellschaftlichen Arbeitsteilung den Gedanken ein, dass das Bevölkerungswachstum zu einer Verstärkung der innergesellschaftlichen Konkurrenz führe und damit die fortschreitende Arbeitsteilung fördere (Durkheim 1992). Systematisch dazu s. auch (Esser 1993: 298 ff.).

liale Leistungen und Erwartungen kollidieren. Kaufmann behauptet demnach eine „strukturelle Rücksichtslosigkeit" gesellschaftlicher Institutionen gegenüber Familie und Elternschaft (Kaufmann 1995).14

7.3.4.2 Modernisierung und Individualisierung

Thesen, die in der Tradition der Individualisierungsthese stehen, betonen, dass die Individuen, zuerst die Männer und dann die Frauen, in mehreren Etappen aus den traditionalen, normativ geprägten sozialen Strukturen in der Familie freigesetzt worden sind. Dabei wird eine eigenartige Ambivalenz dieses Prozesses hervorgehoben. Auf der einen Seite können sich die Individuen zwar immer mehr der starken sozialen Kontrolle dieser Strukturen entziehen, auf der anderen Seite gehen sie aber auch der persönlichen Beziehungen und sozialen Sicherheiten, die diese Verhältnisse boten, verlustig. Im Zuge der zunehmenden Herauslösung aus gemeinschaftlichen sozialen Beziehungen ist das Bedürfnis nach emotionaler Wärme und Anerkennung in persönlichen Beziehungen nicht zurückgegangen, es hat sich eher verstärkt (Beck, Beck-Gernsheim 1990).

Im Zuge des Individualisierungsprozesses lösen sich die Frauen aus den traditionellen Rollenmustern und Lebensumständen als Hausfrau und Mutter und aus den damit verbundenen sozialen und ökonomischen Abhängigkeitsverhältnissen. Sie nehmen damit gleichzeitig den Abbau traditioneller Sicherungen in Kauf und müssen ihr Leben nun auch selbst in die Hand nehmen (Beck-Gernsheim 1984). Diese Entwicklung wird forciert durch die Expansion der Bildungs- und Arbeitsmarktpartizipation der Frauen.

Die Folge ist ein individueller Konflikt zwischen dem Wunsch nach einem Kind und einer geringen Neigung zu langfristigen Bindungen, welche die individuellen Karriereabsichten der Frauen behindern könnten. Beck-Gernsheim leitet daraus für die Frauen eine Dilemmasituation ab, die sich nachhaltig auf die Bereitschaft zur Elternschaft auswirkt (Beck-Gernsheim 1986). Zum einen behauptet sie eine bleibende oder gar „neue" Relevanz von Kindern und Mutterschaft (Beck-Gernsheim 1988). Sie begründet diese mit Hinweisen auf die Perspektive einer Funktionalität von Mutterschaft als individuelle Glückserfahrung und die Erfüllung individueller Sehnsüchte und Selbsterfahrung (Beck-Gernsheim 1984, 1988). Wie in der differenzierungstheoretischen Argumentation wird im Zuge des fortschreitenden Verfalls traditionell-selbstverständlicher Lebensleitlinien die zunehmende Relevanz von intimer Partnerschaft und emotionaler Zuwendung für den Einzelnen betont. Sehr viel stärker als dort wird auch die wachsende Bedeutung des Kindes als Garant für stabile

---

14 In ganz anderer Form, aber mit ähnlichen inhaltlichen Konsequenzen, begreift Coleman diesen Prozeß als Folge der zunehmenden Dominanz korporativer Akteure in Wirtschaft, Staat und Gesellschaft (Coleman 1986).

Primärbeziehungen hervorgehoben (Beck, Beck-Gernsheim 1990). Zum anderen sind Partnerschaft, Ehe und Familie aber immer mehr Hindernisse für die wachsende individuelle Freiheit, für das individuelle Streben nach Unabhängigkeit und für die Bewältigung der Anforderungen der Partizipation am Arbeitsmarkt.

7.3.4.3 Individualisierung und das Ende der Gesellschaft

Die Familie steht immer mehr in Gefahr, als erstrebenswerte Lebensform zu verschwinden. Das ist die These von Beiträgen zur derzeitigen Lage der Familie, die mehr oder weniger ihren Zerfall prognostizieren (Hoffmann-Nowotny 1988, 1991). „Was die weitere Zukunft anbetrifft, so ist unter den geschilderten Bedingungen, und insbesondere angesichts der mutmaßlichen Entwicklung *Anomie* (Normlosigkeit, Destrukturierung) als ein Dauerzustand und damit als eine der fundamentalen Bedingungen der Moderne und ihrer Fortsetzung anzusehen. ... Die so genannte Krise von Beziehungen, Ehe und Familie, die man unpathetischer auch schlicht als (noch) nicht bewältigten (...) Wandel von Lebensformen und -stilen bezeichnen kann, ist unmittelbare Konsequenz veränderter gesamtgesellschaftlicher Bedingungen, in deren Folge – ... – die *Individualisierung* zu sehen ist. ... Damit ist der Weg zu einer ‚Gesellschaft von Einzelgängern' (...) gebahnt. Ob er auch bis zum Ende durchschritten wird, ist eine offene Frage ..." (Hoffmann-Nowotny 1991: 318, Hervorhebungen im Original).

Der Motor dieser Entwicklung sind „Spannungen, die sich aus verschiedenen Arrangements von Struktur und Kultur innerhalb von und zwischen gesellschaftlichen Systemen ergeben" (Hoffmann-Nowotny 1988: 7). Sie ist durch die Zunahme der strukturellen Anforderungen an den Einzelnen, seine Vereinnahmung in vielfältigen Mitgliedschaften, den Ausbau wohlfahrtsstaatlicher Angebote, zunehmender Kontingenzen und Komplexität, Offenheit und permanenten Wandel gekennzeichnet. Die mit einer Familie und vor allem mit Kindern verbundenen Restriktionen individueller Entfaltung und Flexibilität sind zu groß geworden. Die Befriedigung materieller und ideeller Bedürfnisse und der Erwerb sozialer Anerkennung und sozialen Status, der sich nun wesentlich über die Arbeitswelt vermittelt, wird durch familiale Bindungen geradezu behindert (Struktur). Familie wird aus individueller, aber auch aus gesellschaftlicher Perspektive entbehrlich. Man sieht institutionell verankerte Formen von Partnerschaft und Elternschaft daher in der Zukunft überhaupt verschwinden. Universalismus, Pluralismus, Leistungsideologie und Individualismus sind die neuen adäquaten weltanschaulichen Antworten (Kultur). Eine kulturelle Verankerung familialer Lebensformen als gemeinschaftliche Lebensformen ist daher kaum noch erwartbar. Es sei am ehesten noch ein „Familientyp" denkbar, in dem die Mitglieder „getrennt zusammenleben" (Hoffmann-Nowotny 1988: 13).

Miegel und Wahl (1993) spitzen die Argumentation zu einer einfachen Generalthese zu. Danach zerstört sich unsere individualistische Kultur zwangsläufig selbst. Es besteht ein zwingender Gegensatz zwischen Individualismus und Kinderreichtum: eine individualistische Kultur ist daher nicht reproduktionsfähig und geht deshalb unter. Denn entweder hält eine Bevölkerung an den Maximen solcher Kulturen fest, dann wird sie zahlenmäßig solange abnehmen, bis sie als Träger dieser

Kultur ausfällt. Oder die Bevölkerung will ihre physische Existenz sichern, dann muss sie die Maximen individualistischer Kultur aufgeben. Oder ihr kulturell bedingter zahlenmäßiger Schwund wird fortwährend durch Zuwanderungen ausgeglichen, dann wird ihre individualistische Kultur nach und nach durch weniger individualistische Kulturen verdrängt. Das Ergebnis ist immer das Gleiche: die jeweilige individualistische Kultur wird früher oder später durch gemeinschaftsorientierte und damit biologisch stabilere Kulturen ersetzt. Diese Entwicklung liegt im Wesen individualistischer Kulturen. Sie ist deshalb unvermeidlich (Miegel, Wahl 1993: 64).

Diese Darstellung ist in ihrer Rigidität wenig überzeugend. Sie verstellt den Blick auf eine aktuelle Realität, die eher das Ergebnis widersprüchlicher sozialer Verhältnisse sind, in denen sich Familie und öffentliches Engagement konflikthaft gegenüberstehen, als eine unausweichliche Folge der Emergenz eines individualistischen Sozialcharakters.

7.3.5 Kultureller Wandel und demographischer Wandel

Die bisherigen Überlegungen haben gezeigt, dass zu allen Zeiten der theoretischen Beschäftigung mit dem Wandel der Bevölkerung die Bedeutung kultureller Faktoren im Zusammenhang mit, oft aber auch alternativ zu sozialstrukturellen Faktoren betont worden ist.

In einer Reihe von soziologischen Ansätzen wird die Bedeutung kultureller Faktoren besonders hervorgehoben. Die Relevanz sozialer Normen für die Erklärung demographisch relevanten Verhaltens ist zum Beispiel in einem vielzitierten, statisch angelegten Modell von Freedman (1975) betont worden. Im engeren Sinne soll das Modell erklären, wovon die Ausprägung spezifischer Faktoren abhängt, welche die Wahrscheinlichkeit der Geburt eines Kindes bestimmen. Diese Faktoren sind als die „intermediate variables" von Davis und Blake (1956) bekannt.[15] Die sozialen Normen beziehen sich auf die Kinderzahl und auf das Verhalten, das in Beziehung zu den intermediären Variablen von Davis und Blake steht. Freedman resümiert: „In brief, this model specifies that the fertility of any social collectivity tends to correspond with a level proscribed by social norms, which are in turn an adjustment to the way in which varying numbers of children affect the achievement of socially valued objects" (Freedman 1975: 18). Überdeutlich scheinen hier die strukturfunktionalistischen Vorstellungen eines gleichgewichtigen Systemzusammenhangs kultureller Normen und sozialer Organisation durch, denen ein denkbar geringer Erklärungswert für soziale Phänomene zukommt. Da in dem Modell fast alles mit allem zusammenhängt – auch Umweltfaktoren, die Sterblichkeitsraten und die sozioökonomische Struktur sind berücksichtigt – bietet es zwar einen Überblick über mögliche Interdependenzen. Sein Erklärungswert ist aber gleich Null. Es wird auch von Freedman selbst nicht weiterverfolgt (Freedman 1979).

---

[15] Davis und Blake unterscheiden Faktoren, die das Partnerschaftsverhalten und die Etablierung und Auflösung sexueller Kontakte, das Verhalten zur Empfängnisverhütung und den Verlauf der Schwangerschaft und Geburt bestimmen.

Ein anderer vielzitierter Ansatz, der letztlich derselben soziologischen Theorietradition zuzurechnen ist, beruht auf einer geschlechtsrollentheoretischen Begründung generativen Verhaltens (Scanzoni 1975; Scanzoni, Szinovacz 1980). Der Geschlechtsrollenwandel ist auch in den individualisierungstheoretischen Überlegungen von erheblicher Bedeutung. Vor allem der Wandel der Rolle der Frau, ihr Verlassen des Familienhaushalts wird für den (weiteren) Geburtenrückgang verantwortlich gemacht. Empirische Analysen bestätigen bis heute den negativen Zusammenhang zwischen der Frauenerwerbstätigkeit und der Geburtenzahl (Huinink 1990).

In der Soziologie gibt es seit langem eine Diskussion um einen säkularen Wertewandel, die sich auch mit der Frage des demographischen Wandels beschäftigt hat (Inglehart 1977, 1989; Klages 1984; Klages et al. 1992; v. Rosenstiel et al. 1986: 72 ff., 135 ff.; Preston 1986; Shorter 1989).

Inglehart behauptet einen Trend weg von „materialistischen" hin zu „postmaterialistischen" Werten (Inglehart 1977, 1989). Damit meint er eine Abnahme der Bedeutung traditioneller sozialer Normen und Werte und eine vornehmliche Orientierung individueller Interessen auf Aspekte des physischen Überlebens und physischer Sicherheit. Priorität erlangen Werte, die auf Partizipation, Selbstverwirklichung und Lebensqualität ausgerichtet sind. Inglehart begründet diese Verschiebung mit der Verbesserung der wirtschaftlichen Lage und der Sicherheit der Menschen (Mangelhypothese). Da er zudem annimmt, dass die in der Jugend entstandenen Wertorientierungen über den weiteren Lebenslauf stabil bleiben (Sozialisationshypothese), stellt sich laut Inglehart der gesellschaftliche Wertewandel infolge der Sukzession von nachwachsenden Kohorten ein.

Mit dem Gewinn an wirtschaftlicher und sozialer Sicherheit, der für das Voranschreiten postmaterialistischer Orientierungen verantwortlich ist, nimmt das Bedürfnis nach strikten sozialen Normen und religiösen Letztgewissheiten ab. Die disziplinierende Funktion strenger sozialer und religiöser Normen für die gesellschaftliche Ordnung verliert an Relevanz. Dazu gehören auch die Normen, die den Erhalt der traditionellen Familie förderten. Sie haben sich „gelockert" (Inglehart 1989: 226 ff.). Inglehart zeigt dann anhand empirischer Studien, dass postmaterialistisch orientierte Menschen deutlich weniger der Ansicht sind, dass eine Frau Kinder haben müsse, gleichzeitig aber auch die nicht eheliche Elternschaft zu einem höheren Anteil akzeptieren. „Postmaterialisten legen mehr Wert auf Selbsterfüllung durch Karriere als durch Sicherung des Überlebens der Gattung" (Inglehart 1989: 254). Dass Elternschaft auch ein Akt der Selbsterfüllung sein könnte, wird nicht diskutiert. Die postulierten Zusammenhänge sind holzschnittartig, etwaige Erklärungen stehen erst recht auf tönernen Füßen. Eine genauere kohortenanalytische Rekonstruktion des Geburtenrückgangs in der Bundesrepublik Deutschland scheint ihn zudem zu widerlegen (Mackensen 1975). Das Konzept der von Inglehart entworfenen Wertedimension ist ebenfalls problematisch und gibt zu Missverständnissen Anlass. So interpretieren Rosenstiel et al. das Postmaterialismus-Konzept von Inglehart immerhin so, dass Postmaterialisten eher Kinder wünschen und die Wünsche auch realisieren müssten. Sie meinen, dieses auch belegen zu können (v. Rosenstiel et al. 1986: 137 ff.).

Helmut Klages postuliert alternativ einen Wandel von Pflicht- und Akzeptanzwerten hin zu Selbstentfaltungswerten. Letztere differenziert er in eher hedonistisch-individualistische Wertorientierungen und emanzipatorisch-autonomiebetonte

Wertorientierungen (Klages 1984). Damit führt er gegenüber Inglehart eine sinnvolle Unterscheidung ein. Er unterstellt auch nicht, dass Werteinstellungen über das Leben stabil bleiben. Er formuliert die Lebenszyklusthese, die besagt, dass bestimmte Wertorientierungen in bestimmten Lebensphasen dominieren können. Schließlich lässt er zu, dass Individuen durchaus aus den genannten Wertetypen gemischte Wertespektren vertreten können. Klages postuliert für die Bundesrepublik Deutschland einen Wertewandelschub zwischen der ersten Hälfte der sechziger und der Siebzigerjahre. Die damit verknüpften Thesen im Hinblick auf demographisch relevantes Verhalten und den in dieser Zeit erfolgenden starken Geburtenrückgang, die von Klages und anderen Vertretern seines Ansatzes formuliert und empirisch analysiert werden, bieten gegenüber Inglehart jedoch konzeptuell und inhaltlich nicht sehr viel Neues, auch wenn die Anlage der Theorie dieses durchaus zulassen würde.

Unter teilweisen Bezug auf die Debatte um den Wertewandel wird von Bevölkerungssoziologen die Bedeutung des Wandels kultureller Verhältnisse für eine grundlegende Umorientierung der individuellen Einstellungen gegenüber der Familie hervorgehoben. Sie diagnostizieren einen fortschreitenden Ausbau gesellschaftlich organisierter, bürokratisierter Prinzipien der Struktur gesellschaftlicher Beziehungen und einen Verfall gemeinschaftlicher, familialer Strukturen. Sie behaupten den fortschreitenden Abbau normativer Gebote im Zusammenhang mit Partnerschaft und Elternschaft. Dieses lässt sich zurückführen auf einen fundamentalen Wandel des Wertesystem mit der abnehmenden Bedeutung religiöser Bindungen, die voranschreitende Emanzipation der Frau mit einer Zunahme der Relevanz individueller Handlungsautonomie in allen Bereichen der Gesellschaft. Lesthaeghe hat auf die eigenständige Relevanz der kulturellen bzw. „ideationalen" Faktoren verwiesen und belegt, dass struktureller Wandel allein nicht zur Erklärung des demographischen Wandels ausreicht (Lesthaeghe 1983, 1993, 1996; Lesthaeghe, Meekers 1986; Lesthaeghe, Surkyn 1988; Cleland, Wilson 1987).[16]

Lesthaeghe und Surkyn (1988) versuchen, die Bedeutung des Wertewandels in das Bewusstsein zu rufen und den Anschluss an eine akteurstheoretische Argumentation zu finden. Sie diskutieren die Beziehung einer Analyse kulturellen Wandels zu einer mikroökonomischen Handlungstheorie und schließen:

„Rationality, defined as the anticipatory adoption of appropriate means for the realization of more distant ends, implies learning, foresight, evaluation of alternatives, calculation, correction, and above all a definition of material and nonmaterial goals. Culture enters into this process at every stepp. If it is assumed away, we have reached not only the end of the sociology of fertility but also, and equally regrettably, the end of the economics of fertility" (Lesthaeghe, Surkyn 1988: 39).

Die Argumentation ließe sich als Plädoyer für eine Theorie beschränkt rationalen Handelns verstehen, in der die individuellen Entscheidungs- und Verhaltensprozesse sowohl durch ökonomische Knappheits- und Nutzenerwägungen als auch durch wertbezogene Präferenzen bestimmt sind (Lindenberg 1989). Wie das Handlungsmodell genau aussehen soll, bleibt jedoch unklar. Daher beschränken sich die – im Übrigen aber durchaus aufschlussreichen – Darstellungen darauf, den demographischen Wandel deskriptiv auch als Folge globaler, historisch begründeter Trends kul-

---

[16] Zur Diskussion dieser Frage s. auch Burch (1996) und dort zitierte Literatur.

turellen Wandels zu interpretieren und das in Aggregatdatenmodellen statistisch zu untermauern. Die Bedeutung sozialer Normen und Rollenverständnisse für individuelles Verhalten ist unbestritten. Im Mehrebenenmodell, das in Abb. 1 dargestellt ist, bietet sich die Möglichkeit ihrer Berücksichtigung, wenn man sie als zeitlich prinzipiell begrenzte Festlegungen auf Handlungsorientierungen betrachtet, die den Entscheidungsraum des Akteurs in bestimmter Weise eingrenzen – und damit auch überschaubarer machen.

7.3.6 Der „zweite demographische Übergang"

Dirk van de Kaa hat wohl als erster in Bezug auf den Geburtenrückgang, der seit den Sechzigerjahren in vielen Ländern Europas zu beobachten war und nun auch in Osteuropa Raum greift, von einem zweiten demographischen Übergang gesprochen (van de Kaa 1987). Lesthaeghe hat diese These aufgegriffen und weiter ausgearbeitet. (Lesthaeghe 1993, 1996). Die These hat zwei Implikationen. Zum einen vertritt sie, wie die These vom ersten demographischen Übergang, einen globalen Geltungsanspruch für die Beschreibung der demographischen Veränderungen zumindest in den Ländern, für die der erste demographische Übergang als abgeschlossen diagnostiziert wurde. Zum anderen behauptet sie, dass sich die Gründe für die derzeitigen Veränderungen essenziell von denjenigen unterscheiden, die für den ersten demographischen Übergang postuliert wurden. Van de Kaa führt ins Feld, dass der Wandel seit den Sechzigerjahren durch die zitierte Zunahme individuellen Strebens nach größerer Handlungsautonomie und Selbstentfaltung, durch die Emanzipation der Frau und die verstärkte Bedeutung hedonistischer Wertorientierungen geprägt sei, während der erste demographische Übergang die Folge einer Anpassung des familialen Verhaltens an die veränderten ökonomischen Rahmenbedingungen der Familie gewesen und eher als altruistische Wende nach Ablösung der traditionalen Gesellschaft anzusehen sei (van de Kaa 1987: 5).[17]

Der These von einem qualitativ neuen Wandlungsprozess im Bereich der Familienentwicklung der Industriestaaten wird von Cliquet (1991: 72) widersprochen. Er meint, dass die derzeitigen Veränderungen von einer Beschleunigung schon bestehender Trends geprägt seien, die sich aber gegen den säkularen Wandel im Zuge des Modernisierungsprozesses immer noch bescheiden ausmachten. Wie dem auch sei, entscheidender ist ein Einwand, der sich gegen die makrosoziologische Anlage auch dieses Theorieentwurfs richtet: Sie kann vielleicht zutreffende Beschreibungen von Entwicklungen, aber keine Erklärungen bieten.

---

[17] Lesthaeghe verweist auf die Thesen der „sexuellen Revolution" (Shorter 1975), der kontrazeptiven Revolution (Ryder und Westhoff 1977), der Ablösung des „Kind-Königs" in der Familie (Ariès 1970) und weiterer Ansätze, die eine qualitative Veränderung der Gründe für die Abnahme der Geburtenzahlen nahelegen (Lesthaeghe 1993).

7.4 Mikrosoziologische Ansätze und sozialpsychologische Theorien

Wenden wir uns nun Ansätzen zu, die explizit ihren Ausgangspunkt von einer mikrosoziologischen Perspektive aus nehmen. Die bevölkerungsökonomischen und familienökonomischen Ansätze haben hier natürlich ihre Domäne. Ein anderer großer Komplex von Theorien, die diese Perspektive wählen, sind sozialpsychologische Ansätze.

7.4.1 Eine mikrotheoretische Erklärung des demographischen Übergangs

Kommen wir zunächst noch einmal auf den demographischen Übergang zurück. In einer relativ knappen Übersicht stellt Esser in seiner Einführung zur Soziologie einen handlungstheoretischen Erklärungsversuch dar, der insbesondere das scheinbare Paradoxon auflösen soll, dass bei steigendem Wohlstand die Kinderzahlen zurückgehen (Esser 1993: 308 ff.). Er nimmt dabei engen Bezug auf Theorien, die sehr stark durch eine sozioökonomische Betrachtungsweise geprägt sind (Leibenstein 1974; Easterlin, Crimmings 1985).

Ausgangspunkt ist die Annahme, dass sich demographisch relevantes Verhalten allgemein und generatives Verhalten im speziellen als rationales Verhalten ansehen läßt. Die Entscheidung für ein Kind hängt davon ab, welche subjektiv erwarteten Nutzen und Kosten ein (weiteres) Kind für die Eltern mit sich bringt. Drei Typen von Nutzen werden unterschieden: Konsumnutzen, Einkommensnutzen und Versicherungsnutzen. Dagegen stehen zwei Typen von Kosten: direkte Kosten, die bei der Kindererziehung anfallen und indirekte Kosten oder Opportunitätskosten, die als entgangene Nutzen zu interpretieren sind, welche die Bindung durch Kind und Familie mit sich bringt. Während diese Differenzierung viel versprechend ist, bleibt das Modell recht einfach. Es wird angenommen, dass im Zuge der Modernisierung und der damit einhergehenden Veränderung der Randbedingungen von Fertilitätsentscheidungen der Einkommens- und Versicherungsnutzen von Kindern sinkt, die direkten und die indirekten Kosten aber zunehmen. Das trifft insbesondere für die Frauen zu, deren Möglichkeiten profitabler Zeitverwendung außerhalb der Familie zugenommen haben. Die Nachfrage nach Kindern sollte deshalb zurückgehen.

Auch hier lässt sich eine Angebotsseite ausmachen. Sie betont den Aspekt der Bereitschaft zu Maßnahmen der Geburtenbeschränkung, die auch nicht kostenfrei sind. Außerdem wird der schon angesprochene Zusammenhang zwischen Sterblichkeits- und Geburtenentwicklung noch einmal aufgegriffen: „Bei einer hohen (erwarteten) Kindersterblichkeit kann zwar die Nachfrage [nach Kindern, Ergänzung des Autors] auch recht klein sein, jedoch muss zur Sicherstellung eines Mindestangebotes eine relativ hohe Geburtenhäufigkeit stattfinden" (Esser 1993: 313; Easterlin, Crimmings 1985). Die Differenz zwischen möglichem Angebot und der Nachfrage nach Kindern bestimmt dann die Motivation zur Geburtenbeschränkung. Im Laufe des „demographischen Übergangs" sinkt die Nachfrage nach Kindern, gleichzeitig steigt das Angebot. Darauf wird mit einer gewissen Verzögerung mit steigenden Anstrengungen zur Geburtenbeschränkung reagiert. Man merkt diesen Argumentationen an, dass ihnen eine sozialpsychologische Unterfütterung fehlt. Sie bleiben deshalb recht oberflächlich.

7.4.2 Sozialpsychologische Ansätze

Sozialpsychologische Studien versuchen, Heiratsverhalten und generatives Verhalten und deren Wandel auf der Basis individueller Präferenzen, Orientierungen und Einstellungen und den daraus abgeleiteten Verhaltens- und Entscheidungsregelmäßigkeiten zu erklären. Sie lehnen sich dabei ebenfalls unterschiedlich stark an das Paradigma beschränkt rationalen, individuellen Handelns an. Sozialpsychologische Theorien untersuchen aber sehr viel genauer individuelle oder auch paarspezifische Dispositionen, Einstellungen und Motivationen zum generativen Verhalten, als der Typ von Theorien, die zuvor kurz skizziert wurden. Von Rosenstiel und Mitautoren haben dazu ein Basismodell vorgeschlagen. Es beruht auf der Lewinschen „Verhaltensformel", ist aber im Geiste von Mackenroth etwas differenzierter angelegt. Es ist in Abb. 3 dargestellt (v. Rosenstiel et al. 1986: 54 f.)

```
                    persönliches Wollen
                           │
                           ▼
individuelles Können → Verhalten → soziales Dürfen
                           ▲
                           │
                    situative Ermöglichung
```

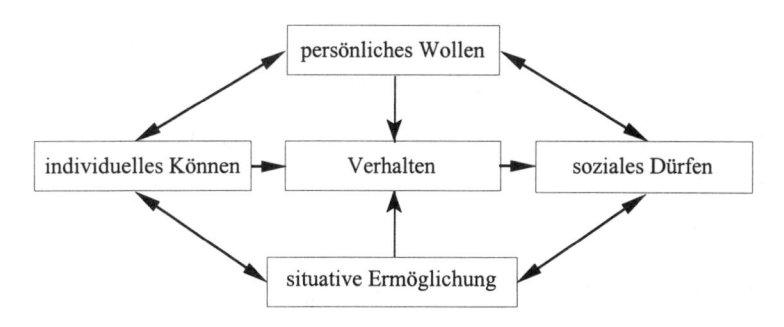

Abb. 3: (v. Rosenstiel et al. 1986: 55)

Zahlreiche sozialpsychologische Modelle generativen Verhaltens sind als Modifikationen dieser Abbildung zu interpretieren (Vroom 1964; Fishbein 1972; Hoffman, Hoffman 1973; Beach et al. 1977; v. Rosenstiel et al. 1981, 1986). Die wesentlichen Unterschiede bestehen darin, welche der Komponenten berücksichtigt werden und wie der Faktor des persönlichen Wollens im einzelnen konzeptualisiert wird. Die dabei zugrunde liegende handlungstheoretische Grundannahme geht überwiegend von einem Rationalitätsprinzip aus und läßt eine Nähe zur mikroökonomischen Theorie erkennen (v. Rosenstiel et al. 1986; Hill, Kopp 1995).

7.4.2.1 Value of Children-Theorien

Ein Ansatz zur vergleichenden Bedeutung verschiedener Formen von Benefits und Kosten von Elternschaft als Motivationsgrundlage generativen Verhaltens haben Hoffman und Hoffman vorgeschlagen. Sie nennen ihn eine „Theory of Value of

Children" (VOC). Dazu sind zahlreiche empirische Studien durchgeführt worden (Arnold et al. 1975; Espenshade 1977; Hoffman, Hoffman 1973; Hoffman, Manis 1979; Nauck 1987, 1989). Das wichtigste Ziel dieser Arbeiten ist, eine Differenzierung des Nutzens von Kindern danach vorzunehmen, inwieweit sie unterschiedlichen Bedürfnissen Befriedigung verschaffen. Daraus soll die Motivation generativen Verhaltens erklärt werden. Man unterscheidet grob zwischen ökonomischen, psychischen und soziokulturellen Nutzenkomponenten. Hoffman und Hoffman haben die folgenden neun Komponenten des „value of children" postuliert, die selbst wiederum in Subkomponenten ausdifferenziert sind (Tab. 2):

Die potentiellen Nutzenkomponenten von Elternschaft werden von den individuellen Akteuren unter Einbeziehung der Kosten und im Vergleich zu alternativen Möglichkeiten der Befriedigung der postulierten Bedürfnisse und der situativen Gelegenheitsstrukturen evaluiert. Daraus bestimmt sich der Grad der Motivation zur Elternschaft.

Dieser Ansatz ist als zu eklektisch kritisiert worden. Er bringe nichts weiter als eine Liste potentieller Vorteile von Kindern, die theoretisch nur wenig abgesichert sei. Der Versuch sei daher von zweifelhaftem Wert (v. Rosenstiel et al. 1986; Friedman et al. 1994: 380). Diese Kritik ist nicht unberechtigt und verweist auf die Notwendigkeit, den Ansatz theoretisch besser zu fundieren. Er wird auch von seinen Autoren selbst als heuristisches Instrument verstanden. Daher geht es darum, die einzelnen Nutzenkomponenten präzise theoretisch zu begründen und voneinander abzugrenzen. Eine solche Fundierung dürfte aber nicht ohne Aussicht auf Erfolg sein. Für einen bestimmten Aspekt psychischen Nutzens von Partnerschaft und Elternschaft möchte ich das exemplarisch belegen.

Tab. 2: Wertkategorien der VOC-Theorie

- Primärgruppenbindung und emotionale Befriedigung
- Anregung, Spaß und Freude
- Fortleben der eigenen Person und Selbsterfüllung („expansion of the self")
- Erwachsenenstatus und soziale Identität
- Schöpferische Wirksamkeit und Kreativität („achievement and creativity")
- Erfüllung sozialer Normen und Moralität
- Sozialer Status, Macht und Einfluss
- Ökonomische, materielle Vorteile

Die These ist, dass Menschen auch und gerade in der modernen Gesellschaft auf spezifische Strukturen sozialer Interaktion angewiesen sind, in denen sie die notwendige persönliche Affirmation erfahren, um als handlungsfähige, autonome Akteure in unserer modernen Gesellschaft erfolgreich bestehen zu können. Das gilt nicht nur für Kinder und Jugendliche in den Phasen des Aufbaus ihrer Ich-Identität, sondern auch für Erwachsene, um in einer komplexen und durch fortwährenden Wandel gekennzeichneten Gesellschaft handlungsfähig zu bleiben. Dazu gehört die Konstruktion von Ich-Identität in der Sozialisationsphase, aber auch ihre fortwährende Rekonstruktion und Bestätigung über geeignete Akte der Selbstvergewisserung (Huinink 1995). Wurde in der vormodernen Gesellschaft Identität durch die sozialen Normen in einer sozialen Struktur persönlicher Beziehungen stabilisiert, kann sie auch heute nur in persönlich geprägten, sozialen Interaktionsbeziehungen gewonnen und stabilisiert werden. Wo soziale Normen fehlen, brauchen Akteure, so die These, nunmehr den authentischen Response einander gegenüber als „Vollperson" (Luhmann 1988). Soziale Beziehungen, die genau dieses Bedürfnis befriedigen können, dürfen nicht formal reguliert und nicht strategisch angelegt sein und müssen zumindest perspektivisch auf Stabilität hin orientiert sein (Huinink 1995: 94 ff.). Die interessante und auf den ersten Blick paradoxe Schlussfolgerung aus diesen Bedingungen ist, dass die Befriedigung des Bedürfnisses nach persönlicher Affirmation nur als nichtinstrumentell, nicht direkt intendiertes Nebenprodukt sozialer Interaktion gewonnen werden kann (Lindenberg 1992: 133). Diese Beziehungen lassen das Sich-in-Frage-stellen zu, das Austesten im Rahmen des Bemühens um die Vergewisserung oder den erfolgreichen, kontinuitätswahrenden Umbau subjektiven Identitätsempfindens, mit dem der einzelne Akteur auf Herausforderungen sich verändernder Bedingungen seines Lebens in der modernen Gesellschaft zu reagieren hat.

Auf Liebe gründende, intime Partnerschaft und die partnerschaftliche Elternschaft stellen soziale Beziehungen dar, die den genannten Kriterien in besonderer Weise genügen können. Kaufmann nennt die „Kohäsion und emotionale Stabilisierung der Familienmitglieder" eine ganz wesentliche „Aufgabe und Leistung" der Familie. Er betont ihre im Zuge der Modernisierung gewachsene Bedeutung (Kaufmann 1995: 36 ff.). Über die hier thematisierte Qualität als Raum für dialogische Interaktion hinaus bieten familiale Beziehungen auch die Chance für weitere, vor allem psychische Nutzenvorteile, die bedeutsame individuelle Anreize für eine Bindung in Partnerschaft und Elternschaft darstellen.[18]

Ein anderer Kritikpunkt an der VOC-Theorie ist, dass sie einen vieldimensionalen Nutzen-Cocktail vorschlage. Damit sei es nicht möglich, eindeutige nutzentheoretisch fundierte Aussagen zu machen (Friedman et al. 1994: 381). Gerade die Mehrdimensionalität stellt aber einen sehr wichtigen Vorteil des VOC-Ansatzes dar, da nun so der Wandel der Bedeutung unterschiedlicher Nutzen- und Kostendimensionen (materiell, psychisch, sozionormativ), wie er im Verlauf der Modernisierung behauptet wird, modelliert werden kann.

Aus der VOC-Theorie folgt, dass für den Fall einer Dominanz materieller Vorteile von Kindern eine hohe Kinderzahl erstrebenswert ist. Überwiegen dagegen die psychischen Benefits, gilt das nicht mehr. Ein oder zwei Kinder reichen aus. Im Gegenteil, eine höhere Kinderzahl würde, je nach den strukturellen Bedingungen des Familienlebens, die psychischen Kosten mehr oder weniger stark vergrößern, ohne dass man einen materiellen Ausgleich dafür erlangen könnte und wollte. Diese These kann empirisch belegt werden. Sie bietet eine Erklärung für die Nachwuchsbeschränkung im Verlauf des ersten demographischen Übergangs, wenn wir die differenzierungs-theoretischen Darstellungen zum Wandel der Familie und den Rückgang der existenzsichernden Bedeutung von Kindern in Betracht ziehen. Man kann eine

---

[18] Kaufmann verweist zurecht auch auf die „Kehrseite dieser erlaubten Affektivität", auf mögliche pathologische Formen direkter persönlicher Beziehungen, die in dem von der Öffentlichkeit relativ stark abgeschotteten Raum der Familie zu weitreichenden Verletzungen der persönlichen Integrität von Familienmitgliedern führen können (Kaufmann 1995: 37 f.). Die persönliche Enge der Beziehung beinhaltet immer die Möglichkeit der direkten Macht und „Gewalt" von Personen über Personen (Coleman 1986).

Verlagerung des „Wertes" von Kindern und Partnerschaft von ökonomischen und soziokulturellem zu psychologischem Nutzen hin feststellen. Das Modell der VOC-Theorie kann in modifizierter Form auch einen wichtigen Erklärungsbeitrag für den jüngeren Geburtenrückgang liefern. Steht der psychische Nutzen von Elternschaft im Vordergrund, so wird man nur dann und nur zu einem solchen Zeitpunkt den Schritt zur Elternschaft vollziehen wollen, wenn man davon überzeugt ist, diesen Nutzen auch realisieren zu können. Befindet man sich in einer Lebensphase oder in einer in Bezug auf Elternschaft strukturell problematischen Lebenslage, wird man Geburtenkontrolle üben, da Elternschaft nicht nur mit geringeren psychischen Nutzen, sondern auch mit erheblichen psychischen und materiellen Kosten verbunden wäre. Das gilt, ohne dass die prinzipielle Motivation zur Elternschaft fehlen würde. Die Veränderung der als hoch bewerteten wie auch der als realisierbar betrachteten Art des Nutzens von Elternschaft ist somit mitverantwortlich für den Wandel des generativen Verhaltens. Es hat sich gezeigt, dass es für die Erklärung des generativen Verhaltens zudem sehr wichtig ist, Konflikte zwischen verschiedenen Nutzen- und Kostenkomponenten modellieren zu können[19].

Friedman, Hechter und Kanazawa schlagen einen eindimensionalen Ansatz zum Wert von Kindern in der modernen Gesellschaft vor (Friedman et al. 1994). Ihre eindimensionale Nutzendimension ergibt sich daraus, dass Menschen unter möglichst geringer Unsicherheit Entscheidungen treffen wollen. Handlungen, die Entscheidungsunsicherheit reduzieren, sind ceteris paribus also nützlich und sinnvoll. Der Eintritt in die Elternschaft wird von den Autoren als eine solche Strategie verstanden, Unsicherheit in Bezug auf den zukünftigen Lebensweg zu verringern und damit Entscheidungssicherheit zu schaffen. Elternschaft ist damit auch ein Akt von „Selbstbindung" (Elster 1987), der zukünftige Entscheidungssituationen strukturieren hilft. Andere, zur Elternschaft alternative Strategien wären, sich vollkommen auf die Verfolgung einer beruflichen Karriere zu konzentrieren oder zu heiraten. Die Autoren argumentieren, „that the impetus for parenthood is greatest among those whose alternative pathways for reducing uncertainty are limited or blocked" (Friedman et al. 1994: 383). Sind also die Aussichten auf eine erfolgreiche berufliche Karriere schlecht, sollte die Bereitschaft zur Elternschaft zunehmen. Das gleiche komplementäre Verhältnis wird zwischen einer Elternschaft und einer Ehe angenommen. Es ist also ausreichend, einer der möglichen Lebensperspektiven zu folgen. Ist man dabei erfolgreich, sinkt die Wahrscheinlichkeit, dass man sich auch in einem anderen Bereich engagiert.

Dieser Ansatz berücksichtigt nicht, dass es auch unter dem Gesichtspunkt der Reduktion von Unsicherheit sehr sinnvoll sein mag, mehrere Strategien gleichzeitig zu verfolgen. Das ist in Bezug auf die Ehe und die Elternschaft sehr nahe liegend. Im Allgemeinen kann man annehmen, dass die eheliche Partnerschaft mit den unterstüt-

---

[19] Eine ähnlich modifizierte Anwendung der VOC-Theorie hat sich zum Beispiel auch als Erklärung für die Veränderung des Geburtenverhaltens von türkischen Migranten, die in die Bundesrepublik gezogen sind, bewährt. Ohne dass die Migranten ihre individuellen Präferenzen in Bezug auf Familie und Kinderzahl verändert hätten, hat sich ihr generatives Verhalten nach dem Zuzug in die Bundesrepublik stark verändert. Die Migranten sahen sich angesichts der neuen strukturellen Situation nicht in der Lage, die ihnen wichtigen Nutzen von Kindern in der Bundesrepublik zu realisieren. Sie sahen sich dagegen einer Vielzahl neuer materieller und psychischer Kosten gegenüber (Nauck 1987, 1988).

zenden Austauschbeziehungen der Partner zu einer Unsicherheitsreduktion in Bezug auf Entscheidungen zur Elternschaft beiträgt. Das Gleiche kann für das Verhältnis von Karriere und Elternschaft behauptet werden, wenn bestimmte Rahmenbedingungen erfüllt sind. Falls die Annahme stimmt, dass psychische Nutzen nicht vollständig durch materielle Nutzen und sozialen Status kompensiert werden können, dann sind die Lebensperspektiven, die von den Autoren angegeben werden, nicht prinzipiell komplementär. Die strukturellen Bedingungen spielen dabei eine entscheidende Rolle. Allgemeine Aussagen sind daher nicht möglich. Ein für moderne Gesellschaften selbstverständlicher Aspekt sollte dabei auch hier nicht vergessen werden. Diese Konstruktion setzt voraus, dass die elementaren Probleme der individuellen Existenzbewältigung und -sicherung gelöst sind. Dazu gehört auch, dass man von einer hohen Lebenserwartung ausgeht.

7.4.2.2 Andere sozialpsychologische Modelle

Es gibt eine Reihe anderer sozialpsychologischer Ansätze, die als Individualmodelle für die Motivation zu generativem Verhalten entwickelt worden sind. Sie sollen hier nicht im Einzelnen vorgestellt werden (vgl. zusammenfassend v. Rosenstiel et al. 1986).

Eine ganze Klasse von sozialpsychologischen Theorien sind als Paarmodell konzipiert. Sie gehen von der korrekten Annahme aus, dass Ehe und Elternschaft auf einer Entscheidung zweier Menschen beruhen (v. Rosenstiel et al. 1986: 68 ff.). Eine wichtige theoretische Grundlage für solche Ansätze bilden Austauschtheorien und Paarinteraktionstheorien (Nauck 1989; Hill, Kopp 1995).

7.5 Lebenslauftheorien

Demographisch relevantes Handeln ist wie jedes menschliche Handeln immer Handeln im Lebenslauf. Veränderungen in der generativen Struktur einer Gesellschaft sollten sich daher auch darauf zurückführen lassen, dass sich die gesamte Organisation des Lebenslaufs der Akteure verändert und demographisch relevantes Handeln darin einen veränderten Stellenwert erhält.[20]

7.5.1 Zur Entwicklung eines lebenslauftheoretischen Ansatzes

Die konzeptuelle Perspektive des lebenslaufbezogenen Ansatzes sollte durch drei einfache, aber grundlegende Annahmen bestimmt sein (Huinink 1995):

1. Der Lebenslauf eines Individuums ist ein *selbstreferentieller Prozess*. Das Individuum handelt oder verhält sich unter anderem auf der Grundlage seiner bisher kumulierten Erfahrungen und Ressourcen. Lebensgeschichte in all ihren Dimen-

---

[20] Zum Lebenslaufansatz s. u. a. Kohli (1978, 1985), Mayer (1990), Voges (1987).

sionen ist somit in den je aktuellen Entscheidungs- und Handlungsprozess des Individuums involviert, ohne den Einzelnen festzulegen. Mayer spricht von einem „endogenen Kausalzusammenhang" (Mayer 1987: 60).
2. Der Lebenslauf eines Individuums ist ein *multidimensionaler Prozess*. Er vollzieht sich in wechselseitig aufeinander bezogenen Lebensbereichen. Jeder Bereich lässt sich als Teilprozess des Lebenslaufs begreifen. Es gibt den Bildungsverlauf, den Familienverlauf, den Erwerbsverlauf, den Krankheitsverlauf, aber auch die kognitive und die psychosoziale Entwicklung usw. Die Dimensionen entwickeln sich nicht unabhängig voneinander. Ihr Verhältnis zueinander ist auch nicht „additiv", sondern durch einen wechselseitigen Bedingungszusammenhang charakterisiert.
3. Der Lebenslauf eines Individuums ist Teil eines *gesellschaftlichen Mehrebenenprozesses*. Es gibt eine enge Beziehung zu den Lebensläufen anderer Menschen (Eltern, Partner, Kinder, Freunde usw.) und zu sozialen Gruppen (die elterliche Familie, die eigene Familie, peer groups). Er unterliegt den strukturierenden Einflüssen gesellschaftlicher Institutionen und organisationalen Hierarchien (staatliche Institutionen, Arbeitsorganisationen). Er findet in spezifischen räumlichen Kontexten und unter historisch gewachsenen gesamtgesellschaftlichen Bedingungen statt (sozialstrukturelle, politische, rechtliche, kulturelle und ökonomische Bedingungen).

Der Lebenslauf lässt sich als Abfolge von Statusübergängen betrachten. Diese bezeichnen zentrale Lebensereignisse, die zu einer signifikanten Veränderung der sozialen Position und der Lebensorganisation eines Akteurs führen. *Statuspassagen* kann man als Phasen im Lebensverlauf verstehen, in denen Statusübergänge in mehreren Lebensbereichen zu einer umfassenden Neustrukturierung der Lebensumstände führen. Dazu gehören die Schritte zum Übergang ins Erwachsenenalter (Buchmann 1989; Hogan und Astone 1986). Im Verlauf dieser Phase haben die jungen Menschen *biographische Entwicklungsaufgaben* zu lösen, um damit wichtige Voraussetzungen für die erfolgreiche Bewältigung der Anforderungen zu schaffen, die eine vom Elternhaus unabhängige Lebensgestaltung erfordern. Dazu gehört der Abschluss einer Schule und einer beruflichen Ausbildung, der erfolgreiche Start in eine berufliche Karriere. Andere Ereignisse dieser Art sind die Gründung eines eigenen privaten Haushalts, schließlich auch die Etablierung einer partnerschaftlichen Lebensgemeinschaft und die Elternschaft.

Akteure betrachten demographisch relevantes individuelles Handeln, das mit Statusübergängen verbunden ist, aus der Perspektive ihres Lebenslaufs. Damit rückt die Dimension der Lebenszeit in den Vordergrund. Handeln vollzieht sich in der Zeit. Lebenszeit ist daher eine zentrale und zudem knappe Handlungsressource individueller Wohlfahrtsproduktion. Entscheidungen über Handlungsalternativen sind damit fast immer auch Entscheidungen über die Zeitverwendung oder Zeitallokation, über ihre Verteilung auf die unterschiedlichen, sehr oft miteinander konkurrierenden Aktivitäts- beziehungsweise Lebensbereiche eines Akteurs.

Auch der Entscheidungsprozess selbst und das Einholen dabei notwendiger Informationen braucht Zeit. Angesichts einer bestimmten Aufgabe steht mehr oder weniger Zeit zur Verfügung. Es gibt Handlungen, die innerhalb kürzester Zeit zu entscheiden sind. Sie können nur reaktiv oder hoch routiniert, aber auch spontan ausgeführt werden (müssen). Die Zeit, die für die Informationsbeschaffung und ihre anschließende Verarbeitung im Vorfeld einer Entscheidung zur Verfügung steht, ist in jedem Fall durch die unterschiedlichsten Bedingungen begrenzt. Von der Größe dieses immer auch subjektiven Zeithorizonts hängt es ab, wie flexibel die zeitliche Planung bezogen auf wichtige Entscheidungen im Lebenslauf sein kann.

Handeln findet zu bestimmten Zeitpunkten im Lebensverlauf statt. Der Zeitpunkt impliziert zum einen wichtige Aspekte des Kanons aktueller situationaler Bedingungen individuellen Handelns. Sie hängen von den gegenwärtigen individuellen Lebensplänen ab und sind durch die je aktuelle, den Lebensverlauf strukturierende gesellschaftlichen Institutionen und die Erwartungsstrukturen (Altersnormen z. B.) der sozialen Umwelt, ökonomischen Bedingungen und sozialen Beziehungen bestimmt. Das bedingt, wie stark bestimmte, besonders drängende Entscheidungen situational in den Vordergrund rücken und andere Handlungsbereiche aus dem aktuellen Entscheidungsraum verdrängen. Man könnte von biographisch bedingten, situationalen Frames sprechen. Wie stark sie in den Vordergrund rücken, hängt unter anderem von dem zeitlichen Druck auf eine Entscheidung in einem bestimmten Lebensbereich zu einem bestimmten Problem ab und umgekehrt.

Der zeitliche Spielraum für ein Aufschieben von biographischen Aufgaben ist unterschiedlich groß. Für die Wahl des Zeitpunkts der Familiengründung steht im Prinzip ein relativ großes Altersintervall zu Verfügung. Allein biologische Schranken beschränken definitiv die Lebenszeit, innerhalb derer Menschen Kinder bekommen können. Andere biographische Aufgaben und die damit verbundenen Statusübergänge, wie zum Beispiel die Aufnahme und der Abschluss einer Ausbildung, die Berufswahl oder der Start in die Erwerbstätigkeit, sind dagegen nicht in diesem Maße zeitlich disponibel. Sie rücken zeitweilig stark in den Vordergrund der Lebensplanung. Der Übergang ins Erwachsenenalter ist so von ausbildungs- und berufsspezifischen Aufgaben dominiert. Die Frage einer Elternschaft bleibt während der Zeit der Ausbildung und der beruflichen Orientierungsphase zunächst im Hintergrund und wird erst in einer späteren Altersphase aufgegriffen, wenn sich eine materielle Konsolidierung der ökonomischen und sozialen Lebensumstände abzeichnet. Die umgekehrte Schlussfolgerung ist ebenfalls erlaubt: Steht eine Konsolidierung im Erwerbsbereich noch aus, ob aus individuell bedingten oder aus strukturellen Gründen, sind familienbezogene Entscheidungen nicht zu erwarten.

Man kann also angesichts einer bestimmten Lebenssituation subjektiv unter Handlungsdruck oder gar Entscheidungszwang geraten, falls man mit der Bewältigung lebenslaufspezifischer Entwicklungsaufgaben oder Handlungsanforderungen in Verzug geraten ist. Als Begründung wird hier häufig auch etwas vorschnell auf die Bedeutung von Altersnormen verwiesen. Damit wird wenig erklärt (Marini 1984). Gesellschaftliche Altersnormen bedürfen im Prinzip immer selbst einer theoretischen Begründung, um ihren Bedeutungsgehalt einordnen zu können. Dennoch, institutionelle Bedingungen verschiedenster Art spielen eine bedeutsame Rolle bei der Zeitplanung individueller Lebensverläufe.

Handeln hat Konsequenzen für die Gestaltung zukünftiger Lebenszeit. Das gilt vor allem bei zentralen Lebensentscheidungen, die bedeutsame Statusübergänge implizieren. Ihre Auswirkungen strukturieren zukünftige Handlungssituationen innerhalb einer bestimmten Zeitspanne oder für den Rest des Lebens. Die Konsequenzen können zukünftige Handlungsmöglichkeiten eröffnen oder beschränken. Intendierte und nichtintendierte Folgen des individuellen Handelns haben eine hohe Relevanz für die zukünftige Lebensgestaltung. Ist dieser Sachverhalt dem Akteur bewusst, versucht er, in der Evaluationsphase des Entscheidungsprozesses die zukünftigen lebenslaufspezifischen Konsequenzen verschiedener Handlungsalternativen abzuschätzen. Das heißt, er versucht, sie zu antizipieren. Mit der Länge der zeitlichen Perspektive wird dieses Unterfangen zunehmend schwieriger. Zudem steht er vor einer gewissermaßen paradoxen Situation. Je weiter die Perspektive einer Entscheidung in die Zukunft reicht, desto wichtiger ist es, sich über alle Konsequenzen auch im Klaren zu sein und das Risiko falscher Festlegungen zu minimieren.

Eine erfolgreiche Antizipation wird durch stabile Rahmenbedingungen erleichtert. Das ist in vielen Fällen eine unrealistische Annahme, wiederum in Abhängigkeit von dem zeitlichen Ausmaß der betrachteten Perspektive. Zum anderen kann der Akteur möglicherweise seine eigenen Handlungsziele nur für einen begrenzten Zeitraum relativ zuverlässig einschätzen, da sie Teil eines aktuellen situationalen Frames sind, der sich verändern kann. Er muss also damit rechnen, dass sich möglicherweise auf Grund neuer Erfahrungen und Informationen seine eigenen Bewertungsmaßstäbe ändern. Diese Überlegungen bilden einen Anknüpfungspunkt an die Relevanz von Skripten als Schema oder Leitfaden für die Entwicklung des individuellen Lebensverlaufs (Schwarz 1985). Sie sind individuell wie gesellschaftlich verankert. Skripte vermeiden die immer wieder neu zu bestimmende Orientierung auf Ziele im Rahmen der Lebensplanung. Sie sollen so Kontinuität garantieren. Sie helfen Zeit zu sparen, die für mehr oder weniger aufwändige Phasen der Informationsbeschaffung und Orientierung gebraucht wird.

Ein Akteur ist im Prinzip einerseits nur dann zu längerfristigen Commitments bereit, wenn sich relativ stabile Zukunftsperspektiven herauskristallisiert haben und der Akteur eine Vorstellung von seinem zukünftigen Leben, ein Script, entwickelt hat. Andererseits ist der Akteur nie ein für alle Mal auf ein Script festgelegt. Entscheidend ist die Höhe der Kosten, die mit dem Festhalten an ein vielleicht obsolet gewordenes Schema einhergehen, und die Höhe der Kosten dafür, solche Festlegungen wieder rückgängig zu machen.

Der Typ von Entscheidung, mit dem wir es bei demographisch relevanten Handlungen zu tun haben, hat im Allgemeinen weit reichende Konsequenzen für den Lebenslauf. Die Geburt eines Kindes hat eine langfristige Bindung der Eltern zur Folge. Es ist daher kaum verwunderlich, dass diesen Entscheidungen nach der Auflösung der traditionellen Selbstverständlichkeit von Ehe und Familie im Lebensverlauf, die als eine besonders starke und sehr entlastende Form der skripthaften Strukturierung dieses Lebensbereichs interpretiert werden konnte, heute mehr und mehr ein schwieriger Abwägungs- und Planungsprozess vorausgeht.

Der Skriptansatz würde in diesem Fall nahe legen, dass Akteure zu einem bestimmten Zeitpunkt eine grundsätzliche Entscheidung zu Gunsten oder gegen eine Familie treffen und daran ihre weitere Lebensplanung orientieren. Wann diese Entscheidung erfolgt, hängt von zahlreichen Faktoren ab, ebenso wie das Ergebnis der Entscheidung selbst. Die Problematik der Entscheidung kovariiert mit den Ansprüchen, die Akteure mit Entscheidungen zu den verschiedenen Lebensbereichen verbinden. Sie befürchten, diesen Ansprüchen nicht gerecht werden zu können, und produzieren damit eine erhebliche Entscheidungsunsicherheit, da die mit einer Fehlentscheidung verbundenen Kosten als besonders hoch angesehen werden.

Akteure vermeiden mitunter gerade in Bezug auf die Geburt von Kindern explizite Entscheidungen zu einem bestimmten Zeitpunkt, indem sie zum so genannten Laissez-Faire-Stil übergehen. Zumindest was den Zeitpunkt des Ereignisses angeht, lassen sie sozusagen das Schicksal entscheiden. Da der biologische Prozess ohnehin nicht vollständig kontrollierbar ist, ist der Anspruch auf eine „punktgenaue" Umsetzung einer Geburtenplanung kaum einzulösen. Die Bereitschaft, die Konsequenzen aus der Selbstbindung an die mit der Elternschaft einhergehende Verantwortung dann auch zu tragen, ist aber vorhanden. Auch dieses ist eine entlastende Strategie.

Auch eine weitere Strategie kann als Ausdruck der Überkomplexität der Entscheidungssituation interpretiert werden. Die Akteure geben danach eine langfristige zeitliche Planung auf und lassen sich in ihren Entscheidungen von momentanen Ereignissen und Vorteilen leiten. Dabei ist natürlich vorauszusetzen, dass man einer damit einhergehenden, potentiellen biographischen Festlegung nicht ablehnend, zumindest aber indifferent gegenübersteht. Entweder ist ein Akteur dann bereit, im Nachhinein die mit dem Ereignis einhergehende Selbstbindung zu akzeptieren und daraus die, ja auch entlastenden, Konsequenzen für sein zukünftiges Handeln zu ziehen (Friedman et al. 1994). Oder, der Akt selbst wird nicht mehr als so bedeutsam und lebensentscheidend betrachtet, als dass eine Revision dem Akteur zu hohe Kosten abverlangen würde. Genau dieses trifft zunehmend für die Ehe zu.

Zu Sicherheiten und Unsicherheiten in Bezug auf biographische Entscheidungen tragen auch externe Faktoren bei. Letzteres ist besonders dann der Fall, wenn die Opportunitätsstrukturen individueller Akteure krisenhaft, widersprüchlich und instabil sind. Die Wahrscheinlichkeit für Fehlentscheidungen und die Notwendigkeit zu möglicherweise kostenreichen Revisionen steigt. Die Zahl der Lebensverläufe, die durch eine Auflösung geordneter Sequenzen gekennzeichnet sind, nimmt dann zu. Das ist ein Aspekt der Destandardisierung individueller Lebensverläufe. Sie kann Ausdruck widersprüchlicher gesellschaftlicher Entwicklungen sein, die verhindern, dass Akteure zentrale Aufgaben im Zusammenhang mit Statuspassagen, wie zum Beispiel die erfolgreiche Absolvierung einer beruflichen Ausbildung überhaupt oder „on time" erfüllen können (Buchmann 1989). Diese Situation ist typisch für Phasen der krisenhaften Auflösung alter Strukturvorgaben und Regelungen durch neue Strukturen oder in einem Prozess der Strukturdifferenzierung, an dessen Ende möglicherweise eine erweiterte Vielfalt von Entscheidungsmöglichkeiten steht.

7.5.2 Ein „biographietheoretisches" Erklärungsmodell generativen Verhaltens

Ein Ansatz, der eine relativ umfassende Theorie des Wandels menschlicher Reproduktion aus der Lebenslaufperspektive zu fassen versucht, ist der biographietheoretische Ansatz von Herwig Birg und Mitarbeitern (Birg et al. 1991). Sie begreifen den Lebenslauf als Sequenz von biographischen Einzelelementen oder Grundbausteinen, die sich bei jedem Einzelnen wie Buchstaben zu einem bestimmten Wort, zu einem bestimmten Verlauf zusammenfügen. Eine bestimmte Abfolge solcher Grundbausteine wird eine biographische Sequenz genannt. Das Voranschreiten von einem Element (Ereignis) zum nächsten bezeichnen die Autoren als biographische Mobilität.

Der Begriff der Biographie eines Menschen umfasst mehrere Dimensionen. Einmal ist damit die als subjektiv erfahrene Lebensgeschichte gemeint, so wie es in der soziologischen Biographieforschung im Allgemeinen wohl auch geschieht. Dann wird Biographie als äußere Beschreibung einer Lebensgeschichte verstanden: Hier könnte man vom Lebenslauf oder Lebensverlauf sprechen. Schließlich wird damit das Möglichkeitsspektrum zukünftiger alternativer Lebenswege thematisiert. Die Grundannahme ist, dass zwischen der objektiv realisierten Lebensgeschichte eines Individuums und seiner im Inneren erfahren Lebensgeschichte eine Einheit besteht. Der innere, d. h. subjektive und äußere Erlebnis- und Sinnzusammenhang wird als biographische Kohärenz bezeichnet. In einer Biographie lassen sich verschiedene miteinander in Wechselwirkung stehende biographische Ebenen unterscheiden: die Psychobiographie, die Sozialisationsbiographie, die Erwerbsbiographie, die Migrations- bzw. Wohnbiographie und die Reproduktions- bzw. Familienbiographie.

Im Rahmen eines einfachen mathematischen Modells, seines „Permutationssequenzmodells" wird dann eine biographische Sequenz als eine Realisation aus allen Permutationen einer bestimmten Anzahl von biographischen Grundelementen begriffen, die aus Ereignissen in einer der oben genannten biographischen Ebenen bestehen. Diese Menge der Permutationen heißt biographisches Universum. Die einem Individuum zu einem bestimmten Zeitpunkt faktisch zur Verfügung stehenden Sequenzen für seinen zukünftigen Lebenslauf soll dann seine virtuelle Biographie sein. Neben Sequenzen, die aus logischen Gründen aus dem biographischen Universum ausscheiden, sind es institutionelle und sozialnormative Regelungen die in mehr oder minder starkem Maße die Zahl der möglichen Sequenzen bzw. der virtuellen Biographie einschränken.

Die virtuelle Biographie verändert sich ständig mit jedem neu eintretenden Ereignis. Sie ist zu jedem Zeitpunkt abhängig von der jeweiligen Handlungssituation und den schon früher getroffenen Lebensentscheidungen bzw. Lebensereignissen. Dabei können bestimmte Entscheidungen langfristige biographische Festlegungen bedeuten, da sie den Raum der virtuellen Biographie stark einschränken, solange sie als irreversibel zu betrachten sind. Man kann so untersuchen, wie bedeutsam verschiedene biographische Dimensionen oder Lebensbereiche diesbezüglich sind und ob es dominante Ereignistypen gibt, die die Handlungsspielräume auf den anderen biographischen Dimensionen bestimmen. Die durch eine biographische Festlegung verlorenen biographischen Optionen bezeichnen Birg und Mitarbeiter als biographische Opportunitätskosten.

Auf der Basis eines mikroökonomischen Handlungsmodells postulieren sie, dass die Wahrscheinlichkeit für das Auftreten biographischer Mobilität von der Größe des aktuellen biographischen Universums in verschiedenen biographischen Ebenen, von der Anzahl der aus institutionellen Gründen ausgeschlossenen Sequenzen und von der Differenz der bisher realisierten tatsächlichen und der angestrebten biographischen Sequenz abhängt. Bezogen auf das Ereignis der Geburt eines ersten Kindes, also einer langfristigen Festlegung, formulieren sie einige Hypothesen:

Je größer das biographische Universum, desto größer sind die zu erwartenden biographischen Opportunitätskosten, und desto kleiner ceteris paribus die Mobilitätsbereitschaft. Je größer die Diskrepanz zwischen tatsächlicher und angestrebter Sequenz, desto geringer die biographische Mobilität mit einer langfristigen Festlegung. In Bezug auf das Ausmaß der Beschränkung auf „erlaubte" Sequenzen unterscheidet man: Wird biographische Mobilität hoch bewertet, verringert, wird sie eher gering bewertet oder zu vermeiden gesucht, erhöht sich die Wahrscheinlichkeit zu einer biographischen Festlegung, wie sie die Geburt eines Kindes darstellt.

Die modernen Entwicklungsmöglichkeiten im Lebenslauf werden u. a. durch den Wandel der Arbeitsmarktstrukturen geprägt: Eine Zunahme der berufsbiographischen Wahlmöglichkeiten vergrößert die virtuelle Biographie insbesondere für Frauen. Eine gleichzeitig abnehmende Chance, aus dem einmal gewählten Berufsweg in einen anderen zu wechseln, erhöht die biographischen Opportunitätskosten. Beides führt zu einer Verringerung der Wahrscheinlichkeit langfristiger Festlegungen im Arbeitsmarkt, aber auch in Bezug auf die Familie. Die Folge ist ein nachhaltiger Rückgang der Geburtenzahlen.

Dieser Ansatz steckt noch in den Kinderschuhen, weist aber einige interessante Aspekte auf, die für die Ausarbeitung eines längst fälligen lebenslauftheoretischen Ansatzes individuellen Handelns und insbesondere demographisch relevanten Handelns nützlich sein können.

7.5.3 Anwendungsideen eines lebenslauftheoretischen Ansatzes

Ansätze, die explizit versuchen, eine lebenslauf- oder biographiebezogene Theorie demographisch relevanten Handelns zu entwickeln, dürften eine neue theoretische Sicht ermöglichen. In Ermangelung ausgearbeiteter Konzepte sollen hier abschließend nur einige Vorüberlegungen ausgeführt werden, die sich vor allem auf das Geburtenverhalten konzentrieren.

Etwa durch die sozialpsychologischen Erwägungen plausibilisiert, kann man von der Annahme ausgehen, dass Partnerschaft und Elternschaft auch und gerade in der heutigen Gesellschaft im Allgemeinen ein relevantes Lebensziel individueller Akteure darstellen, die vor allem psychische Benefits mit sich bringen. Die Frage der Realisierung von Partnerschaft, Ehe und Elternschaft im Lebensverlauf ist aber nur im Hinblick auf die subjektiv befriedigende „Bereinigung" des Konflikts zwischen instrumentellen und nichtinstrumentellen Orientierungen zu diskutieren. Hinzu kommt der Anspruch auf eine egalitäre Partnerschaftsbeziehung und ein Abbau der traditionellen Geschlechtsrollen.

Die individuelle Entwicklung und Gestaltung von Partnerschaft und Familie lassen sich als ein mehr oder weniger langer Erfahrungs-, Such- und Entscheidungsprozess verstehen, in dem längerfristige wie aktuelle individuelle Neigungen, Vorstellungen über das „Ob" und „Wann" und vom einzelnen nicht vorhersehbare und nicht geplante Faktoren für das manifeste generative, allgemeiner demographisch relevante, Verhalten eine Rolle spielen. Die abhängigen Variablen sind individuelle Neigungen, Wünsche und Vorstellungen zu Partnerschaft und Elternschaft (Präferenz), die zeitliche Einordnung in den Lebensverlauf (Timing) und die Frage, ob es schließlich überhaupt zu einer Partnerschaft, Ehe oder Elternschaft kommt (Prävalenz). Diese drei Faktoren hängen von den Lebenserfahrungen (Präformierung), den lebensphasenspezifischen Zuständen und dem Aktivitätsstatus der Akteure (lokale Interdependenz) ab, genauso wie von Faktoren ihrer sozialen und strukturellen Umgebung (Mehrebenenzusammenhang).

Wie schon ausgeführt, stehen in verschiedenen Lebensphasen und unter verschiedenen sozialräumlichen Bedingungen situational die eine oder die andere Dimension im Vordergrund. Geht man von einer begrenzten Substituierbarkeit der Befriedigung der nichtinstrumentellen und instrumentellen Bedürfnisse aus, ist es realistisch zu schließen, dass Akteure ihre Lebensplanung danach ausrichten werden, dass sie die Voraussetzungen für das befriedigende Engagement in mehreren Lebensbereichen garantieren und sich für die Zukunft Verhaltenssicherheit schaffen können.

Aus der Lebenslaufperspektive könnte man die mit dem generativen Verhalten verbundenen Entscheidungsprobleme in drei Aspekte untergliedern: Es geht um die Lösung von *Problemen der biographischen Perspektive,* von *Ressourcenproblemen* und von *Problemen der Vereinbarkeit von Aktivitäten in verschiedenen Lebensbereichen*. Diese Problembereiche werden im Verlauf eines Lebens sehr unterschiedlich virulent. Die Art der Lösung der genannten Probleme beziehungsweise die Bereitschaft von Akteuren, sich damit auseinanderzusetzen, hängt von individuellen, sozialen und gesellschaftlichen Bedingungen ab. Diese vorgeschlagene Systematisierung von Entscheidungsproblemen soll eine Möglichkeit bieten, die Rolle der objektiven Bedingungen (Lebenslage) für die Entscheidungsprozesse zu spezifizieren und Aussagen über zu erwartende Handlungsstrategien zu erlauben.

Akteure werden im Prinzip versuchen, eine relativ zuverlässige Vorstellung der langfristigen Folgen der Entscheidung für einen Partner, für Kinder und für eine bestimmte Lebensform zu gewinnen: unter instrumentellen *wie* nichtinstrumentellen Gesichtspunkten. Aus der Sicht des Lebenslaufansatzes werden familiale Entscheidungen zunächst einmal voraussetzen, dass sich der einzelne Akteur überhaupt hinreichend genau über seine zukünftigen Perspektiven und Pläne klar geworden ist, ein Script vor Augen hat (Oppenheimer 1988). Das Gleiche gilt bezogen auf die weiteren Lebensperspektiven potentieller Partner beziehungsweise Partnerinnen. Die Zuverlässigkeit der zukünftigen Vorstellungen beziehungsweise eine möglichst weitgehende Reduktion der Unsicherheit über zukünftige Ereignisse im Lebenslauf spielt daher eine große Rolle. Wir sprechen hier von einem *Perspektivenproblem*, dessen Lösung dem Akteur zu einem Script zukünftiger Lebensgestaltung und damit zukünftiger Entscheidungs- und Verhaltenssicherheit verhilft. Die Lösung dieses Problems konzentriert sich auf die antizipierende Setzung von Schwerpunkten zukünftiger Lebensgestaltung. Solange ein Akteur sich diesbezüglich keine, natürlich immer nur bis auf weiteres gewonnene Klarheit verschafft hat oder verschaffen konnte, muss er unter großem Risiko entscheiden. Während früher eine relativ verbindlich akzeptierte traditionelle Lebensperspektive für Männer und Frauen frühzeitige – geschlechtsspezifisch differenzierte – Festlegungen wenig risikobehaftet erscheinen ließ, ist das heute nicht mehr der Fall.

In einer anderen Weise als Perspektivenprobleme, aber eng damit verbunden, ist ein weiteres Entscheidungskriterium von Bedeutung. Akteure werden versuchen sicherzustellen, dass ihre Entscheidung in die Zukunft hinein abgesichert ist. Dazu gehört, dass sie in Zukunft auch erwartbar über die notwendigen Ressourcen verfügen (*Ressourcenproblem*). Damit sind nicht nur Ressourcen gemeint, die sie selber erwerben, etwa durch ihre Erwerbstätigkeit. Eine große Rolle spielen natürlich auch Ressourcen im Sinne öffentlicher Güter, derer sie sich zur alltäglichen Gestaltung ihres Lebens oder in Notsituationen bedienen können.

Ressourcen sind erforderlich zur Lösung von *Vereinbarkeitsproblemen*, die wohl am nachhaltigsten die Entscheidung für oder gegen eine bestimmte Lebensform beeinflussen dürften. Da sind die Frage der Vereinbarkeit von Familie und Erwerbstätigkeit bei Frauen *und* Männern, die Frage der Vereinbarkeit von Statuserwerb und persönlichem Commitment in einer Familie, die Frage der Vereinbarkeit der instrumentellen Ziele für eine konsumorientierte Wohlfahrtsproduktion einerseits und dem Bedürfnis nach persönlicher Fundierung und Selbstverwirklichung andererseits. Allen Vereinbarkeitsproblemen liegt letztlich zu Grunde, die miteinander konkurrierenden Aufgaben in unterschiedlichen gesellschaftlichen Sphären zu integrieren. Ein zentraler Aspekt der Vereinbarkeitsproblematik sind daher die Opportunitätskosten einer Aktivität in einem Lebensbereich (Familiengründung) in Bezug auf alternative Optionen der Lebensgestaltung. Man muss gleichzeitig die direkten Kosten thematisieren, die aufgebracht werden müssten, um trotz Elternschaft die erwünschten Handlungen durchführen zu können, womit eine unter Umständen kostenträchtige Lösung von Vereinbarkeitsproblemen gemeint ist.

Die Lösung von Vereinbarkeitsproblemen verlangt eine Vorstellung über die Ordnung der verschiedenen Lebensbereiche untereinander und die Gestaltung von Arrangements, die die Verfolgung der individuellen Ziele in verschiedenen Lebensbereichen ermöglichen. Vor allem die Vereinbarkeitsprobleme sind es, die zeitweilig eine starke situationale Dominanz bestimmter Lebensbereiche für die alltägliche Lebensgestaltung bedingen und die Wahl bestimmter Lebensformen bestimmen.

Akteure haben es nach Meinung vieler Autoren in der Bundesrepublik mit Opportunitätsstrukturen zu tun, die die Vereinbarkeitsprobleme zwischen der Gestaltung privater Kontexte und öffentlichem Engagement eher verschärfen als lösen (Kaufmann 1995). Die Menschen werden daher zu weitreichenderen Festlegungen gezwungen: Man muss sich etwa zwischen Familie und Karriere entscheiden. Das impliziert relativ hohe Hintergrundkosten bezogen auf die jeweils nicht im Vordergrund stehenden Zieldimensionen: sei es, weil man seine Ziele in dem jeweils anderen Bereich erst gar nicht erreicht, sei es, weil man nur in eine unbefriedigende, den eigenen Ansprüchen nicht gerecht werdende Situation geraten ist. Zweierlei ist die Folge: Erstens ist zu erwarten, dass der Entscheidungsprozess zur Familienentwicklung für viele Akteure mit erheblichen Konflikten und biographischen Unsicherheiten einhergeht. Zweitens haben die strukturellen Bedingungen eine polarisierende Wirkung (Huinink 1995: 323 ff.).

Eine Entscheidung zu Gunsten von Kindern ist heute eine voraussetzungsvolle Angelegenheit geworden, die als Prozess zu verstehen ist. Sie wird so als Teil einer Statuspassage thematisiert, die als „Übergang ins Erwachsenenalter" bezeichnet wird. Eine große Aufgabe, die während dieser Phase zu bewältigen ist, ist die ökonomische Verselbstständigung mit dem Abschluss einer Ausbildung und dem erfolgreichen Eintritt in eine Berufslaufbahn. Sie hat zweifellos in den ersten Jahren nach der Schulausbildung eine starke situationale Dominanz bei Männern *und* Frauen. Nur so ist eine langfristige Lösung von Ressourcenproblemen zu erwarten, ob mit oder ohne Familie.

Eine Entscheidung zu Gunsten von Elternschaft ist heute auch aus einem anderen Grund eine voraussetzungsvolle Angelegenheit geworden. Man kann von einer großen Sensibilität der Akteure für die Relevanz von partnerschaftlichem Zusammenleben, Ehe und Familie sprechen. Die Akzeptanz der traditionellen Bedingungen weiblicher Lebensverläufe und der Geschlechtsrollendifferenzierung ist stark zurückgegangen. Die Ansprüche an Partnerschaft und Elternschaft sind aber gestiegen. Das hat Konsequenzen für allen drei Problembereiche, die ich oben kurz skizziert habe.

Die hier genannten Entscheidungsprobleme sind aus der Akteurssicht formuliert und betonen die Nachfrageseite. Zu ergänzen wären sie durch die Angebotsseite. Damit ist die Frage nach dem „Pool" von Personen aufgeworfen, die für den Akteur in verschiedenen Lebensphasen als potentielle Partner in Frage kommen könnten. Damit ist unter anderem die Rolle des Partner- bzw. Heiratsmarkts angesprochen (Oppenheimer 1988; Witte 1992).

7.6 Schluss

Dieser Beitrag sollte einige Schlaglichter auf die Modellvielfalt der Bevölkerungssoziologie werfen. Er sollte verdeutlichen, wie moderne Konzepte soziologischer und sozialpsychologischer Theorien und Analysen die bevölkerungssoziologische Forschung beleben könnte. Dazu gehört die mehrebenentheoretische und dynamische Konzeptualisierung demographischer Prozesse zur Erklärung des Wandels demographischer Strukturen als kollektiver sozialer Phänomene. Dabei konnte festgestellt werden, dass die genauere Ansicht älterer Theoriekonzepte dazu eine Reihe von Ansätzen bietet, die bislang zu wenig beachtet worden sind.

Dieser Beitrag konnte längst nicht alles aufgreifen. Dabei mag von einigen einiges vermisst werden, was sie als wichtig und für die Entwicklung der Bevölkerungssoziologie bedeutsam erachten. Vor allem die Beschäftigung mit den Wechselwirkungsprozessen zwischen sozialer und demographischer Entwicklung ist viel zu kurz gekommen. Ich wollte mit diesem Beitrag zeigen, dass wir im Prozess einer notwendigen Neuorientierung begriffen sind, im Zuge dessen sich im Übrigen der Stellenwert der Beschäftigung mit der Bevölkerung in der Soziologie stark vergrößern wird.

8

Menschliche Reproduktion aus verhaltensökologischer Perspektive

Eckart Voland und Claudia Engel

Einleitung

Alle Organismen sind durch reproduktive Vorgänge entstanden und selbst zur Reproduktion eingerichtet. Biologen müssen deshalb besonders an dem „Wie und Warum" von Fortpflanzung interessiert sein, und sie haben in den letzten Jahren diesbezüglich zweifellos einen beachtlichen Wissenszuwachs (vor allem in der Endokrinologie) erarbeitet. Man weiß teilweise sehr genau, wie Hormone zusammenwirken und die Fortpflanzung steuern. Man weiß vor allem aber auch, dass externe Faktoren, wie Ernährung, Arbeitsbelastung und psychosozialer Stress auf die Regulationsmechanismen einwirken und die Fortpflanzungsphysiologie sehr sensibel auf die jeweils individuellen äußeren Lebensbedingungen reagiert. Fortpflanzung steht deshalb in einem ökologischen Kontext.

Zudem steht Fortpflanzung ganz speziell in einem verhaltensökologischen Kontext, denn das reproduktive Verhalten von Menschen wird bekanntlich ganz wesentlich und auf vielfältige Art vom persönlichen Lebensumfeld beeinflusst. Von der Variabilität, die entsteht, weil die biologischen Steuerungsmechanismen der menschlichen Fortpflanzung in sozioökologisch unterschiedlichen Milieus zu unterschiedlichen Ergebnissen führen, handelt dieses Kapitel. Es beschäftigt sich mit der Frage, wie das menschliche Reproduktionsverhalten in seinen jeweiligen sozioökologischen Zusammenhängen aus den Prinzipien der biologischen Evolution heraus erklärbar wird. Es ist dies gleichbedeutend mit der Frage nach der biologischen Funktion von Fortpflanzungsunterschieden in verschiedenartigen sozialen, kulturellen, historischen und ökologischen Kontexten.

Es sind vor allem drei akademische Säulen, auf denen die Verhaltensökologie ruht: Die Verhaltensforschung mit ihrem Interesse an den Mechanismen der Verhaltenssteuerung, die Ökologie als Wissenschaft von den biologischen Wechselwirkungen der Organismen untereinander und mit ihrer Umwelt, und der Populationsbiologie und Genetik mit ihren Vorstellungen von der Evolution des Verhaltens und speziell auch des Sozialverhaltens. In den 60er und 70er-Jahren ist es zu einer überaus fruchtbaren Berührung dieser drei an sich sehr eigenständigen Disziplinen gekommen, in deren Folge mit dem Sammelband Behavioural Ecology von Krebs und Davies (1978) eine Erste integrative Darstellung der Verhaltensökologie veröffentlicht wurde. Inzwischen ist dieser überaus erfolgreiche Band in seiner dritten Auflage erschienen, und er enthält jetzt zum ersten Mal ein eigenes Kapitel zur Verhaltensökologie der Menschen (Borgerhoff Mulder 1991). Seither sind weitere Übersichtsartikel, Monographien und Sammelbände erschienen (Cronk 1991a; Smith 1992a, b; Smith, Winterhalder 1992, Voland 1998).

Zunächst lebt die Human-Verhaltensökologie von einer Diffusion wichtiger Theorie, Methodologie und Modelle aus der Tierverhaltensökologie. Darüber hinaus gibt es aber selbstverständlich auch spezifisch anthropologische Forschungsprobleme, die ausschließlich auf menschliche Verhältnisse ausgerichtete Fragestellungen und Ansätze hervorgebracht haben. Die Idee, dass soziale und ökologische Variation menschliches Verhalten und Reproduktion beeinflusst, ist freilich keineswegs neu. Kulturökologen und Sozialanthropologen haben immer schon ein Hauptaugenmerk ihrer Arbeit auf den Einfluss gerichtet, den die jeweils vorherrschende Sozialstruktur, Technologie und Ressourcennutzung auf die reproduktive und kulturelle Verhaltensvariabilität von Bevölkerungsgruppen ausübt. Neu ist aber die von der Verhaltensökologie ausformulierte Vorstellung, dass dieserart Einflüsse durch evolutive Vorgänge geformt worden sein könnten. Mit dem Rückgriff auf die Evolutionstheorie ist so neben die Frage nach der Verursachung auch die nach der biologischen Funktion menschlichen Verhaltens zum zentralen Gegenstand anthropologischen Forschens geworden.

Die bisherige verhaltensökologische Forschung über Menschen ist im Wesentlichen durch die Beschäftigung mit zwei großen Themenkomplexen gekennzeichnet: den Strategien der Subsistenzsicherung und der Fortpflanzung. Sie behandelt damit die beiden biologischen Grundanforderungen, denen alle Organismen (einschließlich des Menschen) ausgesetzt sind. Dabei geht es um die Verschiedenartigkeit, mit der diese Aufgaben in ethnohistorisch verschiedenen Bevölkerungen gelöst werden, wobei Unterschiede sowohl zwischen Gruppen als auch innerhalb von Gruppen gleichermaßen Aufmerksamkeit finden.

Traditionelle (d. h. nichtwestliche) als auch historische Gesellschaften standen bisher im Brennpunkt verhaltensökologischer Analyse. Dies hat forschungsstrategische Gründe, denn Verhaltensanpassungen in den modernen westlichen Industriegesellschaften zu studieren, wirft einige noch nicht gut gelöste Theorieprobleme auf, deren Handhabung in hohem Maße strittig ist. Vormoderne Bevölkerungen gelten hingegen (mehr oder weniger gerechtfertigt) eher als sozioökologisch gut angepasste Systeme, deren Studium weitgehend unverfälscht die biologische „Rationalität" menschlicher Verhaltens- und Reproduktionsregulation erkennen lässt.

Eine verhaltensökologische Perspektive des menschlichen Fortpflanzungsgeschehens, wie sie in diesem Kapitel umrissen werden soll, zielt somit auf eine Analyse des Reproduktionsverhaltens als abhängige Variable vor dem Hintergrund spezifischer sozioökologischer Komponenten der jeweiligen Lebensumwelt als unabhängige Variablen. Dabei liefert die Darwinische Evolutionstheorie mit ihrem Anpassungskonzept das interpretative Rüstzeug zum Ursachen- und Funktionsverständnis der beobachteten Phänomene.

8.1 Der biologische Ursprung reproduktiver Interessen

Warum bekommen Menschen Kinder? Auf diese für das Verständnis des menschlichen Bevölkerungsgeschehens so zentrale Frage lassen sich Antworten auf zwei grundsätzlich verschiedenen Ebenen finden. Zunächst einmal können all jene Gründe benannt werden, die als verantwortliche Wirkmechanismen menschliche Fortpflanzung regeln: Danach bekommen Menschen Kinder, weil sie durch das kulturelle Normverständnis ihrer Gesellschaft dazu motiviert werden, weil sie einen psychologisch verankerten Kinderwunsch in sich verspüren, weil die Aufzucht von Kindern und die Lebenserfahrung mit ihnen psychisch belohnen, und schließlich bekommen Menschen auch deshalb Kinder, weil eine physiologisch geregelte Triebhaftigkeit Lusterfahrungen verspricht, was zumindest unter vormodernen Lebensverhältnissen regelmäßig zu generativen Konsequenzen führt.

Die hier kurz angedeuteten Gründe für Fortpflanzung, die sich auch als so genannte „proximate" Gründe zusammenfassen lassen, vermögen zwar die unmittelbaren soziologischen, psychologischen und physiologischen Ursachen menschlicher Reproduktion zu benennen, beantworten aber nicht die Frage nach dem funktionalen Hintergrund solcher Kausalzusammenhänge. Warum denn – so lässt sich weiterfragen – sind Menschen von gesellschaftlichen Normen in Hinblick auf Fortpflanzung beeinflussbar? Warum gibt es den Kinderwunsch, warum eine physiologisch geregelte Geschlechtlichkeit? Kurz: Warum lassen sich Menschen von den genannten Steuerungsmechanismen zu ihrer Fortpflanzung anleiten?

Aus verhaltensökologischer Sicht lautet die Antwort: Menschen bekommen Kinder, weil sie als evolvierte biologische Wesen reproduktive Interessen verfolgen, und im Verlauf von Evolution und Geschichte haben sich die genannten Regulationsmechanismen als wirkungsvolle Instrumentarien zur optimalen Umsetzung dieser reproduktiven Interessen bewährt. Eine solche Antwort berührt den funktionalen, den „Wozu?"-Aspekt der gestellten Frage und spricht damit die zweite Ebene an, auf der in der Biologie Warum-Fragen behandelt werden können, die der so genannten „ultimaten" Gründe.

Leben zielt (teleonomisch verstanden) notwendigerweise auf Reproduktion. Das liegt an der Wirkweise der biologischen Evolution. Sie erklärt, warum die Lebensäußerungen aller Organismen auf einen reproduktiven Zweck hin ausgerichtet sind und worin dieser im Einzelnen besteht. Um dies zu verstehen, ist zunächst ein kleiner Rückgriff auf die Darwinische Evolutionstheorie nötig.

Jede Population verfügt zwar über ein unbegrenztes Vermehrungspotential, jedoch ist aus leicht einsehbaren Gründen auf Dauer kein unbegrenztes Populationswachstum möglich. Die für Vermehrung notwendigen Ressourcen (wie z. B. Nahrung, Brut- und Schutzplätze, Geschlechtspartner/innen, elterliche Fürsorge, soziale Unterstützung) sind schließlich nicht beliebig verfügbar und stecken damit Expansionsgrenzen ab. Es werden immer mehr Nachkommen gezeugt, als sich ihrerseits erfolgreich fortzupflanzen vermögen. Das führt zu Konkurrenz um den Zugang und die Nutzung der jeweils begrenzenden „Reproduktionsmittel". Einige Individuen vermögen auf Grund ihrer Merkmale und Eigenschaften die Ressourcen besser zu erschließen und sie effektiver in persönliche Reproduktion umzusetzen als andere, sodass der relative Anteil des Erbmaterials dieser überdurchschnittlich erfolgreichen Individuen im Genpool ihrer Population automatisch zunimmt. Besteht der unterschiedliche Reproduktionserfolg der Individuen zumindest zu einem Teil auf genetischen Unterschieden, kommt es auf diese Weise zu Verschiebungen von Genfrequenzen, und evolutionärer Wandel – d. h. genetische Anpassung – findet statt. Diejenige Erbinformation, deren Trägerindividuen für sich die Wachstumsgrenzen am weitesten hinauszuschieben vermögen, also am effektivsten Nahrung beschaffen, Raubfeinden entgehen, Parasiten trotzen, sozialer Konkurrenz standhalten, Geschlechtspartner/ innen werben, Nachkommen großziehen usw., kurz: die besseren Selektionseigenschaften besitzen, ist mit der Zeit zunehmend in der Population vertreten und an der Herausbildung der anatomischen, physiologischen und psychologischen Merkmale ihrer Mitglieder („Phänotypen") beteiligt.

Damit ist im Kern die Funktionslogik des Darwinischen Prinzips beschrieben und auf drei charakteristische Systemeigenschaften der Lebenswelt zurückgeführt, nämlich:

1. eine grundsätzliche Begrenztheit von Fortpflanzungsmöglichkeiten;
2. die Verschiedenartigkeit von Individuen;
3. die genetische Vererbung.

Im Verlauf der Stammesgeschichte sind durch das Wirken der natürlichen Selektion die genetischen Dispositionen für alle Aspekte der Lebensgestaltung (seien sie vorrangig körperlicher oder psychologischer Art) von der natürlichen Selektion zwangsläufig auf die Maximierung ihres Reproduktionserfolgs modelliert worden. Diesen Prozess nennt man in der Evolutionsbiologie „Anpassung", sein Ergebnis ist die „Angepasstheit" der Organismen an ihre sozialen und ökologischen Lebensbedingungen mit der unausweichlichen Konsequenz eines biologischen Eingerichtetseins zu maximaler Reproduktion. Das zeigt sich sowohl im Design der Baupläne und physiologischen Regelmechanismen als auch in den Grundmustern der Antriebsstrukturen. Markl (1983) hat diesen mit der Wirkweise der Evolution erklärbaren und mit ihr untrennbar verbundenen Lebenszweck als „biogenetischen Imperativ" bezeichnet.

Ein entscheidender Impuls bei der Formulierung der Verhaltensökologie entstammte der Einsicht, dass – obwohl die natürliche Selektion an der Variabilität der Merkmalsträger (Phänotypen) ansetzt – die Ebene biologischer Anpassungsvorgänge die der Gene ist und nicht etwa die der Individuen oder gar der Populationen oder Arten. Beim Studium der Evolution und gerade auch beim Studium biologischer Anpassungen im Bereich des Fortpflanzungsverhaltens ist deshalb deutlich zu unterscheiden zwischen den „Replikatoren" (den Genen), in denen die stammesgeschichtlich akkumulierte Information gespeichert ist, und deren potenzielle Unsterblichkeit die Kontinuität des Lebens begründet, einerseits und den vergänglichen Individuen, die als kurzlebige Vehikel den evolutiv einzigen Zweck verfolgen, ein optimales Medium für maximale Genreplikation zu liefern (Dawkins 1976, 1982). Damit stellt sich die Evolution als ein genzentriertes Prinzip dar, ein Umstand, der zu der populären, aber leider missverständlichen Diktion vom „egoistischen Gen" geführt hat.

Vor diesem Hintergrund werden bislang unverstandene Verhaltenstendenzen wie beispielsweise gewisse Erscheinungsformen des „phänotypischen Altruismus" erklärbar. Gemeint werden damit Verhaltensweisen, die mit Nachteilen für die persönlichen Lebens- und Reproduktionschancen verbunden sind, gleichzeitig aber die Fortpflanzung anderer fördern. Das sind Verhaltensweisen, deren evolutive Entstehung man in der traditionellen Verhaltensforschung mit der Wirkweise einer vermuteten „Gruppenselektion" erklärt hat. Man nahm an, dass eine persönliche Selbstbeschränkung zu Gunsten der Population oder der Art in der natürlichen Selektion durchaus Bestand hätte, weil es in der Evolution letztlich nur um den biologischen Erfolg bzw. Misserfolg miteinander konkurrierender Gruppen ginge. Bei genauerer Betrachtung stellt sich allerdings heraus, dass eine Selbstaufopferung zu Gunsten der Fortpflanzung anderer unter bestimmten verwandtschaftlichen und ökologischen Voraussetzungen durchaus als biologische Angepasstheit im „egoistischen" Vermehrungsinteresse der „eigenen" Gene verstanden werden kann, nämlich wenn das augenscheinlich altruistische Verhalten im Durchschnitt zur vermehrten Replikation abstammungsgleicher Allele in genealogischen Seitenlinien beiträgt (Hamilton 1964a, b). Den dafür verantwortlichen Evolutionsmechanismus nennt man „Verwandtenselektion" („kin selection", Maynard Smith 1964).

Die Genzentriertheit der biologischen Evolution bringt es zwangsläufig mit sich, dass die natürliche Selektion die Individuen nicht (nur) nach der Anzahl ihrer über die Lebensspanne gezeugten direkten Nachkommen bewertet, sondern eine andere, eben genzentrierte Beurteilung der biologischen Angepasstheit der Organismen vornimmt. Als Messlatte dafür dient die sog. „Gesamtfitness" („inclusive fitness", Hamilton 1964a, b). Sie berücksichtigt nicht nur den direkten Reproduktionserfolg durch Replikation der eigenen Gene (= „direkte Fitness", auch „Darwin-Fitness" genannt), sondern auch den indirekten Reproduktionserfolg, der durch Unterstützung der Replikation abstammungsidentischer Allele in den genealogischen Seitenlinien erreicht werden kann (= „indirekte Fitness"). Die Verhaltensforschung kennt zahlreiche ökologisch eingeschränkte Situationen, in denen ein Verzicht auf eigene Kinder zu Gunsten der Unterstützung von nahen Verwandten (z. B. der Eltern oder Geschwister) die höchstmögliche Gesamtfitness einfährt, weil deren Reproduktion unter den jeweils gegebenen Bedingungen zu der maximal möglichen Zahl von persönlichen Genreplikaten führt (Emlen 1991).

Je günstiger sich ein Verhalten auf die Gesamtfitness eines Individuums auswirkt, desto erfolgreicher ist dieses Individuum in der Darwinischen Konkurrenz. Und weil die natürliche Selektion einzig gemäß der im Individualleben erreichten Gesamtfitness bewertet, hat die Evolution zwangsläufig alle Lebewesen darauf gezüchtet, genau diese Größe zu maximieren. Lebewesen sind also nicht deshalb evolviert, um dem eigenen Leben oder dem Überleben ihrer Art dienlich zu sein, sondern einzig zu dem Zweck, die Replikation ihrer Gene zu fördern. Sie tun dies durch Fortpflanzung und indem sie ihre Nachkommen und die ihrer Blutsverwandten auf deren Lebens- und Reproduktionsweg bestmöglich unterstützen. „Reproduktive Gesamtfitnessmaximierung" ist das Lebensprinzip, auf das alle Organismen von Natur aus eingestellt sind und aus dem sich die reproduktiven Interessen der Lebewesen ableiten.

Damit wird deutlich, dass „reproduktive Interessen" letztlich durch evolvierte Tendenzen definiert werden und in keiner Weise die Frage berühren, wie bewusst und planvoll sie tatsächlich wahrgenommen und verfolgt werden (Alexander 1988). Keine nichtmenschliche Art weiß von ihrem reproduktiven Interesse, und dennoch haben sich in der Tier- und Pflanzenwelt teilweise hochgradig komplexe und raffinierte Lebensstrategien entwickelt, die einzig wegen ihrer Effizienz bei der Genreplikation evolutiv entstanden sind. Um biologisch evolvierte Interessen zu verfolgen, bedarf es keiner zielgerichteten Absicht – beim Grippevirus genauso wenig wie bei der Honigbiene, dem Schimpansen oder dem Menschen. Und dennoch verhalten sich diese und alle anderen Arten im Durchschnitt biologisch ausgesprochen quasirational – eben weil sie angepasst sind und im Verlauf ihrer Stammesgeschichte diejenigen Mechanismen entwickelt und verfeinert haben, die es ihnen erlauben, ihre individuellen reproduktiven Interessen im Spannungsfeld sozialer Konkurrenz und angesichts ökologischer Begrenztheit bestmöglich umzusetzen.

Das Ergebnis der Anpassungsprozesse sind genetisch verankerte Reproduktionsstrategien mit zum Teil beachtlichen Spielräumen für taktisch verschiedenartige Optionen für sozioökologisch verschiedenartige Situationen. Wenngleich die reproduktiven Interessen genetischen Ursprungs und biologisch evolviert sind, zeichnen sich doch die Maßnahmen, dem biologischen Imperativ zu gehorchen, durch eine beachtliche phänotypische Flexibilität und Variabilität aus.

8.2 Der Lebensgeschichtsansatz: Kosten und Nutzen von Reproduktion

Aus biologischer Sicht ist Reproduktion eine Form von Investment, nämlich „Elterninvestment". Trivers definiert es als „jegliches Investment durch den Elter in einen einzelnen Nachkommen, das die Überlebenswahrscheinlichkeit (und folglich den Reproduktionserfolg) dieses Nachkommen zulasten der Fähigkeit des Elters erhöht, in andere Nachkommen zu investieren" (1972: 139).

Elterninvestment kann sehr verschiedenartige Formen annehmen, kann Zeit, Energie oder Lebensrisiken erfordern, kann im Zusammenhang mit der Gametenbildung, der Embryonalentwicklung oder nachgeburtlich erfolgen. Es umfasst alle Maßnahmen zur Steigerung der kindlichen Fitness, die eine weitere elterliche Reproduktion zu einem späteren Zeitpunkt erschweren.

Bemerkenswert an diesem Konzept ist die hervorgehobene Bedeutung der Kosten elterlichen Verhaltens. Wegen dieser Eigenschaft unterliegen die Elternstrategien der natürlichen Selektion, denn es kann ja nicht belanglos für den Lebensreproduktionserfolg eines Individuums sein, wann und in welchem Umfang es Kosten für seine Fortpflanzung in Kauf nimmt. Diese entstehen über vielfältige und arttypische Zusammenhänge: Unter vielen Wirbellosen und niederen Wirbeltieren verringert die Abzweigung von Stoffwechselmaterialien und -energien in die Gametenproduktion das Wachstum der Elterntiere und damit deren spätere Fruchtbarkeit (Lawlor 1976). Gravide Eidechsen sind einem höheren Beutedruck ausgesetzt als nichtgravide, weil durch die Körpermassenzunahme ihre Laufgeschwindigkeit um 20–30% vermindert ist (Shine 1980). Der Gewichtsverlust und damit die Wahrscheinlichkeit, in die nächste Brutsaison zu überleben, hängt bei Blaumeisenweibchen von der Gelegegröße ab (Nur 1984). Rothirschkühe, die Jungtiere führen, verfügen über geringere Fettreserven und unterliegen daher einem größeren Risiko, den kommenden Winter nicht zu überleben, als Hirschkühe ohne abhängigen Nachwuchs (Abb. 1). Halsbandschnäpperweibchen, die bereits als Einjährige brüten, produzieren in den darauf folgenden Jahren kleinere Gelege, als die Tiere, die ihren Brutbeginn um ein Jahr hinauszögern (Gustafsson, Pärt 1990).

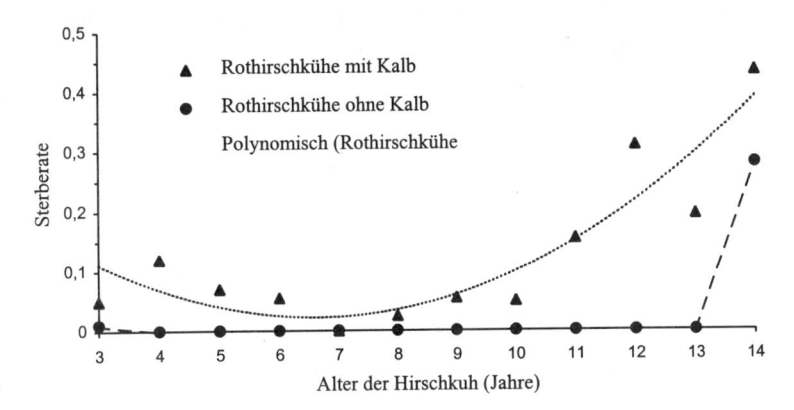

Abb. 1: Altersspezifische Sterberate bei Rothirschkühen (Cervus elaphus) mit (●) bzw. ohne (▲) Kalb

(Quelle: Clutton-Brock et al. 1983)

Wenn immer solcherart Kosten entstehen, wenn also elterlicher Reproduktionsaufwand bezahlt wird mit einem Verlust an potenzieller Reproduktion zu einem späteren Zeitpunkt, liegt Elterninvestment vor. Um mit diesem Konzept empirisch arbeiten zu können, ist ein Maß vonnöten, das die Kostenhöhe elterlichen Investments in einer einheitlichen Währung beziffert. Diesem Zweck dient der altersspezifische „Reproduktionswert" (v_x) nach Fisher (1930). Er errechnet sich nach

$$v_x = \sum_{i=x+1}^{\omega} \left\{ m_i\, l_{x,i}\, \frac{N_x}{N_i} \right\}$$

mit m_x = altersspezifische Fertilität zum Zeitpunkt x
$l_{x,i}$ = Überlebenswahrscheinlichkeit vom Zeitpunkt x zum Zeitpunkt i
N_x, N_i = Populationsgröße zum Zeitpunkt x bzw. i

Der Reproduktionswert ist demnach ein Maß für die in einer Altersklasse erreichte persönliche Nachkommenzahl plus der gemäß vorherrschender Fertilität statistisch zu erwartenden weiteren Nachkommen in späteren Altersklassen, gewichtet mit der Wahrscheinlichkeit, diese Altersklassen überhaupt zu erleben. Der „Restreproduktionswert" bezieht sich nur auf die Anzahl weiterer Nachkommen, die ein Organismus mit einem bestimmten Alter noch erwarten kann. Die Gewichtung mit N setzt den eigenen Beitrag zur Reproduktionsleistung der gesamten Population in Beziehung (Schmid-Hempel 1992). Zur Anwendung gelangen auch modifizierte Algorithmen, in denen entweder der Bezug zum Populationswachstum fehlt oder – wie in der Populationsbiologie üblich – nur die weiblichen Nachkommen berücksichtigt werden oder aber die altersspezifischen Reproduktionswerte auf den Wert für die Lebendgeborenen (v_0) bezogen werden, sodass die Kurve standardisiert mit dem Wert 1 beginnt.

Der Verlauf von v_x über die Altersklassen ist je nach Spezies und Umwelt verschieden. Abb. 2 gibt exemplarisch die Verhältnisse für die Krummhörner Bevölkerung (Ostfriesland) des 18. und 19. Jahrhunderts wider.

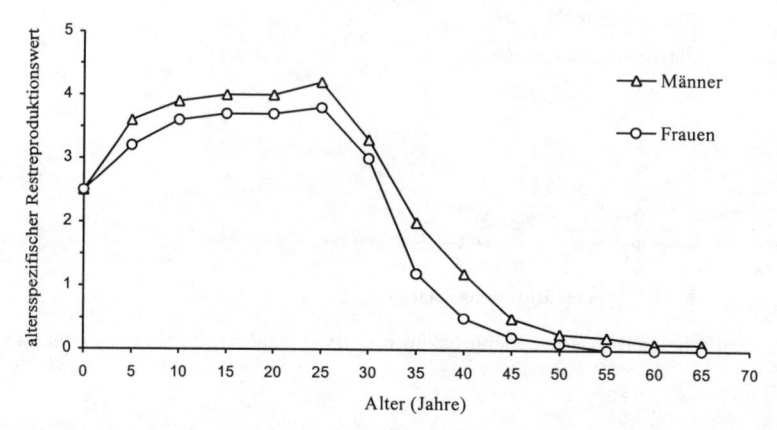

Abb. 2: Altersspezifischer Reproduktionswert (v_x) für Männer und Frauen in der Krummhörn (Ostfriesland) im 18. und 19. Jahrhundert

(Quelle: Voland 1990)

In einer nichtwachsenden (bisexuellen) Population wird im statistischen Mittel jedes neugeborene Mädchen im Laufe seines Lebens zwei Nachkommen gebären, die sich ihrerseits reproduzieren. Je nach Ausmaß der Säuglings- und Kindersterblichkeit steigt die v_x-Kurve bis sie zu Beginn des fekunden Lebensabschnitts ihr Maximum erreicht, um dann je nach den vorherrschenden Sterblichkeits- und Fruchtbarkeitsverhältnissen mehr oder weniger stetig gegen Null zu verlaufen.

Investmentkosten drücken den Restreproduktionswert. Wenn z. B. Reproduktion im Alter x mit einer verminderten Überlebenswahrscheinlichkeit verbunden ist, wie in dem genannten Hirschkuhbeispiel, kostet jetzige Reproduktion diejenigen Nachkommen, die im Falle des Überlebens der Mutter in deren späterer Lebensphase zu erwarten gewesen wären. Das Ausmaß dieser Verminderung lässt sich in Einheiten des Reproduktionswerts v_x beziffern. Es gibt die Höhe des Investments an. Eine optimale Aufteilung des begrenzten Elterninvestments ist dann erreicht, wenn unter Beachtung der ökologischen Randbedingungen der Reproduktionswert in jeder Altersklasse möglichst hoch ist, wenn also die Fläche unter der Kurve in Abb. 2 ihre maximale Größe hat. Ist das gegeben, ist die maximale Lebensfitness erreicht (Schmid-Hempel 1992).

Reproduktionskosten sind jedoch forschungstechnisch nicht immer leicht zu erschließen, weshalb als Schätzer elterlichen Investments in vielen Untersuchungen verschiedene Maße elterlichen Aufwands erhoben wurden. Dieser bezeichnet – unabhängig von den entstandenen Kosten – den Anteil an den zur Verfügung stehenden Ressourcen, der direkt in die Jungenaufzucht gesteckt wird. Elterlicher Aufwand lässt sich beispielsweise über Unterschiede in der Zahl, dem Gewicht oder dem Energiegehalt eines Wurfes oder Geleges vergleichen (Williams 1966). Sicherlich wird in vielen Fällen zwischen dem elterlichen Aufwand und seinen Kosten eine einfache, monotone Funktion bestehen, sodass die Unterscheidung von beidem faktisch an Bedeutung verliert. Es gibt aber auch Zusammenhänge, in denen dieser Unterschied wichtig wird: ein gleichhoher Elternaufwand kann je nach biografischer Situation unterschiedlich hohe reproduktive Kosten verursachen, z. B. je nachdem ob er am Anfang oder gegen Ende der fekunden Lebensphase geleistet wird. Ein Säugerweibchen, das einen bestimmten Teil seiner Fettreserven in Milchproduktion überführt und dadurch seine Sterbewahrscheinlichkeit um 10% erhöht, betreibt einen gleich hohen Aufwand, unabhängig von seinem Alter. Ist dieses Weibchen jung, ist dieser Aufwand mit relativ hohen Kosten verbunden, denn die erhöhte Mortalität verhindert mehrere weitere Würfe. Ist das Weibchen hingegen alt, wird der gleiche Aufwand weniger teuer, denn das gewachsene Sterberisiko kostet weniger v_x-Einheiten. Wegen des fortgeschrittenen Alters wären ohnehin weniger weitere Nachkommen zu erwarten gewesen.

Wohlgemerkt: Im Sprachgebrauch der Biologie beziehen sich Kosten und Nutzen von Reproduktion ausschließlich auf Fitnesseinheiten, also auf die Währung, in der die natürliche Selektion bilanziert. Ganz unmittelbare materielle oder psychologische Vor- und Nachteile von Fortpflanzung sind damit nicht angesprochen.

Weil Fortpflanzung Kosten verursacht, kann die natürliche Selektion nicht auf unbeschränkte Reproduktion züchten. Vielmehr optimiert sie die Art und Weise, in der Eltern die Investmentkosten auf sich nehmen, wobei jene Maßnahmen belohnt werden, die in der Lebensbilanz zum größten Nettofitnessertrag führen. Auf diese Weise hat die Evolution Eltern zu Reproduktionsstrategen geformt, die ständig „Entscheidungen" über einen möglichst optimalen Einsatz ihrer begrenzten Investmentmöglichkeiten treffen müssen. Einige dieser „Allokationsentscheidungen" sind in der Stammesgeschichte genetisch weitgehend fixiert worden, andere erfordern spontane Anpassungen an die vorherrschenden Lebensbedingungen:

1. In welchem Lebensabschnitt soll ein Organismus mit der Reproduktion beginnen?
2. Soll er sich überhaupt selbst fortpflanzen oder besser seine Verwandten bei deren Reproduktionsgeschäft unterstützen?
3. Wie viele Nachkommen soll er zeugen?
4. Wie groß sollen die Abstände zwischen den Einzelnen reproduktiven Phasen sein?
5. Sollen die Kinder möglichst lange behütet und versorgt oder möglichst schnell in die Selbstständigkeit entlassen werden?
6. Wie soll der persönliche Einsatz der Eltern ausfallen: sollen sie „alles geben" und sich dafür seltener fortpflanzen oder eher weniger investieren und dafür häufiger oder mehr Kinder bekommen?
7. Soll in alle Nachkommen gleichviel investiert werden, oder ist es vorteilhafter, in dieser Hinsicht Unterschiede zu machen?

Aus der Summe all dieser Entscheidungen resultiert eine spezielle Lebensgeschichte, deren Erfolg von der natürlichen Selektion bewertet wird. Ihre einzelnen Merkmale hängen auf vielfältige Art zusammen (sich häufig zu reproduzieren, bedeutet früh mit der Fortpflanzung zu beginnen und/oder die Geburtenabstände kurz zu halten), weshalb die natürliche Selektion nicht das maximal Mögliche für jede Einzelne beteiligte Variable, sondern den bestmöglichen Kompromiss zwischen allen begünstigt. Dadurch entstehen Abgleichsprobleme (Chisholm 1993; Hill 1993; Lessells 1991; Stearns 1992). Weil Organismen ihre Zeit, Energie und andere Ressourcen natürlich nur einmal ausgeben (investieren) können, müssen sie über die notwendige Aufteilung ihrer immer irgendwie beschränkten Möglichkeiten entscheiden. Aus der verhaltensökologischen Forschung an Tieren sind inzwischen eine ganze Reihe von Allokationskonflikten beschrieben worden, wobei sich zwei grundsätzliche Probleme wohl über alle Arten generalisieren lassen:

Erstens: Selbsterhaltung oder Reproduktion? Soll ein Organismus (weiterhin) in sich selbst investieren, seine physische oder soziale Qualität und Konkurrenzfähigkeit stärken, sich entwickeln und wachsen, oder soll er sich stattdessen fortzupflanzen beginnen? Es ist dies der Konflikt zwischen jetziger und späterer Reproduktion.

Zweitens: Investment in Quantität oder Qualität des Nachwuchses? Mit zunehmender Zahl von Nachkommen kann in jeden Einzelnen nur ein entsprechend geringerer Anteil vom gesamten Elternaufwand gesteckt werden. Daraus folgt ein Optimierungsproblem hinsichtlich der Lebensfitness: Soll man wenige, dafür aber gut ausgestattete, überlebens- und konkurrenzfähige Nachkommen oder viele, dafür aber weniger lebenstüchtige anstreben?

Die Individuen einer Population werden sich in der Lösung dieser und anderer Allokationsentscheidungen unterscheiden. Das liegt an den individuell unterschiedlichen Möglichkeiten. Die persönliche Fortpflanzung begrenzenden Faktoren können aus vielfältigen Gründen (genetischer, ökologischer, sozialer, aber auch zufälliger Art) individuell sehr verschieden sein. Die natürliche Selektion wird deshalb nicht die Beste aller theoretisch denkbaren Allokationsstrategien fördern, sondern die angesichts der konkreten Rahmenbedingungen, beste tatsächlich verfügbare. Innerhalb einer Population kann es deshalb verschiedene Optima geben – ein Folge der genzentrierten Wirkweise der biologischen Evolution und zugleich ein starkes Argument dafür, Bevölkerungsvorgänge nicht auf der Ebene ganzer Populationen zu studieren, sondern nach Subgruppen zu unterscheiden.

8.3 Reproduktionsstrategische Entscheidungen im Einzelnen

8.3.1 Die reproduktive Karriere

8.3.1.1 Das Menarchealter

Unter traditionellen und historischen Verhältnissen korreliert das Menarchealter häufig mit dem Heiratsalter und dem Beginn der persönlichen Reproduktion (Sandler et al. 1984; Udry, Cliquet 1982), weshalb für ein ökologisches Verständnis des Bevölkerungsgeschehens eine Kenntnis der sexuelle Reifungsprozesse beeinflussenden Faktoren notwendig wird.

Das Menarchealter ist zwischen und innerhalb von Bevölkerungen äußerst variabel (Tab. 1). Neben einer erblichen (Danker-Hopfe 1986), konstitutionellen (Kirchengast 1993a) Komponente trägt vor allem die sozioökologische und psychosoziale Umgebung der heranwachsenden Mädchen zu der Variabilität bei. Ganz allgemein gilt, dass ernährungsmäßig und soziokulturell benachteiligte Mädchen später pubertieren als ihre in dieser Hinsicht bevorteilten Geschlechtsgenossinnen. Dies lässt sich aus Querschnittsvergleichen innerhalb derselben Population (Bielicki et al. 1986 für Sozialgruppenunterschiede in Polen), als auch aus historischen Längsschnittstudien (Stephan 1990 für Ditfurt, einer ländlichen Gemeinde am Harznordrand) schließen. Je besser die Entwicklungschancen in der Kindheit und Jugend, desto früher kommt es zur Menarche (s. aber unten), wenngleich wohl mit den momentanen Verhältnissen in den modernen Industriestaaten die physiologische Grenze sexueller Frühentwicklung erreicht sein dürfte.

Tab. 1: Ausgewählte Beispiele zum mittleren Menarchealter

Bevölkerungsgruppe	Mittleres Menarchealter x ± SD	Quelle
Thessaloniki 1982/83	12,3	Pentzos-Daponte, Grefen-Peters (1984)
Bremen 1979/80	12,90 ± 1,21	Danker-Hopfe (1984), zit. nach Danker-Hopfe, Delibalta (1990)
Westungarn 1965	13,13 ± 1,21	Eiben (1972)
Polen 1966/68 (Landgemeinden)	14,04 ± 1,2	Laska-Mierzejewska (1970)
Guatemala	14,8	Delgado et al. (1985)
Bangladesh (Muslime)	15,7	Chowdhury et al. (1977)
Göttingen um 1795	16,08	Osiander (1795)
!Kung 1963–1973	16,6 ± 1,3	Howell (1979)
Bundi 1967 (Neu Guinea)	18,0	Malcolm (1970)
Gainj 1978 (Neu Guinea)	20,9 ± 0,9	Wood et al. (1985)

Worin liegt der Anpassungswert dieser durch Umweltsensibilität entstandenen Unterschiede? Warum beginnen nicht alle Mädchen im gleichen, möglichst frühen Alter zu ovulieren, zumal man erwarten sollte, dass eine frühe Geschlechtsreife und ein früher Fortpflanzungsbeginn einen Startvorteil in der Darwinischen Konkurrenz mit sich bringen? Warum reagieren stattdessen Mädchen auf ihre sozioökologische Situation und zögern gegebenenfalls den Beginn ihrer Pubertät mehr oder weniger hinaus? Der Grund liegt in den Kosten, die mit einer vorzeitigen Reproduktion verbunden sind, nämlich:

1. Frühreife Schwangere laufen erhöhte Gefahr, spontan zu abortieren, zu früh und/oder ein untergewichtiges Kind mit verminderten Lebenschancen zu gebären (Becker 1993; Garn, La Velle 1986; Riley et al. 1993);
2. Das Körperwachstum schlecht ernährter Mädchen wird durch Schwangerschaft behindert (Fleming et al. 1985; Garn et al. 1984). Andererseits bekommen Mütter, die während der Schwangerschaft einen Wachstumsschub erfahren, mit erhöhter Wahrscheinlichkeit untergewichtige Kinder (Frisancho et al. 1984). Es gibt also offensichtlich einen intraindividuellen Konflikt über die Allokation der physiologischen Baustoffe mit der unausweichlichen Folge, dass entweder die Schwangere oder das Konzeptus Nachteile erfahren. Beide Lösungen jedoch sind fitnessschädlich.

Der Vorverlegung von Geschlechtsreife und Reproduktionsbeginn sind damit Kosten verursachende physiologische Grenzen gesetzt, sodass es für Frauen im Interesse einer maximalen Lebensfitness durchaus vorteilhaft sein kann, die Menarche hinauszuzögern. Wenn jedoch die Lebens- und speziell die Ernährungssituation ein gutes Gedeihen erlauben, sind eine frühzeitige sexuelle Reife und ein früher Reproduktionsbeginn von Vorteil. Der Vorteil ist umso größer, je demographisch expansiver sich die Bevölkerung verhält, je mehr also die individuelle Fitness von rascher Vermehrung abhängt. Darüber hinaus ist es in Gesellschaften mit hoher Sterblichkeit vorteilhaft, weil risikomindernd, früh mit der Reproduktion zu beginnen. Man sollte deshalb erwarten, dass früh reifende Frauen ihren Entwicklungsvorteil in erhöhte Reproduktion überführen, und genau das ist häufig der Fall. Das Menarchealter korreliert mit dem protogenetischen Intervall, den Intergeburtenabständen, der Wahrscheinlichkeit von Sterilität und Totgeburten und schließlich negativ mit der Fertilität und dem Lebensreproduktionserfolg, gemessen in der Zahl überlebender Kinder (Borgerhoff Mulder 1989b; Critescu 1975; Cutler et al. 1979; Sandler et al. 1984; Udry, Cliquet 1982). Auch verlängert ein spätes Menarchealter die Dauer der Laktationsamenorrhoe (Liestøl et al. 1988). Mit anderen Worten: in günstigen Milieus reduziert eine späte Geschlechtsreife die Lebensfitness.

Neuerdings ist die oben erwähnte Faustregel einer Korrelation zwischen Stress und Menarchealter allerdings in Frage gestellt worden, denn zumindest eine Form von psychosozialem Stress scheint das Menarchealter vorzuverlegen: Beziehungsturbulenzen zwischen den Eltern mit der Folge familiärer Instabilität. Töchter aus zerbrochenen oder konfliktträchtigen Ehen pubertieren im Durchschnitt früher als aus intakten oder eher harmonischen Familien (Chasiotis, Keller 1993; Graber et al. 1995; Moffitt et al. 1992; Steinberg 1988; Surbey 1990; vgl. aber Campbell, Udry 1995).

Der adaptive Hintergrund dieses Zusammenhangs wird von Belsky et al. (1991), Chasiotis, Keller (1993) und Chisholm (1993) in einer Art „screening" gesehen, mit dem heranwachsende Mädchen ihre reproduktiven Opportunitäten einschätzen und daraufhin reproduktionsstrategische Weichenstellungen vornehmen. Psychosozialer Stress in Kindheit und Jugend signalisieren den Mädchen eine unkalkulierbare, fluktuierende Lebensperspektive, unter der sich ein fortgesetzter somatischer Aufwand weniger lohnt als eine Vorverlegung sexueller Reife und Aktivität. Unsicherheitserfahrung motiviert letztlich zu einer Lebensstrategie, in der opportunistischer „Paarungsaufwand" einen höheren Stellenwert einnimmt als ein auf biografische Stabilität angewiesener „Elternaufwand".

Die natürliche Selektion stabilisiert demnach einen spezifischen Zusammenhang zwischen der persönlichen Lebenssituation und dem Menarchealter. In der Beurteilung der Fitnesskonseqenzen dieses Selektionsdrucks herrscht allerdings weitgehend Uneinigkeit. Während Bongaarts (1980) der Variabilität des Menarchealters im Hinblick auf das menschliche Reproduktionsgeschehen kaum Bedeutung beimisst, sieht Borgerhoff Mulder (1989a) hierin eine Schlüsselvariable für Unterschiede im Lebensreproduktionserfolg. Bei den von ihr untersuchten keniatischen Kipsigis, einer Bevölkerung mit „natürlicher" Fruchtbarkeit, hinterließen früh reifende Frauen im Mittel drei überlebende Kinder mehr als spät reifende Frauen (Abb. 3), wobei dieser Effekt statistisch unabhängig von anderen fitnessrelevanten Faktoren wie Besitz, Schulbildung oder Eheform dargestellt werden konnte.

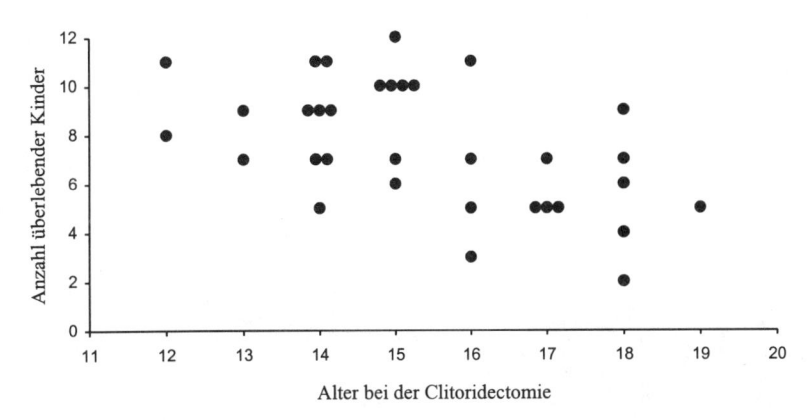

Abb. 3: Anzahl überlebender Kinder nach Alter bei der Clitoridectomie (= Alter im Dezember des Jahres der ersten Menstruation) für 33 Kipsigisfrauen mit abgeschlossener Reproduktionsgeschichte

(Quelle: Borgerhoff Mulder 1989a)

8.3.1.2 Das Heiratsalter

Heirat legalisiert geschlechtliche Beziehungen und Fortpflanzung. Dies ist eine Hauptfunktion, die Ehen in allen Ethnien dieser Welt erfüllen, so variabel die Eheformen selbst und ihre jeweiligen kulturellen Entstehungs- und Begründungszusammenhänge auch sein mögen. Man könnte vermuten, dass im Interesse einer schnellen

Realisierung persönlicher Fitness Männer und Frauen bestrebt sind, möglichst früh zu heiraten, um möglichst wenig fruchtbare Lebensspanne ungenutzt verstreichen zu lassen. Dies wird aber keineswegs immer beobachtet. Vielmehr stellt sich das Heiratsalter im ethnohistorischen Vergleich als sehr variabel dar, wobei zum Teil ganz beachtliche Zeitspannen zwischen der sexuellen Reife und der Eheschließung liegen können. Was hindert Menschen daran, möglichst früh eine Ehe zu gründen? Worin bestehen die Kosten eines am physiologischen Mindestalter orientierten Fortpflanzungsbeginns?

Menschliche Reproduktion wird durch den vorherrschenden ökonomischen Rahmen gefördert bzw. gebremst (Voland 1992). In allen daraufhin untersuchten vormodernen Bevölkerungen beobachtet man eine Korrelation zwischen sozioökonomischem und reproduktivem Erfolg (Klindworth, Voland 1995; Voland 1990, 1995) für die ostfriesische Krummhörn im 18. und 19. Jahrhundert; Reinders-Düselder (1993) für die Dammer Berge 1650–1850; Überblicksdarstellungen in Cronk (1991a), Pérusse (1993), Voland (1993, 1996), sodass in letzter Analyse dem biologischen Imperativ auch dann gehorcht wird, wenn Menschen versuchen, die ökonomische Basis ihrer Existenz und Fortpflanzung zu verbessern (Abb. 4). Ökonomischer Erfolg sichert über vielfältige und teilweise recht unterschiedliche Mechanismen genetischen Fortbestand. Inwieweit dies auch für die modernen Industriegesellschaften gilt, ist allerdings strittig (Kaplan et al. 1995; Pérusse 1993; Rogers 1992; Vining 1986).

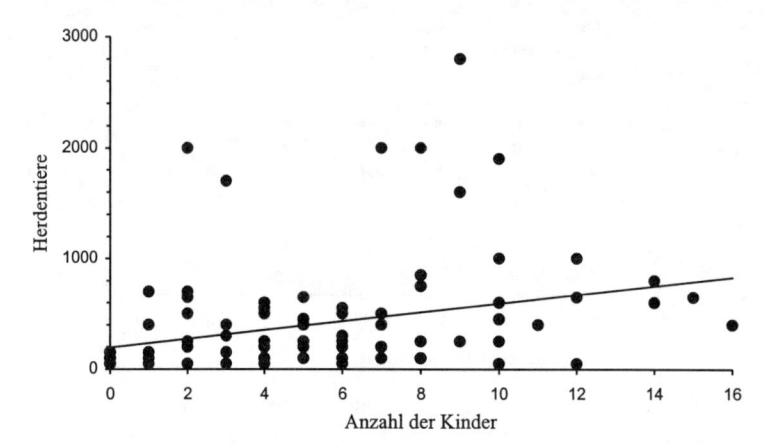

Abb. 4: Besitz und Kinderzahl bei den Bakkarwal, Hirtennomaden im westlichen Himalaya

(Quelle: Casimir, Rao 1992)

Produktions- und Reproduktionsinteressen konkurrieren miteinander, und alle Menschen stehen vor dem Problem einer optimalen Aufteilung ihrer Kräfte und ihres Zeitbudgets für die eine oder die andere Art der Lebensbewältigung. Das Heiratsalter ist ein wesentliches Schanier in diesem Balanceakt, und seine ethnohistorische Variabilität liegt deshalb vor allem in diesem Produktion/Reproduktion-Abgleichsproblem begründet. In erster Annäherung lassen sich je nach Wirtschaftstypus zwei verschiedenartige Einflussrichtungen auf das Heiratsalter unterscheiden.

In ressourcen- bzw. kapitalorientierten Wirtschaftssystemen bedarf es häufig einiger Zeit, bis junge Menschen ausreichend Ressourcen oder Fähigkeiten angereichert haben, um einen unabhängigen und konkurrenzfähigen Haushalt zu gründen. Dieser Verzögerungseffekt ist sehr gut aus der Bevölkerungsgeschichte Westeuropas bekannt (Schlumbohm 1994). In der vorindustriellen Zeit lag das durchschnittliche Heiratsalter sowohl für Männer als auch für Frauen vergleichsweise hoch (vgl. Knodel 1988 für Daten aus deutschen Bevölkerungsgruppen), was aus sozialgeschichtlicher Sicht regelmäßig mit der Notwendigkeit ökonomischer Unabhängigkeit für junge Eheleute in Verbindung gebracht werden kann. Erst wenn Land oder ein Gewerbebetrieb gekauft, gepachtet oder geerbt werden konnte, waren ökonomische Hindernisse auf dem Weg in die Ehe überwunden (Hajnal 1965; Hermalin, van de Walle 1977), sodass als Faustregel gelten kann, dass in bäuerlichen Gesellschaften umso jünger (und häufiger) geheiratet wurde, je günstiger sich die wirtschaftliche Situation darstellte (Fitzpatrick 1985; Landale 1989).

In Wirtschaftssystemen, die weniger ressourcen- bzw. kapitalorientiert, sondern stattdessen verstärkt arbeitskraftabhängig sind, wie in vielen Ländern der Dritten Welt, schieben die ökonomischen Zwänge das Heiratsalter nicht in dem gleichen Maße hinaus, weil hier die biografische Phase der Ressourcenakkumulation vor der Hochzeit entfällt. Die Abhängigkeit der familiären Lebens- und Reproduktionschancen von der Arbeitsproduktivität (vor allem auch von Frauen und Kindern) zwingt geradezu zu frühzeitiger Eheschließung, was zudem mit weit reichenden Konsequenzen für die Heiratsstrategien, etwa in Hinblick auf polygyne Tendenzen, verbunden ist (White 1988). In der westeuropäischen Bevölkerungsgeschichte sank das durchschnittliche Heiratsalter zum Teil dramatisch, als sich im Zuge der Protoindustrialisierung neuartige, auf Arbeitskraft aufbauende ökonomische Nischen eröffneten (Anderson 1988; Kriedte et al. 1992; Smith 1983). Auch Urbanisierungsprozesse mit ihrem wachsenden Angebot marktorientierter Opportunitäten drückten aus demselben Grund das Heiratsalter (Segalen 1991).

Innerhalb dieser beiden Szenarien wirken eine Reihe von kulturspezifischen Besonderheiten auf das Heiratsalter, die freilich ihrerseits wieder vielfältig ökologisch beeinflusst sein können. Hierzu gehören beispielsweise:

1. *Der Polygyniegrad.* Je polygyner eine Gesellschaft ist, d. h. je stärker um Frauen konkurriert wird, desto jünger sind im Mittel die Bräute;
2. *Die Bewertung von Jungfräulichkeit.* Vor allem in patriarchalischen Gesellschaften, in denen es einigen Männern gelingt, überaus große Anteile am „Ressourcenkuchen" für sich zu monopolisieren, und in denen Väter entsprechend viel an ihren Nachwuchs vererben, wird Vaterschaftsgewissheit zu einem mächtigen Regulator der Beziehungen zwischen den Geschlechtern (Dickemann 1981). Hier spielt Jungfräulichkeit (als Indikator weiblicher Treue und Vaterschaftssicherheit) eine entscheidende Rolle bei der Partnerwahl, und dies wiederum senkt das durchschnittliche Heiratsalter – teilweise bis zur arrangierten Kinderheirat;
3. *Mitgiftkonkurrenz.* Gesellschaften, in denen eine tendenziell ruinöse Mitgiftkonkurrenz herrscht (Gaulin, Boster 1990), neigen zu einem relativ niedrigem durchschnittlichen Heiratsalter;

4. *Dynastische Interessen.* In einigen Gesellschaften bzw. Sozialgruppen dient eine Eheschließung auch zur Bildung oder Aufrechterhaltung kooperativer Allianzen zwischen zwei Sippen. Wenn solche familienpolitischen Ziele verfolgt werden, senkt dies im Mittel das Heiratsalter vor allem von Frauen (Rheubottom 1988);
5. *Heiratsmarkt.* Die Verfügbarkeit von Heiratspartnern hat ebenfalls Einfluss auf das Heiratsalter (Smith 1983), und dies besonders dann, wenn ambitionierte Partnerwahlstandards den Heiratsmarkt zusätzlich einengen (vgl. Kap. 8.3.3);
6. *Eltern-Kind-Konflikte.* Das gewählte Heiratsalter muss keineswegs im Interesse des oder der Heiratenden selbst liegen. Flinn (1989) und Turke (1988) beschreiben für eine Karibik- bzw. Südpazifik-Population Lebenssituationen, in denen es im Reproduktionsinteresse der Mütter liegt, die Heirat der ältesten Töchter möglichst um einige Jahre hinauszuzögern, um deren Arbeitskraft in die eigene Familienökonomie und Kinderversorgung einfließen zu lassen. Die älteren Töchter spielen dann die aus der Tierverhaltensökologie gut bekannte Rolle der so genannten „Helferinnen-am-Nest".

Neben den genannten ökonomischen und kulturellen sind auch demographische Determinanten des Heiratsalters beschrieben worden. So wird im Mittel umso jünger und häufiger geheiratet, je höher die Mortalität ist. Dieser empirische Befund ist sowohl durch zahlreiche Querschnitts- als auch durch Längsschnittstudien traditioneller Gesellschaften gut belegt (Smith 1983).

8.3.1.3 Die Fruchtbarkeit

Fekundität ist abhängig von ökologischen Einflüssen (Ellison 1994), weshalb aus biologischer Sicht der in der Demographie gebräuchliche Ausdruck der „natürlichen Fruchtbarkeit" irreführend erscheint. Selbst wenn es keine innereheliche Empfängnisverhütung gibt, unterscheiden sich menschliche Populationen – und selbst Subgruppen innerhalb von Populationen – hinsichtlich ihrer „natürlichen Fruchtbarkeit" (Low 1993). Campbell und Wood (1988) verglichen die Fruchtbarkeitsmuster von jeweils 70 Bevölkerungsgruppen, die als „natürlich" bzw. „kontrolliert" fruchtbar gelten. Die Überlappung war außerordentlich groß. Die Gründe für diese Heterogenität sind indes nicht immer klar. Sicher ist jedenfalls, dass die Subsistenzstrategie einer Bevölkerung – vermittelt über das Ausmaß und die Regelmäßigkeit der Versorgung der Bevölkerung mit Kalorien – ihre „natürliche Fruchtbarkeit" nachhaltig zu beeinflussen vermag (Ellison 1994). Auch beeinflussen neben strukturellen Merkmalen konjunkturelle Schwankungen der Ernährungssituation die „natürliche Fruchtbarkeit" einer Population. Die Korrelation zwischen fluktuierenden Getreidepreisen und Fertilitätsmaßen gehört zu den viel bearbeiteten Standardthemen der historischen Demographie (Galloway 1988).

Eine naive Interpretation des Darwinischen Prinzips könnte zu der falschen Annahme verleiten, dass der biologische Imperativ zu physiologisch maximaler Fruchtbarkeit motiviert. Das trifft aber nicht zu, weil Fertilität und genetische Fitness nur in bestimmten ökologischen Situationen hoch miteinander korrelieren. Typischerweise wird in wachsenden Gesellschaften mit ausgeprägtem Expansionswettbewerb rasche und vielzahlige Vermehrung zu Fitnessvorteilen führen. In anderen, eher stagnierenden Bevölkerungen hingegen können Fruchtbarkeit und Fitness nur sehr lose miteinander verbunden sein, weil hier letztlich die „Aufzuchtsleistung" und gegebenenfalls auch die soziale Platzierung der Nachkommen über den Lebensreproduktionserfolg entscheiden (Voland 1992).

Die Untersuchung von Blurton Jones und Sibly (1978) an den im nordwestlichen Botswana lebenden !Kung belegt eindrucksvoll den Anpassungswert reproduktiver Selbstbeschränkung in kargen Lebensräumen. Die !Kung Frauen heiraten vergleichsweise spät, und Kinder werden in durchschnittlichen Abständen von etwa Vierjahren geboren. In dieser Wildbeuterbevölkerung decken Frauen etwa zwei Drittel des gesamten Kalorienbedarfs ihrer Familie. Dazu unternehmen sie alle zwei bis drei Tage ausgedehnte Sammelexkursionen, wobei sie angesichts der schwierigen klimatischen Bedingungen der Kalahari extremen körperlichen Belastungen ausgesetzt sind. Begrenzender Faktor für diese Unternehmungen ist die Traglast, die eine Frau transportieren kann, denn sie muss ausreichend Wasser mit sich führen und das jüngste ihrer Kinder bis zum Alter von ca. zwei Jahren ständig mit sich tragen. Auch ältere Kinder begleiten ihre Mutter bei den Sammelausflügen und müssen gelegentlich getragen werden. Bei dieser Belastung bleibt Kraft für maximal 15–20 kg vorwiegend vegetabiles Sammelgut, das die Frauen in ihr Lager zurückbringen.

Blurton Jones und Sibly (1978) konnten mittels einer Computersimulation, in der sie alle relevanten physiologischen, demographischen und ökologischen Eckdaten kontrolliert haben, das empirisch gefundene Intergeburtenintervall von etwa Vierjahren auch theoretisch als Optimum voraussagen. Abbildung 5 stellt die gesamte Traglast einer Mutter in Abhängigkeit von ihrem Alter für verschiedene Geburtenabstände dar. Bei einem Intervall von Vierjahren verläuft die Kurve der jeweiligen Traglast gerade unter der physiologischen Maximalgrenze von 20 kg. Im Unterschied zu längeren Intervallen wird die Tragekapazität der Frauen voll ausgenutzt. Sie wird damit auch nicht überschritten, wie das bei Geburtenabständen von drei oder gar nur zwei Jahren der Fall wäre.

Abbildung 6 stellt die maximale Traglast der Mütter in Abhängigkeit von den Geburtenabständen dar. Man erkennt einen deutlichen Anstieg des zu tragenden Gewichts, wenn die Geburtenabstände unter Vierjahre zurückgehen, sodass unter diesen Bedingungen eine schadlose Verkürzung der Intergeburtenintervalle kaum möglich erscheint. Dies würde die Investmentmöglichkeiten der Mütter überfordern und letztlich wegen einer erhöhten Sterblichkeit der Säuglinge, älteren Kinder und der Mütter selbst zu einem geringeren Lebensreproduktionserfolg führen. Abbildung 7 belegt, dass Geburtenabstände um 48 Monate tatsächlich die produktivsten sind, und deshalb kann es aus verhaltensökologischer Sicht nicht überraschen, dass gerade diese Abstände am häufigsten beobachtet werden: Sie maximieren den Lebensreproduktionserfolg.

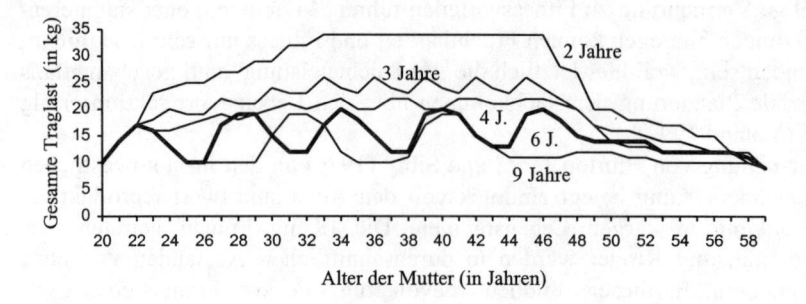

Abb. 5: Abhängigkeit der Traglast vom Alter und von verschieden langen Geburtenabständen bei !Kung-Frauen

(Quelle: nach Blurton Jones, Sibly 1978)

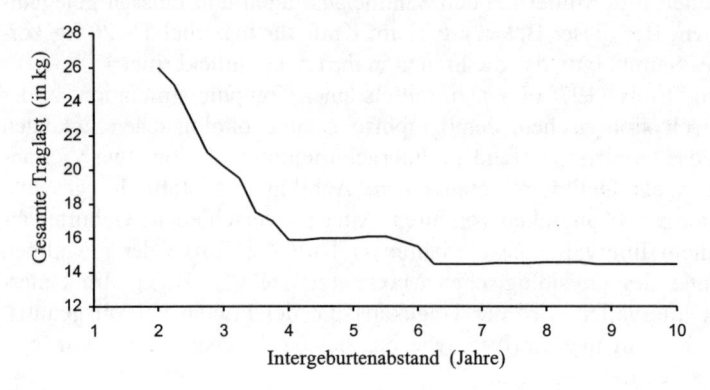

Abb. 6: Der Zusammenhang zwischen der maximalen Traglast und dem Intergeburtenabstand bei !Kung-Frauen

(Quelle: Burton Jones, Sibly 1978)

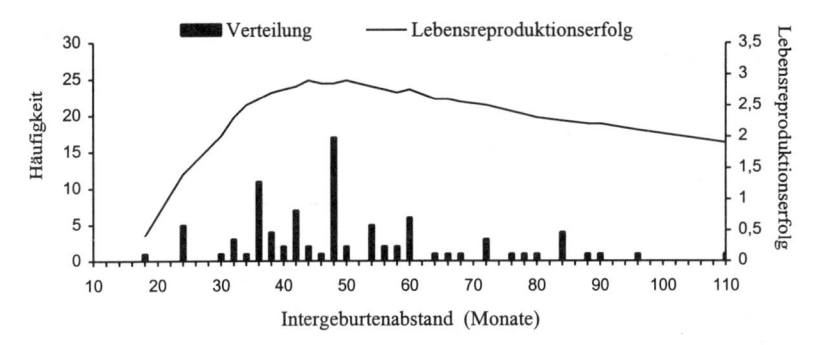

Abb. 7: Abhängigkeit des Lebensreproduktionserfolgs (Anzahl überlebender Kinder) von den durchschnittlichen Intergeburtenabständen und die tatsächliche empirische Verteilung der Intergeburtenabstände bei !Kung-Frauen

(Quelle: Blurton Jones 1986)

In der bevölkerungswissenschaftlichen Theorie hat sich häufig die Annahme verfestigt, Geburtenkontrolle wie bei den !Kung sei Ausdruck eines gruppendienlichen Prinzips. Überoptimale Fertilität gefährde wegen übermäßiger Ressourcenausbeutung die Lebensgrundlage der ganzen Population, weshalb eine aus dem Tierreich überkommene „unbewußte Rationalität" das generative Verhalten des einzelnen zum übergeordneten Wohle der Gruppe steuere. Diese Idee kann weder aus theoretischen, noch aus empirischen Gründen aufrechterhalten werden (Vogel 1986). Die natürliche Selektion fördert Merkmale, die zur Erhöhung des persönlichen Reproduktionserfolgs beitragen und zwar unabhängig von dem Effekt, den diese Merkmale auf die Population als ganze ausüben. Wenn dennoch mit gebremster Fruchtbarkeit auf prekäre Ressourcensituationen reagiert wird, geschieht dies, um unter den gegebenen Bedingungen die Anzahl überlebender und konkurrenzfähiger Kinder zu erhöhen und nicht etwa um sie zu reduzieren!

Wenn die Ressourcenlage es erlaubt, sind Menschen bestrebt, verbesserte Lebenschancen in Reproduktion umzusetzen. Deshalb hängt in vormodernen Gesellschaften die eheliche Fruchtbarkeit sehr häufig vom Zugang zu Land, Vieh oder anderen Ressourcen ab (Abb. 8).

In vormodernen Gesellschaften addieren sich die Effekte einer nach Ressourcenzugang unterschiedlichen altersspezifischen Fertilität häufig mit denen eines unterschiedlichen Heiratsalters (Ehedauer) und führen in ökonomisch abgesicherten Haushalten im Durchschnitt zu mehr Geburten als in ressourcendeprivierten Familien. Während beispielsweise in einer vollständigen (d. h. die fekunde Phase der Frau überdauernden) Leezener Bauernehe (1720–1869) im Durchschnitt 7,3 Kinder geboren wurden, liegt der Vergleichswert für die Landarbeiterfamilien bei 5,2 Kindern (Gehrmann 1984). Dieser soziökologisch begründete Unterschied in der Fruchtbarkeit scheint für das vormoderne Deutschland (Schlumbohm 1992) genauso kennzeichnend gewesen zu sein, wie für Polen (Stys 1957/58), England (Hughes 1986), Schweden (Low 1991), Norwegen (Røskaft et al. 1992) oder auch außereuropäische Bevölkerungen (Überblick: Cronk 1991a; Voland 1993). Die Folge ist eine systematische Überproduktion der besitzenden Bauernfamilien und eine ständige demographische Diffusion von oben nach unten, also eine soziale Abwärtsmobilität (Schlumbohm 1994; Weiss 1993).

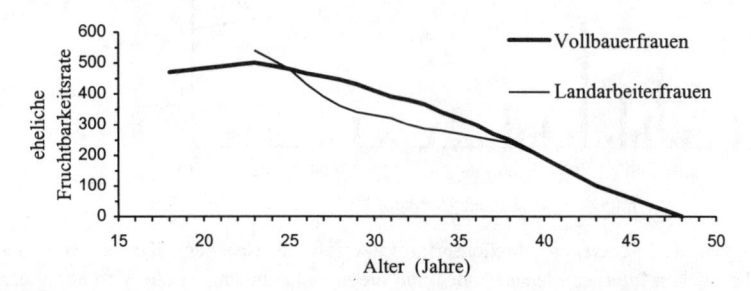

Abb. 8: Altersspezifische eheliche Fruchtbarkeitsraten von Vollbauer- (——) und Landarbeiterfrauen (——) in Leezen (Schleswig-Holstein, 1720–1869). Die 25- bis 35-jährigen unterscheiden sich signifikant

(Quelle: nach Gehrmann 1984)

Als proximate Wirkmechanismen, die die Ressourcen/Reproduktions-Verschränkung herstellen, sind sowohl physiologische (Ellison 1990, 1994; Frisch 1988; Peacock 1991; Rosetta 1995), als auch verhaltensgesteuerte Regulationsmechanismen, wie Abtreibung, Infantizid, Kindesvernachlässigung, Stillgewohnheiten oder Sexualtabus (Hill, Low 1992; Knodel, van de Walle 1967; Schiefenhövel 1989; Scrimshaw 1984) beschrieben worden, die teilweise sehr sensibel und fein abgestuft auf Indikatoren sich verändernder Lebensbedingungen z. B.: Ernährung (Ellison et al. 1989; Frisch 1988; Rosetta 1995; Worthman et al. 1993), Arbeitsbelastung (Jasienska, Ellison 1993; Panter-Brick et al. 1993; Rosetta 1995; Stephan 1987), psychosozialer Stress (Wasser, Isenberg 1986), reagieren.

Analytisch nicht immer klar zu trennen sind Phänomene differentieller Fertilität, die auf ein Eigeninteresse zurückgehen, von solchen, die durch direkte reproduktive Konkurrenz und Unterdrückung entstehen. Submaximale Fertilität kann deshalb zwei Gründe haben: Sie kann als beste aller denkbaren Strategien „gewollt" sein oder angesichts reproduktiver Konkurrenz „aufgezwungen" worden sein. Im Hinblick auf eine möglichst sichere Unterscheidung dieser beiden Möglichkeiten besteht zweifellos ein riesiges verhaltensökologisches Forschungsdefizit.

8.3.1.4 Die postgenerative Lebensspanne

Die Evolution einer postgenerativen Lebensphase gibt immer noch Rätsel auf. Welchen fitnesssteigernden Anpassungswert sollte es haben, in Selbsterhaltung zu investieren, wenn dies doch letztlich nicht in genetische Reproduktion einmündet? Fruchtbarkeit bis zum Lebensende – wie im Tierreich so häufig beobachtet – wäre doch eigentlich zu erwarten. Warum denn aber hören Menschen aus physiologischen oder Verhaltensgründen ab einem gewissen Alter auf, sich fortzupflanzen? Aus welchen Gründen wird die Nutzen-Kosten-Bilanz später Reproduktion negativ? Williams (1957) hat hierzu eine nachhaltig einflussreiche Theorie geliefert, die in der Literatur häufig als sog. „Großmutter-Hypothese" firmiert. Er argumentierte, dass eine postgenerative Lebensphase immer dann von Vorteil ist, wenn nachgeburtliche Elternfürsorge für die Nachkommen überlebenswichtig wird. Dann nämlich lohnt sich ein fortgesetztes Investment in die bereits existierenden Kinder (und ggf. Enkelkinder) eher als eine durch das fortschreitende Alter der Mutter zunehmend risikoreicher werdende weitere Geburt. Die Kosten später Reproduktion sind gut bekannt: mit dem Alter der Mutter steigt die Wahrscheinlichkeit von Spontanaborten, untergewichtigen und genetisch gehandikapten Kindern und das Sterberisiko der Kinder unter der Geburt (Alberman 1987). Der Nachteil wird zudem umso größer, je stärker mit dem Alter die Müttersterblichkeit ansteigt. Die zuvor geborenen Kinder werden durch den Tod ihrer Mutter zu Waisen, was zumindest unter vormodernen Lebensbedingungen deren physische und soziale Lebenschancen drastisch reduziert (Abb. 9).

Der Grafik liegt eine konservative Einschätzung von der Bedeutung der Mutter für das Überleben ihrer Kinder zu Grunde, denn es wurde ja nur die Übersterblichkeit der Kinder bis maximal ein Jahr nach dem Tod der Mutter gemessen. Längerfristige Sterblichkeitseffekte des Waisendaseins sind hier also gar nicht berücksichtigt, wohl aber – aus anderen Gesellschaften – gut bekannt (Voland 1988). Es wäre demnach irreführend, von der postmenopausalen Lebensphase als einer „postreproduktiven" Phase zu sprechen. Zwar werden keine Kinder mehr geboren, wohl aber kann in diesem Lebensabschnitt der persönliche Reproduktionserfolg durch fortgesetzte Fürsorge in die bereits geborenen Kinder (oder Enkelkinder) erhöht werden.

Williams' (1957) Überlegung erklärt auch einen Geschlechtsunterschied. Weil Väter weniger in ihre Reproduktion investieren, stellt sich für sie kaum das Abgleichsproblem zwischen Investment in bereits existenten oder späteren Nachwuchs. Deshalb können sie schadlos ihre Zeugungsfähigkeit bis ins fortgeschrittene Alter aufrechterhalten (Gaulin 1980). Anders Frauen: wegen ihres ungleich höheren reproduktiven Aufwands überwiegt die Kostenseite einer späten Reproduktion wohl dermaßen deutlich die Nutzen, dass die natürliche Selektion mit der Menopause für eine obligate Beendigung der prokreativen Lebensspanne gesorgt hat. Die Reproduktionsorgane altern bei Frauen, nicht aber bei Männern, schneller als alle anderen Organsysteme.

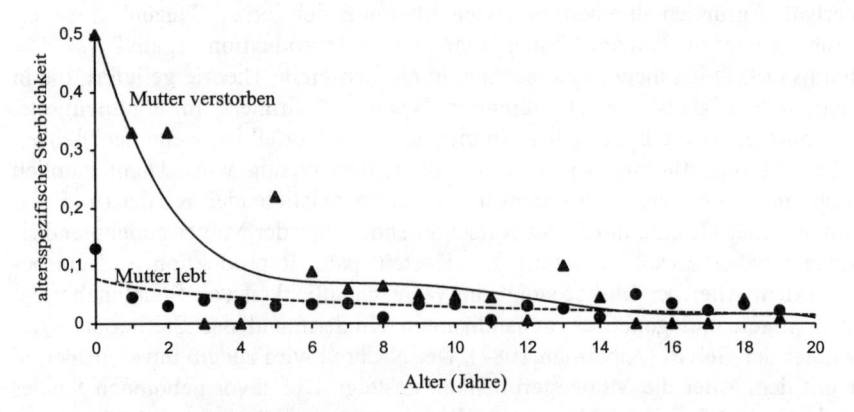

Abb. 9: Die altersspezifische Sterblichkeit von Kindern, je nachdem, ob deren Mütter überleben oder nicht, für die Aché Wildbeuter Paraguays

(Quelle: Hill, Hurtado 1991)

So einleuchtend Williams' Überlegungen auch sind, so lückenhaft ist die verfügbare empirische Evidenz zu den vorteilhaften Fitnesseffekten der postgenerativen Lebensphase. Zwar konnte Turke (1988) zeigen, dass in Ifaluk-Familien (Mikronesien) der Reproduktionserfolg mit der Zahl überlebender Großeltern korreliert und damit die Hypothese stützen, dass in dieser Gesellschaft alte Menschen für die Reproduktion ihrer Kinder vorteilhaft sind, jedoch sind in dieser Studie denkbare konfundierende Variable (wie Reichtum) nicht kontrolliert worden, sodass von der gefundenen Korrelation nicht so ohne weiteres auf Kausalität geschlossen werden kann.

Hill und Hurtados (1991) Studie an den Aché (Wildbeuter in Paraguay) ist uneindeutig, wenngleich insgesamt einiges dafür spricht, dass postgenerative Frauen tatsächlich im Mittel ihre Fitness steigern, wenn sie ihre eigene Fortpflanzung einstellen und stattdessen ihre Kinder bei deren Reproduktion unterstützen. Ähnliches darf man von den Hadza (Wildbeuter, Tansania) vermuten. Postmenopausale Frauen betreiben die Nahrungsbeschaffung mit einem größeren Aufwand als die jüngeren, reproduktiven Frauen. Der vermehrte Einsatz der Großmütter befreit deren erwachsene Töchter ein wenig von diesen Subsistenzaufgaben und erlaubt ihnen stattdessen eine vermehrte Elternfürsorge (Hawkes et al. 1989).

Fragen nach dem Alter bei der letzten Geburt, dem Einsetzen der sekundären Sterilität und der Menopause, also dem Ende der generativen Laufbahn, sind aus verhaltensökologischer Sicht Fragen nach dem optimalen biografischen Umschaltpunkt von Investment in weitere, zukünftige Nachkommen versus fortgesetztes Investment in bereits existenten Nachwuchs. Inwieweit dieses Abgleichsproblem soziökologisch beeinflusst wird, wurde bisher kaum untersucht, obwohl das Alter bei der Menopause innerhalb und zwischen Bevölkerungen einige erklärungsbedürftige Varianzen aufweist (Leidy 1994; Kirchengast 1991, 1993b; Pavelka, Fedigan 1991; Rahman, Menken 1993).

8.3.2 Differentielles Elterninvestment

In vielen Fällen kommt den einzelnen Kindern innerhalb einer Familie ein individuell ganz unterschiedlicher Stellenwert in den elterlichen Reproduktionsstrategien zu, was sich beispielsweise darin zeigen kann, dass es innerhalb derselben Familien bevorzugte und weniger bevorzugte Kinder gibt oder dass ihnen ganz unterschiedliche Rollen innerhalb des Familiengeschehens zugewiesen werden. Die Palette elterlicher Möglichkeiten ihre Kinder unterschiedlich zu behandeln, ist weitgefächert. Sie umfasst beispielsweise:

1. die intrauterine Versorgung der Feten und Embryonen (Peacock 1991);
2. Abtreibung und Kindstötung (Daly, Wilson 1984; Dickemann 1979; Hill, Low 1992; Smith, Smith 1994);
3. das nachgeburtliche Fürsorgeverhalten, z. B. die Stilldauer (Gaulin, Robbins 1991); die medizinische Versorgung (Cronk 1991b);
4. Erziehung und Ausbildung (Low 1989); und die Zuweisung von sozialen Chancen, was Folgen für die reproduktiven Möglichkeiten im Erwachsenenalter haben kann (Hager 1992; Vernier 1984);
5. die materielle Ausstattung im Zuge von Mitgift- oder Erbschaftszahlungen mit Auswirkungen vor allem auf die Heiratswahrscheinlichkeit und andere Aspekte kultureller und biologischer Reproduktion (Gaulin, Boster 1990; Hartung 1982; Smith et al. 1987).

Aus verhaltensökologischer Perspektive ist zu erwarten, dass Unterschiede in der Erwünschtheit und Behandlung von Kindern einen biologisch funktionalen Hintergrund haben – durch welche proximaten physiologischen oder psychologischen Mechanismen es auch immer zu den Unterschieden im Umgang mit den Kindern kommen mag. In welche Kinder bevorzugt investiert wird und in welche nicht, hängt dabei von zwei Faktoren ab: nämlich von den Kosten, die Eltern eingehen, wenn sie in ein Kind investieren und von dem Nutzen, den ein Investment in speziell dieses Kind verspricht (Clutton-Brock 1991). Aus der Verrechnung dieser beiden Konten resultiert eine Nettobilanz, die über den adaptiven Wert eines möglichen Investments entscheidet.

Danach sollten Eltern umso mehr Kosten in Kauf nehmen, also umso bereitwilliger auf Teile ihres verbleibenden Reproduktionspotentials zu Gunsten ihres jetzigen Nachwuchses verzichten, je größer ihr Fitnessertrag aus diesem reproduktiven Einsatz voraussichtlich ausfallen wird. Es ist selbstevident, dass eine bestimmte Menge an Investment sich umso mehr amortisiert, je effektiver dieses Investment den zukünftigen Reproduktionserfolg der Kinder begünstigt – sei es, weil es deren Überlebenschancen erhöht, deren Konkurrenzfähigkeit im Paarungswettbewerb verbessert oder anderweitig die Reproduktionschancen der Kinder vermehrt. Die Nutzenseite elterlicher „Kalkulationen" wird vor allem bestimmt durch die genetische Verwandtschaft zu den Kindern, dem Alter der Kinder, ihrer Vitalität, ihrem Geschlecht und den Umfang, mit dem sie zur Familienökonomie beitragen können – sei es durch Arbeit oder durch Mithilfe bei den elterlichen Reproduktionsbemühungen („Helfer-am-Nest") (Tab. 2).

Tab. 2: Determinanten differentiellen Elterninvestments

Wegen unterschiedlicher Nutzenerwartungen	Wegen unterschiedlicher Kosten
genetische Verwandtschaft (s. Text)	Ressourcenverfügbarkeit (s. Text)
Alter der Kinder (Daly, Wilson 1995)	Alter der Eltern (Bugos, McCarthy 1984; Voland, Gabler 1994)
Beitrag zur Familienökonomie	Opportunitätskosten
– via Ressourcenakkumulation (Hewlett 1991; Smith, Smith 1994)	– ökonomisch (Hewlett 1992)
	– reproduktiv (Hrdy 1992)
– via Hilfe im Haushalt (Das Gupta 1987, Margulis et al. 1993)	
Vitalität der Kinder (s. Text)	Einzel- vs. Zwillingsgeburten (Gabler, Voland 1994)
Geschlecht der Kinder (wg. des unterschiedlichen Reproduktionspotentials) (s. Text)	Geschlecht der Kinder (wg. unterschiedlicher Aufzuchtskosten) (s. Text)

Andererseits sollten – bei gleichen Nutzenerwartungen – Eltern umso zögerlicher investieren, je kostspieliger für sie dieses Investment ausfällt. Die Kosten für die Aufzucht eines Kindes variieren vor allem aus Gründen einer unterschiedlichen Ressourcenverfügbarkeit, entstehender Opportunitätskosten (für Männer und Frauen aus teilweise unterschiedlichen Gründen), des elterlichen Alters und des Geschlechts des Kindes (Tab. 2). In der Lebensrealität kommt es darüber hinaus zu zahlreichen Interaktionseffekten zwischen diesen Einflüssen, was die Analyse differentiellen Elterninvestments zu einem ausgesprochen schwierigen Unternehmen werden lässt.

Weil aber beides, sowohl die Kosten als auch der zu erwartende Nutzen eines elterlichen Investments ganz entscheidend von der individuellen soziökologischen Lebenssituation der Eltern abhängt, muss mit Unterschieden in den persönlichen Nettobilanzen biologischer Fortpflanzung gerechnet werden und entsprechend auch mit Unterschieden (auch innerhalb derselben Population) in den elterlichen Bereitschaften, in bestimmte Kinder zu investieren. Etwas besser bekannte Zusammenhänge werden im Folgenden vorgestellt.

8.3.2.1 Differentielles Elterninvestment wegen unterschiedlicher Ressourcenverfügbarkeit

Nicht jeder Zeitpunkt ist ein vorteilhafter Zeitpunkt, um sich fortzupflanzen und sein Investment Erfolg versprechend einzusetzen. Um vermeidbare Kosten zu sparen, werden Organismen möglichst frühzeitig prüfen, ob sich angesichts der momentanen Lebenssituation Reproduktion voraussichtlich lohnen wird oder nicht. Dies ermöglicht einen von Anbeginn an ökonomischen Umgang mit dem begrenzten Investmentpotential. Wenn beispielsweise aus Gründen einer temporären Nahrungsmittelknappheit oder psychosozialen Stresssituation bereits frühzeitig zu erkennen ist, dass ein ausgetragenes Kind kaum (Über-)Lebenschancen hätte, sind Implantation, Fetal-

und Embryonalentwicklung, Geburt und Laktation vermeidbare Kosten. Eine Frau verhält sich biologisch angepasst, wenn sie unter nachteiligen Umständen mit einer Konzeption wartet, bis sich die Aussichten entscheidend verbessert haben. Viele Formen reproduktionsphysiologischer Dysfunktion sind als adaptive Maßnahmen zur Vermeidung kostspieliger Fehlinvestitionen zu verstehen, und diese Interpretation schließt definitiv menschliche Gegebenheiten mit ein (Wasser 1990). Das Ovar beispielsweise ist ein sensibel auf Umgebungsveränderungen reagierendes Organ, dessen Funktionen dann erst ihr Optimum erreichen, wenn der soziökologische Lebenskontext einen optimalen Reproduktionserfolg verspricht (Ellison 1990).

Zweifellos kann in soziökologisch fluktuierenden Milieus der Lebensreproduktionserfolg gesteigert werden, wenn die günstigeren Lebensphasen zur Reproduktion genutzt werden (woraus sich übrigens in traditionellen Gesellschaften einige Phänomene der Geburtensaisonalität erklären lassen: Bailey et al. 1992; Bronson 1995; Ellison 1994; Leslie, Fry 1989). In chronisch deprivierten Milieus nützt allerdings kein Hinauszögern der Fortpflanzung. Entgegen früherer Auffassungen, wonach erst ein Minimum an Energie-(Fett)-reserven angelegt sein muss, damit es zu einer erfolgreichen Schwangerschaft kommen kann (Frisch 1988), können sich Frauen auch dann fortpflanzen, wenn sie dauerhaft unter Nahrungsmangel leiden und über keinerlei Fettreserven verfügen. Allerdings geht dies auf Kosten des mütterlichen Selbsterhaltungsaufwandes (Ellison 1994; Prentice, Whitehead 1987; Tracer 1991).

Umwelten können sich unvorhersehbar und schlagartig ändern, sodass mitten in einem an sich planmäßig verlaufenden reproduktiven Vorgang eine Revision der elterlichen Investmentstrategie opportun erscheint. Mehr oder weniger drastische Reduktion oder gar eine gänzliche Terminierung des mütterlichen Aufwands kann unter Umständen den Lebensreproduktionserfolg selbst dann noch steigern, wenn die Entwicklung des Fetus schon reichlich fortgeschritten ist. Der Zusammenhang von Stress (verschiedenster Genese) und Schwangerschaftsrisiken ist gut belegt und kann als Anpassung an die Veränderlichkeit der psychosozialen und ökologischen Lebensumwelten verstanden werden (Peacock 1991; Wasser 1990). Auch die Wahrscheinlichkeit willentlich herbeigeführter Aborte hängt von der persönlichen sozialen Lebenssituation der Schwangeren ab. Frauen in festen Partnerschaften mit geklärten Vaterschaftsverhältnissen treiben wesentlich seltener ab als jene Frauen, die ihre Kinder ohne verlässliche väterliche Unterstützung erziehen müssten (Essock-Vitale, McGuire 1988).

Ebenso kann bei ökologischen oder sozialen Turbulenzen Elterninvestment auch noch nachgeburtlich reduziert oder abrupt beendet werden. Dies erscheint dann biologisch angepasst, wenn das zur erfolgreichen Aufzucht unbedingt notwendige väterliche Investment nicht zur Verfügung steht. In der ethnografischen Literatur wird „Mangel an väterlicher Unterstützung" häufig als Grund von Kindstötungen genannt (Daly, Wilson 1984), und sicherlich ist auch das in der europäischen Sozialgeschichte regelmäßig zu beobachtende erhöhte Sterberisiko der Kinder lediger Frauen Ausdruck eines verminderten elterlichen Investments. Unabhängig von der allgemein vorherrschenden Höhe der Säuglingssterblichkeit liegt das Risiko „illegitimer" Kinder regelmäßig über dem ehelicher Kinder (Abb. 10). Dieser Tatbestand ist überraschenderweise immer noch zu beobachten, obwohl doch heutzutage ehelich und unehelich geborene Kinder eine gleichgute medizinische Versorgung erwarten können.

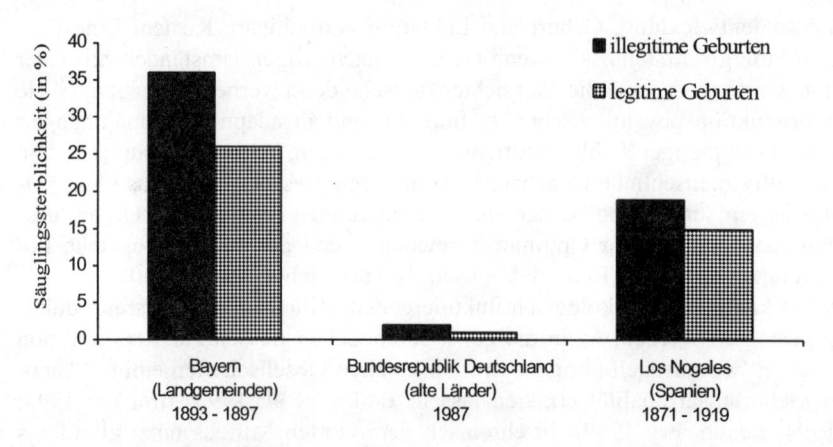

Abb. 10: Säuglingssterblichkeit in Los Nogales (Spanien 1871–1919), Bayern (1893–1897) und der BRD (1987) für eheliche und uneheliche Kinder

(Quelle: Fuster 1986; Imhof 1981; Statistisches Bundesamt 1989; Voland 1993)

Eine biografische Katastrophensituation mit nachhaltigen Auswirkungen auch auf den Lebensreproduktionserfolg erfahren Menschen, die ihren Ehepartner verlieren. Anhand genealogischer Daten aus Ostfriesland (17.–19. Jahrhundert) untersuchte Voland (1988), mit welchen Konsequenzen der frühe Tod eines Elternteils für die betroffenen Kinder verbunden war. Untersucht wurde das Schicksal von Kindern, die einen Elternteil innerhalb ihres ersten Lebensjahres verloren hatten. Generell lag das Risiko dieser Säuglinge, vor Vollendung des 15. Lebensjahrs zu sterben, wenn sie ihre Mutter verloren hatten, 1,4-mal höher, als wenn der Vater gestorben war. Das im Zusammenhang dieses Abschnitts interessantere Ergebnis aber war das extrem hohe Sterberisiko der Kinder, die erstes und einziges Kind waren und ihren Vater verloren hatten. Ihr Sterberisiko lag signifikant über dem der Kinder höherer Geburtsränge, also solchen mit Geschwistern. Für die Kindersterblichkeit ergab sich ein ähnliches Bild. Überlebte hingegen der Vater, war kein signifikanter Einfluss des Geburtsrangs auf die Sterblichkeit der Halbwaisen zu finden. Aus der historisch-demographischen Literatur ist bekannt, dass Witwen eine wesentlich bessere Aussicht auf Wiederverheiratung hatten, wenn sie kinderlos waren (Bideau 1980; Knodel, Lynch 1984). Und auch in dieser ostfriesischen Stichprobe fand sich ein Zusammenhang zwischen dem Tod des einzigen Säuglings einer Witwe und ihrer Wiederverheiratungswahrscheinlichkeit. Indem die Witwen ihr erstes und einziges Kind „aufgaben", folgten sie letztlich einer adaptiven Strategie. Beenden des Investments in diesen Nachkommen erhöhte ihre Chancen für eine Wiederverheiratung und damit auf zukünftige Reproduktion.

8.3.2.2 Differentielles Elterninvestment nach den verwandtschaftlichen Beziehungen zu den Kindern

Eine wesentliche Rolle für Investmententscheidungen spielt genetische Verwandtschaft. Durch die mit der sexuellen Fortpflanzung obligat einhergehenden Teilungsprozesse der Keimzellen sind die Hälfte aller Allele eines Kindes identische Kopien je der Hälfte des väterlichen bzw. des mütterlichen Erbguts. Der genetische Verwandtschaftsgrad zwischen leiblichem Vater bzw. leiblicher Mutter und Kind ist deshalb $r = ½$ oder $0{,}5$.

Nun gibt es Familien mit anderen genetischen Verwandtschaftsverhältnissen, denn nicht immer sind die sozialen auch die biologischen Eltern. Die soziobiologische Theorie der Verwandtenselektion fordert, dass elterliches Investment entsprechend dem Verwandtschaftsgrad gewichtet wird. Je geringer die genetische Verwandtschaft, desto geringer wird im Mittel die Bereitschaft zu altruistischer Unterstützung und Fürsorge gegenüber Kindern ausfallen, denn desto unwahrscheinlicher dient elterliches Fürsorgeverhalten der Replikation der eigenen Gene. Dieser Zusammenhang wird vor allem in drei sozialen Kontexten spürbar, nämlich in Familien mit Adoptivkindern, Stiefkindern oder ungeklärten Vaterschaftsverhältnissen.

Einmal abgesehen von eindeutig ausbeuterisch motivierten Adoptionen, in denen fremde Kinder zur Familienökonomie beitragen und so einen Nettonutzen für die Adoptiveltern erwirtschaften, werden von Liebe und Fürsorge getragene Adoptionen immer wieder als Argumente gegen die Nützlichkeit des Darwinischen Paradigmas bei der Analyse menschlichen Fortpflanzungsverhaltens vorgebracht. Schließlich widerspricht es jeder evolutionären Theorie des Sozialverhaltens, dass sich Menschen willentlich altruistisch gegenüber fremden Kindern verhalten. Bei genauerer Betrachtung beschränkt sich dieses erklärungsbedürftige Phänomen auf die westlichen Industrienationen, während die Adoptionssysteme traditioneller Gesellschaften recht gut mit der Wirkweise der Verwandtenselektion im Einklang stehen. Kinder werden hier vorrangig nach Maßgabe genetischer Verwandtschaft adoptiert (Abb. 11), wobei nicht selten alle Beteiligten – die Adoptiveltern, die Adoptivkinder und die leiblichen Eltern – gleichermaßen von diesem System profitieren (Silk 1980 für ozeanische Bevölkerungen; Silk 1987 für die arktischen Inuit).

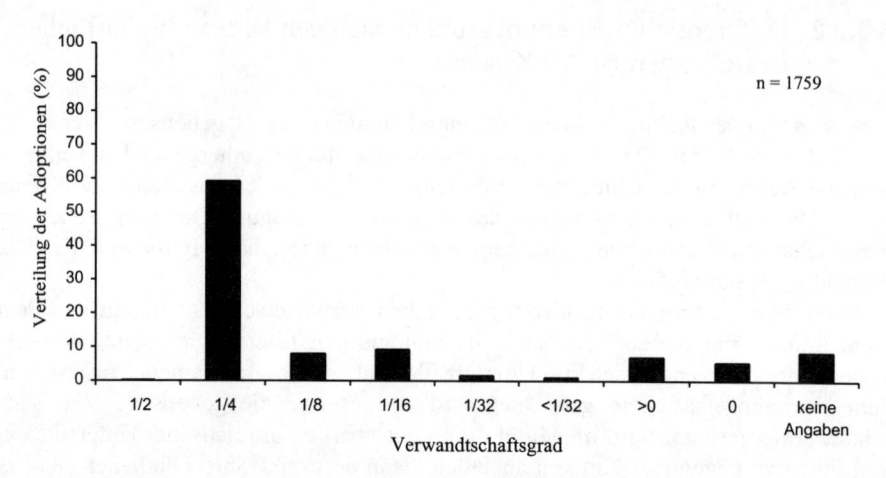

Abb. 11: Prozentuale Verteilung der Adoptionen nach Verwandtschaftsgrad für 11 ozeanische Gesellschaften

(Quelle: Silk 1980)

Im Hinblick auf ein theoriekonformes Verständnis von Adoptionen wesentlich problematischer sind hingegen die anonymen Fremdadoptionen in den Industriestaaten. Das menschliche Brutpflegesystem motiviert offensichtlich dermaßen stark zu elterlichem Fürsorgeverhalten, dass es auch in Situationen seinen Ausdruck sucht, in denen es nicht evolviert sein kann. Ein starker „Pflegetrieb" ist sicherlich im Mittel hochgradig adaptiv. Auch wenn er sich heute gelegentlich quasi am „falschen Objekt" festmacht, fördert er doch im Regelfall die persönliche Reproduktion. Sicherlich erklären sich auch einige Phänomene der Schoßtierhaltung psychologisch aus einem „umgeleiteten", weil primär nicht befriedigten Fürsorgebedürfnis. Wie dem auch sei – Adoptiveltern sind in ihrer überwiegenden Mehrzahl selbst kinderlos. Genau genommen gehen sie keine biologischen Kosten ein, weil bei Sterilität die Annahme eines fremden Kindes nicht mit einer Einbuße persönlichen Reproduktionspotentials einhergeht. Wirklich fatal für eine evolutionäre Theorie menschlichen Sozialverhaltens wäre es hingegen, wenn Menschen regelmäßig und ohne irgendeinen persönlichen Nutzen daraus zu erzielen, fremde Kinder auf Kosten eigener großzögen. Das wäre in der Tat eine Form von genetischem Altruismus, für den die Verhaltensforschung bisher aber noch kein überzeugendes Beispiel geliefert hat.

Anders als bei Adoptionen steht bei Stiefverhältnissen nicht der Wunsch nach einem Kind im Vordergrund, sondern der Wunsch nach einem Partner. Kinder aus früheren Beziehungen müssen damit rechnen, vom Stiefelter lediglich in Kauf genommen worden zu sein und letztlich von ihm ungeliebt zu bleiben. Der ultimate Grund hierfür ist leicht einsichtig, sind doch menschliche Familien primär auf persönliche Reproduktion angelegte kooperative Systeme, in denen sich die evolvierten Interessen der Beteiligten treffen. Im Regelfall teilen deshalb Eheleute die Sorge um das Wohlbefinden ihrer gemeinsamen Kinder, denn diese vereinigen die Fitnesserwartungen von beiden Elternteilen gleichermaßen auf sich. Gemeinsame Kinder werden von daher eher zur Harmonisierung einer Beziehung beitragen als zu deren Bruch. Anders Stiefkinder: in ihnen bündeln sich profunde, reproduktionsstrategisch begründete Konflikte, denn die natürliche Selektion konnte kein Motivationssystem modellieren, das uns – gleichsam „von Natur aus" – bezüglich genetischer Verwandtschaft indiskriminativ gegenüber allen Kindern verhalten lässt, weil dies ihrem genzentrierten Prinzip zuwiderlaufen würde. Resultat ist ein mehr oder weniger latentes Konfliktpotential gerade in Stieffamilien, dessen Beherrschung und Kontrolle bekanntermaßen nicht immer gelingt (Daly, Wilson 1988a). Die alltägliche Ausdrucksform dieses Widerspruchs lässt sich auf eine einfache Formel bringen: Der biologische Elter will mehr in seine Kinder aus erster Ehe investiert wissen, als der Stiefelter freiwillig zu leisten bereit ist.

Unschuldige Opfer der strukturell widersprüchlichen Reproduktionsinteressen in Stieffamilien sind vor allem aber die Stiefkinder selbst. Was die Volksweisheit lehrt, ist inzwischen empirisch untermauert. Dabei sind es gleichermaßen traditionelle, historische und moderne Gesellschaften (Daly, Wilson 1991; Flinn 1988; Phillips 1980; Stephan 1992), in denen sich eine überdurchschnittliche Gefährdung durch Ausbeutung und Misshandlung von Stiefkindern manifestiert. Das Risiko für Stiefkinder, von ihrem Stiefelter getötet zu werden, ist um ein vielfaches höher als für leibliche Kinder, von ihren leiblichen Eltern umgebracht zu werden (Abb. 12). Dabei ist tödliche Gewalt zweifellos spektakuläre Spitze eines sonst eher in Privatsphären verborgenen Eisbergs an alltäglicher Aggression und Indifferenz, dessen evolvierter Hintergrund lautet: Reduktion des Elterninvestments in nicht-verwandte Kinder.

Auch ungeklärte Vaterschaftsverhältnisse wirken sich auf menschliche Familien destabilisierend aus. So bilden überall auf der Welt – in traditionellen wie in modernen Gesellschaften – männliche Monopolisierungsansprüche in Verbindung mit Mutmaßungen über weibliche Untreue das bei weitem häufigste Motiv für innereheliche Gewalt gegen Frauen (Daly, Wilson 1988b).

Es gibt einige wenige Ethnien, die eine bemerkenswerte sexuelle Freizügigkeit ausleben. Die südindischen Nayar gehören beispielsweise dazu, von denen die Ersten westlichen Ethnografen zu berichten wussten, dass die Frauen gewöhnlich zwischen drei und zwölf Liebhabern gleichzeitig haben (Gough 1961). Zwangsläufige Folge sexueller Promiskuität sind weitgehend ungeklärte Vaterschaftsverhältnisse. Nach der bisherigen Argumentation wäre deshalb für die Nayar ein überaus spannungsgeladenes Verhältnis zwischen den Geschlechtern zu erwarten, gekennzeichnet durch einen ständigen Konflikt zwischen männlichen Obsessionen und weiblichen Autonomieansprüchen. Dies scheint aber nicht der Fall zu sein, und ein wesentlicher Grund liegt sicherlich darin, dass Männer sich von vornherein der Vaterrolle verweigern. Sie investieren nichts in die Kinder ihrer Frau, und damit lösen sie den ultimat angelegten Konflikt zwischen Vaterschaftsunsicherheit und Investmentbereitschaft auf ihre, eine ungewöhnlich radikale Art und Weise. Stattdessen vererben sie ihre materiellen Güter und gegebenenfalls ihren sozialen Rang an die Kinder ihrer Schwestern. Das dies im Durchschnitt die reproduktive Fitness steigert, verdeutlicht das Modell von Alexander (1979) (Abb. 13).

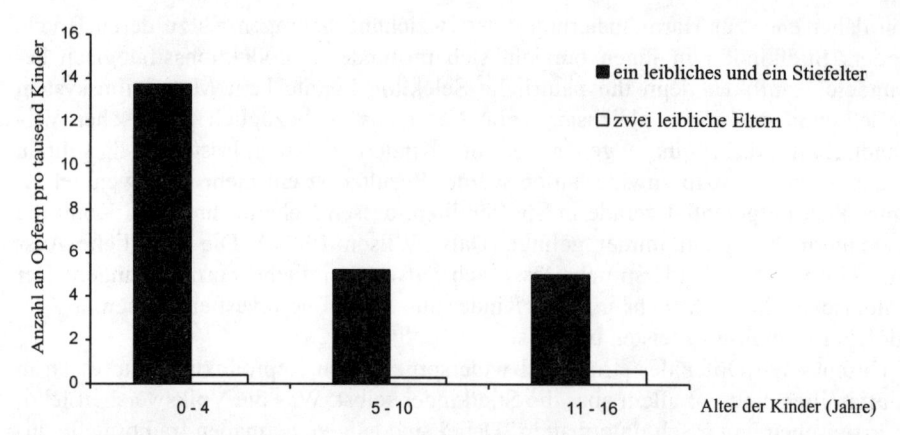

Abb. 12: Kindesmisshandlungen nach Haushaltstyp und Alter der Kinder in Hamilton, Ontario (Kanada 1974–1983)

(Quelle: Daly, Wilson 1988a)

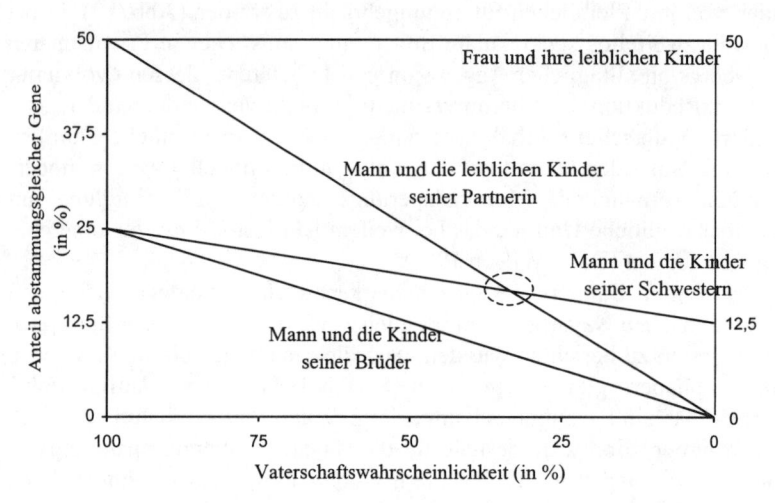

Abb. 13: Abhängigkeit des durchschnittlichen genetischen Verwandtschaftsgrades von der Vaterschaftswahrscheinlichkeit

(Quelle: Alexander 1979)

Die Grafik stellt den Prozentsatz der durch Abstammung gemeinsamen Gene (den Verwandtschaftsgrad) in Abhängigkeit von der Vaterschaftswahrscheinlichkeit dar. Der Verwandtschaftsgrad r zwischen Müttern und ihren leiblichen Kindern beträgt, wie bereits erwähnt, 0,5. Dieser Wert ist selbstverständlich völlig unbeeinflusst von der Vaterschaftswahrscheinlichkeit. Für „Väter" kann r aber bis auf 0 sinken, nämlich dann, wenn keine Vaterschaft vorliegt. Die genetische Verwandtschaft zwischen Geschwistern beträgt durchschnittlich 0,5 im Falle der Vollgeschwisterschaft und

0,25 im Falle der Halbgeschwisterschaft. Männer sind also mit ihren Schwestern immer zu einem gewissen Prozentsatz verwandt, da sie sicher sein können, zumindest dieselbe Mutter zu haben. Folglich sind sie immer auch mit den Kindern ihrer Schwestern zwischen mindestens 0,125 und 0,25 verwandt! Die Verwandtschaft mit den Kindern ihrer Brüder hingegen kann auch hier wieder auf bis 0 absinken. Wenn also die Vaterschaftswahrscheinlichkeit unter einen bestimmten Schwellenwert sinkt, kann es günstiger für einen Mann sein, in die Kinder seiner Schwester (selbstverständlich nicht in die seiner Brüder) zu investieren, als in seine „eigenen". In diesem Modell lässt sich erkennen, dass unter einer durchschnittlichen Vaterschaftswahrscheinlichkeit von rund 30% ein Mann in seinem genetischen Eigeninteresse eher in die Kinder seiner Schwester als in die seiner Frau investieren sollte. Dies wird tatsächlich häufig beobachtet, wenn Promiskuität verbreitet ist.

Unter Bedingungen sexueller Freizügigkeit findet man in den weltweit verbreiteten matrilinealen Gesellschaften das so genannte „Avunkulat" vor, jene institutionalisierte Einrichtung, dass der Bruder der Mutter für deren Kinder einen Großteil an Verantwortung und Verpflichtungen übernimmt. Nebenbei: Auch die deutsche Sprache unterscheidet nicht zufällig zwischen „Oheim", dem Mutterbruder, und „Onkel".

Flinn (1981) teilte 288 Ethnien in fünf Gruppen unterschiedlich hoher Vaterschaftswahrscheinlichkeit ein und ordnete sie anschließend nach der Art des jeweils vorherrschenden Ressourcentransfers zwischen den Generationen. Dabei unterschied er zwischen eher „agnatischen" Populationen, also solche, in denen das materielle Investment in durch männliche Blutsverwandtschaft definierten Bahnen verläuft, von den eher „uterinen" Gesellschaften, also solchen, in denen über die weiblichen Deszendenzen vererbt wird. Das Ergebnis steht in vollem Einklang mit verhaltensökologischen Erwartungen bezüglich des Zusammenhangs von männlicher Investmentbereitschaft und Vaterschaftswahrscheinlichkeit: Je niedriger diese im Durchschnitt ist, desto spärlicher fließen die Erbschaften über männliche Linien und desto bedeutsamer werden die Kinder der Schwestern in den Erbfolgen („Avunkulat"). Je geringer sich also die Aussichten auf direkte Fitnessmaximierung darstellen, desto vorrangiger werden Optionen des indirekten Investments genutzt.

8.3.2.3 Differentielles Elterninvestment nach der Vitalität der Kinder

Es ist leicht nachvollziehbar, dass ein starker Selektionsdruck gegen eine Investmentstrategie wirken muss, die Eltern dazu motiviert, gleich viel in die Aufzucht aller ihrer Nachkommen zu stecken, unabhängig davon, wie lebensfähig diese in der arteigenen Lebensumwelt eigentlich sind. Der Selektionsdruck ist offensichtlich dermaßen hoch, dass ein nach Lebenstauglichkeit differentielles Investment meist schon sehr früh in der Embryogenese zum Tragen kommt und dann nicht selten zur Terminierung des Elternaufwands führt. Man schätzt, dass zwischen 50 und 78% aller menschlichen Konzeptionen spontan abortiert werden (Wasser 1990). Frühzeitige Beendigung des Elterninvestments wäre demnach in der Reproduktionsbiologie der Menschen die Regel und nicht die Ausnahme!

Dies liegt an einem Filtermechanismus, der Frauen davor bewahrt, hohe Investmentkosten einzugehen, obwohl der heranwachsende Keim z. B. wegen genetischer

Schäden nicht bis zur Geschlechtsreife überlebensfähig wäre und deshalb keine Aussicht auf eigene Reproduktion besitzt. Anstatt wegen 40 Wochen Schwangerschaft und 2–3 Jahre Stillens (was historisch wohl die Regel gewesen sein dürfte) insgesamt rund 3–4 Jahre fekunde Lebenszeit in die Entwicklung einer Zygote ohne eigene Fortpflanzungsaussichten zu investieren, ermöglicht ein früher Abort die rasche Wiederaufnahme der Ovulation und minimiert so die Kosten der mütterlichen Fehlinvestition. Es ist evolutionstheoretisch durchaus stimmig, wenn Gynäkologen feststellen, dass es umso früher zu Spontanaborten kommt, je schwerwiegender die Fehler im Entwicklungsprogramm der Zygote sind und je früher dies der mütterliche Organismus erkennen kann (Shepard, Fantel 1979). Aus diesen Gründen ist ein nach der Vitalität der Kinder differentielles Elterninvestment eher ein physiologisches als ein Verhaltensphänomen. Wenn dennoch Kinder behindert zur Welt kommen, zeigt sich auch im Verhaltensbereich ein diskriminierendes elterliches Investment: Behinderte sind einer überdurchschnittlichen Gefahr ausgesetzt, von ihren Eltern vernachlässigt, misshandelt und umgebracht zu werden. In den USA ist ein solches Risiko für Kinder mit angeborenen Fehlbildungen wie etwa Spina bifida, Kiefer-Gaumen-Spalte und Down-Syndrom rund doppelt so hoch wie für körperlich unauffällige Kinder (Daly, Wilson 1981). Andere Studien weisen teilweise noch deutlich höhere Risiken aus. Mann (1992) beobachtete das unterschiedliche Fürsorgeverhalten von US-Amerikanerinnen, die frühgeborene, untergewichtige Zwillinge zur Welt gebracht hatten, um der Frage nachzugehen, welches Zwillingskind ein Mehr an mütterlicher Aufmerksamkeit und Zuwendung erfährt. Es könnte etwa jenes sein:

1. welches am meisten schreit und Bedürftigkeit signalisiert, weil es die „mütterlichen Pflegeinstinkte" am besten zu wecken versteht;
2. welches durch ein babyhaft-freundliches Verhalten der Mutter am meisten Freude bereitet und sie narzistisch belohnt;
3. welches die meisten Entwicklungsdefizite aufweist, weil die Mütter motiviert sind, besondere Handikaps zu kompensieren, oder
4. welches am vitalsten erscheint.

Wenngleich an einer zwangsläufig geringen Stichprobe erhoben, sind Manns (1992) Daten in ihrem Trend eindeutig: In ausnahmslos allen fünf untersuchten Familien genoss der jeweils gesündere Zwilling, unabhängig von seinem Verhalten, eine mütterliche Bevorzugung (Abb. 14).

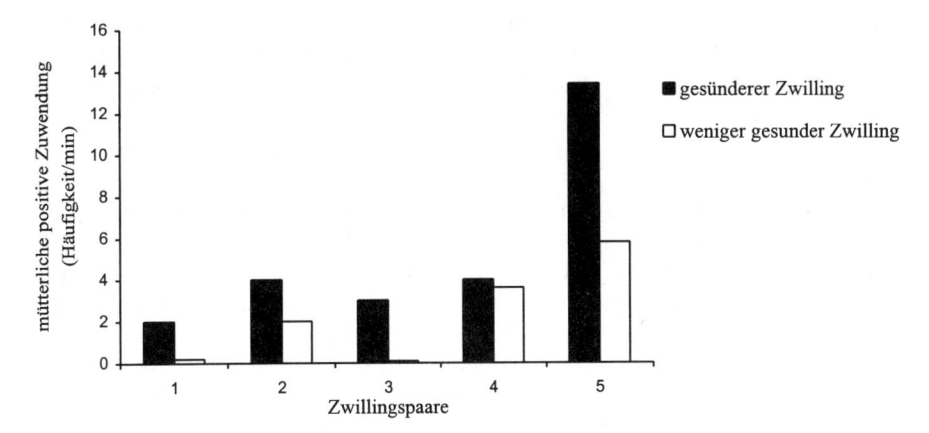

Abb. 14: Abhängigkeit mütterlicher Zuwendung vom Gesundheitszustand frühgeborener, untergewichtiger Zwillinge

(Quelle: Mann 1992)

Dies deutet auf einen psychologischen Mechanismus im menschlichen Brutpflegesystem, der die Lebens- und Reproduktionsfähigkeit der eigenen Kinder prüft und danach das elterliche Engagement portioniert. Drohen Investitionen in Kinder mit verminderten Lebens- und Reproduktionschancen mehr elterliches Reproduktionspotential zu binden als sie an Fitnessgewinn erwarten lassen, sind Eltern eher bereit, ihr Investment zu beenden, als wenn die Kinder nach Maßgabe ihrer physischen Konstitution als viel versprechende Hoffnungsträger für die Weitergabe des eigenen Erbguts gelten können.

8.3.2.4 Differentielles Elterninvestment nach dem Geschlecht der Kinder

Von einigen interessanten Ausnahmen abgesehen (Clutton-Brock 1991), investieren die Arten etwa gleich viel in die Herstellung und Aufzucht von Männchen und Weibchen, was sich in einem annähernd ausgeglichenen Geschlechterverhältnis niederschlägt. Eine die Sexualproportion verschiebende „Mutation" hätte auf Dauer keine Chance, evolutiv fixiert zu werden, weil angesichts zweigeschlechtlicher Fortpflanzung der durchschnittliche Reproduktionserfolg von Männchen und Weibchen gleich hoch sein muss.

Man kann sich das in einem Gedankenexperiment leicht vergegenwärtigen: Einmal angenommen, auf Grund einer zufälligen Laune der Natur würden Männchen und Weibchen im Verhältnis von 1 : 10 geboren. Wenn das eine Männchen sich mit allen zehn Weibchen fortpflanzt, ist sein Reproduktionserfolg zehnmal größer als der jedes einzelnen Weibchens. Wären Männchen und Weibchen in der „Herstellung" gleich teuer, könnten Mütter ihren Reproduktionserfolg verzehnfachen, wenn sie anstatt eine Tochter zu produzieren, einen Sohn großzögen. Eine Tochter brächte ja für sie nur einen Enkel, ein Sohn hingegen zehn! Ein starker Selektionsdruck würde dafür sorgen, dass sich der Anteil der Söhne produzierenden Mütter in der Population ausbreitete, bis schließlich die Sexualproportion wieder das 1 : 1 Verhältnis angenommen hätte.

Diese Einsicht geht auf Fisher (1930) zurück: Jede Abweichung von dem ausbalancierten Mengenverhältnis der beiden genetischen Lebensstrategien „männlich" und „weiblich" würde von der natürlichen Selektion korrigiert. Genaugenommen macht das Fisher'sche Prinzip jedoch eine präzisere Vorhersage als die einer ausgeglichenen Geschlechterrelation. Korrekt formuliert lautet es: Diejenige Sexualproportion ist evolutiv stabil, bei der der Fitnessertrag pro Einheit Investment in Söhne bzw. Töchter gleich hoch ist. Man beachte, dass damit die Frage der geschlechtstypischen Kosten/Nutzen-Bilanz in den Vordergrund rückt. Das 1 : 1 Verhältnis ist – wenngleich häufig beobachtet – letztlich nur ein Spezialfall des Fisher'schen Prinzips und gilt nur bei gleichhohen Investmentkosten für Söhne und Töchter. Nehmen wir an, bei einer Art sei die Aufzucht eines Sohnes doppelt so teuer wie die einer Tochter, dann müsste der männliche Reproduktionserfolg im Durchschnitt doppelt so groß sein wie der weibliche, damit sich ein Sohn lohnt. Dies erfordert ein effektives Geschlechterverhältnis von 1 : 2, was aber wiederum bedeutet, dass das Gesamtinvestment in beide Geschlechter gleich groß ist: Der doppelt so hohe Preis wird durch die halbe Produktionsmenge kompensiert, und damit ist der Gesamtaufwand für beide Geschlechter auch unter den 1 : 2 Bedingungen gleich hoch! Formal lässt sich das nach Trivers (1985) folgendermaßen ausdrücken:

$$Km \cdot M = Kw \cdot W$$

Wenn das Produkt aus den Investmentkosten zur Herstellung eines Männchens (Km) und der Zahl der Männchen (M) gleich groß ist wie die Investmentkosten für die Herstellung eines Weibchens (Kw) multipliziert mit der Zahl der Weibchen (W), dann ist der Gesamtaufwand in beide Geschlechter gleich. Und genau solch ein austarierter Zustand wird von der natürlichen Selektion gefördert und äußert sich in der häufig zu beobachtenden Geschlechterparität.

Beispielsweise weisen neugeborene Schwarze Klammeraffen ein Verhältnis von 37,5 Männchen zu 100 Weibchen auf (Symington 1987). Gemäß des Fisher'schen Prinzips kann allein auf Grund dieses Befunds vorhergesagt werden, dass das seltenere Geschlecht mehr Investment erfordert. Und tatsächlich werden Söhne 36 Monate gestillt, Töchter hingegen nur 29. Auch werden Söhne nach der Geburt signifikant länger von ihren Müttern getragen. Söhne sind also in der Aufzucht teurer, und entsprechend seltener werden sie produziert.

Die relativen Kosten für Söhne und Töchter werden u. a. auch durch eine geschlechtstypische Säuglings- und Kindersterblichkeit beeinflusst. Wenn regelmäßig mehr männliche als weibliche Nachkommen vor ihrem Erwachsenwerden sterben (wie z. B. bei Menschen), ist der durchschnittliche Aufwand für jeden konzipierten Sohn geringer als für jede konzipierte Tochter. Andererseits ist jeder erfolgreich großgezogene Sohn teurer geworden als jede erfolgreich großgezogene Tochter, weil ja der Aufwand für die vorzeitig gestorbenen Nachkommen mitbilanziert werden muss. Beobachtet man zu irgendeinem Zeitpunkt während der Elterninvestmentphase eine zu einem Geschlecht hin verschobene Sexualproportion, kann gemäß des Fisher'schen Prinzips eine Übersterblichkeit dieses Geschlechts bis zum Ende des Elterninvestments prognostiziert werden. So erklärt sich evolutionsbiologisch der für alle menschlichen Populationen gleichermaßen typische Jungenüberschuss bei den Geborenen von beispielsweise 105,3 Jungen auf 100 Mädchen (in der BRD 1989) und deren erhöhte Sterblichkeit im ersten Lebensjahr von beispielsweise 0,855‰ gegenüber 0,663‰ bei Mädchen (Statistisches Bundesamt 1991).

Die Fisher'sche Prognose eines ausgeglichenen Investments in beide Geschlechter gilt allerdings nur für Betrachtungen auf Populationsebene. Innerhalb einer Population kann es für einzelne Individuen durchaus vorteilhaft sein, auf Kosten des einen vermehrt in das andere Geschlecht zu investieren, weil das unterschiedliche Reproduktionspotential der beiden Geschlechter je nach Lebenssituation unterschiedlich effektiv genutzt werden kann. Trivers und Willard (1973) veröffentlichen hierzu eine grundlegende Hypothese, die auf folgender Überlegung beruht:

Wegen der Wirkweise der sexuellen Selektion ist die Varianz im Reproduktionserfolg bei demjenigen Geschlecht größer, das weniger in jeden einzelnen Nachkommen investiert, in der Regel also bei Männchen (vgl. Voland 1993 für eine ausführliche Erläuterung dieses Prinzips). Das gilt nicht nur für viele Tierarten, sondern auch für Menschen (Abb. 15).

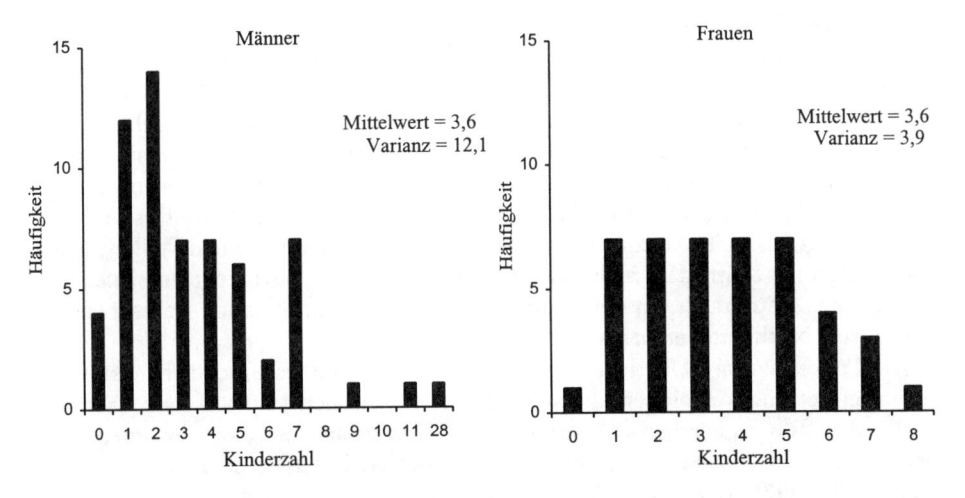

Abb. 15: Geschlechtstypische Varianz im Reproduktionserfolg bei Xavante-Indianern: Verteilung der Kinderzahl von 40-jährigen (bzw. bereits gestorbenen) Männern und Frauen

(Quelle: Daly, Wilson 1983)

Je größer aber die Varianz, desto günstiger wirken sich gute und desto nachteiliger wirken sich schlechte Lebens- und Reproduktionschancen auf die Fitness aus. Daher sollten Angehörige des Geschlechts mit der höheren Reproduktionsvarianz, also Männer, solange sie unter guten Bedingungen leben, ihren Reproduktionserfolg mehr steigern können als Frauen. Anders unter ungünstigen Bedingungen: hier werden Frauen im Mittel einen höheren Reproduktionserfolg erzielen als Männer. Das Verhältnis des durchschnittlich zu erwartenden Reproduktionserfolgs von Frauen und Männern kehrt sich also mit verbesserten Lebensbedingungen um (Abb. 16).

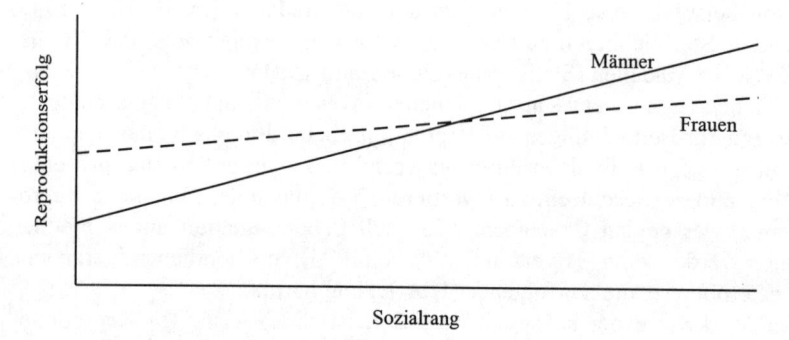

Abb. 16: Die unterschiedliche Abhängigkeit des Reproduktionserfolgs von Männern und Frauen von den Lebensbedingungen, z. B. dem Sozialrang

Dies hat Konsequenzen für die Aufteilung des Elterninvestments. Wenn die Wahrscheinlichkeit, mit der die Nachkommengeneration aus den guten Lebensbedingungen der Eltern einen Fitnessvorteil gewinnen kann, hinreichend groß ist, sollten Eltern unter günstigen Lebensbedingungen in das Geschlecht mit der höheren Varianz, also in Jungen investieren. Ihr Investment hätte dann den größtmöglichen Effekt. Für schlechter gestellte Eltern ist es hingegen Gewinn bringend, in das Geschlecht mit der geringeren Varianz, also in Mädchen zu investieren. Damit umgehen sie das Risiko, in ein Individuum zu investieren, das höchstwahrscheinlich in seinem Reproduktionserfolg weit unterdurchschnittlich abschneiden wird, z. B. weil es auf dem Heiratsmarkt auskonkurrenziert wird. Die Hypothese von Trivers und Willard lautet demzufolge im Kern, dass sich das elterliche Investment bevorzugt auf jenes Geschlecht konzentriert, das in einer gegebenen ökologischen Situation wahrscheinlich die meisten Nachkommen haben wird.

Die Trivers/Willard-Überlegungen erwiesen sich als äußerst fruchtbar für die daraufhin einsetzende empirische Forschung, und inzwischen sind aus dem Tierreich zahlreiche Fallbeispiele für die Gültigkeit ihrer Voraussagen bekannt geworden, z. B. bei Rothirschen (Clutton-Brock et al. 1984) oder Berberaffen (Paul, Küster 1990; Paul et al. 1992): Bei beiden Arten gebären sozial hochrangige Mütter signifikant mehr Söhne. Einige Hinweise sprechen dafür, dass auch Frauen die sekundäre Sexualproportion ihrer Kinder nach Maßgabe der Lebensumstände – ganz im Sinn der Trivers/Willard-Hypothese – manipulieren können (Chacón-Puignau, Jaffé 1996; Mackey 1993; Mealey, Mackey 1990; Mueller 1993; Teitelbaum, Mantel 1971; Winkler, Kirchengast 1994). Der physiologische Mechanismus, der dies steuert, ist jedoch noch nicht sicher identifiziert. Zwar gibt es zahlreiche gute Hinweise dafür, dass die Geschlechterrelation hormoneller Kontrolle unterliegt (James 1994; Krackow 1995), jedoch gibt der genaue Mechanismus noch reichlich Rätsel auf.

Die erste und spätere Forschung nachhaltig beeinflussende Studie zum nachgeburtlich differentiellen Elterninvestment bei Menschen stammt von Dickemann (1979) und hat die soziologische Verteilung von Mädchenmorden in der präkolonialen nordindischen Gesellschaft zum Inhalt: Während hochrangige Kasten in Zeiten vor der englischen Kolonisation die überwiegende Zahl ihrer neugeborenen Mädchen umbrachten, taten dies die Angehörigen der niederen Kasten nicht. Grund für diesen Unterschied liefert das Heiratssystem: Während niederrangige Töchter – wenngleich mit enormen Mitgiftzahlungen – „nach oben" verheiratet werden konnten, sich mit der Aufzucht von Töchtern also viel versprechende Aussichten auf höherrangige Enkel verbanden, waren die Töchter aus „gutem Hause" mangels geeigneter aufwärts orientierter Heiratsoptionen zum Zölibat verdammt. Dickemann verlängert ihr Modell auf andere stratifizierte Feudalgesellschaften wie das kaiserliche China oder das mittelalterliche Europa. Hier wurden hochrangige Töchter häufig in Klöster gesteckt, um deren Reproduktionspotential zu Gunsten söhneorientierter Familieninteressen zu neutralisieren (Gaulin, Boster 1990; Hager 1992).

Boone (1986) untersuchte die Reproduktionsstrategien portugiesischer Elitefamilien des 15. und 16. Jahrhunderts. Danach sicherte sich der Hochadel sicherte seinen langfristigen sozialen wie auch den damit einhergehenden reproduktiven Erfolg über die Patrilinie: Landbesitz und Titel wurden traditionell nahezu ausschließlich an männliche Nachkommen vererbt. Ein sozialer Abstieg, etwa als Folge einer Besitzaufteilung, kam dem Untergang der Familie gleich und wurde unter allen Umständen zu vermeiden versucht. Statuserhalt war die beherrschende Lebensmaxime, um die sich die gesamte Familienpolitik drehte.

Der niedere Adel erlangte dagegen seinen Reproduktionserfolg über eine andere Strategie: durch Hypergamie der Töchter. Man versuchte, die Töchter in eine Hochadelsfamilie einheiraten zu lassen. Die Heiratschancen von Söhnen aus der oberen Sozialgruppe lagen über denen ihrer Schwestern und auch über denen der Söhne des niederen Adels. Die Heiratschancen der Töchter dagegen stiegen mit abnehmenden Adelsrang deutlich an. Erwartungsgemäß fand sich auch hier der Trend, in den weniger einflussreichen Familien eher in die Töchter und in den besser gestellten eher in die Söhne zu investieren. Das spiegelte sich in ihrem Schicksal als Erwachsene wider:

Im Hochadel wurden signifikant mehr Töchter (etwa 40% im Vergleich zu weniger als 30% im niederen Adel) als Nonnen in Klöster geschickt und damit die hohen Kosten einer Mitgift umgangen. Niederrangige Familien waren viel eher bereit, erheblich mehr in die Verheiratung ihrer Töchter zu investieren. Unter den Söhnen war der Anteil derjenigen, die zum Militär geschickt wurden und infolgedessen bei Kriegszügen einem wesentlich höheren Sterberisiko ausgesetzt waren, für den oberen Adel vergleichsweise gering, und stieg nach unten hin an. Boone (1988) interpretiert dies als Ausdruck einer differentiellen Investmentstrategie der Elitefamilien, um ihren genetischen und sozialen Fortbestand zu sichern.

Voland (1984) untersuchte die Säuglings- und Kindersterblichkeit in der schleswig-holsteinischen Gemeinde Leezen im 18. und 19. Jahrhundert (Gehrmann 1984) im Hinblick auf das Geschlecht der Kinder und auf den Sozialstatus ihrer Eltern (Abb. 17). Die wohlhabendste Gruppe in dieser Population stellten die Vollbauern oder Hufner, gefolgt von den Teilhufnern. In der Sozialhierarchie ganz unten rangierten die Landarbeiter und Kleinhändler. Die geringste Sterblichkeit männlicher Säuglinge war unter den Söhnen der Hufner zu finden. Ebenso gab es dort die höchste Sterblichkeit unter den Töchtern. Damit stellten die Hufner die einzige Gruppe mit weiblicher Übersterblichkeit, angesichts einer generellen männlichen Übersterblichkeit unter den Säuglingen ein bemerkenswerter Befund. Zudem zeigt sich ein Trend abnehmender Töchter- und zunehmender Söhnemortalität mit sinkendem Sozialrang, vor allem auf dem ersten Geburtsrang. Diese Ergebnisse stehen in einem auffallenden Zusammenhang zu den zukünftigen Reproduktionschancen der Kinder. Die Heiratschancen waren bei den Söhnen umso besser, je besser ihre Eltern gestellt waren. 41,1% der überlebenden Hufner-Söhne, aber nur 25,5% der Kleinhändler-Söhne fanden in ihrer Heimatgemeinde eine Ehepartnerin.

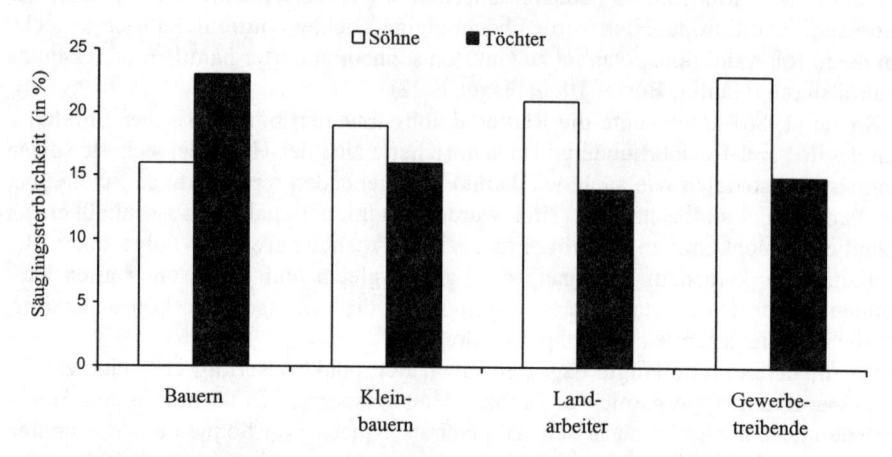

Abb. 17: Säuglingssterblichkeit nach Geschlecht und Sozialgruppe in Leezen (1720–1869), nur Erstgeborene und ohne Totgeburten

(Quelle: Gehrmann 1984, Voland 1984)

Ein Beispiel für ein den Lebensumständen entsprechendes geschlechtsorientiert differentielles Elterninvestment in traditionellen Gesellschaften stammt aus einer Untersuchung von Cronk (1989) an den Mukodogo, einem kleinen Hirtenvolk in Kenia. Ihre Demographie ähnelt in vielem traditioneller afrikanischer Gesellschaften, zeigt jedoch in einer Hinsicht eine auffällige Abweichung. Unter den jüngeren Kindern herrscht ein beachtlich hoher Mädchenüberschuss vor. Im Jahre 1986 befanden sich unter den bis zu 4-jährigen Kindern 98 Mädchen, aber nur 66 Jungen, ein statistisch signifikanter Unterschied. Diese Abweichung konnte Cronk anhand seiner Daten auf eine stärker auf Mädchen hin ausgerichtete elterliche Fürsorge zurückführen. Die Bevorzugung drückte sich unter anderem darin aus, dass Mädchen weit häufiger zur medizinischen Behandlung in eine Missionsstation gebracht wurden als Jungen, was sowohl mit erheblichem zeitlichem als auch finanziellem Aufwand verbunden war.

Die Mukogodo sind im Vergleich zu den umliegenden Bevölkerungsgruppen arm. Da sie erst kürzlich ihr Wildbeuterdasein aufgegeben haben, ist ihre heutige soziale Anerkennung durch ihre Nachbargruppen relativ gering geblieben. Sie stehen damit am unteren Ende einer sozialen Hierarchieskala. Etwa ab 1900 begannen die Mukogodo, ihre Heiratskreise auf die benachbarten Stämme auszudehnen. Da Frauen eher die Möglichkeit haben, in Nachbarstämme einzuheiraten, besteht seither unter den Mukogodo selbst ein ständiger Bedarf an heiratsfähigen Frauen. Infolgedessen und wegen ihrer Armut bleiben viele der Mukogodo Männer ledig, nicht zuletzt weil die Brautpreise für nicht den Mukogodo angehörige Frauen deutlich höher sind und für viele unbezahlbar bleiben. Mukogodo-Frauen erzielen deshalb im Durchschnitt einen höheren Reproduktionserfolg als Männer. Die durchschnittliche Anzahl überlebender, mindestens 15-jähriger Kinder liegt für Frauen mit ca. 4 statistisch signifikant höher als für Männer. Hier liegt sie im Mittel bei 3. Damit sind die Mukodogo ganz links an der x-Achse in Abb. 16 einzuordnen, und wir finden eine der Trivers/Willard-Hypothese entsprechende Schiefe im elterlichen Investment zu Gunsten der Töchter.

Aber selbst in modernen Industriegesellschaften sind Trivers/Willard-Effekte nachzuweisen. Die konstitutionsbedingte Übersterblichkeit männlicher Säuglinge nimmt in den USA mit der Stellung der Eltern in der Sozialhierarchie ab, was Abernethy und Yip (1990) im Sinne der Trivers/Willard-Hypothese als ein vermehrtes Investment einkommensstarker Eltern in ihre Söhne interpretieren. Gaulin und Robbins (1991) verglichen mütterliches Pflegeverhalten gegenüber männlichen und weiblichen Kleinkindern in den USA. Die Intensität der Fürsorge wurde daran gemessen, wie lange und wie häufig noch gestillt wurde, wenn bereits ein jüngerer Säugling anwesend war, sowie an der Länge des Zeitintervalls bis zur Geburt des folgenden Kindes. Je kürzer das Intervall, desto geringer die Investmentbereitschaft in das bereits vorhandene Kind. Indikatoren für die Qualität der Lebensbedingungen waren das Haushaltseinkommen (unter 10.000$, bzw. über 60.000$ pro Jahr) und die Zusammensetzung des Haushaltes (An- oder Abwesenheit eines erwachsenen Mannes). Die Autoren konnten für beide Indikatoren der Lebensqualität unabhängige, statistisch signifikante Effekte nachweisen. Sowohl die Abwesenheit eines erwachsenen Mannes im Haushalt als auch ein Haushaltseinkommen von unter 10.000$ hatten deutliche negative Auswirkungen auf das Investment in Söhne. In Haushalten mit niedrigem Einkommen wurden Söhne seltener als Töchter gestillt (Abb. 18), und dort war das Geburtenintervall bis zum folgenden Kind nach Söhnen geringer. In Haushalten mit hohem Einkommen verhielt es sich umgekehrt. Lebte kein erwachsener Mann im Haushalt, wurden Söhne weniger und kürzer gestillt und war das Geburtenintervall nach Söhnen kürzer. In Haushalten, in denen ein erwachsener Mann lebte, verhielt es sich wiederum umgekehrt.

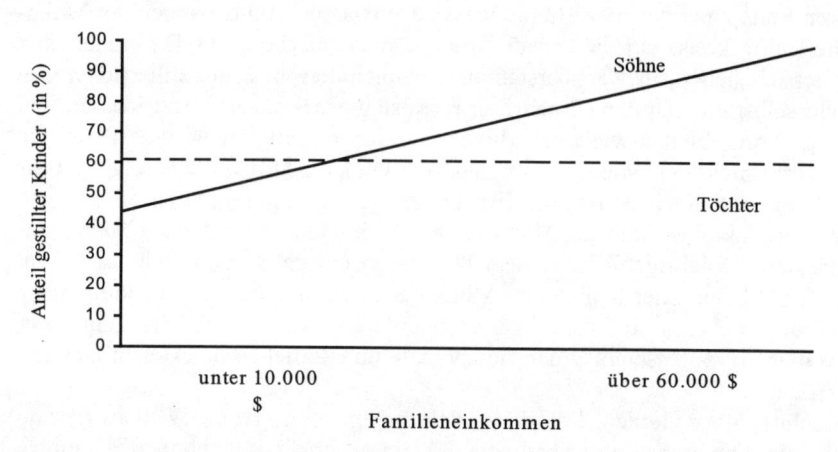

Abb. 18: Anteil gestillter Söhne und Töchter nach Familieneinkommen in den USA
(Quelle: Gaulin und Robbins 1991)

Nun gibt es interessanterweise auch genau gegenläufige Befunde. In der ostfriesischen Krummhörn nordwestlich von Emden beispielsweise starben im 18. und 19. Jahrhundert in den Bauernfamilien relativ mehr Jungen als Mädchen, und zwar mehr, als auf Grund der konstitutionellen Übersterblichkeit männlicher Säuglinge zu erwarten gewesen wäre.

Dass die Krummhörner Bauern männliche Säuglinge im Schnitt schlechter versorgten als weibliche, wäre evolutionsbiologisch verständlich, denn die Daten belegen, dass die Reproduktionsmöglichkeiten von Töchtern der großbäuerlichen Besitzelite weit besser waren als diejenigen der Söhne. Töchter hatten wesentlich höhere Heiratschancen als Söhne und waren nicht wie ihre Brüder durch Statuserwartungen daran gebunden, ihre eigene Familie in derselben Schicht zu gründen, der ihre elterliche Familie angehörte. Darüber hinaus wurden sie mit einem geringeren Erbe abgefunden als Söhne, waren also in rein ökonomischer Hinsicht „billiger". Da die Krummhörn im Westen durch die Nordsee begrenzt und zum Landesinneren hin durch einen Moorgürtel umgeben ist, war das fruchtbare Marschland recht bald bis an seine Grenzen kultiviert und in Besitzungen aufgeteilt worden. Es handelt sich ökologisch gesehen um ein so genanntes „gesättigtes" Habitat. Die Zahl der Hofstellen blieb über Jahrhunderte praktisch unverändert, bzw. sank sogar leicht ab. Die Vererbung einer Hofstelle erfolgte häufig nach dem Jüngstenanerbenrecht, der Landbesitz ging ungeteilt an den jüngsten Sohn über. Die restlichen Geschwister wurden ausbezahlt. So konnte sehr häufig nur der den Betrieb erbende Sohn seinerseits ein Großbauerndasein führen. Das ganze sozioökologische Szenario muss so zwangsläufig zu Konkurrenz unter den Großbauernsöhnen um Lebens- und Reproduktionschancen geführt haben, und tatsächlich nahmen ihre Heirats- und Reproduktionsmöglichkeiten mit der Anzahl der Geschwister gleichen Geschlechts rapide ab (Abb. 19).

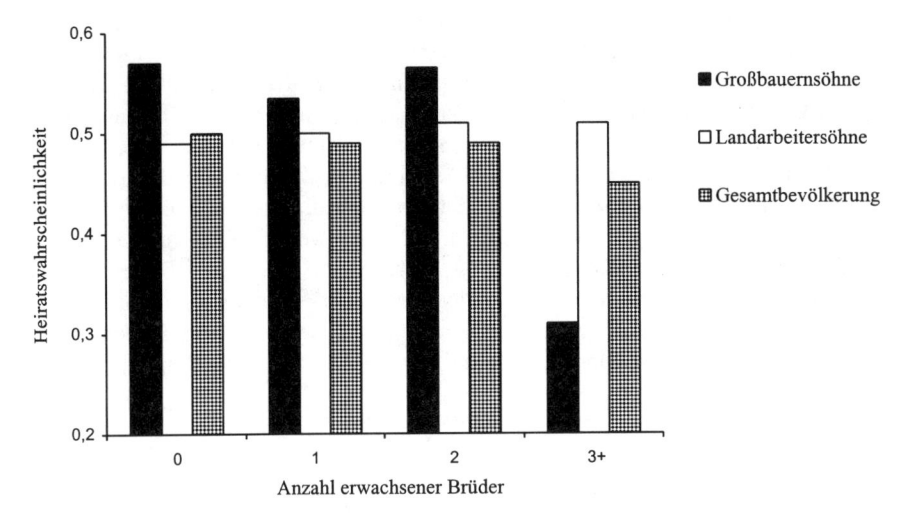

Abb. 19: Abhängigkeit der lokalen Heiratschancen von der Anzahl erwachsener Brüder für Groß-
bauern- und Landarbeitersöhne und Männer aus allen Familien (Krummhörn, Ostfriesland,
1720–1874)

(Quelle: Voland, Dunbar 1995)

Man hat diese Situationen, die in durchaus vergleichbarer Form auch aus dem Tierreich bekannt sind, als sogenanntes „local resource competition"-Szenerie beschrieben. Viele Arten vor allem unter Vögeln (Gowaty 1993) aber auch unter Säugern (Clutton-Brock, Iason 1986) und hier wieder besonders unter Primaten (Clark 1978; Hiraiwa-Hasegawa 1993; Johnson 1988; Van Schaik, Hrdy 1991) reagieren auf solche ökologisch beengten Bedingungen durch ein differentielles Elterninvestment, um innerhalb der eigenen Nachkommenschaft eine Konkurrenzminimierung zu erreichen. Denn wenn sich die Nachkommen einer Familie untereinander Konkurrenz machen (oder in Konkurrenz zu ihren Eltern treten), weil alle Beteiligten auf dieselben begrenzten Ressourcen angewiesen sind, drückt das die elterliche Fitness und macht deshalb die Aufzucht dieses Geschlechts teurer. Gemäß des Fisher'schen Prinzips sollten jedoch die erhöhten Pro-Kopf-Kosten durch eine geringere Anzahl ausgeglichen werden (s. o.). Und genau dies taten die Krummhörner Marschbauern. Indem sie die Zahl der männlichen, kapitalverbrauchenden Erben begrenzten, entschärften sie im Interesse einer Ressourcenkonzentration und einer Bündelung der Reproduktionschancen die Konkurrenz unter ihren Kindern.

Aus theoretischen und empirischen Gründen liegt es deshalb nahe, in der Vermehrbarkeit von Ressourcen und damit in den Expansionsmöglichkeiten einer Population einen bedeutenden Einflussfaktor auf die reproduktiven Entscheidungen und nicht zuletzt auch auf ein geschlechtstypisches Elterninvestment zu vermuten. Und in der Tat zeigen neuere Untersuchungen, dass das Ausmaß, mit dem Eltern unterschiedlich in die beiden Geschlechter investieren, von demographischen Faktoren, wie dem vorherrschenden Populationswachstum abhängt (Voland et al. 1997).

Wenn es aber unter ökologisch gesättigten und demographisch stagnierenden Bedingungen wie in der Krummhörn darum gehen muss, über ein Niedrighalten der Anzahl möglicher Erben einen ökonomisch profitablen Hof zu erhalten, der der Verdrängungskonkurrenz standhält und so letztlich dem erfolgreichen Fortbestand der eigenen Linie dient, kann man erwarten, dass sich Fortpflanzungsstrategien herausbilden, die ihrem Wesen nach „konditional" sind und in denen die Anzahl der bereits in den Bauernfamilien lebenden Söhne und Töchter für die Eltern ein entscheidendes Kriterium für den Umfang ihres Investments in jedes weitere Kind darstellen. Und genau das finden wir in der Krummhörn vor. Während nämlich die Überlebenschancen aller Arbeitersöhne gleich gut (oder: gleich schlecht) waren, stieg demgegenüber das Sterberisiko der Bauernsöhne mit der Anzahl ihrer Brüder kontinuierlich an. Mit drei oder mehr lebenden Brüdern erreichte ihr Sterberisiko fast das Doppelte der Arbeitersöhne (Abb. 20).

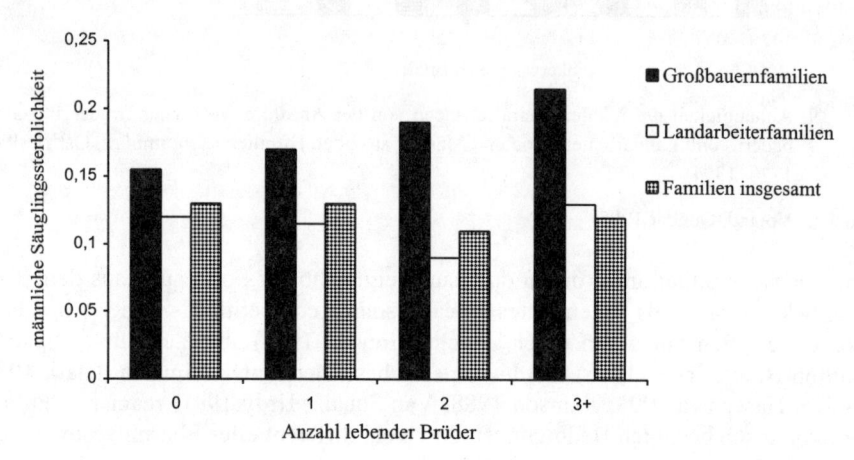

Abb. 20: Abhängigkeit der männlichen Säuglingssterblichkeit von der Anzahl lebender Brüder in Großbauern, Landarbeiter- und allen Familien (Krummhörn, Ostfriesland, 1720–1874)

(Quelle: Dunbar 1995)

Das Investment der Bauern (nicht aber der Arbeiter!) in männlichen Nachwuchs unterlag einem „Gesetz abnehmender Skalenerträge" („law of diminishing returns"): Mit jedem weiteren zusätzlich zum Erben überlebenden Sohn erhöhten sich die „Reproduktionskosten" (allein schon wegen des zusätzlichen Erbteils), während der „Nutzen" jedes weiteren Sohnes (gemessen in Einheiten reproduktiver Fitness) nicht im gleichen Maße anstieg: Eine verringerte Heiratswahrscheinlichkeit (s. o.) und übrigens auch eine erhöhte Emigrationsrate verminderten die Fitnesserwartungen, die Bauerneltern mit jedem weiteren Sohn verbinden konnten, und entsprechend nahm das reproduktive Interesse an diesen Kindern kontinuierlich ab.

8.3.3 Partnerwahl

Wie für alle sich zweigeschlechtlich fortpflanzenden Organismen gilt auch für Menschen: Reproduktion ist nur im Zusammenwirken der Geschlechter möglich. Wer sich dabei mit wem zusammentut, wer welchen Partner wählt, und wer gewählt wird, ist allerdings nicht beliebig. Weil Partnerwahl mit Konsequenzen für die Lebensfitness verbunden ist, hat das biologische Evolutionsgeschehen gewisse Kriterien und Standards hervorgebracht, nach denen mögliche Geschlechtspartner/innen hinsichtlich ihrer Tauglichkeit im Reproduktionsgeschäft beurteilt werden.

Männer und Frauen treffen ihre Partnerwahl allerdings nach unterschiedlichen Kriterien, was darin begründet liegt, dass beide Geschlechter mit unterschiedlichen Interessen an das Reproduktionsproblem herangehen. Dies wiederum liegt an der biologischen Ungleichheit der Geschlechter hinsichtlich ihrer Investitionen in den Nachwuchs. Besonders ausgeprägt hat sich diese Asymmetrie bei den Säugetieren.

Männchen investieren zunächst nicht wesentlich mehr als etliche Millionen an (leicht regenerierbaren) Spermien, Weibchen hingegen durchlaufen eine energieaufwendige Schwangerschaft, eine risikoreiche Geburt und eine anschließende Still- oder Laktationsperiode. In der Regel sind sie darüber hinaus intensiv in die kostspielige Jungenfürsorge eingebunden, da der Nachwuchs oft noch lange Zeit sehr unselbstständig bleibt. Diese physiologische Asymmetrie hat für die Evolution von Paarbildungsmustern weit reichende Konsequenzen.

Für viele Säugetierarten gilt: Die Reproduktion der Männchen ist primär durch die Zahl der persönlich verfügbaren und befruchtungsfähigen Weibchen begrenzt. Weibliche Reproduktion hingegen ist primär durch die physiologischen Beschränkungen von Schwangerschaft, Geburt und Fürsorge limitiert. In der Regel ist es eher den Männchen als den Weibchen möglich, durch Verpaarungen mit mehreren Partner/inne/n ihren Reproduktionserfolg zu erhöhen. Demzufolge sind die männlichen Interessen zunächst auf eine Maximierung der Partnerinnen bei gleichzeitiger Minimierung des väterlichen Pro-Kopf-Investments in den Nachwuchs ausgerichtet. Sie sind also eher zu sexuellen Opportunisten mit polygynen Neigungen evolviert.

Die weiblichen Interessen hingegen liegen eher in dem Schicksal der Zygote nach der Befruchtung. Einen Großteil ihrer Bemühungen verwenden Weibchen darauf, den einmal gezeugten Nachwuchs auch tatsächlich lebens- und überlebensfähig zu machen. Sie sollten daher versuchen, von den Männchen ein möglichst hohes Investment zu bekommen, das ihnen eine entsprechende Unterstützung bei der Kinderaufzucht gewährleistet. Weibchen sollten deshalb bei ihrer Partnerwahl auf Eigenschaften wie Investmentbereitschaft und Ressourcenbesitz achten.

In Weiterentwicklung des Darwinischen Konzepts der „sexuellen Selektion" argumentierte Trivers (1972), dass, wo immer ein Geschlecht mehr investiert als das andere, die Vertreter des weniger investierenden Geschlechtes untereinander um die Vertreter des mehr investierenden Geschlechtes konkurrieren. In der Regel sollten also eher Männchen um Weibchen konkurrieren, als umgekehrt Weibchen um Männchen. Anderseits ist das höher investierende Geschlecht weitaus wählerischer, was die Qualitäten eines Paarungspartners betrifft. Der Grund: je höher die Investition ausfällt, desto größer sind die Kosten einer Fehlwahl. Der Selektionsdruck auf optimaler Partnerwahl ist damit wesentlich stärker als für das weniger investierende Geschlecht. Wir erwarten also, dass in der Regel Weibchen in Bezug auf ihre Geschlechtspartner wählerischer sind als Männchen. Allerdings gibt es hiervon interessante Ausnahmen. Wenn nämlich – aus welchen sozioökologischen Gründen auch immer – Männchen die Fortpflanzung der Weibchen begrenzen, kommt es zu einer „Geschlechterrollenumkehr": Weibchen beginnen um Männchen zu konkurrieren, und Männchen bilden das wählerischere Geschlecht (Andersson 1994; Voland 1993).

Die Wirkweise der sexuellen Selektion hat auch in der menschlichen Stammesgeschichte zur Herausbildung geschlechtstypischer Reproduktionsstrategien und Partnerwahlpräferenzen geführt, die dem generellen Säugertrend entsprechen. Männer sind untereinander kompetitiver, Frauen wählerischer (Betzig 1988; Buss, Schmitt 1993; Feingold 1992; Kenrick, Keefe 1992; Vogel, Sommer 1992; Symons 1979).

Männliche Konkurrenz um Frauen zeigt sich in vielen Verhaltenskontexten und kann ganz unmittelbare Formen annehmen. Körperverletzung, Mord, Totschlag, Vergewaltigung sind brutale und extreme Folgen einer männlichen, auf Konkurrenz angelegten Motivstruktur zur Erhöhung des „Paarungserfolgs". Sowohl in den städtischen Metropolen der USA, als auch in nichtindustrialisierten Gesellschaften entsprechen Opfer und Täter sexueller Gewalt in ihren soziologischen Merkmalen recht genau den Voraussagen einer evolutionären Psychologie, und auch die Motive und Anlässe für Gewalttätigkeit lassen sich in letzter Instanz auf Konkurrenz um weibliche Sexualität und Vaterschaft zurückführen (Chagnon 1988; Daly, Wilson 1988b; Thornhill, Thornhill 1987, 1992).

Aber auch die alltäglichen und kulturell sanktionierten Formen männlicher Konkurrenz korrelieren mit „sexuellem Erfolg". Kulturell, sozial und ökonomisch erfolgreiche Männer sind diejenigen, die im Mittel vermehrt Intimbeziehungen eingehen und aufrechterhalten (können) (Betzig 1986). Dies gilt sowohl im Hinblick auf gleichzeitige als auch auf serielle Mehrfachbeziehungen und gilt sowohl für Wildbeuter und Pflanzer (Chagnon 1979), pastorale (Casimir, Rao 1992) und industrielle Gesellschaften (Pérusse 1993, 1994). Auf der Basis der Evolutionstheorie formulierte Buss (1989) fünf Voraussagen darüber, welche Partnermerkmale von Männern und welche von Frauen bevorzugt werden sollten. Grundsätzlich nahm er an, dass Frauen eher den Aspekt einer gesicherten Versorgung berücksichtigen und Männer eher auf Fekundität achten. Diese Voraussagen wurden in einer vergleichenden Untersuchung an 37 Populationen getestet. Mit Bedacht wurde eine Stichprobe gewählt, die sich durch große Heterogenität auszeichnete, und zwar sowohl in geografischer, wie in kultureller, politischer, ethnischer, religiöser und ökonomischer Hinsicht. In einer erstaunlich hohen Anzahl der Gruppen ergaben sich hochsignifikante Unterschiede in den Partnerwahlkriterien zwischen den Geschlechtern (Tab. 3).

Tab. 3: Geschlechtstypische Partnerwahlpräferenzen (aus Buss 1989)

Als Merkmale eines/einer Heiratspartners/Heiratspartnerin bewerteten in 37 Gesellschaften:	
* Frauen signifikant höher als Männer:	
– „gute finanzielle Aussichten"	36-mal
– „Ehrgeiz und Fleiß"	29-mal
* Männer signifikant höher als Frauen:	
– „Jugend"	37-mal
– „äußere Erscheinung"	34-mal
– „Virginität"	23-mal

Frauen bewerteten Einkommensaussichten hoch (in 36 von 37 Populationen) sowie Ehrgeiz und Fleiß als Indikatoren für den Willen und die Potenz zur Ressourcenakkumulation (in 29 der 37 Populationen). Männer bevorzugten generell jüngere Frauen (mit höherem Reproduktionswert, vgl. Kap. 8.2) und bewerteten äußerliche Attraktivität in 34 von 37 Populationen höher als Frauen. Eine gewisse Rolle spielte für Männer auch Jungfräulichkeit bei Eheeintritt (23 von 37 Populationen) als Indikator weiblicher Keuschheit und Treue und damit letztlich der Vaterschaftswahrscheinlichkeit (vgl. Kap. 8.3.2.2). Diese kulturübergreifende Studie zeigt deutlich, wie bei ihrer Partnerwahl Männer Merkmale des generativen, Frauen die des sozialen Erfolgs höher bewerten, genau jene Merkmale also, die für die Fitness des jeweiligen Geschlechtes entscheidend sind.

Nun ist gegen diese Argumentation eingewendet worden, dass Frauen deshalb die materiellen Versorgungsaspekte einer Beziehung so hoch bewerten, weil sie selbst als häufig sozial benachteiligte über nur marginale oder gar keine eigenen Einkünfte verfügen. Danach sollte man erwarten, dass für finanziell eigenständige und abgesicherte Frauen dieser Aspekt der Partnerwahl an Bedeutung verliert. Genau das Gegenteil ist aber der Fall (Wiederman, Allgeier 1992).

Evolvierte Partnerwahlpräferenzen gestalten in vielerlei Hinsicht das Zusammenleben der Geschlechter und beeinflussen nicht unerheblich das Entstehen bestimmter Eheformen und Sozialstrukturen. Wie so häufig, entstammen die originären Beiträge auch hierzu der Tier-Verhaltensökologie. Das Konzept der „Polygynieschwelle" (Orians 1969) beispielsweise entstand im Zusammenhang mit Untersuchungen an Sperlingsvögeln. Es diente dazu, die evolvierten Gründe der Weibchen zu beschreiben, wenn sie eine polygyne einer monogamen Verpaarung vorziehen.

Wenn die Männchen einer Population nach Art und Umfang recht gleichmäßig Ressourcen kontrollieren und keine großen materiellen Unterschiede entstehen, werden sich die Weibchen gleichmäßig auf die Männchen verteilen. Bestehen aber qualitative oder quantitative Unterschiede in den von Männchen beherrschten Territorien, werden mehr Weibchen die Männchen mit den meisten Ressourcen oder besten Brutopportunitäten wählen – sofern keine anderen Verhaltenseinschränkungen bestehen. In Abb. 21 sind die Optionen eines neu im Brutgebiet ankommenden Weibchens dargestellt. Dort befinden sich bereits drei Männchen (A, B, C). Die Kurven geben an, wie die jeweilige Fitness (W) eines Weibchens zunimmt, wenn es sich monogam (1), bigam (2) oder trigam (3) verpaart. Die Fitnesskonsequenzen einer Wahl lassen sich leicht ablesen. Das zuerst eintreffende Weibchen kann seine Fitness maximieren, wenn es sich als erstes Weibchen mit dem Männchen verpaart, das die meisten Ressourcen besitzt (C1). Das nächstfolgende Weibchen kann sich entweder als einziges Weibchen mit einem Männchen zusammentun, das über weniger Ressourcen verfügt (B1), oder mit dem Männchen mit dem besten Territorium, in dem sich allerdings bereits ein anderes Weibchen aufhält (C2). Für das zweite Weibchen bringen beide Wahlmöglichkeiten gleiche Fitness. Wenn sich das Habitat weiter füllt, Männchen C bereits zwei Weibchen hat und Männchen B eines, ist es günstiger, sich als drittes Weibchen mit Männchen C zu verpaaren (C3) anstatt sich als zweites Weibchen zu Männchen B zu gesellen (B2). Der kritische Unterschied im Umfang der von Männchen kontrollierten Ressourcen, der ausreicht, damit ein Weibchen sich für eine polygyne Verpaarung entscheidet, heißt „Polygynieschwelle". Dieser Logik entsprechend müsste das Männchen C, weil es über das produktivste Territorium verfügt, zunächst von drei Weibchen gewählt werden, bevor Männchen A überhaupt ein erstes Mal ausgesucht wird.

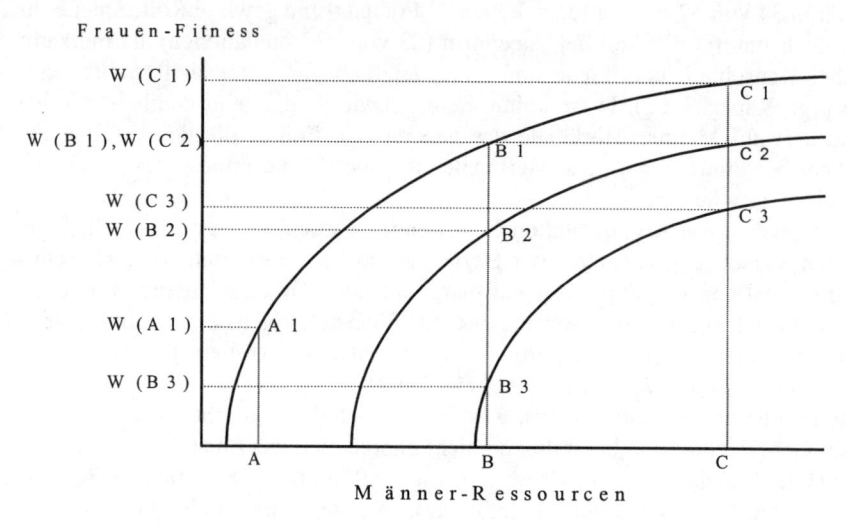

Abb. 21: Das Modell der Polygynieschwelle. Erklärung im Text

(Quelle: Borgerhoff Mulder 1992)

Das Modell der Polygynieschwelle hat auch für menschliche Paarungssysteme Anwendung gefunden. Die Variabilität in den Eheformen der keniatischen Kipsigis lässt sich damit recht gut verstehen (Borgerhoff Mulder 1990). Wegen eines Besiedlungsvorstoßes durch die Europäer Anfang des Jahrhunderts musste eine Gruppe Kipsigis aus einem Großteil ihres traditionellen Stammesgebiets in das benachbarte Gebiet der Massai ausweichen. Eine Gruppe dieser Pioniere, die zwischen 1930 und 1949 in das neue Gebiet zogen, bestand aus 25 Männern, von denen die meisten mit bereits einer oder mehreren Ehefrauen eintrafen. Die Männer erwarben – der Besiedlungsfolge entsprechend – unterschiedlich große Ländereien. Sie heirateten in der Folge weitere Frauen, die hauptsächlich aus dem von den Europäern eingerichteten und sehr bald überbesetzten Nachbarreservat kamen.

Nach den traditionellen Eigentumsregelungen der Kipsigis teilten die Frauen eines Mannes den Landbesitz untereinander gleichmäßig zur Bewirtschaftung auf. Borgerhoff Mulder (1990) konnte zeigen, dass Frauen jene Männer bevorzugt heirateten, die ihren potenziellen Heiratspartnerinnen das größte Stück Landbesitz anbieten konnten. So waren etwa im Jahre 1934 fünf Männer in der Region sesshaft geworden. In diesem Jahr heiratete ein Junggeselle, der einen Besitz von 100 acres anzubieten hatte. Er wurde den anderen vier Männern vorgezogen, die 150 acres (bereits 1 Frau), 37,5 acres (3 Frauen), 33 acres (2 Frauen) und 32 acres (4 Frauen) anboten. 1935 hatte sich die Situation entsprechend verändert: der Junggeselle, der im Jahr zuvor geheiratet hatte, war jetzt Monogamist und hatte damit einer zweiten Frau nur noch 50 acres anzubieten. Ein neuer Pionier (mit bereits 2 Frauen verheiratet) traf ein und bot einen Besitz von 16,7 acres an. In diesem Jahr heiratete – den Erwartungen des Polygynieschwellenmodells entsprechend – der Monogamist, der 150 acres anbot. Die Regressionsanalyse zeigte, dass beide Variablen, „Besitzgröße" und „momentane Zahl der Ehefrauen", einen signifikanten Effekt auf die Wahrscheinlichkeit ausübten, mit der ein Mann als Ehepartner gewählt wurde. Frauen bevorzugten Männer, die einen möglichst großen Landbesitz hatten und dabei mit möglichst wenigen Frauen verheiratet waren. Dass das Partnerwahlverhalten der Kipsigis-Frauen tatsächlich fitnesssteigernd wirkte, beweist die Abhängigkeit des Lebensreproduktionserfolgs von der Größe der Ländereien: Je mehr Land bewirtschaftet wurde, desto besser gestaltete sich die Nahrungsversorgung und desto geringer waren Krankheitsanfälligkeit und Sterberisiko für die Frauen selbst und ihre Kinder (Borgerhoff Mulder 1987).

Ein in gewisser Weise ähnliches Resultat in einem völlig anderen soziokulturellen Kontext erbrachte eine Untersuchung der ostfriesischen Bevölkerung der Krummhörn des 18. und 19. Jahrhunderts (Voland, Engel 1990). Die extrem ungleiche Verteilung der Ländereien auf die dort ansässigen Familien führte zu einem starken sozialen Gefälle. Den wohlhabenden und einflussreichen Großbauern der Marsch standen die besitzlosen Tagelöhner gegenüber. In dieser Bevölkerung (wie überhaupt im vormodernen ländlichen Deutschland) (Schlumbom 1992; Voland et al. 1998), heirateten viele Großbauern Frauen, die deutlich jünger waren als die Frauen der Tagelöhner. Umgekehrt bedeutete dies: Je jünger die Frauen heirateten, desto wahrscheinlicher einen reichen Mann. Die Krummhörner Frauen variierten also ihre Partnerwahlstandards mit dem Alter. Mithilfe einer Varianzanalyse konnte gezeigt werden, dass das Heiratsalter der Frauen mit der Besitzklasse der Ehemänner zusammenhing, nicht aber mit der Besitzklasse ihrer Eltern. Es spielte keine Rolle, ob es sich um Töchter von Großbauern oder Tagelöhnern handelte – wenn sie einen Großbauern heirateten, geschah dies im Durchschnitt 2,3 Jahre eher, als wenn sie einen Tagelöhner heirateten.

Auch in der Krummhörn war Landbesitz mit dem Reproduktionserfolg gekoppelt. Die Anzahl der in die lokale Population eingebrachten Kinder, die auch tatsächlich das Erwachsenenalter erreichten, stieg für die Frauen mit dem sozialen Status ihres Ehemannes. Sie sank allerdings mit ihrem zunehmendem Heiratsalter. Während man davon ausgehen kann, dass ein Mann unabhängig von seinem Besitz, eine junge

Ehepartnerin bevorzugt hätte, entsprach das Verhalten der Frauen einem „Abgleich" („trade off") zwischen eigenem Alter und sozioökonomischem Status der Freier: Durch ständiges gegeneinander Abwägen dieser beiden Faktoren versuchten sie, eine möglichst optimale Wahl zu treffen (Abb. 22).

Die Indifferenzkurven der Abb. 22 zeigen die Kombination von Heiratsalter und Besitz des Ehemannes, die für die Frauen im Mittel gleiche Fitnessresultate erbrachten. Eine Frau konnte nur dann mindestens 2,5 erwachsene Kinder in der Krummhörner Population hinterlassen, wenn sie bei ihrer Eheschließung jung war und gleichzeitig einen wohlhabenden Ehepartner fand. Heiratete sie später, dann musste sie in eine möglichst reiche Großbauernfamilie einheiraten, um mindestens noch 1,5 erwachsene Kinder zu hinterlassen, heiratete sie einen armen Tagelöhner, dann musste sie viel jünger sein, um dasselbe Reproduktionsergebnis zu erreichen. Die damaligen Krummhörner Frauen handelten nach dem Motto: „Wenn du jung bist, sei anspruchsvoll in deiner Wahl und nimm nur einen sehr reichen Ehemann, wenn du älter wirst, reduziere lieber deine Ansprüche an das Investmentpotential deines Ehepartners, als dass du das Risiko eingehst, zu lange zu warten und die Chance zur Heirat womöglich ganz verpasst". Ein solches Wahlverhalten belegt, dass evolvierte Verhaltenspräferenzen nicht starr sind, sondern in differenzierter Kalkulkation die momentane Lebenssituation sowie die künftige Lebensperspektive mit einbeziehen. Man spricht in diesem Zusammenhang von „konditionalen Strategien" (Voland 1993).

Dass es auch Bedingungen geben kann, unter denen Frauen um Männer konkurrieren, zeigt eine Untersuchung von Gaulin und Boster (1990). Sie verglichen über 1.000 Gesellschaften aus dem „Standard Cross Cultural Sample", eine für den Computer aufbereitete Version des „Ethnografischen Atlas" (Murdock 1967), worin die meisten Kulturen der Welt nach standardisierten Variablen erfasst und codiert sind. Die Annahme war Folgende: Wenn (a) eine Population durch ungleiche Verteilung der Ressourcen starke soziale Stratifikation aufweist und (b) die Möglichkeit zur Polygynie durch normative Vorgaben ausgeschlossen ist, dann sollten Frauen ihrerseits beginnen, um die wohlhabendsten Männer zu konkurrieren. Da eine gute Mitgift die Frauen für einen potenziellen Heiratspartner attraktiver macht, sollte in den Gesellschaften mit den genannten Charakteristika Mitgiftzahlung verbreitet sein. Tatsächlich kommen Mitgiftzahlungen in genau den Gesellschaften weit häufiger vor, in denen die beiden reproduktive Konkurrenz unter Frauen anheizenden Bedingungen vorherrschen: in stratifizierten und nichtpolygynen Gesellschaften (Gaulin, Boster 1990, z. B. in Indien: Rao 1993).

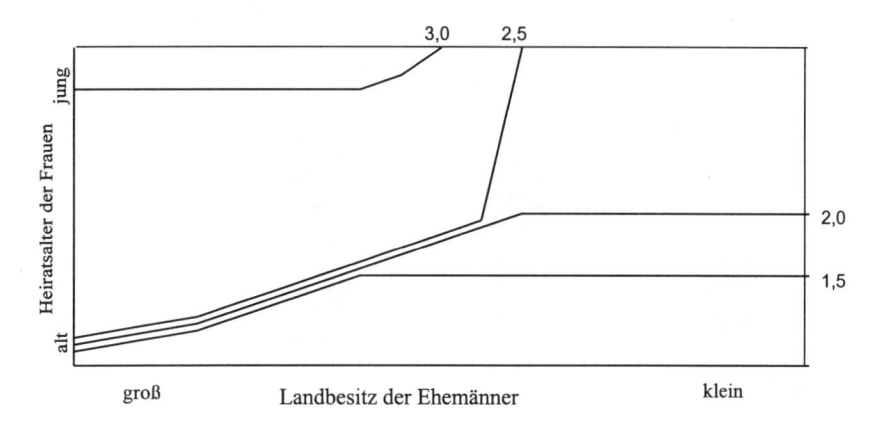

Abb. 22: Indifferenzkurven für das Heiratsalter von Frauen und dem Landbesitz der Ehemänner für vier verschiedene reproduktive Resultate (3, 2,5, 2 und 1,5 erwachsene Kinder in der Folgegeneration), Krummhörn 1720–1874, weitere Erklärung im Text
(Quelle: Voland, Engel 1990)

Genau diesen Unterschied finden wir zwischen der Krummhörner Population und den Kipsigis. Bei den Kipsigis ließ die Möglichkeit, polygyne Ehen zu führen, den Frauen praktisch freie Wahl unter den Männern. Dies ist in einer vorschriftsmäßig monogamen Kultur, wie der calvinistischen Krummhörner Population, nicht der Fall. Die Konkurrenz der Frauen findet hier ihren Ausdruck im Umfang der Mitgift, mit der die Töchter ausgestattet werden. Offensichtlich wurden die Zahlungen von einigen Familien in bestimmten Zeiten sehr stark in die Höhe getrieben. In den Quellen finden sich dafür Hinweise in Form obrigkeitlicher Erlasse, die das Bereitstellen zu hoher, weil letztlich ruinöser Mitgiftzahlungen zu unterbinden versuchten (Agena 1938). Dass Mitgiftzahlungen heiratsstrategisch mit hypergamer Zielsetzung eingesetzt wurden, ist auch aus einem anderen Kirchspiel Norddeutschlands bekannt (Schlumbohm 1994).

In der Mehrzahl der menschlichen Gesellschaften entrichten jedoch traditionsgemäß Männer für ihre Frauen einen Brautpreis. Das gilt auch für die Kipsigis (Borgerhoff Mulder 1989b). Die Höhe des Preises hängt direkt mit dem Alter der Braut zusammen. Für Frauen, die früh ihre Menarche erreichten (die bei den Kipsigis im Alter zwischen 12 und 20 Jahren eintritt), wurden höhere Preise bezahlt als für Frauen, deren Eintritt in die Geschlechtsreife später erfolgte (Abb. 23).

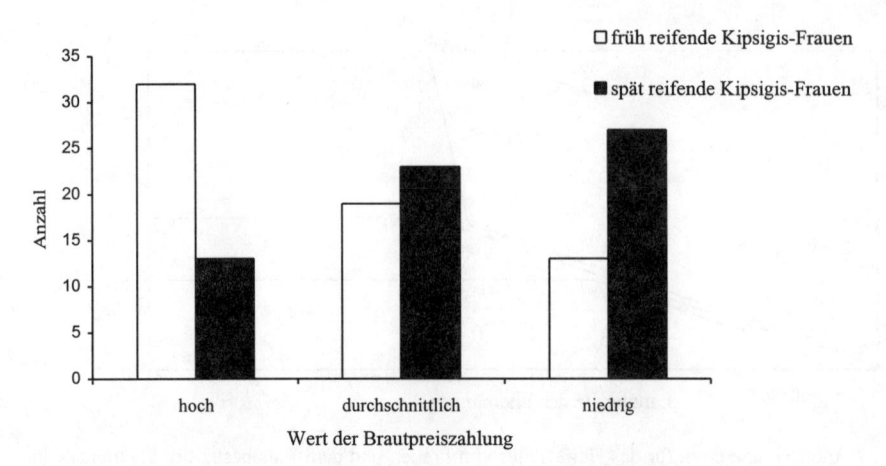

Abb. 23: Anzahl der hohen, durchschnittlichen, und niedrigen Brautpreiszahlungen für früh oder spät reifende Kipsigis-Frauen

(Quelle: Borgerhoff Mulder 1989b)

Evolutionsbiologisch bedeutsam ist nun der signifikante Zusammenhang des Menarchealters mit dem Lebensreproduktionserfolg der Frauen. Jene nämlich, die früh reiften, hatten eine signifikant längere reproduktive Phase und eine signifikant höhere altersspezifische Fertilität als jene Frauen, die spät in die Pubertät eintraten. Die vom Bräutigam beziehungsweise dessen Vater gegebenen Kühe oder Ziegen entsprachen also sehr genau dem Reproduktionwert der Braut und damit gleichzeitig der Verbreitungswahrscheinlichkeit der Genreplikate des Bräutigams. Partnerwahlstudien in den modernen Industrieländern unterstreichen übrigens gleichermaßen die Bedeutung des weiblichen Alters (als Indikator des Reproduktionswerts) für die männliche Präferenzen (Dunbar 1995; Pérusse 1994).

Partnerwahlentscheidungen werden darüber hinaus durch einige weitere Kriterien geleitet, deren Einfluss auf die Lebensfitness zwar häufig plausibel angenommen werden kann, aber letztlich bisher erst lückenhaft bekannt ist. Hierzu gehören:

1. genetische Verwandtschaft (Alexander 1979; Bischof 1985; Flinn, Low 1986; Hughes 1980; Kurland 1979; Segalen, Richard 1986; Thornhill 1990, 1991, 1992);
2. regionale Endogamie (Swedlund 1988);
3. phänotypische bzw. genotypische Homogamie, „Paarungssiebung" (Epstein, Guttman 1984; Mascie-Taylor 1988; Rushton 1988; Susanne, Lepage 1988);
4. genetische Widerstandskraft gegen Krankheitserreger, „good genes" (Gangestad, Buss 1993; Low 1990; Thornhill, Gangestad 1993; Wedekind et al. 1995).

8.4 Ausblick

Es sind die evolvierten reproduktiven Individualinteressen, die in den menschlichen Lebensgemeinschaften mehr oder weniger konfliktträchtig aufeinander treffen, und aus deren Zusammenspiel lokal und historisch typische Bevölkerungsweisen entstehen. Eine verhaltensökologische Analyse menschlicher Reproduktion fokussiert vorrangig auf die Fortpflanzungs"entscheidungen" des Einzelnen in seinem/ihrem sozioökologischen Lebenskontext. Der formenden Kraft des Darwinischen Prinzips unterworfen, sind Menschen während ihrer Geschichte zu besonders flexiblen Reproduktionsstrategen evolviert. Auf ihre jeweils ganz spezifische sozioökologische Lebenssituation reagieren sie auf jeweils ganz spezifische Art und Weise und zwar so paßgenau, dass dies im Mittel ihren Lebensreproduktionserfolg und damit ihre genetische Fitness steigert. Dies belegen die angeführten Beispiele. Weitgehend unbeantwortet musste in diesem Kapitel allerdings die Frage nach den beteiligten Steuerungsmechanismen bleiben, die die persönlichen Reproduktionsinteressen angesichts sozioökologischer Rahmenbedingungen bestmöglich umsetzen und die biologische „Quasi-Rationalität" menschlicher Fortpflanzung begründen. Diese Auslassung geschah nicht nur aus Platzgründen, sondern auch aus dem simplen Grund, dass wir in dieser Hinsicht noch viel zu wenig wissen. Demographie ist traditionsgemäß eine Sozialwissenschaft und von daher zunächst ohne spezifisches Erkenntnisinteresse an der biologischen Regulation ihrer Phänomene. Das ist sicherlich einer der Gründe, die diesen blinden Fleck haben entstehen lassen, der aber zweifellos ausgeleuchtet werden muss, wenn ein tieferes Verständnis menschlichen Reproduktionsgeschehens wirklich gelingen soll. Eines scheint indes sicher: Die reproduktiven Entscheidungen der Menschen basieren auf einem äußerst komplexen Steuerungsinstrumentarium, zu dem physiologische Regelkreise genauso gehören wie psychologische und kulturelle. Damit sind wichtige Berührungsflächen der Reproduktionsökologie mit Nachbardisziplinen erkennbar: mit der evolutionären Physiologie (Finch, Rose 1995), der evolutionären Psychologie (Barkow et al. 1992) und den evolutionären Kulturtheorien (Boyd, Richerson 1985; Durham 1991).

Theorien der Migration

Frank Kalter

Einleitung

Es ist nicht gerade eine leichte Aufgabe, einen Überblick über die theoretische Entwicklung der Wanderungsforschung zu geben, denn der Literaturbestand erweist sich als faktisch undurchschaubar. Obwohl dieser Eindruck auch bei der Beschäftigung mit anderen sozialwissenschaftlichen Themen entstehen mag, scheint die Vielfalt in Bezug auf das Wanderungsverhalten besonders ausgeprägt zu sein. Das Thema „Migration" hat sich von jeher als ein höchst interdisziplinärer Gegenstand präsentiert hat. Beiträge auf dem Gebiet der Migrationsforschung wurden u. a. in der Soziologie, der Ökonomie, der Demographie, der Geographie, der Politologie, der Ethnologie und der (Sozial-)Psychologie erbracht – mit ähnlichen, aber auch unterschiedlichen Interessen und Methoden. Trotz aller Widersprüchlichkeiten, Differenzen und Unübersichtlichkeiten lassen sich jedoch zwei Überzeugungen feststellen, über die ein nahezu ungeteilter Konsens besteht. Die Erste betrifft die herausragende gesellschaftliche Bedeutung, die mit Wanderungsprozessen verbunden ist, die Zweite die Unzufriedenheit über den bisherigen Stand der theoretischen Entwicklung.

Auch Nichtspezialisten dürften dem ersten Punkt bereitwillig zustimmen: Der Umgang mit Angehörigen anderer Staaten, die sich um eine Aufnahme in die Bundesrepublik Deutschland bemühen, ist spätestens mit dem Ende der 80er-Jahre wieder in das Zentrum des gesellschaftspolitischen Interesses gerückt. Die demographische und ökonomische Entwicklung scheint mehr denn je von Migrationsprozessen abhängig zu sein (Dinkel, Lebok 1994; Hof 1994, 1995). Wanderungen sind aber nicht nur in dieser „internationalen Dimension" von herausragendem Interesse. Auch Binnenwanderungen, d. h. Wanderungen innerhalb der Grenzen eines Staates, haben direkte Auswirkungen auf regionale sozialstrukturelle Bedingungen und sind daher analysebedürftig. Sogar in noch kleinerem Maßstab verlieren Wanderungsprozesse nicht ihre Bedeutung: Die Stichworte „Wohnungsnot", „Segregation" oder „Gentrification" mögen als Beleg dafür genügen, dass auch Umzüge innerhalb einer Gemeinde von enormem sozialwissenschaftlichem Interesse sind. Der Bedarf an Erklärungen dafür, warum Personen – in welcher Form auch immer – wandern, ist also unübersehbar.

Betrachtet man die bisherige theoretische Entwicklung, so scheinen die Sozialwissenschaften diesem Bedarf zumindest in quantitativer Hinsicht gerecht geworden zu sein. Die Fülle entsprechender Beiträge dokumentiert sich unter anderem in zahlreichen Übersichtsarbeiten, die hier nur beispielhaft und sehr selektiv aufgeführt werden können: Jackson (1969), Greenwood (1975, 1985), Shaw (1975), Speare et al. (1975), Ritchey (1976), De Jong und Fawcett (1981), Clark (1982, 1986), Clark und Van Lierop (1986), Molho (1986), Shields und Shields (1989). Für den deutschsprachigen Raum sind vor allem die Monographien von Langenheder (1968), Hoffmann-Nowotny (1970) und Albrecht (1972) zu nennen, die ein umfassendes Bild über die frühen Theorieansätze vermitteln. In ihrer Systematik und ihrem Anspruch, Wanderungsphänomene mit einer allgemeinen sozialwissenschaftlichen Theoriebildung in Verbindung zu bringen, sind diese Arbeiten bis heute ohne Nachfolger geblieben. Beiträge zu einer gewissen Aktualisierung finden sich aber beispielsweise in Schweitzer (1978), Franz (1984), Wagner (1989, 1990) und Delbrück und Raffelhüschen (1993).

In qualitativer Hinsicht ergibt sich jedoch ein weniger optimistisches Bild: Trotz der immer schneller anwachsenden Menge an Beiträgen wird die unbefriedigende theoretische Güte schon seit den Anfängen der Wanderungsforschung in regelmäßigen Abständen bemängelt. So kommt Jansen im Jahre 1969 sehr treffend zu dem Schluss: „Perhaps the question most asked and least understood about migration is ‚Why do people move?'" (Jansen 1969: 65) Mehr als 10 Jahre später fügen De Jong und Fawcett (1981: 43) hinzu: „We would add that this lack of understanding is attributable in large measure to a failure to ask the question, ‚Why do people not move?'". Auch in Veröffentlichungen jüngeren Datums wird der theoretische Forschungsstand als unzulänglich angesehen. Der Hauptgrund für die Unzufriedenheit mit der Migrationstheorie liegt darin, dass eine notwendige Integration bestehender Ansätze bisher weitgehend ausgeblieben ist (Wagner 1989: 15, 44 ff.). Die aufgeführten Überblicksarbeiten vermitteln vorwiegend einen additiven Charakter.

Im vorliegenden Beitrag wird deshalb nicht nur versucht, wichtige Ansätze vorzustellen und dabei für eine gewisse Aktualisierung zu sorgen, sondern darüber hinaus soll auch zu einer theoretischen Integration beigetragen werden. Am deutlichsten wurde ein solches Vorgehen bisher von De Jong und Fawcett (1981) vorgenommen, die zeigen, dass sich eine Vielzahl von Erklärungsansätzen im Bereich der Migration relativ mühelos in ein Modell des individuellen Entscheidungsverhaltens integrieren lässt. Dieses grundsätzliche Argument wird hier konkretisiert und etwas ausführlicher entwickelt: Zunächst werden wichtige Makrotheorien (9.1) behandelt. Es wird sich zeigen, dass makrotheoretische Ansätze im Allgemeinen auf das spezifische Problem hoher Unvollständigkeit stoßen, das nur durch eine handlungstheoretische Rekonstruktion lösbar erscheint. Demzufolge ist es auch nicht verwunderlich, dass sich im Laufe der theoretischen Entwicklung in der Wanderungsforschung ein deutlicher Trend hin zu einer immer expliziteren Berücksichtigung handlungstheoretischer Grundlagen findet. In der Darstellung einiger entscheidender Mikrotheorien der Wanderung (9.2) wird ersichtlich, dass die Werterwartungstheorie dabei wichtige Grundaspekte verschiedenster Ansätze berücksichtigt und sich somit als „gemeinsamer Nenner" vieler bekannter Beiträge eignet. Gleichwohl können damit noch nicht alle Probleme der Wanderungsforschung als gelöst betrachtet werden. Einige empirische Phänomene werfen ernsthafte Zweifel auf, ob mit einem solchen Rational-Choice-Modell wirklich der Kern gefunden ist, der zu einer Beantwortung aller relevanten Fragen im Bereich der Migration führen kann. Die Rationalität der Akteure scheint im Zusammenhang mit Wanderungsentscheidungen oftmals mit nicht unbeträchtlichen Einschränkungen verbunden zu sein. In einem letzten Teil (9.3) wird deshalb gezeigt, wie sich solche Phänomene durch geeignete Anschlusstheorien erfassen lassen, die dem Tatbestand einer „bounded rationality" gerecht werden. Dies sind in der Regel Modellierungen, die in anderen Anwendungsfeldern oder als allgemeine theoretische Beiträge erarbeitet wurden. Die Übertragung dieser Ansätze auf den Gegenstand der Wanderungen ist auch als Vorschlag zu verstehen, worauf sich das Augenmerk zukünftiger theoretischer und empirischer Forschungen richten sollte.[1]

9.1 Makrotheorien der Wanderung

Die Anfänge der theoretischen Bemühungen um eine Erklärung von Wanderungsbewegungen sind von Versuchen dominiert, allgemeine Regelmäßigkeiten auf der strukturellen Ebene zu finden, d. h. Makrotheorien der Wanderung zu formulieren. Die Arbeit von Ravenstein (1885, 1972) mit dem Titel „The Laws of Migration",[2] ein Vortrag vor der Royal Statistical Society, wird dabei in fast allen Überblicken über die Theorieentwicklung als Startpunkt der Wanderungsforschung angesehen. Mit sieben so genannten „Gesetzen der Wanderung" wendet er sich explizit gegen die Behauptung, „(...) dass Wanderung sich ohne bestimmte Gesetze abzuspielen scheine (...)" (Ravenstein 1972: 41). Die Bezeichnung „Gesetze" ist jedoch streng genommen unangebracht, da es sich lediglich um statistische Beobachtungen von beschränkter Allgemeinheit handelt. Trotzdem sind die Ausführungen Ravensteins von ganz besonderem Wert, da durch sie ein entscheidender Anstoß für die weitere Theoriebildung gegeben wurde. Dies gilt insbesondere für die Gravitationsmodelle der Wanderung, die in Kapitel 9.1.1 dargestellt werden. Die entscheidende Einflussvariable in diesen Ansätzen bildet die Distanz zwischen Regionen, die in einem negativen Zusammenhang mit dem Wanderungsvolumen zwischen diesen Regionen steht. Auch die migrationstheoretischen Beiträge von Samuel A. Stouffer (9.1.2) beschäftigen sich mit der Wirkung der Distanz und weisen schon sehr früh darauf hin, wie der negative Zusammenhang mit dem Wanderungsaufkommen handlungstheoretisch interpretiert werden kann. Die makroökonomischen Ansätze (9.1.3) fügen regionale Lohnniveaus und Arbeitslosenquoten als weitere wichtige strukturelle Merkmale an. Neben diesen drei wichtigen theoretischen Ausgangspunkten verdienen noch einige andere Makrotheorien eine Erwähnung (9.1.4), obgleich sie in Bezug auf die hier verfolgte Linie der theoretischen Entwicklung eher eine Nebenrolle spielen. Am Ende dieses Kapitels werden die Makroansätze zusammenfassend beurteilt (9.1.5).

---

[1] Der vorliegende Beitrag entstand in Teilen zeitgleich mit der Arbeit „Wohnortwechsel in Deutschland" (Kalter 1997), die eine ausführlichere Darstellung der Grundargumentation und einen empirischen Test vieler Modellierungen am Fall der Binnenwanderungen in der Bundesrepublik bietet.

[2] Eine Nachfolgearbeit aus dem Jahr 1889 trägt den gleichen Titel und wird gelegentlich als „The Laws of Migration II" zitiert.

9.1.1 Gravitationsmodelle

Die bekanntesten Vertreter der so genannten Gravitationstheorie der Wanderung sind Anderson (1955), Dodd (1950), Stewart (1942, 1948) und Zipf (1946). Die Grundstruktur dieser Formalisierungen ergibt sich – wie der Name „Gravitationsmodelle" schon andeutet – aus der Anlehnung an das physikalische Gravitationsgesetz für die Anziehungskraft zweier Körper. Die einfachste Form eines solchen Modells findet sich in der so genannten „$P_1 \cdot P_2/D$-Hypothese" von Zipf (1946), die folgendermaßen zu interpretieren ist: Ist P_1 das Bevölkerungsvolumen in Region 1, P_2 das Bevölkerungsvolumen in Region 2 und D die Distanz zwischen beiden Regionen,[3] so verhalten sich Wanderungen zwischen diesen Regionen proportional zu $P_1 \cdot P_2/D$. Gemäß der These gilt also, dass bei gegebenen Populationsgrößen das Wanderungsvolumen zwischen zwei Gebieten umso kleiner wird, je größer ihre Distanz ist.

Mit dieser Formel lassen sich zum Teil erstaunlich gute Annäherungen an empirische Wanderungsströme erreichen, und es ist das Verdienst der Gravitationstheoretiker, die Distanz als einen der wesentlichen Faktoren des Wanderungsverhaltens identifiziert zu haben. Trotzdem stößt dieser präzise formulierte Zusammenhang schnell an empirische Grenzen. Demzufolge wurde immer wieder versucht, mit Modifikationen der Formel zu besseren Ergebnissen zu kommen.[4] Eine interessante Variante stammt von Dodd, der folgende Beziehung aufstellt (Dodd 1950: 245):

$$I_E = k \frac{I_A \cdot P_A \cdot I_B \cdot P_B \cdot T}{L}$$

Dabei sind:

I_E das erwartete Migrationsvolumen zwischen zwei Regionen A und B,
k eine Konstante für den Interaktionstyp „Migration",
I_A, I_B das Aktivitätsniveau pro Kopf in der Population A bzw. B,
P_A, P_B das Populationsvolumen A bzw. B,
T die Länge des betrachteten Zeitintervalls und
L die Distanz zwischen Population A und B.

Die Formel von Zipf wird also durch die Berücksichtigung unterschiedlicher Aktivitätsniveaus von Populationen ergänzt.[5] Damit kann den betrachteten Gruppen *A* und *B* jeweils eine bestimmte „Grundmobilität" unterstellt werden. Beispielsweise ist

---

[3] Für die Messung der Distanz werden verschiedene Indikatoren benutzt. Zipf (1946: 680) legt die kürzeste Eisenbahnentfernung zwischen zwei Städten, Dodd (1950: 288) die Autobahnentfernung zugrunde.

[4] Beispielsweise kann die Distanz (wie beim physikalischen Gravitationsgesetz) auch quadratisch berücksichtigt werden. In den gravitationstheoretischen Wanderungsmodellen wird der Exponent der Distanz im Nenner oft als Variable dargestellt, die wie die „Migrationskonstante" k empirisch zu bestimmen ist (Speare et al. 1975: 165); ein Vergleich der Exponenten 1 und 2 ist bei Anderson (1955) zu finden.

[5] Die $P_1 \cdot P_2/D$-Hypothese ergibt sich im Modell von Dodd als Spezialfall mit: $T = I_A = I_B = 1$. Die Aktivitätsniveaus bilden in gewisser Weise die Pendants zu den Dichtekoeffizienten im physikalischen Gravitationsgesetz.

denkbar, dass sich die Niveaus auf bestimmte Teilpopulationen beziehen. Mit der erweiterten Formel von Dodd besteht somit die Möglichkeit, Unterschiede im Migrationsverhalten zwischen verschiedenen Gruppen, d. h. selektives Wanderungsverhalten, zu berücksichtigen. Eine Erklärung dieser Selektivität ist jedoch nicht möglich; es wird aber sichtbar, dass bei der Erweiterung implizit handlungstheoretische Annahmen über das Verhalten einzelner Subgruppen getroffen werden (Esser 1979: 20): Die Berücksichtigung verschiedener Interaktionsniveaus unterstellt im Prinzip unterschiedliche mittlere Handlungstendenzen für bestimmte Teilgruppen.

Solche Modifikationen des einfachen Grundmodells von Zipf werden dadurch notwendig, dass empirische „Störungen" der zunächst behaupteten Regelmäßigkeit feststellbar sind, die Theorie also unvollständig ist (vgl. 9.1.5). Insbesondere zeigt sich, dass das Modell umso unangemessener ist, je feiner die zugrunde liegende Untergliederung der Gebiete ist (Wolpert 1965: 159). Durch die Einbeziehung von Aktivitätsniveaus, d. h. einer entsprechenden Gewichtung der Populationsgrößen, wird die Prämisse des unterstellten Gesetzes erweitert. Ein anderer Versuch, die Gültigkeit der Theorie zu sichern, stammt von Rose (1958), der mit dem sozioökonomischen Status eine intervenierende Drittvariable einführt. Der „Preis" besteht jedoch in einer Verringerung des Informationsgehalts der zugrunde liegenden Gesetzmäßigkeit.

Während mit solchen Erweiterungen noch ein Teil der empirischen Schwierigkeiten behoben werden kann, liegt ein logisches Problem der Gravitationsmodelle darin, dass eine Symmetrie zwischen zwei betrachteten Gebieten unterstellt wird. Die Tatsache, dass ein Wanderungsstrom (etwa von A nach B) und der entsprechende Gegenstrom (von B nach A) durchaus unterschiedliche Volumen aufweisen können, ist prinzipiell nicht innerhalb des Paradigmas erklärbar. Diese Ungleichheit in den Wanderungsströmen ist empirisch aber eher die Regel als die Ausnahme.

Ein weiterer Kritikpunkt liegt darin, dass in den Gravitationsmodellen – wie schon bei Ravenstein –nur ein statistischer Zusammenhang, nicht aber der dem Zusammenhang zugrunde liegende Mechanismus beschrieben wird. Diesen Mangel haben die gravitationstheoretischen Wanderungsmodelle mit ihrem physikalischen Vorbild gemeinsam: „The gravity model is aptly named. Like the law of gravity it describes an empirical observation involving interaction at a distance but fails to provide an understanding of why there should be such interaction" (Speare et al. 1975: 165).[6]

9.1.2 „Intervening opportunities" und „competing migrants"

Samuel A. Stouffer (1962a, 1962b) versucht den Zusammenhang zwischen dem Wanderungsvolumen und der Distanz zwischen Regionen aus einem allgemeineren Erklärungsansatz abzuleiten. Sein Vorschlag, die theoretische Verbindung herzustellen, baut auf der Hypothese auf, dass die Anzahl der Personen, die eine bestimmte Distanz wandern, proportional zur Anzahl so genannter „opportunities" ist, die sie in dieser Entfernung vorfinden, und umgekehrt proportional zur Anzahl so

---

[6] Versuche, eine theoretische Fundierung für den Zusammenhang zwischen Distanz und Wanderungen zu finden, sind die Arbeiten von Anderson (1979), Choukroun (1975), Niedercorn und Bechdolt (1969) und Sheppard (1978).

genannter „intervening opportunities". „Intervening opportunities" sind dabei den „opportunities" entsprechende Möglichkeiten, sie liegen jedoch näher am Herkunftsort.

Was ist unter den „opportunities" zu verstehen? Stouffer (1962a: 80) stützt sich dabei auf den Begriff so genannter „vacancies", also unbesetzte Möglichkeiten, zum Beispiel freistehende Wohnungen oder offene Stellen auf dem Arbeitsmarkt. Wichtig ist, dass jeweils nur „similar vacancies" (Stouffer 1962a: 80) zueinander in Konkurrenz treten können, womit klar wird, dass selektive Merkmale (Einkommen, Berufsgruppe) einen intervenierenden Einfluss auf das Wanderungsverhalten ausüben können. Opportune Wohnungen müssen dem Einkommen, Beschäftigungsstellen der Berufsausbildung angemessen sein. Ferner betont Stouffer (1962a: 72), dass nicht tatsächlich vorhandene (actual), sondern nur durch die jeweiligen Akteure wahrgenommene (apparent) Opportunitäten relevant sind.

Mit diesem Ansatz können wesentliche Mängel der Gravitationsmodelle behoben werden. Es kann erklärt werden, warum bei gleichen Distanzen (etwa von A nach B und C nach D) und jeweils gleichen Bevölkerungsvolumen[7] unterschiedliche Wanderungsvolumen auftreten können – weil sich die Wege über Gebiete unterschiedlicher „Opportunitätsdichte" erstrecken.[8] Weiterhin kann selektives Wanderungsverhalten sehr viel besser als durch eine entsprechende Interpretation der Interaktionsniveaus bei Dodd erklärt werden: Opportunitäten können für verschiedene Akteurstypen sehr unterschiedlich verteilt sein. Dementsprechend überbrücken einige Gruppen durchschnittlich größere Distanzen als andere. Dennoch bleiben auch in diesem Ansatz Erklärungslücken bestehen. Insbesondere kann keine Differenzierung in der Richtung[9] der Emigration vorgenommen werden, d. h., wenn A den gleichen Abstand zu B und C hat, so sind die vorhergesagten Ströme von A nach B und von A nach C ebenfalls gleich.

Dieser Schwäche versucht Stouffer durch eine Modifikation seines (früheren)[10] Modells Abhilfe zu schaffen, was zunächst durch eine Redefinition des Begriffes „intervening opportunities" geschieht. Nunmehr sind für Wanderungen zwischen A und B solche Opportunitäten als intervenierend zu betrachten, die innerhalb des Kreises liegen, der die Strecke von A nach B als Durchmesser und sowohl A als auch B als Randpunkte besitzt (Stouffer 1962b: 93). Anhand eines empirischen Beispiels zeigt Stouffer (1962b: 93 ff.), dass dieses Modell dem älteren Konzept der „intervening opportunities" und den reinen Distanzmodellen überlegen sein kann. Auch die Richtung der Emigration lässt sich mit dieser Fassung differenzieren; es entsteht aber

---

[7] Bezüglich der allgemeinen Formel von Dodd wäre noch hinzuzufügen: bei jeweils gleichen Aktivitätsniveaus.

[8] Unter der Prämisse einer Gleichverteilung der Opportunitäten über das Gesamtgebiet und einer Homogenität der Opportunitäten für alle Personen ist das Modell mit dem Zipfschen Gravitationsmodell identisch. Das Modell ist jedoch auch in diesem Fall theoretisch überlegen, da es die Andeutung eines echten Erklärungskerns enthält (der aber von Stouffer zu wenig explizit gemacht wird): „By casting the problem in terms of opportunities he (gemeint ist Stouffer, F.K.) comes closer to a model that explains individual mobility behavior – people move because of opportunities" (Speare et al. 1975: 166).

[9] Wir legen hier die mathematische Vorstellung und Begrifflichkeit zugrunde, dass ein Strom (Vektor) durch Länge, Richtung und Orientierung eindeutig bestimmt ist.

[10] Die hier als „Stouffer (1962a)" bzw. „Stouffer (1962b)" zitierten Arbeiten sind Wiederabdrucke von Aufsätzen aus den Jahren 1940 bzw. 1960.

ein anderes Problem: In der Orientierung der Wanderungsströme ist keine Differenzierung möglich. Deshalb führt Stouffer zusätzlich noch das Konzept der „competing migrants" ein. Diese sind definiert als die Anzahl von Zuwanderern aus Orten, die mindestens genauso nah am Zielort liegen wie der betrachtete Herkunftsort; „competing migrants" konkurrieren also um die Opportunitäten am Zielort.

Wenn also X_B die Zahl der „intervening opportunities" in der neuen Fassung, X_C die Zahl der „competing migrants", K eine Proportionalitätskonstante und X_M das Produkt aus allen Emigranten des Herkunftsortes und allen Immigranten des Zielortes (d. h. den „opportunities") ist, so wird die Zahl Y der vom Herkunftsort zum Zielort wandernden Personen in allgemeiner Form beschrieben durch (Stouffer 1962b: 103; Langenheder 1968: 60 f.):

$$Y = \frac{K \cdot X_M^A}{X_B^B \cdot X_C^C}$$

wobei A, B und C empirisch zu bestimmende Exponenten sind.

Die Konzepte der „intervening opportunities" bzw. „competing migrants" bieten demnach direkte Ansatzpunkte für eine handlungstheoretische Interpretation von Wanderungen. Personen wandern, um Opportunitäten wahrzunehmen, und konkurrieren dabei mit anderen Personen. Der Ansatz erlaubt es, andere strukturelle Faktoren (etwa ökonomische Bedingungen) – in einem gewissen Sinne „Störfaktoren" – zu integrieren, indem ihr Einfluss auf die Opportunitätsstruktur analysiert und somit die Unvollständigkeit der Erklärung vermindert wird. Leider weist das Konzept der Opportunitäten aber Schwächen, wie etwa die zirkuläre Operationalisierung der „vacancies", auf, was wegen der grundsätzlichen Fruchtbarkeit des Ansatzes eine tiefere theoretische Auseinandersetzung mit den „opportunities" erforderlich gemacht hätte. Die notwendige Weiterentwicklung ist jedoch ausgeblieben: „Stouffer, himself, admits that the concepts used are imperfect reflections of some other more effective concepts yet to be discovered. In doing so, he implies the need to relate his formulation to a model of behavior of individual migrants. Currently, however, Stouffer's model has not been elaborated and developed theoretically" (Shaw 1975: 51).

9.1.3 Makroökonomische Ansätze

Die weitere Auseinandersetzung mit handlungstheoretischen Annahmen, die Stouffer schon sehr früh vorschlug, war zunächst nicht der Weg, der sich im Zuge der theoretischen Entwicklung durchsetzte, um die Schwierigkeiten, die mit den Gravitationsmodellen verbunden sind, zu beseitigen. Als Ergänzung bzw. Erweiterung der Gravitationsmodelle bot sich zunächst ein Ansatzpunkt ganz anderer Art an: die klassische Ökonomie, in der nicht mehr die Distanz zwischen Regionen, sondern die Differenz in regionalen Lohnniveaus zum entscheidenden Faktor bei der Erklärung von Wanderungsbewegungen wird: „(...) differences in net economic advantages, chiefly differences in wages, are the main causes of migration" (Hicks 1963: 76). Die allgemeine Grundidee kann folgendermaßen skizziert werden: Arbeitskräfteangebot und Arbeitskräftenachfrage bestimmen im Gleichgewicht den Preis des Produktionsfaktors Arbeit, das Lohnniveau. Dieses Gleichgewicht ist aber zunächst nur regionaler Art. Als Reaktion auf unterschiedliche Lohnniveaus in verschiedenen Regionen treten Wanderungen auf. Erwerbstätige migrieren von Gebieten mit niedrigen Lohnniveaus in Gebiete mit höheren Durchschnittslöhnen und bewirken somit – da Zuwanderungen zu einer Senkung des Niveaus und Abwanderungen zu einer Anhebung des Niveaus führen – das Zustandekommen eines globalen Gleichgewichtsprozesses. Dieses idealisierte Grundmodell setzt jedoch einige notwendige Bedingungen wie Vollbeschäftigung, fehlende Transportkosten und vollkommene Konkurrenz voraus (Ritchey 1976: 364).

Wie man erkennt, sind in dieser Betrachtungsweise Wanderungen nicht nur als abhängige Variable, d. h. spezieller als Resultat von Lohnungleichgewichten, sondern auch und vor allem als unabhängige Variable interessant: Als Folge von Wanderungen lässt sich die Angleichung der Lohnniveaus zwischen verschiedenen Regionen ableiten (Cebula 1979: 6 f.). Gerade diese Folgerung führt zu einer grundlegenden Kritik am klassischen makroökonomischen Modell der Wanderungen, da sich eine Angleichung der Lohnniveaus in der Regel empirisch nicht bestätigen lässt (Clark 1982: 19; Greenwood 1975: 413; Hicks 1963: 76; Shields, Shields 1989: 278; Sjaastad 1962: 80). Hicks (1963: 74) versucht dies zunächst darauf zurückzuführen, dass zur empirischen Überprüfung nicht das nominale, sondern das reale, d. h. das zu den regional spezifischen Lebenshaltungskosten in Beziehung gesetzte Lohnniveau zu berücksichtigen ist. Aber auch eine Eliminierung realer Differenzen in regionalen Lohnniveaus ist empirisch äußerst selten anzutreffen. Erst wenn entscheidende Voraussetzungen der klassischen Ökonomie in Frage gestellt werden – wenn etwa die Annahmen fehlender sozialer Barrieren, homogener Akteure und fehlender Kosten der Mobilität eingeschränkt werden – lässt sich das Weiterbestehen regionaler Lohndisparitäten erklären (Cebula 1979: 7 ff.).

Neben der fehlenden Angleichung regionaler Lohnniveaus bildet die in der Regel zu beobachtende stark positive Korrelation zwischen regionalen Emigrations- und Immigrationsziffern (Greenwood 1975: 413) ein empirisches Problem für das klassische makroökonomische Modell.[11] Aus der Erklärungsskizze ist eine positive Korrelation zwischen regionalem Lohnniveau und Zuwanderung, aber eine negative Korrelation zwischen Lohnniveau und Abwanderung, insgesamt also eine stark positive Korrelation zwischen Lohnniveau und Nettomigrationsrate zu folgern, was sich empirisch keineswegs überzeugend belegen lässt (Ritchey 1976: 365). Dieser offensichtliche Widerspruch zur klassischen makroökonomischen Hypothese führte zu einer verstärkten Beschäftigung mit dem positiven Zusammenhang zwischen Immigration und Emigration. Lansing und Mueller (1967) sehen darin im Prinzip nur ein Artefakt, das auf schnelle Konjunkturschwankungen zurückzuführen ist. Ein Anstieg der Arbeitskräftenachfrage führt zu einem relativ kurzfristigen Immigrationsschub, der durch eine Emigrationswelle abgelöst wird, wenn die Nachfrage wieder sinkt. Demzufolge wäre eine Abschwächung der Verbindung von Ein- und Auswanderung

---

11 Schon Ravenstein (1972: 52) hat dies im vierten seiner „Gesetze der Wanderung" festgestellt.

zu folgern, wenn die Abstände zwischen einzelnen Messzeitpunkten kleiner gewählt werden.[12] Miller (1973a, 1973b) sieht einen ganz anderen Mechanismus, wenn auch methodische Mängel (Ritchey 1976: 371) den Beleg für seine Argumentation hinfällig machen: Unterteilt man die Population in „movers" und „stayers", so sind natürlich gerade in Gebieten mit hoher Immigration erhöhte Anteile von „movers" zu finden, was wiederum erhöhte Emigrationsziffern zur Folge hat. Diese „mover-stayer"-Dichotomie bedeutet letztlich aber die Aufgabe des ökonomischen Kerns der Erklärung, da die Unterscheidung zwischen „movers" und „stayers" nicht notwendig ökonomischen Ursprungs ist.

Insgesamt wird sehr oft bestätigt, dass zwar ein relativ klarer positiver Zusammenhang zwischen hohen Lohnniveaus (bzw. allgemein positiven ökonomischen Rahmenbedingungen) und hohen Immigrationsraten besteht, dies aber nicht gleichermaßen für den negativen Zusammenhang mit den Emigrationsraten gilt (Greenwood 1975: 400; Lansing, Mueller 1967: 337). Während für die Immigration die traditionelle ökonomische Argumentation oftmals noch haltbar ist, sehen Courchenne (1970) und Vanderkamp (1971) die zu erwartende Emigrationsneigung bei niedrigen Lohnniveaus dadurch behindert, dass gerade in ökonomisch schwachen Gebieten potenzielle Migranten die Kosten einer Migration schlechter tragen können und demzufolge auf die Wanderung verzichten. Dies kommt einer Unterscheidung zwischen „stock"- und „flow"-Wirkungen der Lohndifferenzen bei O'Rourke (1972) sehr nahe. Demnach stehen ökonomische Bedingungen im Herkunftsgebiet nur in Zusammenhang mit der Entstehung eines Potentials (stock) von Migranten, das aber nicht gleich dem tatsächlichen Wanderungsstrom (flow) ist, da Trägheiten, Barrieren oder Informationsdefizite dem individuellen Wanderungsvollzug im Wege stehen können.

Bisher wurde neben dem regionalen Lohnniveau nur sehr allgemein von sonstigen ökonomischen Bedingungen im Herkunfts- bzw. Zielgebiet gesprochen. Der wichtigste weitere Faktor, der in der keynesianischen Makroökonomie zentrale Bedeutung erlangt, ist die Arbeitslosenquote, womit die im klassischen Modell notwendige Annahme der Vollbeschäftigung aufgegeben wird. Die theoretische Verbindung kann hergestellt werden, wenn man unterstellt, dass die Akteure nicht das momentan erreichbare, sondern das zu erwartende Einkommen maximieren, wobei die Arbeitslosenquote ein zentraler Schätzer für die Wahrscheinlichkeit der Beschäftigung und damit der Einkommenserwartungen ist (Todaro 1969: 232; Harris, Todaro 1970: 126 f.). Demzufolge sind Wanderungsbewegungen von Regionen mit hoher Arbeitslosenquote (und daher niedrigen Einkommenserwartungen) und wenigen offenen Stellen zu Gebieten mit niedriger Arbeitslosenquote und relativ vielen offenen Stellen zu erwarten.

Aber auch dieser Zusammenhang wurde empirisch immer wieder in Frage gestellt (Greenwood 1975: 403). Versuche, nicht die tatsächliche Arbeitslosigkeit (actual unemployment), sondern die zu erwartende (prospective unemployment) zu berücksichtigen (Blanco 1964; Lowry 1966), können diesen Missstand ebenfalls nicht grundsätzlich beheben. Es zeigt sich wieder, dass zwar oft eine deutliche positive Korrelation zwischen der Beschäftigungsquote und der Immigration beobachtet wer-

---

[12] Morgan (1974) kann diese These allerdings nicht bestätigen.

den kann, dass aber entsprechend signifikante negative Tendenzen bezüglich der Emigration fehlen (Lansing, Mueller 1967: 91 ff., 96 ff.). Viele der Argumentationen, die zur Erklärung des fehlenden Zusammenhangs zwischen Lohnniveau und Migrationsraten herangezogen wurden, können auch auf den Faktor Arbeitslosenquote übertragen werden. Hinzu kommt, dass eine Reihe von Wanderungen in Zusammenhang mit einer Beschäftigung stehen (Gleave, Cordey-Hayes 1977: 18; Bartel 1979), wie etwa die Versetzung innerhalb einer Firma an einen anderen Ort, und demzufolge in Gebieten mit hoher Arbeitslosenquote seltener sind, was dem zunächst vermuteten Zusammenhang widerspricht.

Die aus den theoretischen Grundmodellen abgeleiteten Hypothesen über den Einfluss von ökonomischen Faktoren auf das Wanderungsverhalten können mit statistischen Regressionsmodellen auf der Aggregatdatenebene überprüft werden. Die bekannteste Version stammt von Lowry (1966); sie verbindet das gravitationstheoretische Grundmodell mit ökonomischen Faktoren (Lowry 1966: 12):

$$M_{i\_>j} = k \frac{U_i}{U_j} \cdot \frac{W_j}{W_i} \cdot \frac{L_i \cdot L_j}{D_{ij}} + e_{ij}$$

Dabei sind:

$M_{i \to j}$ die Anzahl der Migranten von i nach j,
k eine Konstante,
U_i, U_j die Arbeitslosenquote in i bzw. j,
W_j, W_i das Lohnniveau in i bzw. j,
L_i, L_j die Anzahl von Personen im nichtlandwirtschaftlichen Sektor,
D_{ij} die Distanz zwischen i und j und
e_{ij} ein Fehlerterm.

Die Wirkung der einzelnen Faktoren ist aus der Formel direkt ablesbar: Je höher die Arbeitslosenquote in i, je niedriger die Arbeitslosenquote in j, je höher das Lohnniveau in j, je niedriger das Lohnniveau in i, je größer die Anzahl der Beschäftigten in i und j, je kleiner die Distanz zwischen i und j, desto größer wird die Anzahl der Migranten von i nach j sein. Wegen dieser unterstellten Wirkungsrichtung können die Einflussgrößen auch als Push- bzw. Pull-Faktoren bezeichnet werden. So stellt eine hohe Arbeitslosenquote in i einen Push-Faktor, ein hohes Lohnniveau in j einen Pull-Faktor für einen potenziellen Wanderer von i nach j dar.

Das so genannte „Push-Pull-Modell" bildet keinen eigenständigen theoretischen Ansatz, sondern ist im Prinzip nur eine suggestive Sprechweise. Mit den Termen „push" und „pull" ist die Vorstellung verbunden, dass Wanderungen zum einen durch „abstoßende" Bedingungen am Herkunftsort (Push-Faktoren), zum anderen durch „anziehende" Bedingungen am potenziellen Zielort (Pull-Faktoren) hervorgerufen werden. Welche Merkmale dies aber im Einzelnen sind und warum sie eine anziehende oder abstoßende Wirkung haben, bleibt offen und muss durch Hpyothesen eines wirklichen Theorieansatzes – zum Beispiel durch das makroökonomische

Gleichgewichtsmodell – ergänzt werden. Das Push-Pull-Paradigma wird zuweilen mit Lowry (1966) oder Lee (1972) in Verbindung gebracht, was nur insofern gerechtfertigt ist, als sich hier die Sprechweise in besonderer Weise anbietet. Die Push-Pull-Idee ist jedoch wesentlich älter: Sie ist beispielsweise schon in den Arbeiten von Fairchild (1925), Meyer (1936) oder Petersen (1958) zu finden (Albrecht 1972: 42 f.).

Die Interpretation der Zusammenhänge als „push und pull" hat gegenüber der makroökonomischen Gleichgewichtsidee den Vorteil, dass sich eine Ergänzung um andere, nichtökonomische Einflussfaktoren direkt anbietet. So zeigte sich etwa am Beispiel der sogenannten „Sun-Belt"-Migration in den Vereinigten Staaten, dass die ausschließliche Betrachtung ökonomischer Faktoren unzureichend war und sich das Klima als entscheidende erklärende Variable erwies (Clark 1982: 20). Faktoren wie das Klima können dann auf ähnliche Weise in Regressionsmodelle einfließen. So fanden u. a. die Bevölkerungsdichte[13] (Langenheder 1968: 38), Bildungs- und Ausbildungschancen (Shaw 1975: 75) und der Urbanisierungsgrad („bright lights of the city"; Shaw 1975) Berücksichtigung.

9.1.4 Weitere makrotheoretische Ansätze

Neben den oben aufgeführten Erklärungsversuchen sind noch weitere Ansätze aufzuführen, deren Orientierung als grundsätzlich makrotheoretisch einzustufen ist. Sie sind zwar als Einzelarbeiten erwähnenswert, haben aber den Verlauf der theoretischen Entwicklung nicht so entscheidend beeinflusst, wie die bisher genannten.

Die ökologischen Theorien basieren auf grundlegenden Arbeiten zur „human ecology" (Duncan 1959; Hawley 1968; Schnore 1958). Den so genannten „frame of reference" bilden vier Hauptelemente, die insgesamt auch als „ecological complex" bezeichnet werden: Bevölkerung, Umwelt, Technologie und Organisation. Soziale Phänomene können nun zunächst einmal sehr grob im – wie auch immer gearteten – Zusammenwirken dieser Komponenten analysiert werden. Während bei den meisten ökologischen Studien dabei die Organisation als abhängige Variable im Vordergrund des Interesses steht, nimmt bei Sly (1972) die Bevölkerung bzw. deren Migrationsverhalten diese Position ein. Die Grundidee ist, dass die Migration einen Prozess darstellt, durch den ein Gleichgewicht zwischen der Bevölkerung (Größe, Zusammensetzung) und deren Organisationsstruktur hergestellt wird: „Ecologically, migration may be viewed as a component of areal population change (...); it is a response through which a population can maintain an equilibrium between its size and sustenance organization" (Sly 1972: 616). Die Frage ist nun, wie überhaupt erst Ungleichgewichte entstehen. Nach Sly (1972: 618) sind sie vor allem auf Veränderungen in der Umwelt und der Technologie zurückzuführen, die nicht nur Veränderungen in der Organisationsstruktur nach sich ziehen, sondern auch die Balance zwischen der Organisationsstruktur und der Bevölkerung zerstören. So kann ein technologischer Durchbruch, etwa eine Rationalisierung in der Landwirtschaft, zu einer regional verminderten Nachfrage nach Arbeitskräften führen (Organisationsstruktur).

---

[13] Vgl. dazu auch die ökologische Theorie (s. unten 9.1.4).

Die Population kann auf eine solche Störung demographisch reagieren, d. h. mit Veränderungen in der Geburten- und Sterberate. Kurzfristiger und effektiver wirken jedoch Migrationsprozesse. „In the short run, migration appears to be the most efficient response. It can increase or decrease population more rapidly than can changing fertility and is more efficient in that it can be selective" (Sly 1972: 618). Das Vorgehen gleicht dem der ökonomischen Theorien. Aus allgemeinen Gleichgewichtsüberlegungen werden Hypothesen über den Zusammenhang von Migrationsverhalten und anderen Komponenten des „ökologischen Komplexes" abgeleitet und empirisch überprüft (Sly 1972: 621; Frisbie, Poston 1975: 777; Sly, Tayman 1977: 786). Ein grundsätzliches Problem bildet dabei jedoch die Kausalitätsrichtung der Zusammenhänge (Sly, Tayman 1977: 783; Frisbie und Poston 1975). An der Zuversicht von Sly und Tayman (1977: 793) „(...) that the ecological approach is potentially more than a simple heuristic device for ordering and presenting variables (...)" sind somit berechtigte Zweifel angebracht (Wagner 1989: 29). Die Gleichgewichtsidee wird im ökologischen Kontext eben nur als vages Prinzip, nicht aber auch nur annähernd so präzise gefasst wie in den ökonomischen Modellen, wodurch sie ihren Nutzen als klare Ableitungsregel für die Wirkung von Einflussfaktoren weitgehend verliert.

Von Eisenstadt (1954) stammt der Versuch, den funktionalistischen Ansatz von Parsons auf den Bereich der Migration zu übertragen, wobei auch die Determinanten der Wanderungen im Vordergrund stehen. Den Ausgangspunkt von Wanderungen bilden danach individuelle Unsicherheiten oder Unzufriedenheiten, die daraus resultieren, dass das soziale System seine grundlegenden spezifischen Funktionen nicht erfüllt. Die Motive, die Personen zu Migrationen veranlassen, können somit mit dem Parsonschen AGIL-Schema interpretiert werden und auf eine mangelnde Anpassungs-, Zielerreichungs-, Integrations- oder Latenzfunktion zurückgeführt werden (Albrecht 1972: 144). Mehr als ein solches Interpretationsschema stellt der Ansatz von Eisenstadt aber kaum dar, insbesondere werden keine konkreten Hypothesen über den Wanderungsprozess abgeleitet. „Die Vagheit des Eisenstadtschen Versuchs ist einmal die direkte Konsequenz der mangelnden Eindeutigkeit der Parsonschen Begriffe, zum anderen aber die Folge der Tatsache, dass der funktionalistische Ansatz Parsons' zwar eine Interpretation sozialer Sachverhalte zulässt (...), aber keine wissenschaftlich exakte Erklärung oder Prognose" (Hoffmann-Nowotny 1970: 92 f.).

In der Migrationsanalyse von Hoffmann-Nowotny (1970), die hauptsächlich auf die von Heintz (1968) entwickelte „Theorie struktureller und anomischer Spannungen" zurückgreift, ist die Ableitung konkreter Hypothesen hingegen möglich. Wanderungen werden als eine Möglichkeit aufgefasst, so genannte anomische Spannungen auszugleichen. Als anomische Spannung wird ein internes Ungleichgewicht eines Akteurs zwischen Anspruch und tatsächlichem Zugang zu bestimmten sozialen Werten, das sind materielle oder immaterielle erstrebenswerte Güter, definiert. Anomische Spannungen resultieren aus so genannten strukturellen Spannungen, das sind Ungleichverteilungen von Macht, als Grad der Durchsetzbarkeit eines Anspruchs, und Prestige, als Grad der Legitimität des Anspruchs. Eine Möglichkeit, den Spannungsabbau vorzunehmen, ist die „(...) Veränderung der Position auf den gegebenen Macht- und/oder Prestigelinien (...)" (Hoffmann-Nowotny 1970: 37). Eine spezielle Form einer solchen Veränderung ist die Migration. Dementsprechend werden Hypothesen über den Zusammenhang von Migrationsbewegungen und dem Grade struktureller Spannungen eines sozietalen Systems abgeleitet.

Einen vollkommen anderen Ausgangspunkt bietet die „These des Mobilitätsübergangs" von Zelinsky (1971), der in gewisser Weise versucht, ein Pendant zur bekannten These vom demographischen Übergang zu schaffen, indem er diese mit den Wanderungsgesetzen von Ravenstein (1972) und Lee (1972) verbindet. Die zunächst noch relativ unspezifische These lautet: „There are definite, patterned regularities in the growth of personal mobility through space-time during recent history, and these regularities comprise an essential component of the modernization process" (Zelinsky 1971: 221 f.). Die Veränderung der Mobilitätsmuster wird im Wesentlichen als paralleler Prozess zum demographischen Übergang aufgefasst, der sich in fünf idealtypischen Phasen abspielt. Dabei ist vor allem interessant, dass verschiedene Arten der Mobilität gleichsam als konkurrierende Alternativen aufgefasst werden, deren spezifische Konstellationen das veränderliche Mobilitätsmuster ausmachen. In der ersten Phase, der vormodernen traditionalen Gesellschaft, gibt es kaum wirkliche Wanderungen (höchstens infolge von Heiraten o. Ä..) und eine nur auf einige Berufsgruppen (z. B. Kaufleute) beschränkte „Zirkulation", d. h. Ortsveränderungen ohne langfristigen bzw. permanenten Charakter. In der frühen Übergangsgesellschaft (Phase 2) treten hingegen starke Land-Stadt-Wanderungen, starke Wanderungen hin zu den Kolonisationsgrenzen, starke Emigrationen und erste Anzeichen von Immigrationen sowie neuen Zirkulationsformen auf. In Phase 3, der späten Übergangsgesellschaft, nehmen Landflucht und Grenzwanderungen ab, während internationale Wanderungen und Zirkulationen weiter zunehmen. In der fortgeschrittenen modernen Gesellschaft (Phase 4) spielen Land-Stadt-Wanderungen und Grenzwanderungen kaum mehr eine Rolle und werden durch zunehmende Wanderungen zwischen bzw. innerhalb von Städten abgelöst. In internationaler Hinsicht dominieren vor allem Immigrationen aus weniger entwickelten Ländern. Die Zirkulationsmöglichkeiten steigen weiter an und können Migrationen zunehmend ersetzen. In Phase 5, der hoch entwickelten postmodernen Gesellschaft, verstärken sich die Tendenzen der Phase 4, wobei eine entscheidende Änderung neuartige Kommunikationsformen sind, die sowohl Migrationen als auch Zirkulationen in immer größerem Maße überflüssig machen können. Obwohl mit solchen Phasenmodellen erhebliche Bedenken verbunden werden müssen, steckt in der These von Zelinsky sicherlich brauchbares heuristisches Material, das aber sorgfältig durch eine Angabe der Mechanismen, die die Mobilitätsmuster verändern, rekonstruiert werden müsste. Solche Mechanismen sind bei Zelinsky bestenfalls in Form von Orientierungshypothesen angedeutet.

9.1.5 Zusammenfassende Beurteilung der Makrotheorien

In einer Einschätzung der makroperspektivischen Wanderungsmodelle muss zunächst das Verdienst festgehalten werden, dass es vor allem der Gravitationstheorie und der Makroökonomie gelungen ist, mit der Distanz und den durch Lohnniveau und Arbeitslosenquote beschriebenen ökonomischen Faktoren wesentliche Determinanten der Wanderungsprozesse in ihrer grundsätzlichen Wirkung ausfindig gemacht zu haben. In der Regel lässt sich mit diesen einfachen, aber auch sehr exakten

Grundmodellen eine relativ gute Anpassung an das empirische Wanderungsverhalten auf Aggregatdatenebene erreichen.[14] Dabei ist jedoch zu beachten, dass die starken Zusammenhänge zwischen wirklichen und durch die Modelle vorhergesagten Wanderungsziffern im Wesentlichen ein Ergebnis der aggregierten Analyse sind.

Ferner ist als äußerst positiv zu erachten, dass vielfach explizit der Versuch unternommen wird, potenzielle Gesetze zu formulieren und diese zur Grundlage einer Erklärung des Wanderungsverhaltens zu machen. Wie sich im Einzelnen aber zeigt, stoßen diese Regelmäßigkeiten sehr schnell an empirische Grenzen. Außerdem kann selektives Wanderungsverhalten zwar zuweilen berücksichtigt, nicht aber auf Grund des unterstellten Mechanismus erklärt werden. Das Problem der makrosoziologischen „Gesetze" und der damit verbundenen makrosoziologischen Erklärungen kann generell mit dem Problem der „Unvollständigkeit" (Gadenne 1979; Lindenberg 1983: 25; Esser 1991: 40) umschrieben werden. Wegen der hohen Komplexität, Instabilität und Variabilität sozialer Phänomene bleiben Zusammenhänge zwischen aggregierten Wanderungsziffern und anderen Makrofaktoren, was ihre Allgemeinheit betrifft, unzureichend. Sie werden durch so genannte Störfaktoren beeinträchtigt. Eine allgemeine Strategie besteht nun darin, solche Störfaktoren in die Prämisse des unterstellten Gesetzes aufzunehmen, also eine Exhaustion der Theorie vorzunehmen.

Versuche dieser Art konnten in der Darstellung der Makrotheorien häufig beobachtet werden. Insbesondere bei den Gravitationsmodellen und den makroökonomischen Wanderungstheorien wird dabei deutlich, in welcher Weise Modifikationen vorgenommen werden, wenn empirische Widersprüche auftauchen. Obwohl es sich um Makroansätze handelt, werden implizit Verhaltensannahmen über die involvierten Individuen vorausgesetzt, beispielsweise deren Homogenität oder deren nutzenmaximierendes Verhalten unter vollständiger Information. Eine Änderung der Modelle erfolgt dann dadurch, dass diese Verhaltensannahmen korrigiert werden (Esser 1979: 20).

Nicht nur in der Wanderungsforschung leiden Makroansätze unter diesem Problem unvollständiger Erklärungen. Dem Befund, dass es der Soziologie generell bis heute nicht gelungen ist, auch nur ein einziges allgemeines Makrogesetz aufzufinden und damit dem Programm von Durkheim (1976) erfolgreich nachzukommen, kann wohl kaum widersprochen werden (Esser 1989: 59; Lindenberg 1981: 20). Deshalb wurde in den letzten Jahrzehnten vermehrt eine alternative Strategie aufgegriffen, nämlich den gesetzesmäßigen Kern der Erklärung nicht mehr auf der kollektiven, sondern auf der individuellen Ebene, d. h. im Handeln der Akteure, zu suchen. Die Annahmen über die Regeln, nach denen Akteure ihre Probleme lösen bzw. ihre Handlungen wählen, Annahmen also, die in Makrotheorien zwar implizit getroffen, aber nicht sichtbar gemacht werden, sollten demnach offen gelegt und zum Kern einer soziologischen Erklärung gemacht werden (Esser 1991: 41). Die nachfolgende Darstellung wichtiger Mikrotheorien geht auf solche Versuche in der Migrationsforschung ein.

---

14 Für die Binnenwanderungen in der Bundesrepublik überprüfen dies beispielsweise Birg et al. (1993: 85-103).

9.2 Mikrotheorien der Wanderung

Auf Grund der beschriebenen Schwierigkeiten einer makroperspektivischen Orientierung verwundert es nicht, dass sich in der Wanderungsforschung mehr und mehr eine grundsätzliche Wendung zur individualistischen Theoriebildung vollzog. Vor allem fünf Arbeiten, die nicht zuletzt deshalb zu „Klassikern" der Wanderungstheorie geworden sind, kennzeichnen diesen Übergang: die Arbeit von Lee (1966, 1972), in der eine individualistische Interpretation des Push-Pull-Paradigmas ausgeführt wird (9.2.1), die von Sjastaad (1962) und Speare (1971), die eine mikroökonomische Rekonstruktion der grundsätzlichen ökonomischen Mechanismen vornehmen (9.2.2), und die sozialpsychologischen Beiträge von Wolpert (1965; 1966), der mit dem Begriff der „place utility" einen entscheidenden Anstoß für die weitere theoretische Entwicklung liefert und das Wanderungsverhalten sehr ausdrücklich auf allgemeine Theorien des sozialen Handelns bezieht (9.2.3). In Kapitel 9.2.4 wird mit dem SEU-Modell der Wanderung der theoretische Ansatz dargestellt, der gewissermaßen den Endpunkt des skizzierten Trends in der theoretischen Entwicklung bildet. Das SEU-Modell ergibt sich aus einer Konvergenz der dargestellten Mikrotheorien und – da diese Mikrotheorien immer auch als Rekonstruktionsversuche verschiedenster Makrotheorien anzusehen sind – damit aus einer Konvergenz vielfältiger Ansätze insgesamt. Im letzten Kapitel (9.2.5) werden die mikrotheoretischen Erklärungsversuche noch einmal zusammenfassend beurteilt.

9.2.1 Die Theorie der Wanderung von Lee

Die „Theorie der Wanderung" von Lee (1966, 1972) kann als Versuch angesehen werden, eine explizit individualistische Interpretation des Push-Pull-Paradigmas zu liefern und somit zu einer Behebung von empirischen Schwierigkeiten zu gelangen. Beispielsweise ist die Tatsache, dass eine Person von einem Gebiet A in das Gebiet B wandert, eine andere hingegen in umgekehrter Richtung, grundsätzlich nicht zu erklären, wenn man als Push- und Pullfaktoren wie bei Lowry (1966) nur strukturelle Merkmale in Betracht zieht. Diese Schwierigkeit überwindet Lee, indem er als Grundlage seiner „Theorie der Wanderung" vier Kategorien von Wirkungsfaktoren unterscheidet (Lee 1972: 118): 1. Faktoren in Verbindung mit dem Herkunftsgebiet, 2. Faktoren in Verbindung mit dem Zielgebiet, 3. intervenierende Hindernisse und 4. persönliche Faktoren.

Die ersten beiden Gruppen spiegeln dabei den Gedanken von „push" und „pull" wider: „In jedem Gebiet gibt es unzählige Faktoren, die dazu dienen, Menschen in diesem Gebiet zu halten oder Menschen anzuziehen, und es gibt andere, die sie abstoßen. (...) Es gibt andere (...), denen gegenüber Menschen sich im Grunde indifferent verhalten" (Lee 1972: 118). Die Formulierung „unzählige" macht dabei die Allgemeinheit des Ansatzes deutlich: Als Push- und Pullfaktoren sind nicht nur, wie etwa bei Lowry (1966), die bekannten makroökonomischen Variablen Lohnniveau und Arbeitslosenquote vorstellbar, sondern auch eine Vielzahl anderer struktureller Merkmale, beispielsweise das Klima oder das Schulsystem. Auch in der dritten angesprochenen Kategorie, den intervenierenden Hindernissen, geht Lee über die bis dahin fast ausschließlich betrachtete Distanz der Wanderung hinaus und denkt etwa an Faktoren wie die Berliner Mauer oder Einwanderungsgesetze (Lee 1972: 120).

Am wichtigsten ist aber, dass nicht nur die Bandbreite bisher berücksichtigter Variablen vergrößert wird, sondern dass mit der vierten Kategorie auch individuelle Merkmale angesprochen werden. Solche Faktoren können, wie das Geschlecht oder die nationale Herkunft, intraindividuell konstant sein, aber auch wichtige Phasen im Lebensverlauf beschreiben. Je nach individueller Konstellation haben die „objektiven" Faktoren der ersten drei Kategorien eine unterschiedliche Wirkung. „Einige von diesen Faktoren beeinflussen die meisten Menschen in nahezu gleicher Weise, während andere verschiedene Menschen in unterschiedlicher Weise beeinflussen" (Lee 1972: 118). Als Beispiel führt Lee etwa das „gute Schulsystem" auf, das auf Eltern mit kleinen Kindern anziehend wirken wird, für potenzielle Hausbesitzer wegen der damit verbundenen hohen Grundsteuern dagegen abstoßend. Individuelle Merkmale bestimmen aber nicht nur die situationale Wirkungslogik von Faktoren, sondern auch deren Wahrnehmung. „In diesem Zusammenhang müssen wir beachten, dass es nicht so sehr die tatsächlichen Faktoren am Herkunftsort und am Bestimmungsort sind, sondern die Perzeption dieser Faktoren, die Wanderung hervorruft" (Lee 1972: 120). Auch hier mag das Schulsystem wieder als Beispiel dienen, da die Beurteilung seiner Güte von politischen Überzeugungen und Informationsquellen abhängig ist. Die Erfassung der Selektivität von Wanderungen stellt also insgesamt kein grundsätzliches Problem mehr dar.

Die Entscheidung über Wanderung oder Nichtwanderung wird von Lee grundsätzlich auf einen Vergleich von Faktoren am Herkunftsort und am Zielort zurückgeführt (1972: 119), was leider nicht in einen präzisen Mechanismus übersetzt wird. Trotzdem gelingt es Lee, aus diesem Grundmodell einige konkrete Hypothesen über den Umfang der Wanderung, das Verhältnis von Strom und Gegenstrom sowie bestimmte Merkmale von Wanderern abzuleiten; der Arbeit von Lee wird deshalb nicht selten eine ähnliche Bedeutung zugeschrieben wie den Ravensteinschen Gesetzen (Zelinsky 1971: 220).

9.2.2 Das mikroökonomische Humankapitalmodell

Wie in nahezu allen Anwendungsgebieten der Ökonomie, so hat auch im Bereich der Wanderungsforschung eine „mikrotheoretische Revolution" stattgefunden. Der Grund dafür ist nicht zuletzt in den Schwierigkeiten oben (9.1.3) beschriebener makroökonomischer Wanderungstheorien zu finden. Vor allem zwei Arbeiten kennzeichnen diesen Übergang: die von Sjaastad (1962) und die von Speare (1971).

Der neue Ansatzpunkt in der Pionierarbeit von Sjastaad (1962) liegt in der Interpretation von Wanderungen als individuelle Investitionen in Humankapital: „(...) we treat migration as an investment increasing the productivity of human resources, an investment which has costs and which also renders returns" (Sjastaad 1962: 83). Sowohl Kosten als auch Erträge der Wanderung werden in monetäre und nichtmonetäre unterteilt.[15] Monetäre Kosten sind zum Beispiel die Ausgaben für den Umzug, die dementsprechend stark mit der Wanderungsdistanz zusammenhängen. Unter die nichtmonetären Kosten fallen vor allem die Opportunitätskosten entgangener Einnahmen durch den Umzug selbst, durch die Suche nach einer neuen Arbeit und durch eine etwaige Einarbeitungszeit. Aber auch „psychische Kosten", die durch das Verlassen der vertrauten Umgebung, von Bekannten, Freunden und Familienmitgliedern entstehen, sind theoretisch zu berücksichtigen. Nichtmonetäre Erträge der Wanderung werden in der Realisierung bestimmter „geschmacklicher" Ortspräferenzen gesehen. Am wichtigsten sind aber die monetären Gewinne der Wanderung, die vor allem aus einer Steigerung des Realeinkommens bestehen. Dabei liegt ein besonderer Reiz des mikroökonomischen Humankapitalmodells in der Berücksichtigung der Tatsache, dass sich solche Erträge gegebenenfalls erst nach einer gewissen Zeit einstellen können. Somit wird erklärbar, warum Personen auch dann einen Wohnortwechsel vornehmen, wenn sie nicht einen sofortigen (Einkommens-)Gewinn erzielen; solche Wechsel können etwa auf Grund besserer Aufstiegschancen, also höheren Einkommenserwartungen in der Zukunft, erfolgen.

Besonders anschaulich kann die Grundidee durch folgende Formel beschrieben werden, derzufolge eine Wanderung stattfindet, wenn (Speare 1971: 118):

$$\sum_{j=1}^{N} \frac{(Y_{dj} - Y_{oj})}{(1+r)^j} - T > 0$$

Dabei sind:

Y_{dj}, Y_{oj} : die Einkünfte am Ziel (destination) bzw. Herkunftsort (origin),
T: die Kosten der Wanderung,
N: die Anzahl der Jahre, in denen noch Auszahlungen zu erwarten sind, und
r: eine Rate zur Diskontierung des zukünftigen Einkommens.

Im Gegensatz zum Faktor Lohnniveau im makroökonomischen Modell handelt es sich hier in Y_{dj} und Y_{oj} um individuelle Einkünfte. Ebenso variieren die anderen Therme der Gleichung, also die Kosten der Wanderung, die Anzahl der verbleibenden Jahre im Erwerbsleben und die Diskontierung, von Person zu Person. Allgemein gilt: Je höher die Einkünfte an einem anderen Ort über den derzeitigen liegen, je mehr Jahre noch im Erwerbsleben verbracht werden und je kleiner die Kosten der Wanderung sind, desto eher wird eine Person wandern. Selektives Wanderungsverhalten ist also erfassbar, da die individuellen Einkünfte am Ziel- und Herkunftsort mit sozialen Merkmalen (etwa: Geschlecht, Berufsgruppe) zusammenhängen können. Es ergibt sich unter anderem eine elegante Ableitung für altersspezifisches Wanderungsverhalten: Je älter eine Person ist, desto geringer ist N (die Jahre, in denen noch Einkünfte bezogen werden). Mit kleinerem Wert für N wird aber auch die

---

[15] Für eine Zusammenstellung der wichtigsten Kosten- und Nutzenterme im mikroökonomischen Modell s. auch Rothenberg (1977).

gesamte Summe kleiner und damit die Wahrscheinlichkeit, dass die Gewinne die Kosten T übersteigen.

Auf Grund des präzise spezifizierten Entscheidungsmechanismus in Form einer Gleichung hat das Modell einen sehr viel höheren Informationsgehalt als etwa der relativ vage „Vergleichsmechanismus" bei Lee. Obwohl sowohl Sjastaad (1962) als auch Speare (1971: 119) die Relevanz nichtmonetärer Faktoren betonen, liegt der Nachteil darin, dass – was die Erträge der Wanderung angeht – in der Grundformel eine Beschränkung auf das Einkommen erfolgt.

9.2.3 Das Konzept der „place utility" von Wolpert

In zwei ebenfalls als „klassisch" zu bezeichnenden Aufsätzen hat Wolpert (1965, 1966) versucht, die Schwierigkeiten der makrotheoretischen Erklärungsansätze durch eine sozialpsychologische Perspektive zu beheben. Die grundlegende Idee bildet dabei die Annahme, dass Wanderungen als Anpassungen von Individuen an veränderte Rahmenbedingungen in der unmittelbaren Umwelt zu verstehen sind: „(...) migration is viewed as a form of individual or group adaptation to perceived changes in environment (...)" (Wolpert 1965: 161). Dadurch ergibt sich zunächst ein Anknüpfungspunkt an das Push-Pull-Paradigma, jedoch betont Wolpert genau wie Lee (1972), dass es nicht die objektiven Faktoren selbst sind, die zu einem solchen Anpassungsakt führen, sondern die subjektive Wahrnehmung solcher Faktoren durch den individuellen Akteur: „The origin and destination points take on significance only in the framework in which they are perceived by the active agents" (Wolpert 1965: 161).

Wie lässt sich der Anpassungsmechanismus näher beschreiben? Die Notwendigkeit, überhaupt eine Anpassung vorzunehmen, wird durch zwei zentrale Konstrukte gesteuert: Jeder Akteur misst seinem derzeitigen Wohnort eine so genannte „place utility" bei. Dieser Wert ist ein gewichtetes Gemisch der Nettonutzen, die hinsichtlich verschiedener Aspekte mit dem momentanen Ort verbunden werden. Diese „place utility" wird mit einem Schwellenwert, dem sogenannten Anspruchsniveau (aspiration level) verglichen, das – in Bezug auf die gleichen Aspekte – wiederum ein Gemisch von bestimmten (Nutzen-)Ansprüchen darstellt. Sinkt die „place utility" unter diesen Wert, dann ergibt sich Unzufriedenheit bzw. die Notwendigkeit einer Anpassung. Veränderte Rahmenbedingungen können also auf zweierlei Weise zu einem adaptiven Verhalten führen: entweder durch eine Senkung der momentanen „place utility", wie dies etwa bei Pushfaktoren der Fall ist, oder durch eine Erhöhung des Aspirationslevels, was durch Pullfaktoren bewirkt werden kann.

Auch wenn ein Anpassungsdruck gegeben ist, die momentane „place utility" also den Schwellenwert unterschreitet, bedeutet dies noch nicht automatisch, dass eine Wanderung erfolgt. „Other forms of adaptation are perhaps more common than change of residence and job" (Wolpert 1965: 161). Brown und Moore (1970: 3), die den Ansatz von Wolpert aufgreifen und weiterentwickeln, unterscheiden drei allgemeine Reaktionsweisen (Gardner 1981: 64): 1. „adjusting its needs", 2. „restructuring the environment", 3. „relocating the household". Neben der dritten Möglichkeit, der Wanderung, kann es also auch zu einer Senkung des Anspruchsniveaus oder zu einer aktiven Umgestaltung der – Anpassungsdruck bzw. Unzufriedenheit erzeugenden – Umwelt kommen. Damit ergibt sich der wertvolle Hinweis, dass bei einer Erklärung von Wanderungsentscheidungen auch berücksichtigt werden muss, ob andere Alternativen, die nicht zu einer Veränderung des Wohnsitzes führen, lukrativere Problemlösungen sind (vgl. 9.3.3.2). Wolperts expliziter Bezug auf allgemeine Verhaltenstheorien führt also zu wichtigen theoretischen Erweiterungen.

Die Verhaltenstheorie, die Wolpert unterstellt, entspricht dem Konzept der „bounded rationality" von Simon (1957). Akteure verfahren demnach nicht nach dem Prinzip des „maximizing", sondern nach dem Prinzip des „satisficing", d. h. sie wählen nicht unbedingt die Beste aller verfügbaren (Orts-)Alternativen, sondern begnügen sich unter Umständen auch mit einer weniger guten, solange diese die Bedürfnisse befriedigt, d. h. solange die „place utility" den „aspiration level" übersteigt. Erst wenn diese Bedingung nicht mehr erfüllt ist, wird die „place utility" der zur Verfügung stehenden Alternativen maximiert. „The individual will tend to locate himself at a place whose characteristics possess or promise a relatively higher level of utility than in other places which are conspicuous to him. Thus, the flow of population reflects a subjective place-utility evaluation by individuals" (Wolpert 1965: 162). Aber auch diese Entscheidung ist nicht immer völlig optimal. Die Evaluation möglicher Zielorte unterliegt Ungenauigkeiten in der Perzeption und Beschränkungen in der Information. Außerdem ist die Menge solcher Zielorte sehr begrenzt. Zur Erklärung, welche alternativen Orte überhaupt in den Handlungsset eines Akteurs gelangen, stützt sich Wolpert auf die Modellierung des Suchverhaltens von Simon (1956) und die Feldtheorie von Lewin (1951).[16]

Die Arbeiten von Wolpert sind in vielerlei Hinsicht von besonderer Bedeutung: Zum einen zeigen sie, welche (sozial-)psychologischen Korrekturen am Verhaltensmodell der Mikroökonomie vorzunehmen sind, um zu einem realistischeren Bild des Akteurs zu gelangen. Zum anderen haben sie den Anstoß zu einer ganzen Forschungstradition, dem so genannten (Un-)Zufriedenheitsansatz in der Wanderungsforschung gegeben, deren bekannteste Nachfolgearbeiten in Brown und Moore (1970) sowie Speare (1974) zu sehen sind. Erwähnenswert ist ferner, dass Wolpert im Prinzip einen mehrstufigen Entscheidungsprozess unterstellt, worauf noch genauer eingegangen werden wird (s. u. 9.3.2.2).

9.2.4 Das SEU-Modell der Wanderung

Eine Möglichkeit, die Vorteile der Wanderungstheorie von Lee (Allgemeinheit der Einflussfaktoren) und der Humankapitaltheorie (Präzisierung des Entscheidungsmechanismus) zu verbinden und gleichzeitig auch noch relevante (sozial-) psychologische Aspekte zu berücksichtigen, ist durch eine elaborierte Form der Nutzentheorie, die Werterwartungstheorie, gegeben. Die Grundidee der Modellierung (Esser 1991: 54 f.) besteht darin, dass Personen aus einer gegebenen Menge von

---

[16] Interessanterweise ist die Arbeit von Lewin auch ein wesentlicher Ansatzpunkt bei Langenheder (1968), der die handlungstheoretische Umorientierung in der deutschsprachigen Migrationssoziologie markiert, ohne aber auf Wolpert Bezug zu nehmen.

Handlungsalternativen diejenige wählen (*Selektion*), die für sie mit dem größten Nutzen verbunden ist; sie maximieren also den durch die Wahl einer Handlung erreichbaren Wert. Als Handlungsmöglichkeiten einer Person bieten sich bei der Modellierung des Migrationsverhaltens natürlich verschiedene Ortsalternativen an. Je nach Erklärungsziel und Modellierung können aber auch nur die beiden grundlegenden Alternativen „move" und „stay" betrachtet werden.

Wie bestimmt sich nun der Wert einer solchen Orts- bzw. Handlungsalternative? Mit Handlungen verfolgen Personen Ziele. Potenzielle Ziele j (z. B.: „gesichertes Einkommen") werden einer subjektiven Bewertung unterzogen (*Evaluation*), wodurch sich bestimmte subjektive Nutzeneinschätzungen U_j ergeben. Kostenterme können dabei als negative U_j - Terme integriert werden. Diese Bewertung wird noch verbunden mit einer – ebenfalls individuellen – Einschätzung darüber (*Kognition*), mit welcher Wahrscheinlichkeit p_{ij} durch eine Handlung i die Zielsituation j erreicht wird. Insgesamt wird die für einen Ort bzw. eine Handlung i resultierende „Subjective Expected Utility" (SEU) angenommen als:[17]

$$SEU(i) = \sum p_{ij} \cdot U_j$$

Die Selektionsregel lautet, dass diejenige Alternative i gewählt wird, für die der *SEU(i)*-Wert maximal ist.

Gerade im Bereich der räumlichen Mobilität ist die Grundbedingung der Anwendung der SEU-Theorie in besonderer Weise gegeben: es stehen mehrere offensichtliche Alternativen (hier: Wohnorte, damit sind – je nach Wanderungstyp, der untersucht wird – auch innerstädtische „Orte" gemeint) zur Verfügung, von denen genau eine zu einem gegebenen Zeitpunkt realisiert werden kann (Fawcett 1986: 9 f.). Eine sorgfältige Integration von Beiträgen der Wanderungsforschung durch ein SEU-Modell ist bei De Jong und Fawcett (1981) zu finden. In einer breiten Durchsicht vorhandener theoretischer Ansätze weisen sie nach, dass die SEU-Theorie in gewisser Weise den „gemeinsamen Nenner" bisheriger Wanderungstheorien bildet. Trotzdem sind Arbeiten, die das SEU-Modell explizit verwenden, bis zu dieser Veröffentlichung eher selten. Als „klassisch" sind nur die Beiträge von Chemers et al. (1978) und Bogue (1977), der eines der bekanntesten Plädoyers für die Ablösung des Push-Pull-Paradigmas durch die Nutzentheorie hält, zu bezeichnen. Bogue (1977: 168 f.) weist auch auf eine wichtige Leistung der Werterwartungstheorie hin, die nicht zuletzt für deren große Integrationskraft verantwortlich zu sein scheint: In der Werterwartungstheorie können individuelle Faktoren sehr einfach mit den klassischen sozioökonomischen Determinanten des Wanderungsverhaltens verbunden werden. Wie eine solche Integration modellierbar ist, zeigt beispielsweise Gardner (1981). Kurz formuliert lautet die Grundidee: Makrofaktoren beeinflussen den Set möglicher Alternativen, die Evaluation und die Kognition der Akteure und sind über diese Mechanismen mit dem Migrationsentscheidungsprozess verbunden. Die Werterwar-

---

17 Vgl. Esser (1991: 55), für das Wanderungsverhalten beispielsweise: Chemers et al. (1978: 43), De Jong und Fawcett (1981: 47), Friedrichs et al. (1993: 4), Kalter (1993: 130); die Notationen weichen teilweise von den hier gebrauchten ab.

tungstheorie ist also in der Lage, andere Theorieansätze – und damit eine Vielzahl von Determinanten des Wanderungsverhaltens – zu integrieren.

9.2.5 Beurteilung der Mikrotheorien

Die aufgeführten Mikrotheorien besitzen unterschiedliche Vor- und Nachteile. Ein Vorzug der Wanderungstheorie von Lee liegt beispielsweise darin, dass sie prinzipiell in der Lage ist, eine Vielzahl von Faktoren als potenzielle Randbedingungen von Wanderungsphänomenen zu berücksichtigen, und somit auch eine Integration anderer Ansätze ermöglicht. Der grundsätzliche Push-Pull-Mechanismus erlaubt die Aufstellung relativ unkomplizierter Brückenhypothesen über den Einfluss vielfältiger struktureller Bedingungen. Unklar bleibt jedoch, wie sich solche Faktoren genau auf den Prozess der Wanderungsentscheidung auswirken. Dies liegt nicht zuletzt an dem hauptsächlichen Nachteil der Theorie von Lee, nämlich der eigentlichen Selektionsregel, die zum einen sehr unpräzise ist und in vagen verbalen Aussagen haften bleibt, zum anderen mit dem Push-Pull-Gedanken sehr auf das Wanderungsverhalten beschränkt ist, d. h. keine wirklich allgemeine Theorie des Handelns darstellt.

Mit dem mikroökonomischen Ansatz verhält es sich in vielen Punkten gewissermaßen umgekehrt: Der Vorteil liegt hier in der sehr präzisen Selektionsregel, die eine explizite funktionale Beziehung zwischen den unabhängigen Variablen und der Handlung angibt. Der Nachteil besteht darin, dass – durch die Konzentration auf das Einkommen – die Allgemeinheit der Randbedingungen und die Möglichkeit der Bildung von Brückenhypothesen äußerst eingeschränkt sind. Dies gilt zumindest, wenn man die Formel von Speare betrachtet. Die verbalen Äußerungen von Sjastaad und Speare beziehen sich zwar auch auf weitere nichtmonetäre Faktoren, diese werden aber nicht in die präzise Selektionsregel integriert. Das Humankapitalmodell unterstellt ferner, dass Akteure dazu fähig sind, ihr Einkommen über große Zeiträume zu maximieren und dabei eine Diskontierung vorzunehmen. Psychologische Befunde, wie zum Beispiel die der „bounded rationality" (Simon 1957) von Akteuren, sind unter diesen sehr rigiden Annahmen kaum zu berücksichtigen. Damit wird auch die Allgemeingültigkeit der unterstellten Handlungstheorie in Frage gestellt.

Die Stärke des Beitrags von Wolpert liegt ohne Zweifel in der expliziten Berücksichtigung (sozial-)psychologischer Erkenntnisse, insbesondere der Ideen von Lewin (1951) und Simon (1956, 1957). Er versucht, diese Ansätze mit einem utilitaristischen Ausgangspunkt zu verbinden und somit eine allgemeine Verhaltenstheorie zu Grunde zu legen. Die Schwierigkeit, dass damit unter Umständen umfangreiche Informationen über das einzelne Individuum notwendig werden, umgeht er dadurch, dass er für die Erklärung des Migrationsverhaltens eine Typenbildung vorschlägt (Wolpert 1965: 165). Diese Typenbildung und die im Konzept der „place utility" angedeutete nutzentheoretische Interpretation bilden den Ansatzpunkt für vielfältige Brückenhypothesen. Der Einzige, wenngleich nicht unerhebliche Mangel, liegt jedoch darin, dass Wolpert an keiner Stelle wirklich präzise funktionale Beziehungen zwischen den „erklärenden" Merkmalen und dem Wanderungsverhalten angibt; insbesondere bleibt unklar, wie sich die zentralen Konstrukte der „place utility" und des Aspirationsschwellenwertes zusammensetzen.

Die drei klassischen Mikrotheorien der Wanderung zeigen im Hinblick auf die Anforderungen einer soziologischen Erklärung also unterschiedliche Stärken und Schwächen. Keine stellt letztlich eine in allen Punkten befriedigende Lösung dar. Das SEU-Modell der Wanderung verbindet ihre jeweiligen Vorteile und kann demzufolge aus gutem Grund als konvergente Weiterentwicklung dieser Ansätze angesehen werden: Brückenhypothesen sind allgemein und relativ leicht formulierbar. Es ist jeweils anzugeben, welche Wirkung sozialstrukturelle Bedingungen auf den Set von Handlungsalternativen, auf die Kognition (p-Terme) und auf die Evaluation (U-Terme) haben. Hierbei ist es – wie bei Lee und Wolpert – insbesondere möglich, den Einfluß „typischer" Randbedingungen auf „typische" Akteure zu berücksichtigen und somit den Bedarf an individueller Information über den Akteur zu beschränken. Wie der Ansatz von Wolpert zeigt, hat sich die SEU-Theorie in enger Verbindung zu (sozial)-psychologischen Ansätzen entwickelt und bietet insofern eine Reihe von Anschlussmöglichkeiten. Ferner gibt sie einen äußerst präzisen funktionalen Zusammenhang an und kann in vielfältigen soziologischen, ökonomischen und psychologischen Anwendungsfeldern als relativ gut bestätigt gelten.

Allerdings werden immer wieder scheinbare „Anomalien" beobachtet. Eine besondere Bedeutung kommt in diesem Zusammenhang dem Konzept der „bounded rationality" von Simon (1957) und zahlreichen sozialpsychologischen Befunden wie der Existenz von Framing-Effekten und anderen Paradoxien zu (Frey 1990: 163 ff.; Kahneman et al. 1982; Thaler 1980). Auch im Bereich der Wanderungsforschung gibt es einige Phänomene, die auf den ersten Blick nur schwer mit den Annahmen der SEU-Theorie in Einklang zu bringen sind und die ihren bisher aufgezeigten Wert als allgemeine Grundlage einer Erklärung von Wanderungsprozessen in Frage zu stellen scheinen. In diesem Zusammenhang kommt einem wichtigen Gütekriterium einer Handlungstheorie eine entscheidende Bedeutung zu, nämlich der Möglichkeit, in der Erklärung den Grad der Vereinfachung schrittweise zu verringern, d. h. anfängliche grob vereinfachende Annahmen durch komplexere und realistischere Annahmen zu ersetzen, wenn es die speziellen Erklärungsprobleme erfordern. Ein solches Vorgehen lässt sich allgemein als „Methode der abnehmenden Abstraktion" bezeichnen (Esser 1991: 61 f.; Esser 1993: 133–137; Lindenberg 1985: 108; Lindenberg 1991; Wippler, Lindenberg 1987: 142). Im nächsten Kapitel werden einige Modellierungen vorgestellt, die sich der Methode der abnehmenden Abstraktion bedienen, um auf einer nutzentheoretischen Basis bestimmte offene Probleme der Wanderungsforschung zu lösen.

9.3 Zur Lösung einiger Spezialprobleme – Perspektiven der weiteren theoretischen Entwicklung

Einige Phänomene im Zusammenhang mit dem Wanderungsverhalten scheinen nur schwer mit einer individualistischen Theorie der rationalen Wahl vereinbar zu sein, manche Befunde scheinen dem Modell sogar ausdrücklich zu widersprechen. In diesem Kapitel wird nun ausgeführt, wie solche Probleme, in denen Wanderungsentscheidungen nicht selten den Eindruck einer gewissen Suboptimalität erwecken, theoretisch behandelt werden können. Zu fragen ist dabei insbesondere, ob eine Einschränkung bezüglich der Allgemeinheit des bisher unterstellten handlungstheoretischen Kerns zu treffen ist oder ob die Probleme auch innerhalb des grundsätzlichen Paradigmas im Sinne der Methode der abnehmenden Abstraktion (s. o. 9.2.5) lösbar sind. Folgende Phänomene werden in diesem Zusammenhang etwas genauer betrachtet:

a) Wanderungen werden in der Regel nicht von Einzelpersonen, sondern von ganzen Haushalten vollzogen. Die Verbundenheit mit dem Haushalt kann deshalb dazu führen, dass Handlungen erfolgen, die dem Kalkül einzelner Haushaltsmitglieder widersprechen (9.3.1);
b) Viele Akteure stellen überhaupt kein Kalkül hinsichtlich einer etwaigen Wanderung an, und viele Entschlüsse, eine Wanderung zu vollziehen, scheitern an externen Einflüssen. Ein Modell der rationalen Wahl scheint deshalb zunächst nur für eine begrenzte Phase im gesamten Handlungs- bzw. Entscheidungsprozess anwendbar zu sein (9.3.2);
c) Die Anzahl möglicher Wanderungsziele, die in einer Entscheidung bedacht werden, ist in der Regel äußerst gering. Unter Umständen können potenziell bessere Alternativen existieren, aber keine Berücksichtigung im Kalkül finden (9.3.3);
d) Die Ziele, die Akteure in ihren Wanderungsentscheidungen berücksichtigen, sind äußerst vielfältig. Somit sind geeignete Anschlusstheorien darüber notwendig, welche Typen von Akteuren welche typischen Ziele besitzen (9.3.4).

Einige der nachstehenden Modellierungen sind bisher in der Wanderungsforschung nur wenig oder gar nicht berücksichtigt worden. Deshalb stellen die weiteren Ausführungen an vielen Stellen eher Vorschläge für die weitere theoretische Entwicklung als einen festen Bestand der Migrationstheorie dar.

9.3.1 Das Problem der Haushaltsentscheidungen

Der überwiegende Teil aller Wanderungen wird nicht von Einzelpersonen, sondern von Personengruppen – in der Regel von ganzen Haushalten – vollzogen. Ein solcher Tatbestand wirft Zweifel auf, ob eine Modellierung, in der Wanderungen als Resultate individueller Kosten-Nutzen-Kalküle aufgefasst werden, wirklich einen adäquaten Ausgangspunkt bildet. Die Wanderung ganzer Haushalte wäre dann darauf zurückzuführen, dass die Kosten-Nutzen-Kalküle aller Haushaltsmitglieder in die gleiche Richtung gehen. Diese Annahme stößt jedoch auf zwei Probleme. Zum einen ist eine solche Kongruenz „überzufällig", zum anderen wandern Personen im Haushaltsverbund in vielen Fällen nachweislich auch dann, wenn sie dadurch persönlich Nachteile haben. Empirisch gut bestätigt ist etwa die Suboptimalität des Wanderungsverhaltens von Ehepaaren in Bezug auf die berufliche Karriere der Ehefrauen (Bielby, Bielby 1992; Clark 1986: 70; Da Vanzo 1981; Duncan, Perrucci 1976; Mincer 1978; Shihadeh 1991). Soll der Kern der Erklärung, d. h. die Annahme des individuellen nutzenmaximierenden Verhaltens, beibehalten werden, so ist nach den Mechanismen zu suchen, die die Kalküle der einzelnen Haushaltsmitglieder angleichen bzw. die dafür sorgen, dass sich eine Wanderung auch für die – isoliert betrachtet – benachteiligten Haushaltsmitglieder „lohnt".

Den wichtigsten Ansatzpunkt einer Erklärung bilden hier die mikroökonomischen Modellierungen von Da Vanzo (1976: 9 f.), Sandell (1977) und Mincer (1978). Die Grundidee ist relativ einfach: Während das individuelle mikroökonomische Modell (vgl. 9.2.2) davon ausgeht, dass eine Wanderung dann erfolgt, wenn der (gemäß der Humankapitaltheorie erwartete) Nutzen dieser Wanderung größer ist als der Nutzen des Verbleibens zuzüglich der Migrationskosten, wird bei Haushalten bzw. Paaren unterstellt, dass sich die jeweiligen individuellen Nutzenterme zu einem Gesamtnutzen addieren. Eine Wanderung findet modellgemäß dann statt, wenn die addierten Nutzen der Wanderung die addierten Nutzen des Verbleibens übertreffen.

Auch wenn das Gesamtkalkül eine Wanderung nahe legt, kann es also durchaus sein, dass das individuelle Kalkül einer der Personen zu Gunsten des Verbleibens ausschlägt. In diesem Falle spricht man von einem „tied mover". Im umgekehrten Fall, wenn also das Gesamtkalkül für das Verbleiben spricht und eines der Haushaltsmitglieder eine individuelle Präferenz für die Wanderung besitzt, spricht man von einem „tied stayer". Diese Modellierung erklärt die Tatsache, dass Akteure gegen ihr eigenes Kalkül handeln, also dadurch, dass es daneben noch ein Haushaltskalkül gibt, das in die andere Richtung geht. Diese Auffassung führt zu zwei grundlegenden Problemen:

a) Den Akteuren wird implizit eine kooperative und nicht – wie im SEU-Modell – eine egozentrierte Orientierung unterstellt.[18] Mit anderen Worten: Das individuelle Kalkül tritt hinter das Gesamtkalkül zurück;
b) Es kann nur noch das gemeinsame Wanderungsverhalten, nicht aber das getrennte, das empirisch ebenfalls anzutreffen ist, erklärt werden.

Durch eine theoretische Analyse von Verhandlungssystemen kann der erste Punkt zumindest unter bestimmten Bedingungen entkräftet werden: Es kann gezeigt werden, dass dann, wenn ein Zwang zur einvernehmlichen Entscheidung zwischen den Verhandlungspartnern besteht, auch unter einer egozentrierten Orientierung der Beteiligten Entscheidungen zu Stande kommen, die die Gesamtwohlfahrt maximieren.[19] Eine weitere Voraussetzung dafür ist entweder die Möglichkeit, Ausgleichszahlungen zu leisten oder so genannte Koppelgeschäfte durchzuführen (Scharpf 1992: 65–75). Ausgleichszahlungen erlauben es dem durch die Entscheidung Bevorteilten, einen bestimmten Teil der Gewinne dem Benachteiligten zur Verfügung zu stellen, mindestens jedoch so viel, dass dessen negative Nutzenbilanz ausgeglichen wird. Wenn – etwa durch die Unteilbarkeit der Gewinne – keine Ausgleichszahlungen möglich sind, bieten sich Koppelgeschäfte an. Der benachteiligte Partner

---

18 Scharpf (1992: 54) definiert die unterschiedlichen Orientierungen folgendermaßen: „Wenn (x) den Nettonutzen von ego und (y) den von alter bezeichnet, dann maximiert die egozentrierte Orientierung (x) die kooperative (x+y) und die kompetitive Orientierung (x-y)."
19 Entscheidungen sind dann Wohlfahrtsgewinne, wenn die addierten Nettonutzen der Beteiligten gegenüber dem Status quo größer sind. Dieses Kriterium wird auch als Kaldor-Kriterium bezeichnet (Scharpf 1992: 57) und entspricht genau der Bedingung für eine Wanderung im mikroökonomischen Haushaltsentscheidungsmodell.

kann dann durch Gewinne bei anderen, nicht direkt mit dem derzeitigen Verhandlungsgegenstand verbundenen Entscheidungen „entlohnt" werden. Wanderungsentscheidungen bieten prinzipiell vielfältige Möglichkeiten, Ausgleichszahlungen oder Koppelgeschäfte durchzuführen. Monetäre Zugewinne durch eine berufliche Verbesserung eines der Partner spielen hier eine herausragende Rolle. Problematischer ist hingegen die Annahme, dass es sich bei der Wanderungsentscheidung wirklich um ein reines Zwangsverhandlungssystem handelt. Einzelne Haushaltsmitglieder könnten ihre Interessen auch einseitig verwirklichen und dabei eine Trennung vom Resthaushalt in Kauf nehmen. In der mikroökonomischen Ausgangsmodellierung wird implizit immer unterstellt, dass der Zusammenhalt außer Frage steht (Da Vanzo 1981: 113). Gibt man diese Annahme auf und berücksichtigt zusätzlich den Nutzen, den das Zusammensein an sich für den einzelnen Akteur besitzt (Mincer 1978: 756), so wird die Entscheidung zu einem strategischen Problem. Hier scheint die vertiefende Anwendung spiel- bzw. verhandlungstheoretischer Modellierungen ein vielversprechender Ansatz zur weiteren Analyse zu sein (Kalter 1998).

9.3.2 Stufenmodelle der Wanderungsentscheidung – Unsicherheiten im Kalkül

Das SEU-Modell der Wanderung betont den subjektiven Charakter der zentralen Therme im Entscheidungskalkül, d. h. der vorhandenen Alternativen, der Evaluationen und der Kognitionen. Damit wird die Möglichkeit eingeschlossen, dass die Akteure Fehlwahrnehmungen unterliegen, vor allem wenn sie die Realisierbarkeit von Alternativen bzw. die Realisierbarkeit von Nutzentermen durch die Wahl bestimmter Alternativen einschätzen.[20] Die Kalküle sind somit mit Unsicherheiten belastet, die den Akteuren prinzipiell bewusst sein können. Da Sicherheit, d. h. eine ausreichende Menge an notwendigen Informationen, aber mit Kosten verbunden ist, nehmen die Akteure in ihren Entscheidungen häufig nicht unbeträchtliche Grade an Ungewissheit in Kauf.

Unsicherheiten im Kalkül bilden die theoretische Begründung dafür, die Entscheidung zur Wanderung in einen Prozess zu zerlegen, der mehrere qualitativ verschiedene Stufen umfasst. Solche Stufenmodelle werden in der Wanderungsforschung immer wieder vorgeschlagen, häufig als Konsequenz von empirischen Schwierigkeiten, die mit einstufigen Entscheidungsmodellen verbunden sind (Brown, Moore 1970: 2; Evers 1989: 181; Gardner 1981: 65; Roseman 1983: 152; Rossi 1980: 149 f.; Speare et al. 1975: 175; Wagner 1989: 23). In diesem Abschnitt werden zwei zentrale Abgrenzungen behandelt: die Unterscheidung zwischen Wanderungsplänen und tatsächlichen Wanderungen (9.3.2.1) sowie die Unterscheidung zwischen der Wanderungserwägung und dem Wanderungsplan (9.3.2.2).

---

[20] Auf den ersten Blick scheinen die Evaluationen, d.h. die Bewertungen von Nutzentermen (U-Terme), nicht von solchen „Störungen" betroffen zu sein. Mit dem Konzept der sozialen Produktionsfunktionen (s. u. 9.3.4) können aber auch diesbezüglich Fehlwahrnehmungen bzw. Unsicherheiten berücksichtigt werden. Akteure sind nicht selten unsicher über „ihre" Produktionfunktion und damit über die Präferenzen für Zwischengüter, die mit dieser Funktion verbunden sind.

9.3.2.1 Wanderungspläne und tatsächliches Wanderungsverhalten

Ein nahe liegender Einwand gegen die Unterstellung rationaler Wanderungsentscheidungen könnte etwa folgendermaßen lauten: Die Wanderung mag im Nutzenkalkül die attraktivere Alternative sein, und deshalb mag zwar eine Entscheidung zur Wanderung getroffen werden, ob man sie tatsächlich realisieren kann, ist jedoch eine andere Frage. Fehlende Opportunitäten, etwa Wohn- oder Arbeitsmöglichkeiten an anderen Orten, können dies verhindern. Es bietet sich deshalb an, eine grundsätzliche Unterscheidung zwischen dem Entschluss bzw. dem Plan zur Wanderung und der tatsächlichen Wanderung zu treffen.

In der Studie von Rossi (1980) wird der Unterschied zwischen Wanderungsplänen und Wanderungsabsichten zum ersten Mal besonders ausführlich herausgearbeitet. Zwar erweisen sich Wanderungspläne als ein wichtiger Prädiktor des tatsächlichen Wanderungsverhaltens, trotzdem werden solche Pläne nicht immer umgesetzt. Mittlerweile existieren eine Reihe von Arbeiten, die sich vor allem mit dieser Kluft zwischen Wanderungsplänen und Vollzug befassen (De Jong et al. 1986; Fuller et al. 1986; Gardner et al. 1986; McHugh 1984; Sell, De Jong 1982; Simmons 1986; Sly, Wrighley 1986). Aus ihnen kann relativ einheitlich abgelesen werden, dass das Vorliegen von Wanderungsabsichten zwar der wichtigste, aber eben doch nur ein begrenzter Indikator für das tatsächliche Wanderungsverhalten ist. Aus der Differenzierung zwischen diesen beiden Stufen ergibt sich eine höhere Erklärungskraft vieler mit dem Wanderungsphänomen verbundener Faktoren.

Viele der angesprochenen Arbeiten begnügen sich weitgehend damit, in qualitativen oder quantitativen Analysen Korrelate und Gründe der (Nicht-)Umsetzung von Absichten in Handlungen anzugeben. Wenn trotzdem der Versuch unternommen wird, an allgemeine theoretische Ansätze anzuknüpfen, wird fast ausnahmslos auf die „theory of reasoned action" von Icek Ajzen und Martin Fishbein (Ajzen, Fishbein 1980; Fishbein, Ajzen 1975) zurückgegriffen. Den Kern dieses Ansatzes bildet die These, dass ein Verhalten umso stärker bzw. wahrscheinlicher in Erscheinung tritt, je stärker die entsprechende Verhaltensintention ist. Diese Intention, d. h. die Absicht, das betrachtete Verhalten zu zeigen, wird einerseits durch die Einstellung (attitude) gegenüber der Handlung, andererseits durch die subjektive Norm (subjective norm), d. h. vor allem durch den perzipierten „sozialen Druck" zu Gunsten der Handlung bestimmt. Sowohl die Einstellung als auch die subjektive Norm werden durch die Summe subjektiver Bewertungen verknüpft mit subjektiven Wahrscheinlichkeiten (beliefs) gebildet.

Ajzen (1985; 1988: 132 ff.; 1991) schlägt mit der „theory of planned behavior" (TOPB) eine Weiterentwicklung der „theory of reasoned action" vor und versucht darin auch den Fall von „(...) behaviors that are not fully under volitional control (...)" (Ajzen 1988: 127) mit einzubeziehen. Dazu wird eine dritte Faktorengruppe berücksichtigt, die mit „perceived behavioral control" (PBC) umschrieben wird. Dieses Konstrukt spiegelt die subjektiv wahrgenommene Kontrolle über das eigene Verhalten wider und bedingt einerseits die Intention, hat andererseits unter Umständen aber auch – und das ist die entscheidende Erweiterung – einen direkten Effekt auf das Verhalten (Ajzen 1988: 133). Faktoren, die das Ausmaß bzw. den Anteil der eigenen Kontrolle an der Gesamtkontrolle bestimmen, sind zum einen interner Art (Informationen, Geschick und Fähigkeiten, aber auch Emotionen und Triebe), zum anderen externer Art (Opportunitäten und Abhängigkeiten von anderen Akteuren). Insgesamt gilt: Je mehr das Verhalten von externen Kontrollen abhängig ist, desto weniger wird das entsprechende Verhalten auftreten, desto geringer der Zusammenhang von Intention und Verhalten. Neben dem schon in der „theory of reasoned action" unterstellten Effekt der Intention wird also zusätzlich ein additiver Effekt der Kontrolle sowie ein Interaktionseffekt von Kontrolle und Intention auf das tatsächliche Verhalten vermutet. Mit dem Konstrukt der Kontrolle über das eigene Verhalten können viele der in den Migrationsstudien aufgeführten Einflussfaktoren konzeptionell erfasst werden. Der für die empirische Umsetzung wichtige neue Ansatzpunkt der „theory of planned behavior" liegt darin, dass die subjektive Wahrnehmung (ex ante!) solcher Faktoren durch den betrachteten Akteur, d. h. die „perceived behavioral control", einen weiteren Beitrag zur Erklärung des individuellen Verhaltens liefern kann.

Im Rahmen des SEU-Modells lassen sich Abweichungen zwischen Plan und tatsächlichem Verhalten dann erfassen, wenn man berücksichtigt, dass die Entscheidung, eine Wanderung zu planen, und die Entscheidung, tatsächlich eine Wanderung zu vollziehen, zu unterschiedlichen Zeitpunkten getroffen werden. Die entsprechenden Kalküle finden somit unter verschiedenen Randbedingungen, vor allem aber auf der Grundlage verschiedener Informationsniveaus statt. Im Sinne einer abnehmenden Abstraktion muss zur Erklärung etwaiger Diskrepanzen die vereinfachende Annahme aufgegeben werden, dass die Kalküle, die zu einem Wanderungplan bzw. zu einer tatsächlichen Wanderung führen, unter identischen Randbedingungen vorgenommen werden. Anschlusstheorien bzw. -hypothesen können sich nun genau darauf beziehen, unter welchen Umständen mit mehr oder weniger großen Unterschieden in den entscheidenden Handlungsparametern bzw. mit einem grundsätzlichen Umschwung der Handlungstendenz zu rechnen ist. Die empirischen Hinweise aus der bisherigen Migrationsforschung sollten in dieser Richtung interpretiert und systematisch weiterentwickelt werden.

9.3.2.2 Wanderungserwägungen – Das Phänomen der Trägheit

In Kapitel 9.2 wurde gezeigt, dass sich das rationale (d. h. maximierende) Verhalten von Akteuren als „gemeinsamer Nenner" aus fast allen migrationstheoretischen Ansätzen herauslesen lässt. Schon den klassischen Beiträgen liegt dieser Mechanismus als dominantes Motiv der Wanderungsbewegungen zu Grunde. Ebenso lange beschäftigt die Migrationsforschung aber auch schon ein anderes Phänomen, das mit der Annahme rationalen Verhaltens in gewisser Weise in Konflikt zu stehen scheint: die ausgeprägte Tendenz zur Sesshaftigkeit, die sich in Bezug auf Wanderungen zeigt. Die Offensichtlichkeit einer „Trägheit" im Wanderungsverhalten veranlasste Fairchild (1925) sogar, in der Sesshaftigkeit eine psychologische Konstante der menschlichen Natur zu sehen. Seit diesem Beitrag bildet dieses Thema einen festen Gegenstand der Migrationstheorie und taucht auch in anderen klassischen Beiträgen (Petersen 1958, Lee 1972: 119 f.) auf.

Viele Phänomene, die mit dem Begriff der Trägheit in Verbindung gebracht werden, stehen noch in Einklang mit der Annahme der Nutzenmaximierung, wenn man nichtmonetäre Nutzenterme sowie monetäre und nichtmonetäre Kostenterme berücksichtigt.

Ein prominentes Beispiel bildet das so genannte „Axiom der kumulativen Trägheit" (cumulative inertia axiom), das durch McGinnis (1968) bekannt wurde. Es besagt, dass die Wahrscheinlichkeit, einen bestimmten Zustand beizubehalten, eine monoton wachsende Funktion der bisherigen Verweildauer in diesem Zustand bildet. Insbesondere wird die These aufgestellt, dass die Wanderungsneigung – ceteris paribus – mit steigender Wohndauer abnimmt. Über die Zeit kumuliert sich somit eine gewisse Trägheit (Morrison 1967). Eine nutzentheoretische Erklärung dieses Tatbestandes fällt nicht schwer: Je länger eine Person an einem bestimmten Ort wohnt, desto größere ortsspezifische Investitionen hat sie – ceteris paribus – getätigt, desto größer also die Wahrscheinlichkeit, dass sie bestimmte Nutzen am derzeitigen Ort besser realisieren kann; besondere Bedeutung kommt in diesem Zusammenhang dem Nutzenterm „soziale Beziehungen" zu (Speare et al. 1975: 176; Wagner 1989: 42).

Neben solchen mit einem Rational-Choice-Modell grundsätzlich „erklärbaren" Phänomenen gibt es jedoch auch Trägheitsbefunde, die den Kern eines solchen Modells selbst in Frage stellen. Eines der wichtigsten Ergebnisse in dieser Hinsicht stammt von Speare (1971: 130): „The biggest problem with the application of a cost-benefit model to human migration may not be the crudeness of the actual calculation, but the fact that many people never make any calculation at all. A great many of the non-migrants we interviewed appear to have never given any serious consideration to the thought of moving anywhere." Wenn Personen in vielen Fällen noch nicht einmal in Betracht ziehen, dass eine Wanderung sie besser stellen könnte, dann scheint ein Modell rationaler Entscheidungen in der Tat für eine Erklärung des Wanderungsverhaltens unangemessen zu sein. Speare zieht aus seinem Resultat folgende Konsequenz: „If this is true, then a model based on the decision-making process cannot be applied to all people. This suggests that the next stepp in trying to build a comprehensive understanding of the process of individual migration may be to investigate factors which may influence whether or not a person considers moving" (Speare 1971: 130). Er schlägt also vor, den Entscheidungsprozess in zwei Stufen zu unterteilen. Zunächst muss eine Wanderung in Betracht gezogen werden, dann wird entschieden, ob gewandert wird. Das Erreichen der ersten Stufe (in gewissem Sinne also die Überwindung der Trägheit) bildet nach Speare eine notwendige Bedingung für die Anwendbarkeit von Kosten-Nutzenmodellen.

Wie ist aber das Erreichen der ersten Stufe zu erklären? Speare greift dazu in seinen weiteren Arbeiten (Speare 1974; Speare et al. 1975) auf das Zufriedenheitskonzept zurück, das vor allem durch Wolpert (1965; 1966) und Brown und Moore (1970) in der Migrationsforschung Verbreitung gefunden hat.[21] Die Grundidee dieses Konzepts lässt sich im Prinzip auf Herbert A. Simon (1957), d. h. dessen Vorstellung des „intendedly rational behavior" bzw. der „bounded rationality", zurück-

---

[21] Auch in jüngster Zeit findet das Zufriedenheitskonzept noch breite Verwendung und Weiterentwicklungen (vgl. etwa: Bach und Smith 1977; Deane 1990; Heaton et al. 1979; Landale und Guest 1985; McHugh et al. 1990).

führen. Die wesentliche Annahme liegt darin, dass sich das Handeln von Akteuren in Alltagssituationen durch das Prinzip des „satisficing" charakterisieren lässt. Demnach wird nicht unbedingt – wie im Prinzip des „maximizing" – die Beste aller verfügbaren Alternativen ausgewählt, sondern das routinemäßige Handlungsmuster wird solange aufrechterhalten, wie es zur Erfüllung der momentanen Bedürfnisse ausreichend ist; erst wenn dies nicht mehr gewährleistet ist, tritt das Nachdenken über bzw. die Suche nach neuen Möglichkeiten in Erscheinung. Es liegt nahe, diesen Grundgedanken zur Erklärung des oft beschriebenen Phänomens der Trägheit im Wanderungsverhalten heranzuziehen.

Während Speare das Erreichen der ersten Stufe mit dem Zufriedenheitskonzept erfasst, unterstellt er auf der zweiten Stufe weiterhin ein Kosten-Nutzen-Modell. Diese Auffassung hat allerdings einen erheblichen theoretischen Nachteil: Im Prozess der Wanderungsentscheidung werden zwei verschiedene Handlungstheorien unterstellt. Das dem Zufriedenheitsansatz zugrunde liegende Prinzip des „satisficing" steht dem Grundprinzip des „maximizing" gegenüber, das den Kern jeder Rational-Choice-Theorie bildet. Riker und Ordeshook (1973: 20 ff.) weisen jedoch eindrucksvoll nach, dass die Idee des „satisficing" bei Herbert A. Simon durchaus als Spezialfall des „maximizing" interpretiert werden kann. Esser (1991: 66 ff.) greift dies in einer Rekonstruktion der Theorie des Alltagshandelns von Alfred Schütz als allgemeines Modell des Routinehandelns, d. h. als Handeln nach so genannten „habits", auf. Ein ständiges Abwägen mehrerer Alternativen ist mit hohen Informations-, Such- und Entscheidungskosten verbunden. Diese Kosten können dadurch vermieden werden, dass ein Akteur bis auf weiteres bei seiner bisherigen Routine bleibt (vgl. für die Wanderungsentscheidung auch Molho 1986: 399). Vor der eigentlichen Entscheidung über eine Wanderung wird demnach eine Art von Metaentscheidung darüber getroffen, ob überhaupt nach Alternativen Ausschau gehalten wird, d. h. eine Wanderung in Erwägung gezogen wird. Dabei kann angenommen werden, dass ein Akteur auf dieser Entscheidungsstufe zwei grundsätzliche Handlungsalternativen besitzt. Die Handlungsalternative α_1 bestehe darin, keine Überlegungen über eine Wanderung (als Abweichung von der Alltagsroutine) anzustellen. Der Wert dieser Handlung ist für eine Person gleich dem Wert (Nutzen) des Verweilens U_V am derzeitigen Wohnort, also:

$$U(\alpha_1) = U_V$$

Die Alternative α_2 besteht in der Erwägung einer Migration. Auch α_2 hat einen Wert; er kann folgendermaßen dargestellt werden:

$$U(\alpha_2) = p \cdot U_A + (1-p) \cdot U_V - C$$

Dabei ist p die subjektiv erwartete Wahrscheinlichkeit dafür, dass ein anderer Wohnort realisiert werden kann, C sind die Kosten, die aus der Informationsbeschaffung über eine solche Ortsalternative entstehen, und U_A ist der Wert dieser potenziellen Alternative.

Es lässt sich somit ableiten, dass α_2 dann gewählt wird, wenn:

$$U_A - U_V > \frac{C}{p} \qquad (**)$$

Die Bedingung (**) zeigt an, dass im Verhältnis zur Wahrscheinlichkeit p ein überlineares Ansteigen des Wanderungsgewinns (U_A-U_V) gefordert ist, woraus sich eine enorme Hürde für das Entstehen von Wanderungsüberlegungen und daraus eine gewisse Trägheit ableiten lässt. Mit diesem Modell ist der oben aufgetretene scheinbare Widerspruch im Hinblick auf die Rationalität im Entscheidungsprozess aufgelöst. Dass Wanderungspläne erst dann in Betracht gezogen werden, wenn die Aussicht auf Erfolg einen Ausgleich der zur Suche und Entscheidung notwendigen Investitionen in Zeit und Geld verspricht, ist ohne weiteres als Akt der rationalen Wahl interpretierbar (Da Vanzo 1981: 95). Aus der Unsicherheit über den Erfolg dieser Suche lässt sich also der Kern des Trägheitsproblems ableiten.[22]

9.3.3 Der Set der Handlungsalternativen

Der Prozess der Wanderungsentscheidung wurde in den bisherigen Darstellungen im Wesentlichen als Wahl zwischen zwei grundsätzlichen Alternativen, nämlich der Wanderung (move) und der Nichtwanderung (stay) dargestellt. Dies ist eine stark vereinfachende Modellierung, denn beide Handlungsweisen können unter Umständen differenziertere Alternativen umfassen. „Move" bezeichnet einen prinzipiell unbegrenzten Set potenzieller Wohnorte; es stellt sich damit die Frage, wie es zur Auswahl eines konkreten Ziels der Wanderung kommt (9.3.3.1). Auch die Handlungsmöglichkeit „stay" beinhaltet nicht nur die fraglose Beibehaltung des Status quo. Wenn Wanderungsneigungen auf Grund eines spezifischen Problemdrucks entstehen, so ist denkbar, dass auch Handlungsmöglichkeiten existieren, die zur Lösung der entsprechenden Probleme beitragen, ohne eine Veränderung der räumlichen Position vorzunehmen. Hier ist zu fragen, unter welchen Umständen solche Möglichkeiten existieren und zu einer verminderten Mobilität führen (9.3.3.2).

9.3.3.1 Die Auswahl des Zielortes

Bei der Umsetzung von Wanderungsüberlegungen in Wanderungspläne spielt die Auswahl des Wanderungsortes eine wichtige Rolle. Die Selektion des Ziels einer (potenziellen) Wanderung wird oftmals als eine eigenständige Stufe im gesamten Entscheidungsprozess modelliert, d. h. es wird eine Unterscheidung zwischen der

---

[22] Erst nach der Wahl zwischen diesen Alternativensets (α_1 und α_2) findet die zweite Entscheidung zwischen den eigentlichen Ortsalternativen statt. Im Falle einer Bevorzugung von α_1, also wenn der „habit" beibehalten wird, stellt sich dabei nur eine einzige Handlungsalternative: der Verbleib am bisherigen Wohnort. Nur wenn die Wahl für α_2 ausfällt, treten andere potenzielle Orte in Konkurrenz mit dem derzeitigen. Das Habit-Modell hebt die vereinfachende Annahme auf, dass die Suche nach Alternativen (zum Status quo) keine Kosten verursacht. Setzt man im Habit-Modell C = 0, so ergibt sich das Standard-SEU-Modell als Spezialfall.

„decision to move" und der „decision where to move" getroffen (Evers 1989: 181; Roseman 1983: 152; Wagner 1989: 23). Unklar ist allerdings in welchem genauen (zeitlichen) Verhältnis diese beiden Teilentscheidungen zueinander stehen. „We do not yet understand the complex interplay between the decision to move and the destination selection decision" (Roseman 1983: 156). Idealtypisch können zwei Auffassungen unterschieden werden: 1. Zunächst wird eine Entscheidung darüber getroffen, ob eine Wanderung stattfinden soll. Danach wird in einem zweiten Schritt der konkrete Zielort der Wanderung festgelegt. 2. Zuerst wird der potenzielle Zielort bestimmt und erst im Anschluss daran entschieden, ob eine Wanderung an diesen Ort erfolgt oder ob der bisherige Wohnort beibehalten wird. Empirisch lassen sich durchaus beide Typen beobachten.

Einem klassischen Befund von John Lansing und Eva Mueller zufolge, wird die Wahl von Migrationszielen nur aus sehr begrenzten Sets von Alternativen getroffen. 64% aller in ihrer Studie befragten Migranten geben an, nur eine einzige Richtung der Wanderung in Erwägung gezogen zu haben (Lansing, Mueller 1967: 211). Dass die Alternativensets stark begrenzt sind, wurde auch in anderen Studien immer wieder bestätigt und gibt Anlass für eine vertiefte theoretische Beschäftigung. Ähnlich wie das Phänomen der Trägheit wirft diese Tatsache Probleme für eine einfache Rational-Choice-Modellierung des Migrationsverhaltens auf. Auf Grund der offensichtlichen Verbundenheit beider Phänomene verwundert es nicht, dass die theoretischen Lösungskonzepte zur Erklärung eingeschränkter Alternativenmengen von potenziellen Migranten sehr eng mit Erklärungsversuchen des Trägheitsproblems verwandt sind. Wiederum lässt sich eine gewisse Konvergenz sozialpsychologischer Beiträge und vertiefender mikroökonomischer Modellierungen feststellen; bei ersteren steht dabei das Konzept des „Suchraums", bei letzteren das der „Informationskosten" im Vordergrund.

Schon Wolpert (1965) beschäftigt sich explizit mit der starken Begrenztheit möglicher Ortsalternativen. Den Schlüssel für ein Verständnis dieses Tatbestandes sieht er in einer eingeschränkten Informationsverarbeitungskapazität der involvierten Akteure: „Though the individual theoretically has access to a very broad environmental range of local, regional, national, and international information coverage, typically only some rather limited portion of the environment is relevant and applicable for his decision behavior" (Wolpert 1965: 163). Die Menge der Alternativen, die ein Individuum wahrnimmt und einer Bewertung unterzieht, wird als Aktionsraum (action space) bezeichnet. Der Aktionsraum ist in hohem Maße von individuellen Merkmalen abhängig. Eigene Lebenserfahrungen (Speare et al. 1975: 179), Informationen durch neutrale, aber selektive Quellen und das personale Netzwerk (Brown, Moore 1970: 7) sind die Hauptdeterminanten dafür, dass bestimmte Ortsalternativen in die Menge der zur Disposition stehenden Orte gelangen (Roseman 1983: 160). Die Verbindung zum Trägheitsphänomen liegt dann darin, dass dieser Bestand oftmals nur aus einer einzigen Ortsalternative, nämlich dem jetzigen Wohnort, besteht.

In diesem allgemeinen Konzept wird der Bestand vorhandener Alternativen also zunächst durch vorausgegangene Ereignisse (frühere Wohnerfahrungen, Wahl von Freunden und Bekannten) erklärt. Aber auch die aktive Suche nach neuen Alternativen, die dann Teil des Aktionsraumes werden, lässt sich theoretisch integrieren. Hier greifen Wolpert (1965) und Brown und Moore (1970) vor allem auf Herbert A. Simon (1956; 1957) zurück. Das Hinzukommen neuer Alternativen wird prinzipiell genauso modelliert, wie die Überwindung der anfänglichen Trägheit im Zufriedenheitskonzept (vgl. 9.3.2.2): Die Suche nach weiteren Alternativen wird so lange fortgesetzt, bis ein Ort gefunden ist, der dem Anspruchsniveau genügt. Bleibt diese Suche erfolglos und unterliegt sie bestimmten Restriktionen zeitlicher oder monetärer Art, so kann der Akteur sein Anspruchsniveau senken, bis eine Alternative gefunden wird, die diesem Niveau genügt (Brown, Moore 1970: 10). Nicht selten handelt es sich dabei dann um den momentanen Wohnort, zumal die zusätzliche Möglichkeit eines „restructuring", d. h. einer aktiven Veränderung momentaner Rahmenbedingungen besteht (s. u. 9.3.3.2).

Dabei kann unterstellt werden, dass potenzielle Zielorte sofort nach ihrem Auffinden bewertet und dementsprechend akzeptiert oder abgelehnt werden, sodass sich zu einem gegebenen Zeitpunkt in der Tat oft nur eine einzige oder gar keine Alternative zum jetzigen Wohnort im Aktionsraum befindet.

Obwohl sie sich weitgehend auf den Lohnaspekt konzentrieren, gehen die in der Mikroökonomie entwickelten Suchtheorien von sehr ähnlichen Grundgedanken aus. Sie liefern mit dem zentralen Begriff der Informationskosten einen wesentlichen Erklärungsmechanismus für die Neigung zu einem nur beschränkten Handlungsset. Die zentrale Annahme ist, dass die Suche nach weiteren Alternativen solange weitergeht, bis die Grenzkosten der Suche den Grenznutzen erreichen bzw. überschreiten (Stigler 1962: 96). Durch diese Bedingung bestimmt sich der „reservation wage", d. h., der Schwellenwert, der zur Aufnahme von Suchaktivitäten führt, wenn er durch das bisherige Lohnniveau unterschritten wird. Zur Einschätzung des Grenznutzens der Suche muss in diesem einfachen Modell allerdings die Annahme sicherer Informationen über regionale Lohnverteilungen getroffen werden. Viele Arbeiten befassen sich deshalb mit Modifikationen des Modells, die diese Voraussetzung einschränken (Molho 1986: 402 ff.).

Die offensichtliche Verbindung dieser Phänomene mit dem Trägheitsproblem legt es nahe, das „Habit-Modell" (vgl. 9.3.2.2), das sich zur Erklärung der Trägheit im Wanderungsverhalten bewährte, auch zur Erklärung der Hinzunahme neuer Ortsalternativen in den Handlungsset des Akteurs heranzuziehen. Der Kern der ausgeführten sozialpsychologischen und mikroökonomischen Erklärungsansätze kann somit aufgegriffen werden. Formal lässt sich folgende Darstellung vorschlagen (Riker, Ordeshook 1973: 20 ff.; Esser 1991: 66 f.):

Sei

α_1 die Handlungsalternative „wähle aus dem Set A_n von n Orten $\{a_1, ..., a_n\}$"

und

α_2 die Handlungsalternative „wähle aus dem Set A_{n+1} von n+1 Orten $\{a_1, ..., a_n, a_{n+1}\}$".

Sei ferner

- a_j die bisher bevorzugte Alternative aus dem Set A_n,
- C die subjektiv erwarteten Kosten der Suche nach einer Alternative a_{n+1},
- p die subjektive Wahrscheinlichkeit, dass eine Alternative a_{n+1} gefunden wird,

dann lohnt sich eine solche Suche (d. h. die Alternative α_2 ist α_1 vorzuziehen), wenn:

$$U(a_{n+1}) - U(a_j) > \frac{C}{p}$$

Dabei bezeichnet $U(a_j)$ den subjektiv erwarteten Gesamtnutzen einer bestimmten Ortsalternative j. Je höher also die Kosten der Informationssuche C, desto weniger wahrscheinlich ist es, dass nach weiteren Alternativen Ausschau gehalten wird.[23]

9.3.3.2 Alternativen zur Wanderung

Insbesondere migrationstheoretische Beiträge, die in der Tradition von Wolpert (1965, 1966) stehen, haben auf eine wichtige Differenzierung der Handlungsoption „stay" hingewiesen: Neben der grundsätzlichen Möglichkeit „move" wird zwischen „restructuring" (bzw. „changing") und „adjusting (its needs)" unterschieden (Brown, Moore 1970: 3; Gardner 1981: 64; Wolpert 1965: 161). Die verschiedenen Handlungsweisen nehmen dabei engen Bezug auf das diesen Arbeiten zugrunde liegende Zufriedenheitskonzept; Unzufriedenheit resultiert aus einer Diskrepanz zwischen Anspruchs- und Realisierungsniveau, was auf eine Änderung situationaler Randbedingungen zurückgeführt wird. Da diese Diskrepanz Stress erzeugt, setzt sie den Entscheidungsprozess in Gang. Eine „Lösung" des Problems ist dann auf dreierlei Weise möglich: 1. durch ein Verlassen der Situation (move), 2. durch eine Anpassung des Anspruchsniveaus an das Realisierbare (adjustment) und 3. durch den Versuch, die Randbedingungen in der Situation so zu verändern, dass der Stress bzw. die Unzufriedenheit verschwindet (restructuring bzw. changing).

Wie lässt sich die grundsätzliche Abgrenzung des „restructuring" vom einfachen „adjustment" innerhalb eines Rational-Choice-Ansatzes fassen? Die Arbeit von

---

[23] Wie man sofort erkennt, bildet das oben (4.2.2) angeführte Modell zur Erklärung der Trägheit im Wanderungsverhalten den Spezialfall mit n=1.

Hirschman (1974) liefert eine geeignete Anschlusstheorie. Hirschman unterscheidet im Zusammenhang mit möglichen Reaktionen von Verbrauchern auf eine Qualitätsverschlechterung von Produkten die zentralen Begriffe von Abwanderung (exit) und Widerspruch (voice). Auf den Gegenstand räumlicher Mobilität übertragen lässt sich die Abwanderung dabei problemlos mit der Handlungsalternative „move" gleichsetzen. Mit einigen Einschränkungen, die die „Öffentlichkeit" der Handlung betreffen (Kecskes 1994: 131) – kann der Handlungstyp „restructuring" dann mit Widerspruch umschrieben werden:[24] „Als Widerspruch gilt dabei jeder wie immer geartete Versuch, einen ungünstigen Zustand zu verändern, anstatt ihm auszuweichen" (Hirschman 1974: 25). Aus den Ausführungen Hirschmans ergibt sich auch unmittelbar die besondere Bedeutung solcher Widerspruchsmöglichkeiten für die Umsetzung von Wanderungsgedanken in Wanderungspläne: „Wenn die Kunden hinreichend überzeugt sind, dass der Widerspruch wirksam sein wird, dann kann es sehr wohl sein, dass sie die Abwanderung hinausschieben" (Hirschman 1974: 31).

Warum solche Widerspruchsmöglichkeiten in den Handlungsset eines Akteurs treten, lässt sich analog zur Berücksichtigung weiterer Ortsalternativen modellieren (vgl. 9.3.3.1). Wenn die Informationskosten C gering, die Realisierungswahrscheinlichkeit p und der grob eingeschätzte Nutzen U hingegen hoch sind, stellen sie aussichtsreiche Alternativen dar. Genau dieses deutet das letzte Zitat von Hirschman an, wenn man unter Wirksamkeit sowohl den potenziellen Nutzen als auch die Realisierungswahrscheinlichkeit subsumiert. Die Such- und Informationskosten dürften im Falle des Widerspruchs in besonderer Weise gering sein, da sich seine Umsetzung auf den derzeitigen Wohnort bezieht. Es stellt sich nun die Frage, welche konkreten Handlungsweisen als solche Alternativen zur Wanderung in Betracht zu ziehen sind. Zwei Phänomene wurden in diesem Zusammenhang in der Migrationsforschung besonders ausführlich untersucht: die Pendelmobilität und die Möglichkeit zum Um- oder Ausbau der derzeitigen Wohnung.

Wird ein Wechsel des Wohnortes aus beruflichen Gründen erwogen, so kann der am potenziellen Zielort erreichbare Nutzen auch dadurch erzielt werden, dass man einen eventuell deutlich verlängerten Anfahrtsweg, gegebenenfalls sogar die Unterhaltung eines Zweitwohnsitzes in Kauf nimmt. Der mit dem bisherigen Wohnort verbundene sonstige Nutzen lässt sich somit ebenso aufrechterhalten, gegebenenfalls mit einigen Abstrichen durch den größeren Zeitaufwand des Arbeitsweges. Vor allem können die (monetären und nichtmonetären) Migrationskosten vermieden werden, die in der Regel weit über den nunmehr anfallenden Pendelkosten liegen. Diese nahe liegende Alternative der Pendelmobilität ist diejenige Form einer Umstrukturierung der Situation, die bisher am ausgiebigsten im Zusammenhang mit Wanderungsprozessen untersucht ist (Evers 1989; Kalter 1994; Vickerman 1984; Zelinsky 1971). Die Entscheidung „Wanderung versus Pendeln" lässt sich auch als Entscheidung zwischen einer „permanenten" und einer „temporären" Mobilität konzipieren.

---

[24] Die unveränderte Beibehaltung des Status quo (adjustment) kann dagegen nicht mit der Kategorie „loyality" von Hirschman gleichgesetzt werden, da letztere auch den Typus „voice" umschließt. Franz (1989: 102 f.) schlägt deshalb den Terminus „non-exit/non-voice", Kecskes (1994: 131) den Terminus „Passivität" vor.

Wenn die Wohnsituation Anlass zur Unzufriedenheit gibt, kann eine nahe liegende Form des „restructuring" in Erscheinung treten: ein Um- oder Ausbau der bestehenden Wohnung, um eine Anpassung an die (veränderten) Wohnbedürfnisse zu erreichen. Diese Möglichkeit ist in besonderer Weise gegeben, wenn es sich bei der Wohnung um Eigentum handelt. Eigentümer können, „(...) solange es nicht gegen die Bauordnung verstößt, bauliche Maßnahmen an der Wohnung vornehmen (wie beispielsweise das Entfernen nicht tragender Wände). Diese im Vergleich zu Mieterhaushalten größeren Möglichkeiten des aktiven Eingreifens machen die Wahl des Handlungssets „Widerspruch" wahrscheinlicher (Kecskes 1994: 135). Mit anderen Worten: Auf Grund der höheren Widerspruchsmöglichkeiten sinkt die Mobilitätsneigung von Eigentümern unter sonst gleichen Bedingungen beträchtlich (Böltken 1991: 294 ff.).

9.3.4 Die Art der Ziele – Neue Haushaltsökonomie und soziale Produktionsfunktionen

Ein Vorteil der Werterwartungstheorie gegenüber spezielleren handlungstheoretischen Modellierungen wie etwa dem Humankapitalmodell liegt darin, dass keinerlei Beschränkung in der Art der Ziele erfolgt, die Akteure mit ihren Handlungen verfolgen. Wie sich zeigte, ergibt sich vor allem dadurch die Möglichkeit zu einer breiten Integration bisheriger Theorieansätze. Diese prinzipielle Offenheit hat jedoch auch einen Nachteil: Sie wirft einen zusätzlichen Bedarf an Hypothesen darüber auf, welche Ziele unter welchen Bedingungen für welche Akteure welchen Wert besitzen. Ohne die Kenntnis solcher Randbedingungen bleibt die Handlungstheorie „leer". In diesem Kapitel wird gezeigt, wie diese „Lücke" in der Forschungspraxis gefüllt wird und wie man durch eine geeignete Anschlusstheorie, nämlich das Konzept der sozialen Produktionsfunktionen, zu einer ansatzweisen Erklärung von Präferenzen der involvierten Akteure gelangen kann.

Bei der Beantwortung der Frage, welche Ziele in der Entscheidung über eine Wanderung von Bedeutung sind, können drei Vorgehensweisen unterschieden werden: eine literaturgestützte, eine empirisch explorative und eine theoriegeleitete. Das erste Verfahren deutete sich schon an vielen Stellen des bisherigen Textes an und wird in besonders ausführlicher Weise von De Jong und Fawcett (1981) vollzogen. Durch eine handlungstheoretische Rekonstruktion vorhandener theoretischer Ansätze und eine entsprechende Interpretation von empirischen Forschungsergebnissen, die auf der Grundlage solcher Ansätze ermittelt wurden, lassen sich viele Motive bzw. Ziele identifizieren, die Personen in ihren Wanderungsentscheidungen verfolgen. Eine solche Zusammenstellung besitzt zwar einen heuristischen Wert, führt aber zu einer langen Liste von potenziellen Wanderungsmotiven, deren empirische Relevanz offen bleibt. Außerdem besteht in der Forschungspraxis gerade bei speziellen Anwendungsfeldern die Gefahr, dass trotz einer langen Aufzählung wichtige Zieldimensionen unberücksichtigt bleiben.

Durch das zweite angesprochene Verfahren, die explorative Ermittlung von Wanderungsmotiven in Individualerhebungen, kann die Vernachlässigung wichtiger Motive vermieden und – durch die Häufigkeitsauszählung einzelner Nennungen – eine

Einschätzung der Relevanz bestimmter Motive erfolgen. Solche „reasons for moving"-Methoden sind in der Migrationsforschung sehr verbreitet (De Jong, Fawcett 1981: 34 ff.; Long 1988: 227 ff.). Da die Frage nach den direkten Umzugsgründen nur bei umgezogenen (ex post) oder umzugsbereiten Personen sinnvoll ist, weisen solche Erhebungen einen gewissen „bias" auf. Es wird stillschweigend vorausgesetzt, dass die Gründe für den Nichtumzug die gleichen sind bzw. in ähnlicher Häufigkeitsverteilung vorliegen.

Die Ermittlung der Art und Relevanz von Umzugsmotiven in Individualerhebungen ist – mit der erwähnten Einschränkung einer Verzerrung zu Gunsten der Motive umgezogener Personen – zwar ein praktikables Verfahren, um an die notwendigen Randbedingungen der Handlungskalküle zu gelangen, theoretisch unbefriedigend bleibt aber der ideosynkratische Charakter dieses Vorgehens. Um das Wanderungsverhalten wieder auf soziale Merkmale zurückführen zu können, sind theoretische Erklärungen notwendig, warum im Hinblick auf ihre sozioökonomische Lage „typische" Akteure ebenfalls „typische" Präferenzstrukturen aufweisen. Die Erklärung von Präferenzen kann im Rahmen von Rational-Choice-Theorien als notwendige Bedingungen einer adäquaten Erklärung von sozialen Phänomenen angesehen werden (Opp 1985: 236). Dieses Problem ist in der Wanderungsforschung bisher so gut wie gar nicht behandelt worden. Zwar sind mit den Lebenszyklusansätzen gewisse Orientierungshypothesen verbunden, eine wirkliche Erklärung liefern aber auch sie nicht.

Eine Ausnahme bilden jedoch einige Versuche, den Ansatz der Neuen Haushaltsökonomie (Becker 1976; Lancaster 1966) auf die Wanderungsentscheidungen von Individuen zu übertragen. Nach Shields und Shields (1989) wird damit eine vierte, grundsätzlich neue Sichtweise des Akteurs für ökonomische Migrationstheorien fruchtbar gemacht. Während die makroökonomischen Modelle den Akteur in erster Linie als Anbieter von Arbeitskraft, das mikroökonomische Modell als Investor (in Humankapital) und die um regionale „amenities" erweiterten Push-Pull-Modelle als Konsumenten auffassen, wird in der Neuen Haushaltsökonomie die Produzentenrolle der Akteure betont. Die Verbindung zum Konsumentenmodell liegt darin, dass der Nutzen nicht direkt, sondern nur indirekt über so genannte „commodities" erzielt werden kann. Diese „commodities" müssen zunächst einmal produziert werden. Shields und Shields (1989: 295) gehen beispielsweise von fünf grundsätzlichen „commodities" aus: erzieherische (E), erholungsbezogene (R), kinderbezogene (C), Aktivitäten mit Freunden und Bekannten (F) und sonstige Commodities (G). Der Haushalt maximiert nun $U(E,R,C,F,G)$, d. h. den Nutzen, der sich als Funktion der „commodities" ergibt. Diese Funktion wird nicht weiter problematisiert, „de gustibus non est disputandum" (Stigler, Becker 1977); im einfachsten Fall kann man allen Akteuren eine gleiche Funktion, d. h. gleiche Präferenzen auf dieser „obersten" Ebene, unterstellen. Unterschiedlich sind allerdings die Bedingungen, unter denen Akteure bzw. Haushalte die einzelnen „commodities" produzieren können, und damit die Präferenzen für „Zwischengüter", die zur Produktion von bestimmten „commodities" notwendig sind. Wie effizient vorhandene Ressourcen zur Produktion von solchen Zwischengütern eingesetzt werden können ist dabei zum einen von individuellen Merkmalen der Akteure selbst, zum anderen von bestimmten Standortbedingungen abhängig. Hier liegt der Ansatzpunkt für Migrationstheorien: „The decision to move or to stay is determined by the location where the household can produce the „best" combination of household commodities" (Shields, Shields 1989: 296).

Lindenberg (1986, 1989a, 1989b) macht mit dem Konzept der sozialen Produktionsfunktionen einen allgemeinen Vorschlag zur Integration dieser Ideen in das grundsätzliche Rational-Choice-Paradigma. Er unterstellt, dass jedes Handeln auf Güter ausgerichtet ist, die grundlegende und wie man annehmen kann auch universelle Grundbedürfnisse befriedigen. Zwei Grundbedürfnisse, die in diesem Zusammenhang immer wieder genannt werden, sind physisches Wohlbefinden und soziale Anerkennung (Lindenberg 1989a, 1989b). Diese Bedürfnisse sind aber in der Regel nicht direkt zu erfüllen, sondern nur indirekt über andere Güter (z. B. Freunde, Geld usw.) erreichbar. Solche Güter werden auch „primäre Zwischengüter" genannt. Diese Zwischengüter werden nun ihrerseits wieder durch entsprechende weitere Zwischengüter bzw. durch den Einsatz von Ressourcen (z. B. Zeit) produziert. Welche Güter und Ressourcen nun für welche Akteure in besonderer Weise geeignet sind, „höhere Zwischengüter" bzw. letzten Endes soziale Anerkennung und physisches Wohlbefinden zu produzieren, ist – und deshalb ist auch die Bezeichnung „soziale" Produktionsfunktion berechtigt – in großem Maße abhängig von gesellschaftlichen Randbedingungen bzw. von der sozialen Position des Akteurs. Für die Erklärung von Wanderungsphänomenen wäre hervorzuheben: auch von der räumlichen Position!

Die Unterstellung individuell verschiedener Zielhierarchien wird durch die Idee der sozialen Produktionsfunktionen in sehr entscheidender Weise „soziologisiert", d. h. unterschiedliche Gewichtungen von einzelnen Zielaspekten sind nicht mehr nur ausschließlich ideosynkratischen Charakters, sondern vielmehr ein Instrument zur (rationalen) Erreichung höherer Ziele unter gegebenen lokalen und sozialen (Situations-)Merkmalen (Lindenberg 1989b: 190).

9.4 Zusammenfassung

In diesem Beitrag wurde ein Überblick über die theoretische Entwicklung in der Wanderungsforschung gegeben. Dabei wurde ein besonderes Schwergewicht darauf gelegt, eine stärker integrative – statt einer nur additiven – Sichtweise zu vermitteln und somit zu einer Behebung eines zentralen Missstandes in der Wanderungstheorie beizutragen. Ausgehend von einigen methodologischen Grundsätzen, die sich am analytisch-nomologischen Wissenschaftsverständnis orientieren, konnte zunächst gezeigt werden, dass makrotheoretische Ansätze auf eine typische Schwierigkeit, das Problem hoher Unvollständigkeit, stoßen. Gleichwohl lassen sich zentrale makrosoziologische Thesen handlungstheoretisch interpretieren und somit für mikrosoziologische Ausgangspunkte nutzbar machen. Allen nennenswerten Mikrotheorien (und implizit auch allen Makrotheorien) ist die Annahme eines rationalen Handelns der involvierten Akteure gemeinsam – sie unterscheiden sich aber darin, wie präzise eine entsprechende Selektionsregel benannt ist und wie „offen" sie für den Anschluss von Brückenhypothesen sowie für theoretische Vertiefungen sind. Die Werterwartungstheorie weist hier besondere Vorzüge auf und eignet sich somit als allgemeiner Ausgangspunkt einer Erklärung von Wanderungsphänomenen bzw. als „gemeinsamer Nenner" bisheriger migrationstheoretischer Bemühungen. Dies ist auch darauf zurückzuführen, dass sie eine allgemeine Theorie des menschlichen Handelns darstellt, d. h. nicht nur auf das enge Feld des Wanderungsverhaltens begrenzt ist. Durch eine Übertragung von vertiefenden Modellierungen aus anderen Anwendungsgebieten scheinen insbesondere einige Spezialprobleme lösbar, die in der Wanderungstheorie bisher nur unzureichend behandelt wurden, zum Beispiel die Entscheidungsprozesse im Haushaltskontext, das Phänomen der Trägheit im Wanderungsverhalten, die Rolle von Widerspruchsmöglichkeiten im Sinne von Hirschman (1974) und die Gewichtung von Zielen in den Migrationsentscheidungen der Akteure. Hier eröffnen sich nicht nur Anknüpfungspunkte an verwandte sozialwissenschaftliche Phänomene, sondern es ergeben sich auch fruchtbare Hinweise für die weitere theoretische und empirische Wanderungsforschung.

III. Methoden

10

Zugang zu den Daten der Demographie

Carola Schmid

Einleitung

Gegenstand dieses Kapitels ist die Darstellung der Erhebung demographischer Daten, deren rechtliche Grundlagen, der Aufbereitung und der Zugriffsmöglichkeiten für Wissenschaftler in den deutschsprachigen Ländern Bundesrepublik Deutschland, Österreich und der Schweiz. Das Thema „internationale Daten" kann nur in einem sehr allgemeinen Überblick dargestellt werden, da eine umfassende Analyse den hier vorgegebenen Rahmen bei weitem sprengen würde.[1]

10.1 Die Bundesrepublik Deutschland

Die Darstellung der Datenquellen zum großen Thema Demographie in der Bundesrepublik nimmt in diesem Artikel den größten Raum ein. Das hat mehrere Gründe: Zum einen wird in der Bundesrepublik Deutschland eine voll ausgebaute amtliche Statistik geführt, d. h. umfassende Register- und Verwaltungsdaten wie auch jährliche Mikrozensen und die Volkszählung[2]. Andererseits steht der Wissenschaft ein breites Spektrum von Untersuchungen der empirischen Sozialforschung zur Verfügung.

Der Schwerpunkt der nun folgenden Darstellung soll auf dem Gebiet der amtlichen Statistik liegen. Hinzu kommt, dass das rechtliche Fundament sowohl für einzelne Erhebungen, als auch für die Datenweitergabe sehr umfassend ist, was eine dif-

---

[1] Das Zustandekommen dieser Abhandlung wäre nicht möglich gewesen ohne all jene, die für mich bei der Recherche vor Ort Zeit und Geduld aufgebracht haben für die Beantwortung meiner Fragen. Bedanken möchte ich mich auch bei denen, die mein Manuskript gelesen haben und mir wertvolle Tips gaben. Last but not least gilt mein Dank auch den beiden Sekretärinnen bei ZUMA, Frau Haas und Frau Ludwig, die mein Manuskript erstellt haben.

[2] Eine Zusammenstellung diverser Teilgebiete demographischer Daten findet man beispielsweise in Krug et al. (1987); Anderson et al. (1983).

ferenzierte Darstellung unumgänglich macht. Ein wesentliches Argument für diese Zusammenschau ist, dass es für den Bereich Demographie bislang keinen umfassenden Überblick aller (amtlich und nicht amtlich) erhobenen und zur Verfügung stehenden Datenquellen sowie der Zugriffsmöglichkeiten gibt.

Hinsichtlich der Erhebungen der empirischen Sozialforschung mag eine kurze Darstellung im Überblick genügen. Dies jedoch nicht aus Gründen etwaiger Zweitrangigkeit gegenüber der amtlichen Statistik, sondern einfach deshalb, da diese viel umfangreicher methodisch und inhaltlich dokumentiert sind als die amtliche Statistik.

Grundsätzlich gilt, dass beide Bereiche verschiedenen Bedürfnissen zu entsprechen haben und demzufolge völlig anders angelegt sind. So werden sämtliche Sekundärstatistiken, wie etwa Geburten- und Sterbefälle, Heiraten und Wanderungen primär als Verwaltungsdaten geführt, und erst in zweiter Linie als Ressourcen für wissenschaftliche Analysen betrachtet.

Die häufig völlig unterschiedlichen Anforderungen an die Daten dürften mit eine der Hauptursachen sein, dass in der Bundesrepublik eine solche Vielfalt an repräsentativen Erhebungen der empirischen Sozialforschung besteht. Als weitere Gründe sind folgende anzuführen:

– Äußerst schwieriger Zugang zu Einzeldaten aus der amtlichen Statistik;
– Keine Paneluntersuchungen vonseiten der amtlichen Statistik;
– Keine Erfassung nicht ehelicher Lebensgemeinschaften;[3]
– Betrachtung von Haushalten (d. h. es werden beispielsweise Familienmitglieder, die nicht im Haushalt leben, wie nicht eheliche Kinder, Minderjährige, die bereits das Elternhaus verlassen haben, nicht berücksichtigt;
– Keine Analyse von Meinungen, Werthaltungen, Lebenskonzepten.

Der große Vorteil der amtlichen Statistik ist jedoch, dass sie über Zahlen zur gesamten Bevölkerung verfügt (Volkszählung), aber auch über repräsentative Stichprobenerhebungen mit deutlich größerem Auswahlsatz,[4] als ihn die empirische Sozialforschung je realisieren könnte. Dieses Potential ermöglicht tiefer strukturierte Analysen sowohl regional als auch auf spezifische Gruppen bezogen, die auch im statistischen Sinne noch genug aussagekräftig sind (genügend große Fallzahlen). Das Problem der relativ kleinen Fallzahlen kann als das eigentliche Manko der empirischen Sozialforschung betrachtet werden. Eine kleine Stichprobe birgt stets die Gefahr von Stichprobenfehlern, die in ihren Auswirkungen nicht zu unterschätzen sind.

---

3 Können bislang aufgrund der amtlichen Statistik nur geschätzt werden, vgl. dazu Schwarz (1981).
4 Als Vergleich sei hier angeführt: Auswahlsatz Allbus: 1/14700-1/15200 Mikrozensus: ziemlich exakt 1/100.

10.1.1 Die Organisation der amtlichen Statistik

10.1.1.1 Das Statistische Bundesamt

Das Statistische Bundesamt ist eine selbstständige Behörde im Geschäftsbereich des Bundesministeriums des Innern. Neben der Zentrale in Wiesbaden hat es eine Zweigstelle in Berlin und eine Außenstelle in Düsseldorf. Ferner unterhält es in Bonn-Bad Godesberg eine Beratungsstelle.

Vertreter des Statistischen Bundesamtes sind an der Vorbereitung von Programmen der Bundesstatistik, aber auch an der Erarbeitung der Rechts- und Verwaltungsvorschriften, soweit diese Aufgaben die Bundesstatistik betreffen, beteiligt.

Ein weiteres Tätigkeitsfeld ist die Zusammenarbeit auf internationaler Ebene. So werden z. B. bei der Durchführung der Volkszählungen Vereinbarungen zur Organisation und Durchführung sowohl mit den Vereinten Nationen (UNO) als auch mit der Europäischen Gemeinschaft (EG) abgeschlossen. Des Weiteren werden bundesdeutsche Daten ans Ausland geliefert und auch Daten anderer Staaten, der EG und weiterer internationaler Vereinigungen zusammengestellt und veröffentlicht.[5]

Auch die Übernahme und Einführung internationaler Normierungs- und Klassifizierungssysteme, wie beispielsweise die Übernahme von Systematiken der Vereinten Nationen im Bereich Gesundheit (ICD = International Statistical Classification of Diseases, Injuries and Causes of Death) und bei der Abfassung von Arbeitskräftestatistiken (ISCO = International Standard Classification of Occupations)[6] obliegt dem Statistischen Bundesamt.

Wie bereits angedeutet, liegen ausschließlich Bundesstatistiken in der Hand des Statistischen Bundesamtes. Nach dem Grundgesetz (Art. 73 Nr. 11) hat der Bund die ausschließliche Gesetzgebung über die Statistik für Bundeszwecke. Auf Grund dieses Artikels wurde mit dem Gesetz über die Statistik für Bundeszwecke[7] erstmals das gesamte Organisations- und Verfahrensrecht sowie das materielle Recht der Bundesstatistik zusammenfassend geregelt. Dieses „Grundgesetz" wurde mehrmals geändert und den veränderten Bedingungen angepasst. Diesem Bedürfnis entsprechend wurde ein Gesetzesentwurf der Bundesregierung mit Zustimmung des Bundesrates[8] verabschiedet, der im Wesentlichen folgende Zielsetzungen berücksichtigt:

- Verbesserung der Aktualität und Flexibilität der Bundesstatistik sowie ihrer rationellen Durchführung;
- Anpassung an neue Entwicklungen im nationalen und internationalen Bereich;
- Weiterentwicklung der Regelungen zum Datenschutz.[9]

Eine weitere, wesentliche Novellierung der Bundesstatistik, die sehr differenzierte Reglements zur Durchführung von Statistiken mit sich brachte, erfolgte im Januar 1987.[10] Im Einzelnen handelt es sich hierbei um die folgenden Neuerungen:

- §6 Maßnahmen zur Vorbereitung und Durchführung von Bundesstatistiken;
- §9 Regelungsumfang bundesstaatlicher Rechtsvorschriften;
- §10 Erhebungs- und Hilfsmerkmale;
- §13 Adressdateien;
- §21 Verbot der Reidentifizierung.

Völlig neu eingeführt wurden „Erhebungen für besondere Zwecke" (§7). Hiermit wurde den Bundesbehörden gestattet, Befragungen ohne Auskunftspflicht auf Bundesebene bei begründetem Bedarf und zur Klärung wissenschaftlich methodischer Fragen durchzuführen.

Diese Novellierung schreibt zudem vor, dass Bundesstatistiken stets durch Gesetze angeordnet werden müssen (§5). Sachlich zusammengehörende Materialien werden dabei möglichst in Sammelgesetzen zusammengefasst. So beispielsweise Gesetze zur Führung von Statistiken zu Lohn- und Einkommenssteuern, Preis- und Lohnstatistiken u. Ä. Größere Erhebungen, wie etwa die Volkszählung, müssen dagegen weiterhin mit eigenen Gesetzen angeordnet werden.

Um den einzelnen Bürger nicht unnötig durch Verwaltungsmaßnahmen zu belästigen, wurde bereits 1980 in das Bundesstatistikgesetz eine Bestimmung aufgenommen, die die Bundesregierung dazu ermächtigt, die Durchführung von Bundesstatistiken oder die Erfassung einzelner Sachverhalte auszusetzen (so geschehen zur angesetzten Volkszählung 1987, die ursprünglich für das Jahr 1983 angesetzt war), die Periodizität zu verlängern oder auch den Kreis der Befragten einzuschränken, wenn sich die Voraussetzungen geändert haben, oder wenn die Daten nicht mehr in der bisherigen Form benötigt werden. Die Geltungsdauer einer solchen Verordnung wurde 1987 von vormals drei auf Vierjahre heraufgesetzt. Seit 1987 ist die Bundesregierung (mit Zustimmung des Bundesrats) außerdem dazu befugt, von einer Befragung mit Auskunftspflicht zu einer Befragung mit freiwilliger Beteiligung überzugehen, sofern damit ausreichende Ergebnisse erzielt werden (§5 Abs. 4). Praktiziert wurde dies in den einzelnen Ergänzungen zum Mikrozensusgesetz 1985, in dem die Beantwortung mehrerer Fragen mit Auskunftspflicht der Freiwilligkeit anheim gestellt wurde.[11]

10.1.1.2 Statistische Landesämter

Gemäß dem föderalistischen Staats- und Verwaltungsaufbau sind die statistischen Landesämter organisatorisch selbstständige Behörden, die regional und dezentral aufgebaut und organisiert sind. Sie unterliegen auch nicht der Weisungspflicht durch das Statistische Bundesamt. So haben die Länder im Bereich der Bundesstatistiken

---

5 Rechtliche Grundlage hierfür ist das Bundesstatistikgesetz (BStat G/BGBL I: 462 §§18, 19).
6 Vgl. dazu das Kap. „Internationale demographische Daten".
7 3.9.1953 (BGBL I: 1314)
8 14.3.1980 (BGBL I: 289)
9 Aus: Statistisches Bundesamt (1981)
10 1987 (BGBL I: 462)
11 Vgl. dazu auch das Kap. „Mikrozensus".

vor allem für die Durchführung, Eingangskontrolle und Aufbereitung der jeweiligen Länderdaten zu sorgen und sind auch für die Weiterleitung an das Statistische Bundesamt zuständig. Das Statistische Bundesamt dagegen erfüllt Aufgaben, die von länderübergreifender Bedeutung sind, so die methodische und technische Vorbereitung aller Bundesstatistiken, aber auch die Koordinierung, Zusammenstellung und Veröffentlichung bundesweiter Ergebnisse.

10.1.2 Primärdaten

10.1.2.1 Volkszählungen

Organisation[12]
Die praktische Organisation der Durchführung des letzten Zensus oblag den Statistischen Landesämtern, für die örtliche Durchführung waren die Gemeinden zuständig, die öffentliche Erhebungsstellen einzurichten hatten. Laut Volkszählungsgesetz mussten diese so gestaltet sein, dass sie „räumlich, organisatorisch und personell von anderen Verwaltungsstellen zu trennen sind ... zudem ist sicherzustellen, dass die Angaben nicht für andere Aufgaben verwendet werden ...." (§9, Abs. 1).

Die Gemeinden übernahmen auch die Rekrutierung der ehrenamtlichen Zähler (§10). Die gesamte Erhebung wurde durch Zähler durchgeführt, um eine möglichst vollständige Erfassung zu Gewähr leisten. Jeder dieser Zähler war für ca. 60 Haushalte zuständig (Arbeitsbezirk). Um deren Auffinden zu ermöglichen, wurde ein Auszug aus dem Melderegister als sog. „Regelungsliste" (§11) verwendet. Diese Liste sollte um die Personen, Haushalte, Wohnungen und Arbeitsstätten ergänzt werden, die der Zähler bei der Vorabbegehung seines Bereiches feststellte. An alle Haushalte mussten persönlich folgende Erhebungsmaterialien abgegeben werden:

– Haushaltsmantelbogen;
– Personenbogen;
– Wohnungsbogen mit Gebäudebogen;
– Arbeitsstättenbogen.

Im Wesentlichen wurden folgende[13] Informationen ermittelt:

– Größe der Bevölkerung und ihre demographische Struktur;
– Haushalts- und Familienstruktur;
– Ausbildungsqualifikationen und Berufsstruktur;
– Vorhandene Wohnungen und Wohnungsmerkmale;
– Arbeitsstätten nach Größe und Erwerbszweig;
– Verbindung zwischen Wohnung und Arbeitsstätte (Wege zur Arbeitsstätte).

---

[12] Ein historischer Abriß zur Entwicklung der Volkszählung findet sich in Fürst (1972: 17 ff.).
[13] Volkszählungsgesetz 1987, §5

Erstmals wurde in einem Gesetz zur Volkszählung zwischen den eigentlichen Merkmalen der Erhebung und den so genannten Hilfsmerkmalen (§8, Abs. 1) unterschieden. In der Zählung von 1987 wurden die folgenden Hilfsmerkmale erfasst:

- Vor- und Familienname der Haushaltsmitglieder;
- Name der Arbeits- und Ausbildungsstätte;
- Bei Gemeinschaftsunterkünften: Zahl der Personen, die dort ihre alleinige Wohnung haben;
- Telefonnummer (freiwillig).

Die Hilfsmerkmale durften zu keiner statistischen Analyse herangezogen werden, sondern dienten der Kontrolle der Vollständigkeit. Unverzüglich nach der Eingangskontrolle mussten diese von den Erhebungsmerkmalen getrennt und gesondert aufbewahrt werden. Nach der Veröffentlichung erster bundesweiter Ergebnisse waren sie zu löschen. Maßgebend für die Eintragungen waren die Verhältnisse am 25. Mai 1987, 0.00 Uhr (Stichtag, §1). Demnach waren die folgenden Personen zu berücksichtigen:

- Vor diesem Datum Geborene und Zugezogene;
- An diesem Tag oder danach Verstorbene bzw. Weggezogene;

Nicht zu berücksichtigen waren:

- An diesem Tag oder danach Geborene und Zugezogene;
- Vor diesem Datum verstorbene bzw. fortgezogene Personen.

Entsprechendes galt auch für die Eröffnung oder Schließung von Arbeitsstätten und für die Baufertigstellung oder Abbruchgenehmigung bei Gebäuden mit Wohnraum. Diese Vollerhebung mit Auskunftspflicht (§12) umfasste nach dem Haushaltskonzept folgende Personen:

- Alle Volljährigen oder einen eigenen Haushalt führende Minderjährigen und deren minderjährige Haushaltsmitglieder;
- In Gemeinschaftsunterkünften und Anstaltsunterkünften war der Leiter für die Personen auskunftspflichtig, die wegen Behinderung oder Minderjährigkeit nicht selbst Auskunft geben konnten;
- Zivilbedienstete in Arbeitsstätten ausländischer Streitkräfte wurden zentral durch die Statistischen Landesämter erfasst und brauchten nicht eigens gezählt zu werden;
- Mitglieder ausländischer Streitkräfte, deren Angehörige sowie diplomatische Vertreter und deren Familienmitglieder wurden nicht erfasst.

Die Definition der Zählereinheiten entsprechen sowohl den Empfehlungen der Vereinten Nationen als auch den Vorgaben des Statistischen Zentralamtes der Europäischen Gemeinschaft.

Der Begriff „Haushalt" wurde wie folgt definiert: „Einen Haushalt bilden alle Personen, die gemeinsam wohnen und wirtschaften, wer allein wirtschaftet, bildet einen eigenen Haushalt. Personen mit mehreren Wohnungen sind in jeder Wohnung einem Haushalt zuzuordnen" (§3). Einen eigenen Haushalt bilden Mitglieder von Wohngemeinschaften, Wohnheimbewohner und Untermieter, sofern sie allein wirtschaften.

Zu berücksichtigen war bei der Zählung auch, dass zum Haushalt auch Personen zählten, die vorübergehend oder längerfristig abwesend waren (Grundwehrdienst, Zivildienst, Auslandsreise u. Ä.). Dazu gehörten auch Personen in Gemeinschaftsunterkünften, die im Haushalt gemeldet waren. Hausangestellte und Pfleger zählten dann zum Haushalt, wenn sie Verpflegung und Unterkunft erhielten".[14]

Datenqualität

Die Beurteilung der Qualität einer Volkszählung ist im Allgemeinen nicht einfach, da diese die umfassendste statistische Erhebung überhaupt ist, sodass die Datenqualität nicht ohne weiteres an Zahlenmaterial aus anderen Quellen beurteilt werden kann. Zudem dient ja die Volkszählung selbst als Bewertungsmaßstab für Stichprobenerhebungen und für die Auswertung von Registerdaten.[15]

Unschärfen beim Vergleich der Ergebnisse der Volkszählung mit der Bevölkerungsfortschreibung weisen auf Ungenauigkeiten hin. Vorwiegend dürften Ungenauigkeiten der Fortschreibung anzulasten sind, die mit Ungenauigkeiten der Wanderungsstatistiken (z. B. Doppelzählungen am Zuzugs- und Fortzugsort) belastet ist.

10.1.2.2 Mikrozensen

Der Mikrozensus wurde erstmals 1957 mit dem Ziel einer umfassenden Arbeitsmarktbeobachtung durchgeführt.[16] Daneben sollten sozioökonomische Strukturdaten kontinuierlich ermittelt werden, die auch wichtige Eckdaten zur Fortschreibung liefern sollten. Auch für Einzelbereiche, wie Familien- und Haushaltsstatistik, führt der Mikrozensus umfangreiches, detailliertes Datenmaterial. Auf Grund des Designs (partielle Rotation) ist es sogar möglich, Veränderungen zu erfassen. Auch die Statistik des Gesundheitswesens, die Schul- und Hochschulstatistik sowie die Statistiken öffentlicher Sozialleistungen fußen zum Teil auf Ergebnissen dieser Erhebung[17].

---

[14] Weitere relevante Definitionen zur Volkszählung finden sich in Statistisches Bundesamt (1987).

[15] Die einzige, von öffentlicher Hand durchgeführte Untersuchung wurde in Nordrhein-Westfalen durchgeführt (Eppmann, Schäfer 1991).

[16] Die Entwicklung des Mikrozensus kann in den entsprechenden Veröffentlichungen des Statistischen Bundesamtes, aber auch in den Publikationen der Abteilung Mikrodaten bei ZUMA e.V., Mannheim, im Detail nachgelesen werden. Zu den rechtlichen Grundlagen s. die nachstehend zitierten Gesetzestexte.
Mikrozensusgesetz vom 10.6.85 BGBL I: 955).
Erste Verordnung zur Änderung der Mikrozensusverordnung vom 21.4.1986 (BGBL I: 436). Zweite Verordnung zur Änderung der Mikrozensusverordnung vom 28.2.1989 (BGBL I: 342). Gesetz zur Änderung des Gesetzes zur Durchführung einer Repräsentativstatistik über die Bevölkerung und den Arbeitsmarkt und des Gesetzes über die Statistik für Bundeszwecke vom 17.12.1990 (BGBL I: 2837).

[17] Die Arbeitskräfteerhebung, die im Rahmen des Mikrozensus durchgeführt wird, ist im Kap. „Erwerbstätigenstatistik" präzise dargestellt.

Die grundsätzliche Konzeption als Mehrzweckstichprobe hat auch zur Folge, dass einerseits möglichst vielen und teilweise recht unterschiedlichen Bedürfnissen der amtlichen Statistik aber auch der Wissenschaft und Forschung entsprochen werden kann. Der Mikrozensus nimmt eine Sonderstellung ein, da er die einzige Erhebung auf Stichprobenbasis ist, die so umfangreich ist, dass auch tiefer gegliederte, regionale Analysen möglich sind. Dass das Datenmaterial des Mikrozensus Begrenzungen unterliegt und im Vergleich zu anderen sozialwissenschaftlichen Stichprobenerhebungen auch Nachteile hat, wird in Fachkreisen stets bemängelt. Auf die rechtlichen Grundlagen des Mikrozensus kann nicht eingegangen werden.[18]

Organisation

Wie bei der Volkszählung sind die Erhebungsstellen auch hier die Statistischen Landesämter, denen die Aufbereitung des Materials obliegt, und die auch für die Bereitstellung der Zähler verantwortlich sind. Die Entwicklung und Konzeption des Stichprobenplans obliegt stets dem Statistischen Bundesamt.[19]

Erhebungsmerkmale

Wie bei der Volkszählung, muss auch beim Mikrozensus dem Gesetz[20] nach zwischen Erhebungsmerkmalen (§5) und Hilfsmerkmalen (§6) unterschieden werden. Die gesetzlich festgelegten Erhebungsmerkmale im Grundprogramm sind:

– Alter;
– Geschlecht;
– Familienstand (Eheschließungsjahr seit 1991 freiwillig);
– Staatsangehörigkeit;
– Haushalts- und Familienzusammenhang;
– Wohnsitz, Haupt- und Nebenwohnsitz;
– Bei Ausländern: Zuzugsjahr, Familienangehörige im Ausland (seit 1991 freiwillig) seit 1991 im Zweijahresrhythmus;
– Fragen zur Bildung: Schulabschluss, Hochschulabschluss, praktische Berufsausbildung (seit 1991 freiwillig).

Als Hilfsmerkmale werden festgehalten:

– Vor- und Familienname aller Haushaltsmitglieder;
– Telefonnummer (seit 1991 freiwillig);

---

[18] Information zu den rechtlichen Grundlagen des Mikrozensus kann den nachstehend angeführten Bundesgesetzblättern und Publikationen entnommen werden: 16.3.1957 (BGBL I: 213)/21.12.1963 (BGBL I: 883)/23.4.1966 (Bundesanzeiger Nr. 77)/14.6.1969 (BGBL I: 686)/ 2.12.1971 (BGBL I: 2158). Das Mikrozensusgesetz wurde kraft Aussetzungsverordnungen vom 20.12.1983 (BGBL I: 1493) und vom 20.12.1984 (BGBL I: 1679) nicht zur Anwendung gebracht.

[19] Einen Überblick über das gesamte Grundprogamm findet man in Herberger (1985: 22). Eine Zusammenfassung der Diskussion sowie einen Überblick über die wesentlichen Empfehlungen, die zum Teil auch bei der Neufassung des Mikrozensusgesetzes v. 1985 berücksichtigt wurden, findet der interessierte Leser in Esser et al. (1989).

[20] Mikrozensusgesetz vom 10.6.1985 veröffentlicht im BGBL I: 955

- Straße, Hausnummer, Lage der Wohnung im Gebäude;
- Vor- und Familienname des Wohnungsinhabers;
- Name der Arbeitsstätte.

Ein Überblick über die im Mikrozensus erhobenen Merkmale, gegliedert nach Zugehörigkeit zum Grund- oder Zusatzprogramm, findet sich in Veröffentlichungen des Statistischen Bundesamtes und auch in mehreren Veröffentlichungen der Abteilung Mikrodaten (ZUMA). Im Jahr 1991 wurde erstmals ein gesamtdeutscher Mikrozensus durchgeführt. Damit steht nun auch für die neuen Bundesländer umfassendes Datenmaterial zur Verfügung. Insgesamt wurden bei dieser Erhebung 801.520 Personen in 352.560 Haushalten befragt.

Datenqualität

Grundsätzlich ist auch hier, wie bei allen Stichprobenbefragungen, zu unterscheiden zwischen Zufallsfehlern und systematischen Fehlern. Während die Größe des Zufallsfehler statistisch kalkulierbar ist,[21] erweist sich die Ermesssung der potenziellen systematischen Fehlerquellen als ein wesentlich komplexeres Unterfangen, worauf hier aus Platzgründen nicht eingegangen werden kann.

10.1.3 Register- und Verwaltungsdaten

Zuständig für die Registrierung der Bevölkerungsbewegung sind die Standesämter (natürliche Bevölkerungsbewegung), und die Einwohnermeldeämter (Wanderungen). Die Standesämter erfassen nach dem Personenstandsgesetz[22] in monatlicher, vierteljährlicher und jährlicher Periodizität Geburten, Sterbefälle, Eheschließungen und Ehescheidungen. Wanderungen, d. h. Binnen- und Außenwanderungen, werden von den jeweiligen Meldeämtern auf Grundlage des Melderechtsrahmengesetzes (MRRG)[23] in der gleichen Periodizität erfasst.[24] Diese Daten dienen zugleich mit den Zahlen der Volkszählung und den jährlichen Ergebnissen des Mikrozensus als Eckwerte der monatlichen Fortschreibung der Bevölkerung.[25]

Für die demographische Analyse interessant sein dürften auch die Zahlen der Ausländer- und Einbürgerungsstatistik, Gesundheitsstatistik, Bildungsstatistik sowie eine Analyse der Erwerbstätigkeit.

---

[21] In Herberger (1985: 29-32)
[22] Personenstandsgesetz i.d.F. vom 8.8.1957 (BGBL I: 1125/III Nr. 211-1 mit späteren Änderungen)
[23] Melderechtsrahmengesetz vom 16.8.1980 (BGBL I: 1429)
[24] Beide Gesetze, sowohl das Personenstandsgesetz als auch das Melderechtsrahmengesetz, sind als Rahmengesetze vom Bund für die einzelnen Länder vorgegeben, die diese per Verordnung ausführen.
[25] Gesetz über die Statistik der Bevölkerungsbewegung und die Fortschreibung des Bevölkerungsstandes 14.3.1980 (BGBL I: 2078).

10.1.3.1 Die natürliche Bevölkerungsbewegung

In der Bundesrepublik Deutschland ist die Erfassung von Eheschließungen, Ehescheidungen, Geburten- und Sterbefällen gesetzlich geregelt und daher sehr genau. Neben den bereits erwähnten Gesetzen sind an dieser Stelle noch ergänzend das Bürgerliche Gesetzbuch (BGB), das Reichs- und Staatsangehörigkeitsgesetz und das Konsulargesetz zu nennen.

Erhebungsgrundlagen sind Zählkarten, die von dem Standesbeamten ausgefüllt werden, der den Personenstandsfall beurkundet. Zuständig ist der Beamte, vor dem eine Ehe[26] geschlossen wird, in dessen Bezirk ein Kind geboren wird, oder ein Todesfall eintritt. Fehlbildungen, die bei der Geburt oder innerhalb von drei Tagen nach der Geburt erkannt werden, sind vom Arzt oder von der Hebamme zu melden. Die Erfassung der gerichtlichen Ehelösungen[27] wird von der Geschäftsstelle des Familiengerichts auf Grund der Gerichtsakten ebenfalls mittels Zählkarten ermittelt.

a) Geburten

Geborene müssen stets binnen einer Woche dem Standesamt angezeigt werden, in dessen Bezirk das Kind zur Welt kam.[28] Totgeborene oder nach der Geburt verstorbene Kinder sind spätestens am folgenden Werktag[29] zu melden. Dabei werden die Neugeborenen dem Wohnort der Mutter zugeordnet. Die Unterscheidung zwischen ehelich und nicht ehelich wird durch Vorschriften des Bürgerlichen Gesetzbuches[30] geregelt. Die Unterscheidung zwischen Tot- und Lebendgeburt wird durch die „Verordnung zur Ausführung des Personenstandsgesetzes" geregelt. Demnach sind Kinder, bei denen nach der Scheidung vom Mutterleib entweder das Herz geschlagen oder die Nabelschnur pulsiert oder die natürliche Lungenatmung eingesetzt hat, Lebendgeborene[31]. Bis Ende 1957 galten Kinder dann als Lebendgeborene, wenn die natürliche Lungenatmung eingesetzt hatte. Dass diese erweiterte Definition zu Brüchen in den Zeitreihen führte, sei an dieser Stelle nur am Rande vermerkt. Totgeboren sind demnach Kinder, bei denen sich keines der genannten Lebenszeichen feststellen ließ, deren Geburtsgewicht jedoch mindestens 1.000g betrug. Letztgenannte werden in den Personenstandsbüchern (Geburtenbuch, Familienbuch) nicht beurkundet. Bis zum 30. Juni 1979 galten solche Kinder als Totgeborene, unabhängig vom Geburtsgewicht, wenn sie eine Körperlänge von 35 cm aufwiesen. Fehlgeburten sind Kinder, die nicht den genannten Maßzahlen entsprechen. Totgeborene werden ins Sterbebuch eingetragen, zählen jedoch in der Statistik als Geborene und sind somit in

---

26 Ehegesetz vom 20.2.1946 mit späteren Änderungen.
27 Ehegesetz, ab 1. Juli 1977, Erstes Gesetz zur Reform des Familien- und Eherechts (1. EheRG) vom 14.7.1976 (BGBL I: 1421).
28 PStG (Personenstandsgesetz), §16
29 PStG, §24
30 BGB, §§1591 ff., die Bezeichnung „nicht-ehelich" wurde aufgrund des Gesetzes über die rechtliche Stellung der nicht-ehelichen Kinder vom 19.8.1969 anstelle der bisherigen Bezeichnung „unehelich" eingeführt. Ein Kind, das nach Eingehen der Ehe oder bis zu 302 Tagen nach der Auflösung der Ehe geboren wird, gilt, unbeachtet der Möglichkeit einer späteren Anfechtung der Ehelichkeit, als ehelich.
31 PStG, §29.

der Sterbestatistik nicht enthalten, was zu einer gewissen Untererfassung der Sterbefälle führt. Folgende Merkmale werden bei der Geburt eines Kindes festgehalten:[32]

– Wohngemeinde der Mutter, Legitimität, Datum und Gemeinde der Geburt, Vor- und Zuname des Kindes, Lebend/Totgeboren, Geschlecht, Einzel/Mehrlingsgeburt,

Bei ehelicher Geburt zusätzlich:

– Datum der Eheschließung der Eltern, wie vieltes Kind der Ehe (einschließlich Legitimierte und Totgeborene), davon Lebendgeborene, Staatsangehörigkeit der Eltern (bzw. Mutter), Religionszugehörigkeit der Eltern (bzw. Mutter), Geburtsdaten vorangegangener Kinder, Erwerbstätigkeit der Mutter (ja/nein).

b) Todesfälle

Nur im Berichtszeitraum Verstorbene werden als Todesfälle registriert. Totgeborene, nachträglich beurkundete Kriegssterbefälle und gerichtliche Todeserklärungen werden eigens ausgewiesen.[33] Todesfälle sind spätestens am folgenden Werktag bei dem Standesbeamten anzuzeigen, in dessen Bezirk der Tod eintrat, der, etwa bei Unfällen oder Tod im Krankenhaus, nicht der des Wohnortes sein muss. Auf normierten Zählkarten werden als Merkmale festgehalten:[34]

– Vor- und Familienname, Beruf, Wohnort, Geburtsdatum, Religionszugehörigkeit (freiwillig), Familienstand, Vor- und Familienname des Ehegatten, Ort, Tag und Stunde des Todes, Vor- und Familienname des Anzeigenden, Beruf, Wohnort.

Die Todesursachenstatistik wird im Rahmen der Gesundheitsstatistik geführt. Auch in der Praxis der Bundesrepublik Deutschland werden diese nach der jeweils aktuellen Revision der International Classification of Diseases (ICD) der WHO geführt.[35] Grundlage dafür ist der Leichenschauschein, der neben den üblichen demographischen Merkmalen die Todesart und auch die Todesursache festhält. Diese Angaben werden vom Landesverwaltungsamt aus der Todesbescheinigung in die Sterbefallzählkarten übertragen.[36] Neben den bereits dargelegten Merkmalen, die im Leichenschauschein erfasst werden, werden bei Sterbefällen von Säuglingen zusätzlich als Merkmale festgehalten: Geburtsort, Gewicht und Größe, Mehrlingsgeburt.

c) Familienstandsänderungen

Eheschließungen werden nach dem Registerort ausgezählt. Grundsätzlich werden sowohl Deutsche als auch Ausländer, die im Bundesgebiet heiraten, erfasst. Eine Ausnahme bilden lediglich die Fälle, in denen beide Ehepartner Mitglieder von im

---

[32] PStG, §21.
[33] Statistisches Bundesamt (1981)
[34] PStG, §37
[35] Vgl. dazu das Kap. „Gesundheitsstatistik".
[36] Vgl. dazu auch Statistisches Bundesamt (1988: 733).

Bundesgebiet stationierten ausländischen Streitkräften sind.[37] Für die Erfassung von Eheschließungen dienen amtliche Zählkarten, die von dem Standesbeamten, vor dem die Ehe geschlossen wird, nach den folgenden Merkmalen geführt werden:

− Vor- und Familienname beider Partner vor der Eheschließung, Geburtsdatum, bisheriger Familienstand, Religionszugehörigkeit, Staatsangehörigkeit (bei Ausländern: Mitglied ausländischer Streitkräfte), gemeinsame voreheliche Kinder nach Geschlecht und Geburtsdatum.

Im Falle einer Scheidung werden folgende Merkmale auf der sog. „Zählkarte für rechtskräftige Urteile" erfasst:

− Entscheidung des Gerichts in der Ehesache (Scheidung, Aufhebung, Nichtigkeitserklärung usw.);
− Seite, von der das Eheverfahren betrieben wurde (Staatsanwalt, von Mann/von Frau mit/ohne Zustimmung des Partners, von beiden);
− Zahl der lebenden gemeinsamen Kinder unter 18 Jahren;
− Tag der Rechtskraft des Urteils;
− Zur Bestimmung des Gerichtsstandes maßgeblicher Wohnsitz der Ehegatten;
− Staatsangehörigkeit;
− Religionszugehörigkeit.

Wegen der unterschiedlichen Länge der Monate, Vierteljahre und Halbjahre werden all diese Zahlen der natürlichen Bevölkerungsbewegung auf die Einheit „Jahr" umgerechnet. Handelt es sich im Berichtsjahr um ein Schaltjahr, so muss zu Vergleichszwecken mit einem Normaljahr eine Umrechnung vorgenommen werden.[38]

10.1.3.2 Wanderungen

Seit dem Jahr 1950 wird die Wanderungsstatistik einheitlich für das gesamte Bundesgebiet über die Grenzen des Bundesgebietes (Außenwanderung) und für die räumliche Mobilität innerhalb der Landesgrenzen (Binnenwanderung) geführt.[39] Wanderungen werden von den jeweiligen Meldebehörden mit den auf Grundlage des jeweiligen Landesgesetzes vorgegebenen An- und Abmeldescheinen registriert. Wanderungen über die Grenzen der Bundesrepublik[40] werden über An- und Abmeldescheine erfasst. Bei Binnenwanderungen liegen oft nur die Anmeldescheine vor, da die Abmeldung häufig vergessen wird. Für den Umzug in eine Nachbarwohnung ist kein Abmeldeschein erforderlich, sondern lediglich eine Anmeldung. Gar keine Anmeldescheine fallen bei der Rückkehr in die beibehaltene frühere Woh-

---

37 Gesetz über die Statistik der Bevölkerungsfortschreibung.
38 Statistisches Bundesamt (1987).
39 Als Außenwanderung werden die Zu- und Fortzüge über die Grenzen der Bundesrepublik ermittelt, dazu gehörten auch die Wanderungen zwischen dem Bundesgebiet und der Deutschen Demokratischen Republik sowie Berlin (Ost) sowie das Ausland (ab 1957 einschließlich Ostgebiete des dt. Reiches).
40 S. Statistik der Bundesrepublik Deutschland (1975).

nung an. In diesen Fällen muss dann auf die früheren Anmeldescheine zurückgegriffen werden. Dieses Registrierverfahren zieht bei jedem Wanderungsfall nur ein Formular zur Auswertung heran. Dies gewährleistet keine lückenlose Erfassung, was zu vielfältigen Ungenauigkeiten in der Bevölkerungsfortschreibung führt. Das Meldegesetz legt genau fest, welche Angaben im Melderegister gespeichert werden dürfen.[41]

- Familienname;
- Vorname;
- Frühere Namen;
- Akademische Grade;
- Ordensname/Künstlername;
- Tag und Ort der Geburt;
- Geschlecht;
- Erwerbstätig (ja/nein).

10.1.3.3 Erfassung von Ausländern

Alle Personen, die nicht Deutsche im Sinne des Art. 116 Absatz 1 Grundgesetz sind, sind Ausländer. Dazu zählen auch Staatenlosen und Personen mit ungeklärter Staatsangehörigkeit. Deutsche, die zugleich eine fremde Staatsangehörigkeit haben, sind keine Ausländer. Eine wesentliche Quelle zu den in der Bundesrepublik Deutschland ansässigen Ausländer ist die seit 1973 zumeist jährliche Auszählung des Ausländerzentralregisters (AZR) durch das Statistische Bundesamt[42].

10.1.3.4 Gesundheitsstatistik

Grundsätzlich ist bei Daten zur Gesundheitsstatistik zu unterscheiden zwischen solchen, die über den Gesundheitszustand der Bevölkerung Auskunft geben und solchen, die Informationen zur medizinischen Versorgung liefern. Letztere, wie Krankenhausstatistik und Statistik der Berufe des Gesundheitswesens, sollen an dieser Stelle nur der Vollständigkeit halber erwähnt werden. Für demographische Analysen interessant sind dagegen Erhebungen zur ersten Kategorie, wozu die Statistiken der der meldepflichtigen Krankheiten zählen.

Schwangerschaftsabbrüche, die auf Grund des §218 StGB vorgenommen werden, müssen nach den folgenden Merkmalen direkt an das Statistische Bundesamt gemeldet werden: Alter/Geschlecht/Familienstand der Mutter, Indikation, Dauer der abgebrochenen Schwangerschaft, Komplikationen. Diese Zahlen werden jährlich vom Statistischen Bundesamt veröffentlicht. Die Klassifikation der Krankheiten erfolgt, internationalem Reglement entsprechend, ab dem Jahr 2000 nach der Version 10 der ICD, der internationalen Klassifikation der Krankheiten, Verletzungen und Todesur-

---

[41] MRRG (Melderechtsrahmengesetz) vom 16.8.1980, §2
[42] Dem interessierten Leser sei zur Lektüre besonders die vom Statistischen Bundesamt herausgegebene Reihe „Wirtschaft und Statistik", insbesondere (1989: 599 ff.) und (1988: 323) empfohlen.

sachen[43], vorher nach der 9. Version. Die 10. Version wird in der Todesursachenstatistik bereits ab 1998 eingesetzt. Diese Standardklassifikation lässt internationale Vergleiche von Krankheitsfällen und Todesursachen[44] zu. Weitere Auskünfte erhält der interessierte Wissenschaftler aus der Krankheitsartenstatistik der gesetzlichen Krankenversicherungen. Auch aus Mikrozensen[45] sind Gesundheitsdaten verfügbar.

10.1.3.5 Bildungsstatistik

Seit Mitte der 70er-Jahre wird das Merkmal Bildung regelmäßig erfasst. In der Volkszählung 1970 wurden hierzu detaillierte Fragebatterien eingesetzt, die Zählung in 1987 erhob hier weniger umfangreich als in 1970.

Im Mikrozensus wird das Merkmal Bildung seit 1957, das Merkmal „Bildungsabschluss" seit 1976, im Standardprogramm wie als Themenschwerpunkt verschiedener Zusatzerhebungen erfasst. Leider wurden 1991 die Fragen zum Thema Bildung aus dem Standardprogramm herausgenommen und der freiwilligen Beantwortung mit geringerer Rücklaufquote anheim gestellt.[46] Mikrozensus Daten hierzu stehen nicht mehr wie früher zur Verfügung.

Die Bildungsstatistik[47] zeichnet den Aufbau des Bildungswesens nach:

- Statistik der allgemein bildenden und beruflichen Schulen;
- Berufsbildungsstatistik;
- Hochschulstatistik;
- Statistik der Weiterbildung.[48]

Weitere Informationen zur Bildung sind über die folgenden Institute zu beziehen:

- *Hochschulinformationssystem (HIS) in Hannover:* Diese vom Bund und Ländern getragene Einrichtung stellt vor allem planungsrelevante Informationen aus dem Hochschulbereich zur Verfügung.[49]
- *Bundesinstitut für Berufsbildung (BIBB):* Diese Einrichtung konzentriert ihre Analysen sowohl auf den Ausbildungs- und Berufsverlauf, als auch auf die Qualifikationsstruktur von Erwerbstätigen.

---

[43] Diese Tabelle der Klassifikationen wird vom Bundesministerium für Jugend, Familie, Frauen und Gesundheit von der WHO übernommen und veröffentlicht.
[44] Vgl. hierzu das Kap. „Todesfälle".
[45] Weitere Analysen zu Gesundheitsdaten aus dem Mikrozensus finden sich in der vom Statistischen Bundesamt herausgegebenen Reihe „Wirtschaft und Statistik" insbesondere in (1989: 104 ff.).
[46] Vgl. dazu auch das Kap. „Mikrozensus".
[47] Rechtliche Grundlagen sind die folgenden: Anordnung der Länder und Koordinierungsvereinbarungen zur Erstellung bundeseinheitlicher Ergebnisse für die Statistik der allgemeinbildenden Schulen und für die Statistik der beruflichen Schulen.
[48] Besteht jedoch noch nicht auf Bundesebene.
[49] Einzelne Studien: „HIS-Studienberechtigten-Panel", „Studienverlauf und Übergang ins Beschäftigungssystem von Hochschulabsolventen 1988/8. Weitere Informationen aus dem HIS finden sich in den einzelnen Jahresberichten des Zentrums.

- Ähnliche Analysen werden auch vom *Institut für Arbeitsmarkt- und Berufsforschung (IAB)* durchgeführt.

10.1.4 Synthesestatistiken

Als Synthesestatistiken sind solche zu verstehen, die aus mehreren Quellen zusammengeführt sind. Das sind im Bereich der Demographie die Erwerbstätigenstatistik, die Bevölkerungsbilanz und -fortschreibung, Sterbetafeln und Bevölkerungsszenarien, die vom Statistischen Bundesamt modelliert werden.

10.1.4.1 Erwerbstätigenstatistik

Grundsätzlich sind zwei Erfassungsprinzipien zu unterscheiden: Das Erwerbs- und das Beschäftigungskonzept. Das System der amtlichen Statistik berücksichtigt beide Konzepte, d. h. es erhebt sowohl Angaben, die sich direkt auf Personen (Familien, Haushalte) beziehen (Erwerbskonzept), als auch solche, die über Betriebe, als so genannte Beschäftigtenfälle (Beschäftigungskonzept) ermittelt werden.[50] . Auf Meldungen der Betriebe zur Kranken-, Renten- und Sozialversicherung der Beschäftigten beruht die Beschäftigungsstatistik, die seit 1973 geführt wird. Im weitesten Sinne werden auch die Arbeitsmarktstatistiken der Bundesanstalt für Arbeit zur Erwerbstätigenstatistik gezählt. Nicht zu vergessen ist, dass auch die Volkszählung wichtiges Material aus der Berufszählung beisteuert.

Im Rahmen des Mikrozensus werden derzeit jährlich die Stichprobe über Arbeitskräfte in den Europäischen Gemeinschaften (EG-Arbeitskräftestichprobe[51]) und die Repräsentativstatistik über die Bevölkerung und den Arbeitsmarkt (beide Erhebungen nach dem Erwerbstätigenkonzept) durchgeführt. Die in der Öffentlichkeit weitaus bekanntesten Daten sind wohl die der Arbeitsmarktstatistik der Bundesanstalt für Arbeit, die monatlich und vierteljährlich veröffentlicht werden.[52] Wichtiges Forschungsmaterial ist auch durch das Bundesinstitut für Arbeitsmarkt- und Berufsforschung der Bundesanstalt für Arbeit zu beziehen. Hier werden neben theoretischen und methodischen Grundlagen zur Arbeits- und Berufsanalyse auch Studien zu ausgewählten inhaltlichen Themen durchgeführt.[53]

---

[50] Aus Statistisches Bundesamt (1989: 14), detaillierte rechtliche Grundlagen können ebenfalls dieser Quelle entnommen werden.

[51] Die eigens von und für die EG konzipierte Stichprobe über Arbeitskräfte in den EG wird deshalb durchgeführt, da die nationalen Statistiken zumeist auf die spezifischen Bedürfnisse der einzelnen Staaten zugeschnitten sind und somit nicht im erforderlichen Maße homogenisiert werden können, um der EG für wietere Analysen auf internationaler Ebene nützlich zu sein.

[52] Aus Informationen über die Bundesstatistik (1989: 16), weitere Informationen finden sich im Institut für Arbeitsmarkt- und Berufsforschung der Bundesanstalt für Arbeit, Arbeitsmarktstatistik, (Literaturdokumentation), welche in regelmäßigen Abständen herausgegeben wird.

[53] Zu den Schwerpunktthemen des Instituts werden regelmäßig sogenannte „Materialien" publiziert, die über die jeweiligen Themenbereiche ausführlicher informieren.

10.1.4.2 Bevölkerungsbilanz und Fortschreibung

In der Bundesrepublik wird die Bevölkerung sowohl für die Bundesrepublik insgesamt als auch getrennt nach Deutschen und Ausländern von den Statistischen Landesämtern fortgeschrieben. Das Bundesergebnis wird durch Addition der Länderergebnisse ermittelt. Die Fortschreibung erfolgt in der Regel monatlich auf Basis der letzten Volkszählung unter Berücksichtigung der Zahlen zur natürlichen Bevölkerungsbewegung und der Wanderungen. Der größte Unsicherheitsfaktor hierbei sind die Wanderungsstatistiken.

10.1.4.3 Sterbetafeln

Zur Berechnung demographischer Kennziffern wird in der amtlichen Statistik auf die Wohnbevölkerung im melderechtlichen Sinne am Jahresanfang, zur Jahresmitte oder am Jahresende zurückgegriffen. Der Schwerpunkt der Analysen der amtlichen Statistik liegt in der Betrachtung von Querschnittsdaten, zumal es bislang keine von amtlicher Seite durchgeführten Panelstudien gibt. Für Sterbetafeln gilt, dass es sich hierbei grundsätzlich um Periodentafeln handelt. Für die Bundesrepublik Deutschland wurde nach Kriegsende die erste allgemeine Sterbetafel für das Jahr 1949/51 berechnet. Weitere allgemeine Sterbetafeln wurden jeweils in kurzem Abstand zur jeweiligen Volkszählung berechnet. Die neueste Sterbetafel (1986/88) konnte erst nach 16(!) Jahren die Alte aktualisieren, da, wie bereits dargelegt, die nächste (und bislang letzte) Volkszählung erst verspätet im Jahr 1987 stattgefunden hat. Mit der Führung von abgekürzten Sterbetafeln wurde in der Bundesrepublik 1957/58 begonnen. Bis 1960/62 wurden sie im Abstand von zwei Jahren berechnet, seitdem in der Regel nach drei Jahren neu erstellt.

10.1.4.4 Bevölkerungsszenarien

Das statistische Bundesamt hat, neben den breit dargelegten Funktionen auch die Aufgabe, Modellrechnungen zur Bevölkerungsentwicklung zu erstellen.

Die jüngste Prognose wurde im Juni 1988 auf Basis des Bevölkerungsbestandes am 31.12.1986 bis zum Jahr 2030 in Einzeljahresabständen erstellt. Die Entwicklung der Gesamtbevölkerung wird für Deutsche und Ausländer nach unterschiedlichen Modellannahmen in Fünfjahresaltersgruppen und nach dem Geschlecht geschätzt.

10.1.5 Datenschutz – Datenweitergabe

10.1.5.1 Datenschutz contra Wissenschaft?

Hintergrund der Diskussion um den Datenschutz und die Weitergabe von Individualdaten zwischen Wissenschaft und Forschung einerseits und Datenschützern andererseits sind zwei im Grundgesetz verankerte Grundrechte. Die Seite der Wissenschaft bezieht sich auf die in Artikel 5, Abs. 3, GG garantierte „Freiheit der Forschung". Demgegenüber steht das ebenfalls im Grundgesetz geschützte Grundrecht des Einzelnen auf informationelle Selbstbestimmung.

Die Wissenschaft verlangt „staatliches Handeln, genauer gesagt: staatliche Leistungen, die ihrer Grundrechtausübung zugute kommen".[54] Das Hauptargument der Forscher lautet, dass man in der Wissenschaft zwar Interesse an Individualdaten habe, nicht jedoch am einzelnen Individuum. Zur wissenschaftlichen Analyse seien Individualdaten zwar als Input notwendig, in den seltensten Fällen würden diese als Output veröffentlicht werden. Weitere Argumente, die für die Weitergabe von Individualdaten an Wissenschaft und Forschung sprechen, seien im Folgenden kurz skizziert:

- Die amtliche Statistik kann nur in begrenztem Umfang das vorhandene Datenmaterial auswerten, da verwaltungsbezogene Interessen im Vordergrund stehen;
- Die Befragten werden unnötig belastet, wenn umfangreiches Datenmaterial nicht entsprechend verwendet werden kann (so kann z. B. der Mikrozensus auf Grund restriktiver Weitergabemodi und der Nichtverknüpfung der Daten aus den einzelnen Wellen von Wissenschaftlern nicht erschöpfend analysiert werden);
- Zunehmender Bedarf der Wissenschaft nach multivariaten Auswertungen, der mit aggregierten Daten nicht gedeckt werden kann;
- Anonymisierte Daten liefern nicht immer eindeutige Ergebnisse. So kann etwa bei Panelanalysen nicht mehr unterschieden werden, ob eine zeitliche Veränderung als tatsächliche Veränderung zu verstehen ist, oder einfach auf die Datenmodifikationen (etwa die Überlagerung mit Zufallszahlen als gängiges Verfahren der Anonymisierung) zurückzuführen ist.[55]

Die Auseinandersetzung fand ihren Höhepunkt in der Diskussion um das 1983 verabschiedete Volkszählungsgesetz. Streitpunkte waren der im Gesetz vorgesehene Melderegisterabgleich und der Vermittlungsregeln für die Weitergabe von Individualdaten an Gemeinden, Landesbehörden und Bundesbehörden.[56]

10.1.6 Quellenführer

10.1.6.1 Allgemein zugängliche Quellen

Neben der Darlegung der Zugriffsmöglichkeiten auf amtliche demographische Daten dürfte es für viele Bereiche in Wissenschaft und Forschung zunächst einmal wichtig sein, sich einen umfassenden Überblick über die allgemeinen Informationsquellen zur amtlichen Statistik zu verschaffen. Deshalb soll im Folgenden eine kurze

---

[54] Bull, Dammann (1986: 215)
[55] Zu weiteren Diskussionsbeiträgen s. Statistisches Bundesamt (1985); Bull und Dammann (1982: 213 ff.); Lennartz (1988: 132 ff.); Blien und Papastefanou (1988: 935 ff.); Krupp und Preissl (1989: 121).
[56] Weitere Information zum Volkszählungsurteil und zum Thema „Anonymisierung-Deanonymisierung" ist den folgenden Quellen zu entnehmen: BVerf. GE 65 vom 13.12.1983 (1 ff.); Krupp und Preissl (1989: 125); s. auch Paaß und Wauschkuhn (1985); Müller et al. (1991); Müller und Hausser (1987).

Darstellung der wesentlichsten Veröffentlichungen des statistischen Bundesamtes zum Thema Demographie erfolgen. Im Anschluss daran werden zwei Datenbanken mit Zugriff auf Daten der amtlichen Statistik vorgestellt. Zunächst ein Überblick über die Veröffentlichungen des Statistischen Bundesamtes:[57]: Zusammenfassende Veröffentlichungen; allgemeine Querschnittsveröffentlichungen; thematische Querschnittsveröffentlichungen; Veröffentlichungen zu Organisations- und Methodenfragen; Kurzbroschüren; Fachserien; systematische Verzeichnisse; Karten. Zunehmende Bedeutung gewinnen die diversen Veröffentlichungsrubriken unter der Internetadresse des Statistischen Bundesamtes http://www.statistik-bund.de.

10.1.6.2 Statis-Bund

Statis-Bund ist eine Ende der 70er-Jahre eingerichtete Datenbank des Statistischen Bundesamtes, zu deren Führung es gesetzlich verpflichtet ist.[58] Dieses Servicesystem soll in erster Linie den Mitarbeitern des Bundesamtes einen vereinfachten Zugriff auf vorhandenes Datenmaterial ermöglichen; aber auch, um auf Anfragen öffentlicher Einrichtungen, wie Ministerien, rasch reagieren zu können. Individuelle Nachfrager haben nur begrenzten Zugriff, da die Datenbank ausdrücklich nicht als Serviceeinrichtung für die Allgemeinheit angelegt wurde. Dennoch besteht für Wissenschaft und Forschung die Möglichkeit, einen Online Anschluss zu erhalten.[59] In eingeschränkter Form gibt es einen solchen frei unter der Internet Adresse des Statistischen Bundesamtes http://www.statistik-bund.de, und den Internet Adressen der Statistischen Landesämter – zum Beispiel http://www.statistik.baden-wuerttemberg.de.

10.1.6.3 Die Regionaldatenbank am Deutschen Jugendinstitut

Diese Datenbank kann als eine für das Bundesgebiet einmalige Serviceeinrichtung für die Nachfrage nach demographischen Daten bezeichnet werden, da neben dem eigentlichen Zahlenmaterial auch Informationen zur Rechtsgrundlage über die Herkunft der Daten übermittelt werden können.[60] Abschließend muss noch darauf hingewiesen werden, dass sich dieser Quellenführer ausschließlich auf die amtliche Statistik des Statistischen Bundesamtes bezieht. Die Landesämter haben eigene Systematiken, die größtenteils nicht kompatibel sind. Hinzu kommt die in der Praxis recht unterschiedliche Berichtspolitik der Länder.[61]

---

57 Einen weiteren Überblick über die Veröffentlichungen des Statistischen Bundesamtes findet der interessierte Leser in Statistisches Bundesamt, Veröffentlichungsverzeichnis, Stuttgart (erscheint jährlich).
58 BStatG vom 22.1.1987, §3 (1), 8, veröffentlicht im BGBL I: 462
59 Informationen zum Aufbau der Datenbank und Nutzungsmöglichkeiten findet man in Zindler (1980: 14 ff.), in der Reihe „Wirtschaft und Statistik" (1982: 347 ff.; 1984: 981); und in Schimpl-Neimanns (1989).
60 DJI (Bertram, H.) (1990)
61 An dieser Stelle soll auf die Familienwissenschaftliche Forschungsstelle im Statistischen Landesamt Baden-Württemberg hingewiesen werden, die regelmäßig Analysen auf Basis der amtlichen Statistik durchführt und in der Reihe „Materialien und Berichte" veröffentlicht (so z. B.: Grundzüge einer phasen-orientierten Familienstrukturbeobachtung auf Basis der amtlichen Statistik, in: Materialien und Berichte, 1990).

10.1.6.4 Die nicht amtliche Statistik

Hier wird ausschließlich auf solche Studien eingegangen, die auch umfangreiches demographisches Material erheben. Diese Bedingung erfüllen der ALLBUS (Allgemeine Bevölkerungsumfrage der Sozialwissenschaften), eine bundesweit repräsentative Querschnittsanalyse sowie zwei Längsschnittstudien: das Soziökonomische Panel (SOEP, eine Panelstudie mit mehreren Wellen) und die Lebensverlaufsstudie (retrospektive einmalige Befragung ausgewählter Geburtskohorten) des Sonderforschungsbereichs 3 (SFB 3) der Universitäten Frankfurt und Mannheim.

10.1.6.5 ALLBUS (Allgemeine Bevölkerungsumfrage)

Der ALLBUS wird seit 1980 im Abstand von zwei Jahren regelmäßig durchgeführt. Diese Studie erfasst sowohl aktuelle Entwicklungen als auch langfristige Trends. Grundsätzlich setzt sich jeder ALLBUS aus zwei Komplexen zusammen: einem konstanten Fragenprogramm und einem variablen Zusatzprogramm.[62]Das konstante Fragenprogramm[63] umfasst eine ältere Version der ZUMA Standarddemographie. Neuere Versionen der Standarddemographie wurden vom ALLBUS nicht übernommen, um die Vergleichbarkeit über verschiedene Zeitpunkte zu Gewähr leisten. Die ZUMA Standarddemographie enthält insgesamt mehr demographische Merkmale und erfasst diese detaillierter als es etwa in der amtlichen Statistik üblich ist.[64]

10.1.6.6 Soziökonomisches Panel (SOEP)

Das SOEP ist eine repräsentative Längsschnittuntersuchung, die vom Sonderforschungsbereich 3 „Mikroanalytische Grundlagen der Gesellschaftspolitik" der Universitäten Frankfurt und Mannheim in Zusammenarbeit mit dem Deutschen Institut für Wirtschaftsforschung (DIW) in Berlin seit 1984 jährlich durchgeführt wird.[65] Seit der Auflösung des SFB 3 1990 obliegt die Durchführung der Studie dem DIW in Berlin. Zielsetzung des SOEP ist die Erhebung und Bereitstellung von Daten für die Analyse demographischer Entwicklungen.

---

[62] Einen Überblick über das gesamte Fragenprogramm und dessen zeitliche Verteilung v. 1980-1990 bietet ein Paper der Abteilung Allbus bei ZUMA e.V.

[63] Generell enthält der Demographieteil des Allbus einen konstanten Block von Standardvariablen und einen Block, der speziell auf die jeweiligen Allbus-und ISSP-Themen zugeschnitten ist und somit von Umfrage zu Umfrage modifiziert wird.

[64] Zum methodischen Konzept des Allbus s. beispielsweise Braun et al. (1988: 34), sowie ausführliche Methodenberichte zu jeder durchgeführten Befragung. Hinweise zu weiterführender Literatur zum Thema „Allbus" findet man zusammengefaßt im ZUMA-Arbeitsbericht (1990).

[65] Die Konzeption des SOEP ist ausführlich nachzulesen bei Hanefeld (1982 und 1987). Eine Diskussion methodisch-analytischer Möglichkeiten und Probleme findet man in Ott (1991); Rendtal (1988).

10.1.6.7 Lebensverlaufsstudie

Bei der Lebensverlaufsstudie handelt es sich um ein Teilprojekt „Lebensverlauf und Wohlfahrtsentwicklung" des DFG Sonderforschungsbereichs 3 Mikroanalytische Grundlagen der Gesellschaftspolitik. Dieses Projekt hat sich zur Aufgabe gemacht, die Lebensverläufe von Männern und Frauen sozialhistorisch unterschiedlich verorteter Geburtskohorten nach mehreren Dimensionen zu untersuchen.[66]

10.2 Die Schweiz

In der Schweiz wird keine eigentliche demographische Forschungstradition gepflegt. Das ist sicherlich zum einen auf das mangelnde Interesse an diesem Thema vor allem in der öffentlichen Diskussion zurückzuführen, als auch auf das Prinzip des Föderalismus, das den einzelnen Kantonen in ihrer Verschiedenheit sehr große Freizügigkeiten, auch im Bereich der Datenerfassung, zugesteht. Welche Probleme und Schwierigkeiten, aber auch welche Vorzüge sich hieraus besonders für die Wissenschaft und Forschung ergeben, soll die vorliegende Analyse zeigen.

Zunächst wird kurz die Organisation der amtlichen Statistik vorgestellt, um dann auf die Erfassung von Primärdaten (Volkszählung, Mikrozensus) einzugehen, ehe die Sekundärstatistiken (Einwohnermelderegister u. Ä.) und die Erstellung von Synthesestatistiken (Erwerbstätigenstatistik u. Ä.) diskutiert wird. Im Anschluss daran werden die gesetzlichen Regelungen und deren praktische Handhabung bei der Datenweitergabe dargelegt. Abschließend wird ein Überblick über die wesentlichen Quellen und Zugriffsmöglichkeiten auf schweizer Daten vorgelegt.

10.2.1 Die Organisation der amtlichen Statistik – das Bundesamt für Statistik (BfS)

Das Bundesamt für Statistik zählt zu den Eidgenössischen Departementen des Inneren, wozu auch Ämter wie das Bundesamt für Gesundheitswesen oder das Bundesamt für Kultur gehören. Es ist in fünf Abteilungen gegliedert, die sich wiederum in Sektionen unterteilen. Die fünf Abteilungen sind die folgenden:

- Zentrale Dienste;
- Bevölkerung und Beschäftigung;
- Volkswirtschaft und Preise;
- Raumwirtschaft;
- Gesellschaft und Bildung.

Die für demographische Daten im Wesentlichen zuständige Abteilung „Bevölkerung und Beschäftigung" besteht aus den folgenden Sektionen:

---

66 Dokumentationsmaterial zur Lebensverlaufsstudie findet man veröffentlicht in KZfSS, Sonderheft (1990); Mayer (1989). Näheres zum Stichprobenverfahren findet sich in Wiedenbeck (1982: 21-34).

- Erwerbsleben;
- Bevölkerungs- und Haushaltsstruktur;
- Bevölkerungsentwicklung;
- Unternehmen und Beschäftigung;
- Gesundheit.

Die Haupttätigkeit dieser Abteilung besteht in der Erhebung, Verwaltung und Auswertung von Daten der Volks- und Betriebszählung, aber auch der Statistiken der natürlichen Bevölkerungsbewegung. Veröffentlicht werden die jeweiligen Statistiken von den zuständigen Ressorts. In der Schweiz gibt es keine statistischen Landesämter, die in ihrer Größe und in ihren Aufgaben denen in der Bundesrepublik Deutschland vergleichbar sind. Lediglich 16 der 26 Kantone und Halbkantone betreiben eigene statistische Ämter, die aber nur regional bezogene Aufgaben übernehmen.

10.2.2 Primärerhebungen

10.2.2.1 Volkszählungen

Als einzige Direkterhebung demographischer Daten mit historischer Tradition ist in der Schweiz die Volkszählung zu nennen, die seit 1798 regelmäßig durchgeführt wird. Zwischen 1798 und 1850 fanden keine nach einheitlichem Muster durchgeführten Erhebungen statt. Erst mit der Gründung des schweizer Bundesstaates im Jahr 1849 wurde durch den Bundesrat die Aufnahme einer von da an regelmäßig stattgefundenen Volkszählung angeordnet. Mit der Verabschiedung eines Bundesgesetzes (am 3.2.1860) wurden nur die rechtlichen Grundlagen für eine im 10-Jahresrhythmus (in den mit Null endenden Jahren) periodische Vollerhebung gelegt. Verschiebungen dieser Befragung gab es einzig in den Jahren 1890 (Vorverschiebung auf 1888) und 1940 (Verschiebung auf 1941). Die Volkszählung ist nach wie vor die wichtigste periodische Datenquelle zum Stand und zur Struktur der Bevölkerung, da es in der Schweiz keine regelmäßig stattfindenden Stichprobenerhebungen, etwa dem Mikrozensus in Deutschland oder in Österreich vergleichbar, gibt.

Organisation
Das gesamte Erhebungsgebiet ist in ca. 40.000 Zählkreise aufgeteilt. Die in der Regel aus je 60–80 Haushalten bestehenden Gebiete werden von freiwilligen Zählern betreut. Die Kontrolle der Vollständigkeit und Richtigkeit der Angaben obliegt:

- Den Zählern bereits vor Ort, wenn die Fragebögen unverschlossen ausgehändigt werden;
- Den Gemeinden, die befugt sind, fehlende Angaben nachträglich bei den Befragten einzuholen. Bis zur Volkszählung 1980 war es erlaubt, unvollständige Fragebögen aus Registerdaten zu ergänzen. Das wurde jedoch durch eine Ergänzung zum Volkszählungsgesetz 1988 für die Volkszählung 1990 ausdrücklich verboten (Einwegprinzip).

Die Erfassung, Aufbereitung und Anonymisierung der Daten erfolgt in der Schweiz zentral beim Bundesamt für Statistik. Einer der neuralgischen Punkte der amtlichen Statistik der Schweiz ist die Handhabung der Definitionen des Begriffs „Wohnbevölkerung". Sämtlichen Auswertungen zu Grunde gelegt wird der Wortlaut, der dem Zivilgesetzbuch[67] entnommen ist. Demnach ist bei Schweizern der Ort Wohnsitz, an dem der Heimatschein hinterlegt ist. Auf der Definition beruhen auch die Bevölkerungsfortschreibungen. Dieser Begriff umfasst also nur schweizer Bürger; da es aber Ziel der Volkszählung ist, alle im Land lebenden Personen zu erfassen, genügt der Begriff aus dem Zivilgesetzbuch diesen Ansprüchen nicht. Deshalb entschied man sich, die Wohnbevölkerung für die Volkszählung nach einem einheitlichen Konzept, dem „wirtschaftlichen Wohnsitz" auszuweisen.[68]

Datenqualität

Im Unterschied zu den Gepflogenheiten anderer Länder wurden in der Schweiz bislang keine nachträglichen Qualitätsprüfungen durchgeführt. Im Anschluss an die Volkszählung 1990 wurde 1991 erstmals eine nachträgliche Befragung bei einer kleineren Stichprobe von Haushalten und Personen durchgeführt. Vergleicht man die Ergebnisse der Volkszählungen mit denen anderer Datenquellen, so konnte eine gute Ausschöpfung der Grundgesamtheit und eine weitgehende Vollständigkeit bei der Erfassung soziodemographischer Merkmale erreicht werden.

10.2.2.2 Der Mikrozensus

Der schweizer Mikrozensus ist keine dem deutschen oder österreichischen Mikrozensus vergleichbare Stichprobenerhebung. Erst im Anschluss an die Volkszählung 1980 wurden erstmals konkrete Vorstellungen zur Einführung von landesweiten repräsentativen Stichprobenerhebungen vorgelegt. Die ursprüngliche Idee war, eine jeweils zusammenhängende Vierjahresserie zu erarbeiten. Die einmal im Jahr stattfindenden Befragungen sollten stets aus einem minimalen Grundprogramm und einem wechselnden Jahresthema bestehen.

Nach einer Vorerhebung (1984) wurde die erste Vierjahresserie für die Periode 1986–1989 per Verordnung[69] angesetzt. Die jeweiligen Spezialthemen wurden von den zuständigen Fachämtern inhaltlich entwickelt, analysiert und publiziert. Die Projektleitung, Durchführung und Auswertung des Grundprogrammes oblag dem Bundesamt für Statistik. Seit 1992 werden die Erhebungen nicht mehr zentral vom Bundesamt durchgeführt, sondern von den einzelnen Fachämtern, die auch für die Planung und Durchführung verantwortlich sind.

---

[67] Zivilgesetzbuch, Art. 23-26
[68] Zu den Erhebungsmerkmalen s. Haug (1985: 13-111); zu den rechtlichen Grundlagen s. Haug (1985: 25).
[69] Verordnung über Stichprobenerhebungen bei der Bevölkerung, SR 431.01

10.2.3 Register- und Verwaltungsdaten

Neben den durch direkte Befragung ermittelten Auskünften hat die Auswertung von Register- und Verwaltungsdaten ihre grundlegende Bedeutung, weil sie unabdingbar sind für die alljährliche Bevölkerungsfortschreibung.

Auf die Heterogenität der gesetzlichen Grundlagen in den Kantonen und Gemeinden wurde bereits mehrmals hingewiesen. Das schweizerische Zivilgesetzbuch verlangt lediglich die Erfassung von Minimalmerkmalen, wie Gemeindezugehörigkeit, Geschlecht, Nationalität und Zivilstand. Dagegen wird die Erfassung von Alters- und Berufsangaben in den einzelnen Gemeinden und Kantonen recht unterschiedlich gehandhabt. Deshalb weist die jährliche Fortschreibung den Bevölkerungsbestand lediglich nach den oben genannten Minimalangaben aus.

Allen statistischen Auswertungen liegt die Definition des Wohnsitzes im Sinne des schweizerischen Zivilgesetzbuches zu Grunde. Bei Geburten ist der Wohnsitz der Mutter maßgebend, während Ehen nach dem Wohnsitz des Ehemannes ausgewiesen werden. Seit 1984 werden Scheidungen am Wohnsitz bei Klageerhebung des klagenden Partners registriert[70]. Sterbefälle werden dem Wohnsitz des Verstorbenen zugeordnet. Bei dieser unterschiedlichen Zuordnung einzelner demographischer Ereignisse muss also ein Ereignis nicht an dem Ort registriert sein, an dem es geschah.

10.2.3.1 Die natürliche Bevölkerungsbewegung

Gemäß der Verordnung über die Statistik der natürlichen Bevölkerungsbewegung[71] sind die Zivilstandsämter angehalten, dem BfS die Meldungen wöchentlich oder monatlich zuzusenden. Jedes demographische Ereignis wird gesondert auf Meldekarten festgehalten, die anonym an das BfS weiter zuleiten sind. Die amtliche Statistik der Schweiz führt über folgende Ereignisse Buch:

– Geburten;
– Todesfälle;
– Heiraten;
– Scheidungen;
– Vaterschaftsanerkennungen;
– Adoptionen.

---

[70] Aus Haug (1985: 32)
[71] 25.3.1986, SR. 431.111

10.2.3.2 Wanderungen

Unter Wanderungen werden nur jene räumlichen Bevölkerungsbewegungen verstanden, die mit einem Wechsel des Hauptwohnsitzes einer Person über die Gemeindegrenzen hinweg verbunden sind. Das heißt, Umzüge innerhalb einer politischen Gemeinde werden nicht als Wanderungen gezählt.[72]

Wie bereits an anderer Stelle mehrmals erwähnt, gibt es in der Schweiz kein übergreifendes Reglement zur Erfassung demographischer Sachverhalte. So fehlen bis 1989 zuverlässige Daten zur Binnen- und zur Außenwanderung.[73] Eine Ausnahme bilden lediglich Städte und Gemeinden mit über 3.000 Einwohnern, die schon über einen längeren Zeitraum hinweg Daten, allerdings von ganz unterschiedlicher Qualität, sammeln.

Erst seit Mitte der 70er-Jahre liegen weitgehend vollständige Daten über Außenwanderungen vor, zu Binnenwanderungen sind erst seit den Achtzigerjahren für einige Gebiete valide Daten verfügbar. Für die früheren Jahre muss weitgehend mit Schätzungen gerechnet werden, die überwiegend mittels Bevölkerungsbilanzen zwischen den Volkszählungen ermittelt wurden. Seit 1970 sind auch in die Zensen Fragen nach dem Wohnsitz vor fünf Jahren aufgenommen worden, um weitere Informationen über Binnenwanderungen zur Hand zu haben. Im Jahr 1980 wurde erstmals eine Wanderungserhebung in den Kantonen und Gemeinden durchgeführt.

10.2.3.3 Erfassung von Ausländern

So paradox es klingen mag, in vielen Belangen ist man in der Schweiz über die im Land lebenden Ausländer besser informiert als über die eigenen Staatsbürger, da das Zentrale Ausländerregister (ZAR) das einzige automatisierte Einwohnerregister ist. Mit dessen Führung ist das Bundesamt für Ausländerfragen beauftragt, das die laufenden Meldungen von Fremdenpolizeibehörden, Einwohnerkontrollstellen, Zivilstands- und Arbeitsämtern der einzelnen Kantone und Gemeinden sowie des Bundesamtes für Polizeiwesen, des Delegierten für das Flüchtlingswesen sowie der zentralen Ausgleichsstelle der Alters- und Hinterbliebenenversicherung entgegennimmt. Gemäß dem Einwegprinzip dürfen auch hier keine Daten aus direkten Befragungen mit einfließen. Auswertungen der hier gespeicherten Daten werden sowohl vom Bundesamt für Ausländerfragen als auch vom BfS vorgenommen.[74]

---

[72] Aus Haug (1985: 88)
[73] Wesentlich detailliertere Daten liegen dagegen über die räumliche Mobilität von Ausländern vor – vgl. auch das Kap. „Erfassung von Ausländern".
[74] Zu den erhobenen Merkmalen s. Haug (1985: 35). Weiterführende Literatur ist beim Bundesamt für Ausländerfragen zu erhalten.

10.2.3.4 Gesundheitsstatistiken

Die Sektion Gesundheitswesen (GES) im BfS erstellt ausgewählte Statistiken zum Gesundheitszustand der Bevölkerung, zu krankheitsverursachenden Lebensgewohnheiten und Umwelteinflüssen sowie über Einrichtungen, personelle und finanzielle Mittel und Leistungen des Gesundheitswesen. Für demographische Fragestellungen dürften vor allem die an diesem Ort erstellten Todesursachenstatistiken von Bedeutung sein.

10.2.3.5 Bildungsstatistik

Statistiken zur Schul- und Berufsbildung sowie zu Hochschulen und zur Wissenschaft zählen zum Zuständigkeitsbereich der Abteilung Gesellschaft und Bildung des BfS. Die Sektion Schul- und Berufsbildung erfasst zusammen mit der Hochschulstatistik flächendeckend das gesamte institutionalisierte Bildungssystem der Schweiz, angefangen beim Kindergarten bis hin zur Berufs- und Hochschulbildung.

Die 26 kantonalen Datensätze, mit jeweils unterschiedlichem Schulsystem, werden nach einem gemeinsamen Klassifikationsschema zu einem gesamtschweizer Datensatz zusammengefasst.

10.2.4   Synthesestatistiken

10.2.4.1 Erwerbstätigenstatistik

Diese als Synthesestatistik angelegte Serie speist sich aus den folgenden Quellen: Volkszählung, Betriebszählung, Statistik des jährlichen Bevölkerungsstandes „ESPOP", Beschäftigungsindex, ZAR. Diese übermitteln ihre Angaben viertel- und halbjährlich gegliedert nach den folgenden Merkmalen:

- Sektor und Wirtschaftszweig;
- Heimat;
- Geschlecht.

Die wichtigste Quelle der schweizer Erwerbstätigenstatistik bildet bis heute die Volkszählung, da nämlich die Aufnahme bzw. Aufgabe einer Arbeitsstelle keiner Meldepflicht unterliegt, und auch keine weitere zentrale Erfassung von Erwerbstätigkeit und Arbeitslosigkeit erfolgt, wie sie von der Bundesanstalt für Arbeit und den Sozialversicherungsträgern in der Bundesrepublik Deutschland durchgeführt werden. So gibt es bis heute keine weiteren zuverlässigen Angaben zur Erwerbsbevölkerung zwischen den Volkszählungen als die oben vorgestellte Synthesestatistik, die jedoch erst 1980 eingeführt wurde. Zentrales Anliegen dieser Zahlenreihe ist es, Vergleichbarkeit zwischen hinsichtlich ihrer Grundgesamtheit, Befragtenkreisen und Erhebungszeitpunkten recht unterschiedlichen Konzepten und verschiedenen Datenquellen herzustellen. Aus diesem Grund ist man in der Schweiz nur sehr unzureichend über Strukturveränderungen und Entwicklungstendenzen der Erwerbsbevölkerung und Nichterwerbsbevölkerung informiert. Eine separate Arbeitslosenstatistik führt das Bundesamt für Industrie und Gewerbe, das Daten zu offenen Stellen und zu Kurzarbeit in eigenen Publikationen und Pressemitteilungen veröffentlicht.

10.2.4.2 Bevölkerungsbilanz und Fortschreibung

Die Berechnung der schweizer Wohnbevölkerung ist zentrales Anliegen der Eidgenössischen Statistik des jährlichen Bevölkerungsstandes (ESPOP).[75] Mit der Einführung der Wanderungsstatistik 1980 wurde die jährliche Berechnung der ständigen schweizer Wohnbevölkerung (seit 1970) nach Alter, Geschlecht, Zivilstand und Heimat möglich. In den Gemeinden wird jährlich nach den Merkmalen Heimat und Geschlecht ausgewiesen. Problematisch waren Fortschreibungen nach dem Alter, da diese bis 1990 ausschließlich auf Schätzungen beruhten.

Basisdaten der Fortschreibung sind die Ergebnisse der jeweils letzten Volkszählung. Die Angaben zur Fortschreibung werden den folgenden Registern entnommen:

- ZAR;
- Statistiken der natürlichen Bevölkerungsbewegung;
- Wanderungsstatistik;
- Funktionärsstatistik des Departements für auswärtige Angelegenheiten;
- Einbürgerungsstatistik.

Serien:

- Zivilstand, Alter, Geschlecht und Heimat (Schweizer/Ausländer);
- Gemeinde, Geschlecht und Heimat (Schweizer/Ausländer);
- Kanton, Alter, Geschlecht und Heimat (Schweizer/Ausländer);
- Nationalität, Geschlecht;

Bearbeitungsrhythmus: jährlich, teils monatlich.[76]

Die aus diesen Dateien mit der Fortschreibungsmethode jährlich ermittelten Veränderungen aus Geburtenüberschuss und Wanderungssaldo ergeben wiederum die Basis für die Bevölkerungsbilanz des folgenden Jahres. Ausgewiesen wird dabei die „ständige Wohnbevölkerung", d. h. nur die Personen zählen, deren Wohnsitz in der Regel ganzjährig in der Schweiz liegt (melderechtlicher Wohnsitzbegriff).

Saisonarbeiter und Asylsuchende werden jedoch nicht zur ständigen Wohnbevölkerung gerechnet. Das bezeichnet auch den Unterschied zum ökonomischen Wohnsitzbegriff der Volkszählung und führt dazu, dass der Anfangsbestand, der auf den Volkszählungszahlen beruht, zum größten Teil geschätzt werden muss. Erst die Volkszählung 1990 zählt nach beiden Wohnsitzdefinitionen.

---

[75] Verordnung v. 5.11.1980, SR 431.113, aus Bundesamt für Statistik kurz erklärt (1990: 15)
[76] Bundesamt für Statistik kurz erklärt (1990: 15)

10.2.4.3 Sterbetafeln und demographische Indikatoren

Zur Berechnung demographischer Kennziffern wird üblicherweise die ständige Wohnbevölkerung im melderechtlichen Sinn am Jahresanfang, zur Jahresmitte oder zum Jahresende verwendet. Da es bislang auch in der Schweiz keine repräsentativen landesweiten Panelerhebungen gibt, arbeitet die amtliche Statistik nahezu ausschließlich mit Querschnittsdaten. Zur Bestimmung von Geburten-, Sterbe-, Scheidungs-, Heirats- und Wanderungsziffern sowie zur Bildung von Sterbetafeln werden die folgenden Datenquellen nach den ausgewiesenen Merkmalen herangezogen.

Quellen:

- Statistik des jährlichen Bevölkerungsstandes (ESPOP);
- Geburtenstatistik;
- Sterbestatistik;
- Heiratsstatistik;
- Scheidungsstatistik.

Merkmale:

- Geschlecht;
- Alter bei Tod, Heirat, Scheidung usw.;
- Todesursache;
- Zivilstand.

Bearbeitungsrhythmus: in der Regel alle zehn Jahre. Detaillierte Sterbetafeln werden stets mit den neuen Daten der aktuellen Volkszählung erstellt. Die älteste Sterbetafel datiert auf das Jahr 1881/88 und weist die periodische Überlebensordnung für Männer aus. Seit den 70er-Jahren werden auch abgekürzte Tafeln nach dem Geschlecht in Fünfjahresgruppen errechnet. Es handelt sich ausschliesslich um Periodentafeln.

10.2.4.4 Bevölkerungsszenarien

Als eine weitere Aufgabe des BfS kann die Modellierung von Bevölkerungsszenarien gesehen werden. Diesen Simulationen liegen folgende Daten zu Grunde:

- Statistik des jährlichen Bevölkerungsstandes;
- Volkszählung;
- ZAR.

10.2.5 Datenschutz

Bislang gibt es in der Schweiz weder ein Gesetz noch eine parlamentarische Kontrollinstanz, die zentral die Datenerhebung und deren Weitergabe kontrolliert. Somit gelten bis heute in den einzelnen Kantonen unterschiedliche Regelungen. In den Jahren 1983/84 gab es eine Initiative zur Einrichtung zentraler Instanzen. Der damals vorgelegte Entwurf eines Datenschutzgesetzes ist aber bis heute nicht verabschiedet und in Kraft gesetzt worden. Wichtig für die Wissenschaft ist jedoch in diesem Zusammenhang zu wissen, welche Daten man vom BfS erhalten kann. Um dies zu regeln, hat das BfS 1984 konkrete Verfahrensvorschriften[77] erlassen.

Diese Weisungen unterscheiden zwischen:

- Kategorien von Daten (1);
- Unterscheidung verschiedener Empfängergruppen (2);
- Formulierung von Weitergabeberechtigungen in verschiedenen Vertragstypen (3).

Zu (1) Kategorien von Daten:

a) *Direkte Personenkennzeichen*: z. B. Nummer der Rentenversicherung;
b) *Personendaten*: Einzeldaten natürlicher und juristischer Personen des privaten Rechts – von Null abweichende statistische Daten, die es erlauben mithilfe zusätzlicher Kenntnisse auf Personen zurückzuschliessen;
c) *Einzeldaten*: Merkmale einzelner natürlicher Personen und Haushalte aus statistischen Erhebungen;
d) *Statistische Daten*;
e) *Datensätze*.

Die angelegte Reihenfolge der Darstellung bildet gleichzeitig die Rangfolge ihrer Zugänglichkeit ab. Generell festzuhalten ist, dass direkte Personenkennzeichen grundsätzlich nicht weitergegeben werden um den dadurch möglich werdenden Zugang zu weiteren Daten, wie Name und Adresse u. Ä., zu verhindern. Folgende Empfängertypen, denen jeweils spezifische Vertragstypen zuzuordnen sind, werden unterschieden:

Typ A
Regionale statistische Ämter und die an statistischen Erhebungen mitwirkenden Institutionen.

Vertragstyp A
Dieser Vertragstypus wird bei der Lieferung von Personendaten an diese Ämter abgeschlossen, welche nur zu internen Auswertungen berechtigt sind. Untersagt ist die Weitergabe der Daten an Dritte. Dagegen besteht kein Einwand gegen die Veröffentlichung von Ergebnissen auf Aggregatebene.

Typ B
Übrige Empfänger in der Schweiz (u. a. Wissenschaftler und internationale Organisationen.

---

[77] Aus Zingg (1986)

Vertragstyp B
Vertragstyp B wird mit den Institutionen in der Schweiz abgeschlossen, die Personendaten für ihre Analysen benötigen. Die Abnehmer verpflichten sich:

– Die Daten nur für das konkret beschriebene Projekt zu verwenden;
– Die Daten nicht an Dritte weiterzugeben;
– Die Daten nach Beendigung des jeweiligen Forschungsprojektes zu löschen.

Typ C
Ausländische Stellen als Datenempfänger.

Vertragstyp C
Weitergabe anonymisierter Einzeldaten ans Ausland.

Vertragstyp C hat den Vorteil, dass diese Daten nicht gelöscht werden müssen und somit einem breiten Nutzerkreis zur Verfügung gestellt werden können. In der Schweiz wird auch in Zukunft Wert darauf gelegt, Zugang zu Individualdaten der Bevölkerungsstatistik zum Zwecke der Forschung zu Gewähr leisten (Statistikprinzip). Da man bislang keine negativen Erfahrungen, wie etwa Missbrauch von Daten, gemacht hat, soll sich nach Meinung der Experten auch in Zukunft daran nichts grundlegend ändern.

10.2.6 Quellenführer

10.2.6.1 Gedruckte Veröffentlichungen

Erste „Anlaufstelle" bei der Suche nach demographischen Daten in der Schweiz dürfte das *Statistische Jahrbuch* sein, das zu jedem Themenbereich Erläuterungen und kurze Kommentare enthält. Des Weiteren werden für alle Themengebiete die wichtigsten Kontaktstellen (Adressen und Telefonnummern) sowie ein kurzer Überblick über die Veröffentlichungen der jeweiligen Fachabteilungen publiziert. Wie das Statistische Jahrbuch, ist der überwiegende Teil amtlicher Veröffentlichungen zweisprachig (deutsch und französisch) abgefasst. Eine für das Gebiet der Schweiz wohl einmalige und vollständige Zusammenstellung von Quellen und Zugriffsmöglichkeiten auf demographische Daten, findet sich in Haag, (1991).

10.2.6.2 STATWEB Schweiz

Die Internet Adresse des Schweizer Bundesamtes für Statistik mit einem reichhaltigen Informationsangebot ist http://www.statistik.admin.ch. Einen breit angelegten online Zugang für die Öffentlichkeit bietet "STATWEB Schweiz" mit einer geringen Basisgebühr und datenmengenabhängigen Leistungsgebühren. Forschungseinrichtungen erhalten Preisnachlässe.

10.3 Österreich

Die Republik Österreich kann auf eine lange statistische Tradition zurückblicken, deren Anfang bereits auf vormerkantilistische Zeiten zurückzudatieren ist. Die lange Tradition der konstruktiven Zusammenarbeit von Verwaltungseinheiten der amtlichen Statistik mit Vertretern von Wissenschaft und Forschung mag wohl eines der Hauptargumente sein, dass bislang in Österreich auf bundesweit repräsentative Erhebungen nicht amtlicher Daten, verzichtet wurde.

10.3.1 Die Organisation der amtlichen Statistik

Österreichisches Statistisches Zentralamt (ÖSTZ) – Statistische Landesämter

Die übergeordnete Funktion des Österreichischen Statistischen Zentralamtes (ÖSTZ) ist ausdrücklich im Bundesstatistikgesetz festgelegt,[78] d. h. dieses Amt ist für sämtliche Aufgaben im Bereich der amtlichen Statistik auf Bundesebene zuständig. Die Einrichtung von Landesämtern in den einzelnen Bundesländern ist nicht gesetzlich festgelegt. Werden solche geführt, so beschränkt sich deren Tätigkeitsbereich ausschließlich auf Landesangelegenheiten, sie fungieren nicht als zentrale Erhebungsstellen bei bundesweiten amtlichen Befragungen wie in der Bundesrepublik Deutschland üblich. Derartige Erhebungen werden in Österreich zentral im Bundesamt vorbereitet, organisiert und auch aufbereitet. Aus datenschutzrechtlichen Gründen haben die Landesämter nur dann Zugang zu den Individualdaten, über die das Zentralamt verfügt, wenn das jeweilige Land über ein Landesstatistikgesetz verfügt.[79] Dagegen ist das ÖSTZ jederzeit berechtigt, Daten jeglicher Art für statistische Zwecke von den Landesämtern zu erhalten.[80]

10.3.2 Primärdaten

10.3.2.1 Volkszählungen

Seit nunmehr über einhundert Jahren werden auf dem Gebiet Österreichs Volkszählungen im eigentlich modernen Sinn durchgeführt. Insgesamt sind es zwölf ordentliche Zählungen (1869, 1880, 1890, 1900, 1910, 1923, 1934, 1951, 1961, 1971, 1981 und 1991) sowie eine „außerordentliche" im Jahr 1920, die die Eckdaten zu den Be-

---

[78] Rechtliche Grundlage hierfür ist der Paragraph 4, Absatz 1, BSTG (Bundesstatistikgesetz) 1965 „Die Besorgung der Bundesstatistik obliegt dem Österreichischen Statistischen Zentralamt". Es unterliegt der Dienstaufsicht des Bundeskanzleramtes (BSTG, §4, Abs. 3).
[79] Die rechtliche Abgrenzung der Kompetenzen des Bundes auf überregionale Themen (vgl. dazu BRG, Art. 10, Abs. 1, 2, 13, „... Statistik, soweit sie nicht nur den Interessen eines einzelnen Landes dient") ermöglicht es den Landesämtern dennoch, regionale Befragungen durchzuführen.
[80] DSG, §7 „... diese statistischen Zwecke sind jedoch nicht näher bestimmt...." Näheres zu den gesetzlichen Grundlagen, s. BGBL für die Republik Österreich Nr. 91 (1965: 619 ff.); Bundesgesetz zum 1. April 1965 über die Bundesstatistik 1965; mit einer Änderung vom 4.7.1990, BGBL (3085 ff.).

völkerungsständen und wichtige Strukturdaten liefern.[81] Darüber hinaus stehen auch Daten aus der vom Deutschen Reich im Jahr 1938 durchgeführten Zählung zur Verfügung.

Volkszählung 1981
Zur Volkszählung 1981 wurde eine Novelle zum Volkszählungsgesetz[82] verabschiedet. Diese Vorlage enthält wie die Vorgänger:

– Die Anordnung ordentlicher Volkszählungen an der Wende eines jeden Jahrzehnts;
– Die Definition des Zieles einer Volkszählung (Ermittlung der Zahl und des Aufbaus der Wohnbevölkerung);
– Zugelassene Fragen;
– Die Verpflichtung zur Auskunftserteilung;
– Die Geheimhaltungspflicht der mit der Volkszählung befassten Organe;
– Die Zweckbindung der Angaben an statistische Auswertungen.

Neu eingeführt wurden folgende Bestimmungen:

– Die eindeutige Regelung der Zuständigkeit des Österreichischen Statistischen Zentralamts für die Vorbereitung und Durchführung der Zählung;
– Die Bestimmung der Wohnbevölkerung nach dem Konzept des ordentlichen Wohnsitzes („de jure population"). Damit verbunden wurde die Einführung so genannter „Hörverfahren";[83]
– Die Verankerung der Entschädigung der Gemeinden;
– Die Regelung der Veröffentlichung der Ergebnisse.

Das Gesetz wurde als Rahmengesetz verabschiedet, zur konkreten Durchführung waren weitere gesetzliche Anordnungen notwendig. Die Feststellung der Wohnbevölkerung beruht nun nicht mehr auf der bislang gebräuchlichen Definition „ständig anwesende bzw. vorübergehend an- bzw. abwesende Personen". Der nun verwendete Begriff des „ordentlichen Wohnsitzes" ist wie folgt zu verstehen:

„Der ordentliche Wohnsitz (...) ist an dem Ort begründet, an dem sich die zu zählende Person in der erweislichen oder aus den Umständen hervorgehenden Absicht niedergelassen hat, ihn bis auf weiteres zum Mittelpunkt ihrer Lebensbeziehungen zu wählen (...). Personen, die behaupten, dass diese Voraussetzungen für sie an mehreren Orten zutreffen, haben anlässlich der Ausfüllung der Drucksorten anzugeben, welcher Wohnsitz als ordentlicher Wohnsitz gelten soll" (Volkszählungsgesetz 1980).

Diese Formulierung lässt eine gewisse Wahlmöglichkeit des Zählwohnsitzes offen. Diese Unschärfe erwies sich als eines der größten Probleme bei der Volkszäh-

---

[81] Jeweils verschiedene Gebietsstände des K.k. Österreich bis zur heutigen Republik.
[82] BGBL. Nr. 199, vom 16.4.1980
[83] Im Rahmen dieser Hörverfahren wurden vom Zentralamt von insgesamt 85 Gemeinden 53.348 Personen namhaft gemacht, die nach Meinung dieser Erhebungsbehörden den wahren Mittelpunkt der Lebensbeziehungen dort hätten, sich aber zu Unrecht in einer anderen Gemeinde haben zählen lassen.

lung 1981. So standen über 600.000 Personen mit mehreren Wohnsitzen vor der Frage, welcher ihrer Wohnsitze als der ordentliche Wohnsitz gelten sollte. Zur Klärung dieser Fragen wurde das Statistische Zentralamt verpflichtet. In Zweifelsfällen, wenn Gemeinden eine Person mit mehreren Wohnsitzen für sich reklamierten, waren die betroffenen Gemeinden zu hören. Wie in den vorangegangenen Zählungen war auch der Zensus von 1981 auf das Haushaltskonzept abgestimmt, wonach alle die Personen einen Haushalt bildeten, die zusammen wohnten und wirtschafteten. Nicht zum Haushalt zu zählende Gruppen waren:

- Personen, die sich vorübergehend in der Wohnung aufhielten;
- Untermieter, die selbstständig haushalteten und wirtschafteten.

Nicht gezählt wurden exterritoriale Personen (Personal ausländischer Vertretungen und internationaler Organisationen mit fremder Staatsangehörigkeit). Der Stichtag für die Zählung war der 12. Mai 1.00 Uhr morgens; das bedeutet, dass Personen, die vor diesem Zeitpunkt gestorben sind oder nach diesem Termin geboren wurden, nicht auszuweisen waren. Gefragt wurde nach den Merkmalen:

- Vollständige Adresse des Haushaltsvorstandes (getrennt von den anderen Erhebungsunterlagen);
- Name, Geschlecht, Geburtsdatum, Familienstand, Kinderzahl,[84] Religionsbekenntnis, Umgangssprache, Schulbildung, Berufsbildung, Beruf, Beschäftigung, Aufenthalt, Wohnsitz, Wohnsitz vor 5 Jahren.

Volkszählung 1991
Auch die Zählung vom 12. Mai 1991 basiert juristisch auf dem Volkszählungsgesetz von 1980.[85] Grundsätzlich ist festzuhalten, dass diese Zählung im Prinzip in der Konzeption und Durchführung der Erhebung des Jahres 1981 gleichzusetzen ist. Lediglich das Fragenprogramm weist einige Veränderungen auf:

- Nicht mehr erfasst wurde das Datum der ersten Eheschließung für Wiederverheiratete, Verwitwete und Geschiedene;
- Die Frage nach der Zahl der insgesamt geborenen Kinder (bei Frauen ab 16 Jahren) bezieht sich nun nicht mehr explizit auf die Lebendgeborenen;
- Weggefallen ist die Frage nach dem Nebenerwerb.

10.3.2.2 Mikrozensen

Der Mikrozensus wird seit 1967 auf der Basis einer 1% Stichprobe in vierteljährlichen Abständen (jeweils März, Juni, September und Dezember) auf dem Wege mündlicher Befragung durch Interviewer durchgeführt. Die Erhebung besteht aus

---

[84] Bei allen Frauen ab dem 16. Lebensjahr wurde die Gesamtzahl aller lebendgeborenen Kinder (sowie deren Geburtsdatum) erfragt – auch dann, wenn diese Kinder bereits woanders wohnten oder verstorben waren.
[85] In der Fassung der Novelle v. 28.2.1990 (BGBL. Nr. 149/1990)

zwei Teilen: dem auskunftspflichtigen Grundprogramm,[86] das demographische und berufsstatistische Merkmale erfasst und dem variablen Sonderprogramm mit freiwilliger Teilnahme. Gesetzlich beruhen die Erhebungen auf einer Verordnung vom Jahr 1967,[87] welche Stichproben über Arbeitskräfte, Wohnungen und deren Bewohner anordnet. Erhebungseinheiten sind Haushalte. Privathaushalte werden viermal jährlich persönlich kontaktiert, Anstaltshaushalte dagegen auf dem Postweg nur einmal im Jahr. Neben der Erhebungsperiodizität wurden auch die Erhebungsmerkmale für den Pflichtteil gesetzlich festgelegt.[88]

Die folgenden Merkmale wurden erfasst:

- Zahl der Bewohner einer Wohnung;
- Geschlecht;
- Familienstand;
- Alter;
- Stellung zum Haushaltsvorstand;
- Teilnahme am Erwerbsleben.

Bei Berufstätigen wurden zusätzlich folgende Variablen erfasst:

- Staatsbürgerschaft;
- Beruf;
- Stellung im Beruf;
- In Beschäftigung stehend/arbeitslos/Lehrstelle suchend;
- Geleistete Arbeitsstunden.

Auskunftspflichtig sind nach dieser Verordnung alle Haushaltsvorstände bzw. Anstaltsvorstände sowie alle in die Stichprobe gelangten Personen, die das 14. Lebensjahr vollendet haben. Wie in anderen Ländern, wird auch in Österreich die Verpflichtung zur Geheimhaltung von an der Erhebung beteiligter Personen gesetzlich festgelegt.

Für die Konzeption, Planung und Durchführung des Mikrozensus sowie für die Aufbereitung der Daten ist das Österreichische Statistische Zentralamt zuständig. Die Landesämter sind insofern an der Erhebung beteiligt, als sie für die Anwerbung und Schulung der Interviewer zuständig sind und die Aufsicht über die rechtzeitige und vollständige Lieferung der Erhebungsunterlagen an die Zentrale führen.

Die Stichprobe

Insgesamt werden ca. 30.000 Wohnungen des gesamtösterreichischen Wohnungsbestandes mittels einer 1% Stichprobe ermittelt. Das notwendige Adressenmaterial

---

[86] Eine zusammenfassende Darstellung der Fragen des Grundprogrammes findet man beispielsweise in Statistische Nachrichten (1984: 717).
[87] BGBL. Nr. 334/1967. Diese Verordnung war als Vorläufer für eine Gesetzesinitiative konzipiert; ein Mikrozensusgesetz gibt es aber bislang nicht in Österreich.
[88] Für das Sonderprogramm gibt es keine gesetzlichen Bestimmungen.

wird jeweils der letzten verfügbaren Häuser- und Wohnungszählung entnommen.[89] Ein Überblick über die thematischen Schwerpunkte des Sonderprogrammes ist zu finden in: Klein, K. Datenangebot im Ausland – Beispiel Österreich; in: 3. Wiesbadener Gespräch, Leben und Arbeiten 2000, Herausforderungen an den Mikrozensus (Hrsg. Statistisches Bundesamt Wiesbaden: S. 3).

10.3.3 Register- und Verwaltungsdaten

10.3.3.1 Natürliche Bevölkerungsbewegung

Zuständig für die Erfassung von Geburten, Sterbefällen und Eheschließungen sind die Standesämter, die diese Daten monatlich an das ÖSTZ weiterleiten. Rechtskräftige Ehescheidungen werden jährlich von den zuständigen Landes-, Kreis- und Bezirksgerichten gemeldet. Diese Zahlen beziehen sich ausschließlich auf Personen, die in Österreich ihren ordentlichen Wohnsitz haben.

a) Geburten

Neugeborene Kinder werden nicht nach dem Ereignisort (Geburtsort), sondern nach dem Wohnort der Mutter beim zuständigen Standesamt erfasst. Anzuzeigen ist eine Geburt innerhalb einer Woche.[90] Dabei werden folgende Merkmale festgehalten:

a) *Kind*
   Tag, Monat, Jahr, Stunde, Minute und Ort der Geburt, Staatsangehörigkeit;
b) *Vater*
   Familienname, Vorname, akad. Grad; Wohnanschrift; Religionszugehörigkeit; Eintragung der Geburt (Behörde und Nummer); Staatsangehörigkeit;
c) *Mutter*
   Familienname, Vorname, akad. Grad; Wohnanschrift; Religionszugehörigkeit; Tag und Ort der Geburt; Eintragung der Geburt (Behörde und Nummer); Familienstand zum Zeitpunkt der Geburt; Status des Kindes (ehelich/unehelich); Staatsangehörigkeit;
d) *Ehe der Eltern*
   Tag und Ort der Eheschließung; Auflösung/Nichtigkeitserklärung durch Scheidung/Aufhebung/Nichtigkeitserklärung/Tod des Vaters; Tag der Rechtskraft; Anzeigender: Familienname, Vorname, Wohnanschrift.

Des Weiteren wird erfasst:[91]

---

[89] Dieses dient auch gleichzeitig als Grundlage für die mit dem Mikrozensus verbundenen Hochrechnungen. Mehr Information zur Methodik und zu den theoretischen Grundlagen des Mikrozensus findet der interessierte Leser in Statistische Nachrichten (1974).
[90] PStG (Personenstandsgesetz), §18
[91] Diese Angaben sind der Personenstandsbehörde aufgrund des Hebammengesetzes 1963, BGBL Nr. 3, 1964, ausschließlich zur Übermittlung an des ÖSTZ bekanntzugeben (PStG, §38, Abs. 1).

- Geburtsgewicht/Körperlänge/Schwangerschaftsdauer/erkennbare Missbildungen;
- Wie vieltes Kind der Mutter;
- Wenn ehelich, wie vieltes Kind dieser Ehe;
- Datum der vorangegangenen Lebend- oder Totgeburt (Tag, Monat, Jahr);
- Beruf/Lebensunterhalt.

Seit 1984 wird nicht nur die Ordnungszahl der ehelich geborenen Kinder registriert, sondern auch die aller nicht ehelichen Kinder. Das erlaubt die Ordnungszahlen der ehelichen und auch der unehelich geborenen Kinder zu bestimmen. In regelmäßigen Abständen wird die Zahl der Lebendgeborenen nach:

- Monaten;
- Quartalen;
- Halbjahres/Jahresergebnissen ausgewiesen.[92]

b) Todesfälle

Sterbefälle müssen spätestens am folgenden Werktag am Ort des Ereignisses nach dem letzten Wohnort des Verstorbenen gemeldet werden.[93] Auf Basis der Auswertungen der Totenschaubefunde werden dabei die folgenden Merkmale festgehalten:

- Familienname, Vorname, akad. Grad;
- Geschlechtsname (Adel);
- Geschlecht;
- letzte Wohnanschrift;
- Religionszugehörigkeit;
- Tag und Ort der Geburt;
- Eintragung der Geburt (Behörde und Nummer);
- Tag, Monat, Jahr, Stunde, Minute und Ort des Todes;
- Familienstand zur Zeit des Todes;
- Familienname, Vornamen und Geburtsdatum des Ehegatten;
- Tag und Eintragung der Eheschließung;
- Staatsangehörigkeit des Verstorbenen;
- Familienname, Vornamen und Wohnanschrift des Anzeigenden.

Todesursache[94]

- Leiden, welches den Tod oder die zum Tode führenden Folgekrankheiten verursacht hat;
- Folgekrankheiten (nicht die Todesart);
- Andere Leiden zum Zeitpunkt des Todes;

---

[92] Wichtige Geburtsstatistiken liefert auch das in Fünfjahresabständen durchgeführte Mikrozensus-Zusatzprogramm (1976, 1981 u. 1986).
[93] PStG, §27
[94] Die Todesursache ist vom Leiter der Krankenanstalt, in der der Tod eingetreten ist, sonst vom Arzt, der die Totenschau vorgenommen hat, ausschließlich zur Übermittlung an das ÖSTZ bekanntzugeben.

- Genaue Einzelheiten bei gewaltsamen Todesfällen;
- Obduktion (ja/nein).

Die Todesursachenstatistik wird innerhalb der Gesundheitsstatistiken geführt.

c) Familienstandsänderungen

Eheschließungen werden stets nach dem Wohnort des Bräutigams ausgewiesen. Grundsätzlich werden sowohl Inländer als auch Ausländer, die in Österreich heiraten, erfasst. Folgende Daten werden von beiden Brautleuten bei der Eheschließung festgehalten:

- Eheschließungsdatum;
- Wohngemeinde;
- Wohnanschrift der Verlobten;
- Geburtsdaten;
- Geburtsland (Österreich/Ausland);
- Staatsangehörigkeit;
- Bisheriger Familienstand;
- Zahl der früheren Ehen;
- Zahl der gemeinsamen Kinder nach Geschlecht und Geburtenfolge.

Seit 1984 wird in Österreich eine Statistik der Legitimierungen der gemeinsamen Kinder der Brautleute geführt. Im Falle einer Scheidung, die nach dem letzten gemeinsamen Wohnort festgehalten wird, werden neben den standarddemographischen Angaben wie Name, Geburtsdatum und Beruf weitere Daten ausgewiesen:

- Ehedauer;
- Zahl der Kinder (und deren Alter) dieser Ehe;
- Scheidungsgrund;
- Einvernehmen;
- Auflösung der häuslichen Gemeinschaft;
- Träger des Verschuldens;
- Staatsangehörigkeit;
- Teilnahme am Erwerbsleben;
- Erwerbstätig;
- In Pension/Rente;
- Schüler/Student;
- Arbeitslos;
- Hausfrau ohne eigenes Einkommen.

10.3.3.2 Wanderungen

Bislang gibt es für die gesamte Republik Österreich keine bundesweit geltenden melderechtlichen Vorschriften, nur in einigen Städten und Gemeinden ist das Führen von Melderegistern gesetzlich verpflichtend.[95] Für die Analyse der Wanderungsbewegungen muss mangels einer bundesweit angelegten Wanderungsstatistik auf die verschiedensten Quellen zurückgegriffen werden, aus denen dann Schätzungen der jährlichen Wanderungssalden für Österreich und die Bundesländer ermittelt werden. Als wichtigste Datenlieferanten sind zu nennen:

- Lokale Wanderungsstatistiken (Wien und Vorarlberg);
- Einwohnerzählungen;
- Statistik der ausländischen Arbeitskräfte[96] und Arbeitslosen;
- Flüchtlingsstatistik;
- Wanderungsstatistik der Bundesrepublik Deutschland.[97]

10.3.3.3 Erfassung von Ausländern

Zur Erfassung der im Lande lebenden Ausländer wird in Österreich, im Gegensatz zur Bundesrepublik Deutschland und zur Schweiz, kein zentrales Register geführt. Um sich dennoch einen Überblick über die Zahl der im Lande lebenden nichtösterreichischen Staatsbürger verschaffen zu können, müssen verschiedene Quellen herangezogen werden. Wesentliche Komponenten hierfür sind die Statistiken zur Ausländerbeschäftigung und die österreichische Flüchtlingsstatistik, welche sämtliche Asylsuchenden im Land erfasst. Des Weiteren wird auch eine Statistik der Einbürgerungen geführt, die alle Personen, nach ihrer Nationalität gegliedert, erfasst, die die österreichische Staatsbürgerschaft erworben haben.

10.3.3.4 Gesundheitsstatistik

Zur Beschreibung des Gesundheitszustandes der Bevölkerung[98] stehen im Wesentlichen fünf amtliche Statistiken zur Verfügung:[99]

- Die amtliche Mortalitätsstatistik auf Basis der Auswertung der Totenschaubefunde;
- Die amtliche Morbiditätsstatistik auf Grund der Weiterverarbeitung der aus den Krankenanstalten gemeldeten Entlassungsdiagnosen;
- Die Daten des Österreichischen Krebsregisters im ÖSTZ;

---

[95] Differenzierte rechtliche Vorschriften gibt es bislang nur in Wien und Vorarlberg. Ein Entwurf eines Bundesgesetzes für das polizeiliche Meldewesen (2L.112.037/9-I/7/91) wurde am 28.8.91 vorgelegt.
[96] Vgl. dazu das Kap. „Erfassung von Ausländern".
[97] Statistische Nachrichten (1991: 567 ff.).
[98] Zugehörige Codes gemäß der ICC-Klassifikation (9. Revision)
[99] Statistische Nachrichten (1990: 780 ff.)

- Krankenstatistik des Hauptverbandes der Österreichischen Sozialversicherungsträger;[100]
- Mikrozensuserhebungen über den Gesundheitszustand der österreichischen Bevölkerung.[101]

Folgende Statistiken werden von der amtlichen Statistik ausgewiesen:

- Lebenserwartung;
- Krankenstandsfälle;
- Spitalaufenthalte (Krankenhausfrequenz nach Diagnosegruppen);
- Statistik der Todesursachen (Todesursachenatlas, Krebsatlas);
- Arbeitsunfälle;
- Gesundheitszustand der Schuljugend;
- Sterbefälle;
- Medizinischer Versorgungsgrad;
- Leistungskennzahlen der allgemeinen Krankenversicherung.

10.3.3.5 Bildungsstatistik

Die Veröffentlichungen von Daten der amtlichen Statistik zum Thema Bildung umfassen die gesamte Spannweite, angefangen bei vorschulischen Einrichtungen bis hin zu Absolventenzahlen der Hochschulen.[102] Grundsätzlich werden die Daten nach drei Kategorien ausgewiesen:[103]

a) *Kindertagesheime*
   Krippen für Kinder bis zu drei Jahren; Kindergarten für Kinder bis zum 6. Lebensjahr sowie Horte für die Betreuung schulpflichtiger Kinder.
b) *Schulen und Akademien*
   Die Daten zur österreichischen Schulstatistik erfassen alle öffentlichen und mit Öffentlichkeitsrecht ausgestatteten privaten Schulen und Akademien mit Stichtag 1.10. des laufenden Schuljahres.
c) *Hochschulen*
   Die österreichischen Hochschulen umfassen sowohl die Universitäten als auch die Kunsthochschulen des Landes. Veröffentlicht werden Zeitreihen und aktuelle Bestandsdaten über Studierende, Absolventen und Lehrpersonen an den Hochschulen.

---

100 Handbuch der Österreichischen Sozialversicherung (verschiedene Jahrgänge)
101 Als Ergänzung zu den übrigen Statistiken zu sehen; wird etwa alle zehn Jahre durchgeführt.
102 Eine Darstellung des gesamten österreichischen Schulsystems findet sich beispielsweise im Statistischen Handbuch Österreich (1990: 71); allgemeine Daten und Zeitreihen findet man beispielsweise in Heiler (1985: 757 ff.). Im Referat „Schule" des ÖSTZ liegen weitere Daten vor.
103 In Anlehnung an den Publikationsmodus im Statistischen Handbuch (1990). Diese Statistiken umfassen alle öffentlichen und privaten Einrichtungen des Vorschulwesens.

10.3.4 Synthesestatistiken

10.3.4.1 Erwerbstätigenstatistik

Der Zugang zu Daten zur Erwerbstätigkeit ist in Österreich über eine Reihe von unterschiedlichen Quellen möglich. Zum einen handelt es sich dabei um sekundärstatistisches Material aus den Akten verschiedener Behörden (Sozialversicherung, Arbeitsmarktverwaltung), zum anderen fallen in größeren Zeitabständen primärstatistische Daten aus den verschiedenen Erhebungen (Volkszählung, Mikrozensus, Arbeitsstättenzählungen, u. a.) an. Da diese Statistiken diese zu ganz unterschiedlichen Zwecken angelegt und geführt werden, sind sie nur teilweise kompatibel.

10.3.4.2 Bevölkerungsbilanz und Fortschreibung

Die Fortschreibung des Bevölkerungsbestandes basiert auch in Österreich auf den jeweils letzten Ergebnissen der Volkszählung. Sie berücksichtigt die seit dem eingetretenen Geburten- und Sterbefälle sowie Eheschließungen und Ehescheidungen. Die größte Unsicherheit dieser vom ÖSTZ angelegten Fortschreibung birgt die Komponente „Wanderungen". Wie bereits an anderer Stelle ausführlich diskutiert, beruht dieser Faktor ausschließlich auf Schätzungen für den Wanderungssaldo nach Alter, Familienstand und Geschlecht sowie einiger weniger Wanderungsstatistiken einzelner Bundesländer. Fortgeschrieben wird nach den Merkmalen Alter, Geschlecht, Staatsangehörigkeit (Inländer/Ausländer) sowohl für die einzelnen Bundesländer als auch für die gesamte Republik.

10.3.4.3 Sterbetafeln

Die frühesten Sterbetafeln für die Republik Österreich stammen aus dem Jahr 1870. Seit 1930/33 werden regelmäßig in etwa 10-Jahresabständen, in der Regel nach einer Volkszählung, Periodentafeln erstellt. Solche Tafeln liegen bereits für die Jahre 1930/33, 1949/51, 1960/61, 1970/72, 1980/82 und 1990/92 vor. Seit 1951 werden vom ÖSTZ mithilfe eines demographischen Indikatorenprogramms für jedes Kalenderjahr vollständige Sterbetafeln berechnet. Mit Ausnahme der von Feichtinger[104] berechneten Kohortentafeln gibt es für Österreich keine derartigen Tafeln.

---

[104] Feichtinger (1979). Feichtinger hat seine Kohortentafeln sozusagen als Querschnitte von Periodentafeln berechnet, indem er stets vier Jahreskohorten zusammenfaßte und diese mit den jüngsten Volkszählungsergebnissen abglich.

10.3.4.4 Bevölkerungsszenarien

Seit den 60er-Jahren entwickelte sich in Österreich ein Interesse an Bevölkerungsprognosen. Seitdem werden in jährlichem Abstand landesweite Prognosen erstellt.[105] Bis 1990 wurden, gemäß den Vorgaben der UNO, drei Varianten für die Entwicklung des zukünftigen Fertilitätsniveaus berechnet. Fertilität wird und wurde als der dominante beeinflussende Faktor für das (positive oder negative) Wachstum einer Bevölkerung betrachtet, Wanderungen nur als eine marginale Komponente.[106]

10.3.4.5 Primärstatistiken

Sowohl die Volkszählungen als auch die Mikrozensen liefern Daten zur Erwerbstätigkeit. Diverse Sonderprogramme des Mikrozensus liefern weiteres Datenmaterial, wie etwa zur wöchentlichen Arbeitszeit.[107]

a) *Bereichszählungen*
Bereichszählungen finden alle fünf Jahre statt und umfassen all jene Bereiche komplett, in denen jährlich nur eine Stichprobe Daten liefert (Baugewerbe, Klein- und Dienstleistungsgewerbe) oder für die keine laufenden Jahreserhebungen durchgeführt werden;[108]

b) *Arbeitsstättenzählungen*

c) *Land- und Forstwirtschaft*
Zahlen zu den Beschäftigten in diesem Sektor liefern zum einen die in Zehnjahresabständen stattfindenden landwirtschaftlichen Betriebszählungen (LBZ), zum anderen die in 3–4jährigen Abständen stattfindenden land- und forstwirtschaftlichen Arbeitskräfteerhebungen;[109]

d) *Wirtschaftsstatistiken*
Zahlen zu diesen Quellen stammen aus den regelmäßigen betriebsbezogenen Meldungen. Für das Großgewerbe finden die Erhebungen vierteljährlich als Vollerhebung statt, für die übrigen Bereiche monatlich.

---

[105] Prognosen bis zum Jahr 2015 und Modellrechnungen bis zum Jahr 2050.
[106] Näheres zu den einzelnen Szenarien findet sich in Findl (1990: 635 ff.); in: Bevölkerungsvorausschätzung 1991-2030 des ÖSTZ für Österreich und die Bundesländer, sowie Modellrechnung bis 2050 in Statistische Nachrichten.
[107] Mikrozensus September 1991
[108] Aus Bartunek (1986: 178)
[109] Daten zu diesen Erhebungen werden in den entsprechenden Heften der vom ÖSTZ herausgegebenen „Anträge zur Österreichischen Statistik" veröffentlicht, man findet aber auch Daten zu diesem Thema im „Statistischen Handbuch Österreich" und in den „Statistischen Nachrichten".

10.3.4.6 Sekundärstatistiken

In der Reihe der Sekundärstatistiken, die Informationen zur Erwerbstätigkeit liefern, sind die Lehrlingsstatistik, die Daten zur Arbeitslosigkeit und Statistiken der Sozialversicherungsträger zu nennen, sowie Bedienstetendaten öffentlicher Einrichtungen.

10.3.5 Datenschutz

10.3.5.1 Die formale Organisation des Datenschutzes

Grundsätzlich gilt für Österreich, ähnlich wie für die Schweiz, dass die Praxis des Datenschutzes, die Einführung verbindlicher Gesetze, insbesondere für die Weitergabe von Daten an Wissenschaft und Forschung, nicht mit der bundesdeutschen Rechtslage vergleichbar ist. So gibt es in Österreich keine Datenschutzbeauftragten und nicht einmal in allen Ländern ein Landesdatenschutzgesetz. Der Datenschutz in Österreich wird von drei Gesetzen geregelt:

- Bundesstatistikgesetz;
- Volkszählungsgesetz;
- Datenschutzgesetz.[110]

10.3.5.2 Das Datenverarbeitungsregister

Zumindest für den deutschsprachigen Raum einmalig dürfte die im Datenschutzgesetz verankerte Bestimmung[111] sein, ein Datenverarbeitungsregister beim ÖSTZ einzurichten. Das Datenverarbeitungsregister unterliegt der Weisung des Bundeskanzlers. Aufgabe dieser Einrichtung ist es, sämtliche Rechtsträger, die EDV einsetzen und personenbezogene Daten verarbeiten, zu registrieren. So müssen Angaben über Empfängerkreise[112] als auch über die zu verarbeitenden Daten gemacht werden:

- Personengruppen, deren Daten verarbeitet werden (in abstrakter Form, z. B.: „Kunden", „Angestellte" ...);
- Datenarten der oben angeführten Personengruppen (in abstrakter Form, z. B.: „Name", „Adresse", „Bankverbindung", u. Ä.);
- Empfänger(kreise), an welche die Daten übermittelt werden.

Festgelegt wird auch, welche Daten ausschließlich im Inland weitergegeben werden dürfen und welche auch von ausländischen Nachfragern bezogen werden können. Nicht betroffen von dieser Meldepflicht sind die Medien und der Staatsschutz.

---

[110] In Kraft seit dem 1.1.1980; in enger Anlehnung an das deutsche Datenschutzgesetz entwickelt.
[111] BDSG (Bundesdatenschutzgesetz), §47, 1.1.1980; eine Einrichtung, die teilweise ähnliche Funktionen wahrnimmt, wie der Datenschutzbeauftragte hierzulande.
[112] Bei Übermittlungen ans Ausland muß auch das Land angegeben werden.

10.3.5.3 Nichtamtliche Statistik

Im Gegensatz zur Bundesrepublik Deutschland, in der Erhebungen nicht amtlicher Institutionen unverzichtbarer Bestandteil der empirischen Sozialforschung und der Demographie sind, stellt sich in Österreich die Situation ähnlich dar wie in der Schweiz: Für beide Länder gilt, dass Forschung und Wissenschaft ausreichender Zugang zu den notwendigen amtlichen Daten gewährleistet ist, und deshalb nicht ersatzweise Erhebungen durchgeführt werden müssen. Dennoch kommt man auch in Österreich in Wissenschaft und Forschung nicht umhin, zu spezifischen Fragen eigene Erhebungen durchzuführen.

Institut für Demographie
In Wien gibt es seit 1979 ein eigenes „Institut für Demographie". Dieses Institut steht in enger Kooperation mit dem ÖSTZ und arbeitet vorwiegend mit den Daten der amtlichen Statistik. Daneben werden auch eigene Studien zu verschiedenen Fragestellungen der Demographie durchgeführt, so beispielsweise Projekte zur Säuglingssterblichkeit (1987–1991), die Analyse der Qualifikationsstruktur der österreichischen Wohnbevölkerung (ein Vergleich der Ergebnisse einer Prognose und der Großzählung 1981) sowie eine Untersuchung der Qualifikationsveränderung in Österreich von 1971–1981 (regionale Analyse).

10.3.6 Quellenführer

10.3.6.1 Gedruckte Veröffentlichungen

Zentrale Stelle für die Publikation amtlicher Daten ist das ÖSTZ.[113] Grundsätzlich werden Daten in gedruckten Medien, wie Jahrbüchern, Monatszeitschriften u. Ä., für weitere Zugängerkreise veröffentlicht.. Für die Demographie relevant sind:

- Statistisches Handbuch für die Republik Österreich;
- Sozialstatistische Daten;
- Statistisches Jahrbuch österreichischer Städte;
- Statistikatlas;
- Gebietsinformationen;
- Statistische Nachrichten;
- Beiträge zur Österreichischen Statistik;
- Schnellberichte.

Neben diesen eher allgemeinen Publikationen werden vom ÖSTZ auch eigene Veröffentlichungen zum Thema Bevölkerung herausgegeben:

---

113 Ein Verzeichnis der wichtigsten Publikationen des ÖSTZ findet man in der jährlichen Ausgabe des „Publikationsangebots", das vom ÖSTZ herausgegeben wird.

- Demographisches Jahrbuch;
- Österreichischer Todesursachenatlas;
- Bericht über das Gesundheitswesen in Österreich.

Eigene Reihen werden zu den Volkszählungen und zum Mikrozensus publiziert.

10.3.6.2 Online Quellen

Neben dem Zugriff auf Publikationen besteht die Möglichkeit des elektronischen Zugriffs auf ausgewählte Daten des ÖSTZ zu bekommen. Für Forschungszwecke stehen anonymisierte Einzeldaten zur Verfügung. Nicht zuletzt sei an dieser Stelle auf die Bibliothek des ÖSTZ hingewiesen, die eine wahre Fundgrube sowohl von nationalen Veröffentlichungen als auch von internationalen Publikationen ist.. Das ÖSTZ bietet zwei online Dienste an (die Internet Adresse des Amtes ist: http://www.oestat.gv.at/):

1. ISIS (Integriertes Statistisches Informationssystem); Demographie ist eine von 14 Hauptdatenbanken in diesem System. ISIS enthält statistische Tabellen. Sie sind wesentlich tiefer gegliedert als die Publikationstabellen (z.B. regional bis auf Zählsprengelebene, während Publikationstabellen oft nur Werte für Gemeinden oder Politische Bezirke ausweisen). Die Daten sind mehrdimensional abgespeichert. Ende 1999 enthielt ISIS knapp 200 Milliarden Datenzellen.
2. STATAS (ÖSTAT Statistisches Tabellensystem). Der Vorteil dieses Systems liegt in der Bereitsstellung von Langzeitreihen (teilweise ab 1980), auch in doppelter Form, ein Nebeneinander von neuen, infolge EU-Umstellungen von Erhebungen notwendigen Tabellen und nach vorher gültigen Regeln erstellten Zeitreihen.

Zu erwähnen ist auch der eigene Allgemeiner Auskunftsdienst des ÖSTZ, der auch für telephonische Anfragen zur Verfügung steht.

Neben der Bezugsquelle ÖSTZ sei auf drei weitere für Sozialwissenschaftler bedeutsame Einrichtungen hingewiesen
WISDOM (Wiener Institut für Sozialwissenschaftliche Dokumentation und Methodik), dem Zentralarchiv in Köln vergleichbar, vermittelt auf Anfrage vor allem Forschungsberichte und Daten.
SOWIS (Sozialwissenschaftliche Informationsstelle der Universitätsbibliothek der Wirtschaftsuniversität Wien) liefert in der periodischen „Themendokumentation" eine Zusammenfassung von österreichischen Forschungsprojekten.
SOWIDOK (Sozialwissenschaftliche Dokumentation der Arbeiterkammer Wien) ist eine Datenbank der AK Wien. Sie bietet den Zugang zu österreichischer und Österreich betreffende Zeitungs- und Zeitschriftenliteratur (aus über 800 Quellen) auf sozialwissenschaftlichem Gebiet.

10.4 Internationale demographische Daten

Nachdem nun ausführlich auf die Datenlage in deutschsprachigen Ländern eingegangen wurde, was ja auch das Hauptanliegen des vorliegenden Artikels ist, soll an dieser Stelle etwas über internationale Organisationen gesagt werden. Die nachfolgende Darstellung ist selektiv und als Hilfestellung für die eigene Suche dienen.

Als international arbeitende Institutionen erwähnenswert sind in erster Linie die Vereinten Nationen sowie deren Sonderorganisationen, die im Bereich der Bevölkerungsanalyse tätig sind. Erwähnung verdienen Analysen, die vom Statistischen Amt der Europäischen Gemeinschaften in Luxemburg vorgelegt werden. Zur Erhebung und Analyse demographischer Daten in Entwicklungsländern bedürfte es eines eigenen Kapitels, oder Buches, um eine einigermaßen informierte Diskussion zu ermöglichen. Auf regional- oder gar länderregionalspezifische Analysen muss in diesem Kapitel ganz verzichtet werden. Eine repräsentative Studie, die in vielen dieser letztgenannten Regionen durchgeführt wird, ist der World-Fertility-Survey.

10.4.1 Die Vereinten Nationen

10.4.1.1 Die Weltzensusrunden

Der Rahmen sämtlicher auf der ganzen Erde stattfindender Volkszählungen wird von den Vereinten Nationen durch detaillierte Vorgaben, die auf den weiten Erfahrungen vorhergegangener Zensusrunden beruhen, abgesteckt.[114]

10.4.1.2 Sonderorganisationen der UNO

Auch diverse Sonderorganisationen der Vereinten Nationen sammeln und veröffentlichen bevölkerungswissenschaftliches Datenmaterial. Dazu zählen die WHO (World Health Organisation), die FAO (Food and Agriculture Organisation), die ILO (International Labour Organisation) sowie die UNESCO (United Nations Educational, Scientific and Cultural Organisation). Aus Platzgründen kann jedoch nicht im Detail darauf eingegangen werden. Zu den wichtigsten Publikationen der Vereinten Nationen zählen:

- United Nations, *Statistical Yearbook*, New York (jährlich);
- United Nations, *Demographic Yearbook*, New York (jährlich);
- United Nations, World Population Trends, Population and Development Interrelations and Population Politics, New York;
- United Nations, Department of International Economic and Social Affairs, *Social Statistics and Indicators*, New York;

---

[114] Der interessierte Leser findet weiterführendes Material zu den Weltzensusrunden beispielsweise in Goyer und Domschke (1983).

- United Nations, Department of International Economic and Social Affairs, *Compendium of Statistics and Indicators on the Situation of Women*, New York;
- United Nations, Department of International Economic and Social Affairs, *Statistical Papers*, New York.

10.4.2 Die Europäische Gemeinschaft (EG)

Als die zentrale Stelle für die Zusammenstellung und Veröffentlichung sämtlicher Daten der Mitgliedstaaten der EG ist das Statistische Amt der Europäischen Gemeinschaften in Luxemburg zu sehen. Hier werden Daten zur Bevölkerung, zur Erwerbstätigkeit und anderen demographischen Indikatoren, wie Schule und Hochschule, zusammengeführt. Zunächst zum Datenmaterial der Bevölkerungsstatistik, das in sieben Sprachen jährlich veröffentlicht wird:[115]

- Statistisches Amt der Europäischen Gemeinschaften, Bevölkerungsstatistik, Luxemburg (jährlich);
- Statistisches Amt der Europäischen Gemeinschaften, Eurostat Revue, 1970–1979, Luxemburg, 1981;
- Statistisches Amt der Europäischen Gemeinschaften, Eurostatistiken, Luxemburg (monatlich).

Der in dieser Reihe erstgenannte Band bietet einen Überblick über die wesentlichen demographischen Kennziffern wie:

- Bevölkerungsveränderung, Geburtenüberschuss, Wanderungssaldo;
- Bevölkerungsstand aller Mitgliedsländer seit 1960;
- Gesamtbevölkerung und Geburtenziffern aller Länder nach Regionen;
- Bevölkerung nach Alter und Geschlecht;
- Geburten- und Sterbefälle (Grund- und Verhältniszahlen);
- Lebenserwartung in bestimmten Lebensaltern;
- Internationaler Vergleich der wichtigsten Bevölkerungsindikatoren (1960, 1970, 1980, 1990); sowie detaillierte Ländertabellen.

10.4.3 Sonstige Länder

Zum Schluss soll das Augenmerk des Lesers auf die Datenlage der Länder der Dritten Welt gelenkt werden. Tatsache ist, dass man eigentlich über den größten Teil der Menschheit nur über näherungsweise Schätzungen informiert ist. Eine sorgfältige Registerführung sowie die Konzeption und Durchführung von Volkszählungen und Surveys bedarf eines wohlorganisierten und hoch qualifizierten Beamten- und Verwaltungsapparats, der vielen Ländern nicht zur Verfügung steht. Betrachtet man die

---

[115] Statistisches Amt der Europäischen Gemeinschaften (1985)

Regionen nach dem zur Verfügung stehenden Datenmaterial und dessen Qualität etwas differenzierter, so lassen sich die folgenden Gruppen zusammenfassen:

- Die Länder Lateinamerikas und der Karibik: relativ valides Datenmaterial;
- Die Länder Asiens: Datenmaterial von mittlerem Niveau;
- Die Länder Afrikas: größte Defizite, sowohl hinsichtlich des Umfanges der zur Verfügung stehenden Daten als auch bezüglich der Qualität.

Der World Fertility Survey (WFS)

Da an dieser Stelle nicht näher auf einzelne Länder eingegangen werden kann, soll der World Fertility Survey (WFS)[116] vorgestellt werden. Diese international angelegte Studie hat das Ziel, weltweit möglichst viele Daten von hoher Qualität und internationaler Vergleichbarkeit zu erheben und zu analysieren. Durchgeführt wird das Projekt vom WFS in Zusammenarbeit mit den Vereinten Nationen, dem International Statistical Institute und mit der IUSSP (International Union for Scientific Study of Population).

Bis 1981 wurde der WFS in 38 Ländern durchgeführt, davon in 12 Ländern Asiens und jeweils in 13 aus Lateinamerika und Afrika. 17 dieser Befragungen wurden 1974–1976 durchgeführt, 10 zwischen 1977 und 1978 und neun in der Zeit von 1979 bis 1981. Für nicht wenige Länder erhielt man auf diesem Weg erstmals valide Schätzungen zum gegenwärtigen und zukünftigen Fertilitätsniveau. Bei den Ländern, die bereits selbst über eine fundierte statistische Grundlage demographischer Daten verfügen, können mit WFS-Daten detailliertere Analysen vorgenommen werden.[117]

Trotz angestrebter internationaler Vergleichbarkeit dürfen die Ergebnisse nicht ohne Berücksichtigung der jeweiligen länderspezifischen Gegebenheiten einander gegenübergestellt werden.

Eine differenziertere Diskussion des WFS sowie auch Ergebnisse und Analysen sind in den folgenden Reihen veröffentlicht:

- United Nations, A Comparative Evaluation of Data Quality in 38 World Fertility Surveys, New York 1987;
- WFS, *Comparative Studies*, Cross National Summaries, London;
- WFS, *First Country Reports*, London (diverse Jahrgänge);
- International Statistical Institute, *WFS Technical Bulletins*, Voorburg;
- International Statistical Institute, *WFS Occational Papers*, Voorburg;
- Caldwell John, The World Fertility Survey, 1973.

Das International Institute for Applied System Analysis (IIASA) in Laxenburg (Österreich) pflegt bereits seit vielen Jahren gute Kontakte zu Wissenschaftlern und Statistikern aus der ehemaligen Sowjetunion und verfügt auch über umfangreiches Datenmaterial aus dieser Region.

---

[116] Eine umfassende Dokumentation des WFS findet man in Cleland und Scott (1987).

[117] Hervorzuheben ist, dass die beiden bevölkerungsreichsten Länder der Erde, China und Indien, bislang nicht am WFS teilgenommen haben.

10.5 Einige wichtige Internet-Adressen

Wegen der im Verhältnis zu anderen Bereichen der Sozialwissenschaften weit fortgeschrittenen Internationalisierung der Demographie hat sich die Verfügbarkeit internationaler Datenquellen im Internet auch ganz besonders schnell entwickelt. Wenn auch die folgenden Adressen vielleicht bald nicht mehr aktuell sind, so doch sicher die sie unterstützenden Institutionen:

Die Adressen der nationalen Statistikämter sind für Deutschland: (http://www.statistik-bund.de), für Österreich: (http://www.oestat.gov.at/) und für die Schweiz: (http://www.statistik.admin.ch). Eurostat, das Statistische Amt der europäischen Gemeinschaften hat die Adresse: (http://europa.eu.int/en/comm/eurostat/).

Für eine globale Recherche sind unentbehrlich die entsprechenden Adressen der UNO (http://www.un.org/databases) und des International Programs Center des U.S. Census Bureau (http://www.census.gov/ftp/pub/ipc/www/). Von den UN Unterorganisationen sind zu nennen der United Nations Population Fund (http://web.unfpa.org/), das United Nations Population Information Network (http://www.undp.org/popin/popin/htm), und das Statistical Information System der Weltgesundheitsorganisation (http://www.who.org/whosis/whosis.htm).

Sehr nützlich sind die demographischen Links des Centraal Bureau voor de Statistiek der Niederlande (http://www.cbs.nl/eng/link/index.htm). Solche virtuelle Adressbuecher gibt es auch bei einer Reihe anderer statistischer Ämter. Ebenfalls sehr nützlich beim Aufspüren demographischer Daten ist das Population Reference Bureau (http://www.prb.org/prb/), das auch aktuelle Nachrichten vermittelt. Für aktuelle Entwicklungen im Bereich Migration sind hilfreich die monatlich erscheinenden umfangreichen Migration News (http:/migration.ucdavis.edu). Eine große Datenbank zu demographischer Literatur ist zugänglich über das Office of Population Research der Princeton University (http://popindex.princeton.edu/).

Die meisten der über diese Quellen erhältlichen Daten sind bereits aggregierte, in Tabellenform vorliegende Daten. Zugang zu Individualdatensätzen erhält man über die sozialwissenschaftlichen Datenarchive etwa der USA: Interuniversity Consortium on Political and Social Reasearch (http://www.icpsr.umich.edu/icpsr/), Deutschlands: Zentralarchiv für empirische Sozialforschung (http://www.za.uni-koeln.de/) beziehungsweise der Abteilung Mikrodaten des Zentrum für Umfragen, Methoden und Analysen (http://www.zuma-mannheim.de/data/microdata/), oder des Council of European Social Science Data Arcives: (http://www.nsd.uib.no/cessda). Dort findet man auch Internet Adressen anderer Datenarchive.

Bereits in den deutschsprachigen Ländern existieren in vielerlei Hinsicht große Differenzen im Umfang und in der Qualität demographischer Daten. Unterschiede bestehen auch in den rechtlichen Grundlagen sowohl in den Vorschriften der Datenerhebung als auch in den rechtlichen Modalitäten der Datenweitergabe an Wissenschaft und Forschung. All dies gilt mehr noch für einen europaweiten oder globalen Vergleich.

Für das Jahr 2000 wurde von der UNO eine weitere Weltzensusrunde angesetzt. Die Erfülung der damit verbundenen Aufgaben wird wohl für die skandinavischen Länder wesentlich weniger Probleme bereiten als beispielsweise für Deutschland.

In Skandinavien wird bereits seit längerem mit Registerzählungen gearbeitet. In Dänemark wird seit nun mehr als 10 Jahren jährlich eine solche Zählung durchgeführt ohne die Bevölkerung direkt zu belangen. In Schweden werden die wesentlichen Grunddaten einzelnen Registern entnommen, Angaben zu Bildung und Beruf werden jedoch bei den betreffenden Personen persönlich eingeholt. Experten diskutieren, ob eine derartige Zählung auch in der Bundesrepublik möglich und praktikabel wäre. Dagegen stehen jedoch eindeutig datenschutzrechtliche Argumente. Zudem werden bislang in der Bundesrepublik keine Daten von einzelnen Personen zusammen mit einer Individualkennziffer in verschiedenen Registern gespeichert, sodass eine Zusammenführung solcher Registerdaten nicht möglich ist. Wollte man Derartiges in die Wege leiten, wären umfassende gesetzliche Neuregelungen notwendig, die jedoch angesichts der Kürze der verbleibenden Zeit nicht verabschiedet werden könnten. Das Allheilmittel für eine „gelungene" Volkszählung angesichts der Debatten um die Zählung 1987 in der Bundesrepublik gibt es nicht. Ratsam wäre es jedoch, bereits heute sehr umfassend und sachlich über die Inhalte und die Bedeutung einer solchen Zählung zu diskutieren und die Öffentlichkeit sachlich darüber zu informieren.

10.6   Schluss

Diese Darstellung hat gezeigt, dass bereits in den deutschsprachigen Ländern in vielerlei Hinsicht große Differenzen im Umfang und in der Qualität demographischer Daten existieren. Unterschiede bestehen auch in den rechtlichen Grundlagen sowohl in den Vorschriften der Datenerhebung als auch in den rechtlichen Modalitäten der Datenweitergabe an Wissenschaft und Forschung.

Die UNO hat für das Jahr 2000 die nächste Weltzensusrunde angesetzt. Die Telnahme wird für die verschiedenen Länder von ganz unterschiedlicher Bedeutung sein. So wird etwa für die skandinavischen Länder die Erfüllung der damit verbundenen Aufgaben weit weniger Probleme bereiten als beispielsweise für Deutschland.

In Skandinavien wird bereits seit längerem mit Registerzählungen gearbeitet. In Dänemark wird seit nun mehr als 10 Jahren jährlich eine solche Zählung durchgeführt ohne die Bevölkerung direkt zu belangen. In Schweden werden die wesentlichen Grunddaten einzelnen Registern entnommen, Angaben zu Bildung und Beruf werden jedoch bei den betreffenden Personen persönlich eingeholt.

In der Kombination von Mikrozensus und Registervollerhebungen könnte die Zensusform der Zukunft liegen. In vielen Ländern stehen jedoch bei gegenwärtiger Rechtslage im Datenschutz dem erhebliche Barrieren entgegen.

11

Untersuchungsdesigns in der Bevölkerungswissenschaft

Henriette Engelhardt[1]

Einleitung

In der Bevölkerungswissenschaft beziehen sich die zu erklärenden (oder abhängigen) Variablen auf Geburten, Heiraten, Sterben und Mobilität. Die Beziehungen zwischen abhängigen und unabhängigen Variablen werden durch Hypothesen oder Theorien aus der Bevölkerungswissenschaft spezifiziert (s. hierzu die Beiträge von Voland, Engel; Braun; Huinink; Kalter in diesem Handbuch). Zur Überprüfung dieser Zusammenhänge benötigt man einen Untersuchungsplan (synonym: Untersuchungsdesign). Abhängig von der Art der Hypothesen stellt sich für das Untersuchungsdesign zunächst die Frage nach der Untersuchungsebene. Bei Individualhypothesen sind die Untersuchungseinheiten Individuen, bei Aggregat- oder Kollektivhypothesen Kollektive und bei Kontexthypothesen sowohl Individuen als auch Kollektive. Kontexthypothesen können anhand von Mehrebenenanalysen überprüft werden. Eine andere kontextbezogene Fragestellung liegt der Netzwerkanalyse zu Grunde, welche die Einbettung von Individuen in soziale Netzwerke thematisiert. nsbesondere für die Prüfung von Individualhypothesen stellt sich die Frage, ob eine eigene empirische Erhebung durchgeführt werden soll, oder ob unter Umständen nicht auf existierende Datenquellen zurückgegriffen werden kann. Eigene Erhebungen sind in der Regel teuer und aufwändig. In der Praxis viel häufiger anzutreffen sind Sekundäranalysen, in welchen Daten der amtlichen Statistik oder Datensätze abgeschlossener Forschungsprojekte für hypothesenprüfende Zwecke weiterverwendet werden. Weniger die Hypothesenprüfung als vielmehr die „Kondensierung" der in der Literatur berichteten Forschungsergebnisse ist Gegenstand der Meta-Analyse. Schließlich besteht auch die Möglichkeit, Hypothesen ohne empirische Daten zu überprüfen. Dazu werden durch formale Modellbildung unterschiedliche soziale Realitäten modelliert. Mittels Computersimulation kann dann das Verhalten dieser Systeme unter verschiedenen Bedingungen nachgestellt werden (Arminger, Galler 1991, Bossel 1994, Troitzsch 1990).

---

[1] Für wertvolle Hinweise und kritische Kommentare danke ich Norman Braun, Andreas Diekmann und Ulrich Mueller.

Ein weiterer Aspekt der Forschungsstrategie bezieht sich auf die zeitliche Dimension der Untersuchungsanlage, nämlich die Entscheidung für ein Quer- oder Längsschnittdesign. Längsschnittdaten können abhängig vom Forschungsinteresse als Trend- oder als Panelstudie angelegt sein. Eine spezielle Untersuchungsform in der Bevölkerungswissenschaft ist die Kohortenstudie. Bei der Wahl des Untersuchungsdesigns ist ferner zu bedenken, ob neben der interessierenden Gruppe (die Experimentalgruppe) eine Vergleichs- oder Kontrollgruppe berücksichtigt werden soll. Bei den nichtexperimentellen Surveystudien liegen per se keine Vergleichsgruppen vor, sondern werden bei der statistischen Datenanalyse post hoc als solche definiert. Im Gegensatz dazu wird bei experimentellen und quasiexperimentellen Untersuchungsdesigns die Stichprobe durch den Forscher in mindestens zwei Gruppen aufgeteilt.

Die genannten Forschungsstrategien und Untersuchungsformen werden in zahlreichen Lehrbüchern der Methoden der empirischen Sozialforschung diskutiert (z. B. im deutschsprachigen Raum: Atteslander 1995; Bortz und Döring 1995; Diekmann 1995; Friedrichs 1990; Kromrey 1995; Roth und Heidenreich 1995; Schnell et al. 1995; im angelsächsischen Raum: Babbie 1995; Dooley 1990; Kerlinger 1973). Die Abhandlungen über Untersuchungspläne sind in diesen Monographien zum Teil sehr allgemein gehalten. Der vorliegende Beitrag versucht dagegen, Untersuchungsdesigns speziell im Hinblick auf bevölkerungswissenschaftliche Fragestellungen zu diskutieren. Im ersten Teil (Kap. 11.1–11.3) werden zentrale Forschungsstrategien behandelt, nämlich die Wahl der Untersuchungseinheiten, die Untersuchungsarten und die relevanten Zeitdimensionen. Im zweiten Teil (Kap. 11.4) werden mit vorexperimentellen, experimentellen, quasiexperimentellen sowie nichtexperimentellen Designs alternative Untersuchungsformen thematisiert.

11.1 Untersuchungseinheiten

Abhängig vom Typ der interessierenden Hypothesen unterscheiden wir Individualhypothesen, Kollektivhypothesen und Kontexthypothesen. Bei Individualhypothesen sind die abhängige und die unabhängige Variable individuelle Merkmale (z. B. Familienstand und Alter), bei Kollektivhypothesen dagegen Kollektivmerkmale (z. B. Erwerbsquoten von Frauen und Geschlechterproportionen). Bei Kontexthypothesen ist die abhängige Variable in der Regel ein Individualmerkmal, welches durch Individual- und/oder Kollektivmerkmale erklärt wird. Entsprechend sind die Untersuchungseinheiten bei Individualhypothesen Individuen, bei Aggregathypothesen Kollektive und bei Kontexthypothesen sowohl Individuen als auch Kollektive (Diekmann 1995: 116 ff.). Ein weiterer Analyseansatz, der immer kontextbezogen ist, aber sowohl Individual- als auch Kollektivhypothesen in den Mittelpunkt stellt, ist die Netzwerkanalyse. Im Folgenden werden die Individual- und Aggregatanalyse sowie die Mehrebenenanalyse diskutiert. Für einen Überblick zur Netzwerkanalyse sei auf das Kapitel 15 in diesem Handbuch verwiesen.

11.1.1 Individual- und Aggregatanalyse

Obwohl sich das primäre Interesse der Bevölkerungswissenschaft auf soziale Phänomene und Prozesse (also auf Kollektivmerkmale) richtet, wird zur empirischen Überprüfung theoretischer Modelle häufig auf Individualdaten zurückgegriffen. Kollektivmerkmale sind in der Regel nicht direkt beobachtbar, sondern ergeben sich meist erst durch die Aggregation individueller Charakteristika. Beispiele solcher analytischer Eigenschaften sind Geburtenraten, Heiratsquoten sowie Scheidungs- und Mortalitätsraten. Die Überprüfung einer Kollektivhypothese mittels Individualdaten ist immer dann möglich, wenn die Kollektivhypothese aus einer analogen Individualhypothese ableitbar ist. So folgt z. B. die Kollektivhypothese: „Je größer das durchschnittliche Bildungsniveau von Frauen, desto höher liegt die Frauenerwerbsquote" aus der Individualhypothese: „Je höher der Bildungsabschluss einer Frau, desto größer die individuelle Erwerbswahrscheinlichkeit". Diese Hypothese aber kann mittels Individualdaten überprüft werden. Neben der theoretischen Rückführung von Kollektiv- auf Individualmerkmale spricht häufig auch ein forschungstechnischer Grund für den Rückgriff auf Individualdaten: Zur Überprüfung jeder Hypothese – egal ob Individual-, Kollektiv- oder Kontexthypothese – muss die unabhängige Variable eine gewisse Varianz aufweisen (s. dazu genauer weiter unten). Varianz lässt sich nun anhand von Individualdaten auf Grund eines offensichtlich größeren Datenbestandes sehr viel leichter erzeugen als durch aggregierte Daten.

Zwar können mittels Individualdaten häufig Kollektivhypothesen überprüft werden. Jedoch ist umgekehrt die Übertragung empirischer Zusammenhänge zwischen Aggregatmerkmalen auf Individualmerkmale manchmal problematisch. So folgt etwa aus einem positiven Zusammenhang zwischen dem durchschnittlichen Ausbildungsniveau von Frauen und der Scheidungsquote nicht zwingend, dass sich gut ausgebildete Frauen eher scheiden lassen. Besteht auf der Kollektivebene ein positiver Zusammenhang zwischen x und y, dann kann auf der Individualebene zwar ebenfalls ein positiver Zusammenhang existieren, aber auch ein negativer oder gar kein Zusammenhang wäre denkbar. Die Zusammenhänge auf der Aggregatebene sind (auf Grund der fehlenden Individualinformationen) mit verschiedenen Erklärungen auf der Individualebene vereinbar. So könnte im obigen Beispiel der Zusammenhang zwischen dem durchschnittlichen Ausbildungsniveau von Frauen und der Scheidungsquote dadurch entstehen, dass die Ehen schlecht ausgebildeter Frauen in Regionen mit einem generell hohen Bildungsniveau häufiger geschieden werden. Nach Robinson (1950) wird ein falscher Schluss von einer Kollektiv- auf eine Individualhypothese als „ökologischer Fehlschluss" (ecological fallacy) bezeichnet. Auf Grund dieses Problems muss die Analyse von Aggregatdaten zur Überprüfung individueller Zusammenhänge als problematisch beurteilt werden. Ein solches Vorgehen ist nur unter sehr speziellen Bedingungen möglich (Achen, Shively 1995). Ein häufig angewendetes Analyseverfahren bei der Überprüfung von Individual- und Kollektivhypothesen ist – ungeachtet des Aggregationsniveaus der Daten – die (multiple) Regressionsanalyse. Das Standardmodell sowie diverse Erweiterungen werden in dem Beitrag von Brüderl in diesem Handbuch detailliert diskutiert. Bei der Analyse von Aggregatdaten kommen zusätzlich Trend- und Zeitreihenverfahren zur Anwendung (s. hierzu weiter unten).

11.1.2 Mehrebenenanalyse

Gehen wir wieder von den beiden Ebenen individueller Akteure und sozialer Kollektive aus, so können Kontexthypothesen dahingehend charakterisiert werden, dass sie beide Ebenen miteinander verbinden. Die zu erklärenden Merkmale sind dann individuelle Charakteristika. Denkbar ist aber auch, dass Kollektivmerkmale eines bestimmten Aggregationsniveaus durch Kollektivmerkmale auf einem höheren Aggregationsniveau erklärt werden sollen (z. B. regionale Erwerbsquoten von Frauen durch die jeweiligen nationalen Arbeitslosenquoten im internationalen Vergleich). Coleman (1961) untersuchte beispielsweise Zusammenhänge von Merkmalen aus drei verschiedenen Ebenen: die Schüler einzelner Klassen in 10 Schulen, die sich in 10 unterschiedlichen amerikanischen Gemeinden befanden. Objekte auf unterschiedlichem Aggregationsniveau bzw. die sie verbindenden Kontexthypothesen sind Gegenstand der Mehrebenenanalyse (Hummell 1972). Bei der Überprüfung von Kontexthypothesen genügt es nicht, Merkmale von Individuen eines Kollektivs zu erheben. Das Kollektivmerkmal muss für die einzelnen Individuen ebenfalls eine gewisse Varianz aufweisen. Nur ein Vergleich von Individuen aus Kollektiven mit Varianz bezüglich des unabhängigen Kollektivmerkmals kann Aufschluss über die Gültigkeit der Kontexthypothese liefern.

Wie können nun in der statistischen Analyse Individual- und Kontexteffekte getrennt werden? Die auf den ersten Blick nahe liegende Möglichkeit, Kontexteffekte in einem linearen Regressionsmodell auf Individualebene etwa durch Dummy-Variablen zu berücksichtigen, verbietet sich: Die beiden fundamentalen Annahmen des klassischen OLS-Modells, (a) Varianzhomogenität und (b) Unabhängigkeit der Störterme, sind durch die Aufnahme der Kontexteffekte im Mikromodell nicht mehr gewährleistet (zu den Konsequenzen für die OLS-Schätzer s. z. B. Moulton 1990). Diesem Problem werden die so genannten hierarchischen linearen Modelle gerecht.[2] In der ökonometrischen und statistischen Literatur ist diese Modellklasse auch unter den Namen „random coefficient models", „covariance components models" oder „Bayesian linear models" bekannt. Diese Namen repräsentieren eine Klasse mehrstufiger Regressionsmodelle. Gegenüber den klassischen einstufigen OLS-Modellen weisen die hierarchischen Modelle zumindest zwei essenzielle methodologische Verbesserungen auf. Erstens ermöglicht diese Modellklasse, deterministische Makroeffekte zu separieren („fixed-effects-models"). Zweitens können stochastische Makroeffekte in den Analysen berücksichtigt werden, d. h. der Fehlerterm auf Individualebene (in der einstufigen OLS-Regression) kann durch Störterme auf der Makroebene erweitert werden („random-effects-models"). Dieses Vorgehen ermöglicht eine systematische Analyse der gesamten Varianzkomponenten. Die Gesamtvarianz der abhängigen Variablen auf Individualdatenbasis wird dabei zerlegt in eine „within group"- und „between group"-Variation. Eine Analyse der Kovarianz der Störterme

---

[2] Eine Einführung in hierarchische lineare Modelle geben z. B. die Monographien von Bryk und Raudenbush (1992) und Goldstein (1987), letzteres Werk auf einem technisch anspruchsvolleren Niveau. Kurze Einblicke geben DiPrete und Forristal (1994), Hox und Kreft (1994) und Longford (1995). Im Falle dichotomer abhängiger Variablen kann ein hierarchisches Logit-Modell Anwendung finden, wie es von Wong und Mason (1985) entwickelt wurde (s. auch Goldstein 1991). Eine Diskussion der verfügbaren Software findet sich bei Longford (1995).

ermöglicht die Bestimmung der Interaktion von Individual- und Kontexteffekten sowie der Variation der geschätzten Koeffizienten.

Anwendungsbeispiel: Regionale Lohndifferenzen

Trotz der Möglichkeit, Mikro- und Makroeffekte zu trennen, finden hierarchische lineare Modelle bislang nur wenig Beachtung. Entsprechend spärlich sind denn auch Publikationen, in denen die Modellgruppen empirisch eingesetzt werden.[3] Kreft und de Leeuw (1994) wenden das Verfahren auf die Erklärung divergierender geschlechtsspezifischer Lohndifferenzen in unterschiedlichen Industriezweigen in den USA an. Blien et al. (1994) präsentieren eine Anwendung hierarchischer linearer Modelle für regionale Lohndifferenzen anhand deutscher Daten. Regionale Lohndifferenzen sind erklärbar durch ein Konglomerat individueller Faktoren der Arbeitskräfte und kollektiver Arbeitsmarktfaktoren. So besteht gemäß der „Lohnkurven"-These eine inverse Beziehung zwischen den Aggregatmerkmalen „regionales Lohnniveau" und „regionale Arbeitslosenquote". Die individuellen Faktoren beziehen sich auf Kenntnisse und Fähigkeiten sowie auf das Geschlecht der Einkommensbezieher. Anhand der Individualdaten einer Substichprobe von 9.083 Erwerbstätigen aus der IAB-Beschäftigtenstichprobe (s. zu den Daten auch Tab. 2) und den aggregierten regionalen Arbeitslosenquoten aus 22 Bezirken schätzen Blien et al. für das Jahr 1989 um regionale Arbeitslosenquoten erweiterte Humankapitalverdienstfunktionen. Als Kontrollvariablen dienen u. a. das Geschlecht und der regionale Urbanisierungsgrad. Da die Humankapitalvariablen keine signifikante regionale Variation zeigen, wurden nur die Konstante und der Koeffizient des Geschlechts als „random coefficients" modelliert. Während sich die geschätzten Koeffizienten des hierarchischen Modells nur geringfügig von denen des herkömmlichen OLS-Modells unterscheiden, fallen die OLS-geschätzten Standardfehler deutlich kleiner aus. Insgesamt spricht die empirische Evidenz für die Lohnkurventhese: Jedes zusätzliche Prozent Arbeitslosigkeit reduziert gemäß der hierarchischen Schätzung das Einkommen im Mittel um 1.7%. Die geschlechtsspezifischen regionalen Lohndifferenzen, welche nicht auf die vorliegenden Individual- und Aggregatmerkmale zurückgeführt werden können, variieren zwischen 17% und 27%.

11.2 Untersuchungsarten

Während die Primärforschung den Informationsbedarf durch eigene Erhebungen deckt, haben die Sekundäranalyse, die Meta-Analyse und der Forschungsüberblick die Beschaffung, Zusammenstellung und Auswertung bereits vorhandenen Datenmaterials zum Gegenstand. Der Unterschied zwischen den Letzteren drei Untersuchungsarten kann mit Hakim (1987: 17) wie folgt charakterisiert werden: „[...] research reviews and meta-analyses seek to consolidate knowledge on particular issues, while secondary analysis may break new ground [...]". Zu Beginn einer empirischen Studie – auch bei Meta-Analysen und Sekundäranalysen – steht immer der

---

[3] DiPrete und Forristal (1994) geben einen Überblick über die Anwendung von hierarchischen linearen Modellen in der Soziologie.

Forschungsüberblick. Werden beim vergleichenden Forschungsüberblick die Techniken der Meta-Analyse angewandt, kann daraus eine eigenständige empirische Untersuchung resultieren. Zwischen der Sekundäranalyse und dem Forschungsüberblick besteht dann eine Überschneidung, wenn eine vorliegende Studie repliziert wird. Der Haupteinsatz der Sekundäranalyse liegt allerdings in der Analyse vorliegenden Datenmaterials für neue Fragestellungen. Das Datenmaterial bei der Sekundäranalyse besteht zumeist aus Individualdaten, seltener aus aggregierten Daten. Der Forschungsüberblick und die Meta-Analyse basieren dagegen immer auf aggregierten Daten bzw. Statistiken. Natürlich schließen sich Forschungsüberblick, Meta-Analyse und Sekundäranalyse als Untersuchungsart gegenseitig nicht aus; es finden sich im Gegenteil in der Literatur fruchtbare Kombinationen. So verbinden etwa Guttentag und Secord (1983) den Forschungsüberblick mit der Sekundäranalyse, Amato und Keith (1991) verknüpfen den Forschungsüberblick mit einer Meta-Analyse und Crain und Mahard (1983) kombinieren eine Sekundäranalyse mit einer Meta-Analyse.

11.2.1 Forschungsüberblick

Das Anliegen des Forschungsüberblicks ist die Synthese vorliegender theoretischer und/oder empirischer Forschungen. Der Einschätzung Hakims (1982: 17 f.), dass gute Forschungsüberblicke interdisziplinär angelegt sind, kann insbesondere bei den Untersuchungsgegenständen der Bevölkerungswissenschaft nur zugestimmt werden. Die bevölkerungswissenschaftlichen Theorien und Hypothesen, welche die Beziehungen zwischen den relevanten Variablen spezifizieren, stammen vor allem aus der Soziologie und Ökonomik und seit neuerem auch aus der Verhaltensbiologie (s. hierzu die Beiträge von Braun, Handl, Huinink, Hill und Kopp sowie Voland und Engel in diesem Handbuch). Empirische Arbeiten finden sich darüber hinaus in der Psychologie und Geographie. Entsprechend umfangreich ist auch das Angebot an Fachzeitschriften, in denen sich Beiträge zu Themen der Bevölkerungswissenschaft finden (s. hierzu den Beitrag von Schmid in diesem Handbuch). Eine Anleitung zum Erstellen eines Forschungsüberblicks gibt Cooper (1989).

Forschungsüberblicke variieren in ihrer Darstellung mit dem Untersuchungsgegenstand. Gegenstand des Interesses können aktuelle Gegebenheiten sein, z. B. der Zusammenhang zwischen der regionalen Arbeitslosenquote und der geschlechtsspezifischen Lohndifferenz (Blien et al. 1994). Häufig interessieren auch historische Entwicklungen wie die Zunahme des Ehescheidungsrisikos (Goode 1993). Zur Analyse kultureller oder institutioneller Einflüsse auf bevölkerungswissenschaftliche Phänomene, z. B. der Zusammenhang zwischen der Erwerbsquote von Frauen und den Grundschulstundenplänen, können international vergleichende Forschungsüberblicke erstellt werden (Buchmann, Charles 1995). Darüber hinaus interessieren aber auch gesetzesartige Muster, die sich unabhängig vom jeweiligen zeitlichen oder institutionellen Kontext zeigen (z. B. Diekmann 1992).

Unabhängig vom Zweck des Forschungsüberblicks (Forschungsantrag, Politikberatung oder reiner Selbstzweck) sollten empirische Befunde immer hinsichtlich der Stärken oder Schwächen des jeweiligen Forschungsdesigns und des zugrunde liegenden statistischen Instrumentariums diskutiert werden. Problematisch wird ein Forschungsüberblick dann, wenn die berichteten empirischen Resultate eine selektive Auswahl aller existierenden Studien darstellen. So kann durch selektiv berichtete Ergebnisse unter Umständen der Eindruck von Eindeutigkeit erzeugt werden. Daneben besteht auch auf Grund der rein qualitativen Vorgehensweise die Gefahr subjektiver Ergebnisinterpretationen. Dieser Gefahr weniger ausgesetzt ist die Meta-Analyse.

11.2.2 Meta-Analyse

Die Meta-Analyse stellt im Gegensatz zum Forschungsüberblick einen quantitativen Ansatz der Systematisierung empirischer Evidenzen dar. Grundlage der Meta-Analyse sind die thematisch relevanten publizierten Forschungsergebnisse bezüglich Signifikanz und Effektstärke der Zusammenhänge. „The approach consists in essence of treating each study in the review as a case within a sample of relevant studies, and applying statistical analysis to all the cases – for example to assess whether the fact that one-third of all the studies reviewed found a particular (statistically significant) association is itself a statistically significant finding, or to calculate an overall effect size from those found by the studies reviewed [...]" (Hakim 1987: 19). Effektstärken können nicht nur für die in den Studien berücksichtigten Kovariablen berechnet werden, sondern auch für bestimmte Merkmale der Studien, wie z. B. für die Art der Stichprobe oder für die verwendeten statistischen Verfahren. So können Hypothesen darüber getestet werden, warum manche Studien stärkere Effekte als andere berichten. Die statistischen Techniken der Meta-Analyse variieren mit der Art der in den Studien berichteten quantitativen Ergebnisse: je nachdem ob Mittelwerte, Standardabweichungen, Regressionskoeffizienten, t-Werte oder Wahrscheinlichkeiten ausgewiesen werden, sind die Effektstärken unterschiedlich zu kalkulieren.[4] Hakim (1987) sieht die Einsatzmöglichkeit bzw. Notwendigkeit meta-analytischer Verfahren vor allem in solchen Gebieten, in denen experimentelle und quasiexperimentelle Designs die primären Untersuchungsformen sind (zu den Designs s. Kap. 11.4). Dies vor allem, weil a) Daten experimenteller und quasiexperimentellen Untersuchungsanordnungen selten für eine Reanalyse zur Verfügung stehen und b) wegen der Schwierigkeiten, Daten verschiedener Experimente für eine Sekundäranalyse mit entsprechend vergrößerter Fallzahl zusammenzuführen (Rosenthal 1991: 103 ff.).

Anwendungsbeispiel: Langfristige Konsequenzen elterlicher Ehescheidung
Erleben Kinder eine Ehescheidung der Eltern, so hat dies langfristige Konsequenzen bis ins Erwachsenenalter. In der Literatur werden unterschiedliche Auswirkungen diskutiert, wie z. B. sozioökonomisch negative Konsequenzen (schlechtere Ausbil-

---

[4] Eine Einführung in die entsprechenden statistischen Verfahren geben z. B. Cooper (1989), Cooper und Hedges (1994), Hedges und Olkin (1985), Hunter und Schmidt (1990), Rosenthal (1991) sowie Wachter und Straf (1990). Für einen kurzen kritischen Überblick s. auch das Lehrbuch von Bortz und Döring (1995).

dung, geringeres Einkommen), eine geringere eheliche Qualität, häufigere Trennungen und Scheidungen in der eigenen Ehe, ein allgemein schlechteres psychisches Wohlbefinden u. a. m. Die berichteten empirischen Resultate sind allerdings widersprüchlich: „[...] some studies find associations for some outcomes but not for others [...] or for some subsamples but not for others [...]" (Amato, Keith 1991: 44 f.). In einer Meta-Analyse von 37 Studien aus dem angelsächsischen Raum, die auf Individualdaten von insgesamt über 81.000 Personen beruht, analysieren Amato und Keith (1991) Assoziationen zwischen der Effektstärke und folgenden Variablen: Stichprobentyp (klinische Daten oder Bevölkerungsstichprobe), Stichprobengröße, Jahr der Datenerhebung, Geschlecht und Ethnie der Befragten sowie die Verwendung statistischer Kontrollvariablen in den einzelnen Studien. Die Kalkulation der Effektstärken variiert je nach Art der berichteten Resultate: Mit unterschiedlichen Methoden wurden für jede Studie aus den berichteten Mittelwerten, Standardabweichungen, t-Werten, Korrelationskoeffizienten, Prozentsatzdifferenzen und Wahrscheinlichkeiten vergleichbare Effektstärken ermittelt. Die mittleren Effektstärken über alle Studien sind signifikant und negativ für 15 verschiedene langfristige Konsequenzen elterlicher Ehescheidung. Scheidungswaisen erfahren somit ein insgesamt geringeres Ausmaß an Wohlbefinden als Kinder aus vollständigen Herkunftsfamilien. Die stärksten geschätzten Effekte ergeben sich für die Kategorien „psychisches Wohlbefinden" (Depressionen, Lebenszufriedenheit), „abweichendes Verhalten" (Drogen, Suizid, voreheliche Schwangerschaft), „Ausbildung" sowie „allein erziehende Mutter/Vater". Bezüglich der „sozialen Vererbung" des Scheidungsrisikos finden Amato und Keith moderate Differenzen nach Geschlecht, wobei im Mittel Frauen aus geschiedener Herkunftsfamilie in ihrer eigenen Ehe ein etwas höheres Scheidungsrisiko aufweisen als männliche Scheidungswaisen. Weiter zeigen sich in Studien, die auf klinischen Daten beruhen, stärkere Effekte als in den Studien, denen Bevölkerungsstichproben zu Grunde liegen. Insgesamt scheinen aber die Effektstärken in neueren Studien abzunehmen.

11.2.3 Sekundäranalyse

Mit Hakim (1982: 1) kann die Sekundäranalyse definiert werden als „[...] any further analysis of an existing dataset which presents interpretations, conclusions, or knowledge additional to, or different from, those presented in the first report on the inquiry as a whole and its main results." Für die Durchführung von Sekundäranalysen bestehen zweierlei Gründe: Erstens können – eventuell mit anderen statistischen Verfahren oder alternativen Operationalisierungen der Variablen – die Ergebnisse des Primärforschers durch eine Replikation überprüft werden (s. z. B. die Debatte von Petersen (1996a), Weitzman (1996) und Petersen (1996b) über Weitzmans (1985) Resultate zu ökonomischen Konsequenzen einer Ehescheidung). Zweitens können auch neue Theorien oder Hypothesen mittels existierender Datenbestände getestet werden. Dies reduziert vor allem Zeit und Kosten, die für eine eigene Datenerhebung anfallen würden. Allerdings ist die sekundäranalytische Hypothesenprüfung durch die Qualität des vorliegenden Datenmaterials beschränkt. So wird auch der fallzahlmäßig umfangreichste Datensatz für eine eigene Analyse unbrauchbar, wenn zentrale Variablen nicht darin enthalten sind oder durch grobe Codierungen auf präzise Informationen verzichtet wurde.⁵

Sekundäranalysen in der Bevölkerungswissenschaft können sowohl mit aggregiertem, demographisch-statistischem Material als auch mit Individualdaten durchgeführt werden. Aggregatdaten sind in der Regel leicht zugänglich und finden sich in den Veröffentlichungen der amtlichen Statistik (in der Bundesrepublik sind dies das Statistische Bundesamt, die statistischen Landesämter sowie die kommunalen statistischen Ämter), anderen amtlichen und halbamtlichen Einrichtungen (Notenbank, Bundesversicherungsanstalt, Krankenkassen) sowie in Publikationen internationaler und supranationaler Einrichtungen. Als wichtigste Träger sind die Organisation der Vereinten Nationen (UNO), das Internationale Arbeitsamt (ILO), die „Organization for Economic Cooperation and Development" (OECD) und die „Food and Agricultural Organization" (FAO) zu nennen. Umfangreiches Datenmaterial findet sich außerdem bei den Industrie-, Handels-, Berufs- und Landwirtschaftsverbänden sowie den Verbraucherorganisationen. Auch kommerzielle Institutionen wie Banken und Versicherungen veröffentlichen Aggregatdaten, die sekundäranalytischen Untersuchungen offen stehen (Schnell et al. 1995: 241 f.). Schließlich sind noch die Fachzeitschriften der Bevölkerungswissenschaft (z. B. American Demographics, Demography, European Studies of Population, International Migration Review, Population and Development Review, Population Studies, Social Biology, Studies in Family Planning, Zeitschrift für Bevölkerungswissenschaft) sowie die Zeitschriften der Soziologie (z. B. Kölner Zeitschrift für Soziologie und Sozialpsychologie, Zeitschrift für Soziologie, American Journal of Sociology, American Sociological Review), Ökonomik (z. B. Journal of Political Economy) und Statistik (z. B. Econometrica, Journal of the American Statistical Association, Quarterly Journal of Econometrics) eine Fundgrube aggregierter Daten. Sekundäranalytisch zugängliche Individualdaten liegen ebenfalls von amtlichen und nicht amtlichen Einrichtungen vor.⁶ Die Hauptquelle dieser Daten sind Zensuserhebungen und Stichproben sowie die alltägliche bürokratische Verwaltungsarbeit. Die Zensuserhebungen (synonym: Volkszählungen) haben eine besondere Bedeutung in der Demographie. Gemäß der Standarddefinition der United Nations (1980) ist ein Zensus „[...] the total process of collecting, compiling, evaluating, analyzing and publishing or otherwise disseminating demographic, economic and social data pertaining, at a specified time, to all persons in a country or in a well-defended part of a country." Auf Grund des großen finanziellen und zeitlichen Aufwandes eines Zensus sowie aus gesetzlichen und Datenschutzgründen können natürlich nur wenige Merkmale der Population erhoben werden. Der Vorteil ist dann allerdings, dass die mit der Stichprobenziehung verbundenen Unsicherheiten entfallen.

In der Bundesrepublik wird die Volkszählung vom Statistischen Bundesamt in Wiesbaden in unregelmäßigen Abständen durchgeführt, letztmalig 1987. Erfragt wurden Merkmale wie Haushaltsgröße, Familienstruktur, Wohnsituation, Beruf und Staatsbürgerschaft. Die Datenlücke zwischen den Zensuserhebungen wird vom „Mikrozensus", einer 1%-Stichprobe der bundesdeutschen Wohnbevölkerung, geschlos-

---

5   Siehe zur Sekundäranalyse ausführlich die beiden Monographien von Hakim (1982) und Dale et al. (1988).
6   Zur Sekundäranalyse amtlicher Mikrodaten s. auch Alba et al. (1994).

sen (zum Konzept des Mikrozensus s. Tab. 2 in Kap. 11.3.1). Die Teilnahme an einer (Mikro-)Zensuserhebung ist obligatorisch; entsprechend gering sind die Verweigerungsquoten. Dies erklärt, warum Zensi nur von amtlicher Seite durchgeführt werden können. Wesentliche Vorteile von Stichproben (wie dem Mikrozensus) gegenüber Zensuserhebungen liegen in der kostengünstigeren und schnelleren Datenerhebung sowie in der Möglichkeit zur schnelleren Veröffentlichung der Ergebnisse.

Stichproben können auf verschiedene Art und Weise zu Stande kommen; je nach Auswahlverfahren unterscheidet man Zufallsstichproben (mit zahlreichen Untervarianten) sowie „bewußte" und „willkürliche" Stichproben. Bei Zufallsstichproben ist die Auswahlwahrscheinlichkeit jedes einzelnen Elementes in der Grundgesamtheit angebbar und größer als Null. Im Idealfall besitzt jedes Element in der Grundgesamtheit die gleiche Wahrscheinlichkeit, in die Stichprobe aufgenommen zu werden. Zufallsstichproben werden insbesondere dann eingesetzt, wenn das Forschungsziel deskriptiver Art ist und die Merkmale einer Population geschätzt werden sollen. Der Grund liegt darin, dass nur bei einer Wahrscheinlichkeitsauswahl die statistischen Techniken des Schließens von Stichprobenkennwerten auf die Grundgesamtheitsparameter (mit der entsprechenden Abschätzung von Fehlerintervallen) anwendbar sind. „Bewusste" Stichproben (z. B. die Quotenstichprobe) basieren dagegen nicht auf einer Zufallsauswahl, sondern werden nach vorgegebenen Regeln gezogen. Entsprechend sind Daten, die durch diese Auswahlverfahren zu Stande kommen, für deskriptive Forschungszwecke weniger geeignet (s. ausführlich Diekmann 1995: 338 ff.). „Willkürliche" Stichproben beanspruchen zwar keine Repräsentativität, können aber durchaus für hypothesenprüfende Zwecke eingesetzt werden. Der ideale Ansatz zur Hypothesenprüfung, das experimentelle Untersuchungsdesign, zeichnet sich durch eine willkürliche Stichprobe (im Sinne einer Zufallsaufteilung der Versuchspersonen auf die verschiedenen Experimentalgruppen) und nicht durch eine Zufallsauswahl aus (s. hierzu genauer Kap. 11.4.4).

Die wichtigsten Stichproben für die Bevölkerungswissenschaft in der Bundesrepublik sind (neben dem Mikrozensus) die „Allgemeine Bevölkerungsumfrage der Sozialwissenschaften" (ALLBUS), das „Sozioökonomische Panel" (SOEP), der „Deutsche Familiensurvey" und die „Berliner Lebensverlaufsstudie" (s. Tab. 1 in Kap. 11.3.1). Multinationale Surveys sind z. B. der „World Fertility Survey", die „Demographic and Health Surveys" sowie das „International Social Survey Program" (ISSP).

Das alltägliche Material in der Bevölkerungswissenschaft sind so genannte „prozessproduzierte" Daten. Diese Daten sind nicht das Resultat einer Erhebung, sondern ein Produkt bürokratischer Arbeit, „d. h. es sind im weitesten Sinne Aufzeichnungen, die nicht zum Zwecke der wissenschaftlichen Analyse, sondern im Rahmen der jeweiligen Arbeitsbereiche dieser Organisationen gesammelt werden [...]" (Schnell et al. 1995: 242). In den amtlichen Registern werden u. a. Immigrationen und Emigrationen, Heiraten, Geburten und Scheidungen, Wohnungswechsel sowie Sterbefälle erfasst. Da Bürokratie nicht auf Ämter beschränkt ist, finden sich auch bei nicht amtlichen Verwaltungsapparaten Archive und Registraturen, die aufschlussreiche Datenquellen für bevölkerungswissenschaftliche Untersuchungen sein könn(t)en. Ein Beispiel hierfür sind die „Südwerk"-Daten, Personaldaten eines deutschen Industrieunternehmens über Löhne, Beförderungen, Beschäftigungsdauern u. a. m. (s. Brüderl

1991). Häufig liegen die prozessproduzierten Daten nur in aggregierter Form vor. Die Nutzung der Individualdaten ist – zumindest in der Bundesrepublik, in Österreich und z. T. auch in der Schweiz – durch strikte Datenschutzgesetze reglementiert.

Die Individualdaten amtlicher und nicht amtlicher Erhebungen sind zum Teil durch sozialwissenschaftliche Datenarchive zugänglich. Eine Reihe von Datensätzen deutscher statistischer Ämter werden von der Abteilung „Mikrodaten" des „Zentrum für Umfragen, Methoden und Analysen" (ZUMA) in Mannheim verwaltet.[7] Die Daten vieler abgeschlossener sozialwissenschaftlicher Projekte werden in der Bundesrepublik beim „Zentralarchiv für empirische Sozialforschung" (ZA) an der Universität zu Köln gespeichert und sind auf Anfrage gegen ein geringes Entgelt verfügbar. Über den aktuellen Datenbestand informiert der Datenkatalog des Zentralarchivs. In der Schweiz übernimmt das SIDOS-Institut in Neuchâtel diese Aufgabe. Adressen internationaler Datenarchive finden sich bei Hakim (1982: 165 ff.), Kiecolt und Nathan (1985: 79 f.) sowie bei Schnell et al. (1995: 455 f.).

Mit der zunehmenden Zentralisierung der Daten und dem (für wissenschaftliche Zwecke) freien Datenzugang wird auch eine Querverbindung oder eine Zusammenlegung („record linkage") zwischen verschiedenen Datensätzen bzw. Datenquellen möglich.[8] Ein Beispiel für solch eine Querverbindung wurde bereits mit der Analyse regionaler Lohndifferenzen von Blien et al. (1994) vorgestellt (Kap. 11.1.2). In dieser Studie wurden die Individualdaten der IAB-Beschäftigtenstichprobe mit den jeweiligen regionalen Arbeitslosenquoten verknüpft. Zuordnungs- oder Identifikationsvariable war der Wohnort der befragten Person. Die Verknüpfung von Datenmaterial beschränkt sich nicht auf unterschiedliche Aggregationsniveaus; auch Individualdatensätze können miteinander verknüpft werden. Die Identifikationsvariable besteht dann in der Regel aus der Personenkennnziffer. Mit den durch die Querverbindungen erweiterten Analyse- und Erkenntnismöglichkeiten besteht zugleich aber auch die Gefahr des Datenmissbrauchs.

11.3 Zeitdimensionen

Im Untersuchungsdesign hat die Zeit eine wichtige Bedeutung: Zum einen sind Zeitaspekte für Fragen der Kausalität zentral (s. Kap. 11.4.6), zum anderen hat die Zeit etwas mit der Generalisierbarkeit von Untersuchungsresultaten zu tun. So stellt sich die Frage, ob die Befunde aus einer Studie einen sozialen Wandel anzeigen und somit über den Zeitpunkt der Untersuchung hinaus Gültigkeit besitzen, oder ob die Resultate nur die gegenwärtige oder vergangene Situation beschreiben. Zur Deskription können je nach Fragestellung Querschnitt- oder Längsschnittdaten verwendet werden. Diese Daten sind allerdings nicht an ein bestimmtes Untersuchungsdesign gebunden: Beide Datentypen können mit einem Querschnitt- und Längsschnittdesign erhoben werden. Zur Beantwortung von Forschungsfragen, die sich auf den sozialen Wandel beziehen, sind Querschnittdaten nicht ausreichend; die Prüfung solcher zeit-

---

[7] Einen Überblick über amtliche Datensätze auf Individualbasis gibt das Statistische Bundesamt (1988).
[8] Zu den Möglichkeiten und Problemen der Verknüpfung unterschiedlichen Datenmaterials s. Fielding und Fielding (1986).

bezogener Hypothesen erfordert unbedingt Längsschnittdaten. Für Projektionen der Untersuchungsresultate in die Zukunft müssen die gefundenen Effekte aufgespalten werden in Alters-, Kohorten- und Periodeneffekte.

11.3.1 Querschnitt- und Längsschnittdesign

Mit dem Untersuchungsdesign wird der zeitliche Rahmen der Datenerhebung festgelegt. Unterscheiden lassen sich grundsätzlich Quer- und Längsschnitterhebungen. Generell sind sowohl für Querschnitt- als auch für Längsschnitterhebungen alle Erhebungstechniken denkbar (z. B. Befragung, Beobachtung). Mit Längsschnitterhebungen sind je nach Erhebungsdesign Trend- und/oder Panelstudien möglich. Die Erhebungsdesigns werden analog Querschnitt-, Trend- und Paneldesign genannt. Ein speziell in der Bevölkerungswissenschaft häufig verwendetes Untersuchungsdesign, das Kohortendesign, ist sowohl mit Querschnitt- als auch mit Panelerhebungen möglich. Beim Querschnittdesign erfolgt eine einmalige Datenerhebung zu einem bestimmten Zeitpunkt oder in einem kurzen Zeitraum; das Längsschnittdesign sieht dagegen wiederholte Erhebungen derselben Variablen zu mehreren Zeitpunkten vor. Bei einem Trenddesign werden die gleichen Variablen zu mehreren Zeitpunkten mit jeweils anderen Stichproben erhoben. Beim Paneldesign werden ebenfalls die gleichen Variablen zu mehreren Zeitpunkten erhoben, im Gegensatz zur Trenderhebung allerdings auf der Grundlage einer identischen Stichprobe. Die einzelnen Erhebungen eines Panels werden als Wellen bezeichnet. Beispiele amtlicher und nicht amtlicher Erhebungen mit dem Querschnitt-, Trend- und Paneldesign sind in Tab. 1 aufgeführt. Die Beschreibung einer Auswahl internationaler Panelstudien findet sich in Tab. 2.

Tab. 1: Amtliche und nicht amtliche Daten verschiedener Erhebungsdesigns

Erhebungsdesign	amtliche Daten	nicht amtliche Daten
– Querschnittdesign	Volkszählung	Family and Fertility Survey (FFS)
– Trenddesign	Einkommens- und Verbrauchsstichprobe; Beschäftigtenstatistik	Allgemeine Bevölkerungsumfrage der Sozialwissenschaften (ALLBUS); Berliner Lebensverlaufsstudie; International Social Survey Programme (ISSP)
– Paneldesign	Mikrozensus; Schweiz. Arbeitskräfteerhebung (SAKE); IAB-Beschäftigtenstichprobe	Sozioökonomisches Panel (SOEP); Deutscher Familiensurvey

Tab. 2: Auswahl internationaler Panelstudien

	Mikrozensus	Sozioökonomisches Panel (SOEP)	IAB-Beschäftigtenstichprobe	Deutscher Familiensurvey	Schweizerische Arbeitskräfteerhebung (SAKE)	Socioeconomic Panel Survey (SEP)	Household Market and Nonmarket Activities	Panel Study of Income Dynamics (PSID)
Land	Deutschland	Deutschland	Deutschland	Deutschland	Schweiz	Niederlande	Schweden	USA
Durchführende Institution	Statistisches Bundesamt, Wiesbaden	Deutsches Institut für Wirtschaftsforschung, Berlin	Institut für Arbeitsmarkt- und Berufsforschung, Nürnberg	Deutsches Jugendinstitut, München	Bundesamt für Statistik, Neuchâtel	Central Bureau voor de Statistiek, Heerlen	Universität Göteborg, Universität Stockholm, IUI Stockholm	Institute for Social Research, Ann Arbor, Mich.
Untersuchungsgesamtheit	Wohnberechtigte Bevölkerung	Wohnberechtigte Bevölkerung	sozialversicherungspflichtige Beschäftigte	deutsche Wohnbevölkerung	ständige Wohnbevölkerung	Haushalte	Haushalte	Haushalte
Befragungsperson	Haushaltsvorstand	alle Haushaltsmitglieder über 15	Arbeitgeber	Person zwischen 15 und 55	zufällig ausgewähltes HH-Mitglied ab 15	alle Haushaltsmitglieder über 15	Haushaltsvorstand Ehepartner u. z.T. drittes HH-Mitglied	Haushaltsvorstand
Befragungsverfahren	persönlich	schriftlich	schriftlich	persönlich	telefonisch	persönlich	persönlich, telefonisch	bis Welle 5 persönlich; ab Welle 6 telefonisch
Panelpflege	nein	ja	nein	nein	ja	ja	ja	ja
erstmalige Befragung	1957; jährlicher Start einer neuen Rotationsgruppe	1984	1975	1988	1991	1984	1984	1968
Stichprobenumfang	ein Prozent der Bevölkerung	7.000 Haushalte	426.363 Personen	10.000 Personen in West-D; 2.000 in Ost-D.	16.000–18.000 Haushalte (1995: einmalig 32.000)	5.000 Haushalte	1.500 Haushalte	1968: 5.000, 1995: 8.700 Haushalte
Anzahl der bis Ende 1998 erhobenen Wellen	42	15 in West-D.; 7 in Ost-D.	16	2	8	21	5	30
noch geplante Wellen	fortlaufend, jährlich 1x	fortlaufend	keine	noch unbestimmt	fortlaufend, jährlich 1x	fortlaufend, jährlich 1 x	keine	fortlaufend, jährlich 1x

Anmerkung: Modifiziert und aktualisiert entnommen aus Hanefeld (1987); ergänzt um Beschäftigtenstichprobe, Deutscher Familiensurvey und Schweizerische Arbeitskräfteerhebung.

Der Unterschied zwischen einem Trend- und einem Paneldesign besteht also in der unterschiedlichen Anzahl von Stichproben für die einzelnen Datenerhebungen. Da beim Trenddesign vor jeder Datenerhebung eine neue Stichprobenziehung erfolgt, kann dieses Erhebungsdesign auch als replikative Querschnitterhebung interpretiert werden. Zwischen den einzelnen Stichproben werden dann Veränderungen der interessierenden Merkmale auf der Aggregatebene registriert. Verglichen werden Stichprobenkennziffern wie Mittelwerte, Streuungswerte und Prozentwerte. Bei der Datenauswertung stellt sich allerdings das Problem, dass auf Grund von Stichprobenfehlern die tatsächlichen Veränderungen in ihrem Ausmaß nicht einfach abschätzbar sind (dieses und weitere methodische Probleme von Trendstudien behandelt Martin 1983).

Das Paneldesign sieht hingegen die wiederholte Messung derselben Variablen an denselben Untersuchungseinheiten (meist Personen) vor. Der Vergleich der Messungen erlaubt dann die Trennung von intraindividuellen und interindividuellen Veränderungen. Intraindividuelle Veränderungen beziehen sich auf Veränderungen der Variablenausprägungen einer Person im Zeitablauf. Im Aggregat spricht man synonym auch von Bruttoveränderung, interner Fluktuation oder „turnover" (Bailar 1989; Hanefeld 1987; Meyer und Hermanns 1995). Die interindividuelle Veränderung oder die Nettoveränderung bezieht sich auf die Veränderung der Merkmalswerte in der gesamten Stichprobe. Während Bruttoveränderungen nur beim Paneldesign analysierbar sind, sind Nettoveränderungen auch durch das Trenddesign fassbar.

Neben der Erfassung von Bruttoveränderungen weisen Paneldesigns gegenüber anderen Längsschnittdesigns weitere Vorteile auf, auf die hier aus Platzgründen im Einzelnen nicht eingegangen werden kann. Zu nennen sind stichwortartig folgende Punkte: Durchführung von Kausalanalysen, Verringerung des Zufallsfehlers bei der Messung von Veränderungen, Möglichkeit der Trennung von Alters-, Kohorten- und Periodeneffekten (s. ausführlich Bailar 1989; Diekmann 1995: 266 ff.; Hanefeld 1987: 21 ff.; Meyer, Hermanns 1995; sowie zum letzten Punkt Kap. 11.3.3).

Ein schwerwiegendes Problem speziell bei Panelbefragungen ist die so genannte Panelmortalität, womit der Ausfall von Befragungspersonen z. B. auf Grund von Adressänderung, Motivationsverlust, Krankheit oder Tod bezeichnet wird. Da die Ausfälle in der Regel nicht zufällig, sondern systematisch erfolgen, ist mit einem systematischen Stichprobenfehler zu rechnen. So wird die Panelmortalität bei älteren Personen (im buchstäblichen Sinne) erhöht sein, bei jüngeren Personen infolge erhöhter Mobilität und bei berufstätigen Menschen wegen dem Problem der Erreichbarkeit. Diese ausgefallenen Personen „produzieren" zensierte Daten, welche u.U. systematisch mit den unabhängigen Variablen zusammmenhängen. Zentrale Aufgabe ist daher, die Panelmortalität möglichst gering zu halten. Dies erfordert die Aufrechterhaltung des Kontakts mit den Untersuchungspersonen zwischen den Befragungen; so können zumindest Wohnortwechsel und Motivationsverlust registriert und entsprechende Maßnahmen ergriffen werden. Diese Panelpflege erhöht natürlich Aufwand und Kosten von Panelbefragungen beträchtlich. Zur Kontrolle des Einflusses der Panelmortalität und weiterer (hier nicht diskutierter) Paneleffekte auf die Ergebnisse finden sich in der Literatur verschiedene Varianten des Paneldesigns (Schnell et al. 1995: 233 ff. und die dort angegebene Literatur). Weitere spezifische Erhebungsprobleme können Veränderungen der Forschungsziele und Erhebungsinstrumente im Fortgang der Untersuchung sein. Zur Analyse des sozialen Wandels wird in der Bevölkerungswissenschaft häufig auf das Konzept der Kohorte zurückgegriffen (Ryder 1965, 1968). Kohorten sind Bevölkerungsgruppen, die durch ein gemeinsam eintretendes, längerfristig prägendes Startereignis definiert werden (Diekmann 1995: 279). Je nach Ereignis werden Geburtskohorten, Einschulungskohorten, Heiratskohorten, Berufseintrittskohorten oder auch Rentenkohorten betrachtet. Gegenstand der Kohortenanalyse sind die Verhaltensweisen der Kohortenmitglieder im Zeitverlauf, z. B. hinsichtlich Familiengründung, Familienauflösung, Ausbildungsmuster, Migrationsmuster und Berufsverlauf. Die zeitliche Abgrenzung der Kohorten erfolgt in der Regel ad hoc.

Kohortendaten können sowohl mit einem Quer- als auch mit einem Paneldesign erhoben werden. Dabei werden die Kohorten entweder ex post oder ex ante gebildet. Den meisten Kohortenstudien liegt wohl das Ex-post-Design zu Grunde: hier werden die Befragten nach der Datenerhebung zu Kohorten zusammengefasst. Auf diese Art und Weise wurden zahlreiche Kohortenstudien, z. B. mit den Daten der Allgemeinen Bevölkerungsumfrage der Sozialwissenschaften und des Soziökonomischen Panels, durchgeführt. Ein Ex-ante-Kohortendesign liegt z. B. dann vor, wenn bestimmte zu vergleichende Geburtskohorten gezielt für eine Befragung ausgewählt wurden. Ein Beispiel für dieses Design ist die Lebensverlaufsstudie des Berliner Max-Planck-Instituts für Bildungsforschung. Für diese Studie wurden in einer retrospektiven Querschnitterhebung Angaben zu zentralen Ereignissen im Lebensverlauf von westdeutschen Mitgliedern der Geburtskohorten 1919–21, 1929–31, 1939–41, 1949–51, 1954–56 und 1959–61 erhoben. In Ostdeutschland wurden nur die Geburtskohorten 1929–31, 1939–41, 1951–53 und 1959–61 befragt (Huinink, Mayer 1995b: 10 ff.).

Die Bedeutung der Kohortenanalyse als Werkzeug der Analyse demographischer Prozesse beschreibt Ryder (1965: 86) wie folgt: „The case for the cohort as a temporal unit in the analysis of social change rests on a set of primitive notions: persons of age a in time t are those who were age $a-1$ in time $t-1$; transformations of the social world modify people of different ages in different ways; the effect of these transformations are persistent. In this way a cohort meaning is implanted in the age-time specification. Two broad orientations for theory and research flow from this position: first, the study of intra-cohort development throughout the life cycle; second, the study of comparative cohort careers, i.e., inter-cohort temporal differenziation in the various parameters that may be used to characterize these aggregate historys" (zitiert nach Halli, Rao 1992: 44). Beim Intra-Kohorten-Vergleich sind die Individuen zu den einzelnen Messzeitpunkten identisch; z. B. werden Personen der Geburtskohorte 1950–1969 in den Jahren 1990 und 2000 hinsichtlich verschiedener Merkmale z. B. Eheschließungen oder Fertilität untersucht. Beim Inter-Kohorten-Vergleich werden dagegen die Mitglieder verschiedener Kohorten bezüglich des interessierenden Ereignisses verglichen (Glenn 1977).

Kohortenanalysen sind zum einen für die Deskription demographischer Phänomene im Lebenszyklus geeignet; zum anderen können sie auch eingesetzt werden für kurzfristige Prognosen von Fertilität, Mortalität, Migration, etc. (Halli, Rao 1992: 44). Die Analysen beziehen sich auf vergangene Ereignisse und umfassen Datenmaterial ganzer Lebenszyklen. Für Prognosezwecke werden die geschätzten Parameter des Verhaltens der jüngsten Kohorte auf die nachfolgende Kohorte übertragen. Die

Vorhersagen sind allerdings nur dann korrekt, wenn keine Kohorten- und Periodeneffekte auftreten (s. Kap. 11.3.3).

Wie sich Querschnitt-, Trend-, Kohorten- und Panelstudien beim Vergleich von Alterskohorten unterscheiden, kann (ohne weitere Erläuterung) Abb. 1 entnommen werden.

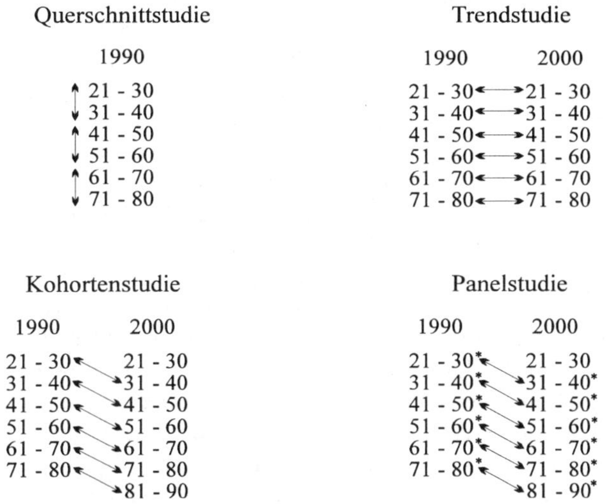

Querschnittstudie	Trendstudie
1990	1990 2000
↑ 21 - 30	21 - 30 ←→ 21 - 30
↓ 31 - 40	31 - 40 ←→ 31 - 40
↑ 41 - 50	41 - 50 ←→ 41 - 50
↓ 51 - 60	51 - 60 ←→ 51 - 60
↑ 61 - 70	61 - 70 ←→ 61 - 70
↓ 71 - 80	71 - 80 ←→ 71 - 80

Kohortenstudie	Panelstudie
1990 2000	1990 2000
21 - 30 ← 21 - 30	21 - 30* ← 21 - 30
31 - 40 ← → 31 - 40	31 - 40* → 31 - 40*
41 - 50 ← → 41 - 50	41 - 50* → 41 - 50*
51 - 60 ← → 51 - 60	51 - 60* → 51 - 60*
61 - 70 ← → 61 - 70	61 - 70* → 61 - 70*
71 - 80 ← → 71 - 80	71 - 80* → 71 - 80*
→ 81 - 90	→ 81 - 90*

Abb. 1: Zeitdimensionen und Kohortenvergleiche

Anmerkung: Die Pfeile kennzeichnen die Vergleichsgruppen; * verglichen werden Individualdaten.

(Quelle: Modifikation von Babbie 1995: 99)

11.3.2 Daten und Designs

Die Erhebung von Trend-, Kohorten- und Paneldaten ist nicht notwendigerweise an ein Längsschnittdesign gebunden. Mit Andress (1992: 36 ff.) lassen sich drei Möglichkeiten der Erhebung von Längsschnittdaten unterscheiden: die retrospektive Erhebung, die prozessbegleitende Erhebung mit gleichem Eintrittsdatum aller Untersuchungseinheiten sowie die prozessbegleitende Erhebung mit unterschiedlichem Eintrittsdatum der Untersuchungseinheiten.

Bei der retrospektiven Erhebung fallen der Zeitpunkt, auf den sich die Messung bezieht, und der Erhebungszeitpunkt auseinander. Durch retrospektive Fragen lassen sich so auch mit einem Querschnittdesign Trend-, Kohorten- und Paneldaten sowie Ereignisdaten (s. dazu weiter unten) erheben. Die Berliner Lebensverlaufsstudie oder die erste Welle des Deutschen Familiensurveys sind zwei Beispiele für Querschnitterhebungen, mit denen zahlreiche Längsschnittanalysen durchgeführt wurden (Huinink, Mayer 1995b; Brüderl et al. 1996). Als problematisch bei Retrospektivfragen kann sich allerdings das Erinnerungsvermögen der Befragten erweisen. Dem Gedächtnis der Untersuchungspersonen kann aber bezüglich dem zeitlichen Ablauf der

Ereignisse durch geschickte Erhebungstechniken, z. B. dem Zeitpfeilverfahren (s. Preisendörfer 1994), nachgeholfen werden.

Bei der prozessbegleitenden Erhebung mit gleichem Eintrittsdatum aller Untersuchungseinheiten werden in einem Längsschnittdesign zu jedem Erhebungszeitpunkt die Messwerte oder Ereignisse registriert. Durch dieses prospektive Design entfallen Erinnerungsprobleme der Befragten, da jeweils nur aktuelle Gegebenheiten erfragt werden, wie z. B. der derzeitige Familienstand, das aktuelle Einkommen oder die gegenwärtige Berufsposition. Die resultierenden Daten sind typischerweise linkszensiert, da keine Informationen über die Merkmale vor dem ersten Erhebungstermin vorliegen. Dieses Problem kann eine prozessbegleitende Erhebung mit variierenden Eintrittsdaten der Untersuchungseinheiten umgehen. Bei diesem Längsschnittdesign findet vor dem ersten Erhebungstermin keine endgültige Auswahl der Untersuchungseinheiten statt; die Auswahl ist hier über den gesamten Untersuchungszeitraum verteilt. Die zeitlichen Verläufe der interessierenden Merkmale werden dann über den gesamten Untersuchungszeitraum aufgezeichnet. Diese Situation ist häufig bei prozessproduzierten Daten oder bei Archivdaten gegeben (z. B. in medizinischen Untersuchungen, in der Krankheitsverläufe von Patienten untersucht werden, die in einem bestimmten Zeitraum erkranken). Eine Folge der variierenden Eintrittsdaten ist, dass die einzelnen Untersuchungseinheiten eine unterschiedlich lange Untersuchungsteilnahme und damit unter Umständen verschiedene Befragungshäufigkeiten aufweisen. Unabhängig von der Art und Weise, wie die Daten generiert werden, lassen sich je nach Zeitbezug der Messwerte Querschnitt-, Zeitreihen-, Panel- und Ereignisdaten unterscheiden. Die Reihenfolge der Auflistung entspricht der Informationshierarchie der Datentypen: Ereignisdaten sind informativer als Paneldaten und diese sind informativer als Trend- und Querschnittdaten. Die wenigsten Informationen enthalten Querschnittdaten.

Bei Querschnittdaten beziehen sich die erhobenen Merkmalsausprägungen nur auf einen Zeitpunkt. Trenddaten spiegeln dagegen die Variablenausprägungen von Untersuchungseinheiten zu verschiedenen Zeitpunkten wider. Aggregierte Trenddaten bilden eine Zeitreihe. Die Zeitintervalle zwischen den Messungen sind meist identisch. Zeitreihendaten sind in der Bevölkerungswissenschaft von zentraler Bedeutung. Beispiele sind die jährlichen Ehescheidungsziffern, Geburtenraten und Sterbeziffern.

Paneldaten geben für jede Untersuchungseinheit Auskunft über die Werte einer Variablen zu mindestens zwei Zeitpunkten. Das Zeitintervall ist dabei (wie bei Zeitreihendaten) für alle Untersuchungseinheiten identisch. Damit sind Paneldaten auch als Zeitreihendaten für die einzelnen Untersuchungseinheiten interpretierbar.

Ereignisdaten informieren im Gegensatz zu Paneldaten bezüglich jeder Untersuchungseinheit über die exakten Zeitpunkte, zu denen Ereignisse oder Zustandswechsel eintreten. Damit ist auch die exakte Länge der Zeitintervalle zwischen je zwei Ereignissen (d. h. die Verbleibdauer in bestimmten Zuständen) gegeben. So interessieren in der Bevölkerungswissenschaft etwa die Länge von Kohabitationen, die Dauer vom Beginn einer Partnerschaft bis zur Eheschließung, die Dauer bis zur Geburt des ersten Kindes und die Ehedauer bis zur Scheidung (s. zum Zeitbezug der vier Datentypen ausführlich Diekmann 1995: 276 ff.). Ereignisdaten können sowohl mit

Querschnitt- als auch mit Längsschnittdesigns generiert werden. Bei Befragungen muss die Ereignisgeschichte allerdings retrospektiv erhoben werden.

11.3.3 Alters-, Kohorten- und Periodeneffekte

Demographische Ereignisse wie Geburten, Heiraten, Scheidungen, Migrationen und Sterbefälle sind alle in der einen oder anderen Weise durch Alters-, Kohorten- und Periodeneffekte beeinflusst. Alterseffekte (oder synonym: Lebenszykluseffekte) beziehen sich auf systematische Zusammenhänge zwischen den interessierenden Merkmalen und der seit dem Startereignis verstrichenen Zeit, d. h. bei Geburten, Heiraten und Sterbefällen das Alter, bei Eheauflösungen die Ehedauer und bei Berufseintritten, -austritten oder -übertritten die Berufsjahre. Kohorteneffekte verweisen dagegen auf systematische Unterschiede zwischen den Kohorten, welche das interessierende Ereignis erleben (zur Kohortenanalyse s. Kap. 11.3.1). Kohorteneffekte beziehen sich auf die Kalenderzeit, Alterseffekte hingegen auf die Prozesszeit. Periodeneffekte beziehen sich auf situative Änderungen (z. B. Kriege, Rezensionen, Änderungen des politischen oder rechtlichen Systems) sowie auf Änderungen der Messweise im Untersuchungszeitraum. Kohorteneffekte treten dann auf, wenn die Mitglieder einer Kohorte gemeinsam kulturellen und sozialökonomischen Einflüssen ausgesetzt sind, die sich in der einen oder anderen Weise auf das interessierende Ereignis auswirken (Diekmann 1995: 280). Typische Kohorteneffekte sind die seit dem zweiten Weltkrieg mit den Geburtskohorten ansteigende Frauenerwerbsquote (Halli, Rao 1991: 45 ff.), das Ansteigen des Scheidungsrisikos nach Heiratskohorten (s. dazu genauer weiter unten) und die in den jüngeren Geburtskohorten ansteigenden Kohabitationsraten (Blossfeld 1995). Die Betrachtung von Alterseffekten ist Standard in der Bevölkerungswissenschaft und Demographie: Coale (1971) z. B. analysiert Alterseffekte beim Verheiratungsprozess; Diekmann (1987) diskutiert die Ehedauerabhängigkeit des Scheidungsrisikos; Rogers et al. (1978) betrachten Altersmuster der Migration; Blossfeld (1995) u. a. nicht eheliche Lebensgemeinschaften und Brüderl (1991) Berufsverläufe in einem Betrieb. Der klassische Anwendungsfall von Alterseffekten in der Demographie ist die Sterbetafel (Dinkel 1989; Esenwein-Rothe 1982; Mueller 1993; Smith 1992; s. insbesondere auch den Beitrag von Rohwer in diesem Handbuch).

Der Einfluss des Alters bzw. der Prozesszeit auf demographische Prozesse kann durch biologische, psychologische, soziale und kulturelle Mechanismen bedingt sein. So ist etwa die reproduktive Phase einer Frau biologisch beschränkt auf die Zeitspanne zwischen dem 15. und 50. Lebensjahr. Das Fertilitätsrisiko ist in dieser Lebensphase zudem nicht konstant: Zu Beginn dieses Zeitraums steigt das Risiko zunächst an, und sinkt dann nach Erreichen eines Maximums langsam wieder ab. In Gesellschaften, in denen sexuelle Aktivitäten auf die Ehe beschränkt sind und/oder in denen aus religiösen Gründen keine Kontrazeptiva verwendet werden, variiert die Fertilitätsrate darüber hinaus mit dem mittleren Heiratsalter (Halli, Rao 1992: 39). Sofern Periodeneffekte vorliegen, treten diese bei allen Kohorten gleichermaßen auf, allerdings bei unterschiedlicher Prozesszeit. So zeigt sich z. B. in Ostdeutschland seit der Wiedervereinigung über alle Kohorten hinweg ein Rückgang der Fertilität, der Heiraten und der Scheidungen.

Häufig werden in der Praxis mangels Längsschnittdaten Alters-, Kohorten- und Periodeneffekte anhand von Querschnittdaten geschätzt. Dies kann insbesondere für die Schätzung von Alters- und Kohorteneffekten fatale Folgen haben: Alterseffekte lassen sich nämlich nur dann korrekt anhand von Querschnittdaten schätzen, wenn keine Kohorteneffekte vorliegen; umgekehrt lassen sich Kohorteneffekte nur dann korrekt schätzen, wenn keine Alterseffekte vorliegen. Sind diese Bedingungen nicht erfüllt, können Fehlschlüsse resultieren, die mit Diekmann (1995: 283 ff.) als „Lebenszyklusfehlschluss" und als „Kohortenfehlschluss" bezeichnet werden können.

Ein anschauliches Beispiel für den Lebenszyklus- oder Altersfehlschluss sind die älteren Korrelationsstudien zum Zusammenhang von Alter und Intelligenz (Hunt 1991: 227 f.). Anhand von Querschnittdaten zeigt sich zwischen den beiden Merkmalen eine negative Korrelation, d. h. je älter die Personen sind, desto niedrigere Intelligenzwerte erzielen sie in entsprechenden Tests. Nun haben aber ältere Geburtskohorten im Durchschnitt eine geringere Schulbildung als jüngere Kohorten. Letztere schneiden nicht deshalb in den Intelligenztests besser ab, weil sie sich auf dem Höhepunkt ihrer geistigen Kräfte befinden, sondern weil sie über eine durchschnittlich höhere Schulbildung verfügen. Längsschnittuntersuchungen zeigen darüber hinaus, dass mit dem Alterungsprozess kein nennenswerter Intelligenzabbau einhergeht (s. zu diesen Studien Hunt 1991). Anhand von Querschnittdaten weisen die Kohorteneffekte jedoch fälschlicherweise auf einen mutmaßlichen Intelligenzabbau im Alter hin. Der umgekehrte Fall kann bei der Schätzung von Kohorteneffekten auftreten: Eine Schätzung mit Querschnittdaten liefert nur dann valide Resultate, wenn die interessierenden Merkmale im Lebensverlauf konstant sind und Unterschiede zwischen den Altersgruppen nur durch Kohorteneffekte bedingt sind. Ein Kohortenfehlschluss kann dann resultieren, wenn die Alterseffekte fälschlicherweise als Kohorteneffekte interpretiert werden.

Die Beispiele illustrieren, dass zur Trennung von Alters-, Kohorten- und Periodeneffekten Längsschnittdaten unabdingbar sind. Hierzu finden sich speziell für Kohortendaten in der Literatur einige statistische Verfahren (einen Überblick über die verschiedenen Ansätze geben Hobcraft et al. 1982). Diese Techniken wurden u. a. eingesetzt zur Separierung von Effekten bei zu erklärenden Variablen wie Fertilität, Delinquenz, Parteizugehörigkeit und Erwerbsbeteiligung (Halli, Rao 1992: 50). Diese Techniken werden allerdings kontrovers diskutiert (Feinberg, Mason 1978; Glenn 1976; Knoke, Hout 1974, 1976; Palmore 1978; Rodgers 1982; Smith et al. 1982).

Anwendungsbeispiel: Zeitliche Effekte beim Scheidungsrisiko

Alters-, Kohorten- und Periodeneffekte lassen sich mit Diekmann (1995: 281 f.) gut am Beispiel des zeitabhängigen Scheidungsrisikos anhand westdeutscher Daten veranschaulichen. Der Kohorteneffekt des Scheidungsrisikos zeigt im Zeitverlauf einen deutlichen Anstieg: Wurden nur 6,5% der Ehen der Heiratskohorten 1955 mit einer Ehedauer bis zu 9,5 Jahren geschieden, waren es bereits 10% der Kohorte von 1965 und 15% der Eheschließungskohorte von 1975. Der Alters- oder Lebenszykluseffekt des Scheidungsrisikos in Abhängigkeit von der Ehedauer zeigt einen typisch sichelförmigen Verlauf: Nach der Eheschließung steigt er steil an, erreicht zwischen dem Dritten und fünften Ehejahr sein Maximum und fällt dann langsam wieder ab. Dieses anhand von Ereignisdaten geschätzte Verlaufsmuster des Scheidungsrisikos zeigt sich bei allen Heiratskohorten, wenn auch auf unterschiedlichem Niveau. Betrachtet man die Entwicklung der Scheidungsziffern (d. h. die Anzahl Scheidungen pro 10.000 Ehen) seit dem zweiten Weltkrieg anhand von Paneldaten, so zeigt sich von 1976 bis 1978 ein markanter Rückgang der Scheidungsrate, welche allerdings 1981 bereits wieder auf ihrem Niveau von 1976 ist. Dieser starke Periodeneffekt ist auf die Reform der Ehescheidungsgesetze im Jahr 1978 zurückzuführen. Zunächst hatte die Rechtssprechung die Gesetzesänderung abgewartet; nach Einführung des Gesetzes gab es dann einen „Scheidungsstau", der dann u. a. auch auf Grund längerer Verfahrensdauern langsam wieder abgearbeitet wurde. Der Periodeneffekt tritt bei allen Kohorten auf, allerdings bei unterschiedlicher Ehedauer.

11.4 Experimentelle, quasiexperimentelle und nichtexperimentelle Designs

Nach der Festlegung der Untersuchungseinheiten und der Zeitdimensionen bleibt für das Untersuchungsdesign die Frage, wie im Falle einer eigenen Datenerhebung die Forschungshypothesen systematisch überprüft werden können. Zumeist wird die zu prüfende Hypothese nicht eine einfache, unspezifische Aussage der Art „y hängt mit x zusammen" sein, sondern eine kausale Aussage über eine Ursache-Wirkung-Beziehung (mindestens) zweier Variablen: „x determiniert y" oder „verändert sich x, so verändert sich auch y in eine bestimmte Richtung". Zur Überprüfung derartiger kausaler Fragestellungen bedarf es entweder der experimentellen Forschung oder – bei nicht-experimenteller Forschung – geeigneter statistischer Verfahren.

Ein Experiment kann allgemein umschrieben werden als eine Untersuchungsanordnung zur Hypothesenprüfung. Der Begriff des Experiments bezieht sich weder auf den Ort noch auf die Art der Datenerhebung (Befragung, Beobachtung etc.). So können Experimente in natürlicher Umgebung, d. h. in Alltagssituationen stattfinden oder in streng kontrollierten und abgeschirmten Umgebungen. Untersuchungsanordnungen in realistischen Situationen heißen Feldexperimente; solche in lebensfernen Umgebungen werden Laborexperimente genannt. Experimentelle Forschung in der Bevölkerungswissenschaft findet hauptsächlich im Feld statt. Laborexperimente gehören zur Domäne der Psychologie und Sozialpsychologie.[9]

Einer Kurzdefinition zufolge ist das wissenschaftliche Experiment eine „Beobachtung unter kontrollierten Bedingungen" (Friedrichs 1990: 334). Danach sind auch Untersuchungsanordnungen mit einem rein explorativen Charakter Experimente. Mit Zimmermann (1972: 37) kann das wissenschaftliche Experiment definiert werden als „wiederholbare Beobachtung unter kontrollierten Bedingungen, wobei eine (oder mehrere) unabhängige Variable(n) derartig manipuliert wird (werden), dass eine

---

[9] Ein Vergleich zwischen Labor- und Feldexperimenten sowie deren Vor- und Nachteile finden sich z. B. bei Schnell et al. (1995: 215); zu Labor- und Feldforschung generell s. Patry (1982).

Überprüfungsmöglichkeit der zugrunde liegenden Hypothese (Behauptung eines Kausalzusammenhangs) in unterschiedlichen Situationen gegeben ist." Zimmermanns Definitionsvorschlag ist ein Versuch, verschiedene methodologische Anforderungen an ein Experiment zu berücksichtigen, nämlich (a) die Überprüfung einer Kausalhypothese, (b) die Wiederholbarkeit in verschiedenen Situationen und (c) die Kontrolle sonstiger Faktoren der verschiedenen Situationen (Stapf 1995: 232).[10]

Campbell (1957) sowie Campbell und Stanley (1963) unterscheiden vorexperimentelle Anordnungen, echte experimentelle Anordnungen, quasiexperimentelle Anordnungen und ex-post-facto Anordnungen. Diese vier Designs unterscheiden sich v. a. in der Möglichkeit der Varianzkontrolle der abhängigen Variablen. Vorexperimentelle Anordnungen entsprechen durch mangelnde Varianzkontrollmöglichkeit generell nicht den wissenschaftlichen Anforderungen an die Methodik der Hypothesenprüfung. Da sich anhand dieses Designtyps eine Reihe von Fehlerquellen bezüglich der Generalisierbarkeit experimenteller Resultate erkennen lassen, sind sie für die weitere Diskussion experimenteller Designs dennoch eine kurze Besprechung wert (Kap. 11.4.1). Echte experimentelle Anordnungen bieten – im Gegensatz zu den vorexperimentellen Anordnungen – durch die Bildung von Vergleichsgruppen im Rahmen der Untersuchungsplanung, der zufälligen Zuweisung der Versuchspersonen zu den experimelle Gruppen sowie der gezielten Manipulierung der unabhängigen Variablen eine optimale Varianzkontrolle der abhängigen Variablen (s. Kap. 11.4.4). Bei quasiexperimentellen Untersuchungsanordnungen werden gegenüber den echten experimentellen Anordnungen die Untersuchungseinheiten den Vergleichsgruppen nicht zufällig zugewiesen (s. Kap. 11.4.5). Damit sind „quasiexperimenelle Designs sozusagen Experimente ohne Randomisierung". Bei ex-post-facto Anordnungen erfolgt die Varianzkontrolle der abhängigen Variablen und die Auswahl von Vergleichsgruppen erst nach der Datenerhebung durch geeignete statistische Methoden. Da damit zentrale Voraussetzungen experimenteller Anordnungen verletzt sind, werden ex-post-facto Anordnungen als „nichtexperimentelle Designs" bezeichnet (Kap. 11.4.6).

11.4.1 Vorexperimentelle Designs

Campbell und Stanley (1963) nennen drei vorexperimentelle Anordnungen: die „One-Shot"-Anordnung, die „One-Group Pretest-Posttest"-Anordnung und den „Statistischen Zwei-Gruppen-Vergleich". Das einfache „One-Shot"-Desgin ist vergleichbar mit der Methode des „Commonsense", des gesunden Menschenverstands: Eine Gruppe von Untersuchungspersonen wird (mit oder ohne Einwirkung oder Manipulation des Versuchsleiters) der Wirkung der unabhängigen Variablen ausgesetzt. Sodann wird die abhängige Variable gemessen. Als Beispiel für diese einmalige Versuchsanordnung nennt Kerlinger (1973: 294 f.) die freudschen Analysen neurotischen Verhaltens. Schematisch läßt sich der „One-Shot"-Untersuchungsplan wie folgt darstellen:

---

[10] Weitere Definitionsbeispiele des Experiments finden sich bei Stapf (1995: 230 ff.) sowie bei Zimmermann (1972: 32 ff.).

$$x_{t1} \to x_{t2}$$

wobei x die unabhängige Variable oder in Anlehnung an die psychologische Terminologie den experimentellen Stimulus bezeichnet und y die Ausprägung der abhängigen Variable. Das Suffix ti gibt die zeitliche Abfolge des Auftretens der beiden Variablen wieder.

Für die wissenschaftliche Hypothesenprüfung ist dieses einfache Design jedoch völlig ungeeignet: dem Stimulus x kann auf Grund fehlender Vergleichsmöglichkeiten keine Wirkung zugeschrieben werden. Weder liegen Daten von Untersuchungseinheiten vor, die dem Stimulus nicht ausgesetzt waren, noch Daten über die Werte von y vor dem Eintreten des Stimulus. Nichtexperimentelle Pläne dieser Art taugen keinesfalls zur Prüfung von Hypothesen, sondern nach Irle (1975: 41) „höchstens zur Anregung beim Erfinden von Hypothesen."

Ein Vergleich der Messwerte der abhängigen Variablen vor und nach dem Auftreten von x ist beim „One-Group Pretest-Posttest"-Untersuchungsplan möglich:

$$x_{t1} \to x_{t2} \to x_{t3}$$

Diese Untersuchungsanordnung ist zwar in den Naturwissenschaften durchaus gebräuchlich (Zimmermann 1972: 85), für die Bevölkerungswissenschaft ist das „One-Group Pretest-Posttest"-Design aber unzureichend. Auch hier sind diverse Alternativerklärungen der zeitlichen Veränderung von y möglich, die nichts mit dem Stimulus x zu tun haben. So mag sich von $t1$ nach $t2$ nach $t3$ nicht nur x geändert haben, sondern weitere Faktoren sind möglicherweise nicht konstant geblieben, welche letztlich für die Veränderung von y verantwortlich sind. Auch kann die Wiederholung der Messung von y selbst zur Veränderung geführt haben, weil die Versuchspersonen Erfahrung gesammelt haben. Vielleicht haben sich zwischen $t1$ und $t2$ aber auch einfach nur die Messinstrumente verändert und y ist tatsächlich konstant geblieben. Darüber hinaus sind noch weitere Erklärungsmöglichkeiten für die Veränderung von y denkbar.[11] Eine systematische Diskussion dieser Alternativverklärungen findet sich im folgenden Kap. 11.4.2.

Zur Reduktion konkurrierender Erklärungsalternativen wird insbesondere bei Evaluationsstudien gelegentlich der „Statistische Zwei-Gruppenvergleich"-Untersuchungsplan eingesetzt. Evaluationsstudien dienen der Prüfung von Hypothesen bezüglich der Wirkung von rechtlichen, wirtschaftlichen oder sozialen Maßnahmen. Das „Statistische Zwei-Gruppenvergleich"-Design (oder „Static-Group Comparison" in der Terminologie von Campbell und Stanley 1963: 12) ergibt sich durch den Vergleich zweier Gruppen, Experimentalgruppe ($G1$) und Kontrollgruppe ($G2$), wobei aber nur erstere Gruppe dem experimentellen Stimulus x ausgesetzt war:[12]

---

[11] Campbell und Stanley (1963) diskutieren explizit fünf mögliche Alternativverklärungen: externe Zeiteinflüsse, Reifungsprozesse, Meßeffekte, Veränderung in den Meßinstrumenten und statistische Regression (s. hierzu die Diskussion in Kap. 11.4.2).

[12] Siehe zu Evaluationsstudien z. B. Bortz und Döring (1995); Cook et al. (1985), Rossi und Freeman (1991), Wottawa und Thierau (1990) sowie Kap. 11.4.5 in diesem Beitrag.

$x_{t1} \to y_{G1(t2)}$

$\to y_{G2(t2)}$

Betrachten wir mit Diekmann (1995: 297 f.) als Beispiel die Untersuchung der Wirkung eines Berufsfortbildungsprogramms auf die Beschäftigungschancen arbeitsloser Personen. Nehmen wir an, dass sich mit diesem Untersuchungsdesign bei der Experimentalgruppe, welche das Fortbildungsprogramm absolviert hat, höhere Wiederbeschäftigungschancen als bei der Kontrollgruppe zeigen. Kann dann der Erfolg der Experimentalgruppe auf die Maßnahme zurückgeführt werden? Sicher nicht ausschließlich, denn es könnte sein, dass nur besonders motivierte und besser ausgebildete Personen an dem Fortbildungsprogramm teilgenommen haben, die auch ohne diese Maßnahme eine günstigere Beschäftigungschance gehabt hätten. Bei diesem Selbstselektionsproblem produziert nicht die Maßnahme den Effekt, sondern unbekannte Drittfaktoren. Das Dilemma der drei skizzierten Untersuchungspläne ist, dass die jeweiligen Untersuchungsbedingungen nicht weiter kontrolliert werden können. Bei jedem Design gibt es konkurrierende Erklärungsalternativen. So bleibt letztendlich offen, ob gemäß der Forschungshypothese x für den gefundenen Effekt bei y verantwortlich ist, oder ob andere Variablen, so genannte Störvariablen, die Interpretation der Forschungsergebnisse fragwürdig machen. Diese Störfaktoren sind Gegenstand des folgenden Kapitels.

11.4.2 Validität experimenteller Anordnungen

Zur Bewertung von experimentellen Anordnungen differenzieren Campbell (1957) sowie Campebll und Stanley (1963) zwei grundlegende Gütekriterien (psychologischer) Forschung: die interne und externe Validität. Eine Untersuchung ist dann intern valide oder gültig, wenn die beobachtete Veränderung der abhängigen Variablen kausal eindeutig auf die Variation der unabhängigen Variablen zurückgeführt werden kann. „Internal validity is the basic minimum without which any experiment is uninterpretable. Did in fact the experimental treatments make a difference in this experimental instance?" (Campbell, Stanley 1963: 175). Die interne Validität hängt somit davon ab, inwiefern potenzielle Alternativerklärungen durch entsprechende Kontrolltechniken vermeidbar sind (dazu genauer Kap. 11.4.3).

Die externe Validität bezieht sich dagegen auf die Generalisierbarkeit oder Repräsentativität der Ergebnisse über die spezifische Untersuchungssituation hinaus auf andere Personen, Situationen und Zeitpunkte. „External validity asks the question of generalizability: To what populations, settings, treatment variables, and measurement variables can this effect be generalized?" (Campbell, Stanley 1963: 175). So stellt sich etwa die Frage, ob Untersuchungsergebnisse, die mit freiwilligen Versuchspersonen erzielt wurden, auch auf andere Populationen übertragen werden können. In der Regel zeigt sich, dass sich Freiwillige systematisch von Nichtfreiwilligen unterscheiden, sodass die externe Validität von Studien mit freiwilligen Versuchspersonen fraglich ist (für einen Überblick s. Cowles, Davis 1987). Eine Lösung des Problems besteht im Feldexperiment mit „unfreiwilligen" Versuchspersonen, dem darüber hinaus auf Grund der Realitätsnähe eine höhere externe Validität zugesprochen wird. Im Allgemeinen kann die externe Validität von Experimenten mit der Repräsentativität der Versuchspersonen und Versuchsleiter sowie mit der Reproduzierbarkeit der experimentellen Befunde bei unterschiedlichen Designs und Methoden gesteigert werden.

In experimentellen Anordnungen ist durch so genannte „Störfaktoren" eine Beeinträchtigung der internen und externen Validität möglich: Störfaktoren können neben der oder den unabhängige(n) Variable(n) einen eigenständigen Einfluss auf die abhängige Variable ausüben, oder auch zusammen mit der oder den unabhängige(n) Variablen einen Effekt produzieren.[13] Treten solche Fehlerquellen auf, kann die beobachtete Variation der abhängigen Variablen nicht eindeutig auf die unabhängige(n) Variable(n) zurückgeführt werden. Es bestehen dann alternative Erklärungsmöglichkeiten, wodurch die interne und externe Validität erheblich eingeschränkt ist. Campbell und Stanley (1963) haben in Anlehnung an Campbell (1957) zwölf der wichtigsten Störfaktoren in experimentellen Situationen zusammengestellt:

(1) Externe Zeiteinflüsse: Wird die abhängige Variable y vor und nach dem Eintreten der unabhängigen Variablen x gemessen, so können neben der interessierenden Variablen x weitere Merkmale oder Ereignisse Einfluss auf y ausüben.
(2) Reifungsprozesse: Zwischen erster und zweiter Messung können sich bestimmte biologisch-psychologische Veränderungen der Versuchsperson einstellen. Diese Veränderungen sind allein eine Funktion der Zeit; z. B. können die Versuchspersonen während des Experiments älter, müder oder weniger aufmerksam werden.
(3) Messeffekte: Die erste Messung kann sich auf die zweite Messung dadurch auswirken, dass die Versuchspersonen Erfahrungen sammeln.
(4) Veränderung in den Messinstrumenten: Bei den Messinstrumenten und apparativen Geräten aber auch beim Versuchsleiter und seinen Helfern können zwischen erster und zweiter Messung Veränderungen eintreten (z. B. Sensibilisierung oder Ermüdungseffekte).
(5) Statistische Regressionseffekte: Werden in der ersten Messung der abhängigen Variablen y extreme Werte registriert, so ist es wahrscheinlich, dass die Messwerte im nachfolgenden Test weniger extrem ausfallen. Insbesondere bei nicht zufällig ausgewählten Stichproben wird eine „Regression zur Mitte" stattfinden.
(6) Selektionseffekte: Werden die Versuchspersonen nicht durch Zufallsauswahl den verschiedenen experimentellen Bedingungen zugeteilt (z. B. bei quasi-experimentellen Untersuchungen), besteht die Möglichkeit, dass sich die Personen der einzelnen Versuchsanordnungen in bestimmten Merkmalen oder Charakteristika systematisch unterscheiden. Diese Auswahleffekte können dann Unterschiede in der abhängigen Variablen y zur Folge haben, welche nicht auf die unabhängige Variable x zurückgeführt werden können.
(7) Experimentelle Mortalität: Weisen die einzelnen experimentellen Gruppen bei einer Messwiederholung unterschiedliche Ausfallquoten auf, so kann bei einem

---

[13] Wird die Variation der abhängigen Variablen gemeinsam durch Störfaktoren und der (oder den) intendierten unabhängige(n) Variable(n) erzeugt, spricht man auch von einer „Konfundierung" der Effekte.

selektiven Ausfall eine systematische Variation der abhängigen Variablen y erzeugt werden, welche nicht auf die unabhängige Variable x zurückgeführt werden kann.

(8) Interaktion zwischen Selektion und Reifung: Unterscheiden sich die Versuchspersonen zwischen Experimental- und Kontrollgruppe in irgendeiner Weise systematisch, so wird ein möglicher Unterschied in der abhängigen Variablen y unter Umständen der unabhängigen Variablen x zugeschrieben. Ein solcher Unterschied kann aber auch der Wechselwirkung zwischen der Selektion der Versuchspersonen und deren verschiedenen Reifezuständen zuzuschreiben sein. Die interne Validität wird in diesem Fall durch eine Wechselwirkung zwischen der unabhängigen Variablen x und einer Störvariablen gefährdet.

(9) Reaktiver Messeffekt: Durch die Durchführung eines Vortests kann die Sensitivität oder das Problembewusstsein der Untersuchungsteilnehmer gegenüber der unabhängigen Variablen y gesteigert oder verringert werden. Die aus den Untersuchungen mit vorgelagerter Messung gewonnen Ergebnisse sind dann nicht generalisierbar.

(10) Interaktion von Selektion und unabhängiger Variable: Bildet die Gruppe der Versuchspersonen keine zufällige Auswahl, sondern eine bezüglich bestimmter Merkmale selektive Gruppe (z. B. studentische Versuchspersonen), dann ist eine Verallgemeinerung der Resultate auf die Population nicht möglich.

(11) Reaktive Effekte der experimentellen Situation: Weicht die experimentelle Situation gravierend von der „Alltagssituation" ab (z. B. in einem Laborexperiment), sind die gewonnen Ergebnisse zwar unter Umständen intern valide; die externe Validität kann aber unter der Untersuchungssituation leiden. Aber auch bei Feldexperimenten besteht die Möglichkeit, dass die Versuchspersonen allein schon auf Grund des Wissens um die Teilnahme an einem sozialwissenschaftlichen Experiment bestimmte Verhaltensweisen zeigen, die sich von ihrem Alltagsverhalten unterscheiden. Letzterer Effekt wird auch Hawthorne-Effekt genannt (Zimmermann 1972: 20).[14]

(12) Interferenzen durch mehrere experimentelle Einwirkungen: Wird eine Versuchsperson in einer Untersuchung sequenziell mehreren experimentellen Situationen ausgesetzt, können sich die Wirkungen der einzelnen unabhängigen Variablen x kumulieren oder überlagern. Die Ergebnisse von Versuchspersonen mit mehreren experimentellen Durchgängen unterscheiden sich dann von denjenigen der Probanden, welche nur einer experimentellen Situation gegenüberstanden.

Die Effekte (1) bis (8) können sich nach Campbell und Stanley (1963) störend auf die interne Validität einer Untersuchung auswirken.[15] Diese störenden Bedingungen täuschen dann anstatt der unabhängigen Variablen einen Effekt vor. Die externe Validität wird dagegen durch die Störgrößen (9) bis (12) beeinträchtigt, welche zusammen mit den intendierten unabhängigen Variablen den gemessenen Effekt produzie-

---

[14] Die Frage nach der externen Validität von Laborexperimenten wird intensiv unter dem Stichwort „ökologische Validität" (synonym: situative oder ökologische Repräsentativität) diskutiert (Stapf 1995: 239 f.).

[15] Cook und Campbell (1979) führen 13 Faktoren an, die eine Bedrohung der internen Validität darstellen.

ren (Bungard 1984: 21; Gadenne 1976: 15 ff.). Welche der zwölf Störfaktoren durch die in diesem Kapitel diskutierten vor-, quasi- sowie reinexperimentellen Designs kontrollierbar sind, kann Tab. 3 entnommen werden.

Tab. 3: Störfaktoren der internen und externen Validität ausgewählter experimenteller Designs

	(1)	(2)	(3)	(4)	(5)	(6)	(7)	(8)	(9)	(10)	(11)	(12)
Vorexperimentelle Designs												
– One-Shot-Design	–	–				–	–					?
– One-Group Pretest-Posttest Design?	–	–	–	–	?	+	+	–		–	–	?
– Static-Group Comparison	+	?	+	+	+	–	–	–		–		
Experimentelle Designs												
– Pretest-Posttest Control Group Design	+	+	+	+	+	+	+	+	–		?	?
– Posttest-only Control Group Design?	+	+	+	+	+	+	+	+	+		?	?
– Solomon Vier-Group Design	+	+	+	+	+	+	+	+	+		?	?
Quasiexperimentelle Designs												
– Nonequivalent Control Group Design	+	+	+	+	?	+	+	–	–		?	?
– Interrupted Time Series	–	+	+	?	+	+	+	+	–		?	?
– Multiple Time Series	+	+	+	+	+	+	+	+	–		–	?

Anmerkung: (1) Zeiteinflüsse; (2) Reifungsprozesse; (3) Messeffekte; (4) Veränderung in den Messinstrumenten; (5) Statistische Regression; (6) Selektionseffekte; (7) Experimentelle Mortalität; (8) Interaktion zwischen Selektion und Reifung; (9) Reaktiver Messeffekt; (10) Interaktion von Selektion und unabhängiger Variable; (11) Reaktive Effekte der experimentellen Situation; (12) Interferenzen durch mehrere experimentelle Einwirkungen. Der jeweilige Störfaktor kann bei einem „+" durch die experimentelle Anordnung kontrolliert werden; bei „–," ist keine Kontrolle möglich. Ein „?" deutet an, dass Kontrollschwierigkeiten durch das Design bestehen bleiben. Fehlt eine Eintragung, so ist die Störgröße im Rahmen des Untersuchungsdesigns nicht relevant.

(Quelle: Modifiziert entnommen aus Campbell und Stanley 1963: 8, 40, 56)

In der Forschungspraxis sind die Kriterien der internen und externen Validität häufig nicht völlig vereinbar (Campbell, Stanley 1963). Untersuchungsdesigns, die zur Ausschaltung von Fehlerquellen bzgl. der internen Validität eine optimale Kontrolle der experimentellen Situation Gewähr leisten, genügen oft nicht den Anforderungen der externen Validität. Umgekehrt sind Untersuchungsdesigns, die eine hohe externe Validität aufweisen, in der Regel intern weniger valide. Da die interne Validität eine notwendige, aber keine hinreichende Bedingung für die externe Validität darstellt, räumen Campbell und Stanley der internen gegenüber der externen Validität Priorität ein: „Both types of criteria are important, even though they are frequently at odds in that features increasing one may jeopardize the other. While internal validitity is the sine qua non, and while the question of external validity [...] is never completely answerable, the selection of designs strong in both types of validity is obviously our ideal" (Campbell, Stanley 1963: 175).

In einer Revision des Konzepts der internen und externen Validität differenzieren Cook und Campbell (1976, 1979) noch zwischen der statistischen Schlussfolgerungsvalidität und der Konstruktvalidität. Die Validität bzgl. der statistischen

Schlussfolgerung bildet einen Spezialfall der internen Validität. Die kausale Rückführung der Variation der abhängigen Variablen auf die unabhängigen Variablen kann nicht nur durch die oben aufgeführten Störfaktoren gefährdet werden, sondern auch durch unangemessene statistische Verfahren (s. dazu genauer weiter unten). Die Konstruktvalidität (von Kerlinger (1973) auch Variablenrepräsentativität genannt) bildet eine notwendige Voraussetzung für die interne Validität und betrifft die Operationalisierung von unabhängiger und abhängiger Variablen. Nur wenn die gewonnenen Resultate durch unterschiedliche Operationalisierungen rekonstruierbar sind, ist auch eine Verallgemeinerung der Ergebnisse auf andere Personen, Situationen und Zeitpunkte möglich.

11.4.3 Kontrolle von Störfaktoren

Die interne und externe Validität experimenteller Untersuchungen kann, wie gesagt, durch Störgrößen beeinträchtigt werden. Sofern diese identifiziert sind, besteht eine gewisse Kontrollmöglichkeit durch Ausschaltung der Störfaktoren, durch die Umwandlung von Störgrößen in unabhängige Variablen oder durch die Bildung von Versuchs- und Kontrollgruppen durch Parallelisierung. Aber auch bei nicht bekannten Störfaktoren besteht mit der Randomisierung eine wirksame Methode zur Rekrutierung von Kontrollgruppen, die generell angewendet werden kann (Kerlinger 1976: 453 ff.; Schnell et al. 1995: 212 ff.; Stapf 1995: 240 ff.; Zimmermann 1972: 66 ff.). Im Folgenden werden diese vier Kontrolltechniken zur Gewährleistung der internen und externen Validität kurz vorgestellt.

(1) Ausschaltung: Die einfachste Möglichkeit, eine mutmaßliche oder bekannte Störgröße zu beseitigen, besteht darin, diese einfach auszuschalten. Ausschaltung kann je nach Situation zweierlei bedeuten: Elimination oder Neutralisation (Konstanthaltung). Besteht z. B. die Störgröße in der Anwesenheit des Ehepartners bei einer Studie zur Partnerbiographie, so kann diese unter Umständen durch eine Einzelbefragung eliminiert werden. Neutralisation dagegen bedeutet, dass die Störgröße zwar weiterhin besteht, jedoch in ihrer Varianz reduziert bzw. konstant gehalten wird. In Scheidungsstudien etwa ist bekannt, dass Männer bzgl. ihrer Partnerbiographie weniger verlässliche Angaben machen (Bumpass et al. 1991; Sweet, Bumpass 1987). Eine Strategie, die Störgröße „Mann" auszuschalten bzw. zu neutralisieren, besteht darin, nur die Angaben von Frauen auszuwerten (Bumpass et al. 1991). In der Bevölkerungswissenschaft dürfte die Ausschaltung von Störgrößen durch Elimination eine geringere Rolle spielen als durch Neutralisation. Die Eliminationstechnik ist typisch für Laborexperimente, geht aber zulasten der externen Validität.

(2) Umwandlung von Störgrößen in unabhängige Variablen: Als weitere Möglichkeit zur Kontrolle bekannter oder mutmaßlicher Stör- oder Drittvariablen[16] kann man diese als unabhängige Variablen in den Untersuchungsplan einbauen. So

---

[16] Drittvariablen sind solche Variablen, die neben den eigentlich interessierenden unabhängigen Variablen einen Einfluß auf die abhängige Variable ausüben.

wird die Drittvariable selbst Gegenstand der Untersuchung, was die Analyse der Auswirkungen auf die abhängige Variable sowie eventuelle Wechselwirkungen mit anderen unabhängigen Variablen ermöglicht (Kerlinger 1976: 454 f.; Stapf 1995: 241). Eine in den Sozialwissenschaften regelmäßig zur unabhängigen Variablen deklarierte Drittvariable ist z. B. das Geschlecht der Versuchsperson.

(3) Parallelisierung (Matching): Personengebundene Störfaktoren wie das Geschlecht, die Bildung oder der Familienstand können bei einem Untersuchungsdesign mit Vergleichs- oder Kontrollgruppen dadurch kontrolliert werden, indem jedem Individuum der einen Gruppe ein vergleichbares oder gleiches Individuum der anderen Gruppe zugeordnet wird. Weisen die Vergleichsgruppen hinsichtlich der Stör- oder Drittvariablen annähernd gleiche Randverteilungen auf, spricht man von Gruppenmatching oder parallelisierten Gruppen. Werden darüber hinaus auch Kombinationen von Drittvariablen berücksichtigt, liegt ein paarweises Matching (parallelisierte Paare) vor. In diesem Fall wird jeder Person mit einer bestimmtem Merkmalskombination eine Person mit der gleichen Merkmalskombination in der Vergleichsgruppe zugeordnet, was eine Gleichheit der Zellenbesetzungen zur Folge hat. In der praktischen Anwendung sind die Matchingtechniken nicht unproblematisch: Erstens können auf Grund der in der Regel begrenzten Anzahl von Versuchspersonen nur wenige Stör- oder Drittvariablen kontrolliert werden. Zweitens ist auch a priori nicht immer klar, welche Merkmale bedeutende Drittvariablen sind (Kerlinger 1976: 455 f.; Zimmermann 1972: 69 f.). Weiter ist zu bedenken, dass unter der Parallelisierung die externe Validität leiden kann.

(4) Randomisierung: Eine (bei bekannten und unbekannten Stör- und Drittvariablen) universell anwendbare Kontrolltechnik ist die Randomisierung oder Zufallszuweisung. Bei diesem Verfahren erfolgt die Zuweisung der Versuchspersonen (bzw. Merkmalsausprägungen) zu den einzelnen Versuchsbedingungen zufällig, d. h. die Auswahlwahrscheinlichkeiten der Personen/Merkmalsausprägungen sind unabhängig und identisch.[17] Durch die Zufallsauswahl wird gewährleistet, dass sich die Störgrößen gleich auf die Versuchsbedingungen verteilen, sodass hinsichtlich der Variation der Störgrößen keine systematischen Unterschiede zwischen den einzelnen Gruppen bestehen. Viele Autoren betrachten denn auch die Randomisierung als wirksamstes Hilfsmittel zur Kontrolle von Störvariablen (Kerlinger 1976: 454; Schnell et al. 1995: 214; Stapf 1995: 241). Im Vergleich zum Matching ist die Randomisierung im Allgemeinen vorzuziehen. Zimmermann (1972: 71 f.) empfiehlt dennoch in bestimmten Fällen die Kombination von Randomisierung und Matching: Sind Störgrößen oder Drittvariablen bekannt, so kann durch die Matchingtechnik dem mit der Randomisierung einhergehenden Zufallsfehler entgangen werden.

Die zufällige Zuweisung von Versuchspersonen zu Untersuchungsbedingungen ist auch zentrales Kennzeichen echter experimenteller Versuchspläne, die im folgenden Kap. 11.4.4 vorgestellt werden.

---

17 Zur Stichprobentheorie s. einführend z. B. Diekmann (1995: 330 ff.) oder Henry (1990); eine ausführliche Darstellung findet sich u.a. bei Stenger (1986).

11.4.4 Experimentelle Designs

Von einem echten experimentellen Versuchsdesign sprechen wir mit Diekmann (1995: 296) dann, wenn folgende drei Bedingungen erfüllt sind: Erstens müssen mindestens zwei experimentelle Gruppen gebildet werden, wobei zweitens die Probanden den einzelnen Gruppen zufällig zugewiesen werden (Randomisierung) und drittens die unabhängige Variable vom Forscher gezielt manipuliert werden muss (s. auch Kerlinger 1978: 505). In der Literatur finden sich eine Reihe von Plänen, nach denen experimentelle Untersuchungen angelegt werden können (Campbell, Stanley 1963; Zimmermann 1972). Einer der „Grundpläne" aus dem weitere, speziellere Experimentalpläne abgeleitet wurden, ist das „Pretest-Posttest Control Group Design". Diesem Untersuchungsplan liegen zwei Experimentalgruppen, die Versuchsgruppe $G1$ und die Kontrollgruppe $G2$, zu Grunde. Die abhängige Variable y wird einmal vor und einmal nach dem Einfluss der unabhängigen Variablen x gemessen. Schematisch ergibt sich der Plan durch:

$$r \rightarrow y_{G1(t1)} \rightarrow x_{t2} \rightarrow y_{G1(t2)}$$

$$r \rightarrow y_{G2(t1)} \rightarrow x_{t2} \rightarrow y_{G2(t2)}$$

Hierbei steht r für eine Randomisierung der Untersuchungseinheiten zu Beginn des Experimentes. Der unabhängigen Variablen x kann dann ein kausaler Einfluss auf y zugeschrieben werden, wenn die Differenzen zwischen $y_{G1(t1)}$ und $y_{G1(t3)}$, zwischen $y_{G1(t1)}$ und $y_{G2(t1)}$ und zwischen $y_{G1(t3)}$ und $y_{G2(t3)}$ signifikant von Null verschieden sind. Dies kann z. B. mittels des t-Tests überprüft werden.[18]

Unter der Voraussetzung einer sorgfältigen Anwendung trägt der „Pretest-Posttest Control Group"-Experimentalplan den in Kap. 11.4.2 genannten acht Fehlerquellen der internen Validität Rechnung (s. auch die Übersicht in Tab. 3). Allerdings ist mit dieser Anordnung ein Faktor nicht kontrollierbar, der sich auf die externe Validität auswirken kann, nämlich der reaktive Messeffekt: Mit dem Pretest kann sich eine gewisse Sensibilisierung einstellen, die sich dann (sowohl als Haupteffekt als auch in Interaktion mit der Variation der unabhängigen Variablen) beim Nachtest äußert (Solomon 1949; s. auch Zimmermann 1972: 96 ff.). In diesem Fall würde ein Effekt bei y fälschlicherweise ausschließlich der unabhängigen Variablen x zugeschrieben werden. Eine einfache Lösung des Problems besteht darin, den Pretest bei der Versuchs- und Kontrollgruppe aus dem obigen Experimentalplan zu streichen. Das resultierende „Posttest-Only Control Group Design" ist also ein Verfahren ohne Messwiederholung:

---

[18] Zur Auswertung experimenteller Designs s. z. B. Brown und Melamed (1990).

$r \rightarrow x_{t1} \rightarrow y_{G1(t2)}$

$r \quad\quad\rightarrow y_{G2(t2)}$

Da der Pretest kein notwendiger Bestandteil eines Experiments darstellt, ist letztere Anordnung sogar ökonomisch günstiger zu beurteilen als der „Pretest-Posttest Control Group"-Untersuchungsplan. Wird nun aber explizit die externe Validität der Messergebnisse gewünscht, können die beiden skizzierten Versuchspläne zum „Solom Vier-Gruppen-Versuchsplan" vereinigt werden (Solomon 1949):

$r \rightarrow y_{G1(t1)} \rightarrow x_{t2} \rightarrow y_{G1(t3)}$

$r \rightarrow y_{G2(t1)} \rightarrow \quad\quad \rightarrow y_{G2(t3)}$

$r \rightarrow \quad\quad x_{t2} \rightarrow y_{G3(t3)}$

$r \quad\quad\quad \rightarrow y_{G4(t3)}$

Durch die doppelte Kontrolle des Effekts von x können nun nicht nur reaktive Effekte des Messinstruments isoliert werden; es erhöht sich damit auch die externe Validität der Untersuchungsresultate gegenüber dem einfachen „Posttest-Only Control Group Design". Sofern ein positiver kausaler Effekt von x auf y besteht, ist $y_{G1(t3)} > y_{G1(t1)}$, $y_{G1(t3)} > y_{G2(t3)}$, $y_{G3(t3)} > y_{G4(t3)}$ und $y_{G3(t3)} > y_{G2(t1)}$ (Campbell, Stanley 1963: 25).

Zur Überprüfung spezieller Hypothesen können die drei Untersuchungspläne natürlich auch erweitert und abgewandelt werden (Campbell, Stanley 1963: 31 ff.). Allerdings sind diese Modifikationen ebenfalls auf die Analyse der Wirkung einer unabhängigen Variablen beschränkt. Faktorielle Versuchsanordnungen erlauben dagegen die Untersuchung der simultanen Wirkung von zwei und mehr unabhängigen Variablen (Bortz, Döring 1995: 495 ff.; Spector 1981: 54 ff.; Zimmermann 1972: 151 ff.). Mit entsprechenden varianzanalytischen Methoden sind die Haupteffekte der Faktoren (unabhängigen Variablen) sowie deren Interaktionen bestimmbar. Allerdings steigt der untersuchungstechnische Aufwand mit der Anzahl der Faktoren rapide an. Bei z. B. drei Faktoren mit je 4 Ausprägungen (Faktorstufen) ergibt sich ein 4*4*4-faktorielles Design mit 64 Versuchsgruppen. Reduzieren lässt sich der Aufwand, wenn statt dem vollständigen faktoriellen Plan ein unvollständiger eingesetzt wird, der nur einige der möglichen Kombinationen der Faktorstufen berücksichtigt. In der Literatur werden hierzu sog. hierarchische und quadratische Experimentalpläne diskutiert (Bortz ,Döring 1995: 504 ff.).

In einem idealen Experiment enden die Kontrollbemühungen der experimentellen Situation nicht bei der Wahl der Untersuchungsanordnung. Dies sei an zwei experimentellen Artefakten verdeutlicht, die durch Erwartungen von Versuchsteilnehmern sowie vom Versuchsleiter bzw. des Interviewers entstehen können (zur experimentellen Artefaktforschung s. ausführlich Bungard (1984) sowie Bungard und Lück

(1974): (a) Für die meisten Versuchspersonen ist die Teilnahme an einem Experiment Anlass zur Spekulation über Sinn und Zweck davon. Zahlreiche Experimente zeigen, dass sich viele Versuchspersonen bemühen, eine „gute Versuchsperson" zu sein, indem sie so handeln, wie sie denken, dass es von ihnen erwartet wird (Stapf 1995: 243 f.). Ein häufig eingesetztes Mittel zur Verminderung der „demand characteristics of the experimental situation" (Orne 1962, 1969) ist, durch eine plausible „cover story" die Probanden über die experimentellen Hypothesen zu täuschen bzw. „blind" zu lassen (z. B. Irle 1979: 48). Eine solche Untersuchungssituation wird auch Blindversuch bezeichnet. (b) Rosenthal und seine Mitarbeiter konnten in einer Vielzahl von Untersuchungen zeigen, dass auch Erwartungen des Versuchsleiters oder des Interviewers über den Ausgang des Experiments das Resultat im Sinne einer „self fulfilling prophecy" beeinflussen (s. zusammenfassend Rosenthal 1964, 1966). Diesem „Rosenthal-Effekt" wird in Experimenten dadurch begegnet, dass weder der Versuchsleiter noch die Probanden über die zu prüfenden Hypothesen informiert sind. Diese Kontrollmaßnahme wird auch als Doppelblindversuch bezeichnet. Blind- und Doppelblindversuche sind darüber hinaus auch eine Möglichkeit, dem Hawthorne-Effekt zu begegnen (s. Kap. 11.4.3).[19]

Trotz der Kontrollmöglichkeiten potenzieller Störvariablen kommen echte experimentelle Designs in der Bevölkerungswissenschaft kaum zur Anwendung. Dies liegt in dem Umstand begründet, dass zur Prüfung vieler sozialer Regelmäßigkeiten eine Randomisierung der Untersuchungspersonen praktisch nicht möglich ist. So kann man für eine Untersuchung der Auswirkung einer gemeinsamen Haushaltsführung auf das Scheidungsrisiko unmöglich einem Teil der heiratswilligen Paare eine nicht eheliche Lebensgemeinschaft verordnen und dem anderen Teil dasselbe untersagen. Diekmanns (1995: 303) Einschätzung zufolge besteht dennoch „[...] in der Grundlagenforschung der Sozialwissenschaften ein größerer Spielraum für experimentelle Studien."[20]

11.4.5 Quasiexperimentelle Designs

Quasiexperimentelle Untersuchungspläne sind im Gegensatz zu echten Experimentalplänen dadurch gekennzeichnet, dass eine vollständige Kontrolle der experimentellen Situation nur annähernd erreicht werden kann. Entweder ist (a) eine zufällig Auswahl und Zuweisung der Teilnehmer auf die Untersuchungsgruppen oder (b) die Bildung experimenteller Gruppen nicht möglich, oder (c) die unabhängigen Variablen können nicht direkt manipuliert werden. Bei acht von zehn quasiexperimentellen Anordnungen, die Campbell und Stanley (1963) diskutieren, ist das Kriterium der Randomisierung verletzt. Das Hauptanwendungsgebiet von Quasiexperimenten liegt im Bereich der Evaluationsforschung, welche auf die Überprüfung der Auswirkun-

---

[19] Eine Diskussion ethischer Probleme bei Experimenten, wie sie z. B. bei Täuschungsmanövern auftreten, findet sich z. B. bei Zimmermann (1972: 270 ff.). Einen Katalog ethischer Regeln bei der Durchführung eines Experiments hat die American Psychological Association im Jahr 1971 vorgelegt. Entsprechende verbindliche Richtlinien existieren im deutschsprachigen Raum bislang nicht (Bortz, Döring 1995: 40).

[20] Experimentelle Anordnungen werden auch in der Wirtschaftsforschung eingesetzt. Eine Übersicht gibt das Handbuch von Kagel und Roth (1995).

gen rechtlicher, sozialer und wirtschaftlicher Maßnahmen ausgerichtet ist (Bortz, Döring 1995; Cook et al. 1985; Riecken und Boruch 1978; Rossi und Freeman 1993; Saxe und Fine 1981; Wottawa und Thierau 1990). Eine Zufallsaufteilung der Untersuchungspersonen auf die einzelnen Versuchsgruppen ist bei diesen Untersuchungen meist nicht möglich, mit der Folge, dass die einzelnen Gruppen hinsichtlich der Zusammensetzung in Bezug auf Bildung, Konfession, Familienstand, Alter, Gesundheit etc. variieren. Unzureichende Vergleichsmöglichkeiten sind denn auch das Hauptproblem von Quasiexperimenten. Im Folgenden werden drei typische quasiexperimentelle Anordnungen vorgestellt: ein Zwei-Gruppen-Versuchsdesign ohne Randomisierung und Zeitreihenexperimente ohne und mit Kontrollgruppe.

Die erste Versuchsanordnung, das „Nonequivalent Control Group Design", entspricht bis auf die fehlende Zufallsaufteilung der Versuchsteilnehmer auf die verschiedenen Experimentalbedingungen dem experimentellen „Pretest-Posttest Control Group Design":

$$y_{G1(t1)} \rightarrow x_{t2} \rightarrow y_{G1(t3)}$$

$$y_{G2(t1)} \rightarrow \phantom{x_{t2}} \rightarrow y_{G2(t3)}$$

Auf Grund der fehlenden Randomisierung können bei diesem Design – im Gegensatz zum experimentellen Äquivalent – Unterschiede in den beiden Vergleichsgruppen auftreten. Inwieweit die Gruppen zufällig zusammengesetzt und damit homogen sind, kann durch einen Vergleich der Vorhermessungen ($y_{G1(t1)}$ und $y_{G2(t1)}$) überprüft werden. Beschränkte Kontrollmöglichkeiten ergeben sich, wenn Versuchs- und Kontrollgruppe durch Parallelisierung gebildet werden (Rosenbaum 1984; Rubin 1986; s. auch Kap. 11.4.3). Alternativ können Drittvariablen auch nachträglich bei der Datenanalyse durch multivariate statistische Verfahren kontrolliert werden (s. hierzu genauer Kap. 11.4.6). Bei beiden Kontrolltechniken bleibt aber die Gefahr, „[...] dass nicht gemessene und nicht explizit beim Matching oder der Datenanalyse berücksichtigte Drittvariablen, anders als beim Experiment mit Zufallsaufteilung, das Ausmaß des Effekts von x verzerren können" (Diekmann 1995: 312). Insbesondere das Problem der Selbstselektion von Versuchspersonen auf die verschiedenen Untersuchungsbedingungen, wie es z. B. bei freiwilliger Teilnahme an Programmen oder Maßnahmen in der Regel auftritt, lässt sich durch Matching und/oder multivariate statistische Verfahren nur dann beheben, wenn der Selektionsmechanismus genau bekannt ist. Die beschränkte Beobachtbarkeit des Selektionsprozesses erklärt denn auch, warum das häufig verwendete Heckman-Verfahren zur Korrektur dieses Stichprobenauswahlfehlers (Heckman 1979; Heckman et al. 1987; Heckman und Hotz 1989; Heckman und Robb 1985, 1989) die Ergebnisse randomisierter Experimente nicht replizieren kann (LaLonde 1986; LaLonde, Maynard 1987; Fraker, Maynard 1987). Cook und Shadish (1994: 569) empfehlen deshalb nach einer Diskussion der „pro und con"-Literatur zur Heckman-Korrektur „[...] better to control through design than measurement and statistical adjustment". Auf Grund der fehlenden Randomisierung dürften hauptsächliche Alternativerklärungen beim „Nonequivalent

Control Group Design" Interaktionseffekte von Selektion und Reifung sowie von Selektion und unabhängiger Variable sein. Auch statistische Regressionseffekte sind umso wahrscheinlicher, je weniger vergleichbar die Gruppen sind, d. h. je stärker sich die Werte der Vorhermessungen in der Versuchs- und Kontrollgruppe ($y_{G1(t1)}$ und $y_{G2(t1)}$) unterscheiden. Darüber hinaus sind reaktive Messeffekte sowie reaktive Effekte der experimentellen Situation denkbar (Campbell, Stanley 1963: 47 ff.).

Regressionseffekte können mit einem Zeitreihendesign identifiziert werden. Bei den unterbrochenen Zeitreihenexperimenten („interrupted time series") wird der Trend vor der Maßnahme verglichen mit dem Trend nach der Maßnahme. Schematisch ergibt sich der Untersuchungsplan wie folgt:

$$y_{t1} \to y_{t2} \to y_{t3} \to x \to y_{t4} \to y_{t5} \to y_{t6}$$

Im Gegensatz zum „Nonequivalent Control Group Design" ermöglicht diese einfache unterbrochene Zeitreihe einen Vergleich des Trends vor dem Zeitpunkt der Maßnahme (y_{t1} bis y_{t3}) mit dem Trend nach der Maßnahme (y_{t4} bis y_{t6}). Neben den statistischen Regressionseffekten sind damit auch Reifungsprozesse identifizierbar. Problematisch bleiben allerdings weiterhin externe Zeiteinflüsse: Eventuell treten mit der Maßnahme x weitere Faktoren auf, die für die Trendänderung verantwortlich sind, welche aber fälschlicherweise x zugerechnet wird. Dieses zwischenzeitliche Geschehen lässt sich zwar mit einer einfachen Zeitreihe nicht kontrollieren, jedoch mit einem multiplen Zeitreihendesign diagnostizieren:

$$y_{G1(t1)} \to y_{G1(t2)} \to y_{G1(t3)} \to x \to y_{G1(t4)} \to y_{G1(t5)} \to y_{G1(t6)}$$

$$y_{G1(t1)} \to y_{G1(t2)} \to y_{G1(t3)} \to x \to y_{G1(t4)} \to y_{G1(t5)} \to y_{G1(t6)}$$

Durch die Erweiterung der einfachen Zeitreihe um eine Vergleichsgruppe, welche nicht mit der Maßnahme *x* konfrontiert wurde, können so neben externen Zeiteinflüssen auch Veränderungen in den Messinstrumenten kontrolliert werden. Damit ist die interne Validität gewährleistet. Das mehrfache Zeitreihendesign scheint deshalb auch das empfehlenswerteste quasiexperimentelle Design zu sein (Zimmermann 1972: 142).

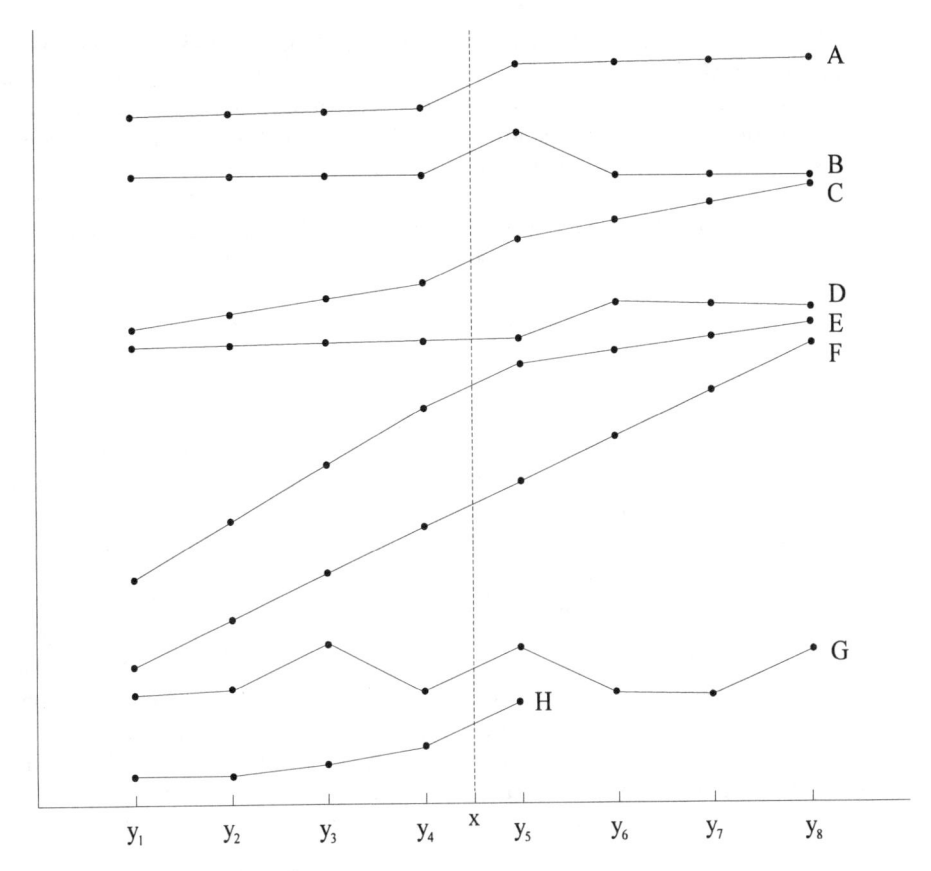

Abb. 2: Unterbrochene Zeitreihen

Anmerkung: Der Anstieg von y_{t4} auf y_{t5} ist bis auf Zeitreihe D überall gleich. Auf einen Effekt von x zu schließen, scheint allerdings nur bei A und D gerechtfertigt, nicht aber bei F, G und H.

(Quelle: Campbell, Stanley 1963: 38)

Zur Beurteilung der Wirkung einer Maßnahme in einer einfachen oder multiplen Zeitreihe müssen Trendeffekte, Zykluseffekte und Zufallseffekte separiert werden. Die Trendkomponente beinhaltet die langfristige säkulare Entwicklung des mittleren Niveaus einer Zeitreihe. Die Zykluskomponente stellt eine z. B. jahreszeitlich oder konjunkturell bedingte Schwankung dar. Die Notwendigkeit der Separierung dieser Effekte sei anhand der Abb. 2 veranschaulicht: Letztere zeigt verschiedene Zeitreihen, die durch eine Maßnahme x unterbrochen wurden. Der Anstieg von y zwischen dem vierten und fünften Messzeitpunkt ist bei allen Zeitreihen identisch. Dennoch scheint die Maßnahme nur bei Zeitreihen A und D gegriffen zu haben: Zeitreihe F enthält nur einen Trend, d. h. einen kontinuierlichen Anstieg über alle Messwerte; Zeitreihe G scheint gewissen zyklischen Schwankungen unterworfen und bei Reihe B hat die Maßnahme nur einen vorübergehenden Schock ausgelöst.

Zur Prüfung eines Maßnahmeeffekts und zur Schätzung der Effektstärke bedarf es der statistischen Methoden der Zeitreihenanalyse. Diese Verfahren ermöglichen die Schätzung von Trend-, Zyklus- und Maßnahmeeffekten auch bei einer Überlagerung der Zeitreihe durch Zufallsschwankungen (stochastische Effekte). Ein häufig eingesetztes Verfahren zur Analyse von Zeitreihen ist die Methode des „autoregressive integrated moving average" (ARIMA), auch Box-Jenkins-Modell genannt. Dieses Verfahren erfordert jedoch lange Zeitreihen mit 50 oder mehr Beobachtungen (für Details s. z. B. Hamilton 1994). Zur Analyse kürzerer Reihen werden in der Literatur andere Verfahren diskutiert, wie z. B. die „multivariate analysis of variance"-Technik (MANOVA), welche wie ARIMA autokorrelierten Messwerten Rechnung trägt (Cole, Grizzle 1966; Poor 1973).

Anwendungsbeispiel: Income Maintenance Experiments

Ende der 60er-Jahre zeichnete sich das amerikanische Wohlfahrtssystem durch ein Konglomerat ineffizienter und kostspieliger Beihilfen aus, das insbesondere die so genannten arbeitenden Armen nicht erreichte. Durch einen Programmwechsel sollten die Sozial- und Wohlfahrtsausgaben verringert und effizienter werden. Eine viel diskutierte Alternative stellte das auf den Ökonomen Milton Friedman zurückgehende Konzept einer negativen Einkommenssteuer („negative income tax" (NIT)) dar. Dieses Steuersystem sollte allen Familien ein bestimmtes Minimaleinkommen garantieren. Je geringer das Familieneinkommen, desto höher wären die NIT-Zahlungen. Die maximale NIT-Zahlung erhielten einkommenslose Familien. Familien mit Einkommen würden weniger als die maximale Beihilfe erhalten, wobei sich die NIT-Zahlungen mit zunehmenden Einkommen nicht linear reduzieren sollten. Durch dieses Vorgehen sollte auch für Minimaleinkommensbezieher ein positiver Anreiz gesetzt werden, einer Erwerbstätigkeit nachzugehen (Spiegelman, Yeager 1980; Feick 1980).

Um die ökonomischen, sozialen und psychologischen Konsequenzen eines NIT-Systems einschätzen zu können, wurde in den USA das m. W. bislang größte und aufwändigste Feldexperiment durchgeführt. Das theoretische Hauptaugenmerk der Studie lag auf der Beantwortung zweier Fragen: Die erste Frage betraf die Auswirkungen der NIT auf das individuelle Stundenarbeitsangebot. Die zweite Frage betraf die Wirkung der Einkommensstützung auf die Stabilität der Familien gemessen in Scheidungs- und Trennungsraten. Darüber hinaus sollte das Experiment Aufschluss über die NIT-Auswirkungen auf zahlreiche weitere Verhaltensweisen und Einstellungen geben: Fertilität, Migration und geografische Mobilität, das Wahrnehmen von beruflicher Beratung und Ausbildung, Gesundheit und psychisches Wohlbefinden, Arbeitszufriedenheit, Arbeitsplatzwechsel und Lohnänderungen, Nutzung von Kinderbetreuungsmöglichkeiten, familiale Konsummuster, Guthaben und Sparleistungen und anderes mehr (Hakim 1987: 106; für einen Überblick s. Hunt 1991).

Insgesamt wurden in verschiedenen US-Bundesstaaten vier Sozialexperimente durchgeführt. Das Größte und mit 70 Millionen Dollar auch das teuerste Experiment war das „Seattle/Denver Income Maintenance Experiment" (SIME/DIME), welches ca. 4.800 Familien (20.000 Personen) einbezog (Final Report 1983a, 1983b; Kershaw und Fair 1976). Die Kosten wurden primär vom „Department of Health, Education and Welfare" sowie durch die Staaten Washington und Colorado getragen.

Geplant und durchgeführt wurde das Großprojekt vom Stanford Research Institute (SRI) unter Mithilfe von Robert Spiegelmann, Albert Rees, Mordecai Kurz, David Kershaw u. a. m. Weitere Experimente waren das „New Jersey-IME", das Vergleichs-IME in den ländlichen Gebieten North Carolina und Iowa sowie das „Gary-IME". In den vier IME's wurden jeweils thematische Schwerpunkte gelegt (für eine kurze Darstellung und weitere Literaturhinweise s. Ferber und Hirsch 1979). Die Zusammenstellung der jeweiligen Stichproben folgte einem umfangreichen mehrfaktoriellen Design, sodass sichergestellt war, dass für jede experimentelle Bedingung ausreichend Beobachtungen für die statistische Analyse vorliegen. Da die Vielzahl der jeweiligen experimentellen Bedingungen im Rahmen dieser Arbeit unmöglich dargestellt werden können, sei hier auf den tabellarischen Überblick bei Ferber und Hirsch (1979: 94) verwiesen. Eine Kritik an den Experimenten findet sich bei Rossi und Lyall (1976). Die Analysen des umfangreichen Datenmaterials ermöglichten nun neben einer Simulation der Nutzen und Kosten einer landesweiten NIT-Einführung auch die Unterbreitung weiterer Vorschläge für eine soziale Wohlfahrtsreform. Die Aufsehen erregendsten Resultate betrafen die nicht intendierten Folgen der NIT. So wurde erwartet, dass die negative Einkommensteuer einen positiven Effekt auf die Familienstabilität ausüben würde. Aber genau das Gegenteil trat ein: In den Experimentalgruppen mit Einkommensunterstützung lagen die Trennungsraten um 40–60% höher als in den Kontrollgruppen (Final Report 1983a). Darüber hinaus regte die vorliegende Datenbasis die methodologische Weiterentwicklung der Ereignisdatenanalyse an (Tuma et al. 1979).

11.4.6 Nichtexperimentelle Designs

Bei bevölkerungswissenschaftlichen Untersuchungen sind häufig die Bedingungen für experimentelle oder quasiexperimentelle Anordnungen nicht gegeben. Sollen etwa Geburten oder Heiraten untersucht werden, so ist (a) weder eine Zufallsauswahl bzw. -zuweisung der Probanden auf die Untersuchungsgruppen, noch (b) die Bildung experimenteller Gruppen, noch (c) die direkte Manipulation der unabhängigen Variable(n) möglich. Sind diese Kontrollen der Untersuchungssituation nicht möglich, so muss die Wirkung der unabhängigen Variablen ex post (nachträglich) durch geeignete statistische Methoden untersucht werden (s. hierzu den Beitrag von Brüderl in diesem Handbuch).

Typische Vorgehensweise der nichtexperimentellen „Ex-post-facto"-Forschung ist ein Surveydesign (synonym: Ex-post-facto-Design), welches sich in seiner einfachsten Form wie folgt ergibt:

$$x_{t1} \rightarrow y_{G1(t1)}$$

$$\rightarrow y_{G2(t1)}$$

Bei diesem Querschnitt-Untersuchungsdesign werden zeitgleich die Merkmalswerte von x und y der Untersuchungsteilnehmer erhoben (Kap. 11.3.1). Die Bildung der beiden Untersuchungsgruppen geschieht erst nach der Erhebung der Daten anhand der Angaben der Befragten. Die Auswahl der Befragten muss, sofern Generalisierungen der Ergebnisse erwünscht sind, durch eine Zufallsauswahl erfolgen. Sollen jedoch lediglich Hypothesen über Merkmalszusammenhänge getestet werden, ist eine repräsentative Stichprobe nicht notwendig (Diekmann 1995: 369).

Eine Schwäche des einfachen „Survey"-Designs liegt darin, dass sich die beiden Untersuchungsgruppen auch schon vor der einmaligen Messung unterschieden haben könnten. Wie schon beim „Nonequivalent Control Group"-Design besteht dann die Gefahr der Selbstselektion der Untersuchungspersonen auf die beiden Gruppen. Besser kontrollieren, wenn auch nicht völlig ausschalten, lässt sich das Selektionsproblem anhand von Panel- und Trenddaten (s. Kap. 11.3.2). Heckman und Robb (1985, 1989) weisen allerdings darauf hin, dass die statistischen Prozeduren zur Korrektur des „sample selection bias" durch Paneldaten im Vergleich zu Trenddaten keine besseren Schätzungen der Effektstärken von x liefern. Generell lässt sich festhalten, dass durch das Surveydesign weder die interne noch die externe Validität gewährleistet ist; die Generalisierbarkeit der Ergebnisse kann durch all die in Kap. 11.4.2 diskutierten Störfaktoren in Frage gestellt werden. Größtes Problem der Ex-post-facto Forschung stellt jedoch – ungeachtet der philosophischen Kausalitätsdiskussion – die Untersuchung und Analyse kausaler Zusammenhänge dar. Wenn Autoren wie z. B. Kerlinger (1973) oder Zimmermann (1972) dafür plädieren, in der Ex-post-facto Forschung von einem Denken in Kausalstrukturen Abstand zu nehmen, so geschieht das vor dem Hintergrund eines fehlenden operationalen Kausalitätsbegriffs. Mittlerweile liegen aber in der statistisch ökonometrischen Literatur entsprechende Vorschläge vor (Übersicht s. z. B. Sobel 1995).

Die erste statistische Formalisierung von Kausalität geht zurück auf Granger (1969) und beruht auf zwei Axiomen: (1) Kausalität ist nur dann möglich, wenn etwas Vergangenes etwas Gegenwärtiges oder Zukünftiges determiniert, d. h. die Ursache kommt zeitlich immer vor dem Effekt. (2) Kausalität lässt sich nur sinnvoll für eine Gruppe stochastischer Variablen definieren. Eine Variable x ist dann die Ursache für eine Variable y, wenn unter sonst gleichen Bedingungen vergangene Werte von x eine bessere Vorhersage von y erlauben. Dieses Kausalitätskonzept stellt somit auf die Vorhersagbarkeit einer Variablen y durch eine andere Variable x ab.

Formal kann das Granger-Kausalitätsprinzip wie folgt beschrieben werden: Eine Variable x ist kausal (bzw. unmittelbar kausal) für eine andere Variable y, wenn für alle $s > 0$ (bzw. $s \approx 0$) der mittlere quadratische Fehler der Vorhersage von y_{t+s}, welcher auf ($y_t, y_{t-1}, ...$) basiert, größer ist als der mittlere quadratische Fehler der Vorhersage von y_{t+s}, welcher sowohl auf ($y_t, y_{t-1}, ...$) als auch auf ($x_t, x_{t-1}, ...$) basiert (für weitere Kausalitätsprinzipien s. Granger 1980; eine Kritik der Granger-Kausalität findet sich u. a. bei Sobel 1995).

Nach dieser Kausalitätsdefinition hat Kausalität drei Dimensionen: „(a) whether x causes y; (b) whether y causes x; and (c) whether instantaneous causality exists" (Harvey 1990: 305). Die aus den drei Dimensionen resultierenden 8 Kausalitätsmuster sind in Tab. 4 aufgelistet. In der Spalte „Notation" ist das jeweilige Kausalitätsmuster formal wiedergegeben; ($x \Leftarrow y$) bedeutet z. B. dass x unmittelbar (d. h. sofort, ohne Zeitverzögerung) und ohne „feedback"-Effekt von y beeinflusst wird. Für die verschiedenen Kausalitätsmuster existieren auch Kausalitätstests (Hamilton 1994: 302 ff.; Harvey 1990: 305 ff.; Pindyck, Rubinfeld 1991: 216 ff.).

Tab. 4: Kausalitätsmuster

Beschreibung	Notation
(1) nur unmittelbare Kausalität	$(x - y)$
(2) nur x determiniert y, aber nicht unmittelbar	$(x \to y)$
(3) nur x determiniert unmittelbar y	$(x \Rightarrow y)$
(4) nur y determiniert x, aber nicht unmittelbar	$(x \leftarrow y)$
(5) nur y determiniert unmittelbar x	$(x \Leftarrow y)$
(6) nicht unmittelbarer Rückkopplungseffekt	$(x \leftrightarrow y)$
(7) unmittelbarer kausaler Rückkopplungeffekt	$(x \Leftrightarrow y)$

(Quelle: Harvey 1990: 305)

Nach Grangers Kausalitätsverständnis können Kausalstrukturen anhand von Querschnittdaten grundsätzlich nicht überprüft werden, da sich hier (sofern nicht retrospektiv erhoben) alle Beobachtungen auf einen Zeitpunkt beziehen, mithin keine zeitabhängigen Daten vorliegen. Allerdings hat die Untersuchung und Analyse von Kausalstrukturen anhand von Querschnittdaten insbesondere in den Sozialwissenschaften eine lange Tradition. Dabei wird häufig ein gefundener Zusammenhang (Korrelation) im Sinne einer Ursache-Wirkung-Beziehung interpretiert. Von einer Korrelation kann – unter Kontrolle von Drittvariablen – aber bestenfalls nur dann auf eine Kausalität geschlossen werden, wenn die Ausprägungen der unabhängigen Variablen zeitlich vor denjenigen der abhängigen Variablen festgelegt sind (z. B. Geschlecht, Nationalität).

Abschließend sei auf einige weiterführende Literatur verweisen. Eine kurze Beschreibung häufig verwendeter statistischer Verfahren zur Untersuchung und Analyse von Kausalstrukturen mittels Querschnittdaten, z. B. der multiplen Regressionsanalyse, Logit- und Probit-Modelle, Pfadanalyse, Faktorenanalyse und LISREL-Modelle, findet sich bei Faulbaum und Bentler (1995), Halli und Rao (1992) sowie bei Hummell und Ziegler (1976). Einen Überblick über kausale Schlussfolgerungen speziell in retrospektiven Studien geben Holland und Rubin (1988). Die Idee der Analyse simultaner oder wechselseitiger Kausalitäten ist kurz in Simon (1987) dargestellt; ausführlicher sind die statistischen Verfahren z. B. in Pindyck und Rubinfeld (1991) sowie bei Sobel (1995) beschrieben. Zeitreihen und Paneldaten zur adäquaten Überprüfung kausaler Strukturen können mittels den in Kap. 11.2.5 erwähnten Methoden der Zeitreihenanalyse (Hamilton 1994) bzw. den Verfahren der Panelanalyse (Hsiao 1995) untersucht werden.

12 Beschreibung und Modellierung von Verweildauerverteilungen

Götz Rohwer

Einleitung

Demographische Prozesse können als zeitliche Folgen demographischer Ereignisse definiert werden: insbesondere Geburten, Sterbefälle, Heiraten, Scheidungen. Solche Prozesse können mit statistischen Begriffen und Modellen beschrieben werden. Einen allgemeinen Begriffsrahmen liefert die Theorie stochastischer Prozesse.

Eine Teilaufgabe bei der Beschreibung demographischer Prozesse besteht darin, Verweildauern zu erfassen; z. B. die Lebensdauer, das Alter bei der ersten Heirat, die Dauer von Ehen. Allgemein: die Zeitdauer, die Personen in einem gewissen Zustand verbringen; oder anders gesagt: die Zeitdauer zwischen zwei Ereignissen. Beschränkt man die Aufgabenstellung darauf, Verweildauern zu untersuchen, ist es nicht erforderlich, sich explizit auf den Begriffsrahmen stochastischer Prozesse zu beziehen. Im einfachsten Fall erscheint es ausreichend, Verweildauern durch eine Zufallsvariable T zu repräsentieren und dann deren Verteilung zu ermitteln. Dafür sind insbesondere zwei statistische Verfahren entwickelt worden: die Sterbetafelmethode und das Kaplan-Meier-Verfahren. Der gleiche Ansatz kann verwendet werden, um mittels so genannter Übergangsratenmodelle die Abhängigkeit von Verweildauerverteilungen von Kovariablen zu untersuchen.

Bevor wir diese Verfahren näher beschreiben, ist es zweckmäßig, noch etwas genauer auf die statistischen Begriffsbildungen einzugehen. Die Verweildauervariable T kann als eine diskrete oder als eine stetige Zufallsvariable konzipiert werden. Nehmen wir z. B. an, dass demographische Ereignisse stets eine gewisse Zeit benötigen, z. B. einen Tag, erscheint es sinnvoll, T als eine diskrete Variable mit den möglichen Werten $t = 1, 2, 3, \ldots$ (Tage) zu konzipieren. Alternativ kann T als eine stetige Zufallsvariable konzipiert werden, die beliebige Werte auf der positiven reellen Zahlenachse annehmen kann.

Die Verteilung von T kann zunächst unabhängig von dieser Unterscheidung durch eine Verteilungsfunktion definiert werden: $F(t) = \Pr(T \leq t)$; gemeint ist die Wahrscheinlichkeit, dass T einen Wert kleiner oder gleich t annimmt. Wenn man sich auf eine endliche Gesamtheit von Personen bezieht, kann diese Wahrscheinlichkeit als eine relative Häufigkeit interpretiert werden. Bezieht man sich z. B. auf die Geburtskohorte der 1960 geborenen Personen und bedeutet T die Zeitdauer von der Geburt bis zur ersten Heirat (in Jahren), kann $F(25)$ als der Anteil der Personen aus dieser Kohorte interpretiert werden, die bis zu ihrem 25. Lebensjahr bereits einmal geheiratet haben. Ebenfalls unabhängig von der Unterscheidung zwischen diskreten und stetigen Zufallsvariablen kann der Begriff der Survivorfunktion eingeführt werden: $G(t) = 1 - F(t)$. Offenbar ist $G(t) = \Pr(T > t)$, d. h. die Wahrscheinlichkeit, dass die Verweildauer T größer als t ist. In unserem Beispiel wäre also $G(25)$ der Anteil der 1960 geborenen Personen, die bis zu ihrem 25. Lebensjahr noch nicht geheiratet haben.

Die Unterscheidung zwischen einer diskreten und einer stetigen Konzeption der Verweildauervariablen T wird jedoch wichtig, wenn man ihre Verteilung genauer erfassen möchte. Wird T als eine diskrete Zufallsvariable konzipiert, kann man ihre Verteilung durch eine Wahrscheinlichkeitsfunktion bestimmen: $f^*(t) = \Pr(T = t)$. Für jeden möglichen Wert t liefert $f^*(t)$ die Wahrscheinlichkeit, dass T den Wert t annimmt; und es ergibt sich der einfache Zusammenhang: $F(t) = \sum_{\tau \leq t} f^*(\tau)$. Diese Begriffsbildung kann dann verwendet werden, um den Erwartungswert der Verweildauer zu definieren: $E(T) = \sum_{t} t f^*(t)$, der als mittlere Verweildauer interpretiert werden kann.

Wird dagegen T als eine stetige Zufallsvariable konzipiert, liefert der Ausdruck $\Pr(T = t)$ im Allgemeinen keine sinnvollen Wahrscheinlichkeiten und man muss vielmehr von gewissen Zeitintervallen ausgehen, in denen die Werte von T liegen können: $\Pr(t < T \leq t') = F(t') - F(t)$. Die Größe dieser Intervalle ist offenbar beliebig, und zur Beschreibung der Verteilung von T wird deshalb eine Wahrscheinlichkeitsdichte verwendet, definiert durch

$$f(t) = \lim_{t' \to t} \frac{Pr(t \leq T < t')}{t' - t}$$

Für den Zusammenhang mit der Verteilungsfunktion erhält man den Ausdruck

$$F(t) = \int_0^\infty f(\tau) d(\tau)$$

und für den Erwartungswert ergibt sich die Formel

$$E(T) = \int_0^\infty t f(t) dt$$

Die Übergangsrate
Schließlich ist noch ein weiterer Begriff grundlegend: die Übergangsrate, auch Ha-

zardrate genannt. Die Definition hängt wiederum davon ab, ob T als diskrete oder stetige Zufallsvariable konzipiert wird. Beginnen wir mit der diskreten Konzeption. Eine diskrete Übergangsrate kann als eine bedingte Wahrscheinlichkeit definiert werden:

$$r*(t) = Pr(T = t \mid T \geq t)$$

Eine anschauliche Interpretation erhält man durch eine Bezugnahme auf Ereignisse. Der Ausdruck „$T = t$" bedeutet dann, dass zum Zeitpunkt t ein Ereignis eintritt (dasjenige Ereignis, das die Verweildauer im Ausgangszustand beendet); und $r*(t)$ kann als bedingte Wahrscheinlichkeit für das Eintreten dieses Ereignisses zum Zeitpunkt t interpretiert werden, wobei die Bedingung darin besteht, dass das fragliche Ereignis nicht bereits vorher eingetreten ist. Offenbar ist es wichtig, die Übergangsrate von der einfachen Wahrscheinlichkeit $\Pr(T = t)$ zu unterscheiden. Beziehen wir uns wiederum auf unser Heiratsbeispiel, dann ist $\Pr(T = 25)$ die unbedingte Wahrscheinlichkeit, dass die erste Heirat im Alter von 25 Jahren stattfindet; dagegen ist $r*(25)$ die Wahrscheinlichkeit, mit 25 Jahren zu heiraten, jedoch vorausgesetzt, dass man nicht schon vorher geheiratet hat. Die Übergangsrate und die Verteilungs- bzw. Survivorfunktion stehen in einem einfachen Zusammenhang, der für die Schätzung von Verweildauerverteilungen wichtig ist und deshalb kurz angegeben werden soll.

Zunächst kann man offenbar schreiben:

$$1 - r*(t) = 1 - \frac{\Pr(T = t)}{\Pr(T \geq t)} = \frac{\Pr(T > t)}{\Pr(T \geq t)} = \frac{G(t)}{G(t-1)}$$

Daraus folgt dann unmittelbar

$$G(t) = \prod_{\tau = 1}^{t} (1 - r*(\tau))$$

Diese Formel zeigt, wie die Survivorfunktion aus den zeitpunktbezogenen Übergangsraten berechnet werden kann. Eine etwas andere Definition der Übergangsrate wird gewählt, wenn T als eine stetige Zufallsvariable konzipiert wird.

Die übliche Definition ist dann:

$$r(t) = \lim_{\Delta t \to o} \frac{1}{\Delta t} \Pr(t \leq T < t + \Delta t \mid T \geq t)$$

Ohne den Grenzübergang handelt es sich wiederum um eine bedingte Ereigniswahrscheinlichkeit: die Wahrscheinlichkeit, dass die Verteildauer durch ein Ereignis im

Zeitintervall $[t, t + \Delta t)$ zu Ende geht, vorausgesetzt dass bis zum Zeitpunkt t noch kein Ereignis eingetreten ist. Um den Grenzübergang vollziehen zu können, wird diese Ereigniswahrscheinlichkeit auf die Länge des Zeitintervalls bezogen. Die Begriffsbildung erfolgt analog, wie oben bei der Definition der Wahrscheinlichkeitsdichte dargestellt worden ist.

Tatsächlich ist die (stetige) Übergangsrate eine bedingte Wahrscheinlichkeitsdichte, denn offenbar lässt sich die Definition von $r(t)$ auch so schreiben:

$$r(t) = \frac{1}{G(t)} \lim_{\Delta t \to 0} \frac{\Pr(t \leq T < t + \Delta t)}{\Delta t} = \frac{f(t)}{G(t)}$$

Wiederum ergibt sich ein einfacher Zusammenhang zwischen Übergangsrate und Survivorfunktion. Zunächst findet man durch einfaches Differenzieren:[1]

$$-\frac{d}{dt} \log(G(t)) = \frac{f(t)}{G(t)} = r(t)$$

und daraus durch Integration die kumulative Übergangsrate

$$\int_0^t r(\tau) d\tau = -\log(G(t))$$

Schließlich liefert eine einfache Umformung den Zusammenhang

$$G(t) = \exp\left\{ -\int_0^t r(\tau) d\tau \right\}$$

Analog zum diskreten Fall zeigt diese Formel, wie die Survivorfunktion aus der Übergangsrate berechnet werden kann.

Alternative Zielzustände

Bisher sind wir davon ausgegangen, dass die zu beschreibenden Verweildauern durch eine einfache Zufallsvariable T repräsentiert werden können. Dies ist ausreichend, wenn man sich nur für die Verweildauer in einem bestimmten Zustand interessiert. Häufig möchte man jedoch verschiedene Ereignisse, durch die ein gewisser Zustand beendet werden kann, unterscheiden. Betrachten wir noch einmal unser Heiratsbeispiel. Wir hatten T definiert als das Alter bei der ersten Heirat. Es gibt jedoch Personen, die während ihres gesamten Lebens überhaupt nicht heiraten. Wir können

---

[1] Hier und im folgenden bezeichnet log(.) stets den natürlichen Logarithmus.

dies durch eine einfache Änderung der Definition berücksichtigen: T ist die Lebensdauer bis zur ersten Heirat; bei Personen, die niemals heiraten, ist dann T ihre gesamte Lebensdauer.

Nun möchten wir jedoch erfassen, dass ein Zustand durch unterschiedliche Ereignisse beendet werden kann. In diesem Beispiel wären zwei Arten von Ereignissen zu unterscheiden: erstens das Ereignis „Heirat" und zweitens das Ereignis „Tod". Wir erweitern deshalb den begrifflichen Rahmen und betrachten eine zweidimensionale Zufallsvariable (T, D). T ist wie bisher die Verweildauer in einem bestimmten Zustand, und D erfasst das Ereignis, durch das dieser Zustand beendet wird. Wie bisher kann T als eine diskrete oder stetige Zufallsvariable konzipiert werden; D ist jedoch stets eine diskrete Zufallsvariable mit Werten in einem endlichen Zustandsraum D^*, etwa $D^* = \{1, 2, 3, ..., q\}$, um q unterschiedliche Ereignisse zu repräsentieren. In unserem Heiratsbeispiel wäre z. B. $D^* = \{1, 2\}$; „$D = 1$" würde bedeuten, dass der Zustand „unverheiratet" durch eine Heirat zu Ende geht, und „$D = 2$" würde bedeuten, dass dieser Zustand durch das Ereignis „Tod" beendet wird. Wenn T als eine diskrete Zufallsvariable konzipiert wird, wäre z. B. $\Pr(T = 25, D = 1)$ die Wahrscheinlichkeit, dass eine Person im Alter von 25 Jahren heiratet; und $\Pr(T = 70, D = 2)$ wäre die Wahrscheinlichkeit, im Alter von 70 Jahren zu sterben, ohne vorher geheiratet zu haben.

Die Aufgabe ist nun, die Verteilung dieser zweidimensionalen Zufallsvariablen (T,D) zu charakterisieren, was durch Verteilungsfunktionen geschehen kann:

$$\widetilde{F}_k(t) = \Pr(T \leq t, D = k)$$

Dies ist die Wahrscheinlichkeit, dass bis zum Zeitpunkt t ein Ereignis vom Typ k stattgefunden hat; und $F_k(\infty)$ ist die Wahrscheinlichkeit, dass der Ausgangszustand irgendwann durch ein Ereignis vom Typ k beendet wird. Da bei mehreren Ereignissen $F_k(\infty) < 1$ ist, handelt es sich nicht um eine gewöhnliche Verteilungsfunktion; und $F_k(t)$ wird deshalb gelegentlich eine Subverteilungsfunktion genannt. Offenbar gilt jedoch, dass $F(t) = \Sigma_k \widetilde{F}_k(t)$.

Um den Ablauf von Prozessen mit alternativen Zielzuständen zu beschreiben, können auch zielzustandsspezifische Übergangsraten verwendet werden. Wird T als eine diskrete Zufallsvariable konzipiert, kann folgende Definition verwendet werden:

$$r_k^*(t) = \Pr(T = t, D = k | T \geq t)$$

Es ist die bedingte Wahrscheinlichkeit dafür, dass der Ausgangszustand zum Zeitpunkt t durch ein Ereignis vom Typ k beendet wird, vorausgesetzt, dass bis zum Zeitpunkt t noch kein Ereignis stattgefunden hat, d. h. der Ausgangszustand noch besteht. Offenbar sind die zielzustandsspezifischen Übergangsraten additiv:

$$r^*(t) = \Pr(T = t \mid T \geq t) = \sum_{k \in D^*} r_k^*(t)$$

Die Rate für den Übergang in irgendeinen Folgezustand ist die Summe der Raten für Übergänge in alle möglichen Folgezustände; dies folgt unmittelbar aus der Additivität von Wahrscheinlichkeitsmaßen.

Ganz analog können zielzustandsspezifische Übergangsraten definiert werden, wenn T als eine stetige Zufallsvariable konzipiert wird:

$$r_k(t) = \lim_{\Delta t \to 0} \frac{1}{\Delta t} \Pr(t \leq T < t + \Delta t, D = k \mid T \geq t)$$

Wiederum sind diese Raten additiv: $r(t) = \sum_{k \in D^*} \tau_\kappa(t)$, und es ist möglich, sie durch Dichte- und Survivorfunktionen darzustellen:

$$r_k(t) = \frac{1}{G(t)} \lim_{\Delta t \to 0} \frac{\Pr(t \leq T < t + \Delta t, D = k)}{\Delta t} = \frac{\tilde{f}_k(t)}{G(t)}$$

Bei den Subdichtefunktionen $\tilde{f}_k(t)$ handelt es sich um die Ableitungen der oben definierten Subverteilungsfunktionen: $\tilde{f}_k(t) = d\tilde{F}_k(t)/dt$. Man kann sich überlegen, ob auch zielzustandsspezifische Survivorfunktionen definiert werden können.

Rein formal könnte definiert werden:

$$G_k(t) = exp\left\{ - \int_0^t r_k(\tau)d\tau \right\}$$

und es ergäbe sich folgender Zusammenhang zur Survivorfunktion für die Verweildauer im Ausgangszustand:

$$G(t) = \prod_{k \in D^*} G_k(t)$$

Wie wir noch sehen werden, liefern die Sterbetafelmethode und das Kaplan-Meier-Verfahren Schätzungen für diese zielzustandsspezifischen Survivorfunktionen $G_k(t)$. Es ist jedoch wichtig, sich klarzumachen, dass diese Funktionen nicht im üblichen

Sinne des Wortes als Survivorfunktionen interpretiert werden können; sie werden in der Literatur deshalb häufig als Pseudo-Survivorfunktionen bezeichnet. $G_k(t)$ bedeutet *nicht* die Wahrscheinlichkeit für ein Verbleiben im Ausgangszustand bis zum Eintreten eines Ereignisses vom Typ *k*. Bereits die Formulierung wäre problematisch, da – solange man sich im Ausgangszustand befindet – noch vollständig offen ist, durch welches Ereignis dieser Zustand beendet wird. Um den jeweils vergangenen Prozess zu beschreiben, sollte darauf verzichtet werden, auf Sachverhalte zu konditionieren, die sich noch nicht ereignet haben.

Konkurrierende Risiken

Gelegentlich ist behauptet worden, dass die Additivität der zielzustandsspezifischen Übergangsraten nicht generell gelte, sondern auf spezifischen Annahmen beruhe. Zum Beispiel. sagt Schneider (1991: 83): „Die Zerlegung der allgemeinen bedingten Übergangswahrscheinlichkeit in eine Summe von spezifischen Übergangswahrscheinlichkeiten ist allerdings nur dann zulässig, wenn die Wahrscheinlichkeiten für die Übergänge in spezifische Zielzustände voneinander unabhängig sind." Ähnlich haben sich auch einige andere Autoren geäußert.[2] Ich möchte dies jedoch bestreiten. Zunächst ist vollständig undefiniert, was es heißen könnte, dass zielzustandsspezifische Übergangsraten „unabhängig" oder „nicht unabhängig" sind. Ihre Additivität folgt dagegen unmittelbar aus der Additivität von Wahrscheinlichkeitsmaßen.

Die Bemerkung Schneiders lässt sich jedoch verstehen, wenn man an eine Situation denkt, die in der Literatur gelegentlich als „konkurrierende Risiken" bezeichnet wird. Sie unterscheidet sich wesentlich von der bisher betrachteten Situation, in der ein Zustand durch Ereignisse unterschiedlichen Typs beendet werden, also ein Übergang in einen von mehreren Folgezuständen stattfinden kann: Die Individuen befinden sich in einem gegebenen Ausgangszustand, und solange dies der Fall ist, besteht die Möglichkeit, dass sie in einer der möglichen Folgezustände wechseln. Eine ganz andere Situation liegt vor, wenn es *nur ein* mögliches Ereignis gibt, durch das der gegebene Ausgangszustand beendet werden kann, wenn man jedoch explizit eine Reihe unterschiedlicher kausaler Faktoren $K_1, ..., K_m$ unterscheiden kann, die das fragliche Ereignis hervorrufen können. Es ist dann üblich, diese kausalen Faktoren als „konkurrierende Risiken" für das zu untersuchende Ereignis zu bezeichnen. Diese Betrachtungsweise erscheint z. B. bei Mortalitätsuntersuchungen sinnvoll.[3] Hier gibt es ein Ereignis, den Tod, und man kann annehmen, dass es eine Reihe unterschiedlicher Faktoren (Mortalitätsrisiken) gibt, die den Tod von Menschen hervorrufen können. In einer solchen Situation erscheint es möglich, ein theoretisches Modell zu konzipieren, in dem sinnvoll über mögliche Abhängigkeiten zwischen den „konkurrierenden Risiken" gesprochen werden kann. Zum Beispiel kann die Frage formuliert werden, wie sich die durchschnittliche Lebensdauer verändern würde, wenn es gelänge, einige der Risikofaktoren zu beseitigen. Die übliche Modellformulierung geht davon aus, für jeden der Faktoren K_j eine latente Verweildauer T_j anzunehmen, interpretierbar als die Lebensdauer in einer Situation, in der nur der Faktor K_j wirksam ist. Die Lebensdauer in einer Situation, in der alle Faktoren als Mortalitätsrisiken

---

2   Vgl. die ähnlichen Bemerkungen bei Diekmann, Mitter (1990: 435); Klein (1988).
3   Vgl. Namboodiri, Suchindran (1987: Kap. 8); Lawless (1982: Kap. 10).

wirken können, ist dann das Minimum dieser latenten Lebensdauern, also $T = \min(T_1, \ldots, T_m)$. Die Frage ist dann, ob man aus der Beobachtung von T Aussagen über die Verteilung der latenten Lebensdauern T_j gewinnen kann. Insbesondere kann die Frage gestellt werden, ob diese latenten Lebensdauern als unabhängige Zufallsvariablen angesehen werden können, denn es ist durchaus vorstellbar, dass sie miteinander korreliert sein könnten.

Wie gezeigt worden ist, ist diese Frage nicht entscheidbar, wenn man nur über Informationen über die Verteilung von T verfügt.[4] Es ist deshalb üblich, bei der Modellbildung von der *Annahme* auszugehen, dass die konkurrierenden Risiken, d. h. die mit ihnen assoziierten latenten Lebensdauern T_j, unabhängig voneinander sind; und *diese* Annahme kann natürlich infrage gestellt werden. Es sollte jedoch betont werden, dass es sich bei der Untersuchung „konkurrierender Risiken" im Sinne von interagierenden Mortalitätsrisiken um eine spezifische analytische Fragestellung handelt, die mit der Betrachtung alternativer Zielzustände bei der Beschreibung demographischer Prozesse nichts zu tun hat.[5] Bei der Beschreibung demographischer Prozesse handelt es sich darum, ggf. zu berücksichtigen, dass die Individuen aus einem gegebenen Ausgangszustand in einen von mehreren möglichen Folgezuständen wechseln können. Die Aufgabe besteht insoweit darin, nicht nur die Survivorfunktion für die Verweildauer im Ausgangszustand zu ermitteln, sondern darüber hinaus die zielzustandsspezifischen Übergangsraten zu schätzen.

12.1 Daten und Schätzproblematik

Um Verweildauerverteilungen empirisch zu ermitteln, benötigt man Daten. Im einfachsten Fall handelt es sich darum, die Verteilung einer einfachen Zufallsvariablen T zu ermitteln. Nehmen wir an, dass wir über beobachtete Verweildauern t_i für $i = 1, \ldots, N$ Personen verfügen. Es ist dann leicht, die empirische Verteilungsfunktion von T zu ermitteln. Bezeichnet $N(t)$ die Anzahl der Personen mit $t_i \leq t$, ist $\hat{F}(t) = N(t)/N$. Im Allgemeinen muss jedoch damit gerechnet werden, dass die verfügbaren Daten rechts zensiert sein können. Die Stichprobe besteht dann aus einer Reihe von Beobachtungen (t_i, d_i) ($i = 1, \ldots, N$); t_i ist die *beobachtete* Verweildauer, und d_i ist eine Indikatorvariable mit den Werten 0 oder 1, die die Bedeutung der beobachteten Verweildauer fixiert: wenn $d_i = 1$, ist t_i die tatsächliche Verweildauer für das Individuum i, wenn $d_i = 0$, ist die tatsächliche Verweildauer größer als t_i.

Unter gewissen Bedingungen, auf die weiter unten hingewiesen wird, kann man auch mithilfe solcher Daten sinnvolle Schätzungen der Verweildauerverteilung erreichen. Der Grundgedanke, auf dem sowohl die Sterbetafelmethode als auch das Kaplan-Meier-Verfahren beruhen, besteht darin, zunächst zeitpunktspezifische Übergangsraten zu schätzen und daraus dann die Survivorfunktion zu rekonstruieren. Um

---

[4] Tsiatis (1975); vgl. auch die Diskussion bei Gail (1975).
[5] Die Vernachlässigung dieser Unterscheidung kann leicht Unklarheiten hervorrufen. Zum Beispiel bezieht sich Teachman (1983: 287) zunächst auf eine Situation mit „possible events that an individual can experience", dann führt er zielzustandsspezifische Übergangsraten ein und bezeichnet sie schließlich als „cause-specific hazard functions". Vgl. hierzu auch die kritischen Bemerkungen von Aalen (1987:sp 178); Lancaster (1990: 107).

diesen Grundgedanken zu erläutern, nehmen wir zunächst an, dass T als eine diskrete Zufallsvariable konzipiert wird.[6]

Ausgangspunkt ist dann die bereits in der Einleitung erläuterte Formel:

$$G(t) = \prod_{\tau=1}^{t} (1 - r^*(\tau))$$

Sie zeigt, wie man aus Schätzwerten $\hat{r}^*(\tau)$ für die Übergangsrate eine Schätzung der Survivorfunktion $\hat{G}(t)$ gewinnen kann. Zu überlegen ist nur, wie sich die Übergangsraten schätzen lassen. Bezieht man sich auf eine endliche Grundgesamtheit, lässt sich eine einfache Antwort geben. Es sei $R(t)$ die „Risikomenge" zum Zeitpunkt t, also die Anzahl derjenigen Personen, die zu diesem Zeitpunkt noch dem Risiko eines Ereignisses ausgesetzt sind; und $E(t)$ sei die Anzahl der Personen, bei denen zum Zeitpunkt t ein Ereignis stattfindet. Dann ist (per Definition) die Übergangsrate $r^*(t) = E(t) / R(t)$. Eine analoge Rechnung kann mit den Daten der jeweils verfügbaren Stichprobe angestellt werden. Es sei $N(t_i \geq t)$ die Anzahl der Personen in der Stichprobe, bei denen die beobachtete (ggf. rechts zensierte) Verteildauer t_i größer oder gleich t ist; und es sei $N(t_i = t, d_i = 1)$ die Anzahl der Personen in der Stichprobe, bei denen die nichtzensierte Verteildauer gleich t ist, bei denen also der Ausgangszustand zum Zeitpunkt t durch ein Ereignis zu Ende geht.

Dann liefert

$$\hat{r}^*(t) = \frac{N(t_i = t, d_i = 1)}{N(t_i \geq t)}$$

Schätzwerte für die Übergangsrate mithilfe der Stichprobe. Ob man auf diese Weise brauchbare Schätzwerte erhält, hängt allerdings davon ab, wie der Zensierungsmechanismus beschaffen ist. Es sollte gewährleistet sein, dass näherungsweise

$$\frac{N(t_i = t)}{N(t_i \geq t, d_i = 1)} \approx \frac{E(t)}{R(t)}$$

gilt, d. h. es sollte keinen systematischen Zusammenhang zwischen der Verweildauer und dem Auftreten rechts zensierter Beobachtungen geben. Ob dies angenommen

---

[6] Sowohl die Sterbetafelmethode als auch das Kaplan-Meier-Verfahren werden üblicherweise für stetige Verweildauervariablen eingeführt, eine Vorgehensweise, der auch wir in den späteren Abschnitten folgen werden.

werden kann, hängt u. a. davon ab, wie die jeweils verfügbaren Daten zu Stande gekommen sind. Darauf wird weiter unten etwas näher eingegangen.

Vorab soll nur kurz erwähnt werden, dass sich das beschriebene Verfahren sehr einfach für Situationen mit alternativen Zielzuständen verallgemeinern lässt. Die Stichprobendaten können wiederum durch Informationen (t_i, d_i) repräsentiert werden. t_i ist die beobachtete Verweildauer im Ausgangszustand; d_i gibt an, ob und ggf. wie der Ausgangszustand beendet worden ist: $d_i = 0$ bedeutet, dass der Ausgangszustand bis zum Zeitpunkt t_i nicht verlassen worden ist; $d_i = k$ bedeutet, dass der Ausgangszustand durch ein Ereignis vom Typ k zum Zeitpunkt t_i beendet worden ist.

Man kann dann ganz analog zielzustandsspezifische Übergangsraten

$$\hat{r}_k^*(t) = \frac{N(t_i = t, d_i = k)}{N(t_i \geq t)}$$

schätzen und daraus Schätzwerte für die zielzustandsspezifischen Pseudo-Survivorfunktionen gewinnen. Weiterhin kann man Schätzwerte für die Hazardrate $\hat{r}^*(t) = \Sigma_k \hat{r}_k^*(t)$ berechnen und damit schließlich die Survivorfunktion für die Verweildauer im Ausgangszustand schätzen.

Formen der Datengewinnung

Es sollte deutlich geworden sein, dass zwischen der Ermittlung von Verweildauerverteilungen und Ereigniswahrscheinlichkeiten ein enger Zusammenhang besteht. Tatsächlich ist Letzteres grundlegend, um dann daraus Verweildauerverteilungen zu rekonstruieren. Um geeignete Daten zu gewinnen, ist es dementsprechend von entscheidender Bedeutung, dass Ereignisse beobachtet werden können. Wir können drei Arten der Datengewinnung unterscheiden.

Einmalige Retrospektiverhebungen

In diesem Fall wird zu einem bestimmten Kalenderzeitpunkt eine Stichprobe gezogen, und es werden dann für alle Mitglieder der Stichprobe die interessierenden demographischen Ereignisse ermittelt, soweit sie bis zum Zeitpunkt der Stichprobenziehung stattgefunden haben. Bei dieser Art von Daten stellen sich zwei Probleme. Erstens können natürlich nur Übergangsraten für Ereignisse ermittelt werden, die während der retrospektiv ermittelbaren Lebensverläufe auftreten können; z. B. Heiraten, Scheidungen, Geburten von Kindern. Da die Datenerhebung davon abhängt, dass die Personen zum Erhebungszeitpunkt noch leben, können insbesondere keine Lebensdauern ermittelt werden. Daraus resultiert jedoch unmittelbar ein zweites Problem: die Stichprobe ist im Hinblick auf alle Ereignisse, deren Eintreten mit der Lebensdauer korreliert ist, verzerrt. Ein typisches Beispiel sind Übergänge in Alterspflegeheime. Die Wahrscheinlichkeit für das Eintreten solcher Übergänge kann mit einmaligen Retrospektivdaten nicht verzerrungsfrei ermittelt werden, da es einen nichtkontrollierbaren Zusammenhang mit der Wahrscheinlichkeit gibt, den Befragungszeitpunkt zu überleben.

Von dieser Einschränkung abgesehen, liefern einmalige Retrospektiverhebungen jedoch in vielen Fällen brauchbare Informationen über demographische Prozesse. Das Problem, dass die retrospektiv erfassbare Zeitspanne für das Auftreten von Ereignissen und infolgedessen das Ausmaß rechts zensierter Beobachtungen vom Alter zum Befragungszeitpunkt abhängt, kann auf einfache Weise durch eine Unterscheidung von Geburtskohorten gelöst werden. Soweit von unterschiedlicher Mortalität abstrahiert werden kann, gibt es für jede Geburtskohorte einen festen, mit den Ereigniswahrscheinlichkeiten nicht korrelierten Zensierungszeitpunkt.

Follow-up Studien

In diesem Fall wird zu einem gewissen Kalenderzeitpunkt eine Stichprobe gezogen, und es werden dann die Ereignisse ermittelt, die in den weiteren Lebensverläufen der Stichprobenmitglieder auftreten. Bei dieser Art der Datengewinnung können im Prinzip alle möglichen Ereignisse ermittelt werden, insbesondere auch Sterbefälle, sodass Mortalitätsraten berechnet werden können. Soweit alle Personen bis zum Eintreten der jeweils interessierenden Ereignisse beobachtet werden können, treten auch keine rechts zensierten Beobachtungen auf. Allerdings kann dies praktisch nicht immer gewährleistet werden. Typischerweise scheiden im Verlauf einer Follow-up Studie zunehmend Personen aus der Stichprobe aus (Attrition), und es gibt meist nur begrenzte Anhaltspunkte, um zu entscheiden, ob dieser Zensierungsprozess im Hinblick auf die zu untersuchenden Ereignisse als zufällig angenommen werden kann. Ein weiteres Problem besteht bei „reinen" Follow-up Studien darin, dass alle Beobachtungen zum Beginn des Erhebungszeitraums links zensiert sind, d. h. man weiß nicht, wie lange sich die Personen bereits in dem zu Beginn der Beobachtung vorfindlichen Zustand befinden und welche Ereignisse bereits in der Vergangenheit stattgefunden haben. Dies Problem kann jedoch gelöst werden, indem Follow-up Studien mit Retrospektiverhebungen verknüpft werden.

Verknüpfung von Retrospektiverhebungen mit Follow-up Studien

In diesem Fall wird zu einem bestimmten Kalenderzeitpunkt eine Stichprobe gezogen, und es werden dann alle interessierenden Ereignisse zunächst bis zu diesem Erhebungszeitpunkt ermittelt. Dann hat man eine einmalige Retrospektiverhebung, wie oben beschrieben wurde. Im Anschluss daran wird dann eine Follow-up Studie in Gang gesetzt, d. h. es wird zu beobachten versucht, wie sich die Lebensverläufe der Stichprobenmitglieder in der weiteren Zukunft entwickeln. Ein Beispiel für eine solche Verknüpfung einer Retrospektiverhebung mit einer Follow-up Studie ist das Sozioökonomische Panel (Hanefeld 1987). Die Basisstichprobe wurde 1984 gezogen, und es wurden nicht nur die Situation zum Befragungszeitpunkt, sondern darüber hinaus zahlreiche Informationen über die jeweils bisherigen Lebensverläufe ermittelt. Seither wird versucht, in jährlichen Abständen zu erfassen, wie sich die Lebensverläufe der Stichprobenmitglieder in der Folgezeit entwickelt haben.

Für die Gewinnung demographischer Daten ist diese Verknüpfung einer Retrospektiverhebung mit einer Follow-up Studie vermutlich das beste Verfahren. Insbesondere können dann auch Mortalitätsraten und Lebensdauerverteilungen geschätzt werden.

Links abgeschnittene Beobachtungen

Von links abgeschnittenen (left truncated) Beobachtungen spricht man, wenn die Daten nur Informationen über bedingte Ereignis- bzw. Überlebenswahrscheinlichkeiten liefern. Eine Stichprobe kann dann folgendermaßen repräsentiert werden: (s_i, t_i, d_i) für $i = 1, ..., N$ Individuen. s_i ist der Zeitpunkt, bei dem die Beobachtung des i.ten Individuums beginnt; t_i ($t_i \geq s_i$) ist der Zeitpunkt, zu dem das Individuum zuletzt beobachtet werden kann; und d_i ist eine Indikatorvariable: $d_i = 1$, wenn zum Zeitpunkt t_i ein Ereignis eingetreten ist, andernfalls $d_i = 0$. Daten dieser Art treten häufig bei Follow-up Studien auf; z. B. bei der Ermittlung von Mortalitätsraten und Lebensdauerverteilungen mit dem Sozioökonomischen Panel (SOEP). In diesem Beispiel wäre s_i das Alter der Person i im Jahr 1984, in dem das SOEP begonnen worden ist, und t_i wäre das Alter, in dem die Person zuletzt beobachtet worden ist. Zusätzlich weiß man, ob zum Zeitpunkt t_i eine rechts zensierte Beobachtung ($d_i = 0$) oder ein Sterbefall ($d_i = 1$) vorliegt. Ganz analog verhält es sich, wenn man z. B. Arbeitslosigkeitsdauern oder Betriebszugehörigkeitsdauern mithilfe von Follow-up Studien ermitteln möchte.

Um Daten dieser Art zur Schätzung von Survivorfunktionen nutzen zu können, muss man sich überlegen, für welchen Bereich der Zeitachse Ereigniswahrscheinlichkeiten (bzw. Übergangsraten) geschätzt werden können. Das ist offenbar der Fall für den Zeitraum von $a = \min\{t_i | d_i = 1, 1 \leq i \leq N\}$ und $b = \max\{t_i | d_i = 1, 1 \leq i \leq N\}$, also für den Zeitraum zwischen dem ersten und dem letzten Ereigniszeitpunkt.

Für die Zeitpunkte zwischen a und b kann man dann schreiben:

$$G(t) = G(a-1) \prod_{\tau=a}^{t} (1 - r^*(\tau))$$

Obwohl sich der Verlauf der Survivorfunktion bis zum Zeitpunkt a aus den Daten nicht ermitteln lässt, erhält man Informationen über die Verweildauerverteilung ab diesem Zeitpunkt. Zum Beispiel lässt sich mit dem SOEP der Verlauf der Lebensdauerverteilung etwa ab dem 50. Lebensjahr schätzen.

12.2 Die Sterbetafelmethode

Bei der Darlegung der Sterbetafelmethode ist es üblich, die Verweildauervariable T als eine stetige Variable zu konzipieren.[7] Das Verfahren ist allerdings wesentlich diskret. Ausgangspunkt ist eine Einteilung der Zeitachse in Zeitintervalle:

$$0 = \tau_1 < \tau_2 < \tau_3 < .... < \tau_L < \infty$$

---

[7] Es gibt eine umfangreiche Literatur. Ausführliche Darstellungen vgl. bei Elandt-Johnson, Johnson (1980); Chiang (1984); Namboodiri, Suchindran (1987). Zur Geschichte der Methode vgl. Bortkiewicz (1911).

Setzt man $\tau_{L+1} = \infty$, liefern diese Zeitpunkte L Zeitintervalle

$$I_l = \left\{ t \mid \tau_l \leq t < \tau_{l+1} \right\} l = 1, \ldots, L$$

Gegeben sei nun eine Stichprobe (t_i, d_i) mit $i = 1, \ldots, N$ Beobachtungen; t_i ist die beobachtete Verweildauer, d_i ist der Zensierungsindikator: $d_i = 1$ wenn zum Zeitpunkt t_i ein Ereignis eingetreten ist, andernfalls $d_i = 0$.

Die Sterbetafelmethode, um mithilfe solcher Daten die Verweildauerverteilung zu bestimmen, besteht aus folgenden Rechenschritten:

1. Zunächst werden bestimmt: E_l = Anzahl Personen, die im Intervall I_l ein Ereignis aufweisen; Z_l = Anzahl Personen, deren Beobachtung im Intervall I_l rechts zensiert ist; und N_l = Anzahl Personen, die zum Beginn des Intervalls I_l noch ein Ereignis erfahren können. Setzt man $E_0 = Z_0 = 0$ und $N_0 = N$, gilt offenbar $N_l = N_{l-1} - E_{l-1} - Z_{l-1}$.

2. In einem zweiten Schritt wird für jedes Intervall eine Risikomenge bestimmt, d. h. die Menge derjenigen Personen, die während des Intervalls dem Risiko eines Ereignisses ausgesetzt sind. Es ist üblich, nur einen Teil derjenigen Personen in die Risikomenge aufzunehmen, deren Beobachtung während des Intervalls rechts zensiert ist. Allgemein kann man für die Anzahl der Personen in der Risikomenge für das l.te Zeitintervall schreiben:

$$R_l = N_l - \omega Z_l, 0 \leq \omega \leq 1$$

Die bei der Sterbetafelmethode meistens gewählte Festlegung ist $\omega = 0,5$; aber es ist klar, dass diese Festlegung in gewissen Grenzen willkürlich ist.[8]

3. Gestützt auf die Festlegung der Risikomengen, können dann bedingte Ereignis- bzw. Überlebenswahrscheinlichkeiten definiert werden. Der Schätzwert für die bedingte Ereigniswahrscheinlichkeit im Intervall I_l ist $q_l = E_l / R_l$; und als Schätzwert für die bedingte Überlebenswahrscheinlichkeit erhält man dementsprechend $p_l = 1 - q_l$.

4. Hieraus ergibt sich unmittelbar eine Schätzung für die Survivorfunktion. Sie wird bei der Sterbetafelmethode üblicherweise für den Beginn der Zeitintervalle angegeben. Also $G_1 = 1$ und

---

[8] Vgl. die Diskussion bei Namboodiri, Suchindran (1987: 58 ff.).

$$G_l = p_{l-1} G_{l-1} \text{ für } l = 2, \ldots, L$$

5. Weiterhin lässt sich die Dichtefunktion der Verweildauerverteilung schätzen. Es ist üblich, sie für den Mittelpunkt der Zeitintervalle anzugeben und sie aus der negativen Steigung der Survivorfunktion zu berechnen:

$$f_l = \frac{G_l - G_{l+1}}{\tau_{l+1} - \tau_l}$$

Da das letzte Intervall, I_L, rechts offen ist, kann die Dichtefunktion nur für die Intervalle $l = 1, \ldots, L - 1$ geschätzt werden.

6. Schließlich kann noch die Übergangsrate geschätzt werden. Wiederum ist es üblich, sie für den Mittelpunkt der Intervalle anzugeben:

$$r_l = \frac{f_l}{\overline{G}_l} \quad \text{wobei} \quad \overline{G}_l = \frac{G_l + G_{l+1}}{2}$$

Ergänzend zu diesen Rechenschritten, durch die die Sterbetafelmethode Schätzwerte für die Survivorfunktion, die Dichtefunktion und die Übergangsraten liefert, können Standardfehler berechnet werden. Üblicherweise werden die folgenden Formeln verwendet:[9]

$$SE(G_l) = G_l \left[\sum_{j=1}^{l-1} \frac{q_j}{p_j R_j} \right]^{1/2}$$

$$SE(f_l) = \frac{q_l G_l}{\tau_{l+1} - \tau_l} \left[\sum_{j=1}^{l-1} \frac{q_j}{p_j R_j} + \frac{p_j}{q_j R_j} \right]^{1/2}$$

$$SE(r_l) = \frac{r_l}{\sqrt{q_l R_l}} \left[1 - \left[\frac{r_l (\tau_{l+1} - \tau_l)}{2} \right]^2 \right]^{1/2}$$

---

9 Zur Begründung vgl. z. B. Gehan (1969).

Bei großen Stichproben kann man annehmen, dass $G_l/SE(G_l), f_l/SE(f_l)$ und $r_l/SE(r_l)$ näherungsweise standard-normalverteilt sind, sodass Konfidenzintervalle berechnet werden können.

Alternative Zielzustände

Die Sterbetafelmethode kann auf einfache Weise für Verweildauern mit alternativen Zielzuständen erweitert werden (man spricht dann von einer „multiple decrement life table"). Um dies zu erläutern, seien jetzt für $i = 1, ..., N$ Personen die Stichprobendaten durch (t_i, d_i) gegeben; wobei $d_i = 0$ bei rechts zensierten Verweildauern und $d_i = k$, wenn ein Ereignis des k.ten Typs ($k = 1, ..., q$) stattgefunden hat. Die Rechenschritte sehen nun folgendermaßen aus:

1. Zunächst werden berechnet: $E_{l,k}$ = Anzahl Personen, die im Intervall I_l ein Ereignis vom Typ k aufweisen; $E_l = \Sigma_k E_{l,k}$; Z_l = Anzahl Personen mit einer rechts zensierten Beobachtung im Intervall I_l; und N_l = Anzahl Personen, die zum Beginn des l.ten Intervalls noch dem Risiko eines Ereignisses ausgesetzt sind.

2. Bestimmung der Risikomenge für das l.te Intervall:

$$R_l = N_l - \omega Z_l, 0 \leq \omega \leq 1$$

Üblich ist wiederum $\omega = 0.5$.

3. Schätzung zielzustandsspezifischer Ereigniswahrscheinlichkeiten:

$$q_{l,k} = \frac{E_{l,k}}{R_l}$$

woraus Schätzwerte für die unspezifischen Ereigniswahrscheinlichkeiten $q_l = \Sigma_k q_{l,k}$ und für die Überlebenswahrscheinlichkeiten $p_l = 1 - q_l$ resultieren.

4. Hieraus können wie im einfachen Fall Schätzwerte für die Survivorfunktion zum Beginn der Zeitintervalle berechnet werden:

$$G_1 = 1 \text{ und } G_l = p_{l-1} G_{l-1} \text{ für } l = 2, ..., L$$

5. In einem weiteren Schritt können Subverteilungsfunktionen

$$\widetilde{F}_{k,l} = \widetilde{F}_k(\tau_l) = \Pr(T \leq \tau_l, D = k)$$

geschätzt werden. Wir können nämlich annehmen, dass $\widetilde{F}_{k,1} = 0$ und $(\widetilde{F}_{k,l+1} - \widetilde{F}_{k,l})/G_l = q_{k,l}$, und erhalten daraus zur rekursiven Berechnung von $\widetilde{F}_{k,l}$ die Formel

$$\widetilde{F}_{k,l} = \sum_{j=1}^{l-1} q_{k,j} G_j$$

6. Hieraus erhält man Schätzwerte für die Subdichtefunktionen für die Intervallmittelpunkte:

$$\widetilde{f}_{k,l} = \frac{\widetilde{F}_{k,l+1} - \widetilde{F}_{k,l}}{\tau_{l+1} - \tau_l}$$

und daraus schließlich Schätzwerte für die zielzustandsspezifischen Übergangsraten, wiederum für die Intervallmittelpunkte:

$$r_{k,l} = \frac{\widetilde{f}_{k,l}}{\overline{G}_l}$$

wobei

$$\overline{G}_l = \frac{G_{l+1} - G_l}{2}$$

Es sei erwähnt, dass aus diesem Konstruktionsprozess die Additivität aller zielzustandsspezifischen Größen folgt: $F_l = \Sigma_k \widetilde{F}_{k,l}, f_l = \Sigma_k \widetilde{f}_{k,l}$ und $r_l = \Sigma_k r_{k,l}$, wobei die Größen F_l , f_l und r_l wie bei der Sterbetafelmethode ohne alternative Zielzustände definiert sind.

12.3 Das Kaplan-Meier-Verfahren

Die Sterbetafelmethode hat den Vorteil, dass sie auch bei sehr umfangreichen Stichproben einfach berechnet werden kann. Ein Nachteil besteht darin, dass sie eine willkürliche Festlegung von Zeitintervallen voraussetzt und infolgedessen ein Aggregationsproblem erzeugt. Dies Problem zeigt sich insbesondere bei der Festlegung der Risikomengen (Wahl eines Wertes für ω, vgl. oben).

Eine Alternative zur Sterbetafelmethode bietet das Kaplan-Meier-Verfahren, bei dem auf eine Aggregation von Ereigniszeitpunkten verzichtet werden kann.[10] Zur Darstellung des Verfahren betrachten wir zunächst eine Situation ohne alternative Zielzustände. Die Daten sind durch eine Stichprobe (t_i, d_i) gegeben $(i = 1,..., N)$, wobei t_i die beobachtete Verweildauer bedeutet und $d_i = 0$, wenn es sich um eine zensierte Beobachtung handelt, und $d_i = 0$, wenn zum Zeitpunkt t_i ein Ereignis stattgefunden hat.

Der erste Schritt besteht darin, die Ereigniszeitpunkte zu ermitteln und der Größe nach zu ordnen, etwa:

$$\tau_1 < \tau_2 < \tau_3 < ... < \tau_N$$

wenn es N unterschiedliche Ereigniszeitpunkte gibt. Weiterhin sei E_l die Anzahl der Ereignisse zum Zeitpunkt τ_l, p und R_l sei die Anzahl der Individuen in der Risikomenge zum Zeitpunkt τ_l, definiert als die Menge der Individuen, bei denen $t_i \geq \tau_l$ ist (und zwar sowohl nichtzensierte als auch zensierte Fälle). Der Kaplan-Meier-Schätzer für die Survivorfunktion ist dann durch folgende Formel definiert:

$$\hat{G}(t) = \prod_{l: \tau_l < t} \left(1 - \frac{E_l}{R_l}\right)$$

Diese Formel kann sowohl bei diskreten als auch bei stetigen Zeitachsen verwendet werden. Bei einer diskreten Zeitachse ist $\hat{r}_l = E_l / R_l$ eine Schätzung für die Übergangsrate zum Zeitpunkt τ_l; $\hat{q}_l = 1 - E_l / R_l$ ist eine Schätzung für die Überlebenswahrscheinlichkeit zum Zeitpunkt τ_l; und daraus ergibt sich eine Schätzung für die Survivorfunktion, wie in Abschnitt 12.1 diskutiert worden ist.

Wird eine stetige Zeitachse vorausgesetzt, erhält man eine stückweise konstante Funktion $\hat{G}(t)$ mit Sprungstellen an den Ereigniszeitpunkten τ_l. Gäbe es keine rechts zensierten Beobachtungen, wäre sie gleich $1 - \hat{F}(t)$, wobei $\hat{F}(t)$ die aus der Stichprobe geschätzte empirische Verteilungsfunktion ist. Die Formel für $\hat{G}(t)$ kann aber offenbar auch verwendet werden, wenn einige der beobachteten Verweildauern rechts zensiert sind.

---

[10] Das Verfahren wurde zuerst von Kaplan und Meier (1958) vorgeschlagen. Darstellungen finden sich bei Kalbfleisch, Prentice (1980); Lawless (1982); Cox, Oakes (1984); Blossfeld et al. (1989).

Wiederum können Standardfehler berechnet werden. Die dafür übliche Formel stammt von Greenwood:[11]

$$SE(\hat{G}(t)) = \hat{G}(t) \left[\sum_{l : \tau_l < t} \frac{E_l}{R_l (R_l - E_l)} \right]^{1/2}$$

Ein gewisses Problem bereitet die Schätzung von Übergangsraten. Ist die Zeitachse diskret und können hinreichend viele Ereignisse beobachtet werden, kann zur Schätzung der Übergangsrate zum Zeitpunkt τ_l die Formel $\hat{r}_l = E_l / R_l$ verwendet werden. Bei einer stetigen Zeitachse ist es fast sicher, dass zu jedem Ereigniszeitpunkt nur ein Ereignis stattfindet, sodass E_l / R_l keine sinnvollen Schätzwerte liefern kann. Man erhält jedoch aus

$$\hat{H}(t) = -\log(\hat{G}(t))$$

eine sinnvolle Schätzung der kumulativen Übergangsrate (vgl. die in der Einleitung gegebene Definition). Dann bleibt nur noch die Aufgabe, daraus durch numerische Differenziation Schätzwerte für die Übergangsrate zu gewinnen. Das ist im Prinzip leicht möglich. Allerdings ist zu berücksichtigen, dass $\hat{H}(t)$ eine stückweise konstante Sprungfunktion ist, sodass es im Allgemeinen erforderlich sein wird, diese Funktion zunächst (z. B. mithilfe von Splinefunktionen) zu glätten. Aus der geglätteten Approximation können dann durch numerische Differenziation Schätzwerte für die Übergangsrate gewonnen werden.

Das Kaplan-Meier-Verfahren kann leicht für Verweildauern mit alternativen Zielzuständen verallgemeinert werden. Wie im Abschnitt über die Sterbetafelmethode nehmen wir an, dass die Verweildauern durch $k = 1, ..., q$ unterschiedliche Ereignistypen beendet werden können. Es sei $T_k(t)$ die Menge der Zeitpunkte, die kleiner als t sind und zu denen ein Ereignis vom Typ k stattfindet; und für jeden Zeitpunkt $l \in T_k(t)$ sei R_l die Risikomenge und $E_{k,l}$ die Anzahl der Ereignisse vom Typ k. Man kann dann Kaplan-Meier-Schätzer für die in der Einleitung definierten Pseudo-Survivorfunktionen gewinnen

$$\hat{G}_k(t) = \prod_{l \in T_k(t)} \left(1 - \frac{E_{k,l}}{R_l} \right),$$

die zielzustandsspezifischen kumulativen Übergangsraten $\hat{H}_k(t) = -\log(\hat{G}_k(t))$ ab-

---

[11] Vgl. z. B. Cox, Oakes (1984: 50 f.).

leiten, und schließlich aus diesen durch Differenziation die zielzustandsspezifischen Übergangsraten schätzen. Der Zusammenhang zur Survivorfunktion ergibt sich multiplikativ, wie in der Einleitung erläutert worden ist:

$$\prod_k \hat{G}_k(t) = \prod_k \prod_{l \in T_k(t)} \left(1 - \frac{E_{k,l}}{R_l}\right) \approx \hat{G}(t)$$

Der Zusammenhang gilt exakt, wenn zu keinem Zeitpunkt Ereignisse unterschiedlichen Typs gleichzeitig stattfinden (was bei einer stetigen Zeitachse fast sicher ist).

Schließlich sei noch erwähnt, dass das Kaplan-Meier-Verfahren auch ohne weiteres mit links abgeschnittenen Daten verwendet werden kann. Es ist nur erforderlich, die Risikomengen präzise zu definieren: die Risikomenge R_t zum Zeitpunkt t sollte genau diejenigen Individuen umfassen, deren Beobachtung vor t beginnt und deren beobachtete Verweildauer größer oder gleich t ist.

12.4 Parametrische Modelle

Häufig ist man nicht nur daran interessiert, eine einfache Survivorfunktion zu ermitteln, sondern man möchte herausfinden, wie die Verweildauerverteilung von gewissen Merkmalen der Untersuchungseinheiten abhängt. Ein einfacher Ansatz besteht darin, die Gesamtheit der Untersuchungseinheiten in einige Teilgesamtheiten zu zerlegen und dann in jeder dieser Teilgesamtheiten die Verweildauerverteilung zu ermitteln. Die resultierenden Survivorfunktionen können dann auf einfache Weise (z. B. mittels grafischer Methoden) miteinander verglichen werden.[12] Bei einer größeren Anzahl von Teilgesamtheiten stößt dieser Ansatz jedoch schnell an praktische Grenzen. Noch wichtiger ist, dass er sich grundsätzlich nicht eignet, um die Abhängigkeit der Verweildauerverteilung von zeitabhängigen Kovariablen zu untersuchen.

Es sind deshalb für diesen Zweck spezielle Modelle entwickelt worden. Ihr Fokus ist die Übergangsrate, die im Allgemeinen eine Funktion der Zeit ist. Die Grundidee besteht darin, die Übergangsrate zusätzlich von Kovariablen abhängig zu machen.[13]

Grundsätzlich kann man von einer beliebigen Spezifikation der Übergangsrate ausgehen. Häufig wählt man als Ausgangspunkt eine Familie parametrischer Verweildauerverteilungen und leitet dann daraus die Übergangsrate ab. Um den Ansatz zu illustrieren, beziehen wir uns auf eine stetige Zeitachse und nehmen an, dass $f(t;\Theta)$ eine parametrische Familie von Dichtefunktionen für die Verweildauerverteilung ist; abhängig von dem Parametervektor Θ.

Zum Beispiel könnten wir annehmen, dass es sich um die Familie der Log-Normalverteilungen handelt; dann ist

---

[12] Hierfür stehen auch statistische Tests zur Verfügung; vgl. z. B. Lawless (1982: Kap. 8).
[13] Vgl. Lawless (1982); Cox, Oakes (1984); Blossfeld et al. (1989); Lancaster (1990); Blossfeld, Rohwer (1995).

$$f(t;\Theta) = \frac{1}{\sigma t}\Phi\left(\frac{log(t)-\mu}{\sigma}\right)$$

wobei $\Phi(.)$ die Dichtefunktion der Standardnormalverteilung ist. In diesem Fall besteht der Parametervektor aus zwei Komponenten: $\Theta = (\sigma,\mu)$.

Sei nun eine solche Familie von Dichtefunktionen gegeben. Wie in der Einleitung dargestellt worden ist, können daraus die korrespondierenden Ausdrücke für die Verteilungsfunktion $F(t;\Theta)$, die Survivorfunktion $G(t;\Theta)$, und die Übergangsrate $r(t;\Theta) = f(t;\Theta)/G(t;\Theta)$ abgeleitet werden. Die einfachste Möglichkeit, daraus ein Übergangsratenmodell zu gewinnen, besteht dann darin, den Parametervektor Θ auf geeignete Weise von Kovariablen abhängig zu machen. Allgemein: $\Theta = g(X,\vartheta)$, wobei X einen Vektor mit Kovariablen und ϑ die schließlich zu schätzenden Modellparameter bezeichnet. Die Funktion g(.) wird häufig als „Linkfunktion" bezeichnet und ihre Festlegung bildet einen wesentlichen Teil der Modellspezifikation.

Im Allgemeinen wählt man für jede Komponente der Verteilungsparameter Θ eine separate Linkfunktion, die auf deren möglichen Wertebereich Rücksicht nimmt. In unserem Beispiel (Log-Normalverteilung) hat Θ zwei Komponenten; μ kann beliebige (reelle) Werte annehmen, und σ kann nur positive Werte annehmen. Also könnte man folgende Linkfunktionen verwenden:

$$\mu = \alpha_0 + A_1\alpha_1 + A_2\alpha_2 + ...$$
$$\sigma = \exp(\beta_0 + B_1\beta_1 + B_2\beta_2 + ...)$$

wobei $A_1, A_2, ...$ und $B_1, B_2, ...$ die Kovariablen für die Verteilungsparameter μ und σ bezeichnen. In der Linkfunktion für σ wird die Exponentialfunktion exp(.) verwendet, um zu Gewähr leisten, dass nur positive Parameterwerte auftreten. Man bemerkt, dass durch die Linkfunktionen neue Modellparameter (hier: $\alpha_0, \alpha_1, ...$ und $\beta_0, \beta_1, ...$) an die Stelle der ursprünglichen Verteilungsparameter (hier: μ und σ) treten.

Maximum-Likelihood-Schätzung

Betrachten wir die allgemeine parametrische Formulierung mit der Rate $r(t;\Theta)$ und der Linkfunktion $\Theta = g(X,\vartheta)$. Zu schätzen sind die Modellparameter ϑ. Dies geschieht meistens mit der Maximum-Likelihood-Methode (ML-Methode), um rechts zensierte Beobachtungen berücksichtigen zu können.

Um das Verfahren zu erläutern, nehmen wir an, dass N Beobachtungen der Form (t_i,δ_i,x_i) verfügbar sind (i = 1, ..., N). t_i ist die beobachtete Verweildauer, δ_i ist ein Zensierungsindikator, und x_i ist der für die i.te Untersuchungseinheit gegebene Kovariablenvektor. E sei die Menge der nichtzensierten, Z die Menge der rechts zensierten Beobachtungen. Dann kann die Log-Likelihood der gegebenen Beobachtungen folgendermaßen geschrieben werden:

$$l(\vartheta) = \sum_{i \in E} log(f(t_i; g(x_i, \vartheta))) + \sum_{i \in Z} log(G(t_i; g(x_i, \vartheta)))$$

Um den Beitrag zur Log-Likelihood auszudrücken, wird also bei nichtzensierten Beobachtungen die Dichtefunktion, bei den zensierten Beobachtungen dagegen die Survivorfunktion verwendet. Nutzt man die Beziehung $r(t) = f(t) / G(t)$, kann die Log-Likelihood-Funktion auch noch etwas anders geschrieben werden, nämlich

$$l(\vartheta) = \sum_{i \in E} log(r(t_i; g(x_i, \vartheta))) + \sum_{i \in N} log(G(t_i; g(x_i, \vartheta)))$$

wobei jetzt N die Menge aller Beobachtungen bezeichnet.

ML-Schätzwerte für die Modellparameter ϑ können schließlich aus der Maximierung dieser Log-Likelihood-Funktion gewonnen werden. Bei großen Stichproben sind diese Schätzwerte näherungsweise normalverteilt, und aus den Ableitungen der Log-Likelihood in der Nähe ihres Maximums können auch Schätzwerte für die Standardfehler der geschätzten Modellparameter gewonnen werden.

Zeitabhängige Kovariablen

Übergangsratenmodelle zeigen, wie die Übergangsrate sowohl von der Zeit als auch von den im Modell berücksichtigten Kovariablen abhängt. Es ist sinnvoll, zwei Arten von Kovariablen zu unterscheiden. Erstens (prozess)zeitunabhängige Kovariablen, deren Werte spätestens zum Beginn der Prozesszeit ($t = 0$) fixierbar sind und sich während des Prozesses ($t > 0$) nicht mehr ändern können – z. B. Geschlecht und Zugehörigkeit zu einer Geburtskohorte – im Allgemeinen alle der Vorgeschichte des Prozesses zurechenbaren Sachverhalte. Zweitens (prozess)zeitabhängige Kovariablen, deren Werte sich während des laufenden Prozesses verändern können, z. B. alle Merkmale der Untersuchungsobjekte, die sich während des laufenden Prozesses verändern können.

Zeitabhängige Kovariablen eignen sich insbesondere, um zu untersuchen, wie während des Prozesses stattfindende Ereignisse den in der Übergangsrate repräsentierten Prozessverlauf verändern können. Sie spielen deshalb eine zentrale Rolle, um Einsichten in mögliche kausale Abhängigkeiten zu gewinnen (Blossfeld, Rohwer 1995).

Die Berücksichtigung zeitabhängiger Kovariablen macht allerdings die Modellschätzung etwas aufwändiger. Sei jetzt $x_i(t)$ ein Vektor mit zeitabhängigen Kovariablen für die i.te Untersuchungseinheit. Dann benötigt man für die ML-Schätzung zunächst die Rate zum Ereigniszeitpunkt t_i und in Abhängigkeit von $x_i(t)$. Dies ist einfach, da man annehmen kann, dass diese Rate nur von demjenigen Wert von x_i abhängt, der zum Ereigniszeitpunkt erreicht worden ist, also $r(t_i; g(x_i(t_i), \vartheta))$. Anders verhält es sich jedoch mit der Survivorfunktion. Beim Vorliegen zeitabhängiger Kovariablen muss sie in Abhängigkeit vom Entwicklungspfad der zeitabhängigen Kovariablen berechnet werden.

Dafür kann jedoch die in der Einleitung entwickelte Beziehung zwischen der Survivorfunktion und der Übergangsrate verwendet werden, die jetzt folgendermaßen geschrieben werden kann:

$$G(t;g(x_i(t),\vartheta)) = exp\left\{ - \int_0^t r(\tau;g(x_i(\tau),\vartheta))d\tau \right\}$$

Diese Funktion ist im Allgemeinen schwer zu berechnen. Wenn jedoch $x_i(t)$ eine stückweise konstante Funktion der Zeit ist, kann der Integrationsbereich auf der rechten Seite in eine Folge von Teilintervallen zerlegt werden, sodass sich während jedes Teilintervalls $x_i(t)$ nicht verändert, und man erhält eine Summe von einfach berechenbaren Teilintervallen.[14]

Wegen dieser Vereinfachung der Modellschätzung werden zeitabhängige Kovariablen bei praktischen Anwendungen meistens als stückweise konstante Funktionen der Zeit konzipiert. Im einfachsten Fall möchte man z. B. erfassen, welchen Einfluss das Eintreten oder Nichteintreten eines gewissen Ereignisses auf die Übergangsrate hat. Man kann dann eine zeitabhängige Dummy-Variable konstruieren, die den Wert 0 hat, solange das Ereignis noch nicht eingetreten ist, und die den Wert 1 hat, sobald das Ereignis eingetreten ist. Dies ist dann offensichtlich eine stückweise konstante Funktion der Zeit, die in der beschriebenen Weise in der Log-Likelihood für die Modellschätzung berücksichtigt werden kann.

Alternative Zielzustände

Die Grundidee der Übergangsratenmodelle kann leicht auf Situationen verallgemeinert werden, in denen es zwei oder mehr mögliche Zielzustände gibt. Unter Verwendung der in der Einleitung eingeführten Notation sei D^* die Menge der möglichen Zielzustände (eine Menge positiver ganzer Zahlen). Die verfügbaren Daten seien jetzt durch (t_i, d_i, x_i) gegeben. t_i ist wie bisher die beobachtete Verweildauer im Ausgangszustand, und x_i ist ein Kovariablenvektor. Außerdem gelte: wenn $d_i \in D^*$, dann habe ein Übergang in den Folgezustand d_i stattgefunden, und $d_i = 0$ für rechts-zensierte Beobachtungen.

Das Übergangsratenmodell bezieht sich jetzt auf die zielzustandsspezifischen Übergangsraten $r_k(t)$. Es soll dazu dienen herauszufinden, wie diese zielzustandsspezifischen Raten von den Werten der Kovariablen abhängen. Man benötigt dann für jeden Zielzustand einen parametrischen Modellansatz $r_k(t;\Theta_k)$ mit einer zugehörigen Linkfunktion $\Theta_k = g_k(x_i, \vartheta_k)$. Im Prinzip kann man wiederum beliebige Modellansätze wählen. Im einfachsten Fall beginnt man auch hier mit einer parametrischen Familie von Verweildauerverteilungen und verwendet für alle Zielzustände den gleichen Modellansatz.

Die Modellschätzung bezieht sich jetzt auf die zweidimensionale Zufallsvariable (T, D), wobei T die Verweildauer im Ausgangszustand und D den schließlich er-

---

[14] Die praktische Realisierung dieses Ansatzes wird häufig als „Episodensplitting" bezeichnet (vgl. Blossfeld, Rohwer 1995: Kap. 6).

reichten Folgezustand repräsentiert. Wie in der Einleitung angemerkt worden ist, kann ihre Verteilung durch zielzustandsspezifische Subdichtefunktionen $\tilde{f}_k(t;\Theta_k)$ dargestellt werden. Um rechts zensierte Beobachtungen zu berücksichtigen, benötigt man außerdem die Survivorfunktion für die Verweildauer im Ausgangszustand, $G(t;\Theta)$, wobei hier $\Theta = (\Theta_1, \Theta_2, ...)$.

Beides kann aus den zielzustandsspezifischen Übergangsraten $r_k(t;\Theta_k)$ gewonnen werden. Zunächst kann man die einfache Abgangsrate aus dem Ausgangszustand bilden, nämlich:

$$r(t;\Theta) = \sum_{k \in D^*} r_k(t;\Theta_k)$$

Daraus gewinnt man die Survivorfunktion

$$G(t;\Theta) = exp\left\{ -\int_0^t r(\tau;\Theta)d\tau \right\} = \prod_{k \in D^*} G_k(t;\Theta_k)$$

wobei

$$G_k(t;\Theta) = exp\left\{ -\int_0^t r_k(\tau;\Theta_k)d\tau \right\}.$$

Und wegen der Beziehung $r_k(t;\Theta_k) = \tilde{f}_k(t;\Theta_k)/G(t;\Theta)$ können auch die zielzustandsspezifischen Subdichtefunktionen berechnet werden. Damit hat man dann alle erforderlichen Bestandteile für die Log-Likelihood. Bezeichnet E_k die Menge der Beobachtungen, für die ein Übergang in den Zielzustand k beobachtet werden kann, kann sie zunächst so geschrieben werden:

$$l(\vartheta) = \sum_{k \in D^*} \sum_{i \in E} log(\tilde{f}_k(t_i; g_k(x_i, \vartheta_k))) + \sum_{i \in Z} log(G(t_i; g(x_i, \vartheta)))$$

wobei hier jetzt $\vartheta = (\vartheta_1, \vartheta_2, ...)$. An Stelle der Subdichtefunktionen kann man auch die zielzustandsspezifischen Übergangsraten verwenden. Die Log-Likelihood ist dann:

$$l(\vartheta) = \sum_{k \in D^*} \sum_{i \in E} log(r_k(t_i\,;g_k(x_i,\vartheta_k))) + \sum_{i \in N} log(G(t_i\,;g(x_i,\vartheta)))$$

Schließlich kann sie auch als eine Summe zielzustandsspezifischer Therme ausgedrückt werden:

$$l(\vartheta) = \sum_{k \in D^*} \left\{ \sum_{i \in E_k} log(r_k(t_i\,;g(x_i,\vartheta_k))) + \sum_{i \in N} log(G_k(t_i\,;g(x_i,\vartheta_k))) \right\}$$

Exponentialmodelle

Das einfachste Modell geht von der Annahme aus, dass die Übergangsrate nicht von der Prozesszeit abhängt. Wir können dies durch die Formel $r(t) = \Theta$ ausdrücken, wobei Θ ein zeitunabhängiger Verteilungsparameter ist. Die korrespondierende Survivorfunktion ist offenbar $G(t) = exp(-\Theta t)$. Diese Verteilung wird Exponentialverteilung genannt, und die von ihr ausgehenden Ratenmodelle heißen Exponentialmodelle.

Da die Rate keine negativen Werte annehmen kann, wird für praktische Anwendungen meistens eine exponentielle Linkfunktion verwendet:

$$\Theta = exp(\beta_0 + X_1\beta_1 + X_2\beta_2 + ...)$$

Die Schätzung dieses einfachen Exponentialmodells kann mit der ML-Methode vorgenommen werden, wie oben dargestellt wurde. Die geschätzten Modellparameter $(\hat{\beta}_0,\hat{\beta}_1,...)$ erlauben es dann, für beliebige Werte der Kovariablen $(X_1, X_2,...)$ einen Schätzwert für die zeitunabhängige Übergangsrate zu ermitteln. Und daraus können natürlich auch geschätzte Survivor- und Dichtefunktionen ermittelt werden.

Für praktische Anwendungen ist es im Allgemeinen sinnvoll, einen Modellansatz zu wählen, bei dem die Übergangsrate als eine Funktion der Prozesszeit variieren kann. Dann tritt allerdings sogleich die Frage auf, welche Formen der Zeitabhängigkeit der Modellansatz ermöglichen soll. Die meisten parametrischen Ratenmodelle erlauben nur einen mehr oder weniger eingeschränkten Bereich von möglichen Funktionsformen und können deshalb nur verwendet werden, wenn man bereits begründete Vermutungen über den prinzipiellen Verlauf der Ratenfunktion besitzt. Eine einfache Erweiterung des einfachen Exponentialmodells erlaubt jedoch einen sehr flexiblen Modellansatz, der in der Praxis oft verwendet wird.[15]

Die Idee besteht darin, die Prozesszeitachse in eine Reihe von Zeitintervallen zu zerlegen und für jedes Zeitintervall einen separaten, jedoch innerhalb des Intervalls

---

15 Vgl. die ausführliche Diskussion dieses Modellansatzes (Blossfeld, Rohwer 1995: Kap. 4).

zeitkonstanten Verlauf der Rate anzunehmen. Die Bildung von Zeitintervallen erfolgt durch die Fixierung von Zeitpunkten

$$0 = \tau_1 < \tau_2 < ... < \tau_m$$

auf der Prozesszeitachse. Setzt man $\tau_{m+1} = \infty$, erhält man m Zeitintervalle

$$I_l = \left\{ t \mid \tau_l \leq t < \tau_{l+1} \right\} l = 1,...,m$$

Mit einer exponentiellen Linkfunktion lautet dann der Modellansatz:

$$r(t) = exp(\alpha_l + X_1\beta_1 + X_2\beta_2 + ...) \text{ für } t \in I_l$$

Man erhält dann ein proportionales Ratenmodell. Die so genannte Baseline-Rate (wenn keine Kovariablen vorhanden sind bzw. alle Kovariablen den Wert 0 bekommen) wird durch die Modellparameter $\alpha_l (l = 1,...,m)$ gegeben; und die Kovariablen können diese Baseline-Rate nur proportional (parallel zur Zeitachse) verschieben. Ersichtlich kann man mit diesem Modellansatz beliebige Verläufe der Übergangsrate approximativ erfassen. Je kürzer die Zeitintervalle gewählt werden, desto besser wird die erreichbare Approximation. Allerdings kann das Modell nur geschätzt werden, wenn in jedem Zeitintervall hinreichend viele Ereignisse beobachtet werden können. Dieses Exponentialmodell mit Zeitperioden kann noch etwas allgemeiner formuliert werden, indem für einige (oder alle) Kovariablen periodenspezifische Modellparameter angesetzt werden.

Die Modellformulierung lautet dann:

$$r(t) = exp(\alpha_l + X_1\beta_{1,l} + X_2\beta_{2,l} + ...) \text{ für } t \in I_l$$

$\beta_{j,l}$ gibt hier den Effekt der Kovariablen X_j auf die Übergangsrate in der l.ten Zeitperiode an. Es handelt sich dann ersichtlich nicht mehr um ein proportionales Ratenmodell, da sich der Einfluss der Kovariablen während der Prozesszeit verändern kann.

Weitere parametrische Modelle
Neben dem einfachen Exponentialmodell und seinen Erweiterungen werden zahlreiche andere Ratenmodelle in der demographischen Forschungspraxis verwendet, z. B. das log-logistische Modell und eine von Brüderl und Diekmann (1995) vorgeschla-

gene Erweiterung, das Sichel-Modell (Diekmann, Mitter 1983, 1984), das Hernes-Modell (Hernes 1972) und ein von Coale und McNeil (1972) vorgeschlagenes Modell. Die beiden zuerst genannten sowie einige andere parametrische Ratenmodelle werden in Blossfeld und Rohwer (1995) behandelt.

Beurteilung der Modellanpassung

Da die Schätzung von Ratenmodellen auf der ML-Methode beruht, ist es in der Praxis oft schwierig, die Güte der Modellanpassung zu beurteilen. Ein zum R^2 bei Regressionsmodellen vergleichbares Maß steht bei der ML-Schätzung nicht zur Verfügung. Grundsätzlich ist davon auszugehen, dass mit der ML-Methode aus einer vorgegebenen Modellklasse zwar dasjenige Modell bestimmt werden kann, das am besten zu den Daten paßt; dass jedoch im Allgemeinen keineswegs gewährleistet ist, dass die Modellklasse überhaupt ein Modell enthält, das zu den Daten paßt. Infolgedessen ist es sinnvoll, möglichst flexible Modellklassen zu verwenden.

In einfachen Fällen können grafische Tests verwendet werden, um den Modellfit zu prüfen (Wu 1990). Diese Verfahren versagen jedoch, wenn das Modell zahlreiche Kovariablen enthält. Weiterhin ist vorgeschlagen worden, so genannte verallgemeinerte Residuen zu verwenden (Cox, Snell 1968).[16] Um die Grundidee kurz zu skizzieren, bezeichne $\hat{r}(t;x)$ die mit einer Stichprobe (t_i, x_i) geschätzte Übergangsrate. Die verallgemeinerten Residuen sind dann durch

$$\hat{e}_i = \int_0^{t_i} \hat{r}(\tau; x_i)\, d\tau$$

definiert, d. h. als die kumulativen Übergangsraten, berechnet mit den Beobachtungswerten für jedes Mitglied der Stichprobe ($i = 1,..., N$). Wenn das Modell angemessen ist, und wenn es keine zensierten Beobachtungen gibt, sollte sich die Menge dieser verallgemeinerten Residuen wie eine Menge von standardexponentialverteilten Zufallsgrößen verhalten.

Das kann auf einfache Weise geprüft werden, indem (z. B. mit der Kaplan-Meier-Methode) eine Survivorfunktion für die Verteilung der Residuen geschätzt wird. Sei $G_{\hat{e}}(e)$ die geschätzte Survivorfunktion.

Wenn es sich um die Survivorfunktion einer Standard-Exponentialverteilung (Rate = 1) handelt, müsste ein Plot von $-\log(G_{\hat{e}}(\hat{e}_i))$ gegen $\hat{e}_i$ ungefähr einer 45°-Linie durch den Ursprung entsprechen. Die Überlegung kann auch auf Stichproben ausgeweitet werden, die rechts zensierte Beobachtungen enthalten.. Die verallgemeinerten Residuen für die zensierten Beobachtungen sollten dann zensierten Realisierungen einer standard-exponentialverteilten Zufallsgröße entsprechen.

---

16 Zur Verwendung dieses Konzepts für Ratenmodelle vgl. Lancaster (1985); Lancaster, Chesher (1987); Blossfeld, Rohwer (1995: 204 ff.).

12.5 Semiparametrische Modelle

Weiterhin werden häufig semiparametrische Ratenmodelle verwendet, die von Cox (1972) vorgeschlagen worden sind. Wenn es nur einen möglichen Zielzustand gibt, kann der Modellansatz folgendermaßen dargestellt werden:

$$r(t) = h(t)\exp(\beta_o + X_1\beta_1 + X_2\beta_2 + ...)$$

Die Übergangsrate $r(t)$ ist hier abhängig von einer Baseline-Rate $h(t)$ und von einer parametrischen Funktion der Kovariablen. Die entscheidende Idee besteht darin, die Baseline-Rate $h(t)$ nicht näher zu spezifizieren. Wie von Cox (1975) gezeigt worden ist, kann das Modell gleichwohl mit einer so genannten Partial-Likelihood-Methode (PL) geschätzt werden.[17]

Wie die angegebene Modellformulierung zeigt, handelt es sich um ein proportionales Ratenmodell. Unterschiedliche Werte der Kovariablen können die Baseline-Rate nur proportional (parallel zur Prozesszeitachse) verschieben. Der große Vorteil des Modellansatzes besteht jedoch darin, dass keine restriktiven parametrischen Annahmen über den Verlauf der Baseline-Rate erforderlich sind. Es ist infolgedessen ähnlich flexibel wie das einfache Exponentialmodell mit Zeitperioden.

Ein weiterer Vorteil dieses Modells liegt darin, dass auf einfache Weise zeitabhängige Kovariablen berücksichtigt werden können. Dies folgt aus der PL-Methode zur Modellschätzung. Der Grundgedanke der Methode besteht darin, zu allen Ereigniszeitpunkten die jeweils vorhandene Risikomenge zu betrachten, d. h. die Menge derjenigen Untersuchungseinheiten, die zu diesem Zeitpunkt den Ausgangszustand noch nicht verlassen und also noch ein Ereignis erfahren können. Infolgedessen kann man zu jedem Ereigniszeitpunkt die zu diesem Zeitpunkt gegebenen Werte der Kovariablen verwenden, um ihren Einfluss auf die Übergangsrate zu schätzen.

Praktische Verwendungsmöglichkeiten dieses semiparametrischen Ratenmodells werden ausführlich bei Blossfeld und Rohwer (1995: Kap. 9) behandelt. Dort wird auch gezeigt, wie der große Rechenaufwand bei der Verwendung zeitabhängiger Kovariablen vermindert werden kann, indem die PL-Schätzmethode mit dem Verfahren des Episodensplittings zur Berücksichtigung zeitabhängiger Kovariablen kombiniert wird.

---

[17] Eine ausführliche Diskussion dieses Modellansatzes vgl. Kalbfleisch, Prentice (1980).

13

Regressionsverfahren in der Bevölkerungswissenschaft

Josef Brüderl[1]

Einleitung

Ein Großteil der sozialwissenschaftlichen Forschungsarbeiten ist an der Identifikation „kausaler" Effekte anhand nichtexperimenteller Daten interessiert. Dies belegt bereits ein flüchtiger Blick in die einschlägigen Fachzeitschriften. Regressionsverfahren sind für diesen Zweck besonders geeignet. Insbesondere die Entwicklung von Regressionsverfahren für qualitative abhängige Variablen in den letzten Jahren hat zur Folge, dass für die meisten Fragestellungen der Sozialforschung Regressionsverfahren eingesetzt werden können. In diesem Kapitel werden allerdings nur Regressionsverfahren für Querschnittdaten besprochen. Entsprechende Verfahren für Längsschnittdaten findet man im Kapitel 12 dieses Handbuchs.

Der Artikel ist an den Bedürfnissen von Anwendern ausgerichtet, die sich einen Überblick auch über die neueren Verfahren der Regressionsanalyse verschaffen wollen. Es wurde versucht, die wichtigsten Modelle in einfacher Art und Weise vorzustellen und deren Umsetzung anhand von ernsthaften Anwendungen aus der Bevölkerungswissenschaft zu demonstrieren. Ein besonderes Gewicht wird auf die Interpretation der Modellparameter gelegt. Die zugrunde liegende Schätztheorie dagegen wird nur am Rande gestreift. Der Leser, der einen „tieferen" Überblick wünscht, sei auf die Literatur zu generalisierten linearen Modellen (Fahrmeir, Tutz 1994; Arminger 1995) bzw. auf die ökonometrische Literatur (Judge et al. 1985; Greene 1993) verwiesen. Vorausgesetzt werden die Grundzüge der statistischen Schätz- und Testtheorie und elementare Grundregeln der Matrix-Algebra (s. z. B. die einführenden Kapitel bei Greene 1993).

---

[1] Für hilfreiche Hinweise danke ich Henriette Engelhardt, Axel Franzen, Wolfgang Ludwig-Mayerhofer, Peter Preisendörfer, Rainer Winkelmann, Rolf Ziegler, Klaus F. Zimmermann und einem anonymen Gutachter. Eine wesentlich ausführlichere Langversion des Artikels ist beim Autor erhältlich.

13.1 Regressionsverfahren für metrische abhängige Variablen

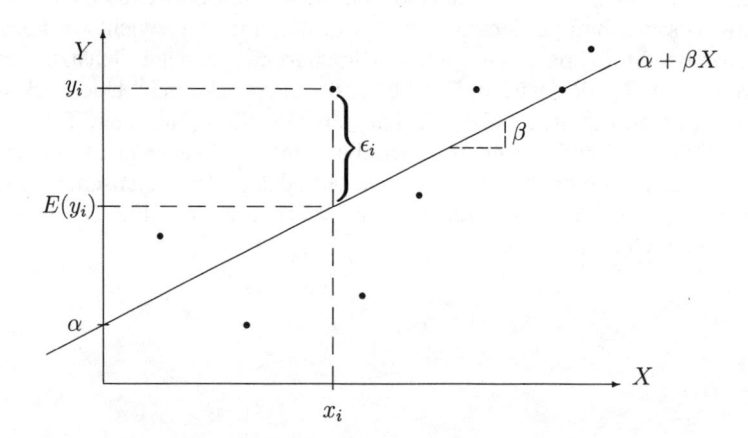

13.1.1 Das lineare Regressionsmodell

Das klassische, lineare Regressionsmodell ist sicher das am häufigsten verwendete Verfahren der multivariaten Analyse. Gründe dafür sind die einfache Interpretierbarkeit dieses Modells, seine relativ schwachen Annahmen und die einfache Schätzmöglichkeit. Entsprechend oft wurde das lineare Regressionsmodell in der statistischen Literatur besprochen (eine gute, anwendungsorientierte Einführung gibt Weisberg 1985), weshalb sich die folgenden Ausführungen auf das Wesentliche beschränken sollen.

13.1.1.1 Einfache Regression

Angenommen wir wollen den Zusammenhang zwischen einer abhängigen Variable Y und einer unabhängigen Variable X (synonym: Regressor oder Kovariate) untersuchen. Beide Variablen seien metrisch. Wir beobachten bei n Personen die Datenpaare (y_i, x_i). Das klassische Regressionsmodell geht nun davon aus, dass diese Daten mittels eines linearen Modells beschreibbar sind:

$$A1: y_i = \alpha + \beta x_i + \varepsilon_i, \quad i = 1, ..., n.$$

α und β sind zu schätzende Parameter (Regressionskoeffizienten) und ε ist ein Fehlerterm. A1 enthält insbesondere folgende Annahmen: Die Beziehung zwischen X und Y ist linear und die Parameter α und β sind identisch für alle Beobachtungen.

Abb. 1: Das lineare Regressionsmodell

Das Streudiagramm in Abb. 1 gibt eine graphische Darstellung des Modells. Die Punkte repräsentieren jeweils eine Beobachtung. Die Gerade ist die (Modell-)Regressionsgerade mit Achsenabschnitt α und Steigung β. α gibt den Y-Wert an, wenn $X = 0$. β gibt an, um wie viele Einheiten sich Y verändert, wenn X um eine Einheit steigt. Meist werden die Daten natürlich nicht exakt auf der Regressionsgeraden liegen, so wie in Abb. 1 z. B. Beobachtung i. Der laut Modell zu erwartende Wert ($E(y_i \mid x_i) = \alpha + \beta x_i$), stimmt nicht mit dem beobachteten Wert (y_i) überein. Die Differenz ist der Fehler ε_i.

Über die stochastischen Eigenschaften dieses Fehlerterms macht man einige weitere Annahmen:

- A2: $E(\varepsilon_i) = 0$, für alle i; im „Mittel" ist der Fehler null
- A3: $V(\varepsilon_i) = \sigma^2$, für alle i; die Fehlervarianz ist konstant (Homoskedastizität)
- A4: $Cov(\varepsilon_i, \varepsilon_j) = 0$, für alle $i \neq j$; die Fehlerkovarianzen sind null (keine Autokorrelation)
- A5: $Cov(x_i, \varepsilon_j) = 0$, für alle i und j; Regressor und Fehler sind unkorreliert

A5 wird oft verschärft, indem man annimmt, dass X nicht-stochastisch ist (die Werte der unabhängigen Variable sind fest, wie es etwa bei einem Experiment der Fall ist). Geht man von einem stochastischen Regressor aus, was bei quasi-experimentellen Designs sicher realistischer ist, so impliziert A5 unter anderem: der Regressor darf keine Messfehler enthalten und er darf mit keinen weiteren unbeobachteten Variablen (die ja laut A1 im Fehlerterm zusammengefasst sind) korreliert sein.

Zusammen mit A1 sind dies die Annahmen des klassischen, linearen Regressionsmodells. Sie sind nötig, damit die Parameterschätzungen gewissen Anforderungen genügen (s. u.). Sind sie nicht erfüllt, müssen die Schätzverfahren modifiziert werden (Kap. 13.1.2–13.1.5). Will man Hypothesen über die Parameter des Modells A1 testen, so ist eine weitere Annahme nötig:

- A6: $\varepsilon_i \sim N(0, \sigma^2)$; die Fehler sind normalverteilt

Es ist zu beachten, dass die Normalverteilungsannahme nicht zur Schätzung der Parameter erforderlich ist. Da in der Sozialforschung aber praktisch immer Hypothesentests durchgeführt werden, muss auch A6 üblicherweise gelten.

Dieses Modell enthält die unbekannten Parameter α, β und σ^2. Anhand der beobachteten Daten können die Parameter geschätzt werden. Die Schätzer notieren wir mit $\hat{\alpha}, \hat{\beta}$ und $\hat{\sigma}^2$. Insbesondere $\hat{\beta}$ interessiert den Sozialforscher, weil dieser Schätzer Auskunft über den Zusammenhang von X und Y gibt. Zur Schätzung wird im klassischen Regressionsmodell die Methode der kleinsten Quadrate („Ordinary Least Squares", OLS) eingesetzt. Dazu werden $\hat{\alpha}$ und $\hat{\beta}$ so bestimmt, dass die Summe der quadrierten Residuen (der geschätzten Fehler) minimiert wird.

Die OLS-Schätzer haben bei Gültigkeit von A1–A5 gewisse wünschenswerte Eigenschaften: Sie sind unverzerrt (erwartungstreu: $E(\hat{\beta}) = \beta$) und in der Klasse der linearen, unverzerrten Schätzer die mit der kleinsten Stichprobenvarianz (Gauß-Markov Theorem). Will man einen linearen und unverzerrten Schätzer verwenden, so besagt das Gauss-Markov Theorem salopp ausgedrückt, dass die OLS-Schätzer in dieser Klasse die präzisesten sind. Außerdem sind sie bei Gültigkeit der Normalverteilungsannahme die Maximum-Likelihood (ML) Schätzer und besitzen somit auch deren Eigenschaften.

Neben der Schätzung der Parameter ist es weiterhin wichtig zu wissen, wie gut das Modell die Daten anpaßt. Darüber gibt das Bestimmtheitsmaß R^2 Auskunft. Ist $R^2 = 0$, so bedeutet dies, dass das Modell nichts zur Erklärung der Varianz von Y beiträgt. $R^2 = 1$ dagegen zeigt an, dass das Modell die Daten vollkommen beschreibt (sie liegen alle auf der Regressionsgeraden). $R^2 = 0{,}3$ etwa ist folgendermaßen zu interpretieren: 30% der Varianz von Y sind durch das Modell erklärt, oder andersherum, 70% sind durch unbekannte Faktoren (die im Fehlerterm enthalten sind) bestimmt.

Schließlich will man noch Hypothesen über die Schätzer testen. Im einfachsten Fall wird die Nullhypothese H_0: $\beta = \beta^0$ gegen die Alternative H_1: $\beta \neq \beta^0$ getestet (zweiseitiger Test). Die Testgröße ergibt sich als Differenz von $\hat{\beta}$ und β^0, dividiert durch den Standardfehler von $\hat{\beta}$. Sie ist t-verteilt mit n - 2 Freiheitsgraden. Die Nullhypothese wird abgelehnt, wenn der Betrag der Testgröße größer als der kritische Wert der t-Verteilung ist (bei gegebenem Signifikanzniveau). Meist jedoch ist der Sozialforscher nur daran interessiert, ob X überhaupt einen Einfluss auf Y ausübt (H_0: $\beta = 0$). Die Testgröße (der so genannte t-Wert) ist einfach der Schätzer durch seinen Standardfehler. Auf dem 95%-Niveau bei großen Fallzahlen (n > 500) beträgt der kritische Wert 1,96. Ist somit $|t| > 1{,}96$, können wir die Nullhypothese ablehnen und sprechen von einem signifikanten Effekt der Variable X.[2]

13.1.1.2 Multiple Regression

Im einfachen Regressionsmodell wir nur der Zusammenhang zwischen einer abhängigen und einer unabhängigen Variable untersucht. Das Modell ist jedoch problemlos um weitere unabhängige Variablen erweiterbar. Man spricht dann von multipler Regression:

$$y_i = \beta_1 + \beta_2 x_{i2} + \beta_3 x_{i3} + \ldots + \beta_k x_{ik} + \varepsilon_i.$$

Dieses Modell beschreibt eine (k - 1)-dimensionale Regressionsebene, um die herum die Beobachtungen mehr oder weniger stark streuen. Es kann in Matrix-Schreibweise notiert werden als

$$y_i = \beta' \mathbf{x}_i + \varepsilon_i,$$

---

[2] Wenn im folgenden von „Signifikanz" gesprochen wird, so ist natürlich „statistische Signifikanz" gemeint, nicht „inhaltliche Signifikanz". Diese so grundlegende wie wichtige Unterscheidung wird leider selbst in der Forschungsliteratur kaum beachtet (Deal, Anderson 1995; McCloskey, Ziliak 1996). Darum sei betont, dass eine Ergebnisinterpretation, die nur auf die t-Werte abstellt, ungenügend ist. Die Größe und Bedeutsamkeit der Regressionseffekte ist wichtiger.

wobei β ein k-elementiger Spaltenvektor der zu schätzenden Parameter und x_i ebenfalls ein k-elementiger Spaltenvektor der unabhängigen Variablen ist (das erste Element von x_i ist eine Eins, was der Konstanten entspricht).

Ein $β_j$ kann in diesem Modell ebenso wie bei der einfachen Regression als Effekt der Variable X_j interpretiert werden. Der wichtigste Unterschied zum einfachen Regressionsmodell ist, dass ein bestimmter Regressionskoeffizient $β_j$ nun den Effekt von X_j bei Konstanthaltung der anderen unabhängigen Variablen wiedergibt (man sagt auch „deren Effekte wurden herauspartialisiert"). Dies ist generell der Hauptvorteil multivariater Verfahren: Man erhält Effekte, die von den Einflüssen aller weiteren im Modell enthaltenen Kovariaten befreit sind. Multivariate Regressionsmodelle ermöglichen es somit, auf einfache Art und Weise für die störenden Einflüsse von Drittvariablen zu kontrollieren.

Zur genaueren Interpretation der Regressionskoeffizienten $β_j$ ist es hilfreich, den bedingten Erwartungswert der abhängigen Variable gegeben x_i zu betrachten:

$$E(y_i \mid x_i) = β'x_i.$$

Nun kann man die Frage stellen, um wie viel sich dieser bedingte Erwartungswert verändert, wenn man X_j um eine Einheit erhöht (Einheitseffekt). Um diesen Einheitseffekt zu erhalten, muss man vom bedingten Erwartungswert an der Stelle $x_j + 1$ den bedingten Erwartungswert an der Stelle x_j abziehen. Es ergibt sich, dass der Einheitseffekt im multiplen Regressionsmodell gleich $β_j$ ist, was eine anschauliche Interpretation der Regressionskoeffizienten ermöglicht. Eleganter kann man den Einheitseffekt näherungsweise bestimmen, indem man den bedingten Erwartungswert nach X_j ableitet (Marginaleffekt):

$$\frac{\partial E(y \mid x)}{\partial x_j} = β_j$$

Offensichtlich ist der Marginaleffekt identisch mit dem Einheitseffekt, weil das Modell linear ist. Weiter unten werden wir sehen, dass diese nützliche Eigenschaft in nicht linearen Regressionsmodellen nicht mehr gilt.

Zur weiteren Behandlung des Modells wollen wir die Regressionsgleichung nicht nur für eine, sondern für alle Beobachtungen niederschreiben. X sei die n×k Matrix der unabhängigen Variablen. β ist ein k-elementiger Spaltenvektor der Parameter. y und ε sind n-elementige Spaltenvektoren der abhängigen Variable bzw. der Fehler. Damit kann das multiple Regressionsmodell geschrieben werden als

$$y = Xβ + ε.$$

Die Modellannahmen sind identisch zur einfachen Regression. A2, A3, A4 und A6 lauten in Matrix Notation: $\varepsilon \sim N(0,\sigma^2 I)$. Die Fehler sind unabhängig, identisch normalverteilt mit Erwartungswert 0 und konstanter Varianz σ^2. $\sigma^2 I$ ist die Kovarianzmatrix der Fehler, wobei I die Einheitsmatrix ist (eine Matrix mit Einsen auf der Diagonalen und Nullen sonst). Weiterhin muss analog zu A5 angenommen werden, dass die Regressoren nicht mit dem Fehlerterm korreliert sind (oder X nicht-stochastisch ist). Die einzige zusätzliche Annahme gegenüber dem einfachen Regressionsmodell ist, dass X vollen Spalten-Rang hat (die unabhängigen Variablen dürfen nicht linear abhängig sein). Als OLS-Schätzer von β ergibt sich dann:

$$\hat{\beta} = (X'X)^{-1} X'y$$

wobei X' die Transponierte von X bezeichnet. Das Bestimmtheitsmaß R^2 gibt Auskunft, wie viel der Varianz von Y durch die Regressoren „erklärt" ist. Fügt man einen weiteren Regressor hinzu, so ist das Bestimmtheitsmaß des erweiterten Modells mindestens genauso groß wie zuvor. Ist allerdings die Erklärungskraft der hinzugefügten Variable, gegeben die bereits im Modell enthaltenen Variablen, gering, so wird sich R^2 nur minimal erhöhen. Das Hinzufügen weiterer Variablen verbessert das Modell somit nur, wenn diese Variablen einen „eigenständigen" Erklärungsbeitrag leisten. Häufig wird empfohlen, ein „adjustiertes" R^2 zu berichten, bei dem die Zahl der Freiheitsgrade in die Berechnung Eingang findet. Es kann bei Hinzufügen einer weiteren, erklärungsschwachen Variable auch kleiner werden. Das Argument für diese Empfehlung ist, dass R^2 durch die Einführung vieler Variablen beliebig nahe an eins gebracht werden kann, und man deshalb Modelle mit vielen Variablen „bestrafen" muss. Dieses Argument ist offensichtlich nicht schlüssig. Außerdem kann das adjustierte R^2 nicht mehr im Sinne von erklärter Varianz interpretiert werden, weshalb es nur für die Variablenselektion eingesetzt werden sollte.

Tests von Hypothesen über einzelne Koeffizienten können mit diesen Größen wie im vorigen Kapitel beschrieben durchgeführt werden (t-Test). Im multiplen Fall sind auch Tests über komplexe Linearkombinationen von Parametern möglich (F-Test). Ein Beispiel für einen F-Test ist der Test auf die Nullhypothese, dass alle Koeffizienten (außer der Konstanten) gleich null sind. Die Testgröße für diesen Fall lässt sich unter anderem aus R^2 errechnen:

$$F = \frac{R^2 / (k-1)}{(1-R^2)/(n-k)}$$

Sie ist F-verteilt mit k - 1 und n - k Freiheitsgraden. Ist der F-Wert größer als der entsprechende kritische Wert aus der F-Verteilung, so spricht man oft salopp von der „Signifikanz des Regressionsmodells".

Bisher gingen wir davon aus, dass die Regressoren metrische Variablen sind. Doch auch nichtmetrische Regressoren können problemlos im linearen Regressionsmodell berücksichtigt werden. Dies geschieht mittels so genannter Dummy-Variablen (ausführlich behandelt dieses Thema Hardy 1993). Hat ein qualitativer Regressor drei Kategorien, so kann man drei Dummies bilden, wobei eine Dummy nur dann eins ist, wenn eine Beobachtung in die zugehörige Kategorie fällt, sonst ist sie immer null. Enthält das Regressionsmodell eine Konstante, so muss man eine Referenzkategorie wählen und die zugehörige Dummy aus dem Modell nehmen (sonst sind die Regressoren linear abhängig). Ein Beispiel ist eine Regression auf das Einkommen (y_i), mit den Regressoren Alter (x_i) und Schultyp (Hauptschule, Realschule und Gymnasium). Wählt man „Hauptschule" als Referenzgruppe, so benötigt man eine Dummy für „Realschule" (D_{i1}) und eine weitere für „Gymnasium" (D_{i2}). Die Einkommensregression lautet damit:

$$y_i = \beta_1 + \beta_2 x_i + \delta_1 D_{i1} + \delta_2 D_{i2} + \varepsilon_i$$

δ_1 gibt an, um wie viel im Schnitt ein Realschüler mehr verdient als ein Hauptschüler (bei Konstanz des Alters!). δ_2 spiegelt den Einkommensvorsprung der Gymnasiasten gegenüber den Hauptschülern wieder. Für jeden dieser beiden Koeffizienten kann ein t-Wert errechnet werden, der dann Aufschluss darüber gibt, ob die Einkommensdifferenz zwischen den entsprechenden Schultypen signifikant ist. Die Signifikanz der Dummy-Effekte hängt natürlich entscheidend von der Wahl der Referenzgruppe ab. Es macht deshalb keinen Sinn, nur die signifikanten Effekte als bedeutsam herauszustellen. Sinnvoll ist nur eine Aussage über die Bedeutsamkeit der kategorialen Variable insgesamt. Dazu kann der folgende F-Test eingesetzt werden. Will man etwa feststellen, ob der Schultyp insgesamt einen Einfluss auf das Einkommen hat, so muss die Nullhypothese $\delta_1 = \delta_2 = 0$ getestet werden. Bezeichnen wir die Regression ohne die Dummies mit 1, die mit den Dummies mit 2, so ergibt sich die zugehörige F-Testgröße als

$$F = \frac{R_2^2 - R_1^2 / (k_2 - k_1)}{(1 - R_2^2) / (n - k_2)}$$

Überschreitet diese Testgröße den kritischen Wert aus der F-Verteilung, so ist der Einfluss der kategorialen Variable insgesamt signifikant. Wie bedeutsam der Einfluss der kategorialen Variable ist, kann man sehr anschaulich aus dem Zuwachs an erklärter Varianz $R_2^2 - R_1^2$ ersehen.

Schließlich kann der Fall auftreten, dass die verwendete Theorie Interaktionseffekte voraussagt (ausführlich behandeln dieses Thema Jaccard et al. 1990). Der häufigste Fall ist, dass sich die Effekte bestimmter Variablen in verschiedenen Gruppen unterscheiden. Zum Beispiel könnte man vermuten, dass die Bildungserträge für Männer und Frauen unterschiedlich sind (S_i, 0 = Frau, 1 = Mann). Dazu nimmt man S_i in das Modell auf. Der Parameter dieser Variable gibt dann den Einkommensvorsprung (wenn er positiv ist) der Männer an. Zusätzlich multipliziert man S_i mit den beiden Schultyp-Dummies und nimmt auch diese Interaktionsvariablen in das Modell mit auf. Die zugehörigen Effekte zeigen dann, ob die Männer andere Bildungserträge haben als die Frauen. Ebenso kann man eine multiplikative Alters-Geschlechts Interaktionsvariable bilden. Deren Effekt zeigt, ob das Alters-Einkommensprofil der Männer anders verläuft als bei den Frauen. Um die Signifikanz von Interaktionseffekten zu testen, gibt es zwei verschiedene Möglichkeiten:

a) Fehlervarianz gleich: Wenn man von der Annahme ausgeht, dass Männer und Frauen identische Fehlervarianzen haben ($\sigma_m^2 = \sigma_f^2$), so kann man die Daten der beiden Gruppen „poolen" und eine Einkommensregression mit dem Geschlechts-Haupteffekt und allen Interaktionseffekten schätzen. Für jeden einzelnen Interaktionseffekt lässt sich sodann ein t-Wert berechnen und der Signifikanztest durchführen. Die Signifikanz aller Interaktionen zusammen lässt sich mit einem F-Test, wie er oben beschrieben wurde, ermitteln. R_2^2 ist dann das Bestimmtheitsmaß in dem unrestringierten Modell mit allen Interaktionen, R_1^2 ist das Bestimmtheitsmaß des restringierten Modells ohne Interaktionen.

b) Fehlervarianz verschieden: In diesem Fall muss man getrennte Regressionen für Frauen und Männer schätzen. In großen Stichproben kann die Signifikanz der Differenz einzelner Koeffizienten mit folgender z-Teststatistik überprüft werden (Clogg et al. 1995):

$$z = \frac{\hat{\beta}_m - \hat{\beta}_f}{\sqrt{\hat{V}(\hat{\beta}_m) - \hat{V}(\hat{\beta}_f)}}$$

Unter der Nullhypothese der Gleichheit der Koeffizienten ist diese Teststatistik standardnormalverteilt. Die Berechnung des Standardfehlers der Koeffizientendifferenz (Ausdruck unter der Wurzel) beruht allerdings auf der Annahme, dass die beiden Stichproben unabhängig sind. Bei Zufallsstichproben aus großen Bevölkerungen sollte diese Annahme unproblematisch sein. Sie wäre aber sicher verletzt, wenn wir die Daten unseres Beispiels aus der Befragung von Ehepaaren gewonnen hätten. Zum Test der Signifikanz aller Differenzen zusammen wurde wiederum ein F-Test vorgeschlagen (Chow-Test). Die F-Testgröße lässt sich am einfachsten aus den Summen der quadrierten Residuen errechnen. Bezeichnen wir mit RSS_2 die Summe der aufsummierten quadrierten Residuen der getrennten Regressionen, mit RSS_1 die aufsummierten quadrierten Residuen der restringierten (gepoolten) Regression, so lautet die F-Testgröße:

$$F = \frac{(RSS_1 - RSS_2)/k_1}{RSS_2/(n_1 + n_2 - 2k_2)}$$

Liegt diese Testgröße über dem kritischen Wert aus der F-Verteilung, so unterscheiden sich die Effekte von Männern und Frauen signifikant.

Neben den üblichen Schätz- und Testproblemen steht man bei jeder statistischen Datenanalyse vor dem Problem, welche Variablen das Modell enthalten soll. Betreibt man Kausalanalyse, so gibt es nur eine sinnvolle Antwort: Theoretische Überlegungen müssen die Variablenselektion bestimmen. Alle anderen Vorgehensweisen produzieren nur nicht interpretierbare ad-hoc Resultate. Will man dagegen seine Modelle für prognostische Zwecke einsetzen, so mag es sinnvoll erscheinen, ein „bestes" Modell zu suchen. Hierfür gibt es verschiedene Variablen-Selektionsverfahren. Die meisten beruhen auf schrittweisem Vorgehen, wo z. B. bei jedem Schritt die Variable in das Modell eingeführt wird, die von den verbliebenen Variablen den höchsten R^2-Zuwachs erzeugt. Dies wird solange fortgesetzt, bis alle noch nicht im Modell enthaltenen Variablen einen R^2-Zuwachs aufweisen, der unter einer vorgegebenen Schwelle liegt. Alternativ kann auch ein Algorithmus verwendet werden, der unter allen möglichen Variablenkombinationen das Modell sucht, das ein adjustiertes R^2-Maß maximiert. Nach einer Variablenselektion sind natürlich Signifikanztests sinnlos, da ja bewusst nur die stärksten Prädiktoren selektiert wurden. Dasselbe gilt für „manuell" selektierte Modelle (z. B. wenn man nur Variablen, deren t-Wert größer als eins ist, in das Modell nimmt).

Eine viel versprechende Methode der Modellselektion, die in der bayesianischen Wahrscheinlichkeitstheorie begründet ist, schlägt Raftery (1995) vor. Ein Algorithmus bestimmt die Modelle, die ein so genanntes BIC-Maß minimieren. Über alle diese Modelle, die sich im so genannten „Fenster von Occam" befinden, wird der mittlere Effekt einer jeden Variable und der dazugehörige Standardfehler errechnet. Diese Methode ermöglicht mithin auch nach einer Modellselektion die Durchführung von Signifikanztests.

In diesem Zusammenhang taucht manchmal noch ein weiteres Problem auf: Die im Modell enthaltenen Variablen können hoch miteinander korreliert sein. Man spricht von Multikollinearität. Korrelieren zwei Regressoren vollständig, so liegt lineare Abhängigkeit vor und $(\mathbf{X'X})^{-1}$ existiert nicht. Dieses Problem tritt bereits bei nicht perfekter Korrelation auf (bei r > 0,99 wird es kritisch). Bei extremer Multikollinearität sind somit die OLS-Schätzer nicht berechenbar. Bei geringerer Multikollinearität sind die OLS-Schätzer schätzbar und auch konsistent, allerdings erhöht Multikollinearität die Standardfehler der OLS-Schätzer, die Schätzungen sind weniger „präzise". Dies sieht man, wenn man die geschätzte Varianz eines Regressionskoeffizienten schreibt als:

$$\hat{V}(\hat{\beta}_m) = \frac{\hat{\sigma}^2}{(n-1)\hat{\sigma}^2_{x_j}} \cdot \frac{1}{(1-R_j^2)}$$

wobei R_i^2 das Bestimmtheitsmaß einer Regression aller anderen Regressoren auf X_j ist. Korreliert X_j hoch mit den anderen Kovariaten (R_j^2 nahe eins), so wird der zweite Faktor sehr groß (Varianz-Inflations-Faktor, VIF) und der Schätzfehler wächst an. Ist z. B. $R_j = 0,9$, so ist $\sqrt{VIF} = 2,29$, der Standardfehler des Schätzers erhöht sich um etwas mehr als das Doppelte und der t-Wert wird halbiert.

Da allerdings solch hohe Korrelationen unter den Regressoren bei Individualdaten eher selten sind, stellt Multikollinearität im Normalfall kaum ein Problem dar. In der Forschungsliteratur wird ihr dennoch große Aufmerksamkeit zuteil, weil viele Forscher auf der „Jagd nach signifikanten Ergebnissen" hier eine Möglichkeit sehen, das Resultat zu verbessern. Demgegenüber ist festzuhalten, dass nur bei extremen Multikollinearitäten Gegenmaßnahmen ergriffen werden müssen. Betroffene Variablen einfach wegzulassen, ist keine gute Lösung. Besser erscheint es, aus den multikollinearen Variablen einen Index zu bilden, denn meist werden diese Variablen sowieso ähnliche Konstrukte messen.

13.1.2 Regressionsdiagnostik

Wie bei jedem statistischen Modell, beruht auch die Konsistenz der OLS-Schätzer auf der Gültigkeit der getroffenen Annahmen. Deshalb empfiehlt es sich, die Gültigkeit dieser Annahmen zu testen. In diesem Kapitel sollen Verfahren vorgestellt werden, mit denen Annahmeverletzungen diagnostiziert werden können. Dabei können nur besonders einfache und wichtige Diagnoseverfahren berücksichtigt werden. Der Leser findet in jedem Ökonometrie-Lehrbuch viele weitere Verfahren. Speziell mit dieser Thematik befassen sich z. B. Chatterjee und Hadi (1988) und Fox (1991). Moderne Regressionsdiagnostik ist ohne graphische Verfahren nicht mehr vorstellbar. Überblicke zu graphischen Diagnoseverfahren findet man bei Cook und Weisberg (1994) und Schnell (1994).

13.1.2.1 Nicht-Linearität

Eine oft nicht mehr bewusst wahrgenommene Annahme des Regressionsmodells ist die Linearität der Beziehung zwischen unabhängigen und abhängiger Variable. Trotzdem wird gerade diese Annahme häufig verletzt sein. Die Anwender hoffen meist nur, dass eine lineare Funktion eine gute Näherung ist. Solche Gewohnheiten können aber in die Irre führen, weshalb es sich immer empfiehlt, die Linearität der Beziehung zu testen. Nicht-Linearität in der Beziehung von Y und X führt insbesondere dazu, dass die Beobachtungen in systematischer Art und Weise von der Regressionsebene abweichen (die Fehler haben nicht mehr einen Erwartungswert von null; Verletzung von A2).

Eine ungefähre Vorstellung über die funktionale Form der Beziehung vermitteln Residuen-Plots, wobei man für alle Regressoren die Residuen $\hat{\varepsilon}_i$ gegen x_{ij} aufträgt. Abb. 2 enthält ein Streudiagramm und einen Residuen-Plot (für eine einfache Regression; im multiplen Fall geben diese Diagramme nur Aufschluss über die marginale, nicht die partielle Beziehung, weshalb man im multiplen Fall Partielle-Residuen-Plots verwendet; s. u.). In diesem speziellen Fall liegt eine konvexe Beziehung zwischen Y und X vor, die mittels eines linearen und quadratischen X-Terms gut approximiert werden kann. Bei komplexeren Mustern kann es nötig werden, weitere Potenzen höherer Ordnung in das Modell aufzunehmen.

Aber nicht nur Potenzfunktionen sind zur Beschreibung nicht-linearer Beziehungen geeignet. So könnte das Muster von Abb. 2 auch mittels einer Exponentialfunktion modelliert werden:

$$y_i = e^{\beta_1 + \beta_1 x_i + \varepsilon_i}$$

Diese Funktion lässt sich linearisieren und damit mit OLS schätzen, indem man beide Seiten der Gleichung logarithmiert:

$$\ln(y_i) = \beta_1 + \beta_1 x_i + \varepsilon_i$$

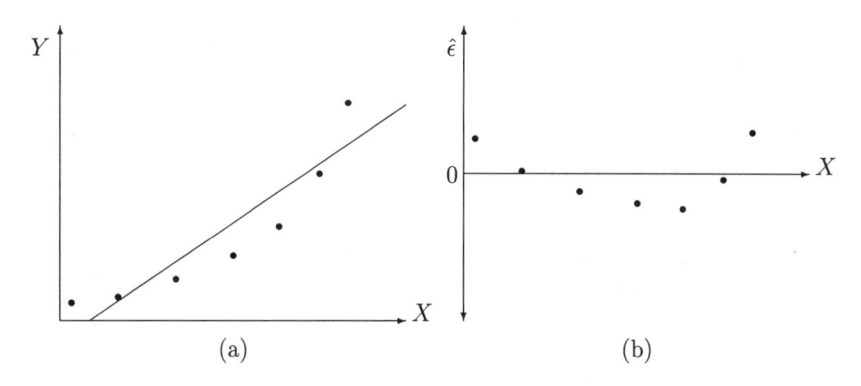

Abb. 2: Ein Streudiagramm (a) und der dazugehörende Residuen-Plot (b)

Einkommensfunktionen werden häufig in dieser Form geschätzt. In diesem Modell ist ohne weiteres nur das Vorzeichen von β_2 interpretierbar, welches die Einflussrichtung von X angibt. Den Marginaleffekt erhält man aus

$$\frac{dE(y \mid x)}{dx} = E(y \mid x)\beta_2$$

Er hängt offensichtlich von X ab. Meist berichtet man ihn am Mittelwert von X oder an einer sonstigen Stelle, die aus inhaltlichen Gründen von besonderem Interesse ist. Da es sich hier um ein nicht-lineares Modell handelt, ist der Marginaleffekt aber nur eine Näherung des Einheitseffektes. Den exakten Einheitseffekt erhält man aus

$$E(y \mid x+1) - E(y \mid x) = E(y \mid x)(e^{\beta_2} - 1)$$

Ist $\beta_2 < 0{,}1$, so gilt $\exp(\beta_2) - 1 \approx \beta_2$. Mithin sind nur für kleine β_2 Marginal- und Einheitseffekt gleich. Bei größeren Regressionskoeffizienten sollte man deshalb besser den exakten Einheitseffekt berichten. Auch der Einheitseffekt ist jedoch von X abhängig, was die Interpretation erschwert. Eine von X unabhängige Interpretation ist jedoch ebenfalls möglich: Wenn man die obigen Formeln durch $E(y \mid x)$ dividiert, erkennt man, dass $(\exp(\beta_2) - 1)\cdot 100$ (bzw. $\beta_2 \cdot 100$ für kleine Koeffizienten) die prozentuale Veränderung von Y bei Erhöhung von X um eine Einheit angibt. Diese Interpretation der Koeffizienten als „Ertragsrate" ist sehr anschaulich, und deshalb recht häufig in der Literatur zu finden.

Manchmal findet man log-lineare Beziehungen der Form:

$$y_i = B_1 x_i^{b_2} e^{e_i}$$

Auch dieses Modell lässt sich linearisieren, indem man beide Seiten der Gleichung logarithmiert:

$$\ln(y_i) = \ln(B_1) + \beta_2 \ln(x_i) + \varepsilon_i$$

Man könnte wiederum Marginal- bzw. Einheitseffekte berechnen, aber in diesem Modell kann der Regressionskoeffizient einfacher interpretiert werden: β_2 ist eine Elastizität, denn

$$\frac{dE(\ln(y) \mid x)}{d\ln(x)} = \beta_2$$

β_2 gibt an, um wie viel Prozent sich Y verändert, wenn sich X um ein Prozent erhöht. Manche Modelle sind jedoch inhärent nicht-linear. Zum Beispiel kann

$$y_i = \alpha + \beta x_i^{\gamma} + \varepsilon_i$$

nicht linearisiert werden. Linearität heißt „linear in den Parametern" und im Gegensatz zu den obigen Modellen können wir dies hier nicht durch eine Transformation erreichen. Die Parameter eines solchen Modells können mittels der nichtlinearen Kleinste-Quadrate-Methode (NLS) geschätzt werden (ausführlich hierzu Seber und Wild 1989).

13.1.2.2 Heteroskedastizität

A3 besagt, dass die Variation der abhängigen Variable um die Regressionsebene herum (die Fehlervarianz) an jeder Stelle gleich ist. Ist die Variation nicht konstant, so spricht man von Heteroskedastizität. Die OLS-Schätzer sind zwar bei Verletzung von A3 unverzerrt, aber sie sind nicht mehr effizient (es existieren andere Schätzer mit kleinerer Varianz). Darüber hinaus ist die Formel für die Berechnung der Standardfehler der Koeffizienten nicht mehr korrekt, und damit sind auch die t-Werte für die Signifikanztests falsch.

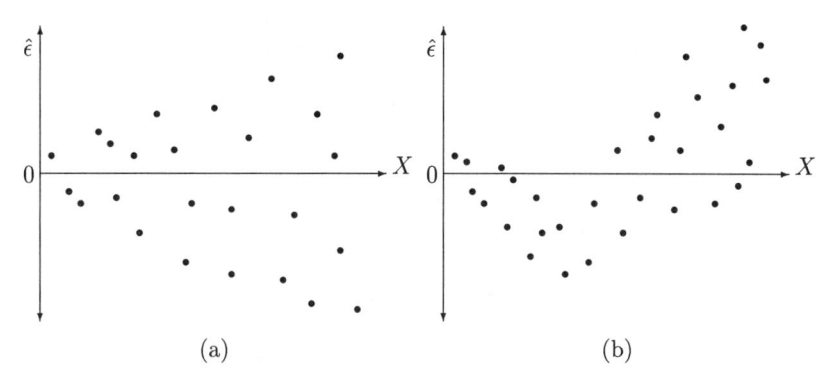

Abb. 3: Residuen-Plots mit Heteroskedastizität

Das einfachste Prüfverfahren bedient sich der Residuen-Plots. „Bildlich" gesprochen bedeutet Heteroskedastizität, dass die Residuen, trägt man sie gegen X_j oder auch Y auf, unterschiedlich weit um die Nulllinie streuen. Abb. 3 veranschaulicht zwei mögliche Fälle. Abb. 3a zeigt den Fall, dass die Fehlervarianz mit dem Regressor zunimmt. Dies kann z. B. dann auftreten, wenn Y und X positiv korrelieren, Y aber nach unten beschränkt ist. Dann können die Y-Werte bei kleinem X notwendigerweise nicht so stark variieren (dies wird besonders deutlich, wenn man die Residuen gegen Y aufträgt). Entsprechend erhält man bei abhängigen Variablen, die sowohl nach unten wie nach oben beschränkt sind (Prozentwerte, Indexwerte), Residuen-Plots, deren Streuung zuerst zunimmt, dann aber wieder abnimmt. Abb. 3b zeigt ebenfalls zunehmende Fehlervarianz, aber nun zusätzlich auch noch Nicht-Linearität. Dies verdeutlicht, dass Residuen-Plots zur gleichzeitigen Überprüfung beider Annahmen eingesetzt werden können.

Hat man Heteroskedastizität gefunden, so stellt sich die Frage, was getan werden kann. Als Erstes kann man versuchen, die Variablen zu transformieren. Dies bietet sich insbesondere dann an, wenn man zusätzlich Nicht-Linearitäten oder nicht-normalverteilte Residuen festgestellt hat (einige solche Transformationen sind in den Kap. 13.1.2.1 und 13.1.2.3 beschrieben). In vielen Fällen ist dieses einfache Mittel ausreichend. Darüber hinaus wurden aber eigene Schätzverfahren für Heteroskedastizität entwickelt. Unter Heteroskedastizität kann man die Fehler-Kovarianzmatrix allgemein schreiben als $V(\varepsilon) = \sigma^2 \Omega$. Ω ist dabei eine Diagonalmatrix, deren Diagonalelemente die Varianzgewichte sind (unter Homoskedastizität gilt $\Omega = \mathbf{I}$). Ist Ω bekannt, so ist die generalisierte Methode der kleinsten Quadrate (GLS) ein effizientes Schätzverfahren, mit $\hat{\beta}_{GLS} = (\mathbf{X}'\Omega^{-1}\mathbf{X})^{-1}\mathbf{X}'\Omega^{-1}\mathbf{y}$ als Schätzformel. Das Problem ist aber normalerweise, dass Ω unbekannt ist. Dann sind Annahmen zu treffen, damit Ω schätzbar wird. Eine in der Praxis häufig getroffene Annahme ist, dass die Fehlervarianz proportional zum Quadrat eines Regressors j ist: $\sigma_i^2 = \sigma^2 x_{ij}^2$. Dann ist ein effizienter Schätzer leicht zu erhalten, indem man OLS auf die mit $1/x_{ij}$ gewichteten Daten anwendet (sowohl die abhängige Variable, als auch alle Regressoren einschließlich der Konstanten sind durch x_{ij} zu dividieren). Man spricht dann auch von der gewichteten Methode der kleinsten Quadrate (WLS). Das Problem von WLS ist offensichtlich: Selten ist die Gültigkeit der Annahme über die Fehlervarianz bekannt. Deshalb hat White (1980) ein Verfahren vorgeschlagen, das einen konsistenten Schätzer der Kovarianzmatrix der OLS-Schätzer liefert, auch wenn Heteroskedastizität unbekannter Form vorliegt. Dieser White-Schätzer lautet:

$$\hat{V}_w(\hat{\beta}) = (\mathbf{X}'\mathbf{X})^{-1}\mathbf{X}'\mathbf{D}\mathbf{X}(\mathbf{X}'\mathbf{X})^{-1}$$

wobei $\mathbf{D} = \text{diag}(\hat{\varepsilon}_1^2, ..., \hat{\varepsilon}_n^2)$. Damit kann auch bei Vorliegen von Heteroskedastizität unbekannter Form OLS verwendet werden (man nimmt dabei allerdings einen Effizienzverlust in Kauf). Der White-Schätzer der Kovarianzmatrix gewährleistet, dass die Signifikanztests dennoch gültig sind.

13.1.2.3 Nicht-normalverteilte Fehler

Das Gauß-Markov Theorem sagt uns, dass auch bei nicht-normalverteilten Fehlern die OLS-Schätzer unverzerrt sind. Auch die Tests sind asymptotisch gültig, d. h., bei großen Stichproben können wir die Signifikanztests auch bei nicht-normalverteilten Fehlern weiter einsetzen. Verletzungen der Normalverteilungsannahme sind folglich im Forschungsalltag kein gravierendes Problem. Eher ist dies der Fall, wenn man mit seinen Schätzungen Prognosen tätigen will, denn bei Verletzung der Normalverteilungsannahme sind die OLS-Schätzer keine ML-Schätzer mehr und nicht mehr effizient. Andere Schätzer sind in diesem Fall genauer.

Zur Überprüfung der Verteilungsannahme seien zwei graphische Verfahren vorgestellt. Das nahe liegendste Verfahren besteht darin, ein Histogramm der standardisierten Residuen zu erstellen. Viele Programme zeichnen in solch ein Histogramm zusätzlich die exakte Normalverteilungskurve ein, sodass eventuelle Abweichungen leicht zu erkennen sind. Zeigen die Residuen etwa eine starke Schiefe, so empfiehlt es sich, die Daten zu transformieren (s. u.). Eine Residuenverteilung mit mehreren Modalwerten deutet darauf hin, dass wichtige qualitative Regressoren übersehen wurden. Besonders bedeutsam ist es Abweichungen in den Verteilungsrändern zu erkennen, denn dort verbergen sich „Ausreißer" (Kap. 13.1.2.4). Um solche Abweichungen zu erkennen, ist das Normal-Probability Plot besonders geeignet. Hier wird im Prinzip die kumulierte Verteilung der standardisierten Residuen gegen die kumulierte Standardnormalverteilung aufgetragen. Folgen die Residuen einer Normalverteilung, so sollte sich eine Gerade ergeben. Überbesetzungen in den Rändern drückt sich darin aus, dass das Normal-Probability Plot bei betragsmäßig großen Residuen von der Geraden abweicht.

Stellt man fest, dass die Residuen von der Normalverteilung abweichen, so besteht die theoretisch beste Vorgehensweise darin, den entsprechenden ML-Schätzer zu verwenden. Allerdings setzt dies voraus, dass man die Verteilung der Residuen beschreiben kann. Dies wird so gut wie nie der Fall sein. Die graphischen Checks werden nur Aufschluss über ins „Auge springende" Charakteristika der Verteilung liefern. Dies reicht jedoch meist aus, um mittels Transformation die gravierendsten Abweichungen zu beseitigen. Rechtsschiefe Residuen etwa kann man oft dadurch beseitigen, dass man die Y-Werte logarithmiert. Analog empfiehlt es sich bei linksschiefen Residuen die Y-Werte zu potenzieren. Handelt es sich bei Y um Prozentwerte, die ja nach oben und unten beschränkt sind, so hilft meist eine Logit-Transformation y* = ln[y / (1-y)]. Bei „gestutzten" Verteilungen allerdings, wo viele Y-Werte (und damit auch Residuen) auf einen Wert fallen, helfen Transformationen nicht mehr weiter. In diesem Fall muss man auf die speziellen Verfahren für begrenzte Daten zurückgreifen (Kap. 13.1.4).

13.1.2.4 Einflussreiche Datenpunkte

Ein weiteres Problem sind einflussreiche Datenpunkte. Ein Datenpunkt ist einflussreich, wenn er die Regressionsschätzer (Koeffizienten und/oder Standardfehler) stärker beeinflusst als es die anderen Beobachtungen tun. Dies stellt natürlich keine Verletzung irgendwelcher Annahmen des Regressionsmodells dar, aber die meisten Forscher betrachten einflussreiche Datenpunkte als problematisch, weil einige wenige, eventuell messfehlerbehaftete Beobachtungen das Ergebnis über Gebühr beeinflussen. So können etwa einige „extreme" Beobachtungen einen Zusammenhang zwischen Y und X erzeugen, während die „Masse" der anderen Beobachtungen keinen Zusammenhang anzeigt. Das ist insbesondere bei kleinen Stichproben ein Problem, aber selbst sehr große Stichproben sind nicht davor gefeit. So berichten Kahn und Udry (1986) von einer Studie über die Koitushäufigkeit (pro Monat) in 2.063 Ehen. Ein erstaunliches Ergebnis dieser Studie war, dass die Koitushäufigkeit mit dem Alter der Frau ansteigt. Wie sie in einer Replikation zeigen, ist dieses Ergebnis darauf zurückzuführen, dass vier Ehen mit eigentlich fehlenden Werten auf der abhängigen Variable (88!) irrtümlich in die Analyse aufgenommen wurden. Dieses Beispiel zeigt, dass es sich auch bei großen Datensätzen lohnt, die folgenden Diagnoseverfahren einzusetzen.

Einflussreiche Datenpunkte sind immer Ausreißer.[3] Ein Ausreißer ist definiert als eine Beobachtung, die bezüglich Y und/oder X einen „ungewöhnlichen", d. h., weit vom Mittelwert entfernt liegenden Wert aufweist. Die Streudiagramme in Abb. 4

---

[3] Umgekehrt muß dies nicht der Fall sein. Ein „Y-Ausreißer" etwa, der nahe bei $\bar{x}$ liegt, beeinflußt die Regressionsschätzer kaum.

zeigen zwei mögliche Konstellationen (für eine einfache Regression).[4] Die Ausreißer sind als Kreis gekennzeichnet, die „normalen" Beobachtungen als Punkte. Die ohne Ausreißer geschätzten Regressionsgeraden sind durchgezogen, die mit Ausreißer geschätzten sind gestrichelt.

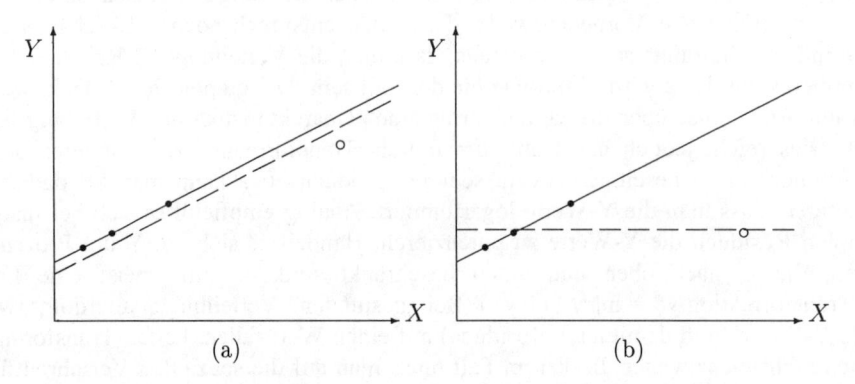

Abb. 4: Ausreisser und Einfluss im einfachen Regressionmodell

Abbildung 4a zeigt den Fall, in dem der Ausreißer einen ungewöhnlichen X-Wert hat, der Y-Wert aber dennoch nahe bei der ohne Ausreißer geschätzten Regressionsgerade liegt. $\hat{\beta}$ wird von dem Ausreißer kaum beeinflusst, aber der Standardfehler wird kleiner sein. Die Präzision des Koeffizientenschätzers ist höher, weil die Varianz von X größer ist. Problematischer ist der Fall, der in Abb. 4b dargestellt ist: Hier beeinflusst der Ausreißer $\hat{\beta}$ dramatisch, er „zerstört" den Zusammenhang zwischen Y und X (der umgekehrte Fall kann auch auftreten, wie man sich leicht klarmachen kann).

Wegen solcher Effekte ist es sinnvoll, sich einflussreiche Datenpunkte näher anzusehen. Als Erstes sollte überprüft werden, ob keine Fehler bei der Messung oder Vercodung gemacht wurden. Es wäre fatal, wenn durch solche Fehler Ausreißer erzeugt werden, die das Ergebnis stark verändern. Stellt sich allerdings heraus, dass die Ausreißer korrekt sind, so liegt das Problem bei der Modellspezifikation. Weglassen der Ausreißer ist sicherlich keine Lösung. Der Forscher muss sich vielmehr überlegen, ob nicht wichtige Einflussgrößen übersehen wurden. Hierfür ist es hilfreich, sich alle Informationen über die Ausreißer anzusehen. Hat man mehrere Ausreißer identifiziert, so kann man statistische Kennzahlen (Mittelwerte etwa) berechnen und mit den „unauffälligen" Beobachtungen vergleichen. Dabei kann man oft Merkmale identifizieren, die die Ausreißer von den anderen Beobachtungen unterscheiden. Diese Merkmale sind dann als Regressoren in das Modell mit aufzunehmen (ausführlich demonstrieren dieses Vorgehen Bollen und Jackman 1990). Auf jeden Fall hüte man sich davor, die von den im Folgenden vorzustellenden Einflussmaßen identifizierten Beobachtungen routinemäßig aus der Analyse auszuschließen (wie es inzwischen in

---

[4] Im multiplen Fall verwendet man sogenannte „Partielle-Regressions Streudiagramme" (s. u.). Man beachte, dass zur Aufdeckung von Nicht-Linearität und Heteroskedastizität Residuen-Plots besser geeignet sind, Ausreißer aber besser in Streudiagrammen erkannt werden können.

manchen Arbeiten leider gemacht wird). Dies ist nichts anderes als die Anpassung der (Daten-)Realität an das (statistische) Modell.

Im einfachsten Fall kann man Ausreißer über die Inspektion der Streudiagramme ausfindig machen. Aber auch numerische Kennziffern wurden vorgeschlagen. Beobachtungen mit ungewöhnlichen X-Werten („high leverage points") können über die so genannten Hat-Werte (h_i) gefunden werden. h_i ist ein Diagonalelement der Hat-Matrix

$$\mathbf{H} = \mathbf{X}(\mathbf{X}'\mathbf{X})^{-1}\mathbf{X}'.$$

Der Name kommt davon, dass $\hat{y}$ („y-hat") sich ergibt aus:

$$\hat{\mathbf{y}} = \mathbf{X}\hat{\beta} = \mathbf{H}\mathbf{y}.$$

Je größer h_i ist, desto stärker ist der Einfluss der Beobachtung i auf die Prognose von Y. Es gilt $1/n \leq h_i \leq 1$, wobei h_i im Mittel gleich k/n ist. Die in der Literatur meist geäußerte Faustregel lautet, alle Beobachtungen, für die $h_i > 2k/n$ gilt, als Ausreißer zu betrachten. Alternativ wird häufig auch vorgeschlagen, studentisierte Residuen

$$\varepsilon_i^* = \frac{\hat{\varepsilon}_i}{\sqrt{\hat{\sigma}^2(1-h_i)}}$$

zu betrachten. Beobachtungen, deren ε_i^* eine festzulegende Schwelle (meist $|\varepsilon_i^*| > 2$) überschreiten, sollten näher betrachtet werden. Allerdings ist es nicht unproblematisch, die Ausreißerdiagnose nur auf die Inspektion der Residuen zu stützen. Wenn nämlich Ausreißer die Regressionsebene stark an sich „heranziehen" können (wie in Abb. 4b, so werden deren Residuen klein sein. Dann wird nur der Hat-Wert die Ausreißer finden können. Aus diesem Grund liegt es nahe, Maße zu konstruieren, die die Hat-Werte und die studentisierten Residuen kombinieren. Ein solches Einflussmaß ist Cook's D:

$$D_i = \frac{\varepsilon_i^{*2}}{k}\left(\frac{h_i}{1-h_i}\right)$$

Beobachtungen mit relativ großem D_i sind einflussreiche Datenpunkte. Da in großen Stichproben der absolute Einfluss einer Beobachtung normalerweise gering ist, wird die fallzahlabhängige Grenze $4/(n-k)$ empfohlen.

Ein anderer Ansatz versucht, den Einfluss einer Beobachtung direkt zu messen. Dabei wird untersucht, wie sich $\hat{\beta}_j$ verändert, wenn Beobachtung i weggelassen wird ($\hat{\beta}_{j(-i)}$). Das Maß

$$\text{DFBETAS}_{ij} = \frac{\hat{\beta}_j - \hat{\beta}_{j(-i)}}{\hat{\sigma}_{\hat{\beta}_{j(-i)}}}$$

zeigt an, wie groß der (standardisierte!) Einfluss der Beobachtung i auf einen Koeffizienten j ist. Da in großen Stichproben eine einzelne Beobachtung kaum große Veränderungen der Schätzer bewirken kann, wird in der Literatur eine fallzahlabhängige Schwelle vorgeschlagen: Ist der Betrag von DFBETAS$_{ij}$ größer $2/\sqrt{n}$, so ist Vorsicht geboten. Weil für jeden Koeffizienten (einschließlich der Konstanten) und für jede Beobachtung ein DFBETAS$_{ij}$ berechnet werden kann, empfiehlt sich ein graphisches Vorgehen. Für jede Variable wird ein Plot erstellt, in dem DFBETAS gegen die Fallnummer aufgetragen wird (ein so genannter Indexplot). Zeichnet man dann die Schwelle als Linie in dieses Diagramm, so kann man schnell prekäre Fälle ausfindig machen.

Keines dieser Verfahren bietet die absolute Gewähr dafür, dass alle einflussreichen Datenpunkte gefunden werden. In der Praxis sollte man deshalb mehrere der obigen Verfahren einsetzen. Hat man die Ausreißer erkannt und entweder die Daten korrigiert oder das Modell verändert, sollten diese Diagnoseverfahren auch auf das neue Modell angewandt werden, denn es ist leicht möglich, dass durch die Maßnahmen gegen die zuerst entdeckten Ausreißer andere Beobachtungen zu Ausreißern avancieren.

13.1.2.5 Anwendungsbeispiel: Scheidungsraten in 50 Ländern

Um das multiple Regressionsmodell und das Vorgehen bei der Regressionsdiagnostik zu illustrieren, wollen wir Scheidungsraten untersuchen. Dazu verwenden wir einen Datensatz von Diekmann (1992), der für 146 Länder versucht hat, Angaben über Scheidungen zu sammeln. Bei 69 Ländern war es ihm möglich, eine Scheidungsrate zu berechnen (die Angaben beziehen sich auf jeweils ein Jahr aus dem Zeitraum 1980–88). Man beachte, dass es sich hierbei nicht um Individual-, sondern um Aggregatdaten handelt. Dies hat verschiedene Konsequenzen: (1) Der Fit von Regressionsmodellen für Aggregatdaten ist meist erheblich besser. Dies liegt daran, dass durch die Aggregation viel individuelles „Rauschen", das den Fit auf der Individualebene schlechter macht, „herausgefiltert" wurde. (2) Den gefundenen Beziehungen auf der Aggregatebene stehen nicht unbedingt auch gleichlaufende Beziehungen auf der Individualebene gegenüber. Bei der Interpretation der Ergebnisse könnten „ökologische Fehlschlüsse" begangen werden. (3) Die Fallzahlen sind niedrig, einzelne Ausreißer können einen großen Einfluss auf die Ergebnisse haben. Deshalb müssen Verfahren zur Regressionsdiagnostik eingesetzt werden.

Inhaltlich beschränken sich die folgenden Analysen auf nur drei Variablen (Diekmann (1992) verwendet noch einige weitere Variablen): die Sex-Ratio, die Erwerbsquote der Frauen und das Modernisierungsniveau. Frauenerwerbstätigkeit sollte die Scheidungsrate erhöhen, weil für unzufriedene Ehefrauen Erwerbsarbeit eine Alternative zur Ehe ist. Moderne Gesellschaften sollten allein schon wegen der höheren Lebenserwartung höhere Scheidungsraten aufweisen. Für die Sex-Ratio (definiert als Verhältnis der Zahl der Männer zur Zahl der Frauen) formulierten Guttentag und Secord (1983) folgende Hypothese: Hohe Sex-Ratios (also Knappheit von Frauen) gehen einher mit eher patriarchalischen Lebensformen. In solchen Gesellschaften sollte, so die Guttentag-Secord Hypothese, die sexuelle Freiheit von Frauen stärker eingeschränkt und die Scheidungsrate niedriger sein.

Tab. 1: Regressionsmodelle auf die Scheidungsrate

Variable	(1)	(2)	(3)
Konstante	−504,0*	−351,7	−351,7
	(2,34)	(0,55)	(0,54)
Sex-Ratio	4,1*	1,4	1,4
	(2,94)	(0,23)	(0,22)
	[1,21]		
Erwerbsquote	7,9*	10,7*	10,7*
	(2,94)	](3,31)	](3,31)
	[1,32]		
Modernisierungsindex	52,2*	75,2*	75,2*
	(2,75)	(2,86)	](3,05)
	[1,19]		
N	50,0	44,0	44,0
R²	0,46	0,55	0,55
F	13,2	16,6	16,6

* signifikant auf dem 5%-Niveau. Absolute t-Werte in runden Klammern. √VIF in eckigen Klammern. (1) OLS mit allen Daten; (2) OLS ohne Ausreißer; (3) OLS mit White-Schätzer der Kovarianzmatrix.

(Quelle: Eigene Berechnungen mit Daten aus Diekmann 1992)

Die Scheidungsrate ist definiert als die Zahl der Scheidungen pro 1.000 Eheschließungen in einem Jahr. Sie hat in unseren Daten einen Wertebereich von 25,6 bis 494,9 (Mittel 226,3). Die Sex-Ratio ist definiert als das Verhältnis von Zahl der Männer der Altersgruppe 15 bis 49 zu Zahl der Frauen dieser Altersgruppe (multipliziert mit 100). Ihr Wertebereich ist 92,9 bis 182,8 (Mittel 104,1). Die Erwerbsquote der Frauen ist in Prozent gemessen und reicht von 19,3 bis 48,0 (Mittel 37,3). Das Modernisierungsnivau wird durch einen additiven, mit Faktorladungen gewichteten Index repräsentiert, in den das Volkseinkommen pro Kopf, die Kindersterblichkeit, die Lebenserwartung und der Verstädterungsgrad eingehen. Der Modernisierungsindex reicht von −2,8 bis 1,3 (Mittel 0,2). Wegen fehlender Werte basieren die folgenden Auswertungen nur auf 50 Fällen.

In Tab. 1 sind die Ergebnisse der OLS-Regression festgehalten (Spalte 1).[5] Der Fit des Modells ist mit $R^2 = 0{,}46$ als gut zu bezeichnen. Wie der F-Wert von 13,2 zeigt, ist das Modell „signifikant" (Der kritische Wert beträgt bei 3 und 46 Freiheitsgraden auf dem 1%-Niveau 4,2). Die negative Konstante ist der Wert der Scheidungsraten, den das Modell prognostiziert, wenn alle Kovariate gleich null wären. Da die beobachteten Sex-Ratios und die Erwerbsquote weit jenseits von null liegen, ist in unserem Fall die Konstante nicht sinnvoll zu interpretieren. Die negative Konstante deutet aber ein Problem an: Unser Modell ist so formuliert, dass für extreme Datenkonstellationen der Vorhersagewert der Scheidungsrate negativ werden kann, was ja eigentlich durch die Definition dieser Größe ausgeschlossen ist. Wollte man dieses Modell für Prognosezwecke einsetzen, so müsste die Scheidungsrate einer geeigneten Transformation (z. B. einer logarithmischen) unterzogen werden, um dies zu verhindern. Der Koeffizient für die Sex-Ratio besagt, dass eine Erhöhung des Geschlechterverhältnisses um einen Prozentpunkt, 4,1 zusätzliche Scheidungen erzeugt. Dies gilt „ceteris paribus", d. h., für Länder, die dieselbe Erwerbsquote und denselben Modernisierungsgrad haben. Der Koeffizient ist auch signifikant von null verschieden, weshalb die Guttentag-Secord Hypothese durch unsere Daten widerlegt ist. Signifikant und positiv sind auch die Koeffizienten der beiden anderen Variablen, was den oben geäußerten Hypothesen entspricht. Besonders anschaulich ist der Effekt der Frauenerwerbsquote interpretierbar: Ein Prozentpunkt mehr Erwerbstätigkeit der Frauen zieht 7,9 zusätzliche Scheidungen nach sich.

Diese Ergebnisse sind dahingestellt, solange wir das Modell nicht den wichtigsten diagnostischen Checks unterzogen haben. Zur Multikollinearitäts-Diagnostik sind in Spalte 1 unter den Koeffizienten und den t-Werten auch die $\sqrt{VIF}$-Werte angeführt. Die Standardfehler werden durch die Korrelation der unabhängigen Variablen untereinander kaum erhöht. Multikollinearität ist hier kein Problem.

Bei der Vielzahl der oben vorgestellten Diagnoseverfahren stellt sich sofort die Frage, wie man nun weiter vorgeht. Eine Möglichkeit sieht so aus: (1) Zuerst spürt man einflussreichen Datenpunkten nach. Dazu verwendet man Cooks D und DFBETAS. Zur Absicherung betrachtet man auch die Streudiagramme. Entdeckt man einflussreiche Datenpunkte und modifiziert das Ausgangsmodell, so muss das Modell neu geschätzt werden. Dann kann eine weitere Ausreißerdiagnose erfolgen. Es ist jedoch davor zu warnen, diesen iterativen Prozess zu weit zu führen, denn jeder weitere Schritt geht zulasten der Sparsamkeit des Modells. (2) Mit den Residuen des modifizierten Modells erstellt man Residuen-Plots, und versucht Nicht-Linearitäten und Heteroskedastizität zu entdecken. Dies führt eventuell zu weiteren Modifikationen, worauf man wieder ein Residuen-Plot erstellen sollte, denn manche „Heilungsversuche" werden nicht das gewünschte Ergebnis hervorbringen oder zur Verletzung anderer Annahmen führen. (3) Schließlich wird man die Nor-

---

[5] Die Analysen dieses Kapitels wurden mit SPSS für Windows durchgeführt. Dieses Programm verfügt (ebenso wie SYSTAT und SAS) über ausgezeichnete Diagnosemöglichkeiten und bietet auch viele graphische Checks an (s. Norusis 1993: Kap. 18).

malverteilungsannahme überprüfen (mittels Normal-Probability-Plot etwa). Werden Transformationen notwendig, so muss der zweite Schritt wiederholt werden.

(1) Ausreißerdiagnose

Als Erstes betrachten wir Cooks D. Über der Grenze von 0,087 (4/46) liegen folgende fünf Länder: Bahrain, Ägypten, Tunesien, Thailand und Indonesien. Diese fünf Länder werden auch durch die standardisierten DFBETAS als auffällig identifiziert (die Grenze ist hier 0,28). Bezüglich des Sex-Ratio Koeffizienten zeigt nur Bahrain einen auffälligen Einfluss. Bei der Erwerbsquote fallen Ägypten, Tunesien und Thailand auf, beim Modernisierungsindex Ägypten, Thailand und Indonesien. Beruhigenderweise kommen also beide Maße zu den selben Schlussfolgerungen.

Um dieses Ergebnis graphisch abzusichern, betrachten wir nun die Streudiagramme. Im multiplen Fall wird man nicht die bivariaten Streudiagramme betrachten, sondern die so genannten Partiellen-Regressions Streudiagramme. Man trägt nicht Y gegen X_j, sondern das Residuum aus der Regression von Y auf alle anderen X gegen das Residuum aus der Regression von X_j auf alle anderen X auf. Bildlich gesprochen wird dadurch aus Y und X_j der Effekt der anderen Variablen „herausgerechnet".[6] Ausreißer im Partiellen-Regressions Streudiagramm sind somit ungewöhnliche Datenpunkte, selbst wenn man für die anderen Variablen kontrolliert. Im bivariaten Streudiagramm könnten manche Beobachtungen als Ausreißer erscheinen, nur weil man hier noch nicht für die anderen Variablen kontrolliert hat. Die Steigung der Regressionsgerade dieser beiden Residuen ist im Übrigen identisch mit dem multiplen Regressionskoeffizienten der jeweiligen Variable. Zeichnet man diese Gerade in das Streudiagramm ein, so kann man leicht erkennen, welche Beobachtungen einen großen Einfluss auf die Steigung der Regressionsgeraden ausüben.

Abbildung 5 enthält die drei Streudiagramme für unser Modell. Die von den Maßzahlen identifizierten Länder sind mit einem Kürzel versehen (ebenso Kuwait). Bezüglich der Erwerbsquote erkennt man sofort die von DFBETAS identifizierten einflussreichen Länder: Ägypten, Tunesien und Thailand. Jedes dieser Länder flacht die Regressionsgerade ab. Noch deutlicher ist beim Modernisierungsindex der starke Einfluss von Thailand und Indonesien zu erkennen. Aber auch der Einfluss Ägyptens ist offensichtlich. Jedes dieser drei Länder „zieht den Anfang der Regressionsgerade hoch", weshalb der Schätzer für den Modernisierungsgrad niedriger ausfällt. Schließlich wird bei der Sex-Ratio der extreme Einfluss von Bahrain deutlich: ohne diese Beobachtung wäre die Regressionsgerade annähernd waagrecht. Die Streudiagramme bestätigen also die Ergebnisse, die wir mit den Einflussmaßen erhalten haben. Wir erkennen aber einen weiteren einflussreichen Datenpunkt: Kuwait hätte, wenn Bahrain nicht enthalten wäre, einen deutlichen Einfluss auf den Koeffizienten der Sex-Ratio. Man kann es auch so ausdrücken: Bahrain und Kuwait üben gemeinsam einen starken Einfluss aus. Deshalb wurde Kuwait auch nicht von den Einflussmaßen entdeckt, weil diese nur einzelne einflussreiche Datenpunkte entdecken. Lässt man die im ersten Durchgang gefundenen einflussreichen Datenpunkte weg (also auch Bahrain) und berechnet für das modifizierte Modell erneut Cooks D, so zeigt

---

[6] In SPSS heißen sie „partial plots" und werden automatisch erstellt. In der Literatur findet sich häufig auch die Bezeichnung „added-variable plot".

Kuwait den mit Abstand größten D-Wert. Das Problem mit Kuwait erkennt man allerdings viel einfacher in einem Partiellen-Regressions Streudiagramm.

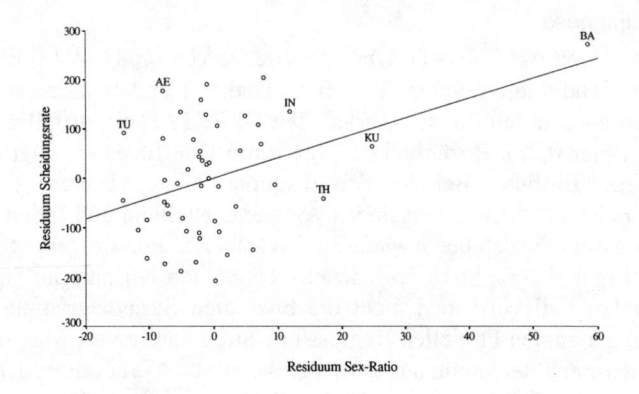

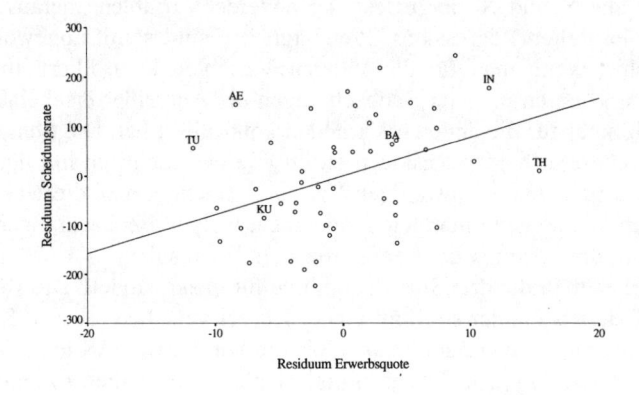

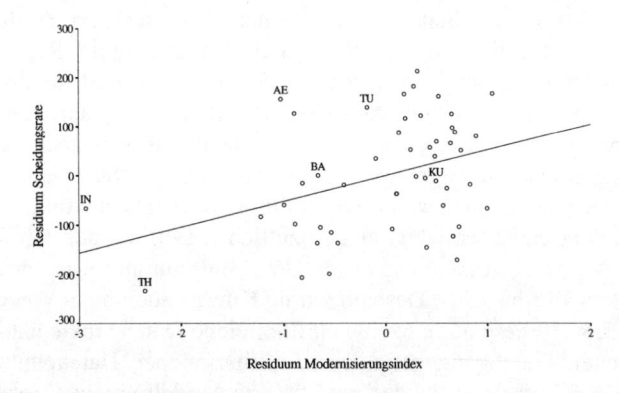

Abb. 5: Partielle-Regressions Streudiagaramme (N = 50)

Wir haben somit sechs einflussreiche Datenpunkte ausgemacht. Nun stellt sich die Frage, was zu tun ist mit diesen sechs Ländern. Bahrain und Kuwait fallen auf durch ihre extremen Sex-Ratios (Kuwait 150, Bahrain 183, das Maximum der anderen Länder ist 109). Diese sind nicht „natürlich", sind vielmehr durch die vielen Gastarbeiter, die in diesen Ländern arbeiten, verursacht. Insofern spiegeln die Sex-Ratios dieser beiden Länder auch keine strukturellen Heiratsmarktbarrieren wieder. Da die „natürlichen" Sex-Ratios nicht verfügbar sind, müssen diese beiden Länder aus der Analyse ausgeschlossen werden. Bei den anderen vier Ländern fällt auf, dass es sich überwiegend um islamische Staaten handelt. Dies legt es nahe, dem Problem mit einer zusätzlichen Dummy für islamische Länder zu begegnen. Es zeigt sich auch, dass der Einfluss der vier Länder in solch einem Modell tatsächlich verschwindet. Allerdings übt dann die Türkei einen starken Einfluss aus. Da es sich hier um ein Demonstrationsbeispiel handelt, soll dieser langwierige Weg zu einem besser spezifizierten Modell nicht beschritten werden. Wir schließen für die folgenden Analysen die sechs einflussreichen Länder einfach aus.

Die Ergebnisse nach Ausschluss der sechs Länder sind in Tab. 1 festgehalten (Spalte 2). Wie auf Grund der Partiellen-Regressions Streudiagramme zu erwarten war, zeigt sich nun, dass die Sex-Ratio keinen signifikanten Effekt hat. Dies ist auf den Ausschluss von Bahrain und Kuwait zurückzuführen. Die Effekte für die Erwerbsquote und das Modernisierungsnivau fallen dagegen deutlich stärker aus. Man beachte auch, dass R^2 deutlich ansteigt, was natürlich darauf zurückzuführen ist, dass die Ausreißer ausgeschlossen wurden.

(2) Residuen-Plots

Nun kommen wir zum zweiten Schritt: Mittels der Residuen-Plots soll die Linearität der Beziehungen im modifizierten Modell überprüft werden. Wie beim ersten Schritt empfiehlt es sich auch hier, nicht einfach die Residuen gegen X_j aufzutragen. Man erstellt besser so genannte Partielle-Residuen-Plots. Bei diesen Plots wird zu den (unstandardisierten) Residuen jeweils $\hat{\beta}_j x_{ij}$ hinzuaddiert. Diese partiellen Residuen trägt man dann gegen X_j auf. Man „addiert zu den Residuen die Regressionsgerade hinzu", um die Form einer eventuellen Nicht-Linearität besser erkennen zu können.[7] Abb. 6 enthält die drei Partielle-Residuen-Plots. In jede dieser Graphiken ist zusätzlich eine so genannte Lowess-Kurve eingezeichnet. Diese Kurve wird mittels eines Glättungsalgorithmus errechnet, bei dem an jeder Stelle aus einer lokalen, gewichteten Regression ein Vorhersagewert errechnet wird. Die Verbindung dieser Werte ergibt die Lowess-Kurve (Goodall 1990). Sie erleichtert die visuelle Erkennung des Musters einer eventuellen Nicht-Linearität.

Im ersten Plot erkennen wir, dass der Zusammenhang zwischen Sex-Ratio und Scheidungsrate weitgehend linear ist. Drei Länder mit hoher Sex-Ratio und ungewöhnlich niedriger Scheidungsrate ziehen allerdings die Lowess-Kurve nach unten. Dies könnte mit einem zusätzlichen quadratischen Sex-Ratio-Term modelliert wer-

---

[7] Diese Plots sind in SPSS nicht automatisch erhältlich. Mann kann aber die multiple Regression berechnen, die unstandardisierten Residuen abspeichern und jeweils $\hat{\beta}_j x_{ij}$ addieren ($\hat{\beta}_j$ entnimmt man dem Regressionsoutput). Für jede unabhängige Variable läßt man sich dann ein Streudiagramm ausgeben.

den, man muss sich bewusst sein, dass ein eventuelles negatives Vorzeichen dieses Terms auf nur drei Beobachtungen zurückzuführen ist (ein positiver linearer und ein negativer quadratischer Koeffizient beschreiben eine umgekehrt U-förmige Kurve).

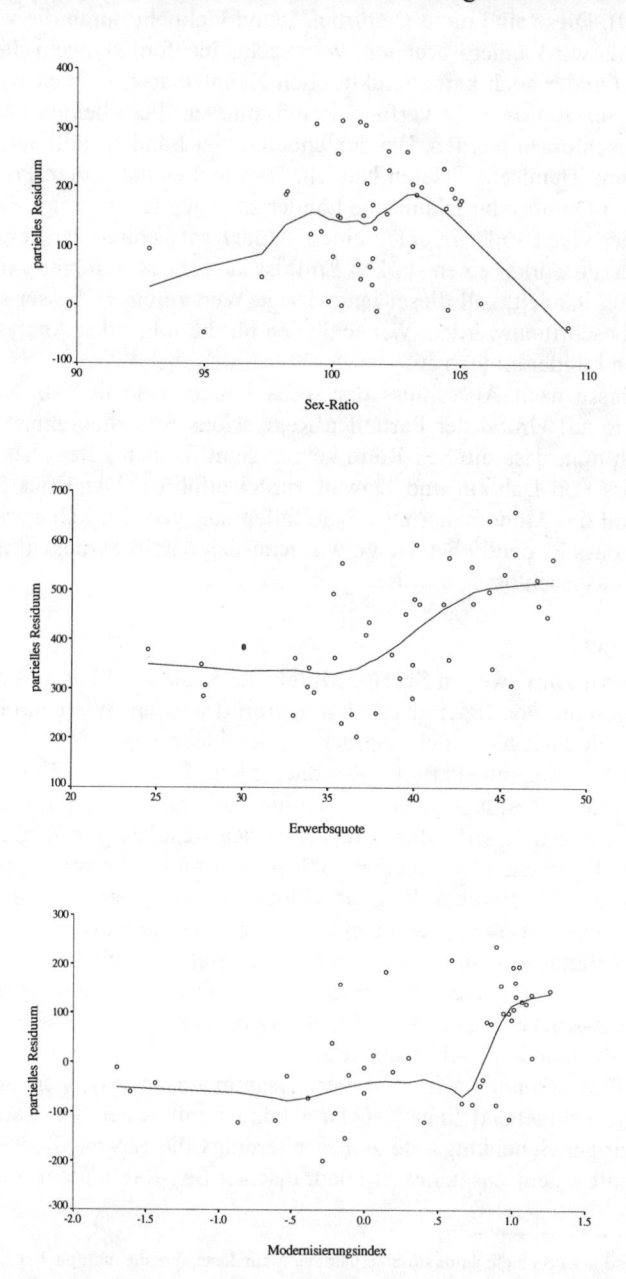

Abb. 6: Partielle-Residuen-Plots (N = 44)

Besser abgesichert erscheint die Einführung eines quadratischen Terms bei der Erwerbsquote. Hier spricht doch der Großteil der Daten für eine konvexe Beziehung. Ähnlich verhält es sich beim Modernisierungsindex. Allerdings ist hier anstatt einer stetigen Modellierung der Nicht-Linearität (mittels quadratischem Term) eine diskrete Modellierung angebracht, da der Residuen-Plot eine sprunghafte Veränderung des Zusammenhangs ab einem Modernisierungsgrad von etwa 0,5 andeutet. An dieser Stelle ist auch eine „Lücke" in den Daten zu erkennen, weshalb es sich anbietet, die Länder in zwei Gruppen zu teilen und für jede Gruppe den Modernisierungsindex in das Modell aufzunehmen (die Länder der anderen Gruppe werden jeweils auf null gesetzt).

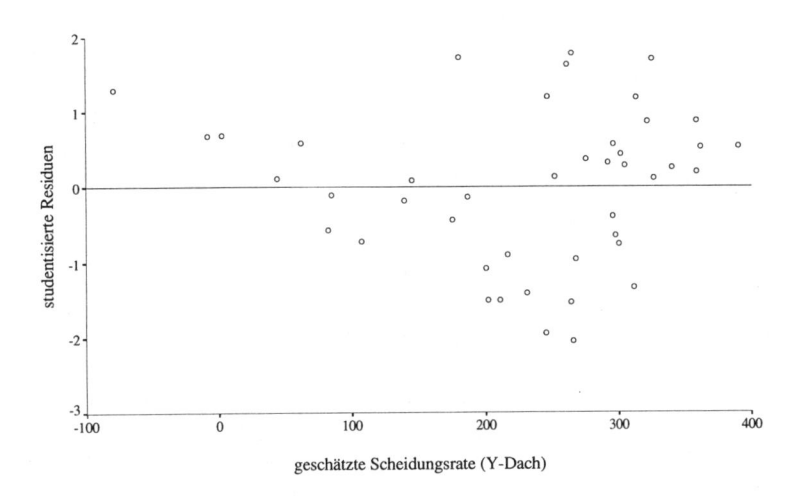

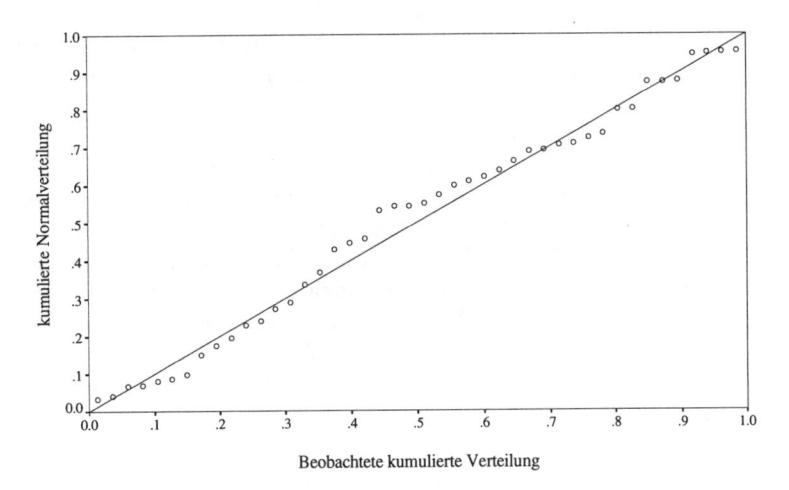

Abb. 7: Residuen-Plot gegen Y und Normal Probability-Plot (N = 44)

Die Residuen-Plots können auch zur Erkennung von Heteroskedastizität eingesetzt werden. Bei der Erwerbsquote und dem Modernisierungsindex finden wir Anzeichen für ein Zunehmen der Streuung der Residuen. Besser kann Heteroskedastizität allerdings diagnostiziert werden, wenn wir die studentisierten Residuen gegen Yauftragen (in SPSS die Residuen und Vorhersagewerte abspeichern und ein Streudiagramm erstellen). In Abb. 7 erkennt man deutlich, dass mit zunehmender Scheidungsrate die Residuen stärker streuen. Dies ist das typische, trichterförmige Muster, das immer dann zu erwarten ist, wenn die abhängige Variable nach unten beschränkt ist. In solchen Fällen bietet sich eine logarithmische Transformation an, die außerdem das Problem mit den negativen vorhergesagten Scheidungsraten behebt (man erkennt 2 Länder mit negativen Vorhersagewerten). Es sei nochmals betont, dass nach einer solchen Transformation die Linearitäts-Annahme erneut untersucht werden muss. Wir machen es uns hier einfacher und berechnen die White-Kovarianzmatrix (mit LIMDEP; Greene 1995). Die Ergebnisse in Tab. 1 in Spalte 3 zeigen, dass die Verzerrung der Standardfehler durch das Vorliegen der Heteroskedastizität offensichtlich kein großes Problem bei unserer Analyse darstellt. Im Gegenteil, die t-Werte der Erwerbsquote und des Modernisierungsindex werden sogar etwas größer.

(3) Normalverteilungsannahme

Zum Schluss soll die Normalverteilungsannahme überprüft werden. Dazu betrachten wir das Normal-Probability-Plot in Abb. 7 (von SPSS automatisch erstellt). Im Großen und Ganzen scheinen die Residuen einer Normalverteilung zu folgen. Dies bestätigt auch ein Kolmogorov-Smirnov-Test, der keine signifikante Abweichung feststellt. Eine Unregelmäßigkeit ist allerdings zu erkennen: zwischen 0,4 und 0,6 sind die Daten „unterbesetzt" (dies erkennt man noch deutlicher, wenn man sich ein Histogramm der Residuen zeichnen lässt). Der Grund hierfür ist, dass die Länder in zwei Gruppen mit besonders niedrigen bzw. hohen Scheidungsraten zerfallen. Die Länder mit niedriger Scheidungsrate sind ausschließlich katholische Industriestaaten und Entwicklungsländer. Dies legt es nahe, eine Variable für den Katholikenanteil in das Modell mit aufzunehmen (für den Entwicklungsgrad haben wir ja bereits kontrolliert).

Nach all diesen Schritten hat man schließlich (hoffentlich) ein akzeptables Modell gefunden. Die obige Demonstration hat gezeigt, dass man im Verlauf einer Diagnose wesentlich besser mit den Daten und ihren Problemen vertraut wird. Besonders wichtig sind Erkenntnisse über einflussreiche Datenpunkte, Hinweise auf eine bessere Modellspezifikation und Hinweise auf zusätzliche Variablen, die in das Modell einbezogen werden sollten. Zum Schluss nochmals eine Warnung: Man hüte sich davor, jede Besonderheit, die man in den Daten entdeckt, zu modellieren. Viele dieser Besonderheiten sind nur von zufälliger Natur, und „Overfitting" führt zu Modellen, die zwar die Stichprobendaten sehr gut anpassen, aber keine Entsprechung in der Grundgesamtheit haben.

13.1.3 Mehrgleichungssysteme

Bisher haben wir nur Schätzgleichungen für einzelne Modellgleichungen diskutiert. Solche Einzelgleichungsmodelle unterstellen eine sehr einfache Kausalstruktur: einige unabhängige Variablen zeigen jeweils einen kausalen Effekt auf eine abhängige Variable.[8] Doch die soziale Welt ist komplex und entsprechend postulieren theoretische Ansätze oft wesentlich differenziertere Kausalstrukturen, die nicht mehr nur mit einer Gleichung modelliert werden können. Man benötigt Mehrgleichungssysteme. Ein Mehrgleichungssystem besteht aus mindestens zwei so genannten Strukturgleichungen, die die theoretische Kausalstruktur abbilden. Die Literatur zu Mehrgleichungssystemen ist äußerst umfangreich. Besonders zu empfehlen sind Greene (1993) Kap. 20 und Judge et al. (1985) Kap. 14 und 15.

Man kann vier Fälle unterscheiden. Im einfachsten Fall ist keine Einzige abhängige Variable gleichzeitig unabhängige Variable in einer anderen Strukturgleichung. Das System besteht also aus mehreren (scheinbar) getrennten Regressionsgleichungen. Man spricht auch von multivariater Regression (in der ökonometrischen Literatur auch „seemingly unrelated regression", SURE). Sind die Fehlerterme der Gleichungen unkorreliert, so ist eine getrennte OLS-Schätzung jeder einzelnen Gleichung konsistent und effizient. Meist werden die Fehlerterme über die Gleichungen hinweg jedoch korreliert sein, weil etwa eine unbeobachtete Variable mehrere der abhängigen Variablen beeinflusst. Dann ist OLS nicht mehr effizient, denn man verschenkt bei der getrennten Schätzung der Gleichungen Information. Eine effiziente Schätzung ist allerdings mittels eines speziellen GLS-Verfahrens möglich (Greene 1993). Hat man also mehrere scheinbar getrennte Regressionsmodelle vorliegen, ein Fall der in der Forschungspraxis häufiger auftritt, so sollte man sich immer überlegen, ob die standardmäßige Verwendung von OLS sinnvoll ist.[9]

Komplizierter sind die folgenden drei Fälle, bei denen mindestens eine abhängige Variable in einer anderen Strukturgleichung als unabhängige Variable auftaucht. Man spricht dann von einem Simultangleichungssystem. Im einfachsten Fall zeigt das Simultansystem einen „stufenförmigen" Aufbau. Dies sei anhand des klassischen Statuszuweisungsmodells von Blau und Duncan (1967) in Abb. 8 veranschaulicht. Ein Pfeil symbolisiert in dieser Abbildung einen gerichteten kausalen Effekt von einer Variable auf eine andere. Das Statuszuweisungsmodell postuliert, dass das Berufsprestige und die Bildung des Vaters einen Einfluss auf das Bildungsniveau einer Person haben. Dieses wiederum bestimmt zusammen mit den beiden Herkunftsvariablen das Berufsprestige. Dieses Modell ist ein so genanntes rekursives Simultangleichungssystem, weil der erste Kausalprozess (Bildungsteilnahme) zwar den zweiten

---

[8] Wir haben es bisher vermieden, von „Kausaleffekten" zu sprechen. Wir verwendeten die schwächeren Begriffe „Effekt", „Zusammenhang" und „Einfluß". Die Bedingungen, unter denen von einem Regressionseffekt auf einen Kausaleffekt geschlossen werden kann, sind kompliziert und auch umstritten (s. Sobel 1995). Deshalb ist der leichtfertige und routinemäßige Gebrauch dieses Begriffs problematisch. Im Zusammenhang mit Mehrgleichungssystemen ist es allerdings üblich von Kausaleffekten zu sprechen, weshalb ich mich in diesem Kapitel dieser Gepflogenheit anschließe.

[9] Sind allerdings die Regressoren aller Gleichungen identisch, so entspricht OLS dem GLS-Verfahren (s. Greene 1993: 488).

Kausalprozess (Statuszuweisung) beeinflusst, nicht aber umgekehrt. Das Modell in Abb. 8 wäre nicht-rekursiv, wenn zusätzlich ein Pfeil von Y_2 nach Y_1 enthalten wäre.

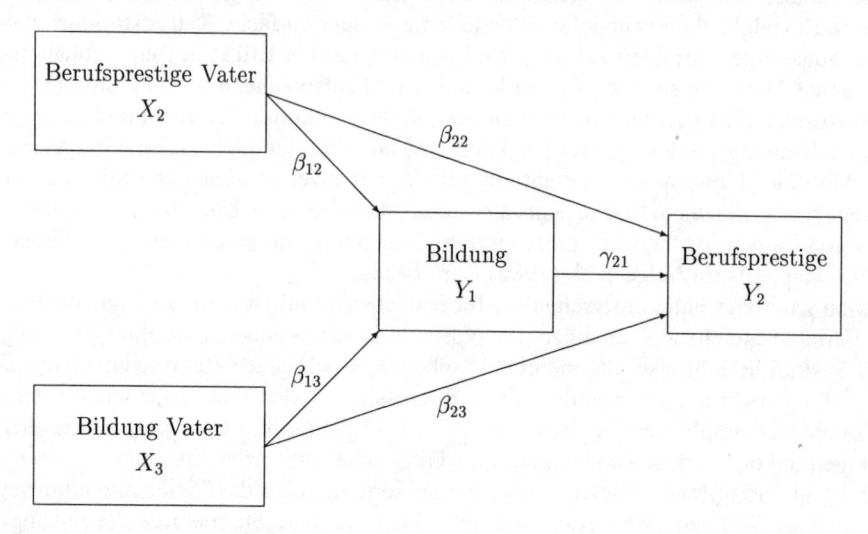

Abb. 8: Ein rekursives Simultangleichungssystem

Der stufenförmige Aufbau eines rekursiven Systems wird besonders deutlich, wenn man die Regressionsgleichungen niederschreibt (Personenindex i weggelassen):

$$y_1 = \beta_{11} + \beta_{12}x_2 + \beta_{13}x_3 + \varepsilon_2$$
$$y_2 = \gamma_{21}y_1 + \beta_{21} + \beta_{22}x_2 + \beta_{23}x_3 + \varepsilon_2$$

Dieses Modell ist ein Simultangleichungssystem, weil die abhängige Variable Y_1 gleichzeitig unabhängige Variable ist. Y_1 selbst hängt aber nur von exogenen Größen ab.[10] Ist deshalb Y_1 bestimmt, so ergibt sich Y_2 rekursiv, indem man die erste Gleichung in die Zweite einsetzt.

In der Forschungsliteratur wird zur Schätzung der Parameter eines rekursiven Systems meist OLS eingesetzt. Allerdings beruht die Konsistenz der OLS-Schätzer auf einer wichtigen Annahme: Die Fehlerterme der Gleichungen müssen unkorreliert sein (die Kovarianzmatrix Σ der Fehlerterme des Systems ist eine Diagonalmatrix). Wir haben aber bereits oben argumentiert, dass diese Annahme häufig nicht gelten wird, die Regressionsgleichungen nur „seemingly unrelated" sind. Ist Σ keine Diagonalmatrix, so sind die OLS-Schätzer eines rekursiven Systems nicht konsistent. Man kann aber konsistente und effiziente Schätzer mittels GLS erhalten (Greene 1993: 600 f.).

---

[10] Die X-Variablen nennt man „exogen", weil sie nicht durch eine Strukturgleichung bestimmt werden. Die Y-Variablen dagegen sind „endogen", durch das System bestimmt.

Ein nicht-rekursives Simultangleichungssystem ergibt sich, wenn die Kausaleffekte der endogenen Variablen nicht stufenförmig angeordnet sind. Betrachten wir unser Anwendungsbeispiel aus dem letzten Kapitel. Dort haben wir argumentiert, dass die Sex-Ratio, die Erwerbsquote und das Modernisierungsniveau die Scheidungsrate beeinflussen. Nun gibt es aber gute Gründe für die Annahme, dass die Erwerbsquote endogen ist, d. h., ebenfalls von der Sex-Ratio und dem Modernisierungsniveau beeinflusst wird. Zusätzlich berücksichtigen wir eine weitere exogene Variable (das durchschnittliche Heiratsalter von Frauen), weil zu vermuten ist, dass mit höherem Heiratsalter die Frauenerwerbsquote ansteigt. Die bisherigen Überlegungen führen zu einem rekursiven System. Weiterhin kann jedoch vermutet werden, dass die Scheidungsrate auch die Erwerbsquote beeinflusst, denn bei hohen Scheidungsraten werden Frauen vermehrt in der Erwerbstätigkeit verbleiben, um gegen das erhöhte Scheidungsrisiko abgesichert zu sein. Mit dieser zusätzlichen Hypothese wird unser System nicht-rekursiv. Zur Schätzung der Parameter nicht-rekursiver Systeme benötigt man spezielle Schätzverfahren, die aus Platzgründen nicht vorgestellt werden können (Greene 1993).

Eine weitere Verkomplizierung resultiert, wenn man in Simultangleichungssystemen latente Variablen, d. h., nicht direkt messbare Variablen, berücksichtigt. Man bezeichnet solche Strukturgleichungsmodelle mit latenten Variablen häufig als LISREL-Modelle (nach dem am weitesten verbreiteten Schätzprogramm für diese Modelle). Der LISREL-Ansatz ist allerdings zu komplex, um hier vorgestellt werden zu können. Das Standardwerk zum LISREL-Ansatz ist Bollen (1989). Eine nichttechnische Einführung findet man bei Hoyle (1995).

13.1.4 Begrenzte abhängige Variablen

In diesem Kapitel betrachten wir Situationen, in denen die abhängige Variable „begrenzt" ist. Von Begrenzung der abhängigen Variable spricht man, wenn sie „gestutzt" oder „zensiert" ist. Stutzung bedeutet, dass für Beobachtungen jenseits einer bestimmten Schwelle keine Information vorliegt (sie sind nicht in der Stichprobe enthalten, man hat somit auch keine Information über die unabhängigen Variablen). Zensierung ist gegeben, wenn die Beobachtungen jenseits einer Schwelle zwar in der Stichprobe enthalten sind, aber für die abhängige Variable nur der Schwellenwert bekannt ist. Weiterhin muss man zwischen direkter und indirekter Stutzung bzw. Zensierung unterscheiden. Bei einer direkten Begrenzung ist der Begrenzungsmechanismus eine Funktion der abhängigen Variable selbst, bei indirekter Begrenzung ist er eine Funktion einer unabhängigen Variable. Konsequenz einer Begrenzung ist, dass die OLS-Schätzer inkonsistent sind. Es gibt viele Gründe, weshalb abhängige Variablen gestutzt oder zensiert sein können. Wir betrachten hier nur zwei mögliche Situationen:

a) Die abhängige Variable ist direkt zensiert, d. h., für Beobachtungen, die unter (oder über) eine bestimmte Schwelle fallen, ist nur der Wert der Schwelle bekannt. Ein Beispiel hierfür sind die Ausgaben von Haushalten für langlebige Gebrauchsgüter. Für viele Haushalte in einer Konsumstichprobe werden wir nur die

Schwelle 0 DM beobachten. Tobin (1958) war der Erste, der für diese Anwendung ein Regressionsmodell vorschlug, das deshalb Tobit-Modell heißt.
b) Die Stichprobe ist ausgewählt, d. h., ein nicht-zufälliger Auswahlmechanismus sorgt dafür, dass nur für bestimmte Fälle eine Information zur abhängigen Variable vorliegt. Man spricht auch vom Problem der Stichprobenauswahl (sample selection bias). Stichprobenauswahl ist entweder eine indirekte Stutzung der abhängigen Variable (über die nicht-ausgewählten Beobachtungen liegt keinerlei Information vor), oder ein indirekte Zensierung (für die nicht-ausgewählten Beobachtungen hat man Information über unabhängige Variablen). Lohnregressionen waren der Anfang der Diskussion zu diesem Problem, denn nur für erwerbstätige Personen hat man eine Lohninformation vorliegen. Bei nicht erwerbstätigen Personen beobachten wir keinen Lohn, denn der für sie erreichbare Marktlohn liegt unter ihrem Reservationslohn. Heckman (1979) hat ein Verfahren vorgeschlagen, dass auch bei nichtzufälliger Stichprobenauswahl konsistente Schätzer liefert (das Heckit-Verfahren).

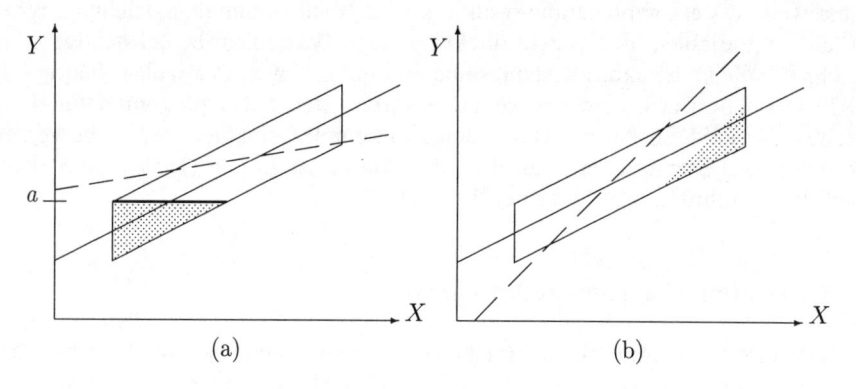

Abb. 9: Verzerrung des OLS-Schätzers durch Zensierung (a) und Stichprobenauswahl (b)

Zur Verdeutlichung der Inkonsistenz von OLS in diesen beiden Situationen betrachte man die Abb. 9 (Berk 1983). Das Parallelogramm in beiden Abbildungen symbolisiert die Punktewolke der Datenpaare. Die durchgezogene Linie repräsentiert die „wahre" Regressionsgerade, wie man sie mittels OLS erhält, wenn keine Probleme mit einer Begrenzung der abhängigen Variable vorliegen. In Abb. 9a ist die abhängige Variable beim Wert a zensiert, d. h., für y ≤ a gilt y = a (die Beobachtungen der schattierten Fläche befinden sich auf der dicken Linie). Ist Y beispielsweise der Lohn und X die Bildung einer Person, so könnte a etwa ein Mindestlohn sein. Benutzt man die solchermaßen zensierten Daten, um mit OLS den Zusammenhang von Y und X zu schätzen, so erhält man die gestrichelte Regressionsgerade, die flacher ist als die „wahre" Regressionsgerade (die Bildungsrendite wird unterschätzt). Bei Vorliegen von Zensierung ist OLS somit inkonsistent. Dies gilt auch im Fall der Stichprobenauswahl, der in Abb. 9b dargestellt ist. Die schattierte Fläche bedeutet hier, dass mit zunehmendem X für Beobachtungen mit niedrigen Y-Werten die Wahrscheinlichkeit in die Stichprobe zu gelangen sinkt (die Beobachtungen der schattierten Fläche sind in der Stichprobe nicht enthalten). In unserem Beispiel kann diese Situation auftreten, wenn mit steigender Bildung der Reservationslohn schneller ansteigt als der Marktlohn. Dann werden die Personen mit hoher Bildung, die nur einen unter dem Reservationslohn liegenden Marktlohn erzielen können, nicht erwerbstätig sein. Konsequenz wird sein, dass die OLS-Regressionsgerade der nicht-zufällig ausgewählten Stichprobe zu steil ist (die Bildungsrendite wird überschätzt).

Insbesondere das Problem der Stichprobenauswahl ist in der empirischen Sozialforschung weit verbreitet. Angesichts der üblichen Ausfallquoten (20–50%) bei Befragungen hat im Prinzip jede Befragungsstudie mit diesem Problem zu kämpfen. Manche Autoren (Berk 1983) fordern deshalb, dass Sozialforscher routinemäßig von einer nicht-zufällig ausgewählten Stichprobe ausgehen und nur bei Beweis des Gegenteils die Standardverfahren eingesetzt werden sollten. Auf Grund solcher Forderungen fand das Problem der Stichprobenauswahl in den letzten Jahren auch in der empirischen Sozialforschung vermehrt Beachtung, weshalb es inzwischen eine Reihe guter Einführungsartikel hierzu gibt (Dubin, Rivers 1989; Winship, Mare 1992).

Wie erwähnt, diskutieren wir hier nur zwei relativ einfache Situationen, in denen begrenzte abhängige Variablen auftreten können. In der ökonometrischen Literatur findet man viele gute Darstellungen von Verfahren für weitere Situationen (Ronning 1991; Greene 1993; Breen 1996). LIMDEP (Greene 1995) enthält Schätzprogramme für eine große Zahl von Modellen mit begrenzten abhängigen Variablen.

13.1.4.1 Zensierte abhängige Variable: Das Tobit-Modell

Y* sei die nicht-zensierte abhängige Variable, für die wir folgendes Regressionsmodell spezifizieren:

$$y_i^* = \beta' x_i + \varepsilon_i.$$

Es sollen alle Annahmen des klassischen Regressionsmodells gelten, insbesondere $\varepsilon_i \sim N(0, \sigma^2)$. Nun ist Y* aber eine latente Variable, denn wir können nur die zensierte Variable Y beobachten, für die gilt

$$y_i = 0, \quad \text{wenn} \quad y_i^* \leq 0,$$

$$y_i = y_i^* \quad \text{wenn} \quad y_i^* > 0.$$

Dies ist das klassische Tobit-Modell mit Zensierung bei null. Das Modell lässt sich analog für jede beliebige Schwelle formulieren. Der bedingte Erwartungswert für die latente Variable ist wie im linearen Regressionsmodell $E(y_i^* \mid x_i) = \beta' x_i$. Für die zensierte Variable gilt dies allerdings nicht mehr. Dies wollen wir der Einfachheit halber hier nur für die nicht-zensierten Beobachtungen demonstrieren (die Berücksichtigung

sierte Variable gilt dies allerdings nicht mehr. Dies wollen wir der Einfachheit halber hier nur für die nicht-zensierten Beobachtungen demonstrieren (die Berücksichtigung der zensierten Beobachtungen würde nichts am folgenden Argument verändern, aber die Formeln komplexer machen). Für die Beobachtungen mit $y_i > 0$ ist der bedingte Erwartungswert gegeben durch (dies folgt aus der Formel für den Erwartungswert einer „gestutzten" Normalverteilung (Greene 1993: 685):

$$E(y_i| y_i > 0, x_i) = \beta'x_i + \sigma\lambda\left(-\frac{\beta'x_i}{\sigma}\right)$$

wobei $\lambda(z) = \phi(z) / (1-\Phi(z))$ ist und $\phi(.)$ die Dichte und $\Phi(.)$ die Verteilungsfunktion der Standardnormalverteilung repräsentieren. λ wird auch als Kehrwert von Mill's-Ratio bezeichnet und ist im Prinzip eine Hazardrate. Dieser Erwartungswert ist offensichtlich größer als ohne Zensierung. Man erkennt hier sofort, wieso OLS inkonsistent ist: der zweite Term des bedingten Erwartungswertes bleibt unberücksichtigt, wird dem Fehlerterm zugeschlagen. Da er aber eine Funktion von x_i ist, erzeugt dies eine Korrelation zwischen den Kovariaten und dem Fehlerterm, weshalb A5 verletzt wird. Im Prinzip handelt es sich hier um ein Fehlspezifikationsproblem, denn die „Variable" λ_i wird nicht berücksichtigt. Dies legt eine Möglichkeit zur konsistenten Schätzung von β nahe: berechne die Variable λ_i und nimm sie in das Modell auf. Dieses Verfahren werden wir im nächsten Kapitel kennen lernen. Im hier zu besprechenden Zensierungs-Fall wird aber üblicherweise das ML-Verfahren eingesetzt.

Bei der Interpretation der Schätzer muss man beachten, dass

$$\frac{\partial E(y^*|x)}{\partial x_j} = \beta_j$$

was bedeutet, dass die Koeffizienten des Tobit-Modells Marginal- bzw. Einheitseffekte auf die latente Variable sind. Will man Effekte für die zensierte Population erhalten (etwa um Prognosen zu tätigen), so muss man die Formel für den zensierten Erwartungswert ableiten (Greene 1993: 694 f.) und erhält

$$\frac{\partial E(y|x)}{\partial x_j} = \beta_j \Phi\left(-\frac{\beta'x_i}{\sigma}\right)$$

Um den Marginaleffekt auf die beobachtete, zensierte abhängige Variable zu erhalten, müssen die Koeffizienten β_j noch mit dem Skalierungsfaktor $\Phi(\beta'x / \sigma)$ multipliziert werden.

13.1.4.2 Stichprobenauswahl: Das Heckit-Verfahren

Stichprobenauswahl ist im Prinzip eine indirekte Stutzung bzw. Zensierung einer Zufallsvariable Y durch eine Zweite, mit Y korrelierte Zufallsvariable Z. Nehmen wir an, dass Y nur dann beobachtet wird, wenn Z eine bestimmte Schwelle a überschreitet. Sind Y und Z bivariat normalverteilt mit Korrelation $\rho(y, z) \sim N(\mu_y, \mu_z, \sigma_y^2, \sigma_z^2, \rho)$, so gilt für den indirekt gestutzten Erwartungswert von Y

$$E(y \mid z > \alpha) = \mu_y + \rho \sigma_y \lambda \left(\frac{\alpha - \mu_z}{\sigma_z} \right)$$

Dies ist sehr ähnlich zu obigem Erwartungswert für eine direkt gestutzte Zufallsvariable. Allerdings muss hier die Korrelation berücksichtigt werden. Sind die beiden Zufallsvariablen nicht korreliert, so verändert sich der Erwartungswert nicht. Die Stichprobenauswahl ist zufälliger Natur und stellt kein Problem bezüglich der Schätzung der Parameter dar. Bei positiver Korrelation der beiden Zufallsvariablen gelangen aber eher die größeren Y-Werte in die Stichprobe, weshalb der Erwartungswert nach oben verzerrt ist. Bei negativer Korrelation ist er dagegen nach unten verzerrt.

Um Stichprobenauswahl zu modellieren, spezifiziert man eine Auswahlgleichung, die festlegt, welche Beobachtungen in die Stichprobe gelangen und das eigentlich interessierende Regressionsmodell für die ausgewählten Beobachtungen. Üblicherweise geht man von einer Probit-Auswahlgleichung aus (das Probit-Modell wird genauer im nächsten Kapitel besprochen). Eine binäre Zufallsvariable Z indiziert, ob eine Beobachtung in der Stichprobenauswahl ist ($z_i = 1$) oder nicht ($z_i = 0$). Für den Auswahlprozess spezifizieren wir folgendes Modell:

$$z_i^* = \gamma' w_i + u_i,$$

$$z_i = 1, \quad \text{wenn} \quad z_i^* > 0,$$

$$z_i = 0, \quad \text{wenn} \quad z_i^* \leq 0.$$

Für die zugrunde liegende latente Variable Z* nehmen wir wieder ein klassisches Regressionsmodell an, womit diese Auswahlgleichung einem Probit-Modell entspricht. Man beachte, dass wir hier annehmen, dass auch für die nicht-ausgewählten Beobachtungen Information vorliegt: nämlich über w_i (es handelt sich somit um eine indirekte Zensierung). In unserem obigen Beispiel hat man etwa auch die nicht erwerbstätigen Personen befragt. Oder bei Ausfällen in einem Survey hat man vielleicht Informationen aus der Stichprobenziehungsliste. Hat man keinerlei Informationen über die nicht-ausgewählten Beobachtungen (indirekte Stutzung), so kann man das hier vorgestellte Modell nicht anwenden.

Das eigentlich interessierende Regressionsmodell

$$y_i = \beta' x_i + \varepsilon_i$$

hat man nur für $z_i = 1$ beobachtet. Nimmt man an, dass die Fehlerterme der beiden Gleichungen bivariat normalverteilt sind mit $(u_i, \varepsilon_i) \sim N(0, 0, 1, \sigma_\varepsilon^2, \rho)$, so ergibt sich unter Verwendung des obigen Theorems für den bedingten Erwartungswert von Y (σ_u^2 ist nicht identifiziert und wird deshalb auf eins normiert):

$$E(y_i \mid z_i = 1, x_i) = \beta' x_i + E(\varepsilon_i \mid u_i > \gamma' w_i)$$
$$= \beta' x_i + 0 + \rho \sigma_\varepsilon \lambda(-\gamma' w_i)$$
$$= \beta' x_i + \beta_\lambda \lambda(-\gamma' w_i)$$

λ ist wie oben als Kehrwert von Mill's-Ratio definiert und ist die Nicht-Auswahl Rate einer Beobachtung mit Kovariatenvektor w_i; λ ist also eine monoton fallende Funktion der Auswahlwahrscheinlichkeit. Wiederum erkennt man, dass OLS inkonsistent ist, weil die Variable λ_i im Fehlerterm enthalten ist. Einen konsistenten Schätzer kann man auch hier mit Maximum-Likelihood erhalten. Für dieses Modell hat sich jedoch ein zweistufiges Schätzverfahren durchgesetzt, das von Heckman (1979) vorgeschlagen wurde. Dieses so genannte Heckit-Verfahren hat gegenüber Maximum-Likelihood den Vorteil, dass es auf schwächeren Annahmen beruht. In der ersten Stufe schätzt man mit allen Beobachtungen die Auswahlgleichung und berechnet anschließend für jede Beobachtung

$$\hat{\lambda}_i = \frac{\phi(\hat{\gamma}' w_i)}{\Phi(\hat{\gamma}' w_i)}$$

In der zweiten Stufe schätzt man für die ausgewählten Beobachtungen die Regression mit der zusätzlichen Variable λ_i mittels OLS. Dieses Verfahren liefert konsistente Schätzer β. Allerdings ist es ineffizient, weil der Fehlerterm der Regression der zweiten Stufe heteroskedastisch ist. Weiterhin sind die OLS-Standardfehler nicht konsistent, weil OLS nicht berücksichtigt, dass eine Variable (nämlich λ_i) geschätzt ist. Damit sind die t-Tests der Koeffizientenschätzer nicht korrekt. Man kann aber mittels einer Korrektur konsistente Standardfehler berechnen, was aber nur in Spezialprogrammen (wie LIMDEP) implementiert ist.

Die Interpretation der Koeffizienten ist nicht einfach. Ist eine Variable X_j nicht in W enthalten, so gilt

$$\frac{\partial E(y\mid \mathbf{x})}{\partial x_j} = \frac{\partial E(y\mid z=1, \mathbf{x})}{\partial x_j} = \beta_j$$

β_j gibt mithin sowohl den Effekt der Variablen X_j in der nicht-ausgewählten als auch den Effekt in der ausgewählten Stichprobe wider. Ist X_j dagegen in $\mathbf{W}$ enthalten, so repräsentiert β_j nurmehr den Marginaleffekt in der nicht-ausgewählten Stichprobe. Der Marginaleffekt in der ausgewählten Stichprobe ist eine Kombination des Auswahleffektes und des Regressionseffektes. Will man also Prognosen für die ausgewählte Population machen, so muss man ähnlich wie im Tobit-Modell anhand obiger Formel für den bedingten Erwartungswert erst den entsprechenden Marginaleffekt errechnen. Schließlich liefert der Schätzer von β_λ eine nützliche Zusatzinformation: sein Vorzeichen ist identisch mit dem Vorzeichen von P. Mithin kann man daraus erschließen, ob die Fehlerterme der Auswahl- und der Regressionsgleichung positiv oder negativ korreliert sind.

Die Präzision der Heckit-Schätzer wird beeinflusst von der Varianz von λ und von der Kollinearität zwischen λ und $\mathbf{x}$ (Winship, Mare 1992). Die Varianz von λ hängt direkt von der Güte der Auswahlgleichung ab: Je besser die Prädiktoren die Auswahl vorhersagen können, desto größer wird die Varianz von λ sein und desto präziser werden die Schätzer der zweiten Stufe sein. Die Kollinearität zwischen λ und $\mathbf{x}$ wird besonders hoch sein, wenn $\mathbf{w}_i = \mathbf{x}_i$. Das Modell ist in diesem Fall zwar schätzbar, weil λ eine nichtlineare Funktion von $\mathbf{w}_i$ ist, aber die Schätzer sind recht unpräzise. Praktische Erfahrungen mit dem Heckit-Verfahren zeigen, dass $\mathbf{w}_i$ mindestens eine Variable enthalten sollte, die nicht in $\mathbf{x}_i$ enthalten ist.

Des Weiteren ist die Konsistenz des Heckit-Verfahrens natürlich auch von der Gültigkeit seiner Annahmen abhängig. Insbesondere die Normalverteilungsannahme ist hier kritisch. Von ihr hängt nämlich die Probit-Form der Auswahlgleichung und die funktionale Form von λ ab. Gilt sie nicht, so sind sowohl die Auswahlgleichung als auch der Korrekturfaktor auf der zweiten Stufe fehlspezifiziert. Folge ist, dass die Heckit-Schätzer ebenfalls verzerrt sind.

Für den Fall, dass die Normalverteilungsannahme nicht gilt, wurden semi-parametrische Korrekturverfahren vorgeschlagen (Winship, Mare 1992). Doch selbst wenn die Normalverteilungsannahme gilt, produziert die Heckit-Korrektur in kleinen Stichproben häufig eine Verzerrung (Stolzenberg, Relles 1990). Vor dem routinemäßigen Einsatz des Heckit-Verfahrens muss somit gewarnt werden: „In short, there is considerable evidence that the method can easily do more harm than good, and that its careless or mechanical application runs much danger of producing vivid examples of the problems that Lieberson so aptly discussed when he cautioned against statistical corrections that in fact produce substantial distortions far worse than the problems they are designed to cure" (Stolzenberg, Relles 1990: 408 f.).

13.1.5 Modelle für Zähldaten

Die meisten demographischen Prozesse weisen nicht-absorbierende Zielzustände auf, d. h., das interessierende Ereignis kann mehrfach auftreten: Menschen können mehrmals heiraten, sie können mehrere Scheidungen haben, können mehrere Kinder bekommen und können öfters den Job wechseln. Die informativsten statistischen Verfahren zur Analyse solcher Prozesse sind sicherlich die Methoden der Ereignisdatenanalyse. Doch diese Methoden sind relativ komplex, insbesondere dann, wenn man Mehrfachepisoden (z. B. die Zeit bis zur ersten, zweiten, dritten, usw. Geburt) adäquat analysieren will. Zudem ist die Datenlage oft unbefriedigend und der exakte Zeitpunkt des Eintretens der Ereignisse unbekannt. In solch einer Situation bietet es sich an, das „Timing" des Prozesses zu vernachlässigen und nur die Häufigkeit des Auftretens des Ereignisses zu untersuchen. Man spricht in diesem Fall von Zähldaten. Zähldaten können nur Werte aus der Menge der natürlichen Zahlen annehmen, d. h., $Y \in \{0, 1, 2, 3, ...\}$. In diesem Kapitel sollen einige Modelle zur Analyse von Zähldaten vorgestellt werden. Die zunehmende Bekanntheit der Zähldatenmodelle schlägt sich auch in der Zahl guter Darstellungen nieder (Ronning 1991; Winkelmann 1994). Im Folgenden soll das am häufigsten verwendete Zähldatenmodell vorgestellt werden: das Poisson-Modell. Zusätzlich soll das Hürden-Poisson-Modell besprochen werden, weil es interessante demographische Anwendungsmöglichkeiten besitzt. Mit LIMDEP können viele weitere Varianten dieser Modelle geschätzt werden (Greene 1995).

13.1.5.1 Zwei Zähldatenmodelle

Im einfachsten Fall handelt es sich bei dem die Zähldaten generierenden stochastischen Prozess um einen Poisson-Prozess: die Rate λ, mit der ein Ereignis eintritt, ist konstant und unabhängig von der Vorgeschichte des Prozesses. Betrachtet man das Timing der Ereignisse, so verwendet man zur statistischen Analyse das Exponential-Ratenmodell. Komplementär hierzu ist jedoch die Analyse der Zahl der Ereignisse Y in einem Zeitintervall der Länge t. Die Dichte von Y ist dann durch die bekannte Poisson-Verteilung beschrieben:

$$p(Y = y) = \frac{e^{-\lambda t}(\lambda t)^y}{y!}, \quad y = 0, 1, 2, ...$$

Die ersten beiden Momente sind $E(y) = V(y) = \lambda t$. Die „mittlere" Zahl von Ereignissen ergibt sich somit aus dem Produkt von Rate pro Zeiteinheit und Zahl der Zeiteinheiten. Zugleich ist dieses Produkt gleich der Varianz! Man spricht deshalb davon, dass die Poisson-Verteilung Äqui-Dispersion ($E(y)/V(y) = 1$) impliziert. Zu einem Regressionsmodell gelangt man nun, indem man den Erwartungswert von Kovariaten abhängig macht, was meist in der Form $E(y_i | \mathbf{x}_i) = \exp(\beta'\mathbf{x}_i + \ln t_i)$ geschieht. Die log-lineare Form stellt sicher, dass der Erwartungswert (und die Varianz) positiv ist.

Der „Offset" ln t_i berücksichtigt, dass die erwartete Zahl der Ereignisse mit Zunahme der Risikozeit ansteigt.[11] Die Schätzer sind mittels ML erhältlich.

Da in diesem Modell die Kovariateneffekte auf den Erwartungswert exponentiell spezifiziert sind, kann man ohne weitere Berechnungen nur die Vorzeichen der Koeffizienten interpretieren (Kap. 13.1.2.2.1). Ein positives β_j bedeutet, dass X_j die erwartete Zahl der Ereignisse (und die Rate) erhöht. Die Marginaleffekte erhält man aus

$$\frac{\partial E(y\mid x)}{\partial x_j} = \lambda \beta_j$$

Der Marginaleffekt ist von X abhängig. Analog können die Einheitseffekte errechnet werden. Besonders anschaulich ist deren Interpretation als Prozenteffekt: $(\exp(\beta_j)-1)\cdot 100$ gibt an, um wie viel Prozent sich die erwartete Zahl der Ereignisse verändert, wenn X_j um eine Einheit steigt.

Die Annahme der Äqui-Dispersion ist oft verletzt. Schätzt man in verschiedenen Subgruppen den Erwartungswert und die Varianz der Zählvariable, so sollte bei Gültigkeit der Äqui-Dispersions Annahme in einem Erwartungswert-Varianz Streudiagramm eine 45^0-Linie resultieren. Meist ist die Varianz größer als der Erwartungswert ($V(y_i) > E(y_i)$, Über-Dispersion), aber insbesondere bei demographischen Daten zeigt sich auch Unter-Dispersion (Winkelmann und Zimmermann 1994). Über-Dispersion kann etwa dadurch entstehen, dass die Rate nicht konstant ist sondern mit der Verweildauer ansteigt, oder dadurch, dass positive Ansteckung vorliegt (d. h., nach dem Eintritt eines Ereignisses ist die Rate für das nächste Ereignis höher) (Barron 1992). Unter-Dispersion kann auftreten, wenn die Rate mit der Verweildauer abnimmt, oder negative Ansteckung vorliegt.

Im Falle von Über-Dispersion kann man das so genannte Negative-Binomial-Modell verwenden. Ein flexibleres Modell, das sowohl bei Über- wie auch Unter-Dispersion eingesetzt werden kann, ist das so genannte Hürden-Poisson-Modell (Winkelmann 1994: 120 ff.). Es basiert auf der Grundidee, dass die Zähldaten Resultat eines zweistufigen Entscheidungsprozesses sind. Beim Fertilitätsprozess etwa ist es plausibel anzunehmen, dass sich Individuen erst entscheiden, ob sie Kinder haben wollen oder nicht. Dann müssen die, die auf der ersten Stufe positiv entschieden haben, die Zahl der Kinder festlegen. Um diesen Prozess zu modellieren, benötigt man zwei Wahrscheinlichkeitsverteilungen f_1 und f_2 für positive, ganze Zahlen. f_1 beschreibt den Hürden-Prozess und f_2 regiert den Prozess für die, die die Hürde übersprungen haben. Damit lautet die Wahrscheinlichkeitsverteilung des Hürden-Modells:

---

[11] In der Praxis wird allerdings ln t_i oft einfach als Kovariate eingeführt, ohne dass der zugehörige Parameter auf eins restringiert wird. Dieser Parameter, nennen wir ihn γ, ist als Elastizität interpretierbar: γ - 1 gibt an, um wieviel Prozent sich die erwartete Zahl der Ereignisse verändert, wenn sich die Risikozeit um ein Prozent erhöht.

$$P(Y_i = 0) = f_1(0)$$

$$P(Y_i = y_i) = (1 - f_1(0))\frac{f_2(y_i)}{1 - f_2(0)}, y_i = 1, 2, 3, \ldots$$

$1-f_1(0)$ ist die Wahrscheinlichkeit, die Hürde zu überspringen, und der Bruch stellt eine Normalisierung von f_2 dar (damit sich die Wahrscheinlichkeiten wieder zu eins summieren). Beim Hürden-Poisson-Modell unterstellt man, dass sowohl f_1 als auch f_2 Poisson-Verteilungen sind mit $\lambda_{1i} = \exp(\beta_1'x_i)$ und $\lambda_{2i} = \exp(\beta_2'x_i)$. Die β_2 sind interpretierbar wie im einfachen Poisson-Modell, während die β_1 die Wahrscheinlichkeit des Überspringens der Hürde verändern. Ist $\beta_1 = \beta_2$, so liegt wieder das einfache Poisson-Modell vor (zum Test kann ein Likelihood-Ratio-Test verwendet werden). Die Schätzung der Parameter erfolgt wiederum mit ML.

Fitmaße für diese Modelle sind relativ einfach konstruierbar. Da es sich um ML-Schätzungen handelt, bietet sich die Berechnung des McFadden Pseudo-R^2 Maßes an. Darüber hinaus gibt es bei Zähldaten aber noch weitere Möglichkeiten (Winkelmann 1994: 102). Man kennt ja die Zahl der Beobachtungen in jeder Kategorie j der Zählvariable (n_j). Für jede Beobachtung kann man außerdem mittels der geschätzten Parameter die $\hat{P}_i$ ($Y_i = y_j$) ermitteln. Summieren über alle i liefert die vom Modell vorhergesagten $\hat{n}_j$. Nun kann man die beobachteten und die vorhergesagten n_j vergleichen. Hierzu bietet sich etwa die bekannte Pearson χ^2-Statistik an: $\chi^2 = \Sigma_{j=1}^{J}(n_j - \hat{n}_j)^2 / \hat{n}_j$. Dabei muss unter praktischen Gesichtspunkten die Summationsobergrenze J festgelegt werden (Faustregel: Wähle J so, dass $\Sigma_{j>J} \hat{n}_j < 5$).

13.1.5.2 Anwendungsbeispiel: Die Kinderzahl deutscher Frauen

Als Anwendungsbeispiel soll im Folgenden die Kinderzahl deutscher Frauen untersucht werden. Die Daten stammen aus der ALLBUS Basisumfrage von 1991, die sowohl West- als auch Ostdeutsche erfasst (Zentralarchiv 1991). In dieser Studie wurde unter anderem nach der Zahl der Kinder gefragt. Bei der Kinderzahl handelt es sich um eine typische Zählvariable (ähnliche Analysen mit Daten des sozioökonomischen Panels findet man bei Winkelmann und Zimmermann 1994). Wir beschränken die Analysen auf Frauen, die 1940 oder später geboren wurden, damit die Risikozeit in den Zeitraum der Existenz der BRD und der DDR fallen. Das Hauptproblem bei einer Analyse der Kinderzahl ist die Erfassung der Risikozeit. Eine Möglichkeit wäre es, nur Frauen zu betrachten, die älter als 45 sind. Das würde in unserem Fall zu äußerst geringen Fallzahlen führen. Deshalb wird im Folgenden die unterschiedliche Länge der Risikozeit dadurch berücksichtigt, dass wir die (logarithmierten) Jahre vom Zeitpunkt der Erstheirat bis zum Interview als Kovariate ins Modell aufnehmen (bei ledigen Frauen setzen wir diese Kovariate auf –5). Ungenauigkeiten ergeben sich bei diesem Vorgehen aus der Nichtberücksichtigung der Zeiten vor der ersten Heirat und nach einer eventuellen Scheidung. Zusätzlich nehmen wir in die Modelle die Religion, die Wohnortgröße, die Bildungsjahre der Befragten und die Bildungsjahre ihres gegenwärtigen Ehepartners (falls vorhanden) auf.

Eine weitere Dummy gibt an, ob die Befragte ihre Jugend in West- oder Ostdeutschland verbrachte. Inhaltlich interessiert uns insbesondere, ob Frauen in der DDR mehr Kinder hatten und welcher Art die Bildungseffekte sind. Meist wird vermutet, dass höher gebildete Frauen weniger Kinder haben. Das Hürden-Poisson-Modell gibt uns die Möglichkeit festzustellen, ob dies auf häufigerer Kinderlosigkeit höher gebildeter Frauen beruht, oder ob sie weniger Kinder haben (wenn sie mindestens eins haben).

Tab. 2: Zähldatenmodelle für die Kinderzahl deutscher Frauen (N=946)

Variable	OLS	Poisson	Hürden-Poisson	
Konstante	1,760	0,052	0,335	0,032
Jahre seit Erstheirat (ln)	0,180*	0,250*	0,364*	0,232*
	(12,10)	(10,12)	(12,82)	(6,11)
Geburtskohorte (1940=0)	−0,011*	0,003	0,010	−0,003
	(2,43)	(0,72)	(1,39)	(0,65)
Katholisch (1=Ja)	−0,016	−0,024	0,025	−0,046
	(0,22)	(0,49)	(0,62)	(1,16)
Konfessionslos (1=Ja)	−0,106	−0,072	−0,306*	−0,051
	(1,50)	(1,54)	(6,78)	(1,36)
Stadt (1=Ja)	−0,026	−0,010	−0,122*	0,020
	(0,44)	(0,28)	(2,51)	(0,47)
Bildung (in Jahren)	−0,019	−0,014*	0,026	−0,032*
	(1,92)	(1,97)	(1,88)	(2,83)
Bildung Ehemann	0,008	0,010*	−0,017	0,019*
(in Jahren)	(0,98)	(2,22)	(1,23)	(2,46)
BRD (1=Ja)	−0,180*	−0,115*	−0,560*	−0,028
	(2,38)	(2,43)	(12,33)	(0,81)
(Pseudo)-R^2	0,38	0,23	0,30	
-Log-Likelihood	–	701,5	631,1	

* signifikant auf dem 5%-Niveau. Absolute t-Werte in Klammern (berechnet mit heteroskedastizitätskonsistenten Standardfehlern). McFadden Pseudo-R^2 Werte gegenüber dem Poisson-Modell ohne Kovariate. Bezugsgruppe ist protestantisch, Wohnort mit weniger als 50.000 Einwohner, Frau verbrachte Jugend in der DDR.

(Quelle: Eigene Berechnungen mit Daten des ALLBUS 1991)

Tabelle 2 enthält die Ergebnisse (alle Modelle wurden mit dem GAUSS-Anwendermodul für Zähldaten geschätzt (King 1992)). Die mittlere Kinderzahl beträgt in unseren Daten 1,46 bei einer Varianz von 1,17 (Unter-Dispersion). Zum Vergleich sind in der ersten Spalte die Ergebnisse von OLS angeführt, die zweite Spalte gibt die Poisson-Schätzer wieder. Es zeigt sich, dass beide Modelle meist zu qualitativ recht ähnlichen Ergebnissen führen. Allerdings zeigen die unterschiedlichen Ergebnisse bei der Geburtskohorte und bei der Bildung des Ehemanns, dass OLS-Schätzungen unbedingt durch Zähldatenmodelle ergänzt werden sollten. Durchgängig weist die Risikozeit (Jahre seit Erstheirat) den erwarteten Effekt auf, auch wenn der Koeffizient nicht gleich eins ist, wie es bei korrekter Spezifikation des Modells und exakter Erfassung der Risikozeit zu erwarten wäre. Inhaltlich zeigt sich wie erwartet, dass westdeutsche Frauen weniger Kinder haben (–11%). Gleichfalls haben höher gebildete Frauen weniger Kinder (pro Bildungsjahr –1,4%). Interessant ist aber, dass mit steigender Bildung des Ehemanns die Kinderzahl ansteigt (+1%). Bildung der Frau und des Mannes zeigen entgegengesetzte Effekte, was eine Vorhersage der familienökonomischen Theorie bestätigt. Die anderen Kovariaten zeigen keine signifikanten Effekte. Die Spalten drei und vier schließlich enthalten die Ergebnisse des Hürden-Poisson-Modells (wobei die dritte Spalte sich auf den Hürden-Teil bezieht). Hier ergeben sich interessante Differenzierungen der bisherigen Ergebnisse. Frauen aus der BRD haben nicht deshalb weniger Kinder, weil sie kleinere Familien haben, sondern weil eine höhere Zahl von ihnen kinderlos bleibt. Die Wahrscheinlichkeit des Überspringens der Hürde ist für sie kleiner. Haben sie aber Kinder, so ist die Zahl der Kinder nicht niedriger als bei Frauen mit Kindern in der DDR. Demgegenüber wirkt die Bildung vorwiegend auf die Kinderzahl. Höher gebildete Frauen haben kleinere Familien. Die Fit-Maße zeigen eine zufrieden stellende Anpassung der Modelle. Das Hürden-Poisson-Modell hat einen deutlich besseren Fit als das Poisson-Modell: ein Likelihood-Ratio-Test führt zur Ablehnung der Nullhypothese $\beta_1 = \beta_2$ ($\chi^2 = 140,8$ bei 9 Freiheitsgraden).

13.2 Regressionsverfahren für qualitative abhängige Variablen

In diesem Kapitel werden Regressionsverfahren für nominale (qualitative) abhängige Variablen vorgestellt. Das klassische Verfahren zur Analyse qualitativer Daten ist die Tabellenanalyse. Doch seit etwa zwanzig Jahren werden immer öfter auch Regressionsverfahren für qualitative Daten eingesetzt. An Lehrbüchern über Regressionsverfahren für qualitative Daten besteht mittlerweile kein Mangel mehr (Ronning 1991; Greene 1993). Ausführliche, anwendungsorientierte Einführungen geben Hosmer und Lemeshow (1989) und Menard (1995). Das umfassende Lehrbuch von Agresti (1990) geht auch auf die klassischen und modernen (log-linearen) Verfahren der Tabellenanalyse ein (Clogg, Shihadeh 1994). Alle in diesem Kapitel vorzustellenden Modelle (und noch viele weitere) können mit LIMDEP (Greene 1995) einfach geschätzt werden. Dieses Programm gibt neben den Koeffizientenschätzern auch automatisch die Marginaleffekte aus.

13.2.1 Binäre Logit- und Probit-Modelle

Binäre abhängige Variablen treten in der demographischen Forschung häufig auf. Für die Analyse von binären Daten haben sich in der Forschungsliteratur insbesondere zwei Modelle durchgesetzt: Das Logit- und das Probit-Modell. Nehmen wir an, wir wollen anhand einer Stichprobe von Ehen untersuchen, von welchen Faktoren es abhängt, ob während der ersten zehn Ehejahre eine Scheidung erfolgt. Es gibt mithin zwei mögliche Ereignisse: keine Scheidung ($y = 0$) oder Scheidung ($y = 1$). Die abhängige Variable Y nimmt nur zwei Werte an. Um zu Regressionsverfahren für solche Variablen zu gelangen, wendet man den „Trick" an, ein Wahrscheinlichkeitsmodell zu spezifizieren. Die Wahrscheinlichkeiten für die beiden möglichen Ereignisse formulieren wir in Abhängigkeit von Kovariaten $\mathbf{x}_i$ als (der Personenindex i wird im Folgenden meist nicht mehr berücksichtigt)

$$P(Y_i = 1) = F(\beta'\mathbf{x}_i),$$

$$P(Y_i = 0) = 1 - F(\beta'\mathbf{x}_i).$$

F(.) steht hier für eine Verteilungsfunktion. Verteilungsfunktionen sind bekanntlich monoton steigende Funktionen ihres Arguments. In unserem Beispiel würde damit ein positiver Koeffizient β_j bedeuten, dass die Wahrscheinlichkeit einer Scheidung mit X_j ansteigt. Das Problem ist nun, F(.) so zu spezifizieren, dass ein leicht handhabbares Modell resultiert.[12] Die einfachste Möglichkeit ist die Spezifikation $F(\beta'\mathbf{x}) = \beta'\mathbf{x}$. Dies ist das so genannte lineare Wahrscheinlichkeitsmodell. Wendet man trotz dichotomer abhängiger Variable OLS an, so schätzt man dieses Modell. Die Fehlerterme der Regression sind allerdings heteroskedastisch und die vom linearen Wahrscheinlichkeitsmodell prognostizierten Wahrscheinlichkeiten können ohne weiteres außerhalb des Intervalls (0, 1) liegen. Vor dem Aufkommen leistungsfähiger Software zur Maximierung von Likelihoods wurde dieses Modell dennoch häufig verwendet. Um beide Probleme zu vermeiden, sollte man allerdings Modelle spezifizieren, für die Folgendes gilt:

$$\lim_{\beta'\mathbf{x} \to +\infty} P(Y = 1) = 1$$
$$\lim_{\beta'\mathbf{x} \to -\infty} P(Y = 1) = 0$$

F(.) sollte also eine Funktion sein, die sich den „extremen" Wahrscheinlichkeiten null und eins asymptotisch annähert. Eine nahe liegende Wahl ist die Normalverteilung $F(\beta'\mathbf{x}) = \Phi(\beta'\mathbf{x})$, woraus das Probit-Modell resultiert:

$$p(y = 1) = \Phi(\beta'x) = \int_{-\infty}^{\beta'x} \phi(t)dt$$

---

[12] Man beachte, dass dieses Modell (ebenso wie die Zähldatenmodelle) im Unterschied zum normalen Regressionsmodell keinen Fehlerterm hat. Dies führt manchmal zu der irrigen Meinung, dass es sich um ein „deterministisches" Modell handle, weil keine stochastischen Abweichungen zugelassen seien. Dem ist natürlich nicht so, da das Modell selbst stochastisch formuliert ist. Wie wir unten sehen werden, kann dieses Modell anhand der latenten Variable Y* wie ein normales Regressionsmodell mit Fehlerterm formuliert werden. Umgekehrt kann eine gewöhnliche Regression stochastisch, aber ohne Fehlerterm formuliert werden als $E(y \mid x) = \beta'\mathbf{x}$.

Ähnlich häufig wird die logistische Verteilung verwendet $F(\beta'\mathbf{x}) = \Lambda(\beta'\mathbf{x})$, wobei $\Lambda(.)$ die Verteilungsfunktion der logistischen Verteilung notiert. Für das Logit-Modell gilt:

$$P(Y = 1) = \frac{e^{\beta'\mathbf{x}}}{1-e^{\beta'\mathbf{x}}}$$

Weitere Modelle können formuliert werden, allerdings werden fast ausschließlich diese beiden verwendet. Die logistische Verteilung und die Normalverteilung sind sich recht ähnlich, nur dass erstere dickere Ränder hat. Die Schätzergebnisse beider Modelle sind in den meisten Situationen (außer wenn die Stichprobe fast nur Nullen oder Einsen enthält) bis auf einen Skalierungsfaktor annähernd identisch: $\hat{\beta}_{\text{logit}} \approx 1.6\,\hat{\beta}_{\text{probit}}$ (Greene 1993: 640) gibt eine schöne Herleitung dieses Skalierungsfaktors).

Alternativ kann man die binären Modelle auch als Schwellenwertmodell mittels einer stetigen, latenten Variable Y* formulieren. In unserem Scheidungsbeispiel könnte Y* für einen Ehepartner die (unbeobachtete) Differenz des Nutzens aus einer Scheidung und des Nutzens aus der Ehe sein. Wir spezifizieren nun folgendes Regressionsmodell für Y*:

$$y^* = \beta'\mathbf{x} + \varepsilon$$

wobei wir allerdings Y* nicht kennen. Wir kennen nur die resultierende binäre Variable Y, die sich aus dem folgenden Schwellenwertmodell ergibt:

$y = 1,$ wenn $y^* > 0$

$y = 0,$ wenn $y^* \leq 0$

Nun müssen wir für ε eine Verteilungsannahme treffen. Bei Annahme einer logistischen Verteilung erhalten wir das Logit-Modell. Ist $\varepsilon \sim N(0, 1)$, so erhalten wir das Probit-Modell, denn

$$P(Y=1) = P(y^* > 0)$$

$$= P(\beta'x + \varepsilon > 0)$$

$$= P(\varepsilon > -\beta'x)$$

$$= P(\varepsilon < \beta'x)$$

$$= \Phi(\beta'x)$$

Zwei Annahmen dieses Modells bedürfen der Erläuterung. Erstens muss σ^2 auf eins normiert werden, weil es nicht identifizierbar ist. Dies ist in der Struktur unserer Beobachtungsgleichung für Y begründet: Egal welche Varianz Y* aufweist, wir werden immer dieselben Daten Y beobachten. Weiterhin ist die Annahme einer Schwelle von null unerheblich, solange das Modell eine Konstante enthält.

Die Interpretation der Koeffizienten dieser Modelle (Liao 1994; Kaufman 1996) ist nicht einfach und man findet häufig Arbeiten, in denen Logit- oder Probit-Effekte fehlerhaft interpretiert werden (Petersen 1985; Roncek 1991). Im Prinzip können die Koeffizienten der binären Modelle als Effekte auf die latente Variable interpretiert werden. Dies hilft meist wenig, da die latente Variable nicht beobachtbar ist und beliebig skaliert werden kann. Bei der Interpretation der Koeffizienten als Effekte auf die beobachteten Daten ist zu beachten, dass die Koeffizienten selbst weder Einheits- noch Marginaleffekte sind. Im Prinzip ist nur ihr Vorzeichen sinnvoll zu interpretieren (eine Ausnahme ist das Logit-Modell, s. u.). Die Koeffizienten müssen erst transformiert werden, um zu den Marginaleffekten zu gelangen. Für den bedingten Erwartungswert von Y gilt allgemein

$$E(y \mid x) = 0(1 - F(\beta'x^\wedge) + 1(F(\beta'x) = F(\beta'x)$$

was identisch ist mit P(Y = 1). Daraus ergibt sich für die Marginaleffekte (β_j^*)

$$\frac{\partial E(y \mid x)}{\partial x_j} = \frac{\partial P(Y=1)}{\partial x_j} = f(\beta'x)\beta_j$$

f(.) ist die zu F(.) gehörige Dichtefunktion. Für das Probit-Modell ergibt sich

$$\frac{\partial E(y \mid x)}{\partial x_j} = \phi(\beta'x)\beta_j$$

und für das Logit-Modell

$$\frac{\partial E(y\mid \mathbf{x})}{\partial x_j} = \Lambda(\beta'\mathbf{x})(1-\Lambda(\beta'\mathbf{x}))\beta_j$$

Die Koeffizienten müssen also jeweils mit einem Skalierungsfaktor multipliziert werden, um die Marginaleffekte zu erhalten. Man beachte, dass die Marginaleffekte eine Funktion von **X** sind, und bei verschiedenen Kovariatenkombinationen unterschiedlich hoch ausfallen werden. Will man eine Tabelle erstellen, so muss man sich für eine Kovariatenkombination entscheiden. Üblicherweise wählt man hier den Mittelwert aller Kovariaten und benutzt $\beta'\bar{\mathbf{x}}$ zur Errechnung des Skalierungsfaktors. $\beta_j^* \cdot 100$ gibt an, um wie viele Prozentpunkte sich $E(y\mid\bar{\mathbf{x}})$ bzw. $P(Y = 1)$ in verändert, wenn sich X_j um eine Einheit erhöht. Sei in unserem Beispiel X_j das Alter bei Eheschließung und $\beta_j^* = -0{,}01$ am Mittelwert aller Kovariaten, so senkt eine um ein Jahr verschobene Heirat die (erwartete) Scheidungswahrscheinlichkeit um ein Prozent.

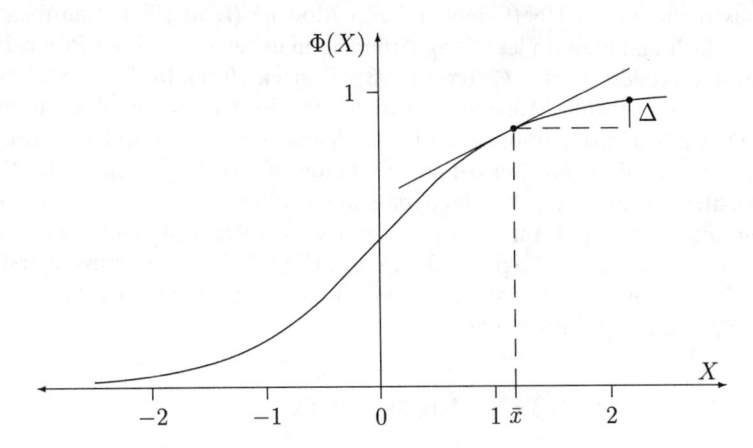

Abb. 10 Marginal- und Einheitseffekt im Probit-Modell

Diese Interpretation der Marginaleffekte als Einheitseffekte ist allerdings nur näherungsweise gültig, denn in einem nichtlinearen Modell sind die Marginaleffekte nicht identisch mit den Einheitseffekten, weil ein Marginaleffekt bei einer nichtlinearen Funktion nur für infinitesimale Änderungen der X-Variablen die Veränderung der Y-Variable angibt. Dies ist in Abb. 10 verdeutlicht. Gehen wir von einem Probit-Modell mit nur einer Kovariaten X aus. Der Effekt dieser Kovariate sei gleich eins und die Konstante sei gleich null. Dann ist $P(Y = 1) = \Phi(x)$. Diese Funktion ist in der Abbildung aufgetragen. Angenommen $\bar{x} = 1{,}175$, dann ist der Marginaleffekt $\phi(1{,}175) = 0{,}20$, was der Steigung der eingezeichneten Tangente entspricht. Um den exakten Einheitseffekt zu erhalten, berechnen wir $\Phi(\bar{x}) = 0{,}88$ und $\Phi(\bar{x} + 1) = 0{,}99$. Der exakte Einheitseffekt ergibt sich dann aus der Differenz der beiden Wahrscheinlichkeiten und beträgt $\Delta = 0{,}11$. In diesem Beispiel ist der Marginaleffekt also deutlich größer als der Einheitseffekt. Der gegenteilige Fall ergäbe sich für $\bar{x} = -1{,}175$. Wir erkennen anhand der Abbildung aber auch, dass die Normalverteilungsfunktion für Wahrscheinlichkeiten von 0,2 bis 0,8 annähernd linear ist, weshalb die Marginaleffekte in diesem Intervall recht gut mit den Einheitseffekten übereinstimmen werden (dies gilt auch für die logistische Verteilung). Ein weiteres Problem der Marginaleffekte ist, dass sie für Dummy-Variablen im Prinzip nicht definiert sind. Dennoch sind die mit den obigen Formeln für Dummy-Variablen errechneten Marginaleffekte ebenso wie bei einer stetigen Kovariate Näherungen des Einheitseffektes. Hat man viele Dummies im Modell, so empfiehlt es sich allerdings nicht die Marginaleffekte zu berichten, sondern die Einheitseffekte. Dazu wählt man vorteilhaft als Referenzgruppe den Fall, bei dem alle Dummies gleich null sind. Dann berechnet man die Wahrscheinlichkeit des Ereignisses für diese Referenzgruppe und all die Fälle, bei denen jeweils eine Kovariate gleich eins ist. Die Wahrscheinlichkeitsdifferenzen ergeben die Einheitseffekte, welche anschaulich in graphischer Form präsentiert werden können (Brüderl et al. 1996).

Die Koeffizienten des Logit-Modells können auch direkt als Einheitseffekte interpretiert werden. Um dies zu erkennen, muss das Modell anders niedergeschrieben werden. Aus obigem Ausdruck für das Logit-Modell folgt (P_1 steht hier für $P(Y = 1)$).

$$\ln \frac{P_1}{1 - P_1} = \beta' x$$

Der Term auf der linken Seite heißt „Logit" (od. „Log-Odds"). Er repräsentiert in unserem Beispiel das (logarithmierte) Verhältnis der Scheidungswahrscheinlichkeit zur Wahrscheinlichkeit des Fortbestandes einer Ehe. Ein β_j erfasst mithin den Einheitseffekt auf das Logit. Das Logit ist aber keine „natürliche" Größe, weshalb diese Interpretation noch nicht allzu anschaulich ist. Fassbarer sind allerdings die antilogarithmierten Koeffizienten $\exp(\beta_j)$. Sie geben den Einheitseffekt auf die Odds-Ratio (das Verhältnis der Odds) an. Betrachten wir eine Dummy-Variable X_j. Für die Odds-Ratio der beiden Gruppen ergibt sich

$$\frac{P_1(X_j = 1) / P_0(X_j = 1)}{P_1(X_j = 0) / P_0(X_j = 0)} = e^{\beta_j}$$

Nehmen wir an, der Effekt einer Land-Stadt Dummy in einer logistischen Scheidungsregression sei 0,693. Dann bedeutet dies, dass die Scheidungs-Odds in der Stadt doppelt so hoch sind ($\exp(0{,}693) = 2$). Häufig liest man auch die Interpretation, die Scheidungswahrscheinlichkeit sei in der Stadt doppelt so hoch wie auf dem Land. Diese Interpretation ist allerdings falsch und allenfalls für sehr kleine Wahrscheinlichkeiten näherungsweise gültig. Eine ausführliche Darstellung der Odds-Ratio Interpretation der Koeffizienten des Logit-Modells findet man bei Morgan und Teachman (1988).

Die Parameter der binären Modelle können mit der Maximum-Likelihood Methode geschätzt werden. Es kann bei diesen Modellen allerdings leicht vorkommen, dass der Algorithmus nicht konvergiert bzw. ungewöhnlich große Parameterschätzer und Standardfehler ausgibt. Dies deutet darauf hin, dass Y „monoton" in einer Kovariaten ist. Bei einer Dummy können etwa alle Beobachtungen einer Gruppe y = 1 aufweisen. Auch mit stetigen Variablen kann dieses Problem auftreten, wenn z. B. für alle Werte über einer bestimmten Schwelle y = 1 gilt. Erstellt man eine Kreuztabelle zwischen den betroffenen Kovariaten und Y, so sind einzelne Zellen nicht besetzt. Folge wird sein, dass $\hat{\beta}_j$ während der Iterationen gegen unendlich läuft. In diesem Fall muss die betreffende Variable anders vercodet werden.

Man kann für Logit- und Probit-Modelle die üblichen Fitmaße für Maximum-Likelihood Modelle verwenden. Eine Vereinfachung bei binären Modellen ist, dass die Log-Likelihood für das Modell mit nur der Konstanten einfach zu berechnen ist als

$$\ln L_R = n[P \ln(P) + (1-P) \ln(1-P)]$$

wobei P der Anteil der Einsen in der Stichprobe ist. Ein weiteres Fitmaß kann für binäre Modelle über den Anteil der korrekt vorhergesagten Beobachtungen konstruiert werden, indem man jede Beobachtung auf Grund ihres $\hat{F}_i$ nach folgender Regel klassifiziert:

$$\hat{y}_i = 1, \text{ wenn } \hat{F}_i > 0{,}5, \text{ sonst } 0.$$

Der Anteil der korrekt vorhergesagten Beobachtungen ergibt sich dann aus dem Vergleich von $\hat{y}_i$ und y. Dieses Fitmaß hat allerdings einen gravierenden Mangel. Mit der naiven Vorhersageregel $\hat{y}_i = 1$ erzielt man P·100% korrekte Vorhersagen. Ist nun P sehr groß (viele Einsen in der Stichprobe), so ist die naive Regel leicht besser als das Modell. Deshalb ist dieses Fitmaß mit Vorsicht zu genießen, falls P deutlich von 0,5 abweicht. Es sind allerdings verfeinerte Fitmaße, die auf dem Anteil der korrekt vorhergesagten Beobachtungen beruhen, vorgeschlagen worden. Wie Veall und Zimmermann (1992) zeigen, sind einige dieser Maße durchaus brauchbar.

Ebenso wie im Fall der linearen Regression empfiehlt es sich bei diesen binären Modellen diagnostische Verfahren einzusetzen. In SPSS für Windows sind beispielsweise für das Logit-Modell die Analoga zu Cooks D und DFBETAS implementiert. Wie im Anwendungsbeispiel zur linearen Regression demonstriert, können diese Statistiken zur Identifikation einflussreicher Datenpunkte eingesetzt werden. Diese und weitere diagnostische Verfahren für binäre Modelle werden bei Pregibon (1981), Hosmer und Lemeshow (1989), Schnell (1994) und bei Menard (1995) beschrieben.

13.2.2 Das bivariate Probit-Modell

Ähnlich wie in Kap. 13.2.3 für die lineare Regression erörtert, wird man auch bei binären Modellen häufig mehrere Regressionsgleichungen spezifizieren. Besteht dann eine Korrelation zwischen den Fehlertermen, so kann die Verwendung getrennter Modelle einen Effizienzverlust oder gar Inkonsistenz der Parameterschätzer zur Folge haben. Deshalb wurden auch für binäre Modelle multivariate Ansätze formuliert. Allerdings gilt dies nur für das Probit-Modell und hierfür wiederum nur für den bivariaten Fall. Bei mehr als zwei Gleichungen kann zwar ein multivariates Probit-Modell formuliert werden, welches aber bis dato wegen der dafür notwendigen Berechnung mehrdimensionaler Integrale praktisch nicht schätzbar ist. Die sich gegenwärtig vollziehende Entwicklung von Simulationsschätzern für Wahrscheinlichkeitsfunktionen mit mehrdimensionalen Integralen wird hier aber demnächst wohl Abhilfe schaffen (Überblick bei Monfort, Dijk 1995). Im Folgenden können diese Simulationsschätzer allerdings nicht dargestellt werden, weshalb nur das bivariate Probit-Modell vorgestellt wird.

Wir formulieren das Modell anhand der latenten Variablen Y^*_1 und Y^*_2 wie folgt:

$$y_1^* = \beta_1' x_1 + \varepsilon_1,$$

$$y_2^* = \beta_2' x_2 + \varepsilon_2,$$

$$y_1 = 1, \quad \text{wenn} \quad y_1^* > 0, \quad \text{sonst } 0$$

$$y_2 = 1, \quad \text{wenn} \quad y_2^* > 0, \quad \text{sonst } 0.$$

Dies ist ein bivariates Probit-Modell, wenn man annimmt, dass die Fehlerterme bivariat normalverteilt sind: $(\varepsilon_1, \varepsilon_2) \sim N(0, 0, 1, 1, \rho)$. Der entscheidende Unterschied zu zwei getrennten Probits ist in diesem Modell, dass eine Korrelation der Fehlerterme (ρ) zugelassen wird. Ein Test auf die $H_0 : \rho = 0$ gibt Aufschluss darüber, ob getrennte Modelle statthaft sind. Man beachte, dass dies kein Simultanmodell ist. Simultane Logit- und Probi--Modelle können zwar ebenfalls formuliert werden, erfordern jedoch zusätzlich zu den üblichen Identifikationsbedingungen komplexe Konsistenzbedingungen (Ronning 1991). Da obiges Modell als reduzierte Form niedergeschrieben ist, sind hier keine weiteren Restriktionen nötig. Es kann sogar $x_1 = x_2$ sein.

Das bivariate Probit-Modell ermöglicht in einfacher Art und Weise die Berücksichtigung von Selektivität. Wie im Stichprobenauswahlmodell aus Kap. 13.2.4.2 ist die Auswahlgleichung ein Probit-Modell, aber die interessierende Regression ist nun ebenfalls ein Probit. Nimmt man eine bivariate Normalverteilung für die Fehlerterme der beiden Gleichungen an, so hat man ein bivariates Probit-Modell vorliegen (Dubin, Rivers 1989). Der einzige Unterschied zu oben ist, dass die Fallzahl der beiden Probits unterschiedlich ist, denn für die nicht-ausgewählten Beobachtungen liegt keine Information über die abhängige Variable des zweiten Probits vor. Deshalb sind im bivariaten Probit-Modell mit Selektion auch nur drei Fälle möglich: nicht-ausgewählt ($y_1 = 0$), ausgewählt und null ($y_1 = 1$, $y_2 = 0$), ausgewählt und eins ($y_1 = 1$, $y_2 = 1$). In der Likelihood können also nur drei verschiedene Ausdrücke auftauchen. Der Schätzer von ρ gibt dann wie im Heckit-Modell die Korrelation der Fehlerterme von Auswahlgleichung und interessierender Regressionsgleichung wieder.

13.2.3 Das multinomiale Logit-Modell

Verfahren für multinomiale abhängige Variablen sind komplexer wie die soeben vorgestellten für binäre Daten. Dies hat zur Folge, dass multinomiale Daten häufig dichotomisiert werden. Dabei geht allerdings Information verloren. Angesichts der heute verfügbaren Software ist dies jedoch nicht mehr nötig. Aus Platzgründen kann im Folgenden nur das multinomiale Logit-Modell vorgestellt werden.

Angenommen wir wollen untersuchen, von welchen Faktoren die Wahl des Verhütungsmittels abhängt. Sinnvollerweise müssen wir mehrere Alternativen unterscheiden, z. B.: keine Verhütung (y = 0), Pille (y = 1), Kondom (y = 2), andere Verhütungsmittel (y = 3). Das multinomiale Logit-Modell ist ein Regressionsmodell für abhängige Variablen mit mehreren Kategorien. Wie beim binären Logit-Modell formuliert man ein Wahrscheinlichkeitsmodell für die Alternativen j = 0, 1, ..., J:

$$P(Y = j) = \frac{e^{\beta_j'x}}{\sum_{k=0}^{J} e^{\beta_j'x}}$$

Es handelt sich um ein Wahrscheinlichkeitsmodell, weil $\Sigma_{j=0}^{J}$ P(Y = j) = 1. Man beachte, dass jede Alternative einen eigenen Parametervektor β_j hat, weshalb eine Kovariate X_j unterschiedliche Effekte auf die Auswahlwahrscheinlichkeiten der Alternativen haben kann. Das so formulierte Modell ist allerdings nicht identifizierbar, denn man kann zu den Parametervektoren beliebige Zahlen addieren, ohne dass sich die Wahrscheinlichkeiten ändern. Deshalb wird meist die Normalisierung $\beta_0 = \mathbf{0}$ gewählt. Das Modell lautet dann

$$P(Y = j) = \frac{e^{\beta_j'x}}{1 + \sum_{k=0}^{J} e^{\beta_j'x}}, j = 1, 2, ... J$$

$$P(Y=0) = \frac{1}{1+\sum_{k=0}^{J} e^{\beta_j' \mathbf{x}}}, \quad j=1,2,\ldots J$$

Das binäre Modell ist offensichtlich ein Spezialfall dieses multinomialen Modells.
Die Koeffizienten dieses Modells sind nicht leicht zu interpretieren. Kürzen wir $P(Y=j)$ mit P_j ab, so impliziert das Modell

$$\ln(P_j/P_0) = \beta_j' \mathbf{x}.$$

Ebenso wie im binären Modell sind die Parameter als Effekte auf die Log-Odds im Vergleich zum Null-Ereignis interpretierbar. Auch die Odds-Ratio Interpretation ist im multinomialen Modell möglich. Man beachte, dass jeder der J Parametervektoren auf das Null-Ereignis bezogen ist. Will man eine andere Bezugsbasis, so muss man die jeweiligen Parameterdifferenzen ausrechnen. Im Unterschied zum binären ist im multinomialen Fall allerdings das Vorzeichen der Odds-Effekte nicht unbedingt identisch mit den Vorzeichen der Marginaleffekte. Ein positiver Odds-Effekt einer Kovariaten kann mithin nicht als ein positiver Effekt auf die Wahrscheinlichkeit der betreffenden Alternative interpretiert werden (ein Punkt, der häufig übersehen wird!). Er kann nur als Odds-Effekt interpretiert werden und besagt, dass P_j gegenüber P_0 zunimmt, wenn die betreffende Kovariate ansteigt. Die Wahrscheinlichkeit P_j selbst muss aber nicht notwendigerweise ansteigen. Es kann nämlich passieren, dass ein Ansteigen der Kovariate die Wahrscheinlichkeit eines dritten Ereignisses P_k erhöht, P_j und P_0 aber sinken (nur dass P_j eben relativ weniger zurückgeht als P_0). Die Formel für die Marginaleffekte β_j^* auf die Wahrscheinlichkeiten im multinomialen Logit-Modell lautet

$$\frac{\partial P_j}{\partial \mathbf{x}} = P_j \left(\beta_j - \sum_{k=1}^{J} P_j \beta_k \right)$$

In β_j^* können durchaus einige Elemente ein anderes Vorzeichen haben als in β_j. Die Interpretation der Parameter des multinomialen Logit-Modells erfordert also besondere Sorgfalt.

Auch die üblichen Tests auf die Signifikanz der Odds-Effekte, wie sie die meisten Programme automatisch erstellen, sind in diesem Modell problematisch. Da jede Variable mehrere Effekte liefert, können die Einzeltests widersprüchlich ausfallen. Deshalb ist es besser, mittels eines LR-Tests zu überprüfen, ob die Variable insgesamt einen signifikanten Einfluss zeigt.

Das multinomiale Logit-Modell beruht auf einer restriktiven Annahme. Betrachtet man obigen Ausdruck für die Log-Odds, so erkennt man, dass P_j/P_0 unabhängig von den anderen Alternativen ist. Man nennt dies die Annahme der Unabhängigkeit von irrelevanten Alternativen (englisch IIA). Diese Annahme impliziert, dass sich die Parameterschätzer nicht ändern, wenn wir die Alternativenmenge ändern. In unserem Beispiel mit den Verhütungsmitteln sollten sich mithin die Parameterschätzer nicht verändern, wenn wir die Alternative drei (andere Verhütungsmittel) aufgliedern und differenzierter im Modell berücksichtigen. In den meisten praktischen Anwendungen des multinomialen Logit-Modells wird dies nicht zutreffen. Ein Test der Annahme der Unabhängigkeit von irrelevanten Alternativen ist anhand dieser Implikation aber leicht möglich: Schätze zuerst das Modell mit allen Alternativen, dann ein zweites Modell, bei dem eine Alternative fehlt. Ein Hausman-Test gibt dann Auskunft darüber, ob sich die Parameterschätzer signifikant unterscheiden (ausführlich beschreiben solche Tests Zhang und Hoffman 1993). Ist die Annahme der Unabhängigkeit von irrelevanten Alternativen verletzt, so kann man eventuell das multinomiale Probit-Modell verwenden, das diese Annahme nicht beinhaltet. Eine weitere Möglichkeit ist das verschachtelte Logit-Modell (Ronning 1991: 77 ff.). Dieses Modell geht nicht von einer Entscheidung zwischen gleichberechtigten Alternativen aus, sondern modelliert den Entscheidungsprozess mehrstufig. In unserem Verhütungsmittelbeispiel hieße das, dass die Individuen auf der ersten Stufe eine Entscheidung treffen, ob sie ein Verhütungsmittel anwenden oder nicht und auf der zweiten Stufe gegebenenfalls eine Wahl zwischen den Verhütungsmitteln treffen. In diesem Modell müssen nur noch die Alternativen jeder Stufe unabhängig sein.

13.2.4 Anwendungsbeispiel: Nicht eheliche Lebensgemeinschaften und Scheidung

Mit der Zunahme von nicht ehelichen Lebensgemeinschaften seit den 60er-Jahren begann auch die intensive Beschäftigung der Bevölkerungswissenschaft mit dieser Lebensform. Eine interessante Frage in diesem Zusammenhang ist die nach den Auswirkungen dieser Lebensform auf die Stabilität einer eventuellen späteren Ehe. Mit der bekannten Umschreibung „Ehe auf Probe" ist die am weitesten verbreitete Hypothese diesbezüglich ausgedrückt: Eine nicht eheliche Lebensgemeinschaft ist eine Art „Testphase" vor der Ehe. Paare, die nicht zueinander passen, trennen sich wieder und heiraten nicht. Damit sollten die Lebensgemeinschaften, die schließlich doch heiraten, eine höhere Ehestabilität aufweisen. Dem widersprechend fanden aber viele empirische Studien ein deutlich höheres Scheidungsrisiko von Ehepaaren, die bereits vorher zusammen lebten. Zwei mögliche Erklärungen hierfür wurden angeboten (Axinn, Thornton 1992; Thomson, Colella 1992): i) Personen, die vor einer Ehe eine nicht eheliche Lebensgemeinschaft eingehen, sammeln Erfahrungen mit einer Alternative zur Ehe und es fällt ihnen deshalb bei einer Ehekrise leichter, sich auf die bereits bekannte Alternative zurückzuziehen. Diese Hypothese postuliert einen direkten Kausaleffekt einer nicht ehelichen Lebensgemeinschaft auf die Scheidungswahrscheinlichkeit. ii) Personen, die vor der Ehe eine nicht eheliche Lebensgemeinschaft eingehen, unterscheiden sich in ihren grundlegenden Werthaltungen und Präferenzen von denen, die sofort heiraten: Sie messen der Institution Ehe geringeren Wert bei und sind eher hedonistisch orientiert. Deshalb sind diese Personen auch schneller bereit, sich im Krisenfall scheiden zu lassen. Diese Hypothese postuliert keinen Kausaleffekt, sondern Selbstselektion als Ursache für die höhere Scheidungswahrscheinlichkeit.

Um herauszufinden, welche der beiden Erklärungen die richtige ist, verwenden wir das Modell in Abb. 11.[13] Die Wahrscheinlichkeit eine nicht eheliche Lebensgemeinschaft einzugehen, hängt von verschiedenen Faktoren ab, von denen einige in der Abbildung angeführt sind. Die Effekte β_1 kann man z. B. mit dem Probit-Modell schätzen. Dasselbe gilt für die Effekte β_2 des Scheidungsmodells. Die Scheidungswahrscheinlichkeit hängt von einigen weiteren Faktoren ab, von denen stellvertretend das Heiratsalter angeführt ist. Ein eventueller, direkter Kausaleffekt einer nicht ehelichen Lebensgemeinschaft wird von γ erfasst (zusätzlich könnte noch ein indirekter Effekt über das Heiratsalter auftreten). Schreibt man dieses Modell mit zwei latenten abhängigen Variablen nieder, so erkennt man, dass es sich um ein rekursives Simultangleichungssystem handelt.

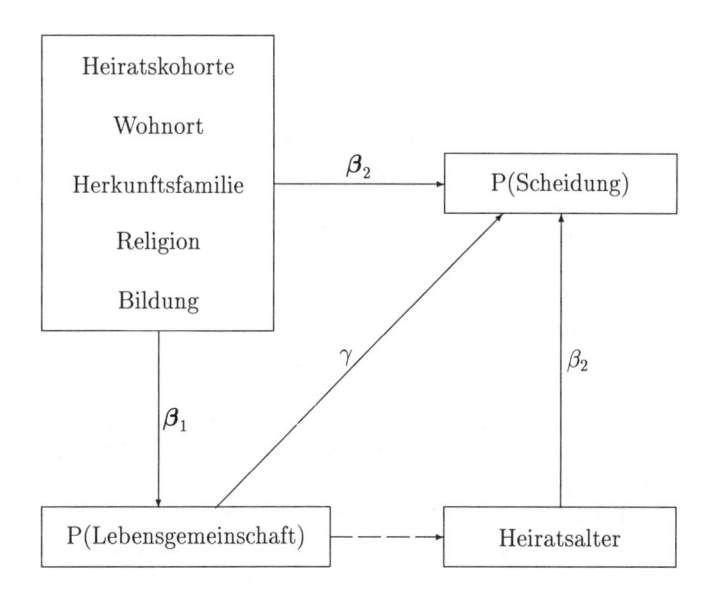

Abb. 11: Ein Kausalmodell der Beziehung von nicht ehelicher Lebensgemeinschaft und Scheidung

Das obige Selektivitätsargument besagt nun, dass es unbeobachtete Faktoren gibt, die beide Wahrscheinlichkeiten gleichzeitig beeinflussen. Zum Beispiel ist die Variable „traditionelle Einstellung zur Ehe" nicht in unserem Modell enthalten, aber es ist zu vermuten, dass Personen mit „moderner" Einstellung sowohl häufiger eine nicht eheliche Lebensgemeinschaft eingehen als sich auch häufiger scheiden lassen. Diese

---

[13] Dieses Modell und auch das im folgenden angewandte analytische Vorgehen wurden von Kahn und London (1991) zur Analyse einer ähnlichen Fragestellung eingesetzt: Sie untersuchten, warum vorehelicher Geschlechtsverkehr die Scheidungswahrscheinlichkeit erhöht. Es zeigte sich, dass dieser Zusammenhang ein Resultat von Selbst-Selektion ist.

unbeobachteten Faktoren sind in den beiden Fehlertermen enthalten, welche mithin korreliert sein sollten. Damit haben wir streng genommen ein Identifikationsproblem vorliegen, weil die Scheidungsgleichung nicht identifiziert ist. Deshalb berücksichtigen wir im Folgenden die Bildung nicht im Scheidungsmodell. Die Korrelation der Fehlerterme der beiden Probit-Modelle hat noch ein zweites Problem zur Folge: Die Wahrscheinlichkeit einer nicht ehelichen Lebensgemeinschaft und der Fehlerterm der Scheidungsgleichung sind korreliert, weshalb der Schätzer von γ verzerrt ist und eventuell der falsche Eindruck eines direkten Kausaleffektes entstehen kann. Dieses Problem bekommt man mit dem bivariaten Probit-Modell in den Griff. Es berücksichtigt die Korrelation der Fehlerterme und beseitigt damit auch die Verzerrung des Schätzers von γ. Trifft das Selektivitätsargument zu, so sollte im bivariaten Probit-Modell eine deutliche Korrelation der beiden Gleichungen feststellbar sein und γ gegen null gehen.

Wir schätzen dieses Modell anhand der Daten des DJI Familiensurveys West (Infratest 1989). Im Auftrag des Deutschen Jugendinstitutes wurde 1988 eine Zufallsstichprobe von 10.043 Personen im Alter von 18 bis 55 Jahren zu ihrer Familienbiographie befragt. Für unsere Analysen beschränken wir uns auf Personen, die zwischen 1949 und 1977 heirateten und vollständige Angaben zu ihrer Partnerbiographie machten (N=4467). Es wird jeweils die erste Heirat einer Person betrachtet. Eine nicht eheliche Lebensgemeinschaft liegt vor, wenn der Befragte angab, vor dem Eheschließungsjahr bereits mit dem Ehepartner zusammengezogen zu sein. Dies ist bei 12% der Erstehen der Fall. Um die Scheidungsvariable zu konstruieren, muss man sich auf einen Zeitraum festlegen. Wir wählen zehn Jahre und sprechen von einer Scheidung, wenn die Ehepartner spätestens nach zehn Jahren getrennt lebten oder geschieden waren. Bei 10% der Ehen trat eine so definierte Scheidung auf. Ein Problem dieser Querschnittbetrachtung sind Ehen, bei denen ein Ehepartner vor dem zehnten Ehejahr starb. Hier kann man keine Aussage darüber machen, ob die Ehe zehn Jahre Bestand hatte oder nicht. Deshalb müssen diese (zensierten) Ehen aus der Analyse ausgeschlossen werden (deshalb beschränken wir uns auch auf bis 1977 geschlossene Ehen). Als unabhängige Variablen werden die in Abb. 11 angeführten Variablen berücksichtigt.

Mit der hier vorgenommenen Dichotomisierung der kontinuierlichen Variable „Ehedauer" verschenkt man natürlich Information über das „Timing" der Scheidung und muss die zensierten Ehen ausschließen. Insofern sind Logit- bzw. Probit-Modelle bei unserer Anwendung nicht effizient. Verfahren der Ereignisdatenanalyse wären effizienter. Brüderl et al. (1997) untersuchen auch mit diesen Verfahren den Scheidungsprozess im DJI Familiensurvey. Ihre Ergebnisse stimmen qualitativ mit den hier berichteten Ergebnissen überein, was zeigt, dass Ereignisdatenmodelle und binäre Regressionsmodelle in diesem Fall zu ähnlichen Ergebnissen führen. Ein Nachteil der Ereignisdatenverfahren ist jedoch, dass Modelle zur Analyse bivariater Prozesse noch nicht allgemein verfügbar sind (Lillard et al. 1995).

Tab. 3: Probit Marginaleffekte auf die Wahrscheinlichkeit einer nicht ehelichen Lebensgemeinschaft und einer Scheidung (N=4432)

Variable	Probit Lebensgemeinschaft	Probit Scheidung	Bivariates Probit Lebensgemeinschaft	Bivariates Probit Scheidung
Konstante	–0,33*	–0,08*	–0,33*	–0,08*
Lebensgemeinschaft (1=Ja)	–	0,05* (4,34)	–	0,03 (0,24)
Heiratskohorte (1=1961–70)	0,04* (2,56)	0,08* (5,99)	0,04* (2,55)	0,08* (5,49)
Heiratskohorte (1=1971–77)	0,13* (9,41)	0,11* (8,22)	0,13* (9,45)	0,11* (4,65)
Kleinstadt (1=bis 4.999 Einw.)	–0,06* (4,04)	–0,05* (3,47)	–0,06* (4,01)	–0,05* (3,16)
Mittelstadt (1=5.000–99.999 Einw.)	–0,03* (3,21)	–0,03* (3,27)	–0,04* (3,22)	–0,03* (2,77)
Intakte Familie (1=Ja)	–0,01 (0,54)	–0,04* (4,40)	–0,01 (0,52)	–0,04* (4,33)
Beide katholisch (1=Ja)	–0,04* (3,67)	–0,05* (4,69)	–0,04* (3,69)	–0,05* (4,02)
Aktiver Gläubiger (1=Ja)	–0,05* (3,68)	–0,05* (4,03)	–0,05* (3,72)	–0,05* (3,73)
Schulbildung (in Jahren)	0,01* (2,83)	–	0,01* (2,75)	–
Alter bei Heirat (in Jahren)	–	–0,01* (4,87)	–	–0,01* (5,41)
ρ	–	–	0,08 (0,19)	
Pseudo-R²	0,07	0,08	0,07	
-Log-Likelihood	1483,4	1296,6	2780,0	

* signifikant auf dem 5%-Niveau. Absolute t-Werte in Klammern. McFadden Pseudo-R² Werte in Bezug auf das jeweilige Modell mit nur einer Konstanten. Abhängige Variablen sind „nicht eheliche Lebensgemeinschaft vor der Heirat" und „Scheidung nach zehn Ehejahren". Bezugsgruppe ist Heiratskohorte 1949–60, Großstadt mit über 100.000 Einwohnern, Kindheit nicht mit beiden Eltern verbracht, andere Religion oder Atheist, weniger als einmal pro Monat Kirchenbesuch.

(Quelle: Eigene Berechnungen mit Daten des DJI Familiensurvey West)

In Tab. 3 sind die Ergebnisse der Probit-Schätzungen aufgeführt (alle Modelle wurden mit LIMDEP geschätzt (Greene 1995). Es sind die Marginaleffekte am Mittelwert aller Kovariaten angegeben. In den ersten beiden Spalten sind die Schätzer zweier getrennter Probit-Modelle angegeben. Pseudo-R² fällt für beide Modelle relativ bescheiden aus. Betrachten wir nun den uns besonders interessierenden Effekt: Personen, die vor der Ehe eine nicht eheliche Lebensgemeinschaft eingingen, haben eine um fünf Prozentpunkte höhere Scheidungswahrscheinlichkeit. Berücksichtigt man, dass die vom Modell vorhergesagte Scheidungswahrscheinlichkeit am Mittelwert aller Kovariaten 7,8% ist, so entspricht dies einer Erhöhung der Scheidungswahrscheinlichkeit um etwa 60%. Die getrennten Probit-Modelle legen also den Schluss nahe, dass ein scheidungsfördernder Kausaleffekt einer Lebensgemeinschaft vorhanden ist. Verwendet man aber ein bivariates Probit-Modell (s. Spalten 3 u. 4), so fällt der Lebensgemeinschaftseffekt kleiner aus und ist nicht signifikant. Dies lässt den Schluss zu, dass der Schätzer aus der univariaten Probit-Gleichung verzerrt war, dass also kein Kausaleffekt vorliegt sondern nur Selbst-Selektion. Der Schätzer für ρ ist positiv, allerdings nicht signifikant. Ein Likelihood-Ratio Test weist das bivariate Probit auch nicht als signifikant besseres Modell aus: Die Summe der Log-Likelihoods der getrennten Modelle ist 2780,02, was einen χ^2-Wert von 0,05 ergibt, der bei einem Freiheitsgrad nicht signifikant ist. Trotzdem sind auf Grund der Schätzergebnisse deutliche Zweifel an der Existenz eines Kausaleffektes einer nicht ehelichen Lebensgemeinschaft angebracht.

Was besonders auffällt ist, dass alle anderen Effekte im bivariaten Probit-Modell fast identisch zu denen aus den getrennten Modellen sind. Dies deutet darauf hin, dass die anderen Effekte nicht vom Selektivitätsproblem betroffen sind. Je jünger die Heiratskohorte ist, desto häufiger gehen die Paare nicht eheliche Lebensgemeinschaften ein und desto höher ist die Scheidungswahrscheinlichkeit (die Kohorteneffekte sind die stärksten des gesamten Modells). Dasselbe gilt für die Größe des Wohnortes. Dagegen gehen Personen, die aus einer Familie mit beiden Elternteilen kommen, seltener Lebensgemeinschaften ein (nicht signifikant) und lassen sich auch seltener scheiden. Dasselbe gilt auch für Katholiken und aktive Kirchgänger aller Religionen. Mit zunehmender Schulbildung steigt die Wahrscheinlichkeit einer nicht ehelichen Lebensgemeinschaft und je älter man bei der Heirat ist, desto geringer ist die Scheidungswahrscheinlichkeit.

Wie oben ausführlich diskutiert, sind die Marginaleffekte nur näherungsweise mit den Einheitseffekten identisch. Dies sei am Effekt einer Lebensgemeinschaft auf die Scheidungswahrscheinlichkeit demonstriert (anhand des univariaten Probits, Spalte 2). $\beta'\bar{x}$ beträgt -1,42, woraus sich eine Scheidungswahrscheinlichkeit von 7,8% ergibt. Der Probit-Effekt einer Lebensgemeinschaft ist 0,32, woraus eine Scheidungswahrscheinlichkeit von 13,7% resultiert. Mithin ist der Einheitseffekt einer Lebensgemeinschaft 5,9 Prozentpunkte, während der Marginaleffekt 4,7 Prozentpunkte ist (in der Tab. sind gerundet fünf Prozentpunkte angeführt). Der Einheitseffekt ist größer wie der Marginaleffekt, weil wir uns im unteren Bereich der kumulierten Normalverteilung befinden, wo sich die Kurve nach oben wölbt. Weil der Probit-Effekt mit 0,32 relativ gering ist, fällt der Unterschied zwischen Marginal- und Einheitseffekt nicht allzu groß aus. Bei größeren Effekten kann der Unterschied aber beträchtlich werden: Der univariate Effekt der Heiratskohorte 1971–77 auf die Wahrscheinlichkeit einer Lebensgemeinschaft ist 0,73. $\beta'\bar{x} = -1,28$, woraus eine Wahrscheinlichkeit für die wilde Ehe von 10,0% resultiert. Addieren wir den Effekt der Heiratskohorte, so ist die Wahrscheinlichkeit 29,2%. Der Einheitseffekt ist mithin 19,2 Prozentpunkte, während in Tab. 3 ein Marginaleffekt von 12,8 Prozentpunkten ausgewiesen ist.

14

Methoden der Bevölkerungsvorausberechnung

Manfred Bretz

Einleitung

Bevölkerungsvorausberechnungen sagen aus, wie sich der Bevölkerungsstand und seine Struktur unter bestimmten Annahmen (insbesondere zur Geburtenhäufigkeit, Sterblichkeit und zum Wanderungsverhalten) verändern. I.d.R. wird die Bevölkerung in der Untergliederung nach Geschlecht und Alter vorausberechnet. Mitunter wird dabei nach weiteren Strukturmerkmalen untergliedert, z. B. nach Familienstand, Staatsangehörigkeit oder ethnischer Zugehörigkeit. Werden hierbei Annahmen über eine *wahrscheinliche* Entwicklung der Bevölkerung und ihrer Struktur gemacht, kann man von *Bevölkerungsprognosen* sprechen. Da aber bei Prognosen über einen sehr langen Zeitraum mit zunehmender zeitlicher Distanz ganz erhebliche Unsicherheiten auftreten, ist es üblich, hier weiter zu differenzieren und je nach zeitlichem Abstand die Begriffe „*Bevölkerungsvorausschätzungen*" (bei einem Zeithorizont von 10-15 Jahren) bzw. „*Modellrechnungen*" *zur Bevölkerungsentwicklung* (bei größerem Abstand) zu verwenden (BT-Drucksache 8/4437: 10-13). Die Zeitspanne von 10-15 Jahren als Kriterium für Vorausschätzungen wurde gewählt, da hier für den überwiegenden Teil der Bevölkerung (Personen, die schon zu Beginn des Berichtszeitraums leben), relativ sichere Aussagen gemacht werden können. Dies gilt insbesondere für die künftige Bevölkerung im Erwerbs- und Rentenalter, die bei der Nutzung von Vorausschätzungen vielfach im Mittelpunkt des Interesses steht. Auf diese Altersgruppen wirken sich Änderungen im Geburtenverhalten, die die Alterspyramide der Bevölkerung in den vergangenen Jahrzehnten ganz entscheidend verändert haben, im gegeben Zeitrahmen nicht mehr aus. Neben den Wanderungen spielt hier nur noch die relativ kontinuierlich verlaufende und daher relativ gut absehbare Entwicklung der Sterblichkeit eine Rolle.

Soll lediglich aufgezeigt werden, welche Auswirkungen rein hypothetische, wenig realistische Entwicklungen bestimmter Einflussgrößen haben, wie z. B. die sehr unwahrscheinliche Annahme einer in Deutschland kurzfristig auf das Bestandserhaltungsniveau steigenden Geburtenhäufigkeit, so bezeichnet man diese Vorausberechnungen ebenfalls als Modellrechnungen. – Solche Modellrechnungen können umgekehrt auch aufzeigen, wie sich bestimmte Komponenten entwickeln müssten, wenn ein bestimmter Bevölkerungsstand erreicht werden soll.

In Übersicht 1 sollen die vorgenannten Zusammenhänge verdeutlicht werden:

Übersicht 1: Zum Begriff Bevölkerungsvorausberechnungen

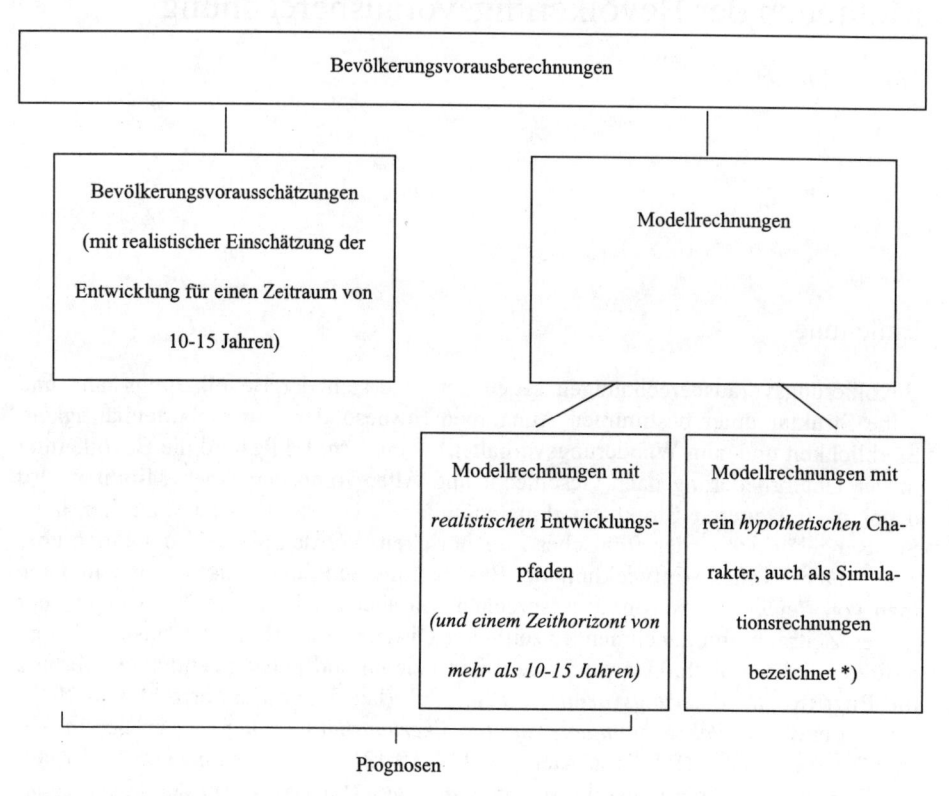

```
                        Bevölkerungsvorausberechnungen
                    ┌──────────────┴──────────────┐
        Bevölkerungsvorausschätzungen         Modellrechnungen
        (mit realistischer Einschätzung der
        Entwicklung für einen Zeitraum von
                  10-15 Jahren)
                                         ┌──────────┴──────────┐
                              Modellrechnungen mit      Modellrechnungen mit
                              realistischen Entwicklungs- rein hypothetischen Cha-
                              pfaden                    rakter, auch als Simula-
                              (und einem Zeithorizont von tionsrechnungen
                              mehr als 10-15 Jahren)    bezeichnet *)
        └──────────────────────────────┬─────────────────────┘
                                    Prognosen
```

*) Sie dienen im Wesentlichen dazu, die Bedeutung bestimmter Einflussgrößen zu erklären; sie können auch aufzeigen, wie sich einzelne Einflussfaktoren entwickeln müssten, wenn der Bevölkerungsstand eine bestimmte Zielgröße erreichen soll

Im englischen Sprachgebrauch werden Bevölkerungsvorausberechnungen als „forecast" oder „prediction" bezeichnet, wenn sie eine wahrscheinliche Entwicklung aufzeigen. Der Begriff „projection" oder „conditional forecast" wird bei Modellrechnungen mit rein hypothetischem Charakter verwandt (De Beer 1992: 28).

14.1 Zum Zeithorizont von Bevölkerungsvorausberechnungen

Im Hinblick auf den Zeithorizont von Bevölkerungsvorausberechnungen ist anzumerken, dass in zunehmenden Maße längere Zeiträume gewählt werden. In diesem Zusammenhang ist von Bedeutung dass die Begriffe „kurz-" und „langfristig" im demographischen Bereich wesentliche längere Zeiträume umspannen als im ökonomischen Sektor (De Beer 1992: 41). In den ersten zwischen den Statistischen Ämtern des Bundes und der Länder koordinierten Bevölkerungsvorausberechnungen hatte es meist eine relativ kurze Zeitspanne von etwa 15 Jahren gegeben, erst bei den drei letzten „Koordinierten" (Basiszeitpunkte 31.12.1988; 31.12.1989; 31.12.1992) wurden deutlich längere Prognosezeiträume von gut 30 Jahren (1988, 1989) bzw. rund 50 Jahren (1992) zu Grunde gelegt. Eine Zeitspanne von 40-50 Jahren ist nicht ungewöhnlich. Beispiele mit einem Zeitrahmen von etwa 40 Jahren finden sich beim Institut für Arbeitsmarkt- und Berufsforschung (IAB) (Thon 1991) und beim Institut der deutschen Wirtschaft (IW) (Hof 1996), Beispiele mit einer Prognose über ca. 50 Jahre beim Deutschen Institut für Wirtschaftsforschung (DIW 1993), beim Europäischen Zentrum für Wirtschaftsforschung und Strategieberatung (Prognos 1995). Es werden auch noch längere Zeiträume abgedeckt, so z. B. bei Birg und Flöthmann (1993) mit mehr als 100 Jahren. Die jüngste Vorausberechnung des US Department of Commerce (Bureau of the Census) reicht bis zum Jahr 2050 (US Department of Commerce 1996). Den gleichen Zeitraum umspannen die Vorausberechnungen der Vereinten Nationen (Vereinte Nationen 1995) und von EUROSTAT (EUROSTAT 1996). Die „Actuary of the Social Security Administration" der USA berücksichtigt regelmäßig eine Zeitspanne von 75 Jahren (Land 1986: 888).

Der Grund für derart lange Zeiträume ist darin zu sehen, dass sich demographische Entwicklungen nur sehr allmählich auf Bestand und Struktur der Bevölkerung auswirken und das volle Ausmaß ihres Einflusses erst nach vielen Jahrzehnten sichtbar wird. Dann können sich jedoch auf Grund von Kumulationseffekten schwerwiegende Veränderungen insbesondere der Altersstruktur ergeben. Der im früheren Bundesgebiet Mitte der 60er-Jahre einsetzende drastische Geburtenrückgang hatte z. B. zwei Jahrzehnte lang keine Auswirkungen auf das System der öffentlichen Alterssicherung. Die zunehmend schwächer besetzten Jahrgänge nach 1965 rücken erst allmählich ins Erwerbsalter auf. Ebenso langsam vollzieht sich der Alterungsprozess der früheren, zum Teil sehr stark besetzten Nachkriegsjahrgänge. Das volle Ausmaß der demographischen Veränderungen der letzten Jahrzehnte wird somit erst nach mehreren Jahrzehnten sichtbar, wird dann aber für viele Lebensbereiche erhebliche Konsequenzen haben und insbesondere das dem Generationenvertrag zugrunde liegende Gleichgewicht ins Wanken bringen. Zu bedenken ist hierbei, dass sich künftig bei einer relativ schwach besetzten Elterngeneration und nach wie vor niedriger Geburtenhäufigkeit (d. h. niedriger Kinderzahl je Frau) zwei Effekte kumulieren und zu einem weiteren Einschnitt am Fuß der Alterspyramide führen. Erst nach Ablauf von etwa 75 Jahren wird sich – bei konstanter Geburtenhäufigkeit und auch konstanter Sterblichkeit – eine stabile Altersstruktur einstellen. Diese Gesetzmäßigkeit dürfte auch o.g. die „Actuary of the Social Security Administration" der USA veranlasst haben, einen entsprechend langen Vorausberechnungszeitraum zu wählen.

14.2 Voraussetzungen für Bevölkerungsvorausberechnungen und ihr grundsätzlicher Ablauf

Cruijsen und Keilmann (1992:3 ff.) schließen bei der Beschreibung von Bevölkerungsvorausberechnungen – gewissermaßen als Ausgangsbasis – die Darstellung des „Bevölkerungssystems" ein und unterscheiden insgesamt folgende fünf Stufen:

1. Stufe: Identifizierung des Bevölkerungssystems. Hierzu zählen insbesondere:
- Definition der Bevölkerungsgruppen (Elemente);
- Definition der Ereignisse (Beziehungen zwischen den Elementen), wobei von Bedeutung ist, ob es Theorien gibt, die das demographische Verhalten erklären (Geburtenhäufigkeit, Wanderungen), wenn auch nur für homogene Untergruppen, deren Verhaltensmuster relativ leicht zu interpretieren sind;
- Feststellung des Vorausberechnungsbedarfs, d. h. Registrierung der Anforderungen der Nutzer.

2. Stufe: Beschreibung des „Bevölkerungssystems". Hierbei sind zu berücksichtigen:
- Messung und Analyse des historischen Verhaltens der identifizierten Bevölkerungsgruppen. Messmethoden: Zeitreihenmethoden, Ausgleichungsverfahren und multivariate Modelle als Basiswerkzeuge.

3. Stufe: Modellbildung
- Konstruktion eines Modells, das mit dem in der ersten Stufe konzipierten Bevölkerungssystem korrespondiert. Hierbei können ebenfalls die in der zweiten Stufe genannten Verfahren, aber auch wesentlich einfachere Methoden zum Einsatz kommen.

4. Stufe: Extrapolation der Modellparameter. Hierbei kann zwischen verschiedenen Ebenen bzw. Aggregationsstufen unterschieden werden. Beispiele:
- Fixierung detaillierter Annahmen, die sich z. B. auf altersspezifische Geburtenraten, auf Sterbewahrscheinlichkeiten nach Alter und Geschlecht, auf Fortzugsraten nach Alter und Geschlecht oder auf die Anzahl der Zuzüge nach Alter und Geschlecht beziehen;
- Konzipierung summarischer Annahmen mit aggregierten Parametern zur Geburtenhäufigkeit, Sterblichkeit und zu den Wanderungen. Hierzu zählen z. B. die Totale Fertilitätsrate, das Durchschnittsalter bei der Geburt der Kinder, die Lebenserwartung und die Zahl der Zuziehenden;
- Berücksichtigung allgemeiner Annahmen über soziodemographische, ggf. auch ökonomische kulturelle, politische und rechtliche Gegebenheiten, z. B. der Annahme, dass die Rolle der Familie künftig weniger dominierend sein wird, oder dass Rechtsvorschriften nur einen begrenzten Einfluss auf Zuwanderungen haben;
- Ergänzung allgemeiner Grundsätze, z. B., dass Vorausberechnungen im Falle außergewöhnlicher Umstände u. a. bei Krieg, bei Naturkatastrophen oder größeren Wirtschaftskrisen) keine Aussagekraft haben.
-

5. Stufe: Durchführung der Vorausberechnung, Dokumentation und Verbreitung.
- Hierbei Umsetzung der gemachten Annahmen, Darstellung der Ergebnisse in Gestalt von Tabellen, auf Magnetbändern usw.

14.3 Ansätze für Bevölkerungsvorausberechnungen

Die nachstehenden Ausführungen beziehen sich im Wesentlichen auf die „Modellbildung" als dritte Stufe der von Cruijsen und Keilmann genannten Phasen der „Produktion von Bevölkerungsvorausberechnungen". Hierbei wird zunächst zwischen Makro- und Mikromodellen unterschieden. Bei Makromodellen wird der Bevölkerungs*stand* und seine Struktur durch Anwendung von Übergangswahrscheinlichkeiten (z. B. altersspezifische Geburtenraten, Sterbewahrscheinlichkeiten) oder auch durch Vorgaben absoluter Größen (z. B. Wanderungssalden) von Jahr zu Jahr summarisch fortgeschrieben. Demgegenüber wird bei Mikromodellen von einzelnen Personen ausgegangen. Die Merkmale ausgewählter Personen werden hierbei – ebenfalls ausgehend von Übergangswahrscheinlichkeiten – verändert. Die Auswahl der jeweils infrage kommenden Personen erfolgt dabei nach dem Zufallsprinzip. Analog wird „entschieden", welche Personen im jeweiligen Kalenderjahr sterben bzw. ein Kind gebären.

14.3.1 Kohorten-Überlebensmethode (Makroansatz)

14.3.1.1 Überblick

Bei dem in Makromodellen zugrunde liegenden Bevölkerungsstand wird i.d.R. von einzelnen Geburtsjahrgängen ausgegangen, die Jahr für Jahr durch Anwendung von Überlebenswahrscheinlichkeiten fortgeschrieben und gleichzeitig nach Maßgabe altersspezifischer Geburtenraten um jeweils einen Jahrgang ergänzt werden. Diese – hier als einziges Makromodell vorgestellte – Methode wird allgemein als „Kohorten-Überlebensmethode" („cohort survival method") oder auch „Komponenten-Methode" bezeichnet. Nach Willekens (1992: 290) geht die früheste Formulierung eines Projektionsmodells auf Sharpe und Lotka (1911) zurück: Danach werden die Geburten $B(t)$ der Periode t als Ergebnisse von Geburten früherer Jahre von Frauen im Alter α bis β Jahre interpretiert (z. B. 15–50 Jahre). Die Neugeborenen früherer Jahre $B(t-a)$ haben die Wahrscheinlichkeit $l(a)$, bis zum nächsten Jahr zu überleben. Diejenigen, die überleben, haben die Wahrscheinlichkeit $m(a) \cdot da$, im Zeitintervall a bis $a + da$ einem Kind das Leben zu schenken. Danach ist die Zahl der Geburten im Zeitpunkt t letztlich gleich

$$B(t) = \int_{\alpha}^{\beta} B(t-a) \cdot l(a) \cdot m(a) \cdot da$$

Der Ausdruck $l(a) \cdot m(a)$ wird allgemein als die „Mutterschaftsfunktion" (maternity function) bezeichnet. Er ist die Wahrscheinlichkeit für ein neugeborenes Kind, ein weiteres Kind zu gebären, und zwar in der Altersspanne $a + da$.

Das heute allgemein gebräuchliche Modell wurde von Leslie (1945, 1948) entwickelt. Leslie führte aus, dass das Projektionsmodell als ein System simultaner linearer Gleichungen dargestellt werden kann, das kompakt als eine Matrix-Multiplikation zu verstehen ist. In diesem Modell „überlebt" die Bevölkerung „entlang von Kohortenlinien". Lotka und Leslie entwickelten ihre Modelle nur für *ein* Geschlecht (Frauen) und gliederten es nach dem Alter auf. Diese Einschränkung gilt noch heute. Auch die amtliche Statistik in Deutschland führt zunächst eine Vorausberechnung weiblicher Geborener aus und schätzt die Geborenen männlichen Geschlechts entsprechend der relativ konstanten Sexualproportion (1,056 : 1,000) hinzu. Auf Grund dieses Vorgehens wird ein solches Modell auch „Modell mit weiblicher Dominanz" („female domina model") bezeichnet (Willekens 1992: 291).

Ein erstmals von McKendrick (1926) entwickeltes Projektionsmodell (in der Demographie auch von Foerster (1959) zugeschrieben) beschreibt die Bevölkerungsdynamik in Abhängigkeit von Alter *und* Zeit, d. h. Geburten- und Sterberaten sind nicht nur alters- sondern auch zeitabhängig. Das Modell hat die Form einer linearen „first order partial differential" Gleichung. Preston und Coale (1982) haben diese Idee aufgegriffen. Sie unterscheiden Änderungsraten in drei Richtungen:

– Änderung mit zunehmendem Alter;
– Änderung mit fortschreitender Zeit;
– Änderung mit fortschreitendem Alter *und* fortschreitender Zeit.

Die Autoren führen den Nachweis, dass die Veränderungsrate im Lebenslauf einer Kohorte die Summe altersspezifischer und zeitbezogener Änderungsraten ist (Willekens 1992: 292).

14.3.1.2 Das Modell des Statistischen Bundesamtes

14.3.1.2.1 Das Grundmodell

Das Modell des Statistischen Bundesamtes rechnet einen nach Alter und Geschlecht untergliederten Bevölkerungsstand eines Kalenderjahres fort. Vereinfachend wird angenommen, dass alle Geburten jeweils in der Mitte des Jahres stattfinden und somit auch stets in der Mitte des Jahres ein neues Lebensalter erreicht wird. Unter dieser Annahme sind beispielsweise die 1984 geborenen Kinder am Ende des Jahres 1985 exakt 1 ½ Jahre alt. Der Geburtsjahrgang 1984 ist zu diesem Zeitpunkt zugleich der Jahrgang der 1- bis unter 2-Jährigen.

Vollendetes Altersjahr

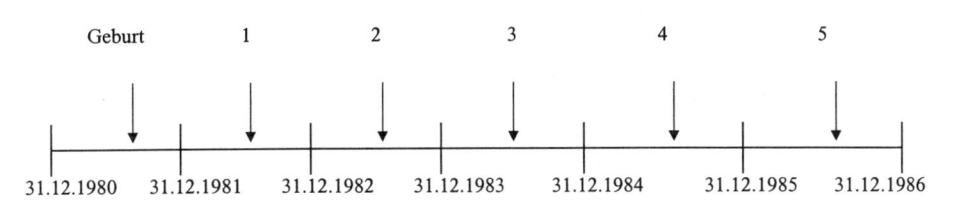

| Geburt | 1 | 2 | 3 | 4 | 5 |

31.12.1980   31.12.1981   31.12.1982   31.12.1983   31.12.1984   31.12.1985   31.12.1986

Bei der Fortrechnung der Bevölkerung wird im Modell auch der nach Alter und Geschlecht aufgeschlüsselte Zuwanderungssaldo[1] des jeweiligen Jahres berücksichtigt.

Allgemein ausgedrückt errechnet sich die Bevölkerung eines bestimmten Altersjahres zum Ende eines bestimmten Kalenderjahres wie folgt (s. auch Übersicht 2: Bevölkerungsvorausberechnungen – Grundschema der geburtsjahrgangsweisen Fortschreibung):

$$B_{a,j} = p_{a-1,j-1} B_{a-1,j-1} + \frac{1}{2}(1 + p_{a-1,j-1}) W_{a,j} \qquad (1)$$

„überlebende" Bevölkerung   „überlebende" Wandernde

Mit:

$B_{a,j}$ = Männl. bzw. weibl. Bevölkerung mit vollendetem Lebensalter a am 31.12. des Jahres j

$P_{a,j}$ = Überlebenswahrscheinlichkeit für die männl. bzw. weibl. Bevölkerung vom Alter a zum Alter $a+1$ im Jahr j

$W_{a,j}$ = Wandernde (männliche bzw. weibliche) im Alter von a Jahren im Jahr j (Saldo)

D. h. die jeweilige Bevölkerung $B_{a-1,j-1}$ des Vorjahres wird mit der zutreffenden Überlebenswahrscheinlichkeit $p_{a-1,j-1}$ des Vorjahres multipliziert und um den Wanderungssaldo erhöht/reduziert. Bei den Wanderungen wird hierbei unterstellt, dass sie sich gleichförmig auf das Kalenderjahr verteilen. Entsprechend wird die Sterbewahrscheinlichkeit q_{a-1} des Altersjahrganges $a-1$ nur zur Hälfte in Ansatz gebracht.

---

[1] In einem vorgelagerten Arbeitsgang werden jedoch nach Alter und Geschlecht untergliederte *Zu- und Fortzüge* berücksichtigt. Hieraus wird – Jahr für Jahr – der entsprechend untergliederte *Saldo* gebildet. Dieses Verfahren hat sich angesichts der unterschiedlichen Altersstruktur von Zu- und Fortziehenden als unabdingbar erwiesen.

Übersicht 2: Bevölkerungsvorausberechnungen, Grundschema der Methode der geburtsjahrgangsweisen Fortschreibung

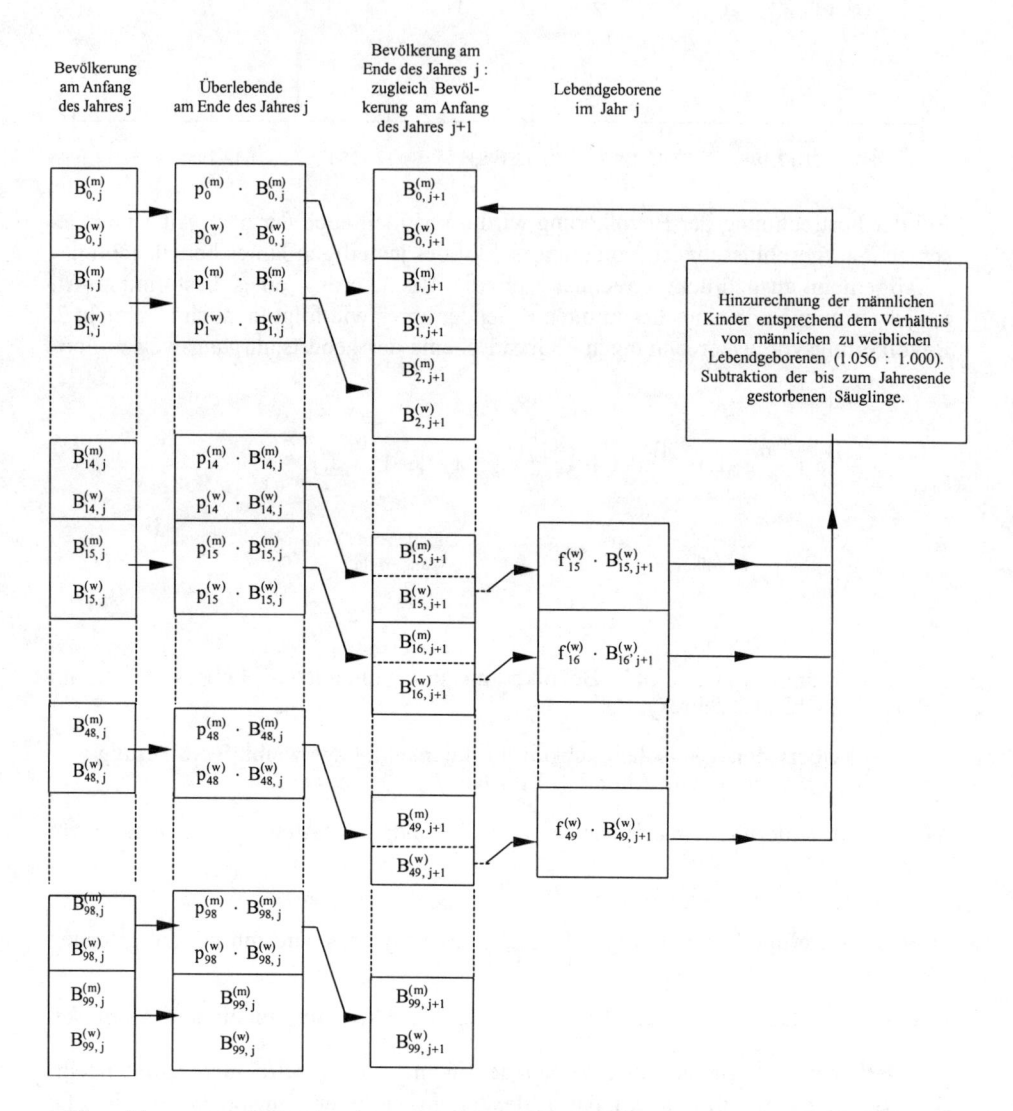

Bevölkerung am Anfang des Jahres j	Überlebende am Ende des Jahres j	Bevölkerung am Ende des Jahres j : zugleich Bevölkerung am Anfang des Jahres j+1	Lebendgeborene im Jahr j
$B^{(m)}_{0,j}$	$p^{(m)}_0 \cdot B^{(m)}_{0,j}$	$B^{(m)}_{0,j+1}$	
$B^{(w)}_{0,j}$	$p^{(w)}_0 \cdot B^{(w)}_{0,j}$	$B^{(w)}_{0,j+1}$	
$B^{(m)}_{1,j}$	$p^{(m)}_1 \cdot B^{(m)}_{1,j}$	$B^{(m)}_{1,j+1}$	
$B^{(w)}_{1,j}$	$p^{(w)}_1 \cdot B^{(w)}_{1,j}$	$B^{(w)}_{1,j+1}$	
		$B^{(m)}_{2,j+1}$	Hinzurechnung der männlichen Kinder entsprechend dem Verhältnis von männlichen zu weiblichen Lebendgeborenen (1.056 : 1.000). Subtraktion der bis zum Jahresende gestorbenen Säuglinge.
		$B^{(w)}_{2,j+1}$	
$B^{(m)}_{14,j}$	$p^{(m)}_{14} \cdot B^{(m)}_{14,j}$		
$B^{(w)}_{14,j}$	$p^{(w)}_{14} \cdot B^{(w)}_{14,j}$		
$B^{(m)}_{15,j}$	$p^{(m)}_{15} \cdot B^{(m)}_{15,j}$	$B^{(m)}_{15,j+1}$	$f^{(w)}_{15} \cdot B^{(w)}_{15,j+1}$
$B^{(w)}_{15,j}$	$p^{(w)}_{15} \cdot B^{(w)}_{15,j}$	$B^{(w)}_{15,j+1}$	
		$B^{(m)}_{16,j+1}$	$f^{(w)}_{16} \cdot B^{(w)}_{16,j+1}$
		$B^{(w)}_{16,j+1}$	
$B^{(m)}_{48,j}$	$p^{(m)}_{48} \cdot B^{(m)}_{48,j}$		
$B^{(w)}_{48,j}$	$p^{(w)}_{48} \cdot B^{(w)}_{48,j}$		
		$B^{(m)}_{49,j+1}$	$f^{(w)}_{49} \cdot B^{(w)}_{49,j+1}$
		$B^{(w)}_{49,j+1}$	
$B^{(m)}_{98,j}$	$p^{(m)}_{98} \cdot B^{(m)}_{98,j}$		
$B^{(w)}_{98,j}$	$p^{(w)}_{98} \cdot B^{(w)}_{98,j}$		
$B^{(m)}_{99,j}$	$B^{(m)}_{99,j}$	$B^{(m)}_{99,j+1}$	
$B^{(w)}_{99,j}$	$B^{(w)}_{99,j}$	$B^{(w)}_{99,j+1}$	

$B^{(m)}_{a,j}$, $B^{(w)}_{a,j}$: männliche bzw. weibliche Bevölkerung im Alter von a Jahren am 1.1 des Jahres j (a = 0,1,...,99)

$p^{(m)}_a$, $p^{(w)}_a$: Überlebenswahrscheinlichkeit vom Alter a bis a+1 (a = 0,1,...,99. wobei $p^{(m)}_{99} = p^{(w)}_{99} = 0$ gesetzt wird)

$f^{(w)}_a$: Geburtenrate für Frauen im Alter a (nur weibliche Lebendgeborene)

Hierbei ergibt sich eine Überlebenswahrscheinlichkeit von

$$1-\frac{q_{a-1,j-1}}{2} = 1 - \frac{1-p_{a-1,j-1}}{2} = \frac{1}{2}(1+p_{a-1,j-1}). \qquad (2)$$

Diese Berechnung bezieht sich auf die Bevölkerung, die am Jahresende 1–99 Jahre alt wird. Ein 100. Lebensalter wird im Modell nicht erreicht, d. h. die Überlebenswahrscheinlichkeit für 99-Jährige ist im Modell gleich Null.
Zusätzlich zur Geburtenhäufigkeit und Sterblichkeit können auch die Komponenten Wanderungen und/oder Einbürgerungen in die Rechnung mit einbezogen werden.

Zur Berechnung der Überlebenswahrscheinlichkeiten $p_{a,j}$

Ausgangspunkt ist die bereits erwähnte Annahme, dass alle Geburten zur Jahresmitte stattfinden. Dann wird die Wahrscheinlichkeit, dass ein beispielsweise 0-Jähriger (der Mitte 1981 geboren wurde) den 31.12.1981 überlebt, so ermittelt:

$$p_{0,1981} = 1 - \frac{q_{0,1981}}{2} = \frac{1}{2}(2 - q_{0,1981}) \qquad (3)$$

wobei

$q_{a,j}^{(M)}, q_{a,j}^{(W)}$ = Sterbewahrscheinlichkeit (der männlichen bzw. der weiblichen Bevölkerung), d. h. die Wahrscheinlichkeit, dass ein a-Jähriger bis zum Alter a +1 im Jahre *j* stirbt

$p_{a,j}^{(M)}, p_{a,j}^{(W)}$ = Wahrscheinlichkeit der männlichen / weiblichen Bevölkerung), dass ein a-Jähriger den 31.12. des Jahres *j* überlebt

Die Wahrscheinlichkeit dafür, dass ein 0-Jähriger (der Mitte 1981 geboren wurde), den 31.12.1982 überlebt, lautet dann:

$$p_{0,1982} = \frac{(1-q_{0,1981})(1-\frac{q_{1,1981}}{2})}{1-\frac{q_{0,1981}}{2}} = (1-q_{0,1981})\frac{2-q_{1,1981}}{2-q_{0,1981}} \quad (4)$$

Allgemein gilt dann:

$$p_{a,j} = (1-q_{a,j})\frac{2-q_{a+1,j}}{2-q_{a,j}} \quad (5)$$

oder

$$p_{a-1,j-1} = (1-q_{a-1,j-1})\frac{2-q_{a-1,j-1}}{2-q_{a-1,j-1}} \quad (6)$$

Säuglinge, die am Jahresende das erste Lebensjahr noch nicht vollendet haben, werden wie folgt geschätzt:

1. Schritt: Berechnung der Lebendgeborenen (*G*) des Jahres j:
- Weibliche Lebendgeborene ($G_j^{(W)}$):

Anwendung altersspezifischer Fruchtbarkeitsraten für das betreffende Kalenderjahr auf Frauen im gebärfähigen Alter (15 bis unter 49 Jahre) am Ende des Jahres j

$$G_j^{(W)} = \underbrace{\sum_{a=15}^{49} f_{a,j} B_{a,j}^{(W)}}_{\text{weibliche Lebendgeburten der „ansässigen" Bevölkerung}} - \underbrace{\frac{1}{4} f_{a,j}(1+p_{a-1,j}^{(W)}) W_{a,j}^{(W)}}_{\text{weibliche Lebendgeburten der „zugewanderten" Bevölkerung}} \quad (7)$$

wobei $f_{a,j}$ = altersspezifische Geburtenziffer von Frauen mit vollendetem Alter *a* im Kalenderiahr *i*

Da die Geburtenraten auf die weibliche Bevölkerung zum Jahresende bezogen sind, sind, sind auch die Geburten der zugewanderten Bevölkerung berücksichtigt. Da diese Bevölkerung jedoch im Durchschnitt nur ein halbes Jahr anwesend war, wird die jeweilige Fruchtbarkeitsziffer nur zur Hälfte in Ansatz gebracht. Ausgehend von der bereits dargestellten Berechnung des Bestandes an Zugewanderten (für die weibliche Bevölkerung $= \frac{1}{2}(1 + p_{a-1, j-1}) W_{a, j}$) ergibt sich somit der o.g. Abzugsbetrag von

$$\frac{1}{4} f_{a,j} (1 + p_{a-1,j}^{(W)}) W_{a,j}^{(W)}$$

– Männliche Lebendgeborene ($G_j^{(M)}$):

Die männlichen Lebendgeborenen werden durch Multiplikation der weiblichen Lebendgeborenen mit der Geschlechterproportion 1,0563 geschätzt:

$$G_j^{(M)} = 1{,}0563 \cdot G_j^{(W)}$$

2. Schritt: Schätzung des Bestandes an Säuglingen $B_{0,j}$ zum Ende des Jahres *j*.

Zur Schätzung des Bestandes an Säuglingen zum Ende des Jahres *j* ist die Zahl der Lebendgeborenen noch um die Zahl der im gleichen Jahr gestorbenen Säuglinge zu kürzen. Ferner sind noch im Jahr *j* im Säuglingsalter zugezogenen Personen zu berücksichtigen.

$$B_{0,j} = \underbrace{p_{-1, j-1} G_j}_{\text{„überlebende Geburten"}} + \underbrace{\frac{1}{2}(1 + p_{-1, j-1}) W_{0, j}}_{\text{„überlebende"} = \text{0-jährige Zugewanderte}} \tag{8}$$

Eine Besonderheit ist hierbei die auf (–1)-jährige und im Vorjahr bezogene Überlebenswahrscheinlichkeit. Der auf ein „negatives" Alter bezogener Ausdruck steht für die Wahrscheinlichkeit, die erste Hälfte des ersten Lebensjahres zu überleben. (Mit dem Ausdruck p_0 wird demgegenüber die Wahrscheinlichkeit bezeichnet, das gesamte erste Lebensjahr zu vollenden.)

14.3.1.2.2 Zum Verlauf von Fertilität und Mortalität

Das Modell des Statistischen Bundesamtes berücksichtigt auch Änderungen der Fertilität und Sterblichkeit. Hierzu werden *Änderungsfaktoren* für die in das Modell einfließenden altersspezifischen Geburtenraten und Sterbewahrscheinlichkeiten eingegeben. Diese beziehen sich jeweils auf das *Basisjahr* und beschreiben somit die zeitliche Entwicklung der beiden Komponenten in Relation zum Basisjahr. Die Änderungsfaktoren beziehen sich jeweils auf ganze Altersgruppen und Zeitabschnitte. Innerhalb der Altersgruppen und Zeitspannen ist eine lineare Interpolation oder aber eine kubische Spline-Interpolation der Änderungsfaktoren möglich. In diesem Fall können beispielsweise kontinuierliche, d. h. von Kalenderjahr zu Kalenderjahr sich ändernde altersspezifische Geburtenraten vorgesehen werden. Daneben ist eine „konstante" Interpolation möglich. (Bei dieser wird für alle Kalenderjahre eines Zeitintervalls der gleiche Veränderungsfaktor gegenüber dem Basisjahr angenommen.)

14.3.1.2.3 Zum Verlauf der Wanderungen

Im Gegensatz zur Berücksichtigung der zeitlichen Entwicklung von Fertilität und Mortalität ist es bei der Eingabe von Wanderungsdaten nicht möglich, Änderungsfaktoren gegenüber dem Ausgangsjahr anzuwenden. Die Berechnung und Eingabe des jährlichen, nach Alter und Geschlecht untergliederten Wanderungssaldos

$$W_{a,j}^{(M)}, W_{a,j}^{(W)}$$

stützt sich auf folgende Ausgangsmatrizen:

a) Matrix mit den jährlichen Wanderungssalden;
b) Strukturmatrizen (männlich/weiblich);
c) Matrix, die die Aufteilung der Wandernden in die letzte Altersgruppe (hier: 65–99 Jahre) beschreibt (i.d.R. angelehnt an die „Sterbetafel-Bevölkerung"). Diese Matrix erklärt sich aus der eingeschränkten Datenlage, die insbesondere in den höheren Altersgruppen keine ausreichende Untergliederung aufweist. Die Daten können zudem auf Grund der in diesen Altersgruppen sehr geringen Fallzahlen nicht als repräsentativ angesehen werden.

a) Matrix mit den jährlichen Wanderungssalden S_i für jedes Simulationsjahr (männliche und weibliche Bevölkerung):

$$\text{Saldo} = \begin{bmatrix} S_1^{(M)} & S_1^{(W)} \\ S_2^{(M)} & S_2^{(W)} \\ \vdots & \vdots \\ S_n^{(M)} & S_n^{(W)} \end{bmatrix} \qquad (9)$$

(n = Anzahl der Simulationsjahre = Zieljahr – Basisjahr)

b) Strukturmatrizen, die die Aufteilung der jährlichen Wanderungssalden auf L Altersgruppen in K Eckjahren beschreiben, wobei davon ausgegangen wird, dass in bestimmten Intervallen von Kalenderjahren gleiche Altersstrukturen und in bestimmten Altersintervallen jeweils gleiche Wanderungssalden je Altersjahr gelten (gesonderte Matrizen für männliche und weibliche Wandernde):

$$\text{Struktur} = \begin{bmatrix} J_1 & J_2 & \cdots & J_K \\ \hline a_{1,1} & a_{1,2} & \cdots & a_{1,K} \\ a_{2,1} & a_{2,2} & \cdots & a_{2,K} \\ \vdots & \vdots & \ddots & \vdots \\ a_{L,1} & a_{L,2} & \cdots & a_{L,K} \\ \hline v_{1,1} & v_{1,2} & \cdots & v_{1,K} \\ v_{2,1} & v_{2,2} & \cdots & v_{2,K} \\ \vdots & \vdots & \ddots & \vdots \\ v_{L,1} & v_{L,1} & \cdots & v_{L,K} \end{bmatrix} \quad (10)$$

Mit:

$J_1, J_2, \ldots, J_K$ Jahre, ab denen neue Altersstrukturen gelten (für alle in einem Intervall liegenden Jahre werden jeweils die Strukturen des ersten Intervalljahres für das Intervall angenommen)

$a_{l,k}$ Intervallgrenzen der spezifizierten Altersgruppen für die relevanten Eckjahre (für alle in einem Altersintervall liegenden Altersjahre werden die Wanderungssalden des ersten Intervallaltersjahres angenommen). Eine Ausnahme stellt die Flügelgruppe der 65–99-Jährigen dar; hier wird der Saldo entsprechend einer gesonderten Matrix (s. c) aufgeschlüsselt

$v_{l,k}$ Verhältniszahlen für die jeweiligen Altersgruppen, d. h. Anteile der Altersgruppen l am Gesamtsaldo im Kalenderjahr k

Beispiel: Die Matrix für die Altersstrukturen der männlichen Wandernden sei:

$$\begin{bmatrix} 1997 & 2005 \\ \hline 0 & 0 \\ 15 & 15 \\ \hline 0{,}1 & 0{,}2 \\ 0{,}9 & 0{,}8 \end{bmatrix}$$

Sie besagt, dass von 1997 bis einschl. 2004 10% des Wanderungssaldos der unter 65-jährigen männlichen Personen auf 0–14-Jährige und 90% auf 15–64-Jährige entfallen, während sich der Wanderungssaldo ab dem Jahre 2005 zu jeweils 20% bzw. 80% auf die beiden Altersgruppen verteilt. Innerhalb der jeweiligen Altersgruppe wird von einer gleichmäßigen (linearen) Verteilung auf einzelne Altersjahre ausgegangen.

c) Matrix mit Angaben über die Aufteilung der Wandernden in der *Altersgruppe der 65–99-Jährigen* auf einzelne Altersjahre (männliche und weibliche Bevölkerung):

$$\begin{bmatrix} L_1^{(M)} & L_1^{(W)} \\ L_2^{(M)} & L_2^{(W)} \\ \vdots & \vdots \\ L_{35}^{(M)} & L_{35}^{(W)} \end{bmatrix} \quad (11)$$

Mit:

$L_i^{(M)}, L_i^{(W)}$ Verhältniszahlen zur Aufteilung des Wanderungssaldos auf die Altersjahrgänge 65–99; i.d.R. angelehnt an die Altersstruktur der „Sterbetafel-Bevölkerung"

Die Zahl der Wandernden $W_{a,j}$ (männlich und weiblich) in der Altersgruppe der Altersgruppe a- bis unter (a+1)-Jährigen im Jahre j wird wie folgt berechnet: Zunächst nur für $a < a_{L,k}$, d. h. a liegt bei 0–64 Lebensjahren und somit nicht in der letzten Altersgruppe, d. h. $a_{l,k} \leq a_{l+1,k}$ und $J_k \leq j < J_{k+1}$

a) Zahl der Wandernden in der *l*-ten Altersgruppe:

$$\overline{W}_{l,j} = \frac{V_{l,k}}{\sum_{i=1}^{L} V_{i,k}} S_j \quad (12)$$

b) Zahl der Wandernden (Wanderungssaldo) je Altersjahrgang:

$$W_{a,j} = \frac{\overline{W}_{l,j}}{a_{l+1,k} - a_{l,k}}$$

(lineare Verteilung der Wandernden der Altersgruppe auf die Altersjahrgänge der Altersgruppe)

Die Zahl der Wandernden in der letzten Altersgruppe ($a_{L,k} \leq a \leq 99$) wird im *Regelfall*, d. h. bei $a_{L,k} \geq 65$ wie folgt bestimmt:

$$W_{a,j} = \frac{\overline{W}_{L,j}}{\sum_{i=a_{L,k}-64}^{35} L_i} \quad \text{für } a_{L,k} \geq 65 \qquad (13)$$

Sofern die letzte Altersgruppe in einem früheren Altersjahr beginnt ($a_{L,k} < 65$), werden die Werte für die unter 65-Jährigen anders als die Werte der 65-Jährigen und Älteren errechnet, und zwar wie folgt:

$$W_{a,j} = \begin{bmatrix} \dfrac{W_{L,j}}{(65-a_{L,k})L_1 + \sum_{j=1}^{35} L_i} L_1 & \text{für } a \leq 65 \\[2em] \dfrac{W_{L,j}}{(65-a_{L,k})L_1 + \sum_{i=1}^{35} L_i} L_{a-64} & \text{für } a > 65 \end{bmatrix} \qquad (14)$$

D. h. für die Altersjahre bis unter 65 wird vereinfachend der Anteilswert der 65-Jährigen zu Grunde gelegt, während bei den über 65-Jährigen die Berechnung nach differenzierteren Vorgaben der Anteilswerte erfolgt.

14.3.2 Mikrosimulation

Neben der Kohorten-Überlebensmethode wird gelegentlich auch das Verfahren der Mikrosimulation angewandt. Während bei der Kohorten-Überlebensmethode ganze Aggregate (hier: Geburtsjahrgänge) „fortgeschrieben" werden, stützt sich die Mikrosimulation auf Individualdaten, die durch Vorgaben von Übergangswahrscheinlichkeiten und mit Einsatz von Zufallsgeneratoren in ihrem Status verändert werden.

Diese Methode eignet sich bei zunehmender Differenzierung der zu berücksichtigenden Merkmale, da der Umfang der Übergangsmatrix bei der üblicherweise zum Einsatz kommenden Komponentenmethode sprunghaft ansteigt. Dies gilt insbesondere, wenn neben Merkmalen wie Alter und Geschlecht auch der Familienstand bzw. die Zusammensetzung von Haushalten und Familien fortgeschrieben werden soll.

Ein Beispiel für ein Mikrosimulationsmodell ist das vom der SPES- Projekt[2] konzipierte und vom Sonderforschungsbereich 3 der Universitäten Frankfurt und Mannheim weiterentwickelte Simulationsmodell. Mit diesem Modell sollte im Sinne einer quantitativen Wirtschaftspolitik eine Wirkungsanalyse wirtschafts- und sozialpolitischer Maßnahmen ermöglicht werden (Galler 1979). Das Simulationsmodell baut auf den Arbeiten von Orcutt et al. (1961, 1976) auf. Es geht von einem Mikrodatenbestand aus einer Bevölkerungsstichprobe für die Bundesrepublik Deutschland aus. „Jede Person wird durch einen entsprechenden Datensatz repräsentiert, daneben existieren noch Datensätze mit Informationen zu den einzelnen Haushalten. Die Zuordnung der Personen zu ihren Haushalten erfolgt über eine entsprechende Gruppierung der Datensätze, die Zuordnung zu einer Familie ist als Merkmal bei jeder zweiten Person abgespeichert." Auf der Basis dieses Mikrodatenbestandes kann nun eine Bevölkerungsvorausberechnung vorgenommen werden, in dem für jede Person deren Merkmale so verändert werden, wie dies im Zuge des demographischen Prozesses erfolgen würde. „Da nicht alle für den Lebenslauf eines Individuums relevanten Einflüsse in einem solchen Ansatz kontrolliert werden können, erfolgt die Vorausberechnung mithilfe eines stochastischen Ansatzes. So wird z. B. anhand von Sterbewahrscheinlichkeiten mithilfe eines Zufallsgenerators in jeder Periode bestimmt, ob eine Person in der Periode stirbt oder ob sie überlebt." Man kann das Ergebnis als „zufällige Ziehung" verstehen. Indem diese stochastische Fortschreibung für viele Individuen vorgenommen wird, gleichen sich die hierbei in Kauf zu nehmenden Zufallsfehler tendenziell aus. „Letztlich kann dieser mikroanalythische Ansatz als ein Versuch interpretiert werden, mithilfe geeigneter Übergangshypothesen für die einzelnen Mikroeinheiten einen bestimmten Mikrodatenbestand in der Zeit fortzurechnen. Stellt der Ausgangsbestand eine Stichprobe aus der jeweiligen Population dar, so wird sie durch das Mikrosimulationsmodell in eine *hypothetische* Stichprobe übergeführt, die man aus der Grundgesamtheit zu einem späteren Zeitpunkt erhalten hätte. Diese neue, modellmäßig gewonnene Stichprobe kann ebenso gut ausgewertet werden wie ein tatsächlich erhobener Datenbestand."

Hervorzuheben ist, dass die Veränderung der personenbezogenen Merkmale mit einer Anpassung der korrespondierenden Haushalts- und Familienzusammenhänge

---

[2] Das SPES-Projekt war eine in den Jahren 1971-1978 von der Deutschen Forschungsgemeinschaft (DFG) geförderte interdisziplinär ausgerichtete Forschungsgruppe der Universitäten Frankfurt/M und Mannheim.

der betreffenden Person gelöscht, auch werden die Angaben zur Haushalts- und Familienstruktur geändert. Umgekehrt vergrößert sich der Haushalt, wenn die Geburt eines Kindes simuliert wird, und bei Eheschließungen wird nicht nur der Familienstand der betroffenen Personen geändert, es wird auch eine neue Familie gegründet. Schematisch lässt sich die Simulationsrechnung, wie in Übersicht 3 ersichtlich, darstellen (entnommen aus Ott 1986). Im ersten Arbeitsgang werden die *Haushalte* sequenziell verarbeitet, und zwar in folgenden Schritten:

- Einlesen jeweils eines Haushalts mit allen zugehörigen Personensätzen;
- Reorganisation nach Löschen der verstorbenen Personen;
- Durchführung der demographischen Prozesse auf Personenebene.

Bei den *personenbezogenen* Prozessen handelt es sich um folgende Schritte:

- Altern, d. h. Erhöhen des Alters um ein Lebensjahr; zugleich Erhöhung der Dauer der Partnerschaft um ein Jahr;
- Entnahme der spezifischen Wahrscheinlichkeit für den Eintritt eines Ereignisses aus der jeweiligen Merkmalskombination oder aus der entsprechenden Wahrscheinlichkeitstafel; auf diese Weise:
- Kennzeichnung der Sterbefälle (zunächst Markierung der betreffenden Person als „verstorben") und Änderung der Haushaltsstruktur (z. B. Löschen einer Partnerschaft, Kennzeichnung des überlebenden Partners als „verwitwet"), evtl. Korrektur des Merkmals „Zahl der Kinder im Haushalt" (falls die verstorbene Person ein Kind war);
- Kennzeichnung, ob Übergang in den Anstaltsbereich (oder umgekehrt);
- Kennzeichnung von Ehescheidungen bzw. Trennungen nicht ehelicher Lebensgemeinschaften (zunächst nur „logische" Trennung; die „technische" Trennung erfolgt später); Änderung des Familienstandes in „geschieden";
- Bestimmung der „Heiratskandidaten" für den „Heiratsmarkt"; zunächst Bestimmung der Frauen, die eine Ehe eingehen (mittels altersspezifischer Heiratsraten), dann der männlichen „Heiratskandidaten" (zuzüglich eines Überschusses, um unter Berücksichtigung von bestimmten Bedingungen (z. B. Altersabstand) für alle weiblichen „Kandidaten" einen Partner finden zu können;
- Bestimmung der Kinder, die den Haushalt verlassen.

Nach Bestimmung personenbezogener Veränderungen erfolgt die „Reorganisation" des Haushalts mit

- „technischer" Trennung der aus dem Haushalt ausscheidenden Personen;
- Speicherung der Merkmale von „Heiratskandidaten" im „Heiratsregister";
- Speicherung des Haushalts in temporärer Zwischendatei;
- Zuordnung der Partner;
- Bildung neuer Haushalte.

In der letzten Phase werden auf der Grundlage altersspezifischer Geburtenraten die Lebendgeborenen errechnet.

Übersicht 3: Ablaufschema des Sfb-3 Haushaltsmodells

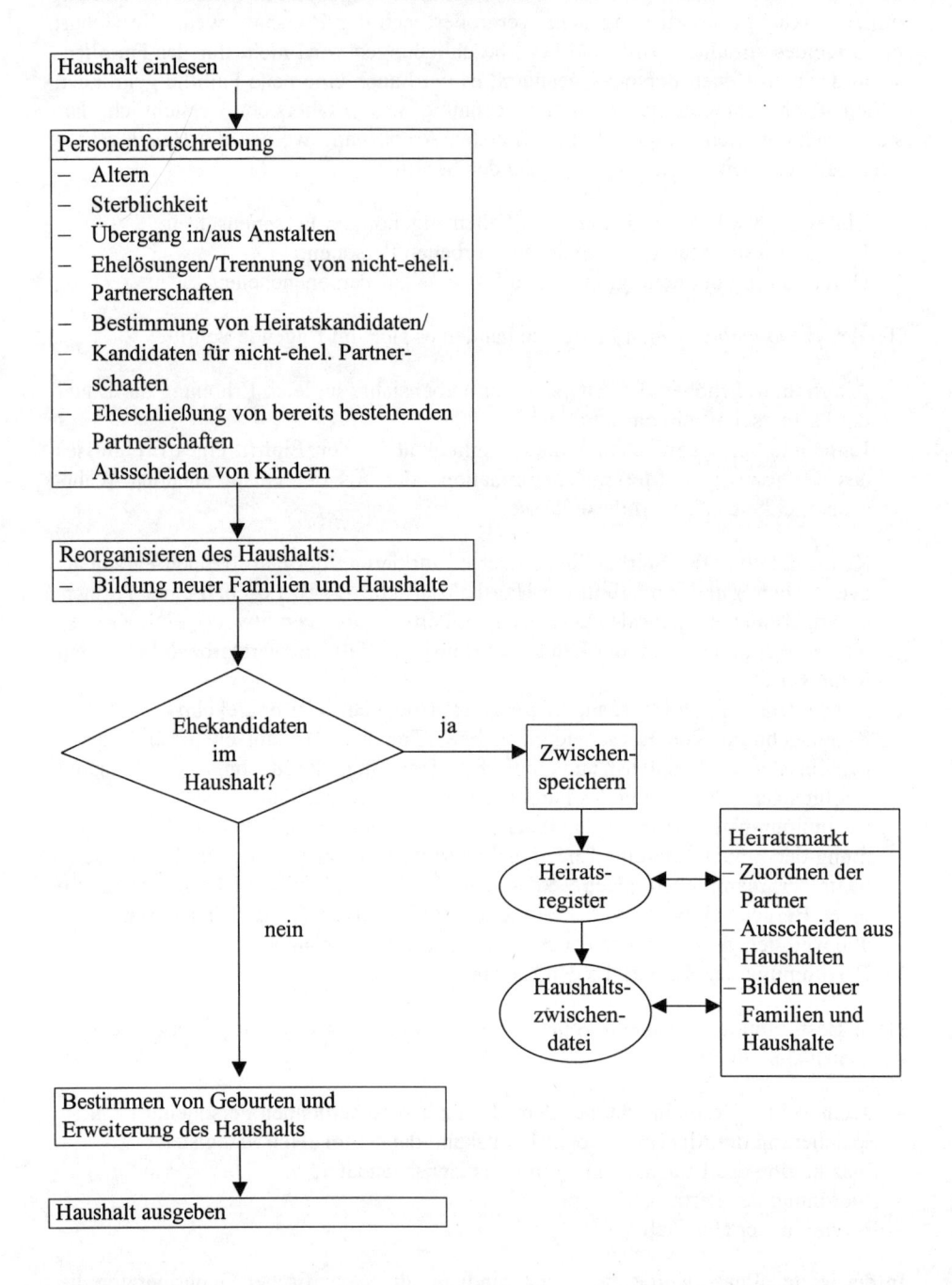

```
┌─────────────────────────────────┐
│ Haushalt einlesen               │
└─────────────────────────────────┘
                │
                ▼
┌─────────────────────────────────┐
│ Personenfortschreibung          │
│ – Altern                        │
│ – Sterblichkeit                 │
│ – Übergang in/aus Anstalten     │
│ – Ehelösungen/Trennung von      │
│   nicht-eheli. Partnerschaften  │
│ – Bestimmung von Heiratskandi-  │
│   daten/                        │
│ – Kandidaten für nicht-ehel.    │
│   Partner-                      │
│   schaften                      │
│ – Eheschließung von bereits     │
│   bestehenden Partnerschaften   │
│ – Ausscheiden von Kindern       │
└─────────────────────────────────┘
                │
                ▼
┌─────────────────────────────────┐
│ Reorganisieren des Haushalts:   │
│ – Bildung neuer Familien und Haushalte │
└─────────────────────────────────┘
                │
                ▼
         ╱ Ehekandidaten ╲     ja      ┌──────────────┐
        ╱       im         ╲──────────▶│ Zwischen-    │
        ╲   Haushalt?      ╱           │ speichern    │
         ╲                ╱            └──────────────┘
                │                             │
                │ nein                        ▼
                │                      ╱─────────────╲       ┌─────────────────────┐
                │                     │  Heirats-    │◀─────▶│ Heiratsmarkt        │
                │                     │  register    │       │ – Zuordnen der      │
                │                      ╲─────────────╱       │   Partner           │
                │                             │              │ – Ausscheiden aus   │
                │                             ▼              │   Haushalten        │
                │                      ╱─────────────╲       │ – Bilden neuer      │
                │                     │ Haushalts-   │◀─────▶│   Familien und      │
                │                     │ zwischen-    │       │   Haushalte         │
                │                     │ datei        │       └─────────────────────┘
                │                      ╲─────────────╱
                ▼
┌─────────────────────────────────┐
│ Bestimmen von Geburten und      │
│ Erweiterung des Haushalts       │
└─────────────────────────────────┘
                │
                ▼
┌─────────────────────────────────┐
│ Haushalt ausgeben               │
└─────────────────────────────────┘
```

(Quelle: Ott 1980)

14.4 Komponenten der Bevölkerungsentwicklung und Methoden zur Schätzung ihres weiteren Verlaufs

14.4.1 Überblick

Der Fixierung der für den künftigen Verlauf der den Vorausberechnungen zugrunde liegenden *Annahmen* kommt eine zentrale Bedeutung zu, da sie fast ausschließlich die Entwicklung von Bevölkerungszahl und -struktur bestimmen, während die Vorausberechnungs*methode* das Ergebnis wesentlich weniger beeinflusst[3]. Auch Methoden, die eine Vielzahl von Einflussgrößen berücksichtigen, tragen auf Grund der eingeschränkten Datenlage wenig zu einer Verbesserung der „Treff-sicherheit" der Prognose bei. Je differenzierter eine Vorausberechnungsmethode ist, umso mehr ist sie auf Vorgaben angewiesen, die in der Praxis kaum quantifiziert werden können. Stark differenzierte Vorgaben sind in ihrer Gesamtheit meist mit den gleichen Unsicherheiten behaftet wie weniger differenzierte Ausgangswerte. Hierbei spielt eine wesentliche Rolle, dass bei pauschalierenden Annahmen davon ausgegangen werden kann, dass sich Fehleinschätzungen einzelner Parameter zum Teil ausgleichen. Vorteilhaft ist eine stärkere Differenzierung der Vorausberechnungsmethode und der damit benötigten Parameter nur dann, wenn entsprechend sichere Erfahrungswerte vorliegen. Ein Beispiel hierfür ist – in Deutschland – die Differenzierung nach Deutschen und Ausländern, da Ausländer z. B. eine wesentlich höhere Geburtenrate als Deutsche aufweisen, die bei einer Verschiebung des Ausländeranteils entsprechend zu Buche schlägt.

Bei der Fixierung der Annahmen ist ferner zu bedenken, dass die verfügbaren Methoden zur Extrapolation empirischer Werte aus der Vergangenheit sehr unterschiedliche Verläufe ergeben können und somit – auf der Grundlage weiterer Anhaltspunkte – abzuwägen ist, welche Methode den erwarteten Verlauf am besten widerspiegelt. Generell ist dabei zu bedenken, dass der künftige Verlauf einer Komponente keineswegs den Gesetzmäßigkeiten der Vergangenheit folgen muss und zum Teil sehr stark von politischen und anderen externen Einflüssen (z. B. dem internationalen Bevölkerungswachstum und dem internationalen Wohlstandsgefälle) abhängt. Eine rein mathematische Extrapolation einer Zeitreihe ist daher nicht immer angebracht.

Die in eine Bevölkerungsvorausberechnung einfließenden Annahmen beziehen sich einmal auf die grundsätzlichen Komponenten der Bevölkerungsentwicklung (Geburtenhäufigkeit, Sterblichkeit, Wanderungen), je nach Differenzierung der Ergebnisse auch auf strukturelle Veränderungen wie Eheschließungen und Ehescheidungen, wenn nach dem Familienstand untergliedert wird, Änderungen der Staatsangehörigkeit (insbesondere Einbürgerungen), wenn die Ergebnisse nach diesem Merkmal aufgeschlüsselt werden.

Nachstehend soll auf gebräuchliche Methoden bei der Extrapolation der wichtigsten Komponenten von Bevölkerungsvorausberechnungen eingegangen werden.

---

[3] s. auch Birg (1993).

14.4.2 Geburtenhäufigkeit

Bei der Extrapolation des *Geburtenverhaltens* führt De Beer (1992: 33 ff.) eine ganze Reihe von Methoden bzw. Verfahren auf, die sich zum Teil überlappen oder auch ergänzen, teils mathematischer, teils sachlogischer Natur sind. Im Einzelnen handelt es sich um folgende Ansätze:

- Als Sonderfall die Annahme *konstanter altersspezifischer Geburtenraten*. Diese Annahme ist allerdings nur sinnvoll, wenn sich die Geburtenraten in einem relativ langen Stützzeitraum stabilisiert haben. Häufig tritt sie – gewissermaßen als Status-quo-Variante – in Verbindung mit anderen Annahmen auf, um zu verdeutlichen, welche Veränderungen der Bevölkerungsstruktur unter den *gegebenen* Fruchtbarkeitsverhältnissen zu erwarten sind. In der Praxis kommt ein solcher Ansatz häufig zum Tragen: Von 30 im Rahmen des vom Niederländischen Statistischen Zentralamt, dem Nationalen Zählungsbüro der USA und dem Niederländischen Interdisziplinären Demographischen Institut im Jahre 1988 befragten Industrienationen haben 12 eine Kontinuität der im Stützzeitraum beobachteten Geburtenraten angenommen. Fünf weitere Länder sind hiervon geringfügig abgewichen. Meistens handelte es sich jedoch nur um eine von mehreren Varianten zum künftigen Geburtenverlauf.
- *Grafische Methode* (d. h. Verlängerung eines Kurvenverlaufs nach eigenem Gutdünken). Bei diesem Ansatz fließt – explizit – kein quantitatives Modell in den Prognoseprozess ein. Dabei muss in Kauf genommen werden, dass der künftige Verlauf der Geburtenrate je nach der persönlichen Vorstellung des Bearbeiters unterschiedlich gesehen werden kann. Die Methode ist jedoch einfach zu handhaben und wird nach dem Ergebnis der bereits erwähnten Umfrage des Niederländischen Statistischen Institutes und anderer Institutionen von mindestens neun Industrienationen angewandt (Bulgarien, Finnland, Griechenland, Kanada, Luxemburg, Norwegen, Portugal, Rumänien, Schweiz). Meist war es jedoch nur im Rahmen einer von mehreren Vorausberechnungsvarianten.
- *Deterministische Methoden* wie die *Regression über die Zeit*, wobei beispielhaft folgende Ansätze genannt werden:
  - das sog. Log-Modell (logistic model) (wenn erwartet wird, dass die Geburtenrate nach einem vorübergehenden Anstieg oder einer einem befristeten Rückgang künftig ein konstantes Niveau erreicht);
  - Verwendung von Polynomen, wobei sich für die Zukunft sehr unterschiedliche Werte ergeben können.

  In der Praxis spielen die Regressionsansätze eine weniger bedeutende Rolle. Nur sechs der in o.g. Umfrage einbezogenen Länder machten entsprechende Angaben (Belgien, Bulgarien, Italien, Japan, Luxemburg, Niederlande).
- *Stochastische Zeitreihenmodelle*, wobei im Gegensatz zu den deterministischen Modellen angenommen wird, dass es einen feststehenden globalen Trend gibt. Da ein langfristig unveränderter Trend nicht wahrscheinlich ist, sind derartige Modelle mehr für kurzfristige Prognosezeiträume, in denen zufällige Schwankungen im Vordergrund stehen, nützlich. Auf längere Zeiträume neigen stochastische

Modelle insbesondere dann zu weit voneinander abweichenden Ergebnissen, wenn der Stützzeitraum einen relativ unsteten Verlauf aufweist. Sie kommen auch nur bei zwei der befragten Industrienationen zum Tragen (Niederlande, USA).

- Eine Methode, die sich auf ein ganzes Bündel von Fruchtbarkeitsraten stützt, ist *die Extrapolation der Parameter von Fruchtbarkeitsmustern* (model fertility age schedule). Eine solche Extrapolation, die ebenso wie univariate Modelle mit Zeitreihen-Methoden vorgenommen werden kann, knüpft an empirisch ermittelte altersspezifische Geburtenraten an. Bei sechs der befragten Industrienationen werden solche Modelle angewandt (Australien, Belgien, Frankreich, Kanada, Ungarn, USA) – Als Sonderfall von „model fertility age schedules" wird ein Übergangsmodell (translation model) genannt, das sowohl Änderungen der Perioden - als der Kohortenfertilität (einschl. Änderungen des Zeitpunktes von Geburten) berücksichtigt (De Beer 1992: 35, 36). De Beer stellt jedoch fest, dass dieses Modell trotz seines Differenzierungsgrades zu keinen plausiblen Ergebnissen führt und auch von keinem der befragten Länder genutzt wird.
- *Angleichung an „Leading indicators"*. Diese Methode stellt auf Variable ab, die als korrespondierende Signale („turning points") dem Geburtenverlauf vorausgehen. Allerdings weist De Beer darauf hin, dass sie nur bei kurzfristigen Prognosen sinnvoll anwendbar ist. Ein Beispiel ist der Verlauf der Heiratshäufigkeit als „Leading indicator", da die meisten Kinder nach wie vor ehelich zur Welt kommen. Ein anderes, allerdings schwer quantifizierbares Beispiel wird in der Beziehung zwischen wirtschaftlicher und demographischer Entwicklung gesehen. Auch die Angleichung an „Leading indicators" kommt bei keinem der befragten Länder zum Tragen.
- Die *Easterlin-Hypothese*. Sie geht von einer positiven Korrelation zwischen Geburtenniveau und der Wahrnehmung günstiger ökonomischer Gegebenheiten („perception of economic opportunity") mit entsprechenden Angebot an Arbeitsplätzen aus (De Beer 1992: 36, 37). Dieser Zusammenhang gehe mit einer negativen Korrelation zwischen der Größe einer Kohorte und der Zahl der von ihr geborenen Kinder einher: So wären schwach besetzte Jahrgänge der 30er-Jahre Eltern des Babybooms der 50er-Jahre gewesen. Die somit stark besetzten Kohorten der 50er-Jahre hätten wieder eine drastisch reduzierte Fertilität in den 70er-Jahren aufgewiesen. Dies wiederum habe zu einer Prognose eines – bisher nicht eingetretenen – Babybooms in den 90er-Jahren geführt. – Die Kritik an dieser Hypothese setzt daran an, dass sie schwer belegbar ist, da es kaum historische Beispiele hierfür gibt. Ferner orientiere sie sich zu sehr an der Struktur des Arbeitskräfteangebotes und weniger an der entsprechenden Nachfrage. Schließlich vernachlässige sie fundamentale Änderungen im Status der Frau, die einen weiteren Babyboom unwahrscheinlich machen. Diese Theorie erkläre daher eher Fluktuationen im Geburtenverhalten als den eigentlichen Trend. In der Praxis spielt sie daher kaum eine Rolle. Von 30 befragten Industrienationen hat nur eine (Belgien) angegeben, ihrer Geburtenprognose die Easterlin-Theorie zu Grunde gelegt zu haben.
- *Erklärende Modelle* mit Einbeziehung demographischer, meist ökonomischer Variablen. Hierbei wird i.d.R. eine Korrelation mit der Einkommensentwicklung dargestellt (De Beer 1992: 37). In der Praxis stellt sich jedoch das Problem man-

gelnder Stabilität der Relationen, sodass es kaum möglich ist, ein quantitatives Modell zu konzipieren. Dennoch berichteten bei der bereits genannten Umfrage sieben EU-Länder, nichtdemographische Variable (z. B. auch das Ausmaß der Frauenerwerbstätigkeit) bei der Prognose der Fertilität mit berücksichtigt zu haben, wenn auch nicht in Gestalt eines quantitativen Modelles.

- *Angleichung an das Geburtenniveau in anderen, in der Entwicklung weiter fortgeschrittenen Ländern.* Dieses Verfahren setzt allerdings voraus, dass entsprechende Erfahrungen aus der Vergangenheit vorliegen. Die jüngste Vergangenheit in den Industrienationen spricht insofern für diese These, als länderübergreifende Parallelen zu beobachten waren, insbesondere bei dem drastischen Geburtenrückgang seit Mitte der 70er-Jahre und auch der anhaltend niedrigen Fertilität im letzten Jahrzehnt. In der Praxis werden Informationen über die Verhältnisse in anderen Ländern häufig genutzt, wenn es um die Prognose der Entwicklung im eigenen Land geht. Bei der genannten Umfrage haben immerhin 20 Länder angegeben, sie in ihre Überlegungen einfließen zu lassen. Ein „innerdeutsches" Beispiel für die Anwendung der o.g. These ist die von der amtlichen Statistik erwartete Anpassung der zurzeit extrem niedrigen Fertilität in den neuen Bundesländern (durchschnittlich 0,8 Kinder im Leben einer Frau) an westdeutsche Verhältnisse (durchschnittlich 1,4 Kinder im Leben einer Frau[4]). Die Geburtenrate war in den neuen Bundesländern auf Grund des wirtschaftlichen und sozialen Umbruchs nach der Wiedervereinigung regelrecht „abgestürzt", ein Phänomen, dass mit den Auswirkungen der Weltwirtschaftskrise um 1933, die sich noch heute in der deutschen Alterspyramide abzeichnet, vergleichbar ist.

- *Differenzierung nach unterschiedlichen Bevölkerungsgruppen und Angleichung der jeweiligen Fertilität an die entsprechende Rate bei „Vorreiter"-Gruppen.* Hierbei können Unterscheidungen nach ausgewählten Staatsangehörigkeiten, nach der Rasse, der Religion, der Ausbildung, aber auch nach regionalen Kriterien (z. B. städtisches oder ländliches Gebiet) beobachtet werden. Ein Beispiel für eine Differenzierung nach der Rasse findet sich in den USA, eine Unterscheidung nach In- und Ausländern in Deutschland, den Niederlanden und der Schweiz.

- *Berücksichtigung von Befragungen nach dem Kinderwunsch.* Ergebnisse solcher Befragungen dienen oftmals als Hintergrundinformation und bedürfen einer „Gewichtung", da die tatsächliche Kinderzahl regelmäßig hinter der ursprünglichen Planung zurückbleibt. Nur drei der befragten Länder (Australien, Niederlande, Vereinigtes Königreich) bestätigten, den „Kinderwunsch" zu berücksichtigen. Acht weitere Länder (Japan, Kanada, Österreich, Norwegen, Polen, ehemalige Tschechoslowakei, USA, Zypern) nutzen entsprechende Informationen auf indirektem Wege.

- *Allgemeine Beurteilungen („judgement assumptions") der jeweiligen demographischen Lage* mit Rückschlüssen auf die künftige Geburtenentwicklung.

Als Beispiele für ins Kalkül einbezogene Faktoren werden hierbei genannt (De Beer 1992: 40-41):

---

4   Jeweils ausgehend von der auf Periodenbasis errechneten Totalen Fertilitätsrate.

- Wandel von der Agrar- zur Industriegesellschaft;
- Zunehmende Frauenerwerbstätigkeit;
- Wechsel in der Einschätzung des „ökonomischen Wertes"/„Nutzens" von Kindern;
- Zunehmender Individualismus;
- Abschwächung der Funktion der Familie (nicht zuletzt im Sinne der Betreuung bzw. Alterssicherung).

Diese Überlegungen lassen sich zwar nicht unmittelbar quantifizieren, beeinflussen aber in hohem Maße die Einschätzung künftiger Trends. Letztere werden nach De Beer regelmäßig zu hoch eingeschätzt. Da solche Einschätzungen auch zu sehr stark voneinander abweichenden Ergebnissen führen, hat sich die sog. „Delphi-Runde" etabliert, bei vor Durchführung einer Prognose eine ganze Reihe von Experten angehört werden.

Abschließend stellt De Beer (1992: 41) fest, dass sich die vorgenannten Ansätze und Methoden nicht unbedingt gegenseitig ausschließen. Es ist vielmehr denkbar, dass in einer Modellrechnungsvariante mehrere Ansätze verknüpft oder dass in alternativen Varianten unterschiedliche Ansätze zum Tragen kommen. Als Beispiel für die Verknüpfung mehrerer Ansätze in einer Modellrechnung sieht er die „reine" Extrapolation über einen kurzen Zeitraum, verbunden mit einer allgemeinen Einschätzung („judgement assumptions") der demographischen Lage auf längere Sicht.

Ein Blick auf Bevölkerungsvorausberechnungen unterschiedlicher Institutionen für die Bevölkerung Deutschlands spiegelt das beim internationalen Vergleich gewonnene Bild über die Fixierung der Annahmen zur Fertilität wider (Übersicht 4).
Im Vordergrund steht die allgemeine Einschätzung der demographischen Lage, die häufig – bezogen auf die alten Bundesländer – in der Vorgabe einer stagnierenden Totalen Fertilitätsrate mündet. Parallel hierzu wird davon ausgegangen, dass sich das zurzeit extrem niedrige Geburtenniveau in den neuen Bundesländern mittelfristig an das des Westens angleicht. Was das „Tempo" dieser Bewegung anbelangt, gehen die Meinungen auseinander.
Bemerkenswert ist in diesem Zusammenhang auch, dass sich die Annahme einer relativ langfristigen Anpassung auf die Betrachtung von Geburtsjahrgangskohorten stützt. Eine solche Betrachtungsweise ist insbesondere bei der Einschätzung der Entwicklung in *den neuen Bundesländern* sinnvoll, da in diesem Teil Deutschlands Verschiebungen des „Timings" von Geburten (mit der Tendenz zu einer Verlagerung in ein höheres Alter) zu erwarten sind. (In der ehemaligen DDR waren Mütter bei der Geburt ihres ersten Kindes im Durchschnitt zwei Jahre jünger als im früheren Bundesgebiet, was sich durch eine ganze Reihe „pronatalistischer" Maßnahmen erklärt, die im Zuge der Wiedervereinigung weggefallen sind.)

Übersicht 4: Annahmen zur Entwicklung wesentlicher Komponten in aktuellen Bevölkerungsvorausberechnungen in Deutschland, hier: Fertilität

Verfasser	Zeithorizont	\- Totale Fertilitätsrate (TFR) *) **) \-			
		Alte Bundesländer		Neue Bundesländer	
		Kalenderjahr	TFR	Kalenderjahr	TFR
Birg / Flöthmann (Birg / Flöthmann 1993)	1991 - 2050 / 2100	1. Einfache Standardvariante			
		Linearer Anstieg der TFR		Linearer Anstieg der TFR	
		1990	1,380	1990	0,791
		2010	1,446	2010	1,446
		dann Konstanz		dann Konstanz	
		2. Schätzung der TFR für Geburtsjahrgangskohorten mit anschließender Umrechnung in Kalenderjahr - bezogene TFR			
		1990	1,380	1990	1,543
		1995	1,428	1995	0,840
		2000	1,443	2000	1,021
		2005	1,416	2005	1,174
		2010	1,393	2010	1,280
		2015	1,393	2015	1,336
		anschließend Konstanz		2020	1,393
				anschließend Konstanz	
Börsch-Supan (nach Buslei 1995)	1991 - 2050	*Deutsche*			
		1990	1,39	Bis 1995 Anpassung an West- Niveau	
		2000	1,45		
		2010	1,50		
		2030	1,55		
		2040	1,60		
		Ausländer			
		Im gesamten Zeitraum	2,10	Im gesamten Zeitraum	2,10
Bundesanstalt für Landeskundes und Raumordnung (Bucher, H. 1994)	1992 - 2010	Annähernd konstante TFR		Allmähliche Annäherung an West - Niveau	
		1995	1,43	1995	0,75
		2000	1,42	2000	0,95
		2005	1,41	2005	1,20
		2010	1,40	2010	1,30
Buslei (Buslei 1995)	1993 - 2040	Im gesamten Zeitraum	1,40	Allmähliche Angleichung an West - Niveau	
				1992	0,83
				1994	0,79
				anschließend Anstieg bis	
				2005	1,40
				(bei 3 Ländern)	
				bzw. bis	
				2010	1,40
				(bei 2 Ländern)	
		Anmerkung: Wie Stat. Bundesamt, Achte Koordinierte Bev.- Vorausberechnung			

Methoden der Bevölkerungsvorausberechnung

Übersicht 4: Fortsetzung

Verfasser	Zeithorizont	Alte Bundesländer		Neue Bundesländer	
		Kalenderjahr	TFR	Kalenderjahr	TFR
Deutsches Institut für Wirtschaftsforschung (DIW 1995)	1993 - 2040	\multicolumn{4}{l}{*Deutsche*}	

(Alte Bundesländer, Deutsche): Unterschl. Veränderung altersspezifischer Fertilitätsraten mit folgendem Ergebnis: **Geburtsjahrgangskohorte** 1985: 1,330 von da an leichter Rückgang bis Geburtsjahrgangskohorte 1995: 1,320. (Zum Vergleich: Die periodenbezogene TFR betrug 1992 für Deutsche etwa 1,340)

(Neue Bundesländer, Deutsche): Allmähliche Angleichung der kohortenspezifischen TFR an die des Westens, und zwar bis **Geburtsjahrgangskohorte** 1985: 1,330 von da an Verlauf wie im Westen.

Ausländer
- wegen der starken Fluktuation durch Wanderungen hier nur TFR für Kalenderjahre -

		Kalenderjahr	TFR	Kalenderjahr	TFR
		1993	1,607	Entwicklung wie im Westen	
		2000	1,530		

anschließend Konstanz
(Zum Vergleich: Die periodenbezogene TFR betrug 1992 für Ausländer etwa 1,700)

Verfasser	Zeithorizont	Kalenderjahr	TFR	Kalenderjahr	TFR
Hof (Hof 1996)	1993 - 2020	Im gesamten Zeitraum 1,40		Allmähliche Annäherung an Niveau der alten Bundesländer	
				1992	0,82
				2010	1,20
				2020	1,33
Prognos (Prognos 1995)	1993 - 2020	\multicolumn{4}{l}{*Deutsche*}	
		1991	1,362	1991	0,958
		2010	1,488	2010	1,488

(jeweils mit unterschiedlicher Änderung einzelner altersspezifischer Fertilitätsraten) | (jeweils mit unterschiedlicher Änderung einzelner altersspezifischer Fertilitätsraten bei Angleichung an Struktur des Westens)

Ausländer

		1991	1,783	1991	0,773
		2010	1,705	2010	1,705

(mit Angleichung an Struktur des Westens)

Verfasser	Zeithorizont	Kalenderjahr	TFR	Kalenderjahr	TFR
Statistisches Bundesamt (Sommer 1994)	1993 - 2040	Im gesamten Zeitraum	1,400	Ausgehend vom Wert für 1992 (TFR = 0,830) zunächst weiterer Rückgang, dann Annäherung an Niveau der alten Bundesländer (bei gleichzeitiger Angleichung an Altersstruktur der alten Bundesländer)	
		(Wert und auch Struktur des Jahres 1992)			
				1994 (tiefster Punkt)	0,790
				2005 (3 Länder)	1,400
				2010 (2 Länder)	1,400

*) Die Totale Fertilitätsrate (TFR) eines **Kalenderjahres** ist die Summe altersspezifischer Fertilitätsraten und besagt, wie viele Kinder eine Frau entsprechend den Verhältnissen im jeweiligen Kalenderjahr im Laufe ihres Lebens zur Welt bringen würde. - Die TFR kann auch auf alle Altersjahre einer **Geburtsjahrgangskohorte** bezogen, d.h. durch die Summe aller altersspezifischen Fertilitätsraten einer Geburtsjahrgangskohorte gebildet werden. Eine so gebildete TFR spiegelt die durchschnittliche Kinderzahl einer Frau exakt wider, da sie nicht durch periodenbezogenen Einflüsse und damit einhergehende Änderungen im „Timing" von Geburten, d.h. der Geburtenfolge beeinträchtigt wird. Sie hat allerdings den Nachteil, daß sie erst dann vollständig auf der Grundlage empirischer Werte berechnet werden kann, wenn der betreffende Geburtsjahrgang das Ende der Fruchtbarkeitsperiode erreicht hat. Für den noch bevorstehenden Zeitabschnitt - und genau das ist bei Bevölkerungsvorausberechnungen interessant – sind Schätzungen altersspezifischer Fertilitätsraten erforderlich. Diese Schätzungen knüpfen häufig an entsprechende Fertilitätsraten vorausgegangener Geburtsjährgänge an. In diesem Fall besteht kein gravierender Unterschied mehr zu der auf Periodenbasis berechneten (und fortgeschätzten) TFR.
**) I.d.R. bezogen auf Kalenderjahre; wenn auf Geburtsjahrgänge bezogen, ist dies eigens erwähnt.

14.4.3 Sterblichkeit

Zur Einschätzung der *Sterblichkeit* sieht Goméz de Leon (1992: 61 ff.) grundsätzlich Folgende – in der Praxis häufig miteinander verknüpfte – Ansätze:

– Projektion durch Extrapolation von Sterbewahrscheinlichkeiten;
– Projektion durch Extrapolation ganzer Sterblichkeitsmodelle;
– Zielprojektion;
– Projektion durch Bezug zu Sterblichkeitskomponenten, z. B. Todesursachen.

Bei der Projektion durch Extrapolation von Sterbewahrscheinlichkeiten unterscheidet Goméz wiederum Folgende drei Spielarten:

– Ansatz konstanter Sterbewahrscheinlichkeiten (als Sonderfall);
– grafische Extrapolation;
– Extrapolation durch Regression gegen die Zeit.

Die bereits erwähnte Umfrage des Niederländischen Statistischen Zentralamtes u. a. Institutionen aus dem Jahre 1988 hat zum Thema Sterblichkeitsprojektionen ergeben, dass angesichts der allgemein steigenden Lebenserwartung nur selten von weiterhin *konstanten Sterbewahrscheinlichkeiten* ausgegangen wird. Lediglich Spanien und die ehemalige DDR hatten angegeben, ausschließlich so zu verfahren. Manche Länder haben diese Methode lediglich als zusätzliche Variante in ihr Programm aufgenommen.

Stärker verbreitet ist die graphi*sche Extrapolation*. Diese kann sowohl bei einzelnen Sterbewahrscheinlichkeiten ansetzen, als auch bei anderen funktionalen Bestandteilen der Sterbetafel, z. B. bei der ferneren Lebenserwartung. Von den in der Umfrage angesprochenen Ländern haben relativ viele (11) die graphische Extrapolation angewandt (Belgien, Dänemark, Frankreich, Griechenland, Island, Irland, Japan, Schweden, Schweiz, Ungarn, USA). Einige dieser Länder haben darüber hinaus weitere Verfahren genutzt.

Die Regression gegen die Zeit folgt dem gleichen Prinzip wie die graphische Extrapolation, wobei je nach Wahl der Funktion ein linearer Verlauf oder eine Kurvenverlauf zum Zuge kommt

Beispiel: $q_{x,t} = \beta_x (\tau_x)^t$

wobei q_{x+t} die projizierte Wahrscheinlichkeit, im Alter x zur Zeit t zu sterben und β_x Ausgangs-Sterbewahrscheinlichkeit zur Zeit t = 0 und τ_x ($0 < \tau_x > 1$) der „Verbesserungsfaktor" über die Zeit. Die Sterbewahrscheinlichkeit nimmt hierbei mit konstanten Raten ab.

Bei der Extrapolation einzelner Sterbewahrscheinlichkeiten ist allerdings in Kauf zu nehmen, dass es zu erheblichen und zugleich nicht plausiblen Strukturveränderungen kommen kann bis hin zu dem Phänomen, dass ältere Altersjahrgänge künftig niedrigere Sterbewahrscheinlichlichkeiten aufweisen als jüngere. Auch ist nicht auszuschließen, dass einzelne Sterbewahrscheinlichkeiten den Wert Null annehmen. Bei Anwendung mathematischer Modelle ist es daher notwendig, durch besondere Bedingungen sicherzustellen, dass bestimmte Grenzen nicht unterschritten werden. – Ein weiterer Nachteil der Anwendung mathematischer Methoden ist darin zu sehen, dass spezielle Annahmen zur künftigen Entwicklung gesundheitsrelevanter Faktoren mit ihren Auswirkungen auf die Sterblichkeit nur schwer integrierbar sind.

In der Praxis wird die Regressionsmethode weniger häufig angewandt als die graphische Extrapolation, obgleich mindestens acht der in o.g. Umfrage angesprochenen Länder von ihr Gebrauch machen (Belgien, Finnland, Italien, Luxemburg, Niederlande, Österreich, Polen, Ungarn).

Die Grundidee der *Anlehnung an ein vorgegebenes Sterblichkeitsmodell* beruht darauf, dass an die Stelle der Projektion von altersspezifischen Werten ein Modell tritt, dass am Sterblichkeitsmuster ganzer Altersspannen ansetzt und somit auch die strukturellen Unterschiede zwischen der Sterblichkeit einzelner Altersjahre berücksichtigt (Goméz de Leon 1992: 66 ff.). In diesem Zusammenhang spielen sog. „Modellsterbetafeln" eine Rolle, deren Werte (z. B. die Überlebensfunktion l_x extrapoliert werden. Solche Modelle werden in der Praxis nur von wenigen der befragten Länder angewandt (Australien, Irland, Polen, die ehemalige Tschechoslowakei, Zypern).

Bei den *„Zielprojektionen"* unterscheidet Goméz de Leon grundsätzlich zwischen zwei Methoden: Die Projektion durch Bezug zu einer in der Entwicklung weiter *„fortgeschrittenen"* Bevölkerung („advanced population") und mit Bezug auf eine *biologische Minimalsterbetafel* (Goméz de Leon 1992: 69).

Die Zielprojektion bezeichnet er dabei als die am weitesten verbreitete Methode (17 der befragten Industrienationen orientieren sich an den Verhältnissen in weiter fortgeschrittenen Ländern (meist Japan oder Schweden). Der Grundgedanke ist hierbei, dass die Entwicklung der Sterbewahrscheinlichkeiten im eigenen Land einen ähnlichen Verlauf nimmt wie im „Zielland". Problematisch ist hierbei jedoch, dass die Lebensbedingungen in den betreffenden Ländern mitunter sehr unterschiedlich sind und daher – auch bei vergleichbarem medizinischen Fortschritt – keine Annäherung der Sterblichkeitsverhältnisse zu erwarten ist. Ein weiteres Problem ist in der

Fixierung der Zeitspanne bis zum Erreichen des „Zielniveaus" für die Sterblichkeit zu sehen. – Die *biologische Minimalsterbetafel*, die mehr theoretischen Charakter hat und auch von keinem der befragten Länder als angewandte Methode angegeben wurde, orientiert sich ausschließlich an der altersbedingten Sterblichkeit, d. h. sie schließt „vermeidbare" Todesursachen aus. Auch bei diesem Ansatz stellt die schwierige Frage, bis zu welchem Zeitpunkt der „Idealzustand" erreicht werden kann.

Eine mit der Anwendung einer biologischen Minimalsterbetafel verwandte Methode sind die von Goméz de Leon (1992: 70) beschriebenen *Projektionen unter Berücksichtigung von Sterblichkeitskomponenten*. Hierbei unterscheidet er zwischen folgenden Alternativen:

– Projektionen unter Berücksichtigung von ausgewählten Todesursachen;
– Projektionen unter Berücksichtigung von regionalen Komponenten;
– Projektionen unter Berücksichtigung von Zusammenhängen zwischen Krankheit und Sterblichkeit.

Bei dem zuerst genannten Modell mit Berücksichtigung von *ausgewählten Todesursachen* werden gesonderte Projektionen der auf einzelne Todesursachen bezogenen Sterbewahrscheinlichkeiten vorgenommen (z. B. durch Regression über die Zeit) und diese später zu einer Gesamtsterblichkeit zusammengefasst. Im Hintergrund steht hierbei die Annahme, dass sich nicht alle Todesursachen in gleichem Maße verändern. – Das Problem eines solchen Ansatzes ist in dem sehr differenzierten Datenbedarf zu sehen. Dennoch hatten bei der bereits genannten Umfrage sechs Industrienationen angegeben, die Sterblichkeit gesondert nach Todesursachen zu projizieren (Australien, Ungarn, Polen, Rumänien, Vereinigtes Königreich, USA).

Projektionen unter Berücksichtigung von *regionalen Komponenten* erscheinen dann sinnvoll, wenn es signifikante regionale Unterschiede im Sterblichkeitsniveau gibt und von der Annahme ausgegangen werden kann, dass sich die Verhältnisse angleichen. Ein Beispiel hierfür sind die (noch) unterschiedlichen Sterblichkeitsverhältnisse im westlichen und östlichen Teil Deutschlands und der in amtlichen Bevölkerungsvorausberechnungen gemachten Annahme einer langfristigen Angleichung der Lebenserwartung Ostdeutschlands an das westliche Niveau.

In dem mehr theoretischen Modell mit Berücksichtigung von *Zusammenhängen zwischen Krankheit und Sterblichkeit* geht der Prognose der Sterblichkeit eine Vorausschätzung der Krankheitsverhältnisse voraus, was einen erheblichen Datenbedarf zur Folge hat. Dieses Modell ist naturgemäß auf Kohortenbetrachtungen zugeschnitten. In der Praxis spielt es kaum eine Rolle. Keines der in die o.g. Umfrage einbezogenen Länder machte von ihr Gebrauch.

Zusammenfassend kommt Goméz de Leon (1992: 72) zu folgenden Ergebnissen: Die einfachste Methode ist analog zur Einschätzung der künftigen Geburtenhäufigkeit die Annahme gleich bleibender Sterbewahrscheinlichkeiten. Als Folge eines lang anhaltenden, nach unten gerichteten Trends hat er jedoch bei den meisten Industrienationen eine Extrapolation dieser Entwicklung beobachtet, wobei er hauptsächlich zwischen folgenden Ansätzen unterscheidet:

- Extrapolation einzelner Sterbewahrscheinlichkeiten;
- Extrapolation eines Sterblichkeitsmodells (unter Berücksichtigung der vorhandenen Struktur);
- Extrapolation mit Bezug zu bestimmten ursächlichen Komponenten (insbesondere Todesursachen).

Die Extrapolation wird oftmals graphisch vorgenommen. Beliebt sind auch Zielprojektionen. Grundsätzlich lässt sich aber auch hier – wie bei der Prognose des Geburtenniveaus – sagen, dass häufig verschiedene Methoden nebeneinander zum Ansatz kommen oder miteinander verknüpft werden.

Abschließend ist anzumerken, dass auch bei der Analyse der Sterblichkeit und ihrer Fortschätzung zwischen einer Betrachtung nach Kalenderjahren und einer für Geburtsjahrgänge bzw. Kohorten ermittelten Sterblichkeit unterschieden werden kann. Allerdings sind die Unterschiede in den Ergebnissen hier bei weitem nicht so gravierend wie bei der Entwicklung des Geburtenniveaus, da es naturgemäß kein „timing" wie z. B. bei der Familienplanung gibt. Die auf Kohorten bezogenen Einflüsse für die Sterblichkeit in bestimmten Altersjahren (etwa durch Kriegseinwirkungen früherer Jahre) werden hier sehr deutlich von „periodenbezogenen" Einflüssen, wie z. B. medizinischer Fortschritt, Ernährungsgewohnheiten) überlagert. Diese wirken sich bei der auf Periodenbasis berechneten Lebenserwartung deutlich aus, was bei der Extrapolation der entsprechend berechneten Sterbewahrscheinlichkeiten und bei Zielprojektionen implizit berücksichtigt wird. Als problematisch erweist sich die einfache Anwendung periodenbezogener Sterbetafeln für versicherungsmathematische Zwecke, da hier, bezogen auf den jeweils Versicherten, von den Sterblichkeitsverhältnissen der Gegenwart ausgegangen wird, was bei einer langfristig rückläufigen Sterblichkeit naturgemäß zu einer zu niedrigen Einschätzung der „ferneren" Lebensdauer des Versicherten führt. Für versicherungsmathematische Zwecke wäre es sinnvoll, an Stelle der bisher verwendeten periodenbezogenen Sterbetafel Tafeln zu verwenden, die auf die Lebenserwartung von *Geburtsjahrgangskohorten* abstellen, da hier im Wege der Extrapolation auch einer künftigen Verbesserung der Sterblichkeitsverhältnisse Rechnung getragen werden kann (Bomsdorf 1993). Dinkel (1984) weist auf die Problematik bei der Anwendung von Periodensterbetafeln hin. Den von ihm geäußerten Bedenken gegenüber einer Anwendung von Periodentafeln bei Bevölkerungsprognosen kann jedoch nicht gefolgt werden, da hier einer etwaigen Verbesserung der Sterblichkeitsverhältnisse i.d.R. durch Extrapolation von Querschnittsdaten (Sterbewahrscheinlichkeiten) voll Rechnung getragen wird und für die im Modell aufeinander folgenden Geburtsjahrgänge zunehmend günstigere Sterblichkeitsverhältnisse (d. h. niedrigere Sterbewahrscheinlichkeiten für ein und dasselbe zu durchlaufende Altersjahr) angenommen werden. Ein Blick auf die von mehreren Institutionen für Deutschland vorgenommenen Bevölkerungsvorausberechnungen und die hierbei für den Verlauf der Sterblichkeit zu Grunde gelegten Annahmen (Übersicht 5) spiegelt wider, dass der Annäherung der Sterblichkeit an günstigere Verhältnisse im Ausland (Zielprojektionen) ein sonderer Stellenwert zukommt. Lehnt man sich hierbei nicht an ein bestimmtes Land an, sondern verbindet die jeweils günstigsten altersspezifischen Werte verschiedener weiter „fortgeschrittenen" Länder miteinander, so spricht man auch von einer „Minimalsterbetafel".

Übersicht 5: Annahmen zur Entwicklung wesentlicher Komponenten in aktuellen Bevölkerungsvorausschätzungen für Deutschland, hier: Mortalität

Verfasser	Zeithorizont	Alte Bundesländer			Neue Bundesländer		
		Jahr	Lebenserwartung		Jahr	Lebenserwartung	
			männl.	weibl.		männl.	weibl.
Birg / Flöthmann (Birg / Flöthmann)	1991 - 2050 / 2100	Ausgehend von der allg. Sterbetafel 1986/88 Rückgang altersspezifischer Sterbewahrscheinlichkeiten bis zum Jahr 2005 um 5%, dann Konstanz. Dies entspricht einer Zunahme der Lebenserwartung um 3 bis 4 Jahre			Konstanz des Ausgangsniveaus		
Börsch-Supan (nach Buslei 1995)	1991 - 2050	1990	72,7	79,1	Von 1990 bis 2010 graduelle Anpassung an Lebenserwartung in den alten Bundesländern (des Ausgangsjahres) Von 2010 bis 2030 Anpassung an die dann gültige Mortalität in den alten Bundesländern		
		(nach abgekürzter Sterbetafel 1989/91)					
		2000	74,9	78,9			
		2010	75,7	82,3			
		2030	77,7	84,5			
		2040	78,7	85,7			
		2040 gegenüber 1990	+ 6,0	+6,6			
Bundesanstalt für Landeskundes und Raumordnung (Bucher,H. 1994)	1992 - 2010	1992 *)	73,2	79,6	1992 *)	70	77,2
		1995	73,1	79,7	1995	71,3	77,8
		2000	73,9	80,5	2000	72,2	78,7
		2005	74,6	81,1	2005	72,9	79,5
		2010	74,9	81,2	2010	73,7	80,2
		2010 gegenüber 1992	+1,7	+1,6	2010 gegenüber 1992	+3,7	+3,0
*) Empirische Werte nach Statistischem Bundesamt							
Buslei (Buslei 1995)	1993 - 2040	1992	73,2	79,6	1992	70,0	77,2
		2000	73,7	80,3	2000	72,6	79,3
		2010	74,7	81,3	2010	73,9	80,7
		2020	75,6	82,3	2020	75,1	81,9
		2030	76,5	83,2	2030	76,2	83,0
		2040	77,3	84,0	2040	77,3	84,0
		2040 gegenüber 1992	+4,1	4,4	2040 gegenüber 1992	+7,3	+6,8
Deutsches Institut für Wirtschaftsforschung (DIW 1995)	1993 - 2040	Grundlage für die Annahmen waren Untersuchungen zur Sterblichkeit von Geburtsjahrgangskohorten. Die Vorausschätzung der altersspezifischen Sterbewahrscheinlichkeiten erfolgte mit alters- und geschlechtsspezifischen Paretofunktionen.			Im Osten wurden die Extrapolationen analog, jedoch bezogen auf Kalenderjahre durchgeführt		
		1991/93	73,1	79,5	1991/93	69,9	77,2

Methoden der Bevölkerungsvorausberechnung

Übersicht 5: Fortsetzung

Verfasser	Zeithorizont	Alte Bundesländer			Neue Bundesländer		
		Jahr	Lebenserwartung		Jahr	Lebenserwartung	
			männl.	weibl.		männl.	weibl.
Deutsches Institut für Wirtschaftsforschung (DIW 1995)	1993 - 2040	Grundlage für die Annahmen waren Untersuchungen zur Sterblichkeit von Geburtsjahrgangskohorten. Die Vorausschätzung der altersspezifischen Sterbewahrscheinlichkeiten erfolgte mit alters- und geschlechtsspezifischen Paretofunktionen.			Im Osten wurden die Extrapolationen analog, jedoch bezogen auf Kalenderjahre durchgeführt		
		2000	74,1	80,5	2000	72,1	78,2
		2010	75,1	81,4	2010	74,2	80,4
		2015	75,5	81,7	2015	bis zum Jahr 2040	
		2020	75,5	81,7	2020	Angleichung an	
		2030	75,5	81,7	2030	West-Niveau	
		2040	75,5	81,7	2040	75,5	81,7
		2040 gegenüber 1991/93	+2,4	+2,2	2040 gegenüber 1991/93	+5,6	+4,5

Verfasser	Zeithorizont	Alte Bundesländer			Neue Bundesländer		
		Jahr	Lebenserwartung		Jahr	Lebenserwartung	
			männl.	weibl.		männl.	weibl.
Hof (Hof 1996)	1993 - 2020	Annäherung an heutige Lebenserwartung in Schweden (einschl. der Sterblichkeitsstruktur, d.h. des Verhältnisses der altersspezifischen Sterbewahrscheinlichkeiten zueinander)					
		1992 *)	73,2	79,6	1992 *)	70,0	77,2
		2005	75,4	80,7	2005	73,2	79,1
		2010	76,2	81,1	2010	74,3	79,9
		2015	76,8	81,5	2015	75,3	80,6
		2020	77,3	82,0	2020	76,2	81,3
		2020 gegenüber 1992	+4,1	+2,4	2020 gegenüber 1992	+6,2	+4,1
*) Empirische Werte nach Statistischem Bundesamt							
Statistisches Bundesamt (Sommer 1994)	1993 - 2040	1992	73,2	79,6	1992	70,0	77,2
		2000	74,8	81,3	2000	71,8	78,5
		2010	74,8	81,3	2010	73,4	79,8
		2020	74,8	81,3	2020	74,1	80,5
		2030	74,8	81,3	2030	74,8	81,3
		2040	74,8	81,3	2040	74,8	81,3
		2040 gegenüber 1992	+1,6	+1,7	2040 gegenüber 1992	+4,8	+4,1

Übersicht 5:   Fortsetzung

Prognos (Prognos 1995)	1993 - 2020	Eine zusammenfassende Darstellung der Veränderung der Lebenserwartung wurde von Prognos nicht gegeben. Die Angaben beziehen sich auf altersspezifische Sterbewahrscheinlichkeiten (je 1000 Personen des jew. Alters) bis zum Jahr 2010; danach wurde Konstanz angenommen					
			Alte Bundesländer				Neue Bundesländer
		Altersgruppe	männl.		weibl.		
			1991	2010	1991	2010	
		0-1	7,7	6,8	5,8	5,1	Für die neuen
		2-4	0,4	0,4	0,3	0,3	Länder wurde
		5-9	0,2	0,2	0,2	0,2	- ausgehend
		10-14	0,2	0,2	0,1	0,1	von dort im
		15-19	0,8	0,6	0,3	0,2	Ausgangs-
		20-24	1,1	1,1	0,4	0,4	jahr höheren
		25-29	1,1	1,0	0,4	0,4	Sterblichkeit -
		30-34	1,3	1,3	0,6	0,5	eine Anglei-
		35-39	1,8	1,7	1,0	1,0	chung an das
		40-44	2,7	2,6	1,5	1,4	westliche
		45-49	4,9	4,4	2,5	2,2	Niveau bis
		50-54	7,1	7,5	3,3	3,1	zum Jahr 2010
		55-59	11,8	10,6	5,3	4,8	angenommen
		60-64	18,8	17,5	8,7	8,1	
		65-69	29,5	29,0	14,4	14,2	
		70-74	44,2	42,3	22,9	21,9	
		75-79	79,1	65,5	46,0	37,0	
		80-84	124,9	105,5	82,1	68,0	
		85u. älter	212,5	200	175,5	168	

Auffallend ist, dass bei Anwendung von Extrapolationen deutlich höhere Zuwachsraten der Lebenserwartung als bei Zielprojektionen vermutet werden, was sich durch die „rasante" Entwicklung in den letzten Jahrzehnten erklärt. Offen bleibt hierbei allerdings, ob sich diese Entwicklung mit dem gleichen Tempo fortsetzt oder durch biologische und auch finanzielle „Schranken" gebremst wird.

14.4.4   Wanderungen

Während Geburtenniveau und Sterblichkeit Erscheinungsformen der natürlichen Bevölkerungsbewegung sind und einen mehr oder weniger kontinuierlichen und überschaubaren Verlauf nehmen, folgen Wanderungen anderen, wesentlich schwerer einzuschätzenden Gesetzmäßigkeiten und können insbesondere durch administrative und ökonomische Rahmenbedingungen drastisch verändert werden. Im Mittelpunkt der Betrachtung steht dabei meist die *Außenwanderung*, d. h. die Bewegungen über die Staatsgrenzen. Im Hinblick auf Raumordnung, Landes- und Stadtplanung sind jedoch auch Binnenwanderungen von großem Interesse.

14.4.4.1 Außenwanderung

Wie Cruijsen (1992: 20) feststellt, hängt die *Außenwanderung* stark von ökonomischen Rahmenbedingungen und politischen Entscheidungen ab. Da diese Faktoren nur schwer vorhersehbar sind, ist eine Vorausschätzung von Außenwanderungen äußerst problematisch. Dies ist wohl auch der Grund, aus dem 16 der 23 Länder, die nach der bereits genannten Umfrage die Komponente „Wanderungen" bei ihrer Vorausberechnung berücksichtigten, davon ausgehen, dass sich die im Stützzeitraum beobachteten Bewegungen nicht verändern. – Bei den meisten der übrigen Länder fließen nationale Pläne und politische Zielvorgaben in die Vorausberechnung mit ein. Besonders Länder mit relativ hoher Nettozuwanderung (Australien, Kanada, USA und in der Vergangenheit auch Deutschland) berücksichtigen politische Implikationen bei ihren Wanderungsannahmen – zumindest, was „amtliche" Vorausberechnungen anbelangt. Acht Länder berichteten über eine graphische Extrapolation des bisherigen Trends, zum Teil als zusätzliche Variante zu der bereits erwähnten Umsetzung politischer geprägter Zielvorstellungen. – Nur selten werden Zeitreihenmethoden zur Extrapolation bisheriger Trends verwendet. (Nur Belgien arbeitet mit einem Regressionsmodell.)

Ein Blick auf die Bevölkerungsvorausberechnungen mehrerer Institutionen für Deutschland (Übersicht 6) macht deutlich, dass hier das wirtschaftliche und politische Umfeld und auch Überlegungen zum Einwanderungsdruck aus weniger entwickelten Ländern von zentraler Bedeutung sind, während z. B. Trendberechnungen so gut wie keine Rolle spielen.

14.4.4.2 Binnenwanderung

Die Bedeutung der *Binnenwanderung* für wirtschafts- und sozialpolitische Entscheidungen wird immer wieder deutlich, wenn im nationalen und auch internationalen Bereich – von Problemen der Ballungsgebiete, der Groß- bzw. Megastädte oder von Entwicklungsplänen für strukturschwache Gebiete usw. – die Rede ist. In Deutschland steht nach der Wiedervereinigung die Ost-West-Wanderung im Blickpunkt des Interesses, auf lange Sicht sind es aber generell die Bewegungen zwischen Bundesländern, Raumordnungsregionen bis hin zu Wanderungen zwischen Kreisen und Gemeinden.

Ein Beispiel für die Berücksichtigung von *Wanderungen zwischen Regionen* ist die Bevölkerungsprognose der Bundesanstalt für Landeskunde und Raumordnung für die 97 Raumordnungsregionen des Bundesgebietes mit einem Zeithorizont von knapp 20 Jahren (Ende 1991 bis Ende 2010) (Bucher et al. 1994: 815 ff., ferner: Bucher 1995).

Übersicht 6: Annahmen zur Entwicklung wesentlicher Komponenten in aktuellen Bevölkerungsvorausschätzungen für Deutschland, hier: Wanderungen

Verfasser	Zeithorizont	Jahr	Jährl. Saldo	Kumuliert	Jahr	Jährl. Saldo	Kumuliert
Birg / Flöthmann (Birg / Flöthmann 1993)	1991 - 2050 / 2100	Standardvariante			Erweiterte Standardvariante		
		1991	429	.	1991	431	.
		1992	394	.	1992	439	.
		1993	359	.	1993	409	.
		1994	324	.	1994	359	.
		1995	289	.	1995	304	.
		1996	254	.	1996	244	.
		1997	254	.	1997	246	.
		1998	254	.	1998	247	.
		1999	254	.	1999	248	.
		2000	254	.	2000	249	.
		2001	254	.	2001	251	.
		2002	254	.	2002	252	.
		2003	254	.	2003	252	.
		2004	254	.	2004	253	.
		2005	254	.	2005	253	.
		2006	264	.	2006	255	.
		2007	usw.	.	2007	256	.
		2008	konstant	.	2008	257	.
		2009	bis 2050	.	2009	258	.
		2010	.	5.600	2010	259	5.700
		2011	.	.	2011	260	.
		2012	.	.	2012	260	.
		2013	.	.	2013	261	.
		2014	.	.	2014	261	.
		2015	.	.	2015	261	.
		2016	.	.	2016	261	.
		2017	.	.	2017	262	.
		2018	.	.	2018	262	.
		2019	.	.	2019	262	.
		2020	.	8.200	2020	262	8.300
		.	.	.	.	usw.	.
		.	.	.	.	konstant	.
		.	.	.	.	bis 2100	.
		2030	.	10.900	2030	.	11.000
		.	.	.	.	.	.
		.	.	.	.	.	.
		2040	.	13.500	2040	.	13.600
		2050	264	16.200	2050	.	16.200
		.	x	x	.	.	.
		.	x	x	.	.	.
		.	x	x	.	.	.
		2100	x	x	2100	262	29.300
Börsch-Supan (nach Buslei 1995)	1991 - 2050	Jahr	Jährl. Saldo	Kumuliert	Jahr	Jährl. Saldo	Kumuliert (ab 1993)
		1993	407	.	2001	115	.
		1994	291	.	2002	112	.
		1995	175	.	.	usw.	.
		1996	186	.	.	konstant	.
		1997	199	.	.	bis 2040	.
		1998	151	.	2010	.	2.800
		1999	138	.	.	.	.
		2000	132	1.680	.	.	.

Übersicht 6: Fortsetzung

		Jahr	Jährl. Saldo	Kumuliert	Jahr	Jährl. Saldo	Kumuliert
Börsch-Supan (nach Buslei 1995)	1991 - 2050				2020	.	(ab 1993) 3.900
					2030	.	5.000
					2040	112	6.100
Bundesanstalt f. Landeskunde u. Raumordnung (Bucher, H. 1994)	1992 - 2010	Jahr	Jährl. Saldo	Kumuliert	Jahr	Jährl. Saldo	Kumuliert (ab 1992)
					2001	420	.
		1992	788	.	2002	400	.
		1993	471	.	2003	380	.
		1994	470	.	2004	370	.
		1995	460	.	2005	350	.
		1996	460	.	2006	350	.
		1997	450	.	2007	350	.
		1998	440	.	2008	350	.
		1999	430	.	2009	350	.
		2000	420	.	2010	350	.
Buslei (Buslei 1995)	1993 - 2040	Jahr	Jährl. Saldo	Kumuliert	Jahr	Jährl. Saldo	Kumuliert (ab 1993)
		Variante 1 (von 1993 - 1999 wie StBA Variante1)			Variante 2 (wie StBA Variante 2)		
		1993	614	.	1993	614	.
		1994	580	.	1994	590	.
		1995	530	.	1995	555	.
		1996	480	.	1996	520	.
		1997	430	.	1997	485	.
		1998	380	.	1998	450	.
		1999	260	.	1999	345	.
		2000	220	3.494	2000	280	3.839
		2001	186	.	2001	246	.
		2002	186	.	2002	246	.
		2003	186	.	2003	246	.
		2004	186	.	2004	246	.
		2005	186	.	2005	245	.
		2006	184	.	2006	245	.
		2007	184	.	2007	245	.
		2008	184	.	2008	244	.
		2009	184	.	2009	244	.
		2010	184	5.344	2010	244	6.290
		2011	140	.	2011	200	.
		2012	140	.	2012	200	.
		2013	140	.	2013	200	.
		2014	140	.	2014	200	.
		2015	140	.	2015	200	.
		2016	140	.	2016	200	.
		2017	140	.	2017	200	.
		2018	140	.	2018	200	.
		2019	140	.	2019	200	.
		2020	140	6.744	2020	200	8.290
		2021 usw. bis 2040		.	2021 usw. bis 2040		.
		2030	.	8.144	2030	.	10.290

Übersicht 6: Fortsetzung

	1993 - 2040	Jahr	Jährl. Saldo	Kumuliert	Jahr	Jährl. Saldo	Kumuliert (ab 1993)
Buslei (Buslei 1995)	1993 - 2040		Variante 1 (von 1993 - 1999 wie StBA Variante1)			Variante 2 (wie StBA Variante 2)	
		.	.	.	.	.	.
		2040	140	9.544	2040	200	12.290
				Bundesamt, Variante 2			
Deutsches Institut für Wirtschafts- forschung (DIW 1995)	1993 - 2040	1993	471	.	2011	165	.
		1994	342			usw.	
		1995	355			bis	
		1996	365			2019	
		1997	355			.	.
		1998	347	.	2019	165	.
		1999	330	.	2020	145	6.360
		2000	270	2.835	.	usw.	.
		2001	215	.	.	bis 2040	.
		2002	205		.	.	.
		2003	205		.	.	.
		2004	205	.	2030	.	7.810
		2005	180	.	.	.	.
		2006	180				
		2007	180				
		2008	180				
		2009	180	.	.	.	.
		2010	165	4.730	2040	145	9.260
Hof (Hof 1996)	1993 - 2020	Jahr	Jährl. Saldo	Kumuliert	Jahr	Jährl. Saldo	Kumuliert (ab 1993)
		1993	300	.	2011	300	.
		.	usw.	.	.	.	.
		.	bis 2020	.	.	.	.
		2000	300	2.400	.	.	.
		.	.	.	.	.	.
		2010	300	5.400	2020	300	8.400
Prognos (Prognos 1995)	1993 - 2020	Jahr (ausgewählte Jahre)	Jährl. Saldo	Kumuliert (ab 1993)	Jahr (ausgewählte Jahre)	Jährl. Saldo	Kumuliert (ab 1993)
			Obere Variante			Untere Variante	
		1992	787	.	1992	787	.
		1995	285	.	1995	285	.
		2000	145	2.362	2000	35	2.414
(Prognos 1995)	2020	2010	298	.	2010	74	.
		2020	303	7.640	2020	74	3.673
		2030	303	.	2030	74	.
		2040	303	13.690	2040	74	4.619

Übersicht 6: Fortsetzung

Statistisches Bundesamt (Sommer 1994)	1993 - 2040	Jahr	Jährl. Saldo	Kumuliert (ab 1993)	Jährl. Saldo	Kumuliert (ab 1993)	Jährl. Saldo	Kumuliert (ab 1993)
			Variante 1		Variante 2		Variante 3	
		1993	614	.	614	.	614	.
		1994	580	.	590	.	600	.
		1995	530	.	555	.	580	.
		1996	480	.	520	.	560	.
		1997	430	.	485	.	540	.
		1998	380	.	450	.	520	.
		1999	260	.	345	.	430	.
		1999	260	.	345	.	430	.
		1999	260	.	345	.	430	.
		2000	180	3.454	280	3.839	380	4.224
		2001	146	.	246	.	346	.
		2002	146	.	246	.	346	.
		2003	146	.	246	.	346	.
		2005	145	.	245	.	346	.
		2006	145	.	245	.	345	.
		2007	145	.	245	.	345	.
		2008	144	.	244	.	344	.
		2009	144	.	244	.	344	.
		2010	144	4.905	244	6.290	344	7.676
		2011	100	.	200	.	300	.
		.	(usw.	.	(usw.	.	(usw.	.
		.	bis	.	bis	.	bis	.
		.	2040)	.	2040)	.	2040)	.
		2020	.	5.905	.	8.290	.	10.676
		2030	.	6.905	.	10.290	.	13.676
		2040	100	7.905	200	12.290	300	16.676

Das Prognosemodell unterscheidet zwischen „West" und „Ost" und wendet– bedingt durch die Umbruchsituation im Osten Deutschlands – ein mehrstufiges Verfahren an. Wanderungen zwischen den Raumordnungsregionen innerhalb des westlichen bzw. östlichen Teils Deutschlands wurden auf der Grundlage empirisch ermittelter Fortzugsraten der „Herkunftsregionen" ermittelt und über ebenfalls empirisch gestützte Wanderungswahrscheinlichkeiten auf Zielregionen verteilt. Wanderungen zwischen beiden Teilen Deutschlands wurden zunächst einmal in ihrer Gesamtheit im Rahmen eines langen Diskussionsprozesses zwischen Experten (einschl. einer sog. „Delphi-Runde) festgelegt und anschließend auf Herkunfts- und Zielregionen verteilt. Hierbei konnte jedoch auf Grund der kurzen Zeitspanne seit der Wiedervereinigung noch nicht auf verlässliche (zeitstabile) Verflechtungsmuster zurückgegriffen werden. An deren Stelle traten wanderungstheoretische Hypothesen, die ihren Niederschlag in einem Schätzmodell für eine Wanderungsverflechtungsmatrix fanden.

Diese Wanderungsverflechtungsmatrix stellt ihrem Wesen nach ein Gravitationsmodell mit den „klassischen" Komponenten der Bevölkerungsbestände von Herkunfts- und Zielregionen sowie der Distanz zwischen beiden dar. Ergänzt werden diese Komponenten um Push- und Pullfaktoren, die die Eigenschaften der Regionen beschreiben und in einem inhaltlichen Zusammenhang mit den Wanderungsmotiven stehen. Die Fortschreibung der Matrix erfolgte zunächst für die alten Länder im Wege der Regression und wurde in einem zeitlich-räumlichen Analogieschluss auf das vereinte Deutschland übertragen.

Einen regional noch stärkeren Differenzierungsgrad als die BfLR-Prognose hat das Modell des Landesamtes für Datenverarbeitung und Statistik Nordrhein-Westfalen (Müller 1987: 347-349). Um den regionalspezifischen Besonderheiten Rechnung zu tragen, werden die bereits nach Geschlecht und 100 Altersjahren untergliederten demographischen Kohorten originär auf Ebene von *Kreisen und kreisfreien Städten* (insgesamt 54 Verwaltungseinheiten im Land Nordrhein – Westfalen) gerechnet. Die Wanderungen zwischen diesen Verwaltungseinheiten wurden auf Grund von empirisch abgestützten Wahrscheinlichkeiten prognostiziert. Hierbei fand ein Matrixmodell Anwendung, das für die 54 Kreise bzw. kreisfreien Städte jeweils angibt, welche Wanderungsströme in die übrigen 53 Verwaltungseinheiten ausgehen. Diese relativ starke Differenzierung (jeweils in der weiteren Untergliederung nach Geschlecht Alter und deutschem bzw. ausländischem Bevölkerungsteil) hat zwangsläufig zu sehr schwach besetzten Matrixfeldern geführt. Um die damit verbundene Gefahr zufallsbedingter Verzerrungen zu kompensieren, wurde empirische Daten eines mehrjährigen Stützzeitraumes verwendet. – Bei der Bevölkerungsprognose 1984 (bis zum Jahr 2010) wurde zudem im Hinblick auf die Binnenwanderung zwei Varianten gerechnet: Zum einen mit unveränderten Umzugswahrscheinlichkeiten, zum andern mit einem (linearen) Abbau der Binnenwanderungswahrscheinlichkeiten bis zur Jahrtausendwende. Aber auch bei Abbau der Wanderungswahrscheinlichkeiten wurde letztlich (bis zum Erreichen des Zieljahres) von einer Konstanz der regionalen Strukturunterschiede ausgegangen.

Ein ähnliches Wanderungsmodell liegt dem regionalen Prognosesystem des Statistischen Landesamtes Rheinland-Pfalz zu Grunde (Libowitzky 1993: 193). Auch hier werden – basierend auf einem mehrjährigem Stützzeitraum – auf Kreisebene Fortzugsziffern errechnet, die über eine Verflechtungsmatrix den Zielkreisen zugeordnet werden. Das Modell wird jährlich neu gerechnet und überbrückt einen Zeithorizont von 15 Jahren. Dabei werden für die Binnenwanderung jeweils konstante konstante Fortzugsziffern zu Grunde gelegt.

14.5 Ausblick: Nutzung von Bevölkerungsvorausberechnungen für weitergehende Prognosen

Bevölkerungsvorausberechnungen sind häufig nur die erste Stufe für weiter differenzierte, auf bestimmte Bevölkerungsgruppen bezogenen Prognosen. Da hier zusätzliche Annahmen, z. B. über das Haushaltsgründungsverhalten, die Beteiligung am Bildungswesen oder aber am Erwerbsleben gemacht werden müssen, nimmt das Risiko einer Fehleinschätzung der künftigen Entwicklung zu. Aus diesem Grund werden solche Prognosen i.d.R. über weniger lange Zeiträume gerechnet als „reine" Bevölkerungsprognosen. Beispiele für weiter differenzierte Prognosen sind:

– *Haushaltsvorausberechnungen*, z. B. die Haushaltsvorausberechnung des Statistischen Bundesamtes aus dem Jahre 1992 mit einem Zeithorizont bis zum Jahr 2010 (Voit 1992). Diese Berechnung beruht auf einem Makroverfahren (sog.

Haushaltsmitgliederquotenverfahren). Daneben kommen gerade in diesem Bereich häufig Mikrosimulationen zur Anwendung (Grünewald 1992).
- *Prognose der Studienanfänger, Studenten und Hochschulabsolventen*, z. B. die Prognose der Kultusministerkonferenz aus dem Jahre 1989 mit einem Zeithorizont bis zum Jahre 2010 (Statistische Veröffentlichungen der Kultusministerkonferenz 1989). Weitere Beispiele sind Modellrechnungen von Reinberg, A. et al. über Zugangsquoten für Berufsfachschulen, Fachschulen, Fachhochschulen und Universitäten bis zum Jahr 2020 (Reinberg 1995).
- *Prognosen des Erwerbspotentials*, z. B. die Modellrechnungen von Thon, M. zur künftigen Entwicklung des Erwerbspersonenpotentials bis zum Jahr 2010 mit Ausblick auf das Jahr 2030, in denen u. a. Effekte einer Verlängerung der Lebensarbeitszeit und eines Anstiegs der Frauenerwerbsquote in den alten Bundesländern berücksichtigt werden (Thon 1991).
- *Prognosen zur Entwicklung der finanziellen Lage der Rentenversicherung*, z. B. Modellrechnungen von Weprek, A. zur langfristigen Entwicklung der Rentenbestände und Rentenausgaben mit Schätzungen von sog. Belastungsquotienten (z. B. Rentnerquotient = Quotient aus Rentenbeziehern und Beitragszahlern) (Weprek 1992) oder aber Schätzungen von Prognos über finanzielle Auswirkungen der demographischen Entwicklung auf die gesetzliche Rentenversicherung (u. a. Darstellung von Ausgaben, Einnahmen und möglicher Entwicklung des Beitragssatzes, jeweils unter bestimmten Annahmen zur Bevölkerungsentwicklung als auch zur Art der des Ausgleichs) (Prognos 1995).

15

Methoden der Netzwerkanalyse

Walter Bien

Einleitung

Im Rahmen der Bevölkerungswissenschaft wird der Netzwerkbegriff meist im Kontext der Migrationsforschung (Portes 1996) benutzt. Gemeint sind dabei meist neu zu bildende Beziehungsstrukturen, die den Gegenpol einer angenommenen Isolation nach einer Migration bilden. Allgemeiner gesehen wird "das soziale Netzwerk einer Person" als Synonym einer erfolgreichen Integration in einen sozialen Kontext aufgefasst, die im Sinne einer erfolgreichen Lebensbewältigung im Allgemeinen und nach einer Emigration im Besonderen anzustreben ist. Ähnlich wie in der anthropologischen Forschung ist damit nicht unbedingt eine nähere Spezifizierung der Begriffe im Sinne der (formalen) Netzwerkanalyse verbunden. Eine Beschreibung von z. B. Migrationsströmen (Bien 1983a, b; Highes 1993; Nogle 1994) bzw. anderen wohldefinierten Beziehungen (Tewman 1988) als Netzwerk ist dagegen eher selten zu finden.

Eine Besonderheit bilden Diffusionsprozesse (Strang, Tuma 1990) insbesondere in der Verbreitung von Kontrazeptionstechniken bzw. -mitteln (Rogers, Kincaid 1981). Andere Anwendungen, z. B. die Veränderung von Netzwerken als Folge des demographischen Wandels (Guseman et al. 1985), oder das Erschließen von Familien über egozentrierte Netzwerke statt über Haushalte (Bien, Marbach 1991) zeigt, dass die Verwendung des Begriffs Netzwerk in der demographischen Forschung durchaus nicht ungeläufig ist, die Anwendung der Methoden der Netzwerkanalyse im engeren Sinn aber eher selten Anwendung findet.

Woran liegt es, dass ein so mächtiges Instrument wie die Netzwerkanalyse z. B. in einem Feld, das sich wie die Migrationsflüsse nahezu optimal anbietet, kaum genutzt wird? Netzwerkanalyse ist keine Variation eines anderen Methodenkonzepts in den Sozial- bzw. Humanwissenschaften, sondern ein vollständig neues Forschungsparadigma, das eine qualitative Veränderung in der Operationalisierung von Theorien und daraus abgeleiteten Erhebungs- und Analyseinstrumenten erfordert.

Im traditionellen Forschungsparadigma werden Zustände nur als Eigenschaften von Personen, Personengruppen oder größeren sozialen Einheiten untersucht. Damit werden die theoretischen Überlegungen zur Struktur der Gesellschaft, wie sie bei Montesquieu ([1748] 1900), Simmel (1908) oder Durkheim ([1893] 1947, [1895] 1938) aufzufinden sind und die sich explizit auf Beziehungen und Beziehungsmuster bezogen haben, in der empirischen Sozialforschung drastisch reduziert (Maryanski 1991). Nahezu alle bekannten quantitativen Verfahren im traditionellen Paradigma analysieren Variablen, die solche Eigenschaften für eine Vielzahl von Fällen zusammenfassen. Verschiedene Variablen (Eigenschaften) erscheinen als Spalte einer Matrix, deren Zeilen Fälle (z. B. befragte Personen) über diese Variablen (Eigenschaften) beschreiben. Analysen oder Instrumente zur Aggregation von Informationen in solchen Variablen gehen dabei immer von der Grundvoraussetzung aus, dass die einzelnen Fälle (Zeilen) dieser Matrix voneinander unabhängig sind. Informationen, die nicht in dieses Paradigma passen, werden in der Regel transformiert und dem Paradigma angepasst. Ein Beispiel hierfür ist die Umwandlung von Wanderungsströmen in Zahlen des Gesamtzuzugs (Indegree) und Gesamtwegzugs (Outdegree) der jeweiligen Herkunftsregion. Die Gesamtzahl der Einwanderer in eine Region (Gesamtzuzug) und die Gesamtzahl der Auswanderer aus einer Region (Gesamtauszug) bestimmen sich aus der Summe aller Wanderungsströme in eine Region bzw. der Summe aller Wanderungsströme aus einer Region. Die Information, z. B. die Anzahl der Personen in einem Strom, die von einer Region in eine ganz bestimmte andere Region auswandern, wird dabei unmittelbar nicht für weitere Analysen verwendet. Die Umwandlung/Transformation in Gesamtzu-, bzw. -wegzugszahlen verändert aber die ursprüngliche Information. Dies ist leicht nachvollziehbar, da man aus diesen aggregierten Zahlen das ursprüngliche Muster der Wanderungsströme nicht mehr zurückbestimmen kann. Es ist also ehemals vorhandene Information durch die Transformation verloren gegangen.

Die Netzwerkanalyse versucht hier einen anderen Zugang. Sie ist der Oberbegriff für die Beschreibung und Analyse von Wirklichkeit, bei der nicht nur Eigenschaften von Elementen, sondern andere, zusätzliche Informationen gesondert oder simultan berücksichtigt werden. Solche zusätzlichen Informationen sind (wie z. B. die Wanderungsströme zwischen Regionen) Zustände, Eigenschaften und Veränderungen von Beziehungen (Relationen). Die Eigenschaften von Beziehungen unterscheiden sich qualitativ von Eigenschaften der Elemente, die an dieser Beziehung beteiligt sind. So können die Gesamtzuzugszahlen mehrerer Regionen gleich sein; d. h. jede dieser Regionen hat die gleiche Anzahl von Personen, die in die Regionen einwandert, jede der Regionen hat die gleiche Anzahl der Personen, die aus der Region auswandert, und Einwanderungs- und Auswanderungszahl je Region sind ebenfalls gleich. Trotzdem können alle Migrationsströme zwischen diesen Regionen unterschiedlich sein. Es ist sogar wahrscheinlich, dass zwischen zwei Regionen die Auswanderungsrate von der Region A in die Region B z. B. größer ist als die Einwanderungsrate von der Region B zur Region A. Selbst wenn sich, wie in diesem Fall, die Eigenschaften der Elemente aus den Eigenschaften der Beziehungen bestimmen lassen, handelt es sich um zwei qualitativ unterschiedliche Informationen.

Um das traditionelle Paradigma der Eigenschaften von Elementen zu erhalten, könnte es sich anbieten, Beziehungen ebenfalls als ein Element zu betrachten und ansonsten mit der gewohnten Art der Analyse fortzufahren. Wenn man z. B. 10 Regionen untersucht, zwischen denen Migration stattfindet, so kann man die 90 asymmetrischen Migrationsströme (jede Region mit jeder anderen Region in beide Richtungen) und die 10 Binnenmigrationen (Migration jeweils innerhalb einer der 10 Regionen) als 100 Fälle ansehen, die wieder in einer Matrix mit verschiedenen Variablen über

100 Fälle als Beziehungen dargestellt werden und dann das bekannte Instrumentarium zur Analyse von Eigenschaften von Elementen verwenden. Spätestens aber dann, wenn man eine Struktur in den Daten erwartet, d. h. wenn nicht jede Beziehung (Migrationsstrom) vollständig unabhängig von allen anderen Beziehungen (Migrationsströmen) ist, wird gegen eine der wesentlichen Grundannahmen für die meisten Instrumente im traditionellen Paradigma, "die Unabhängigkeit der Fälle voneinander", verstoßen. Netzwerkanalyse bedeutet aber nicht nur eine Analyse von einzelnen nicht aufeinander beziehbaren Relationen, sondern meist Analysen von Beziehungsgeflechten, in denen Eigenschaften von Elementen und von Beziehungen wechselseitig voneinander abhängig sind und es Untermengen von Beziehungen gibt, für die es Kombinationsregeln oder Kombinationsdefinitionen gibt. So lassen sich bei Beeinflussungsstrukturen (z. B. bei der Einführung von Geburtenkontrolle) zwischen z. B. drei Rollenträgern in einer dörflichen Gemeinschaft Kommunikationsbeziehungen identifizieren, die auf zwei Einzelbeziehungen zurückzuführen sind. Person A überzeugt Person B von der Wichtigkeit der Geburtenkontrolle, Person B überzeugt Person C von der Wichtigkeit der Geburtenkontrolle, sodass sich eine indirekte Einflussbeziehung von A nach C nachweisen lässt.

Ähnliches kann auch für Migrationsströme gelten; z. B. die Anzahl der Personen, die zuerst in der Region A gewohnt haben, dann in die Region B umgezogen sind und später von der Region B in die Region C gezogen sind. Die Anzahl solcher Personen, die in zwei Schritten von A nach C emigriert sind, bestimmt sich durch die Schnittmenge der Personen, die von A nach B emigriert sind und der Personen, die von B nach C emigriert sind. Die Kombinationsregel für Beziehungen ist bei diesem Beispiel wohldefiniert und stammt aus der Mengenlehre.

Netzwerkanalyse erweitert das Paradigma der Analyse von Eigenschaften von Einzelelementen um die Analyse von Eigenschaften von Beziehungen sowie um die Analyse von Kombinationsregeln von Beziehungen. Das erlaubt dann, nicht nur diese Strukturen wiederum als Einzelelemente durch damit zuordbare Meta-Eigenschaften zu beschreiben, sondern auch den internen Aufbau solcher Strukturen zu erfassen und zu berücksichtigen. Eine Ausnahme der Ignorierung von Eigenschaften von Beziehungen stellt die Ähnlichkeitsbeziehung dar, die im traditionellen Paradigma meist als ausschließliche Möglichkeit relationaler Betrachtungsweisen eine weite Verbreitung hat. Ähnlichkeit ist aber nur eine Eigenschaft unter vielen anderen denkbaren Eigenschaften von Relationen.

Um beim Beispiel der Migration zu bleiben, eine große Ähnlichkeit zwischen zwei Regionen hinsichtlich des Zuzugs und Abzugs von Migranten heißt nicht, dass zwischen solchen Regionen eine Migration stattfindet. Die einseitige Fixierung auf Ähnlichkeit als Einzige denkbare Realisierung von Relationen ist eine Ursache für das Missverständnis zwischen Vertretern des klassischen Paradigmas und der Vertretern des Netzwerkparadigmas.

15.1 Geschichte der Netzwerkanalyse

Die Entwicklung des Netzwerkparadigmas geht nach Wolfe (1978: 56) auf vier verschiedene Forschungsinteressen zurück:

a) mehr Interesse an Beziehungen als an Dingen;
b) mehr Interesse an Prozessen als an Formen;
c) Untersuchung von elementaren Phänomenen anstatt von Institutionen;
d) den Wunsch, Entwicklungsmodelle (generative models) anstatt funktionaler Modelle (functional models) zu konstruieren.

Dies führte zu einem Forschungsansatz, der Muster von Beziehungen zwischen Personen und Kollektiven analysiert und dabei ausgerichtet ist auf:

a) strukturelle Eigenschaften und nicht auf Aggregierung von individuellen Einheiten;
b) die Zuteilung von knappen Ressourcen in konkreten Systemen von Macht, Abhängigkeit und Koordination;
c) komplexe Netzwerkstrukturen und nicht ausschließlich auf dyadische Beziehungen;
d) Fragen zu Netzwerkgrenzen, Untergruppen und grenzüberschreitenden Verbindungen;
e) komplexe Strukturen und nicht nur einfache Hierarchien von Macht und Abhängigkeit (nach INSNA Connections Vol. 1, No. 1, p. 21).

John Scott (1991) dokumentiert die Entwicklungsgeschichte der sozialen Netzwerkanalyse, die bis in die 30er-Jahre zurückgeht, in denen Psychologen und Soziologen in Harvard die Muster von zwischenmenschlichen Beziehungen und die Formationen von Cliquen untersuchten und Anthropologen aus Manchester versuchten, Beziehungen in Stamm- und Dorfgemeinschaften bei ihren Untersuchungen zu berücksichtigen. In der Tradition von Köhlers Gestaltpsychologie (Köhler 1925) entwickeln Kurt Lewin (1936), Jakob Moreno (1934) und Fritz Heider (1946) Möglichkeiten, um die Struktur in Kleingruppen zu beschreiben. Moreno nutzte eine eher intuitive Darstellung von Gruppenstrukturen durch Linien und Punkte. Lewin beschrieb auf der Grundlage von Assoziationen zu mathematischen Techniken der Topologie und Mengenlehre das Verhalten in Kleingruppen, das er durch ein Feld von sozialen Kräften bestimmt sah. Heider war interessiert an der Kombination von Beziehungen zwischen z. B. drei Personen (Triaden) und interpretierte unterschiedliche Beziehungskonstellationen zwischen den drei Personen mit einem Konzept der Balance.

Zurückgehend auf Ideen von Euler (1736), die erstmalig unter dem Namen Graphentheorie von König (1936) zusammengefasst wurden, hat eine Gruppe von Soziologen und Mathematikern die vorgenannten Konzepte operationalisiert (Cartwright, Sander 1953; Harary, Norman 1953; Bavellas 1950). Die Idee der ausbalancierten Triaden nach Heider ist dann von Davis (1976, 1968) aufgegriffen und von Holland und Leinhard (1979) weitergeführt worden. Einen zweiten Zugang, der inhaltlich auf Radcliffe-Brown zurückgeht, sieht Scott in den Versuchen, Substrukturen aufzufinden und Beziehungen zwischen ihnen zu definieren. Die Vielzahl der Algorithmen zum Auffinden von Substrukturen auf Grund von Homogenitäten basieren auf diesem Ansatz. Ein dritter Schritt führte dann zu der Etablierung des Begriffes Netzwerkanalyse mit einem zugehörigen Set von Methoden, wie er heute bekannt ist. Eine genauere Beschreibung der Entwicklung findet sich z. B. in Scott (1991) im Kap. "Development of Social Network Analysis".

15.2 Konzepte der Netzwerkanalyse

15.2.1 Eigenschaften von Beziehungen (Relationen)

Zwischen n Personen existieren immer n * (n-1)/2 mögliche symmetrische Beziehungen (jeder mit jedem). Sind beide Richtungen a-->b und b-->a zugelassen, dann existieren n * (n-1) mögliche asymmetrische Beziehungen. Ist auch die Beziehung eines Elements zu sich selber erlaubt, existieren n*n Beziehungen. Das bedeutet, dass die Anzahl der Beziehungen sehr viel schneller als die Anzahl der Personen wächst:

	Anzahl der Elemente	Anzahl der symmetrischen Beziehungen
Familie	5 Personen	10
Binnenmigration	16 Bundesländer	120
Binnenmigration	440 Stadt- und Landkreise	96.580

Beziehungsanalysen erfordern daher immer mehr Aufwand als Analysen von Elementen. Ein Teil der Eigenschaften von Beziehungen ist kontextunabhängig und beschreibt methodische Merkmale von Aspekten. Feger (1987) zeigt die folgende Tabelle von Eigenschaften (nach Roberts 1979: 15), die zwar zu *keinem* vollständigen Calculus von Relationen (Tarski 1941) führen, aber zu einer Gliederung beitragen können. Eine binäre Relation (**X** (Menge von Elementen), Run (Beziehung zwischen zwei Elementen mit zwei Ausprägungen, z. B. vorhanden und nicht vorhanden))

ist: sofern:

(1) reflexiv   aRa,   für alle a ε X
(2) nicht reflexiv   (1) gilt nicht
(3) irreflexiv   ~aRa,   für alle a ε X
(4) symmetrisch   aRb --> bRa,   für alle a,b ε X
(5) nicht symmetrisch   (4) gilt nicht
(6) asymmetrisch   aRb --> ~bRa,   für alle a,b ε X
(7) antisymmetrisch   aRb und bRa --> a = b,   für alle a,b ε X
    (identitiv)
(8) transitiv   aRb und bRc --> aRc,   für alle a,b,c ε X
(9) nicht transitiv   (8) gilt nicht

(10) negativ transitiv   ~aRb und ~bRc--> ~aRc,   für alle a,b,c ε X
    gleichbedeutend: xRy --> xRz oder zRy,   für alle a,b,c ε X
(11) strikt vollständig aRb oder bRa,   für alle a,b ε X
(12) vollständig   aRb oder bRa,   für alle a?b ε X
(13) eine *f* Äquivalenzrelation, wenn Reflexivität, Symmetrie und Transitivität gegeben ist.
~ bedeutet "nicht",   --> bedeutet "impliziert"

Die *formalen* Eigenschaften bestimmen (z. T. als notwendige Bedingungen) Möglichkeiten der Zusammenfassung und Kombination von Relationen zu komplexeren Strukturen. Ein anderer Teil dieser Eigenschaften ist *inhaltlich* bestimmt und bezieht sich auf den Kontext, der die jeweilige Beziehung umfasst. Es gibt dabei konkrete Beziehungsinhalte wie:

a) *Austauschbeziehungen:* die z. B. den Austausch von Ressourcen zwischen Elementen beschreiben (Migration zwischen Regionen);

b) *Distanzbeziehungen*: Je größer die Zahl, umso größer ist die Entfernung (Kilometerangabe zwischen urbanen Zentren);

c) *Nähebeziehungen*: Je größer die Zahl, umso kleiner ist die Entfernung, aber auch abstrakte Beziehungen wie z. B.

d) *Ähnlichkeitsbeziehungen*: Je größer die Zahl, desto größer ist die Ähnlichkeit (Korrelationsmaße, meist Produkt-Momentkorrelation);

e) *Unähnlichkeitsbeziehungen*: Je größer die Zahl, desto kleiner ist die Ähnlichkeit (Anzahl der Abweichungen zwischen zwei Elementen).

Im Folgenden sollen Wechselwirkungen formaler Eigenschaften und inhaltlicher Bezüge in empirischen Kontexten andiskutiert werden.

15.2.1.1 Reflexivität

Die Reflexivität als Eigenschaft von Relationen ist entgegen alltagspsychologischen Vorstellungen nicht trivial. Dabei wird oft vergessen, dass in Aufzählungen, wie denen von Roberts (1979), nicht die Unterscheidung von Tarski (1941) zwischen "Identitätsrelation" (ist identisch mit sich selbst) und "universeller Relation" (ist bezogen auf sich selbst) vorgenommen wird. Wendet man die "Identitätsrelation" (R = 1') auf eine Struktur mit Elementen an, die Regionen bedeuten, so ist sicherlich die Eigenschaft "Reflexivität"

a1'a   mit a = irgendeine reale Region

trivial. Wendet man dagegen die universelle Relation (R = 1) auf eine Struktur an, so ist die Eigenschaft "Reflexivität" a1a   mit a = irgendeine reale Region

nicht mehr trivial; z. B. für 1 = Migration sind zumindest Zweifel daran erlaubt, ob die Relation a1a (regionale Binnenmigration) zulässig ist und mit einer Relation des Typs a1b (a≠b) (Außenmigration) direkt vergleichbar ist und diese sollten daher, wenn sie durch ein Strukturmodell oder eine Theorie vorausgesetzt werden, für die spezielle Situation überprüft werden.

15.2.1.2   Symmetrie vs. Asymmetrie von Daten

Bevor man theoretische oder empirische Aussagen über die Eigenschaft der Symmetrie von Relationen machen kann, ist es notwendig zu klären, um welche Subklasse es sich handelt, da es unterschiedliche theoretische Erwartungen über das Auftreten dieser Eigenschaft für die einzelnen Subklassen gibt. Feger und Neulen (1978) unterscheiden 10 Arten von Urteilen über Sympathiebeziehungen, die eine Submenge des folgenden Fassettendesigns sind (jeweils ein Weg durch das Fassettendesign).

Ein Urteil über eine Beziehung kann bei einer Person $\{\begin{array}{c} a \\ b \end{array}\}$ über

eine Beziehung, an der sie $\{\begin{array}{c} selber \\ selber\ nicht \end{array}\}$ beteiligt ist,

$\{\quad \begin{array}{l} \textit{symmetrisch (ungerichtet)} \\ \textit{aus der Sicht einer der beteiligten Personen (gerichtet)} \\ \textit{aus der Sicht der anderen der beteiligten Personen (gerichtet)} \end{array} \quad\}$

getroffen werden.

Diese Einteilung kann für jedes Paar

$\{\quad a,b \quad$ mit a,b ε **X** und **X** = eine Gruppe von Personen $\quad\}$

vorgenommen werden.

Dass eine solche Differenzierung nicht nur in persönlichen Netzwerken (Familien, Organisationen, Beeinflussungsstrukturen) sondern auch bei Migrationsdaten sinnvoll sein kann, lässt sich anhand der entsprechenden Statistiken über ein- und Auswanderungen der UN-Handbücher leicht zeigen. Die Einwanderungszahlen aus der Sicht von Land *a*, bezogen auf eine Auswanderung aus Land *b*, sind beileibe nicht in derselben Größenordnung, wie die Auswanderungszahlen von *b* nach *a* aus der Sicht von Land *a* (Bien 1983). Die Eigenschaft Symmetrie – Asymmetrie kann sich für *je-*

des Paar von Urteilen als mögliche Realisation von zwei Pfaden durch dieses Fassettendesign realisieren. Symmetrie bedeutet dabei, dass keine *bedeutsamen* Unterschiede zwischen zwei betrachteten, entgegengesetzt gerichteten Realisationen der Beziehung auftreten. Beziehen sich die Realisationen (Beschreibungen) auf jeweils dasselbe Element, d. h. ist in beiden Pfaden durch das Fassettendesign das Urteil entweder von der einen oder der anderen Person gegeben worden, sprechen wir von intraindividueller Symmetrie (z. B. ein Vater (*a*) beschreibt die Beziehung zwischen sich *(selber)* und seinem Sohn *aus seiner Sicht (gerichtet)* und versucht die Beschreibung *(a)* zwischen sich *(selber)* und seinem Sohn, *wie sein Sohn die Beziehung sieht (gerichtet))*, anderenfalls von interindividueller Symmetrie (z. B. der Vater (*a*) beschreibt die Beziehung zwischen sich *(selber)* und seiner Tochter *(ungerichtet),* und die Tochter *(b)* beschreibt die Beziehung zwischen sich *(selber)* und ihrem Vater *(ungerichtet))*.

15.2.1.3 Transitivität

Transitivität beschreibt die Determinierung einer dritten Beziehung durch zwei andere, sie ist z. B. bei Kommunikationsbeziehungen gegeben, wenn Institution A an Institution B eine Information gibt, Institution B an Institution C diese Information weitergibt, ist damit auch eine Informationsweitergabe der Institution A an C gegeben. Wobei Transitivität dann gegeben ist, wenn die indirekte Kommunikationsweitergabe immer kleiner ist als die direkte. Dies muss bei Sympathiebeziehungen nicht unbedingt gegeben sein. Bei aggregierten Migrationsbeziehungen z. B. wird man Transitivität nur tendenziell erwarten können, bei personenbezogenen Migrationen, z. B. also bei Personen, die von einer (Arbeits-)Region in eine andere Region mit einem Zwischenschritt migrieren, ist Transitivität immer gegeben.

15.2.1.4 Vollständigkeit

Dass Vollständigkeit keine generelle Eigenschaft von sozialen Strukturen ist, ist ohne weitere Nachweise einsichtig, da Strukturen ab einer bestimmten Größe eine vollständige Beschreibung (nahezu) unmöglich machen. Die Wanderungen zwischen allen Gemeinden der Bundesrepublik Deutschland z. B. wird kaum jemand simultan analysieren.

15.2.1.5 Zusammenfassung

Eine Möglichkeit, die Problematik der formellen Eigenschaften von Relationen zu umgehen, ist die Verwendung von künstlichen Eigenschaftsmaßen, die implizit die für komplexe Analysen notwendigen formellen Voraussetzungen erzwingen. Ein solches künstliches Maß ist der Produktmoment-Korrelationskoeffizient r (Bravais 1846), der die Ähnlichkeit von Zahlenreihen beschreibt. Wenn alle Voraussetzungen der Anwendung des Produktmoment-Korrelationskoeffizienten in den Zahlen, die man vergleichen will, gegeben sind (Ratioskalenniveau), dann sind die Maße, z. B. in einer Korrelationsmatrix, reflexiv, symmetrisch, transitiv, vollständig usw.. Meist haben aber die zu Grunde liegenden Daten (als Zahlen interpretiert) kein solches (Skalen-)Niveau, daher scheint eher sicher zu sein: Diese formalen Eigenschaften von Beziehungen sind bei empirischen Daten nie vorauszusetzen. Es ist daher dringend erforderlich, immer dann, wenn Reflexivität, Symmetrie, Transitivität oder Vollständigkeit der Beziehungen als notwendige Bedingung für weitere Analysen vorausgesetzt wird, diese auch im Einzelfall zu überprüfen.

15.2.2 Triaden – Beziehungen zwischen drei Elementen

Die auf dyadische Beziehungen folgende nächst größere strukturelle Einheit, die bereits als Substruktur bezeichnet werden kann, ist die Triade, eine Beziehungskonstellation zwischen drei Elementen, wie z. B. drei Personen. Es gibt bei n Elementen immer (n* (n-1) * (n-2)) / (2*3) mögliche Triaden. D. h. die Anzahl der möglichen Triaden wächst mit der Anzahl der Einzelelemente schneller als die Anzahl der möglichen Beziehungen. Triaden erlauben eine Vielzahl von Aussagen über strukturelle Eigenschaften, die durch Dyaden nicht erschlossen werden können. Eigenschaften die über die Beziehungsebene hinausgehen, sind z. B. die Gruppierbarkeit (Davis 1967) und die Hierarchisierung (Davis, Leinhardt 1972). Davis und Leinhardt verwenden zur Beschreibung dieser Konzepte drei abstrakte Relationsbezeichnungen, die, auf soziometrische Daten ("Wer wählt wen, nach einem bestimmten inhaltlichen Kriterium") angewendet, durch die Art der abgegebenen Wahlen definiert sind:

a) "A" sind Beziehungen zwischen verschiedenen Ebenen der sozialen Struktur, die durch asymmetrische (einseitige) Wahlen gekennzeichnet sind. Die gerichtete Relation aAb bedeutet, dass die Person a die Person b gewählt hat, aber nicht umgekehrt, die Person b die Person a;
b) "M" sind Beziehungen innerhalb einer Ebene der sozialen Struktur, die durch symmetrische (wechselseitige) Wahlen gekennzeichnet sind. Die ungerichtete Relation aMb bedeutet, dass Person a Person b gewählt hat und umgekehrt die Person b die Person a;
c) "O" sind ebenfalls Beziehungen innerhalb einer Ebene der sozialen Struktur, die eine Beziehung ohne irgendeine gegenseitige Wahl beschreibt. Die ungerichtete Relation aOb bedeutet, dass weder Person a Person b, noch Person b Person a gewählt hat.

Davis und Leinhardt betrachten nun alle möglichen Triaden einer gegebenen Menge von Elementen in Bezug auf diese Relationen und überprüfen, ob sie mit den Konzepten der Gruppierbarkeit und der Hierarchisierung vereinbar sind. Dabei bedeutet Gruppierbarkeit die Zerlegbarkeit einer Menge von Elementen in Untermengen, sodass innerhalb der Untermengen nur M-Beziehungen und zwischen den Untermengen nur O-Beziehungen bestehen. Hierarchisierung bedeutet die Zerlegbarkeit einer Menge von Elementen in Untermengen, sodass eine eindeutige Rangordnung auf Grund von A-Beziehungen zwischen den Untermengen möglich ist. Das folgende

Schaubild zeigt alle möglichen Triadentypen, wobei nur die im linken oberen Quadranten angeordneten Triaden mit dem Modell der Hierarchisierung und Gruppierbarkeit vereinbar sein sollen.

Die Triade ⟨Dreieck mit k oben, i und j unten, Pfeile von i und j nach k⟩ des Typs M(0) A(2) O(0) ist mit dem Konzept vereinbar, wobei i und j als Mitglieder einer Gruppe auf einer Ebene und k auf einer höheren Ebene angeordnet sind,

wogegen die Triade ⟨Dreieck mit k oben, Pfeil von i nach k und von k nach j⟩ des gleichen Typs nicht mit dem Konzept vereinbar ist, da die Gleichstellung von i und j als Mitglieder einer Gruppe auf einer Ebene im Gegensatz zur Hierarchisierung (k höher als i) und (j höher als k) steht.

Die Analyse der Triaden erlaubt sowohl, die Frage der Gruppierbarkeit und Hierarchisierung für eine gegebene Menge von Wahlen zwischen Elementen generell zu beantworten, wie auch eine Zuordnung der Elemente in Gruppierungen auf verschiedenen Stufen einer Hierarchie vorzunehmen (Hummell, Sodeur 1987a, b; Kappelhoff 1987). Zusammenfassend lässt sich sagen, dass die Triadenmodelle mit den Konzepten Gruppierbarkeit und Hierarchisierbarkeit eine klare und eindeutige Formalisierung zur Untergruppenbestimmung darstellen. In der jetzigen Form sind sie jedoch nur mit Vorsicht anwendbar, weil:

a) Die verwendeten Daten normalerweise nicht fehlerfrei sind, z. B. durch implizite oder explizite Begrenzung der abgegebenen Information (Holland, Leinhardt 1973);
b) die vorgenommene Zuordnung von erlaubten und unerlaubten Triaden z. T. empirischen Erkenntnissen zuwiderlaufen. Dass z. B. Nichtwahlen als Verstoß gegen das Modell interpretiert werden, dürfte in den meisten Fällen unzulässig sein, da im Gegensatz zur Wahl die Nichtwahl nicht explizit durchgeführt wird und somit aus einem Bündel von Gründen entstanden sein kann. Ein anderes Beispiel ist die Triade M(2)A(1)O(0), die dann zulässig ist, wenn die Hierarchiestufen nicht eindeutig abgegrenzt sind, wenn also ein Mittelsmann, der zu beiden Stufen gehört, vorhanden ist (Halinan 1974);
c) weil sich theoretische Konzepte, wie z. B. die Balancetheorie, kaum überprüfen lassen, da es nahezu unmöglich erscheint, zwischen der Zugehörigkeit zur Hypothesenverteilung (Balancemodell) und der Zugehörigkeit zur Alternativ-Hypothesenverteilung (baseline-model) zu trennen.

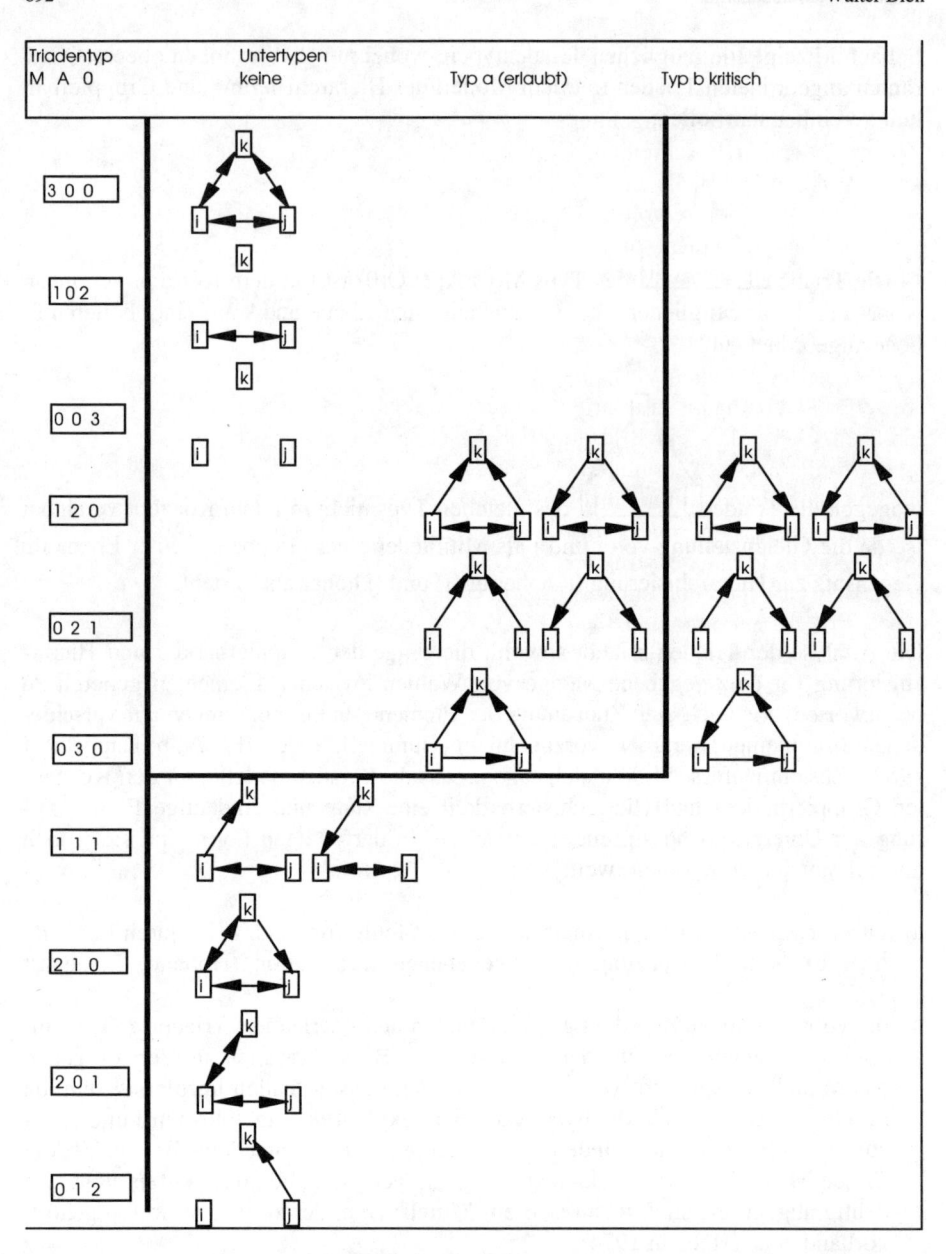

Abb. 1: Triadenzensus nach Davis, Holland und Leinhard
  M = ↔   wechselseitige Wahl
  A = →   einseitige Wahl
  O =   keine Wahl

15.2.3 Kombination von Relationen zu Strukturen

Wenn die bisherigen Betrachtungen noch relativ unproblematisch waren, weil die Vorannahmen zur Beschreibung der sozialen Realität noch eher einfach zu erfüllen sind, werden die Modelle zur Kombination von Relationen, die Gesamtstrukturen erfassen und analysieren wollen, hochgradig problematisch. Andererseits bilden aber gerade sie das Instrumentarium, Strukturen wirklich als ein Bild zu erfassen und darzustellen. Es gibt hierzu zwei Wege:

Exploratisches Vorgehen zur Aufdeckung latenter Strukturen:
Die hierfür verwendeten Verfahren haben die Eigenschaft, relativ unabhängig davon, ob die Daten überhaupt strukturiert sind, immer das Bild *einer* Struktur als Lösung zu erzeugen. D. h., dass ein Bild durch ein solches Verfahren für einen Datensatz erzeugt worden ist, ist kein hinreichender Beweis dafür, dass tatsächlich eine Struktur existiert und diese Struktur im angebotenen Bild repräsentiert ist. Verschlimmernd kommt hinzu, dass normalerweise angenommen wird, dass die einem Datensatz zu Grunde liegende latente, strukturelle Informationen, nur durch Fehler verfälscht, in den Daten vorliegen und ein angenommener Fehlerbereich genutzt wird, "gute Gestalten", d. h. interpretationsfähige Bilder an die Daten anzupassen (Procrustes-Verfahren). Bei der Interpretation so "gefundener" latenter Strukturen muss daher nicht nur die gefundene Strukturgestalt "plausibel" interpretiert werden, sondern, was viel wichtiger ist, es muss nachgewiesen werden, dass eine solche berichtete Struktur auch tatsächlich und exklusiv den Daten zu Grunde liegt.

Konfirmatorisches Vorgehen auf der Basis von Strukturtheorien:
Struktur in Beziehungen liegt immer dann vor, wenn die Menge der Informationen gegeben durch alle denkbaren Beziehungen redundant sind, d. h. wenn es möglich ist, z. B. mit weniger als n * (n-1)/2 Informationseinheiten alle symmetrischen Beziehungen fehlerfrei zu reproduzieren. Die Menge solcher reduzierten Informationen setzen sich dabei aus Einzelinformationen und Kombinationsregeln zusammen. Zehn Punkte auf einem Metermaß führen zu 45 Distanzen zwischen Punkten, aber man benötigt nur die Kombinationsregel (Addition der Distanzen) und neun Einzelinformationen (Abstände zwischen den Punkten), um alle 45 Distanzen zu reproduzieren. Dieser Datensatz ist also hochgradig strukturiert. Die Gültigkeit der Annahmen, es existiert eine latente Struktur:

a) Die Strukturtheorie gibt einen Zugang zu dieser latenten Struktur;
b) die Struktur repräsentiert sich in den vorliegenden Daten;
c) die vorgenommenen Transformationen der Daten bewirken keine Veränderungen über die latente Struktur;
d) das Muster der vorgefundenen Beziehungen spiegelt die Systematik in der realen Struktur wider,

muss überprüft oder zumindest plausibel gemacht werden, wenn aus dem Muster der vorgefundenen Beziehungen auf die Gültigkeit einer Strukturtheorie geschlossen werden soll und die vorgefundene Struktur entsprechend interpretiert wird.

15.2.3.1 Indizes zur Beschreibung von Strukturmerkmalen

In der Einführung wurden schon die Indizes angesprochen, die je Element die Anzahl der eingehenden (Indegree) und ausgehenden Relationen (Outdegree) bezeichnen. Degree ist dann die Anzahl aller symmetrischen Relationen, an denen ein Element beteiligt ist. Die Anzahl der vorhandenen Relationen bzw. die Anzahl von Relationen mit einer bestimmten Eigenschaft im Vergleich mit der Anzahl aller denkbaren Relationen gibt die Möglichkeit, Gesamteigenschaften der Menge von Elementen und Relationen in einer Maßzahl auszudrücken.

Ein Beispiel ist die "Dichte" als relative Anzahl realisierter Beziehungen, d. h. die vorhandenen Relationen geteilt durch alle möglichen Relationen (Scott 1991: 75):

$$\text{Dichte} = \frac{2 \cdot L}{n(n-1)} \tag{1}$$

L = Anzahl der Relationen, die realisiert sind
n = Anzahl der Elemente

Ein weiteres Beispiel ist die "Kohäsion" als Anzahl aller wechselseitigen, symmetrischen Beziehungen zur Anzahl aller möglichen symmetrischen Beziehungen. Man kann solche Maße auch einzelnen Elementen zuordnen. So ist z. B. ein Maß für die "lokale Zentralität" von Elementen das Verhältnis der Anzahl der Relationen, an denen das Element beteiligt ist, zur Gesamtzahl aller realisierten Beziehungen. Will man die "globale Zentralität" von Elementen bezeichnen, sind andere Konzepte notwendig, die mehr Strukturinformationen beinhalten.

Ein solches Konzept hat den Namen "Weg". Das besondere Tripel mit den Relationen iRj, jRk, sodass iRk eine Kombination aus iRj und jRk ist, soll Weg heißen:

z. B. "i -----j-----k mit iRk = iRj + jRk, oder

i informiert j, j informiert k und damit ist k über j von i informiert".

Das Quadrupel i,j,k,l ist dann ein Weg, wenn für jedes Tripel x,y,z ε i,j,k,l die vorgenannte Bedingung gilt. Jedes Quintupel i,j,k,l,m ist dann ein Weg, wenn für jedes Quadrupel x,y,z,v ε i,j,k,l,m die vorgenannte Bedingung gilt, usw. Gibt es für eine Menge von Elementen keinen einzigen Weg, d. h. ist jedes Element durch eine spezifische Relation mit jedem anderen Element verbunden, dann hat diese Menge von Elementen keine Struktur, die Beziehungen zwischen den Elementen sind alle voneinander unabhängig. Gibt es für eine Menge von Elementen einen und nur einen Weg, in dem alle Elemente eingelagert sind, ist die Menge maximal strukturiert.

Dies lässt sich nutzen, um Maße für die Strukturiertheit zu definieren. So kann man als geodäsischen Weg den Weg bestimmen, der zwischen zwei Elementen die geringste Anzahl von Zwischenelementen hat. Dann ist z. B. das Element, das auf maximal vielen geodäsischen Wegen liegt, das zentralste Element der Struktur;

oder

$$C(m) = \frac{2 \sum_{i}^{N} \sum_{<j}^{N} \frac{g_{imj}}{g_{ij}}}{N^2 - 3N + 2} \qquad (2)$$

mit

C (m) = Zentralität von Element m
g_{imj} = Anzahl der geodäsischen Wege zwischen Element i und j mit dem Element m irgendwo zwischendrin
g_{ij} = Anzahl aller geodäsischen Wege zwischen Element i und j, i ≠ j

(Knoke, Kuklinski 1983: 53)

Es gibt eine Vielzahl solcher Indizes, die Teilaspekte der Struktur für Elemente, Relationen, Substruktur oder Gesamtstruktur erfassen und darstellen, von denen hier nur einige vorgestellt wurden (s. a. die folgenden Erläuterungen zur Graphentheorie und die beigefügte Literaturliste).

15.2.3.2 Graphentheorie

Begonnen hat die Entwicklung der Graphentheorie mit Eulers Überlegungen zum Königsberger Brückenproblem. Euler (1736) versuchte die Frage zu lösen, ob ein Spaziergang über alle sieben Brücken zwischen den vier Stadtteilen und wieder zurück zum Ausgangspunkt möglich sei, ohne eine der Brücken zweimal zu benutzen.

Überträgt man diesen Plan in einen Graphen **G**, als eine nichtleere Menge von Ecken **V** mit einer irreflexiven, symmetrischen Relation[1] R auf V und mit **E** als der Menge aller symmetrischen, geordneten Paare (Kanten) von R, so erhält man hier:

---

[1] Hier handelt es sich z. B. um die notwendigen Bedingungen von Eigenschaften von Relationen, wenn die Graphentheorie, wie hier ausgeführt, angewendet werden soll.

V = A,B,C,D   (Stadtteile)
E = AC,AC,AB,AB,AD,CD,BD   (Brücken)

oder die folgende Abbildung:

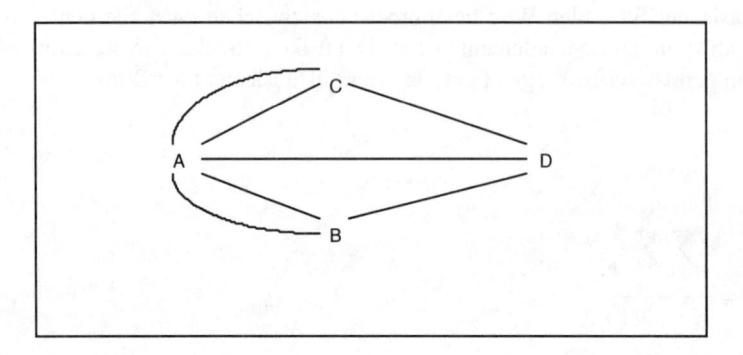

Abb. 2: Königsberger Brückenproblem

Euler kann zeigen, dass nur dann ein Weg durch einen Graphen gefunden werden kann, bei dem alle Ecken aus **V** durch einmalige Benutzung aller Kanten aus **E** verbunden werden, und man wieder den Ausgangspunkt erreicht, wenn jedem Punkt aus **V** eine gerade Zahl von Kanten, die ihn berühren, zugeordnet ist. Daraus folgt für das Brückenproblem, dass kein solcher Spaziergang möglich ist (Chartrand 1977: 52–57). Existiert ein solcher Weg in einem Graphen, so nennt man ihn einen EULERschen Graphen.

Statt nach der einmaligen Benutzung der Kanten kann man auch fragen, ob ein Weg durch einen Graphen so gefunden werden kann, dass jede Ecke nur einmal berührt wird (salesman problem). Eine Lösung, die für alle möglichen Graphen überprüfbar macht, ob ein solcher Weg besteht, existiert nicht. Eine ausreichende, aber nicht notwendige Bedingung für einen solchen Weg ist z. B., dass jeder Knoten von mindestens so viel Kanten aus **E** berührt wird, wie die Hälfte der vorhandenen Ecken aus **V** ausmacht. Existiert ein Weg, der alle Ecken einmal berührt, so nennt man den Graphen einen Hamilton-Graphen. (Chartrand 1977: 67–71). Andere Probleme sind z. B.:

a) Die Frage nach Punkten (Schnittpunkten) oder Kanten (Brücken), die einen verbundenen Graphen teilen, wenn sie entnommen werden;
b) die Frage nach dem verbundenen Graphen, der bei einer gegebenen Zahl von n Ecken ein Minimum an Kanten hat. Ein solcher Graph heißt Baum und besteht aus n-1 Kanten, von denen jede eine Brücke ist;
c) die Frage nach einem Graphen, aus dem jede Kante für sich entnommen werden kann, ohne dass der Graph die Eigenschaft der Verbundenheit verliert. Dies ist nur dann möglich, wenn keine der Kanten eine Brücke ist;
d) die Frage nach der Farbenzahl (chromatic number) eines Graphen. Damit ist gemeint, in wie viele Untergruppen (Farben) die Knoten mindestens eingeteilt wer-

den müssen, um eine Verteilung der Knoten in einem gegebenen Graphen so vorzunehmen, dass keine Kante zwei Knoten der gleichen Untergruppe verbindet.

Die erste systematische Zusammenfassung der Graphentheorie wurde von König (1936) geleistet. Eine systematische Einführung geben Harary et al. (1965), eine Einführung anhand von Beispielen findet sich bei Chartrand (1977). Die Prinzipien der Graphentheorie werden im Bereich der Netzwerkanalyse ausführlich genutzt.

Die folgenden Definitionen vermitteln eine Übersicht über die Grundelemente der Graphentheorie (Harary 1974).

Ein Graph **G** besteht aus
einer endlichen, nichtleeren Menge **V** von (p) Elementen, die Ecken heißen, und einer Menge **X** von (q) zweielementigen Teilmengen von **V**, die Kanten heißen.

Jedes geordnete Paar X = { u,v } von Ecken ist eine Kante von **G**, oder (X) verbindet (u) und (v), bzw. (u) und (v) sind benachbart oder adjazent. Die Berührung einer Kante und einer Ecke nennt man "Inzidenz", d. h. hier, dass (X) mit (u) inzident ist und (X) mit (v). Sind zwei Kanten mit einer Ecke inzident, nennt man sie auch benachbart.

Ein Graph mit (p) Punkten und (q) Kanten heißt (p,q)-Graph. Ein Graph, in dem zwei Ecken mit mehr als einer Kante verbunden ist, heißt Multigraph. Sind zusätzlich noch Schlingen erlaubt, d. h. Kanten, die eine Ecke mit sich selber verbinden, so spricht man von einem Pseudographen. Ein gerichteter Graph (Digraph) **D** besteht aus einer endlichen, nichtleeren Menge **V** von Ecken zusammen mit einer gewissen Menge **X** von geordneten Paaren verschiedener Ecken.

Eine Kantenfolge eines Graphen ist eine alternierende Folge von Ecken und Kanten, die mit einer Ecke beginnt und endet, und in der jede Kante mit den beiden verschiedenen Ecken inzident ist, die in der Folge unmittelbar neben ihr stehen. Sie ist geschlossen, wenn das Anfangselement gleich dem Endelement ist. Sie heißt Kantenzug, wenn alle Kanten verschieden sind, und Weg, wenn zusätzlich alle Ecken verschieden sind. Die Länge einer Kantenfolge ist die Anzahl der Kanten (n). Ist n>3, die Kantenfolge geschlossen und die Ecken voneinander verschieden, so spricht man von einem Kreis.

Die Entfernung d(u,v) zwischen zwei Ecken ist die Länge des kürzesten (geodätischen) Weges zwischen ihnen (falls einer existiert), anderenfalls ist d(u,v) = ω. In einem zusammenhängenden Graphen ist die Entfernung d eine Metrik.[2]

---

[2] Eine Metrik impliziert wieder eine Reihe von notwendigen Eigenschaften von Relationen, die erfüllt sein müssen, damit dieser Satz stimmt. Z. B. wenn X irgendeine Menge ist, dann ist eine Funktion D von X$\times$X in $\Re$ (kartesisches Produkt mit $\Re$ als die Menge der reellen Zahlen) eine Metrik von X, wenn gilt:
(1) $D(x,y) \geq 0$ $\quad \forall\ x,y\ \varepsilon\ \mathbf{X}$
(2) $D(x,y) = D(y,x)$ $\quad \forall\ x,y\ \varepsilon\ \mathbf{X}$
(3) $D(x,y) = 0\ |\quad x = y$
(4) $D(x,y) + D(y,z) \geq D(x,z)$ $\quad \forall\ x,y\ \varepsilon\ \mathbf{X}$
Die Gültigkeit dieser notwendigen Beziehungseigenschaften in den empirischen Daten muß nachgewiesen oder zumindestens plausibel sein, um eine Metrik aus solchen Daten als gültig zu akzeptieren.

Der Durchmesser eines zusammenhängenden Graphen ist die Länge des längsten geodätischen Weges, die Taille des Graphen ist die Länge des kürzesten Kreises in **G** (falls einer existiert), und der Umfang ist die Länge des längsten Kreises in **G**.

Der Grad (Valenz) einer Ecke ist die Anzahl der Kanten, mit der sie inzidiert ist, z. B. ist eine Ecke isoliert, wenn ihr Grad gleich Null ist, sie ist eine Endecke, wenn ihr Grad gleich Eins ist. Die Exzentrität einer Ecke ist die größte Entfernung, die zu einer anderen Ecke besteht. Der Radius eines Graphen ist die kleinste Exzentrität, die in diesem Graphen vorkommt (der Durchmesser (s.o.) entspricht der längsten Exzentrität).

Elemente, die einen zusammenhängenden Graphen trennen können, heißen Schnittpunkte (Ecken) oder Brücken (Kanten). Ein Graph, der nur aus Schnittpunkten und Brücken besteht, heißt Baum. Dies ist äquivalent mit der Aussage: Ein Baum ist ein zusammenhängender Graph ohne Kreise. Jeder Graph ohne Kreise ist ein Wald. Bildet man einen (unzusammenhängenden) Graphen aus allen möglichen Bäumen, in die ein Graph mit Kreisen zerlegt werden kann, so ist dieser neue Graph (die Menge aller möglichen Bäume) ein Wald.

Die (Ecken-)Zusammenhangszahl eines Graphen ist die kleinste Anzahl von Ecken, deren Weglassen einen unzusammenhängenden Graphen (oder (1,0)-Graphen) ergibt. Analog ist die Kantenzusammenhangszahl die kleinste Anzahl von Kanten, deren Weglassen einen unzusammenhängenden (oder (1,0)-) Graphen ergibt. Ein Graph lässt sich in verschiedenen Formen darstellen:

Topologische Darstellung:

Ein ebener oder plättbarer Graph ist ein Graph, der in eine Fläche eingebettet werden kann, ohne dass sich zwei Kanten schneiden. Jeder Graph lässt sich in irgendeine orientierbare Fläche einbetten, wenn bei jeder Kreuzung an die Ebene ein Henkel angeheftet wird und eine Linie unter dem Henkel und die andere Linie über den Henkel geführt wird.

Mengendarstellung:

Jeder Graph lässt sich durch ein Mengensystem beschreiben, das je Knoten die Menge der jeweiligen Nachbarn enthält.

Matrizendarstellung:

Jeder Graph lässt sich durch die (p,p)-Matrix der Nachbarschaften (Adjazenzmatrix) $A = [a_{ij}]$ mit $a_{ij} = 1$, wenn v_i und v_j benachbart sind, darstellen, bzw. durch die (p,q) Inzidenzmatrix $B = [b_{ij}]$ mit $b_{ij} = 1$, wenn v_i und vj inzident sind. Beide Matrizen beschreiben den Graphen vollständig.

Diese kurze Übersicht kann die Problematik nur anreißen. Anwendungen auf die soziale Netzwerkanalyse sind dabei vielfältig, eine neuere theoretische Arbeit hierzu ist Pattison (1996).

15.2.3.3 Gruppierungsverfahren

Gruppierungs- oder Klassifikationsverfahren teilen eine Menge von Elementen in Submengen hinsichtlich bestimmter Eigenschaften ein. Diese Eigenschaften können an die Elemente oder an die Beziehungen angebunden sein.

Sind die Eigenschaften an die Elemente angebunden, so ist eine Gruppierung immer dann einfach, wenn diese Eigenschaften eindeutig und ausschließlich sind, wie z. B. die Einteilung in europäische und afrikanische Staaten. Sind die Eigenschaften graduell verteilt, müssen "Cut-off"-Punkte bestimmt werden, z. B. die Zuordnung von Geburtenraten zu Ländern. Wesentlich schwieriger wird es, wenn multiple Eigenschaften von Elementen verwendet werden sollen (z. B. Geburtenrate, Indegree, Outdegree, Wohlfahrtsniveau usw.), um eine vorgegebene Anzahl von Submengen zu finden. Hierbei werden dann meist alle Eigenschaften von jeweils zwei Elementen miteinander verglichen und ein Maß für die Beziehung zwischen diesen Elementen (z. B. Ähnlichkeit oder Unähnlichkeit) gewählt, das dann für die Bestimmung und Zuordnung zu den Submengen verwendet werden kann. D. h. es wird eine Gruppierung nach Eigenschaften vorgenommen, die an Beziehungen zwischen Elementen angebunden sind. Möglichkeiten dieser Art von Gruppierung sollen hier behandelt werden.

Anderberg (1973) nennt neun Entscheidungsstufen, die einen wesentlichen Einfluss auf ein solches Gruppierungsverfahren haben. Bestimmung der Elemente, die gruppiert werden sollen:

a) Komplette Analyse einer gegebenen Menge von Elementen;
b) Stichprobe aus einer Population von Elementen; Wahl der Eigenschaften, nach denen gruppiert werden soll;
c) Wahl der Aspekte der Eigenschaften, die zur Gruppierung führen;
d) Berücksichtigung der Homogenität der gewählten Eigenschaftsaspekte für jede Beziehung;
e) Bestimmung des Ausmaßes des gewählten Eigenschaftsaspekts für *jede* Beziehung;
f) Bestimmung des Kriteriums, das zur Zuordnung zu einer Submenge führt;
g) Wahl des Algorithmus und dessen Verfügbarmachung;
h) Bestimmung der Anzahl der Submengen;
i) Interpretation der Ergebnisse.

Diese Liste macht schon deutlich, wie vielfältig die implizit und explizit zu treffenden Entscheidungen sind, und wie groß die entsprechende Vielzahl von Möglichkeiten, eine Gruppierung vorzunehmen, sein kann. Im Folgenden werden einige dieser Punkte näher spezifiziert und erläutert, eine neuere Veröffentlichung zu Weiterentwicklungen ist Arabie et al. (1996).

15.2.3.4 Binäre Daten

Ein Großteil der Literatur zu Gruppierungsverfahren beschäftigt sich mit Daten, die Eigenschaften zu Beziehungen zwischen Elementen in zwei Ausprägungen beschreiben. Hier sollen drei Bereiche unterschieden werden: *Cliquenanalyse, Blockmodellanalyse* und *strukturell äquivalente Positionen.*

Cliquenanalyse:
Bei der Cliquenanalyse geht es darum, maximale Submengen zu finden, die maximal dicht hinsichtlich eines Kriteriums sind. Bei einer absoluten Clique ist dieses Kriterium maximal restriktiv, d. h. hier sind in einer Clique alle Elemente wechselseitig miteinander verbunden, und es existiert kein weiteres Element, das der Clique hinzugefügt werden kann, ohne dass gegen diese Bedingung verstoßen wird (Luce, Perry 1949).

Maximale Submenge bedeutet, dass kein weiteres Element existiert, das der Submenge zugeordnet werden kann, ohne dass das Kriterium verletzt wird. Maximal dicht heißt, dass alle Beziehungen zwischen den Elementen der Submenge das Kriterium erfüllen. Maximal restriktiv heißt, dass keine Verschärfung des Kriteriums möglich ist.

Anders ausgedrückt: Es sei **V** die Menge aller Elemente und **V**x**V** das kartesische Produkt mit einer zweiwertigen, binären Relation, d. h. einer Relation, die durch ein Paar von Elementen aus **V** gebildet wird und zwei Ausprägungen (0,1) haben kann, wobei Eins das Vorhandensein einer direkten Beziehung bedeutet. Das kartesische Produkt heißt dann Nachbarschaftsmatrix. Eine absolute Clique wird durch alle Elemente einer Submenge **V'** gebildet, deren Nachbarschaftsmatrix **V'**x**V'** nur mit Einsen besetzt ist und zu denen kein weiteres Element so hinzugefügt werden kann, dass eine Matrix, die nur mit Einsen gefüllt ist, entsteht.

Mögliche Abschwächungen des Kriteriums führen zu einer Vielzahl von möglichen Cliquenbestimmungen, die reichlich in der Literatur zu finden sind (Doreian 1970). Insbesondere, wenn für die Beziehungen zwischen den Elementen die Gültigkeit der Graphentheorie angenommen wird, lässt sich eine Abschwächung des Kriteriums auf z. B. asymmetrische Beziehungen (nicht die wechselseitige Verbindung, sondern bereits eine einseitige Verbindung reicht aus) oder aber Wege der Länge (n) bis hin zur bloßen Erreichbarkeit für das Vorhandensein einer Beziehung bestimmen.

Natürlich lässt sich auch die Forderung maximaler Dichte abschwächen. So kann man z. B. fordern, dass "nahezu" alle Zellen der Subnachbarschaftsmatrix **V'**x**V'** mit Einsen besetzt sein müssen, oder aber man lässt Wege über Elemente außerhalb der Cliquen zu (Mokken 1977).

Wichtig bei der Cliquenbestimmung ist die Dichte der *cliqueninternen* Beziehungen, d. h. Cliquen sind maximal homogen hinsichtlich einer starken Nähebeziehung der Cliquenmitglieder untereinander. Homogenität hinsichtlich der Beziehungen zu Elementen außerhalb der Clique wird bei der Definition nicht berücksichtigt.

Blockmodellanalyse:
Die Blockmodellanalyse versucht Subgruppen zu finden, deren Elemente hinsichtlich der Beziehungen zu außerhalb der Blöcke existierenden Elementen, relativ zu einem gegebenen Kriterium, homogen sind.

Anders ausgedrückt:

Es seien z. B. **V1** und **V2** Submengen von **V**, sodass

$$V1 \cap V2 = 0 \quad \text{und} \quad V1 \cup V2 = V.$$

Dann sind **V1** und **V2** Blöcke, wenn

a) die Nachbarschaftsmatrizen **V1**x**V1** und **V2**x**V2** nicht nur mit Nullen besetzt sind und

b) die Zellen von **V1**x**V2** *ausschließlich* mit Nullen besetzt sind (Nullblock Kriterium).

Das Problem der Bestimmung der Anzahl der Blöcke und der Zuordnung der Elemente zu den Blöcken, sodass das Nullblock-Kriterium maximal erfüllt ist (d. h., dass der Nullblock oder die Nullblöcke maximal groß sind), wird in der Anwendung meist noch vergrößert, indem die Nullblock-Bedingung abgeschwächt wird, sodass nicht alle Zellen, sondern nur nahezu alle Zellen des Nullblocks wirklich mit Nullen besetzt sein müssen (White et al. 1976).

Da die Nullausprägung in den meisten Anwendungsfällen eine Restkategorie darstellt (d. h., dass nur die Einsausprägung explizit definiert ist), wird eine Interpretation von Ergebnissen der Blockmodellanalyse nur in Bezug auf die impliziten Bedeutungen der Nullausprägung möglich. Grundsätzlich ist allerdings eine Berücksichtigung von Intersubmengenbeziehungen zu begrüßen. Sie bedeutet, dass zur Bestimmung der Blöcke im Wesentlichen die Homogenität der Blockmitglieder hinsichtlich der Eigenschaften zu Elementen außerhalb des jeweiligen Blocks beiträgt.

Strukturell äquivalente Positionen:
Eine strukturell äquivalente Position (Lorrain und White 1971; Burt 1976) enthält mehrere Elemente, die gleiche Relationen zu anderen Elementen realisieren. Die Submengen, die sowohl Cliquen wie Blöcke darstellen, sind z. B. eine Spezifikation innerhalb des Blockmodells, die strukturell äquivalente Positionen darstellen. Der Begriff der strukturellen Äquivalenz lässt sich abschwächen und verschärfen, je nachdem ob Gleichheit oder Ähnlichkeit der Relationen oder ob Beziehungen zu gleichen oder ähnlichen Elemente oder anderen Positionen verlangt werden, usw. (Everett 1985; Everett et al. 1990).

Feger (1987) benutzt strukturell äquivalente Positionen (Kontaktpositionen) in der restriktivsten Form. Er verlangt sowohl, dass die Submengen die Bedingungen der absoluten Clique erfüllen, als auch, dass die Zwischenblöcke entweder vollständig mit Einsen oder Nullen besetzt sein müssen. Natürlich lassen sich auch hier die Konzepte abschwächen. Damit wird auf der einen Seite eine Anwendbarkeit der Konzepte auf reale Datensätze ermöglicht, aber auf der anderen Seite eine gewisse Beliebigkeit des Ergebnisses mit den damit verbundenen Schwierigkeiten in der Interpretation impliziert. Bei strukturell äquivalenten Positionen wird sowohl Homogenität der Mitglieder der Submenge in Bezug zu den Eigenschaften der Beziehungen innerhalb der Positionen als auch zwischen den Positionen gefordert.

15.2.3.4.1 Andere Datenarten

Der generellere Ansatz, der die binären Daten umfasst (Anderberg 1973), wird Clusteranalyse genannt. Hier treten neben den bereits genannten Problemen zusätzliche Schwierigkeiten auf, die sich durch eine stärkere Differenzierung der Ausprägungen der Eigenschaften von Beziehungen zwischen Elementen ergeben.

Feger (1977) nennt in Anlehnung an Bailey (1974) drei wesentliche Unterscheidungsmerkmale für Clusteranalysen:

Hierarchisch versus nichthierarchisch:
Eine hierarchische Clusteranalyse bestimmt Cluster in Abhängigkeit von Ebenen, die meist relative Dichtemaße beschreiben (Intracluster- zu Interclusterdichte), hinsichtlich derer die Cluster dieser Ebene homogen sind. Eine nichthierarchische Clusteranalyse liefert nur die Clusterzuweisung einer Ebene. Allerdings kann hierbei die relative Dichte der Cluster unterschiedlich groß sein.

Überlappend versus nichtüberlappend:
Überlappende Cluster erlauben im Gegensatz zu nichtüberlappenden, dass einzelne Elemente Mitglieder zweier verschiedener Cluster sind.

Wahl des Dichtemaßes:
Hier sind eine Vielzahl von Möglichkeiten offen. Beschränkt man sich auf topologische Strukturen, zeigt Lingoes (1980) eine Systematik zur Erzeugung solcher Dichtemaße für Regionen (Cluster). Er teilt dazu die Elemente von Submengen in fünf Arten ein:

a) Innenelemente, Elemente, die keine Außenelemente sind;
b) Außenelemente, Elemente, die mindestens zu einem Element einer anderen Region eine engere Beziehung haben als alle anderen Elemente der eigenen Region zu diesem Element;
c) Elemente;
d) Zentralelemente, Elemente, die das Zentrum von äußersten Elementen einer Region bilden;
e) äußerste Elemente, Elemente, bei denen Linien zwischen benachbarten Elementen keine Grenze der Region schneiden, bei denen diese Linien aber der Grenze der Region sehr nah sind. Diese Submenge der Region definiert die Grenze der Region.

Außenelemente und damit auch Innenelemente sind immer in Bezug auf andere Regionen bestimmt, während äußerste Elemente und zentrale Elemente auch ohne andere Regionen definiert sind. Diese fünf Arten von Elementen sind z. T. überlappend, z. B. schließt der Begriff Elemente alle anderen Arten ein.

Für die Definition der Dichte (bzw. Nähe oder Nachbarschaft oder "contiguity") gilt dann das folgende Fassettendesign:

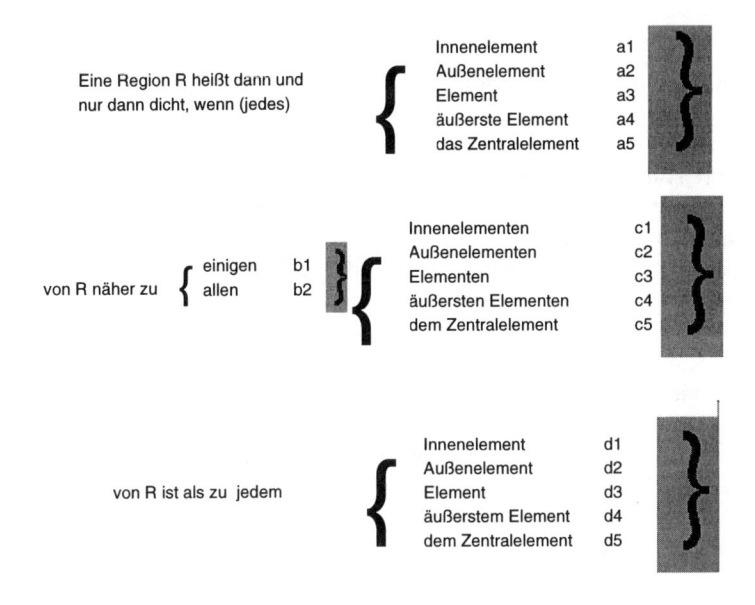

Eine Region R heißt dann und nur dann dicht, wenn (jedes)	{	Innenelement Außenelement Element äußerste Element das Zentralelement	a1 a2 a3 a4 a5	}
von R näher zu { einigen b1 allen b2 } {	Innenelementen Außenelementen Elementen äußersten Elementen dem Zentralelement	c1 c2 c3 c4 c5	}
von R ist als zu jedem	{	Innenelement Außenelement Element äußerstem Element dem Zentralelement	d1 d2 d3 d4 d5	}

von jeder andern Region R* (R* ≠ R)

Abb. 3: Definition von Dichte nach Lingoes (1980: 196)

Die möglichen Wege durch das Fassettendesign lassen nun ein Reihe von Möglichkeiten zu, Dichte zu operationalisieren und sie über Dichtemaße zu verwenden, um Submengen (Cluster) zu bestimmen. "Single linkage"-Clusterung beruht z. B. auf einer Dichte der Form (a3b1c3d3), "complete linkage" auf einer Dichte der Form (a3b2c3d3). Hat man sich für eine Spezifikation der Clusterung entschieden, bleibt noch, den entsprechenden Algorithmus zu erstellen oder aus einem Methodeninstrumentarium (Anderberg 1973) zu entnehmen.

Everitt (1980) weist auf einige noch ungelöste Probleme bei Clusteranalysen hin. So ist z. B. die theoretische Bedeutung der Dichtemaße weitgehend unbekannt, abgesehen vom "Single-linkage"-Verfahren, das eine Ultrametrik (Minkowski-Metrik[3] r = ω) erzeugt und entsprechenden Kriterien genügt (Jardine, Sibson 1968). Bei nichthierarchischen Clusteranalysen ergibt sich die Frage nach der Anzahl der Cluster, die im Wesentlichen die Lösung bestimmt, die aber wohl nur selten inhaltlich begründbar ist. Zusätzlich ergeben sich Fragen zur Stabilität, der Eindeutigkeit und der Bedeutsamkeit der Lösung.

---

[3] Minkowski-Metriken sind Distanzen, die durch die folgende Formel bestimmt sind, mit n = 1 bis ω.

$$d_{ij} = \sqrt[n]{(x_i-x_j)^n + (y_i-y_j)^n}$$

n = 1, City Block Metrik
n = 2, Euklidische Metrik
n = ω, Ultra Metrik

Bei der Verwendung von Gruppierungsverfahren sollte daher sehr genau und *explizit* die gewählte Spezifikation des Vorgehens bewertet und begründet werden, falls man dem Vorwurf der Beliebigkeit der Lösung entgehen will.

15.2.3.5 Pfadanalyse – Kausalmodelle

Die Eigenschaften des Produktmoment-Korrelationskoeffizienten erlauben es, Korrelationsmatrizen mit Transformationen der Matrixalgebra zu bearbeiten. Werden die Zahlenreihen als Vektoren im hochdimensionalen Raum aufgefasst, lassen sich, wie aus der Physik bekannt, minimaldimensionale Räume definieren, die durch unabhängige Faktoren (Koordinaten) bestimmt sind, die jeweils ein Maximum an Varianz erklären (in der Physik sind dies z. B. die Schwerpunktachsen der Konfiguration). Die Bestimmung der Faktoren geschieht über eine Zerlegung der Kovarianzmatrix, bzw. der standardisierten Kovarianzmatrix (Korrelationsmatrix) in einen modellkonformen Teil und einen übrig bleibenden Residualteil (Eigenvektor- bzw. Eigenwertproblem).

Prinzipiell ist die Definition des Modells für die Zerlegung nicht auf die Transformation des Vektorraums in einen Faktor-(Eigenvektor) Raum beschränkt, sondern es lassen sich viele komplexere Modelle denken, die zu einer modellkonformen Teilmatrix führen können (Jöreskog 1970). Die Gültigkeit des Modells wird dann durch die jeweilige Minimierung der Residuen, bzw. der nichterklärten Varianz beschrieben.

Obwohl die Korrelationsbeziehung symmetrisch ist, werden häufig Modelle mit gerichteten Abhängigkeiten verwendet. Sind die betrachteten Zahlenreihen zeitlich gegliedert, macht eine Gerichtetheit durch nicht vorhandene Rekursivität der Zeit Sinn, in anderen Fällen muss ein solches Vorgehen sehr genau beschrieben werden.

Die Darstellung der Modelle geschieht dann oft in Zeichnungen, die gewichteten Graphen ähneln. Die Distanzmetrik (Ähnlichkeitsmaße) ist aber in der Regel eine andere als die graphentheoretisch begründete kantenadditive Metrik. Kausal- und Pfadmodelle sind streng genommen spezifische Netzwerkmodelle mit hochrestriktiven Instrumenten und hohen Ansprüchen an die verwendeten Daten, die sich einer besonderen Eigenschaft von Beziehungen, der Ähnlichkeit zwischen Zahlenreihen, zuwenden.

15.2.3.6 Multidimensionale Skalierung – MDS

Durch multidimensionale Skalierung kann man Daten so in den euklidischen Raum einbetten, dass Distanzen zwischen Punkten bedeutsam interpretiert werden können. Anders als beim Soziogramm und z. T. auch anders als bei Graphen ist die Lage der Punkte im Raum bedeutsam, d. h. sie spiegelt Informationen über die Wirklichkeit wieder. Der erzeugte Raum ist homogen und jede Distanz im Raum kann mit jeder anderen verglichen werden. Grenzen zwischen Subpopulationen vergrößern nicht wie bei den Gruppierungsverfahren künstlich die Zwischengruppendistanzen gegenüber den Innendistanzen. Punkte, die an der Grenze liegen, werden als solche erkannt und sind unterschieden von Punkten, die im Zentrum einer Substruktur liegen.

Nahezu alle strukturellen Informationen lassen sich im euklidischen Raum als interpretierbare Informationen wieder finden, *sofern sie in den Daten vorhanden waren und durch die vorgenommenen Transformationen nicht verfälscht wurden.*

Nach Roskam (1975) definiert sich ein generelles Schema der MDS aus drei Subsystemen:

a) *Das empirische System*: (hier die beobachtete Wirklichkeit des sozialen Systems mit Eigenschaften von Elementen und Eigenschaften von Beziehungen zwischen Elementen);
b) *Das Datensystem*: (die erfassten Beobachtungen über das soziale System);
c) *Das algebraisch formale System*: (ein strukturelles Modell, das durch implizite Restriktionen aus homogenen, formal erfassbaren Regelhaftigkeiten besteht).

Roskam (1975: 12) schreibt, dass das empirische System durch das algebraische System repräsentiert werden soll, sodass sich die beiden Systeme reflektieren. Die Überprüfung der Annahme, dass dies möglich ist, geschieht durch das Datensystem, das den Reflexionsspiegel darstellt. Für die MDS gilt dann Folgendes generelles Modell (Lingoes, Roskam 1973).

Für den Fall der monotonen Transformation, d. h., dass P ein Relativ $R(V, \subseteq)$ darstellt, das einer Ordnungsstruktur entspricht, mit $x,y,z \, \varepsilon \, V$

P1 $(xx) \sim (xy)$ und für $x \neq y$ $xx \subseteq xy$
P2 $(xy) \sim (yx)$
P3   Die Ordnung der Paare ist repräsentierbar durch eine Ordinalskala von reellen Zahlen,

und G(V,D) ein Relativ darstellt, dem der Distanzvektor D entspricht und für das gilt, es sei ein metrischer Raum mit $x,y,z \, \varepsilon \, V$ $d \, \varepsilon \, D$ und

M1 $d_{xx} = 0$, und $d_{xy} > 0$, wenn $x \neq y$
M2 $d_{xy} = d_{yx}$
M3 $d_{xy} + d_{yz} \geq d_{xz}$

fügen Beals et al. (1968) hinzu:

M4   Wenn $x \neq z$, dann existieren eine Menge **B** von Punkten und eine eineindeutige Abbildung f von **B** auf ein reelles Zahlenintervall [a,b] derart, dass gilt $x,z \, \varepsilon \, \mathbf{B}$
$f(x) = a$, $f(y) = b$ und $d(y1,y2) = |f(y1)-f(y2)|$ für alle $y1,y2 \, \varepsilon \, \mathbf{B}$ (segmentäre Additivität).

D. h. dass, es zwischen zwei Punkten x und z weitere Punkte gibt, sodass sich zwei aufeinander folgende Abstände zwischen ihnen addieren (Orth 1974: 83), und beweisen dann die Gültigkeit des folgenden Repräsentationstheorems (R):

Wenn $R(V, \subseteq)$ P1-P3 erfüllt, dann existiert zumindest eine Transformation $f(R) \rightarrow G$ derart, dass mit $x,y,x'y' \in V$
R: $(xy) \leq (x'y') \Leftrightarrow d_{xy} \leq d_{x'y'}$.

Weitere Informationen findet man z. B. in Borg (1981 a, b), Lingoes et al. (1979) und anderen.

Die multidimensionale Skalierung ist Procrustes-Verfahren, d. h. sie zwingt die Daten in ein vorgegebenes "Bett", z. B. den zweidimensionalen euklidischen Raum. Die Anpassung der Daten an die Lösung wird dabei als ein Maß mit dem Namen STRESS ausgegeben. Je höher das STRESS-Maß ist, desto größer ist die Verzerrung, bis hin zu Zufallskonstellationen, die nunmehr die Daten als Anregung für die Verwendung des Verfahrens berücksichtigen. D. h. die oben angegebenen Vorteile der multidimensionalen Skalierung können nur dann in Anspruch genommen werden, wenn die Anpassung der Daten an die Lösung hoch ist, d. h. der STRESS klein ist.

15.2.3.7 Galois – Lattices oder formale Begriffsanalyse

Einen gänzlich anderen Weg der Darstellung von relationaler Information ist die "eins zu eins"-Darstellung in Gittern (Lattices), ohne dass eine Information verloren geht (Birkhoff 1940). Dieses Verfahren ist in den 80er-Jahren von einer Darmstädter Mathematikergruppe um R. Wille aufgegriffen und weiterentwickelt worden. In 90er-Jahren ist dieses Konzept dann auch im Rahmen der Netzwerkanalyse angewendet worden (Freeman und White 1992).

Es werden hierbei Informationen über die Zusammenhänge von Elementen aus zwei Mengen, z. B. verschiedene Personen und verschiedene Netzwerkgeneratoren in eine Ordnung geplättet, sodass die Über- und die Unterordnung bedeutsam wird. Das folgende Beispiel (Freeman, White 1992) verdeutlicht das Prinzip (Abb.4).
Den Punkten sind Personen und (Netzwerk-)Fragen so zugeordnet, dass alle unter einer Frage angeordneten Personen, dieser Frage zugeordnet sind (Spalteneinsen) und alle über einer Person angeordneten Fragen dieser Person zugeordnet sind (Zeileneinsen), wobei eine Zuordnung nur über Linien (Wege) erfolgen kann.

Da hier keine Anpassung an die alltagspsychologische Vorstellungswelt von Menschen vorgenommen wird, sondern die Information, ob sie strukturiert (wenige Linien) ist oder auch nicht (viele Linien), unverändert in einen neuen Ordnungsraum transferiert wird, erfordert die Analyse erhebliche Kenntnisse über mögliche Substrukturen und eine große Erfahrung, diese Substrukturen in komplexen Daten auch aufzufinden. Es gibt mittlerweile eine Reihe von Instrumenten, die hier behilflich sein können (Duquenne 1987; Wolf 1992).

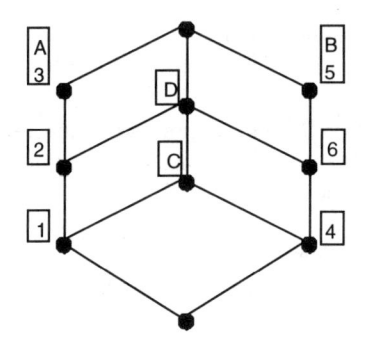

Abb. 4: Darstellung in Gittern (Lattices) nach Freeman & White (1992)

Personen / Netzwerkfragen

	A	B	C	D
1	1	0	1	1
2	1	0	0	1
3	1	0	0	0
4	0	1	1	1
5	0	1	0	0
6	0	1	0	1

15.3 Verweis auf Literatur und Instrumentensammlungen

In der folgenden Literaturliste sind weitere Informationen zu Theorie, Methodik und Instrumenten zu finden, z. T. als Übersichten oder als Vertiefung zu einzelnen Schwerpunkten. Neben der Literatur gibt es eine mittlerweile Reihe von Programmpaketen, die den meisten Anforderungen im Bereich der Netzwerkanalyse genügen. Freeman (1988) berichtet über die Entwicklung der Algorithmen, die mittlerweile alle für Mikrorechner adaptiert sind.

Einige Pakete sind für die Analyse einzelner, überschaubarer Netze optimiert, (STRUCTURE, UCINET) andere beinhalten Datenbankelemente, die die Handhabung von riesigen bivariaten Netzen (interlocking directorates) erleichtern (GRADAP, SONIS) oder die Handhabung von vielen kleinen Netzen und Netzstrukturen ermöglichen (MULTINET).

GRADAP: Graph Definition and Analysis Package (Stockman und Sprenger 1993)
– IEC ProGAMMA, P.O.Box 841, 9700 AV Groningen, The Netherlands.

STRUCTURE (Burt und Schott 1990)
– Ronald S. Burt Research Program in Structural Analysis, Center for the Social Sciences, Columbia University, New York, NY 10027.

UCINET IV (Borgatti, Everett, Freeman 1992)
– IEC ProGAMMA, P.O.Box 841, 9700 AV Groningen, The Netherlands.

SONIS: Social Network Investigation System (Pappi und Stelck 1987)
– Franz U. Pappi, Lehrstuhl für Politische Wissenschaft 1, Seminargebäude A 5, Universität Mannheim, 68163 Mannheim.

MULTINET (W.D. Richards. Jr., A.Seary 1993)
– Williams D. Richards, Jr., Department of Communication, Simon Fraser University, Burnaby, BC V5A 1S6, Canada.

Netzwerkanalyse ist von einzelnen Personen im Rahmen der Bevölkerungswissenschaft zwar schon relativ früh angewendet worden, anderseits sind aber, gemessen an der Leistungsfähigkeit der Erschließung neuer Zugänge zu schwierigen Fragestellungen durch das Netzwerkparadigma, die Anwendungsmöglichkeiten bei weitem noch nicht ausgeschöpft.

16

Methoden der historischen Bevölkerungsforschung – historische Demographie und Bevölkerungsgeschichte

Rolf Gehrmann

Einleitung

Der Gegenstand der Historischen Demographie – so der ursprünglich von den Herausgebern vorgesehene Titel dieses Artikels – wird häufig mit der Familienrekonstitution assoziiert, was zugleich auf Grund der Eigenart des mit dieser Methode zu bearbeitenden Materials eine Einengung des Blickfeldes auf einzelne Kirchgemeinden bedeutet. Selbstverständlich ist das historische Interesse an Bevölkerung ein breiteres. Deshalb ist eine Vielfalt von Auswertungsverfahren heranzuziehen, die nicht nur lediglich die sesshaften Familien eines Dorfes zum Gegenstand haben, sondern ebenso größere Populationen und damit serielle Massendaten, die grundsätzlich dieselbe Struktur besitzen wie das von der gegenwartsbezogenen Bevölkerungswissenschaft herangezogene Ausgangsmaterial. Der Unterschied zwischen der Vorgehensweise der Demographie in ihrer allgemeinen Form und in ihrer speziellen Anwendung auf historische Fragestellungen liegt weniger in der Art der Daten als in deren Verfügbarkeit und Vollständigkeit begründet. Beides zu verbessern und den Rückgriff auf einen immer größeren Schatz an Informationen zu ermöglichen, ist die ureigenste Aufgabe des Historikers. In methodischer Hinsicht ist er in der Regel auf die Vorgaben der Demographie angewiesen, die er auf die Verwendbarkeit für seine Quellen überprüfen muss und gegebenenfalls zu modifizieren oder zu vereinfachen hat. Es scheint sich von selbst zu verstehen, dass ein weiteres Zurückgreifen in der Zeit immer größere Konzessionen an die Exaktheit der Methoden und der zu erzielenden Ergebnisse verlangt. Das ist aber nicht generell der Fall, wie sich an der Gegenüberstellung von Beispielen aus dem 18. und der ersten Hälfte des 19. Jahrhundert zeigen ließe.

Neben dem methodologischen Aspekt gibt es ein weiteres Argument dafür, die terminologische Differenzierung zwischen Historischer Demographie und Bevölkerungsgeschichte hier unberücksichtigt zu lassen. Die auch in der internationalen wissenschaftlichen Diskussion nicht unübliche Unterscheidung hat in Deutschland de facto zu einer Beschränkung der Bevölkerungsgeschichte auf die so genannte „statistische" Zeit nach der Einrichtung spezialisierter Zentralbehörden geführt, was selbst unter Einbeziehung weiterer publizierter Zahlenreihen bisher einen Verzicht auf breiter angelegte Forschungen für die Zeit vor 1816 mit sich gebracht hat.[1] Das 18. Jahrhundert gilt bereits als eine Domäne der Historischen Demographie. Programmatisch gewendet bedeutet der Begriff der historischen Bevölkerungsforschung deshalb auch eine Aufforderung zu einer intensiveren Auseinandersetzung mit den für einzelne Territorien vorliegenden aggregierten Statistiken aus der Frühen Neuzeit.

16.1 Genese der historischen Bevölkerungsforschung und ihrer Methoden

Sieht man einmal von den in der Aufklärung eine gewisse Blüte erlangenden spekulativen Betrachtungen über die Entwicklung der Bevölkerungszahl seit der Vorgeschichte und der Antike ab, so datiert die im engeren Sinne wissenschaftliche Beschäftigung mit bevölkerungsgeschichtlichen Fragen erst vom ausgehenden 19. Jahrhundert. Das Interesse der in diesem Bereich aktiven jüngeren historischen Schule der Nationalökonomie zielte dabei vor allem auf die Verwendung überlieferter Daten im Kontext der Wirtschaftsgeschichte, während der methodische Beitrag der wenigen Historiker, welche die Basis an frühen demographischen Angaben zu erweitern suchten, sich auf einfache Hochrechnungen und Schätzungen auf der Grundlage partieller Informationen beschränkte. Im Wesentlichen besteht diese Methode aus nichts anderem als aus der Umrechnung von Zahlen für kleinere auf größere Gebiete oder von Haushaltszahlen auf Bevölkerungsangaben. Beides erfordert eine genaue Analyse des historischen Kontexts und führt doch immer zu anfechtbaren Ergebnissen. Zu Vergleichszwecken kann aber auch heute in der historischen Forschung manchmal nicht auf die Annahme einer bestimmten Haushalts- oder Familiengröße (beispielsweise 4,5) verzichtet werden, wobei allerdings zumindest zwischen Stadt und Land unter Berücksichtigung der vorherrschenden Haushaltsformen und der Eigenarten der herangezogenen Quellen unterschieden werden sollte.[2]

Einem genuin historischen Interesse auf dem Hintergrund familien- und heimatkundlicher Forschungen verdankt die Familienrekonstitutionsmethode ihre Entstehung und starke Verbreitung. Als Manifestation einer herausgehobenen gesellschaftlichen Stellung haben Genealogien in Familien des Adels und des höheren Bürgertums eine lange Tradition, die sich bis in die Gegenwart im Gotha und in den gedruckten Geschlechterbüchern dokumentiert. Der entscheidende Schritt darüber hinaus wurde in Deutschland 1907 vollzogen, indem unter sozialgeschichtlichen Fragestellungen der gesamte familiengeschichtliche Informationsgehalt der Kirchenbücher eines Ortes unter Einbeziehung der früh verstorbenen Kinder und der kinderlosen Ehen im Zusammenhang ausgewertet wurde.[3] Eine breite Resonanz war dieser Pionierstudie nicht beschieden, sodass es davon unabhängig zu anderen Entwicklungen in eine ähnliche Richtung kam. Eine Episode blieb die Verknüpfung aller Kir-

---

[1] Vgl. Pfister (1994); Imhof (1986); Köllmann (1976, 1988); Kraus (1980); Bourdelais (1996).
[2] In diesem Zusammenhang immer noch von Bedeutung: Mols (1955); Dupâquier (1979) rechnet hingegen die französischen Feuerstätten nicht in Einwohnerzahlen um.
[3] Vgl. Imhof (1977: 20).

chenbucheinträge eines Gebiets zu Stammtafeln, wie sie in den anthropologischen Untersuchungen der 20er und 30er-Jahre vorgenommen wurde. Vielmehr setzte sich die Zusammenstellung nach Familienblättern durch, die schließlich in alphabetischer Ordnung in Buchform zusammengestellt wurden. In nationalsozialistischer Zeit als Hilfsmittel zur Ahnenforschung initiiert, wurden solche Dorfsippenbücher nach dem Krieg von interessierten Genealogen und Heimatforschern in kaum veränderter Form als Ortssippenbücher weiter herausgegeben. Außerhalb ihres Kreises blieb diese Quelle unbeachtet. Als hinderlich erwies sich dabei zweifellos auch die Assoziation bevölkerungsgeschichtlicher Fragestellungen mit dem Erbe des Dritten Reichs. Die heute angewandten wissenschaftlichen Methoden der Auswertung von Kirchenbuchinformationen stammen deshalb fast ausnahmslos aus dem französischen und dem englischen Sprachraum.

Auf diesem Feld wirkte Louis Henry vom Institut National d'Etudes Démographiques bahnbrechend. Er erweckte in den 50er-Jahren die Aufmerksamkeit der Demographen an den Kirchenbüchern und lieferte Richtlinien zu ihrer Auswertung, sodass sich viele der im Folgenden angesprochenen Verfahren und Kennziffern bereits in seinen Handbüchern finden.[4] Der Wunsch nach einer Erforschung des frühen Einsetzens der Geburtenbeschränkung in Frankreich traf sich hier mit einem international gestiegenen Interesse an der umfassenden Problematik des Fertilitätsrückgangs und seiner auslösenden Mechanismen, zu deren Beschreibung und Verständnis die Historische Demographie mit der Definition eines als vortransitionell anzunehmenden Zustands von „natürlicher Fertilität" einen Beitrag leisten zu können glaubte. Auf diesem Hintergrund hatte die Suche nach verfeinerten Indizes vor allem eine genauere Analyse der Fertilität zum Ziel, besonders in der Arbeit des Office of Population Research in Princeton unter der Leitung von Ansley Coale. In der Anwendung auf die in der Regel kleinen Populationen der Familienrekonstitutionsstudien haben die dort ausgearbeiteten Verfahren indes letztlich nicht dieselbe Bedeutung erlangt wie älteren und robusteren Indizes. Vorbildliches in der Erprobung der auf die Daten aus deutschen Ortssippenbüchern anwendbaren Methoden hat John Knodel geleistet.[5]

Als vorläufig letzte Etappe der Entwicklung von Methoden zur Analyse von Bevölkerungsvorgängen in der so genannten vorstatistischen Zeit ist die Bearbeitung von größeren Stichproben mithilfe von Modelltafeln anzusehen, wobei aus solchen Aggregaten ebenso wie aus länger zurückreichenden regionalen und nationalen Zahlenreihen der Geborenen und Gestorbenen in erster Linie die Anteile von Mortalitäts- und Fertilitätsveränderungen beziehungsweise des Heiratsverhaltens genauer bestimmt werden sollen. Bestimmend für die Forschungsdiskussion ist in diesem Bereich die Arbeit E. A. Wrigleys und Roger Schofields über die englische Bevölkerungsentwicklung seit dem 16. Jahrhundert mit der sich daran knüpfenden methodischen Diskussion über Rückwärts- und Vorwärtsprojektionen.[6] Mit der Hinwendung zu größeren Aggregaten hat die Erforschung der Mortalität in den 80er-Jahren erneut eine stärkere Bedeutung erlangt, und zugleich hat die Theorie stabiler Bevölkerungen Eingang in die Praxis der historischen Bevölkerungsforschung gefunden.

---

4 Henry (1953, 1972, 1980); Fleury, Henry (1965); Henry, Blum (1988).
5 Knodel (1988) und zahlreiche wissenschaftliche Artikel in den 70er Jahren.
6 Wrigley, Schofield (1989); McCaa (1989); McCaa, Vaupel (1992); Lee (1985, 1993).

16.2 Bestimmung der Fertilität anhand personenbezogenen (Kirchenbuch-) Materials

Wenn im Folgenden von Kirchenbuchmaterial die Rede ist, so betrifft das im wörtlichen Sinne mit wenigen Ausnahmen die gesamte Vitalstatistik in allen deutschen Staaten bis hin zur Einrichtung der Standesämter in Preußen 1874 und kurz darauf im Reich. Dass die Vitalstatistiken noch im 19. Jahrhundert auf der Kirchenbuchführung basierten, war in Europa im Übrigen keineswegs ungewöhnlich und schloss nicht aus, dass staatliche Stellen Statistiken für einzelne Territorien zentral zusammenfassten, nachdem sie die Registerführung und Tabellenerstellung durch die Geistlichen schon seit langem angeleitet und überwacht hatten. Die Auswirkungen der Französischen Revolution waren in diesem Bereich begrenzt, und so waren die Zivilstandsregister in Deutschland zunächst eine temporäre Erscheinung geblieben. Lediglich zwei Hansestädte führten sie nach den Befreiungskriegen weiter.[7] Nicht vergessen werden sollte auch, dass eine Registrierung der Bevölkerungsbewegung von Minderheiten außerhalb der großen christlichen Kirchen existierte, auf welche die Bezeichnung Kirchenbücher ebenfalls nicht zutrifft, vor allem bei der jüdischen Religionsgemeinschaft. In methodischer Hinsicht ist indes die Arbeit mit den Kirchenbüchern paradigmatisch, denn diese bestehen wie alle anderen Quellen dieser Art aus individuellen Einträgen von Geburten, Heiraten und Sterbefällen. Auf daraus bereits aggregiertes statistisches Material sind andere Methoden anzuwenden.

Im Zentrum der Fertilitätsanalyse steht die Berechnung der *altersspezifischen Fruchtbarkeitsraten*, aus denen sich weitere Maße ableiten. Sie stellen die Anzahl der Geburten (nicht die der Geborenen) pro Jahr bezogen auf eine Frau dar. Eine Einschränkung anhand des Kirchenbuchmaterials ist, dass nur die Risikopopulation der verheirateten Frauen bestimmt werden kann. Auszuschließen sind also alle Geburten vor der Ehe oder nach dem Tod des Gatten. Illegitimität kann aus dem gleichen Grund nicht als Fruchtbarkeit, sondern nur als Anteil der unehelichen an allen Geburten angegeben werden. Selbst unter dieser Einschränkung muss für ländliche Kirchspiele mit einer Unterschätzung gerechnet werden, wenn sich beispielsweise für die werdenden ledigen Mütter die Möglichkeit des rechtzeitigen Wegzugs in die Stadt bot. Für den hier primär interessierenden Quotienten FR (Geburten/Frauenjahre) gilt definitorisch:

Geburten:

Die Totgeburten sind in die Berechnung einzuschließen. Das ergibt sich schon aus der Notwendigkeit des interregionalen Vergleichs zwischen katholischen und protestantischen Gebieten mit ihrer historisch unterschiedlichen Einstellung zur Nottaufe. Sie wurde unter der Geburt häufig auch Kindern zuteil, die nach heutigen Definitionen als Totgeburten bezeichnet worden wären. Die von Henry vorgeschlagene Methode, diese als „ondoyés décédés" bezeichnete Gruppe völlig aus dem Zähler der FR auszuschließen, um dann anschließend die errechneten Werte um 3% zu korrigieren, ist für die Arbeit mit gedruckten Familienrekonstitutionen (Ortssippenbücher) nicht sinnvoll, da dort erfahrungsgemäß die ohnehin in den Kirchenbüchern oft nicht

---

[7] Ribbe, Henning (1995: 186).

eindeutige Kennzeichnung von Totgeburten gelegentlich übersehen oder in unklarer Weise übertragen wird. Eine Korrektur würde deshalb eine bereits zu große Anzahl von vermeintlich Lebendgeborenen in ungerechtfertigter Weise erhöhen. Nach Maßgabe der Datenqualität kann weiterhin auf minimale Korrekturen verzichtet werden, die sich aus einer wirklichen Unterregistrierung von Totgeburten und Geburten aus temporär migrierenden Familien ergeben.[8]

Frauenjahre:
Maßgeblich ist hier die in einer Fünfjahresaltersgruppe in einer ehelichen Verbindung verbrachte Zeit. Bei weniger als acht Monate nach der Eheschließung geborenen und damit als vorehelich konzipiert anzusehenden Kindern kann in dem betreffenden Fall die Anzahl der Frauenjahre um die Differenz zum durchschnittlichen protogenetischen Intervall (Abstand zwischen der Heirat und der ersten Geburt) bei ehelichen Konzeptionen erhöht werden, also um etwa ein Jahr.[9] Bisher ist dieses Verfahren aber nur in einigen Studien angewandt worden, es kann somit nicht als international üblich bezeichnet werden.[10] Das gilt sinngemäß auch für die neun Monate, die nach dem Ende der ehelichen Verbindung durch den Tod des Mannes hinzuzufügen wären.

Da die verwendeten Daten biographischer Natur sind und keinen bestimmten Momentzustand widerspiegeln wie Fertilitätsraten auf der Grundlage von Volkszählungsaltersgruppen, ergibt sich die Notwendigkeit einer genauen Abgrenzung des Zeitraums der Anwesenheit in der Risikopopulation der im Einzugsbereich der Kirche lebenden Ehepaare. Als Ende einer solchen Verbindung kam in den hier interessierenden Jahrhunderten in der Regel nur das Datum der Verwitwung in Frage. Um Verzerrungen bei der Berechnung der FR zu vermeiden, wird zudem auf die Einbeziehung von weniger als fünf Jahre bestehenden Ehen verzichtet. Für die Zuverlässigkeit der Angaben ist es zudem von Bedeutung, dass das Geburtsdatum der Frau und damit ihr Alter bei der Geburt exakt bekannt sind.
Aus den alters- oder ehedauerspezifischen FR sind *weitere Fertilitätsmaße* abzuleiten, die durch zusätzliche einfache Standardberechnungen der Familienrekonstitutionsanalyse zu ergänzen sind:

Gesamtfruchtbarkeit TMFR (Total Marital Fertility Rate):
Summe der sechs FR zwischen 20 und 50 Jahren, multipliziert mit 5. Daraus ergibt sich die theoretische Nachkommenschaft einer während dieser 30 Jahre verheirateten Frau. Die bei den Hutterern gemessene TMFR von 10,94 gilt als oberer Richtwert, wenngleich in historischen Populationen Süddeutschlands höhere Werte ermittelt worden sind.

---

[8] Vgl. Gehrmann (1984: 63); Schlumbohm (1994: 143). In Ortssippenbüchern lassen sich die durch einen späteren Heirats- oder Sterbeeintrag nachträglich identifizierten Geburten in der Regel ohnehin nicht von den anderen unterscheiden, so dass die Grundlage zur Berechnung der sogenannten „naissances perdues" fehlt.

[9] Knodel (1988: 378, Fußnote).

[10] Korrektur bei Schlumbohm (1994: 144) um 19,6 Monate, bei Medick (1996: 340) um 14,5 Monate. Knodel (1988: 375) hält die von ihm errechnete Korrektur um 12 Monaten vor der Heirat für unerheblich und verwendet sie selbst nur für das Maß M, nicht für die Fruchtbarkeitsraten (ebd., 256 u. 266).

Relation zwischen der Summe der FR über 30 Jahre und der TMFR:
Diese Verhältniszahl kann als Hinweis auf eine Geburtenbeschränkung durch eine geringere Geburtenhäufigkeit im höheren Alter der Frau interpretiert werden, wenn sie unter 0,46 fällt. Liegt eine solche Kontrolle nicht vor, liegen die Werte um 50%, in kontrazeptiven Populationen dagegen unter 25%, manchmal sogar unter 15%.[11]

Geburtenabstände:
Sie stellen im Prinzip den Kehrwert der FR zwischen der ersten und der letzten Geburt dar und zeichnen sich dadurch aus, dass sie eine auch für den Laien leicht zu vermittelnde Größe zur Bezeichnung der Fruchtbarkeit sind. Eine TMFR von 8 entspricht also bei einem Durchschnittsalter bei der letzten Geburt von 40 Jahren einem Geburtenabstand von 30 Monaten, um ein für Norddeutschland im 18. Jahrhundert typisches Beispiel zu nennen. Bei einer TMFR von 10 beträgt dieser dagegen nur noch 2 Jahre, so historisch in Teilen Süddeutschlands. Eine Gruppierung der Familien nach den tatsächlich gemessenen Abständen zwischen den Geburten oder nach sozialen Kriterien kann Hinweise auf bestimmte Fertilitätsmuster geben. Allerdings sind gerade solche Ergebnisse nur schwer interpretierbar.[12] Ohnehin sind eindeutige Beweise für eine willentliche Beeinflussung der Anzahl der Nachkommen nur dann zu erbringen, wenn eine Verschiebung des Fertilitätsmusters mit einer Verringerung der FR im höherem Alter oder bei längerer Ehedauer zu belegen ist, nicht auf dem Umweg über Geburtenabstände, die zwar unter den heute in den europäischen Ländern vorherrschenden physiologischen Bedingungen unnatürlich lang erscheinen, deshalb allein aber noch nicht als Beweis für willentliche Geburtenkontrolle dienen können. Kulturelle Praktiken und insbesondere das Stillverhalten mit seinen fertilitätsmindernden Effekten scheinen hier ausschlaggebend gewesen zu sein, sodass sich eine erhebliche Bandbreite von „natürlichen" Intervallen ergibt.[13] Insofern kann eine apriorische Einteilung der Geburtenintervalle in geburtenbeschränkende und natürliche vom Ansatz her als verfehlt angesehen werden. Hingegen kann die Intervallanalyse im Zusammenhang mit der Säuglingssterblichkeit als Hilfsmittel zur Einschätzung der Stilldauer benutzt werden (s. u.).

ALB:
Mittelwert des Alters der Frau bei der letzten Geburt, zu Vergleichszwecken manchmal auch der besonders zu kennzeichnende Median. Zur Berechnung werden nur die fruchtbaren beiderseitigen Erstehen herangezogen, die vor dem 30. Geburtstag der Frau geschlossen wurden und mindestens bis zum Ende ihres 45. Lebensjahrs Bestand hatten. Damit geht nur eine Teilmenge der so genannten vollständigen Ehen in die Berechnung ein, was gelegentlich zu bedenklich geringen Grundgesamtheiten führt. Das Maß ALB verbindet dafür den Vorteil einer leichten Bere-

---

[11] Knodel (1988: 260) basierend auf den Modellfertilitätstafeln Coale und Trussells.
[12] Vgl. die Diskussion zwischen Dupâquier und Lachiver (1969, 1981) und Knodel (ebd.).
[13] Sogenanntes „Wrigleysches Modell", zit. bei Imhof (1977: 80). Aufgrund der geringen praktischen Bedeutung der Intervallanalyse für die Fertilitätsbestimmung kann hier auf eine Erläuterung der Auswahlkriterien für dieses Verfahren und die Unterkategorien nach Geburtsrang verzichtet werden (vgl. Gautier, Henry 1958: 141).

chenbarkeit mit dem einer guten Interpretierbarkeit bei Veränderungen, die in ihrer Signifikanz beispielsweise mit dem t-Test überprüft werden können. Wie auch sonst bei diachronen historisch-demographischen Untersuchungen genügt bei einer ausreichenden Grundgesamtheit in der Regel der Trend der Wertefolge als Beleg.

$\overline{m}$ *: Mittleres Gebäralter:*
Für die üblichen Auswertungen von Familienrekonstitutionen ist dieses Maß nicht von Bedeutung, wohl aber im Zusammenhang mit weiterführenden Berechnungen (s. u.). Es handelt sich um einen einfachen Mittelwert. Falls der Zugriff auf die Rohdaten (Alter der Mutter für alle Geburten) versperrt ist, kann $\overline{m}$ aus den Fertilitätsraten abgeleitet werden. Dazu sind die FR mit dem Mittelpunkt des Intervalls (z. B. 22,5) der entsprechenden Altersgruppe (z. B. 20–24) zu multiplizieren und anschließend aufzuaddieren. Das Ergebnis ist durch die Summe der FR zu teilen.[14]

Brutto- und Nettoreproduktionsraten:
Sie können in ihrer ursprünglichen Bedeutung direkt aus der weiblichen Nachkommenschaft verheirateter Frauen errechnet werden, sodass im Gegensatz zur Ableitung aus den Fertilitätsraten der mögliche Unterschied zwischen realer und rechnerischer Reproduktion nicht diskutiert zu werden braucht. Allerdings geben Familienrekonstitutionsstudien nur ungenau über den Anteil Lediger Auskunft, sodass hier ein Element der Schätzung hinzukommt. Trotzdem ergibt sich eine brauchbare Berechnung der Bruttoreproduktionsziffer aus der grundlegenden Gleichung: GRR = Mädchengeburten/Generation verheirateter + lediger Frauen. Für die Nettoreproduktion sind entsprechend die Zahlen der überlebenden Mädchen im Generationenabstand einzusetzen.

Weit verbreitet sind des Weiteren zwei von Coale und Trussell entworfene spezifische Fruchtbarkeitsmaße. Sie beruhen auf der Voraussetzung, dass sich natürliche Fertilität in einem bestimmten Verhältnis zwischen den Fertilitätsraten im niedrigeren und im höheren Alter widerspiegelt und somit in Modelltafeln dargestellt werden kann:

– M: Höhe des Fertilitätsniveaus, ausgedrückt als Abweichung von dem als 1 gesetzten Referenzmuster. Grundsätzlich ergeben sich daraus keine anderen Erkenntnisse als aus dem Vergleich der TMFR. Als Parameter für die Berechnung von m wird der Wert M für die Altersgruppe 20–24 Jahre genommen. Da durch diese Beschränkung Ungenauigkeiten entstehen, wird eine parallele Optimierung von M und m vorgeschlagen.[15]
– m: Numerischer Ausdruck des Umfangs der Geburtenbeschränkung in einer bestimmten Population mit beobachten Fertilitätsraten (r_a), berechnet aus der Tafel natürlicher Fertilität nach den Angaben Louis Henrys (n_a) sowie einem Anpassungsfaktor auf der Grundlage von 43 UN-Datenreihen (v_a):

---

14 Feichtinger (1973: 102). Der mittlere Generationsabstand ist dort mit dem mittleren Gebäralter gleichgesetzt.
15 Coale, Trussell (1978: 203).

$$m_a = \ln(r_a/(M\, n_a))\, /\, v_a. \tag{1}$$

Statt m als den Mittelwert der Einzelnen m_a zu berechnen, stehen verschiedene Verfahren zur Findung eines genaueren Werts zur Verfügung.[16] Die Bestimmung der Signifikanz des Ergebnisses setzt die Verfügbarkeit separater Daten von Geburten und Frauenjahren voraus. In kontrazeptiven Bevölkerungen liegt der m-Wert über 1 bei Abwesenheit einer altersspezifischen Geburtenbeschränkung schwankt er um 0. Knodel interpretiert in seiner Studie über deutsche Dörfer einen Wert von über 0,3 – nach der oben angesprochenen Korrektur für voreheliche Konzeptionen – als Anzeichen für eine um sich greifende Geburtenbeschränkung.[17] Eine genaue Grenze kann es hierfür indes nicht geben, denn der Konfidenzintervall (95%-Niveau) nimmt bei einer Unterteilung der begrenzten Datenmenge von Familienrekonstitutionen nach Teilzeiträumen rasch zu.[18] Wenig sensibel scheint das Maß m zudem auf das frühe Auftreten von Geburtenplanung bei kleineren Gruppen zu reagieren.[19] Es wiederholt sich hier die Erkenntnis, dass der Trend in einer Zeitreihe von Werten besser interpretierbar ist als der synchrone Vergleich zwischen unterschiedlichen Populationen oder mit vordefinierten Mustern.[20] Insofern sind durch die Verwendung robusterer Werte wie ALB oder von Zeitreihen altersspezifischer FR ähnliche Ergebnisse zu erzielen.

Tab. 1: „Natürliche" Fertilitätsraten und Faktor v als Grundlage der Maße m und Ig

	15–19	20–24	25–29	30–34	35–39	40–44	45–49	TMFR
Referenzmuster	411	460	431	395	322	167	24	9,00
Hutterer		550	502	447	406	222	61	10,94
v		0	–0,279	–0,667	–1,042	–1,414	–1,671	

16.3 Bestimmung der Mortalität anhand von Kirchenbuchmaterial

Obwohl die besondere Stärke der Familienrekonstitutionsmethode in der Bestimmung der Fertilität vergangener Populationen besteht, kann aus den biographischen Daten der Familienrekonstitutionen auch eine Anzahl von Kennziffern zur Mortalität bis hin zu vollständigen Sterbetafeln gewonnen werden. Das setzt allerdings größere Datensätze voraus als sie im Rahmen einer Studie über ein einzelnes Kirchspiel in der Regel zur Verfügung stehen. Diese Einschränkung betrifft nicht die Analyse der Säuglings- und Kindersterblichkeit. Da dort zugleich der Rückbezug auf das familiä-

---

[16] Coale, Trussell (1974, 1978); Knodel (1988: 262); Wilson et al. (1988).
[17] Knodel (1988: 289).
[18] Als bei der Berechnung von m sinnvollerweise nicht zu unterschreitende Grenze kann nach den Angaben Broströms (1985: 630) eine Zahl von 1.000 Geburten (Konfidenzintervall 0,3) angesehen werden. Vgl. Kno-del (1988: 289).
[19] Oku (1994).
[20] Wilson et al. (1988: 10, 17).

re Umfeld hergestellt werden kann, gehören gerade diese Auswertungen zum Standardrepertoire historisch-demographischer Parochialstudien.

Die Berechnung der *Säuglingssterblichkeit* (Gestorbene im 1. Lebensjahr geteilt durch Geborene) ist bei einer entsprechenden Datenqualität weitgehend unproblematisch, sofern sie die Totgeburten einschließt. Zur Umgehung der bereits angesprochenen konfessionellen Unterschiede in der Registrierung der Totgeburten und zu Vergleichszwecken wird nicht selten diese historische Variante der Definition der Säuglingssterblichkeit gewählt. Aus grundsätzlichen Erwägungen ist indes eine stärkere Annäherung an die heute übliche Berechnungsweise auf der Grundlage der Lebendgeborenen anzustreben. Einen Anhaltspunkt dazu bildet die Verteilung der als am Kalendertag der Geburt verstorben verzeichneten Kinder auf die beiden in Frage kommenden Kategorien der Lebend- und Totgeborenen. Dieses Verhältnis ist im 18. und 19. Jahrhundert als relativ stabil anzunehmen. Nach relativ zuverlässigen Daten aus dem 19. Jahrhundert können 75–80% der am Tage der Geburt Verstorbenen als Totgeburten betrachtet werden.[21] Diese zur Berücksichtigung einer leichten Unterregistrierung im 18. Jahrhundert auf 3:1 festgesetzte Proportion zwischen Tot- und Lebendgeborenen liegt der umfangreichsten deutschen Sterbetafelsammlung auf der Grundlage von Kirchenbüchern zu Grunde.[22] Sie ist deshalb zumindest als Ergänzung zu einer alleinigen Berechnung der Säuglingssterblichkeit unter Einschluss der Totgeburten zu empfehlen.

Um die Fortschritte bei der Senkung der perinatalen Mortalität beurteilen zu können, muss gelegentlich die Totgeburtenrate geschätzt werden. Hierzu ist vorgeschlagen worden, sie als den 1,8-fachen Wert der Frühsterblichkeit (Lebenstage 0–6) anzunehmen.[23]. Als besonders wichtig für die Interpretation von Hinweisen auf die Einflussfaktoren der Säuglingssterblichkeit hat sich zudem die Untergliederung der Sterbefälle im ersten Lebensjahr in Neugeborenensterblichkeit (0–28 Tage) sowie in das weitere erste und das zweite Lebenshalbjahr erwiesen, was auch bei kleineren Datensätzen durchführbar ist. Zur Überprüfung der Vollständigkeit der Registrierung kann es zudem erforderlich sein, innerhalb der Neugeborenensterblichkeit weitere Spezifizierungen vorzunehmen.

Insgesamt wenig ergiebig sind bisher die Versuche geblieben, aus dem Verlauf der Sterblichkeit innerhalb des ersten Lebensjahrs Schlüsse auf das *Stillverhalten* zu ziehen.[24] Diese biometrische Analyse kann entweder unter der Verwendung von kumulierten Monatswerten graphisch durchgeführt werden, wobei die Abszisse in einer besonderen Form skaliert ist ($\log^3(n+1)$), oder aber durch die Berechnung einer Steigungsrate, wofür wiederum nur die kumulierten Werte am Ende des 1., 6. und 12. Monats benötigt werden. Klarer sind die Hinweise auf die durchschnittliche Stilldauer, die sich aus der Differenz zwischen dem Geburtenabstand nach einem frühen Tod eines Säuglings (spätestens bis zum Ende des 1. Monats) und nach einer überlebenden Geburt ergeben. Diesem Verfahren liegt die Annahme zu Grunde, dass die durch

---

[21] Herrenberg (1840-1865: 24:76 und 1600-1850: 25:75; Berliner Datensatz, in: Imhof 1990); Leezen (1820-1869: 20, 80).

[22] Imhof (1990: 73). Bei vollständiger Registrierung steigt das Verhältnis auf ca. 4:1 (ceteres paribus).

[23] Hart (1998: 227).

[24] Knodel, Kintner (1977); zur Grundlage vgl. Bourgeois-Pichat (1951) und zur Anwendung Gehrmann (1984: 140 ff.).

das Stillen hervorgerufene temporäre Unfruchtbarkeit (Amenorrhöe) – eine an die Stilldauer gekoppelte sexuelle Enthaltsamkeit ist in Europa auch historisch als weniger wahrscheinlich anzusehen – diesen Unterschied zumindest für einen Vergleich zwischen verschiedenen Regionen hinreichend genau determiniert. Um den Einfluss einer willentlichen Geburtenplanung zu minimieren, werden nur die ersten beiden Geburtenabstände in einer Familie zur Berechnung herangezogen. Der letzte Intervall ist grundsätzlich auszuschließen.[25]

Sofern nur in einem sehr geringen Maße Kinder aus der Beobachtung verschwinden, ist eine Berechnung der *Kindersterblichkeit* ebenfalls in Rückbezug auf die Geborenen einer Generation möglich. Grundsätzlich empfiehlt es sich, nach dem Prinzip der Sterbetafel den Quotienten im Verhältnis zur Risikopopulation zu berechnen. Dazu ist nur die Grundgesamtheit um die in der vorherigen Altersklasse Gestorbenen zu verringern. Da es sich um echte Generationen (Kohorten) handelt, ist das Ergebnis die Sterbewahrscheinlichkeit in der Altersklasse von x bis x+n ($_nq_x$). Anwendbar ist diese Methode ohne Korrekturen um Abwanderungsverluste für die 1–10-Jährigen und selbst bis zum 15. Lebensjahr, nach Maßgabe der Datenauswahl und unter Berücksichtigung der lokalen Verhältnisse im Zusammenhang mit dem Eintreten in das Arbeitsleben.

Spätestens in der Altersgruppe der Heranwachsenden verlieren sich für viele Personen die Spuren im biographisch strukturierten Kirchenbuchmaterial. Erst bei den verheirateten Personen ist erneut von einer relativ stabilen Anwesenheit in der Gemeinde auszugehen. Schwieriger gestaltet sich die Definition der Risikopopulation außerhalb dieser ortsansässigen Ehen, sofern ergänzende Quellen zu den Kirchenbüchern fehlen. Bei Ledigen ist dann in der Regel erst der Sterbeeintrag ein Beleg für Sesshaftigkeit, da diese Gruppe in den Heirats- und Geburtsregistern nicht dokumentiert ist. Über die Sterblichkeit von Migranten schließlich lassen sich mit keiner der hier vorzustellenden Methoden Aussagen treffen. Sie berücksichtigen auch nicht das Risiko einer Verzerrung der Ergebnisse durch Rückwanderungen im Alter – eine in vorindustrieller Zeit bei genügend großen Kirchspielgruppen durchaus vertretbare Ungenauigkeit. Um trotz dieser Schwierigkeiten und Einschränkungen die Mortalität auch in *höheren Altersgruppen* verfolgen zu können, sind zwei Lösungswege vorgeschlagen worden. Der Erste besteht in einer separaten Sterbetafel für diese Alter, der Zweite in einer kontinuierlichen Tafel unter Berücksichtigung der Abwanderung.

1. Die Erstellung zweier *getrennter Sterbetafeln* für das Kindes- und für das Erwachsenenalter schlägt Henry vor.[26] Die Erste ist in der oben beschriebenen Weise zu berechnen, mit der Geburt als Beginn der Beobachtung und der Annahme einer Anwesenheit bei Anwesenheit der Eltern. Für die Zweite stellt sich das Problem des Verweilens in der Risikopopulation ungleich komplexer dar, sodass die Zahlen für die so genannten Inkremente und Dekremente nicht eindeutig bestimmbar sind. Für die Altersgruppe der 15–25-Jährigen muss auf die Anwendung einer solchen Methode völlig verzichtet werden. Henry wählt deshalb als Population die am Ort geborenen und zwischen dem 25. und 40 Lebensjahr hei-

---

[25] Knodel (1988: 547).
[26] Henry (1980); Henry, Blum (1988).

ratenden Männer und Frauen aus. Da das Ende der Beobachtung unabhängig von der Sterblichkeit angesetzt werden muss, kann die Auswahl nicht auf einen bestimmten Ehetyp beschränkt werden, sodass auch Verbindungen mit Ehepartnern aufgenommen werden müssen, bei denen Angaben zu den Todesdaten fehlen. Daraus folgen in solchen Fällen zwei verschiedene Annahmen für den Zeitpunkt des Todes, die als minimales und als maximales Alter definiert werden. Nach Maßgabe der Quellen wird das Alter zum Zeitpunkt des letzten Auftretens als das minimale gesetzt, das Alter bei der ersten Erwähnung des Ablebens als das maximale. Entsprechend ist eine Sterbetafel mit der höchsten und eine mit der geringsten angenommenen Sterblichkeit zu konstruieren. Personen mit unbekanntem Schicksal werden von Henry als bis zum Alter von 60 Jahren lebend in die zweite Tafel aufgenommen.[27] Auf der Grundlage zweier so errechneter Reihen von Sterbewahrscheinlichkeiten zwischen dem 25. und 60. Lebensjahr kann mithilfe von Modellsterbetafeln die Bandbreite der Mortalität eingegrenzt werden. Als wahrscheinliches Mortalitätsmuster ergibt sich dann eine mittlere Tafel, in dem von Henry angeführten Beispiel das UN-Sterbetafelniveau 15 als Mittel der Niveaus 10 und 20.
2. Eine andere Annäherung an das wahrscheinlichste Mortalitätsmuster ist ohne den Umweg über zwei von der Realität mutmaßlich etwa gleich weit entfernte Muster möglich. Eine genügende Größe des Datensatzes vorausgesetzt, bieten sich an Stelle der von Henry ausgewählten Ehepaare die Generationen von Kindern aus den Ehen ortsansässiger Familien als eine andere vom Mortalitätsrisiko unabhängig definierte Population an. Deren Biographien sind bis zum Tode oder bis zur Abwanderung zu verfolgen. Große Sorgfalt muss bei der Erstellung solcher *integraler Sterbetafeln* auf die Definition des Abwanderungszeitpunkts gelegt werden, der bei Verheirateten ohne Sterbeeintrag entweder kurz nach der Heirat oder nach der Geburt des letzten Kindes im Untersuchungsgebiet anzunehmen ist. In den Berliner Sterbetafeln, zu deren Berechnung diese Methode angewandt wurde, ist hierfür ein Zeitraum von einem Jahr nach dem letzten Ereignis angesetzt, was der Hälfte von kurzen Geburtenabständen entspricht.[28] Lediglich schätzen lässt sich der Abwanderungszeitpunkt für auswärts oder gar nicht heiratende Personen, bei denen die Anwesenheit nur für das Kindesalter belegt ist. In großen Datensätzen mit einer Vielzahl ausgewerteter Quellen sinkt deren Anteil unter 3%, sodass davon keine erheblichen Unsicherheiten ausgehen.[29]

Für umfangreichere Gebiete mit einer dichten Folge von Sterbetafeln ist die Umrechnung der ursprünglichen Generationentafeln in Periodentafeln möglich, sodass die Mortalitätsverhältnisse bezogen auf einen Kalenderzeitraum dargestellt werden können. Dieser lässt sich auf eine Dekade mit einer Ungenauigkeit von ± 5 Jahre eingrenzen, was für die Analyse historischer Entwicklungen in der Regel ausreichend ist. Dazu müssen die für die Generationen berechneten wirklichen Sterbe-

---

[27] Henry (1980: 128). In der späteren Auflage (Henry, Blum 1988) wird dann der Zeitpunkt der letzten Erwähnung in der Tafel mit maximaler Mortalität nicht mehr als Todeszeitpunkt, sondern als Abwanderungszeitpunkt definiert.
[28] Gehrmann, Roycroft, in: Imhof (1990: 74).
[29] Ebd.: 72 (Herrenberg).

wahrscheinlichkeiten (hier fünfjährige $_5q_x$) in Zehnjahresblöcken entlang der Zeitachse verschoben werden (*Translation*). Anschließend lassen sich erneut die üblichen aus Sterbetafeln zu gewinnenden Kennziffern berechnen, also auch die mittlere Lebenserwartung beim Eintritt in die betreffende Altersklasse. Als mittlere Lebenserwartung bei der Geburt (e_0) stellt sie den kürzesten Ausdruck der Sterblichkeitsverhältnisse dar. Da die Sterbewahrscheinlichkeiten außer im frühen Kindesalter angesichts der begrenzten Datenmenge bei Kirchenbuchauswertungen und der Ungenauigkeit der Bestimmung des Abwanderungszeitpunkt nicht genauer als für Fünfjahresaltersgruppen zu berechnen sind, erfolgt die Ableitung der Sterbetafelmaße aus den $_5q_x$ nach dem Verfahren Reeds und Merrells.[30]

Eine Rekonstruktion der *Alterspyramide* der Bevölkerung zu einem bestimmten Zeitpunkt ist durch die Rückrechnung aus einer umfangreichen Stichprobe zu den Sterbealtern vom I.N.E.D. durchgeführt worden.[31] Diesem Verfahren liegt die Annahme einer geschlossenen Bevölkerung zu Grunde, in der die geringen Außenwanderungen nicht berücksichtigt zu werden brauchen. Eine Alterspyramide ergibt sich unter diesen Bedingungen aus einem Querschnitt durch die verschiedenen Generationen, die auf der Grundlage des bekannten Angaben zum Geburtsjahr (definiert als Todesjahr minus Alter) und zum Todesjahr rekonstruiert werden können. Im Fall der französischen Daten aus dem 18. Jahrhundert treten Differenzen zwischen der Anzahl der nach einer Rückrechnung aus den Gestorbenenzahlen zu erwartenden Geburten und den tatsächlich registrierten Taufen auf. Dieses Defizit wird mit einer Unterregistrierung von Sterbefällen im Kindesalter erklärt. Für die Einschätzung der Sterbewahrscheinlichkeiten ist die aus einer solchen Diagnose abzuleitende Korrektur nicht unproblematisch.

16.4   Erweiterung der demographischen Analyse durch historisches Volkszählungsmaterial

Um die auf der Grundlage von Familienrekonstitutionen berechneten Fertilitätsraten als Gesamtfertilität einer bestimmten Bevölkerung ausdrücken zu können, ist vereinzelt der für das European Fertility Project in Princeton entwickelte Index I_g verwendet worden.[32] Das ist nur unter Verwendung eines fiktiven Altersaufbaus der Bevölkerung (für Deutschland wie im Jahre 1871 angenommen) möglich, sodass dem Ergebnis kein höherer Aussagewert zukommen kann als der direkten Relation zwischen der beobachteten TMFR und der TMFR der Hutterer.[33] Als komprimierte Information über das gesamte Fertilitätsniveau einer Population gut geeignet sind die Princeton-Indizes, sobald sich anhand von historischem Volkszählungsmaterial die Altersverteilung tatsächlich bestimmen lässt. In solchen Fällen sind auch genauere Auswertungen zur Mortalität möglich. Bei einer entsprechenden Qualität der Sterbere-

---

[30] Reed, Merrell (1939). Zu weiteren Verfahren s. Shryock, Siegel (1976).
[31] Henry, Blayo (1975); Blayo (1975).
[32] Knodel (1974: 33 ff.) (Definition) und (1988: 249 f.) (Anwendung auf Kirchenbuchmaterial ohne Volkszählungen).
[33] Vgl. Gehrmann (1979) (QTMFR); Wrigley, Schofield (1983) (Ig). Knodels I_g'-Werte (1988: 250) weichen maximal um 0,03 von den QTMFR-Werten ab.

gister oder daraus gewonnener differenzierter Statistiken der Behörden ist dann punktuell auch ohne die Massenauswertung von individuellen Daten die Erstellung von Sterbetafeln möglich.

Eine unabdingbare Voraussetzung für die differenzierte Berechnung der *Gesamtfruchtbarkeit* ist eine Unterscheidung der Geburten nach ehelichen und unehelichen sowie der Frauen im gebärfähigen Alter nach Fünfjahresaltersgruppen und nach dem Zivilstand. Die Princeton-Indizes werden auf dieser Grundlage als eine Relation zwischen der beobachteten Geburtenzahl und der erwarteten berechnet, wie sie bei Hutterer-Frauen unter den Bedingungen der gegebenen Bevölkerungsstruktur eingetreten wäre. Für das am häufigsten verwandte Maß I_g (Index der ehelichen Fruchtbarkeit) bedeutet das eine Division der Anzahl der legitimen Geburten (B_l) durch die Summe der für die sieben Altersgruppen (15–49 im Fünfjahresintervall i) getrennt errechneten Produkte aus der FR der Hutterer (F_i) und der Anzahl der verheirateten Frauen (m_i):

$$I_g = B_l / \Sigma m_i F_i. \tag{2}$$

Analog werden I_f (Index der gesamten Fruchtbarkeit) und I_h (Index der unehelichen Fruchtbarkeit) errechnet. In der Regel wird der Durchschnitt der Geburtenzahl von mehreren Jahren um die Volkszählung zu Grunde gelegt, um zufällige Schwankungen zu begrenzen. Bei einer weniger differenzierten Datengrundlage kann statt der Princeton-Indizes auch eine allgemeine Fruchtbarkeitsziffer (FZ) als Quotient aus den Lebendgeborenen und der Anzahl der Frauen zwischen 15 und 45 oder 50 Jahren errechnet werden; sie lässt sich gegebenenfalls noch für die verheirateten Frauen spezifizieren. Zeitreihen führen hier bei einem sich üblicherweise nur wenig ändernden Heiratsverhalten zu den gleichen Schlüssen wie die Verwendung der Princeton-Indizes für die allgemeine und die eheliche Fertilität.[34]

Altersspezifische *Sterbewahrscheinlichkeiten* (q_x) können aus einer Altersverteilung der Sterbefälle und einer entsprechenden Aufstellung für die Bevölkerung nach dem üblichen Verfahren über die Sterbeziffern (m_x) errechnet werden. Da zum einen die Altersangaben in den Urlisten historischer Volkszählungen der Attraktion runder Zahlen, einer Überschätzung hoher Alter und manchmal auch einer geschlechtsspezifischen Unterschätzung in bestimmten Altersgruppen unterliegen und zum anderen in zeitgenössischen Auswertungen ohnehin nur grobe Altersklassen angegeben sind – hinzu kommt noch die Praxis der Angabe von angefangenen statt von vollendeten Jahren – , lässt sich nur mit fünf- oder gar zehnjährigen Intervallen arbeiten. Dementsprechend kommen die oben erwähnten besonderen Umrechnungsformeln für abgekürzte Sterbetafeln zum Tragen.[35] Zum Vergleich zwischen verschiedenen kleineren Populationen sind auch die so errechneten $_5q_0$ oft nicht signifikant unterscheidbar

---

[34] Die hohen Korrelationen mit traditionellen Maßen führen Knodel zu dem Schluß, „that we are not unduly disturbing the picture by use of the cruder measures for the decades prior to unification" (1974: 268). Die obere Altersgrenze der FZ wird verschieden angesetzt (Knodel 1974: 266; Fischer et al. 1982: 30; Gehrmann 1997: 63).

[35] Vgl. Shryock, Siegel (1976).

oder auf Grund der Quellenlage nicht hinreichend interpretationsfähig. Als komprimiertes Maß für Sterblichkeitsunterschiede kann in solchen Fällen über die mittlere Lebenserwartung hinaus die *standardisierte Sterbeziffer* mit Gewinn herangezogen werden. Die dazu verwandte Bezugsgröße (Standard) einer Altersverteilung ist beliebig. Die standardisierte Sterbeziffer leitet sich aus der erwarteten Anzahl der Sterbefälle ab (Produkt aus der Sterbeziffer (m_x) der beobachteten Population und der Anzahl der Lebenden in der zum Standard erhobenen Vergleichspopulation). Diese absoluten Zahlen sind für alle Altersklassen zu berechnen und anschließend zu addieren. Wie bei der Berechnung einer gewöhnlichen Sterbeziffer ist dann die Summe der (hier hypothetisch) Gestorbenen durch die Gesamtzahl der Lebenden (hier in der Standardpopulation) zu dividieren.

Wenn sich kein direkter Zugang zur Berechnung des *Heiratsalters* (x) durch die Auswertung der Kirchenbücher ergibt, können diese Angaben für die Erstheiraten recht zuverlässig aus einem entsprechend differenzierten Volkszählungsmaterial oder durch die Auswertung von Seelenlisten mit Angaben über das Alter und den Zivilstand erschlossen werden. Diese Methode ist von Hajnal beschrieben worden.[36] Sie erfordert zunächst die Berechnung der Ledigenquote in Prozent pro Fünfjahresaltersgruppe zwischen 15 und 55 Jahren und des Mittelwerts (z) der beiden Altersgruppenquoten zwischen 45 und 55. Dann werden (1.) die einzelnen Prozentwerte bis 50 Jahre (y_a) aufsummiert, mit 5 multipliziert und (2.) die Summe um 1.500 für die Altersjahre bis 15 erhöht. Von der Summe wird (3.) der mit dem Faktor 50 multiplizierte Mittelwert z subtrahiert und (4.) in einem letzten Schritt das Ergebnis durch die Differenz zwischen 100 und z dividiert:

$$x = [(5 \Sigma y_a + 1500) - 50 z] / (100 - z). \qquad (3)$$

Nicht unerwähnt bleiben soll in diesem Zusammenhang, dass auch frühneuzeitliche Zählungen bereits oftmals so genau oder zumindest so gleich bleibend ungenau waren, dass sie in Verbindung mit der Vitalstatistik eine Einschätzung der *Nettomigration* ermöglichen. Dieser Wert ergibt sich aus dem Vergleich der Bevölkerungszunahme zwischen zwei Zählungen und dem Saldo der Geborenen und Gestorbenen, nach einer eindeutigen Zuordnung der Totgeburten. In der Regel erreichten die Methoden der Erhebung der Vitalstatistik allerdings zu einem früheren Zeitpunkt einen hohen Grad an Zuverlässigkeit als die Einwohnerzählungen, bei denen die Verfahren zudem naturgemäß stärker variierten. Diese Tatsache machen sich *Korrekturverfahren zu historischen Volkszählungsergebnissen* zu Nutze. Treten in den Statistiken abrupt Nettozuwanderungen auf, so kann dies auf eine Verbesserung im Zählverfahren zurückzuführen sein. Für den Zeitraum zwischen 1816 und 1840 treten solche scheinbaren Wanderungsgewinne in einigen preußischen Provinzen auf. Geglättete Migrationsbilanzen stellen in diesem Fall eine Möglichkeit dar, die älteren Einwohnerzahlen nach oben zu korrigieren. Das hat auch einen gewissen Einfluss auf die Bevölkerungsgröße Deutschlands im genannten Zeitraum.[37]

---

[36] Hajnal (1954).
[37] Vgl. Ipsen (1972).

Ein weiteres wichtiges Maß stellt schließlich die jährliche *Zuwachsrate* (r) der Bevölkerung dar, die zwischen zwei weiter auseinander liegenden Einwohnerzahlen (P zu den Zeitpunkten a und b) auf der Basis des natürlichen Logarithmus errechnet werden sollte:

$$r = \ln(P_b/P_a) / (b-a). \tag{4}$$

16.5 Anwendung von Erkenntnissen über stabile Bevölkerungen

Nicht im Bereich der Kirchenbuchauswertungen, sondern auf der Ebene der Arbeit mit regionalen oder nationalen Datensätzen angesiedelt ist das Problem der Rekonstruktion der bestimmenden Kräfte der Bevölkerungsbewegung auf der Grundlage unvollständiger oder ungenügend differenzierter Rohdaten. Zeitreihen dieser Art entstehen aus Stichproben einer genügenden Anzahl von Kirchenbuchauszählungen, oder sie verdanken ihre Existenz der Umsicht und Sorgfalt der zeitgenössischen Behörden.

In der historischen Bevölkerungsforschung sind erst in jüngster Zeit die praktischen Anwendungsmöglichkeiten der Theorie der stabilen Bevölkerungen erkannt worden, die im Wesentlichen bereits von Lotka ausformuliert worden ist. Den Kern bildet der mathematische Beweis, dass der Altersaufbau einer Bevölkerung unter dem Einfluss einer konstanten Fertilität und Mortalität (asymptotisch) stabil ist (Ergodizität).[38] Es handelt sich dabei zunächst um den Entwurf eines Modell, dem beobachtete Bevölkerungen nie vollständig entsprechen. Nur um den Preis eines gewissen Verlusts an Authentizität ist aber eine mathematische Definition von Wechselbeziehungen zwischen den Einzelnen demographischen Variablen zu erhalten. Als ein Resultat der praktischen Umsetzung der Theorie ist die Verwendung von Modellsterbetafeln zu nennen. Für die historische Arbeit exemplarisch geworden und deshalb hier näher zu betrachten ist die darauf fußende Rückberechnung der englischen Bevölkerung durch Wrigley und Schofield, der als Datengrundlage lediglich lange Reihen der einfachen Geborenen- und Gestorbenenzahlen in Verbindung mit einer Volkszählung und einer Sterbetafel aus dem 19. Jahrhundert zur Verfügung stehen.[39] Mithilfe der Methode der Rückprojektion (*back projection*) wird daraus die englische Bevölkerungsentwicklung ab 1541 rekonstruiert. Es versteht sich von selbst, dass dazu einige Parameter nur geschätzt werden können.

Im Vorfeld bestimmen Wrigley und Schofield die Geburtenüberschussziffer aus dem Quotienten aus Geburten und Sterbefällen, wobei die Sterbeziffer für diesen Zweck als konstant angenommen wird. In seiner allgemeinen Form gibt dieser Quotient auch unabhängig von der Rückprojektion im Vergleich zwischen verschiedenen Gebieten Hinweise auf unterschiedliche Zuwachsraten. Umfangreiche Berechnungen dieser Art stellte bereits Süßmilch an. Um aus der Geburtenüberschussziffer die all-

---

[38] Feichtinger (1979: 335).
[39] Coale, Demeny (1966); Wrigley, Schofield (1989). Zum umgekehrten Weg einer „inverse projection" vgl. McCaa (1989, 1992).

gemeine Bevölkerungszunahme abzuleiten, müssen allerdings weitere Angaben zum Umfang der Migrationen herangezogen werden.[40]

Die eigentliche Arbeit mit Modellen beginnt mit der Erstellung eines Satzes von Sterbetafeln (im Falle der englischen Bevölkerungsrekonstruktion basierend auf dem Modell „Nord" und der Farrschen Sterbetafel) aus den vorliegenden Daten zum 19. Jahrhundert. Aus diesem Pool werden dann nach Maßgabe des allgemeinen Mortalitätsniveaus alle Tafeln entnommen, die auf die Bevölkerung seit dem 16. Jahrhundert anzulegen sind. In Fünfjahresschritten und in mehreren Durchgängen werden nun die Einwohnerzahl und der Altersaufbau für die fiktiven Zensusjahre ermittelt. Damit ist auch die Anzahl der Frauen im gebärfähigen Alter festgelegt. Um daraus wiederum die Bruttoreproduktionsrate (gross reproduction rate, GRR) abzuleiten, wird unter Annahme eines festen mittleren Gebäralters (für England 32 Jahre) die Anzahl der beobachteten Geburten durch die Anzahl der nach einer Modellfertilitätstafel bei einer GRR von 1 zu erwartenden Geburten dividiert.[41] Da auch die Überlebenswahrscheinlichkeit bis zum mittleren Gebäralter ($p(\overline{m})$) aus einer Modelltafel abzuleiten ist, folgt daraus in Verbindung mit der GRR die Nettoreproduktionsrate

$$NRR = p(\overline{m}) * GRR \tag{5}$$

und – für England bei einer Annahme eines mittleren Generationenabstands (T) von 31,5 – die intrinsische Zuwachsrate der stabilen Bevölkerung

$$r = \ln NRR / T. \tag{6}$$

Das große Gewicht der Modelle, die einfachen Serien von Geburten und Sterbefällen gleichsam übergestülpt werden, hat zu der Anregung geführt, doch gleich von einer fiktiven Ausgangsbevölkerung auszugehen und daraus die weitere Entwicklung nach vorn zu projizieren (*inverse projection*).[42] Bestechend ist bei dieser unorthodoxen Vorgehensweise nicht nur der im Vergleich zum Projekt Wrigley und Schofields minimale Aufwand an Berechnungen, sondern auch die elegante Art des Umgehens von Schwierigkeiten und Fehlerquellen des Rückprojektionsverfahrens. Vom Standpunkt der historischen Genauigkeit wird an der inverse projection vor allem die willkürliche Setzung der Alterspyramide der Ausgangsbevölkerung kritisiert.[43] Mit den Worten des Demographen Ron D. Lees lässt die Ergodizität aber die Eingangsstruktur vergessen, während die Rückprojektion sie unter dem Anspruch der Genauigkeit letztlich gleichfalls nur erfindet.[44] Tatsächlich ergeben sich mit der Vorwärtsprojektion nützliche Einschätzungen der allgemeinen Bevölkerungsentwicklung, die mithil-

---

[40] Wrigley, Schofield (1989: 181, 185).
[41] (Ebd., 233, 732). Benutzt wurden die von Coale und Demeny erarbeiteten Tafeln.
[42] Lee (1993). Dazu steht auch das Programm POPULATE zur Verfügung (McCaa 1989).
[43] Wrigley, Schofield (1989: 194).
[44] „The forward process of forgetting details becomes a backward process of inventing details" (Lee 1993: 9).

fe einfacher Computerprogramme in die Reichweite eines Einzelforscher außerhalb von Großprojekten gerückt werden. Vorausgesetzt ist allerdings immer die Verfügbarkeit vitalstatischer Reihen, sofern eine historische Arbeit beabsichtigt ist und nicht lediglich die Erstellung von Hypothesen.[45]

Falls eine hinreichend genaue Aufgliederung der Sterbefälle (D) nach dem Alter vorliegt, bietet sich ein weiterer Lösungsweg für die zentrale Frage des Verhältnisses von Bruttoreproduktion und Sterblichkeit in historischen Bevölkerungen an. Obwohl er bisher nur in unveröffentlichten eigenen Forschungen erprobt worden ist, soll er an dieser Stelle kurz vorgestellt werden, denn er umgeht einen neuralgischen Punkt der Modellsterbetafeln, die invariable Beziehung zwischen den Sterbewahrscheinlichkeiten in den einzelnen Altersklassen. Der Ansatz basiert auf dem Nachweis Bourgeois-Pichats, dass sich aus unvollständigen Daten zu realen Bevölkerungen Ziffern zur Sterblichkeitsentwicklung in sehr guter Näherung direkt ableiten lassen (Konzept der *semistabilen Bevölkerung*). Der wichtigste Schritt dahin ist die Ersetzung der unbekannten intrinsischen Zuwachsrate (r) durch die beobachtete reale.[46] Diese Setzung ist nach Bourgeois-Pichat möglich unter der Bedingung einer wenig variablen Fertilität, wie sie vor dem breiten Einsetzen der Kontrazeption vorherrschte.[47] Unter dieser Annahme und unter der Bedingung, dass die Methode nicht auf die Kindersterblichkeit oder unkritisch auf Sonderfälle, wie isoliert betrachtete Städte mit einer starken Zuwanderung, Anwendung findet, lässt sich die Überlebenskurve aus der Altersverteilung der Gestorbenen (D) ableiten, und aus dieser wiederum die anderen Sterbetafelfunktionen.[48] Nach Weglassung der für unsere Berechnungen unerheblichen Umwege in der Beweisführung reduziert sich die Formel zur Berechnung der Sterbewahrscheinlichkeiten (q) auf:

$$_5 q_x = 1 - (_5D_{x+5} * e^{\, r\, a+5} /\, _5D_x * e^{\, r\, a}), \text{ wobei } a = x + 2{,}5. \tag{7}$$

Für die erste Altersgruppe (10–15 Jahre) würde sich eine verbesserte Anpassung durch die Gleichsetzung von x und a ergeben. Es hat sich aber als sicherer und für Vergleichszwecke praktikabler herausgestellt, die Werte der gesamten Kindersterblichkeit bis zum fünfzehnten Geburtstag in der Form einer Generationentafel (degressiv von den Geburten des gegebenen Zeitraums) zu errechnen. Die Ergebnisse lassen sich an einigen historischen Sterbetafeln überprüfen. Das Verfahren ermöglicht es demnach durchaus, signifikante Veränderungen der Sterbewahrscheinlichkeiten (> 10%) mit großer Sicherheit auch bei einem gewissen Umfang von Migrationen in den mittleren Altersgruppen zu erkennen. Hier dient es aber in erster Linie dazu, eine Beziehung zwischen p($\overline{m}$) und GRR herzustellen. Auf Grund der starken

---

[45] Vgl. Oeppen (1993); Gutmann (1991).
[46] Bourgeois-Pichat (1994: 138, 255). Der von ihm verwandten Zuwachsrate zwischen zwei Volkszählungsergebnissen wurde hier die Geburtenüberschußziffer vorgezogen.
[47] „Pour être plus précis, on peut dire que toutes les populations où la fécondité varie peu peuvent être assimilées à des populations semi-stables. Jusqu´à une date récente, cela recouvrait la plupart des populations des pays du Tiers-Monde. C´est de moins en moins exact à mesure que ces pays voient baisser leur fécondité." (Bourgeois-Pichat 1994: 117).
[48] Formel 11 Bourgeois-Pichats (1994: 124); e: Basis des natürlichen Logarithmus.

Abhängigkeit der Sterbewahrscheinlichkeiten von der als intrinsisch gesetzten Zuwachsrate sind Beobachtungszeiträume vorzuziehen, deren Länge eine gewisse Stabilität der Geburtenüberschussziffer garantiert. In der Praxis ergeben sich bereits für Fünfjahresabschnitte verwendbare Ergebnisse auf Provinzebene. Die Assoziation der beobachteten mit der intrinsischen Zuwachsrate ermöglicht auch eine Einschätzung der Reproduktion. Grundlegend für deren Berechnung ist hier die schon erwähnte Beziehung r = lnNRR / T, wobei der mittlere Generationenabstand in stabilen Bevölkerungen (T) eng mit dem beobachteten ($\overline{m}$) verknüpft ist.[49] Aus NRR = p($\overline{m}$) * GRR folgt in Verbindung mit der vorangegangenen Definition von r:

$$GRR = e^{rT} / p(\overline{m}). \qquad (8)$$

Die Ersetzung der intrinsischen Zuwachsrate durch die Geburtenüberschussziffer bringt eine gewisse Irrtumswahrscheinlichkeit mit sich. In der englischen Reihe (nach Wrigley, Schofield) liegt die Abweichung für r im Durchschnitt der Jahre 1741–1840 bei 7%. Für p($\overline{m}$) und GRR halbiert sich diese Fehlermarge.[50] Da sich zudem selbst für das Deutsche Reich 1881/90 und 1891/1900 eine brauchbare Schätzung der GRR mit einer Ungenauigkeit von nur 4,6% bzw. 4,8% ergibt, kann die hier entworfene GRR-Formel als ein nützliches Instrument bei der Arbeit mit historischen Daten angesehen werden. Auf diese Weise sind die Fertilität (GRR) und die Mortalität (p($\overline{m}$)) anhand des gegebenen Quellenmaterials – also ohne Volkszählungsdaten mit verwertbaren Altersangaben – mit einer Genauigkeit berechenbar, die dem Vergleich mit der Rückprojektionsmethode standhält. Im Vergleich mit den Ergebnissen der Rückprojektion ist noch eine letzte Bemerkung angebracht. Probleme wie die Vernachlässigung des Einflusses einer Mortalitätsveränderung im gebärfähigen Alter auf die wirkliche Bruttoreproduktion können bei der hier vorgestellten Methode nicht auftreten,[51] denn GRR ist als die Summe der effektiven Fertilität der lebenden und überlebenden Frauen definiert. So ist es zunächst nicht weiter verwunderlich, dass eine Ableitung der GRR aus den von der Mortalität im gebärfähigen Alter abstrahierenden Fertilitätsraten demgegenüber systematisch höhere Werte ergibt. Dieser Effekt wird in der Rekonstruktion der englischen Bevölkerungsgeschichte zum Teil abgefangen, indem die aus den Fertilitätsraten der Parochialstudien errechneten Bruttoreproduktionsziffern nach unten korrigiert werden.[52] Bei sehr jungen

---

49 Das beobachtete Alter ergibt sich aus den Familienrekonstitutionsstudien. Eine Veränderung von T ist nicht ohne Einfluß auf r (Livi-Bacci 1992: 3), aber beispielsweise in Norddeutschland ohne nennenswerte Wirkung auf GRR. Kleine Schätzfehler bei T brauchen deshalb nicht iterativ bereinigt zu werden. Nach Coale (1972: 25) ist anzuwenden T = $\overline{m} - \sigma^2$ (lnGRR / 2 $\overline{m}$), wobei σ^2 mit 50 angesetzt werden kann. Da GRR erst mit Hilfe von p($\overline{m}$) errechnet werden soll, ist T wie bei Wrigley und Schofield um 0,5 niedriger als $\overline{m}$ anzusetzen.
50 Am Beispiel Minden-Ravensberg 1801/05 mit einer relativ hohen GRR (2,44) ergibt sich bei einer Veränderung von r um 7,5% eine Abweichung von p($\overline{m}$) um $\pm$3,9%, für GRR um $\pm$3,1%.
51 Wrigley und Schofield thematisieren diesen Fragenkomplex an der entprechenden Stelle (1989: 233) nicht.
52 Nach den Fertilitätsraten der Parochialstudien hätte 1750-1799 die GRR 2,64 betragen müssen, im Mittelwert der Jahrfünfte betrug sie für England aber nur 2,51 (Wrigley, Schofield 1983: 162, 169; ebd.: 1989: 529 und zu den Korrekturen u.a. 232). Nach unserer Methode der Errechnung der GRR aus der Geburtenüberschußziffer und p($\overline{m}$) hätte sich ein Wert von 2,42 ergeben.

Methoden der historischen Bevölkerungsforschung

Heiratsaltern steigen diese Abweichungen allerdings überproportional an. Das hat zur Folge, dass das von Wrigley und Schofield angewandte Verfahren der GRR-Berechnung tendenziell auch den Einfluss eines sinkenden Heiratsalters auf die Zuwachsrate überschätzt.[53]

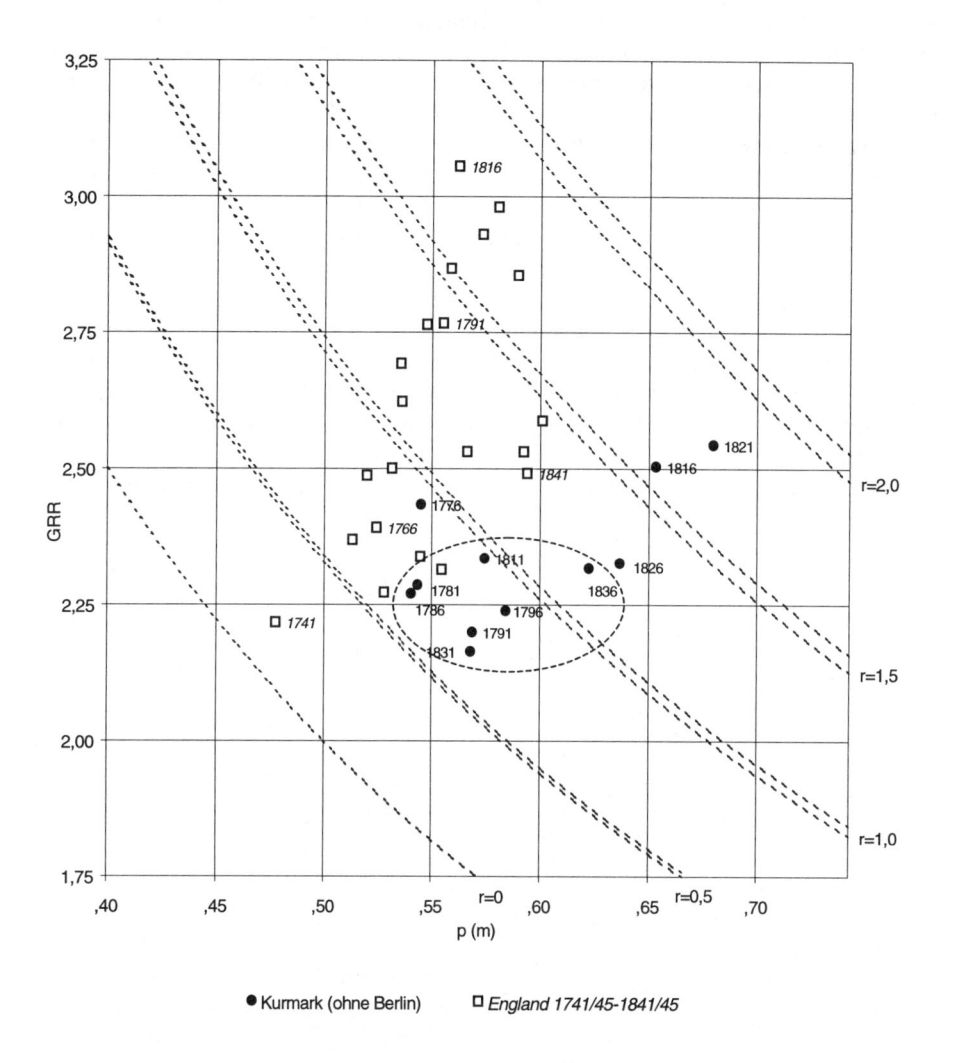

● Kurmark (ohne Berlin)   □ England 1741/45-1841/45

Abb.: Entwicklung der Lebenserwartung und Bruttoproduktionsrate in England und der Kurmark
(Quelle: England: Wrigley, Schofield 1989: 242, 528 [p]($\overline{m}$) = NRR / GRR]; Kurmark: eigene Berechnungen (die rechte r-Linie entspricht einem T-Wert von 31,5 (England), die linke einem Wert von 30,5 (Norddeutschland))

---

[53] Wrigley, Schofield (1989: 267). Zum Problem des Unterschieds zwischen rechnerischen und realen Bruttoreproduktionsziffern vgl. Feichtinger (1973: 103 f.).s

In der Graphik ist die englische Entwicklung der kurmärkischen gegenübergestellt, wie sich Letztere nach der beschriebenen Methode aus den für diese Region bekannten Sterblichkeitsmustern ergibt. Vorerst offen muss dabei die Frage bleiben, von welchen zufälligen oder durch unterschiedliche Berechnungsmethoden vergrößerten Konfidenzintervallen bei der Interpretation der Ergebnisse auszugehen ist. Bei einer Übertragung der kurmärkischen und der ostfriesischen Sterblichkeitsentwicklung auf die englischen Daten erweist es sich, dass selbst auf dem Hintergrund unveränderter Zuwachsraten und nach wie vor höherer GRR sich auch in England die Dynamik der Entwicklung im letzten Viertel des 18. Jahrhunderts von GRR auf $p(\overline{m})$ verlagert hätte. Dabei ist es unerheblich, ob die von Wrigley und Schofield errechneten intrinsischen Zuwachsraten oder die Geburtenüberschusszahlen herangezogen werden. Dass eine relativ geringfügige Veränderung der Mortalitätsmuster bereits für einzelne Zeitabschnitte zu unterschiedlichen Aussagen über die allgemeine Entwicklungstendenz führen kann, illustriert die Notwendigkeit einer exakten empirischen Bestimmung der Mortalitätsverhältnisse. Auf Grund der Komplementarität von GRR und $p(\overline{m})$ hat die Wahl der Messmethoden einen unmittelbaren Einfluss auf die Einschätzung des Verhältnisses zwischen Reproduktion und Mortalität. Da die Bestimmung des Anteils dieser beiden Faktoren von entscheidender Bedeutung für die Erforschung der Ursachen der starken Bevölkerungszunahme im Europa des 18. und 19. Jahrhunderts bleibt, ist diese Diskussion nicht allein von methodischem Interesse.